DIREITO PENAL
PARTE GERAL

ESQUEMATIZADO

www.editorasaraiva.com.br/direito
Visite nossa página

Histórico da Obra

- **1.ª edição:** abr./2012; 2.ª tir., ago./2012
- **2.ª edição:** nov./2012; 2.ª tir., maio/2013
- **3.ª edição:** jan./2014; 2.ª tir., ago./2014
- **4.ª edição:** jan./2015; 2.ª tir., maio/2015
- **5.ª edição:** jan./2016
- **6.ª edição:** jan./2017; 2.ª tir., set./2017
- **7.ª edição:** jan./2018; 2.ª tir., ago./2018
- **8.ª edição:** jan./2019; 2.ª tir., jul./2019
- **9.ª edição:** fev./2020
- **10.ª edição:** jan./2021; 2.ª tir., abr./2021; 3.ª tir., ago./2021

André Estefam
Promotor de Justiça,
Doutor em Direito Penal e Professor em curso preparatório

Victor Eduardo Rios Gonçalves
Procurador de Justiça Criminal e
Professor em curso preparatório para concursos

DIREITO PENAL
PARTE GERAL

ESQUEMATIZADO

Coordenador
Pedro Lenza

10ª edição
3ª tiragem
2021

saraiva jur

saraiva EDUCAÇÃO | saraiva jur

Av. Paulista, 901, 3º andar
Bela Vista – São Paulo – SP – CEP: 01311-100

SAC | sac.sets@saraivaeducacao.com.br

Direção executiva Flávia Alves Bravin
Direção editorial Renata Pascual Müller
Gerência de projetos e produção editoriais Fernando Penteado

Planejamento Josiane de Araujo Rodrigues

Novos projetos Sérgio Lopes de Carvalho
Dalila Costa de Oliveira

Edição Clarissa Boraschi Maria (coord.)
Liana Ganiko Brito

Produção editorial Daniele Debora de Souza (coord.)
Luciana Cordeiro Shirakawa

Arte e digital Mônica Landi (coord.)
Camilla Felix Cianelli Chaves
Claudirene de Moura Santos Silva
Deborah Mattos
Guilherme H. M. Salvador
Tiago Dela Rosa

Projetos e serviços editoriais Daniela Maria Chaves Carvalho
Kelli Priscila Pinto
Laura Paraíso Buldrini Filogônio
Marília Cordeiro
Nicoly Wasconcelos Razuk

Diagramação e revisão Know-How Editorial
Capa Aero Comunicação/Danilo Zanott
Produção gráfica Marli Rampim
Sergio Luiz Pereira Lopes
Impressão e acabamento Bercrom Gráfica e Editora

DADOS INTERNACIONAIS DE CATALOGAÇÃO NA PUBLICAÇÃO (CIP)
ANGÉLICA ILACQUA CRB-8/7057

Estefam, André

Direito penal : parte geral/ André Estefam, Victor Eduardo Rios Gonçalves. - 10. ed. – São Paulo: Saraiva Educação, 2021. (Coleção Esquematizado ® / coordenador Pedro Lenza)
848 p.

Bibliografia
ISBN 978-65-5559-479-9 (impresso)

1. Direito penal – Brasil. I. Título. II. Gonçalves, Victor Eduardo Rios, III. Lenza, Pedro. IV. Série.

20-0770 CDD 341.14
CDU 342.2(81)

Índice para catálogo sistemático:

1. Direito penal : Brasil

Data de fechamento da edição: 23-11-2020

Dúvidas? Acesse www.editorasaraiva.com.br/direito

CL 606817 CAE 752067

Dedicamos esta obra a todos os nossos alunos e leitores que estudam diuturnamente em busca de seu sonho profissional, abrindo mão, por vezes, do valioso convívio familiar, certos de que atingirão, com seu esforço pessoal e a ajuda de Deus, o tão almejado objetivo: a aprovação!

Os autores

AGRADECIMENTOS

A realização deste trabalho, em conjunto com Victor Eduardo Rios Gonçalves e sob a coordenação de Pedro Lenza, foi para mim uma grande honra e um desafio, tanto porque se trata de juristas consagrados como pelo fato de serem diletos companheiros cuja amizade cultivamos há quase duas décadas.

Quanto ao Victor, conheci-o como professor do Curso do Damásio e, na condição de seu aluno, aprendi a respeitá-lo por sua didática e conhecimentos jurídicos. Sempre fui seu admirador e, até hoje, sou-lhe grato pelas lições transmitidas, pela carta de recomendação que redigiu quando de meu ingresso ao MPSP e, agora, por suas pertinentes críticas aos Capítulos 1 a 18 desta obra, os quais ficaram sob minha direta responsabilidade.

Pedro Lenza foi meu colega de sala na Faculdade, do 2º ao 5º ano, e, desde essa época, já notava seu inigualável talento para a docência e para a literatura jurídica. O convite para escrever em coautoria a Parte Geral de Direito Penal do "Esquematizado"® foi uma agradável surpresa e, de certo modo, a "reedição" de uma história antiga, quando, no 4º ano da graduação, convidei-o para, juntos com outra colega de curso, escrevermos um projeto de pesquisa financiado pelo CNPq.

Espero, enfim, corresponder à confiança depositada pelo Lenza, à altura do desafio que foi escrever junto com o Victor e, sobretudo, à expectativa dos exigentes leitores da já consagrada "Coleção Esquematizado"®.

André Estefam

AGRADECIMENTOS

Inicialmente agradeço imensamente minha companheira Flavia, minhas filhas e meus familiares pelo apoio e pelo carinho e, principalmente, pela compreensão em relação ao meu esforço na elaboração da presente obra.

Agradeço também o nobre coordenador, Pedro Lenza, pelo convite e pela oportunidade de fazer parte desta Coleção de imenso sucesso, não esquecendo ainda as valiosas orientações por ele prestadas durante a elaboração do livro.

Não poderia ainda deixar de mencionar meu colega Mário Fernando Pariz e os ex-estagiários Flávio Leão Carvalho e Rafaele Ines Fonseca, que tanto me apoiaram.

Por fim, quero prestar uma especial homenagem ao querido amigo André Estefam, salientando o prazer e a satisfação de tê-lo como parceiro nesta obra, registrando, outrossim, que sua enorme sabedoria tem sido fonte de inspiração para milhares de alunos e profissionais da área jurídica e que, por isso, sinto imensa honra de tê-lo tido como aluno no Curso do Damásio.

Victor Gonçalves

METODOLOGIA ESQUEMATIZADO

Durante o ano de 1999, pensando, naquele primeiro momento, nos alunos que prestariam o exame da OAB, resolvemos criar uma **metodologia** de estudo que tivesse linguagem "fácil" e, ao mesmo tempo, oferecesse o conteúdo necessário à preparação para provas e concursos.

O trabalho foi batizado como ***Direito constitucional esquematizado***. Em nosso sentir, surgia ali uma metodologia **pioneira**, idealizada com base em nossa experiência no magistério e buscando, sempre, otimizar a preparação dos alunos.

A metodologia se materializou nos seguintes "pilares":

- **esquematizado:** a parte teórica é apresentada de forma objetiva, dividida em vários itens e subitens e em parágrafos curtos. Essa estrutura revolucionária rapidamente ganhou a preferência dos concurseiros;
- **superatualizado:** doutrina, legislação e jurisprudência em sintonia com as grandes tendências da atualidade e na linha dos concursos públicos de todo o País;
- **linguagem clara:** a exposição fácil e direta, a leitura dinâmica e estimulante trazem a sensação de que o autor está "conversando" com o leitor;
- **palavras-chave *(keywords)*:** os destaques na cor azul possibilitam a leitura "panorâmica" da página, facilitando a fixação dos principais conceitos. O realce colorido recai sobre os termos que o leitor certamente grifaria com a sua caneta marca-texto;
- **recursos gráficos:** esquemas, tabelas e gráficos favorecem a assimilação e a memorização dos principais temas;
- **questões resolvidas:** ao final de cada capítulo, o assunto é ilustrado com questões de concursos ou elaboradas pelos próprios autores, o que permite conhecer as matérias mais cobradas e também checar o aprendizado.

Depois de muitos anos de **aprimoramento**, o trabalho passou a atingir tanto os candidatos ao **Exame de Ordem** quanto todos aqueles que enfrentam os concursos em geral, sejam das **áreas jurídica** ou **não jurídica**, de **nível superior** ou mesmo os de **nível médio**, assim como os **alunos de graduação** e demais **profissionais**.

Ada Pelegrini Grinover, sem dúvida, anteviu, naquele tempo, a evolução do *Esquematizado*. Segundo a Professora escreveu em 1999, "a obra destina-se, declaradamente, aos candidatos às provas de concursos públicos e aos alunos de graduação, e, por isso mesmo, após cada capítulo, o autor insere questões para aplicação da parte teórica. Mas será útil também aos operadores do direito mais experientes, como fonte de consulta rápida e imediata, por oferecer grande número de informações buscadas em diversos autores, apontando as posições predominantes na doutrina, sem eximir-se de criticar algumas delas e de trazer sua própria contribuição. Da leitura amena surge um livro 'fácil', sem ser reducionista, mas que revela, ao contrário, um grande poder de síntese, difícil de encontrar mesmo em obras de autores mais maduros, sobretudo no campo do direito".

Atendendo ao apelo de "concurseiros" de todo o País, sempre com o apoio incondicional da Editora Saraiva, convidamos professores das principais matérias exigidas nos concursos públicos das *áreas jurídica* e *não jurídica* para compor a **Coleção Esquematizado®**.

Metodologia pioneira, vitoriosa, consagrada, testada e aprovada. **Professores** com larga experiência na área dos concursos públicos. Estrutura, apoio, profissionalismo e *know-how* da **Editora Saraiva**. Sem dúvida, ingredientes indispensáveis para o sucesso da nossa empreitada!

Para a **parte geral do direito penal**, tivemos a honra de contar com o trabalho de **André Estefam** e **Victor Eduardo Rios Gonçalves**, que souberam, com maestria, aplicar a **metodologia "Esquematizado"** à vasta e reconhecida experiência profissional de ambos, como professores, promotores de justiça e autores de consagradas obras.

A trajetória deles é muito parecida, e isso parece ter sido um ingrediente fundamental para a coesão e excelência do trabalho.

Victor formou-se, em 1990, na Faculdade de Direito do Largo São Francisco, ingressando, logo no ano seguinte, no Ministério Público de São Paulo. **André** formou-se, em 1996, na PUC-SP, e, também, logo no ano seguinte ao de sua formatura, ingressou no MP/SP, onde, até hoje, lá se encontram honrando, e muito, a instituição.

Esse reconhecimento profissional aparece coroado na atuação de **ambos** na assessoria jurídica criminal do Procurador-Geral de Justiça; **Victor** por 4 anos, de 2004 a 2008, e, **André**, na mesma função, desde 2008.

Outra coincidência é que ambos têm larga experiência na preparação para concursos públicos. **Victor**, desde 1994, e **André**, desde 1999, têm lecionado direito penal e processual penal no *Damásio Educacional*, o que, por esse motivo, já os credencia para serem dois dos maiores e mais respeitados professores das matérias.

Victor é autor, entre outros trabalhos, dos livros de direito penal, processo penal e direito de empresa da *Coleção Sinopses Jurídicas* da Editora Saraiva, além de participar da vitoriosa **Coleção Esquematizado®**, com as obras *Direito penal especial esquematizado* e *Direito processual penal esquematizado*, esta com o também competente *Alexandre Cebrian Araújo Reis*.

André, em igual sentido, tem vasta experiência como autor, tendo escrito mais de uma dezena de obras pela Editora Saraiva, destacando-se, além daquelas monográficas e para concursos, a sua *Coleção Completa*, em 4 volumes, trazendo uma visão renovada do direito penal.

A dedicação e o comprometimento de **Victor** tranquilizam-me em relação ao conteúdo do trabalho que ora apresento, o mesmo podendo ser dito em relação ao **André**, de quem, coincidentemente, fui colega durante a graduação e pude perceber, de perto, a seriedade daquele brilhante aluno que se destacava como um dos melhores da turma, mostrando, desde cedo, a sua competência e afinidade com o *direito penal*. Aliás, tive a alegria de receber uma bolsa de iniciação científica para, junto com o **André**, escrevermos e apresentarmos um trabalho no *5º Encontro de Iniciação Científica*, no ano de 1996!

Não temos dúvida de que este livro contribuirá para "encurtar" o caminho do ilustre e "guerreiro" concurseiro na busca do "sonho dourado"!

Esperamos que a **Coleção Esquematizado®** cumpra o seu papel. Em constante parceria, estamos juntos e aguardamos suas críticas e sugestões.

Sucesso a todos!

Pedro Lenza

Mestre e Doutor pela USP

Visiting Scholar pela Boston College Law School

pedrolenza@terra.com.br

https://twitter.com/pedrolenza

http://instagram.com/pedrolenza

http://www.periscope.tv/pedrolenza

https://www.facebook.com/pedrolenza

https://www.youtube.com/pedrolenza

saraiva jur http://www.saraivajur.com.br/esquematizado

NOTA DOS AUTORES À 10ª EDIÇÃO

Ao aceitarmos o honroso convite que nos foi dirigido pelo Professor Pedro Lenza, para que aplicássemos ao estudo do Direito Penal o consagrado método concebido pelo citado mestre, descortinou-se a possibilidade de oferecermos aos estudantes e operadores do direito uma diferenciada fonte de estudo e de consulta que primasse pela abrangência do conteúdo e pela clareza na forma de sua exposição.

Para que essa meta fosse alcançada, a obra teria de contemplar o extenso programa que usualmente é exigido nos concursos públicos de ingresso nas carreiras jurídicas, sem, no entanto, deslustrar-se com divagações ou com repetições desnecessárias. Além disso, deveria servir de repositório de informações atualizadas também a profissionais já experientes, que buscam, por exigência das atividades diárias, manancial dessa natureza.

Convictos da eficácia didática do método "Esquematizado" e contando com as valorosas sugestões de seu idealizador, entregamo-nos ao estimulante trabalho de oferecer, em uma obra, análise pormenorizada dos princípios e das normas que regem o Direito Penal, bem como exame das variantes doutrinárias sobre cada um dos temas e, ainda, informação sobre o entendimento adotado pelos Tribunais Superiores.

A esse esforço somou-se a preocupação de garantir, com a utilização de recursos gráficos, a sistematização do estudo da disciplina e maior facilidade de memorização das matérias. A reunião de questões de concursos públicos teve por escopo exaltar a importância de vários dos temas que, com frequência, constituem objeto das provas e, também, estimular a aplicação criteriosa dos conhecimentos hauridos.

Os crimes que assolam a sociedade contemporânea se diferenciam drasticamente daqueles cometidos duas ou três décadas atrás, principalmente no que pertine à criminalidade organizada. Por isso, procuramos ser especialmente criteriosos na escolha dos exemplos dos ilícitos penais relacionados a cada um dos institutos abordados. Não obstante a preocupação com o Direito Penal moderno, não nos olvidamos de minuciosa análise da história do Direito Criminal e das escolas penais, da relação com outros ramos do direito, do estudo da Criminologia etc. Também foram objeto de especial destaque o Direito Penal Constitucional e a teoria do crime, além das novas leis penais, como, por exemplo, aquelas que tratam dos regimes de execução penal (Leis ns. 11.464/2007, 12.258/2010, 12.433/2011), da prescrição (Lei n. 12.234/2010) e das penas restritivas de direitos (Lei n. 12.550/2011).

Nesta edição, novos julgados de tribunais superiores foram inseridos e analisados, especialmente aqueles que abordaram as mais recentes modificações legislativas no âmbito penal, bem como decisões relativas à Lei Anticrime, que entrou em vigor em janeiro de 2020.

Resta-nos, enfim, oferecer esta singela obra ao seleto público leitor, com a esperança de que possa auxiliá-lo em sua jornada, visando à aprovação nos exames.

André Estefam

prof.estefam@gmail.com

https://twitter.com/andre_estefam

http://instagram.com/prof_estefam

Victor Gonçalves

victorriosgoncalves@gmail.com

SUMÁRIO

1

INTRODUÇÃO AO DIREITO PENAL

1.1. DIREITO PENAL

A disciplina de que se ocupa esta obra é denominada Direito Penal. Pergunta-se, porém, **por que não Direito Criminal?** As **expressões**, a bem da verdade, **equivalem-se** e podem, sem qualquer risco, ser substituídas uma pela outra[1]. Quando falamos em Direito "**Penal**", estamos mirando suas consequências, isto é, **a pena**; quando dizemos Direito "**Criminal**", porém, voltamos nossos olhos à causa, ou seja, ao **crime**.

Alega-se, em favor da última, que não incorre no equívoco de limitar o alcance da matéria, já que um fato criminoso não acarreta somente a imposição de uma pena (arts. 32 a 76 do CP), mas pode implicar também a inflição de uma medida de segurança (arts. 96 a 99 do CP).

Em benefício da primeira, invoca-se a harmonia terminológica, pois, se temos um "Código Penal", soa mais adequado referir-se à matéria como Direito Penal.

Se voltarmos no tempo, porém, notaremos que num passado remoto (século XIX) vigorava no Brasil o Código Criminal do Império; naquela época, a linguagem corrente, em sintonia com o texto legislativo, era Direito Criminal.

Com a proclamação da República, entretanto, ganhamos nosso primeiro **Código Penal**, expressão que até os dias atuais se conserva em nossa legislação. O principal diploma sobre a matéria é o Decreto-lei n. 2.848, de 7 de dezembro de 1940 (intitulado, repise-se, Código Penal brasileiro), ainda em vigor, embora profundamente alterado por leis posteriores à sua edição.

Ora, se temos um "Código Penal", não há por que rotularmos a disciplina desarmonicamente.

No direito comparado, percebe-se, desde meados do século passado, uma preferência pela última denominação, podendo citar-se, para ilustrar, países como

[1] Jimenez de Asúa já advertia, há quase um século, sobre a improcedência de se buscar elaborar alguma distinção de conteúdo entre "Direito Penal" e "Direito Criminal", não passando de uma questão de opção terminológica a escolha entre elas (*Tratado de derecho penal*, t. I, p. 24; nota de rodapé n. 1 bis).

Alemanha[2], Argentina, Chile, Espanha, França, Itália[3], Portugal e etc. Todos, aliás, possuem um Código Penal (e não Criminal). Há, contudo, exceções, presentes sobretudo em nações de tradição anglo-saxônica, notadamente Inglaterra e suas ex-colônias, onde se opta pela expressão *Criminal Law*.

No vernáculo forense, o termo "criminal" é muito utilizado. Assim, por exemplo, diz-se "Vara Criminal" para designar o juízo de primeiro grau com competência penal e "Câmara Criminal" para referir-se ao órgão fracionário de segunda instância, responsável pelo julgamento dos recursos. Fala-se, ainda, em "criminalista", em alusão ao profissional (advogado ou jurista) especializado nesse setor.

■ 1.2. CONCEITO DE DIREITO PENAL

Cuida-se do **ramo do Direito Público**, que se ocupa de estudar os **valores fundamentais** sobre os quais se assentam as bases da convivência e da paz social, os **fatos que os violam** e o **conjunto de normas jurídicas** (princípios e regras) **destinadas a proteger tais valores**, mediante a imposição de penas e medidas de segurança[4].

Cumpre lembrar que a compartimentação do Direito em ramos dá-se mais para fins didáticos do que por razões outras. Quanto à *summa divisio* entre Direito Público e Privado (cujas origens remotas vêm do direito romano, embora tenha se consolidado com a classificação proposta por Jean Domat), sabe-se que, com as transformações sociais experimentadas nos últimos anos e o surgimento de novos "direitos" (notadamente os difusos e coletivos), tal separação vem sendo colocada em xeque[5].

Apesar disso, não nos convencemos de sua improcedência, e, sobretudo em matéria penal, não há por que deixarmos de considerar esse ramo do Direito um "capítulo à parte" dentro do campo unitário do sistema jurídico. Isto porque só ele pode privar o indivíduo de um de seus mais preciosos bens: a liberdade de locomoção ou deambulação (direito de ir, vir e ficar). Não se ignora que o Direito Civil possui a excepcional medida coercitiva da prisão do devedor de pensão alimentícia,

---

[2] Conforme lembra Jiménez de Asúa, Feuerbach (1801 — considerado o pai do Direito Penal moderno), Savigny (1840), Köstlin (1845) e Zumpt (1865) preferiram Direito Criminal (*Kriminalrecht*) (*Tratado de Derecho Penal*. t. I, p. 24). Atualmente, porém, é unânime a preferência dos alemães pela expressão Direito Penal (*Strafrecht*), como se observa, entre outras, nas obras de Roxin e Jakobs.

[3] Na Itália, durante boa parte do século passado, preferiu-se *Diritto Criminale* em vez de *Diritto Penale*. Veja, por exemplo, uma das mais completas obras que se escreveu nesse país, o *Programma del Corso di Diritto Criminale* de Francesco Carrara.

[4] Essa definição, como de resto qualquer outra, terá suas qualidades e seus inconvenientes, pois, confrontando-as com as demais existentes, nota-se que cada uma leva um pouco da personalidade de seu autor, de seu temperamento, exigindo, sempre que possível, "colocar-se no ponto de vista de quem a escreveu". Assim já nos alertava Asúa (*Tratado de derecho penal*, t. I, p. 25). A que desenvolvemos procura incorporar a tríade em que o Direito se assenta: fato, valor e norma (veja, a respeito, a obra do saudoso Miguel Reale, *Teoria tridimensional do direito*, 5. ed., 8ª tiragem).

[5] *Vide*, a respeito, Pedro Lenza, *Direito constitucional esquematizado*, 15. ed., p. 51-54.

autorizada pela Constituição Federal (art. 5º, inc. LXVII[6]). Ocorre, porém, que se cuida de providência de curta duração, cabível nesse único e exclusivo caso, enquanto o Direito Penal se vale da prisão, notadamente nos delitos mais graves, como sua fórmula mais usual.

1.2.1. Direito penal objetivo e subjetivo

Entende-se por **direito penal objetivo** o **conjunto de normas** (princípios e regras) **que se ocupam da definição das infrações penais e da imposição de suas consequências** (penas ou medidas de segurança).

Cuida o **direito penal subjetivo** do **direito de punir do Estado** ou ***ius puniendi*** **estatal**. Divide-se em direito de punir em **abstrato** ou *ius puniendi in abstracto* e direito de punir **em concreto** ou *ius puniendi in concreto*. O primeiro surge com a criação da norma penal e consiste na prerrogativa de exigir de todos os seus destinatários que se abstenham de praticar a ação ou omissão definida no preceito primário[7]. O segundo nasce, de regra[8], com o cometimento da infração penal; por meio dele, o

---

[6] "Não haverá prisão civil por dívida, salvo a do responsável pelo inadimplemento voluntário e inescusável de obrigação alimentícia e a do depositário infiel". Note que, muito embora preveja o Texto Maior a prisão civil tanto do devedor de alimentos quanto do depositário infiel, a última delas é vedada por documentos internacionais ratificados pelo Brasil. O Supremo Tribunal Federal, em importante precedente sobre a força normativa dos tratados e convenções internacionais sobre direitos humanos, reconheceu-lhes o caráter **supralegal**, isto é, que não se sobrepõem à Constituição Federal, mas se encontram num patamar hierárquico-normativo **acima das leis**. De acordo com nossa Corte Suprema: "Desde a adesão do Brasil, sem qualquer reserva, ao Pacto Internacional dos Direitos Civis e Políticos (art. 11) e à Convenção Americana sobre Direitos Humanos — Pacto de San José da Costa Rica (art. 7º, 7), ambos no ano de 1992, não há mais base legal para prisão civil do depositário infiel, pois o caráter especial desses diplomas internacionais sobre direitos humanos lhes reserva lugar específico no ordenamento jurídico, estando abaixo da Constituição, porém acima da legislação interna. **O *status* normativo supralegal dos tratados internacionais de direitos humanos subscritos pelo Brasil, dessa forma, torna inaplicável a legislação infraconstitucional com ele conflitante, seja ela anterior ou posterior ao ato de adesão**. Assim ocorreu com o art. 1.287 do Código Civil de 1916 e com o Decreto-Lei nº 911/69, assim como em relação ao art. 652 do Novo Código Civil (Lei nº 10.406/2002)." (**RE 466.343**, Rel. Min. Cezar Peluso, trecho do voto do Min. Gilmar Mendes, Plenário, julgamento em 03.12.2008, *DJe* 05.06.2009.) No mesmo sentido: **HC 98.893-MC**, Rel. Min. Celso de Mello, decisão monocrática, julgamento em 09.06.2009, *DJe* 15.06.2009; **RE 349.703**, Rel. p/ o ac. Min. Gilmar Mendes, Plenário, julgamento em 03.12.2008, *DJe* 05.06.2009. Atualmente, a questão se encontra regulada na Súmula Vinculante n. 25 do STF: "É ilícita a prisão civil de depositário infiel, qualquer que seja a modalidade do depósito".

[7] Preceito primário é o tópico da lei penal que descreve a conduta proibida. Assim, por exemplo, "matar alguém" (homicídio), "subtrair para si ou para outrem coisa alheia móvel" (furto).

[8] Há determinados crimes que, embora praticados, somente se tornam puníveis quando concorrem determinadas condições estranhas ao fato. Estas podem ser concomitantes ou posteriores ao ilícito. Elas condicionam a punibilidade da infração e, portanto, o nascimento do direito de punir em concreto. São as chamadas **condições objetivas de punibilidade**. Citem-se, como exemplo, as condições previstas no art. 7º, inc. II e § 3º, do CP, sem as quais não é punível, segundo a lei brasileira, o delito praticado no estrangeiro (casos de extraterritorialidade condicionada). Tais fatores são: a) ser o fato punível também no país em que foi praticado; b) estar o crime incluído entre aqueles pelos quais a lei brasileira autoriza a extradição; c) não ter sido o agente absolvido no estrangeiro ou não

Estado passa a ter o poder-dever de exigir do infrator que se sujeite à sanção prevista no tipo penal.

Pode-se dizer, então, que **o direito de punir abstrato retira seu fundamento do preceito primário da norma e o concreto, de seu preceito secundário**[9].

É também no instante em que a infração é cometida que surge a **punibilidade**, entendida como a possibilidade jurídica de aplicação da sanção penal.

1.2.2. Direito penal comum e especial

A denominação direito penal **comum** e **especial** é utilizada para designar, de um lado, o Direito Penal **aplicável pela justiça comum a todas as pessoas**, de modo geral, e, de outro, um **setor do Direito Penal que se encontra sob uma jurisdição especial** e, por conseguinte, **somente rege a conduta de um grupo determinado de sujeitos**.

O **direito penal comum funda-se no Código Penal e nas diversas leis penais extravagantes**, como a Lei de Drogas (Lei n. 11.343/2006), o Estatuto do Desarmamento (Lei n. 10.826/2003), o Código de Trânsito (Lei n. 9.503/97) etc.

O **direito penal especial** encontra-se sob a responsabilidade da justiça especializada, que, em nosso país, circunscreve-se à justiça militar ou castrense, a quem cumpre aplicar as normas contidas no **Código Penal Militar** (Decreto-lei n. 1.001/69), bem como julgar os crimes cometidos por militares em situação de atividade, ainda que previstos na legislação penal comum (crimes militares por extensão, cuja criação se deve à Lei n. 13.491/2017). Pode-se dizer, então, que direito penal especial, no Brasil, corresponde ao direito penal militar.

1.2.3. Direito penal substantivo e adjetivo

Direito penal substantivo ou material é **sinônimo** de **direito penal objetivo**, ou seja, conjunto de normas (princípios e regras) que se ocupam da definição das infrações penais e da imposição de suas consequências (penas ou medidas de segurança).

Direito penal adjetivo ou formal corresponde ao direito processual penal.

1.2.4. Direito penal internacional e direito internacional penal

Há diversas normas penais que promanam do direito interno e se projetam para além de nossas fronteiras, bem como existem aquelas que, oriundas de fontes externas, irradiam sobre fatos ocorridos nos lindes de nosso território.

---

ter aí cumprido a pena; d) não ter sido o agente perdoado no estrangeiro ou, por outro motivo, não estar extinta a punibilidade, segundo a lei mais favorável (art. 7º, § 2º, *b* a *e*, do CP). Pode-se lembrar, ainda, a sentença declaratória da falência, nos delitos falitários (art. 180 da Lei n. 11.101/2005).

[9] Preceito secundário é aquela parte da lei penal que comina a pena a quem praticar o comportamento declarado no preceito primário. No art. 213 do CP (estupro), *v.g.*, o preceito primário descreve o ato de “constranger alguém, mediante violência ou grave ameaça, a ter conjunção carnal ou a praticar ou permitir que com ele se pratique outro ato libidinoso” e seu preceito secundário comina ao infrator a pena de “reclusão, de 6 (seis) a 10 (dez) anos”.

O **direito penal internacional** corresponde justamente ao **direito produzido internamente, cuja aplicação se dá sobre fatos ocorridos fora do Brasil**. O Código Penal, no art. 7º, ao tratar da extraterritorialidade, contém uma série de regras que disciplinam a incidência da lei penal brasileira a atos ocorridos no exterior — trata-se do direito penal internacional, ou seja, aquele do direito interno com incidência externa.

O **direito internacional penal**, de sua parte, diz respeito às **normas externas (tratados e convenções internacionais), que vigoram dentro de nosso país** — cuida-se do direito externo com incidência interna. Tal ramo do Direito Internacional, no dizer de Kai Ambos, compreende "o conjunto de todas as normas de direito internacional que estabelecem consequências jurídico-penais" e consiste numa "combinação de princípios de direito penal e de direito internacional"[10].

Suas fontes precípuas são as convenções multilaterais firmadas pelos Estados interessados. Há uma importante parcela do direito internacional penal fundada em direito consuetudinário e, notadamente, pela jurisprudência de tribunais internacionais. Seu instrumento jurídico mais importante é o Tratado de Roma, que fundou a Corte ou Tribunal Penal Internacional (TPI) — ver item 1.3.2.3.2, *infra*.

■ 1.2.5. Direito penal do fato e direito penal do autor

Na primeira metade do século passado, o Direito Penal voltou seus olhos para o autor do crime e, com isso, iniciou-se uma fase designada como **direito penal do autor**. Nesse contexto, **uma pessoa deveria ser punida mais pelo que é e menos pelo que fez**. A sanção penal fundava-se menos na gravidade da conduta e mais na periculosidade do agente. Justificavam-se, em tal ambiente, penas de longa duração para fatos de pouca gravidade, caso ficasse demonstrado que o sujeito trazia riscos à sociedade. Esse pensamento teve seu apogeu durante a Segunda Grande Guerra e influenciou grandemente a legislação criminal da Alemanha naquele período.

Com o final da Segunda Guerra Mundial, o modelo filosófico representado por essa concepção caiu em derrocada, retornando a lume uma diferente visão do direito penal, conhecida como **direito penal do fato**. Trata-se, sinteticamente, de **punir alguém pelo que fez, e não pelo que é**. A gravidade do ato é que deve mensurar o rigor da pena. Nos dias atuais, esse é o modelo vigorante em matéria penal e, segundo a quase unanimidade dos autores, o único compatível com um Estado Democrático de Direito, fundado na dignidade da pessoa humana.

De ver, contudo, que, muito embora vigore (com razão) a tese do direito penal do fato, há influências esparsas (e, cremos, inevitáveis) de direito penal do autor na legislação brasileira (e mundial), como ocorre com as regras de dosimetria da pena que levam em conta a conduta do agente, seu comportamento social, a reincidência etc. Também se pode dizer derivada da concepção do direito penal do autor a previsão das medidas de segurança, espécies de sanção penal fundadas na periculosidade. Nada

---

[10] *A parte geral do direito penal internacional* — bases para uma elaboração dogmática, p. 42. Vale notar que Kai Ambos não diferencia as expressões direito penal internacional e direito internacional penal.

obstante, para que não haja vulneração dos preceitos constitucionais, é mister que se compreendam extensíveis a elas todos os princípios penais assegurados na Lei Maior.

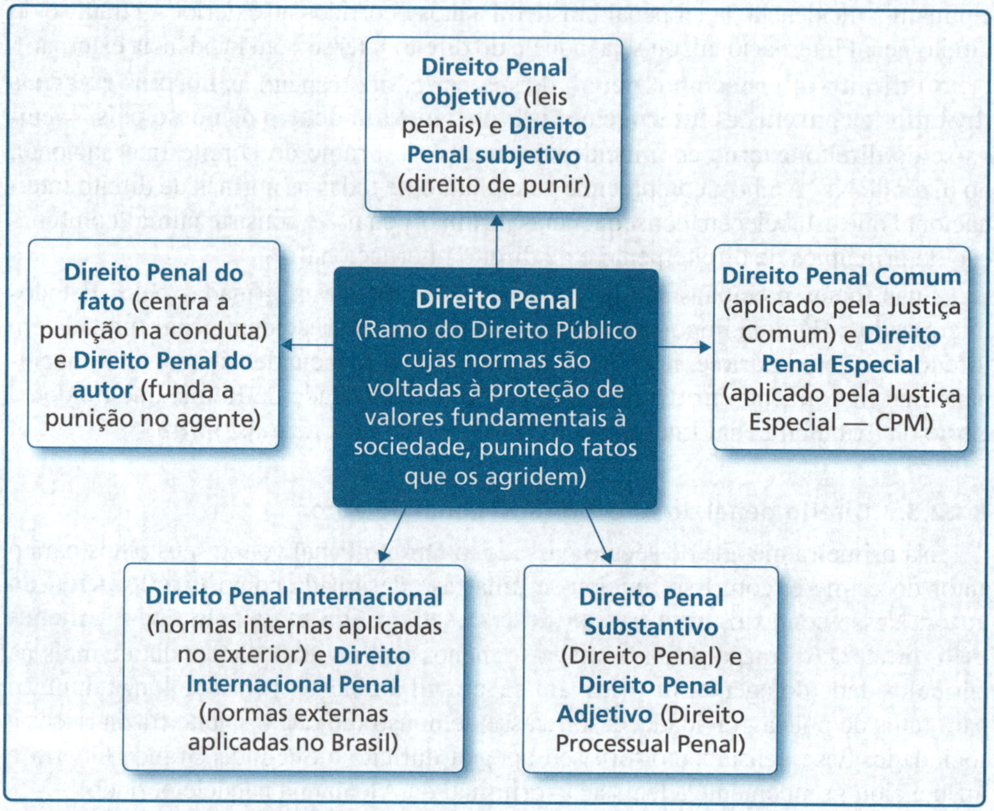

■ 1.3. RELAÇÃO DO DIREITO PENAL COM OUTROS RAMOS JURÍDICOS

■ 1.3.1. Direito constitucional

Trata-se, no dizer de José Afonso da Silva, do "Direito Público fundamental por referir-se diretamente à organização e funcionamento do Estado, à articulação dos elementos primários do mesmo e ao estabelecimento das bases da estrutura política"[11].

A **Constituição Federal** situa-se no **ápice da pirâmide** do ordenamento jurídico, de modo que o Direito Constitucional relaciona-se intimamente com os demais ramos do Direito. **Tal enlace coloca-se no plano vertical**, de maneira que **todos os setores do ordenamento jurídico devem retirar seu fundamento de validade, formal e material, da Constituição, servindo esta como fonte primeira e limite insuperável de sua atuação**.

A profunda e necessária correlação entre os Direitos Penal e Constitucional merecerá abordagem especial nesta obra no Capítulo 4.

---

11 *Curso de direito constitucional positivo,* 16. ed., p. 36.

1.3.2. Direito internacional público

1.3.2.1. Conceito

Cuida-se do "conjunto de normas consuetudinárias e convencionais que regem as relações, diretas ou indiretas, entre os Estados e organismos internacionais (ONU, UNESCO, OIT, OMS, FAO), que as consideram obrigatórias"[12].

1.3.2.2. Posição hierárquica dos tratados e das convenções internacionais sobre direitos humanos

Os tratados e as convenções internacionais sobre direitos humanos, de acordo com o Texto Constitucional e com a atual orientação do Supremo Tribunal Federal, podem ocupar posição de destaque no âmbito interno.

Quando tais documentos forem **aprovados**, **em cada Casa** do Congresso Nacional, **em dois turnos**, por **três quintos** dos votos dos respectivos membros, **serão equivalentes às emendas constitucionais** (art. 5º, § 3º, da CF, incluído pela EC n. 45/2004).

Caso sua **ratificação interna** se dê **sem o quórum qualificado** acima previsto, situar-se-ão suas normas num plano de **supralegalidade**, é dizer, acima das leis ordinárias, que àqueles deverão se conformar, embora abaixo da Constituição.

1.3.2.3. O Estatuto de Roma — Tribunal Penal Internacional

1.3.2.3.1. Previsão constitucional

"O Brasil se submete à jurisdição de Tribunal Penal Internacional a cuja criação tenha manifestado adesão" (art. 5º, § 4º, da CF, acrescido pela EC n. 45/2004).

1.3.2.3.2. Origem

O Tribunal Penal Internacional foi criado em julho de 1998, na Conferência de Roma, e encontra-se sediado em Haia, nos Países Baixos.

Cuida-se de órgão permanente, ao qual incumbe o julgamento de crimes contra a humanidade, crimes de guerra, de genocídio e de agressão, assim definidos no texto do Estatuto de Roma (promulgado no Brasil por meio do Decreto n. 4.388, de 25.09.2002).

A criação desta Corte Internacional se deu para atender a uma antiga reivindicação, consistente na existência de um tribunal, de caráter permanente, em **substituição à prática criticável dos tribunais *ex post facto***, destinados a julgar crimes de guerra, depois de seu término, pelas nações vencedoras. Foi assim com o Tribunal de Nuremberg, instituído depois da Segunda Grande Guerra para julgar delitos cometidos pelos nazistas. Estes organismos sofriam duras críticas por constituírem, supostamente, a "**Justiça dos vencedores**".

A jurisdição deste Tribunal compreende apenas fatos cometidos após sua efetiva instalação, que se deu em 1º de julho de 2002.

12 Maria Helena Diniz, *Compêndio de introdução à ciência do direito*, p. 264.

1.3.2.3.3. Competência supletiva ou complementar (subsidiariedade)

Sua **competência** é **supletiva**, pois somente poderá julgar fatos criminosos quando o país em que foi cometido não os tenha investigado ou processado, não pretenda fazê-lo, não reúna as condições necessárias para isso ou não se mostre imparcial e honesta a condução do processo instaurado.

Assim já o reconheceu o Supremo Tribunal Federal: "Estatuto de Roma. Incorporação dessa convenção multilateral ao ordenamento jurídico interno brasileiro (Decreto 4.388/2002). Instituição do Tribunal Penal Internacional. Caráter supraestatal desse organismo judiciário. **Incidência do princípio da complementaridade (ou da subsidiariedade) sobre o exercício, pelo Tribunal Penal Internacional, de sua jurisdição**"[13].

1.3.3. Direito processual penal

Segundo Fernando da Costa Tourinho Filho, constitui-se do "conjunto de normas e princípios que regulam a aplicação jurisdicional do Direito Penal objetivo, a sistematização dos órgãos de jurisdição e respectivos auxiliares, bem como da persecução penal"[14].

Cabe ao direito processual penal ditar as normas segundo as quais o direito penal se exterioriza; este é energia potencial e aquele, o modo pelo qual sua força se concretiza[15].

Não pode haver, num Estado Democrático de Direito, outro meio de se aplicar a pena senão por meio de um processo.

O **direito de punir** do Estado (*ius puniendi*), portanto, porta-se como um direito de **coação indireta**, desprovido de autoexecutoriedade, **dependendo, para sua plena satisfação, do devido processo legal — *due process of law***. Não é outra a conclusão que se retira do art. 5º, inc. LIV, da CF, quando determina que ninguém será privado de sua liberdade ou de seus bens sem o devido processo legal.

O cometimento de um fato criminoso desencadeia para o Poder Público o dever de punir o agente, tornando realidade a sanção cominada à infração perpetrada. Para tal concretização, porém, o Estado deve necessariamente socorrer-se do Poder Judiciário, mediante um procedimento solene, assegurando-se o contraditório e a ampla defesa, para que, ao final, desde que plenamente demonstrada a culpabilidade do agente, possa o Estado lhe impor uma pena (ou, ainda, uma medida de segurança, quando se tratar de indivíduo perigoso padecedor de déficit mental).

Lembre-se, ainda, de que a Lei Maior autoriza a aplicação imediata de penas alternativas, por meio da transação penal, passível em **infrações de pequeno potencial ofensivo**, atualmente definidas como as contravenções penais e os crimes cuja

---

13 Pet n. 4.625, trecho da ementa do despacho proferido pelo Min. Celso de Mello, no exercício da Presidência, em 17.07.2009, *DJe* 04.08.2009; noticiado no *Informativo STF*, n. 554.

14 *Processo penal*, 33. ed., v. 1, p. 47.

15 Fernando da Costa Tourinho Filho, *Processo penal*, 33. ed., v. 1, p. 54.

pena máxima não exceda dois anos (art. 61 da Lei n. 9.099/95). Nesses casos, dá-se o **devido processo legal consensual**, em que a consecução da medida pressupõe, além da proposta formulada pelo órgão da acusação, sua aceitação pelo autor do fato, assistido obrigatoriamente por defensor.

■ 1.3.4. Direito civil

■ *1.3.4.1. Breve conceito*

Entende-se por Direito Civil, na definição de Maria Helena Diniz, "o ramo do direito privado destinado a reger relações familiares, patrimoniais e obrigacionais que se formam entre indivíduos encarados como tais, ou seja, enquanto membros da sociedade". Ainda segundo a autora, seus princípios basilares são o da "personalidade, autonomia da vontade, liberdade de estipulação negocial, propriedade individual, intangibilidade familiar, legitimidade da herança e do direito de testar, e solidariedade social"[16].

■ *1.3.4.2. Diferenças entre os direitos civil e penal*

Há relevantes traços distintivos entre o Direito Civil e o Penal, no campo do ilícito, da sanção e da responsabilidade.

De acordo com o **Código Civil**, entende-se por **ilícito**: a) o ato de alguém que, por ação ou omissão voluntária, negligência ou imprudência, **viola direito e causa dano a outrem**, ainda que exclusivamente moral (art. 186); b) o **exercício abusivo de um direito** por seu titular, quando exceder manifestamente os limites impostos pelo seu fim econômico ou social, pela boa-fé ou pelos bons costumes (art. 187).

As **sanções** preconizadas a estes vão desde a obrigação de **reparar o dano**, a imposição de **multa**, a **rescisão contratual**, a **nulidade** do ato ou negócio jurídico até, em caráter excepcional, a **breve prisão coercitiva**, quando se tratar de devedor de alimentos[17].

O **ilícito penal**, a seu giro, distingue-se do civil, primeiramente, do ponto de vista ontológico, pois somente se reputará como tal **aquele capaz de lesar ou pôr em risco, de modo mais intenso, bens jurídicos** considerados **fundamentais** para a paz e o convívio social.

Difere, ainda, no plano formal, pela sua taxativa e cerrada construção, já que só pode haver crime onde existir conduta lesiva a bens jurídicos, descrita como tal em lei anterior.

---

16 *Compêndio de introdução à ciência do direito*, p. 268.

17 Conforme já se destacou, muito embora preveja o Texto Maior a prisão civil tanto do devedor de alimentos quanto do depositário infiel, a última delas é vedada por documentos internacionais ratificados pelo Brasil, aos quais o Supremo Tribunal Federal, por serem tratados internacionais sobre direitos humanos, outorga o caráter **supralegal**, isto é, não se sobrepõem à Constituição Federal, mas se encontram num patamar hierárquico-normativo **acima das leis**. Veja, a respeito do tema, a Súmula Vinculante n. 25 do STF: "É ilícita a prisão civil de depositário infiel, qualquer que seja a modalidade do depósito".

Suas **sanções** são aquelas que **mais severamente atingem a liberdade individual**, notadamente a **privação ou restrição da liberdade, a perda de bens, a multa, a prestação social alternativa e a suspensão ou interdição de direitos** (art. 5º, inc. XLVI, da CF).

Assim, por exemplo, se o contratante deixar de pagar as prestações devidas, dará causa à rescisão contratual, ficando responsável por ressarcir os prejuízos decorrentes de seu ato, bem como pelo cumprimento de eventual multa estipulada na avença. De igual modo, se a esposa trair o marido, cometendo adultério, poderá o cônjuge requerer a dissolução da sociedade conjugal pelo divórcio. Em nenhum dos casos se imporá ao infrator sanção penal, posto que tais situações, além de não macularem acentuadamente valores fundamentais, não se encontram tipificadas em lei penal alguma[18].

Diz-se também que a sanção civil visa, primacialmente, reparar o dano, restabelecendo o *status quo ante*, ao passo que a penal objetiva um fim superior (por exemplo, a retribuição pelo mal cometido, a prevenção, a assecuração de expectativas normativas etc.[19]).

Veja, porém, que modernamente alguns dogmas vêm sendo colocados em xeque.

Há penas criminais com nítido caráter reparatório, como a prestação pecuniária, pena alternativa cominada no art. 45, § 1º, do CP, pela qual se obriga o réu a pagar uma quantia em dinheiro, preferencialmente à vítima ou a seus dependentes, no valor de um a trezentos e sessenta salários mínimos, deduzindo-se o montante pago na sentença penal de eventual indenização civil.

Existem, sob o prisma da responsabilidade civil, concepções que advogam a tese de que não basta recuperar o estado anterior, devendo se conferir à indenização caráter pedagógico, notadamente no campo dos danos morais. Flávia Portella Püschel e Marta Rodriguez de Assis Machado citam decisão proferida pelo Superior Tribunal de Justiça, relativa à inscrição indevida em cadastro de devedores inadimplentes, a qual elevou o montante estipulado para os danos morais, a fim de que a condenação desestimulasse a repetição de semelhantes atos[20].

■ *1.3.4.3. Pontos de contato*

Os **Direitos Penal e Civil** intrincam-se por diversas frentes, entre as quais a **da licitude**, a da **responsabilidade do agente**, bem como pela **proteção a diversos valores**, albergados tanto nas leis civis quanto nas criminais.

---

[18] Vale anotar que, até o advento da Lei n. 11.106/2005, o adultério era previsto no art. 240 do Código Penal como delito. A incriminação desse ato, porém, há décadas já se mostrava plenamente injustificada, posto que ofendia o princípio da intervenção mínima, do qual se deduz o caráter subsidiário e fragmentário do Direito Penal.

[19] Há diversas teorias que se ocupam da finalidade da pena, as quais serão abordadas no Capítulo pertinente (Capítulo 20, *infra*).

[20] Questões atuais acerca da relação entre as responsabilidades civil e penal. In: Basileu Garcia, *Instituições de direito penal*, 7. ed., v. I, t. I, p. 28. O acórdão mencionado é o REsp 445.646, Rel. Min. Ruy Rosado de Aguiar, julgado em 03.10.2002.

No que se refere à **licitude**, dada a unidade do sistema jurídico, **reconhecendo--se permitida determinada conduta à luz de** disposição contida em **norma civil**, ainda que o ato possa corresponder a algum tipo penal, **não haverá crime**. Isto porque a existência de uma autorização, mesmo prevista fora do campo das normas penais, constituirá um comportamento produtor de **riscos permitidos**, ou seja, juridicamente aprovados e, portanto, sem qualquer conotação criminosa.

Com referência às **responsabilidades penal e civil**, embora **independentes** uma da outra, casos há em que a fixação daquela influencia nesta. Nos termos do art. 935 do CC, o reconhecimento da existência do fato ou de sua autoria, quando estas questões se acharem decididas no juízo criminal, vinculará a decisão cível. Quer dizer que, se o juiz penal, mediante decisão transitada em julgado, definiu, por exemplo, que um furto foi cometido e "A" o praticou, tais questões não poderão ser debatidas na esfera cível. A sentença penal condenatória, bem por isso, torna certa a obrigação de reparar o dano (art. 91, inc. I, do CP), constituindo-se de título executivo judicial (art. 515, inc. VI, do CPC).

Frise-se, todavia, que a **responsabilidade penal é individual e personalíssima** (art. 5º, inc. XLV, da CF), ao passo que **o Direito Civil admite a responsabilidade por ato de terceiro**, como o caso dos pais que respondem por condutas dos filhos menores, dos tutores em relação aos tutelados, dos curadores em face dos curatelados, do empregador ou comitente por seus empregados, serviçais e prepostos etc. (art. 932 do CC).

De ver, ainda, que uma ampla gama de institutos de Direito Civil, como a propriedade, a posse e a família, encontram especial proteção em determinados setores da legislação penal, como os crimes contra o patrimônio, contra a propriedade imaterial e contra a família (Títulos II, III e VII da Parte Especial do CP). São casos considerados mais graves, em que se reconhece a necessidade da intervenção penal. Desta forma, *v.g.*, se um marido for infiel, cometendo adultério, ficará sujeito a consequências meramente civis, mas, se, além de trair o dever de fidelidade conjugal, casar-se com outra mulher na constância do primeiro matrimônio, dar-se-á o crime de bigamia (art. 235 do CP), acarretando a punição na órbita penal.

■ 1.3.5. Direito administrativo

Celso Antônio Bandeira de Mello define-o como "o ramo do direito público que disciplina a função administrativa, bem como pessoas e órgãos que a exercem"[21].

O Direito **Administrativo possui pontos de contato com o Penal**. Pode-se citar, por exemplo, a **tutela penal da Administração Pública** (Título XI da Parte Especial do CP), os **efeitos extrapenais da condenação**, entre os quais há a perda do cargo, função pública ou mandato eletivo (art. 92, I, do CP) e a **pena restritiva de direitos**, consistente na proibição do exercício de atividade, cargo ou função públicos, bem como de mandato eletivo (art. 47, II, do CP).

---

[21] *Curso de direito administrativo,* 28. ed., p. 37.

Lembre-se, ainda, das **leis penais em branco**, cujo **complemento** se localiza em **atos administrativos**, como o tipo penal definidor do tráfico de drogas (art. 33 da Lei n. 11.343/2006), o qual não cita quais são as substâncias psicoativas capazes de constituir seu objeto material, tendo o legislador transferido esta tarefa (art. 66 da mesma lei) à Administração (*vide* Portaria SVS/MS n. 344, de 12 de maio de 1998).

1.3.6. Direito tributário

Segundo Paulo de Barros Carvalho, "É o ramo didaticamente autônomo do direito, integrado pelo conjunto das proposições jurídico-normativas, que correspondam, direta ou indiretamente, à instituição, arrecadação e fiscalização de tributos"[22].

A finalidade desses ramos do Direito é acentuadamente distinta. O Penal visa proteger valores fundamentais da sociedade e o Tributário, prover economicamente os cofres do Estado, a fim de que este possa concretizar suas finalidades constitucionalmente previstas.

O Direito Tributário conecta-se com o Penal sob vários ângulos, já que ambos pertencem, na tradicional classificação, ao Direito Público e se valem de sanções para punir quem infringe seus preceitos.

O modo mais claro em que se entrelaçam, porém, ocorre por intermédio do chamado **Direito Penal Tributário**, setor responsável pela incriminação de ilícitos relativos ao inadimplemento de tributos.

Diversos são os chamados **delitos tributários**, muitos dos quais se encontram definidos na Lei n. 8.137/90, cujo art. 1º contém os mais importantes, pois **envolvem a redução ou supressão do** valor correspondente ao **tributo** devido. Nesses casos, aliás, **o aperfeiçoamento do crime somente pode ser reconhecido depois do lançamento definitivo do tributo**, conforme entendimento consolidado do Supremo Tribunal Federal (**Súmula Vinculante n. 24:** "Não se tipifica crime material contra a ordem tributária, previsto no art. 1º, incisos I a IV, da Lei n. 8.137/90, antes do lançamento definitivo do tributo").

1.3.7. Síntese

RELAÇÃO DO DIREITO PENAL COM OUTROS RAMOS
Direito Penal e Constitucional
■ Da supremacia das normas e valores da Constituição é que o Direito Penal retira seu fundamento.
Direito Penal e Internacional Público
■ O Direito Penal interno submete-se às normas previstas em Tratados ou Convenções Internacionais sobre direitos humanos, às quais se outorga hierarquia constitucional (quando ratificadas no Brasil pelo mesmo quórum das emendas à Constituição) ou supralegal.
Direito Penal e Processual Penal
■ O Direito Penal é um direito de coação indireta (isto é, não possui autoexecutoriedade), de tal modo que sua efetiva concretização depende necessariamente do devido processo legal.

22 *Curso de direito tributário*, 16. ed., p. 15-16.

Direito Penal e Civil
■ O conceito de ilícito civil é mais amplo que o de infração penal, pois esta representa agressões mais intensas a valores fundamentais à sociedade e, por tal motivo, é apenada mais severamente. ■ As responsabilidades penal e civil são independentes, embora o reconhecimento definitivo daquela possa acarretar efeitos de ordem civil (como a reparação dos danos e o confisco de bens).
Direito Penal e Administrativo
■ Os ilícitos penal e administrativo não se confundem. O primeiro é mais grave que o último, acarretando sanções mais rigorosas. ■ As responsabilidades penal e administrativa são independentes, mas a condenação penal pode gerar consequências na órbita administrativa (como a perda do cargo ou da função pública).
Direito Penal e Tributário
■ A finalidade desses ramos do Direito é acentuadamente distinta. O primeiro visa proteger valores fundamentais e o outro, prover economicamente os cofres do Estado, a fim de que este possa concretizar as finalidades constitucionalmente previstas. ■ O ponto de contato mais próximo entre ambos se dá por meio do "Direito Penal Tributário" (isto é, a disciplina dos crimes de sonegação fiscal).

1.4. POSIÇÃO ENCICLOPÉDICA DO DIREITO PENAL

1.4.1. O caráter científico do direito penal

Não há dúvida, modernamente, que Direito é Ciência. A famosa crítica de Kirchmann (1847), promotor de justiça alemão, em seu texto ironicamente intitulado *O caráter acientífico da Ciência do Direito*, já se demonstrou totalmente infundada. Dizia o autor que toda obra doutrinária, sentença bem elaborada, trabalho jurídico, enfim, tornava-se papel descartável com algumas poucas palavras do legislador modificando a legislação, motivo pelo qual não se poderia outorgar cientificidade ao Direito.

Equivocava-se, contudo, justamente por confundir o Direito (conjunto de normas e princípios) com a Ciência do Direito (o estudo do direito, calcado num **método próprio**, sistematicamente **organizado a partir de seu objeto** e **fincado na busca por sua legitimidade**)[23].

Dessa forma, o trabalho que se ocupar da Ciência do Direito jamais se tornará letra morta, por mais ampla que se mostre eventual modificação legislativa. Na verdade, se as alterações introduzidas pelo parlamento não estiverem de acordo com o fundamento científico do Direito, este sim é que não terá produzido mais do que leis descartáveis.

A construção da cientificidade do Direito, reconhecendo-se neste um **fenômeno cultural**, deve ser deduzida da configuração de uma dada sociedade, donde haverá de se moldar o plexo normativo-penal, variável no tempo e no espaço, tendo em mira seus respectivos valores[24].

---

23 Paulo de Barros Carvalho ensina que "o Direito positivo é o complexo de normas jurídicas válidas num dado país. À Ciência do Direito cabe descrever esse enredo normativo, ordenando-o, declarando sua hierarquia, exibindo as formas lógicas que governam o entrelaçamento das várias unidades do sistema e oferecendo seus conteúdos de significação" (*Curso de direito tributário,* 16. ed., p. 2-3).

24 "Ante a necessidade de se ver o direito como um fenômeno inserido em situações vitais, dotado de sentido, a ciência jurídica surge como uma ciência cultural" (Maria Helena Diniz, *Compêndio de introdução à ciência do direito*, p. 131). Citando Tércio Sampaio Ferraz Jr., diz a eminente profes-

Cremos que o **método** jurídico há de ser o **histórico-cultural**. O Direito não é senão resultado da cultura vigente em uma sociedade determinada. Não há como compreendê-lo sem que se tenha em mente essas amarras temporais e espaciais. Seu **objeto** há de ser **tríplice: o fato, o valor e a norma**, estudando-se o Direito na totalidade dos fenômenos que o constituem. A **legitimidade** do Direito Penal, por fim, deve ser calcada em **três bases: o respeito à dignidade humana, a promoção dos valores constitucionais e a proteção subsidiária de bens jurídicos**.

1.4.2. A dogmática penal

Dogmática significa o **estudo dos dogmas**. Dogma deriva do grego *doxa*, isto é, qualquer opinião ou crença. A dogmática, portanto, refere-se a "um conjunto de opiniões, doutrinas ou teorias"[25] a respeito da validade e da interpretação do Direito.

Por **dogmática penal**, entende-se **"disciplina que se ocupa da interpretação, sistematização e desenvolvimento (...) dos dispositivos legais e das opiniões científicas no âmbito do direito penal"**[26]. A presente obra, portanto, representa um trabalho eminentemente relacionado à dogmática penal.

1.4.3. A política criminal

A política criminal, por sua vez, corresponde à maneira como o Estado deve enfrentar e combater a criminalidade: "É aquele aspecto do controle penal que diz relação com o poder que tem o Estado de definir um conflito social como criminal"[27].

Até o início do século passado, preponderava a tese de que a política criminal constituía monopólio privativo do Estado, que a implementava por meio das leis aprovadas pelo parlamento e das medidas adotadas pelo Executivo para sua fiel execução. O jurista, por outro lado, deveria apenas estudá-la e descrevê-la, dedicando-se exclusivamente à sua tarefa dogmática. Desse modo, **política criminal e dogmática penal não se imiscuíam**.

Na atualidade, todavia, esse ponto de vista encontra-se superado. A dogmática penal deve ser influenciada pela política criminal. **O penalista tem de construir um sistema penal teleologicamente orientado para a consecução da função do Direito Penal**. De nada adianta produzir um belo e didático sistema, uma teoria do crime harmonicamente construída, se as soluções nem sempre forem justas e condizentes com a missão desse ramo jurídico.

---

sora que a Ciência do Direito não surge como um "produto metódico de procedimentos formais, dedutivos e indutivos, mas como um conhecimento que constitui uma unidade imanente, de base concreta e real, que repousa sobre valorações" (*A ciência do direito,* p. 38, apud *Compêndio de introdução à ciência do direito*, p. 131).

25 Dimitri Dimoulis, *Manual de introdução ao estudo do direito*, p. 52.

26 Claus Roxin, *Funcionalismo e imputação objetiva no direito penal*, p. 186-187.

27 Bustos Ramiréz, Malarée e Hernán. *Lecciones de derecho penal*, p. 40.

Como afirma Enrique Bacigalupo, "os postulados da política criminal servem, então, como critérios de decisão a respeito dos sistemas dogmáticos para aplicação do direito penal"[28].

Antônio Carlos da Ponte, destacando o **duplo sentido da expressão política criminal**, esclarece que ela deve significar, de um lado, **a atividade do Estado** e, de outro, **a atividade científica**.

"A atividade do Estado", explica, "faz parte da política geral, tendo como finalidade a convivência fraterna e harmônica entre as pessoas. Ao estabelecer as condutas proibidas caracterizadoras das infrações penais e as sanções penais correspondentes, o Estado está exercendo sua *política criminal*, que não se restringe apenas ao Direito Penal, posto que a prevenção do delito também se dá por meio de medidas extrapenais, como saneamento básico, iluminação pública, urbanização de favelas, proibição do funcionamento de bares durante a madrugada, melhor distribuição de renda, emprego, educação, incursão da escola no cotidiano das pessoas, etc.".

"Como *atividade científica*", prossegue o autor, "a política criminal estabelece o modelo de sistema punitivo a ser seguido e os fins que o mesmo procura alcançar por intermédio do Direito Penal, que se submete a princípios limitadores"[29].

■ 1.4.4. A criminologia

A **Criminologia** constitui **ciência empírica**, que, com base em dados e demonstrações fáticas, busca uma **explicação causal do delito como obra de uma pessoa determinada**.

Seu foco pode ser tanto a personalidade do infrator quanto seu desenvolvimento psíquico, as diversas formas de manifestação do fenômeno criminal, seu significado pessoal e social. De acordo com o objeto que ela investigue, pode-se falar em Antropologia criminal, que se divide em: Biologia e Psicologia criminal; e Sociologia criminal.

Com o resultado de suas investigações, preocupa-se em fornecer as causas da prática do crime e, com isso, auxiliar no combate à criminalidade.

■ *1.4.4.1. O berço da criminologia*

Há quem atribua o nascimento da Criminologia à Escola Clássica[30] (séculos XVIII e XIX), surgida a partir do Iluminismo.

---

[28] *Direito penal*. Parte geral, p. 66; tradução de André Estefam.

[29] *Crimes eleitorais,* p. 62-63.

[30] A designação "Escola Penal" ou "Escola Criminal" compreende um agrupamento de ideias sobre alguns dos mais importantes problemas penais, por meio de um método científico semelhante. Jiménez de Asúa (apud Prado, 2001, p. 73) definiu "Escola Penal" como "o corpo orgânico de concepções contrapostas sobre a legitimidade do direito de punir, sobre a natureza do delito e sobre o fim das sanções". Já Aníbal Bruno (1959, p. 77), de sua parte, conceituou as "Escolas Penais" como "corpos de doutrina mais ou menos coerentes sobre os problemas em relação com o fenômeno do crime e, em particular, sobre os fundamentos e objetivos do sistema penal". Tais "Escolas" surgiram a partir do século XVIII, quando teve início a fase humanitária e científica do Direito Penal.

Seus pensadores (Feuerbach, Beccaria, Bentham, Carrara, Rossi e outros), de fato, preocuparam-se em estudar sistematizadamente o crime e o criminoso, debruçando-se sobre as causas da delinquência e os meios adequados para combatê-la.

É certo, porém, que **o berço da Criminologia moderna, enquanto ciência ocupada em conhecer o fenômeno criminal, sua gênese, seu diagnóstico e seu tratamento, foi a obra de Lombroso** (hoje profundamente criticada), *L`Uomo delinquente*, de 1876[31].

Atualmente, é vista como uma ciência multidisciplinar, que se vale da antropologia, da biologia, da psicologia, da psiquiatria, da sociologia etc.

■ 1.4.4.1.1. Criminologia da Escola Clássica

A Escola Clássica, Idealista ou Primeira Escola surgiu na Itália, de onde se espalhou para o mundo, principalmente para a Alemanha e a França. Pode ser dividida em dois períodos: a) teórico ou teórico-filosófico (cujo marco é a obra de Beccaria); e b) prático ou ético-jurídico (Francesco Carrara e Enrico Pessina).

Sua grande marca foi o **método** empregado na Ciência do Direito Penal, de fundo **dedutivo, em que o jurista deveria partir do abstrato (*i.e.*, o direito positivo) para, então, passar ao concreto** (ou seja, às questões jurídico-penais).

Os clássicos adotavam princípios absolutos (que invocavam o ideal de Justiça) e se sobrepunham às leis em vigor; compreende-se que assim o fizessem, pois, no contexto em que tal Escola aflorou, predominavam leis draconianas, excessivamente rigorosas, de penas desproporcionais, de tipos penais vagos, enfim, de uma "situação de violência, opressão e iniquidade"[32]. Isto se pode ver já no prefácio da obra de Beccaria: "(...) essas leis (*referindo-se às normas vigentes na Europa*), produto dos séculos mais bárbaros, são examinadas neste livro no que diz interesse ao sistema criminal; e ousa-se expor-lhes as desordens aos responsáveis pela felicidade pública, por meio de um estilo que afasta o vulgo ilustrado e impaciente"[33]. E, mais adiante, arremata: "Seria, pois, um erro atribuir princípios contrários à *lei natural* (...)"[34].

Inspirando-se na filosofia iluminista, considerava-se que os homens se reuniram em sociedade de modo a sofrer o mínimo possível, e, com vistas ao exercício de sua liberdade, abriram mão de uma parcela desta por meio do contrato social. A pena criminal, portanto, não poderia servir como castigo, mas como mecanismo para inibir delitos. A exemplaridade da pena e o temor do castigo afastariam, portanto, a tentação do delito.

As principais foram a *Escola Clássica*, a *Escola Positiva*, e a *Terceira Escola* ou *Escola Eclética*. Destas, as duas primeiras apresentam posturas lógica e filosoficamente bem definidas, cada uma delas correspondendo a uma diferente "concepção de mundo". A terceira, por sua vez, traz como que uma fusão das anteriores.

31 Roger Merle e André Vitu, *Traité de droit criminel*, 7. ed., t. I, p. 20.

32 Aníbal Bruno, *Direito penal:* parte geral, p. 80.

33 Cesare Beccaria, *Dos delitos e das penas*, p. 11, parênteses nossos.

34 Cesare Beccaria, *Dos delitos e das penas*, p. 13, grifo nosso.

1.4.4.1.2. *Criminologia da Escola Positiva*

No decorrer do século XIX, a preocupação social deixou de ser a defesa das pessoas contra o arbítrio estatal, centrando-se na proteção da sociedade contra o crime e o criminoso. "Os homens sentiam-se solidários com a ordem social e jurídica, e desejosos de opor proteção eficaz à ameaça do crime"[35].

Para atender a este anseio legítimo, ocorre uma profunda **mudança de foco** na Ciência do Direito Penal, que **deixa de se voltar para o sistema legal, deslocando-se para o delinquente** e a pesquisa das causas do crime.

Enquanto a Escola Clássica empregava o método dedutivo, de lógica abstrata, a **Escola Positiva se socorria do método indutivo e experimental**. Os "clássicos" conclamavam o homem a olhar para a Justiça; os "positivistas" concitavam a Justiça a olhar para o homem. A Escola Clássica via o crime como "entidade jurídica", enquanto a Escola Positiva o encarava como fato social e humano.

Com referência ao fundamento da pena, a Escola Positivista discordava seriamente da Clássica, a qual acreditava no livre-arbítrio das pessoas como fundamento moral da pena, enquanto aquela rejeitava essa raiz em nome de um verdadeiro determinismo, decorrente de fatores biológicos (Lombroso), sociais (Ferri) ou psicológicos (Garofalo).

A pena deveria cumprir um papel eminentemente preventivo, atuando como instrumento de defesa social. A sanção, portanto, não se balizava somente pela gravidade do ilícito, mas, sobretudo, pela periculosidade do agente.

1.4.4.1.3. *Sociologia criminal*[36]

No final do século XIX, via-se um **predomínio das ideias sociológicas no campo da explicação causal do delito** (Lacassagne, Tarde e Durkheim).

Suas obras encontraram grande aceitação, enxergando o **crime como fenômeno coletivo**, cujas **raízes** poderiam ser encontradas nas mais **variadas causas sociais**, como a pobreza, a educação, a família, o ambiente moral. Investigando-se esses focos, poderia se prever, com alguma segurança, o aumento da criminalidade e, então, combatendo-se essas causas, seria possível obter algum sucesso em sua redução.

1.4.4.1.4. *Criminologia socialista*

A Criminologia socialista (Marx e Engels) considerava que as **causas do crime prendiam-se à miséria, à cobiça e à ambição**, que eram as **bases do sistema capitalista** e, portanto, ao combatê-lo, por meio do socialismo, se poria um fim às tragédias sociais e ao crime.

---

[35] Aníbal Bruno, *Direito penal:* parte geral, p. 97.

[36] Serviram de fonte a esta exposição as lições de Gianpaolo Poggio Smanio e Humberto Barrionuevo Fabretti. In: *Introdução ao direito penal* — criminologia, princípios e cidadania. São Paulo: Atlas, 2010.

■ *1.4.4.1.5. Sociologia criminal norte-americana*

Durante o século XX, nos Estados Unidos, floresceu, como em nenhum outro país no Mundo, o estudo da Criminologia marcadamente derivada da Sociologia Criminal, em que o **delito é visto como fato social**. As regras de funcionamento do sistema social desencadeiam comportamentos adequados e desviantes, em que se notam, nos dois casos, maneiras diferentes ou caminhos distintos de busca pelo sucesso material e pela ascensão social.

Com a obra de Edwin H. Sutherland (*White collar crime*), reforçou-se a tese de que o crime é um comportamento inerente ao convívio social e de que não surge somente como obra da pobreza ou da marginalidade, mas também é praticado por pessoas em condições socioeconômicas vantajosas e elevado grau de escolaridade. Esses "crimes de colarinho branco" são sempre deliberados, planejados, organizados e, como regra, cometidos no desempenho de alguma atividade empresarial[37].

Por volta dos anos 1920 e 1930, floresceu a chamada **teoria ecológica ou da desorganização social**, nascida na Universidade de Chicago, para a qual o crime é um fenômeno ligado a áreas naturais. A ela se seguiu a **teoria culturalista**, em que o cerne do comportamento criminoso está na formação da personalidade como processo de socialização e assimilação de padrões culturais, os quais se contrapõem aos instintos individuais. Houve, por fim, a **teoria da anomia**, que enxerga o delito como o resultado de uma defasagem entre as estruturas cultural (que a todos determina a busca pelos mesmos fins e com idênticos meios) e social (a qual priva uns em detrimento de outros dos recursos à persecução destes objetivos, fazendo com que aqueles procurem meios ilegítimos de igualar as diferenças).

■ *1.4.4.1.6. Criminologia crítica ou criminologia nova*

Referida vertente surgiu no final da década de 1960, nos Estados Unidos, e representou uma radical mudança de base e rumo em relação ao pensamento criminológico de então. Isto porque, em vez de olhar para o criminoso e perquirir as causas e os motivos que o impulsionam, dirige sua atenção aos mecanismos e instâncias de controle social.

Há um abandono do paradigma determinista, substituído por uma visão em que se adota um modelo estatístico de abordagem.

O direito e o processo penal, desta forma, moldados a partir dos grupos sociais dominantes, tornam-se mecanismos utilizados pelos donos do poder.

A Criminologia Crítica ou Criminologia Nova possui **três vertentes: o *labelling approach*, a etnometodologia e a criminologia radical**.

■ *1.4.4.1.6.1.* Labelling approach

Cuida-se de uma abordagem que não enxerga no comportamento criminoso razões ontológicas ou intrínsecas para sua qualificação como tal, mas o encara como o resultado de uma abordagem decorrente do sistema de controle social.

---

[37] Edwin H. Sutherland, *White collar crime*, 2. ed., apud Enrique Bacigalupo (Org.). *Derecho penal económico*, p. 9.

As instituições, portanto, é que rotulam ou "etiquetam" um agir como desviante. **A sociedade torna o agente criminoso, pois decide o que é aceito e o que é proibido**. Inexiste, nesta perspectiva, o delinquente, senão como personagem social que, por critérios eleitos pelas forças dominantes, dita normativamente o agir conforme as regras e o agir desviante.

1.4.4.1.6.2. *Etnometodologia*

Procura estudar o cotidiano e como ele é realmente vivenciado, daí destacando as regras e os rituais das pessoas envolvidas e como interagem seus partícipes e as "organizações" (polícia, ministério público, judiciário, sistema prisional etc.).

Essa abordagem não faz qualquer juízo crítico acerca das normas ou da estrutura social.

1.4.4.1.6.3. *Criminologia radical*

Sob influência da criminologia marxista, propõe que, numa sociedade capitalista, cuja ordem jurídica é opressora, o crime é um problema insolúvel. O caminho não reside em tratar o "criminoso", em tal contexto, mas em modificar a sociedade, transformando-a.

1.4.4.2. *Criminologia na atualidade*

Os estudos criminológicos no século XXI convergem para os seguintes pontos: a amplitude de seu alcance e a multiplicidade de suas investigações.

Cumpre à Criminologia não apenas buscar uma explicação causal para o delito, mas também deve dedicar sua atenção aos modelos de controle social e como suas instituições agem, reagem e interagem com o criminoso.

Deve se ocupar, ainda, de questões relevantes de política criminal, pois estas interferem no combate ao fenômeno e, deste modo, a ela interessam. É necessário que fixe premissas e critérios para a criminalização e a descriminalização de condutas.

Os processos de elaboração, violação e reação à violação das leis penais também participam do objeto de seu estudo.

O conceito criminológico de delito, por sua vez, não pode abrir mão de bases jurídicas, devendo mesclar dados do direito positivo e referenciais sociológicos.

1.4.4.2.1. *Criminologia de consenso e de conflito*

Essas vertentes da moderna criminologia divergem, em primeiro lugar, sobre a base da proteção a que se dedicaria o sistema de justiça penal e, por força disso, produzem modelos estáticos ou dinâmicos de controle social.

Para a chamada criminologia de consenso, haveria determinados valores comuns a todo o corpo, a todas as camadas da sociedade. A coesão social dar-se-ia em torno destes, de tal modo que conflitos capazes de ameaçá-los deveriam ser excluídos, em nome do grupo. Esse modelo tem natureza estática, justamente porque se assenta na ideia de que há um conjunto de valores imutáveis e comungados por todos. Dele decorre a aceitação das normas jurídico-penais, porque constituiriam o meio de tutelar o núcleo de coesão e o próprio funcionamento do sistema.

Para a criminologia de conflito, todas as relações sociais são, por definição e em sua essência, conflitivas, justamente porque a autoridade é distribuída desigualmente entre as pessoas, gerando por parte daqueles menos aquinhoados resistência a essa desproporcional situação. A coesão social não se dá por um consenso, mas somente se obtém por coerção. Desse modo, o sistema de justiça penal não é construído para eliminar conflitos, mas com vistas a fazer com que os valores comungados pelos grupos de poder dominantes prevaleçam sobre as demais camadas sociais.

Os conflitos, por sua vez, produzem constantes mudanças na distribuição de poder e autoridade, motivo pelo qual este é um modelo dinâmico, e não estático, em que pode haver câmbio de valores que o sistema de justiça penal busque proteger.

A criminologia de conflito é a única que consegue esclarecer a razão pela qual o sistema de justiça penal, aí englobados o direito e o processo penal, sempre se caracterizou por direcionar sua mais vigorosa reação a condutas ilícitas praticadas pelas camadas sociais economicamente mais fragilizadas, como se nota, ainda hoje, na diferença entre as penas cominadas entre delitos contra o patrimônio e crimes de "colarinho branco".

1.5. SÍNTESE

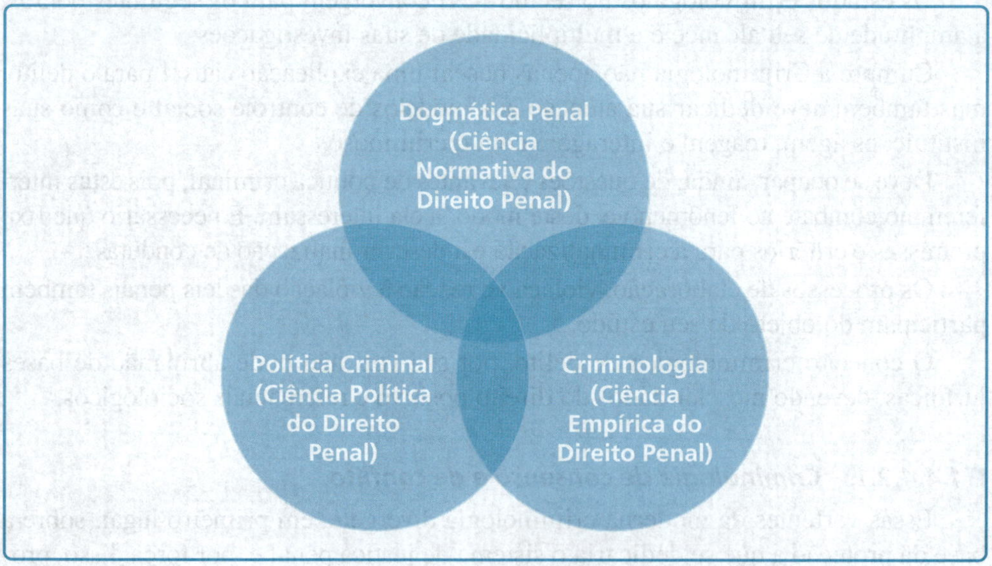

Esquema: A dogmática penal, a política criminal e a criminologia não são ciências estanques, mas se interpenetram e se inter-relacionam, sendo indispensável, para compreender o Direito Penal, ter em mente todas elas; afinal, Direito não é só norma, mas também fato e valor.

CRIMINOLOGIA	
■ Ciência empírica que, com base em dados e demonstrações fáticas, busca uma explicação causal do delito como obra de uma pessoa determinada.	■ Nascimento = obra *L'Uomo delinquente*, de 1876 (Lombroso).

EVOLUÇÃO (SÉCULOS XIX E XX)
■ Criminologia da Escola Clássica (a pena servia para inibir crimes, de tal modo que sua exemplaridade afastaria a tentação do delito). O enfoque criminológico era incipiente.
■ Criminologia da Escola Positiva (a pena deveria cumprir um papel eminentemente preventivo, atuando como instrumento de defesa social, balizando-se, sobretudo, pela periculosidade do agente). Representa o berço da criminologia.
■ Sociologia criminal (o crime passa a ser visto como fenômeno coletivo, cujas raízes poderiam ser encontradas nas mais variadas causas sociais, como a pobreza, a educação, a família, o ambiente moral, que, analisados e combatidos, lograriam obter algum sucesso na redução da criminalidade).
■ Criminologia socialista (as causas do crime prendiam-se à miséria, à cobiça e à ambição, que eram as bases do sistema capitalista e, portanto, ao combatê-lo, por meio do socialismo, por-se-ia um fim às tragédias sociais e ao crime).
■ Sociologia criminal americana (o delito constitui um fato social, pois são as regras de funcionamento do sistema social que desencadeiam comportamentos adequados e desviantes, os quais configuram meios distintos de busca pelo sucesso material e pela ascensão social; o crime é um comportamento inerente ao convívio social, e não obra da pobreza ou da marginalidade, pois também é praticado por pessoas em condições socioeconômicas vantajosas e elevado grau de escolaridade, como nos "crimes de colarinho branco").

EVOLUÇÃO (FINAL DO SÉCULO XX E INÍCIO DO SÉCULO XXI)	
■ ***Criminologia Crítica ou Criminologia Nova*** (em vez de olhar para o criminoso e perquirir as causas e os motivos que o impulsionam, dirige sua atenção aos mecanismos e instâncias de controle social; o direito e o processo penal tornam-se mecanismos utilizados pelos donos do poder; possui três vertentes: o *labelling approach*, a etnometodologia e a criminologia radical).	■ ***Labelling approach*** (o comportamento criminoso é o resultado de uma abordagem decorrente do sistema de controle social; as instituições "etiquetam" um agir como desviante, decidindo quem é criminoso). ■ Etnometodologia (estuda o cotidiano e como ele é vivenciado, destacando as regras e os rituais das pessoas envolvidas e como interagem seus partícipes e as "organizações", como a polícia, ministério público, judiciário, sistema prisional e etc.). ■ Criminologia radical (propõe que, numa sociedade capitalista, cuja ordem jurídica é opressora, o crime é um problema insolúvel; pretende modificar a sociedade em vez de tratar o criminoso).

CRIMINOLOGIA NA ATUALIDADE	
■ Cumpre à Criminologia buscar uma explicação causal para o delito, dedicar sua atenção aos modelos de controle social e como suas instituições agem, reagem e interagem com o criminoso, bem como ocupar-se de questões relevantes de política criminal, inclusive fixando critérios para a criminalização e descriminalização de condutas. Possui duas vertentes: Criminologia de Consenso e de Conflito.	■ Criminologia de consenso (sustenta que a coesão social se dá em torno de valores comuns a toda a sociedade, de tal modo que conflitos capazes de ameaçá-los devem ser excluídos. Desse modelo, advém uma aceitação das normas jurídico-penais, porque constituiriam o meio de tutelar o núcleo de coesão e o próprio funcionamento do sistema). ■ Criminologia de conflito (prega que todas as relações sociais são conflitivas, porque a autoridade é distribuída desigualmente entre as pessoas, gerando por parte daqueles menos aquinhoados resistência a essa desproporcional situação. Consegue esclarecer a razão pela qual o sistema de justiça penal sempre se caracterizou por direcionar sua mais vigorosa reação a condutas ilícitas praticadas pelas camadas sociais economicamente mais fragilizadas).

1.6. MOVIMENTOS PENAIS

1.6.1. Abolicionismo penal

Cuida-se de um movimento de fundo filosófico que prega, senão uma completa abolição do Direito Penal, um rompimento da cultura punitiva da sociedade e uma revolução no tratamento do sistema de justiça criminal.

Muitos apontam a obra de Willian Godwin, *Inquérito acerca da justiça política* (1793), como sua precursora. Esse livro sustentava que o governo constitui-se de fonte corruptora da sociedade, por perpetuar a dependência de todos ao poder estatal, promovendo a ignorância da população. A solução seria livrar-se das amarras desse poder pela difusão do conhecimento.

Os maiores expoentes do abolicionismo penal são: Louk Hulsman (Holanda); Thomas Mathiesen e Nils Christie (Noruega); e Sebastian Scheerer (Alemanha).

Existem vários matizes abolicionistas, mas um elemento comum reside na superação de uma abordagem punitiva, em que se busca extirpar o criminoso do convívio social por meio da pena privativa de liberdade. Esse enfoque deve ser substituído por processos de descriminalização (isto é, transformação de comportamentos criminosos em não criminosos) e despenalização (ou seja, substituição da pena de prisão por sanções alternativas), os quais devem se dar no âmbito legal e judicial. O abolicionismo também prescreve a adoção de modelos conciliatórios, terapêuticos, indenizatórios e pedagógicos, em que a sociedade se engaja na solução de conflitos, em vez de enfrentá-los por meio do modelo punitivo tradicional.

1.6.2. Garantismo penal

Constitui-se de um movimento, de grande aceitação doutrinária, o qual prega um modelo de Direito Penal voltado ao respeito intransigível aos direitos fundamentais e à Constituição. Seu maior expoente é Luigi Ferrajoli.

O **garantismo penal** resulta num **Direito Penal Mínimo**, em que a **Constituição** figura como **limite intransponível à atuação punitiva do Estado**.

Assenta-se em dez **axiomas:**

1) *Nulla poena sine crimine;*
2) *Nullum crimen sine lege;*
3) *Nulla lex (poenalis) sine necessitate;*
4) *Nulla necessitas sine injuria;*
5) *Nulla injuria sine actione;*
6) *Nulla actio sine culpa;*
7) *Nulla culpa sine judicio;*
8) *Nullum judicium sine accusatione;*
9) *Nulla accusatio sine probatione;*
10) *Nulla probatio sine defensione.*

Estes podem ser assim traduzidos:

1) Não há pena sem crime (a pena não pode ser "gratuita");
2) Não há crime sem lei (princípio da legalidade penal);
3) Não há lei penal sem necessidade (ou seja, a legislação penal deve conter racionalidade);
4) Não há necessidade de punir sem que haja efetiva lesão ou perigo a bens jurídicos (deste axioma decorre a inconstitucionalidade dos crimes de perigo abstrato ou presumido);
5) Não há lesão ou perigo de lesão a bens jurídicos se não houve conduta (direito penal do fato);
6) Não se pune conduta sem que haja culpabilidade (princípio da culpabilidade);
7) Não se reconhece a culpabilidade sem o devido processo legal;
8) Não há devido processo legal sem acusação formal (sistema processual acusatório);
9) Não há acusação válida se não acompanhada de provas;
10) Não se admitem provas sem que tenha havido defesa (contraditório e ampla defesa).

1.6.3. Movimento lei e ordem

O movimento "lei e ordem" tem como fonte inspiradora a política criminal implementada nos Estados Unidos, sobretudo na cidade de Nova Iorque, no final do século passado e início deste, em que se adotou a política de "tolerância zero". Resulta numa abordagem denominada "Direito Penal Máximo". Prega que desde os primeiros delitos, ainda que considerados infrações leves, já deve atuar o poder punitivo estatal.

Assenta-se na premissa de que os grandes delitos são cometidos por quem, anteriormente, praticou pequenos ilícitos, de tal modo que, se o Estado intervier na gênese, impedirá a evolução do agente para o caminho do crime.

1.6.4. Síntese reflexiva

Parece-nos que a solução há de ser encontrada num meio-termo. Nem o Direito Penal Mínimo nem o Máximo, mas o necessário e suficiente.

O criminoso não pode ficar completamente à margem da sociedade, sendo tratado como verdadeiro pária ou como um câncer a ser extirpado, mas a população não pode, do mesmo modo, ficar desprotegida, relegada à própria sorte, sem a proteção do Estado.

Virtus in medium est.

Em nosso modo de ver, a Constituição Federal é o único norte a orientar a produção e a concretização do Direito Penal. Tem razão, portanto, o garantismo penal quando defende o respeito intransponível aos direitos e garantias fundamentais previstos no Texto Maior. Do mesmo modo, acerta quando apregoa a necessidade de se admitir, tão somente, a tutela penal de valores constitucionais — expressos ou implícitos. Mostra-se correto, outrossim, quando coloca o Direito Penal como *ultima ratio*. Exagera, porém, quando olvida que a própria Lei Fundamental impõe a criminalização e a penalização de diversos comportamentos, merecedores, destarte, de rigor punitivo. É assim, por exemplo, no tratamento constitucional aos crimes hediondos, ao tráfico ilícito de drogas, ao terrorismo, à tortura, ao racismo, à ação de grupos armados contra a ordem constitucional ou contra o regime democrático, à proteção do meio ambiente, à defesa da ordem econômica, à proteção da família, do idoso, da criança e do adolescente etc. Peca, ainda, quando visualiza o princípio da proporcionalidade apenas em sua expressão de proibição do excesso, esquecendo-se de que, modernamente, também dele se extrai a vedação da proteção deficiente.

■ 1.7. QUESTÕES

1. (Procurador da República — 21º Concurso — 2004) Assinale a alternativa correta:

a) todos os princípios do chamado direito penal liberal estão explicitamente enunciados na Constituição brasileira;
b) a Constituição de 1988 tem um compromisso com o princípio da intervenção mínima;
c) são consequências decorrentes do princípio da culpabilidade a responsabilidade objetiva pelo simples resultado e a culpabilidade como limite da pena;
d) a doutrina dominante afirma que o escopo imediato e primordial do Direito penal reside na proteção de bens jurídicos essenciais ao indivíduo e à comunidade.

2. (Defensoria Pública/SP — FCC — 2009) A expressão "cifra negra" ou oculta, refere-se:

a) à porcentagem de criminalização da pobreza e à globalização, pelas quais o centro exerce seu controle sobre a periferia, cominando penas e criando fatos típicos de acordo com seus interesses econômicos, determinando estigmatização das minorias.
b) às descriminantes putativas, nos casos em que não há tipo culposo do crime cometido.
c) ao fracasso do autor na empreitada em que a maioria tem êxito.
d) à porcentagem de presos que não voltam da saída temporária do semiaberto.
e) à porcentagem de crimes não solucionados ou punidos porque, num sistema seletivo, não caíram sob a égide da polícia ou da justiça ou da administração carcerária, porque nos presídios "não estão todos os que são".

■ GABARITO ■

1. "d". Há princípios constitucionais penais implícitos na Constituição Federal. A assertiva "b" também pode ser considerada correta, pois esse "compromisso" derivaria, para alguns, do princípio da dignidade da pessoa humana e da natureza democrática do Estado brasileiro. O princípio da culpabilidade abomina a responsabilidade penal objetiva.

2. "e". O termo "cifra negra" diz respeito a estas infrações penais que, embora sejam cometidas, não chegam ao conhecimento oficial do sistema de Justiça Penal ou, ainda quando chegam, ficam sem efetiva punição.

2

BREVE HISTÓRIA DO DIREITO PENAL

2.1. A IMPORTÂNCIA DA COMPREENSÃO HISTÓRICA

O Professor Joaquim Camargo, lente na Faculdade de Direito do Largo de São Francisco e cultor da história do Direito Penal, ponderou com justeza: "(...) como poderemos saber se o direito penal é uma conquista das ideias esclarecedoras dos tempos modernos sobre as doutrinas viciosas do passado, ou se é a continuação dessas doutrinas rudes e bárbaras, como as sociedades em que dominavam, sem conhecer a sua história? Como explicar os textos, as suas disposições, os seus preceitos, sem conhecer o passado? É necessário, portanto, estudar a história do direito penal para bem conhecer a este"[1].

2.2. A PRÉ-HISTÓRIA DO DIREITO

A compreensão da história do Direito Penal constitui elemento indispensável em seu estudo, ainda que pontuada por noções basilares como as que ora serão propostas.

Não se sabe com precisão quando o homem surgiu na Terra; é certo, porém, que a aurora da humanidade e a do Direito são contemporâneas[2]; afinal, o ser humano sempre se reuniu em agrupamentos sociais, até porque não sobreviveria muito tempo de outro modo, fazendo-se necessário um conjunto mínimo de regras, inclusive penais[3], a serem observadas; daí por que *ubi societas ibi ius*[4].

Pouco se conhece dessa longa vivência da raça humana em nosso planeta. As descobertas arqueológicas conferem alguma noção da evolução militar, social, econômica e artística dos grupos sociais, mas quase nada permitem conhecer acerca de seu Direito.

---

1 Frise-se que a Ciência do Direito deve valer-se do método histórico-cultural, de tal modo que é impossível conhecer o Direito sem estudar sua umbilical relação com uma dada sociedade, considerada no tempo e no espaço.

2 "O ponto de partida da história da pena coincide com o ponto de partida da história da humanidade" (Franz von Liszt, *Tratado de direito penal alemão*, t. I, p. 74).

3 "A ameaça e imposição de uma pena pública respondem a uma tradição milenar. Parece-nos que, até hoje, toda organização social sempre foi acompanhada de um Direito penal" (Günther Stratenwerth, *Derecho penal*, parte general, p. 27).

4 Onde há sociedade, há direito. Diz-se, ainda, *ubi societas ibi crimen* (onde existe sociedade, há crime). "Desde os primeiros tempos da História, a criminalidade jamais deixou de se manifestar em todas as civilizações e em todos os lugares da Terra" (André Virtu e Roger Merle, *Traité de droit criminel*, 7. ed., p. 19).

O **aparecimento da escrita**, no entanto, muda completamente esse cenário, servindo como **divisor entre a história e a pré-história do Direito**. Nesse estágio, tornou-se possível conhecer com relativa precisão as instituições jurídicas existentes, que, nada obstante, precediam em alguns milhares de anos esse importante marco[5].

2.2.1. O direito penal pré-histórico ou primitivo

Diz-se **primitivo ou pré-histórico**, portanto, o **Direito Penal antes do surgimento da escrita**. Cuida-se de uma época longínqua, mas que toda civilização um dia experimentou. O **Brasil**, por exemplo, **vivenciou semelhante fase antes de sua colonização**, quando vigoravam as leis e os costumes indígenas (ver item 2.2.2, *infra*).

De modo geral, apontam-se as seguintes **características comuns** ao Direito primitivo:

- As **regras** eram **transmitidas oralmente** e **conservadas pela tradição**;
- Os **direitos eram muito numerosos**, com costumes distintos em cada agrupamento social (fosse este um clã, uma tribo ou uma etnia);
- O direito encontrava-se maciçamente **impregnado de religião**, havendo uma **confusão entre esta, o direito e a moral**[6].

2.2.2. A pré-história do direito penal brasileiro

Ao tempo do Descobrimento, nossos índios não apresentavam o mesmo estágio civilizatório de outros povos da América, como os astecas, os incas ou os maias. Encontravam-se, em verdade, bem **próximos da Idade da Pedra Lascada**[7].

Os relatos acerca de sua índole e cultura quando da chegada de Cabral são desuniformes e, por vezes, contraditórios, o que talvez possa ser explicado pela grande diversidade de agrupamentos tribais de diferentes tradições. Há registros de nossos silvícolas como bárbaros e vorazes comedores de carne humana e outros que dão notícia de um povo dócil e sem vícios.

Quanto à inflição da pena, a nota marcante, segundo João Bernardino Gonzaga, autor cuja obra constitui referência no assunto, era a inexorabilidade e a prontidão com que reagiam, tornando certa a vingança da vítima ou de outros com quem ela possuísse algum vínculo[8].

Conheceram nossos primeiros habitantes diversas formas primitivas de pena, notadamente a vingança divina e a vingança privada (adiante estudadas — item 2.4). Experimentaram, ainda, o Talião (relativa proporcionalidade na pena infligida) e a composição (compensação do mal provocado).

---

[5] John Gilissen, *A introdução histórica ao direito*, 5. ed.

[6] Para alguns, não se pode falar em Direito sem a presença do Estado, o qual dá às suas regras o caráter coercitivo. Parece-nos, todavia, que a falta de uma organização política formal não impede que se reconheça como Direito os sistemas pré-históricos, em que as normas, embora sem a coerção estatal, tinham caráter obrigatório no interior da comunidade, onde se impunha sanções a quem as desrespeitasse.

[7] José Henrique Pierangeli, *Códigos penais do Brasil*, 2. ed., p. 41.

[8] *Direito penal indígena*, p. 73.

"A pena de morte também existia entre os indígenas, como não podia deixar de ser, e era geralmente executada com o uso do tacape. A execução da pena capital, todavia, às vezes era feita com crueldade, pois sepultavam-se pessoas vivas, especialmente crianças, e outras vezes recorria-se a venenos, ao enforcamento e ao afogamento. A prisão, como pena, era desconhecida, existindo somente como estágio de recolhimento daquele que recebera a pena capital, principalmente os inimigos da tribo capturados em operações de guerra. Aplicavam-se, também, castigos com açoites aos membros do grupo, pela prática de faltas menos graves"[9].

Anote-se que o **direito penal indígena**, dado o seu primitivismo e diante de nosso processo de colonização, **em nada influenciou o Direito Penal brasileiro da atualidade**. O choque de civilizações decorrente da chegada dos portugueses em nossas terras resultou num desfecho inevitável, em que a cultura mais desenvolvida, seja pela força, superioridade ou astúcia, sobrepujou a dos indivíduos colonizados.

■ 2.3. O SURGIMENTO DA ESCRITA E DOS PRIMEIROS TEXTOS JURÍDICOS

Os **mais antigos documentos jurídicos escritos** datam de cerca de **5000 anos** e apareceram tanto no **Egito quanto na Mesopotâmia**. Embora não se tratassem de textos dogmáticos ou legislativos, constituem-se em boa parte de atos da vida prática, como ordenanças de cunho administrativo, decisões dos magistrados, contratos, testamentos etc.

Merece particular registro o chamado **Direito Cuneiforme**, que se entende pelo **conjunto de regras** adotadas por povos do oriente antigo (como Suméria, Babilônia, Assíria, Acádia), **perpetuadas** por meio de um **processo de escrita parcialmente ideográfico**, em **forma de cunho** ou prego.

O **"código" mais antigo** que atualmente se conhece é o de **Ur-Nammu**, fundador da terceira dinastia de Ur, por volta de 2000 anos antes de Cristo. O **mais célebre**, porém, é o **Código de Hammurabi**, rei da Babilônia, que se estima ter vivido de 1726 a 1686 a.C. Compõe-se de 282 artigos e está gravado numa estela, descoberta em 1901, e conservada no museu do Louvre, em Paris. Vários de seus preceitos contêm disposições criminais[10], o que os torna, em certa medida, uma das primeiras leis penais de que se possui notícia.

PRÉ-HISTÓRIA DO DIREITO (FASE ANTERIOR AO APARECIMENTO DA ESCRITA)	
Características	**Brasil**
■ As regras eram transmitidas oralmente e conservadas pela tradição ■ Havia vários Direitos diferentes ■ Religião, moral e Direito se confundiam	■ Fase corresponde ao Direito Penal Indígena

---

[9] Manoel Pedro Pimentel, *O crime e a pena na atualidade*, p. 128.

[10] "1. Se alguém acusou um homem, imputando-lhe homicídio, mas se ele não pode convencê-lo disso, o acusador será morto".

2.4. A FASE DA VINGANÇA PENAL

A doutrina tende a identificar o **início do desenvolvimento do Direito Penal**, aí abrangendo sua pré-história e boa parte do arvorecer de sua história, como a **fase da vingança penal, dividida em três subfases: a vingança divina, a vingança privada e a vingança pública, nas quais se entremeia a chamada vingança limitada (Talião)**.

Esses períodos, muito embora estudados na ordem acima apresentada, aqui adotada somente para fins didáticos, não se sucederam completamente, a ponto de se concluir que representam um ciclo evolutivo. Não se pode ignorar, além da multiplicidade de agrupamentos sociais existentes, com diferentes culturas, que o resultado de guerras travadas pode ter provocado a aniquilação de um sistema em favor daquele adotado pelos vencedores[11].

2.4.1. A vingança divina

Nos primórdios, pode-se supor, com alguma segurança, que **a pena continha origem marcadamente sacral**. O homem possuía uma visão limitada de si mesmo e de sua posição no cosmo. Não compreendia sequer os diversos fenômenos naturais (sejam aqueles que fugiam ao cotidiano, como a chuva, o trovão, o raio, as secas, ou mesmo os que se repetiam com alguma frequência, como os rigorosos invernos e as longas estiagens). Esses eventos eram então atribuídos a seres sobrenaturais, que dirigiam a vida das pessoas, premiando-as ou castigando-as, conforme suas ações[12].

Os indivíduos acreditavam fortemente nos **totens**, materialização de tais entidades, normalmente referências zoológicas, os quais constituíam objeto de veneração e respeito. A violação desta obediência, comungada pelos integrantes do grupo, era severamente punida, pois se acreditava que, se passasse sem resposta, poderia despertar a ira da divindade.

Acredita-se que desta época também datam as proibições conhecidas como **tabus**. Essa palavra de origem polinésia não comporta exata tradução, embora seja comumente associada à ideia de vedação.

A **infração totêmica** ou a **desobediência ao tabu** eram de **índole coletiva e visavam**, como se expôs, **aplacar a fúria divina**. Todos deveriam participar do ato punitivo para escaparem da vingança sobrenatural.

O que se notava nesse período da história da humanidade, portanto, eram normas impregnadas de cunho religioso ou místico, em que a inflição do castigo se dava com o escopo de apaziguar a revolta dos deuses.

Segundo anotam Smanio e Fabretti, "as principais codificações dessa época foram o Código de Manu (Índia), Cinco Livros (Egito), Livro das Cinco Penas (China), Avesta (Pérsia), Pentateuco (Hebreus), entre outros"[13].

---

[11] Cf. Gianpaolo Poggio Smanio e Humberto Barrionuevo Fabretti, *Introdução ao direito penal* — criminologia, princípios e cidadania, p. 4.

[12] Manoel Pedro Pimentel, *O crime e a pena na atualidade*, p. 117-118.

[13] *Introdução ao direito penal* — criminologia, princípios e cidadania, p. 4.

2.4.2. A vingança privada

Já em tempos muito remotos, o homem fazia justiça pelas próprias mãos. A **vingança privada** caracterizava-se por **reações violentas**, quase sempre **exageradas e desproporcionais**.

As **penas** impostas eram a "**perda da paz**" (imposta contra um membro do próprio grupo) **e** a "**vingança de sangue**" (aplicada a integrante de grupo rival).

Com a "perda da paz", o sujeito era banido do convívio com seus pares, ficando à própria sorte e à mercê dos inimigos.

A "vingança de sangue" dava início a uma verdadeira guerra entre os agrupamentos sociais. A reação era desordenada e, por vezes, gerava um infindável ciclo, em que a resposta era replicada, ainda com mais sangue e rancor. Travavam-se lutas intermináveis, imperando o ódio e a guerra[14].

Com o fortalecimento do poder social, a vingança privada, aos poucos, cedeu lugar à justiça privada, atribuindo-se ao chefe da família, clã ou tribo o poder absoluto de decidir sobre a sorte dos infratores.

2.4.3. A vingança limitada (Talião)

A **ausência de equilíbrio** entre o gravame e a sanção imposta **acarretava o enfraquecimento paulatino ou até a aniquilação do grupo**. A aplicação desmedida da pena capital ou do banimento, bem como as baixas decorrentes das batalhas travadas, debilitava a célula social. Surgia, então, após certo progresso civilizatório, a ideia de **estabelecer algum equilíbrio ou proporcionalidade entre o crime e a pena**, e isto se dava **por meio do Talião**, "um processo de Justiça em que **ao mal praticado por alguém devia corresponder, tão exatamente quanto possível, um mal igual e oposto**. O vocábulo latino *tálio* é afim de *talis* (tal)"[15]. Muito embora constitua forma rudimentar de proporção entre o mal e o castigo, ao menos para os padrões modernos, representou inegável conquista na história do Direito Penal. A expressão conhecida que o simbolizava era: *olho por olho, dente por dente*.

A **pena** assim infligida, **além de proporcional**, possuía **caráter individual**, já que a sanção não alcançava o ofensor e todos os que lhe eram solidários, mas somente aquele que delinquiu. Pode-se dizer, portanto, que **representa o germe, não só da reação equilibrada, mas também da personalidade da pena**.

Até mesmo o Talião, porém, trazia inconvenientes, como bem anotou Manoel Pedro Pimentel: "(...) é fácil pensar nas consequências nefastas para os grupos tribais, ocorrendo sucessivas mortes ou mutilações, por força das retaliações de ofensas. Olho por olho, o resultado era a cegueira parcial de duas pessoas. Braço por braço, a consequência era a invalidez de dois homens, enfraquecendo-se o grupo frente aos inimigos externos"[16].

---

14 Basileu Garcia, *Instituições de direito penal*, v. I, t. I, p. 12.

15 Basileu Garcia, *Instituições de direito penal*, v. I, t. I, p. 13.

16 *O crime e a pena na atualidade*, p. 122.

Referido processo de Justiça encontra-se previsto no Pentateuco, representado pelos cinco primeiros livros do Antigo Testamento. Pode-se vê-lo, ainda, no remoto Código de Manu (Índia) e no de Hammurabi.

Não é por outro motivo que o **Talião acaba substituído** por outros processos de Justiça, como a **troca do ofensor por um escravo** e, posteriormente, a **composição pecuniária**, consubstanciada no oferecimento de uma compensação pelo mal produzido.

Ao se introduzir a **composição** ou *compositio*, acentuava-se o poder estatal, em que o soberano e seus representantes atuavam como intermediários entre a vítima e o infrator, regrando-se o processo reparatório, com a criação, inclusive, de tabelas mensurando o *quantum* devido. Pode-se citar como exemplo a Lei das Doze Tábuas, que, além de conter preceitos relacionados com o Talião, previa tarifas para a *compositio*.

2.4.4. A vingança pública

Com o incremento das organizações sociais e sua crescente complexidade, as formas anteriormente expostas (vingança divina e privada) tornam-se obsoletas e inadequadas, à medida que comprometem a força do grupo e turbam a paz.

O Estado passa a intervir como o único legitimado a impor penas criminais, posto que lhe incumbe assegurar a integridade territorial, política e social de seus súditos.

A pena pública garantia a existência do próprio Estado, figurando, desde o início deste período e por boa parte dos séculos que se seguiram, como um dos mais graves crimes, o de lesa-majestade (por representar uma agressão ao soberano e à sua Divina autoridade).

2.5. SÍNTESE

FASES HISTÓRICAS DO DIREITO PENAL			
Vingança divina	**Vingança privada**	**Vingança limitada (Talião)**	**Vingança pública**
■ A pena tinha origem sacral. Acreditava-se nos totens, entidades veneradas por meio de objetos, e nos tabus, proibições que derivavam de crenças transcendentais. A infração totêmica ou a desobediência ao tabu possuíam índole coletiva e visavam aplacar a fúria divina.	■ Fazia-se justiça pelas próprias mãos. As penas eram impostas irracionalmente e enfraqueciam o próprio grupo social. As mais comuns eram a "perda da paz" (bania-se o membro do próprio grupo) e a "vingança de sangue" (aplicada a integrantes de outros grupos, gerando um ciclo infindável de violência, por vezes até a aniquilação).	■ A pena passa a ser imposta racionalmente e, com isso, evita-se o desaparecimento do grupo social. Os castigos se tornam individuais e proporcionais (ainda que numa proporcionalidade rudimentar — olho por olho, dente por dente).	■ A função de punir deixa de ser individual e se torna pública, ficando a cargo do Estado, o responsável por assegurar a integridade territorial, política e social de seus súditos.

2.6. OS SISTEMAS JURÍDICOS DA ATUALIDADE

Os dois principais sistemas jurídicos que se formaram durante a evolução histórica da humanidade, sobretudo na Europa, depois se refletindo para outros continentes, são a ***common law*** e a ***civil law***.

Este se refere ao sistema jurídico fundado na **tradição romano-germânica**, e **aquele**, ao sistema surgido na **Inglaterra**, sobretudo durante a Baixa Idade Média, **identificado como** o ***judge made law*** — o Direito formado a partir dos precedentes judiciais.

Registre-se, ainda, a presença de outros sistemas jurídicos no Mundo, como o dos países socialistas de tendência comunista, o direito mulçumano, o direito hindu, o direito chinês e os direitos africanos[17].

2.6.1. O sistema da *common law*

Nascido na Inglaterra, notadamente por ação dos tribunais da Baixa Idade Média (séculos XIII a XV), é adotado atualmente não só no Reino Unido, mas também nas nações que colonizou. A *common law* recebeu pouquíssima influência do direito romano-germânico e da ciência jurídica desenvolvida no seio das universidades medievais, verificando-se, bem por isso, uma acentuada diversidade terminológica em seus conceitos jurídicos.

2.6.1.1. *Elementos essenciais do crime na* common law

Para se ter uma ideia da peculiaridade de termos empregados na doutrina da *common law*, registre-se que esta divide os elementos do crime em: 1) *actus reus*; e 2) *mens rea*.

O primeiro constitui-se do elemento material, que se expressa com a conduta humana voluntária dirigida à causação do resultado, quando este for exigido por lei. O segundo refere-se ao elemento psíquico ou volitivo, traduzido na *criminal intent* ou intenção delitiva (cujo nível de exigência para sua constatação varia conforme a infração cometida). Presentes ambos, emerge a responsabilidade penal que, não obstante, pode ser elidida pela presença de diversos fatores, como causas de exclusão de ilicitude ou de isenção de culpabilidade[18].

É de ver, contudo, que semelhante construção, embora decorrente de longa evolução jurisprudencial, já se encontra incorporada em diversos textos legislativos, sobretudo nos Estados Unidos da América, os quais, ainda que pertencentes à família da *common law*, atualmente possuem estrutura normativa assemelhada à da *civil law*, dada a grande quantidade de textos legislados, notadamente na esfera penal.

2.6.2. A que sistema jurídico pertencemos?

Nossa tradição prende-se à **família dos direitos ditos romanistas ou família romano-germânica**. Cuida-se de um grande sistema jurídico adotado na Europa continental, desenvolvido no seio das universidades dos países de língua latina e germânica.

---

17 Veja, a respeito, John Gilissen, *A introdução histórica ao direito*, 5. ed., p. 23-25.

18 Confira-se em Joshua Dressler, *Cases and materials on criminal law*, 5. ed., p. 480.

2.6.3. As origens do sistema romano-germânico (*civil law*)

Conforme destacamos, nossa tradição jurídica integra-se na classe dos Direitos considerados romanistas (*civil law*), justificando que conheçamos, em breves linhas, a história do Direito Penal na Antiguidade romana.

PRINCIPAIS SISTEMAS JURÍDICOS DA ATUALIDADE	
Civil law **ou romano-germânico**	***Common law*** **ou anglo-saxão**
■ O cerne da produção jurídica se baseia em textos produzidos pelo parlamento.	■ Surgiu na Inglaterra, sobretudo durante a Baixa Idade Média, identificado como o *judge made law* — o Direito formado a partir dos precedentes judiciais.

2.7. ANTIGUIDADE ROMANA

A história de Roma costuma ser dividida em três períodos, baseados nos diferentes regimes políticos existentes (realeza[19], república[20] e império, este dividido em Alto[21] e Baixo Império[22]). No que tange à **evolução jurídica**, contudo, outro critério é adotado, surgindo daí as seguintes **épocas**:

a) Época antiga, caracterizada por um direito arcaico, primitivo, mais próxima da pré-histórica do Direito Penal, com escassos registros escritos, grande diversidade de regras, segundo as diferentes famílias e clãs, sendo as normas preservadas por meio dos costumes.

Data desse período a **Lei das Doze Tábuas** ou **Código Decenviral**, a mais antiga lei escrita do mundo ocidental. Recebeu esse nome porque foi gravada em tábuas, para ser afixada no Fórum, de modo que se tornasse pública e todos pudessem conhecê-la[23].

Predominava em matéria penal, então, a **vingança privada**, cujo responsável era a própria vítima ou sua família, só intervindo o Estado em situações mais graves, como o delito de traição. Já havia em seu bojo, porém, preceitos relacionados com as formas de Justiça do Talião e da composição (*compositio*).

b) Época clássica, em que o **direito era fixado predominantemente por juristas**, podendo se identificar uma ciência jurídica coerente e racional.

Tem início o surgimento da conhecida *summa diviso* entre os ramos do Direito em Público e Privado. Os textos jurídicos passam a ser numerosos, bem como os estudos dedicados à compreensão das leis e dos costumes, aquelas cada vez mais se constituindo na fonte principal do Direito.

Os diversos escritos dos jurisconsultos, pelos seus comentários às leis existentes e pelo modo como supriam as lacunas encontradas, podem ser considerados como a primeira construção de uma verdadeira ciência do direito[24].

---

19 Da fundação, em 753 a.C., até o ano de 509 a.C.

20 De 509 até 527 a.C.

21 De 527 a.C. até 284 d.C.

22 Até o ano 566.

23 Fernanda Carrilho, *A Lei das XII Tábuas*, p. 8.

24 John Gilissen, *A introdução histórica ao direito*, 5. ed., p. 91.

c) Época do Baixo Império, na qual **dominava o absolutismo imperial**, com intensa atividade legislativa ditada pelos imperadores e **marcada influência do Cristianismo**.

Surgem, nesse período, as primeiras codificações, elaboradas com o intuito de representarem uma compilação das leis editadas.

No Império Romano do Oriente, Justiniano ordenou que se recolhessem sob um corpo as fontes antigas do direito romano, harmonizando-as com as leis da época, tendo o trabalho resultante se intitulado *Corpus juris civilis*.

Roma constitui-se, sem dúvida, de uma síntese da sociedade antiga, podendo ser considerada como uma ponte entre o mundo antigo e o moderno. Seus maiores contributos jurídicos, porém, viram-se na seara do Direito Civil, o que levou Carrara a considerar os romanos gigantes neste setor, mas pigmeus no Direito Penal.

Não se pode negar, porém, o mérito de terem retirado o direito dos deuses, colocando-o no plano terreno[25].

■ 2.8. O DIREITO PENAL NA IDADE MÉDIA

Os quase mil anos de duração da Idade Média tornam a tarefa de identificar um Direito Penal que lhe seja característico quase impossível.

Pode-se dizer, contudo, que **sua base** é **formada** pelos **Direitos Romano, Germânico e Canônico**, vindo deste último os primeiros passos dados em direção à humanização da pena. Esta passava a ser vista como expiação, daí por que a pena de morte deveria ser substituída pela restrição da liberdade, conservando-se a vida do agente e permitindo sua correção por meio da penitência.

Dava-se extremo valor à confissão, etapa necessária para demonstrar o arrependimento do réu, chegando-se ao absurdo de exigi-la a todo e qualquer custo, inclusive com a tortura, dando azo aos conhecidos excessos verificados durante a Inquisição.

Nos séculos XII a XIV, próximo, portanto, do ocaso da Idade Média, viu-se, ao lado da formação dos Direitos Nacionais, um resgate do Direito Romano, movimento que se denominou "Recepção". Coube aos glosadores (1100-1250) difundirem os textos jurídicos de Roma. Chamaram-se **glosadores** porque, **após a leitura** dos documentos, **resumiam-nos em uma única frase**, **denominada glosa**. Vieram, depois, os **práticos ou praxistas** (também denominados pós-glosadores — 1250-1450), assim designados pela **conotação prática que davam a seus trabalhos**, pouco se preocupando com a sistematização.

O Direito Penal dessa época, caracterizado pela fusão entre Estado e Religião, promoveu intensamente o arbítrio judicial, quase ilimitado, seja na definição dos crimes como na inflição das penas, impregnando a Justiça com uma aura de incerteza, insegurança e terror.

---

25 Gianpaolo Poggio Smanio e Humberto Barrionuevo Fabretti, *Introdução ao direito penal* — criminologia, princípios e cidadania, p. 17.

■ 2.9. O DIREITO PENAL NA IDADE MODERNA E AS ORDENAÇÕES DO REINO DE PORTUGAL

A Idade Moderna vivenciou uma transição fundamental em matéria de Direito Penal. Sob o império dos Estados Absolutistas, o Direito Penal persistia caracterizando-se pela difusão do terror, mas, com o passar dos tempos, tornou-se mais humano, convergindo para sua feição atual.

Merece destaque, pela relação com a história nacional, o intento de países, como Portugal, no sentido de formar um conjunto uniforme, reunindo todas as leis vigentes à época. Surgiram, então, em terras lusitanas, as Ordenações do Reino (Afonsinas, Manuelinas e Filipinas).

À época do descobrimento do Brasil, estavam em vigor as Ordenações Afonsinas ou Código Afonsino, cuja publicação ocorrera entre 1446 e 1447. Em 1521, sobrevieram as Ordenações Manuelinas ou Código Manuelino, o qual em muito se assemelhava à legislação revogada. Note-se, contudo, que, até 1530, a Justiça Penal no Brasil se fazia ao arbítrio dos titulares das capitanias. Conta-se que Martim Afonso obteve do governo português autorização para processar e julgar, inapelavelmente, aplicando até a pena capital.

O Código Manuelino teve vida relativamente longa, pois foi revogado somente em 11 de janeiro de 1603 (pouco mais de oitenta anos depois de sua entrada em vigor), quando D. Felipe III (ou D. Felipe II, de Portugal) promulgou as Ordenações Filipinas ou Código Filipino, cuja longevidade em nossas terras quebrou recordes; a parte penal, constante do Livro V, vigorou por mais de duzentos anos, chegando a se estender até 1830, quando da promulgação do Código Criminal do Império, a primeira legislação penal "genuinamente brasileira".

As Ordenações eram ainda o reflexo da legislação penal arcaica, a qual se valia em larguíssima escala de castigos cruéis ("Direito Penal do Terror"). Nesse contexto, a morte era a pena mais comum entre as sanções e, ao seu lado, as penas de caráter corporal (açoite, mutilação etc.). O Código Filipino, por exemplo, prescrevia quatro espécies de pena capital: *morte natural cruelmente* ("com todo o cortejo das antigas execuções, o que dependia da ferocidade do executor, e capricho dos Juízes, que neste ou em outros casos tinham arbítrio"); *morte natural de fogo* ("a queima do réu vivo, mas por costume e prática antiga primeiramente se dava garrote aos réus, antes de serem lançados às chamas"); *morte natural* ("expiava o crime, sendo enforcado no Pelourinho, seu cadáver era levado pela confraria da Misericórdia, e no cemitério sepultado"); e *morte natural para sempre* ("o padecente ia à força da cidade, onde morria, e ficava pendente até cair podre sobre o solo do patíbulo, insepulto, despindo-se seus ossos da carne, que os vestia: ali se conservavam até a tarde do 1º de novembro, e conduzidos pela Confraria da Misericórdia em suas tumbas, para a Igreja, e no dia seguinte os soterravam").

No final do século XVIII, sobretudo a partir da publicação do "pequeno grande livro", isto é, da obra magistral de Cesare Bonesana, o Marquês de Beccaria, intitulada *Dos delitos e das penas* (1764), incutiu-se no pensamento filosófico do Direito Penal a ideia de humanização e busca por Justiça, sem dúvida influenciada pelo ideal da razão iluminista. O autor postulava a distribuição da "máxima felicidade dividida pelo maior número" e advertia, com propriedade, que: "um dos maiores freios dos delitos não é a crueldade das penas, mas sua infalibilidade. (...). A certeza de um castigo, mesmo moderado, sempre causará mais intensa impressão do que o temor de outro mais severo, unido à esperança da impunidade"[26].

Em nosso país, o primeiro reflexo das ideias humanitárias de Beccaria se fez sentir no Código Criminal do Império (1830), cuja parte geral, emblematicamente, dividia-se em duas partes: a primeira denominava-se "Dos delitos"; e a segunda, "Das penas" (oportunamente, analisaremos nesta obra a evolução que se seguiu no campo do Direito Penal).

2.10. SÍNTESE

	ÉPOCA ANTIGA	ÉPOCA CLÁSSICA	ÉPOCA DO BAIXO IMPÉRIO
HISTÓRIA DO DIREITO PENAL NA ANTIGUIDADE ROMANA	■ Caracterizada por um direito arcaico, primitivo, mais próxima da pré-histórica do Direito Penal, com escassos registros escritos, grande diversidade de regras, segundo as diferentes famílias e clãs, sendo as normas preservadas por meio dos costumes. Data desse período a Lei das Doze Tábuas ou Código Decenviral.	■ O direito era fixado predominantemente por juristas, podendo se identificar uma ciência jurídica coerente e racional. Surge nesse contexto a divisão do Direito em ramos (Direito Público e Privado).	■ Dominava o absolutismo imperial, com intensa atividade legislativa ditada pelos imperadores e marcada influência do Cristianismo.
DIREITO PENAL NA IDADE MÉDIA	■ Sua base é formada pelos Direitos Romano, Germânico e Canônico, vindo deste último os primeiros passos dados em direção à humanização da pena, vista como expiação. Dava-se extremo valor à confissão, etapa necessária para demonstrar o arrependimento do réu. ■ O Direito Penal dessa época, caracterizado pela fusão entre Estado e Religião, promoveu intensamente o arbítrio judicial, quase ilimitado, seja na definição dos crimes como na inflição das penas, impregnando a Justiça com uma aura de incerteza, insegurança e terror.		
DIREITO PENAL NA IDADE MODERNA E AS ORDENAÇÕES DO REINO DE PORTUGAL	■ A Idade Moderna vivenciou uma transição fundamental em matéria de Direito Penal, do absolutismo à humanização. ■ Em Portugal e, por extensão, no Brasil colônia, as Ordenações do Reino (Afonsinas, Manuelinas e Filipinas) constituíam forte exemplo do Direito Penal absolutista, caracterizado pela difusão do terror. ■ Com o Iluminismo e sua racionalidade, os pensadores começaram a se dar conta da iniquidade do modelo de Direito Penal vigente. Foi marco dessa nova visão a obra de Cesare Bonesana, o Marquês de Beccaria, intitulada *Dos delitos e das penas* (1764). No Brasil, o primeiro reflexo das ideias humanitárias de Beccaria se fez sentir na Constituição Imperial (1824) e, posteriormente, no Código Criminal do Império (1830).		

2.11. HISTÓRIA DO DIREITO PENAL POSITIVO BRASILEIRO

2.11.1. As Ordenações do Reino de Portugal

Conforme já se assentou, foram as Ordenações do Reino nossos primeiros diplomas jurídicos, podendo se afirmar que constituem as fontes primitivas do Direito Penal pátrio.

---

26 *Dos delitos e das penas,* 3. ed., p. 87.

As últimas a vigorarem foram as Ordenações Filipinas, que cuidavam da matéria criminal, do mesmo modo que suas antecessoras, no Livro V (*Libris Terribilis*).

Estas eram suas **características:**

- **Buscava promover a intimidação pelo terror.**

A punição mais frequente era a morte. O legislador finalizava a descrição da maioria dos comportamentos incriminados com a expressão *morra por ello*, ou "morra por isso".

Não só as condutas mais graves, como o crime de lesa-majestade (Título VI), a falsificação de moeda (Título XII), o estupro (Título XVIII), o homicídio (Título XXXV), o roubo (Título LXI) ou o falso testemunho (Título LIV), eram sancionadas com a pena capital, mas também outras, como a feitiçaria (Título III), a bigamia (Título XIX) e o ato de, *"em desprezo do Rey"*, quebrar ou derrubar alguma imagem à sua semelhança ou armas reais postas em sua honra e memória.

Havia, como já se ressaltou, quatro espécies de pena capital.

- **Confundiam-se crime, moral e pecado.**

Punia-se com morte, por exemplo, quem dormisse com mulher casada (Título XXV). Apenava-se com determinação de utilizar capela de chifres o marido condescendente. Também era crime, embora sancionado com pena pecuniária e degredo, o ato de "arrenegar, descrer, ou pezar de Deos, ou de sua Santa Fé, ou disser outras blasfêmias (...)" (Título II).

- **As penas impostas eram, em sua maioria, cruéis:** morte precedida de tortura, morte para sempre, mutilação, marca de fogo, açoite, degredo, entre outras.

- **Algumas penas eram impostas com total arbítrio pelo julgador.**

Confira-se neste trecho do Título VII: "(...) O que disser mal de seu Rey, não seja julgado por outro Juiz, senão per elle mesmo, ou per as pessoas, a quem o elle em special commeter. E ser-lhe ha dada a pena conforme a qualidade das palavras, pessoa, tempo, modo e tenção com que forem ditas. A qual pena poderá se estender até a morte inclusive, tendo as palavras taes qualidades, porque a mereça (...)".

Os arruaceiros, por sua vez, eram punidos com prisão "até a nossa mercê", isto é, por tempo indeterminado, a critério do julgador (Título XLVI).

- **A desigualdade de tratamento entre os delinquentes.**

A discriminação levava em conta diversos fatores, tais como religião, nacionalidade (os judeus e mouros recebiam tratamento degradante — Título XCIV — "dos mouros e judeus, que andão sem sinal") e, notadamente, condição social (p. ex., Título LXXX — item 10, sob a rubrica "Privilégios").

- **A falta de uma parte geral.**

Ressentia-se o texto de uma parte geral. Dos 146 títulos, apenas um cumpria claramente esse papel, ao descrever uma circunstância que agravava a pena de vários crimes. Trata-se do Título XXXVII — "Aleivosia", isto é, "huma maldade commetida atraiçoeiramente sob mostrança de amizade", que representava um esboço de agravante genérica.

- **A aglutinação de normas penais e processuais.**

O Livro V fazia as vezes de Código Penal e Processual Penal. Havia títulos dedicados exclusivamente a normas adjetivas (p. ex., Títulos CXVII — "Em que casos se devem receber querellas"; CXXII — "Dos casos, em que a Justiça ha lugar, e dos que se appellará por parte da Justiça"; CXXIV — "Da ordem do Juízo nos feitos crimes"; entre outros, que previam normas de cunho adjetivo); noutros, normas materiais e instrumentais surgiam fundidas no mesmo tópico (p. ex., Título VI, que, ao definir o crime de lesa-majestade, ocupou-se de estabelecer regras processuais: "porém, se a testemunha for inimigo capital do accusado, ou amigo special do accusador, seu testemunho não será muito crido, mas sua fé deve ser mingoada, segundo a qualidade do ódio, ou amizade").

2.11.2. O Código Criminal do Império (1830)

A entrada em vigor do Código Criminal representou enorme avanço em nosso direito positivo; saímos da "Idade das Trevas" e, guiados pelos faróis do Iluminismo, ingressamos no grupo das nações vanguardeiras em matéria legislativa.

O Código Criminal foi promulgado quando o Brasil era ainda incipiente como nação. A elaboração de uma nova legislação criminal era premente, sobretudo porque simbolizava uma ruptura com a dominação colonial. Além disso, fazia-se sentir a necessidade de adaptar nosso Direito às ideias da Idade das Luzes e às novas doutrinas que à época se formulavam.

Como bem lembrou José Salgado Martins: "(...) começavam a surgir os grandes movimentos de renovação das ideias jurídicas e políticas. A obra dos enciclopedistas franceses prega a filosofia política do individualismo. A revolução francesa universaliza os direitos do homem e do cidadão. Nesse clima de inquietação espiritual, afirmava-se a autonomia do indivíduo contra todas as formas de opressão. E, como é, justamente, no campo do direito penal, que mais vivamente repercutem as ideias políticas, não poderia ele furtar-se à influência das reformas e revoluções que estas prenunciavam e promoviam. Os estadistas brasileiros do 1º império também sentiram a mesma inquietação e se preparavam para dotar o país com as leis que a sua nova estrutura social e política exigia, de modo que os fatos encontrassem, em ordenamento jurídico mais adequado, as condições que propiciassem o desenvolvimento pacífico do país e as manifestações do espírito e das peculiaridades nacionais"[27].

Cumpre alertar, ademais, que nossa primeira Constituição fora outorgada em 25 de março de 1824, e consagrara princípios penais incompatíveis com o Código Filipino, cuja vigência estendia-se por força da Lei de 27 de setembro de 1823, de D. Pedro I, que revigorou as disposições do Livro V das Ordenações.

[27] *Sistema de direito penal brasileiro*, p. 96.

Observe-se que a Constituição de 1824, ainda que outorgada após D. Pedro I ter destituído a Assembleia Constituinte, era pródiga na previsão de direitos e garantias aos cidadãos brasileiros, como se notava em seu art. 179.

E sob tais influências, cumprindo o comando constitucional inserido no inc. XVIII do dispositivo citado[28], foi promulgado o Código Criminal de 1830, resultado de dois projetos, um de Bernardo Pereira de Vasconcelos (que prevaleceu), e outro de José Clemente Pereira. Este foi considerado, à sua época, inovador. "Se na realidade um Código Penal fosse (...) termômetro por que se pode aferir o grau de civilização de um povo, — o Brasil de 1830 deveria ombrear, com as mais cultas nações europeias, senão sobrepujá-las"[29].

Inúmeras foram suas virtudes, das quais destacamos[30]:

- A indeterminação relativa da pena e a exigência de sua individualização;
- Regulamentação da concorrência delitiva;
- Previsão da atenuante da menoridade relativa, até então desconhecida na legislação estrangeira;
- A responsabilidade sucessiva, nos crimes de imprensa, antes da lei belga, apontada como pioneira nesse sentido;
- A indenização do dano *ex delicto* como instituto de direito público;
- A imprescritibilidade da condenação;
- A criação do sistema do dia-multa[31];
- **A clareza e a concisão de seus preceitos.**

Evidente que o Texto não era perfeito, como não é qualquer obra humana, apresentando falhas, como a falta de definição de culpa, a desigualdade no tratamento do escravo, a ausência de separação entre Igreja e Estado e a previsão da pena de galés, esta de fundo cruel, e da pena de morte.

Cumpre mencionar que o maior crítico do referido Código foi Tobias Barreto. Esse grande jurista, tido como o mais competente penalista do Império, escreveu um interessante estudo a seu respeito, intitulado *Comentário teórico e crítico do Código Criminal Brasileiro*[32], no qual tratou de diversos de seus dispositivos legais.

O multicitado Código foi promulgado em 16 de dezembro de 1830, e publicado em 8 de janeiro de 1831. Compunha-se de quatro "partes": I) Dos Crimes e das Penas;

[28] "Organizar-se-á quanto antes um Código Civil, e Criminal, fundado nas sólidas bases da Justiça, e Equidade".

[29] Vicente de Paulo Azevedo, O centenário do Código Criminal. *Revista dos Tribunais*, v. 77, p. 441-461, fev. 1931.

[30] Esses destaques têm como base, principalmente, as ponderações de Roberto Lyra. In: *Introdução ao estudo do direito criminal*, p. 89.

[31] Como assinala Luiz Régis Prado, a bem da verdade histórica, é preciso ressaltar que foi o Diploma em estudo que apresentou o primeiro esboço do sistema do dia-multa, que, por isso, deveria chamar-se *sistema brasileiro.*

[32] Trata-se de uma obra inacabada. O texto foi compilado e organizado postumamente por seu discípulo Sílvio Romero e se encontra na obra *Estudos de direito,* 2000.

II) Dos Crimes Públicos; III) Dos Crimes Particulares; IV) Dos Crimes Policiais. A Parte I fazia as vezes de Parte Geral. As Partes II e III correspondiam à Parte Especial do Código. A Parte IV definia as contravenções penais.

A Parte Geral (ou "Parte I") recebeu, como já ressaltado, grande influência de Beccaria, como se nota na sua emblemática denominação: "*Dos crimes e das penas*", de modo semelhante ao "pequeno grande livro" do Marquês. Continha dois títulos: I) *Dos crimes*, subdividido em quatro capítulos: I) *Dos crimes e dos criminosos* (arts. 1º a 13); II) *Dos crimes justificáveis* (art. 14); III) *Das circumstancias aggravantes e attenuantes dos crimes* (arts. 15 a 20); e IV) *Da satisfação* (arts. 21 a 32); e II) *Das penas*, com seu capítulo único: "Da qualidade das penas, e da maneira como se hão de impôr e cumprir" (arts. 33 a 64)[33]. Encerrava-se a "Parte Geral" com as disposições gerais (arts. 65 a 67).

Tobias Barreto, referindo-se às influências filosóficas recebidas pelo Código de 1830, destacou que: "O nosso Código, como quase o geral dos códigos, não fez órgão de nenhum sistema filosófico sobre o *jus puniendi*. Consciente ou inconscientemente, admitiu ideias de procedência diversa. A disposição dos arts. 1º e 2º, § 1º, é a consagração da *positividade* de todo o direito criminal. O art. 33, que reconheceu o princípio das penas *relativamente determinadas*, pôs-se de lado das teorias *utilitárias*"[34].

Com respeito à função do Direito Penal, o Código, em boa parte, refletia o pensamento dominante, e a sociedade era concebida como um conjunto de sujeitos obrigados a obedecer à autoridade, representando o delito um ato de desobediência, no qual o decisivo era a atitude interior de rebeldia[35], muito embora por meio de uma legislação mais humanitária e equitativa[36].

■ 2.11.3. O Código Penal de 1890

Com a proclamação da República, em 1889, fez-se necessária uma reformulação em nosso direito positivo. Lamentavelmente, contudo, inverteu-se a ordem natural da reforma normativa, que teve início com o Código Penal, promulgado em 1890, sobrevindo a reforma constitucional somente no ano seguinte.

Eram, obviamente, outros tempos. O Brasil já se consolidara como nação, não mais dependendo da Igreja Católica, justificando-se a separação entre Estado e Igreja. Mudara a forma de governo. A escravatura fora abolida, o que tornava sem sentido as disposições que conferiam tratamento penal diferenciado a escravos e homens livres. As alterações, contudo, vieram rápido demais, sem a necessária reflexão e maturação; tanto assim que o Código Penal foi alvo das mais ácidas (e justas) críticas.

A celeridade imprimida em sua elaboração, aliada à falta de debate de ideias, ocasionou uma série de defeitos no Código de 1890. Reflexo maior das falhas (numerosas para alguns) foi o fato de que, tão logo entrara em vigor, iniciaram-se as tenta-

33 O Capítulo I, do Título II, da Parte I deveria, a rigor, denominar-se Capítulo Único.

34 Obra citada, 2000, p. 198-199, grifos do autor.

35 Enrique Bacigalupo, *Hacia el nuevo derecho penal*, p. 28-29.

36 Basileu Garcia, *Instituições de direito penal,* 2. ed., v. 1, t. I.

tivas de reformulá-lo, dentre as quais merecem destaque o Projeto de João Vieira de Araújo, o de Galdino Siqueira e o do desembargador Virgílio de Sá Pereira.

O então projeto de Código Penal da República foi convertido em Lei de 11 de outubro de 1890, por força do Decreto n. 847. Estruturava-se em quatro livros: a) Livro I: Dos Crimes e das Penas; b) Livro II: Dos Crimes em Espécie; c) Livro III: Das Contravenções em Espécie; e d) Livro IV: Disposições Gerais.

O Livro I, correspondente à Parte Geral, compreendia seis títulos: a) Título I: *Da applicação e dos effeitos da lei penal* (arts. 1º a 6º); b) Título II: *Dos crimes e dos criminosos* (arts. 7º a 23); c) Título III: *Da responsabilidade criminal; as causas que dirimem a criminalidade e justificam os crimes* (arts. 24 a 35); d) Título IV: *Das circumstancias aggravantes e attenuantes* (arts. 36 a 42); e) Título V: *Das penas e seus effeitos, da sua applicação e modo de execução* (arts. 43 a 70); e f) Título VI: *Da extincção e suspensão da acção penal e da condemnação* (arts. 71 a 86).

Ao tempo da elaboração do "Código Republicano", realizavam-se esforços na Itália para ditar um Código Penal unitário, e o Código de 1889, celebrado documento da época, cujo espírito clássico, que se plasmava em muitos de seus dispositivos, influenciou decisivamente a reforma brasileira. A Escola Clássica foi, então, sua fonte suprema de inspiração, o que se percebia na estrita proporcionalidade entre delito e pena e em sua determinação quase absoluta.

■ 2.11.4. A Consolidação das Leis Penais (1932)

A Consolidação das Leis Penais, elaborada pelo desembargador Vicente Piragibe, representou uma compilação do texto do Código Penal de 1890 com todas as suas alterações posteriores. Não se cuida, portanto, de uma nova legislação penal, muito embora seja referência obrigatória, dada a importância do trabalho de Piragibe.

■ 2.11.5. O Código Penal de 1940

Em 1º de janeiro de 1942, entrava em vigor, no Brasil, um novo Código Penal (Decreto-lei n. 2.848, de 07.12.1940). Este fora elaborado na vigência da Constituição de 1937 (a "Polaca"[37]). À época, o Ministro da Justiça Francisco Campos determinou ao jurista Alcântara Machado a tarefa de preparar um projeto de Código Penal, o qual foi concluído em abril de 1940. Seu trabalho foi revisto por uma comissão inte-

[37] A Constituição de 1937 foi apelidada de "Polaca" pela influência que recebeu da Constituição da Polônia. Adotava um conjunto de normas similares àquelas vigentes nos estados totalitários da Europa. Hélio Silva (apud José Henrique Pierangeli, *Códigos Penais do Brasil*: evolução histórica, 2. ed., p. 77) afirmou que ela "corresponde à tendência fascistizante da época, quando se encontram no auge os regimes de Hitler na Alemanha e Mussolini na Itália, repercutindo intensamente em Portugal (Salazar), na Espanha (Franco), na Romênia (Antonescu), na Hungria (Horthy) e na Polônia (Pilsudzki). Deste modo, a Constituição de 1937 rompeu, no Brasil, com a tradição liberal imperial de 1824 e liberal republicana de 1891 e 1934".

grada por Nélson Hungria, Narcélio de Queiroz, Vieira Braga e Roberto Lyra, sob a presidência do Ministro Francisco Campos[38].

De modo geral, a doutrina qualifica o Código de 1940 como "eclético", uma vez que teria logrado conciliar o pensamento clássico e o positivismo. Aliás, sua Exposição de Motivos consigna que "os postulados clássicos fazem causa comum com os princípios da Escola Positiva".

Ao Direito Penal, neste contexto legislativo, atribuía-se finalidade retributiva e preventiva. A adoção do sistema do duplo binário (art. 78, incs. IV e V, do Código de 1940), a aplicação de medidas de segurança aos casos de crime impossível (arts. 14 e 76, parágrafo único) e a participação impunível (arts. 27 e 76, parágrafo único) bem o demonstravam.

2.11.6. A Reforma de 1984

Na Reforma de 1984[39], a qual resultou na modificação da Parte Geral, percebe-se uma tentativa de adaptar o Código à dogmática vigente, notadamente de inspiração finalista e, sobretudo, de conferir às penas criminais o papel de ressocialização (cujo principal instrumento foi o sistema progressivo de cumprimento da pena privativa de liberdade).

Como destacou Francisco de Assis Toledo, presidente da comissão responsável pela feitura do projeto que resultou na Lei n. 7.209/84, "a reforma penal, presentemente, como em outras épocas, decorreu de uma exigência histórica. Transformando-se a sociedade, mudam-se certas regras de comportamento (...)"[40].

A filosofia que se buscou imprimir ao Direito Penal, por meio da reforma, notadamente no que pertine à finalidade da pena, residiu no dever de castigar, com a intenção primeira de prevenir e com o escopo final de ressocializar.

2.11.6.1. Estrutura do Código Penal

A **Parte Geral**, subdividida **em oito títulos**, dedica-se a estabelecer regras gerais do Direito Penal, enquanto a **Parte Especial**, que contém **onze títulos**, possui como **principal enfoque a descrição de condutas criminosas e a definição de suas respectivas penas**.

---

38 Há quem inclua na comissão revisora a participação de Antônio José da Costa e Silva. Este, contudo, nega ter tomado parte na empreitada, afirmando apenas que dera algumas contribuições ao trabalho (cf. José Henrique Pierangeli, *Códigos penais do Brasil*: evolução histórica, 2. ed. São Paulo: Revista dos Tribunais, 2001).

39 A legislação penal brasileira sofreu várias tentativas de reforma, tendo algumas prosperado e outras não. Exemplo de insucesso foi o Código Penal de 1969, resultante de projeto elaborado por Nélson Hungria, que, depois de sucessivos adiamentos de sua *vacatio legis,* acabou sendo revogado sem nunca ter entrado em vigor. Em 1977 (Lei n. 6.416), ocorreu uma tentativa bem-sucedida de modificação de leis penais e processuais penais, tornando-as mais condizentes com o desenvolvimento da ciência penal da época (José Henrique Pierangeli, *Códigos penais do Brasil*: evolução histórica, 2. ed. São Paulo: Revista dos Tribunais, 2001).

40 Apud José Henrique Pierangeli, *Códigos penais do Brasil*: evolução histórica, 2. ed., p. 85.

Os oito títulos da Parte Geral são: I — Da aplicação da lei penal; II — Do crime; III — Da imputabilidade penal; IV — Do concurso de pessoas; V — Das penas; VI — Das medidas de segurança; VII — Da ação penal; VIII — Da extinção da punibilidade.

Os onze da Parte Especial são: I — Dos crimes contra a pessoa; II — Dos crimes contra o patrimônio; III — Dos crimes contra a propriedade imaterial; IV — Dos crimes contra a organização do trabalho; V — Dos crimes contra o sentimento religioso e contra o respeito aos mortos; VI — Dos crimes contra a dignidade sexual; VII — Dos crimes contra a família; VIII — Dos crimes contra a incolumidade pública; IX — Dos crimes contra a paz pública; X — Dos crimes contra a fé pública; XI — Dos crimes contra a administração pública.

■ 2.12. SÍNTESE CONCLUSIVA

Muito embora a determinação da função do Direito Penal seja missão afeta à dogmática penal, não é possível chegar a qualquer conclusão sem analisar as principais características desse tipo de legislação.

É certo que a legislação criminal, sobretudo a codificada, representa um retrato do momento histórico de um povo e de sua evolução em matéria científica e filosófica.

Ao tempo das Ordenações do Reino, via-se que o Direito Penal cumpria a função de atemorizar os cidadãos, submetendo-os à vontade da Coroa Portuguesa. A partir da edição do Código Criminal do Império, nota-se uma radical mudança de enfoque, de modo a se promover uma humanização do Direito Penal, não obstante se encarasse o crime como ato de desobediência e a pena como a resposta (racional) à rebeldia do autor.

O Código Penal de 1890, afoitamente elaborado, teve inspiração nitidamente clássica. O vigente Código Penal, por sua vez, em sua redação original, foi grandemente influenciado pela Escola Clássica, mas adotou diversos postulados da corrente positivista.

Na Reforma da Parte Geral, por derradeiro, imprimiu-se ao Direito Penal uma função "terapêutica", consubstanciada na ressocialização como meta principal da pena (notadamente a privativa de liberdade) e sua execução.

■ 2.13. AS RECENTES REFORMAS DO DIREITO PENAL

Desde a entrada em vigor da atual Parte Geral, muitas foram as alterações promovidas no corpo do Código Penal. Tais mudanças pontuais, por mais bem-intencionadas que possam ser, quebram a harmonia do texto normativo e produzem severas incongruências na legislação.

Para se ter uma ideia, já houve mais de trinta leis modificadoras do Código Penal editadas depois da reforma da Parte Geral em 1984.

Destas, merecem destaque a Lei n. 8.072/90 (Lei dos Crimes Hediondos), a Lei n. 9.268/96 (que, entre outras disposições, impediu a conversão da pena de multa em prisão), a Lei n. 9.426/96 (que modificou tipos penais com vistas a coibir delitos envolvendo veículos automotores), a Lei n. 9.677/98 (que aumentou o rigor punitivo dos crimes contra a saúde pública), a Lei n. 9.714/98 (responsável pela ampliação das penas alternativas), a Lei n. 10.028/2000 (que instituiu os crimes contra as finanças públicas), a Lei n. 10.741/2003 (Estatuto do Idoso), a Lei n. 11.106/2005 (que modernizou o tratamento penal dos crimes sexuais), a Lei n. 11.340/2006 (Lei Maria da Penha), a Lei n. 11.596/2007 (que alterou o elenco das causas interruptivas da prescrição), as Leis n. 12.012, n. 12.015 e n. 12.033, de 2009 (responsáveis pela inserção do crime de favorecimento real impróprio — art. 349-A, pela introdução dos crimes contra a dignidade sexual e pela alteração da ação penal no crime de injúria qualificada pelo preconceito), a Lei n. 12.234/2010 (que modificou o regime jurídico da prescrição), a Lei n. 12.550/2011 (que ampliou o leque de penas restritivas de direitos e tipificou o ato de fraudar certames de interesse público), a Lei n. 12.650/2012 (responsável por estabelecer como termo inicial da prescrição de delitos sexuais cometidos contra menores de 18 anos a data em que a vítima atinge a maioridade), a Lei n. 12.653/2012 (que inseriu o crime do art. 135-A — condicionamento de atendimento médico-hospitalar emergencial), a Lei n. 12.694/2012 (alteradora das regras sobre a perda do produto ou proveito do crime como efeito da condenação), a Lei n. 12.720/2012 (que, entre outras disposições, criou o delito de constituição de milícia privada), a Lei n. 12.737/2012 (a qual passou a punir no Código a violação de dispositivo informático alheio — art. 154-A), a Lei n. 12.850/2013 (modificadora do crime de quadrilha ou bando, agora denominado associação criminosa, e responsável por elevar a pena do falso testemunho — art. 342), a Lei n. 12.978/2014 (que tornou hediondo o crime de facilitação da prostituição ou outra forma de exploração sexual de criança, adolescente ou vulnerável), a Lei n. 13.008/2014 (que cindiu o art. 334 em duas disposições — arts. 334 e 334-A —, passando a definir, em tipos diferentes, o descaminho e o contrabando), a Lei n. 13.104/2015 (que inseriu o crime de feminicídio no Código Penal), a Lei n. 13.654/2018 (que criou qualificadoras no furto e causas de aumento de pena no roubo), a Lei n. 13.715/2018 (relativa à incapacidade para exercício do poder familiar, tutela ou curatela), a Lei n. 13.718/2018 (responsável por alterações nos crimes sexuais), a Lei n. 13.771/2018 (que introduziu causas de aumento de pena ao feminicídio), a Lei n. 13.772/2018 (referente ao crime de registro não autorizado da intimidade sexual), a Lei n. 13.869/2019 (relativa ao crime de abuso de autoridade, que revogou o art. 350 do CP) e as Leis n. 13.964/2019 (Lei Anticrime) e 13.968/2019 (que modificou a redação do art. 122 do CP).

■ 2.14. PANORAMA DA LEGISLAÇÃO PENAL ESPECIAL

O domínio da legislação penal pátria, contudo, não exige apenas o conhecimento das regras gerais e dos tipos penais contidos no Código Penal, pois há um número considerável de textos esparsos que merecem a atenção do estudioso desse ramo do Direito.

Nesse contexto, são de fundamental importância os seguintes diplomas:

- Decreto-lei n. 3.688/41 (Lei das Contravenções Penais);
- Lei n. 1.521/51 (crimes contra a economia popular);
- Lei n. 2.889/56 (genocídio);
- Lei n. 4.737/65 (Código Eleitoral), com dispositivos penais nos arts. 283 a 354;
- Decreto-lei n. 201/67 (crimes de responsabilidade de prefeitos);
- Lei n. 6.766/79 (Lei de Parcelamento do Solo), com normas penais nos arts. 50 a 52;
- Lei n. 7.170/83 (Lei de Segurança Nacional);
- Lei n. 7.492/86 (Lei dos Crimes de Colarinho Branco);
- Lei n. 7.716/89 (crimes de preconceito);
- Lei n. 8.069/90 (Estatuto da Criança e do Adolescente), cuja parte penal encontra-se nos arts. 228 a 244-B;

- Lei n. 8.072/90 (Lei dos Crimes Hediondos);
- Lei n. 8.078/90 (Código de Defesa do Consumidor), que trata dos crimes nos arts. 61 a 78;
- Lei n. 8.137/90 (crimes contra a ordem tributária, econômica e contra as relações de consumo);
- Lei n. 8.176/91 (crimes contra a ordem econômica);
- Lei n. 8.666/93 (Lei de Licitações), com normas penais nos arts. 89 a 99;
- Lei n. 9.434/97 (Lei de Transplante de Órgãos), com tipos penais nos arts. 14 a 20;
- Lei n. 9.503/97 (Código de Trânsito Brasileiro), cujo conteúdo penal está nos arts. 291 a 312;
- Lei n. 9.605/98 (Lei Ambiental), que regula normas penais nos arts. 29 a 69;
- Lei n. 9.613/98 (Lei de "lavagem" de bens e capitais);
- Lei n. 10.826/2003 (Estatuto do Desarmamento);
- Lei n. 10.741/2003 (Estatuto do Idoso), cuja parte penal encontra-se nos arts. 93 a 109;
- Lei n. 11.101/2005 (Lei de Falências), que cuida dos crimes nos arts. 168 a 182;
- Lei n. 11.105/2005 (Lei de Biossegurança), com dispositivos penais nos arts. 24 a 29;
- Lei n. 11.254/2005 (Lei sobre Armas Químicas), cujo art. 4º tipifica de forma ampla o uso e desenvolvimento de armas químicas;
- Lei n. 11.340/2006 (Lei Maria da Penha);
- Lei n. 11.343/2006 (Lei de Drogas);
- Lei n. 12.299/2010 (que imprimiu modificações no Estatuto do Torcedor — Lei n. 10.671/2003 — criando diversas figuras típicas);
- Lei n. 12.850/2013 (Lei de Combate ao Crime Organizado);
- Lei n. 13.260/2016 (Lei Antiterrorismo);
- Lei n. 13.869/2019 (Lei dos Crimes de Abuso de Autoridade).

A extensa lista, meramente exemplificativa, demonstra a premência de se sistematizar e organizar a legislação penal brasileira.

Nosso Direito Penal positivo, atualmente, constitui uma colcha de retalhos, sem coerência sistemática, caracterizado pela desnecessidade de muitos tipos penais e pela desproporcionalidade de muitas das penas impostas.

2.15. SÍNTESE

HISTÓRIA DO DIREITO PENAL POSITIVO BRASILEIRO				
PERÍODO COLONIAL	Ordenações Afonsinas (1447 ou 1448-1521)	Ordenações Manuelinas (1521-1603)	Ordenações Filipinas (1603-1830)	
IMPÉRIO	Código Criminal do Império (1830-1890)			
REPÚBLICA	Código Penal Republicano (1890-1940)	Consolidação das Leis Penais (1932)	Código Penal vigente (1940 até os dias atuais)	Reforma da Parte Geral (1984)

CÓDIGO PENAL VIGENTE	
	Títulos
PARTE GERAL	I — Da aplicação da lei penal
	II — Do crime
	III — Da imputabilidade penal
	IV — Do concurso de pessoas
	V — Das penas
	VI — Das medidas de segurança
	VII — Da ação penal
	VIII — Da extinção da punibilidade
PARTE ESPECIAL	I — Dos crimes contra a pessoa
	II — Dos crimes contra o patrimônio
	III — Dos crimes contra a propriedade imaterial
	IV — Dos crimes contra a organização do trabalho
	V — Dos crimes contra o sentimento religioso e contra o respeito aos mortos
	VI — Dos crimes contra a dignidade sexual
	VII — Dos crimes contra a família
	VIII — Dos crimes contra a incolumidade pública
	IX — Dos crimes contra a paz pública
	X — Dos crimes contra a fé pública
	XI — Dos crimes contra a administração pública

■ 2.16. QUESTÃO

1. (Delegado de Polícia Civil/SP — 2011) Assinale a alternativa que contenha o nome de uma elogiada legislação brasileira que, após debates acalorados, manteve a pena de morte dentre as sanções penais e que foi responsável pela criação do sistema de dias-multa.

a) Código Penal da República (1890).
b) Código Criminal do Império (1830).
c) Consolidação das Leis Penais (1932).
d) Ordenações Filipinas (1603).
e) Código Penal (1940).

■ GABARITO ■

1. "b". Trata-se do Código Criminal do Império.

3

A CONSTITUCIONALIZAÇÃO DO DIREITO PENAL

3.1. INTRODUÇÃO — DO "ESTADO LEGALISTA" AO "ESTADO CONSTITUCIONAL DE DIREITO"

A **tomada da Bastilha**, prisão política francesa, ocorrida em 14 de julho de 1789, fez eclodir uma **revolução** que alterou os rumos políticos, sociais e jurídicos do Mundo Ocidental. Representou a síntese dos anseios da ascendente burguesia por **liberdade, igualdade e fraternidade**, além de uma resposta contundente para pôr fim aos abusos da monarquia absolutista.

No cenário do Direito, coube à **Declaração Universal dos Direitos do Homem e do Cidadão**, também de 1789, inspirada na Revolução Americana de 1776 e nas ideias filosóficas do Iluminismo, **condensar**, em seus preceitos, **os princípios acima referidos**.

Seu art. 1º declarava que "todos os homens nascem e são livres e iguais em direitos" e que "as distinções sociais só podem fundamentar-se na utilidade comum". O art. 2º classificava como direitos naturais e imprescritíveis a "liberdade, a propriedade, a segurança e a resistência à opressão".

A **soberania** fora **retirada** das mãos **do monarca e transferida à nação, cuja voz altiva se expressava por meio da lei** (arts. 3º e 4º[1]), resultado da vontade geral (art. 6º[2]) e inspirada no bem comum (art. 5º[3]), admitindo-se que todos os cidadãos concorressem, por si ou por seus mandatários, à sua formação.

---

1 "Art. 3º O princípio de toda a soberania reside, essencialmente, na nação. Nenhum corpo, nenhum indivíduo pode exercer autoridade que dela não emane expressamente. Art. 4º A liberdade consiste em poder fazer tudo que não prejudique o próximo: assim, o exercício dos direitos naturais de cada homem não tem por limites senão aqueles que asseguram aos outros membros da sociedade o gozo dos mesmos direitos. Estes limites apenas podem ser determinados pela lei."

2 "Art. 6º A lei é a expressão da vontade geral. Todos os cidadãos têm o direito de concorrer, pessoalmente ou através de mandatários, para a sua formação. Ela deve ser a mesma para todos, seja para proteger, seja para punir. Todos os cidadãos são iguais a seus olhos e igualmente admissíveis a todas as dignidades, lugares e empregos públicos, segundo a sua capacidade e sem outra distinção que não seja a das suas virtudes e dos seus talentos."

3 "Art. 5º A lei não proíbe senão as ações nocivas à sociedade. Tudo que não é vedado pela lei não pode ser obstado e ninguém pode ser constrangido a fazer o que ela não ordene."

Garantias penais e processuais expressas foram asseguradas em seu corpo, destacando-se a **proibição de detenções arbitrárias** (art. 7º[4]), a consagração da **proporcionalidade entre o ilícito e a sanção** correspondente, o princípio da **legalidade e anterioridade da lei penal** (art. 8º[5]), a **presunção de inocência** e o **banimento das prisões desumanas** (art. 9º[6]).

Foi a lei, portanto, nesse importante momento histórico, o sustentáculo dos direitos fundamentais do homem. Via-se nela, enquanto instrumento democrático, a realização do ideal iluminista da razão e o meio capaz de produzir segurança nas relações jurídicas e livrar os cidadãos do arbítrio dos monarcas. Ninguém poderia a ela se sobrepor, exigindo-se o mais absoluto cuidado de seus aplicadores, para que não fizessem mais do que exprimir sua vontade, dando-lhe fiel execução.

A lei não deveria ser interpretada senão gramatical e literalmente, cumprindo aos juízes atuarem mecanicamente como a "boca inanimada da lei" — no dizer célebre de Montesquieu. Não havia espaço para o Judiciário negar sua aplicação, mesmo quando confrontasse com o sentimento social de Justiça ou não se harmonizasse com preceitos constitucionais.

Pode-se denominar esse momento histórico de **período legislativo**, em que reinava o **princípio da onipotência do legislador**.

O Direito Penal mergulhou de corpo e alma nessa fase legalista e humanitária, merecendo registro, na Itália, a obra de Cesare Bonesana, o famoso Marquês de **Beccaria** e, na Alemanha, os trabalhos de Paul Johann Anselm von **Feuerbach**[7], considerado por muitos como o **pai do Direito Penal moderno**, responsável por cunhar a conhecida frase: *nullum crimen, nulla poena sine praevia lege*[8] e, ademais, por fundar a noção de bem jurídico, inspirando-se na ideia de bem, haurida pelo Iluminismo.

■ 3.2. O DECLÍNIO DO "ESTADO LEGALISTA"

O declínio desse modelo não tardou a ocorrer. O abuso do monarca converteu-se em excesso do legislador (ou da maioria parlamentar), que se apresentava onipotente.

Surgiu, então, a desconfiança no trabalho do parlamento, sendo lícito afirmar que a **derrocada do "Estado legalista" coincidiu com o desprestígio crescente dos responsáveis por sua elaboração**.

---

[4] "Art. 7º Ninguém pode ser acusado, preso ou detido senão nos casos determinados pela lei e de acordo com as formas por esta prescritas. Os que solicitam, expedem, executam ou mandam executar ordens arbitrárias devem ser punidos; mas qualquer cidadão convocado ou detido em virtude da lei deve obedecer imediatamente, caso contrário torna-se culpado de resistência."

[5] "Art. 8º A lei apenas deve estabelecer penas estrita e evidentemente necessárias e ninguém pode ser punido senão por força de uma lei estabelecida e promulgada antes do delito e legalmente aplicada."

[6] "Art. 9º Todo acusado é considerado inocente até ser declarado culpado e, se se julgar indispensável prendê-lo, todo o rigor desnecessário à guarda da sua pessoa deverá ser severamente reprimido pela lei."

[7] Trata-se, ademais, do autor do Código Penal da Baviera, de 1813.

[8] Não há crime sem lei anterior que o defina, nem pena sem prévia cominação legal.

Via-se, paradoxalmente, uma hiperlegalidade (excesso de leis regulando todos os setores da vida humana — situação presente nos dias atuais) e uma hipolegalidade (existência de leis de baixa qualidade, incapazes de atender às aspirações sociais — sentimento também percebido contemporaneamente).

"O legislador como o homem pode tudo querer, mas nem tudo pode fazer", já dizia o penalista Joaquim Augusto de Camargo no final do século XIX[9].

Esses ingredientes resultaram na transposição a um novo modelo, em que o legislador perde seu poder irrestrito. A razão era a seguinte: o Mundo Ocidental havia substituído o despotismo absolutista pela tirania do parlamento; era preciso, agora, contê-lo, impondo-lhe arestas, de modo que não desviasse sua atuação dos verdadeiros e legítimos anseios sociais.

3.3. O ESTADO CONSTITUCIONAL DE DIREITO

O aparecimento das constituições modernas e a crescente admissibilidade de sua força normativa operaram uma verdadeira "revolução dentro da revolução"[10], em que a preocupação primária residia em conter o poder estatal, de modo geral, e o legislador, em particular, inclusive no que tange ao exercício do poder de punir (*ius puniendi*), isto é, de descrever infrações penais, cominando-lhes as respectivas sanções.

3.3.1. Origem do Estado Constitucional de Direito

Esse fenômeno tem raízes no final do século XVIII. Nesse momento histórico, porém, pensava-se na constituição tão somente como documento supremo onde fosse assegurada a "garantia dos direitos" e a "separação dos poderes". Tal era o sentido preconizado no art. 16 da Declaração de Direitos do Homem e do Cidadão, de 1789[11], a qual figurou no preâmbulo da Constituição francesa de 1791.

A compreensão acerca do alcance de uma Constituição, todavia, sofreu acentuada evolução no último século, sempre preservando a ideia central de **controle do poder**. Não é por outra razão que Canotilho, ao falar sobre o **constitucionalismo**, descreve-o como a "teoria (ou ideologia) que ergue o **princípio do governo limitado** indispensável à garantia dos direitos em dimensão estruturante da organização político-social de uma comunidade"[12].

---

[9] *Direito penal brasileiro*, 2. ed., p. 28.

[10] Na expressão de André Ramos Tavares, *Teoria da justiça constitucional*, p. 45.

[11] "A sociedade em que não esteja assegurada a garantia dos direitos nem estabelecida a separação dos poderes não tem Constituição."

[12] *Direito constitucional e teoria da Constituição*, 7. ed., p. 51 (grifo nosso). Eduardo García de Enterría, de sua parte, explica a Constituição da seguinte maneira: "A Constituição, de um lado, configura e ordena os poderes do Estado por ela construídos; por outro, estabelece os limites do exercício do poder e o âmbito das liberdades e dos direitos fundamentais, assim como os objetivos positivos e prestacionais que o poder deve cumprir em benefício da comunidade. Em todos esses conteúdos a Constituição se apresenta como um sistema preceptivo que emana do povo como titular da soberania, em sua função constituinte, preceitos dirigidos tanto aos diversos órgãos do poder pela própria Constituição estabelecidos como aos cidadãos" (*La Constitución como norma y el*

A limitação ou o controle do poder encontra-se, portanto, na essência de qualquer constituição[13], a qual se consubstancia numa **amarra autoimposta**, destinada a governar os atos da maioria eventual do parlamento, assegurando uma atuação sóbria e o respeito aos direitos das minorias[14].

3.3.2. As bases do Estado Constitucional de Direito

O núcleo desse modelo assenta-se em dois **pilares**: o **controle do poder** e a **supremacia da constituição**.

A Lei Fundamental só será capaz de pôr arestas ao legislador se, e quando, deixar de figurar como simples carta de intenções ou mero pacto fundante do Estado. É indispensável que possua verdadeira e inequívoca **supremacia normativa**.

Para tanto, deve contar com um mecanismo de **autodefesa**, o qual pressupõe **rigidez das suas normas** e um **órgão** (ou órgãos) encarregado(s) do **controle de constitucionalidade** dos atos normativos.

Esses fatores estão presentes em boa parte das constituições hoje existentes, dentre as quais a brasileira de 1988. Nesta, podem ser apontados os arts. 60, 102 e 103, quando estabelecem o processo solene de alteração de seus preceitos e, por vezes, a imutabilidade de suas normas, além das regras de controle constitucional. Podem-se citar, ainda, os arts. 23, inc. I, e 78, os quais proclamam a submissão dos entes federativos e do Poder Executivo ao Texto Maior, cujo respeito devem observar.

3.4. O NEOCONSTITUCIONALISMO E O DIREITO PENAL

Desde o final do século do passado, vivenciamos um inequívoco regime de supremacia constitucional, em que a ela se outorga o título de *lex superior*.

A **Constituição**, retirando de si própria o fundamento de validade, **constitui-se em fonte das demais normas**. Assim, todos os atos infraconstitucionais devem obedecê-la (*norma normarum*) e nela encontrar seu embasamento (**princípio da conformidade de todos os atos políticos com a Constituição**).

Mais do que um Estado limitado formalmente pela Constituição, porém, no século XXI **busca-se a construção de um Estado materialmente vinculado**. Daí advém a **concepção constitucionalista do Direito ou neoconstitucionalismo**[15], em

---

Tribunal Constitucional, 3. ed., p. 49). Veja, ainda, Luís Roberto Barroso, *Curso de direito constitucional contemporâneo* — os conceitos fundamentais e a construção de um novo modelo.

[13] "Toda a história do Estado de Direito pode ser lida como a história de uma progressiva minimização do poder pela via de sua regulação jurídica" (Luigi Ferrajoli, *Jurisdicción y democracia*. Jueces para la democracia, n. 29, p. 3, apud Paula Viturro, *Sobre el origen y el fundamento de los sistemas de control de constitucionalidad*, p. 17).

[14] Joshua Dressler, *Cases and materials on criminal law*, 5. ed., p. 5.

[15] Pedro Lenza esclarece que, sob os auspícios do neoconstitucionalismo, procura-se "não mais apenas atrelar o constitucionalismo à ideia de limitação do poder político, mas, acima de tudo, buscar a eficácia da Constituição, deixando o texto de ter um caráter meramente retórico e passando a ser mais efetivo, especialmente diante da expectativa de concretização dos direitos fundamentais" (*Direito constitucional esquematizado*, 15. ed., p. 59).

que o sistema jurídico compõe-se não apenas de regras, mas de **valores** que, encontrando guarida na Lei Maior, irradiam-se por todo ordenamento jurídico[16].

São **pontos marcantes do neoconstitucionalismo**, seguindo a enumeração de Pedro Lenza[17]:

- **Estado Constitucional de Direito:** superação do Estado Legislativo de Direito, colocando-se a Constituição no centro do sistema, caracterizada por intensa carga valorativa, devendo todas as normas serem a partir dela interpretadas;
- **Conteúdo axiológico da constituição:** o Texto Maior incorpora diversos valores e opções políticas, notadamente a dignidade do ser humano e os direitos fundamentais, que deverão nortear a atividade legislativa;
- **Concretização dos valores constitucionais e garantias de condições dignas mínimas:** como o norte da atividade dos poderes constituídos.

Nesse ambiente, **não se pode compreender o Direito Penal senão pelos olhos da Constituição**, onde se encontram seus **princípios norteadores**, bem como **os valores cuja magnitude justificará a criação de leis penais**. A Lei Fundamental deve ser, portanto, o "filtro através do qual se deve ler todo o direito infraconstitucional"[18].

3.5. SÍNTESE

ESTADO CONSTITUCIONAL DE DIREITO
■ O aparecimento das constituições modernas e a crescente admissibilidade de sua força normativa respaldaram uma contenção do poder estatal, de modo geral, e do legislador, em particular, inclusive no que tange ao exercício do poder de punir (*ius puniendi*), isto é, de descrever infrações penais, cominando-lhes as respectivas sanções.
NEOCONSTITUCIONALISMO
Pontos marcantes
■ Estado Constitucional de Direito: superação do Estado Legislativo de Direito, colocando-se a Constituição no centro do sistema, caracterizada por intensa carga valorativa, devendo todas as normas serem a partir dela interpretadas.
■ Conteúdo axiológico da Constituição: o Texto Maior incorpora diversos valores e opções políticas, notadamente a dignidade do ser humano e os direitos fundamentais, que deverão nortear a atividade legislativa.
■ Concretização dos valores constitucionais e garantias de condições dignas mínimas: como o norte da atividade dos poderes constituídos.

16 No dizer da Ministra Cármen Lúcia, em voto proferido no julgamento da ADI n. 2.649: "Devem ser postos em relevo os valores que norteiam a Constituição e que devem servir de orientação para a correta interpretação e aplicação das normas constitucionais e apreciação da subsunção, ou não, da Lei (...)" (julgamento em 08.05.2008, Plenário, *DJe* 17.10.2008).

17 *Direito constitucional esquematizado*, 15. ed., p. 61.

18 Luís Roberto Barroso, *Curso de direito constitucional contemporâneo* — os conceitos fundamentais e a construção de um novo modelo, p. 86.

3.6. QUESTÃO

1. (87º Concurso de Ingresso à Carreira do MPSP — 2010) Assinale a alternativa correta:

a) ocorre a chamada adequação típica mediata quando o fato se amolda ao tipo legal sem a necessidade de qualquer outra norma.
b) o princípio da insignificância incide diretamente sobre a punibilidade do agente.
c) a exigência de um conteúdo material do crime não se satisfaz com a simples subsunção formal das condutas humanas.
d) a constitucionalização do Direito Penal limita-se à valorização do princípio da legalidade estrita e ao conteúdo formal do princípio da reserva legal.
e) a ultra-atividade *in mellius* da lei penal significa que a lei posterior aplica-se a eventos passados, salvo quando ela beneficia o réu.

GABARITO

1. "c".

A adequação típica por subordinação indireta ou mediata se dá quando o enquadramento legal não ocorre diretamente entre o fato e o tipo incriminador, exigindo o emprego de uma norma de extensão (p. ex., a tentativa — art. 14, II, do CP).

O princípio da insignificância atinge a tipicidade da conduta.

A constitucionalização do Direito Penal resulta na sua submissão a diversos princípios, regras e valores previstos na Constituição Federal.

A ultra-atividade em benefício do réu significa que a lei anterior será aplicada a eventos futuros, ou seja, mesmo após sua revogação por lei gravosa.

4

DIREITO PENAL CONSTITUCIONAL

4.1. CONCEITO

O Direito Penal Constitucional não consubstancia uma disciplina diferente ou destacada. Não há, portanto, um Direito Penal Constitucional e outro Infraconstitucional. A denominação empregada neste capítulo, de fundo didático, diz respeito a um conjunto de valores, princípios e regras de superior hierarquia (formal e material), dispostos em nossa Lei Fundamental, que servem de base à compreensão e ao estudo do Direito Penal.

4.2. PREMISSA (NEOCONSTITUCIONALISMO)

Todo ordenamento jurídico deve ser interpretado e adaptado à Constituição Federal. De há muito superamos a fase da onipotência do legislador, transpondo-nos do Estado Legalista de Direito para o Estado Constitucional (e Democrático) de Direito. A **harmonização das leis à Constituição** deve se realizar **não apenas no plano** da congruência **formal**, senão **também** no que toca à compatibilização **com os valores consagrados**, expressa ou implicitamente, **no Texto Maior**. Essa é a lição que aprendemos do neoconstitucionalismo e que pode ser expressa na oportuna frase da Ministra Cármen Lúcia do STF, já citada nesta obra, para quem "(...) (os valores que a Constituição alberga) devem servir de orientação para a correta interpretação e aplicação das normas constitucionais e apreciação da subsunção, ou não, da Lei (...)" (ADI n. 2.649, julgamento em 08.05.2008, Plenário, *DJe* 17.10.2008).

Esse é o ambiente jurídico do novo milênio, o qual não se coaduna com uma visão meramente formalista ou legalista do Direito, exigindo do seu intérprete um engajamento no sentido de promover os valores constitucionais que informam nossa República.

4.3. VISÃO GERAL

De maneira sintética, podem-se identificar os seguintes setores que enfeixam o chamado Direito Penal Constitucional:

- Os princípios e regras penais dispostos na Constituição (carga normativa).
- Os valores consagrados expressa ou implicitamente, que servem de inspiração e recheio para a seleção dos bens penalmente relevantes (carga axiológica).

- Os mandados de criminalização ou penalização, isto é, os mandamentos constitucionais de tipificação de condutas.
- Os limites ao exercício do direito de punir do Estado previstos nas regras de imunidade constitucional.
- A fonte material ou de produção das leis penais[1].
- O perdão constitucional (anistia, graça e indulto)[2].
- As infrações penais de menor potencial ofensivo.

4.4. PRINCÍPIOS CONSTITUCIONAIS

4.4.1. Considerações gerais

4.4.1.1. Princípios enquanto normas jurídicas

No estágio atual da Ciência do Direito, converge-se para a ideia de que **os princípios não podem ser considerados** apenas como **meras aspirações** ou **vagas diretrizes**, pois **contêm inegável força normativa**.

Entende-se, nesse sentido, que o sistema jurídico, no que tange às normas que o compõem, compreende um conjunto de princípios e regras, equilibradamente distribuídos, sendo aqueles os núcleos e estas, os satélites que gravitam ao seu redor. Aos princípios, portanto, incumbe servir como a expressão primeira dos valores fundamentais incorporados em nossa sociedade por intermédio da Constituição, atuando como molde a exprimirem o ideal de justiça; e às regras corresponde a tarefa de propiciar certeza e conferir segurança jurídica na atuação cotidiana do sistema.

Pode-se dizer que **as normas jurídicas formam o gênero**, do qual **princípios e regras**, enquanto comandos deônticos, são **suas espécies**.

4.4.1.2. Diferenças entre princípios e regras[3]

4.4.1.2.1. Quanto à hierarquia

A **primeira diferença** de relevo entre estas espécies de normas jurídicas reside na **hierarquia**, já que os princípios, por constituírem a expressão inicial dos valores fundamentais que informam determinado ramo jurídico, encontram-se em patamar superior às regras, de tal modo que um aparente confronto entre ambos deverá ser solucionado em favor daqueles.

Cite-se, como exemplo, o possível conflito entre o princípio da insignificância ou bagatela (a seguir estudado — item 4.4.2.3.2) e o tipo penal descrito no art. 155 do

---

[1] Ver, a respeito, o item 7.1.1, *infra*.

[2] A disciplina da anistia, graça e indulto será examinada no final desta obra, por ocasião do estudo da “extinção da punibilidade”.

[3] As considerações abaixo reproduzidas inspiram-se nas lições de Walter Claudius Rothenburg, *Princípios constitucionais*, e Luís Roberto Barroso, *Curso de direito constitucional contemporâneo* — os conceitos fundamentais e a construção de um novo modelo.

CP. Se "A" subtrair para si uma folha de papel de alguém, terá, sem dúvida, praticado o comportamento descrito no dispositivo legal referido, sujeitando-se, em tese, às penas nele cominadas. Seu ato será penalmente típico à luz da regra legal mencionada. Ocorre que o princípio mencionado considera atípicas condutas causadoras de lesões insignificantes ao bem juridicamente tutelado. Afinal: o comportamento de "A" é típico ou atípico? **Atípico**, sem dúvida, pois o princípio se sobrepõe à regra, cuja incidência fica afastada.

■ 4.4.1.2.2. *Quanto ao conteúdo*

O **segundo** elemento **diferenciador** reside no **conteúdo**: os **princípios** constituem a **expressão de valores ou finalidades** a serem atingidas, enquanto as **regras** descrevem **condutas a serem observadas**, mediante proibições ou autorizações.

Assim, por exemplo, a Constituição prenuncia que "a lei regulará a individualização da pena" (art. 5º, inc. XLVI) e o Código Penal determina: "O juiz, atendendo à culpabilidade, aos antecedentes, à conduta social, à personalidade do agente, aos motivos, às circunstâncias e consequências do crime, bem como ao comportamento da vítima, estabelecerá, conforme seja necessário e suficiente para reprovação e prevenção do crime" (art. 59, *caput*). Note que a norma constitucional impõe uma diretriz a ser seguida, e a legal cumpre-a, orientando como o magistrado deverá nortear-se na fixação da pena na lavratura da sentença.

■ 4.4.1.2.3. *Quanto à estrutura formal*

No que pertine à **estrutura formal (terceira diferença)**, as **regras** são construídas com base no seguinte padrão: **descrição de fato e atribuição de consequências** (por exemplo: "ter conjunção carnal ou praticar outro ato libidinoso com menor de 14 (catorze) anos", "pena — reclusão, de 8 (oito) a 15 (quinze) anos" — art. 217-A do CP); já os **princípios** reúnem **enunciados e expressão de ideais**, que podem ser concretizados de diversas formas ("a lei penal não retroagirá, salvo para beneficiar o réu" — art. 5º, inc. XL, da CF).

■ 4.4.1.2.4. *Quanto ao modo de aplicação*

As **regras** são aplicadas mediante **subsunção**, é dizer, a adequação do fato concreto ao modelo abstrato.

Se "B", fazendo-se passar por "pai de santo", aproveita-se da ingenuidade e da crença de uma mulher, para com ela praticar ato libidinoso, fica sujeito a uma pena de reclusão, de dois a seis anos, pois sua ação se subsome à regra legal consubstanciada no art. 215 do CP: "(...) praticar outro ato libidinoso com alguém, mediante fraude (...)".

Os **princípios** são **aplicados positivamente, como orientação** a ser seguida, ou **negativamente**, para **anular uma regra que os contradiga**.

Cite-se, exemplificativamente, o princípio da dignidade da pessoa humana, o qual foi utilizado pela jurisprudência para conceder ao sentenciado o regime albergue-domiciliar (art. 117 da LEP) em razão da inexistência de casa do albergado na Comarca onde deveria cumprir a pena (aplicação positiva)[4].

Pode-se figurar, como ilustração da aplicação negativa, a invalidação de uma sentença, com base no princípio da legalidade, cassando decisão judicial fundada em tipo penal incriminador analogicamente aplicado.

■ 4.4.1.2.5. Quanto à abstração e à vagueza

Das discrepâncias **anteriormente expostas**, em especial aquelas relativas ao conteúdo, à forma e à estrutura, decorrem outras, concernentes ao **grau de abstração e à vagueza** (superior nos princípios).

Tome como exemplo, novamente, a dignidade do homem, princípio contido no art. 1º, inc. III, da CF, o qual impõe sejam todas as pessoas tratadas com respeito à sua condição de ser humano.

As **regras** são **dotadas de maior concreção** (*v.g.*, "o preso conserva todos os direitos não atingidos pela perda da liberdade, impondo-se a todas as autoridades o respeito à sua integridade física e moral" — art. 38 do CP).

■ 4.4.1.2.6. Quanto à densidade normativa

Entende-se por **densidade normativa** a **certeza e a exatidão quanto às alternativas de interpretação admissíveis**, ensejando um número maior ou menor de possibilidades de concreção da norma.

Segundo explica Dimitri Dimoulis, "o texto das normas jurídicas deve ser visto como filtro ou tecido, cuja textura é mais ou menos densa. O grau de porosidade (abertura, abstração) do texto normativo é indicado pelo número e pela diversidade das alternativas de interpretação que esse texto autoriza, isto é, das alternativas que podem passar pela 'peneira' do próprio texto. A regra da densidade normativa pode ser formulada da seguinte maneira: *Quanto maior for o número de interpretações divergentes que podem ser sustentadas em relação a determinado texto normativo, menor será sua densidade normativa (e vice-versa)*"[5].

---

[4] "O condenado não pode ser prejudicado pela displicência estatal, quando não institui casa de albergado, conforme estabelecido nos arts. 93 a 95 da LEP. No ponto, o princípio da dignidade da pessoa humana assume primazia no sopesamento com a legalidade, até porque trata-se de uma solução excepcional" (TJRJ, AEP, 2009.076.00745-RJ, 7ª Câm. Crim., Rel. Des. Siro Darlan de Oliveira, julgado em 20.10.2009). Acórdão citado por Guilherme Nucci, *Princípios constitucionais penais e processuais penais*, p. 52.

[5] *Positivismo jurídico* — introdução a uma teoria do direito e defesa do pragmatismo jurídico-político, p. 248.

Os **princípios**, por conterem maior abstração e vagueza, têm **baixa densidade normativa**, razão pela qual comportam um número elevado de possibilidades de interpretação.

As **regras** são providas de alta concreção, o que lhes confere **maior densidade normativa**.

O CP, por exemplo, determina que o prazo prescricional será reduzido de metade quando o autor for maior de setenta anos na data da sentença (art. 115). Numa escala de 0 a 100 de densidade normativa, onde zero indica o silêncio normativo e cem, a absoluta exatidão, este exemplo retrata uma norma que se aproxima do teto[6].

O aplicador do direito, bem por isso, resolve a maioria dos seus problemas cotidianos com o manejo de regras. O delegado de polícia, *v.g.*, quando atende um cidadão no distrito, recebendo a notícia de um fato aparentemente criminoso, instaura o pertinente inquérito policial para investigá-lo. Essa atitude baseia-se em regras: uma de cunho penal, relativa ao tipo em tese violado pelo suspeito, responsável por conferir o caráter delituoso à *notitia* encaminhada (p. ex., o art. 171 do CP — estelionato) e outra, de natureza processual, que o obriga a instaurar de ofício a investigação (art. 5º do CPP).

Isso não significa, porém, que os princípios não possam ser utilizados pelo aplicador da norma para a resolução de casos concretos, já que, a despeito de sua abstração e vagueza, podem ser aplicados positiva ou negativamente (consoante se viu no item 4.4.1.2.4, *supra*).

■ *4.4.1.2.7. Quanto à plasticidade ou poliformia*

A generalidade e a vagueza dos **princípios** lhes outorgam uma **plasticidade** ou **poliformia**, ou seja, uma **capacidade de se amoldar a diferentes situações e acompanhar a evolução social**. Tal característica encontra limites e pode ser circunscrita dentro dos significados constitucionalmente necessários e dos constitucionalmente impossíveis. É possível afirmar, por exemplo, que o princípio da dignidade da pessoa humana impede a adoção de penas cruéis (significado constitucionalmente necessário — art. 5º, inc. XLVII, *e*), mas não se pode dizer que ele impede a aplicação de penas privativas de liberdade (significado constitucionalmente impossível — art. 5º, inc. XLVI, *a*).

Os **princípios**, portanto, contam com a **possibilidade de serem interpretados de acordo com o momento histórico e social**, tornando-se **mais duradouros**.

O Supremo Tribunal Federal considerou, durante dezesseis anos (de 1990 a 2006), que o princípio da individualização da pena não impedia a fixação do regime prisional integralmente fechado em crimes hediondos e equiparados (como dispunha o art. 2º, § 1º, da Lei n. 8.072/90, antes da alteração promovida pela Lei n. 11.464/2007).

---

6 Esses valores hipotéticos, apresentados ilustrativamente, são impraticáveis. Haverá normas *próximas* de zero e outras *perto* de cem.

Vários foram os julgados nesse sentido[7], valendo registrar que a matéria chegou a ser objeto de Súmula do STF (n. 698)[8].

Em 2006, porém, a Corte Suprema reviu sua posição, passando a interpretar o princípio da individualização da pena de maneira mais ampla e garantista, a ponto de declarar, *incidenter tantum*, no julgamento do HC 82.959 (*DJ* 01.09.2006), a inconstitucionalidade do § 1º do art. 2º da Lei n. 8.072/90 (em sua redação original).

No ano seguinte, o Congresso Nacional aprovou uma alteração na Lei dos Crimes Hediondos[9], estipulando que a pena deveria ser cumprida em regime **inicialmente** fechado, com períodos mais longos que o comum para a progressão[10] (art. 112 da LEP[11]).

O STF, apreciando tal **modificação**, a considerou **gravosa** em relação à sistemática anterior (*novatio legis in pejus*), muito embora, formalmente, se transmudasse o regime prisional **de integral para inicial** fechado.

Na visão da nossa Corte Constitucional, a norma anterior era incompatível com a Lei Maior, motivo pelo qual entendeu que todos os autores de infrações hediondas ou assemelhadas fariam jus à citada progressão mediante o cumprimento de apenas um sexto da pena, não se admitindo a aplicação retroativa dos patamares inaugurados pela Lei de 2007 (dois quintos ao réu primário e três quintos ao reincidente). Nesse sentido, a Súmula Vinculante n. 26: "Para efeito de progressão de regime no cumprimento de pena por crime hediondo, ou equiparado, o juízo da execução observará a inconstitucionalidade do art. 2º da Lei 8.072, de 25 de julho de 1990, sem prejuízo de avaliar se o condenado preenche, ou não, os requisitos objetivos e subjetivos do benefício, podendo determinar, para tal fim, de modo fundamentado, a realização de exame criminológico".

---

[7] *Vide*, p. ex.: "Constitucional. Penal. Processual Penal. *Habeas Corpus*. Crime Hediondo. Regime Fechado. Lei 8.072/90, Art. 2º, § 1º. Constitucionalidade. 1. A inconstitucionalidade do art. 2º, § 1º, da Lei 8.072/90, foi repelida pelo Plenário desta Corte no julgamento do HC 69.657. 2. Enquanto não modificado esse entendimento, subsiste a constitucionalidade do referido dispositivo legal, devendo prevalecer a jurisprudência da Casa, no sentido de que a pena por crime previsto no art. 2º, § 1º, da Lei 8.072/90 deverá ser cumprida integralmente em regime fechado. 3. Não se estende aos demais crimes hediondos a admissibilidade de progressão no regime de execução da pena aplicada ao crime de tortura (Súmula STF n. 698). 4. Ordem denegada" (STF, HC 86.647, Rel. Min. Ellen Gracie, 2ª Turma, julgado em 04.10.2005, *DJ* 25.11.2005, p. 34).

[8] "Não se estende aos demais crimes hediondos a admissibilidade de progressão no regime de execução da pena aplicada ao crime de tortura."

[9] Lei n. 11.464/2007.

[10] Enquanto a progressão — passagem de um regime prisional mais rigoroso para outro mais brando — depende do cumprimento de um sexto da pena, nos delitos em geral (veja a nota abaixo), nos hediondos ou equiparados, pressupõe o transcurso de dois quintos da pena, se primário, ou três quintos, se reincidente (art. 2º, § 2º, da Lei n. 8.072/90, com a redação dada pela Lei n. 11.464/2007).

[11] "A pena privativa de liberdade será executada em forma progressiva com a transferência para regime menos rigoroso, a ser determinada pelo juiz, quando o preso tiver cumprido ao menos um sexto da pena no regime anterior e ostentar bom comportamento carcerário, comprovado pelo diretor do estabelecimento, respeitadas as normas que vedam a progressão."

4.4.1.2.8. Quanto à esfera de incidência

Prosseguindo com os pontos de apartamento entre princípios e regras, calha citar que o caráter vago dos **princípios** lhes confere uma **esfera de incidência superior à** das **regras**; vale dizer, um leque mais amplo, um raio de ação mais extenso.

Por mais regras jurídicas que existam num dado ordenamento jurídico, elas jamais conseguiriam esgotar todo o potencial de um princípio, que traduz aspirações ilimitadas, estando sempre disposto a aceitar outras regras que estejam em conformidade com seu ideal.

4.4.1.2.9. Quanto à solução de conflitos

Outro aspecto relevante na distinção entre princípios e regras diz respeito ao **modo como se solucionam eventuais conflitos entre eles:**

- Um **conflito entre regras impõe uma solução radical** ("tudo ou nada"), que se pode dar de duas maneiras: considerando uma delas a regra e outra a exceção *ou* aplicando-se uma e invalidando-se a outra.
- Um **conflito entre princípios exige uma solução conciliadora** ("pouco a pouco"), de modo a se verificar qual tem caráter preponderante no caso concreto, valendo-se o intérprete de uma *ponderação* (como ocorre, por exemplo, no fato de se permitir uma prova ilícita para provar a inocência do réu).

Rothenburg[12] indica outras formas possíveis de solucionar o conflito:

- um deles prepondera, mas não anula os outros, os quais são acomodados, conservando-se-lhes o núcleo e a essência;
- todos são acomodados para resolver o caso concreto;
- os princípios são fragmentados (aplicados em parcelas);
- utiliza-se o critério da ponderação.

As regras antinômicas, portanto, se excluem, ao passo que os princípios conflitantes coexistem.

4.4.1.2.10. Quanto à função

Há igualmente uma **distinção funcional** entre princípios e regras. Muito embora compartilhem a função regulativa, consistente na aptidão de solucionarem casos concretos (embora de maneira diferente[13]), diferem quanto à **função hermenêutica**, exclusiva dos princípios. Somente estes têm o condão de dirimir dúvidas interpretativas e propiciar o esclarecimento de determinada disposição normativa. É o que ocorre, particularmente no processo penal, com o princípio do *favor rei*, muitas vezes empregado para sinalizar, diante da omissão legislativa, no sentido de uma interpretação favorável ao réu.

---

[12] *Princípios constitucionais*. Porto Alegre: Sérgio Antônio Fabris Editor, 1999.

[13] Confira no item 4.4.1.2.4, *retro*.

■ 4.4.1.2.11. Quanto ao impedimento do retrocesso

Os princípios fixam verdadeiros padrões (*standards*) de justiça e, **uma vez tendo se galgado determinado grau de efetividade, não se admite o retrocesso**.

É o caso, por exemplo, da evolução jurisprudencial acerca do princípio da vedação de penas de caráter perpétuo, extensível, segundo o STF, às medidas de segurança, de tal modo que a elas deve se aplicar o limite de duração previsto no art. 75 do CP (30 anos).

De acordo com o Tribunal: "A interpretação sistemática e teleológica dos arts. 75, 97 e 183, os dois primeiros do CP e o último da LEP, deve fazer-se considerada a garantia constitucional abolidora das prisões perpétuas. A medida de segurança fica jungida ao período máximo de trinta anos"[14].

Com a conquista desta garantia, relativamente à amplitude da proibição de penas de índole perpétua, parece-nos que configuraria inadmissível retrocesso o retorno à orientação precedente. É o que se entende por **eficácia impeditiva de retrocesso**.

Podemos apontar outro exemplo. Até 1996, o Código Penal permitia que a pena de multa, caso inadimplida, fosse convertida em prisão. A Lei n. 9.268/96 modificou tal sistemática, determinando que, após o trânsito em julgado da sentença, fosse ela considerada dívida de valor (art. 51[15]). Essa inovação, de cunho liberal, inspirou-se na alegada inconstitucionalidade da transformação da multa em pena privativa de liberdade, uma vez que só se admite prisão por dívida do devedor de alimentos[16] e, além disso, na **ofensa ao princípio da proporcionalidade**, pois o que motivaria a prisão do sentenciado seria um evento estranho ao delito, para o qual se considerou razoável e justa a fixação de pena pecuniária[17]. Assim, *v.g.*, dada a eficácia impeditiva de re-

---

14 HC 84.219, Rel. Min. Marco Aurélio, julgamento em 16.08.2005, 1ª Turma, *DJ* 23.09.2005. No mesmo sentido: HC 97.621, Rel. Min. Cezar Peluso, julgamento em 02.06.2009, 2ª Turma, *DJe* 26.06.2009.

15 "Transitada em julgado a sentença condenatória, a multa será considerada dívida de valor, aplicando-se-lhe as normas da legislação relativa à dívida ativa da Fazenda Pública, inclusive no que concerne às causas interruptivas e suspensivas da prescrição."

16 "Não haverá prisão civil por dívida, salvo a do responsável pelo inadimplemento voluntário e inescusável de obrigação alimentícia e a do depositário infiel." Note que, muito embora preveja o Texto Maior a prisão civil tanto do devedor de alimentos quanto do depositário infiel, a última delas é vedada por documentos internacionais ratificados pelo Brasil. O Supremo Tribunal Federal, em importante precedente sobre a força normativa dos tratados e convenções internacionais sobre direitos humanos, reconheceu-lhes o caráter **supralegal**, isto é, não se sobrepõe à Constituição Federal, mas se encontram num patamar hierárquico-normativo **acima das leis**. (*vide* **RE 466.343**, Rel. Min. Cezar Peluso, trecho do voto do Min. Gilmar Mendes, Plenário, julgamento em 03.12.2008, *DJe* 05.06.2009). No mesmo sentido: **HC 98.893-MC**, Rel. Min. Celso de Mello, decisão monocrática, julgamento em 09.06.2009, *DJe* 15.06.2009; **RE 349.703**, Rel. p/ o ac. Min. Gilmar Mendes, Plenário, julgamento em 03.12.2008, *DJe* 05.06.2009. Atualmente, a questão se encontra regulada na Súmula Vinculante n. 25 do STF: "É ilícita a prisão civil de depositário infiel, qualquer que seja a modalidade do depósito".

17 A respeito da modificação citada, recomenda-se a leitura do texto de Jorge Assaf Maluly, intitulado "A nova redação do artigo 51 do Código Penal", publicado na revista *Justitia*, São Paulo, v. 60, n. 181/184, p. 9-13, jan./dez. 1998. Disponível em: <http://bdjur.stj.gov.br/dspace/handle/2011/23527>. Acesso em: 17 abr. 2011.

trocesso, caso o Congresso Nacional intentasse restabelecer a anterior sistemática, violaria o princípio acima mencionado.

Vamos finalizar com um último exemplo, de índole processual, fundado no art. 366 do CPP (referente à citação por edital). Desde 1996, o dispositivo não permite que o processo penal siga sem a certeza de que o réu tenha efetivo conhecimento de sua existência e do teor da acusação contra si elaborada. Trata-se da **concreção do princípio constitucional da ampla defesa**, que somente passou a ser adotada a partir do mencionado ano. Antes disso, eram rotineiras as sentenças exaradas contra acusados que, citados via edital, eram processados e condenados sem a real ciência do feito criminal. De certo, qualquer tentativa de revogar a regra atual e retomar o sistema anterior seria considerada inconstitucional, já que representaria evidente anacronismo e inegável violação ao princípio da ampla defesa.

■ 4.4.1.3. *Postulados (normas jurídicas de segundo grau ou metanormas)*

Para Humberto Ávila[18], as normas jurídicas não se dividem apenas em princípios e regras, mas há, ao lado destas, os **postulados**.

Segundo ele, todo objeto cultural exige condições essenciais para sua apreensão — tais condições são os chamados postulados. Estes são metanormas, normas de segundo grau ou normas sobre normas, pois estabelecem o método pelo qual as demais normas (regras ou princípios) deverão ser aplicadas.

Os postulados não se confundem com princípios ou regras, podendo-se identificar três diferenças:

a) quanto ao nível: os princípios e regras são normas objeto de aplicação (elas é que apontam qual a solução dos conflitos), enquanto os postulados orientam a aplicação dos princípios ou regras (estabelecem o método para sua incidência);

b) quanto ao destinatário: os princípios e regras dirigem-se ao Poder Público e às pessoas, cujo comportamento se vê possivelmente abrangido pela norma, ao passo que os postulados têm como destinatário necessariamente o aplicador da lei. Assim, por exemplo, cabe ao Poder Público respeitar o princípio da legalidade (art. 5º, XXXIX, da CF) e às pessoas observar a regra segundo a qual é proibido matar (art. 121 do CP); mas a nenhum deles se dirige o postulado da proporcionalidade, o qual tem como sujeito o cientista ou o aplicador da lei, ao dirimir um conflito entre normas, orientando-se pela solução adequada;

c) quanto ao relacionamento: princípios e regras implicam-se reciprocamente, delimitando, os primeiros, os fins a serem atingidos, o estado ideal de coisas a ser logrado e, as outras, os comportamentos necessários para cumprir tais propósitos; os postulados, de sua parte, não conflitam com qualquer princípio ou regra, porém, repise-se, orientam o método pelo qual serão aplicados.

Os postulados, portanto, não são princípios, pois não estipulam um dever-ser ideal, não são cumpridos de modo gradual e não possuem um peso flutuante.

---

18 *Teoria dos princípios* — da definição à aplicação dos princípios jurídicos, 16. ed., Malheiros, 2015.

Igualmente não são regras, porque não descrevem qualquer comportamento e não são cumpridos de modo integral, além de não poderem ser excluídos do ordenamento jurídico.

Os postulados podem ser divididos em hermenêuticos e aplicativos.

Dos primeiros, desponta o da unidade do ordenamento jurídico, que tem como subpostulados o da coerência e o da hierarquia.

A necessidade de delimitar o conteúdo da dignidade humana dentro da própria Constituição Federal deriva do postulado da unidade do ordenamento jurídico.

Quanto ao postulado da coerência, Ávila propõe um modelo de sistematização de normas circular (e não linear), em que a norma superior condiciona a inferior e esta contribui para a definição daquela. Além disso, esse modelo se revela complexo e gradual, pois não supõe apenas uma relação vertical, mas várias relações horizontais.

A coerência deve ser formal (que traduz a ideia de consistência e completude) e material ou substancial (relativa à conexão positiva de sentido.

A relação de coerência formal se estabelece nos planos vertical (da norma superior para a inferior e vice-versa) e horizontal (da norma geral para a especial e vice-versa). As normas superior e inferior, bem como geral e especial, atuam umas sobre as outras, propiciando uma eficácia recíproca (e não unidirecional).

A coerência substancial se dá com a fundamentação por suporte (que impõe uma cadeia de conexões axiológicas, que irradia de normas com maior abertura para outras com menor significação) e com a fundamentação por justificação recíproca (empírica, analítica e normativa). A justificação recíproca empírica dispõe que a existência do primeiro elemento é condição fática necessária para a existência de outro (*v.g.:* a instituição duradoura dos direitos fundamentais é condição fática necessária para a instituição igualmente duradoura do Estado Democrático de Direito); a justificação recíproca analítica estabelece que a existência do primeiro é condição conceitual para a existência do outro (p. ex.: a eficácia dos princípios da legalidade e da culpabilidade é condição conceitual necessária para a existência de um regime democrático em matéria penal); a justificação recíproca normativa conduz a que os enunciados específicos fundamentem o geral e vice-versa (*v.g.:* os subprincípios da reserva legal, da anterioridade e da taxatividade ascendem em direção ao sobreprincípio da segurança jurídica — inerente à legalidade penal —, o qual descende em direção àqueles, orientando sua significação semântica).

Além dos postulados hermenêuticos, há os postulados normativos aplicativos, os quais se mostram fundamentais para a compreensão concreta do Direito, sobretudo para solucionar antinomias contingentes, concretas e externas.

Dentre os principais destacam-se a proporcionalidade, a razoabilidade, a proibição de excesso e a proibição de proteção deficiente. Esses postulados operam como estrutura para a aplicação de outras normas. Muito embora sejam frequentemente descritos como princípios, a razoabilidade e a proporcionalidade, no entender de Ávila, não estabelecem um comportamento e a respectiva consequência ou um estado ideal de coisas a ser promovido. São, em verdade, postulados, pois, enquanto normas de segundo grau ou metanormas, estabelecem o método pelo qual as normas de primeiro grau podem ser aplicadas. Quem define a razoabilidade ou a proporcionalidade como princípio, no dizer do autor citado, troca a balança pelos objetos que ela pesa.

No exame da razoabilidade (ou razoabilidade-equivalência), analisa-se a norma que institui a intervenção na esfera individual ou coletiva para verificar se há equivalência entre sua dimensão e o que pretende punir ou promover. No exame da proporcionalidade, analisa-se a norma que institui a obrigação, proibição ou permissão para verificar se o princípio que justifica sua instituição será promovido e em que medida os outros princípios serão limitados.

4.4.1.4. *Síntese das diferenças entre princípios e regras*

PRINCÍPIOS	REGRAS
■ São hierarquicamente superiores às regras	■ São inferiores aos princípios, a eles se sujeitando
■ São a expressão de valores ou finalidades a serem atingidas	■ Descrevem condutas a serem observadas
■ Contêm enunciados e expressão de ideais	■ Contêm descrição de fato e atribuição de consequências
■ Os princípios são aplicados positivamente, como orientação a ser seguida, ou negativamente, para anular uma regra que o contradiga	■ As regras são aplicadas mediante subsunção
■ Possuem superior grau de abstração e vagueza	■ As regras são dotadas de maior concreção
■ Têm baixa densidade normativa	■ Contêm maior densidade normativa
■ São dotados de plasticidade ou poliformia, pois se adaptam a diferentes situações e acompanham a evolução social	■ Não são revestidos de plasticidade ou poliformia, embora admitam alguma alteração interpretativa
■ Sua generalidade coloca-se no sentido de compreenderem uma série indefinida de aplicações (possuem maior leque de incidência)	■ Sua generalidade corresponde à incidência a um número indeterminado de atos e fatos
■ O conflito entre princípios exige uma solução conciliadora ("pouco a pouco"), de modo a se verificar qual tem caráter preponderante no caso concreto, valendo-se o intérprete de uma *ponderação* (como ocorre, por exemplo, no fato de se permitir uma prova ilícita para provar a inocência do réu)	■ O conflito entre regras impõe uma solução radical ("tudo ou nada"), que pode se dar de duas maneiras: considerando uma delas a regra e a outra a exceção *ou* aplicando-se uma e invalidando-se a outra
■ Os princípios têm função hermenêutica, função limitadora da interpretação e eficácia impeditiva de retrocesso	

4.4.2. Princípios constitucionais em espécie

4.4.2.1. *Princípios basilares ou estruturantes e princípios derivados ou decorrentes (hierarquia entre os princípios)*

Os princípios constitucionais não se encontram, todos eles, no mesmo patamar hierárquico ou grau de importância. A doutrina constitucional já superou a tese da equiparação absoluta e formal entre as normas previstas no Texto Maior, reconhecendo que há aquelas que, materialmente, sobrepõem-se às demais[19].

Tendo em mente os princípios constitucionais penais, outorga-se a mais elevada patente aos princípios da **dignidade da pessoa humana** (art. 1º, inc. III), da **legalidade** (art. 5º, inc. XXXIX) e da **culpabilidade** (art. 5º, inc. LVII), os quais **formam a base principiológica sobre a qual se ergue o edifício do Direito Penal**. Outros princípios, por óbvio, existem, mas retiram seu fundamento em um ou mais dos anteriormente expostos. É como se houvesse **três camadas normativas** compondo o sistema jurídico-penal: **a mais densa** e profunda é **composta pelos princípios** ditos **basilares ou estruturantes** (antes referidos); **a outra**, que vem logo em seguida, **é integrada pelos princípios derivados ou decorrentes**, cuja fonte inspiradora é um ou mais dos contidos no núcleo central (tais como o princípio da humanidade da pena, da retroatividade benéfica da lei penal, da insignificância, da adequação social, da alteridade, da exclusiva proteção de bens jurídicos, da ofensividade ou lesividade, da intervenção mínima, do *ne bis in idem* etc.); há, por fim, **a camada mais superficial, onde se encontram todas as regras**, as quais somente conseguem aderir ao sistema e manter-se como partes integrantes dele enquanto estiverem em harmonia com as camadas mais profundas, ou seja, com os princípios (basilares e decorrentes).

■ 4.4.2.2. Princípios basilares ou estruturantes

■ 4.4.2.2.1. Princípio da dignidade da pessoa humana

■ 4.4.2.2.1.1. Conceito

A dignidade da pessoa humana é, sem dúvida, o **mais importante** dos princípios constitucionais. Muito embora não constitua princípio exclusivamente penal, sua elevada hierarquia e privilegiada posição no ordenamento jurídico reclamam lhe seja dada a máxima atenção.

Nossa **Constituição elege-a como fundamento da República**, ao lado da soberania, da cidadania, dos valores sociais do trabalho e da livre iniciativa e do pluralismo político (art. 1º).

Trata-se de outorgar ao Estado Democrático de Direito uma dimensão antropocêntrica, considerando o **ser humano** como o **fim último da atuação estatal**, "fonte de imputação de todos os valores, consciência e vivência de si próprio"[20].

O primeiro texto constitucional a incorporá-la foi a Lei Fundamental alemã, certamente como meio de impedir que as atrocidades verificadas durante o Estado Nazista se repetissem. A técnica germânica foi seguida por outras cartas, como a portuguesa, a espanhola e, em 1988, a brasileira. Os motivos históricos que fizeram o constituinte erigi-la a fundamento da República Federativa do Brasil guardam certa

---

[19] Isso não quer dizer, porém, que haja normas constitucionais inconstitucionais, pois o princípio da unidade da Constituição impõe que todos os preceitos contidos na Lei Maior sejam acomodados, conferindo-se a ela coerência e harmonia. Só se pode cogitar de normas constitucionais inconstitucionais se estas forem decorrentes de emendas à Constituição que ofendam cláusulas pétreas.

[20] José Afonso da Silva, *Comentário contextual à Constituição*, p. 37.

similitude com a experiência alienígena, pois também vivenciamos um passado recente em que o Estado patrocinou a tortura e o desrespeito ao ser humano, privando-o de seus direitos mais comezinhos, a pretexto de atender aos interesses do regime político.

Canotilho pondera que: "perante as experiências históricas de aniquilação do ser humano (inquisição, escravatura, nazismo, stalinismo, polpotismo, genocídios étnicos), a dignidade da pessoa humana como base da República significa, sem transcendências ou metafísicas, o reconhecimento do *homo noumenon*, ou seja, do indivíduo como limite e fundamento do domínio político da República. Neste sentido, a República é uma organização política que serve o homem, não é o homem que serve os aparelhos político-organizatórios"[21].

Não é tarefa simples fixar seus reflexos no âmbito do Direito Penal. Cremos que seu alto nível de abstração exige que suas arestas sejam encontradas dentro da própria Constituição Federal. Assim, por exemplo, não se pode afirmar que o encarceramento de criminosos viola a dignidade da pessoa humana, porque as penas privativas de liberdade são expressamente autorizadas pelo Texto Maior (CF, art. 5º, XLVI, *a*), podendo ser impostas depois de demonstrada a culpabilidade do agente (CF, art. 5º, LVII) e mediante o devido processo legal (CF, art. 5º, LIV). Pode-se dizer, porém, que a aplicação de penas cruéis, de trabalhos forçados ou banimento o vulnera, até porque se cuida de proibições previstas no art. 5º, XLVII.

A doutrina tende a vislumbrar **dois aspectos** ligados ao princípio da dignidade da pessoa humana no âmbito do Direito Penal; um deles voltado ao crime, outro vinculado à pena. São eles: a **proibição de incriminação de condutas socialmente inofensivas** (afinal, o Direito é que está a serviço da humanidade, e não o contrário); e a **vedação de tratamento degradante, cruel ou de caráter vexatório**.

4.4.2.2.1.2. *Jurisprudência*

O Supremo Tribunal Federal possui diversos julgados em que aplicou o princípio da dignidade da pessoa humana, merecendo destaque o RE 592.581 (julgado em 13 de agosto de 2015), relatado pelo Min. Lewandowski, segundo o qual o Poder Judiciário pode impor ao Executivo o dever de realizar obras emergenciais em estabelecimentos penais com o intuito de assegurar direitos fundamentais dos presos, como sua integridade física e moral. Nesse julgamento, o Pleno da Suprema Corte aprovou a seguinte tese em repercussão geral: "É lícito ao Judiciário impor à Administração Pública obrigação de fazer, consistente na promoção de medidas ou na execução de obras emergenciais em estabelecimentos prisionais para dar efetividade ao postulado da dignidade da pessoa humana e assegurar aos detentos o respeito à sua integridade física e moral, nos termos do que preceitua o artigo 5º (inciso XLIX) da Constituição Federal, não sendo oponível à decisão o argumento da reserva do possível nem o princípio da separação dos Poderes".

Também merece registro o entendimento do STF no sentido de que o crime do art. 235 do CPM, denominado originalmente "pederastia ou outro ato libidinoso", elabora-

[21] *Direito constitucional*, 7. ed., p. 225.

do, entre outros propósitos, para punir atos homossexuais, não foi (totalmente) recepcionado pela Constituição, por ofensa a diversos princípios, dos quais se destaca a dignidade da pessoa humana. Na ADPF n. 291, relatada pelo Min. Barroso (julgada em 28 de outubro de 2015), determinou-se a supressão do termo "pederastia ou outro" da rubrica do dispositivo e a retirada das elementares "homossexual ou não" do tipo penal.

Na **jurisprudência do Supremo Tribunal Federal**, colhem-se, ainda, os seguintes casos:

a) prisão domiciliar concedida a paciente em grave estado de saúde, ao qual se decretara a prisão preventiva (decisão proferida antes da inclusão, no CPP, do instituto da prisão preventiva domiciliar[22]):

> "Prisão preventiva. (...) Autos instruídos com documentos comprobatórios do debilitado estado de saúde do paciente, que provavelmente definhará na prisão sem a assistência médica de que necessita, o estabelecimento prisional reconhecendo não ter condições de prestá-la. O art. 117 da LEP determina, nas hipóteses mencionadas em seus incisos, o recolhimento do apenado, que se encontre no regime aberto, em residência particular. Em que pese **a situação do paciente** não se enquadrar nas hipóteses legais, a excepcionalidade do caso enseja o afastamento da Súmula 691/STF e **impõe seja a prisão domiciliar deferida, pena de violação do princípio da dignidade da pessoa humana** (art. 1º, III, da CF)." (HC 98.675, Rel. Min. Eros Grau, julgamento em 09.06.2009, 2ª Turma, *DJe* 21.08.2009; grifos nossos) No mesmo sentido: RHC 94.358, Rel. Min. Celso de Mello, julgamento em 29.04.2008, 2ª Turma, *Informativo STF*, n. 504[23].

b) consumo de pequena quantidade de substância entorpecente:

> "Uso de substância entorpecente. Princípio da insignificância. Aplicação no âmbito da Justiça Militar. (...) **Princípio da dignidade da pessoa humana**. Paciente, militar, preso em flagrante dentro da unidade militar, quando fumava um cigarro de maconha e tinha consigo outros três. Condenação por posse e uso de entorpecentes. Não aplicação do princípio da insignificância, em prol da saúde, disciplina e hierarquia militares. A mínima ofensividade da conduta, a ausência de periculosidade social da ação, o reduzido grau de reprovabilidade do comportamento e a inexpressividade da lesão jurídica constituem os requisitos de ordem objetiva autorizadores da aplicação do princípio da insignificância. A Lei 11.343/2006 — nova Lei Antidrogas — veda a prisão do usuário. Prevê, contra ele, apenas a lavratura de termo circunstanciado. Preocupação do Estado em mudar a visão que se tem em relação aos usuários de drogas. Punição severa e exemplar deve ser reservada aos traficantes, não alcançando os usuários. A estes devem ser oferecidas políticas sociais eficientes para recuperá-los do vício. O STM não cogitou da aplicação da Lei 11.343/2006. Não obstante, **cabe a esta Corte fazê-lo, incumbindo-lhe confrontar o princípio da especialidade da lei penal militar, óbice à aplicação da nova Lei Antidrogas, com o princípio da dignidade humana, arrolado na Constituição do Brasil de modo destacado, incisivo, vigoroso, como princípio fundamental**. (...) Exclusão das fileiras do Exército: punição suficiente para que restem pre-

---

[22] Referida inclusão se deu por intermédio da Lei n. 12.403/2011.

[23] Fonte: *A Constituição e o Supremo*, 3. ed. Publicação elaborada pelo STF e disponível eletronicamente.

servadas a disciplina e hierarquia militares, indispensáveis ao regular funcionamento de qualquer instituição militar. A aplicação do princípio da insignificância no caso se impõe; a uma, porque presentes seus requisitos de natureza objetiva; a duas, em virtude da dignidade da pessoa humana. Ordem concedida." (HC 92.961, Rel. Min. Eros Grau, julgamento em 11.12.2007, 2ª Turma, *DJe* 22.02.2008; grifos nossos) No mesmo sentido: HC 90.125, Rel. p/ o ac. Min. Eros Grau, julgamento em 24.06.2008, 2ª Turma, *DJe* 05.09.2008. É importante registrar, todavia, que **o Pretório Excelso afastou**, recentemente, **o entendimento no sentido da aplicabilidade do princípio da insignificância ao consumo de pequena quantidade de droga**, como se nota em decisão proferida pelo Plenário do Tribunal, no julgamento do HC 94.685, Rel. Min. Ellen Gracie, julgamento em 11.11.2010, Plenário, noticiado no *Informativo STF*, n. 608[24].

No âmbito do Superior Tribunal de Justiça, são lembrados os seguintes julgamentos:

a) concessão de liberdade provisória excepcionalmente motivada pela constatação de que as condições do cárcere violam o princípio da dignidade humana:

"(...) 1. A República Federativa do Brasil tem como fundamento constitucional a dignidade da pessoa humana (art. 1º, III, da CF). 2. A custódia cautelar implica necessariamente o cerceamento do direito à liberdade, entretanto o custodiado em nenhum momento perde a sua condição humana (art. 312 do CPP). 3. **Impõe-se ao magistrado verificar, caso a caso, se o sistema prisional detém meios adequados para tratar preso em condições precárias de saúde, caso contrário, admite-se — de forma**

[24] Fonte: *A Constituição e o Supremo,* 3. ed. Publicação elaborada pelo STF e disponível eletronicamente. Veja, ainda, o HC 102.940, Rel. Min. Ricardo Lewandowski, julgamento em 15.02.2011, 1ª Turma, *DJe*-065 de 05.04.2011, publicado em 06.04.2011: "(...) II — A aplicação do princípio da insignificância de modo a tornar a conduta atípica exige sejam preenchidos, de forma concomitante, os seguintes requisitos: (i) mínima ofensividade da conduta do agente; (ii) nenhuma periculosidade social da ação; (iii) reduzido grau de reprovabilidade do comportamento; e (iv) relativa inexpressividade da lesão jurídica. III — No caso sob exame, não há falar em ausência de periculosidade social da ação, uma vez que o delito de porte de entorpecente é crime de perigo presumido. IV — É firme a jurisprudência desta Corte no sentido de que não se aplica o princípio da insignificância aos delitos relacionados a entorpecentes. V — A Lei 11.343/2006, no que se refere ao usuário, optou por abrandar as penas e impor medidas de caráter educativo, tendo em vista os objetivos visados, quais sejam: a prevenção do uso indevido de drogas, a atenção e reinserção social de usuários e dependentes de drogas. VI — Nesse contexto, mesmo que se trate de porte de quantidade ínfima de droga, convém que se reconheça a tipicidade material do delito para o fim de reeducar o usuário e evitar o incremento do uso indevido de substância entorpecente. VII — *Habeas corpus* prejudicado". No mesmo sentido também se manifestou o STJ: "(...) Em razão da política criminal adotada pela Lei n. 11.343/2006, há de se reconhecer a tipicidade material do porte de substância entorpecente para consumo próprio, ainda que ínfima a quantidade de drogas apreendidas. 2. A reduzida quantidade de drogas integra a própria essência do crime de porte de substância entorpecente para consumo próprio, visto que, do contrário, poder-se-ia estar diante da hipótese do delito de tráfico de drogas, previsto no art. 33 da Lei n. 11.343/2006. Vale dizer, o tipo previsto no art. 28 da Lei n. 11.343/2006 esgota-se, simplesmente, no fato de o agente trazer consigo, para uso próprio, qualquer substância entorpecente que possa causar dependência. Por isso mesmo, é irrelevante que a quantidade de drogas não produza, concretamente, danos ao bem jurídico tutelado, no caso, a saúde pública ou a do próprio indivíduo (...)" (AgRg no HC 387.874/MS, Rel. Min. Rogerio Schietti Cruz, 6ª Turma, julgado em 03.08.2017, *DJe* 10.08.2017).

excepcional — a concessão da liberdade provisória, em atenção ao princípio da dignidade humana, inclusive porque, nos termos da Constituição Federal, ninguém será submetido a tratamento desumano ou degradante (art. 5º, III). 4. Relevante a manifestação do juízo de primeiro grau — ao deferir a liberdade provisória —, pois manteve contato direto, a um só tempo, com a situação concreta do acusado, com os fatos a ele imputados e com o ambiente social onde estes ocorreram (...)" (REsp 1.253.921/RS, Rel. Min. Sebastião Reis Júnior, 6ª Turma, julgado em 09.10.2012, *DJe* 21.05.2013).

b) deslocamento da competência federal para o julgamento do crime de plágio ou redução a condição análoga à de escravo (CP, art. 149):

"Nos termos da jurisprudência firmada nesta Corte e no Supremo Tribunal Federal, compete à Justiça Federal processar e julgar o crime de redução a condição análoga à de escravo, pois a conduta ilícita de suprimir dos trabalhadores direitos trabalhistas constitucionalmente conferidos viola o princípio da dignidade da pessoa humana, bem como todo o sistema de organização do trabalho e as instituições e órgãos que o protegem" (CC 132.884/GO, Rel. Min. Marilza Maynard (Desembargadora Convocada Do TJ/SE), 3ª Seção, julgado em 28.05.2014)[25].

c) reconhecimento da inconstitucionalidade da proibição de substituição da pena privativa de liberdade por pena alternativa no crime de tráfico ilícito de drogas (Lei n. 11.343/2006, arts. 33, § 4º, e 44):

"1. A questão cinge-se a determinar se é possível, a despeito da redação do art. 33, § 4º, e do art. 44, ambos da Lei n. 11.343/06, a substituição da pena privativa de liberdade por restritivas de direitos. 2. Argumentação de que a **proibição à substituição de pena viola os princípios da dignidade da pessoa humana**, individualização da pena, bem assim o da proporcionalidade. 3. Tais princípios constituem verdadeiras normas jurídicas, de *status* constitucional e aplicação imediata (art. 5º, § 1º, CF), garantias fundamen

[25] No mesmo sentido, a atual jurisprudência do STF: "1. O bem jurídico objeto de tutela pelo art. 149 do Código Penal vai além da liberdade individual, já que a prática da conduta em questão acaba por vilipendiar outros bens jurídicos protegidos constitucionalmente como a dignidade da pessoa humana, os direitos trabalhistas e previdenciários, indistintamente considerados. 2. A referida conduta acaba por frustrar os direitos assegurados pela lei trabalhista, atingindo, sobremodo, a organização do trabalho, que visa exatamente a consubstanciar o sistema social trazido pela Constituição Federal em seus arts. 7º e 8º, em conjunto com os postulados do art. 5º, cujo escopo, evidentemente, é proteger o trabalhador em todos os sentidos, evitando a usurpação de sua força de trabalho de forma vil. 3. É dever do Estado (*lato sensu*) proteger a atividade laboral do trabalhador por meio de sua organização social e trabalhista, bem como zelar pelo respeito à dignidade da pessoa humana (CF, art. 1º, inciso III). 4. A conjugação harmoniosa dessas circunstâncias se mostra hábil para atrair para a competência da Justiça Federal (CF, art. 109, inciso VI) o processamento e o julgamento do feito. 5. Recurso extraordinário do qual se conhece e ao qual se dá provimento" (RE 459.510, Rel. Min. Cezar Peluso, Rel. p/ Acórdão: Min. Dias Toffoli, Tribunal Pleno, julgado em 26.11.2015). O STJ segue a diretriz do STF: "O Pleno do Supremo Tribunal Federal — STF, com apenas um voto vencido, ao julgar o Recurso Extraordinário 459.510, em 26 de novembro de 2015, resolveu que é da Justiça Federal a competência para julgar o crime contra a organização do trabalho previsto no art. 149 do Código Penal — CP" (AgRg nos EDcl no RHC 125.488/RJ, Rel. Min. Joel Ilan Paciornik, 5ª Turma, julgado em 23.06.2020).

tais insuscetíveis de supressão por emenda (art. 60, § 4º, IV, CF). (...) 5. **Acolhida a arguição de inconstitucionalidade da vedação à substituição de pena contida no § 4º do art. 33 e no art. 44 da Lei n. 11.343/06** (...)" (HC 120.353/SP, Rel. Min. Og Fernandes, 6ª Turma, julgado em 13.08.2009, *DJe* 08.09.2009; grifos nossos)[26].

d) proibição do recolhimento de preso em contêiner:

"Prisão (preventiva). Cumprimento (em contêiner). Ilegalidade (manifesta). Princípios e normas (constitucionais e infraconstitucionais). 1. Se se usa contêiner como cela, trata-se de uso inadequado, inadequado e ilegítimo, inadequado e ilegal. Caso de manifesta ilegalidade. 2. Não se admitem, entre outras penas, penas cruéis — a prisão cautelar mais não é do que a execução antecipada de pena (Cód. Penal, art. 42). 3. **Entre as normas e os princípios do ordenamento jurídico brasileiro, estão: dignidade da pessoa humana**, prisão somente com previsão legal, respeito à integridade física e moral dos presos, presunção de inocência, relaxamento de prisão ilegal, execução visando à harmônica integração social do condenado e do internado. **4. Caso, pois, de prisão inadequada e desonrante; desumana também**. 5. Não se combate a violência do crime com a violência da prisão. 6. *Habeas corpus* deferido, substituindo-se a prisão em contêiner por prisão domiciliar, com extensão a tantos quantos — homens e mulheres — estejam presos nas mesmas condições" (HC 142.513/ES, Rel. Min. Nilson Naves, 6ª Turma, julgado em 23.03.2010, *DJe* 10.05.2010).

Citem-se, por fim, decisões de tribunais estaduais e regionais:

a) concessão de regime albergue-domiciliar diante da ausência de Casa do Albergado na Comarca:

"Nossos tribunais têm ampliado o alcance do dispositivo, como no caso da inexistência de vaga ou de casa de albergado na comarca em que reside o apenado. Com efeito, a inexistência de casa de albergado na comarca em que reside o apenado não pode impor ao mesmo regime mais rigoroso. É consabido que a inexistência de estabelecimento prisional adequado à reprimenda imposta pelo estado na comarca onde reside o apenado acaba por acarretar em verdadeiro cumprimento de pena sob regime bem mais grave do que aquele concretamente fixado. Na ausência de unidades prisionais compatíveis com o regime aberto, cabe ao poder judiciário amenizar as mazelas estatais no que se refere ao cumprimento da pena respeitando os direitos fundamentais do apenado, bem como

26 No mesmo sentido, a jurisprudência do STF: "Substituição de pena privativa de liberdade por restritiva de direitos. Art. 44, III, do CP. Análise dos requisitos. Fundamentação quanto à aplicação do art. 44 do CP. Necessidade. Caracterizada, no caso, ofensa ao princípio da individualização da pena (...). Toda vez que alguém é condenado por crime doloso à pena não superior a quatro anos, o julgador deve manifestar-se, fundamentadamente, se é ou não o caso de substituição da sanção corporal pela restritiva de direitos. Estando presentes os seus pressupostos, a substituição torna-se imperativa. É necessário, pois, que o juízo fundamente a não aplicação do art. 44 do CP, sob pena de ofensa ao princípio da individualização da pena." (HC 94.874, Rel. Min. Ricardo Lewandowski, julgamento em 21.10.2008, 1ª Turma, *DJe* 12.12.2008.) *Vide*, ainda: RHC 104.537, Rel. Min. Celso de Mello, julgamento em 21.09.2010, 2ª Turma, *DJe* 28.10.2010. *Vide:* HC 100.791, Rel. Min. Ellen Gracie, julgamento em 24.11.2009, 2ª Turma, *DJe* 11.12.2009.

privando pela dignidade da pessoa humana. Por sua vez, sob o ponto de vista do princípio da dignidade da pessoa humana, é admissível, em caráter excepcional, a concessão de prisão domiciliar a condenados submetidos a regime prisional aberto, na ausência de casa de albergado" (TJRJ, AEP 0034399-31.2015.8.19.0000, 7ª Câmara Criminal, Rel. Des. Siro Darlan de Oliveira, julgado em 04.08.2015). No mesmo sentido: TJRS, AEP 0010103-81.2011.8.19.0000, Rel. Des. Luiz Noronha Dantas, 6ª Câmara Criminal, julgado em 24.04.2013[27].

b) trancamento de ação penal por crime de descaminho, fundada na insignificância da conduta e na subsidiariedade do Direito Penal, como reflexos do princípio da dignidade da pessoa humana:

"I — O Supremo Tribunal Federal e o Superior Tribunal de Justiça firmaram entendimento no sentido de que, nas hipóteses em que o valor do crédito tributário for inferior ao montante previsto para o arquivamento da execução fiscal (art. **20** da Lei n. **10.522**/02 com a redação dada pela Lei n. **11.033**/04), falta justa causa para o desencadeamento de ação penal em que se imputa a prática do crime de descaminho, uma vez que, se a própria Administração Fazendária reconhece a irrelevância da conduta, **não há justificativa para a intervenção do Direito Penal que, por influxo do princípio da dignidade da pessoa humana, deve ocorrer de forma subsidiária**" (TRF 3ª Região, Apel. Crim. 2005.61.11.003550-0, Rel. Des. Cotrim Guimarães, 2ª Turma, julgado em 28.07.2009).

■ *4.4.2.2.2. Princípio da legalidade*

■ *4.4.2.2.2.1. Enunciado*

Em sua formulação clássica, cunhada por Feuerbach, diz-se: *nullum crimen, nulla poena sine praevia lege*[28]. Eis a inspiração do constituinte, que a reproduziu no art. 5º, inc. XXXIX, da CF: "não há crime sem lei anterior que o defina, nem pena sem prévia cominação legal"[29].

Como bem disserta Nucci, "o Estado Democrático de Direito jamais poderia consolidar-se, em matéria penal, sem a expressa previsão e aplicação do princípio da legalidade"[30].

---

27 Acórdão citado por Guilherme Nucci, *Princípios constitucionais penais e processuais penais*, p. 52.

28 A frase atribuída a Feuerbach, contudo, não se deve a ele por completo. Como advertia Asúa, criticando a Exposição de Motivos da Parte Geral do Código Penal brasileiro, em sua versão original (1940), "Francisco Campos incorre em outro erro, o de crer que Feuerbach enunciou expressamente o princípio *nullum crimen sine lege*, quando na verdade somente parte do apotegma *nulla poena sine lege*, derivando aquele deste, como seria lógico, já que o famoso bávaro não o concebia como princípio político, mas científico, derivado da coação psíquica em que fundou o direito de punir" (*Tratado de derecho penal*, t. I, p. 1.062).

29 No mesmo tom, o art. 1º do CP: "Não há crime sem lei anterior que o defina. Não há pena sem prévia cominação legal". Registre-se, ainda, que o art. 9º da Convenção Americana de Direitos Humanos, ratificada no plano nacional por meio do Decreto n. 678/92, prescreve: "Ninguém poderá ser condenado por atos ou omissões que, no momento em que foram cometidos, não constituam delito, de acordo com o direito aplicável".

30 *Princípios constitucionais penais e processuais penais*, p. 81.

■ 4.4.2.2.2.2. *Legalidade penal e legalidade em sentido amplo*

Não se deve confundir a legalidade penal com o princípio da legalidade em sentido amplo, previsto no art. 5º, inc. II, da CF: *ninguém será obrigado a fazer ou deixar de fazer alguma coisa senão em virtude de lei*. Esse princípio condensa uma regra geral limitadora da liberdade individual, válida para todo o ordenamento jurídico, dispondo que somente a lei, *lato sensu*, pode obrigar pessoas a se comportarem de determinada maneira. Abrange todas as normas vigentes, desde as constitucionais, passando pelas leis (complementar, ordinária e delegada) e medidas provisórias, até os atos administrativos, como um decreto ou uma portaria.

■ 4.4.2.2.2.3. *Origem histórica*

Suas raízes históricas remontam à *Charta Magna Libertatum* (art. 39), documento que os nobres ingleses impuseram ao Rei João Sem Terra, em 1215[31]. Durante os séculos que se seguiram, porém, o princípio permaneceu ignorado, ressurgindo com mais vigor nos séculos XVIII e XIX, notadamente no *Bill of Rights* das colônias inglesas da América do Norte e na *Déclaration des Droits de l'Homme et du Citoyen*, da Revolução Francesa.

O Iluminismo constituiu campo propício à sua sedimentação. Bradava-se pelo fim do absolutismo, retirando-se a **soberania** das mãos **do monarca em favor da nação, cuja voz altiva se expressava por meio da lei**, resultado da vontade geral e inspirada no bem comum, admitindo-se que todos os cidadãos concorressem, por si ou por seus mandatários, à sua formação. Conforme já expusemos nesta obra, **garantias penais e processuais foram asseguradas** no corpo da Declaração dos Direitos do Homem e do Cidadão, dentre as quais o princípio da **legalidade e anterioridade da lei penal**[32].

Foi a lei, portanto, nesse importante momento histórico, o sustentáculo dos direitos fundamentais do homem. Via-se nela, enquanto instrumento democrático, a realização do ideal iluminista da razão e o meio capaz de produzir segurança nas relações jurídicas e livrar os cidadãos do arbítrio dos monarcas.

O primeiro diploma a positivar o princípio da legalidade foi o Código Penal francês, de 1810. No Brasil, foi ele contemplado em nossa Constituição Imperial (1824), art. 179, n. II, e também no Código Criminal do Império (1830)[33].

---

31 Para José Frederico Marques (*Tratado de direito penal*, v. 1, p. 181), as origens "do princípio de reserva legal das normas punitivas encontram-se no Direito medieval, mormente nas magníficas instituições do Direito ibérico (século XII)".

32 Declaração dos Direitos do Homem e do Cidadão, art. 8º: "A lei apenas deve estabelecer penas estrita e evidentemente necessárias e ninguém pode ser punido senão por força de uma lei estabelecida e promulgada antes do delito e legalmente aplicada".

33 "Art. 1º Não haverá crime, ou delito (palavras sinônimas neste Código) sem uma lei anterior, que o qualifique." O Código Penal da República de 1890 também o previa em seu art. 1º.

■ *4.4.2.2.2.4. Cláusula pétrea*

A Constituição Federal de 1988, repise-se, consagrou-o no art. 5º, XXXIX, de modo que, no Brasil, integrando seu núcleo imutável, constitui verdadeira **cláusula pétrea**.

■ *4.4.2.2.2.5. Aspecto político*

Desde sua origem, o princípio tem um objetivo político claro: **conferir segurança jurídica**, pondo os cidadãos a salvo de punições criminais sem base em lei escrita, de conteúdo determinado e anterior à conduta.

Garante-se às pessoas, dessa forma, que, praticando ações ou omissões consideradas lícitas pelas leis em vigor ao tempo do ato, jamais sofrerão a imposição de penas criminais.

■ *4.4.2.2.2.6. Aspecto jurídico*

Do ponto de vista jurídico, o princípio reside na exigência de perfeita **subsunção** entre a conduta realizada e o modelo abstrato contido na lei penal. Deve existir uma perfeita e total correspondência entre ambos.

Assim, por mais grave que seja, se a ação ou omissão não estiver prevista em lei anterior como criminosa, ficará a salvo de qualquer sanção penal.

■ *4.4.2.2.2.7. Relativização do princípio da legalidade?*

O princípio da legalidade deve ser relativizado? Sua adoção, impedindo a punição de comportamentos socialmente perniciosos não previstos em lei anterior, **traz mais prejuízos à sociedade do que benefícios?** Há quem responda a ambas as indagações afirmativamente, argumentando que desta forma se criará uma Justiça material, atuante e presente. Ponderam que o princípio da legalidade fraqueja no plano da eficácia, exigindo uma reformulação, a exemplo do direito inglês, produto da elaboração judicial costumeira. Dizem esses pensadores que é possível conciliar o respeito à liberdade individual com a autorização da analogia para fundamentar ou agravar punições (*in malam partem*)[34].

Essas propostas tendentes à abolição ou à flexibilização do *nullum crimen, nulla poena sine praevia lege*, no ordenamento jurídico brasileiro, mostram-se absolutamente inviáveis, pois malfeririam cláusula pétrea. Além disso, resultariam em franco retrocesso de uma conquista histórica da nossa sociedade[35].

---

[34] Veja os comentários de Márcia Dometila Lima de Carvalho em *Fundamentação constitucional do direito penal*, p. 61. Luiz Luisi rechaça a tese da flexibilização do princípio da legalidade, comentando-a em *Os princípios constitucionais penais*, 2. ed., p. 30.

[35] Até mesmo no campo da *common law* o princípio da legalidade, já há alguns anos, vem ganhando prestígio, entendido como fiel depositário da segurança jurídica. Nos Estados Unidos da América, a competência para definir delitos e impor a respectiva pena vem gradativamente sendo retirada das mãos do judiciário em favor do parlamento (federal e estadual). As próprias cortes norte-americanas têm reconhecido a necessidade de se autolimitarem. Cite-se, como exemplo, decisão da Corte Superior da Pensilvânia, de 1955, na qual se travou interessante debate sobre o tema: o juiz Woodside questionou vigorosamente o poder da Corte em criminalizar comportamentos com base em princípios

■ 4.4.2.2.2.8. *Desdobramentos do princípio da legalidade*

O efetivo respeito ao princípio da legalidade demanda não só a existência de uma lei definindo a conduta criminosa. Exige, também, que seja anterior ao ato, que se trate de lei em sentido formal, vedando-se a analogia *in malam partem,* e que tenha conteúdo determinado.

O princípio da legalidade, desse modo, desdobra-se em **quatro subprincípios:** a) **anterioridade da lei** (*lege praevia*); b) **reserva legal** (*lege scripta*); c) **proibição de analogia *in malam partem*** (*lege stricta*); d) **taxatividade** da lei (ou mandato de certeza — *lege certa*).

■ *4.4.2.2.2.8.1.* Lege praevia *ou anterioridade*

A anterioridade da lei penal é corolário da legalidade. Esta não sobrevive sem aquela, pois de nada adiantaria assegurar como fonte exclusiva de incriminações a lei, se esta pudesse ser elaborada posteriormente ao ato, alcançando-o retroativamente. **Leis penais incriminadoras *ex post facto* destroem por completo a segurança jurídica** que se pretende adquirir com a legalidade.

Insista-se, portanto, que **inexiste legalidade sem a correlata anterioridade**.

Esse detalhe crucial não passou despercebido por nosso constituinte, o qual frisou a necessidade de que o crime se encontre definido em **lei anterior**, que a pena se baseie em **prévia** cominação legal e que **leis penais jamais retroagirão** (salvo para beneficiar o réu) — art. 5º, incs. XXXIX e XL.

■ *4.4.2.2.2.8.2.* Lege scripta *ou reserva legal*

A legalidade penal não se compadece com a fundamentação do crime ou da pena por meio dos costumes: **é preciso que haja lei no sentido formal**.

O direito consuetudinário não tem força cogente para embasar a existência de infrações penais ou mesmo agravar o tratamento conferido àquelas previstas em lei anterior. Assim, por mais arraigados que possam ser os usos e costumes em uma dada comunidade, **jamais poderão servir validamente como fonte imediata de tipos penais incriminadores.**

Não há óbice, entretanto, que os costumes sejam utilizados para municiar normas permissivas, como ocorre, por exemplo, com a questão dos trotes acadêmicos. Nesse caso, muitas atitudes praticadas por veteranos em face de calouros, as quais poderiam, em tese, ser consideradas como constrangimento ilegal (CP, art. 146), não adquirem caráter criminoso, pois se entende que o ato constitui exercício regular de um direito (CP, art. 23, III), desde que, obviamente, ajam os alunos de maneira saudável e com finalidade de integrar o novato ao ambiente estudantil.

---

gerais abertos como: "considerar-se crime qualquer ato que lesa ou tende a lesar o público de tal modo que exija interferência do Estado para punir o malfeitor"; aduziu que, mesmo perante o direito norte-americano, baseado na *common law*, essa competência violaria a Constituição e representaria uma ofensa à separação de poderes (cf. Joshua Dressler, *Cases and materials on criminal law*, 3. ed., p. 94).

Os **costumes podem atuar**, igualmente, como **fonte mediata do direito penal**, ao auxiliar na compreensão de determinados elementos (normativos) do tipo, notadamente aqueles que necessitem de uma valoração cultural.

É o que ocorre, *v.g.*, com a expressão "ato obsceno", prevista no crime do art. 233 do CP. Para ilustrar, imagine os passistas em desfiles de carnaval, utilizando os trajes sumários tão comuns hoje em dia, apresentando-se "na avenida" na década de 1940. Certamente sua conduta seria considerada ato obsceno no sentido do dispositivo legal mencionado. Por que o mesmo comportamento, outrora criminoso, hoje seria considerado atípico, se o texto legal em que se baseia não sofreu nenhuma modificação desde a entrada em vigor do Código? A resposta é simples: **os costumes, atualmente, são outros**, de tal forma que a exposição do corpo numa apresentação carnavalesca não ofende o sentimento de pudor da sociedade.

"A interpretação", ensinou Carlos Maximiliano, "adapta-se à época, atende aos fatores sociais, afeiçoa a norma imutável às novas teorias, à vitoriosa orientação da ciência jurídica. Todo Direito é vivo, dinâmico. (...). Também serve (o costume) para pôr de acordo o preceito expresso, com a vida e a realidade social. Variando, por exemplo, o conceito de honra, Medicina, religião, etc., pelo novo se orienta o juiz ao apreciar delitos contra a honra alheia, o exercício da arte de curar, etc."[36].

■ 4.4.2.2.2.8.2.1. *Reserva legal e espécies normativas*

O processo legislativo, segundo nossa Lei Fundamental, compreende a elaboração de emendas à Constituição, leis complementares, leis ordinárias, leis delegadas, medidas provisórias, decretos legislativos e resoluções (art. 59).

Quais destas espécies normativas podem tratar de matérias penais?

Às emendas à Constituição é lícito tão somente instituir princípios ou regras penais, sem porém macular quaisquer das cláusulas pétreas. Seria possível cogitar, por exemplo, de uma emenda tendente a alterar o art. 228 da CF[37], que cuida da menoridade penal, de modo a modificar a idade mínima em que se pode imputar a alguém um delito. Acaso se pretendesse, porém, revogar os princípios constitucionais penais (como a legalidade, a culpabilidade, a individualização da pena etc.), a proposta estaria fadada ao insucesso.

As **leis complementares e ordinárias são o campo propício para o Direito Penal**, seja instituindo regras gerais ou mesmo definindo crimes ou contravenções. O vasto leque de leis penais existente em nosso país funda-se em leis ordinárias e, excepcionalmente, em leis complementares[38].

---

36 *Hermenêutica e aplicação do direito*, 6. ed., p. 403; parênteses nossos.

37 "São penalmente inimputáveis os menores de dezoito anos, sujeitos às normas da legislação especial".

38 Cite-se, como exemplo, o art. 10 da Lei Complementar n. 105/2001: "A quebra de sigilo, fora das hipóteses autorizadas nesta Lei Complementar, constitui crime e sujeita os responsáveis à pena de reclusão, de um a quatro anos, e multa, aplicando-se, no que couber, o Código Penal, sem prejuízo de outras sanções cabíveis".

As **medidas provisórias**, que possuem força de lei, devem ser instituídas pelo Presidente da República em caso de relevância e urgência, sendo submetidas de imediato ao Congresso Nacional (art. 62, *caput*, da CF).

As medidas provisórias surgiram em nosso cenário jurídico com a Constituição de 1988, que, inicialmente, não impusera limites materiais à sua edição. A doutrina se dividia quanto à possibilidade de cuidarem de temas criminais, preponderando a tese negativa, baseada na precariedade destas normas, instituídas para vigorarem por curto período de tempo. **Em 2001, por intermédio da Emenda Constitucional n. 32, passou o Texto Maior a vedar sua utilização em diversos ramos jurídicos, aí incluindo o direito penal (art. 62, § 1º, I, *b*).**

Questiona-se, porém, se essa proibição alcança medidas provisórias *in bonam partem*, ou seja, as que prestigiem a liberdade individual em detrimento do direito de punir do Estado.

Apesar da literalidade do Texto Constitucional, uma interpretação sistemática e teleológica sinaliza positivamente.

A *ratio* da proibição em estudo reside no fato de se tratar de espécies normativas instáveis, produzidas unilateralmente pelo Executivo, com sua subsistência condicionada a um evento futuro e incerto: sua confirmação pelo Congresso Nacional, o qual pode decidir não convertê-las em lei. Essa incerteza não se compatibiliza com a segurança e a estabilidade jurídicas necessárias em matéria penal, onde se trata diretamente com a privação ou restrição da liberdade das pessoas.

Quando a medida provisória possui conteúdo benéfico, porém, **duas normas constitucionais se entrechocam**: o direito à liberdade (art. 5º, *caput*) e a proibição material acima citada (art. 62, § 1º, I, *b*). Esse conflito deve ser dirimido mediante uma ponderação, de tal modo que prevaleça o valor constitucional de maior magnitude: o *ius libertatis*.

Lembre, ainda, que se admite com larga vantagem, na doutrina brasileira, a utilização da analogia *in bonam partem*, em que uma lacuna legislativa é suprida com o emprego de uma lei criada para regular caso diverso (porém análogo). Não parece coerente concordar com a validade da analogia *in bonam partem* e, ao mesmo tempo, resistir à ideia da medida provisória benéfica.

Há exemplos concretos em nosso direito positivo. Veja a Medida Provisória n. 417/2008 (posteriormente convertida na Lei n. 11.706, de 19.06.2008), a qual, como outras que lhe antecederam, autorizou a entrega espontânea de armas de fogo à Polícia Federal, afastando a ocorrência do crime de posse irregular (art. 12 da Lei n. 10.826/2003). A prevalecer a tese da proibição absoluta de tais normas em direito penal, todas as prorrogações de prazo para entrega de armas durante os primeiros anos de vigência do Estatuto do Desarmamento seriam inconstitucionais, de tal modo que as milhares de pessoas que, de boa-fé, entregaram as armas, teriam que ser investigadas e processadas criminalmente.

As **leis delegadas**, conforme prescreve o art. 68 da CF, serão elaboradas pelo Presidente da República, que deverá solicitar a delegação ao Congresso Nacional. De acordo com o § 1º, não será objeto de delegação, dentre outros, qualquer legislação sobre direitos individuais (CF, art. 68, § 1º, II, 3ª figura). Parece claro, diante dessa ressalva, que **jamais se poderá admitir lei delegada em direito penal**, o qual sempre envolve necessariamente questões ligadas a direitos individuais, notadamente a liberdade e, excepcionalmente, a propriedade.

A **resolução e o decreto legislativo também não podem conter normas penais incriminadoras**, por serem espécies normativas privativas do Congresso Nacional, elaboradas sem o concurso do Presidente da República.

Pensamos, ainda, que não se admite a inserção de figuras penais no ordenamento jurídico pátrio por meio da ratificação de **tratados ou convenções**. Os documentos internacionais firmados pelo Brasil e ratificados no plano interno podem conter **mandados de criminalização ou penalização**, isto é, diretrizes à definição de determinados comportamentos criminosos, os quais somente se tornarão tais quando previstos em leis (ordinárias ou complementares), regularmente aprovadas segundo o processo legislativo prescrito no Texto Maior.

■ *4.4.2.2.2.8.3.* Lege stricta *(proibição de analogia)*

O **terceiro desdobramento** do princípio da legalidade consiste na **proibição do emprego da analogia**.

A **analogia** constitui **método de integração do ordenamento jurídico**, em que se aplica uma regra existente para solucionar caso concreto semelhante, para o qual não tenha havido expressa regulamentação legal.

Acompanhe um exemplo: o CP considera crime de abandono material o ato de "**deixar, sem justa causa, de prover a subsistência do cônjuge**, ou de filho menor de 18 (dezoito) anos ou inapto para o trabalho (...)" (art. 244). Identifica-se nesta norma uma lacuna, uma vez que **omite o companheiro**, o qual também é civilmente obrigado à prestação alimentar, nos mesmos moldes de cônjuge. Poderia o juiz, suprindo a omissão legislativa, considerar como sujeito ativo do abandono material o convivente que deixou de adimplir com seu dever alimentar em favor daquele com quem possuía união estável? Não, pois violaria o princípio da legalidade (*nullum crimen sine lege stricta*).

Existem **duas espécies de analogia:**

- ***in malam partem:*** isto é, aquela prejudicial ao agente, por criar ilícitos penais ou agravar a punição dos já existentes;
- ***in bonam partem:*** é dizer, a que amplia a liberdade individual, restringindo de qualquer modo o direito de punir do Estado ou, em outras palavras, a realizada em benefício do agente.

Somente a primeira é vedada; a outra é amplamente admitida, justamente por não ferir o *ius libertatis*. Assim, por exemplo, o CP autoriza o livramento condicional (medida de antecipação da liberdade ao preso definitivo) depois de cumprido mais de um terço da pena, se o sentenciado não é reincidente em crime doloso e possui bons antecedentes (art. 83, I). Permite a lei, ainda, que o reincidente em delito doloso seja premiado com o mesmo instituto, porém, desde que passada mais da metade do tempo de prisão (art. 83, II). Omite o Código, entretanto, quanto ao **primário** de **maus antecedentes**. Não fará jus, então, ao benefício? Evidente que sim, aplicando-se a ele o mesmo patamar previsto no inc. I da disposição, isto é, uma vez transcorrida mais da terça parte da pena privativa de liberdade (analogia *in bonam partem*)[39].

Note que **a analogia não se confunde com a interpretação extensiva**.

A **analogia**, como vimos, representa um **método de integração** do direito positivo. Com ela, suprem-se as lacunas normativas, **aplicando-se uma lei para fora de seu âmbito ou esfera de incidência**, vindo assim a corrigir a omissão detectada. Pode ser utilizada em favor do réu, jamais contra este, por malferir o princípio da legalidade.

A **interpretação extensiva** consiste em **método interpretativo**, no qual se retira de uma lei existente o máximo de seu significado e alcance possível. **O aplicador** do direito, nesse caso, **mantém-se fiel a uma norma jurídica** validamente editada, de tal modo que sua utilização não ofende o princípio mencionado. Com esta, **não se extravasa as possibilidades semânticas do texto, mantendo-se a lei dentro de seu próprio âmbito**[40].

Tal método deve ser empregado sempre que se identificar que a lei disse menos do que pretendia (*lex minus dixit quam voluit*).

O CP incrimina, no art. 159, o ato de sequestrar alguém com o fim de obter, para si ou para outrem, qualquer vantagem, como condição ou preço do resgate ("extorsão mediante sequestro"). O vocábulo utilizado pela lei para descrever a ação nuclear ("sequestrar") certamente diz menos do que pretende, já que aparentemente exclui de seu âmbito o "cárcere privado", situação em que o confinamento da vítima é ainda mais intenso (p. ex.: manter pessoa acorrentada em um pequeno cômodo). Pergunta-se, então: É crime a extorsão mediante cárcere privado? Certamente que sim. Para se chegar a esse resultado, basta compreender o "sequestro" como um gênero, o qual abrange qualquer tipo de privação da liberdade de locomoção, inclusive a realizada de modo mais vigoroso, como ocorre no cárcere privado. Note que não se fez mais do que estender o alcance de uma elementar do tipo penal, conferindo-lhe uma noção ampla, mas perfeitamente compatível com seu significado. A lei, portanto, foi mantida dentro de seu âmbito, sem qualquer mácula ao princípio da legalidade.

---

[39] "1 — No caso de paciente primário, de maus antecedentes, como o Código não contemplou tal hipótese, ao tratar do prazo para concessão do livramento condicional, não se admite a interpretação em prejuízo do réu, devendo ser aplicado o prazo de um terço. 2 — O paciente primário com maus antecedentes não pode ser equiparado ao reincidente, em seu prejuízo. Precedentes. 3 — Ordem concedida para cassar o acórdão do Tribunal de Justiça do Rio de Janeiro, restabelecendo a decisão de primeiro grau que concedeu o benefício do livramento condicional (...)" (STJ, HC 102.278/RJ, Rel. Min. Jane Silva (Desembargadora Convocada do TJ/MG), 6ª Turma, julgado em 03.04.2008, *DJe* 22.04.2008).

[40] Winfried Hassemer, *Introdução aos fundamentos do direito penal*, p. 355.

■ *4.4.2.2.2.8.4.* Lege certa, *taxatividade ou mandato de certeza*

O princípio da legalidade jamais cumprirá seu papel se a lei, ainda que anterior à conduta, puder ser editada de tal modo genérico ou vago, que não se possa delimitar, com segurança e concretude, quais comportamentos a ela se subsomem.

Por esse motivo, são inconstitucionais os tipos penais vagos.

Deve a lei penal ser concreta e determinada em seu conteúdo, sob pena de gerar incertezas quanto à sua aplicação e, consequentemente, provocar indesejável insegurança jurídica. Se não for possível compreender seu significado ou precisar seu alcance, não terão os indivíduos como se orientarem a partir dela, de modo a conhecer o teor da proibição.

É necessário, então, que a lei penal seja taxativa, descrevendo claramente o ato criminoso (princípio da taxatividade), caso contrário, "o princípio da legalidade não alcançaria seu objetivo, pois de nada vale a anterioridade da lei, se esta não estiver dotada da clareza e da certeza necessárias, e indispensáveis para evitar formas diferenciadas, e, pois, arbitrárias na sua aplicação, ou seja, para reduzir o coeficiente de variabilidade subjetiva na aplicação da lei"[41].

Como exemplo histórico de ofensa à taxatividade da lei penal, costuma-se citar o Código Penal alemão de 1935, quando estatuía: "Será punido quem comete um ato que a lei declara como punível ou que merece pena de acordo com a ideia fundamental da lei penal e de acordo com o sentimento sadio do povo"[42]. Note que o juiz poderia, então, considerar criminoso não só o agente que infringisse uma norma penal, mas igualmente quem cometesse um ato contrário à "ideia fundamental da lei penal" ou ao "sentimento sadio do povo", noções vagas e imprecisas.

Veja, porém, que "a precisão que se exige da lei penal está no descrever condutas específicas, sem que se vede, entretanto, a inclusão no conteúdo descritivo de expressões de amplo alcance que aumentem o campo da norma incriminadora. Desde que a parte nuclear do 'tipo' não deixe margem a dúvidas, as expressões que a ele se acrescentam podem depender de interpretação para aplicar-se à norma, e nem por isso se desnatura o caráter incriminador desta"[43]. Daí a **validade** dos chamados **tipos penais abertos.** Estes são os que empregam conceitos amplos, mas determinados em seu conteúdo, como o tipo penal dos crimes culposos.

Uma boa técnica utilizada pelo legislador com vistas à observância da taxatividade é o método exemplificativo (ou interpretação analógica), consistente em estabelecer uma regra geral, seguida de hipóteses casuísticas, nas quais o juiz deve se basear na aplicação da lei (por exemplo, art. 121, § 2º, IV, do CP: "à traição, de emboscada, ou mediante dissimulação **ou outro recurso** que dificulte ou torne impossível a defesa do ofendido"[44]). Tal método exige do magistrado uma fundamentação de suas escolhas quando não vinculadas ao texto expresso na lei. Requer, ademais,

---

[41] Luiz Luisi, *Princípios constitucionais penais*, 2. ed., p. 24.

[42] *Vide* Winfried Hassemer, *Introdução aos fundamentos do direito penal*, p. 332.

[43] José Frederico Marques, *Tratado de direito penal*, v. 1, p. 186.

[44] Grifo nosso.

que ele se refira à norma como um "todo aos elementos particulares quando verifica o caráter exemplar do elemento desde o plano da norma"[45].

4.4.2.2.2.9. O princípio da legalidade se estende às medidas de segurança?

Sim. A Constituição Federal proclama que não há "crime" sem lei anterior ou "pena" sem prévia cominação legal; ao fazê-lo, porém, **emprega tais vocábulos como** sinônimos de "**infração penal**" (crime ou contravenção penal) **e "sanção penal"** (pena ou medida de segurança).

A nomenclatura utilizada por diversos ramos jurídicos nem sempre guarda uniformidade. O rótulo, porém, não modifica o conteúdo[46]. Diversos conceitos presentes em normas constitucionais, no terreno específico do Direito Penal, veem alterada sua denominação. É o caso, além das expressões acima citadas, dos seguintes termos: "graça" (o qual compreende todas as formas de perdão constitucional concedidas pelo Presidente da República, ou seja, a graça propriamente dita e o indulto), "crimes de responsabilidade" (os quais constituem, em verdade, infrações político-administrativas) e etc.

O tema não é pacífico. Há autores que enquadram as medidas de segurança numa categoria à parte, de modo a escaparem da observância dos princípios constitucionais penais. Citam, entre outros aspectos, a natureza prognóstica destas sanções, de modo a justificar que possam elas ser instituídas com base em lei posterior ao fato. Ponderam que tais medidas devem ser aplicadas com base num estado atual — a periculosidade do agente — e que devem perdurar enquanto tal *status* se mantiver **no futuro**. Ocorre, porém, que esse argumento não pode ser supervalorizado, pois o que conta para os afetados por ela não é sua roupagem teórica, mas o custo real que traz consigo[47].

Esse ponto de vista, embora respeitável, não conta com o respaldo do Supremo Tribunal Federal, o qual já estendeu às medidas de segurança a disciplina constitucional reservada às "penas". No julgamento do HC 84.219 (Rel. Min. Marco Aurélio), reconheceu-se que a proibição de penas de caráter perpétuo, contida no art. 5º, XLVII, da CF, também há de ser observada em matéria de medidas de segurança: "Medida de segurança — Projeção no tempo — Limite. A interpretação sistemática e teleológica dos arts. 75, 97 e 183, os dois primeiros do CP e o último da LEP, deve fazer-se considerada a garantia constitucional abolidora das prisões perpétuas. A medida de segurança fica jungida ao período máximo de trinta anos"[48].

Cumpre frisar que o Superior Tribunal de Justiça adota posição ainda mais restrita quanto ao limite de duração da medida de segurança, pois entende que esta não pode durar lapso superior à pena máxima cominada à infração: "O tempo de duração da medida de segurança não deve ultrapassar o limite máximo da pena abstratamente cominada ao delito praticado" (Súmula n. 527).

---

[45] Hassemer, *Introdução*, p. 341.

[46] Luiz Vicente Cernicchiaro e Paulo José da Costa Jr., *Direito penal na Constituição*, 2. ed., p. 19.

[47] Winfried Hassemer, *Introdução aos fundamentos do direito penal*, p. 343; tradução da 2ª edição alemã feita por Pablo Rodrigo Alflen da Silva.

[48] HC 107.777, Rel. Min. Ayres Britto, 2ª Turma, julgado em 07.02.2012. No mesmo sentido: HC 97.621, Rel. Min. Cezar Peluso, 2ª Turma, julgado em 02.06.2009.

■ *4.4.2.2.2.10. O princípio da legalidade aplica-se à execução penal?*

Sim. Afinal de contas, a pena ganha vida na execução, pois é durante essa etapa que se torna realidade, com a satisfação da pretensão executória do Estado.

Não se poderia admitir que, depois de aplicada a pena mediante o devido processo legal, fosse possível ao agente sofrer qualquer agravamento em sua execução, sem que este fosse fundado em lei.

Seria o mesmo que dizer que o princípio da legalidade atinge a teoria, mas não precisa ser observado na prática!

■ *4.4.2.2.2.11. A quem o princípio da legalidade protege?*

A todos os indivíduos. Pese embora a aparente obviedade da resposta, o tema não encontra unanimidade doutrinária. Existem ainda autores que, influenciados por Franz von Liszt, sustentam que ele defende o criminoso. Segundo o penalista citado, o Código Penal seria a Carta Magna do delinquente, protegendo-o a fim de que não receba mais punição do que a preconizada em lei.

Veja, contudo, que, com o primado da presunção de inocência, não se pode dizer que o princípio da legalidade protege o delinquente. Isto porque, salvo quando existir sentença penal condenatória transitada em julgado, ninguém poderá ser considerado como tal.

O princípio da legalidade, cumpre lembrar, visa assegurar a liberdade individual, escudando a todos do arbítrio estatal, de tal modo que o poder de punir somente possa ser exercido naquelas específicas hipóteses em que a conduta se encontra definida em lei anterior como infração penal.

O princípio protege, destarte, a todos os indivíduos.

■ *4.4.2.2.2.12. Quais os fundamentos do princípio da legalidade?*

Sem dúvida: o princípio da isonomia, pois a lei penal vale para todos[49], **e a necessidade de garantir segurança jurídica quanto à fruição do *ius libertatis***.

Existem pontos de vista diferentes a respeito do tema. Penalistas há que sustentam fundamentar-se a garantia em estudo no princípio da culpabilidade (veja-o no item 4.4.2.2.3, *infra*), já que esta pressupõe o conhecimento prévio da norma penal infringida.

Há, ainda, aqueles que afirmam ser a divisão de Poderes e o princípio democrático seus fundamentos, à medida que só o Parlamento teria legitimidade constitucional para impor limitações à liberdade das pessoas.

Existem também autores para os quais o fundamento é a proteção da confiança do cidadão que pretende agir conforme a lei, sem risco de sofrer sanções penais.

Para outros, trata-se da garantia da objetividade da lei penal, por estabelecer de modo prévio e objetivo o que constitui delito e, por exclusão, o que não constitui.

---

49 Jamais se olvide, porém, da formulação aristotélica da isonomia: "tratar igualmente os iguais e desigualmente os desiguais, na medida de suas desigualdades".

4.4.2.2.2.13. Competência legislativa suplementar

A Constituição de 1988, mantendo a tradição brasileira, dispôs que compete privativamente à União legislar sobre direito penal (art. 22, inc. I). Inovou, porém, no parágrafo único, ao dispor que "lei complementar poderá autorizar os Estados a legislar sobre questões específicas das matérias relacionadas neste artigo".

Trata-se de **competência legislativa suplementar**, de ordem **facultativa**, que poderá ser instituída a juízo da União.

Desde a promulgação da Carta Política vigente, não se fez uso dessa prerrogativa. Se isto vier a ocorrer, diversos limites deverão ser observados, não só formais, como a necessidade de edição de lei complementar autorizadora com a fixação das questões específicas a serem abordadas, senão também materiais.

Aos Estados (e ao Distrito Federal, ao qual igualmente socorre a competência suplementar) será vedado disciplinar temas fundamentais de Direito Penal, notadamente aqueles ligados à Parte Geral. A lei local, ainda, deverá manter-se em harmonia com a federal, estabelecendo-se entre ambas uma relação de regra e exceção, cumprindo que esta seja plenamente justificada diante de peculiaridades regionais.

Os Estados e o Distrito Federal poderão apenas, a pretexto de regular temas específicos, definir condutas como infrações penais e impor-lhes a respectiva pena, sem jamais afrontar a lei federal, inovando apenas no que se refere às suas particularidades[50].

Afigure-se um exemplo: na década de 1980, ocorreu, em Goiás, a contaminação de pessoas com material radioativo (o Césio-137), resultando na necessidade de armazenamento e enterramento do "lixo atômico" encontrado. Esse fato, de efeito local, poderia ser objeto da legislação estadual de cunho penal[51], visando eliminar novos riscos de contato humano.

4.4.2.2.2.14. Jurisprudência

O STF já invocou o princípio da legalidade em incontáveis julgamentos. Selecionamos a seguir alguns casos que nos pareceram relevantes em função da matéria abordada:

a) Interceptação não autorizada de sinal de TV a cabo não caracteriza furto, sob pena de analogia *in malam partem*: "O assistente de acusação tem legitimidade para recorrer de decisão absolutória nos casos em que o Ministério Público não interpõe recurso. Decorrência do enunciado da Súmula 210 do Supremo Tribunal Federal. **O sinal de TV a cabo não é energia, e assim, não pode ser objeto material do delito previsto no art. 155, § 3º, do Código Penal. Daí a impossibilidade de se equiparar o desvio de sinal de TV a cabo ao delito descrito no referido dispositivo.** Ademais, na **esfera penal não se admite a aplicação da analogia para suprir lacunas, de modo a se criar penalidade não mencionada na lei (analogia *in malam partem*), sob pena de violação ao**

50 Luiz Vicente Cernicchiaro e Paulo José da Costa Jr., *Direito penal na Constituição*, 2. ed., p. 29.

51 Exemplo de Luiz Vicente Cernicchiaro. In: *Direito penal na Constituição*, 2. ed., p. 30.

princípio constitucional da estrita legalidade. Precedentes. Ordem concedida" (HC 97.261, Rel. Min. Joaquim Barbosa, 2ª Turma, julgado em 12.04.2011, *DJe* 02.05.2011; grifo nosso).

b) A imposição do dia do cometimento da falta grave como data-base para reinício da contagem do prazo para progressão e outros benefícios não viola o princípio da legalidade: "1. O tema em debate neste *habeas corpus* se relaciona à possibilidade de recontagem do requisito temporal para obtenção de benefícios previstos na LEP, quando houver a prática de falta grave pelo apenado. 2. Orientação predominante no Supremo Tribunal Federal no sentido de que o cometimento de falta grave, durante a execução da pena privativa de liberdade, implica a regressão de regime e a necessidade de reinício da contagem do prazo para obtenção da progressão no regime de cumprimento da pena (RHC 85.605, Rel. Min. Gilmar Mendes, *DJ* 14.10.2005). 3. Em tese, se o réu que cumpre pena privativa de liberdade em regime menos severo, ao praticar falta grave, pode ser transferido para regime prisional mais gravoso (regressão prisional), logicamente é do sistema jurídico que o réu que cumpre pena corporal em regime fechado (o mais gravoso) deve ter reiniciada a contagem do prazo de 1/6[52], levando-se em conta o tempo ainda remanescente de cumprimento da pena. 4. O cômputo do novo período aquisitivo do direito à progressão de regime, considerando-se o lapso temporal remanescente de pena, terá início na data do cometimento da última falta grave pelo apenado ou, no caso de fuga do estabelecimento prisional, de sua recaptura. **5. A recontagem e o novo termo inicial da contagem do prazo para a concessão de benefícios, tal como na progressão de regime, decorrem de interpretação sistemática das regras legais existentes, não havendo violação ao princípio da legalidade.** Precedente. 6. *Habeas corpus* denegado" (STF, HC 101.915, Rel. Min. Ellen Gracie, 2ª Turma, julgado em 04.05.2010, *DJe* 20.05.2010; grifo nosso). No mesmo sentido: STF, HC 103.455, Rel. Min. Cármen Lúcia, 1ª Turma, julgado em 10.08.2010, *DJe* 07.02.2011. Deve-se sublinhar que esse entendimento **também é adotado pelo STJ, na Súmula n. 534: "A prática de falta grave interrompe a contagem do prazo para a progressão de regime de cumprimento de pena, o qual se reinicia a partir do cometimento dessa infração".**

■ 4.4.2.2.3. *Princípio da culpabilidade*

■ 4.4.2.2.3.1. *Conceito*

Não há pena sem culpabilidade: *nulla poena sine culpa*. O Direito Penal não institui penas por mero capricho, exigindo-se que sua imposição tenha uma razão de ser, a qual se identifica com a culpabilidade.

Há quem prefira dizer: *nullum crimen sine culpa* (não há crime sem culpabilidade). Para nós, contudo, a culpabilidade não constitui requisito do crime, mas pressuposto (inafastável) para a aplicação da pena.

---

[52] A menção ao índice de 1/6 deve-se ao fato de o julgado ser anterior à Lei n. 13.964/2019. Atualmente o índice é variável, dependendo de uma série de fatores.

4.4.2.2.3.2. *Fundamento constitucional*

O princípio da culpabilidade conta com *status* constitucional, podendo ser deduzido, em primeiro lugar, do princípio da dignidade da pessoa humana (art. 1º, inc. III, da CF) e, ademais, do art. 5º, inc. LVII, da CF: "ninguém será considerado culpado até o trânsito em julgado de sentença penal condenatória". Esse enunciado consagra, portanto, dois princípios: um de natureza processual penal (a presunção de inocência) e outro, de índole penal (o da culpabilidade).

Entenda: se ninguém pode ser qualificado como culpado senão quando condenado por sentença penal transitada em julgado, significa, raciocinando inversamente, que somente se pode condenar, em sentença penal, quando se reconhecer a culpabilidade do agente; portanto: não há pena sem culpabilidade.

4.4.2.2.3.3. *Compreensão do princípio em sua origem*

A **culpabilidade foi considerada**, durante a primeira relevante fase da construção sistemática do delito (final do século XIX e início do século XX), como o vínculo psicológico que une o autor ao fato por meio do **dolo** e da **culpa** (teoria psicológica da culpabilidade[53]).

Nessa perspectiva, sustentar que inexiste crime sem culpabilidade significava exclusivamente **proscrever do direito penal a responsabilidade penal objetiva**, isto é, aquela **instituída sem dolo ou culpa**.

Tratava-se de um inegável avanço na dogmática penal que, com o passar dos anos, influenciou a jurisprudência e até mesmo a legislação de muitos países. Veja, a título de exemplo, o Código Penal brasileiro, que em seus arts. 18[54] e 19[55] elege dolo e culpa como componentes indispensáveis na estrutura do delito.

4.4.2.2.3.4. *Princípio da responsabilidade penal subjetiva*

Atualmente, contudo, reconhece-se que **dolo e culpa** são categorias que não pertencem à culpabilidade, mas **integram o fato típico**. Por esse motivo, parece mais adequado, para indicar a impossibilidade de responsabilizar criminalmente alguém sem dolo ou culpa, conforme visto no item acima, falar-se em **princípio da responsabilidade penal subjetiva**.

4.4.2.2.3.5. *Versari in re illicita*

Durante longo período da História do Direito Penal, as sanções penais se impuseram sem qualquer exigência de que o fato fosse praticado dolosa ou culposamente.

---

[53] Será estudada no capítulo dedicado ao "Sistema Clássico" (veja o item 12.3, *infra*).

[54] "Diz-se o crime: I — doloso, quando o agente quis o resultado ou assumiu o risco de produzi-lo; II — culposo, quando o agente deu causa ao resultado por imprudência, negligência ou imperícia. Parágrafo único. Salvo os casos expressos em lei, ninguém pode ser punido por fato previsto como crime, senão quando o pratica dolosamente."

[55] "Pelo resultado que agrava especialmente a pena, só responde o agente que o houver causado ao menos culposamente."

Vários textos propugnavam a responsabilidade penal baseada na mera voluntariedade da conduta, mesmo que o resultado jurídico produzido não fosse desejado, previsto ou mesmo previsível. A isto se denominava *versari in re illicita*.

Pode-se dizer que ainda há um resquício do fenômeno na legislação pátria, localizado no art. 3º da Lei de Contravenções Penais, quando estatui que "para a existência da contravenção, basta a ação ou omissão voluntária", somente se exigindo a demonstração de dolo e culpa em caráter excepcional[56].

A posição privilegiada que hoje ocupa o princípio da culpabilidade (art. 5º, inc. LVII), contudo, impõe seja a regra acima transcrita considerada incompatível com a Constituição Federal, de tal modo que ela deve ser simplesmente desconsiderada, aplicando-se, também em sede de contravenções penais, os arts. 18 e 19 do Código Penal.

■ 4.4.2.2.3.6. Culpabilidade no contexto atual

O estudo dos elementos do crime sempre constituirá a análise de uma obra inacabada e em constante reforma. Quem intentar explicar qualquer de seus aspectos estruturais não fará mais do que fornecer um retrato momentâneo, o qual, certamente, em alguns anos ou décadas, não mais refletirá com exatidão o estado atual da Ciência. Esta advertência se aplica, sem dúvida, à culpabilidade.

Nos últimos cem anos, ela evoluiu de mero vínculo psicológico estabelecido para unir o autor ao fato, por meio do dolo e da culpa (teoria psicológica), passando pela ideia de reprovabilidade, fundada no "poder agir de outro modo" (teoria normativa ou psicológico-normativa), tornando-se posteriormente desprovida de dolo e culpa, embora ainda identificada como reprovabilidade (teoria normativa pura), chegando à fase atual, em que é ampliada para a noção de responsabilidade (teoria funcional da culpabilidade)[57].

O Código Penal brasileiro, porém, espelhou o conceito dominante no Brasil na época da Reforma da Parte Geral (1984) e **seguiu a teoria normativa pura da culpabilidade**.

Segundo esta, a **culpabilidade constitui-se de um juízo de reprovação**, que recai sobre o autor de um fato típico e antijurídico, presente sempre que o agente for imputável (arts. 26 a 28 do CP), puder compreender o caráter ilícito do fato (art. 21 do CP) e dele se puder exigir conduta diversa (art. 22 do CP).

Partindo-se, então, da concepção legal, o princípio da culpabilidade deve ser reconhecido como **a necessidade de aferição**, como condição necessária à imposição da pena, **dos seguintes elementos:**

- **Imputabilidade;**
- **Possibilidade de compreender o caráter ilícito do fato** (ou potencial consciência da ilicitude);
- **Exigibilidade de conduta diversa.**

[56] "Deve-se, todavia, ter em conta o dolo ou a culpa, se a lei faz depender, de um ou de outra, qualquer efeito jurídico" (art. 3º, parte final).

[57] Essas teorias serão expostas no capítulo dedicado ao estudo dos "Sistemas Penais" (Capítulo 12, *infra*).

4.4.2.2.3.7. *Culpabilidade como medida da pena*

A culpabilidade é pressuposto da pena (como se viu no item anterior), mas igualmente figura como **medida da pena**, ou seja, seu **critério balizador**.

Atente-se que a **culpabilidade**, em sua **dupla dimensão** (pressuposto e medida da pena), deve ser compreendida de maneira ligeiramente distinta. A **primeira corresponde à reprovabilidade do ato** e, como já se estudou, resulta da presença de três elementos: imputabilidade, potencial consciência da ilicitude e exigibilidade de conduta diversa. A **segunda significa o grau (ou nível) de censurabilidade do comportamento praticado**. Esta é a que serve para dosar a qualidade (por exemplo, se o réu é merecedor de pena privativa de liberdade ou restritiva de direitos), a quantidade (se deve receber uma pena acima do mínimo legal) e o rigor da pena (se deve ser instituído, *v.g.*, o regime fechado ou semiaberto para iniciar o cumprimento da sanção).

Por meio da segunda dimensão, garante-se que o agente será punido fundamentalmente com base no que fez e menos com vistas a quem ele é (trata-se da "culpabilidade do fato" em detrimento à "culpabilidade do autor").

Nosso Código condiciona, em mais de uma passagem, que o balizamento da pena seja lastreado na culpabilidade.

Lê-se no art. 29, *caput*, que: "Quem, de qualquer modo, concorre para o crime **incide nas penas** a este cominadas, **na medida de sua culpabilidade**".

De acordo com o art. 59, *caput*: "**O juiz, atendendo à culpabilidade**, aos antecedentes, à conduta social, à personalidade do agente, aos motivos, às circunstâncias e consequências do crime, bem como ao comportamento da vítima, estabelecerá, conforme seja necessário e suficiente para reprovação e prevenção do crime".

4.4.2.2.3.8. *As modalidades de erro jurídico-penal*

Em Direito Penal, duas são as modalidades de erro, as quais, a depender da intensidade do equívoco em que o agente operou, podem conduzir à sua irresponsabilidade penal; são elas: o **erro de tipo** e o **erro de proibição**.

O primeiro se faz presente, em linhas gerais, quando o sujeito capta incorretamente a realidade que o circunda, de tal modo que em sua mente forma-se uma ideia dos acontecimentos diversa da que efetivamente ocorre (por exemplo: "A" deixa seu automóvel em um grande estacionamento e, ao retornar, confunde o local em que o parou e, encontrando veículo semelhante, nele ingressa, acreditando que o bem lhe pertence; "B" recebe de um conhecido uma mala, solicitando que a transporte em seu voo e a entregue a um "parente" no destino, desconhecendo que em seu interior há cocaína).

Nessas situações, o equívoco retira dos autores a noção de que o ato por eles realizado possui caráter criminoso, **afastando o dolo** (CP, art. 20, *caput*).

O erro de proibição se aperfeiçoa quando o sujeito não possui conhecimento do caráter ilícito da ação ou omissão por ele praticada. Neste caso, embora tenha plena consciência da realidade ao seu redor, perfaz uma conduta criminosa, mas crê, sinceramente, que seu agir é lícito (por exemplo: "C" encontra um valioso relógio de pulso perdido numa via pública e, tomando-o em suas mãos, decide procurar o dono para entregá-lo, mas não o localiza e, após um mês de incontáveis tentativas de devolução, com sua consciência tranquila e de boa-fé, decide se apropriar do objeto, incorrendo no crime previsto no art. 169, parágrafo único, inc. II, do CP[58]).

Nesses casos, o desconhecimento da ilicitude do ato, quando inevitável, **exclui a culpabilidade**, isentando o agente de pena (CP, art. 21).

Percebe-se, pela breve exposição a respeito das modalidades de erro jurídico-penal, que ambos interferem na responsabilidade penal, seja expurgando o dolo, seja retirando a culpabilidade, donde se conclui que o princípio da culpabilidade e o da responsabilidade penal subjetiva, justamente por exigirem a presença dos elementos citados, impõem que a legislação, como o fez a brasileira, confira relevância ao erro de tipo e ao erro de proibição, prevendo-os como excludentes.

■ 4.4.2.2.3.9. Síntese dos reflexos do princípio da culpabilidade

Do exposto, pode-se dizer que o princípio em questão produz as seguintes consequências:

1ª) proibição da responsabilidade penal objetiva, ou seja, aquela em que a pena é imposta sem que tenha o fato sido praticado dolosa ou culposamente (princípio da responsabilidade penal subjetiva);

2ª) proibição da imposição da pena sem os elementos da culpabilidade (imputabilidade, potencial consciência da ilicitude e exigibilidade de conduta diversa);

3ª) outorga de relevância às modalidades de erro jurídico-penal como excludentes;

4ª) graduação da pena segundo o nível de censurabilidade do fato praticado.

■ 4.4.2.2.3.10. Jurisprudência

Nossos tribunais já reconheceram o princípio *nullum crimen sine culpa* em diversas ocasiões. No julgamento abaixo, **o STF afastou uma acusação deduzida em face de administradores e controladores de instituição financeira, aos quais não se atribuiu nenhum comportamento específico e individualizado, configurando verdadeira responsabilidade penal objetiva:** "O sistema jurídico vigente no Brasil — tendo presente a natureza dialógica do processo penal acusatório, hoje impregnado, em sua estrutura formal, de caráter essencialmente democrático — impõe, ao Ministério Público, notadamente no denominado 'reato societario', a obrigação de expor, na denúncia, de maneira precisa, objetiva e individualizada, a participação de cada acusado na suposta prática delituosa. (...) A mera invocação da condição de diretor ou de administrador de instituição financeira, sem a correspondente e objetiva descrição de determinado comportamento típico que o vincule, concretamente, à prática criminosa, não constitui fator suficiente apto a legitimar a formulação de acusação estatal

---

58 Incorre nas penas de detenção de um mês a um ano, ou multa, "quem acha coisa alheia perdida e dela se apropria, total ou parcialmente, deixando de restituí-la ao dono ou legítimo possuidor ou de entregá-la à autoridade competente, dentro no prazo de 15 (quinze) dias".

ou a autorizar a prolação de decreto judicial condenatório. — A circunstância objetiva de alguém meramente exercer cargo de direção ou de administração em instituição financeira não se revela suficiente, só por si, para autorizar qualquer presunção de culpa (inexistente em nosso sistema jurídico-penal) e, menos ainda, para justificar, como efeito derivado dessa particular qualificação formal, a correspondente persecução criminal. — **Não existe, no ordenamento positivo brasileiro, ainda que se trate de práticas configuradoras de macrodelinquência ou caracterizadoras de delinquência econômica, a possibilidade constitucional de incidência da responsabilidade penal objetiva. Prevalece, sempre, em sede criminal, como princípio dominante do sistema normativo, o dogma da responsabilidade com culpa (*nullum crimen sine culpa*), absolutamente incompatível com a velha concepção medieval do *versari in re illicita*, banida do domínio do direito penal da culpa**. (...). Os princípios democráticos que informam o sistema jurídico nacional repelem qualquer ato estatal que transgrida o dogma de que não haverá culpa penal por presunção nem responsabilidade criminal por mera suspeita" (HC 84.580, Rel. Min. Celso de Mello, 2ª Turma, julgado em 25.08.2009, *DJe* 18.09.2009; grifo nosso)[59].

▪ *4.4.2.2.4. Síntese*

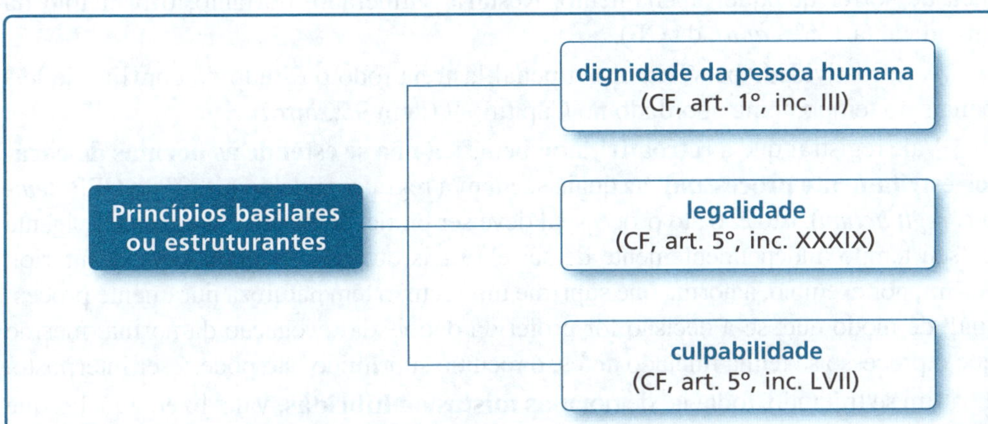

▪ *4.4.2.3. Princípios derivados ou decorrentes*

▪ *4.4.2.3.1. Princípio da retroatividade benéfica da lei penal*

A doutrina costuma falar em dois princípios: o da irretroatividade da lei penal (regra) e o da retroatividade benéfica da lei penal (exceção).

Ocorre, porém, que a propalada irretroatividade nada mais é que consectário da anterioridade da lei penal (*lege praevia*), um dos desdobramentos do princípio da legalidade (conforme item 4.4.2.2.2.8.1, *retro*). Afinal, dizer que a lei penal deve ser

[59] No mesmo sentido, ver: STF, AP 953, Rel. Min. Luiz Fux, 1ª Turma, julgado em 06.09.2016.

anterior ao crime e a pena **previamente** instituída (CF, art. 5º, inc. XXXIX) é o mesmo que afirmar a impossibilidade de sua aplicação retroativa (CF, art. 5º, inc. XL, primeira parte).

Daí por que não se justifica, em nosso sentir, que se destaque a irretroatividade da lei penal autonomamente.

O princípio merecedor de estudo específico, na verdade, é o que excepciona a impossibilidade de aplicação retroativa de uma lei criminal: a chamada **retroatividade benéfica**.

A lei penal retroagirá para beneficiar o réu: dessa forma direta é que se deve ler o mandamento constitucional, repetido de maneira minudente no art. 2º do Código Penal.

Tal retroatividade, à medida que prestigia a liberdade individual, ampliando sua esfera em face do poder punitivo do Estado, **não produz insegurança jurídica** e não abala a confiança no Direito Penal. Além disso, **justifica-se como medida de isonomia**. Imagine que alguém cumprisse pena por um fato que, em virtude de lei posterior, deixasse de ter caráter criminoso. Conviveriam, nesse cenário desigual, indivíduos cumprindo pena por terem realizado determinado comportamento e outros, longe do cárcere, praticando exatamente o mesmo ato, sem a possibilidade jurídica de sofrer qualquer apenamento. Restaria vulnerado, portanto, o princípio da igualdade (art. 5º, *caput*, da CF).

A retroatividade benéfica da lei penal lastreia todo o estudo do conflito de leis penais no tempo, tema abordado no Capítulo 9 (item 9.2, *infra*).

Vale registrar que a **retroatividade benéfica não se estende às normas de caráter estritamente processual**, as quais seguem a regra contida no art. 2º do CPP (*tempus regit actum*), isto é, o ato processual deve ser praticado de acordo com a lei vigente ao seu tempo, independentemente de ser ela mais ou menos rigorosa que a anterior. Assim, por exemplo, a norma que suprime um recurso tem natureza puramente processual, de modo que, se a decisão for proferida depois da revogação da norma, mesmo que o processo se tenha iniciado antes, o recurso suprimido não poderá ser interposto.

Em se tratando, todavia, de **normas mistas ou híbridas**, vale dizer, aquelas que possuem aspectos processuais *e penais*, não retroagirão, salvo se benéficas, respeitando-se, contudo, a coisa julgada. É o caso, *v.g.*, de uma lei que passe a estabelecer uma condição de procedibilidade até então não exigida para determinado crime (como a exigência de representação no crime de estelionato, incluída pela Lei Anticrime; em outras palavras, esse delito, até então processado por ação penal pública incondicionada, tornou-se crime de ação pública condicionada à representação do ofendido, medida que tem caráter benéfico e eficácia retroativa). Na mesma linha, o acordo de não persecução penal, instituto despenalizador inserido no art. 28-A do CPP pela Lei Anticrime, que, por deter caráter misto e possuir aspecto penal benéfico, consistente na possibilidade de extinção do direito de punir em decorrência do cumprimento do acordo, é aplicável aos processos em curso, antes da prolação de sentença.

4.4.2.3.2. *Princípio da insignificância ou da bagatela*

4.4.2.3.2.1. *Conceito*

O Direito Penal, num ambiente jurídico fundado na dignidade da pessoa humana, em que a pena criminal não constitui instrumento de dominação política ou submissão cega ao poder estatal, mas um meio para a salvaguarda dos valores constitucionais expressos ou implícitos, não deve criminalizar comportamentos que produzam lesões insignificantes aos bens juridicamente tutelados.

Donde se conclui que **condutas causadoras de danos ou perigos ínfimos aos bens penalmente protegidos são consideradas (materialmente) atípicas**.

Assim, por exemplo, se um indivíduo ingressa num estabelecimento empresarial e, aproveitando-se da distração do atendente, subtrai uma folha de papel sulfite, realiza uma ação formalmente típica, pois o ato se subsome aos elementos presentes no art. 155, *caput*, do CP (subtrair, para si, coisa alheia móvel), mas **materialmente atípica**, posto que inexpressível a lesão jurídica provocada. O dano ao patrimônio da pessoa jurídica vitimada é tão insignificante que se torna injustificada a imposição de uma pena criminal ao agente.

4.4.2.3.2.2. *Origem*

Em sua concepção moderna, o princípio da insignificância ou bagatela foi desenvolvido por Claus Roxin, como meio de aperfeiçoar a tese de Hans Welzel, segundo a qual lesões insignificantes deveriam ser excluídas da seara do Direito Penal[60].

Remotamente, contudo, inspira-se no velho adágio latino *de minimis non curat praetor*[61], identificável no direito romano.

4.4.2.3.2.3. *Natureza jurídica*

Cuida-se de **causa de exclusão da tipicidade (material) da conduta**.

Veja o que diz o STF a respeito do tema: **"A insignificância penal expressa um necessário juízo de razoabilidade e proporcionalidade de condutas que, embora formalmente encaixadas no molde legal-punitivo, substancialmente escapam desse encaixe"** (HC 107.082, Rel. Min. Ayres Britto, 2ª Turma, *DJe* 26.04.2012); **"A aplicação do princípio da insignificância envolve um juízo amplo ('conglobante'), que vai além da simples aferição do resultado material da conduta, abrangendo também a reincidência ou contumácia do agente, elementos que, embora não determinantes, devem ser considerados"** (HC 123.108, Rel. Min. Roberto Barroso, Tribunal Pleno, julgado em 03.08.2015).

4.4.2.3.2.4. *Vetores da insignificância segundo o Supremo Tribunal Federal*

A jurisprudência nacional prestigia grandemente o princípio da insignificância ou bagatela, já tendo sido acolhido em inúmeras decisões de nossos tribunais, nota-

[60] Cf. Antônio Carlos da Ponte, *Crimes eleitorais*, p. 78.

[61] O pretor (juiz) não deve cuidar de questões mínimas.

damente do Superior Tribunal de Justiça e do Supremo Tribunal Federal. Este, inclusive, desenvolveu quatro vetores para sua aplicação, de tal modo que a apreciação concreta da insignificância do comportamento não fique adstrita à dimensão econômica do prejuízo sofrido pela vítima, mas seja pautada por uma análise global da conduta e do agente.

Tais vetores são impostos como requisitos objetivos e foram assim elencados:

a) a ausência de **Periculosidade** social da ação;

b) o reduzido grau de **Reprovabilidade** do comportamento;

c) a mínima **Ofensividade** da conduta; e,

d) a inexpressividade da **Lesão**[62] jurídica provocada (veja, entre outros, o HC 84.412/SP e HC 136.896/MS).

Podem ser citados alguns exemplos para ilustrar cada uma das diretrizes expostas:

a) Ofensividade da conduta reconhecida por se tratar de crime contra a Administração Militar: "A Segunda Turma indeferiu *habeas corpus* em que se pretendia a absolvição do paciente, sargento do Exército, ao argumento de que incidiria, na espécie, o princípio da insignificância, em face do reduzido valor das coisas furtadas: 100 cartuchos de munição para fuzil calibre 7,62 x 51 mm, 1 caixa de chumbinho e 8 cartuchos calibre 9 mm, tudo avaliado em R$ 193,05. Considerou-se que a lesividade da conduta não deveria ser analisada exclusivamente sob o aspecto econômico e patrimonial, porquanto o delito perpetrado pelo paciente, peculato-furto, atentaria também contra a administração militar (Título VII, Capítulo II, do CPM)" (STF, HC 104.820, Rel. Min. Ayres Britto, julgamento em 07.12.2010, 2ª Turma, noticiado no *Informativo STF*, n. 612).

b) Periculosidade social da ação afirmada no porte de substância psicoativa suficiente para o consumo de duas pessoas: "Paciente denunciado pela infração do art. 290 do CPM. Alegação de incidência do princípio da insignificância. Precedentes do STF favoráveis à tese da impetração: não aplicação à espécie vertente. Princípio da especialidade. (...) A existência de decisão neste STF no sentido pretendido pela impetrante, inclusive admitindo a incidência do princípio da insignificância à justiça castrense, 'a despeito do princípio da especialidade e em consideração ao princípio maior da dignidade humana' (HC 92.961, Rel. Min. Eros Grau, *DJ* de 21.02.2008), não é bastante a demonstrar como legítima sua pretensão. Nas circunstâncias do caso, o fato não é penalmente irrelevante, pois a droga apreendida, além de ter sido encomendada por outra pessoa, seria suficiente para o consumo de duas pessoas, o que configuraria, minimamente, a periculosidade social da ação do Paciente. A jurisprudência predominante do STF é no sentido de reverenciar a especialidade da legislação penal militar e da justiça castrense, sem a submissão à legislação penal comum do crime militar devidamente caracterizado" (STF, HC 94.649, Rel. Min. Cármen Lúcia, julgamento em 12.08.2008, 1ª Turma, *DJe* 10.10.2008).

[62] Note que as palavras-chave, nessa ordem organizadas, compõem-se das iniciais "PROL".

c) Elevado grau de reprovabilidade do comportamento no ato do militar que subtraiu, em serviço, aparelho de telefone celular: "*Habeas Corpus*. Penal Militar. Paciente condenado pelo crime de furto. Princípio da Insignificância. Inaplicabilidade. Razoável Grau de Reprovabilidade da Conduta. Bem que não pode ser considerado de valor ínfimo. Ordem Denegada. I — A aplicação do princípio da insignificância de modo a tornar a conduta atípica exige, além da pequena expressão econômica do bem que fora objeto de subtração, um reduzido grau de reprovabilidade da conduta do agente. II — É relevante e reprovável a conduta de um militar que, em serviço, furta bem de um colega de farda, demonstrando desrespeito às leis e às instituições de seu País. III — No caso em espécie, o bem subtraído — um aparelho celular avaliado em R$ 699,00 — não pode ser considerado de ínfimo valor, mormente quando considerados os vencimentos percebidos pelo ofendido — soldado do Exército (...)" (STF, HC 107.240, Rel. Min. Ricardo Lewandowski, 1ª Turma, julgado em 05.04.2011, *DJe* 25.04.2011).

d) Reconhecimento da expressividade da lesão jurídica em face da natureza do bem vulnerado (fé pública): "Moeda falsa. Art. 289, § 1º, do CP. Dez notas de pequeno valor. Princípio da insignificância. Inaplicabilidade. Desvalor da ação e do resultado. Impossibilidade de quantificação econômica da fé pública efetivamente lesionada. Desnecessidade de dano efetivo ao bem supraindividual. Ordem denegada. A aplicação do princípio da insignificância de modo a tornar a conduta atípica depende de que esta seja a tal ponto despicienda que não seja razoável a imposição da sanção. Mostra-se, todavia, cabível, na espécie, a aplicação do disposto no art. 289, § 1º, do CP, pois a fé pública a que o Título X da Parte Especial do CP se refere foi vulnerada. Em relação à credibilidade da moeda e do sistema financeiro, o tipo exige apenas que estes bens sejam colocados em risco, para a imposição da reprimenda. Os limites da culpabilidade e a proporcionalidade na aplicação da pena foram observados pelo julgador monocrático, que substituiu a privação da liberdade pela restrição de direitos, em grau mínimo" (STF, HC 93.251, Rel. Min. Ricardo Lewandowski, 1ª Turma, julgamento em 05.08.2008, *DJe* 22.08.2008). No mesmo sentido, HC 97.220, Rel. Min. Ayres Britto, 2ª Turma, julgado em 05.04.2011 (*Informativo STF*, n. 622). No mesmo sentido, HC 105.638, Rel. Min. Rosa Weber, 1ª Turma, *DJe* 11.06.2012: "Consoante jurisprudência deste Tribunal, inaplicável o princípio da insignificância aos crimes de moeda falsa, em que objeto de tutela da norma a fé pública e a credibilidade do sistema financeiro, não sendo determinante para a tipicidade o valor posto em circulação".

■ 4.4.2.3.2.5. *Requisitos subjetivos elencados pelo Superior Tribunal de Justiça*

O Superior Tribunal de Justiça, em complementação aos critérios objetivos do STF, também dispôs de uma série de **requisitos subjetivos**: a) extensão do dano, compreendendo a importância do objeto material para a vítima, sua situação econômica e o valor sentimental referente ao bem; b) circunstâncias e resultado do crime, para determinar se houve lesão significativa ao bem jurídico; c) condições pessoais do ofendido; e d) condições pessoais do agente, que consistem em verificar a existência de contumácia delitiva, que, na linguagem do Tribunal, não se confunde com reincidência e nem mesmo reiteração delitiva[63].

4.4.2.3.2.6. *Porte de droga para consumo pessoal*[64]

O STF uniformizou sua jurisprudência, em 2010, no que tange à incidência do princípio da insignificância ao porte de droga para consumo pessoal, por militar, em local sujeito à administração castrense. Até então, a 1ª Turma vinha reconhecendo a tipicidade do comportamento e a 2ª Turma, afastando-a, com base no princípio em estudo. O Pleno do Supremo, ao examinar a matéria, firmou o entendimento da Corte no sentido da **inaplicabilidade**. Confira: "A posse, por militar, de reduzida quantidade de substância entorpecente em lugar sujeito à administração castrense (CPM, art. 290) não autoriza a aplicação do princípio da insignificância. Com base nesse entendimento, o Plenário indeferiu *habeas corpus* em que a Defensoria Pública da União pleiteava a incidência desse postulado, já que o paciente fora flagrado na posse de 0,1 g de maconha. (...) Inicialmente, destacou-se que o problema em questão não envolveria a quantidade ou o tipo de entorpecente apreendido, mas sim a qualidade da relação jurídica entre esse usuário e a instituição militar da qual ele faria parte, no instante em que flagrado com a posse da droga em recinto sob administração castrense. Em seguida, consignou-se que essa tipologia de relação não seria compatível com a figura da insignificância penal. Explicitou-se que esta consubstanciaria vetor interpretativo cujo propósito seria o de excluir a abrangência do Direito Penal de condutas provocadoras de ínfima lesão ao bem jurídico tutelado. Reputou-se que o uso de drogas e o dever militar seriam inconciliáveis, dado que a disposição em si

---

[63] AgRg no HC 563.276/SP, Rel. Min. Nefi Cordeiro, 6ª Turma, julgado em 09.06.2020; AgRg no REsp 1.790.748/SC, Rel. Min. Jorge Mussi, 5ª Turma, julgado em 16.05.2019. De acordo com o STJ, a "contumácia ou habitualidade delitiva" diz respeito à prática constante ou persistente de infrações penais por parte do agente. Note que o termo utilizado pelo STJ não se confunde com o conceito de "crime habitual", o qual se refere a um delito único, cuja configuração requer a repetição de condutas no tempo (é exemplo de crime habitual o exercício ilegal da Medicina — previsto no art. 282 do CP). A habitualidade delitiva a que se refere o STJ pode ser revelada por, dentre outros, por "procedimentos administrativos" ou por "ações penais em curso".

[64] De ver que tramita na Suprema Corte o Recurso Extraordinário n. 635.659, com repercussão geral reconhecida, no qual se discute a inconstitucionalidade do art. 28 da Lei de Drogas. O Ministro Relator, Gilmar Mendes, em sessão realizada no dia 20 de agosto de 2015, deu provimento ao recurso, declarando a inconstitucionalidade da norma sem redução de texto, de modo a se interpretar suas providências como medidas de natureza civil e administrativa (e não mais, portanto, como sanções penais). De acordo com o Ministro, a criminalização conduz à estigmatização do usuário e põe em risco medidas de prevenção e redução de danos. Observou, ainda, que a norma estabelece sanção desproporcional e ofensiva ao direito à personalidade, além de se tratar de fato que causa dano eminentemente privado e não coletivo. Acrescentou, outrossim, que nos casos de prisão em flagrante por tráfico de drogas, a apresentação imediata do preso ao juiz deverá ser obrigatória, de modo a evitar que o fato seja indevidamente capitulado como tráfico. O julgamento foi interrompido com o pedido de vista de outros Ministros.

Ademais, há aplicação em um único caso da insignificância ao porte de droga para consumo próprio: HC 110.475, Rel. Min. Dias Toffoli, julgado em 14.02.2012.

para manter o vício implicaria inafastável pecha de reprovabilidade cívico-profissional por afetar tanto a saúde do próprio usuário quanto pelo seu efeito no moral da corporação e no conceito social das Forças Armadas. Aduziu-se que a hierarquia e a disciplina militares não atuariam como meros predicados institucionais, constituindo-se, ao revés, em elementos conceituais e 'vigas basilares' das Forças Armadas. Enfatizou-se, nesse ponto, que o maior rigor penal da lei castrense, na hipótese, se harmonizaria com a maneira pela qual a Constituição dispusera sobre as Forças Armadas. Ante o critério da especialidade, rejeitou-se a aplicação do art. 28 da Lei 11.343/2006. Mencionou-se que a referida lei revogara, expressamente, apenas as Leis 6.368/1976 e 10.409/2002 e que o CPM trataria da matéria de forma específica, embora em termos mais drásticos. De igual modo, afastou-se a assertiva, suscitada da tribuna, de ofensa ao princípio da proporcionalidade no sentido de que o art. 290 do CPM não distinguiria entre traficante e usuário. Asseverou-se que o aludido preceito cominaria somente a pena máxima aplicável ao delito, o que permitiria ao juiz sentenciante estabelecer a justa medida entre os atos praticados e o crime, a partir do exame das circunstâncias objetivas e subjetivas da situação concreta" (STF, HC 103.684, Rel. Min. Ayres Britto, julgamento em 21.10.2010, Plenário, *Informativo STF*, n. 605).

O mesmo posicionamento, pela impossibilidade de reconhecimento da insignificância, é adotado pelo STJ em relação aos civis que praticam a conduta descrita no art. 28 da Lei de Drogas, consoante se extrai do seguinte julgado: "Em razão da política criminal adotada pela Lei n. 11.343/2006, há de se reconhecer a tipicidade material do porte de substância entorpecente para consumo próprio, ainda que ínfima a quantidade de drogas apreendidas. 2. A reduzida quantidade de drogas integra a própria essência do crime de porte de substância entorpecente para consumo próprio, visto que, do contrário, poder-se-ia estar diante da hipótese do delito de tráfico de drogas, previsto no art. 33 da Lei n. 11.343/2006. Vale dizer, o tipo previsto no art. 28 da Lei n. 11.343/2006 esgota-se, simplesmente, no fato de o agente trazer consigo, para uso próprio, qualquer substância entorpecente que possa causar dependência. Por isso mesmo, é irrelevante que a quantidade de drogas não produza, concretamente, danos ao bem jurídico tutelado, no caso, a saúde pública ou a do próprio indivíduo" (AgRg no HC 387.874/MS, Rel. Min. Rogerio Schietti Cruz, 6ª Turma, julgado em 03.08.2017).

■ *4.4.2.3.2.7. Descaminho e crimes contra a ordem tributária*

Para os Tribunais Superiores, aplica-se o princípio da insignificância ao crime de descaminho (CP, art. 334) sempre que o valor do tributo e acessórios (multa e correção monetária) não exceder a R$ 20.000,00.

O entendimento baseia-se no art. 20 da Lei n. 10.522/2002, segundo o qual serão arquivados, sem baixa na distribuição, mediante requerimento do Procurador da Fazenda Nacional, os autos das execuções fiscais de débitos inscritos como Dívida Ativa da União pela Procuradoria-Geral da Fazenda Nacional ou por ela cobrados, de valor consolidado igual ou inferior a R$ 10.000,00 (aumentados para R$ 20.000,00 pelas Portarias n. 75/2012 e 130/2012, do Ministério da Fazenda).

Ementa: "PENAL. *HABEAS CORPUS*. CRIME DE DESCAMINHO. VALOR SONEGADO INFERIOR AO FIXADO NO ART. 20 DA LEI 10.522/2002, ATUALIZADO PELAS PORTARIAS 75/2012 E 130/2012 DO MINISTÉRIO DA FAZENDA. PRINCÍPIO DA INSIGNIFICÂNCIA. APLICAÇÃO. PRECEDENTES. ORDEM CONCEDIDA. I — Nos termos da jurisprudência deste Tribunal, o princípio da insignificância deve ser aplicado ao delito de descaminho quando o valor sonegado for inferior ao estabelecido no art. 20 da Lei 10.522/2002, com as atualizações feitas pelas Portarias 75 e 130, ambas do Ministério da Fazenda. Precedentes. II — Mesmo que o suposto delito tenha sido praticado antes das referidas Portarias, conforme assenta a doutrina e jurisprudência, norma posterior mais benéfica retroage em favor do acusado. III — Ordem concedida para trancar a ação penal" (HC 139.393/PR, Rel. Min. Ricardo Lewandowski, 2ª Turma, julgado em 18.04.2017)[65].

A solução afigura-se correta, muito embora a nós pareçam mais adequados para dar sustentação à tese os fundamentos apontados no final da ementa, notadamente o princípio da intervenção mínima, donde se extraem a subsidiariedade e a fragmentariedade do direito penal (veja o item 4.4.2.3.7.6, *infra*).

Observe-se que a 3ª Seção do STJ curvou-se ao entendimento do STF, em sede de Recursos Repetitivos, adequando também a aplicação do referido princípio aos parâmetros fixados nas Portarias n. 75 e 130/MF — R$ 20.000,00 (vinte mil reais) (REsp 1.709.029/MG, Rel. Min. Sebastião Reis Júnior, julgado em 28.02.2018).

No que pertine ao crime de contrabando, porém, os Tribunais Superiores fixaram entendimento no sentido da impossibilidade de aplicação do princípio da insignificância. Para o STF, o contrabando "é figura típica cuja objetividade jurídico-penal abrange não só a proteção econômico-estatal, mas em igual medida interesses de outra ordem, tais como a saúde, a segurança pública e a moralidade pública (na repressão à importação de mercadorias proibidas), bem como a indústria nacional, que se protege com a barreira alfandegária" (HC 114.315, Rel. Min. Teori Zavascki, 2ª Turma, julgado em 15.09.2015). Igualmente o STJ: AgRg no AREsp 1.685.158/SP, Rel. Min. Nefi Cordeiro, 6ª Turma, julgado em 30.06.2020, e AgRg no REsp 1.744.576/SC, Rel. Min. Rogério Schietti Cruz, 6ª Turma, julgado em 28.05.2019.

■ *4.4.2.3.2.8. Roubo*

É firme a jurisprudência no sentido da impossibilidade de se considerar insignificantes condutas que configurem crime de roubo (art. 157 do CP), uma vez que se cuida de delito complexo, ofensivo não só ao patrimônio, senão também à integridade física ou psíquica da vítima.

---

[65] Destaque-se, contudo, que essa previsão objetiva para aplicação do princípio da insignificância não afasta a necessidade de preenchimento de outros requisitos, de modo que, se verificada a reincidência ou a habitualidade delitiva, o sujeito ativo não será beneficiado com a tese, diante do elevado

"O crime de roubo abrange a subtração da coisa e a violência ou ameaça à vítima. Daí a impossibilidade de desclassificação para o crime de furto. (...). A Segunda Turma desta Corte afirmou entendimento no sentido de ser 'inaplicável o princípio da insignificância ao delito de roubo (art. 157, CP), por se tratar de crime complexo, no qual o tipo penal tem como elemento constitutivo o fato de que a subtração de coisa móvel alheia ocorra 'mediante grave ameaça ou violência à pessoa', a demonstrar que visa proteger não só o patrimônio, mas também a integridade pessoal' (AI 557.972-AgR, Rel. Min. Ellen Gracie, *DJ* de 31-3-2006). (...)" (HC 95.174, Rel. Min. Eros Grau, julgamento em 09.12.2008, 2ª Turma, *DJe* 20.03.2009)[66].

4.4.2.3.2.9. Crime contra a Administração Pública

Os crimes contra a Administração Pública encontram-se previstos no Código Penal no Título XI da Parte Especial (arts. 312 a 359-H). A tendência dos tribunais superiores, quanto a tais delitos, é de não admitir, salvo em casos excepcionais, a incidência do princípio da insignificância.

Nesse sentido, a Súmula n. 599 do STJ: "O princípio da insignificância é inaplicável aos crimes contra a Administração Pública", aprovada em novembro de 2017.

Quando se trata de crimes cometidos por funcionário público contra a Administração Pública, o rigor é ainda maior, pois em tais infrações há uma violação à moralidade e à probidade administrativa, bens jurídicos não quantificáveis economicamente. Veja esse julgado de 2020 do STJ: "(...) impossibilidade de aplicação do princípio da insignificância no caso de delitos contra a Administração Pública, visto que o bem jurídico tutelado é a própria moralidade administrativa, insuscetível de valoração econômica" (AgRg no HC 540.196/AC, Rel. Min. Rogerio Schietti Cruz, 6ª Turma, julgado em 02.06.2020).

Existem precedentes do STF admitindo, em situações extremas, a aplicação do princípio bagatelar, como num caso julgado em 2011, no qual o agente cometeu, em tese, peculato-furto, cujos objetos materiais eram duas luminárias de alumínio e fios de cobre em precário estado de conservação (STF, HC 107.370/SP, Rel. Min. Gilmar Mendes, 2ª Turma, julgado em 26.04.2011)[67].

---

grau de reprovabilidade da conduta. Nesse sentido: STF, HC 161.848 AgR-segundo, Rel. Min. Ricardo Lewandowski, 2ª Turma, julgado em 05.11.2019.

[66] No mesmo sentido: STF, ARE 680.427 AgR, Rel. Min. Teori Zavascki, 2ª Turma, julgado em 23.06.2015.

[67] De igual modo, a 2ª Turma do STF decidiu em caso versando sobre peculato-furto de objeto avaliado em R$ 13,00 (treze reais), no HC 112.388/SP, Rel. Min. Ricardo Lewandowski, Rel. p/ Acórdão Min. Cezar Peluso, julgado em 21.08.2012. Vale destacar, entretanto, que se trata de aplicabilidade excepcional, porque, via de regra, a Suprema Corte também entende pela incompatibilidade do reconhecimento do princípio bagatelar quando há crime contra a Administração Pública, envolvendo violação de dever funcional. Nesse sentido, ver: HC 155.984, Rel. Min. Marco Aurélio, 1ª Turma, julgado em 29.06.2020.

4.4.2.3.2.10. Crime contra a fé pública — inaplicabilidade

Para os Tribunais Superiores, revela-se inaplicável o princípio da insignificância quando o bem jurídico tutelado é a fé pública[68], pois envolve o depósito da confiança da sociedade aos documentos públicos emitidos pelo Estado. Não se aplica, portanto, o princípio bagatelar ao crime de moeda falsa, por mais insignificante que seja o valor da cédula (STJ, HC 439.958/SP, Rel. Min. Ribeiro Dantas, 5ª Turma, julgado em 26.06.2018, *DJe* 01.08.2018).

4.4.2.3.2.11. Crime praticado por Prefeito Municipal

A Suprema Corte já decidiu favoravelmente à tese de que a bagatela pode ser reconhecida em delitos previstos no Decreto-lei n. 201/67 (crimes de responsabilidade de Prefeitos Municipais).

> "A 2ª Turma concedeu *habeas corpus* para aplicar o princípio da insignificância em favor de ex-prefeito que, no exercício de suas atividades funcionais, utilizara-se de máquinas e caminhões de propriedade da prefeitura para efetuar terraplenagem em terreno de sua residência. Por esse motivo, fora denunciado pela suposta prática do crime previsto no art. 1º, II, do Decreto-Lei 201/67 ('Art. 1º São crimes de responsabilidade dos Prefeitos Municipais, sujeitos ao julgamento do Poder Judiciário, independentemente do pronunciamento da Câmara dos Vereadores (...) II — utilizar-se, indevidamente, em proveito próprio ou alheio, de bens, rendas ou serviços públicos'). Asseverou-se tratar-se de prática comum na municipalidade em questão, mediante ressarcimento, para fins de remuneração dos condutores e abastecimento de óleo diesel. Concluiu-se pela plausibilidade da tese defensiva quanto ao referido postulado, dado que o serviço prestado, se contabilizado hoje, não ultrapassaria o valor de R$ 40,00" (HC 104.286/SP, Rel. Min. Gilmar Mendes, julgado em 03.05.2011, notícia extraída do *Informativo STF*, n. 625).

Esclarece, no entanto, que o STJ tem posicionamento contrário ao da Suprema Corte: "não se pode ter como insignificante o desvio de bens públicos em proveito próprio ou alheio, levado a cabo pelo próprio Prefeito Municipal, que, no exercício de suas atividades funcionais, deve obediência aos mandamentos legais, inclusive ao princípio da moralidade pública, essencial à legitimidade de seus atos (PET n. 1.301/MT, Min. José Arnaldo da Fonseca, 5ª Turma, *DJ* 19.03.2001)" (HC 178.774/RS, Rel. Min. Sebastião Reis Júnior, 6ª Turma, julgado em 19.06.2012).

4.4.2.3.2.12. Ato infracional

O Estatuto da Criança e do Adolescente define o ato infracional como a conduta descrita em lei como crime ou contravenção penal (art. 103). Quando praticado por

---

[68] Nesse sentido: STF, HC 133.226 AgR/SP, Rel. Min. Teori Zavascki, 2ª Turma, julgado em 29.03.2016, e HC 117.638, Rel. Min. Gilmar Mendes, 2ª Turma, julgado em 11.03.2014; STJ, AgRg no AREsp 1.585.414/TO, Rel. Min. Nefi Cordeiro, 6ª Turma, julgado em 19.05.2020.

adolescente (indivíduo entre 12 e 18 anos incompletos), sujeita-o a medidas socioeducativas (arts. 112 e seguintes).

Os princípios constitucionais examinados, enquanto limitadores do conceito material de infração penal, têm plena incidência aos atos infracionais, os quais não se aperfeiçoarão quando operar, em favor do menor, uma causa excludente da tipicidade penal, como o princípio da insignificância ou bagatela.

É a posição do STF: "A Turma deferiu *habeas corpus* em que se pretendia a extinção de procedimento judicial de aplicação de medida socioeducativa a menor inimputável, instaurado em razão da prática de ato infracional equiparado ao crime de furto. (...) Em seguida, considerou-se incidir, no caso, o princípio da insignificância, uma vez que a conduta imputada ao paciente, de que lhe resultara a imposição de medida socioeducativa de internação, caracterizaria ato infracional equivalente ao delito de furto de objeto avaliado em quinze reais. Esse elemento, aliado às demais circunstâncias em torno do ato, afastaria a tipicidade da conduta, o que evidenciaria a ausência de justa causa do procedimento instaurado contra o paciente, à luz do referido princípio" (STF, HC 102.655, Rel. Min. Celso de Mello, julgamento em 22.06.2010, 2ª Turma, *Informativo STF*, n. 592)[69].

■ 4.4.2.3.2.13. *Princípio da bagatela imprópria*

Não se deve confundir o princípio da insignificância, o qual afasta a tipicidade (material), com a **bagatela imprópria**, que, uma vez reconhecida, **exclui a culpabilidade** no comportamento praticado.

A tese se embasa num **conceito funcional de culpabilidade**, segundo o qual esta não se adstringe à reprovabilidade da conduta, inspirada nos elementos previstos no Código Penal (imputabilidade, potencial consciência da ilicitude e exigibilidade de conduta diversa), mas também requer a **satisfação de necessidades preventivas**. Aplica-se o princípio nas seguintes situações: ínfimo desvalor da culpabilidade, ausência de antecedentes criminais, reparação dos danos, reconhecimento da culpa ou a colaboração com a justiça, os quais, apreciados globalmente e verificados no caso concreto, podem tornar a imposição da pena desnecessária.

O TJMS tem aplicado o mencionado princípio em diversos de seus julgados. Veja este exemplo: "Tratando-se de crimes cujas consequências foram ínfimas, praticados por agente impelido pelo vício em álcool/entorpecentes, hoje recuperado, aplica-se o princípio da 'bagatela imprópria', sendo desnecessária a imposição da pena, mormente por se tratar de réu primário e a única vítima, sua atual companheira, não desejar a condenação dele. A situação atual do casal em questão sobrepõe-se à necessidade de apenamento do acusado supostamente reinserido no

---

[69] *Vide*, ainda, STF, RHC 112.694, Rel. Min. Rosa Weber, 1ª Turma, julgado em 02.10.2012, *DJe* 25.10.2012.

seio social. Impingir a ele reprimenda corporal seria contrariar a função social da pena" (TJMS, 2ª Turma Criminal, Rel. Des. Romero Osme Dias Lopes, julgado em 20.07.2009)[70].

Pondere-se que a ausência de bases claras para a incidência do princípio e a consequente exacerbação da discricionariedade judicial que este propicia tornam sua aplicação fator de insegurança jurídica e, por vezes, de desigualdade no tratamento da Justiça Penal, já que foge à finalidade preventiva geral da pena.

Observe-se, por fim, que a tese em questão não se aplica aos crimes e contravenções penais praticados contra a mulher no âmbito das relações domésticas, ou seja, quando incidente a Lei Maria da Penha, consoante fixado na Súmula n. 589 do STJ, aprovada em 13.09.2017.

■ 4.4.2.3.2.14. Matéria infraconstitucional

O Supremo Tribunal Federal já entendeu que não há repercussão geral, requisito de admissibilidade para exame de recurso extraordinário, quando se trata de discutir a aplicação do princípio da insignificância. Destacou o Tribunal, no julgamento do AI 747.522, Rel. Min. Cezar Peluso, que a questão do reconhecimento de aplicação do princípio da insignificância é matéria infraconstitucional (julgado em 27.08.2009). No mesmo sentido: ARE 683.929 AgR, Rel. Min. Dias Toffoli, 1ª Turma, julgado em 07.08.2012.

■ 4.4.2.3.2.15. Furtos em continuidade delitiva (ausência de um dos vetores — reduzido grau de reprovabilidade do comportamento)

Tratava-se de caso de furto a três estabelecimentos comerciais de forma sucessiva. O Tribunal assentou que, no caso, faltava um dos vetores considerados para a aplicação do princípio da insignificância: o reduzido grau de reprovabilidade do comportamento (STF, HC 111.219, Rel. Min. Gilmar Mendes, 2ª Turma, julgado em 07.08.2012, *DJe* 16.08.2012).

---

70 O STM também já aplicou a bagatela imprópria: "O reconhecimento do princípio da bagatela imprópria permite que o julgador, mesmo diante de um fato típico, antijurídico e culpável, deixe de aplicar a pena em razão desta ter se tornado desnecessária, diante da verificação de determinados requisitos. Excepcionalidade da medida. Cumpridos todos objetivos a serem atingidos pela reprimenda penal. *In casu*, os seguintes requisitos concorrem para a aplicação da insignificância imprópria: a) ínfima culpabilidade do agente; b) acusado primário e de bons antecedentes; c) valoração favorável das circunstâncias judiciais; d) pronta confissão da autoria do delito, que até então era desconhecida; e) inexistência de indicativos de personalidade voltada para o crime; f) ônus do indiciamento na fase inquisitorial e da persecução penal sobre o recorrente; g) ausência de afronta aos princípios da hierarquia e da disciplina, uma vez que o réu encontra-se na condição de civil; e h) espontâneo ressarcimento à vítima, o que permite o reconhecimento da desnecessidade da pena. Recurso provido. Decisão unânime" (AP 00000884420147070007, Rel. Maria Elizabeth Guimarães Teixeira Rocha, julgado em 10.11.2015).

4.4.2.3.2.16. Registros criminais pretéritos impedem a aplicação do princípio da insignificância

De acordo com reiterada jurisprudência da Suprema Corte, "A pertinência do princípio da insignificância deve ser avaliada, em casos de pequenos furtos, considerando não só o valor do bem subtraído, mas igualmente outros aspectos relevantes da conduta imputada. (...) A existência de registros criminais pretéritos obsta a aplicação do princípio da insignificância" (HC 114.289/RS, Rel. Min. Rosa Weber, julgado em 21.05.2013)[71].

4.4.2.3.2.17. Furto cometido mediante ingresso sub-reptício em residência da vítima — descabimento do princípio da insignificância

"A pertinência do princípio da insignificância deve ser avaliada, em casos de pequenos furtos, considerando não só o valor do bem subtraído, mas igualmente outros aspectos relevantes da conduta imputada. Não tem pertinência o princípio da insignificância se o crime de furto é praticado mediante ingresso sub-reptício na residência da vítima, com violação da privacidade e tranquilidade pessoal desta" (HC 106.490/RS, Rel. Min. Rosa Weber, 1ª Turma, julgado em 29.05.2012).

4.4.2.3.2.18. Furto qualificado — inaplicabilidade do princípio da insignificância

"A pertinência do princípio da insignificância deve ser avaliada, em casos de pequenos furtos, considerando não só o valor do bem subtraído, mas igualmente outros aspectos relevantes da conduta imputada. 2. Não tem pertinência o princípio da insignificância em crime de furto qualificado cometido mediante rompimento de obstáculo. Precedentes. 3. Ordem denegada" (HC 121.760/MT, Rel. Min. Rosa Weber, 1ª Turma, julgado em 14.10.2014)[72].

4.4.2.3.2.19. Furto de aparelho celular

Para a 2ª Turma do Supremo Tribunal Federal[73], é possível a aplicação do princípio bagatelar a furto de aparelho de telefone celular, desde que não caracterize violência ou grave ameaça. A decisão foi proferida para alterar o posicionamento da 5ª Turma do Superior Tribunal de Justiça, que havia decidido pela inaplicabilidade do princípio em razão de o aparelho de celular possuir valor acima de 10% do salário mínimo vigente à época dos fatos.

---

71 No mesmo sentido: STF, HC 135.404/PR, Rel. Min. Ricardo Lewandowski, 2ª Turma, julgado em 07.02.2017; HC 121.122 AgR/SP, Rel. Min. Rosa Weber, 1ª Turma, julgado em 28.10.2014; HC 109.739/SP, Rel. Min. Cármen Lúcia, 1ª Turma, julgado em 13.12.2011; HC 110.951/RS, Rel. Min. Dias Toffoli, 1ª Turma, julgado em 13.12.2011; entre outros.

72 No mesmo sentido: STJ, HC 456.345/SC, Rel. Min. Ribeiro Dantas, 5ª Turma, julgado em 16.06.2020, AgRg no AREsp 1.471.767/DF, Rel. Min. Laurita Vaz, 6ª Turma, julgado em 12.05.2020.

73 HC 138.697/MG, Rel. Min. Ricardo Lewandowski, 2ª Turma, julgado em 16.05.2017.

■ *4.4.2.3.2.20. Crime ambiental — aplicabilidade do princípio da insignificância*

De acordo com o STJ, a "aplicação do princípio da insignificância, como causa de atipicidade da conduta, especialmente em se tratando de crimes ambientais, é cabível desde que presentes os seguintes requisitos: conduta minimamente ofensiva, ausência de periculosidade do agente, reduzido grau de reprovabilidade do comportamento e lesão jurídica inexpressiva" (AgRg no REsp 1.850.002/MG, Rel. Min. Felix Fischer, 5ª Turma, julgado em 16.06.2020). No mesmo sentido: STJ, AgRg no REsp 1.847.810/PR, Rel. Min. Nefi Cordeiro, 6ª Turma, julgado em 19.05.2020, AgRg no REsp 1.461.563/SC, Rel. Min. Ribeiro Dantas, 5ª Turma, julgado em 26.06.2018, e REsp 1.409.051/SC, Rel. Min. Nefi Cordeiro, 6ª Turma, julgado em 20.04.2017 (*Informativo STJ*, n. 602).

■ *4.4.2.3.2.21. Posse ilegal de arma de fogo inapta ou de pequena quantidade de munição, desacompanhada de artefato para deflagrá-la*

O STJ adotava o entendimento no sentido da inaplicabilidade do princípio da insignificância em tais situações, em vista do bem jurídico protegido no Estatuto do Desarmamento: a segurança e a incolumidade públicas. Ocorre, porém, que a Corte alterou sua jurisprudência, depois de o STF admitir a incidência do princípio em tais situações. Confira: "É certo que a jurisprudência desta Corte Superior de Justiça, tendo em vista o julgamento, pelo colendo Supremo Tribunal Federal, do RHC n. 143.449/MS, em que foi relator o Exm. Sr. Ministro Ricardo Lewandowski (Segunda Turma, *DJe* de 09.10.2017), evoluiu no sentido de admitir a aplicabilidade do princípio da insignificância nos casos de apreensão de pequena quantidade de munição, desacompanhada de arma de fogo ou cuja arma de fogo também apreendida na posse do agente tenha sido considerada, pericialmente, inapta para deflagrar disparos" (HC 451.716/RS, Rel. Min. Jorge Mussi, 5ª Turma, julgado em 02.08.2018). No mesmo sentido: STJ, AgRg no HC 477.449/DF, Rel. Min. Sebastião Reis Júnior, 6ª Turma, julgado em 04.08.2020, AgRg no HC 561.635/RS, Rel. Min. Nefi Cordeiro, 6ª Turma, julgado em 09.06.2020, e AgRg no AREsp 1.627.349/SC, Rel. Min. Reynaldo Soares da Fonseca, 5ª Turma, julgado em 02.06.2020.

■ *4.4.2.3.2.22. Diretrizes detalhadas acerca da aplicação do princípio*

Em interessante julgado, o Min. Ayres Britto efetuou detalhada análise do princípio da insignificância e apontou diversas diretrizes concretas a serem observadas: "É possível listar diretrizes de aplicação do princípio da insignificância, a saber: a) da perspectiva do agente, a conduta, além de revelar uma extrema carência material, ocorre numa concreta ambiência de vulnerabilidade social do suposto autor do fato; b) do ângulo da vítima, o exame da relevância ou irrelevância penal deve atentar para o seu peculiarmente reduzido sentimento de perda por efeito da conduta do agente, a ponto de não experimentar revoltante sensação de impunidade ante a não incidência da norma penal que, a princípio, lhe favorecia; c) quanto aos meios e modos de realização da conduta, não se pode reconhecer como irrelevante a ação que se manifesta mediante o emprego de violência ou ameaça à integridade física, ou moral, tanto da vítima quanto de terceiros. Reversamente, sinaliza infração de bagatela ou penalmente insignificante aquela que, além de não se fazer acompanhar do *modus procedendi* que estamos a denunciar como intolerável, revela um atabalhoamento ou amadorismo tal na sua execução que antecipa a sua própria frustração; isto é, já antecipa a sua marcante propensão para a forma não mais que tentada de infração penal, porque, no fundo, ditadas por um impulso tão episódico quanto revelador de extrema carência econômica; d) desnecessidade do poder punitivo do Estado, traduzida nas situações em que a imposição de uma pena se autoevidencie como tão despropositada que até mesmo a pena mínima de privação liberdade, ou sua conversão em restritiva de direitos, já significa um desbordamento de qualquer ideia de proporcionalidade; e) finalmente, o objeto material dos delitos patrimoniais há de exibir algum conteúdo econômico, seja para efetivamente desfalcar ou reduzir o patrimônio da vítima, seja para ampliar o acervo de bens do agente" (HC 107.082/RS, Rel. Min. Ayres Britto, 2ª Turma, julgado em 27.03.2012).

O Plenário do Supremo Tribunal Federal, em 3 de agosto de 2015, reafirmou (por maioria de votos) sua jurisprudência no sentido de que o princípio da insignificância, notadamente em casos de furto, deve ser analisado tendo em conta não apenas a expressão econômica do bem, mas diversos fatores, tais como a presença de eventuais qualificadoras, da agravante da reincidência (entendimento foi firmado no julgamento conjunto dos HC 123.734, 123.533 e 123.108). Segundo o Ministro Teori Zavascki, a despeito do reduzido valor dos objetos subtraídos, se fazia necessária a intervenção do Direito Penal nos casos concretos, pois, do contrário, a vítima se veria juridicamente desprotegida. Ponderou que o argumento de que estas possuiriam a via da reparação civil se basearia em possibilidade meramente formal. Destacou, ainda, a importância da atuação da Justiça Pública como modo de impedir que esta seja substituída pela vingança privada.

O STJ, no que tange ao vetor correspondente à "ínfima lesão jurídica" em relação ao crime de furto, adota um critério tarifado no sentido de que o bem furtado não poderá exceder a um valor correspondente a 10% do salário mínimo vigente à época dos fatos, mas "referido vetor não deve ser analisado de forma isolada, porquanto não se trata de diretriz absoluta" (AgRg no HC 540.643/SC, Rel. Min. Sebastião Reis Júnior, 6ª Turma, julgado em 04.08.2020). Ver também: AgRg no AREsp 1.368.168/ES, Rel. Min. Joel Ilan Paciornik, 5ª Turma, julgado em 25.06.2019 (registre-se que se trata da interpretação do Tribunal a respeito de um dos vetores e aplicável a crime patrimonial).

■ *4.4.2.3.3. Princípio do fato*

O Estado, no exercício do *ius puniendi*, não pode sancionar condutas puramente subjetivas, que não reflitam ações concretas ou que, ainda assim, constituam apenas atos reveladores de um modo de viver incapaz de ferir bens jurídicos.

Sem que haja, portanto, um **procedimento humano concretizado** por meio de uma **ação ou omissão** indevida, **não há espaço para o exercício do direito de punir**.

Pensamentos que não transbordarem a mente, jamais se traduzindo em atos no mundo exterior, ainda que ignóbeis, **devem ficar completamente fora do âmbito da ilicitude penal**. Ninguém pode ser punido pelo simples pensar (*cogitationis poenam nemo patitur*).

■ *4.4.2.3.4. Princípio da alteridade ou transcendentalidade*

O **direito penal somente pode incriminar comportamentos que produzem lesões a bens alheios**.

Seu desenvolvimento é atribuído a Claus Roxin, muito embora já se pudesse divisá-lo no ideal libertário iluminista[74].

De acordo com o princípio, fatos que não prejudiquem terceiros, apenas o próprio agente, são irrelevantes penais.

É o caso, por exemplo, do fiel que, acreditando na necessidade de remissão de seus pecados por meio da expiação, se autolesiona para obter o perdão divino. Essa conduta, sob a ótica do princípio da alteridade[75] ou transcendentalidade, deverá ser considerada penalmente atípica.

O consumo de drogas, realizado individualmente e em ambiente privado, também não constitui crime, pois, neste cenário, o comportamento não põe em risco o bem jurídico protegido (a saúde coletiva), motivo por que o ato não se reveste de tipicidade penal. Lembre que o legislador brasileiro, acatando a alteridade necessária para justificar a incriminação, proíbe as ações de adquirir, guardar, ter em depósito, transportar ou trazer consigo, para consumo pessoal, drogas sem autorização ou em desacordo com determinação legal ou regulamentar (não há previsão de ações como "consumir", "inalar", "injetar" etc.).

Pelos mesmos motivos acima expostos, não se legitima a punição da tentativa de suicídio. Tratar-se-ia, aliás, de medida infeliz do ponto de vista político criminal, pois, de certo, se o suicida frustrado, certamente já desgostoso da vida, ainda tivesse que sofrer um processo criminal em razão da falha na supressão de seu bem maior, teria renovados os motivos para tentar novamente seu tresloucado ato. Houve épocas em que se punia semelhante comportamento, notadamente quando o direito e a religião se confundiam, de tal modo que não havia clara distinção entre crime e pecado.

■ *4.4.2.3.5. Princípio da exclusiva proteção de bens jurídicos*

■ *4.4.2.3.5.1. Conceito e exemplos*

Dele decorre que **o Direito Penal não pode tutelar valores meramente morais, religiosos, ideológicos ou éticos**, mas **somente atos atentatórios a bens jurídicos** fundamentais e reconhecidos na Constituição Federal.

Deriva, como muitos dos já estudados, do princípio da dignidade da pessoa humana e do fato de o Brasil ser um Estado Democrático de Direito (isto é, todos se submetem ao império da lei, que deve possuir conteúdo e adequação social).

De acordo com Claus Roxin, "a proteção de normas morais, religiosas ou ideológicas, cuja violação não tenha repercussões sociais, não pertence, em absoluto, aos

---

74 Os arts. 4º e 5º da Declaração dos Direitos do Homem e do Cidadão, da Revolução Francesa de 1789, propunham que "a liberdade consiste em poder fazer tudo **que não prejudique o próximo** (...)" e "A lei não proíbe senão as **ações nocivas à sociedade** (...)" (grifos nossos).

75 Alteridade é um vocábulo originário do termo latino *alter*, ou seja, "outro".

limites do Estado Democrático de Direito, o qual também deve proteger concepções discrepantes entre as minorias"[76].

Afigure-se, como exemplo de norma penal atentatória à exclusiva proteção de bens jurídicos, o art. 276 do velho Código Criminal do Império, para o qual constituía contravenção penal a celebração, em templo ou publicamente, de culto relativo a religião diversa da oficial[77]. O Código Penal vigente, de maneira correta, não incrimina a realização de cultos, sejam quais forem; pelo contrário, assegura-os, ameaçando com pena quem impedir ou perturbar cerimônia ou prática de qualquer culto religioso (art. 208).

Violaria igualmente o princípio uma disposição legal que incriminasse a prostituição de pessoas adultas, realizada sem exploração, pois as malhas do Direito Penal recairiam sobre ato puramente imoral.

■ *4.4.2.3.5.2. Bens jurídicos constitucionais*

O princípio não pode se esgotar na afirmação de que só se afigura legítima a incriminação de condutas atentatórias aos bens jurídicos, pois estes, sendo definidos por obra do legislador, poderiam ganhar qualquer conotação, até mesmo de atos puramente imorais, pecaminosos ou antiéticos.

A seleção de fatos penalmente relevantes, embora caiba ao parlamento, deve se dar em estrito cumprimento à Constituição Federal, de onde se devem retirar os valores aptos a merecer a tutela penal. Em outras palavras, ao se descrever os atos lesivos a bens jurídicos, deve-se assegurar que eles exprimam os valores expressos ou implícitos consagrados em nossa Lei Fundamental.

■ *4.4.2.3.6. Princípio da ofensividade ou lesividade*

Segundo este, **não há crime sem lesão efetiva ou ameaça concreta ao bem jurídico tutelado** — *nullum crimen sine injuria*.

Trata-se da exigência do resultado jurídico concreto na avaliação da tipicidade penal.

A **expressão "resultado" é equívoca** na linguagem do Direito Penal. Pode significar tanto a modificação no mundo exterior provocada pela conduta quanto a lesão ou perigo ao bem juridicamente tutelado. No primeiro caso, temos um resultado palpável, perceptível por meio dos sentidos humanos e, por isso, denominado de **resultado material ou naturalístico**. No outro, há um resultado imaterial, imperceptível sensorialmente, mas compreensível normativamente, daí chamar-se **resultado jurídico ou normativo**.

O princípio da ofensividade cuida do último, isto é, da exigência de resultado jurídico ou normativo. E mais, limita-o à presença da efetiva lesão ou do perigo real ou concreto, excluindo, destarte, o perigo abstrato ou presumido.

---

76 *Derecho penal.* Parte general, t. I, p. 63; tradução da 2ª edição alemã por Diego-Manuel Luzón Peña, Miguel Díaz y Garcia Conlledo e Javier de Vicente Remesal.

77 O Código Criminal denominava as contravenções penais de "crimes policiais". A disposição citada, hoje inadmissível, encontrava-se em sintonia com a Constituição Imperial, que expressamente adotava a religião católica apostólica romana como oficial.

Acolhendo-se este princípio, portanto, tornam-se inconstitucionais os crimes de perigo abstrato (ou presumido). Nestes, o tipo penal se limita a descrever uma conduta, presumindo-a perigosa. O perigo, portanto, não figura como elementar do tipo.

Acompanhe este exemplo, de grande importância prática:

O atual Código de Trânsito, instituído em 1997, considera crime a embriaguez ao volante (art. 306). Em sua redação original, tratava-se de crime de perigo concreto, o qual, após a edição da "Lei Seca"[78], em 2008, tornou-se de perigo abstrato. Comparemos os dizeres do dispositivo legal:

a) Redação original: "conduzir veículo automotor, na via pública, sob a influência de álcool ou substância de efeitos análogos, **expondo a dano potencial a incolumidade de outrem**".

b) Redação atual: "conduzir veículo automotor, na via pública, estando com concentração de álcool por litro de sangue igual ou superior a 6 (seis) decigramas, ou sob a influência de qualquer outra substância psicoativa que determine dependência".

A retirada da elementar "expondo a dano potencial a incolumidade pública" transmudou a natureza do crime. A rigor, pela dicção atual do texto, basta que o motorista esteja na direção do veículo e se encontre com concentração de álcool por litro de sangue igual ou superior a 6 decigramas. Não é preciso, então, fazer-se prova de que dirigia de maneira descuidada (em zigue-zague, na contramão, abalroando outros automóveis etc.).

O princípio da ofensividade, contudo, reclama o perigo real a bens jurídicos alheios, de tal modo que a exposição a dano potencial a incolumidade de outrem, traduzida na condução anormal do veículo, deverá sempre estar presente, sob pena de se considerar atípica a conduta do agente.

Observe-se, porém, que **boa parte da doutrina e a jurisprudência amplamente dominante admitem os crimes de perigo abstrato ou presumido**, por considerarem lícito ao legislador dispensar o perigo como elementar do tipo, sempre que a experiência cotidiana revelar que a ação incriminada é perigosa, demonstrando-se justificada a construção legal. Essa técnica legislativa, antes de desrespeitar a Constituição, assegura-a, à medida que salvaguarda bens fundamentais, coibindo ações potencialmente lesivas em seus estágios embrionários.

De acordo com posição pacífica do STJ, "o crime de embriaguez ao volante é de perigo abstrato, ou seja, prescinde da demonstração de potencialidade lesiva da conduta para sua configuração" (RHC 80.363/SP, Rel. Min. Felix Fischer, 5ª Turma, julgado em 03.08.2017)[79].

---

[78] Lei n. 11.705, de 19.06.2008.

[79] No mesmo sentido, STJ, AgRg no AgRg no AREsp 1.525.705/PR, Rel. Min. Ribeiro Dantas, 5ª Turma, julgado em 01.10.2019; AgRg no AREsp 1.318.847/MG, Rel. Min. Joel Ilan Paciornik, 5ª Turma, julgado em 25.06.2019; AgRg nos EDcl no REsp 1727259/RJ, Rel. Min. Nefi Cordeiro, 6ª

Confira-se, ainda, o seguinte julgado do STF: "*Habeas Corpus*. Penal. Delito de Embriaguez ao Volante. Art. 306 do Código de Trânsito Brasileiro. Alegação de inconstitucionalidade do referido tipo penal por tratar-se de crime de perigo abstrato. Improcedência. Ordem Denegada. I — A objetividade jurídica do delito tipificado na mencionada norma transcende a mera proteção da incolumidade pessoal, para alcançar também a tutela da proteção de todo corpo social, asseguradas ambas pelo incremento dos níveis de segurança nas vias públicas. II — **Mostra-se irrelevante, nesse contexto, indagar se o comportamento do agente atingiu, ou não, concretamente, o bem jurídico tutelado pela norma, porque a hipótese é de crime de perigo abstrato, para o qual não importa o resultado**. Precedente. III — No tipo penal sob análise, basta que se comprove que o acusado conduzia veículo automotor, na via pública, apresentando concentração de álcool no sangue igual ou superior a 6 decigramas por litro para que esteja caracterizado o perigo ao bem jurídico tutelado e, portanto, configurado o crime. IV — Por opção legislativa, não se faz necessária a prova do risco potencial de dano causado pela conduta do agente que dirige embriagado, inexistindo qualquer inconstitucionalidade em tal previsão legal. V — Ordem denegada" (HC 109.269, Rel. Min. Ricardo Lewandowski, 2ª Turma, julgado em 27.09.2011, Processo Eletrônico *DJe* 10.10.2011)[80].

■ 4.4.2.3.7. *Princípio da intervenção mínima*

■ 4.4.2.3.7.1. *O direito penal como* ultima ratio

O Direito Penal deve ser a última fronteira no controle social, uma vez que seus métodos são os que atingem de maneira mais intensa a liberdade individual. O Estado, portanto, sempre que dispuser de meios menos lesivos para assegurar o convívio e a paz social, deve deles se utilizar, evitando o emprego da pena criminal.

O Direito Penal deve ser a *ultima ratio* e jamais a *prima ratio*.

Os vários ramos jurídicos dão respostas satisfatórias a diversos conflitos cotidianos, sem a necessidade de intervenção do Direito Penal. Assim, quando o inquilino não paga pontualmente o aluguel, fica sujeito a uma multa contratual e, persistindo o inadimplemento, cabe ao locador, se o desejar, despejá-lo. Se alguém dirige seu automóvel e, ao mesmo tempo, fala ao telefone celular, a imposição de uma multa de trânsito constitui punição suficiente e proporcional ao ato. Caso a esposa ou o marido descumpram seu dever conjugal de fidelidade, o divórcio afigura-se como solução adequada. Em nenhuma dessas situações justifica-se a utilização da pena criminal.

Turma, julgado em 26.03.2019; e RHC 100.250/SP, Rel. Min. Laurita Vaz, 6ª Turma, julgado em 08.11.2018.

80 Grifo nosso. No mesmo sentido: "A jurisprudência é pacífica no sentido de reconhecer a aplicabilidade do art. 306 do Código de Trânsito Brasileiro — delito de embriaguez ao volante —, não prosperando a alegação de que o mencionado dispositivo, por se referir a crime de perigo abstrato, não é aceito pelo ordenamento jurídico brasileiro" (STF, ARE 985.532 AgR, Rel. Min. Roberto Barroso, 1ª Turma, julgado em 23.09.2016).

4.4.2.3.7.2. *Origem*

A intervenção mínima surgiu no cenário jurídico com a Declaração dos Direitos do Homem e do Cidadão, de 1789, como modo de garantir que a intervenção estatal no plano individual se dê apenas quando estritamente necessária[81].

4.4.2.3.7.3. *Fundamento constitucional*

No Brasil, deriva do princípio da dignidade da pessoa humana (CF, art. 1º, inc. III), bem como da inviolabilidade do direito à vida, à liberdade, à segurança e à propriedade (CF, art. 5º, *caput*).

4.4.2.3.7.4. *Exemplos de normas atentatórias à intervenção mínima*

O legislador moderno, na ânsia de dar resposta imediata às mazelas sociais, tem o hábito de se utilizar, muitas vezes, do Direito Penal, de maneira simbólica e desmedida, produzindo novas incriminações, sem o cuidado de observar que existem outros meios de controle social capazes de dar uma dimensão adequada e proporcional ao conflito.

Citem-se, como exemplo, algumas alterações promovidas no Estatuto do Torcedor, em 2010, as quais passaram a considerar crime o ato de invadir local restrito aos competidores em eventos esportivos ou promover tumulto num raio de 5 quilômetros do local de realização do evento esportivo (condutas punidas com reclusão, de um a dois anos, e multa)[82].

Essas normas acabam por gerar um crescimento patológico da legislação penal, conhecido como **nomonia ou nomorreia**, provocando, a médio e longo prazo, o descrédito de todo o sistema criminal. Isto porque passam a conviver milhares de delitos, sendo impossível ao Estado coibir todos eles eficazmente. A estrutura punitiva vê-se, então, na contingência de fazer vistas grossas a muitas destas infrações, para concentrar suas energias na perseguição daquelas mais graves.

4.4.2.3.7.5. *Subsidiariedade*

A subsidiariedade é o reflexo imediato da intervenção mínima. O Direito Penal não deve atuar senão quando diante de um comportamento que produz grave lesão ou perigo a um bem jurídico fundamental para a paz e o convívio em sociedade.

Figurando esse ramo jurídico como o último a ser utilizado, daí decorre também que, se existir norma extrapenal isentando o sancionamento da conduta ou mesmo sua persecução, este tratamento deverá obrigatoriamente refletir-se na esfera criminal. Afinal, uma atuação subsidiária pressupõe a ineficácia ou insuficiência das me-

---

81 "Art. 8º A lei apenas deve estabelecer penas estrita e evidentemente necessárias (...)."

82 As modificações citadas se basearam na Lei n. 12.299, de 27.07.2010. O exemplo refere-se ao art. 41-B: "promover tumulto, praticar ou incitar a violência, ou invadir local restrito aos competidores em eventos esportivos" (*caput*) e "promover tumulto, praticar ou incitar a violência num raio de 5.000 (cinco mil) metros ao redor do local de realização do evento esportivo, ou durante o trajeto de ida e volta do local da realização do evento" (§ 1º, inc. I).

didas principais. Sendo estas consideradas desnecessárias, injustificadas ou excessivas, o mesmo se dirá — e até com mais razão — das penas criminais.

Essa é a *ratio*, em nosso ponto de vista, que embasa, por exemplo, o correto entendimento jurisprudencial em torno da isenção de responsabilidade penal no descaminho, sempre que o valor devido pelo tributo não exceder ao montante em que há dispensa fiscal da cobrança. A dispensa do ajuizamento da execução tributária, pela pouca dimensão econômica do débito ao erário, conduz à desnecessidade da persecução penal. É o entendimento da Suprema Corte: "(...) Descaminho. Tributos não pagos na importação de mercadorias. (...). Irrelevância administrativa da conduta. **Parâmetro: art. 20 da Lei n. 10.522/02. Incidência do princípio da insignificância. Atipicidade da conduta.** (...). Princípios da subsidiariedade, da fragmentariedade, da necessidade e da intervenção mínima que regem o Direito Penal. Inexistência de lesão ao bem jurídico penalmente tutelado (...)" (STF, HC 96.852, Rel. Min. Joaquim Barbosa, 2ª Turma, julgado em 01.02.2011, *DJe* 15.03.2011; veja, ainda, o HC 122.213, Rel. Min. Ricardo Lewandowski, 2ª Turma, julgado em 27.05.2014, *DJe* 12.06.2014).

■ 4.4.2.3.7.6. *Fragmentariedade*

A fragmentariedade é uma característica de que é dotado o Direito Penal, justamente por conta do princípio da intervenção mínima.

Significa que cabe ao Direito Penal atribuir relevância somente a pequenos fragmentos de ilicitude. Existem, assim, inúmeros comportamentos cujo caráter ilícito é conferido pelo ordenamento jurídico, mas somente uma pequena parcela interessa ao Direito Penal, notadamente a que corresponde aos atos mais graves, atentatórios dos bens mais relevantes para a vida em comum.

Num vasto oceano de antijuridicidade, os crimes são como pequenas ilhas que, de maneira fragmentária e descontínua, despontam dentre os demais atos proibidos.

■ 4.4.2.3.8. *Princípio da adequação social*

■ 4.4.2.3.8.1. *Origem e conceito*

O princípio da adequação social foi desenvolvido por Hans Welzel, com o escopo de conferir à ação, para que possuísse relevância penal, mais do que a realização de uma atitude finalisticamente orientada, a prática de um ato socialmente inadequado.

Segundo o autor, "a ação (também como ação final) será sempre, como a 'causação', uma mera abstração, quando ela não for considerada como um fenômeno com significado social, é dizer, como ação no marco da vida social".

"Ações socialmente adequadas", dizia, "são aquelas atividades nas quais a vida em comunidade se desenvolve segundo a ordem historicamente estabelecida"[83].

[83] Estudios sobre el sistema penal. In: *Estudios de derecho penal*, p. 50-51 (tradução para o espanhol por Gustavo Eduardo Aboso e Tea Löw).

Tais condutas podem não ser exemplares, dignas de encômios, mas devem manter-se dentro dos limites da liberdade de atuação social.

A adequação social deve servir fundamentalmente de parâmetro ao legislador, a fim de que, no exercício de sua função seletiva, verificando quais atos humanos são merecedores de punição criminal, tenha em mente que deve deixar de lado os socialmente adequados.

Num exemplo singelo, não teria o menor sentido coibir, com ameaça de pena, a realização de doações a pessoas carentes, sob o fundamento de que isso estimularia o ócio, ou mesmo o simples ato de conduzir automóveis, com a desculpa de que somente desta maneira se evitariam as inúmeras mortes ocorridas no trânsito diariamente.

A tipificação de fatos socialmente adequados deve ser repudiada e, dada sua incompatibilidade com o princípio da dignidade da pessoa humana, por se revestir de inegável abuso do poder de legislador, há de ser tida por inconstitucional.

É importante, todavia, não confundir adequação social com mera leniência ou indulgência. Aquilo que pode ser tolerado por um setor da sociedade jamais será, só por isso, socialmente adequado. É o que ocorre com a contravenção penal do jogo do bicho. Trata-se de um fato aceito por muitos. Ocorre que tal contravenção fomenta a criminalidade organizada, incentiva a corrupção de órgãos policiais e, na quase totalidade dos casos, vem associada com outros crimes, notadamente o porte ilegal de armas de fogo e o tráfico de drogas. Vê-se, daí, que a indulgência com a qual muitos brasileiros encaram o jogo do bicho jamais pode acarretar na licitude do comportamento, posto que é gritante sua inadequação social. Não é por outra razão, aliás, que passados mais de sessenta anos da vigência do Decreto-lei n. 6.259 (1944), o ato ainda é previsto como infração penal.

■ *4.4.2.3.8.2. Jurisprudência*

O STF já examinou diversas questões à luz do princípio da adequação social e, em todas as oportunidades em que o fez, reconheceu a primazia do legislador na tipificação de condutas e, portanto, a validade da norma penal atacada.

a) Casa de prostituição (CP, art. 229): "Não compete ao órgão julgador descriminalizar conduta tipificada formal e materialmente pela legislação penal. Com esse entendimento, a 1ª Turma indeferiu *habeas corpus* impetrado em favor de condenados pela prática do crime descrito na antiga redação do art. 229 do CP ('Manter, por conta própria ou de terceiro, casa de prostituição ou lugar destinado a encontros para fim libidinoso, haja ou não intuito de lucro ou mediação direta do proprietário ou gerente: Pena — reclusão, de 2 (dois) a 5 (cinco) anos, e multa'). A defesa sustentava que, de acordo com os princípios da fragmentariedade e da adequação social, a conduta perpetrada seria materialmente atípica, visto que, conforme alegado, o caráter criminoso do fato estaria superado, por força dos costumes. Aduziu-se, inicialmente, que os bens jurídicos protegidos pela norma em questão seriam relevantes, razão pela qual imprescindível a tutela penal. Ademais, destacou-se que a alteração legislativa promovida pela Lei

12.015/2009 teria mantido a tipicidade da conduta imputada aos pacientes. Por fim, **afirmou-se que caberia somente ao legislador o papel de revogar ou modificar a lei penal em vigor, de modo que inaplicável o princípio da adequação social ao caso**" (HC 104.467/RS, Rel. Min. Cármen Lúcia, 1ª Turma, julgado em 08.02.2011, noticiado no *Informativo STF*, n. 615).

b) Violação de direitos autorais (falsificação de CDs e DVDs — "pirataria"): "1. O princípio da adequação social reclama aplicação criteriosa, a fim de se evitar que sua adoção indiscriminada acabe por incentivar a prática de delitos patrimoniais, fragilizando a tutela penal de bens jurídicos relevantes para vida em sociedade. 2. A violação ao direito autoral e seu impacto econômico medem-se pelo valor que os detentores das obras deixam de receber ao sofrer com a 'pirataria', e não pelo montante que os falsificadores obtêm com a sua atuação imoral e ilegal. 3. Deveras, a prática não pode ser considerada socialmente tolerável haja vista os expressivos prejuízos experimentados pela indústria fonográfica nacional, pelos comerciantes regularmente estabelecidos e pelo Fisco, fato ilícito que encerra a burla ao pagamento de impostos. 4. *In casu*, a conduta da paciente amolda-se ao tipo de injusto previsto no art. 184, § 2º, do Código Penal, porquanto comercializava mercadoria pirateada (CDs e DVDs de diversos artistas, cujas obras haviam sido reproduzidas em desconformidade com a legislação)" (STF, HC 120.994, Rel. Min. Luiz Fux, 1ª Turma, julgado em 29.04.2014). Nesse sentido, o STJ também pacificou o entendimento de que se trata de conduta formal e materialmente típica[84], bem como editou as Súmulas n. 502: "Presentes a materialidade e a autoria, afigura-se típica, em relação ao crime previsto no art. 184, § 2º, do CP, a conduta de expor à venda CDs e DVDs piratas"; e n. 574: "Para a configuração do delito de violação de direito autoral e a comprovação de sua materialidade, é suficiente a perícia realizada por amostragem do produto apreendido, nos aspectos externos do material, e é desnecessária a identificação dos titulares dos direitos autorais violados ou daqueles que os representem".

■ 4.4.2.3.9. *Princípio do* ne bis in idem

Cuida-se da proibição de dupla condenação por fato único. A vedação, que se funda em critério de equidade, no direito de liberdade e no devido processo legal, interessa tanto ao Direito Penal quanto ao Processo Penal.

Uma vez imposta e executada a sanção, esgota-se a função da pena, de tal modo que a renovação do apenamento pelo mesmo ato constituiria punição gratuita e infundada, fazendo do Direito Penal instrumento de vingança, e não de Justiça.

Para o STF, muito embora não se trate de princípio explícito em nossa Constituição, sua incorporação ao ordenamento jurídico-penal complementa os direitos e as garantias individuais nela previstos, e, mediante interpretação sistemática, chega-se

---

[84] HC 531.030/SP, Rel. Min. Rogerio Schietti Cruz, 6ª Turma, julgado em 23.06.2020 e AgRg no AREsp 1.201.498/CE, Rel. Min. Antonio Saldanha Palheiro, 6ª Turma, julgado em 06.03.2018.

à conclusão de que o direito à liberdade, consagrado expressamente na Lei Maior, quando amparado em coisa julgada material, deve prevalecer sobre o dever estatal de acusar[85].

■ 4.4.2.3.9.1. A vedação do duplo apenamento nos casos de extraterritorialidade da lei penal brasileira

Há diversos preceitos esparsos na Parte Geral do CP, dos quais se pode inferir o *ne bis in idem*, cabendo destacar, inicialmente, os arts. 7º, § 2º, letra *d,* e 8º, ambos relacionados à aplicação da lei brasileira a fatos praticados no estrangeiro (extraterritorialidade).

A preocupação se justifica, em tais quadrantes, porque o cometimento do delito no exterior não só ensejará a responsabilidade segundo a lei nacional, mas certamente também permitirá a punição do autor conforme a lei do país em que ocorrido.

Nestes casos, uma distinção haverá de se fazer:

a) quando se referir a hipóteses de extraterritorialidade condicionada, cujos casos se encontram arrolados no art. 7º, inc. II[86], e no § 3º[87], a aplicação da lei brasileira **não** se dará quando o agente for absolvido no estrangeiro **ou tiver aí cumprido a pena**;

b) quando se relacionar com hipóteses de extraterritorialidade incondicionada, será indiferente para efeito de aplicação da lei brasileira se o autor foi absolvido ou cumpriu pena no exterior, mas a sanção aí executada atenua a pena imposta no Brasil pelo mesmo crime, quando diversas, ou nela é computada, quando idênticas.

Assim, por exemplo, se um brasileiro praticar genocídio em algum país africano, onde for condenado à pena de onze anos de prisão, integralmente executada, e em território brasileiro for condenado a vinte anos de reclusão pelo mesmo fato, o tempo cumprido no estrangeiro será descontado na sanção imposta pela nossa Justiça (detração), restando-lhe somente nove anos de privação de liberdade[88].

---

85 HC 86.606, Rel. Min. Cármen Lúcia, 1ª Turma, julgado em 22.05.2007, *DJe* 03.08.2007.

86 "a) que, por tratado ou convenção, o Brasil se obrigou a reprimir; b) praticados por brasileiro; c) praticados em aeronaves ou embarcações brasileiras, mercantes ou de propriedade privada, quando em território estrangeiro e aí não sejam julgados."

87 "A lei brasileira aplica-se também ao crime cometido por estrangeiro contra brasileiro fora do Brasil."

88 Para Guilherme Nucci, a regra do art. 8º é inconstitucional, por violar o princípio do *ne bis in idem*, uma vez que, se o agente foi punido no estrangeiro, "falece interesse estatal no Brasil para qualquer medida penal" (*Princípios constitucionais penais e processuais penais*, p. 221). Ousamos divergir do renomado autor. O art. 8º refere-se aos casos de extraterritorialidade incondicionada, os quais justificam que a pena criminal, aplicada segundo os critérios político-criminais eleitos pelo legislador brasileiro, subsista sempre que mais branda a sanção imposta pela lei estrangeira. Não fosse assim, um apenamento irrisório embasado em sistema criminal completamente distinto do brasileiro poderia anular, por completo, uma grave sanção imposta segundo a lei nacional. Pensamos, portanto, que inexiste mencionada inconstitucionalidade.

4.4.2.3.9.2. *Detração*

Igualmente inspirada na vedação de duplo apenamento é a disposição contida no art. 42 do CP, segundo a qual se computa, na pena privativa de liberdade e na medida de segurança, o tempo de prisão ou de internação provisórias.

A prisão ou internação provisórias são medidas excepcionais, de natureza cautelar, decretadas no curso do processo, a fim de assegurar, entre outras, a futura aplicação da lei penal, a garantia da ordem pública ou a conveniência da instrução criminal.

Nossa legislação processual penal possui três modalidades de prisão provisória ou processual: a prisão em flagrante, a prisão preventiva e a prisão temporária.

O período em que o réu permaneceu recolhido provisoriamente, não importa a que título, será descontado da pena imposta na sentença, cabendo tal dedução ao juiz do processo de conhecimento ou da execução penal; por exemplo: se o sentenciado permaneceu preso por seis meses e, ao final, foi definitivamente condenado a três anos de detenção, deverá cumprir somente o saldo (dois anos e meio).

O instituto da detração possui diversos fundamentos, dentre os quais se encontra, sem dúvida, o princípio do *ne bis in idem*; afinal, se alguém permanecesse encarcerado provisoriamente por longo período (por exemplo, um ano) e este prazo não fosse considerado na pena imposta (imagine-a inferior ao encarceramento cautelar: dez meses de detenção), acabaria o agente, em razão de um único delito, sofrido na prática duas punições.

4.4.2.3.9.3. *Dosimetria da pena*

O legislador volta a preocupar-se com o tema no art. 61, *caput*, do CP, ao dispor sobre as agravantes genéricas, estatuindo que elas são circunstâncias obrigatórias, salvo quando constituem ou qualificam o crime. Forja-se daí uma regra geral norteadora da aplicação judicial da pena, segundo a qual só é lícito ao magistrado sentenciante valorar o mesmo dado concreto uma única vez durante a dosimetria.

Assim, *v.g.*, se o agente comete um homicídio contra uma vítima de 10 anos, a pouca idade do ofendido será levada em conta como causa de aumento de pena (art. 121, § 4º, parte final), e não como agravante (art. 61, II, *h*); caso contrário, utilizar-se-ia a mesma circunstância duas vezes, uma como agravante e outra como causa de aumento de pena.

Outro exemplo relevante, sobretudo pela incidência em concursos públicos, encontra-se previsto na **Súmula n. 241 do STJ:** "A reincidência penal não pode ser considerada como circunstância agravante e, simultaneamente, como circunstância judicial".

4.4.2.3.9.4. *Aspecto processual penal*

A legislação processual penal também cuidou do princípio, ao instituir as exceções de litispendência e coisa julgada, obstando que seja instaurado novo processo versando a respeito de fato idêntico àquele tratado em outra ação penal, já concluída (caso em que haveria o óbice da coisa julgada — CPP, arts. 95, V, e 110) ou em andamento (situação na qual se verificaria a objeção da litispendência — CPP, arts. 95, III, e 110).

4.4.2.3.9.5. Conflito aparente de normas

Outro aspecto inerente ao princípio em estudo consiste na proibição de que o mesmo fato concreto seja subsumido a mais de uma norma penal incriminadora. Assim, por exemplo, se o agente desfere diversos golpes de faca contra uma pessoa, num só contexto, visando matá-la, objetivo atingido depois do trigésimo golpe, não há vinte e nove crimes de lesão corporal e um de homicídio, mas tão somente um crime de homicídio (o meio utilizado pode, contudo, qualificar o delito, tornando mais severa a pena imposta).

4.4.2.3.10. Princípio da humanidade

As normas penais devem sempre dispensar tratamento humanizado aos sujeitos ativos de infrações penais, vedando-se a tortura, o tratamento desumano ou degradante (CF, art. 5º, III), penas de morte, de caráter perpétuo, cruéis, de banimento ou de trabalhos forçados (CF, art. 5º, XLVII).

Este princípio, derivado da dignidade da pessoa humana, constitui, no dizer de Luiz Luisi, "postulado reitor do cumprimento da pena privativa de liberdade"[89]. Deve-se advertir, todavia, citando mais uma vez o saudoso penalista, que: "o indeclinável respeito ao princípio da humanidade não deve obscurecer a natureza aflitiva da sanção penal".

4.4.2.3.11. Princípio da proporcionalidade

4.4.2.3.11.1. Histórico

Em sua concepção originária, a proporcionalidade fora concebida como limite ao poder estatal em face da esfera individual dos particulares; tratava-se de estabelecer uma relação de equilíbrio entre o "meio" e o "fim", ou seja, entre o objetivo que a norma procurava alcançar e os meios dos quais ela se valia.

Sua origem normativa repousa na Carta Magna de 1215, nos itens 20 e 21, quando dizia que: "por uma ofensa trivial, um homem livre será punido na proporção do grau de sua ofensa (...)"; "condes e barões serão punidos somente por seus pares, e na proporção da gravidade de sua ofensa"[90].

Montesquieu e Beccaria também desenvolveram o conceito de proporcionalidade; o último, como é cediço, o fez no âmbito do Direito Penal.

A Declaração dos Direitos do Homem e do Cidadão, de 1789, dispõe que: "a lei não deve estabelecer outras penas que não as estrita e evidentemente necessárias" (art. 8º).

A evolução da proporcionalidade deve-se muito à contribuição de países ocidentais no pós-guerra, referentemente à vedação da arbitrariedade.

Atualmente, não se pode admitir uma visão puramente unilateral dos direitos individuais, reconhecendo-se neles uma função social (Hauriou e Häberle), que vincula materialmente o legislador.

---

[89] *Princípios constitucionais penais*, p. 46.
[90] *Princípios constitucionais penais*, p. 50.

> "Uma vez que direitos fundamentais como vida, dignidade humana, incolumidade física e moral e liberdade não se logram, no plano fático, fazer eficazes frente a agressões diretas partidas de particulares, impõe-se ao Estado um proceder normativamente adequado *tendente* a garantir ao titular do direito fundamental agredido uma esfera de proteção legal que tenha, como efeito mínimo, a promoção de um efeito dissuasório da ação agressiva. Nesse contexto, hipóteses extremas de agressão sujeitam o Estado à adoção de medidas também extremas, as quais passam pelo recurso a normas penais"[91].

Doutrina e jurisprudência costumam associar o princípio da proporcionalidade à proibição do excesso, mas ele tem outra face: a proibição de proteção deficiente (*Untermassverbot*), cuja dignidade constitucional foi reconhecida pelo Tribunal Constitucional da Alemanha.

A proibição de proteção deficiente deve ser um "recurso auxiliar" para determinação da medida do dever de prestação legislativa, estabelecendo-se um *padrão mínimo* de atuação estatal do qual não se pode abrir mão, sob pena de afronta à Constituição.

■ 4.4.2.3.11.2. Fundamento constitucional

Cuida-se a proporcionalidade de princípio "imanente" à cláusula do Estado Democrático de Direito (CF, art. 1º), ao qual se atribui a missão de servir como "ferramenta hermenêutica incorporada ao processo decisório com aptidão bastante a sindicar uma determinada medida — de caráter coativo, em nossa hipótese de estudo — assumida para a consecução de um específico fim"[92].

Não se deve confundir proporcionalidade com razoabilidade. Esta se refere especificamente à questão do controle do abuso, realizada em face de situações extremas e inequívocas. Já a proporcionalidade contém formulação teórica mais apurada e se dá em três dimensões: juízo de adequação, de necessidade e de proporcionalidade em sentido estrito.

■ 4.4.2.3.11.3. Conteúdo analítico do princípio da proporcionalidade

O princípio da proporcionalidade **desdobra-se** em: 1) **adequação** (idoneidade da medida adotada); 2) **necessidade** (exigibilidade do meio adotado); 3) **proporcionalidade em sentido estrito** (comparação da restrição imposta com a ofensa praticada).

O exame desses elementos conduz ao **teste de proporcionalidade**.

Com respeito à adequação ou idoneidade da medida, deve-se verificar se os meios utilizados pelo legislador são idôneos para a consecução do fim perseguido pela norma. No campo penal, tal adequação dar-se-á quando ficar evidenciado que a norma regula um comportamento socialmente relevante e referido expressa ou implicitamente em algum valor constitucional.

No que toca à necessidade (ou exigibilidade), analisam-se os meios lesivos escolhidos pelo legislador, verificando se são, dentre aqueles eficazes e cabíveis à

---

91 Luciano Feldens, *A Constituição penal*, p. 107.

92 Luciano Feldens, *A Constituição penal*, p. 160.

espécie, os menos gravosos. Em matéria penal, este aspecto confunde-se com a intervenção mínima ou subsidiariedade do Direito Penal, no sentido de que não se justificará a utilização deste ramo do Direito quando os demais já apresentam alguma solução satisfatória.

Há casos, entretanto, de evidente necessidade da tutela penal, como ocorre com a punição do tráfico de drogas, do homicídio. É de ver que o juízo de suficiência pertence ao legislador e o juiz só pode invalidar um tipo penal com esse fundamento quando houver uma **manifesta** desproporcionalidade.

A necessidade, ademais, enseja dois pontos de vista: não só a proibição do excesso, mas também a vedação de proteção deficiente.

O teste da proporcionalidade se completa com o exame da proporcionalidade em sentido estrito. No âmbito penal, cuida-se de examinar a gravidade da sanção a ser imposta diante do crime praticado. O princípio da insignificância (anteriormente analisado) encontra aqui um de seus fundamentos.

O **Supremo Tribunal Federal** já teve oportunidade de aplicar o princípio da proporcionalidade em temas ligados ao Direito Penal. Foi o que ocorreu, por exemplo, no julgamento da ação direta de inconstitucionalidade ajuizada em face do Estatuto do Desarmamento[93].

■ *4.4.2.3.11.4. A proibição do excesso* (übermassverbot)

O mais claro reflexo da proibição do excesso em matéria penal traduz-se no princípio da insignificância (anteriormente estudado).

Há situações, ademais, em que o juiz deve desclassificar determinadas condutas sob pena de uma gritante desproporcionalidade entre a pena prevista e a pouca gravidade do fato. Veja, por exemplo, decisões jurisprudenciais que consideraram um beijo lascivo obtido à força como crime de corrupção de menores (CP, art. 218, com a redação anterior à Lei n. 12.015/2009), em vez de atentado violento ao pudor (delito hediondo, apenado com seis a dez anos de reclusão — advirta-se que o atentado violento ao pudor, com a Lei mencionada, continua sendo incriminado, porém como estupro, tendo em vista a ampliação do tipo penal do art. 213 do CP).

■ *4.4.2.3.11.5. A proibição de proteção deficiente* (untermassverbot)

A proibição de proteção deficiente consiste em não se permitir a ineficácia da prestação legislativa, de modo a desproteger bens jurídicos fundamentais. Nessa medida, seria patentemente inconstitucional, por afronta à proporcionalidade, lei que pretendesse descriminalizar o homicídio.

■ *4.4.2.3.12. Princípios ligados à pena*

Há outros princípios de suma importância que, por se relacionarem com a sanção penal, serão tratados em capítulo próprio. É o caso dos princípios da **perso-**

[93] Cf. ADIN n. 3.112/DF, Rel. Min. Ricardo Lewandowski.

nalidade ou individualidade (CF, art. 5º, XLV) **e da individualização da pena** (CF, art. 5º, XLVI).

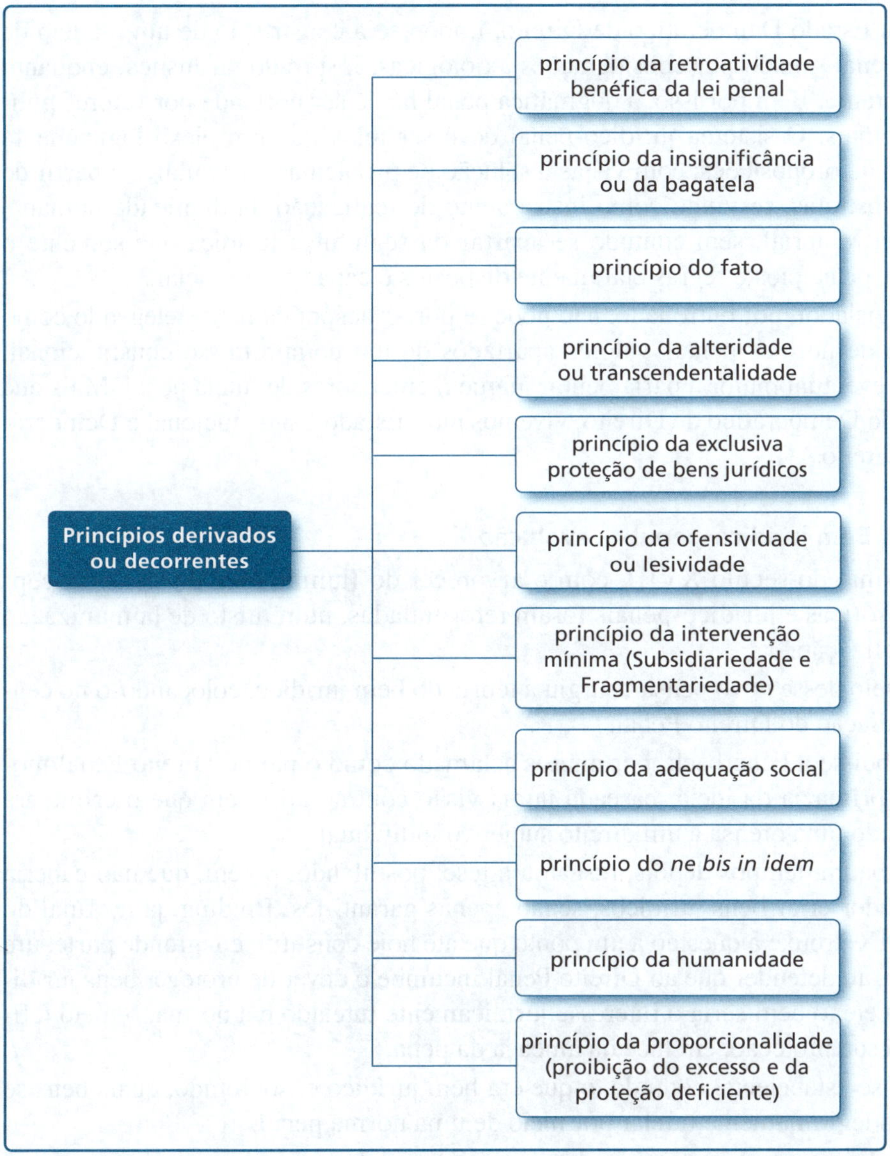

■ 4.5. OS VALORES CONSTITUCIONAIS (CARGA AXIOLÓGICA)

■ 4.5.1. Valores constitucionais

O Direito Penal somente se legitima quando harmônico com a Constituição, **não apenas no plano** da congruência **formal**, senão **também** no que toca à compatibilização **com os valores consagrados**, expressa ou implicitamente, **no Texto Maior**.

Qualquer norma penal divorciada dessa premissa, desapegada a valores maiores, definidos no Texto Constitucional, padecerá de ilegitimidade, devendo ser expurgada do ordenamento jurídico.

Num Estado Democrático de Direito, impõe-se a construção de um modelo de Direito Penal guiado por considerações axiológicas, inspirado na Justiça, enquanto valor supremo. Bem por isso, a dogmática penal há de ser norteada por vetores político-criminais. O sistema jurídico-penal deve ser mais que um plexo logicamente ordenado de proposições, com vistas à solução de problemas particulares a partir de normas abstratas, servindo como instrumento de realização da dignidade humana, da Justiça Material, sem contudo se apartar da segurança jurídica que somente o respeito a princípios e regras claramente dispostos é capaz de propiciar.

O legislador, por outro lado, não pode se portar despoticamente, elegendo como conteúdo de normas penais valores apartados de um compromisso constitucional, que uma eventual maioria parlamentar julgue merecedores de tutela penal. Mais que um Estado Democrático de Direito, vivemos num Estado Constitucional e Democrático de Direito.

■ 4.5.2. Bem jurídico-penal — evolução

No final do século XVIII, com o arvorecer do Iluminismo, diversas concepções filosóficas e jurídico-penais foram reformuladas, num misto de humanização e racionalização.

No seio desse novo pensar, surgiu a teoria do bem jurídico, colocando-o no centro de radiação do Direito Penal.

Atribui-se a Feuerbach, por muitos aclamado como o pai do Direito Penal moderno, a primazia da ideia, baseada numa visão contratualista em que o crime era considerado uma ofensa a um direito subjetivo individual.

Birnbaum, tempos depois, resgatou a tese, postulando, porém, que não caberia ao legislador criar bens jurídicos, senão apenas garanti-los. Binding, já no final do século XIX, trouxe a questão a um ponto que até hoje constitui, em grande parte, um consenso, ao defender que ao Direito Penal incumbe o dever de proteger bens jurídicos. Para ele, o bem seria o interesse juridicamente tutelado e a norma, o meio (eficaz) para sua proteção, em face da ameaça da pena.

Não se estabelecia, contudo, o que era bem jurídico e, sobretudo, quais bens se poderiam legitimamente tutelar por meio de uma norma penal.

Para Franz von Lizst (início do século XX), os bens jurídicos eram interesses juridicamente protegidos, tanto do indivíduo quanto da coletividade. A vida, segundo o autor, é que produzia tais interesses, e o Direito, ao lhes conferir tutela, transformava-os em bens jurídicos.

Sua concepção foi, contudo, superada, notadamente pela impossibilidade de se fazer formulações genéricas a respeito de quais interesses humanos são suficientemente importantes a ponto de merecer a proteção penal. Algo que hoje possa ser objeto de consenso pode não ter sido ontem e deixar de sê-lo amanhã. Há um século, a castidade era valor fundamental, motivo pelo qual se punia, legitimamente, o crime de sedução[94]. Por outro lado, nem se cogitava em tutelar bens jurídicos difusos, como o meio ambiente, ou em temas como a clonagem de seres humanos.

No âmbito do neokantismo (Mayer e Honig — primeira metade do século XX), sustentava-se, com razão, que o legislador é quem criava os bens jurídicos e o fazia ao assinalar-lhes a devida proteção. Sob tal ótica, constituíam-se de **interesses humanos referidos culturalmente** em função de necessidades individuais. Quando tais necessidades fossem socialmente dominantes, tornar-se-iam valores culturais e, neste caso, converter-se-iam em bens jurídicos, desde que se reconhecesse a necessidade de sua existência e de se lhes conferir adequada proteção.

Nesse período, todavia, os autores não se preocupavam em delimitar a liberdade de escolha do legislador na produção de normas penais e, portanto, na seleção dos bens jurídicos a serem protegidos.

No âmbito do finalismo (Hans Welzel), que foi desenvolvido na década de 1930, mas prevaleceu como sistema penal dominante até o final do século passado, persistia como tese vencedora a defesa de bens jurídicos como papel primacial do Direito Penal, porém se notava com maior ênfase a preocupação em descrever limites à função seletiva do legislador quanto à escolha dos bens a tutelar por meio de normas penais.

Entendia-se que o bem jurídico correspondia àquele bem vital para a comunidade ou para o indivíduo que, em razão de sua significação social, tornar-se-ia merecedor de proteção jurídica. Assis Toledo, partindo da concepção welzeliana, os conceitua como "valores ético-sociais que o direito seleciona, com o objetivo de assegurar a paz social, e coloca sob sua proteção para que não sejam expostos a perigo de ataque ou a lesões efetivas"[95].

No novo milênio, partindo de uma visão constitucionalista do Direito Penal, tendo em mente, ainda, seu caráter subsidiário e fragmentário, o bem jurídico não pode ser outra coisa senão a expressão de um **valor constitucional**.

"O bem jurídico deve ser avaliado à luz da Constituição Federal e, somente encontrando fundamento nos valores e preceitos nela consagrados é que deverá ser analisado no campo próprio da dogmática penal"[96].

4.5.3. Funções do bem jurídico

O bem jurídico cumpre diversas funções:

- **função axiológica:** serve de limite à seleção de tipos incriminadores, à medida que delimita quais valores são aptos a merecer a tutela penal;
- **função sistemático-classificatória:** atua como critério sistematizador dos crimes, permitindo que possam ser agrupados em razão do bem jurídico

94 Em nosso Código Penal, de maneira absolutamente descompassada com a evolução da sociedade, punia-se o crime de sedução até o ano de 2005, quando a Lei n. 11.106 revogou o art. 217 do CP.

95 *Princípios básicos de direito penal*, p. 16.

96 Antônio Carlos da Ponte, *Crimes eleitorais*, p. 149.

violado, como se nota na Parte Especial do Código Penal, setorizada em onze títulos, cada qual reunindo um conjunto de infrações ligadas pela identidade do bem jurídico;

- **função exegética:** a objetividade jurídica opera como elemento interpretativo essencial da figura típica, pois o bem jurídico é que fixa o conteúdo (material) do tipo;
- **função dogmática:** o bem jurídico baliza a adoção de conceitos que municiam a construção da teoria do crime.

4.6. MANDADOS CONSTITUCIONAIS DE CRIMINALIZAÇÃO OU PENALIZAÇÃO

4.6.1. Conceito

O Texto Maior contém diversos preceitos em que obriga, expressa ou implicitamente, à criminalização de certas condutas. Essas determinações constitucionais são conhecidas como mandados de criminalização ou penalização.

Esses comandos, sistematicamente interpretados, revelam uma importante faceta do princípio da proporcionalidade, por meio da proibição de proteção deficiente. Significa que, nestas situações, **impõe-se ao legislador ordinário (obrigação positiva) a utilização do Direito Penal para regular o comportamento** e, dessa forma, proteger satisfatoriamente o valor constitucional. Sua inércia será inconstitucional e poderá ser sanada pelo emprego da ação direta de inconstitucionalidade por omissão.

4.6.2. Mandados expressos de penalização

Os mandados expressos são facilmente identificáveis, podendo ser apontados os seguintes:

- o **racismo**, pois, segundo o art. 5º, XLII, da CF, sua prática "constitui crime inafiançável e imprescritível, sujeito à pena de reclusão, nos termos da lei";
- a **tortura, o tráfico ilícito de entorpecentes e drogas afins e o terrorismo**, os quais, conforme determina o art. 5º, XLIII, da CF, deverão ser considerados pela lei como "crimes inafiançáveis e insuscetíveis de graça ou anistia (...), por eles respondendo os mandantes, os executores e os que, podendo evitá-los, se omitirem";
- a **ação de grupos armados, civis ou militares, contra a ordem constitucional e o Estado Democrático**, nos termos do art. 5º, XLIV, da CF, "constitui crime inafiançável e imprescritível";
- a **retenção dolosa do salário do trabalhador**, que configura delito, por força do art. 7º, X, da CF;
- **condutas e atividades consideradas lesivas ao meio ambiente**, posto que, conforme consta do art. 225, § 3º, da CF, "sujeitarão os infratores, pessoas físicas ou jurídicas, a sanções penais e administrativas, independentemente da obrigação de reparar os danos causados";
- o **abuso, a violência e a exploração sexual da criança e do adolescente**, os quais deverão ser "severamente" punidos, no dizer do art. 227, § 4º, da CF.

De todos os mandados expressos de criminalização acima apontados, nota-se a mora legislativa quanto à retenção dolosa do salário do trabalhador.

O terrorismo, delito equiparado a hediondo, não se encontrava adequadamente tipificado em nosso ordenamento jurídico até o advento da Lei n. 13.260/2016.

No que toca à proteção da organização do trabalho, em que pese haver no Código Penal um Título dedicado ao tema (Título IV da Parte Especial), nenhuma de suas normas (arts. 197 a 207) refere-se à criminalização da retenção dolosa do salário do trabalhador. A ação ou omissão pode, contudo, subsumir-se a crimes contra o patrimônio, como a apropriação indébita (art. 168) ou mesmo o estelionato (art. 171), mas o ideal é atender ao comando da Constituição e tipificar, em dispositivo autônomo, semelhante ato[97].

Nos demais casos apontados, procurou o parlamento atender aos mandados de criminalização impostos, muito embora se possa considerar, vez ou outra, que o fez insatisfatoriamente, como no racismo, em que a Lei n. 7.716/89, sem negar seus méritos, deixou de contemplar ações ligadas ao preconceito decorrente de orientação sexual ou doenças graves[98].

4.6.3. Mandados implícitos de criminalização ou penalização

Estes são ligados primordialmente aos valores de sobrelevada magnitude no plexo de valores consagrados na Constituição Federal, tais como a vida, a honra, a saúde etc.

Tome-se como exemplo o direito à vida, cuja tutela penal se dá, principalmente, por meio dos arts. 121 a 127 do CP (crimes dolosos contra a vida). Se o legislador, *ad absurdum*, revogasse o art. 121 do CP, descriminalizando o homicídio, incorreria em inegável inconstitucionalidade, por desrespeitar mandado implícito de criminalização e, via de consequência, ofender o princípio da proporcionalidade, em sua perspectiva de proibição de proteção deficiente.

4.7. OS LIMITES AO EXERCÍCIO DO DIREITO DE PUNIR DO ESTADO

Os primeiros e mais importantes limites ao exercício do *ius puniendi* estatal são os princípios constitucionais, examinados no item 4.4 (*supra*). Há, todavia, outras normas constitucionais que contêm barreiras à atuação do direito de punir, merecendo destaque o regime jurídico das imunidades parlamentares e de integrantes do Executivo.

4.7.1. Imunidades parlamentares

As imunidades parlamentares são **prerrogativas** que visam **assegurar o pleno exercício da atividade dos membros do Poder Legislativo**.

Dividem-se em: a) **imunidade material, real ou substantiva** (ou "inviolabilidade"), as quais constituem verdadeiras **causas de exclusão da adequação típica** e

[97] Antônio Carlos da Ponte, *Crimes eleitorais*, p. 154.

[98] Antônio Carlos da Ponte, *Crimes eleitorais*, p. 154.

abrangem eventuais delitos cometidos por opiniões, palavras ou votos dos parlamentares (CF, art. 53, *caput*); b) **imunidade formal, processual, instrumental ou adjetiva**, expressa por meio de **regras limitativas da atividade persecutória do Estado**.

Tais imunidades, em diferentes graus, são outorgadas a todos os parlamentares brasileiros, isto é, estendem-se aos Deputados Federais, Senadores da República, Deputados Estaduais e Vereadores.

■ 4.7.1.1. Imunidade parlamentar federal

■ 4.7.1.1.1. Imunidade material, real ou substantiva (inviolabilidade)

De acordo com o art. 53, *caput*, da CF, com a redação da EC 35/2001: "Os Deputados e Senadores são invioláveis, civil e penalmente, por quaisquer de suas opiniões, palavras e votos".

A prerrogativa assinalada **alcança todas as opiniões, palavras e votos relacionados com o exercício do mandato**, sejam ou não proferidos no interior do Congresso Nacional. Segundo entendimento do STF, inclusive, "(...) garantia constitucional da imunidade parlamentar material também estende o seu manto protetor (1) às entrevistas jornalísticas, (2) à transmissão, para a imprensa, do conteúdo de pronunciamentos ou de relatórios produzidos nas Casas Legislativas (*RTJ* 172/400-401, Rel. Min. Ilmar Galvão) e (3) às declarações feitas aos meios de comunicação social (*RTJ* 187/985, Rel. Min. Nelson Jobim) (...)" (AI 401.600, Rel. Min. Celso de Mello, decisão monocrática, julgamento em 08.10.2009, *DJe* 26.10.2009)[99].

É fundamental, repita-se, o nexo entre a manifestação e o exercício da atividade parlamentar; do contrário, há crime: "A regra do art. 53 da Constituição da República não contempla as hipóteses em que supostas ofensas proferidas por parlamentares não guardem pertinência com suas atividades. Essa imunidade material tem por finalidade dotar os membros do Congresso Nacional da liberdade necessária ao pleno exercício da atividade parlamentar. 2. A atividade parlamentar, para além da típica função legislativa, engloba o controle da administração pública (art. 49, X, da CR), razão pela qual os congressistas, ao alardearem práticas contrárias aos princípios reitores da probidade e moralidade administrativas, encontram-se realizando atividade que se insere no âmbito de suas atribuições constitucionais. 3. Parlamentar que, em entrevista a programa de rádio, faz alusões a respeito de atos preparatórios voltados à prática de um homicídio não se encontra em situação coberta pela imunidade parlamentar, pois as supostas ofensas não guardam relação com o exercício do mandato" (STF, Inq 3.399, Rel. Min. Edson Fachin, 1ª Turma, julgado em 20.10.2015)[100].

---

[99] No mesmo sentido: STF, Pet 8.630 AgR, Rel. Min. Luiz Fux, 1ª Turma, julgado em 03.04.2020; Pet 7.434 AgR/DF, Rel. Min. Rosa Weber, 1ª Turma, julgado em 01.03.2019; e Pet 5.626 AgR/DF, Rel. Min. Celso de Mello, 2ª Turma, julgado em 14.12.2018.

[100] A imunidade, consoante se ressaltou, abrange todas as manifestações emitidas no contexto de seu múnus (*vide* STF, Inq. 2.282, Rel. Min. Marco Aurélio, *DJU* 24.11.2006, p. 64). Advirta-se, contudo, que não há uma carta branca para macular a honra de quem quer seja, sendo imprescindível a relação com a atividade (*vide* STF, Inq. 1.905, Rel. Min. Sepúlveda Pertence, *DJU* 21.05.2004, p. 33).

Presente a relação entre a palavra, voto ou opinião e a função parlamentar, haverá exclusão da responsabilidade política, civil, administrativa e **penal**.

Ressalte-se que, do ponto de vista criminal, cuida-se de **causa de exclusão da adequação típica**, de tal maneira que eventual ofensa à honra (calúnia, difamação ou injúria) decorrente de manifestação de parlamentar federal, desde que relacionada ao exercício de seu mandato, será penalmente irrelevante.

No entanto, apesar de tornar a conduta atípica, o atual posicionamento do Supremo Tribunal Federal é no sentido de que, por não serem as imunidades materiais absolutas, permite-se a abertura de ação penal contra os parlamentares quando houver "abuso das imunidades", como, por exemplo, proferir discurso de ódio[101].

A prerrogativa, ademais, tem **cunho personalíssimo**, motivo por que **não se estende a eventuais pessoas que concorram para o ato** ("A imunidade parlamentar não se estende ao corréu sem essa prerrogativa" — Súmula n. 245 do STF).

Não beneficia, outrossim, **os suplentes**, pois possui caráter funcional, e não pessoal, isto é, decorre do exercício efetivo da atividade parlamentar. Como salientou, com propriedade, o Min. Celso de Mello, no julgamento do Inq. 2.800: "(...) o suplente, enquanto ostentar essa específica condição — que lhe confere mera expectativa de direito —, não só não dispõe da garantia constitucional da imunidade parlamentar, como também não se lhe estende a prerrogativa de foro prevista na Constituição Federal, cujo art. 53, § 1º, revela-se unicamente aplicável a quem esteja no exercício do mandato de Deputado Federal ou de Senador da República. Cabe registrar, neste ponto, que o suplente, em sua posição de substituto eventual do congressista, não goza — enquanto permanecer nessa condição — das prerrogativas constitucionais deferidas ao titular do mandato legislativo, tanto quanto não se lhe estendem as incompatibilidades, que, previstas no texto da Carta Política (CF, art. 54), incidem, apenas, sobre aqueles que estão no desempenho do ofício parlamentar. Na realidade, os direitos inerentes à suplência abrangem, unicamente, (a) o direito de substituição,

---

[101] "*In casu*, (i) o parlamentar é acusado de incitação ao crime de estupro, ao afirmar que não estupraria uma Deputada Federal porque ela 'não merece'; (ii) o emprego do vocábulo 'merece', no sentido e contexto presentes no caso *sub judice*, teve por fim conferir a este gravíssimo delito, que é o estupro, o atributo de um prêmio, um favor, uma benesse à mulher, revelando interpretação de que o homem estaria em posição de avaliar qual mulher 'poderia' ou 'mereceria' ser estuprada. 10. A relativização do valor do bem jurídico protegido — a honra, a integridade psíquica e a liberdade sexual da mulher — pode gerar, naqueles que não respeitam as normas penais, a tendência a considerar mulheres que, por seus dotes físicos ou por outras razões, aos olhos de potenciais criminosos, 'mereceriam' ser vítimas de estupro. (...) verifica-se a adequação da conduta ao tipo penal objetivo do crime de injúria, diante da exposição da imagem da Querelante à humilhação pública, preenchendo, ainda, o elemento subjetivo do art. 140 do Código Penal, concretizado no *animus injuriandi* e no *animus offendendi* (...)" (STF, Inq 3.932, Rel. Min. Luiz Fux, 1ª Turma, julgado em 21.06.2016). O STJ também tem se posicionado no mesmo sentido: http://www.stj.jus.br/sites/STJ/default/pt_BR/Comunica%C3%A7%C3%A3o/noticias/Not%C3%ADcias/Imunidade-material-n%C3%A3o-acoberta-abusos-no-discurso-parlamentar (acesso em 28.08.2017).

em caso de impedimento, e (b) o direito de sucessão, na hipótese de vaga" (*Informativo STF*, n. 595).

■ *4.7.1.1.2. Imunidade processual, formal ou adjetiva*

Vigora desde o instante em que os parlamentares forem **diplomados** pela Justiça Eleitoral, ou seja, passa a existir **antes** mesmo **de tomarem posse**.

Compreende **três vetores:**

- a **competência por prerrogativa de função**, determinando que o processo e o julgamento do parlamentar ocorram perante o STF, desde que os fatos sejam praticados durante a função e a ela estejam relacionados[102];
- a **imunidade prisional**, assegurando que somente pode ser preso em flagrante delito por crime inafiançável[103], remetendo-se, nesse caso, os autos em 24 horas à Casa respectiva, para que, por voto da maioria de seus membros, decida sobre a prisão;
- a **imunidade para o processo**, a qual se restringe aos delitos cometidos após a diplomação, por meio da qual poderá a respectiva Casa, por iniciativa de partido político nela representado e pelo voto da maioria de seus membros, até a decisão final, suspender o andamento da ação.

■ *4.7.1.1.2.1. Competência por prerrogativa de função*

Cuida-se da prerrogativa consistente em serem os parlamentares federais, desde a expedição do diploma, submetidos a julgamento perante o STF (art. 53, § 1º, da CF). Há quem prefira denominá-la "foro privilegiado". Parece-nos que essa expressão não traduz precisamente a índole da regra, que não se confunde com inaceitável privilégio, justamente por não possuir caráter pessoal, mas **funcional**. Tanto assim que somente subsiste enquanto perdurar o exercício da função parlamentar, e apenas se os fatos forem praticados durante a função e a ela estiverem relacionados.

A competência *ratione personae*[104] do STF para o processo e julgamento de Deputados Federais e Senadores da República **abarca toda e qualquer infração**

---

[102] STF, AP 937 QO/RJ, Rel. Min. Roberto Barroso, Tribunal Pleno, julgado em 03.05.2018: "(i) O foro por prerrogativa de função aplica-se apenas aos crimes cometidos durante o exercício do cargo e relacionados às funções desempenhadas; e (ii) Após o final da instrução processual, com a publicação do despacho de intimação para apresentação de alegações finais, a competência para processar e julgar ações penais não será mais afetada em razão de o agente público vir a ocupar outro cargo ou deixar o cargo que ocupava, qualquer que seja o motivo".

[103] São inafiançáveis, de acordo com a CF (art. 5º, incs. XLII, XLIII e XLIV) e com o CPP (art. 323, com a redação dada pela Lei n. 12.403, de 04.05.2011), os seguintes crimes: o racismo, o tráfico ilícito de entorpecentes e drogas afins, o terrorismo, os definidos como crimes hediondos e a ação de grupos armados, civis ou militares, contra a ordem constitucional e o Estado Democrático.

[104] "Em razão da pessoa". Há quem prefira falar em competência *ratione muneris*, ou seja, "em razão da função".

penal, inclusive crimes dolosos contra a vida, infrações de menor potencial ofensivo, crimes eleitorais ou militares, **praticada antes ou durante o exercício da atividade parlamentar**, tenha ou não relação com o mandato.

O rito processual aplicável é aquele previsto na Lei n. 8.038/90.

■ *4.7.1.1.2.2. Imunidade prisional*

De acordo com o § 2º do art. 53 da CF: "Desde a expedição do diploma, os membros do Congresso Nacional não poderão ser presos, salvo em flagrante de crime inafiançável. Nesse caso, os autos serão remetidos dentro de vinte e quatro horas à Casa respectiva, para que, pelo voto da maioria de seus membros, resolva sobre a prisão".

Observe-se que, em caso envolvendo o ex-Senador Delcídio do Amaral, o Supremo Tribunal Federal chegou a entender pela possibilidade do decreto da prisão preventiva em face de parlamentar federal quando se tratasse de crime permanente, mas esse posicionamento foi revisto pela Corte, convergindo para a posição atualmente predominante, no sentido de que não é cabível a prisão preventiva de deputado federal ou senador, apesar de ser possível a imposição de medidas cautelares alternativas à prisão pelo Poder Judiciário (CPP, art. 319), as quais, contudo, podem ser derrubadas pela Casa competente (art. 53, § 2º, da CF)[105].

Conclui-se, desse modo, que, **como regra**, o parlamentar federal **não poderá ser alvo de prisão temporária** (Lei n. 7.960/89), **preventiva** (CPP, arts. 311 a 316) **ou decorrente de flagrante delito** (CPP, arts. 301 a 310)[106]. Contudo, como **exceção**, será admitido seu encarceramento provisório no caso de **flagrante por crime inafiançável**[107].

■ *4.7.1.1.2.3. Imunidade para o processo*

Quando se tratar de **crime**[108] **ocorrido após a diplomação**, uma vez recebida a denúncia pelo STF, que será proposta pelo Procurador-Geral da República (ou por outro membro do MP federal que atue por delegação), o Tribunal dará ciência à Casa respectiva, que poderá, por iniciativa de partido político nela representado e pelo voto da maioria de seus membros, sustar o andamento da ação até a decisão final (art. 53, § 3º, da CF).

Quando elaborado o pedido de suspensão do curso da ação penal, este será apreciado pela Casa respectiva no prazo improrrogável de quarenta e cinco dias do seu recebimento pela Mesa Diretora (§ 4º) e, se aprovado, importará na sustação do processo e do prazo prescricional, somente perdurando enquanto subsistir o mandato (§ 5º).

---

105 ADI 5.526/DF, Rel. Min. Edson Fachin, Rel. p/ o ac. Min. Alexandre de Moraes, Plenário, julgado em 11.10.2017.

106 Fala-se em *freedom from arrest*.

107 Sobre os casos de inafiançabilidade, veja a nota de n. 96.

108 Muito embora a Constituição Federal fale em "crime", a imunidade engloba qualquer infração penal, até mesmo as contravenções penais.

■ 4.7.1.1.2.4. Sigilo de fonte

Há, ainda, em favor dos parlamentares federais, como predicado inerente ao exercício de sua atividade política, o direito de não serem obrigados a testemunhar sobre informações recebidas ou prestadas em razão do exercício do mandato, nem sobre as pessoas que lhes confiaram ou deles receberam informações (art. 53, § 6º, da CF).

■ 4.7.1.2. Imunidade parlamentar estadual

Os **deputados estaduais**, por força da Constituição Federal (art. 27, § 1º), também contam com a **inviolabilidade** civil, administrativa e **penal** por suas opiniões, palavras e votos, desde que relacionadas com o exercício de seu mandato.

Gozam, ainda, de: a) **prerrogativa de foro**, pois o processo e julgamento contra estes, salvo nos crimes dolosos contra a vida[109], tramitarão perante o Tribunal de Justiça local. Neste caso, também dependerá de os fatos serem praticados durante a função e de a ela estarem relacionados; b) **imunidade prisional**, consistente em, depois de diplomados, somente poderem ser presos em flagrante por delito inafiançável; c) **imunidade para o processo**, já que, nos crimes cometidos após a diplomação, uma vez recebida a denúncia pelo TJ, dará este ciência à Assembleia Legislativa, que poderá, pelo voto da maioria absoluta de seus membros, sustar o andamento da ação, suspendendo-se a fluência do prazo prescricional (enquanto subsistir o exercício do mandato).

■ 4.7.1.3. Imunidade parlamentar municipal

O art. 29, VIII, da CF estende aos **vereadores somente a imunidade material**, de tal modo que são **invioláveis por suas opiniões, palavras e votos** (civil, administrativa e criminalmente), **exaradas no exercício do mandato e na circunscrição do Município**.

Atente-se que a prerrogativa em questão envolve não apenas as manifestações proferidas no interior da Câmara Municipal, embora seja necessário que guardem relação com o mandato e **sejam externadas nos limites territoriais do Município**.

Nesse sentido, há posição consolidada no STF: "nos limites da circunscrição do Município e havendo pertinência com o exercício do mandato, os vereadores são imunes judicialmente por suas palavras, opiniões e votos" (RE 600.063, Rel. Min. Marco Aurélio, Relator p/ Acórdão: Min. Roberto Barroso, Tribunal Pleno, julgado em 25.02.2015, *DJe* 15.05.2015).

■ 4.7.2. Imunidade presidencial

O Presidente da República, por sua condição de mandatário na Nação, conta com prerrogativas necessárias ao desempenho de seu cargo.

---

[109] Súmula n. 721 do STF: "A competência constitucional do Tribunal do Júri prevalece sobre o foro por prerrogativa de função estabelecido exclusivamente pela constituição estadual".

Na seara **penal**, a Constituição lhe assegura a **irresponsabilidade relativa**, pois apenas permite seja ele responsabilizado por atos relacionados ao exercício da função (*in officio* ou *propter officium*) — art. 86, § 4º. Dessa forma, enquanto investido no cargo, não poderá ser alvo de acusação penal relativa a infrações penais cometidas antes do exercício do mandato, sejam quais forem, bem como ficará a salvo de processos referentes a condutas delitivas perpetradas durante o mandato, mas sem relação funcional.

No campo **processual penal**, a Lei Maior lhe confere as seguintes garantias: a) **foro por prerrogativa de função** perante o STF (art. 86, *caput*); b) obrigatoriedade de **juízo prévio de admissibilidade** da acusação **perante a Câmara** dos Deputados (art. 86, *caput*); c) **imunidade prisional**, só podendo ser preso por sentença condenatória transitada em julgado (art. 86, § 3º).

A denúncia ofertada pelo Procurador-Geral da República ou a queixa-crime, pelo particular, somente poderá ser analisada pelo Tribunal depois de passar por um juízo prévio de admissibilidade, de cunho político, perante a Câmara dos Deputados. É necessário o voto de 2/3 dos membros desta Casa Legislativa para considerar a acusação admissível, quando então a Suprema Corte, sendo comunicada formalmente da autorização, apreciará a inicial, a fim de rejeitá-la ou recebê-la. Neste caso, o Presidente da República ficará suspenso de suas funções por 180 dias (CF, art. 86, § 1º, I). Decorrido o prazo, se a ação não houver sido julgada, retomará o Chefe do Executivo federal o exercício de suas funções, sem prejuízo da continuidade do processo perante o STF (CF, art. 86, § 2º).

O Presidente da República não poderá ser preso, a não ser por força de decisão penal condenatória irrecorrível (CF, art. 86, § 3º); conclui-se, portanto, que não poderá ser preso em flagrante delito, em hipótese alguma, bem como não poderá ser alvo de prisão temporária ou preventiva.

■ 4.7.2.1. *Governador de Estado e do Distrito Federal e Prefeitos Municipais*

A eles não se estendem a cláusula da irresponsabilidade penal relativa e a imunidade prisional, outorgadas no art. 86, §§ 3º e 4º, exclusivamente ao Presidente da República.

Para o STF, essas regras afastam a incidência de normas penais e processuais penais, de tal modo que se encontram circunscritas à competência legislativa privativa da União. Sendo assim, não podem ser excepcionadas pelas constituições estaduais ou leis orgânicas municipais.

Dessa maneira, o foro por prerrogativa de função é a única prerrogativa a eles conferida, à medida que os Governadores de Estado e do Distrito Federal serão processados originariamente no STJ (CF, art. 105, I, *a*) e os Prefeitos Municipais, perante o TJ local (CF, art. 29, X)[110]. Registre-se que o STJ aplicou aos Governa-

[110] De acordo com a Súmula n. 702 do STF, "A competência do Tribunal de Justiça para julgar Prefeitos restringe-se aos crimes de competência da Justiça comum estadual; nos demais casos, a competência originária caberá ao respectivo tribunal de segundo grau".

dores (assim como aos Conselheiros de Tribunais de Contas) o mesmo entendimento do STF firmado na Ação Penal n. 937, no sentido de que serão julgados pelo tribunal superior apenas quando os fatos forem praticados durante a função e a ela estiverem relacionados[111].

Quanto à necessidade de prévia autorização da Assembleia Legislativa para o processo e julgamento dos Governadores, o STF já havia se posicionado favoravelmente a tal regra, sempre que prevista na Constituição do respectivo Estado (HC 86.015). A Suprema Corte, porém, no HC 102.732, em que afastou a validade de norma que condicionava a decretação da prisão processual à prévia autorização do Poder Legislativo local, sinalizou que esta solução deveria também se aplicar à instauração do processo, de tal modo que se tornaria desnecessária a licença do Legislativo para o recebimento da denúncia[112].

■ 4.8. AS INFRAÇÕES PENAIS DE MENOR POTENCIAL OFENSIVO

■ 4.8.1. Fundamento constitucional

De acordo com o art. 98, I, da CF, a União, no Distrito Federal e nos Territórios, e os Estados, criarão "juizados especiais, providos por juízes togados, ou togados e leigos, competentes para a conciliação, o julgamento e a execução de causas cíveis de menor complexidade e infrações penais de menor potencial ofensivo (...)".

Duas premissas devem ser assentadas, a partir do preceito constitucional parcialmente transcrito:

1ª) cumpre aos entes federativos mencionados criarem, por meio de lei, os juizados especiais;

2ª) compete privativamente ao legislativo da União definir quais são as infrações de menor potencial ofensivo.

O segundo ponto deriva não só do art. 98, I, mas sobretudo do art. 22, I, da CF, quando outorga competência legislativa exclusiva à União para legislar sobre direito penal.

■ 4.8.2. Conceito de infrações de menor potencial ofensivo

■ *4.8.2.1. Introdução*

A **missão de delimitar** quais ilícitos penais são de menor potencial lesivo **incumbe**, portanto, **ao legislador** ordinário. Tenha-se em mente, contudo, que essa decisão de cunho político criminal não pode ser tomada com absoluta liberdade, uma

---

[111] STJ, AP 866/DF, Rel. Min. Luis Felipe Salomão, Corte Especial, julgado em 20.06.2018. Ver, ainda, STJ, HC 472.031/SP, Rel. Min. Nefi Cordeiro, 6ª Turma, julgado em 21.05.2019.

[112] O HC mencionado não tratou especificamente da prévia autorização do Legislativo para o recebimento da denúncia, de modo que não se pode dizer ter havido, concretamente, uma mudança na orientação do STF, mas, como se destacou, muitos dos Ministros, na fundamentação de seus votos, apontaram para esse caminho.

vez que deve ter como base os parâmetros fixados na **Constituição**. Assim, por exemplo, ofenderia a Lei Maior considerar delito de pequena ofensividade quaisquer dos atos compreendidos dentre aqueles expressos, para os quais se ordena uma rigorosa criminalização, como o tráfico ilícito de drogas, o terrorismo, a tortura, o racismo ou a ação de grupos armados, civis ou militares (art. 5º, incs. XLII a XLIV, da CF).

O mesmo se pode afirmar sobre fatos previstos em tratados internacionais de direitos humanos ratificados pelo Brasil, em que se assuma o compromisso de apená-los com maior severidade, como ocorre com os **casos relacionados à violência doméstica ou familiar contra a mulher**. Nestes, em particular, a causa remota reside na Convenção de Belém (Convenção Interamericana para Prevenir, Sancionar e Erradicar a Violência contra a Mulher[113]) e a causa próxima, no art. 41 da Lei n. 11.340/2006 ("Aos crimes praticados com violência doméstica e familiar contra a mulher, independentemente da pena prevista, não se aplica a **Lei n. 9.099, de 26 de setembro de 1995**"). Esse dispositivo legal deve ser considerado não apenas como uma norma de exclusão de competência, mas, sobretudo, de afastamento de toda e qualquer medida despenalizadora contida no Diploma citado. Não é outro o entendimento do STF, que reconheceu a constitucionalidade do preceito aludido no HC 106.212, Rel. Min. Marco Aurélio, Pleno, julgado em 05.04.2001, *DJe* 10.06.2011, reafirmando-a no julgamento da ADC 19, em fevereiro de 2012.

Os crimes militares, por fim, dada sua peculiaridade, eis que sujeitos ao regramento próprio do regime castrense, imbuído de intensa hierarquia e disciplina, não podem ser jungidos à noção de infrações de menor potencial ofensivo. Bem por isso, determina o art. 90-A da Lei dos Juizados que: "As disposições desta Lei não se aplicam no âmbito da Justiça Militar".

■ 4.8.2.2. *Definição legal*

■ 4.8.2.2.1. *Regra*

O legislador federal, depois de sete anos de vigência da Constituição, preencheu a moldura do art. 98, I, da CF, ao estabelecer, no art. 61 da Lei n. 9.099, quais são as infrações de menor potencial ofensivo[114].

De início (1995-2001), configuravam-na as contravenções penais e os crimes cuja pena máxima não excedesse um ano, salvo se possuíssem rito especial.

---

[113] De acordo com o Preâmbulo deste documento internacional: "a violência contra a mulher constitui violação dos direitos humanos e liberdades fundamentais e limita total ou parcialmente a observância, gozo e exercício de tais direitos e liberdades". Referido texto foi aprovado em 09 de julho de 1994, entrou em vigor em 03 de março de 1995, passou a compor o ordenamento jurídico interno com a aprovação do Decreto Legislativo n. 107, de 31 de agosto de 1995 e foi promulgado pelo Decreto n. 1.973, de 1º de agosto de 1996.

[114] Houve Estados da Federação (como Mato Grosso, Mato Grosso do Sul e Paraíba) que, antecipando-se ao legislador federal, não só instituíram os Juizados Especiais Cíveis e Criminais no âmbito local, como também definiram infrações de menor potencial ofensivo. O STF considerou referidas leis, no ponto em que conceituaram tais ilícitos, inconstitucionais, por violarem competência legislativa privativa da União (HC 71.713, Rel. Min. Sepúlveda Pertence, *DJU* 04.11.1994, p. 29.287; STF, *RT*, 728/425).

Posteriormente (2001 em diante), tornaram-se de pequeno potencial ofensivo, **além das contravenções**, os **delitos cujo teto punitivo não ultrapasse dois anos**, independentemente do procedimento a que se sujeitem (comum ou especial).

■ *4.8.2.2.2. Exceção*

Casos há, contudo, em que a lei, atenta à gravidade da conduta ou às peculiaridades que o ilícito envolve, excepciona a definição de crimes de reduzido potencial lesivo, retirando-os da esfera de incidência da Lei dos Juizados Especiais Criminais, como se dá nas situações referidas no item 4.8.2.1, ou seja, nos crimes militares e nos casos relacionados com violência doméstica ou familiar contra a mulher.

Isto se dá, ainda, no tocante ao crime de lesão corporal culposa na direção de veículo automotor (art. 303 do CTB), quando o fato for praticado nas seguintes condições: "sob a influência de álcool ou qualquer outra substância psicoativa que determine dependência; participando, em via pública, de corrida, disputa ou competição automobilística, de exibição ou demonstração de perícia em manobra de veículo automotor, não autorizada pela autoridade competente; transitando em velocidade superior à máxima permitida para a via em 50 km/h (cinquenta quilômetros por hora)" (art. 291, parágrafo único, da Lei n. 9.503/97).

■ 4.8.3. Medidas despenalizadoras

Entendem-se como tais aquelas tendentes a evitar o encarceramento (provisório ou definitivo). A Lei n. 9.099/95 instituiu quatro delas:

1ª) *conciliação civil extintiva da punibilidade* (art. 74, parágrafo único): por meio de uma composição entre autor do fato e vítima, homologado judicialmente, extingue-se a punibilidade relativamente aos crimes de ação penal de iniciativa privada e pública condicionada à representação;
2ª) *representação nos crimes de lesão corporal dolosa leve e lesão corporal culposa* (art. 88): tais delitos passaram a ser de ação penal pública condicionada;
3ª) *transação penal* (art. 76): cuida-se de um acordo elaborado entre o Ministério Público e o autor do fato, em que a acusação formula ao agente uma proposta de aplicação imediata de pena alternativa e, com isso, propõe-se a não processá-lo formalmente — se a medida for aceita, pelo investigado e seu advogado, e devidamente cumprida, dar-se-á a extinção da punibilidade;
4ª) *suspensão condicional do processo* (art. 89): trata-se de um acordo entre Ministério Público (ou querelante) e o réu, por meio do qual se propõe a suspensão do processo penal, logo em seu nascedouro, mediante o cumprimento de algumas condições previamente definidas, durante certo tempo, ao término do qual se extingue a punibilidade.

A composição civil extintiva da punibilidade e a transação penal apenas podem ser aplicadas em infrações de menor potencial ofensivo, ao passo que a suspensão condicional do processo, aos crimes cuja pena mínima não exceda um ano.

■ 4.9. QUESTÕES

1. (TJ/BA — Juiz de Direito Substituto — CESPE — 2019) De acordo com a doutrina predominante no Brasil relativamente aos princípios aplicáveis ao direito penal, assinale a opção correta.

a) O princípio da taxatividade, ou do mandado de certeza, preconiza que a lei penal seja concreta e determinada em seu conteúdo, sendo vedados os tipos penais abertos.
b) O princípio da bagatela imprópria implica a atipicidade material de condutas causadoras de danos ou de perigos ínfimos.
c) O princípio da subsidiariedade determina que o direito penal somente tutele uma pequena fração dos bens jurídicos protegidos, operando nas hipóteses em que se verificar lesão ou ameaça de lesão mais intensa aos bens de maior relevância.
d) O princípio da ofensividade, segundo o qual não há crime sem lesão efetiva ou concreta ao bem jurídico tutelado, não permite que o ordenamento jurídico preveja crimes de perigo abstrato.
e) O princípio da adequação social serve de parâmetro ao legislador, que deve buscar afastar a tipificação criminal de condutas consideradas socialmente adequadas.

2. (TJ/MG — Juiz de Direito Substituto — CONSULPLAN — 2018) Sobre o princípio da legalidade, assinale a alternativa INCORRETA.

a) É considerado por setor da doutrina como restrição deontológica de segundo grau, que não admite exceções.
b) Tem como destinatários tanto o Juiz quanto o legislador e, no processo judicial, incide não apenas na fase de conhecimento, como também na fase de execução das penas.
c) Tem como consectários a proibição de analogia em Direito Penal, de irretroatividade da lei penal gravosa, de utilização dos costumes para fundamentar ou agravar a pena e de criação de leis penais indeterminadas ou imprecisas.
d) Tem âmbito de aplicação mais abrangente do que indica o teor literal da fórmula em latim "Nulla poena sine lege; nulla poena sine crimine; nullum crimen sine poena legali", pois abrange crimes e contravenções penais, além de penas e medidas de segurança.

3. (TJ/CE — Juiz Substituto — CESPE — 2018) A respeito dos princípios constitucionais penais e das escolas penais, assinale a opção correta.

a) Legalidade ou reserva legal, anterioridade, retroatividade da lei penal benéfica, humanidade e "in dubio pro reo" são espécies de princípios constitucionais penais explícitos.
b) O princípio da humanidade assegura o respeito à integridade física e moral do preso na medida em que motiva a vedação constitucional de pena de morte e de prisão perpétua.
c) O princípio da responsabilidade pessoal impede que os familiares do condenado sofram os efeitos da condenação de ressarcimento de dano causado pela prática do crime.
d) A posse de um único projétil de arma de fogo de uso permitido não configura crime se o agente não possuir arma que possa ser municiada, de acordo com o princípio da ofensividade.
e) A Escola Clássica adotava a teoria mista, que entende a pena não apenas como retribuição ao infrator pelo mal causado, mas também como medida com finalidade preventiva.

4. (PC/MG — Delegado de Polícia Substituto — FUMARC — 2018) Acerca dos princípios que limitam e informam o Direito Penal, é CORRETO afirmar:

a) A responsabilidade pela indenização do prejuízo que foi causado pelo crime imputado ao agente não pode ser estendida aos seus herdeiros sem que haja violação do princípio da personalidade da pena.
b) Conforme o princípio da culpabilidade, a responsabilidade penal é subjetiva, pelo que nenhum resultado penalmente relevante pode ser atribuído a quem não o tenha produzido por dolo ou culpa, elementos finalisticamente localizados na culpabilidade.
c) O princípio da insignificância funciona como causa de exclusão da culpabilidade, sendo requisitos de sua aplicação para o STF a ofensividade da conduta, a ausência de periculosidade social da ação e a inexpressividade da lesão jurídica.
d) O princípio da legalidade, do qual decorre a reserva legal, veda o uso dos costumes e da analogia para criar tipos penais incriminadores ou agravar as infrações existentes, embora permita a interpretação analógica da norma penal.

5. (DPE/RS — Defensor Público — FCC — 2018) O afastamento da tipicidade, quando verificada lesão penalmente irrelevante decorrente de conduta formalmente incriminada, dá-se por:

a) princípio da adequação social.
b) princípio da intervenção mínima.
c) princípio da humanidade das sanções.
d) princípio da insignificância.
e) ineficácia absoluta do meio ou absoluta impropriedade do objeto (crime impossível).

6. (MPE/MG — Promotor de Justiça Substituto — FUNDEP — 2018) Analise as afirmações adiante e, à luz da doutrina, assinale a alternativa INCORRETA:

a) Norma penal em branco ao revés (ou invertida) é aquela em que a complementação se dá no preceito sancionador e não no mandamento proibitivo.
b) O princípio da intervenção mínima do Direito Penal encontra fundamento no caráter de sua subsidiariedade e no princípio da intranscendência.
c) Pelo princípio da confiança, todo aquele que se conduz com observância ao dever de cuidado objetivo exigido, pode esperar que os demais coparticipantes de idêntica atividade procedam do mesmo modo.
d) Entre outras características, o Direito Penal tem natureza constitutiva e sancionatória.

7. (MPE/MS — Promotor de Justiça Substituto — 2018) Assinale a alternativa correta.

a) Nos delitos de acumulação, não é possível a aplicação da teoria da bagatela em cada conduta individualmente considerada, mas apenas como resultado da análise da somatória de condutas.
b) O controle jurisdicional abstrato da norma incriminadora não pode ser feito com fundamento no princípio da lesividade.
c) Somente nas hipóteses de leis excepcionais, conforme entendimento do Supremo Tribunal Federal, as medidas provisórias podem regular matéria penal.
d) O princípio da fragmentariedade relativiza o concurso entre causas de aumento e diminuição de penas.
e) O princípio da legalidade admite ser afastado ante a incidência do princípio da proteção deficiente.

8. (MPE/BA — Promotor de Justiça Substituto — 2018 — questão anulada) Assinale a alternativa correta.

a) Na fixação da pena, o Magistrado após o reconhecimento da existência do crime e sua autoria tem uma discricionariedade "regrada ou vinculada".
b) Na individualização legislativa, a qualidade, a quantidade e a forma de cumprimento da pena volta-se tão somente para a importância do bem juridicamente ofendido.
c) Os princípios da legalidade e da proporcionalidade como princípios explícitos de direito criminal servem como garantias constitucionais do cidadão.
d) As alternativas "b" e "c" estão corretas.
e) A individualização da pena é um princípio de direito material implícito atento à individualidade objetiva do delito e condição subjetiva de cada delinquente.

9. (PC/MA — Investigador de Polícia — CESPE — 2018) O princípio da legalidade compreende

a) a capacidade mental de entendimento do caráter ilícito do fato no momento da ação ou da omissão, bem como de ciência desse entendimento.
b) o juízo de censura que incide sobre a formação e a exteriorização da vontade do responsável por um fato típico e ilícito, com o propósito de aferir a necessidade de imposição de pena.
c) a oposição entre o ordenamento jurídico vigente e um fato típico praticado por alguém capaz de lesionar ou expor a perigo de lesão bens jurídicos penalmente protegidos.
d) a obediência às formas e aos procedimentos exigidos na criação da lei penal e, principalmente, na elaboração de seu conteúdo normativo.
e) a conformidade da conduta reprovável do agente ao modelo descrito na lei penal vigente no momento da ação ou da omissão.

10. (PC/SE — Delegado de Polícia — CESPE — 2018) Julgue o item seguinte, relativo aos direitos e deveres individuais e coletivos e às garantias constitucionais.

Em razão do princípio da legalidade penal, a tipificação de conduta como crime deve ser feita por meio de lei em sentido material, não se exigindo, em regra, a lei em sentido formal.

11. (PC/SE — Delegado de Polícia — CESPE — 2018) Julgue o item seguinte, relativo aos direitos e deveres individuais e coletivos e às garantias constitucionais.

O princípio da individualização da pena determina que nenhuma pena passará da pessoa do condenado, razão pela qual as sanções relativas à restrição de liberdade não alcançarão parentes do autor do delito.

12. (TJ/SC — Juiz Substituto — FCC — 2015) A afirmação de que o Direito Penal não constitui um sistema exaustivo de proteção de bens jurídicos, de sorte a abranger todos os bens que constituem o universo de bens do indivíduo, mas representa um sistema descontínuo de seleção de ilícitos decorrentes da necessidade de criminalizá-los ante a indispensabilidade da proteção jurídico-penal, amolda-se, mais exatamente,

a) ao conceito estrito de reserva legal aplicado ao significado de taxatividade da descrição dos modelos incriminadores.
b) à descrição do princípio da fragmentariedade do Direito Penal que é corolário do princípio da intervenção mínima e da reserva legal.
c) à descrição do princípio da culpabilidade como fenômeno social.
d) ao conteúdo jurídico do princípio de humanidade relacionado ao conceito de Justiça distributiva.
e) à descrição do princípio da insignificância em sua relativização na busca de mínima proporcionalidade entre gravidade da conduta e cominação de sanção.

13. (TCM/RJ — Auditor-Substituto de Conselheiro — FCC — 2015) Determinada lei dispõe: "*Subtrair objetos de arte. Pena: a ser fixada livremente pelo juiz de acordo com as circunstâncias do fato*". Para um fato cometido após a sua vigência, é correto afirmar que a referida lei

a) fere o princípio da legalidade.
b) fere o princípio da anterioridade.
c) fere os princípios da legalidade e da anterioridade.
d) não fere os princípios da legalidade e da anterioridade.
e) é uma norma penal em branco.

14. (TRF — 5ª Região — Juiz Federal Substituto — CESPE — 2015) No que tange aos princípios básicos do direito penal e à interpretação da lei penal, assinale a opção correta.

a) Embora o princípio da legalidade proíba o juiz de criar figura típica não prevista na lei, por analogia ou interpretação extensiva, o julgador pode, para benefício do réu, combinar dispositivos de uma mesma lei penal para encontrar pena mais proporcional ao caso concreto.
b) Do princípio da culpabilidade procede a responsabilidade penal subjetiva, que inclui, como pressuposto da pena, a valoração distinta do resultado no delito culposo ou doloso, proporcional à gravidade do desvalor representado pelo dolo ou culpa que integra a culpabilidade.
c) O princípio do *ne bis idem* está expressamente previsto na CF e preconiza a impossibilidade de uma pessoa ser sancionada ou processada duas vezes pelo mesmo fato, além de proibir a pluralidade de sanções de natureza administrativa sancionatórias.
d) A infração bagatelar própria está ligada ao desvalor do resultado e(ou) da conduta e é causa de exclusão da tipicidade material do fato; já a imprópria exige o desvalor ínfimo da culpabilidade em concurso necessário com requisitos *post factum* que levam à desnecessidade da pena no caso concreto.
e) O princípio da ofensividade ou lesividade não se presta à atividade de controle jurisdicional abstrata da norma incriminadora ou à função político-criminal da atividade legiferante.

15. (DPE/RO — Analista da Defensoria Pública — Analista Jurídico — FGV — 2015) Carlos, primário e de bons antecedentes, subtraiu, para si, uma minibarra de chocolate avaliada em R$ 2,50 (dois reais e cinquenta centavos). Denunciado pela prática do crime de furto, o defensor público em atuação, em sede de defesa prévia, requereu a absolvição sumária de Carlos com

base no princípio da insignificância. De acordo com a jurisprudência dos Tribunais Superiores, o princípio da insignificância:

a) funciona como causa supralegal de exclusão de ilicitude;
b) afasta a tipicidade do fato;
c) funciona como causa supralegal de exclusão da culpabilidade;
d) não pode ser adotado, por não ser previsto em nosso ordenamento jurídico;
e) funciona como causa legal de exclusão da culpabilidade.

16. (TRF — 1ª Região — Juiz Federal Substituto — CESPE — 2015) Conforme a jurisprudência do STF, o princípio da insignificância

a) não se aplica ao crime de contrabando.
b) não se aplica ao tráfico internacional de armas de fogo, exceto em casos que se restrinjam a cápsulas de munição.
c) deve ser adotado em casos de crime de tráfico de drogas.
d) é aplicável ainda que o agente seja reincidente ou tenha cometido o mesmo gênero de delito reiteradas vezes.
e) é aplicável ao crime de roubo.

17. (TJ/MG — Juiz — FUNDEP — 2014) A respeito dos princípios que regem o direito penal brasileiro, assinale a alternativa INCORRETA.

a) O princípio da legalidade penal, do qual decorre o princípio da reserva legal, impede o uso dos costumes e analogia para criar tipos penais incriminadores ou agravar as infrações existentes.
b) De acordo com o chamado princípio da insignificância o Direito Penal não deve se ocupar com assuntos irrelevantes. A aplicação de tal princípio exclui a tipicidade material da conduta.
c) O direito penal possui natureza fragmentária, ou seja, somente protege os bens jurídicos mais importantes, pois os demais são protegidos pelos outros ramos do direito.
d) O princípio da taxatividade, ao exigir lei com conteúdo determinado, resulta na proibição da criação de tipos penais abertos.

18. (MP/GO — 2012) Os princípios constitucionais servem de orientação para a produção legislativa ordinária, atuando como garantias diretas e imediatas aos cidadãos, funcionando como critério de interpretação e integração do texto constitucional. Nesse sentido podemos destacar como princípios constitucionais explícitos os seguintes:

a) legalidade, anterioridade, taxatividade e humanidade;
b) anterioridade, proporcionalidade, individualização da pena e humanidade;
c) retroatividade da lei penal benéfica, individualização da pena, humanidade e proporcionalidade;
d) responsabilidade pessoal, legalidade, anterioridade e individualização da pena.

19. (VI Exame Unificado — FGV — OAB — Fevereiro/2012) Acerca dos princípios que limitam e informam o Direito Penal, assinale a afirmativa correta.

a) O princípio da insignificância diz respeito aos comportamentos aceitos no meio social;
b) A conduta da mãe que autoriza determinada enfermeira da maternidade a furar a orelha de sua filha recém-nascida não configura crime de lesão corporal por conta do princípio da adequação social;
c) O princípio da legalidade não se aplica às medidas de segurança, que não possuem natureza de pena, tanto que somente quanto a elas se refere o art. 1º do Código Penal;
d) O princípio da lesividade impõe que a responsabilidade penal seja exclusivamente subjetiva, ou seja, a conduta penalmente relevante deve ter sido praticada com consciência e vontade ou, ao menos, com a inobservância de um dever objetivo de cuidado.

20. (88º Concurso de Ingresso à Carreira do MPSP — 2011) Assinale a alternativa que estiver totalmente correta.

a) Em face do princípio da legalidade constitucionalmente consagrado, a lei penal é sempre irretroativa, nunca podendo retroagir.
b) Se entrar em vigor lei penal mais severa, ela será aplicável a fato cometido anteriormente a sua vigência, desde que não venha a criar figura típica inexistente.

c) Sendo a lei penal mais favorável ao réu, aplica-se ao fato cometido sob a égide de lei anterior, desde que ele ainda não tenha sido decidido por sentença condenatória transitada em julgado.
d) A lei penal não pode retroagir para alcançar fatos ocorridos anteriormente a sua vigência, salvo no caso de *abolitio criminis* ou de se tratar de lei que, de qualquer modo, favoreça o agente.
e) Se a lei nova for mais favorável ao réu, deixando de considerar criminosa a sua conduta, ela retroagirá mesmo que o fato tenha sido definitivamente julgado, fazendo cessar os efeitos civis e penais da sentença condenatória.

21. (Delegado de Polícia Civil/SP — 2011) A ideia de que o Direito Penal deve tutelar os valores considerados imprescindíveis para a sociedade, e não todos os bens jurídicos, sintetiza o princípio da:
a) adequação social.
b) culpabilidade.
c) fragmentariedade.
d) ofensividade.
e) proporcionalidade.

22. (Procurador da República — 21º Concurso — 2004) O princípio da insignificância:
a) só é admissível para crimes de menor potencial ofensivo;
b) diz respeito a irrelevante lesão do bem jurídico mesmo que o crime seja de médio potencial ofensivo;
c) orienta-nos a aferir a conduta em relação à importância do bem juridicamente atingido;
d) diz respeito aos comportamentos aceitos no meio social.

23. (85º Concurso de Ingresso ao MPSP — 2006) Em relação ao princípio da insignificância ou de bagatela, assinale a alternativa incorreta:
a) seu reconhecimento exclui a tipicidade, constituindo-se em instrumento de interpretação restritiva do tipo penal.
b) somente pode ser invocado em relação a fatos que geraram mínima perturbação social.
c) sua aplicação não é prevista no Código Penal, mas é amplamente admitida pela doutrina e jurisprudência.
d) somente tem aplicabilidade em crimes contra o patrimônio.
e) exige, para seu reconhecimento, que as consequências da conduta tenham sido de pequena relevância.

24. (Magistratura/AC — CESPE — 2008) As proibições penais somente se justificam quando se referem a condutas que afetem gravemente a direito de terceiros; como consequência, não podem ser concebidas como respostas puramente éticas aos problemas que se apresentam senão como mecanismos de uso inevitável para que sejam assegurados os pactos que sustentam o ordenamento normativo, quando não existe outro modo de resolver o conflito.

Oscar Emilio Sarrule. *In: La crisis de legitimidas del sistema jurídico penal* (Abolucionismo o justificación). Buenos Aires: Editorial Universidad, 1998, p. 98.

Em relação ao princípio da lesividade, tratado no texto acima, assinale a opção incorreta.
a) De acordo com parte da doutrina, o tipo penal relativo ao uso de substância entorpecente viola apenas a saúde individual e não, a pública, em oposição ao que recomenda o princípio da lesividade.
b) Exemplo de aplicação do princípio da lesividade foi a entrada em vigor da lei que aboliu o crime de adultério do ordenamento jurídico penal.
c) Uma das vertentes do princípio da lesividade tem por objetivo impedir a aplicação do direito penal do autor, isto é, impedir que o agente seja punido pelo que é, e não pela conduta que praticou.
d) Com base no princípio da lesividade, o suicídio não é uma figura típica no Brasil.

25. (Defensoria Pública/SP — FCC — 2006) Considerando a adoção do princípio da culpabilidade pelo Código Penal, é correto afirmar que a:
a) análise da culpabilidade não é essencial para a individualização da pena.
b) culpabilidade não interfere na medida da pena.
c) culpabilidade se refere ao autor.
d) culpabilidade se refere ao fato.
e) análise da culpabilidade compete ao juiz do processo de conhecimento e ao juiz do processo de execução.

26. (Defensoria Pública/SP — FCC — 2006) Considere as afirmações:

I. No Estado democrático de direito é dada especial relevância à noção de que o direito penal tem como missão a proteção de bens jurídicos e se considera que o conceito de bem jurídico tem por função legitimar e delimitar o poder punitivo estatal.

II. O poder legiferante penal independe dos bens jurídicos postos na Constituição Federal para determinar quais serão os bens tutelados.

III. Só se legitima a intervenção penal nos casos em que a conduta possa colocar em grave risco ou lesionar bem jurídico relevante.

Somente está correto o que se afirma em:

a) II e III.
b) I e III.
c) III.
d) II.
e) I.

27. (Defensoria Pública/SP — FCC — 2007) A corrente pós-positivista empresta caráter normativo aos princípios constitucionais penais. Estas normas, portanto, deixam de ser informadoras e assumem a natureza de direito positivo, possibilitando ao defensor público este manejo. Encontram-se na Constituição Federal os seguintes princípios constitucionais penais:

a) legalidade dos delitos e das penas, culpabilidade, proporcionalidade, individualização da pena e da execução e personalidade da pena.
b) legalidade dos delitos e das penas, proporcionalidade, individualização e presunção de inocência.
c) anterioridade e irretroatividade da lei, individualização da pena e da execução, proporcionalidade e personalidade da pena.
d) reserva legal, culpabilidade, imprescritibilidade, individualização e personalidade da pena.
e) legalidade dos delitos e das penas, individualização da pena e da execução e personalidade da pena.

28. (Defensoria Pública/SP — FCC — 2009) Assinale a alternativa correta.

a) A legitimação da intervenção penal se deve, também, à seletividade do sistema penal.
b) Compete ao direito penal atender os anseios sociais de punição para pacificar conflitos.
c) O recurso à pena no direito penal garantista está condicionado ao princípio da máxima intervenção, máximas garantias.
d) Cabe ao direito penal limitar a violência da intervenção punitiva do Estado.
e) O discurso jurídico-penal de justificação deve se pautar na ampla possibilidade de solução dos conflitos pelo direito penal.

29. (178º Concurso de Ingresso à Magistratura de SP — Vunesp — 2006) Assinale a alternativa correta.

a) O princípio da reserva legal pressupõe a existência de lei anterior, emanada do Poder Legislativo, definindo o crime e a pena, sendo lícito afirmar, então, que as medidas provisórias não podem definir crimes e impor penas.
b) A analogia, como forma de autointegração da lei, pode ser amplamente aplicada no âmbito do direito penal.
c) O princípio da legalidade admite, por exceção, a revogação da lei pelo direito consuetudinário.
d) O postulado da taxatividade, consequência do princípio da legalidade, que expressa a exigência de que a lei penal incriminadora seja clara, certa e precisa, torna ilegítimas as normas penais em branco.

30. (180º Concurso de Ingresso à Magistratura de SP — 2007) Um profissional faz numa pessoa furo na orelha, ou coloca um piercing em parte de seu corpo, ou, ainda, faz-lhe uma tatuagem. Tais práticas, em tese, caracterizam lesão corporal, mas não são puníveis. Assinale a alternativa correta pela qual assim são consideradas.

a) Por força do princípio da insignificância;
b) Pelo princípio da disponibilidade do direito à integridade física;
c) Pelo princípio da adequação social;
d) Por razão de política criminal.

31. (V Exame Unificado — FGV — OAB — 2011) Jefferson, segurança da mais famosa rede de supermercados do Brasil, percebeu que João escondera em suas vestes três sabonetes, de valor aproximado de R$ 12,00 (doze reais). Ao tentar sair do estabelecimento, entretanto, João é preso em flagrante delito pelo segurança, que chama a polícia.
A esse respeito, assinale a alternativa correta.

a) A conduta de João não constitui crime, uma vez que este agiu em estado de necessidade.
b) A conduta de João não constitui crime, uma vez que o fato é materialmente atípico.
c) A conduta de João constitui crime, uma vez que se enquadra no artigo 155 do Código Penal, não estando presente nenhuma das causas de exclusão de ilicitude ou culpabilidade, razão pela qual este deverá ser condenado.
d) Embora sua conduta constitua crime, João deverá ser absolvido, uma vez que a prisão em flagrante é nula, por ter sido realizada por um segurança particular.

32. (Concurso de Ingresso à Carreira da Magistratura/MG — Fundep — 2014) A respeito dos princípios que regem o direito penal brasileiro, assinale a alternativa INCORRETA.

a) O princípio da legalidade penal, do qual decorre o princípio da reserva legal, impede o uso dos costumes e analogia para criar tipos penais incriminadores ou agravar as infrações existentes.
b) De acordo com o chamado princípio da insignificância o Direito Penal não deve se ocupar com assuntos irrelevantes. A aplicação de tal princípio exclui a tipicidade material da conduta.
c) O direito penal possui natureza fragmentária, ou seja, somente protege os bens jurídicos mais importantes, pois os demais são protegidos pelos outros ramos do direito.
d) O princípio da taxatividade, ao exigir lei com conteúdo determinado, resulta na proibição da criação de tipos penais abertos.

33. (Concurso de Ingresso à Carreira do MPAC — CESPE/UnB — 2014) No tocante aos princípios constitucionais penais, assinale a opção correta.

a) No que se refere à aplicação do princípio da insignificância, o STF tem afastado a tipicidade material dos fatos em que a lesão jurídica seja inexpressiva, sem levar em consideração os antecedentes penais do agente.
b) O direito penal constitui um sistema exaustivo de proteção de todos os bens jurídicos do indivíduo, de modo a tipificar o conjunto das condutas que outros ramos do direito consideram antijurídicas.
c) Uma das vertentes do princípio da proporcionalidade é a proibição de proteção deficiente, por meio da qual se busca impedir um direito fundamental de ser deficientemente protegido, seja mediante a eliminação de figuras típicas, seja pela cominação de penas inferiores à importância exigida pelo bem que se quer proteger.
d) Segundo entendimento consolidado do STF, a imposição de regime disciplinar diferenciado ao executando ofende o princípio da individualização da pena, visto que extrapola o regime de cumprimento da reprimenda imposta na sentença condenatória.
e) Prevalece na doutrina o entendimento de que constitui ofensa ao princípio da legalidade a existência de leis penais em branco heterogêneas, ou seja, daquelas cujos complementos provenham de fonte diversa da que tenha editado a norma que deva ser complementada.

■ GABARITO ■

1. "e". A alternativa "a" está errada, porque o princípio da taxatividade proíbe tipos penais vagos, e não abertos. A "b" está errada, pois a bagatela imprópria implica irrelevância penal da conduta, afastando a culpabilidade. A "c" está errada, porquanto trata do princípio da fragmentariedade. A "d" está errada, porque a lesividade obsta crime sem lesão efetiva ou perigo concreto a bem jurídico.

2. "c". O princípio da legalidade não tem como consectário a irretroatividade de lei penal, mas a anterioridade.

3. "b". A CF autoriza a pena de morte em tempo de guerra (CF, art. 5º, XLVII, "a").

4. "d". A interpretação analógica constitui forma válida de interpretar a lei, e ocorre quando o legislador se utiliza de uma expressão de cunho geral, seguida de exemplos casuísticos (ex.: CP, art. 121, §2º, IV).

5. "d". A insignificância implica atipicidade material da conduta.
6. "b". A intervenção mínima não tem relação com a intranscendência da pena (CF, art. 5º, XLV).
7. "a". O princípio da fragmentariedade determina que o Direito Penal só deve tratar de um pequeno fragmento de atos ilícitos, quando se tratar dos mais graves, que violem os bens jurídicos mais importantes. Nada tem a ver com causas de aumento ou diminuição.
8. "d".Questão anulada, pois a alternativa "c" está errada, já que o princípio da proporcionalidade não é explícito.
9. "d". A única alternativa que guarda relação com o princípio da legalidade, no sentido de exigir lei validamente criada pelo Parlamento é a letra "d".
10. "errado". Exige-se lei em sentido formal.
11. "errado". O princípio da individualidade é que determina que a pena não passará da pessoa do condenado.
12. "b". De acordo com o princípio da fragmentariedade, na vasta gama de bens jurídicos protegidos pelo Direito, somente uma pequena parcela, justamente aquela que compreende os mais relevantes, quando mais gravemente atingidos, merece a proteção do Direito Penal.
13. "a". A lei impõe pena indeterminada.
14. "d". O princípio da bagatela própria resulta na atipicidade material da conduta e o da bagatela imprópria afasta a culpabilidade, dada a irrelevância penal do fato.
15. "b". O princípio da insignificância torna a conduta materialmente atípica.
16. "a". O STF autoriza que ele se aplique ao crime de descaminho, excluindo-o da incidência no contrabando.
17. "d". A taxatividade proíbe tipos penais vagos (de conteúdo indeterminado) e não abertos (cujo conteúdo é determinado, embora tenham amplo alcance).
18. "d". CF, art. 5º, XLV, XXXIX e XLVI.
19. "b". O princípio da adequação social exclui do âmbito do tipo penal condutas adequadas para a vida em sociedade e, segundo entendimento doutrinário e jurisprudencial, aplica-se à hipótese retratada na alternativa mencionada.
20. "d". CF, art. 5º, XL, e CP, art. 2º. A lei penal não retroagirá, salvo para beneficiar o réu.
21. "c". O princípio da fragmentariedade prende-se à noção de que o direito penal deve se ocupar de uma tutela seletiva de bens jurídicos, optando por salvaguardar somente uma pequena fração destes, quando se verificar uma lesão ou ameaça mais intensa àqueles de maior relevância.
22. "b". Aplica-se o princípio da insignificância ou bagatela quando se mostra ínfima a lesão ao bem jurídico tutelado.
23. "d". O princípio da insignificância pode ser aplicado a diversos crimes, não só àqueles que ofendem o patrimônio. Cite-se, como exemplo, a aplicação (polêmica) ao crime de peculato.
24. "b". A descriminalização do adultério, decorrente da Lei n. 11.106/2005, inspirou-se no princípio da intervenção mínima, isto é, a ideia segundo a qual o Direito Penal deve funcionar como *ultima ratio*. Nada tem a ver, portanto, com o princípio da lesividade, segundo o qual não há crime sem efetiva lesão ou perigo concreto a um bem juridicamente tutelado.
25. "d". A pergunta refere-se ao princípio da culpabilidade, o qual determina, entre outras consequências, que o agente deve ser punido pelo que fez, e não por quem é.
26. b". As alternativas I e III estão corretas e representam orientação amplamente aceita pela doutrina. Correspondem aos princípios da dignidade da pessoa humana, da exclusiva proteção de bens jurídicos e da lesividade ou ofensividade.

27. "a". Uma das premissas do Estado Constitucional de Direito reside na força normativa da Constituição, de suas regras e princípios. Dentre as alternativas apresentadas, a letra "a" é a que se mostra mais completa em face das demais. Registramos, porém, que a rigor as demais alternativas também poderiam ser válidas (embora menos abrangentes), exceto a "b", que contém princípio processual penal.

28. "d". As alternativas, de modo geral, contrariam o princípio da intervenção mínima, em que o Direito Penal não deve ser a solução para todos os conflitos sociais, mas somente pode ser utilizado em casos mais graves (como *ultima ratio*). A alternativa "d", ainda, coaduna-se com o princípio da proporcionalidade, por meio da proibição do excesso.

29. "a". A analogia só pode ser utilizada *in bonam partem*. Costume não revoga lei penal. A taxatividade não é incompatível com as normas penais em branco.

30. "c". Fatos socialmente adequados devem ser considerados penalmente atípicos. Nossos tribunais já reconheceram, por diversos fundamentos, dentre eles o princípio da adequação social, a atipicidade das condutas mencionadas no enunciado.

31. "b". A conduta é formalmente típica, pois se subsome ao art. 155, *caput*, c.c. art. 14, II, do CP, mas é materialmente atípica, dada a insignificância da lesão ao patrimônio do sujeito passivo.

32. "d". O princípio da taxatividade obsta a construção de tipos penais vagos (e não de tipos abertos).

33. "c". O princípio da proporcionalidade possui duas faces: a proibição do excesso e a proibição de infraproteção ou proteção deficiente, que exige justamente a presença do Direito Penal criminalizando condutas que atinjam bens de elevada importância ou impondo penas proporcionais à sua relevância.

5

ESCOLAS PENAIS

5.1. CONCEITO

A designação "Escola Penal" ou "Escola Criminal" compreende um **conjunto harmônico de teorias sobre alguns dos mais importantes problemas penais** (como a definição do crime, a finalidade da pena e a razão de ser do direito de punir do Estado), por meio de um **método científico semelhante**.

Para Jiménez de Asúa, trata-se do "corpo orgânico de concepções contrapostas sobre a legitimidade do direito de punir, sobre a natureza do delito e sobre o fim das sanções"[1].

Aníbal Bruno, de sua parte, conceituou as "Escolas Penais" como "corpos de doutrina mais ou menos coerentes sobre os problemas em relação com o fenômeno do crime e, em particular, sobre os fundamentos e objetivos do sistema penal"[2].

5.2. ORIGEM E PRINCIPAIS ESCOLAS

A primeira Escola Penal surgiu no **século XVIII**, com a fase humanitária do Direito Penal (Beccaria).

As principais, do ponto de vista histórico, foram a **Escola Clássica**, a **Escola Positiva** e a **Terceira Escola** ou **Escola Eclética**. Destas, as duas primeiras apresentam posturas lógica e filosoficamente bem definidas, cada uma delas correspondendo a uma diferente "concepção de mundo". A terceira, por sua vez, apresenta-se como uma fusão das anteriores.

5.3. A ESCOLA CLÁSSICA, IDEALISTA OU PRIMEIRA ESCOLA

5.3.1. Introdução

A Escola Clássica, Idealista ou Primeira Escola **surgiu na Itália**, de onde se espalhou para todo o mundo, principalmente para a Alemanha e a França.

Seu marco foi a publicação da obra *Dos delitos e das penas*, o "pequeno grande livro" do Marquês de Beccaria.

1 Apud Luiz Régis Prado, *Curso de direito penal brasileiro*: parte geral, 2. ed., v. 1, p. 73.

2 Aníbal Bruno, *Direito penal*: parte geral, 2. ed., p. 77.

Divide-se em dois períodos:

a) teórico ou teórico-filosófico (Cesare Bonesana, Marquês de Beccaria); e,

b) prático ou ético-jurídico (Francesco Carrara e Enrico Pessina).

5.3.2. Denominação

A expressão Escola Clássica foi cunhada por Ferri (principal representante da Escola Positivista — estudada a seguir), em tom discretamente pejorativo, senão irônico. Por essa razão, Roberto Lyra (ferrenho positivista pátrio) chegou a declarar, certa vez, que a Escola Clássica recebera a "certidão de nascimento das mãos de seus demolidores"[3].

5.3.3. Período humanitário

Beccaria ponderava que **os homens** se reuniram **em sociedade** de modo a sofrer o mínimo possível e, com vistas ao exercício de sua liberdade, **abriram mão de uma parcela por meio do contrato social**. Nesse sentido, não admitia que a pena pudesse ter caráter puramente retributivo, servindo como castigo e tortura a um ser sensível, como então se pensava. Para este grande jurista, **a pena tinha por fim a exemplaridade**, isto é, transmitia a ideia de que o **temor do castigo afastaria a tentação do delito**.

Os clássicos adotavam **princípios absolutos** (que invocavam o **ideal de Justiça**), os quais **se sobrepunham às leis em vigor**.

Compreende-se que assim o fizessem, pois, no contexto em que tal Escola aflorou, predominavam leis draconianas, excessivamente rigorosas, com penas desproporcionais, tipos penais vagos, enfim, uma "situação de violência, opressão e iniquidade"[4].

Consulte-se, para ilustrar, o prefácio da obra de Beccaria, onde dizia que: "(...) essas leis *(referindo-se às normas vigentes na Europa)*, produto dos séculos mais bárbaros, são examinadas neste livro no que diz interesse ao sistema criminal; e ousa-se expor-lhes as desordens aos responsáveis pela felicidade pública, por meio de um estilo que afasta o vulgo ilustrado e impaciente"[5]. E, mais adiante, arremata: "Seria, pois, um erro atribuir princípios contrários à *lei natural* (...)"[6].

5.3.4. Período científico

Os contornos da Escola Clássica se desenharam de modo mais nítido com Carrara, no chamado período científico.

Sua maior característica foi o emprego do **método dedutivo**, pois a **análise do jurista**, segundo defendia, deveria **partir do direito positivo vigente para, então,**

---

3 Apud José Frederico Marques, *Tratado de direito penal*, v. 1, p. 103, parênteses nossos.

4 Aníbal Bruno, *Direito penal*: parte geral, 2. ed., t. I, p. 80.

5 *Dos delitos e das penas*, p. 11, parênteses nossos.

6 *Dos delitos e das penas*, p. 13, grifos nossos.

passar às questões jurídico-penais. Não foi por outra razão que o autor citado, talvez o maior expoente da Escola Clássica, fixou como princípio fundamental, do qual se poderia deduzir toda a ciência criminal, o seguinte: **o crime não é um ente de fato, mas um ente jurídico**, definido como: "uma infração, por ato humano externo, positivo ou negativo e moralmente imputável, de uma lei do Estado promulgada para proteger a segurança dos cidadãos"[7].

O **delito**, portanto, **não se afigurava como uma ação**, mas como uma **infração**; **não provinha de um ato natural** do homem, mas de um **ato moral** (ou moralmente imputável).

A **pena**, por sua vez, nesse contexto dogmático, constituía **retribuição pelo mal praticado**. Tinha natureza repressiva, aflitiva e pessoal. O homem, sendo dotado de **livre-arbítrio** (este a razão de ser da responsabilidade criminal), deveria sofrer as consequências de suas escolhas erradas. Se uma pessoa, agindo de modo livre e consciente, violasse a lei penal, sofreria o castigo correspondente, por intermédio da pena.

■ 5.4. A ESCOLA POSITIVA OU POSITIVISTA

■ 5.4.1. Introdução

O avanço das ciências humanas e biológicas operado no final do século XIX marcou a decadência da Escola Clássica. Além disso, os anseios em face do Direito Penal eram outros. Não se via mais o antigo absolutismo do Estado, carregado de arbítrio, violência e injustiça. A maior preocupação na segunda metade do século XIX era a crescente criminalidade: "Os homens sentiam-se solidários com a ordem social e jurídica, e desejosos de opor proteção eficaz à ameaça do crime"[8]. Em outras palavras: **o medo da Justiça Criminal deixou de existir**, pois ela se tornou mais justa e humana; **temia-se, agora, o criminoso**.

■ 5.4.2. Método científico

Como forma de combater o delito, focou-se no agente, estudando-o sob diversas perspectivas: biológica, sociológica e psicológica.

Isso provocou uma **mudança no método científico**. Abandonou-se o método dedutivo, de lógica abstrata, alternando-se para o **indutivo** e de **observação dos fatos**. Os clássicos encaravam o crime como ente jurídico e os positivistas, a pessoa do delinquente e a periculosidade social que ele representava. Partiram estes em busca das causas do delito, surgindo, em seu contexto, a Criminologia.

A Escola Clássica via o crime como "entidade jurídica", enquanto a Escola Positiva o encarava como fato social e humano.

7 Apud Rafaelle Garofalo, *Criminologia*, p. 41.
8 Aníbal Bruno, *Direito penal*: parte geral, 2. ed., p. 97.

5.4.3. Fundamento da pena

Com referência ao **fundamento da pena**, a Escola Positivista discordava seriamente da Clássica. A questão do **livre-arbítrio**, defendida pelos clássicos, era completamente rechaçada em nome de um verdadeiro **determinismo**. Não se acreditava mais que o homem nascia livre e que devia ser punido conforme suas escolhas voluntárias, pagando pelos atos moralmente reprováveis que praticou. Pensava-se (com diferentes matizes), ao contrário, que alguns seres humanos, desde o nascimento, já estariam predeterminados a serem criminosos, em função de sua raça, sua psicologia, sua fisionomia e demais fatores biológicos e sociais.

Os Positivistas chegaram a culpar a Escola Clássica pelo aumento da criminalidade, afirmando que teriam perdido de vista o delinquente, verdadeiro protagonista da Justiça Penal.

Em função desse quadro, Ferri, Garofalo e, sobretudo, Lombroso reagiram com a criação da antropologia criminal, ciência auxiliar do Direito Penal. Embora louváveis suas intenções (redução da criminalidade, defesa social, entre outras), o que chama mais a atenção são seus exageros.

Na célebre classificação de criminosos desenvolvida por **Lombroso** e aplaudida pelos demais positivistas, havia, ao lado do criminoso louco, habitual, ocasional e passional, a famigerada figura do **criminoso nato**, uma variedade particular da raça humana! Diz-se que fora em 1871, ao abrir o crânio de um criminoso chamado Vilela e verificar determinadas anomalias, que Lombroso teve sua inspiração. O autor elaborou, além de seu famoso livro *O homem delinquente*, um "atlas", ilustrado com fotografias e descrições dos mais diversos tipos de criminosos[9].

Além disso, partindo do método indutivo (em contraposição ao método dedutivo da Escola anterior), cometeram o absurdo de traçar características morfológicas dos delinquentes.

Acrescente-se, ainda, o fato de que, nesta Escola, a **pena não tinha papel retributivo, mas fundamentalmente preventivo**. Não sendo possível corrigir os criminosos, serviria como instrumento de defesa social. A sanção aplicável não se balizava somente pela gravidade do ilícito, mas, sobretudo, pela periculosidade do agente.

5.5. A TERCEIRA ESCOLA

Do profundo e acirrado debate entre a Escola Clássica e a Positiva, surgiu a Terceira Escola, também chamada de **Escola Eclética, Crítica, Sociológica ou do Naturalismo Crítico**, a qual procurava fundir as demais e, a partir daí, criar uma terceira concepção.

---

9 Cesare Lombroso, *L'homme criminel*, 10. ed., Roma, Turim, Florença: Bocca Frères Éditeurs, 1888.

Segundo Basileu Garcia: "Os ecléticos sustentaram, tal como queria a Escola Positiva, a necessidade das investigações de ordem antropológica e sociológica, de que é inseparável o método positivo. Mas, por outro lado, dissentindo dos positivistas, repeliram a concepção de criminalidade congênita e consideraram o delito juridicamente, prosseguindo na minuciosa elaboração dogmática empreendida, com tanta maestria, pelos clássicos. E, evidentemente, aprofundando o estudo do Direito Penal como ciência normativa, não poderiam dispensar o método dedutivo, que pressupõe regras de cujo raciocínio se extraem as devidas consequências"[10].

Seu pensamento pode ser sintetizado da seguinte maneira:

- adotaram o **método positivista nas ciências penais auxiliares** (valendo-se da antropologia e da sociologia), mas utilizaram o **método lógico-abstrato na dogmática penal**;
- tomaram em conta a **culpa moral e a periculosidade** — aquela como fundamento da pena para o imputável, esta como a base da medida de segurança aplicada ao inimputável;
- o **crime** era encarado tanto como **ente jurídico** quanto como **fenômeno natural**[11].

■ 5.6. AS DEMAIS ESCOLAS E A SUA SUPERAÇÃO

Além das Escolas Clássica, Positivista e da Terceira Escola, outras surgiram, como a "Escola Moderna Alemã"[12], cujo principal representante fora Franz von Liszt; a "Escola Técnico-Jurídica"[13], que possuía em Arturo Rocco seu maior expoente;

---

10 Basileu Garcia, *Instituições de direito penal,* 2. ed., v. 1, t. I, p. 106.

11 Roberto Lyra, *Introdução ao estudo do direito criminal*, p. 103-104.

12 As características mais importantes da "Escola Moderna Alemã" eram: "a) a *adoção do método lógico-abstrato e indutivo-experimental* — o primeiro para o Direito Penal e o segundo para as demais ciências criminais. Prega a necessidade de distinguir o Direito Penal das demais ciências criminais, tais como Criminologia, Sociologia, Antropologia etc.; b) *distinção entre imputáveis e inimputáveis* — o fundamento dessa distinção, contudo, não é o livre-arbítrio, mas a normalidade da determinação do indivíduo. Para o imputável a resposta penal é a pena, e para o perigoso, a medida de segurança, consagrando o chamado duplo binário; c) *o crime é concebido como fenômeno humano-social e fato jurídico* — embora considere o crime um fato jurídico, não desconhece que, ao mesmo tempo, é um fenômeno humano e social, constituindo uma realidade fenomênica; d) *função finalística da pena* — a sanção retributiva dos clássicos é substituída pela pena finalística, devendo ajustar-se à própria natureza do delinquente. Mesmo sem perder o caráter retributivo, prioriza a finalidade preventiva, particularmente a prevenção especial; e) *eliminação ou substituição das penas privativas de liberdade de curta duração* — representa o início da busca incessante de penas alternativas às penas privativas de liberdade de curta duração, começando efetivamente a desenvolver uma verdadeira política criminal liberal" (Bitencourt, 2007, p. 61, grifos do autor).

13 Conforme síntese de Bitencourt (2007, p. 62): "Pode-se apontar como as principais características da Escola Técnico-Jurídica: a) o delito é pura relação jurídica, de conteúdo individual e social; b) a pena constitui uma reação e uma consequência do crime (tutela jurídica), com função preventiva geral e especial, aplicável aos imputáveis; c) a medida de segurança — preventiva — deve ser aplicável aos inimputáveis; d) responsabilidade moral (vontade livre); e) método técnico-jurídico; e f) recusa o emprego da filosofia no campo penal".

a "Escola Correcionalista"[14], de Karl Roder; e a "Escola da Defesa Social"[15], de Felipe Gramática, Adolphe Prins e Marc Ancel.

O estudo das "Escolas Penais" constitui, sem dúvida, base fundamental para a compreensão da função do Direito Penal (e da finalidade da pena). Tal análise é, em certa medida, a percepção de um momento histórico, refletido no mundo do Direito Penal.

Nos dias de hoje, contudo, encontra-se superado o conflito doutrinário exposto anteriormente, notadamente entre as Escolas "Clássica" e "Positiva". Seria por demais ortodoxo ou sectário filiar-se a uma ou a outra.

O que hoje se busca é a edificação de uma Ciência Penal completa, que atenda aos ideais da Justiça, que respeite a dignidade do homem, mas que jamais olvide de propiciar soluções político-criminalmente justas. Um Direito Penal que cumpra sua precípua missão de proteger eficazmente os bens jurídicos fundamentais que governam determinada sociedade, combatendo de maneira firme a criminalidade.

■ 5.7. SÍNTESE

ESCOLAS PENAIS	
CONCEITO	■ Trata-se de um conjunto harmônico de teorias sobre os mais importantes problemas penais (como a definição do crime, a finalidade da pena e a razão de ser do direito de punir do Estado), por meio de um método científico semelhante.

PRINCIPAIS ESCOLAS PENAIS			
	Escola Clássica	Escola Positiva	Terceira Escola
MÉTODO CIENTÍFICO	■ Dedutivo	■ Indutivo	■ Misto (dedutivo na dogmática penal e indutivo nas ciências auxiliares, como antropologia e sociologia)
CONCEITO DE CRIME	■ Entidade jurídica, que representa uma violação da lei moral	■ Ente de fato (exteriorização da periculosidade)	■ Entidade jurídica e fenômeno natural
FUNDAMENTO DO DIREITO DE PUNIR	■ Baseia-se na culpa moral, pois todos têm livre-arbítrio	■ Baseia-se na necessidade de eliminar perigos (determinismo)	■ A culpa moral é o fundamento da pena e a periculosidade, da medida de segurança
FINALIDADE DA PENA	■ Reprovação	■ Prevenção	■ Mista (reprovação e prevenção)

---

14 Sua maior característica foi estabelecer que a correção do delinquente constituía a verdadeira finalidade da pena criminal. Além disso, dentre os ideais dessa Escola destacam-se: "a) a pena idônea é a privação de liberdade, que deve ser indeterminada; b) o arbítrio judicial deve ser ampliado em relação à individualização da pena; c) a função da pena é de uma verdadeira tutela social; d) a responsabilidade penal como responsabilidade coletiva, solidária e difusa" (Bitencourt, 2007, p. 64).

15 De acordo com Bitencourt (2007, p. 64, grifo do autor), "esse movimento político-criminal pregava uma nova postura em relação ao homem delinquente, embasada nos seguintes princípios: a) filosofia humanista, que prega a *reação social* objetivando a proteção do ser humano e a garantia dos direitos do cidadão; b) análise crítica do sistema existente e, se necessário, sua contestação; c) valorização das ciências humanas, que são chamadas a contribuir, interdisciplinarmente, no estudo e combate do problema criminal".

6

DIREITO PENAL DO INIMIGO

6.1. INTRODUÇÃO

No início do milênio, sobretudo em face dos ataques terroristas a diversos países, como Estados Unidos, Inglaterra e Espanha, veio à tona um importante debate: como deve a sociedade enfrentar esse perigo: por meio das regras comuns do Direito Penal ou por intermédio de um conjunto distinto de normas, mais rigorosas, que permitam uma proteção mais eficaz do corpo social?

Foi nesse contexto que aflorou o chamado "Direito Penal do Inimigo", em oposição ao "Direito Penal do Cidadão".

6.2. ORIGEM

A dicotomia "Direito Penal do Cidadão x Direito Penal do Inimigo" **resulta de uma teoria desenvolvida por Günther Jakobs**. O autor cuidou pela **primeira vez** do assunto em **1985**, durante as "Jornadas de Professores de Direito Penal de Frankfurt". Nesta abordagem, cuja conotação era predominantemente crítica, o penalista citado apresentava o "Direito Penal do Inimigo" como a antítese do "Direito Penal do Cidadão".

Discorria o autor que, ao **direito penal do cidadão, incumbiria garantir a eficácia da norma**. Baseou-se no seguinte raciocínio: o indivíduo que comete o crime desrespeita a norma, a qual, por meio da pena aplicada, mostra que permanece incólume (garantindo-se, desse modo, que ela continua valendo apesar da infração). Em seu âmbito, operam todos os direitos e garantias fundamentais.

Já **o direito penal do inimigo** (isto é, indivíduos que reincidem constantemente na prática de delitos ou praticam fatos de extrema gravidade, como ações terroristas) **teria como finalidade combater perigos**. Neste, o infrator não é tratado como sujeito de direitos, mas como inimigo a ser eliminado e privado do convívio social.

Pode ser citado como exemplo de legislação típica desse setor do Direito Penal o *Patriot Act* dos EUA (Lei Patriótica), em que se autorizou, entre outras disposições, a detenção de pessoas por tempo indeterminado, se suspeitas de envolvimento em atentados terroristas e de violação a outros direitos individuais. Também se podem apontar como medidas jurídicas características do direito penal do inimigo as prisões norte-americanas de Guantánamo (Cuba) e de Abu Ghraib (Iraque), em que se empregou a detenção por tempo indeterminado e a tortura como meios legítimos de interrogatório. Veja-se, ainda, o controvertido episódio que resultou no falecimento de Osama Bin Laden, morto como verdadeiro inimigo de guerra.

6.3. FASE CRÍTICA

Quando o tema foi **apresentado por Jakobs pela primeira vez**, o autor cuidava de sublinhar as características do direito penal do inimigo e **demonstrava grande preocupação** em que dispositivos desta natureza "contaminassem" o direito penal do cidadão. Essa visão inicial hoje é conhecida como **fase crítica**.

Foram essas as palavras do autor citado:

> "Como arremate final de minhas ideias — que quiçá soam como velho liberalismo — em relação ao objetivo de determinar os limites da efetividade do Estado, me permito fazer uma observação sobre o oposto do Direito Penal do Cidadão, isto é, o Direito Penal do Inimigo. Com isso não pretendo relativizar todas as afirmações anteriores por meio da recomendação de que o Estado não se atenha aos vínculos referidos quando lhe pareça oportuno. Os vínculos são constitutivos para o Estado de liberdades, quem os quebra, o abandona. A existência do Direito Penal do Inimigo não é, portanto, uma mostra da força do Estado de liberdades, mas um sinal de que este não existe. Desde então resultam situações imagináveis, que quiçá ocorram atualmente, nas quais as normas que são irrenunciáveis para um Estado de liberdades perdem sua vigência se se espera para aplicar a repressão até que o autor saia de seu âmbito privado. *Mas também nestes casos o Direito Penal do Inimigo somente resulta legitimado como um Direito Penal em estado de necessidade, que seria válido na medida em que fosse excepcional.* Por isso, os preceitos penais que pertencem ao mesmo hão de delimitar-se estritamente em relação ao Direito Penal do Cidadão; melhor seria que a delimitação fosse externa. Do mesmo modo que a regulação da incomunicabilidade não se encontra reconhecida, acertadamente, na StPO (...), o Direito Penal do Inimigo deve ser separado de maneira tão clara que não exista nenhum perigo de que, por meio da interpretação sistemática ou da analogia ou de qualquer outro modo, se infiltre no Direito Penal do Cidadão. Não são poucos os pontos em que o Código Penal, em sua forma atual, encobre a incursão para além dos limites de um Estado de liberdades"[1].

6.4. FASE DESCRITIVA

Quando Jakobs voltou a tratar do assunto, no ano de 1999, notava-se uma sutil **mudança no tom de seu discurso. A fase crítica dava lugar à descritiva**. O autor, então, apresentou quatro critérios para definir o Direito Penal do Inimigo: (i) a ampla antecipação da punibilidade; (ii) a falta de redução da pena proporcional a esta antecipação; (iii) a transposição de legislação própria de Direito Penal para uma legislação combativa; (iv) a supressão de garantias processuais penais.

Pela primeira vez, Jakobs se referiu ao inimigo como "não pessoa".

---

[1] Günther Jakobs, *Kriminalisierung im Vorfeld einer Rechtsgutverletzung*, ZStW 97 (1985), p. 83 e seguintes, apud Wolfgang Kaleck, *Sin llegar al fondo. La discusión sobre el derecho penal del enemigo*, Derecho penal del enemigo, el discurso penal de la exclusión?, p. 119-120. In: *Derecho penal del enemigo* — El discurso penal de la exclusión. Buenos Aires e Montevideo: Editorial BdeF, 2006.

■ 6.5. FASE LEGITIMADORA

Em 2003, Jakobs escreveu um texto intitulado "Direito penal do cidadão e direito penal do inimigo", cuja publicação se deu em 2004 na Alemanha, no qual afirmou: "Aquele que discrepa por princípio não oferece nenhuma garantia de comportamento pessoal; por isso não pode ser combatido como cidadão mas como inimigo. Esta guerra se leva a cabo com um direito legítimo dos cidadãos, isto é, com seu direito à segurança; a mesma não é, contudo, direito do apenado, diferentemente do que ocorre com a pena, o inimigo é excluído"[2]. Percebe-se do trecho citado uma acentuada **mudança de enfoque: inicialmente crítico, posteriormente descritivo e, finalmente, legitimador**.

Schulz chegou a descrever a mudança de postura de Jakobs como de um inicial ***"assim, não!"* para *"assim, talvez sim"* ou *"assim, se não há outro remédio, sim!"***.

Manuel Cancio Meliá, discípulo de Jakobs, resumiu esta evolução: "Com relação ao conceito, desde o princípio se levantou a pergunta de saber se se trata de uma descrição (crítica) ou de uma concepção suscetível de ser legitimada. Os trabalhos de Jakobs dos últimos anos têm provocado uma discussão muito viva — sem dúvida também no contexto dos acontecimentos de 11 de setembro de 2001 — na qual resulta constatável um predomínio de posturas críticas. O desenvolvimento posterior da tese de Jakobs nos tempos mais recentes não deixa nenhuma dúvida acerca de que, mas além da mera descrição, este autor considera legítimo um Direito Penal do Inimigo em determinadas circunstâncias"[3].

■ 6.6. O INIMIGO

Uma das críticas mais severas que se impõe ao tema consiste em definir quem é o inimigo e, portanto, deveria ser alijado das garantias do "Direito Penal do Cidadão".

Jakobs conceitua-o como: "um indivíduo que, não apenas de modo intencional, com seu comportamento (crimes sexuais; como o antigo delinquente habitual 'perigoso' conforme o § 20 do Código Penal alemão), ou com sua ocupação profissional (delinquência econômica, delinquência organizada e também, especialmente, tráfico de drogas), ou principalmente por meio de uma organização (terrorismo, delinquência organizada, novamente o tráfico de drogas ou o já antigo 'complô para o homicídio), é dizer, em qualquer caso, de uma forma presumidamente duradoura, abandonou o direito e, portanto, não fornece garantias cognitivas mínimas de segurança de seu comportamento pessoal e demonstra este déficit através de seu comportamento"[4].

---

[2] Günther Jakobs, *Bürgerstrafrecht und Feindstrafrecht*, HRRS, março de 2004, p. 88 e seguintes apud Wolfgang Kaleck, *Sin llegar al fondo. La discusión sobre el derecho penal del enemigo*, Derecho penal del enemigo — El discurso penal de la exclusión?, p. 119-120. In: *Derecho penal del enemigo* — El discurso penal de la exclusión. Buenos Aires e Montevideo: Editorial BdeF, 2006.

[3] Manuel Cancio Meliá, *Direito penal do inimigo*: noções e críticas, p. 277, nota 34.

[4] In: Hassemer Eser, Burkhardt, *Die deutsche Strafrechtswissensschaft in der Jahrtausendwende,* p. 59, apud Francisco Muñoz Conde, ¿Es el derecho penal internacional un 'derecho penal de enemigo'? In: *De nuevo sobre el "derecho penal del enemigo"*, 2. ed., p. 151.

6.7. CARACTERÍSTICAS

As **principais** características do Direito Penal do Inimigo são:

- tem como **finalidade** a **eliminação de perigos**;
- **baseia-se na periculosidade do agente**, considerado inimigo e, portanto, como alguém que não pode ser tratado como sujeito de direitos ("não pessoa");
- efetua uma **ampla antecipação da punibilidade**, visando coibir ações perigosas antes que estas se concretizem (**punição de atos preparatórios**);
- as **penas são severas**, ainda quando aplicadas em casos de antecipação da tutela penal;
- aplica-se uma **legislação diferenciada**, com **enfoque combativo** ("combate ao inimigo");
- utiliza-se principalmente de **medidas de segurança**;
- **garantias processuais penais são suprimidas.**

6.8. QUESTIONAMENTOS

Na primeira década do milênio, o Direito Penal do Inimigo foi um dos assuntos mais debatidos pela doutrina penal.

A maioria dos penalistas que cuidaram do tema adotou posição contrária ou, no mínimo, questionadora. Claus Roxin, por exemplo, refuta-o veementemente, seja como conceito meramente descritivo, crítico ou legitimador, asseverando ser esse modelo de Direito Penal incompatível com uma ordem constitucional democrática.

6.9. PRESSUPOSTOS E LIMITES

O Direito Penal do Inimigo é apresentado como uma legislação de exceção; quase como um "estado de guerra", fundado em normas específicas que visam o combate do inimigo e a eliminação dos perigos por ele gerados.

Questionam-se, então: Quais devem ser os **pressupostos jurídicos** para que essa legislação excepcional possa ter incidência? **Que órgãos estatais devem ser consultados** e **quais deliberarão** acerca dos seus limites? A quem caberá dizer **quando se aplica o Direito Penal do Inimigo ou o Direito Penal do Cidadão**[5]?

Essas dúvidas não são sanadas por Jakobs.

6.10. HARMONIZAÇÃO COM PRINCÍPIOS CONSTITUCIONAIS

Também fica em aberto a importante questão de saber como e de que modo pode-se considerar **compatível com os princípios da dignidade da pessoa humana e da presunção de inocência**, previstos na maioria das constituições (como a brasileira), uma legislação que trata o indivíduo como quem não é sujeito de direitos e deve ter suprimidas suas garantias processuais penais.

---

[5] *Vide* Wolfgang Kaleck, *Sin llegar al fondo. La discusión sobre el derecho penal del enemigo*, p. 130.

6.11. DIREITO PENAL DO AUTOR

Muitos propugnam que o Direito Penal do Inimigo jamais se compatibilizaria com um Estado Democrático de Direito, pois funda sua atuação na pessoa, e não no fato. Pune um indivíduo muito mais por suas características pessoais (periculosidade) e menos pelos atos concretamente praticados. Constituiria, portanto, um resgate do superado modelo de Direito Penal do Autor, muito utilizado na primeira metade do século XX.

6.12. CONCLUSÃO

Pensamos, como lucidamente adverte Alexandre Rocha Almeida de Moraes, que: "O panorama do atual Direito Penal nada mais representa, como pretendem Luhmann e Jakobs, que um retrato da sociedade. Nesse sentido, o 'Direito Penal do Inimigo' é o retrato da crise da humanidade"[6]. Ele não representa, portanto, um fortalecimento do Estado de Direito, senão sua própria debilidade ou mesmo sua inexistência[7].

Não se pode, todavia, simplesmente fechar os olhos a uma realidade presente no mundo atual, como é o terrorismo. É preciso enfrentá-la, pois a sociedade não pode ficar desprotegida, à mercê de perigos que ponham em risco sua própria existência. Ocorre, porém, que os fins jamais justificam os meios. As formas de reação oficiais devem ser pautadas pelo respeito aos princípios fundamentais previstos na Constituição.

6.13. SÍNTESE

DIREITO PENAL DO INIMIGO	
CONCEITO	■ Trata-se de um Direito Penal de exceção, destinado a combater o "inimigo", eliminando perigos sociais.
INIMIGO (JAKOBS)	■ Aquele que, de modo duradouro, abandonou o direito e não fornece garantias cognitivas mínimas de segurança de seu comportamento pessoal, demonstrando-o por meio de suas ações delitivas reiteradas (por exemplo: terroristas, criminosos habituais etc.).
FASES	■ São três: crítica (1985), descritiva (1999) e legitimadora (2003). Jakobs começou expondo o Direito Penal do Inimigo de maneira crítica, como uma legislação a ser combatida ("assim, não!"). Depois, passou a narrá-lo de modo descritivo, apontando suas características e diferenciando-o do Direito Penal do Cidadão ("assim, talvez sim"). Enfim, passou a legitimá-lo, buscando construir suas premissas filosóficas e jurídicas ("assim, se não há outro remédio, sim!").
CARACTERÍSTICAS	a) tem como finalidade a eliminação de perigos; b) baseia-se na periculosidade do agente; c) efetua uma ampla antecipação da punibilidade, punindo atos preparatórios; d) as penas são severas; e) aplica-se uma legislação diferenciada, com enfoque combativo; f) utiliza-se principalmente de medidas de segurança; g) garantias processuais penais são suprimidas.

---

6 *Direito penal do inimigo* — a terceira velocidade do direito penal, p. 334.

7 Francisco Muñoz Conde, *De nuevo sobre el "derecho penal del enemigo"*, 2. ed., p. 125.

CRÍTICAS	a) falta de delimitação clara de seus pressupostos jurídicos e procedimentais; b) incompatibilidade com os princípios fundamentais, como a dignidade do homem e a presunção de inocência; c) conceito elástico de inimigo; d) ausência de definição segura das hipóteses de incidência do Direito Penal do Inimigo e do Direito Penal do Cidadão; e) é uma forma de resgatar o Direito Penal do Autor, incompatível com o Estado Democrático de Direito.

6.14. QUESTÃO

1. (Ministério Público/SP — 2013) É exemplo típico do chamado Direito Penal do Inimigo:

a) a caça, o sequestro e a condução do oficial nazista (Executor Chefe do III Reich) Adolf Eichmann para Israel em 1960, onde ele foi preso, julgado, condenado e executado por haver contribuído para a "solução final", que vitimou mais de cinco milhões de judeus, durante a II Guerra Mundial.

b) a prisão e o julgamento (ainda não encerrado) por Tribunal instalado no Camboja, do dirigente do Khmer Vermelho Khieu Samphan (ex-presidente do conselho de estado do Kampuchea Democrático) — que é filho de um juiz e que estudou economia e ciências políticas em Paris —, pela prática de crimes de guerra e contra a humanidade, assassinato, tortura e perseguição por razões religiosas e de raça contra a minoria muçulmana cham, a população vietnamita e o monacato, cujo resultado foi a morte de cerca de um quarto da população daquele país (mais de um milhão e meio de pessoas), entre os anos de 1975 e 1979.

c) a perseguição, prisão e submissão a julgamento (está em curso) do psiquiatra e poeta Radovan Karadzic, de origem sérvia e cristã, que presidiu a Bósnia-Herzegovina durante a Guerra dos Bálcãs, em 1992, acusado perante o Tribunal Internacional da ONU para a ex-Iugoslávia, instalado em Haia, de ter contribuído para o genocídio, a "limpeza étnica" e a prática de crimes contra a humanidade que resultaram na morte de dezenas de milhares de mulçumanos bósnios e croatas.

d) a prisão, o julgamento e a condenação à prisão perpétua (pena máxima permitida), por genocídio e crimes contra a humanidade, em dezembro de 2008, pelo Tribunal Penal Internacional para Ruanda, instalado na Tanzânia, dos três principais dirigentes — Theoneste Bagosora, Aloys Ntabakuze e Anatole Nsengiyumva — do governo daquele país à época, pertencentes à etnia Hutu, que instigaram, colaboraram, permitiram e foram responsabilizados pelo massacre de cerca de oitocentas mil pessoas da etnia Tutsi, ocorrido em 1994.

e) a procura, localização e a posterior execução (por tropa militar norte-americana — SEALs) do árabe saudita e muçulmano Osama Bin Laden, líder da Al-Qaeda (A Base), ocorrida no Paquistão, em maio de 2011, por ter sido a ele atribuída a prática de crimes contra a humanidade, assassinatos em massa e terrorismo (inclusive o planejamento do ataque aéreo às chamadas "Torres Gêmeas" em Nova Iorque, EUA, em que mais de três mil pessoas morreram).

GABARITO

1. "e". Note que as demais alternativas citam casos em que os réus foram (ou estão sendo) devidamente julgados, diversamente do que ocorreu no episódio envolvendo a morte de Osama Bin Laden.

7

CONCEITOS FUNDAMENTAIS

7.1. FONTES DO DIREITO PENAL

Fontes do direito são a origem das normas jurídicas. Dividem-se em: **fontes materiais, substanciais ou de produção**, as quais indicam o **órgão encarregado da produção** do Direito Penal; e **fontes formais, de conhecimento ou de cognição**, correspondem às **espécies normativas** (em sentido lato) que podem conter normas penais.

7.1.1. Fontes materiais, substanciais ou de produção

Em nosso ordenamento jurídico, somente a **União** possui competência legislativa para criar normas penais (CF, art. 22, I).

A Constituição de 1988 inovou, porém, no parágrafo único, ao dispor que "lei complementar poderá autorizar os Estados a legislar sobre questões específicas das matérias relacionadas neste artigo".

Trata-se de **competência legislativa suplementar**, de ordem **facultativa**, que poderá ser instituída a critério da União.

Conforme já destacamos nesta obra, desde a promulgação da Carta Política vigente não se fez uso dessa prerrogativa. Se isto vier a ocorrer, diversos limites deverão ser observados, não só formais, como a necessidade de edição de lei complementar autorizadora, fixando as questões específicas a serem abordadas, senão também materiais.

Aos Estados (e ao Distrito Federal, a quem igualmente socorre a competência suplementar), será vedado disciplinar temas fundamentais de Direito Penal, notadamente aqueles ligados à Parte Geral. A lei local, ainda, deverá manter-se em harmonia com a federal, estabelecendo-se entre ambas uma relação de regra e exceção, cumprindo que esta seja plenamente justificada diante de peculiaridades regionais.

Os Estados e o Distrito Federal poderão, a pretexto de regular temas específicos, definir condutas como infrações penais e impor-lhes a respectiva pena, sem jamais afrontar a lei federal, inovando apenas no que se refere às suas particularidades[1].

Afigure-se um exemplo: na década de 1980, ocorreu, em Goiás, a contaminação de pessoas com material radioativo (o Césio-137), resultando na necessidade de

1 Luiz Vicente Cernicchiaro e Paulo José da Costa Jr., *Direito penal na Constituição,* 2. ed., p. 29.

armazenamento e enterramento do "lixo atômico" encontrado. Esse fato, de efeito local, poderia ser objeto da legislação estadual de cunho penal[2], visando eliminar novos riscos de contato humano.

7.1.2. Fontes formais, de conhecimento ou de cognição

As fontes formais referem-se às espécies normativas (em sentido lato) que podem conter normas penais (incriminadoras ou não incriminadoras).

Subdividem-se em imediatas (ou primárias) e mediatas (ou secundárias).

Somente **a lei** (em sentido estrito) pode servir como **fonte primária e imediata do direito penal**, em face do princípio constitucional da reserva legal, embutido no art. 5º, XXXIX, da CF e reiterado no art. 1º do CP. Vale recordar, nesse passo, que normas incriminadoras deverão obrigatoriamente estar previstas em **leis ordinárias ou complementares**.

Admitem-se, no entanto, **fontes secundárias ou mediatas:** são os **costumes** ("conjunto de normas de comportamento a que pessoas obedecem de maneira uniforme e constante pela convicção de sua obrigatoriedade"[3]), os **princípios gerais de direito** ("premissas éticas que são extraídas, mediante indução, do material legislativo"[4]) e a **analogia *in bonam partem*** (ver tópico a seguir).

Tais fontes somente podem servir como base para normas penais permissivas; jamais como fundamento de criação ou agravamento de normas penais incriminadoras (CF, art. 5º, XXXIX, e CP, art. 1º). Os princípios gerais do direito e os costumes, portanto, somente incidem na seara da licitude penal, ampliando-a.

É o caso, por exemplo, dos trotes acadêmicos, prática reconhecida e costumeira, de modo que possíveis infrações, como injúria (ex.: referir-se ao calouro como "bicho") ou constrangimento ilegal (ex.: obrigar o novato a repetir cânticos satíricos contra a sua vontade), são consideradas permitidas à luz do art. 23, III, do CP (exercício regular de um direito).

Os costumes, além disso, representam importante recurso interpretativo, sobretudo no tocante aos elementos normativos presentes em alguns tipos penais (p. ex., a expressão "ato obsceno" constante do art. 233 do CP).

Anote-se, por derradeiro, que os costumes não revogam lei penal (art. 2º, § 1º, da LINDB[5] — Decreto-lei n. 4.657/42).

7.2. ANALOGIA EM DIREITO PENAL

7.2.1. Natureza e conceito

A analogia constitui **método de integração do ordenamento jurídico**. Trata-se de mecanismo utilizado para **suprir ou colmatar lacunas**.

---

2 Exemplo de Luiz Vicente Cernicchiaro. In: *Direito penal na Constituição*, 2. ed., p. 30.

3 Damásio de Jesus, *Direito penal*: parte geral, v. 1, p. 27.

4 Damásio de Jesus, *Direito penal*: parte geral, v. 1, p. 29.

5 Lei de Introdução às Normas do Direito Brasileiro, antiga "Lei de Introdução ao Código Civil".

Consiste em "aplicar, a um caso não contemplado de modo direto ou específico por uma norma jurídica, uma norma prevista para uma hipótese distinta, mas semelhante ao caso não contemplado"[6].

Para utilizá-la, portanto, é preciso que se verifiquem **dois pressupostos:** 1º) existência de uma **lacuna** na lei; 2º) encontro no ordenamento jurídico de uma **solução legal semelhante**, vale dizer, uma regra jurídica que tenha sido estipulada para regular caso análogo. Funda-se a analogia no princípio *ubi eadem legis ratio, ibi eadem dispositio* ("onde há a mesma razão legal, aplica-se o mesmo dispositivo").

7.2.2. Analogia *in bonam partem* e *in malam partem*

Em Direito Penal, contudo, **somente** se admite a **analogia *in bonam partem***, ou seja, aquela utilizada em benefício do sujeito ativo da infração penal, por restringir o direito de punir do Estado, ampliando, consequentemente, o *ius libertatis* do indivíduo. Exemplo: o art. 22 do CP contém duas causas legais de inexigibilidade de conduta diversa (a coação moral irresistível e a obediência hierárquica). A presença destas excludentes importa na absolvição do agente, o qual será declarado pelo juiz "isento de pena". Em que pese existirem somente duas situações contempladas na Lei Penal, admite-se que o réu seja absolvido sempre que o juiz considerar que não se podia exigir dele outra conduta (isto é, na situação concreta ele não tinha condições de se comportar de outro modo), ainda quando o caso não constitua coação moral irresistível ou obediência hierárquica. Fala-se em causa "supralegal" (ou seja, não prevista em lei) de inexigibilidade de conduta diversa. A ampliação da norma permissiva contida no art. 22 do CP baseia-se na analogia *in bonam partem*.

Proíbe-se, de outra parte, **a analogia *in malam partem***, isto é, em prejuízo do sujeito ativo da infração penal, justamente por importar na criação de delitos não previstos em lei ou no agravamento da punição de fatos já disciplinados legalmente, atentando contra o princípio da legalidade. Acompanhe-se o exemplo: o art. 63 do CP define como reincidente aquele que comete *crime* depois de ter sido condenado com trânsito em julgado por outro *crime*, no Brasil ou no estrangeiro. O art. 7º da Lei das Contravenções Penais, por sua vez, estipula ser reincidente o agente que pratica uma *contravenção penal* depois de ter sido condenado definitivamente por outro *crime*, no Brasil ou no estrangeiro, ou por outra *contravenção* penal no Brasil. Na combinação dos dispositivos, nota-se uma lacuna: não é reincidente o autor de um crime praticado após ter sido ele irremediavelmente condenado por uma contravenção penal. Em suma, se o agente for condenado de modo definitivo por uma contravenção penal e, após, cometer outra *contravenção*, será *reincidente*, mas, se praticar um *crime*, será *primário*! Tal omissão do legislador gera uma situação injusta, que não pode ser corrigida pelo emprego da analogia, causando reincidência em ambas as situações, sob pena de agravar a punição de um fato sem expressa previsão legal.

Para o STJ, o crime de dano (CP, art. 163) contra o patrimônio do Distrito Federal tinha natureza simples (sujeitando-se à pena de 1 a 6 meses, ou multa) e não qualificada (cuja pena seria de detenção, de 6 meses até 3 anos, e multa). De acordo com

---

6 Maria Helena Diniz, *Lei de introdução ao Código Civil interpretada*, p. 108.

o Tribunal, a inclusão do Distrito Federal na qualificadora do inc. III do parágrafo único do art. 163 do CP, que somente previa a União, os Estados e os Municípios, além de empresa concessionária de serviços públicos ou sociedade de economia mista (sem incluir, portanto, o Distrito Federal), constituiria analogia *in malam partem*[7]. A Lei n. 13.351, de 7 de dezembro de 2017, corrigiu a omissão legislativa e inseriu o dano a bens do Distrito Federal na forma qualificada do crime de dano. Inseriu também o dano contra empresas públicas, autarquias e fundações públicas.

7.2.3. Espécies

São duas:

a) Analogia *legis*: dá-se com a **aplicação de uma norma** existente a um caso semelhante.

No dizer de Carlos Maximiliano, tal modalidade ocorre quando "falta uma só disposição, um artigo de lei, e então se recorre ao que regula um caso semelhante"[8].

Os exemplos citados no item anterior enquadram-se na analogia *legis*, a mais frequente.

b) Analogia *juris*: ocorre quando se estriba num **conjunto de normas**, visando retirar elementos que possibilitem sua aplicabilidade ao caso concreto não previsto (isto é, trata-se do encontro e aplicação de princípios gerais do direito).

Consoante o autor acima citado, dá-se a analogia *juris* quando não existir "nenhum dispositivo aplicável à espécie nem sequer de modo indireto; encontra-se o juiz em face de um instituto inteiramente novo, sem similar conhecido; é força, não simplesmente recorrer a um preceito existente, e, sim, a um complexo de princípios jurídicos, à síntese dos mesmos, ao espírito do sistema inteiro"[9].

FONTES DO DIREITO PENAL	MATERIAIS, SUBSTANCIAIS OU DE PRODUÇÃO	FORMAIS, DE CONHECIMENTO OU DE COGNIÇÃO
	■ Regra: União	■ Primária: lei
	■ Exceção: os Estados e o Distrito Federal	■ Secundárias: costumes, os princípios gerais de direito e a analogia *in bonam partem*

7 *Vide* REsp 1.683.732/SP, Rel. Min. Antonio Saldanha Palheiro, 6ª Turma, julgado em 25.09.2018, *DJe* 03.12.2018, e AgRg no RHC 81.644/DF, Rel. Min. Nefi Cordeiro, 6ª Turma, julgado em 06.03.2018, *DJe* 14.03.2018. No mesmo sentido, o próprio Tribunal do Distrito Federal: "embora o Distrito Federal seja um ente federativo, o inciso III do parágrafo único do art. 163 do Código Penal, ao qualificar o crime de dano, não fez menção a bens dessa unidade da federação. Ausente expressa disposição legal nesse sentido, é vedada a interpretação analógica *in malam partem*" (AP 0010287-04.2015.8.07.0009, 2ª Turma Criminal, julgado em 03.11.2016). Registre-se que a questão se encontra superada, pois a Lei n. 13.531, de 2017, alterou a redação do inc. III do parágrafo único do art. 163 do CP e passou a incluir expressamente, como forma de dano qualificado, aquele cometido "contra o patrimônio da União, de Estado, do Distrito Federal, de Município ou de autarquia, fundação pública, empresa pública, sociedade de economia mista ou empresa concessionária de serviços públicos".

8 *Hermenêutica e aplicação do direito,* 6. ed., p. 262.

9 *Hermenêutica e aplicação do direito,* 6. ed., p. 262.

7.3. HERMENÊUTICA E INTERPRETAÇÃO

Hermenêutica e interpretação não são conceitos idênticos. A **interpretação** constitui-se da **investigação** efetuada pelo aplicador do direito em busca do **alcance** e do **sentido das regras jurídicas**. A **Hermenêutica** é a **ciência** que se ocupa de sistematizar os métodos e os elementos da interpretação jurídica.

Desde Savigny, conhecem-se os seguintes elementos[10] de interpretação: gramatical, histórico e sistemático. É de ver que o jurista tedesco não se referia ao elemento teleológico, atualmente empregado com ampla difusão.

Conforme o autor acima citado, o aplicador do Direito deveria utilizar-se de todos os elementos, de modo que eles convergiriam para o verdadeiro sentido e o alcance da regra em análise.

Preferem os juristas, hodiernamente, falar em **métodos de interpretação**, até porque, a depender daquele utilizado, pode-se chegar a resultados diferentes quanto à compreensão da norma jurídica.

HERMENÊUTICA *VERSUS* INTERPRETAÇÃO	
■ **Hermenêutica:** ciência que se ocupa de sistematizar os métodos e os elementos da interpretação jurídica	■ A **interpretação** constitui-se da investigação efetuada pelo aplicador do direito em busca do alcance e do sentido das regras jurídicas

7.3.1. Métodos de interpretação

Os métodos de interpretação mais empregados são o **gramatical ou literal**, o **histórico**, o **sistemático** e o **teleológico**.

O **método gramatical ou literal** é, de todos, o único indispensável, por razões óbvias, já que se refere àquele em que se verificam semanticamente os vocábulos utilizados no texto. Toda atividade interpretativa começa pela via gramatical. Esta, porém, não esgota o processo hermenêutico.

Não se pode jamais, segundo pensamos, abrir mão do **método histórico**. Isto porque toda regra possui um antecedente social que a motiva. Não há como compreender um instituto jurídico sem situá-lo no tempo e no espaço, de modo a verificar-se em que contexto surgiu. As regras e princípios jurídicos não são vazios; pelo contrário, são fatos humanos que propulsionam sua criação, inspirada na salvaguarda de valores caros à sociedade, os quais devem ser levados em conta quando da aplicação da norma.

Assim, por exemplo, para compreender o tipo penal dos arts. 319-A e 349-A do CP, dedicados à incriminação do ingresso de aparelho móvel de comunicação no interior de estabelecimento prisional, mostra-se importante ter conhecimento dos antecedentes que motivaram a alteração legislativa; quando diversos presos passaram a se comunicar de dentro das penitenciárias com o ambiente externo, cometendo diversos crimes.

---

[10] Savigny falava em elementos de interpretação, e não em métodos. Para ele, a Hermenêutica deveria se valer, sempre, dos elementos de interpretação, os quais, conjugados, chegariam a um mesmo resultado.

Além do mais, o **método sistemático** é de inegável importância. Toda norma, quando incorporada ao ordenamento, deve ser devidamente harmonizada com o sistema que lhe é preexistente. A aplicação de uma regra não pode contradizer outra, igualmente vigente e harmônica com a Constituição; é função primordial do intérprete compatibilizá-las, delimitando o espaço de cada uma delas — eis a função do método sistemático.

Cite-se, *v.g.*, o art. 28 do CP, o qual, no § 1º, isenta de pena o agente que, por embriaguez completa, proveniente de caso fortuito ou força maior, era, ao tempo da ação ou da omissão, inteiramente incapaz de entender o caráter ilícito do fato ou de determinar-se de acordo com esse entendimento. Pergunta-se, então, qual o conceito de embriaguez? Recorrendo ao método gramatical, verifica-se que se trata da intoxicação, aguda e transitória, provocada pelo álcool ou substâncias de efeitos análogos. Surge, daí, outra questão? As drogas ilícitas (substâncias psicoativas que causam dependência física ou psíquica) estão incluídas nesta definição? Uma resposta assistemática, ou seja, que não considera toda a legislação penal, certamente seria afirmativa. Ocorre, porém, que a intoxicação decorrente da ingestão de drogas ilícitas é tratada no art. 45 da Lei n. 11.343/2006, de tal modo que o art. 28 do CP, por exclusão, fica fora do alcance de tais situações.

O **método teleológico**, por derradeiro, talvez seja de todos o mais precioso, porquanto as regras buscam, todas elas, o cumprimento de um objetivo; é isso que se investiga por meio da interpretação teleológica. A norma, com ele, deixa de ser um fim em si mesma e passa a ser encarada como um instrumento que visa o atingimento de uma meta.

7.3.2. Interpretação quanto à origem

A interpretação se classifica, ainda, quanto à origem.

Nesse ponto, fala-se em: **interpretação autêntica**, quando **deriva do legislador**, isto é, do órgão de que provém a regra; **interpretação doutrinária**, quando elaborada pelos escritores de Direito; e **interpretação judicial**, se decorrente de decisões proferidas pelo Poder Judiciário.

A interpretação judicial ganhou especial importância com o atual panorama constitucional brasileiro, em decorrência da introdução em nosso sistema das decisões com efeito *erga omnes* e caráter vinculante, notadamente nas hipóteses de controle concentrado de constitucionalidade perante o Supremo Tribunal Federal e por conta das súmulas vinculantes.

7.3.3. Interpretação quanto ao resultado

A interpretação também se classifica, quanto ao seu resultado, em **interpretação restritiva ou estrita**, de um lado, e **interpretação extensiva ou ampliativa**, de outro. A primeira se dá quando o aplicador do direito, ao esclarecer os dizeres da norma, restringe-os, de tal modo que reduza seu alcance; a segunda, quando estende o seu âmbito até o limite possível das compreensões cabíveis nos dizeres legais.

Assim, por exemplo, ocorre interpretação restritiva quando se consideram maus antecedentes, para efeito de aplicação da pena, somente as condenações criminais transitadas em julgado, incapazes de gerar reincidência, em vez de todo e qualquer inquérito policial ou ação penal em andamento em face do réu.

Há, de outra parte, interpretação extensiva ao se concluir que o art. 159 do CP, o qual tipifica o crime de extorsão mediante sequestro, também abrange a extorsão mediante cárcere privado (afinal, seria absurdo entender que manter uma pessoa num cubículo acorrentada, isto é, em cárcere privado, e exigir da família dinheiro para libertá-la não constitui tal delito).

Deve-se ressaltar que a interpretação extensiva não viola o princípio da legalidade, pois a norma não é transferida a outro âmbito, mas ampliada dentro de sua própria esfera, até o limite semântico possível de suas expressões.

INTERPRETAÇÃO JURÍDICA		
Métodos de interpretação	**Interpretação quanto à origem**	**Interpretação quanto ao resultado**
■ gramatical ou literal	■ autêntica	■ restritiva ou estrita
■ histórico	■ doutrinária	■ extensiva ou ampliativa
■ sistemático	■ judicial	
■ teleológico		

■ 7.4. INTERPRETAÇÃO CONFORME A CONSTITUIÇÃO E O DIREITO PENAL

O STF tem admitido, nos últimos anos, em nome de se conferir ao Direito Penal uma maior seriedade, o emprego de interpretação conforme a Constituição de maneira a suprimir incoerências na legislação que enfraquecem sua eficácia, ainda que o resultado seja uma interpretação mais rigorosa de leis penais e, portanto, prejudicial ao agente.

Pode-se citar vários exemplos, tais como:

a) O entendimento da Suprema Corte no sentido de que, muito embora não possa a pena de multa ser convertida em prisão, ainda quando inadimplida injustificadamente pelo sentenciado (CP, art. 51), no caso de aplicação de pena privativa de liberdade cumulada com multa, a progressão de regime durante o cumprimento da pena (do regime fechado para o semiaberto ou deste para o regime aberto) fica condicionada ao pagamento (ou parcelamento) da multa criminal (salvo se o sentenciado comprovar que não tenha condições de adimplir com a pena pecuniária (EP n. 8, Rel. Min. Barroso, julgado em 01.07.2016).

b) A posição adotada por alguns Ministros do STF, mas ainda não consolidada, que considera o termo inicial da prescrição da pretensão executória o trânsito em julgado da condenação para ambas as partes, não somente o trânsito em julgado para a acusação, como consta do art. 112, I, do CP; sob esse ponto de vista, argumenta-se absurdo permitir que o prazo para o Estado dar início ao cumprimento da pena possa começar a fluir antes mesmo que a pena possa ser efetivamente executada (ARE 848.107, Rel. Min. Toffoli, ainda não julgado no mérito)[11].

c) A tese adotada pelo plenário do STF no sentido de que, uma vez admitida a suspensão de processos penais que abordem a mesma questão jurídica ventilada em recurso extraordinário por força do reconhecimento de repercussão geral, deve implicar a suspensão do prazo prescricional (ainda que inexista norma expressa a respeito); segundo a Suprema Corte, a possibilidade de obstar a fluência da prescrição decorre de uma interpretação conforme a Constituição do art. 116, I, do CP (RE 966.177, Rel. Min. Luiz Fux, julgado em 07.06.2017). Ver, na mesma linha: STF, ARE 1.259.169 AgR, Rel. Min. Roberto Barroso, 1ª Turma, julgado em 15.04.2020.

■ 7.5. INFRAÇÃO PENAL — CLASSIFICAÇÃO BIPARTIDA E TRIPARTIDA

Infração penal é um **gênero** que, em nosso ordenamento jurídico, subdivide-se em duas espécies: *crime* e *contravenção penal*.

De acordo com o art. 1º da LICP — Decreto-lei n. 3.914/41 —, constitui **crime** (ou delito) a **infração penal apenada com reclusão ou detenção**, acompanhada ou não de multa, e **contravenção penal** aquela punida com **prisão simples** (juntamente com multa) **ou somente com** pena de **multa**.

Esse paradigma, entretanto, tornou-se defasado com a atual Lei de Drogas (Lei n. 11.343, de 23.08.2006), pois o crime de porte de substâncias psicoativas para uso próprio (art. 28) somente contém no preceito secundário penas alternativas.

Há autores, como Luiz Flávio Gomes, para os quais a figura penal mencionada constitui infração penal *sui generis*. Esse entendimento, porém, não prevaleceu no STF:

> "I. **Posse de droga para consumo pessoal**: (art. 28 da L. 11.343/06 — nova Lei Antidrogas): **natureza jurídica de crime**. 1. O art. 1º da LICP — que se limita a estabelecer um critério que permite distinguir quando se está diante de um crime ou de uma contravenção — não obsta a que lei ordinária superveniente adote outros critérios gerais de distinção, ou estabeleça para determinado crime — como o fez o art. 28 da L. 11.343/06 — pena diversa da privação ou restrição da liberdade, a qual constitui somente uma das opções constitucionais passíveis de adoção pela lei incriminadora (CF/88, art. 5º, XLVI e XLVII). 2. Não se pode, na interpretação da L. 11.343/06, partir de um pressuposto desapreço do legislador pelo 'rigor técnico', que o teria levado inadvertidamente a incluir as infrações relativas ao usuário de drogas em um capítulo denominado 'Dos Crimes e das Penas', só a ele referentes. (L. 11.343/06, Título III, Capítulo III, arts. 27/30). 3. Ao uso da expressão 'reincidência', também não se pode emprestar um sentido 'popular', especialmente porque, em linha de princípio, somente disposição expressa em contrário na L. 11.343/06 afastaria a regra geral do C. Penal (C. Penal, art. 12). 4. Soma-se a tudo a previsão, como regra geral, ao processo de infrações atribuídas ao usuário de drogas, do rito estabelecido para os crimes de menor potencial ofensivo, possibilitan-

[11] Destaque-se que, entre os Ministros da 1ª Turma da Corte Suprema, esse entendimento já foi consolidado, fixando-se que: "O marco inicial do prazo da prescrição da pretensão executória coincide com a data em que possível a execução do título judicial condenatório" (ARE 1.054.714, Rel. Min. Marco Aurélio, julgado em 15.05.2018).

> do até mesmo a proposta de aplicação imediata da pena de que trata o art. 76 da L. 9.099/95 (art. 48, §§ 1º e 5º), bem como a disciplina da prescrição segundo as regras do art. 107 e seguintes do C. Penal (L. 11.343, art. 30). 6. Ocorrência, pois, de 'despenalização', entendida como exclusão, para o tipo, das penas privativas de liberdade. 7. Questão de ordem resolvida no sentido de que a L. 11.343/06 não implicou *abolitio criminis* (C. Penal, art. 107). II. Prescrição: consumação, à vista do art. 30 da L. 11.343/06, pelo decurso de mais de 2 anos dos fatos, sem qualquer causa interruptiva. III. Recurso extraordinário julgado prejudicado" (RE 430.105, Rel. Min. Sepúlveda Pertence, 1ª Turma, julgado em 13.02.2007, *DJe* 26.04.2007; grifos nossos).

De ver que tramita na Suprema Corte o Recurso Extraordinário n. 635.659, com repercussão geral reconhecida, no qual se discute a inconstitucionalidade do art. 28 da Lei de Drogas. O Ministro Relator, Gilmar Mendes, em sessão realizada no dia 20 de agosto de 2015, deu provimento ao recurso, declarando a inconstitucionalidade da norma sem redução de texto, de modo a se interpretar suas providências como medidas de natureza civil e administrativa (e não mais, portanto, como sanções penais). De acordo com o Ministro, a criminalização conduz à estigmatização do usuário e põe em risco medidas de prevenção e redução de danos. Observou, ainda, que a norma estabelece sanção desproporcional e ofensiva ao direito à personalidade, além de se tratar de fato que causa dano eminentemente privado e não coletivo. Acrescentou, outrossim, que nos casos de prisão em flagrante por tráfico de drogas, a apresentação imediata do preso ao juiz deverá ser obrigatória, de modo a evitar que o fato seja indevidamente capitulado como tráfico. O julgamento foi interrompido com o pedido de vista de outros Ministros.

INFRAÇÃO PENAL	
Crime (ou delito)	**Contravenção penal**
■ Infração penal apenada com reclusão ou detenção (salvo o art. 28 da Lei de Drogas, punido somente com penas alternativas).	■ Infração punida com prisão simples (juntamente com multa) ou somente com pena de multa.

■ 7.5.1. Diferenças entre crime e contravenção penal

Os traços distintivos residem em suas consequências e em seu regime jurídico. Além da distinção acima retratada, há outras:

a) quanto à ação penal: os crimes podem ser de ação penal pública, condicionada ou incondicionada, ou de ação penal privada (CP, art. 100); já as contravenções penais são sempre de ação penal pública incondicionada (LCP, art. 17);

b) quanto à punibilidade da tentativa: é punível a tentativa de crimes (CP, art. 14, II), o que não se dá nas contravenções (LCP, art. 4º);

c) quanto ao elemento subjetivo: os crimes podem ser dolosos ou culposos (CP, art. 18); nas contravenções, basta seja a conduta voluntária (LCP, art. 3º)[12];

[12] De ver, porém, que essa diferença textual é incompatível com o princípio da responsabilidade penal subjetiva, de tal modo que se mostra igualmente indispensável às contravenções penais a existência de dolo ou culpa no proceder do agente.

d) quanto ao tratamento do erro: aos crimes, aplicam-se os princípios do erro de tipo e de proibição (CP, arts. 20 e 21); às contravenções, somente o erro de direito (LCP, art. 8º);

e) quanto à extraterritorialidade: a lei penal brasileira se aplica tanto aos crimes praticados no Brasil (CP, art. 5º) como àqueles cometidos no exterior (CP, art. 7º), mas somente às contravenções perpetradas em território nacional (LCP, art. 2º);

f) quanto ao limite de cumprimento: o limite de cumprimento das penas privativas de liberdade decorrentes de crime é de quarenta anos (CP, art. 75); das contravenções é de cinco (LCP, art. 10);

g) quanto ao *sursis*: com relação aos crimes, a duração do *sursis* pode variar de dois a quatro anos e, excepcionalmente, de quatro a seis anos (CP, art. 77); para as contravenções, o limite é de um a três anos (LCP, art. 11).

DIFERENÇAS ENTRE CRIME E CONTRAVENÇÃO PENAL	
AÇÃO PENAL	■ As contravenções penais são sempre de ação penal pública incondicionada
TENTATIVA	■ Não é punível a tentativa de contravenções
ERRO	■ Às contravenções, somente se aplica o erro de direito
EXTRATERRITORIALIDADE	■ A lei penal brasileira somente se aplica às contravenções cometidas em território nacional
LIMITE DE CUMPRIMENTO	■ O limite de cumprimento das penas privativas de liberdade decorrentes das contravenções é de cinco anos
SURSIS	■ Com relação aos crimes, a duração do *sursis* pode variar de dois a quatro anos e, excepcionalmente, de quatro a seis anos (CP, art. 77); para as contravenções, o limite é de um a três anos (LCP, art. 11)

■ 7.5.2. Elementos e circunstâncias do crime

Por elementos do crime, entendem-se os **dados constitutivos** específicos da figura típica, que se bipartem em elementares e circunstâncias.

Elementares são os **dados essenciais** da figura típica, sem os quais não há crime, ou, ainda, cuja ausência provoca o surgimento de outro delito. Encontram-se no chamado "tipo fundamental" (o *caput* da norma penal incriminadora). Exemplo: são elementares do crime de homicídio "matar" + "alguém" (CP, art. 121, *caput*).

Circunstâncias, por outro lado, são **dados acessórios** da figura típica que, agregados ao tipo fundamental, influem na quantidade da pena, aumentando-a ou atenuando-a. Exemplos: o fato de a vítima ser menor de 14 anos ou maior de 60 constitui circunstância do homicídio (CP, art. 121, § 4º, parte final), pois aumenta a pena do crime em um terço; o motivo de relevante valor moral ou social, de igual modo, porquanto diminui a pena do homicídio de um sexto a um terço (CP, art. 121, § 1º).

Tais elementos, sejam essenciais, sejam acessórios, podem ter natureza **objetiva, subjetiva** ou **normativa:**

■ **Elementos objetivos:** dados de natureza concreta, perceptíveis sensorialmente (isto é, por intermédio de nossos sentidos). Exemplos: verbos núcleo do tipo (como “matar” — no art. 121 do CP; “subtrair” — no art. 155 do CP), referências ao lugar do crime (“lugar aberto ao público” — no art. 233), ao momento do crime (“durante o parto ou logo após” — no art. 123 do CP), ao modo de execução (“mediante grave ameaça ou violência a pessoa” — no art. 157 do CP) e ao objeto material do delito (“alguém” — no art. 121 do CP).

- **Elementos subjetivos:** dados de natureza anímica ou psíquica. Referem-se à *intenção* do agente. Não são perceptíveis concretamente, mas apenas examinando o que se passa na mente do sujeito ativo. Exemplos: “para si ou para outrem” (CP, art. 155); “com o intuito de obter para si ou para outrem indevida vantagem econômica” (CP, art. 158).
- **Elementos normativos:** esses dados da figura típica não são aferíveis nem no mundo concreto nem na psique do autor. Abrangem todas as expressões contidas no tipo penal que requerem um juízo de valor, o qual pode ter caráter jurídico, como nas expressões “documento” (CP, art. 297) ou “funcionário público” (CP, art. 327), ou extrajurídico (moral, político, religioso, ético etc.), como nas expressões “decoro” e “dignidade” (CP, art. 140), “ato obsceno” (CP, art. 233) etc.

As **circunstâncias**, ademais, classificam-se em **judiciais** ou **legais:**

- **judiciais:** encontram-se previstas no art. 59, *caput*, do CP (culpabilidade, antecedentes, conduta social e personalidade do agente, circunstâncias, consequências e motivos do crime e comportamento da vítima);
- **legais:** podem ser genéricas, quando previstas na Parte Geral do Código Penal (agravantes, atenuantes, causas de aumento e diminuição da pena), ou específicas, se estiverem na Parte Especial do Código (qualificadoras e causas especiais de aumento e redução).

ESTRUTURA DO PRECEITO PRIMÁRIO	
	■ Os elementos do tipo podem ser objetivos, subjetivos ou normativos
	■ Dividem-se em elementares: dados essenciais da figura típica (estão no *caput*); e circunstâncias: dados acessórios, que influem na quantidade da pena, aumentando-a ou atenuando-a
	■ As circunstâncias classificam-se em judiciais ou legais

7.5.3. Comunicabilidade das elementares e circunstâncias no concurso de agentes

Consoante dispõe o art. 30 do CP, são **incomunicáveis as condições de caráter pessoal** (aquelas que se referem ao autor do fato), **salvo quando elementares do crime**.

Graças a esse dispositivo, por exemplo, o fato de um dos concorrentes do crime ser reincidente não prejudica os demais comparsas que forem primários, ou, ainda, se um dos participantes do delito for inimputável em razão da menoridade penal, somente a ele aproveitará tal condição, a qual não se comunicará aos maiores de 18 anos.

O dispositivo consubstancia duas regras fundamentais:

- **Todas as elementares do crime**, objetivas, normativas ou subjetivas, **comunicam-se aos concorrentes** (se por eles forem conhecidas). Assim, por exemplo, a condição de funcionário público, elementar do crime de peculato (CP, art. 312), estende-se ao coautor ou partícipe que não ostente tal qualidade, fazendo com que ele, embora particular, responda pelo delito.

■ **As circunstâncias da infração penal comunicam-se apenas quando objetivas** (e forem conhecidas pelos demais concorrentes). Por esse motivo, o emprego de arma de fogo por um dos agentes no crime de roubo provoca, com relação a todos, a incidência da causa de aumento de pena daí decorrente (CP, art. 157, § 2º-A, I). **Se subjetivas, serão incomunicáveis.** Exemplo: o motivo egoístico, que qualifica o crime de dano (CP, art. 163, parágrafo único, IV, 1ª figura), não se comunica aos demais concorrentes que tenham colaborado para o fato por outros motivos.

7.5.4. Circunstâncias elementares

Alguns doutrinadores identificam uma **terceira modalidade** ao lado das elementares e circunstâncias do crime. Esse *tertium genus*, ao qual se dá o nome de circunstâncias elementares, abrangeria todos os dados acessórios da figura típica que dão origem a figuras qualificadas ou privilegiadas (ex.: o motivo torpe no crime de homicídio — art. 121, § 2º, I).

Na verdade, os elementos do crime dividem-se apenas em elementares ou circunstâncias; portanto, as figuras que dão origem a tipos qualificados ou privilegiados são, na verdade, circunstâncias, e a seu regime jurídico devem sujeitar-se.

7.6. SUJEITOS DO CRIME

7.6.1. Sujeito ativo

É a pessoa que pratica a infração, que a comete (seu autor, coautor ou partícipe). Em princípio, só pode ser sujeito ativo do crime o ser humano (*não se fala em conduta punível no comportamento de animais*), maior de 18 anos (CF, art. 228, e CP, art. 27). Menores de 18 anos que cometem fatos definidos como delitos praticam atos infracionais, sujeitando-se às medidas socioeducativas da Lei n. 8.069/90 (Estatuto da Criança e do Adolescente).

7.6.1.1. Capacidade especial do sujeito ativo (crimes próprios e de mão própria)

De regra, as infrações penais podem ser praticadas por quaisquer pessoas. Quando for assim, teremos um **crime comum**. Casos há, no entanto, em que se exige do sujeito ativo uma capacidade especial, uma condição específica, sem a qual não há o delito (exs.: peculato — art. 312 do CP, que só pode ser praticado por funcionário público; infanticídio — art. 123 do CP, cometido somente pela mãe); essa qualidade especial do sujeito ativo funciona como *elementar* do crime. Tais delitos são denominados **crimes próprios**.

Os **crimes próprios não se confundem com os de mão própria** (também chamados de crimes de atuação pessoal ou de conduta infungível). Estes correspondem aos que somente podem ser praticados por pessoas que ostentem a condição exigida em lei; ademais, **só admitem a figura da participação** (nunca a coautoria). Exemplo: CP, art. 342 — falso testemunho. Os crimes próprios, por sua vez, permitem ambas as formas de concurso de pessoas.

Fala-se, ainda, em **crime bipróprio**, quando a lei exigir qualidade especial tanto do sujeito ativo quanto do sujeito passivo. É o caso do crime de maus-tratos (art. 136 do CP), em que o agente deve ser uma pessoa legalmente qualificada como detentora de autoridade, guarda ou vigilância sobre o sujeito passivo. Este, por óbvio, somente poderá ser a pessoa que, segundo a lei, figurar na condição de indivíduo sujeito à autoridade etc. do autor do fato.

7.6.1.2. Responsabilidade penal da pessoa jurídica

Tradicionalmente, afirmava-se que *societas delinquere non potest* ("a pessoa jurídica não pode delinquir"). Na atualidade, contudo, tem prevalecido o entendimento contrário, a despeito da resistência de parte da doutrina.

Diante do ordenamento jurídico pátrio, **não há como negar a responsabilidade penal da pessoa jurídica**, à luz dos arts. 173, § 5º, e 225, § 3º, da CF e, sobretudo, depois da Lei n. 9.605/98 (Lei dos Crimes Ambientais). Os Tribunais superiores já se manifestaram favoravelmente à punição de entes fictícios.

Os detratores da responsabilidade penal da pessoa jurídica lançam mão de diversos argumentos, os quais foram sintetizados com maestria por Marcos Desteffeni: "(...) a falta de capacidade natural de ação, a carência de culpabilidade e a falta de indicação clara dos tipos penais em que poderia a pessoa jurídica incorrer"[13].

É de ver, contudo, que a punição do ente moral não é incompatível com as noções basilares do Direito Penal. Com respeito à capacidade de ação e de culpabilidade, deve-se responder à objeção destacando-se que, nos exatos termos do art. 3º da Lei Ambiental, "as pessoas jurídicas serão responsabilizadas administrativa, civil e penalmente conforme o disposto nesta Lei, nos casos em que a infração seja cometida por decisão de seu representante legal ou contratual, ou de seu órgão colegiado, no interesse ou benefício da sua entidade". Logo, a questão da conduta punível e a da culpabilidade (aí inserida a análise da imputabilidade penal) serão baseadas nas ações ou omissões criminosas praticadas pelos dirigentes do ente fictício, servindo como requisito necessário para que a pessoa jurídica seja penalmente responsabilizada. Afinal, como pondera Marcos Desteffeni, "a responsabilidade da pessoa jurídica (...) é sempre indireta, decorrente da conduta da pessoa física que atuar em seu nome e benefício (...)"[14].

O Superior Tribunal de Justiça condicionava a instauração de um processo penal contra uma pessoa jurídica à descrição concomitante dos atos delitivos praticados pelos dirigentes da empresa e em benefício dela (**teoria da dupla imputação**)[15]. Isto porque, sempre que se puder cogitar da responsabilização criminal de uma pessoa

---

[13] *Direito penal e licenciamento ambiental*, p. 132.

[14] *Direito penal e licenciamento ambiental*, p. 141.

[15] "A jurisprudência deste Sodalício é no sentido de ser possível a responsabilidade penal da pessoa jurídica em crimes ambientais desde que haja a imputação simultânea do ente moral e da pessoa natural que atua em seu nome ou em seu benefício" (STJ, EDcl no REsp 865.864/PR, Rel. Min. Adilson V. Macabau — desembargador convocado do TJRJ, 5ª Turma, julgado em 20.10.2011, *DJe* 01.02.2012).

jurídica, exige-se, *ex ante*, que tenha havido um comportamento delitivo (capaz de subsumir-se a um crime ambiental) cometido por seu representante e em seu interesse ou benefício. Dá-se, então, um **concurso necessário de agentes**, de modo que a denúncia deve descrever a conduta da pessoa jurídica e da pessoa física (ainda que esta, excepcionalmente, não tenha sido identificada).

O Supremo Tribunal Federal, deve-se frisar, adotou posição contrária, dispensando a imputação concomitante do delito ambiental à pessoa física, ao lado da pessoa jurídica: "1. O art. 225, § 3º, da Constituição Federal não condiciona a responsabilização penal da pessoa jurídica por crimes ambientais à simultânea persecução penal da pessoa física em tese responsável no âmbito da empresa. A norma constitucional não impõe a necessária dupla imputação. 2. As organizações corporativas complexas da atualidade se caracterizam pela descentralização e distribuição de atribuições e responsabilidades, sendo inerentes, a esta realidade, as dificuldades para imputar o fato ilícito a uma pessoa concreta. 3. Condicionar a aplicação do art. 225, § 3º, da Carta Política a uma concreta imputação também a pessoa física implica indevida restrição da norma constitucional, expressa a intenção do constituinte originário não apenas de ampliar o alcance das sanções penais, mas também de evitar a impunidade pelos crimes ambientais frente às imensas dificuldades de individualização dos responsáveis internamente às corporações, além de reforçar a tutela do bem jurídico ambiental. 4. A identificação dos setores e agentes internos da empresa determinantes da produção do fato ilícito tem relevância e deve ser buscada no caso concreto como forma de esclarecer se esses indivíduos ou órgãos atuaram ou deliberaram no exercício regular de suas atribuições internas à sociedade, e ainda para verificar se a atuação se deu no interesse ou em benefício da entidade coletiva. Tal esclarecimento, relevante para fins de imputar determinado delito à pessoa jurídica, não se confunde, todavia, com subordinar a responsabilização da pessoa jurídica à responsabilização conjunta e cumulativa das pessoas físicas envolvidas. Em não raras oportunidades, as responsabilidades internas pelo fato estarão diluídas ou parcializadas de tal modo que não permitirão a imputação de responsabilidade penal individual. (...)" (STF, RE 548.181, Rel. Min. Rosa Weber, 1ª Turma, julgado em 06.08.2013, *DJe* 30.10.2014). As decisões mais recentes do Superior Tribunal de Justiça também dispensam o oferecimento de denúncia concomitante contra a pessoa física. Nesse sentido: AgRg no RMS 48.085/PA, Rel. Min. Gurgel de Faria, 5ª Turma, julgado em 05.11.2015; RMS 39.173/BA, Rel. Min. Reynaldo Soares da Fonseca, 5ª Turma, julgado em 06.08.2015, *DJe* 13.08.2015; AgRg nos EDcl no RMS 43.817/SP, Rel. Min. Gurgel de Faria, 5ª Turma, julgado em 01.09.2015, *DJe* 18.09.2015; RHC 53.208/SP, Rel. Min. Sebastião Reis Júnior, 6ª Turma, julgado em 21.05.2015, *DJe* 01.06.2015; RMS 56.073/ES, Rel. Min. Ribeiro Dantas, 5ª Turma, julgado em 25.09.2018, *DJe* 03.10.2018.

Por outro lado, destaca-se recente decisão do STJ no sentido de que, "não sendo o caso de grande pessoa jurídica, onde variados agentes poderiam praticar a conduta criminosa em favor da empresa, mas sim de pessoa jurídica de pequeno porte, onde as decisões são unificadas no gestor e vem o crime da pessoa jurídica em seu favor, pode então admitir-se o nexo causal entre o resultado da conduta constatado pela atividade da empresa e a responsabilidade pessoal, por culpa subjetiva, de seu gestor"[16].

7.6.2. Sujeito passivo

Trata-se do **titular do bem jurídico tutelado pela norma penal**.

Divide-se em **sujeito passivo constante ou formal e sujeito passivo eventual ou material**. O crime, formalmente, é a violação de uma lei penal. A simples prática de algum crime, independentemente de suas consequências, gera um dano ao Estado, seu sujeito passivo constante ou formal. A vítima da infração, isto é, o titular do bem jurídico protegido na norma penal, por sua vez, considera-se sujeito passivo eventual ou material.

Podem ser sujeitos passivos eventuais de crimes: o ser humano, desde a concepção, a pessoa jurídica, o Estado, a coletividade e até entes sem personalidade jurídica.

Observações:

- **Civilmente incapaz:** pode ser sujeito passivo de delitos, na medida em que figure como titular de um bem jurídico tutelado por norma penal, como a vida e a integridade física, por exemplo.
- **Recém-nascido:** também pode ser sujeito passivo de crime (ex.: infanticídio — CP, art. 123).
- **Feto:** o mesmo se dá com o feto (ex.: sujeito passivo no crime de aborto — CP, arts. 124 a 127).
- **Cadáver:** a pessoa morta não poderá ser sujeito passivo de crime. No delito de vilipêndio a cadáver (art. 212 do CP), o sujeito passivo é a coletividade (segundo entendimento doutrinário dominante); e no crime de calúnia contra os mortos (art. 138, § 2º, do CP), sua família.
- **Animais:** não podem ser sujeitos passivos de crime, pois o direito não lhes reconhece a titularidade de bens jurídicos. Podem, por óbvio, ser objeto material, como no furto de animal doméstico e em alguns crimes ambientais.
- **Entes sem personalidade jurídica:** certas entidades desprovidas de personalidade jurídica, como a família, apesar de não serem titulares de bens jurídicos, podem ser sujeitos passivos de infrações penais. Esse o entendimento majoritário da doutrina. Os crimes que possuam como sujeito passivo um ente sem personalidade jurídica são chamados de **crimes vagos** (p. ex.: crimes contra a família).

7.6.2.1. Prejudicado ou lesado com o crime

Não se pode confundir o sujeito passivo com o prejudicado pelo crime; este é toda pessoa que sofre prejuízo de natureza cível com a prática da infração. No homicídio, o sujeito passivo é o falecido; os prejudicados, aqueles que viviam a suas expensas. Na falsificação de moedas, o sujeito passivo é a coletividade, titular da fé pública, ao passo que o prejudicado é o indivíduo que recebeu a moeda falsa.

---

16 RHC 39.936/RS, Rel. Min. Nefi Cordeiro, 6ª Turma, julgado em 16.06.2016. Na mesma esteira: STJ, AgRg no AgRg no HC 388.874/PA, Rel. Min. Rogério Schietti Cruz, 6ª Turma, julgado em 21.03.2019; AgRg no AREsp 1.527.212/DF, Rel. Min. Reynaldo Soares da Fonseca, 5ª Turma, julgado em 19.09.2019; e RHC 118.497/CE, Rel. Min. Nefi Cordeiro, 6ª Turma, julgado em 03.12.2019.

■ 7.6.2.2. *Pode uma pessoa ser, a um só tempo, sujeito ativo e passivo de um mesmo crime?*

De regra não, uma vez que todo crime exige lesão a bem *alheio* (princípio da alteridade). Veja-se que a lei pune condutas que aparentemente poderiam indicar tal possibilidade (p. ex.: autolesão para fraude contra seguro, ou porte de entorpecentes para uso próprio), mas um exame acurado revela que isso não ocorre.

Na autolesão para fraude contra seguro (CP, art. 171, § 2º, V), pune-se aquele que "lesa o próprio corpo ou a saúde, ou agrava as consequências de lesão ou doença, com o intuito de haver indenização ou valor de seguro". Nesse caso, o sujeito passivo não é o agente que se autolesiona, embora sofra as consequências imediatas da própria conduta, mas a companhia de seguro que pretende fraudar. No crime de porte de entorpecentes para uso próprio (Lei n. 11.343/2006, art. 28), a vítima é a incolumidade pública (e não o consumidor da droga).

A única exceção encontra-se no art. 137 do CP (rixa), em que, muito embora cada contendor seja autor das lesões que produz e vítima daquelas que sofre, há um só crime (logo, o rixoso é sujeito ativo e passivo da rixa da qual participa).

<table>
<tr><td rowspan="5">SUJEITOS DO CRIME</td><td rowspan="3">Ativo</td><td>Autor</td></tr>
<tr><td>Coautor</td></tr>
<tr><td>Partícipe</td></tr>
<tr><td rowspan="2">Passivo
■ Observação: Não confundir com prejudicado ou lesado com o crime, que é toda pessoa que sofre prejuízo de natureza cível com a prática da infração</td><td>Constante ou formal (Estado)</td></tr>
<tr><td>Eventual ou material (titular do bem protegido)</td></tr>
</table>

■ 7.7. OBJETO DO CRIME

Pode ser material ou jurídico.

Objeto material é a pessoa ou a coisa sobre a qual recai a conduta. Assim, o objeto material do homicídio é a vítima; do furto, a coisa subtraída; do tráfico ilícito de entorpecentes, a droga. O objeto material pode coincidir com o sujeito passivo da infração (isso ocorre no homicídio, em que o falecido é vítima e objeto material). Não raro, entretanto, o objeto material se distingue do ofendido. No caso do furto, por exemplo, o objeto material, como visto, é a coisa alheia móvel subtraída, enquanto a vítima é o titular do patrimônio violado.

Objeto jurídico, por outro lado, é o **bem jurídico tutelado pela norma penal incriminadora**. Assim, nos exemplos acima, os objetos jurídicos seriam, respectivamente: a vida humana, o patrimônio e a incolumidade pública.

OBJETO DO CRIME	
■ Material: pessoa ou coisa sobre a qual recai a conduta	■ Jurídico: bem jurídico tutelado pela norma penal incriminadora

7.8. LEI PENAL E NORMA PENAL

Lei e norma são conceitos distintos. A lei corresponde ao enunciado legislativo, e a norma refere-se ao comando normativo implícito na lei. Assim, por exemplo, no art. 121 do CP, a lei penal é "Matar alguém. Pena — reclusão, de seis a vinte anos". A norma penal, por outro lado, é "não matarás".

A lei penal reveste-se das seguintes características:

- **imperatividade:** impõe-se a todos, independentemente de sua vontade ou concordância;
- **exclusividade:** somente a ela cabe a tarefa de definir infrações penais;
- **generalidade:** incide sobre todos, generalizadamente;
- **impessoalidade:** projeta-se a fatos futuros, sem indicar a punição a pessoas determinadas.

7.8.1. Espécies de norma penal

São duas: a **norma penal incriminadora** e a **não incriminadora**.

A primeira compreende todos os dispositivos penais que descrevem condutas e lhes cominam uma pena. **Compõe-se do preceito** ou **preceito primário** — descrição da ação ou omissão proibida — **e da sanção** ou **preceito secundário** — quantidade e qualidade da(s) pena(s) aplicável(eis). Seu **comando** normativo pode ser **proibitivo ou mandamental**. Nos crimes comissivos, a lei penal descreve e pune uma ação esperando que todos se abstenham de praticá-la; trata-se de uma norma proibitiva (ou seja, a ação prevista em lei é proibida, sob ameaça de pena). Nos crimes omissivos, a lei penal descreve uma omissão (um não fazer), porque espera de todos, naquela determinada situação, um comportamento ativo; trata-se de uma norma mandamental (isto é, a lei penal manda agir, sob pena de, omitindo-se, receber uma pena).

A **norma penal não incriminadora**, por sua vez, **subdivide-se em explicativa ou complementar**, quando fornece parâmetros para a aplicação de outras normas (ex.: o conceito de funcionário público para fins penais do art. 327 do CP), **e permissiva**, quando aumenta o âmbito de licitude da conduta (e, *a contrario sensu*, restringe o direito de punir do Estado) (p. ex.: o art. 25 do CP, que define a legítima defesa).

7.8.2. Lei penal em branco

Trata-se da lei cujo preceito primário é incompleto, embora o preceito secundário seja determinado. Tal lei tem de ser completada por outra, já existente ou futura, da mesma hierarquia ou de hierarquia inferior. Exemplo: os tipos penais da Lei n. 11.343/2006 são leis penais em branco, uma vez que punem condutas relacionadas com drogas ilícitas sem descrever quais seriam essas substâncias (tal informação se encontra em ato administrativo da Agência Nacional de Vigilância Sanitária — ANVISA); o art. 237 do CP pune a conduta daquele que contrai casamento tendo ciência da existência de impedimentos que lhe causem nulidade absoluta, os quais se encontram no Código Civil.

■ *7.8.2.1. Espécies*

São duas as espécies de leis penais em branco: **em sentido lato ou homogênea e em sentido estrito ou heterogênea**.

Entende-se por lei penal em branco homogênea aquela cujo complemento se encontra descrito numa fonte formal da **mesma hierarquia** da norma incriminadora, ou seja, quando o complemento também está previsto numa lei **ordinária** (ou outra espécie normativa equivalente). Exemplo: art. 237 do CP ("Contrair casamento, conhecendo a existência de impedimento que lhe cause a nulidade absoluta"), complementado pelo Código Civil, o qual enumera tais causas no art. 1.521.

Em sentido estrito ou heterogênea é aquela cujo complemento está descrito em **fonte formal distinta** daquela do tipo penal incriminador. Exemplo: Lei n. 11.343/2006, art. 33 (tráfico ilícito de drogas), que não indica quais são as "drogas ilícitas", delegando tal função a normas administrativas (portarias da ANVISA); com efeito, o art. 1º, parágrafo único, dessa Lei dispõe que: "... consideram-se como drogas as substâncias ou os produtos capazes de causar dependência, assim especificados em lei ou relacionados em listas atualizadas periodicamente pelo Poder Executivo da União".

Destaque-se, ainda, que a **lei penal em branco em sentido lato** pode ser classificada em **homovitelina**, quando o complemento se encontrar no mesmo Diploma (exemplo: art. 317 do CP — corrupção passiva — já que a definição de funcionário público encontra-se no art. 327 do CP), e **heterovitelina**, caso o complemento esteja em Diploma diverso (o aludido exemplo do art. 237 do CP, cujo complemento está no Código Civil).

Existe, também, a chamada **lei penal em branco em sentido constitucional**. São os mandados de criminalização, ordens direcionadas ao legislador ordinário, para que criminalize determinado comportamento. Exemplo: art. 5º, XLII, da CF — determina que o racismo será considerado crime (inafiançável e imprescritível) — o crime de racismo não existia quando da promulgação da Carta Magna de 1988, passando a ser uma figura típica em 1989, com a edição da Lei n. 7.716/89, cumprindo o legislador ordinário a ordem do constituinte. Observe-se que um dos últimos mandados expressos de criminalização cumpridos pelo nosso legislador foi o terrorismo, comando inserido no art. 5º, XLIII, da CF, validamente tipificado no Brasil com o advento da Lei n. 13.260/16.

■ 7.8.3. Lei penal incompleta

Dá-se o nome de lei penal incompleta (ou lei penal em branco às avessas) ao fenômeno inverso ao da lei penal em branco, ou seja, àquela **lei determinada no preceito e indeterminada na sanção**. A descrição da conduta típica encontra-se perfeita no preceito primário, ao passo que a sanção não consta da lei, que faz remissão a outra (ex.: Lei n. 2.889/56, que pune o crime de genocídio).

LEI PENAL — CARACTERÍSTICAS	
	■ Imperatividade: impõe-se a todos independentemente de sua vontade ou concordância
	■ Exclusividade: somente a ela cabe a tarefa de definir infrações penais
	■ Generalidade: incide sobre todos, generalizadamente
	■ Impessoalidade: projeta-se a fatos futuros, sem indicar a punição a pessoas determinadas

NORMA PENAL	■ Incriminadora	■ Compõe-se do preceito primário e do preceito secundário
	■ Não incriminadora	■ Subdivide-se em explicativa ou complementar e permissiva

LEI PENAL EM BRANCO (aquela cujo preceito primário é incompleto)	■ Divide-se em sentido lato ou homogênea e em sentido estrito ou heterogênea
LEI PENAL INCOMPLETA	■ É a lei determinada no preceito e indeterminada na sanção

■ 7.9. RESULTADO DO CRIME

Há duas teorias que conceituam diversamente o resultado para fins penais:

■ **teoria naturalística:** resultado é a modificação no mundo exterior provocada pela ação ou omissão;

■ **teoria jurídica:** resultado é a lesão ou ameaça de lesão ao bem jurídico tutelado pela norma penal.

Há crime sem resultado? De acordo com a teoria naturalística, isso ocorre nos crimes de mera conduta. Para a teoria jurídica, não há crime sem resultado jurídico, de modo que, se a ação ou omissão não provocou uma afetação (lesão ou ameaça de lesão) a algum bem jurídico penalmente tutelado, não houve crime.

RESULTADO DO CRIME	
Naturalístico ou material	**Jurídico ou normativo**
■ Modificação no mundo exterior provocada pela conduta	■ Lesão ou ameaça de lesão ao bem jurídico tutelado pela norma penal

■ 7.10. QUESTÕES

1. (Defensoria Pública/SP — FCC — 2007) A diferença entre crime e contravenção penal está estabelecida:

a) pelo Código Penal.
b) pela Lei de Contravenções Penais.
c) pela Lei n. 9.099/95 (Juizados Especiais).
d) pela Lei de Introdução ao Código Penal.
e) pela Constituição Federal.

2. (Defensoria Pública/SP — FCC — 2009) Assinale a alternativa correta.

a) Bens jurídicos relevantes são penalmente tutelados independentemente de tipo penal.
b) Os tipos penais são criados pelo legislador, excepcionalmente, entretanto, o juiz pode, usando analogia, criar tipos penais.
c) Nos tipos penais abertos a conduta não é totalmente individualizada.
d) O tipo penal define condutas e personalidades criminosas.
e) A lei penal em branco é inconstitucional por conter delegação de competência.

3. (85º Concurso de Ingresso ao MPSP — 2006) Em relação à responsabilidade penal das pessoas jurídicas, analise as seguintes afirmações e assinale a alternativa correta.

I. Não é admitida no Direito Brasileiro, em face da adoção pela lei dos princípios da pessoalidade e da culpabilidade, e da assertiva *societas delinquere non potest.*

II. O reconhecimento da responsabilidade penal de pessoa jurídica por crime de poluição implica, pela impossibilidade de *bis in idem*, na não responsabilização penal pessoal dos diretores da sociedade, pelos mesmos fatos.
III. O Direito Penal Brasileiro admite a responsabilização penal da pessoa jurídica, prevendo a aplicação, exclusivamente, das penas de multa e prestação de serviços à comunidade.
a) Apenas a afirmação I é incorreta.
b) Apenas a afirmação II é incorreta.
c) Todas as afirmações são incorretas.
d) Apenas a afirmação III é correta.
e) Apenas as afirmações II e III são corretas.

■ GABARITO ■

1. "d". De acordo com o art. 1º da Lei de Introdução ao Código Penal — Decreto-lei n. 3.914/41 —, constitui **crime** (ou delito) a **infração penal apenada com reclusão ou detenção**, acompanhada ou não de multa, e **contravenção penal** aquela punida com **prisão simples** (juntamente com multa) **ou somente com** pena de **multa**.

2. "c". Os crimes de tipo aberto são aqueles cuja definição emprega termos amplos, de modo a abarcar diversos comportamentos diferentes.

3. "c". A responsabilidade penal da pessoa jurídica é admitida na Constituição Federal e na Lei n. 9.605/98.

A responsabilização da pessoa jurídica, de acordo com o entendimento jurisprudencial da época do concurso (2006), implicava necessariamente a responsabilização individual dos seus responsáveis (teoria da dupla imputação).

Há diversas penas admitidas às pessoas jurídicas, compatíveis com sua condição, previstas no art. 22 da Lei n. 9.605; são elas: suspensão parcial ou total de atividades; interdição temporária de estabelecimento, obra ou atividade; proibição de contratar com o Poder Público, bem como dele obter subsídios, subvenções ou doações.

8

CLASSIFICAÇÃO DE CRIMES

8.1. INTRODUÇÃO

Existem diversos critérios de classificação de crimes, baseados nas diferentes características que podem ter os delitos. Neste capítulo, selecionamos os mais conhecidos, que voltarão a ser explicados ou referidos ao longo da obra.

8.2. CRITÉRIOS DE CLASSIFICAÇÃO

8.2.1. Quanto ao diploma normativo

Com relação ao diploma em que possam ser encontrados, os crimes se dividem em **comuns** e **especiais**.

Os primeiros são aqueles **previstos no Código Penal**, como o homicídio (art. 121), a lesão corporal (art. 129), o furto (art. 155), o roubo (art. 157), o estelionato (art. 171), o estupro (art. 213), a corrupção ativa e passiva (arts. 317 e 333).

Os outros são os **tipificados em leis penais extravagantes**, como o genocídio (Lei n. 2.889/56, art. 1º), o racismo (Lei n. 7.716/89, arts. 3º ao 14 e 20), o homicídio culposo e a direção culposa na direção de veículo automotor (Lei n. 9.503/97, arts. 302 e 303), a "lavagem" de bens e capitais (Lei n. 9.613/98, art. 1º), o porte ilegal de arma de fogo (Lei n. 10.826/2003, art. 14), o tráfico ilícito de drogas (Lei n. 11.343/2006, art. 33).

É de ver que as regras gerais do Código Penal, isto é, todas aquelas contidas na Parte Geral, além de outras de conteúdo genérico previstas na Parte Especial (p. ex., arts. 121, § 5º, e 327), aplicam-se a todas as leis penais especiais (ou extravagantes), salvo quando estas dispuserem em sentido contrário (*vide* art. 12 do CP).

8.2.2. Quanto ao sujeito ativo

8.2.2.1. Quanto à pluralidade de sujeitos como requisito típico

Com referência à pluralidade de sujeitos ativos como requisito típico, os delitos se classificam em: **crimes unissubjetivos, monossubjetivos ou de concurso eventual:** trata-se daqueles que **podem** ser cometidos por **uma só pessoa ou** por **várias**, em concurso de agentes (CP, art. 29); e **crimes plurissubjetivos ou de concurso necessário:** casos em que o tipo penal exige a pluralidade de sujeitos ativos como requisito típico, isto é, a conduta descrita no verbo nuclear deve, obrigatoriamente, ser praticada por duas ou mais pessoas.

A maioria dos crimes enquadra-se dentre os unissubjetivos, monossubjetivos ou de concurso eventual. É assim com o homicídio (CP, art. 121), com a lesão corporal (CP, art. 129), com o furto (CP, art. 155), com a apropriação indébita (CP, art. 168), com o estelionato (CP, art. 171), com o porte ilegal de arma de fogo (Lei n. 10.826/2003, art. 14), com o tráfico ilícito de drogas (Lei n. 11.343/2006, art. 33) e tantos outros.

Nesses casos, se mais de uma pessoa concorrer para o crime, todos responderão pelas penas a este cominadas, na medida de sua culpabilidade (CP, art. 29). Somente em hipóteses excepcionais, a cooperação entre os sujeitos poderá resultar na responsabilização de cada um deles por um crime diferente, como ocorre com a corrupção, em que o corruptor responde pelo delito do art. 333 do CP (corrupção ativa), e o funcionário corrompido, pelo art. 317 do CP (corrupção passiva).

Os crimes plurissubjetivos ou de concurso necessário são a minoria. Neles, o fato não configurará infração penal se somente uma pessoa o praticar; muitas vezes, sequer será possível que isso ocorra (p. ex., o crime de bigamia exige, por razões óbvias, no mínimo duas pessoas envolvidas).

Essas infrações penais se *subdividem* em **crimes plurissubjetivos:**

- de **condutas convergentes**, como a bigamia (CP, art. 235);
- de **condutas paralelas**, como a associação criminosa (CP, art. 288, com a redação dada pela Lei n. 12.850/2013);
- de **condutas contrapostas**, como a rixa (CP, art. 137).

Em todas as situações acima expostas, haverá uma pluralidade de pessoas figurando como sujeitos ativos.

É de ver que, sob o enfoque processual, se uma infração for praticada por vários indivíduos, seja em concurso eventual, seja necessário, dar-se-á o vínculo de *continência* por cumulação subjetiva (CP, art. 77, II), o qual motivará (como regra) a reunião de processos para julgamento conjunto (*simultaneus processus*).

8.2.2.2. *Quanto à qualidade especial do sujeito ativo*

No que tange à exigência típica de alguma qualidade especial do sujeito ativo, a doutrina classifica os crimes em crimes comuns e crimes próprios.

Os **crimes comuns** são aqueles em que não se exige nenhuma qualidade especial do sujeito ativo, de modo que **qualquer pessoa física**, que completou 18 anos, pode figurar como seu autor ou partícipe. Nessa categoria, enquadra-se a maioria das infrações penais. Por exemplo: homicídio (CP, art. 121), participação em suicídio ou automutilação (CP, art. 122), lesão corporal (CP, art. 129), calúnia (CP, art. 138), difamação (CP, art. 139), injúria (CP, art. 140), furto (CP, art. 155), roubo (CP, art. 157), apropriação indébita (CP, art. 168), estelionato (CP, art. 171), porte ilegal de arma de fogo (Lei n. 10.826/2003, art. 14), tráfico ilícito de drogas (Lei n. 11.343/2006, art. 33) e tantos outros.

Os **crimes próprios**, de sua parte, são aqueles em que a lei requer **alguma qualidade ou condição especial do sujeito ativo**, motivo por que somente determinadas pessoas podem cometê-los. É o caso do autoaborto ou aborto consentido (CP, art. 124), o qual só pode ser praticado pela gestante. Cite-se, ainda, o peculato (CP, art. 312), em que só o funcionário público (CP, art. 327) pode figurar como autor. Em se tratando de crimes próprios, admite-se a participação de um terceiro, que não ostente a qualidade ou condição especial exigida no tipo. Assim, por exemplo, se uma vizinha prestar auxílio a uma gestante para que esta interrompa sua gravidez, ambas responderão pelo crime do art. 124 do CP. Isto porque a qualidade ou condição especial de natureza pessoal, que figure como elementar (isto é, indispensável ao tipo penal), comunica-se aos coautores ou partícipes do delito, nos termos do art. 30 do CP.

Fala-se, finalmente, em **crime bipróprio**, quando a lei exigir qualidade especial tanto do sujeito ativo quanto do sujeito passivo. É o caso do crime de maus-tratos, do art. 136 do CP, em que o agente deve ser uma pessoa legalmente qualificada como detentora de autoridade, guarda ou vigilância sobre o sujeito passivo. Este, por óbvio, somente poderá ser a pessoa que, segundo a lei, figurar na condição de indivíduo sujeito à autoridade etc. do autor do fato.

8.2.2.3. *Quanto à possibilidade de coautoria*

Sob esta ótica, há **crimes de mão própria ou atuação pessoal**, em oposição aos crimes próprios. Ambos exigem uma qualidade ou condição especial do sujeito ativo, mas somente os crimes próprios admitem coautoria. Os crimes de mão própria ou atuação pessoal, com relação ao concurso de pessoas, **somente admitem a participação**, sendo-lhes **impossível a coautoria**. É o caso do crime de falso testemunho ou falsa perícia (CP, art. 342).

8.2.3. Quanto ao sujeito passivo

O sujeito passivo (material ou eventual) é o titular do bem jurídico protegido pela norma penal.

Com relação ao sujeito passivo, os crimes podem ser vagos ou não. Serão considerados **crimes vagos aqueles cujo sujeito passivo** (material ou eventual) **for um ente sem personalidade jurídica**. É o que ocorre, por exemplo, nos crimes contra a família (Título VII da Parte Especial do Código Penal).

Com relação ao sujeito passivo, os crimes podem ser, ainda, de **única ou dupla subjetividade passiva**.

Os crimes de única subjetividade passiva são aqueles que só possuem um sujeito passivo material; e os de dupla subjetividade passiva são os que contêm dois sujeitos passivos materiais, como ocorre com o crime de violação de correspondência (CP, art. 151), no qual são vítimas o destinatário e o remetente da missiva.

8.2.4. Quanto ao resultado

No que tange ao resultado produzido, existem duas importantes classificações. Uma delas baseia-se no resultado naturalístico ou material; e a outra, no resultado jurídico ou normativo.

8.2.5. Quanto ao resultado naturalístico ou material

O resultado naturalístico ou material, segundo clássica definição, corresponde à modificação no mundo exterior provocada pela conduta; isto é, aquilo que se modificou no mundo fenomênico em decorrência do comportamento praticado pelo sujeito ativo. No homicídio, por exemplo, o resultado material é a morte, traduzida por um corpo sem vida, que surge como decorrência do comportamento do homicida. No estelionato, é o prejuízo sofrido pela vítima, em consequência do engodo praticado pelo agente.

Pois bem. Com referência ao resultado material, os crimes podem ser: materiais ou de resultado, formais, de intenção ou de consumação antecipada, ou de mera conduta ou simples atividade.

Os **crimes materiais ou de resultado** são aqueles em que o **tipo penal descreve uma conduta e um resultado material** (ou naturalístico) e exige **ambos para** efeito de **consumação**. É o caso do homicídio. O tipo penal encontra-se assim redigido: "matar alguém". Note-se que nessa sucinta definição legal há uma conduta e um resultado descritos, pois o ato de "matar" uma pessoa envolve um comportamento com o objetivo letal e a obtenção desse resultado, como efeito da conduta do homicida. Além disso, o crime de homicídio somente se considerará consumado quando a vítima morrer. Se esta, por circunstâncias alheias à vontade do agente, sobreviver, ele responderá por homicídio tentado (CP, art. 121, c/c o art. 14, II).

Grande parte das infrações penais se encaixa no grupo dos crimes materiais ou de resultado. É assim com o aborto (CP, arts. 124 a 126), com a lesão corporal (CP, art. 129), com o furto (CP, art. 155), com o roubo (CP, art. 157), com a apropriação indébita (CP, art. 168), com o estelionato (CP, art. 171) etc.

Os **crimes formais, de intenção ou de consumação antecipada**, por sua vez, são aqueles cujo **tipo penal descreve uma conduta e um resultado, contentando-se com a conduta** (dirigida ao resultado) para consumação.

Nestes crimes, o tipo penal, ao se referir ao resultado, não o menciona como um fato que se deve consumar para fins de realização típica, mas como um simples objetivo a se perseguir. É assim, por exemplo, com o crime de sequestro qualificado pelo fim libidinoso (CP, art. 148, § 1º, V), em que a conduta descrita consiste em privar alguém de sua liberdade, mediante sequestro ou cárcere privado, *com fins libidinosos*. Note-se que a realização do ato libidinoso pretendido pelo agente não é necessária para que o delito esteja consumado; basta que ele prive a vítima de sua liberdade de locomoção com esse propósito. Daí o nome "delitos de intenção". No caso, o "fim libidinoso" atua como circunstância subjetiva do tipo.

Há autores que afirmam serem os tipos penais dos crimes formais **tipos incongruentes**. A suposta incongruência residiria no fato de a lei exigir mais do que o necessário para efeito de consumação. Em outras palavras, é como se a lei fizesse um número "x" de exigências, mas a conduta criminosa pudesse ser realizada com um número inferior a "x". Na verdade, não existe qualquer incongruência no dispositivo legal, porquanto o resultado naturalístico é mencionado como um *fim almejado* pelo agente, e não como algo que deva ser concretizado.

Acompanhe-se mais um exemplo: o crime de extorsão mediante sequestro (CP, art. 159) também é formal. Eis o tipo penal: "Sequestrar pessoa com o fim de obter, para si ou para outrem, qualquer vantagem, como condição ou preço do resgate". O texto legal é muito claro ao se referir à obtenção da vantagem (que é a condição ou preço do resgate). Ela é mencionada como um propósito almejado, e não como algo que deve, obrigatoriamente, concretizar-se para que haja consumação. Por esse motivo, o crime de extorsão mediante sequestro estará consumado ainda que os sequestradores não obtenham o dinheiro exigido dos familiares da vítima como condição para libertá-la.

Os crimes de **mera conduta ou de simples atividade**, por derradeiro, são aqueles cujo **dispositivo penal somente descreve a conduta**, sem fazer qualquer alusão a resultado naturalístico. Por exemplo, o porte ilegal de arma de fogo (Lei n. 10.826/2003, art. 14), cujo tipo penal encontra-se assim redigido: "Portar, deter, adquirir, fornecer, receber, ter em depósito, transportar, ceder, ainda que gratuitamente, emprestar, remeter, empregar, manter sob guarda ou ocultar arma de fogo, acessório ou munição, de uso permitido, sem autorização e em desacordo com determinação legal ou regulamentar". É suficiente que a pessoa traga consigo a arma de fogo, sem autorização e em desacordo com a determinação legal ou regulamentar, para que o delito esteja consumado. O crime de omissão de socorro (CP, art. 135) também é considerado de mera conduta ("Deixar de prestar assistência, quando possível fazê-lo sem risco pessoal, à criança abandonada ou extraviada, ou à pessoa inválida ou ferida, ao desamparo ou em grave e iminente perigo; ou não pedir, nesses casos, o socorro da autoridade pública"). Uma pessoa o cometerá sempre que deixar de prestar a assistência a outrem, nos termos exigidos no tipo penal, ainda que a vítima não sofra qualquer agravamento em sua condição de saúde pelo fato de não ter sido socorrida.

Registre-se que preferimos a terminologia "crimes de mera conduta" em vez de "crimes de simples atividade". Isto porque o termo "atividade" sugere uma ação, ao passo que os crimes de mera conduta podem ser praticados, alguns por ação, outros por omissão.

■ 8.2.6. Quanto ao resultado jurídico ou normativo

O resultado jurídico ou normativo compreende a lesão ou ameaça de lesão ao bem juridicamente tutelado.

Essa classificação prende-se à ideia, absolutamente predominante na doutrina, de que as infrações penais buscam tutelar algum bem jurídico.

Assim, se o **tipo** penal **exigir a lesão** ou o dano **ao bem** juridicamente **tutelado** para que ocorra a consumação do crime, estaremos diante de um **crime de dano ou de lesão**. É assim com a maior parcela das infrações penais. O homicídio, por exemplo, só se consuma com a ocisão da vida, o bem jurídico que ele tutela; a lesão corporal, com a lesão à saúde ou integridade corporal, bem tutelado na norma; o furto, com a ofensa ao patrimônio da vítima etc.

Há crimes, por outro lado, cuja **consumação** se dá quando o **bem** jurídico **sofre** um **perigo** (ou ameaça) de lesão. A simples exposição do bem a tal perigo já é suficiente para que a infração esteja consumada.

São exemplos de **crimes de perigo** o art. 130 ("Expor alguém, por meio de relações sexuais ou qualquer ato libidinoso, a contágio de moléstia venérea, de que sabe ou deve saber que está contaminado"), o art. 131 ("Praticar, com o fim de transmitir a outrem moléstia grave de que está contaminado, ato capaz de produzir o contágio"), o art. 132 ("Expor a vida ou a saúde de outrem a perigo direto e iminente"), todos do CP.

Os delitos de perigo se subdividem em crimes de **perigo concreto ou real** e crimes de **perigo abstrato ou presumido**.

No primeiro caso, o perigo figura como elemento do tipo, de tal modo que sua comprovação se torna necessária para a existência do crime. Pode-se citar como exemplos, além dos três delitos acima citados, o art. 309 do Código de Trânsito Brasileiro (Lei n. 9.503/97), assim redigido: "Dirigir veículo automotor, em via pública, sem a devida permissão para dirigir ou habilitação ou, ainda, se cassado o direito de dirigir, *gerando perigo de dano*" (grifo nosso).

Os crimes de perigo abstrato ou presumido são aqueles cujo tipo não prevê o perigo como elementar, razão por que sua demonstração efetiva é desnecessária. A conduta típica é perigosa por sua própria natureza. O legislador, nesses casos, descreve uma conduta potencialmente danosa e de reconhecida perniciosidade social, bastando, portanto, a comprovação de que o agente a praticou para que o delito encontre-se consumado. Não se exige a prova do perigo real, pois este é presumido pelo legislador. Exemplo disto é o crime de porte ilegal de arma de fogo (Lei n. 10.826/2003, art. 14).

A doutrina, em nosso país, considera inconstitucionais os crimes de perigo abstrato ou presumido. Costuma-se afirmar que a caracterização da infração penal deve sempre depender da comprovação de que o comportamento do sujeito provocou, de fato, algum perigo ou ameaça a bens alheios. Por esse raciocínio, somente seria possível punir alguém por porte ilegal de arma de fogo se o instrumento bélico se encontrasse municiado (ou com munição de fácil alcance ou pronto uso); caso contrário, diante da impossibilidade de lesão a terceiros, o fato seria considerado irrelevante para o Direito Penal.

Muito embora seja a questão cercada de polêmica, acreditamos serem válidos os crimes de perigo abstrato ou presumido. Isto porque o legislador age conforme a Constituição quando seleciona condutas socialmente perniciosas e potencialmente lesivas, incriminando-as em seus estágios iniciais. Cuida-se de atividade legislativa, decorrente da soberania estatal, que não ofende a dignidade da pessoa humana ou a presunção de não culpabilidade; pelo contrário, trata-se de agir de modo preventivo, antes que a lesão ao bem esteja consumada. Com efeito, a maneira mais eficaz de prevenir o roubo ou o homicídio não é prender o ladrão ou o assassino, algo reconhecidamente necessário, mas evitar que ele saque a arma ou a dispare.

8.2.7. Quanto à conduta

A conduta compreende a ação ou omissão consubstanciada no verbo nuclear. Sob esse aspecto, temos os **crimes comissivos** e os **omissivos**.

Grande parte dos crimes descreve uma conduta positiva (isto é, um fazer ou *facere*) como a base do ato criminoso. O agente, ao cometer o fato, viola uma norma proibitiva; vale dizer, a norma penal (comando normativo implícito na lei) contém uma proibição — uma ordem para que as pessoas não pratiquem determinada ação. Na hipótese de se realizar o ato descrito no tipo penal, incorre-se na pena cominada ao delito.

Os crimes cuja **conduta nuclear corresponde a uma ação** são os chamados crimes **comissivos**. É o caso, por exemplo, do homicídio (CP, art. 121), do furto (CP, art. 155), do roubo (CP, art. 157), da apropriação indébita (CP, art. 168), do estelionato (CP, art. 171), do estupro (CP, art. 213), do ato obsceno (CP, art. 233), da falsificação de remédios (CP, art. 273), do peculato (CP, art. 312), da concussão (CP, art. 316), do tráfico ilícito de drogas (Lei n. 11.343/2006, art. 33), do porte ilegal de arma de fogo (Lei n. 10.826/2003, art. 14) e etc.

Há, também, crimes cuja **conduta nuclear consubstancia uma omissão** (ou seja, um não fazer ou *non facere*). São os **crimes omissivos**. Nesses casos, é bom frisar, a norma violada pelo sujeito ativo tem natureza imperativa ou mandamental; é dizer, a regra ordena que as pessoas ajam de uma maneira específica, punindo criminalmente aquele que não o fizer. Por exemplo, a omissão de socorro (CP, art. 135) e a omissão de notificação de doença (CP, art. 269).

Os delitos omissivos se subdividem em: *omissivos próprios ou puros* e *omissivos impróprios, impuros ou comissivos por omissão*.

No caso dos **omissivos próprios ou puros**, o **tipo penal descreve uma omissão**, de modo que, para identificá-los, basta a leitura do dispositivo penal. Se o fato descrito corresponder a um *non facere*, o crime será omissivo próprio.

Os **omissivos impróprios, impuros ou comissivos por omissão**, de sua parte, são crimes **comissivos** (como o homicídio, o furto, o roubo etc.), **praticados por meio de uma inatividade**. É preciso sublinhar que, nesse caso, a punição do agente que nada fez e, com isto, deixou de impedir o resultado, depende da existência prévia de um dever jurídico de agir para evitá-lo. As hipóteses em que há, nos termos da lei penal, dever de agir para evitar resultados encontram-se descritas no art. 13, § 2º, do CP; são as seguintes: a) quem tem por lei obrigação de proteção, cuidado ou vigilância; b) quem de qualquer modo se obrigou a impedir o resultado; c) quem com sua conduta anterior criou o risco de ocorrer o resultado.

Registre-se, por derradeiro, que há **crimes de conduta mista**. Neste caso, o tipo penal se perfaz com duas condutas, **uma ação seguida de uma omissão**. Exemplo disto é o crime do art. 169, parágrafo único, II, do CP (apropriação de coisa achada), em que se pune: "quem acha coisa alheia perdida e dela se apropria, total ou parcialmente, deixando de restituí-la ao dono ou legítimo possuidor ou de entregá-la à autoridade competente, dentro no prazo de 15 (quinze) dias" (o primeiro ato é uma ação — apropriar-se da coisa achada — e o ato subsequente, necessário para a consumação, é uma omissão — deixar de restituir o bem ao dono, ao legítimo possuidor ou deixar de entregá-lo à autoridade).

8.2.8. Quanto ao momento consumativo

O crime se considera consumado, de acordo com a definição contida no art. 14, I, do CP, quando nele se reúnem todos os elementos de sua definição legal. A maioria dos crimes tem seu momento consumativo verificado de modo instantâneo; outros têm uma consumação que se prolonga no tempo. No primeiro caso, fala-se em **crimes instantâneos** e, no outro, em **crimes permanentes**.

São crimes instantâneos o furto (CP, art. 155), o roubo (CP, art. 157), o estelionato (CP, art. 171), entre outros. São crimes permanentes, por exemplo, o sequestro (CP, art. 148), a extorsão mediante sequestro (CP, art. 159), o tráfico ilícito de drogas (Lei n. 11.343/2006, art. 33) em muitas de suas modalidades, tais como "guardar", "ter em depósito" ou "expor à venda".

A distinção tem suma importância. Nos crimes permanentes, o prazo da prescrição da pretensão punitiva somente começa a correr quando cessar a permanência (CP, art. 111, III). Assim, por exemplo, enquanto a vítima do sequestro encontra-se encarcerada, o prazo prescricional não começa a correr; isto somente se dará quando o ofendido for libertado do cativeiro.

Além disso, nos crimes permanentes, se entrar em vigor uma lei penal gravosa durante o período de permanência (isto é, enquanto prolongar-se a consumação), ela se aplicará ao fato (Súmula n. 711 do STF).

Outro ponto relevante reside na questão da prisão em flagrante e na competência territorial. Enquanto durar a permanência, fica caracterizada a situação flagrancial, de modo que o agente pode ser preso em flagrante delito (CPP, art. 303). Nos crimes permanentes em que a consumação estender-se por vários foros (por exemplo, um sequestro no qual a vítima ficou em cativeiros situados em Comarcas distintas), qualquer destes será competente para o processo e o julgamento do fato (CPP, art. 71), prevalecendo o local em que ocorrer a prevenção (CPP, art. 83).

De lembrar que há **crimes necessariamente permanentes** e **crimes eventualmente permanentes**.

Os necessariamente permanentes são os que têm sua consumação protraída no tempo como requisito essencial do tipo penal. A conduta típica é, por sua natureza, duradoura no tempo. É o caso do sequestro (CP, art. 148) e do plágio ou redução a condição análoga à de escravo (CP, art. 149).

Os eventualmente permanentes são aqueles cuja conduta típica pode ou não ser prolongada no tempo. Exemplo disto é a usurpação de função pública (CP, art. 328). O usurpador pode fazê-lo do modo instantâneo, como o particular que se faz passar por funcionário público por um breve período, ou de modo prolongado, quando o agente finge ser funcionário público por vários dias. No último caso, há crime único (delito eventualmente permanente), servindo a persistência como circunstância judicial desfavorável (CP, art. 59, *caput*), isto é, como fator a justificar uma pena mais severa.

Não se deve confundir o crime permanente com o crime instantâneo de efeitos permanentes. O delito permanente, como vimos acima, caracteriza-se por ter um momento consumativo duradouro. Ademais, a prolongação da fase consumativa depende da vontade do agente. O **crime instantâneo de efeitos permanentes** é aquele em que a **consumação** ocorre **instantaneamente**, muito embora seus **efeitos** se façam sentir de modo **duradouro**. O **homicídio**, por exemplo, é crime instantâneo de efeitos permanentes. Sua consumação se dá no exato instante em que a vítima perde sua vida, mas os efeitos desse crime são sentidos de modo longo e duradouro (por óbvias razões). Note-se que **a prorrogação dos efeitos não depende do sujeito**, mas é inerente ao fato praticado, diversamente com o que ocorre nos crimes permanentes.

Registre-se, por derradeiro, que o **crime permanente distingue-se do crime continuado**. Nesse caso, apesar de o nome sugerir a existência de um só crime, existem obrigatoriamente dois ou mais, praticados em continuidade delitiva (CP, art. 71). O vínculo de continuidade delitiva verifica-se quando o agente, mediante duas ou mais condutas, "pratica dois ou mais crimes da mesma espécie e, pelas condições de tempo, lugar, maneira de execução e outras semelhantes, de modo que devem os subsequentes ser havidos como continuação do primeiro". Assim, por exemplo, se uma empregada doméstica decidir subtrair as cento e vinte peças do faqueiro de sua patroa, levando uma a cada dia, até completar o jogo, não terá cometido um só furto, mas cento e vinte (a cada dia ocorreu um furto autônomo). De ver que, nesse caso, ela pratica diversos crimes, mas somente recebe a pena de um furto, aumentada de um sexto até dois terços.

■ 8.2.9. Quanto à autonomia

Com relação à autonomia, os **crimes** se dividem em **principais e acessórios**. Os principais são aqueles cuja existência não depende da ocorrência de crime anterior. Os acessórios, de sua parte, requerem um crime anterior. Por esse critério, o furto (CP, art. 155) considera-se um crime principal, mas a receptação (CP, art. 180), crime acessório. A acessoriedade da receptação funda-se em que ela só existe quando o sujeito ativo adquire, recebe, oculta, transporta ou conduz coisa que sabe ou deve saber ser produto de crime (anterior). Ora, não há receptação sem que o objeto material seja oriundo de delito antes cometido.

Também se considera crime acessório a "lavagem" de bens e capitais (Lei n. 9.613/98). Isto porque o tipo penal encontra-se redigido da seguinte maneira: "Ocultar ou dissimular a natureza, origem, localização, disposição, movimentação ou propriedade de bens, direitos ou valores provenientes, direta ou indiretamente, **de infração penal**" (grifo nosso).

Não há, portanto, "lavagem" de bens ou capitais se os valores ocultados ou dissimulados em sua origem etc. não forem resultantes de crimes anteriores (conforme rol taxativo descrito no art. 1º da Lei).

■ 8.2.10. Quanto à existência de condições

Sob esse aspecto, os **crimes** podem ser **condicionados ou incondicionados**. Grande parte dos crimes é incondicionada, porque sua existência independe do concurso de qualquer condição externa. Há, entretanto, crimes condicionados, quando a lei exigir, para a punibilidade do fato, alguma condição objetiva. É o que ocorre com os crimes falimentares ou falitários, cuja punibilidade depende da superveniência da sentença que decreta a falência, concede a recuperação judicial ou concede a recuperação extrajudicial (art. 180 da Lei n. 11.101/2005). São também crimes condicionados aqueles previstos no art. 7º, II, do CP (casos de extraterritorialidade condicionada da lei penal brasileira).

8.2.11. Quanto à objetividade jurídica

No que tange à objetividade jurídica (bem jurídico tutelado pela norma penal), os **crimes** podem ser **simples ou complexos. Crimes simples são os que possuem somente um objetivo jurídico**. É o caso, por exemplo, do homicídio (CP, art. 121), cujo objetivo jurídico é a vida, ou do furto (CP, art. 155), para o qual o objeto jurídico é o patrimônio.

Entendem-se por crimes complexos aqueles que possuem dois objetos jurídicos (também chamados de crimes pluriofensivos), como o roubo (CP, art. 157), que tutela o patrimônio e a integridade psíquica ou física da vítima. Também se considera crime complexo a extorsão mediante sequestro (CP, art. 159), cujo tipo tutela o patrimônio e a liberdade de locomoção; outro exemplo costumeiramente lembrado de crime complexo é o latrocínio (CP, art. 157, § 3º, inc. II), cujos bens jurídicos são o patrimônio e a vida.

É necessário registrar que alguns doutrinadores definem como crimes complexos aqueles resultantes da fusão de dois ou mais tipos penais. Mesmo com essa definição, os exemplos acima citados continuariam sendo de crimes complexos, já que, além da presença de dois ou mais bens jurídicos, neles se verifica a reunião de dois ou mais delitos. O roubo seria a união do furto (CP, art. 155) com a lesão corporal (CP, art. 129) ou com a ameaça (CP, art. 147); a extorsão mediante sequestro, do sequestro (CP, art. 148) com a extorsão (CP, art. 158); o latrocínio, do roubo (CP, art. 157) com o homicídio (CP, art. 121).

A controvérsia, entretanto, não é irrelevante. Há crimes que serão complexos somente sob um dos critérios. É o caso do estupro. Este somente será delito complexo se considerarmos como tal aquele que contém dois objetos jurídicos (nesse caso, a integridade corporal ou psíquica e a liberdade sexual).

É interessante lembrar que, nos crimes complexos, a extinção da punibilidade de crime que é seu elemento constitutivo não se estende a este (CP, art. 108). Vale dizer, no crime de extorsão mediante sequestro, o fato de ter ocorrido eventual prescrição da pretensão punitiva com referência ao sequestro, que o integra, não faz com que a extorsão mediante sequestro seja, só por isso, atingida pela prescrição.

8.2.12. Quanto ao *iter criminis*

Por *iter criminis* entende-se o itinerário, o caminho do crime, isto é, todas as etapas da infração penal, desde o momento em que ela é uma ideia na mente do agente até sua consumação.

Diz-se **consumado** o crime quando nele se reúnem todos os elementos de sua definição legal (CP, art. 14, I). O crime consumado também é chamado de crime **perfeito**. Diz-se **tentado** quando, iniciada a execução, não se consuma por circunstâncias alheias à vontade do agente (CP, art. 14, II). Também é chamado de crime **imperfeito**.

A tentativa pode ser branca ou cruenta. Considera-se branca quando o objeto material (pessoa ou coisa sobre a qual recai a conduta) não é atingido (por exemplo, o homicida efetua os disparos e não atinge a vítima, que permanece incólume). Considera-se cruenta quando o objeto material é atingido.

Fala-se em **crime falho, tentativa perfeita ou acabada** quando o autor do fato realiza todo o *iter criminis*, mas não atinge a consumação do delito. Por exemplo, o homicida efetua vários disparos contra a vítima, esgotando a munição de seu revólver, e, ainda assim, ela sobrevive.

Há outras classificações ligadas ao tema do *iter criminis*. É o caso do **crime impossível, quase crime, tentativa inadequada ou inidônea.** De acordo com o art. 17 do CP, "Não se pune a tentativa quando, por ineficácia absoluta do meio ou por absoluta impropriedade do objeto, é impossível consumar-se o crime" (ver tópico 16.6).

O **crime exaurido** é uma expressão utilizada sempre que, **depois da consumação**, o bem jurídico sofre novo ataque ou ultimam-se as suas consequências. Assim, no crime de extorsão mediante sequestro (CP, art. 159), a privação da liberdade da vítima por tempo juridicamente relevante é suficiente para a consumação do crime. Se os sequestradores receberem a vantagem indevida, exigida como condição ou preço do resgate, diz-se que o crime está exaurido. No falso testemunho (CP, art. 342), a consumação ocorre quando a testemunha mente ou oculta a verdade sobre fato juridicamente relevante. Se o depoimento falso for utilizado como elemento de prova na sentença, embasando uma injustiça, diz-se que o crime se exauriu, pois produziu suas últimas consequências.

■ 8.2.13. Quanto à conduta típica

■ *8.2.13.1. Quanto à possibilidade de fracionamento da conduta típica*

Com respeito à possibilidade ou não de fracionamento da conduta típica, os crimes se classificam em: a) *unissubsistentes* e b) *plurissubsistentes*.

Os **unissubsistentes** são aqueles cuja **conduta** típica **não admite qualquer fracionamento**, vale dizer, o comportamento definido no verbo núcleo do tipo penal constitui-se de uma ação ou omissão indivisível. Nesses casos, ou o agente praticou o fato (e o crime consumou-se) ou nada fez (e não há qualquer fato penalmente relevante). Significa que não há "meio-termo". Se o ato foi realizado, o crime se consumou; caso contrário, não existirá delito algum. Exemplo disto é o crime de injúria (CP, art. 140), na forma verbal. O tipo penal encontra-se assim descrito: "injuriar alguém, ofendendo-lhe a honra ou o decoro". Quando o ato é praticado por meio verbal, consiste numa ofensa à vítima. Uma vez proferida a palavra ofensiva, a injúria estará completa e acabada. Se a ofensa não foi irrogada, não há nenhuma infração penal.

Os crimes **plurissubsistentes** (a grande maioria), de sua parte, contêm uma **conduta que admite cisão** (fracionamento). O comportamento descrito no verbo nuclear pode ser dividido em vários atos. O homicídio é plurissubsistente, porquanto o autor do crime pode cindir sua conduta em momentos distintos (por exemplo, sacar a arma, efetuar um disparo, aproximar-se ainda mais da vítima, efetuar outro disparo etc., até consumar seu intento letal).

Essa classificação mostra-se relevante, na medida em que somente os crimes plurissubsistentes admitem a forma tentada (CP, art. 14, II).

■ *8.2.13.2. Quanto à natureza do comportamento nuclear*

Todo tipo penal tem, na sua estrutura básica e fundamental, um verbo, responsável por descrever uma ação ou omissão. Há determinados verbos típicos que consubstanciam comportamentos que admitem diferentes meios de se realizar; outros, porém, só podem ser praticados de uma ou algumas maneiras determinadas, conforme descrição taxativa contida no texto legal.

Os crimes cuja ação ou omissão admitir diversas formas, vale dizer, aqueles que puderem ser praticados de modos distintos, são chamados de **crimes de ação ou forma livre**. Aqueles cujas condutas só admitirem formas taxativamente descritas em lei são **crimes de ação ou forma vinculada**.

O homicídio (CP, art. 121) é crime de forma livre, uma vez que existem inúmeras formas de praticá-lo (com emprego de veneno, mediante asfixia, com utilização de fogo ou explosivo, disparos de arma de fogo ou golpes de faca etc.).

O plágio ou redução a condição análoga à de escravo (CP, art. 149), que antes era crime de ação livre, tornou-se de delito de forma vinculada com a superveniência da Lei n. 10.803/2003. Compare a descrição do dispositivo antes e depois da referida lei:

Antes: "Reduzir alguém a condição análoga à de escravo".

Depois: "Reduzir alguém a condição análoga à de escravo, quer submetendo-o a trabalhos forçados ou a jornada exaustiva, quer sujeitando-o a condições degradantes de trabalho, quer restringindo, por qualquer meio, sua locomoção em razão de dívida contraída com o empregador ou preposto".

Os crimes de forma vinculada ou casuística se subdividem em **forma vinculada cumulativa** e **forma vinculada alternativa**. No primeiro caso, o tipo penal exige que o sujeito incorra em mais de um verbo, necessariamente, para fins de consumação. É o caso da apropriação de coisa achada (art. 169, parágrafo único, II, do CP), em que se pune: "quem acha coisa alheia perdida e dela se apropria, total ou parcialmente, deixando de restituí-la ao dono ou legítimo possuidor ou de entregá-la à autoridade competente, dentro no prazo de 15 (quinze) dias" (o primeiro ato é uma ação — apropriar-se da coisa achada — e o ato subsequente, necessário para a consumação, é uma omissão — deixar de restituir o bem ao dono, ao legítimo possuidor ou deixar de entregá-lo à autoridade). Os crimes de forma vinculada alternativa são aqueles cujo tipo prevê várias ações ou omissões, deixando claro que o fato ocorre com o cometimento de qualquer uma delas. É o caso do crime de plágio (CP, art. 149), acima mencionado.

8.2.13.3. *Quanto à pluralidade de verbos nucleares*

No que concerne à pluralidade de verbos nucleares, os *crimes* podem ser **de ação simples** (quando possuírem apenas um verbo nuclear) ou **de ação múltipla** (se possuírem dois ou mais); estes também são chamados de crimes de **conteúdo variado**.

Uma quantidade significativa de infrações contém em seu tipo penal somente um verbo nuclear. O furto (CP, art. 155), por exemplo, é formado apenas pelo verbo "subtrair" (para si ou para outrem coisa alheia móvel). A extorsão mediante sequestro (CP, art. 159) somente contém a ação de "sequestrar" (pessoa com o fim de obter, para si ou para outrem, qualquer vantagem, como condição ou preço do resgate).

Outros, contudo, possuem dois ou mais verbos-núcleos. O crime de participação em suicídio alheio (CP, art. 122) contém três verbos: "induzir", "instigar" e "prestar auxílio" (para que alguém se suicide ou pratique automutilação). A receptação simples (CP, art. 180, *caput*) possui seis verbos: "adquirir", "receber", "transportar", "conduzir" ou "ocultar" (em proveito próprio ou alheio, coisa que sabe ser produto de crime) e "influir" (para que terceiro, de boa-fé, adquira-a, receba ou oculte). O tráfico ilícito de drogas (Lei n. 11.343/2006) é composto de dezoito ações diferentes: "importar", "exportar", "remeter", "preparar", "produzir", "fabricar", "adquirir", "vender", "expor à venda", "oferecer", "ter em depósito", "transportar", "trazer consigo", "guardar", "prescrever", "ministrar", "entregar a consumo" ou "fornecer" (drogas, ainda que gratuitamente, sem autorização ou em desacordo com determinação legal ou regulamentar).

8.2.14. Quanto ao caráter transnacional

Os crimes podem ser **nacionais**, quando **atingem bens jurídicos circunscritos a determinado país; internacionais**, se, embora violem valores relativos a determinado país, possuam **reflexos internacionais**, despertando **interesse da comunidade mundial** em sua punição (caso do genocídio); ou, ainda, **transnacionais**, na hipótese de **ofenderem objetos jurídicos de dois ou mais países** (como o tráfico transnacional de drogas).

8.2.15. Quanto ao elemento subjetivo ou normativo

Com relação a este critério, os crimes podem ser: **dolosos, culposos e preterdolosos ou preterintencionais**.

De acordo com nosso Código, "diz-se o crime doloso quando o sujeito quer ou assume o risco de produzir o resultado" (art. 18, I) e "culposo quando o sujeito dá causa ao resultado por imprudência, negligência ou imperícia" (art. 18, II).

Todas as infrações penais são punidas a título de dolo, somente se incriminando a forma culposa em caráter excepcional, diante de expressa previsão legal (CP, art. 18, parágrafo único).

O crime preterdoloso ou preterintencional é aquele em que o sujeito realiza uma conduta dolosa, sofrendo uma agravação da pena por decorrência de um resultado que não desejou, mas o produziu por imprudência, negligência ou imperícia. Cite-se como exemplo o crime de lesão corporal seguida de morte, também chamado de homicídio preterintencional (CP, art. 129, § 3º).

8.2.16. Quanto à posição topográfica no tipo penal

Com respeito à posição topográfica dentro do próprio tipo penal, os crimes podem ser **simples** (são aqueles encontrados no tipo básico), **privilegiados** (encontram-se nos parágrafos da disposição e possuem penas mínimas e máximas inferiores às do tipo básico) ou **qualificados** (também se encontram nos parágrafos, mas com patamares punitivos maiores em relação à forma simples).

Observe-se a estrutura do crime de moeda falsa (CP, art. 289):

> "Art. 289. Falsificar, fabricando-a ou alterando-a, moeda metálica ou papel-moeda de curso legal no país ou no estrangeiro:
> Pena — reclusão, de *três a doze anos*, e multa.
> (...)
> § 2º Quem, tendo recebido de boa-fé, como verdadeira, moeda falsa ou alterada, a restitui à circulação, depois de conhecer a falsidade, é punido com detenção, de *seis meses a dois anos*, e multa.
> § 3º É punido com reclusão, de *três a quinze anos*, e multa, o funcionário público ou diretor, gerente, ou fiscal de banco de emissão que fabrica, emite ou autoriza a fabricação ou emissão:
> I — de moeda com título ou peso inferior ao determinado em lei;
> II — de papel-moeda em quantidade superior à autorizada.
> § 4º *Nas mesmas penas* incorre quem desvia e faz circular moeda, cuja circulação não estava ainda autorizada" (grifos nossos).

No *caput*, encontramos a forma simples. No § 2º, o crime privilegiado. Nos §§ 3º e 4º, as formas qualificadas.

8.2.17. Critérios relacionados com o tema do conflito aparente de normas

O tema do conflito aparente de normas será estudado em capítulo à parte. Para facilitar a consulta, todavia, seguem algumas classificações de crimes relacionadas com o tema, vinculadas aos respectivos princípios.

8.2.17.1. Princípio da especialidade

A relação de especialidade verifica-se quando há entre os tipos penais que descrevem os delitos em análise relação de gênero e espécie. O crime que contém todas as elementares do outro, mais algumas que o especializam, denomina-se **crime especial**, e o outro, **crime genérico**.

Tal relação se verifica, por exemplo, entre o homicídio (crime genérico) e o infanticídio (crime especial); *vide* arts. 121 e 123 do CP.

8.2.17.2. *Princípio da subsidiariedade*

Este princípio tem aplicação sempre que um crime é elemento constitutivo ou circunstância legal de outro. O crime que contém o outro chama-se **crime principal ou primário**, e o que está contido neste, **crime subsidiário ou famulativo**.

É o que ocorre, por exemplo, com a omissão de socorro, que, embora seja um crime autônomo (CP, art. 135), figura como causa de aumento de pena do homicídio culposo (CP, art. 121, § 4º, primeira parte). O mesmo se verifica no Código Brasileiro de Trânsito (arts. 303, parágrafo único, e 304).

8.2.17.3. *Princípio da consunção ou absorção*

O princípio em tela faz com que um crime que figure como fase normal de preparação ou execução de outro seja por este absorvido. Assim, por exemplo, se uma pessoa pretende matar alguém e, para isto, produz-lhe diversas lesões que, ao final, causam-lhe a morte, as lesões corporais (**crimes-meios**) são absorvidas (ou consumidas) pelo homicídio (**crime-fim**). O crime pelo qual o agente responde denomina-se delito consuntivo, e aquele(s) absorvido(s), crime(s) consumido(s).

Com base neste princípio, fala-se ainda em **crime progressivo**, sempre que o autor do fato, pretendendo um resultado de maior lesividade, pratique outros de menor intensidade, como no exemplo acima retratado.

Também se fala em **crime consunto** (crime-meio que foi absorvido) e **crime consuntivo** (crime-fim que absorveu o anterior).

8.2.18. Quanto à ação penal

De acordo com os Códigos Penal e de Processo Penal, as ações penais se classificam segundo o seu titular (critério subjetivo). Há, portanto, **crimes de ação penal de iniciativa pública**, quando a titularidade do direito de ação penal incumbir ao Estado, por meio do Ministério Público (CF, art. 129, I), e **crimes de ação penal de iniciativa privada**, nos quais a tarefa de mover a ação penal recai sobre o ofendido ou seu representante legal.

Os crimes de ação penal pública podem ser: de **ação penal pública incondicionada** (quando o Ministério Público, havendo prova da materialidade e indícios de autoria delitiva, puder ajuizar a ação penal independentemente da autorização de quem quer que seja); de **ação penal pública condicionada** (quando o seu exercício depender da autorização do ofendido ou de seu representante legal ou, ainda, de requisição do Ministro da Justiça).

Os crimes de ação penal privada, de sua parte, dividem-se em: **crimes de ação penal exclusivamente privada** (quando ela puder ser ajuizada pelo próprio ofendido, por seu representante legal ou, na sua falta, pelas pessoas enumeradas no art. 31 do CPP: cônjuge, ascendente, descendente e irmão); **crimes de ação penal privada personalíssima** (quando ela só puder ser movida pelo próprio ofendido; *vide* art. 236 do CP).

Registre-se, ainda, a existência da ação **penal privada subsidiária da pública** (trata-se do direito que a vítima ou seu representante legal tem de oferecer queixa-crime nos crimes de ação penal pública, quando o Ministério Público for omisso). De ver-se, outrossim, que há leis especiais que conferem a titularidade do direito de queixa subsidiária a outras pessoas, como o administrador judicial ou os credores, no caso dos crimes falimentares (Lei n. 11.101/2005, art. 184, parágrafo único).

O critério legal para determinar a natureza da ação penal encontra-se no art. 100 do CP e no art. 24 do CPP.

8.2.19. Quanto à conexão

Entende-se por conexão o vínculo entre duas ou mais infrações penais, que justifica sejam elas processadas e julgadas no mesmo processo.

A conexão é instituto do direito processual penal, cuja disciplina encontra-se nos arts. 76 a 82 do CPP.

Quando presente o liame mencionado, estaremos diante de *crimes conexos*.

Existem várias modalidades de conexão, todas elas contidas nos incisos do art. 76 do CPP.

O inc. I refere-se à **conexão intersubjetiva**, que se subdivide em:

a) conexão intersubjetiva por simultaneidade: quando duas ou mais infrações penais forem praticadas por várias pessoas em condições de tempo e lugar semelhantes (sem que exista vínculo subjetivo entre elas). Imagine-se, por exemplo, que um caminhão carregado de produtos eletrônicos quebre em plena rodovia e o motorista o abandone à procura de assistência, quando várias pessoas resolvam, cada uma por sua própria conta, subtrair bens de sua caçamba. É de ver que, nos casos de conexão intersubjetiva por simultaneidade, verifica-se o instituto da autoria colateral;

b) conexão intersubjetiva por concurso: quando duas ou mais infrações penais forem praticadas por várias pessoas em concurso, ainda que em diferentes condições de tempo e lugar. Por exemplo, diversas pessoas decidem, todas elas conluiadas entre si, invadir as dependências do Congresso Nacional e depredar os objetos ali encontrados;

c) conexão intersubjetiva por reciprocidade: quando duas ou mais infrações penais forem praticadas por várias pessoas, umas contra as outras. É o caso, por exemplo, de dois indivíduos que se agridam mutuamente, sem que qualquer uma delas encontre-se em legítima defesa.

O inc. II do art. 76 do CPP disciplina a **conexão objetiva**, que se biparte em:

a) conexão objetiva teleológica: ocorre quando uma infração é praticada para garantir a execução de outra (por exemplo, mata-se o segurança de uma residência para nela adentrar e sequestrar o morador);

b) conexão objetiva consequencial: ocorre quando uma infração é cometida para facilitar a ocultação, impunidade ou vantagem de outra (por exemplo, um dos roubadores mata o comparsa para garantir para si a integralidade do produto do crime).

Há, por fim, a **conexão instrumental ou probatória**, que se verifica quando a prova de uma infração penal puder influir na prova de outra (CPP, art. 76, III). É o caso da conexão existente entre um crime de furto (CP, art. 155) e a receptação (CP, art. 180) da coisa subtraída.

Os vínculos de conexão intersubjetiva e objetiva produzem algumas consequências no plano material. Assim, a interrupção do prazo prescricional com relação a um crime conexo estende-se aos demais delitos, que sejam objeto do mesmo processo (CP, art. 107).

Acrescente-se, por fim, que, "Nos crimes conexos, a extinção da punibilidade de um deles não impede, quanto aos outros, a agravação da pena resultante da conexão" (CP, art. 108). É o caso, por exemplo, do homicídio praticado para assegurar a execução de outro crime. Nessa hipótese, o homicídio se torna qualificado pelo vínculo da conexão (CP, art. 121, § 5º). Pois bem, o fato de ocorrer a extinção da punibilidade (p. ex., pela prescrição) do crime conexo (aquele que o assassino pretendeu praticar depois do homicídio) não impede o reconhecimento da qualificadora decorrente da conexão.

8.2.20. Quanto à condição de funcionário público do sujeito ativo

Há crimes que só podem ser praticados por funcionários públicos. São, portanto, modalidades de crimes próprios. Tais delitos são denominados **crimes funcionais**. Lembre-se de que o Código Penal descreve um conceito de funcionário público (art. 327).

Os crimes funcionais se dividem em **crimes funcionais próprios e crimes funcionais impróprios (ou mistos)**.

Os crimes funcionais próprios são aqueles que só existem quando o sujeito ativo é funcionário público. Se o ato for praticado somente por particular, o fato será penalmente atípico. Em outras palavras, a ausência da condição de funcionário público conduz à atipicidade absoluta. Por exemplo, a prevaricação própria (CP, art. 319).

Nos crimes funcionais impróprios ou mistos, existem condutas que são tipificadas como crimes funcionais e não funcionais. Nessas situações, se o agente for funcionário público, surge o crime funcional (impróprio), mas se a mesma conduta for cometida por um particular, ainda haverá delito (mas enquadrado em outro tipo penal). É o caso, por exemplo, do furto. Quando um funcionário público subtrai para si, da repartição em que trabalha, determinado objeto, comete peculato (CP, art. 312). Se um trabalhador subtrai para si, de seu local de trabalho, algum bem, comete furto (CP, art. 155).

8.2.21. Quanto à habitualidade

A habitualidade consiste, em matéria penal, na prática de um só crime mediante a **reiteração da conduta delitiva**. Assim, por exemplo, se uma pessoa se faz passar por médico e, de modo habitual, começa a clinicar, incorre nas penas do crime do art. 282 do CP (exercício ilegal da medicina). Saliente-se que não há um delito para cada ato praticado pelo falso médico, mas um só crime, o qual abrange todas as falsas consultas médicas por ele realizadas. Essa é a principal característica da habitualidade, isto é, a reiteração de atos semelhantes não produz vários crimes, mas um só delito.

O **crime habitual difere do continuado** (CP, art. 71). Conforme já explicamos, no crime continuado existem dois ou mais crimes, praticados em continuidade delitiva. O vínculo de continuidade delitiva verifica-se quando o agente, mediante duas ou mais condutas, "pratica dois ou mais crimes da mesma espécie e, pelas condições de tempo, lugar, maneira de execução e outras semelhantes, devem os subsequentes ser havidos como continuação do primeiro". Assim, por exemplo, se uma empregada doméstica decidir subtrair as cento e vinte peças do faqueiro de sua patroa, levando uma a cada dia, até completar o jogo, não terá cometido um só furto, mas cento e vinte (a cada dia ocorreu um furto autônomo). De ver que, nesse caso, ela pratica diversos delitos, mas somente recebe a pena de um furto, aumentada de um sexto até dois terços.

O crime habitual pode ser:

- **crime habitual próprio** *(ou necessariamente habitual)*: nesse caso, a habitualidade é requisito típico (expresso ou implícito), de modo que, sem ela, não há crime algum (p. ex., exercício ilegal de medicina, arte dentária ou farmacêutica — art. 282 do CP, e curandeirismo — art. 284 do CP);
- **crime habitual impróprio** *(ou acidentalmente habitual)*: nessa hipótese, a existência do crime não depende da reiteração da conduta; se esta ocorrer, entretanto, haverá um só delito. Por exemplo: crime de incitar à luta com violência entre as classes sociais (previsto no art. 23, III, da Lei n. 7.170/83).

Distingue-se o crime habitual do **crime profissional**. Neste caso, temos um crime habitual com exclusiva intenção lucrativa (p. ex., rufianismo — art. 230 do CP).

8.2.22. Quanto ao caráter político

Sob tal enfoque, os crimes podem ser **comuns ou políticos**. Pelo critério ora exposto, crimes comuns são aqueles praticados sem propósitos políticos. Estes, por sua vez, são os cometidos com finalidades políticas (critério subjetivo) ou, ainda, aqueles delitos praticados contra o Estado, como unidade orgânica das instituições políticas e sociais (critério objetivo proposto por Hungria).

Não há, em nossa lei, definição de crimes políticos. Seria oportuno que o legislador suprisse esta lacuna, até porque estes possuem peculiaridades materiais e processuais. Do ponto de vista do Direito Penal, é interessante lembrar que uma condenação definitiva por crime político não gera reincidência para fatos criminosos posteriormente cometidos (CP, art. 64, II). No campo do processo penal, os crimes políticos são de competência da Justiça Comum Federal (CF, art. 109, IV) e, quando prolatada sentença de mérito, não cabe apelação, mas recurso ordinário constitucional, julgado pelo Supremo Tribunal Federal (CF, art. 102, II, *b*).

Em doutrina e jurisprudência, predomina o conceito objetivo de crimes políticos, nos moldes daquele elaborado por Hungria, acima citado, motivo pelo qual se enquadrariam nessa definição os crimes contra a segurança nacional, descritos na Lei n. 7.170/83.

■ 8.2.23. Quanto à estrutura do tipo penal

No que tange à estrutura típica, os crimes podem ser **de tipo aberto e de tipo fechado**. Os crimes de **tipo aberto** são aqueles cuja **definição emprega termos amplos**, de modo a abarcar diversos comportamentos diferentes. É a técnica utilizada na maioria dos crimes culposos (*v.g.*, art. 121, § 3º, do CP: "se o homicídio é culposo"). Os delitos de **tipo fechado**, por outro lado, são os que **utilizam expressões de alcance restrito**, englobando poucos comportamentos na definição legal (*v.g.*, art. 149 do CP: "Reduzir alguém a condição análoga à de escravo, quer submetendo-o a trabalhos forçados ou a jornada exaustiva, quer sujeitando-o a condições degradantes de trabalho, quer restringindo, por qualquer meio, sua locomoção em razão de dívida contraída com o empregador ou preposto"). O legislador deve, sempre que possível, preferir os tipos fechados aos abertos, em razão do princípio da legalidade. Estes, contudo, podem ser construídos sem ofensa à Constituição, até porque, ainda que suas expressões sejam amplas, eles sempre possuirão conteúdo determinado.

■ 8.3. OUTRAS CLASSIFICAÇÕES

■ 8.3.1. Crimes multitudinários

É aquele praticado por multidão em tumulto; por exemplo, uma briga generalizada entre duas torcidas de futebol, durante o jogo dos respectivos times. Quando o agente pratica o fato sob a influência de multidão em tumulto, se não foi o provocador, recebe uma atenuante na hipótese de condenação (CP, art. 65, III, *e*).

■ 8.3.2. Crimes de opinião

Abrange todas as infrações penais decorrentes do abuso de liberdade do pensamento. Não importa o meio pelo qual seja praticado (por palavras, pela imprensa ou qualquer outro veículo de comunicação).

■ 8.3.3. Crimes de imprensa

São aqueles praticados por algum meio de comunicação social. Encontravam-se tipificados na Lei n. 5.250/67, a qual foi declarada pelo Supremo Tribunal Federal como incompatível com a Constituição Federal e, portanto, não recepcionada, no julgamento da Ação de Descumprimento de Preceito Fundamental (ADPF) n. 130, no dia 30 de abril de 2009 (julgamento por maioria de votos).

Cumpre lembrar que a Lei n. 5.250/67 os definia como sendo aqueles cometidos "através dos meios de informação e divulgação", incluídos os "jornais e outras publicações periódicas, os serviços de radiodifusão e os serviços noticiosos" (art. 12). Esse dispositivo, quando vigente, encontrava-se defasado, devendo ser interpretado de modo a abranger todos *os meios de comunicação social*, consoante terminologia atual empregada pela Constituição (na superveniência de nova lei de imprensa, cremos que esse critério deverá ser observado para definir o alcance de suas normas).

Comunicação social é, na lição de José Afonso da Silva, "a denominação mais apropriada da chamada 'comunicação de massa', mas o sentido permanece como o de comunicação destinada ao público em geral, transmitida por processo ou veículo, dito *meio de comunicação social*"[1]. Abrange os jornais, revistas, demais publicações periódicas, a radiodifusão sonora e de sons e imagens (*rectius*, televisão) e os meios de comunicação social eletrônica (como a internet).

Discute-se a necessidade de dispensar tratamento diferenciado (ou não) aos crimes de imprensa. Para muitos autores, isto seria desnecessário, já que nos chamados delitos de imprensa a única peculiaridade seria o meio empregado pelo agente. Há, contudo, quem pense de modo diverso. Para Darcy Arruda Miranda, a diferenciação e o tratamento especial são necessários: "a mulher tagarela, que se preocupa com a vida de sua vizinha, com propósitos difamatórios, não pode ser comparada a um redator de jornal, que escreve para leitores que nem conhece. E a calúnia, dirigida por carta a um correspondente, não pode equiparar-se àquela difundida por milhares de exemplares impressos"[2]. "A natureza particular da imprensa", prossegue, "exige sanções especiais e mais severas, em razão do mal que pode causar, em virtude de sua imensa difusão, tanto menos graves se se tem em conta a missão que ela deva cumprir e as condições difíceis dos que fazem um jornal"[3].

O próprio Darcy, em sua clássica obra, concluía que: "o delito de imprensa é um delito *sui generis*, com modalidades próprias, não se confundindo com o delito comum, razão pela qual exige uma legislação adequada, especial. O princípio informativo do delito de imprensa tem raízes mais profundas e mais complexas do que parece à primeira vista. Até em suas consequências difere do delito comum. Nem a responsabilidade *sucessiva,* que lhe é peculiar, consagrada em todas as legislações modernas, se adapta às leis especiais de imprensa"[4].

Cremos que os delitos de imprensa possuem inequívoca natureza especial. Não só pelo fato de que na interpretação dos tipos penais deve-se ter em conta a necessidade de se assegurar uma imprensa livre e isenta, pelo interesse público decorrente da difusão de informações e opiniões, mas também porque o exercício desta liberdade deve encontrar limites claros, quando colidir com outros direitos assegurados pela Constituição Federal. Diante da decisão proferida pelo STF no julgamento da ADPF n. 130 mencionada, urge que o Parlamento elabore nova legislação, devidamente adaptada aos preceitos da atual ordem constitucional.

Como acentua André Ramos Tavares, "(...) a punição pelos abusos (cometidos por meio da imprensa), ainda que com eventual privação da liberdade para casos re-

---

1 *Comentário contextual à Constituição*, p. 823.

2 *Comentários à lei de imprensa*, p. 55, citando Jacques Bordin.

3 *Comentários à lei de imprensa*, p. 55.

4 *Comentários à lei de imprensa*, p. 59.

putados como muito graves, representa não apenas uma punição em si por abusar da liberdade de imprensa, mas também uma garantia contra a violação de outros direitos por força desse abuso. A certeza do rigor da punição (prevista em lei) é uma forma pela qual o legislador demonstra seu apreço pelos direitos fundamentais violados pelo abuso de uma outra liberdade (no caso, de imprensa). Em última análise, preserva-se a própria liberdade de imprensa, expurgando de sua área de proteção práticas incompatíveis com uma imprensa séria e proba, e que apenas deflagram um dano (não há nem informação nem opinião)"[5].

8.3.4. Crimes de ímpeto

Segundo Damásio de Jesus, são aqueles "em que a vontade delituosa é repentina, sem preceder deliberação"[6].

8.3.5. Crimes a distância ou de espaço máximo

São aqueles cujo *iter criminis* atinge o território de dois ou mais países. A estes será aplicada a lei penal brasileira sempre que alguma fração do delito tocar nosso território. Não importa se somente a conduta ocorreu no Brasil ou se apenas o resultado. Em qualquer desses casos, incidirá a lei penal pátria (CP, art. 6º).

Com relação à competência territorial para o julgamento dos crimes a distância ou de espaço máximo, aplica-se a regra do art. 70, §§ 1º e 2º, do CPP. Quando esses delitos forem previstos em tratados ou convenções internacionais, serão de competência da Justiça Federal, como, por exemplo, o tráfico transnacional de drogas (Lei n. 11.343/2006, art. 33 c/c o art. 40, I) ou o tráfico internacional de seres humanos (CP, art. 149-A, § 1º, IV, e ECA, art. 239).

8.3.6. Crimes plurilocais

São aqueles cujo *iter criminis* atinge o território de mais de um foro (comarca ou seção judiciária), mas dentro do país. A competência territorial, neste caso, será firmada pelo local em que houve a consumação do crime (CPP, art. 70, *caput*).

8.3.7. Delitos de tendência

Cuida-se das infrações penais cuja caracterização é condicionada à **intenção** do sujeito. A análise do comportamento objetivo, isoladamente, não revela a correspondência entre o fato e a norma penal, exigindo-se a perscrutação acerca da finalidade do agente. Imagine-se, como exemplo, o ato de um médico que toca a região genital de uma mulher. Se está realizando um exame ginecológico ou cometendo um crime de violação sexual mediante fraude (CP, art. 215, com a redação dada pela Lei n. 12.015/2009), somente sua vontade poderá determiná-lo.

---

5 Imprensa com lei ou sem lei? *Carta Forense*, jun. 2008, p. 11, primeiros parênteses nossos.

6 Damásio de Jesus, *Direito penal*, p. 214.

8.3.8. Crimes de impressão

São aqueles que provocam determinado estado anímico no sujeito passivo. Podem ser:

- **delitos de inteligência:** quando provocam o engano na vítima, como o estelionato;
- **delitos de sentimento:** abalam as faculdades emocionais do ofendido, como a injúria;
- **delitos de vontade:** coartam a vontade do sujeito passivo, como o constrangimento ilegal.

8.3.9. Crimes de simples desobediência

É o nome que alguns autores dão aos crimes de perigo abstrato ou presumido (ver item 8.2.6, *supra*).

8.3.10. Crimes falimentares ou falitários

São os definidos na Lei de Falência e Recuperação de Empresas (Lei n. 11.101/2005): a) fraude a credores (art. 168); b) contabilidade paralela (art. 168, § 2º); c) violação de sigilo empresarial (art. 169); d) divulgação de informações falsas (art. 170); e) indução a erro (art. 171); f) favorecimento de credores (art. 172); g) desvio, ocultação ou apropriação de bens (art. 173); h) aquisição, recebimento ou uso ilegal de bens (art. 174); i) habilitação ilegal de crédito (art. 175); j) exercício ilegal de atividade (art. 176); k) violação de impedimento (art. 177); e l) omissão dos documentos contábeis obrigatórios (art. 178).

De ver que, nos crimes falimentares ou falitários, a declaração da quebra ou da recuperação (judicial ou extrajudicial) é condição objetiva de punibilidade (art. 180 da Lei), de modo que, sem ela, o fato não é punível.

8.3.11. Crimes a prazo

São aqueles em que a lei prevê alguma circunstância que eleva a pena, cuja ocorrência depende do decurso de certo período de tempo. Exemplo típico é a lesão corporal qualificada pelo fato de a vítima ficar afastada de suas ocupações habituais por mais de trinta dias (CP, art. 129, § 1º, I). Às vezes, o prazo constitui elementar do delito, de tal maneira que sua fluência se faz necessária para a realização integral da infração, como ocorre na apropriação de coisa achada (CP, art. 169, parágrafo único, II[7]). Outro exemplo encontra-se no sequestro qualificado pela privação da liberdade superior a quinze dias (CP, 148, § 1º, III).

---

[7] Incorre na pena de um mês a um ano de detenção, e multa: "quem acha coisa alheia perdida e dela se apropria, total ou parcialmente, deixando de restituí-la ao dono ou legítimo possuidor ou de entregá-la à autoridade competente, dentro no prazo de 15 (quinze) dias".

8.3.12. Crimes gratuitos

São os cometidos sem motivo algum. Cremos que esta classificação seja imprecisa, porquanto todo delito possui motivação, ainda que fútil ou de somenos importância (todas as ações humanas, afinal, são movidas por alguma finalidade). Ainda quando uma conduta delitiva seja praticada por mero espírito de emulação, há uma razão por detrás dela (mesmo que seja somente a de prejudicar alguém ou satisfazer uma vontade egoística ou sádica).

8.3.13. Delitos de circulação ou de trânsito

São os cometidos mediante a utilização de um veículo automotor. De ver que é preferível a denominação *delito de trânsito*, inclusive para efeito de se determinar a incidência ou não dos dispositivos penais do Código de Trânsito Brasileiro (Lei n. 9.503/97). Assim, é fundamental diferenciarmos se um homicídio culposo deve ser subsumido ao Código Penal, cuja pena é de detenção, de um a três anos, ou ao Código de Trânsito, em que é punido com detenção, de dois a quatro anos, e suspensão ou proibição de se obter a permissão ou a habilitação para dirigir veículo automotor. Imagine-se que um mecânico, durante o conserto de um automóvel, no interior de uma oficina, acione-o acidentalmente, provocando a morte de seu colega de trabalho. Há homicídio culposo comum (CP, art. 121, § 3º) ou de trânsito (CTB, art. 302)? A resposta encontra-se no art. 1º do Código de Trânsito, o qual define o âmbito de aplicação do referido diploma ("O trânsito de qualquer natureza nas vias terrestres do território nacional, abertas à circulação, rege-se por este Código" — *caput*; "Considera-se trânsito a utilização das vias por pessoas, veículos e animais, isolados ou em grupos, conduzidos ou não, para fins de circulação, parada, estacionamento e operação de carga ou descarga" — § 1º). No exemplo formulado, para que não reste dúvida alguma, o fato se subsome ao Código Penal, visto que não cometido durante a circulação do automóvel pelas vias terrestres abertas à circulação.

8.3.14. Delitos transeuntes e não transeuntes

A presente classificação, cuja relevância se dá no plano processual penal, distingue as **infrações penais que deixam vestígios** (**não transeuntes** ou *delicta facti permanentis*) das que **não deixam vestígios** (**transeuntes** ou *delicta facti transeuntis*).

Sempre que o ilícito penal deixar vestígios, será obrigatória a realização do exame de corpo de delito (CPP, art. 158). A falta desta prova técnica não poderá ser suprida pela confissão do agente, embora se admita, quando desaparecerem os rastros da infração, que sua ausência seja superada com a realização de prova testemunhal (CPP, art. 167).

São **crimes transeuntes**, por exemplo, a calúnia (CP, art. 138), a difamação (CP, art. 139), a injúria (CP, art. 140), todos estes se praticados por meio verbal.

Como exemplos de **crimes não transeuntes**, podem-se citar o homicídio (CP, art. 121), o estupro (CP, art. 213), as lesões corporais (CP, art. 129).

■ 8.3.15. Crimes de atentado ou de empreendimento

Cuida-se da infração penal em que as formas consumada e tentada são equiparadas para fins de aplicação da pena; isto é, dá-se à tentativa a mesma pena da consumação. Exemplo: CP, art. 352 ("Evadir-se ou tentar evadir-se o preso ou o indivíduo submetido a medida de segurança detentiva, usando de violência contra a pessoa: Pena — detenção, de três meses a um ano, além da pena correspondente à violência").

■ 8.3.16. Crime em trânsito

Dá-se quando o agente pratica o fato em um país, mas não atinge nenhum bem jurídico de seus cidadãos. Também se denomina **passagem inocente**. Por exemplo, durante um voo internacional, com origem na Argentina e destino à Europa, ocorre um delito no interior da aeronave, envolvendo argentinos, durante o sobrevoo de nosso espaço aéreo. Não havendo qualquer reflexo em território nacional, não se justifica a aplicação das leis penais brasileiras.

■ 8.3.17. Quase crime

É sinônimo de **crime impossível** (CP, art. 17). Ocorre quando o agente não atinge a consumação desejada por absoluta impropriedade do objeto material (ex.: efetuar disparos de arma de fogo para matar quem já morreu) ou por absoluta ineficácia do meio executório (ex.: tentar produzir a morte de uma pessoa efetuando tiros de pistola d'água). Também indica atos subsumidos ao instituto da participação impunível (CP, art. 31).

■ 8.3.18. Crimes de responsabilidade

Cuida-se de definição equívoca. A Constituição Federal utiliza a expressão como sinônimo de infração político-administrativa (ver, entre outros, arts. 29-A, § 2º, 60, XI, 85, 167, § 1º). Não se trata, portanto, sob tal ótica, de crimes na acepção jurídica do termo, tanto que o agente político que os praticar não fica sujeito a penas criminais, mas a um processo de *impeachment*, o qual pode culminar na perda do cargo e na suspensão de direitos políticos.

Há quem utilize a expressão como sinônimo de crime funcional. Dizem, nesse caso, que haveria crimes de responsabilidade em sentido amplo (as infrações político-administrativas) e os crimes de responsabilidade em sentido estrito (crimes funcionais).

■ 8.3.19. Crimes hediondos

A primeira norma a utilizar a expressão foi o art. 5º, XLIII, da CF, ao estabelecer: "a lei considerará crimes inafiançáveis e insuscetíveis de graça ou anistia a prática da tortura, o tráfico ilícito de entorpecentes e drogas afins, o terrorismo e os definidos como crimes hediondos, por eles respondendo os mandantes, os executores e os que, podendo evitá-los, se omitirem". O Texto Maior não revelou o conteúdo da expressão, transferindo o mister ao legislador ordinário, que dele se desincumbiu com a Lei n. 8.072/90.

Atualmente, são considerados crimes hediondos:

- o **homicídio** (CP, art. 121), quando praticado em atividade típica de **grupo de extermínio**, ainda que cometido por um só agente;
- o **homicídio qualificado** (CP, art. 121, § 2º, I, II, III, IV, V, VI e VII);
- a **lesão corporal dolosa de natureza gravíssima** (art. 129, § 2º) e **lesão corporal seguida de morte** (art. 129, § 3º), quando praticadas contra autoridade ou agente descrito nos arts. 142 e 144 da Constituição Federal, integrantes do sistema prisional e da Força Nacional de Segurança Pública, no exercício da função ou em decorrência dela, ou contra seu cônjuge, companheiro ou parente consanguíneo até terceiro grau, em razão dessa condição;
- o **roubo circunstanciado pela restrição de liberdade da vítima** (CP, art. 157, § 2º, V), **circunstanciado pelo emprego de arma de fogo** (CP, art. 157, § 2º-A, I) **ou pelo emprego de arma de fogo de uso proibido ou restrito** (CP, art. 157, § 2º-B), **e qualificado pelo resultado lesão corporal grave ou morte** (CP, art. 157, § 3º);
- a **extorsão qualificada pela restrição da liberdade da vítima, ocorrência de lesão corporal ou morte** (CP, art. 158, § 3º)[8];
- a **extorsão mediante sequestro**, simples ou qualificada (CP, art. 159, *caput*, e §§ 1º, 2º e 3º);
- o **estupro** (CP, art. 213, *caput* e §§ 1º e 2º);
- o **estupro de vulnerável** (CP, art. 217-A, *caput* e §§ 1º, 2º, 3º e 4º);
- a **epidemia com resultado morte** (CP, art. 267, § 1º);
- a **falsificação, corrupção, adulteração ou alteração de produto destinado a fins terapêuticos ou medicinais** (CP, art. 273, *caput* e §§ 1º, 1º-A e 1º-B);
- o **furto qualificado pelo emprego de explosivo ou de artefato análogo que cause perigo comum** (CP, art. 155, § 4º-A);
- a **facilitação da prostituição ou outra forma de exploração sexual de criança, adolescente ou vulnerável** (CP, art. 218-B, *caput*, §§ 1º e 2º);
- o **genocídio**, previsto nos arts. 1º, 2º e 3º da Lei n. 2.889/56;
- a **posse ou porte ilegal de arma de fogo de uso proibido**, previsto no art. 16 da Lei n. 10.826/2003 (Estatuto do Desarmamento)[9];
- o **comércio ilegal de armas de fogo**, previsto no art. 17 da Lei n. 10.826, de 22 de dezembro de 2003;
- o **tráfico internacional de arma de fogo, acessório ou munição**, previsto no art. 18 da Lei n. 10.826, de 22 de dezembro de 2003;

---

[8] A Lei Anticrime retirou da lista dos delitos hediondos a extorsão qualificada pela morte (CP, art. 158, §2º).

[9] Observe-se que a Lei Anticrime modificou a redação do parágrafo único do art. 1º da Lei n. 8.072/90 e substituiu o termo "restrito" por "proibido". Assim, o emprego de arma de fogo de uso restrito, como, por exemplo, uma pistola 41 Remington Magnum, deixou de ter natureza hedionda, passando tal característica a ser exclusiva do emprego de arma de fogo de uso **proibido**, como é o caso das armas de fogo dissimuladas, com aparência de objetos inofensivos (inciso III do artigo 2º do Decreto Presidencial n. 9.845, de 25 de junho de 2019).

- o **crime de organização criminosa**, quando direcionado à prática de crime hediondo ou equiparado (art. 2º da Lei n. 12.850, de 2 de agosto de 2013).

A caracterização de um crime como hediondo depende, portanto, da lei. A hediondez acarreta diversas consequências gravosas ao crime, dentre as quais a **inafiançabilidade, proibição de anistia, graça ou indulto**; a **progressão de regimes** e o **livramento condicional** ficam **sujeitos** a um **período de tempo superior** à regra geral.

8.3.20. Crime putativo ou imaginário

Crime putativo ou imaginário é aquele que somente ocorre na mente do sujeito. Vale dizer, ele pensa que comete um delito, mas, na verdade, não pratica ilícito penal.

O crime putativo pode ser decorrente de erro de tipo (falsa apreciação da realidade), de erro de proibição (má compreensão da proibição inerente a um comportamento) ou por obra do agente provocador (induzimento de terceiro, que assegura a impossibilidade de consumação do ato).

No chamado *delito putativo por erro de tipo* ou *crime imaginário por erro de tipo*, o delito se circunscreve à mente do autor. Objetivamente, contudo, não há nenhum crime. Exemplo: uma mulher ingere substância de efeito abortivo pretendendo interromper seu estado gravídico, porém a gravidez é somente psicológica. Não houve aborto, a não ser na mente da mulher (crime, portanto, imaginário).

No *delito putativo por erro de proibição*, o sujeito realiza um fato que, na sua mente, é proibido pela lei criminal, quando, na verdade, sua ação não caracteriza infração penal. Exemplo: relação incestuosa de um pai com sua filha, maior de idade.

O *delito putativo por obra do agente provocador* dá-se quando o sujeito pratica uma conduta delituosa induzido por terceiro, o qual assegura a impossibilidade fática de o crime se consumar. Exemplo: policial à paisana finge-se embriagado para chamar a atenção de um ladrão, que decide roubá-lo; ao fazê-lo, contudo, é preso em flagrante. Nesse caso, inexiste delito, porque, de acordo com a Súmula n. 145 do STF, não há crime quando a preparação do flagrante pela polícia torna impossível a consumação.

8.4. SÍNTESE

QUANTO AO DIPLOMA NORMATIVO	■ Crimes comuns: previstos no Código Penal.	■ Crimes especiais: tipificados em leis penais extravagantes.
QUANTO AO SUJEITO ATIVO	■ Crimes unissubjetivos, monossubjetivos ou de concurso eventual: trata-se daqueles que podem ser cometidos por uma só pessoa ou por várias, em concurso de agentes (CP, art. 29).	■ Crimes plurissubjetivos ou de concurso necessário: caso dos que o tipo penal exige a pluralidade de sujeitos ativos como requisito típico, isto é, a conduta descrita no verbo nuclear deve, obrigatoriamente, ser praticada por duas ou mais pessoas. ■ *Subdividem-se* em crimes plurissubjetivos: a) de condutas convergentes, como a bigamia (CP, art. 235); b) de condutas paralelas, como a associação criminosa (CP, art. 288); c) de condutas contrapostas, como a rixa (CP, art. 137).

<table>
<tr><td>QUANTO À QUALIDADE ESPECIAL DO SUJEITO ATIVO</td><td colspan="2">■ Crimes comuns: não se exige nenhuma qualidade especial do sujeito ativo (CP, art. 121 — homicídio).</td><td>■ Crimes próprios: são aqueles em que a lei requer alguma qualidade ou condição especial do sujeito ativo (CP, art. 124 — autoaborto ou aborto consentido).</td></tr>
<tr><td>QUANTO À POSSIBILIDADE DE COAUTORIA</td><td colspan="3">■ Crimes de mão própria ou atuação pessoal: somente admitem a participação, sendo-lhes impossível a coautoria. É o caso do crime de falso testemunho ou falsa perícia (CP, art. 342).</td></tr>
<tr><td>QUANTO AO SUJEITO PASSIVO</td><td colspan="2">■ Crimes vagos: aqueles cujo sujeito passivo (material ou eventual) for um ente sem personalidade jurídica. Ex.: crimes contra a família.</td><td>■ Crimes de única ou dupla subjetividade passiva: a calúnia somente possui como vítima o indivíduo atingido em sua reputação — única subjetividade passiva; a corrupção passiva tem como sujeitos passivos a Administração Pública e o particular a quem o agente solicita a vantagem indevida — dupla subjetividade passiva.</td></tr>
<tr><td>QUANTO AO RESULTADO NATURALÍSTICO OU MATERIAL</td><td>■ Crimes materiais ou de resultado: o tipo penal descreve uma conduta e um resultado material (ou naturalístico) e exige ambos para efeito de consumação. É o caso do homicídio.</td><td>■ Crimes formais, de intenção ou de consumação antecipada: o tipo penal descreve uma conduta e um resultado, contentando-se com a conduta (dirigida ao resultado) para consumação. Por exemplo: extorsão (CP, art. 158).</td><td>■ Crimes de mera conduta ou de simples atividade: o dispositivo penal somente descreve a conduta, sem fazer qualquer alusão a resultado naturalístico. Ex.: o porte ilegal de arma de fogo (Lei n. 10.826/2003, art. 14).</td></tr>
<tr><td rowspan="2">QUANTO AO RESULTADO JURÍDICO OU NORMATIVO</td><td rowspan="2">■ Crimes de dano ou de lesão: se o tipo penal exigir a lesão ou o dano ao bem juridicamente tutelado para que ocorra a consumação do crime.</td><td colspan="2">■ Crimes de perigo ou de ameaça: a simples exposição do bem ao perigo já é suficiente para que a infração esteja consumada.</td></tr>
<tr><td>■ Crimes de perigo concreto ou real: o perigo figura como elemento do tipo, de tal modo que sua comprovação se torna necessária para a existência do crime (CP, art. 132 — periclitação da vida ou saúde de outrem).</td><td>■ Crimes de perigo abstrato ou presumido: o tipo não prevê o perigo como elementar, razão por que sua demonstração efetiva é desnecessária (CTB, art. 306 — embriaguez ao volante).</td></tr>
<tr><td rowspan="2">QUANTO À CONDUTA</td><td rowspan="2">■ Crimes comissivos: conduta nuclear corresponde a uma ação. Ex.: CP, art. 157 (roubo).</td><td colspan="2">■ Crimes omissivos: conduta nuclear consubstancia uma omissão (ou seja, um não fazer ou non facere). Ex.: omissão de socorro (CP, art. 135).</td></tr>
<tr><td>■ Omissivos próprios ou puros: o tipo penal descreve uma omissão, de modo que, para identificá-la, basta a leitura do dispositivo penal.</td><td>■ Omissivos impróprios, impuros ou comissivos por omissão: são crimes comissivos (como o homicídio, o furto, o roubo etc.), praticados por meio de uma inatividade. Exigem dever jurídico de agir para evitar o resultado (CP, art. 13, § 2º).</td></tr>
<tr><td rowspan="2">QUANTO AO MOMENTO CONSUMATIVO</td><td rowspan="2">■ Crimes instantâneos: a consumação ocorre instantaneamente. Ex.: furto (CP, art. 155).</td><td colspan="2">■ Crimes permanentes: a consumação se prolonga no tempo. Ex.: sequestro (CP, art. 148).</td></tr>
<tr><td>■ Crimes necessariamente permanentes: a conduta típica é, por sua natureza, duradoura no tempo. É o caso do sequestro (CP, art. 148) e do plágio ou redução a condição análoga à de escravo (CP, art. 149).</td><td>■ Crimes eventualmente permanentes: são aqueles cuja conduta típica pode ou não ser prolongada no tempo. Exemplo disto é a usurpação de função pública (CP, art. 328).</td></tr>
</table>

<table>
<tr><th>QUANTO À AUTONOMIA</th><td colspan="2">■ Crimes principais: são aqueles cuja existência não depende da ocorrência de crime anterior.</td><td colspan="3">■ Crimes acessórios: dependem de um delito anterior, como a receptação (CP, art. 180), em relação ao fato antecedente (furto, por exemplo).</td></tr>
<tr><th>QUANTO À EXISTÊNCIA DE CONDIÇÕES</th><td colspan="2">■ Crimes condicionados: quando a lei exigir, para a punibilidade do fato, alguma condição objetiva. Ex.: crimes falimentares (Lei n. 11.101/2005).</td><td colspan="3">■ Crimes incondicionados: não exigem qualquer condição objetiva de punibilidade. Ex.: furto (CP, art. 155).</td></tr>
<tr><th>QUANTO À OBJETIVIDADE JURÍDICA</th><td colspan="2">■ Crimes simples: possuem somente um objetivo jurídico. Por exemplo, do homicídio (CP, art. 121).</td><td colspan="3">■ Crimes complexos: possuem dois objetos jurídicos, como o roubo (CP, art. 157).
■ Alguns doutrinadores definem como crimes complexos aqueles resultantes da fusão de dois ou mais tipos penais.</td></tr>
<tr><th>QUANTO AO ITER CRIMINIS</th><td>■ Consumado ou perfeito: quando nele se reúnem todos os elementos de sua definição legal (CP, art. 14, I).</td><td>■ Tentado ou imperfeito: quando, iniciada a execução, não se consuma por circunstâncias alheias à vontade do agente (CP, art. 14, II).</td><td>■ Crime falho, tentativa perfeita ou acabada: quando o agente realiza todo o iter criminis, mas, ainda assim, não obtém a consumação do delito.</td><td>■ Crime impossível, quase crime, tentativa inadequada ou inidônea: previsto no art. 17 do CP.</td><td>■ Crime exaurido: sempre que, depois da consumação, o bem jurídico sofre novo ataque ou ultimam-se as suas consequências.</td></tr>
<tr><th>QUANTO À POSSIBILIDADE DE FRACIONAMENTO DA CONDUTA TÍPICA</th><td colspan="2">■ Crimes unissubsistentes: são aqueles cuja conduta típica não admite qualquer fracionamento.</td><td colspan="3">■ Crimes plurissubsistentes (a grande maioria): contêm uma conduta que admite cisão (fracionamento).</td></tr>
<tr><th rowspan="2">QUANTO À NATUREZA DO COMPORTAMENTO NUCLEAR</th><td rowspan="2">■ Crimes de ação ou forma livre: admitem qualquer meio executório, como o homicídio (CP, art. 121).</td><td colspan="4">■ Crimes de ação ou forma vinculada ou casuística: a lei prevê taxativamente quais são as formas de cometer o delito.</td></tr>
<tr><td colspan="2">■ Crime de forma vinculada cumulativa: exige que o sujeito incorra em mais de um verbo, necessariamente, para fins de consumação. É o caso da apropriação de coisa achada (art. 169, parágrafo único, II, do CP).</td><td colspan="2">■ Crime de forma vinculada alternativa: o tipo prevê várias ações ou omissões, deixando claro que o fato ocorre com o cometimento de qualquer uma delas. É o caso do crime de plágio (CP, art. 149).</td></tr>
<tr><th>QUANTO À PLURALIDADE DE VERBOS NUCLEARES</th><td colspan="2">■ Crimes de ação simples: quando possuírem apenas um verbo nuclear.</td><td colspan="3">■ Crimes de ação múltipla ou conteúdo variado: quando o tipo possuir mais de um verbo.</td></tr>
<tr><th>QUANTO AO ELEMENTO SUBJETIVO OU NORMATIVO</th><td>■ Crime doloso: o agente tem a intenção de produzir o resultado ou assume esse risco.</td><td colspan="2">■ Crime culposo: o resultado decorre de imprudência, negligência ou imperícia.</td><td colspan="2">■ Crime preterdoloso ou preterintencional: o crime é doloso, mas o agente produz um resultado agravador a título de culpa.</td></tr>
<tr><th>QUANTO À POSIÇÃO TOPOGRÁFICA NO TIPO PENAL</th><td>■ Crime simples: é o previsto no caput (modalidade fundamental).</td><td colspan="2">■ Crime privilegiado: previsto nos parágrafos da disposição, ao qual se cominam limites punitivos inferiores aos do caput.</td><td colspan="2">■ Crime qualificado: previsto nos parágrafos da disposição; a ele se cominam limites punitivos abstratamente superiores aos do caput.</td></tr>
</table>

CRITÉRIOS RELACIONADOS COM O TEMA DO CONFLITO APARENTE DE NORMAS	■ Crime especial *versus* crime genérico.	■ Crime principal ou primário *versus* crime subsidiário ou famulativo.	■ Crimes-meios *versus* crime-fim. ■ Crime progressivo: sempre que o agente, pretendendo um resultado de maior lesividade, pratique outro(s) de menor intensidade.
QUANTO À AÇÃO PENAL	■ Crime de ação penal de iniciativa pública: a titularidade do direito de ação penal incumbe ao Estado, por meio do Ministério Público. ■ Subdividem-se em ação pública incondicionada e condicionada (à representação do ofendido ou à requisição do Ministro da Justiça).	■ Crime de ação penal de iniciativa privada: nos quais a tarefa de mover a ação penal recai sobre o ofendido ou seu representante legal. ■ Subdividem-se em crimes de ação exclusivamente privada e privada personalíssima (em se tratando de ação privada subsidiária da pública, o crime em que se funda é de ação pública).	
QUANTO À CONEXÃO	■ Crimes conexos por conexão intersubjetiva: há vários delitos cometidos por diversas pessoas, de maneira vinculada, por simultaneidade, por concurso ou por reciprocidade.	■ Crimes conexos por conexão objetiva: teleológica ou consequencial.	■ Crimes conexos por conexão instrumental ou probatória.
QUANTO À CONDIÇÃO DE FUNCIONÁRIO PÚBLICO DO SUJEITO ATIVO	■ Crimes funcionais: só podem ser praticados por funcionários públicos.	■ Crimes funcionais próprios: só existem quando o sujeito ativo é funcionário público. Se o ato for praticado somente por particular, o fato será penalmente atípico.	■ Crimes funcionais impróprios (ou mistos): se a mesma conduta for cometida por um particular, ainda haverá delito (mas enquadrado em outro tipo penal).
QUANTO À HABITUALIDADE	■ Crime habitual próprio (ou necessariamente habitual): a habitualidade é requisito típico.	■ Crime habitual impróprio (ou acidentalmente habitual): a existência do crime não depende da reiteração da conduta; se esta ocorrer, entretanto, haverá um só crime.	
QUANTO AO CARÁTER POLÍTICO	■ Crimes comuns: praticados sem propósitos políticos.	■ Crimes políticos: são os cometidos com finalidades políticas (critério subjetivo) ou, ainda, aqueles delitos praticados contra o Estado, como unidade orgânica das instituições políticas e sociais (critério objetivo).	
QUANTO À ESTRUTURA DO TIPO PENAL	■ Crimes de tipo aberto: são aqueles cuja definição emprega termos amplos, de modo a abarcar diversos comportamentos diferentes.	■ Crimes de tipo fechado: são os que utilizam expressões de alcance restrito, englobando poucos comportamentos na definição legal.	

OUTRAS CLASSIFICAÇÕES
■ Crime multitudinário: praticado por multidão em tumulto.
■ Crime de opinião: abrange as infrações penais decorrentes do abuso de liberdade do pensamento.
■ Crimes de imprensa: praticados por algum meio de comunicação social. Encontravam-se tipificados na extinta Lei n. 5.250/67.
■ Crime de ímpeto: é o praticado por ímpeto ou de súbito, sem prévia deliberação ou reflexão.
■ Crimes a distância ou de espaço máximo: o *iter criminis* atinge o território de dois ou mais países.

- Crimes plurilocais: o *iter criminis* atinge o território de mais de um foro (comarca ou seção judiciária), mas dentro do país.
- Delitos de tendência: infrações penais cuja caracterização é condicionada à intenção do agente.
- Crimes de impressão: provocam determinado estado anímico na vítima. Dividem-se em: a) *delitos de inteligência*: provocam o engano do ofendido, como o estelionato; b) *delitos de sentimento*: geram abalo emocional, como a injúria; c) *delitos de vontade*: interferem na vontade, como o constrangimento ilegal.
- Crimes de simples desobediência: crimes de perigo abstrato ou presumido.
- Crimes falimentares ou falitários: definidos na Lei de Falência e Recuperação de Empresas (Lei n. 11.101/2005).
- Crime a prazo: são aqueles em que a lei prevê alguma circunstância que eleva a pena, cuja ocorrência depende do decurso de algum período de tempo (CP, art. 129, § 1º, I).
- Crime gratuito: é o cometido sem motivo (aparente) algum.
- Delito de circulação ou de trânsito: os cometidos mediante a utilização de um veículo automotor.
- Delito transeunte: aqueles que não deixam vestígios (*delicta facti transeuntis*).
- Crime não transeunte: infrações penais que deixam vestígios (*delicta facti permanentis*).
- Crime de atentado ou de empreendimento: infração penal em que as formas consumada e tentada são equiparadas para fins de aplicação da pena; isto é, dá-se à tentativa a mesma pena da consumação. Ex.: CP, art. 352.
- Crime em trânsito: quando o agente pratica o fato em um país, mas não atinge nenhum bem jurídico de seus cidadãos.
- Crimes de responsabilidade em sentido amplo: são as infrações político-administrativas.
- Crimes de responsabilidade em sentido estrito: são os crimes funcionais.
- Crimes hediondos: são os mais graves previstos em nossa legislação penal e decorrem da enumeração prevista na Lei n. 8.072/90.
- Crime putativo ou imaginário: somente ocorre na mente do sujeito. Vale dizer, ele pensa que comete um delito, mas, na verdade, não pratica ilícito penal algum.
  - *Delito putativo por erro de tipo ou crime imaginário por erro de tipo*: o delito se circunscreve à mente do autor.
  - *Delito putativo por erro de proibição*: o sujeito realiza um fato que, na sua mente, é proibido pela lei criminal, quando, na verdade, sua ação não caracteriza infração penal.
  - *Delito putativo por obra do agente provocador*: o agente pratica uma conduta delituosa induzido por terceiro, o qual assegura a impossibilidade de consumação (p. ex.: Súmula n. 145 do STF).

8.5. QUESTÕES

1. (Ministério Público/SP — 2012) Em relação aos crimes, é INCORRETO afirmar:

a) Nos crimes unissubsistentes, o processo executivo da ação ou a omissão prevista no verbo núcleo do tipo consiste num só ato, coincidindo este temporalmente com a consumação.
b) Nos crimes materiais, o tipo penal descreve a conduta e o resultado naturalístico exigido.
c) Preterdoloso se diz o crime em que a totalidade do resultado representa um excesso de fim (isto é o agente quis um *minus* e ocorreu um *majus*), de modo que há uma conjugação de dolo (no antecedente) e de culpa (no subsequente).
d) Crimes de mera conduta são de consumação antecipada.
e) Crime progressivo ocorre quando, da conduta inicial que realiza um tipo de crime, o agente passa a ulterior atividade, realizando outro tipo de crime, de que aquele é etapa necessária ou elemento constitutivo.

2. (179º Concurso de Ingresso à Magistratura/SP — 2006) Assinale a alternativa incorreta.

a) Crimes materiais descrevem a conduta e o resultado naturalístico exigido.

b) Crimes formais descrevem a conduta do agente e o resultado, que não é exigido para a consumação do tipo penal.
c) Crimes de mera conduta são aqueles sem resultado naturalístico, mas com resultado jurídico.
d) Crimes de mera conduta são de consumação antecipada.

3. (Procurador do Estado/SP — FCC — 2002) Em relação aos tipos incongruentes, é correto afirmar que:

a) são formados mediante o acréscimo de uma circunstância atenuante ou agravante do delito-base.
b) somente têm como objetos jurídicos bens destrutíveis.
c) há coincidência entre o dolo e o acontecimento objetivo.
d) o agente quer e persegue um resultado que não necessita ser alcançado para a consumação do crime.
e) somente podem ser cometidos pelo agente referido no tipo.

4. (179º Concurso de Ingresso à Magistratura/SP — 2006) Assinale a alternativa incorreta.

a) O Código Penal Brasileiro adotou a teoria monística da equivalência dos antecedentes no nexo de causalidade, abrandada pela culpabilidade de cada agente.
b) Na coautoria, os agentes realizam a conduta tipificada como ilícito penal.
c) Crimes plurissubjetivos são aqueles que exigem o concurso de mais de uma pessoa, sendo que nem sempre todas são punidas.
d) Crimes monossubjetivos são aqueles que têm sempre uma vítima.

5. (83º Concurso de Ingresso ao MPSP — 2003) Crime falho é:

a) aquele no qual alguém, insidiosamente, provoca uma situação que leva o agente à prática do crime, mas, antes, toma as devidas providências para que o mesmo não se consume.
b) aquele no qual o agente acredita que está praticando um crime, que não existe, pois o fato não é típico.
c) o mesmo que tentativa perfeita, na qual o crime não se consuma por circunstâncias alheias à vontade do agente, embora este pratique todos os atos necessários para a consumação do crime.
d) o mesmo que tentativa inadequada ou inidônea, na qual o crime não pode ser consumado por ineficácia absoluta do meio ou por absoluta impropriedade do objeto.
e) aquele no qual a polícia efetua a detenção do agente no momento da prática delitiva, pois avisada pela vítima que sabia previamente que o crime iria acontecer.

6. (87º Concurso de Ingresso à Carreira do MPSP — 2010) Assinale a alternativa correta:

a) crime putativo por erro de tipo pressupõe a suposição errônea do agente sobre a existência da norma penal.
b) relativamente à tentativa, o Código Penal brasileiro adotou a teoria subjetiva.
c) crimes funcionais impróprios são aqueles que podem revestir-se de parcial atipicidade.
d) crimes subsidiários são aqueles para cuja caracterização se faz imprescindível outra norma definidora de suas elementares.
e) dá-se a ocorrência de crime falho quando o agente, por interferência externa, não consegue praticar todos os atos executórios necessários à consumação.

7. (Concurso de Ingresso à Carreira do MP/PR — 2013) Assinale a alternativa incorreta:

a) Crime unissubsistente é aquele que se consuma com a prática de um único ato, como, por exemplo, a injúria verbal;
b) Crime unissubjetivo é aquele que possui um único verbo núcleo na descrição típica da conduta, como, por exemplo, o homicídio;
c) Crime plurissubsistente é aquele que se consuma com a prática de mais de um ato, como, por exemplo, o estelionato;
d) Crime pluriofensivo é aquele que atinge mais de um bem jurídico, como, por exemplo, o latrocínio;
e) Crime não transeunte é aquele que deixa vestígios, como, por exemplo, o homicídio.

■ GABARITO ■

1. "d". Crimes de consumação antecipada são os crimes formais.

2. "d". Crimes de consumação antecipada são os crimes formais.

3. "d". Os tipos incongruentes são os que descrevem crimes formais ou de consumação antecipada, nestes, o dispositivo contém a conduta e o resultado pretendido, mas não o exige para fins de consumação.

4. "d". Os monossubjetivos são os que podem ser cometidos por uma só pessoa ou várias, em concurso de agentes. Ressalte-se, porém, que a alternativa "a" não está completamente certa, pois o abrandamento da teoria da equivalência dos antecedentes se dá pela análise do dolo e da culpa, que não integram a culpabilidade do agente, mas o fato típico. Tal assertiva corresponde ao pensamento de Nélson Hungria, adepto da teoria psicológico-normativa da culpabilidade. Ocorre, porém, que essa orientação não se mostra consonante com a Reforma da Parte Geral de 1984, que caminhou no sentido da teoria normativa pura da culpabilidade.

5. "c". Crime falho é sinônimo de tentativa perfeita, em que o delito não se consumou, apesar do esgotamento dos atos executórios por parte do sujeito ativo.

6. "c". No crime putativo por erro de tipo, o agente conhece a proibição penal, mas seu equívoco recai por achar que está presente, no fato concreto, alguma elementar do tipo que, na verdade, não está. Ex.: o sujeito que "subtrai" coisa **própria**, pensando que era alheia.

O Código Penal adotou a teoria objetiva quanto à tentativa — art. 14, parágrafo único.

Os delitos funcionais impróprios são os que, abstraída a condição de funcionário público do sujeito ativo, o ato continua tendo caráter criminoso, embora corresponda a outro tipo penal.

Crimes subsidiários ou famulativos são aqueles que se aperfeiçoam quando a norma principal não pode ser aplicada (princípio da subsidiariedade).

Crime falho é o mesmo que tentativa perfeita, ou seja, o agente esgota todos os atos executórios de que dispunha.

7. "b". Crime unissubjetivo ou de concurso eventual é o que pode ser cometido por uma só pessoa ou várias, em concurso de agentes.

9

APLICAÇÃO DA LEI PENAL

9.1. LEI PENAL NO TEMPO

9.1.1. Introdução

O processo de **elaboração das leis** penais dá-se, como não poderia deixar de ser, em **absoluto respeito** aos procedimentos formais estabelecidos na **Constituição Federal**. Segue, ainda, os critérios gerais preconizados na Lei Complementar n. 95/98.

Desde o momento em que um projeto de lei é encaminhado ao Congresso Nacional, passa por várias fases para que se transforme em norma vigente.

Concluídas as etapas do processo legislativo, com a aprovação do texto e a sanção presidencial, seguem-se a promulgação, a publicação e a entrada em vigor. Cumpridas estas exigências, terá surgido, no ordenamento jurídico, a lei penal.

Deve-se lembrar que o **direito de punir** em abstrato do Estado (*ius puniendi in abstracto*) **nasce com** o advento da **lei penal**. Vale dizer, a partir do momento em que uma lei penal entra em vigor, o Estado passa a ter o direito de exigir de todas as pessoas que se abstenham de praticar o comportamento definido como criminoso. Cuida-se de um direito baseado no preceito primário da norma penal incriminadora. Assim, por exemplo, quando entrou em vigor a Lei n. 12.012/2009, o Estado passou a ter o direito de exigir, dos particulares, que não ingressassem em estabelecimentos prisionais com aparelhos de comunicação móvel (art. 349-A do CP). Antes disso, o fato não constituía infração penal. Na relação jurídica consubstanciada pelo direito de punir em abstrato, o Estado figura como sujeito ativo, todas as pessoas penalmente imputáveis, como sujeitos passivos, e o objeto desta relação cuida-se de uma abstenção de conduta (ou de um mandamento de ação, no caso dos crimes omissivos).

Daí por que definir o exato momento em que uma lei penal começa a vigorar se confunde com estabelecer o instante em que nasce o direito de punir em abstrato.

Uma lei somente entra em vigor, é bom frisar, **quando se esvai seu período de vacância** ou *vacatio legis*, ou seja, o intervalo de tempo que separa a publicação e a entrada em vigor.

Cumpre dizer que, em alguns casos, a lei entra em vigor na data de sua publicação (desde que haja menção expressa nesse sentido em seu texto). Esta característica é pouco recomendável em matéria de leis penais, que requerem, para efeito de serem bem assimiladas, que sempre se observe um mínimo de *vacatio*. Aliás, o art. 8º, *caput*, da LC n. 95/98, que disciplina a "elaboração, a redação, a alteração e a consolidação das leis", dispõe que: "A vigência da lei será indicada de forma expressa e de modo a contemplar prazo razoável para que dela se tenha amplo conhecimento, reservada a cláusula 'entra em vigor na data de sua publicação' para as leis de pequena repercussão". Caso não haja menção expressa ao início de vigência da Lei, aplica-se a regra contida na Lei de Introdução às Normas do Direito Brasileiro[1] (Decreto-lei n. 4.657/42, art. 1º), segundo a qual uma lei entra em vigor em quarenta e cinco dias contados de sua publicação, no território nacional, e em três meses, no âmbito internacional (note-se que a lei penal brasileira se aplica a fatos cometidos no exterior, por força do art. 7º do CP, que será estudado a seguir).

Importante ressaltar que, de acordo com o § 1º do art. 8º da LC n. 95/98 (com redação da LC n. 107/2001), "a contagem do prazo para entrada em vigor das leis que estabeleçam período de vacância far-se-á com a inclusão da data da publicação e do último dia do prazo, entrando em vigor no dia subsequente à sua consumação integral". Além disso, o § 2º do dispositivo mencionado determina que: "As leis que estabeleçam período de vacância deverão utilizar a cláusula 'esta lei entra em vigor após decorridos (o número de) dias de sua publicação oficial".

■ 9.1.2. É possível aplicar lei penal antes de consumada sua vacância?

Cremos que não. Um texto normativo não inova o ordenamento jurídico antes de sua entrada em vigor. **Durante a vacância** (ou *vacatio*), não há lei nova, mas **apenas expectativa de lei**. Aliás, não fosse assim, o Código Penal de 1940 teria sido revogado pelo Código Penal de 1969 (Decreto-lei n. 1.004/69), o qual foi publicado, mas nunca entrou em vigor (sua vacância estendeu-se até 1978).

Isto vale, inclusive, para leis penais de caráter benéfico, as quais, uma vez consumada sua vacância, entrarão em vigor e se aplicarão a fatos pretéritos, mesmo quando já houver trânsito em julgado. A razão é simples: uma lei pode ser revogada antes de sua entrada em vigor, por isso, repetimos, durante a *vacatio* não há lei nova, mas apenas expectativa de lei; lembre-se do que ocorreu com o Código Penal de 1969.

LEI PENAL NO TEMPO
■ Direito de punir em abstrato (*ius puniendi in abstrato*): a aprovação de uma lei penal mediante regular processo legislativo faz surgir o direito de punir do Estado (em abstrato).
■ Período de vacância ou ***vacatio legis***: intervalo de tempo que separa a publicação e a entrada em vigor.
■ É possível aplicar lei penal antes de consumada sua vacância? Não (posição majoritária).

■ 9.2. CONFLITO DE LEIS PENAIS NO TEMPO

■ 9.2.1. Introdução

Dá-se quando duas ou mais leis penais, que tratam do mesmo assunto de modo distinto, sucedem-se. Isto acarreta diversas questões de direito intertemporal.

---

1 Trata-se da Lei de Introdução ao Código Civil, cujo nome foi modificado por força da Lei n. 12.376/2010.

Em tais casos, é de suma importância estabelecer-se qual lei deverá reger o caso concreto, se aquela vigente ao tempo de sua prática, ou se outra, já revogada ou que lhe é posterior.

O fenômeno pelo qual uma **lei se aplica a fatos ocorridos durante sua vigência** denomina-se **atividade**. Quando uma lei **for aplicada fora do seu período de vigência**, ter-se-á a **extra-atividade**.

Divide-se em **retroatividade**, isto é, a aplicação da lei a fatos ocorridos **antes** de sua entrada em vigor, e **ultra-atividade**, que significa a aplicação de uma lei **depois** de sua revogação.

As leis penais podem ser ativas ou extra-ativas. De regra, a lei penal somente se aplica a fatos ocorridos durante sua vigência, de modo que a extra-atividade somente se verifica em situações excepcionais. De acordo com nossa Constituição Federal, a extra-atividade apenas ocorrerá se benéfica ao agente.

Assim, por exemplo, uma lei penal benéfica (como a que reduz a pena imposta a um crime) aplicar-se-á a fatos anteriores à sua entrada em vigor (**retroatividade benéfica**). É o caso do art. 28 da Lei n. 11.343/2006, que determinou a imposição exclusiva de penas alternativas ao porte de droga para consumo pessoal, aplicável a comportamentos anteriores à sua entrada em vigor[2].

Da mesma forma, se uma lei vigorava quando do cometimento do crime, mas for revogada por outra mais severa antes do julgamento, o magistrado terá de aplicar a lei revogada, posto que sucedida por lei mais rigorosa. Cite-se, como exemplo, o prazo prescricional de 2 anos, estabelecido no art. 107, VI, do CP, elevado para 3 anos em 06 de maio de 2010, data da entrada em vigor da Lei n. 12.234/2010, o qual continua sendo aplicado para fatos cometidos até a data indicada (**ultra-atividade benéfica**).

Pode-se concluir, em síntese, que:

- a lei penal, de regra, somente se aplica a fatos praticados sob sua vigência (atividade);
- a lei penal benéfica (*lex mitior*) retroagirá, atingindo fatos anteriores à sua entrada em vigor;
- a lei penal revogada deverá aplicar-se depois de sua revogação, quando o fato for praticado sob sua égide e for sucedida por lei mais gravosa (*lex gravior*).

---

[2] De ver que tramita na Suprema Corte o Recurso Extraordinário n. 635.659, com repercussão geral reconhecida, no qual se discute a inconstitucionalidade do art. 28 da Lei de Drogas. O Ministro Relator, Gilmar Mendes, em sessão realizada no dia 20 de agosto de 2015, deu provimento ao recurso, declarando a inconstitucionalidade da norma sem redução de texto, de modo a se interpretar suas providências como medidas de natureza civil e administrativa (e não mais, portanto, como sanções penais). De acordo com o Ministro, a criminalização conduz à estigmatização do usuário e põe em risco medidas de prevenção e redução de danos. Observou, ainda, que a norma estabelece sanção desproporcional e ofensiva ao direito à personalidade, além de se tratar de fato que causa dano eminentemente privado e não coletivo. Acrescentou, outrossim, que nos casos de prisão em flagrante por tráfico de drogas, a apresentação imediata do preso ao juiz deverá ser obrigatória, de modo a evitar que o fato seja indevidamente capitulado como tráfico. O julgamento foi interrompido com o pedido de vista de outros Ministros.

CONFLITO DE LEIS PENAIS NO TEMPO
■ Dá-se quando duas ou mais leis penais, que tratam do mesmo assunto de modo distinto, sucedem-se.
■ Princípio reitor: a lei penal não retroagirá, salvo para beneficiar o réu. ■ Atividade: aplicação da lei a fatos ocorridos durante sua vigência. ■ Extra-atividade: aplicação da lei fora do seu período de vigência. Divide-se em retroatividade: aplicação a fatos ocorridos antes de sua entrada em vigor e ultra-atividade: aplicação de uma lei depois de sua revogação.

■ 9.2.2. *Novatio legis in mellius* e *abolitio criminis*

A lei penal benéfica (*lex mitior*) se biparte em: *novatio legis in mellius* e *abolitio criminis*.

Ambas retroagirão, posto que benéficas e, pelo mesmo motivo, aplicar-se-ão a fatos ocorridos sob sua vigência, quando revogadas por leis mais gravosas.

Por ***novatio legis in mellius***, entende-se a **nova lei penal que, mantendo a incriminação**, dá ao fato **tratamento mais brando**, ampliando a esfera de liberdade individual. São exemplos de tratamento benéfico: a redução da pena prevista, a autorização de concessão de benefícios legais antes proibidos, a redução dos prazos prescricionais, o abrandamento dos regimes de cumprimento de pena.

Há diversos casos concretos de *novatio legis in mellius*. A Lei n. 9.268/96 proibiu a conversão de pena de multa em prisão. Antes dela, quem não pagasse a multa criminal poderia ser preso; depois dela, o inadimplemento de tal sanção acarreta, tão somente, o ajuizamento de uma ação de execução, sob pena de penhora de bens. A Lei n. 9.714/98 ampliou o rol de penas alternativas e passou a admitir a substituição da pena privativa de liberdade por tais penas a um número maior de infrações penais.

Abolitio criminis significa a nova **lei penal que descriminaliza condutas**, ou, ainda, a lei supressiva de incriminação. Vale dizer, deixa de considerar determinado fato como infração penal. O que antes era crime ou contravenção penal torna-se algo penalmente irrelevante. Pode-se citar, como exemplo, a Lei n. 11.106/2005, que revogou os arts. 217 e 240 do CP, tornando atípicos dois comportamentos que, até então, configuravam crimes: sedução e adultério.

É de anotar que a ***abolitio criminis*** é prevista como **causa extintiva da punibilidade** (CP, art. 107, III). Significa que, com sua entrada em vigor, o Estado perde o direito de punir. Quando tal situação se verifica antes do trânsito em julgado, ficam impedidos todos os possíveis efeitos de uma condenação penal. Se ocorrer depois do trânsito em julgado da sentença penal condenatória, extinguir-se-ão todos os efeitos *penais* da condenação (mantendo-se, apenas, os efeitos extrapenais — arts. 91 e 92 do CP e 15, III, da CF).

■ 9.2.3. *Novatio legis in pejus* e *novatio legis* incriminadora

A lei penal gravosa (*lex gravior*) se divide em: *novatio legis in pejus* e *novatio legis* incriminadora.

A primeira corresponde à lei que, mantendo a incriminação, dá ao fato tratamento mais rigoroso.

São exemplos de tratamento gravoso: o aumento da pena prevista, a proibição de outorga de benefícios legais antes permitidos, o aumento dos prazos prescricionais, a criação de causas que suspendem o curso do prazo de prescrição, a previsão de regimes de cumprimento de pena mais severos.

Pode-se citar, dentre outros diplomas legais, a Lei n. 10.763/2003, que passou a exigir a reparação do dano ou a devolução do produto do ilícito praticado, como requisito para a progressão de regimes ao condenado por crimes contra a administração pública (*vide* art. 33, § 4º, do CP). Ainda, a Lei n. 11.340/2006 (Lei Maria da Penha), que elevou a pena do crime de violência doméstica (art. 129, § 9º, do CP), de seis meses a um ano de detenção para três meses a três anos. A Lei n. 11.343/2006 (Lei de Drogas) aumentou a pena cominada ao tráfico ilícito de drogas, de três a quinze anos de reclusão e 50 a 360 dias-multa, para cinco a quinze anos de reclusão e 500 a 1.500 dias-multa.

A *novatio legis* incriminadora, por fim, é a que passa a definir o fato como penalmente ilícito. Em outras palavras, uma conduta penalmente atípica passa a ser definida como crime ou contravenção. Vários são os exemplos, dos quais citamos a Lei n. 10.224/2001, que criminalizou o assédio sexual (art. 216-A do CP), e a Lei n. 11.466/2007, que fez o mesmo com relação ao ato de o diretor de penitenciária e/ou agente público deixar(em) de cumprir o dever de proibir o acesso ao preso de aparelhos de telefonia celular ou semelhante (art. 319-A do CP). Esses comportamentos, antes da entrada em vigor das leis citadas, eram fatos penalmente indiferentes e, com elas, tornaram-se crimes.

NOVAS LEIS PENAIS
■ ***Novatio legis in mellius***: nova lei penal que, mantendo a incriminação, dá ao fato tratamento mais brando, ampliando a esfera de liberdade individual.
■ ***Abolitio criminis***: nova lei penal que descriminaliza condutas (é causa extintiva da punibilidade).
■ ***Novatio legis in pejus***: corresponde à lei que, mantendo a incriminação, dá ao fato tratamento mais rigoroso.
■ ***Novatio legis* incriminadora**: é a que passa a definir o fato como penalmente ilícito.

■ 9.2.4. Dúvida a respeito da lei penal mais benéfica

Como regra, não haverá qualquer problema em detectar, entre duas leis que se sucedem no tempo, qual a mais benéfica. Podem ocorrer, todavia, situações duvidosas. Pergunta-se: o que é mais benéfico ao réu? Uma lei que permite o cumprimento da pena privativa de liberdade em regime aberto ou outra que autoriza, na mesma situação, o livramento condicional antes negado?

Se houver irredutível dúvida, cremos que a melhor solução deve ser a de consultar o próprio agente. Trata-se da saída adotada pelo Código Penal espanhol de 1995 (art. 2º, n. 2 — "en caso de duda sobre la determinación de la ley más favorable, será oído el reo") e encontra apoio de boa parte da doutrina. Entre nós, Hungria já a defendia a seu tempo[3].

3 *Comentários ao Código Penal*, 5. ed., v. 1, t. 1, p. 134.

9.2.5. Combinação de leis penais

Dá-se quando o intérprete, verificando que uma nova lei favorece o agente num aspecto e o prejudica noutro, apenas a aplica no aspecto benéfico, combinando-a, no mais, com a regra branda oriunda de lei anterior.

Assim, esquematicamente:

LEI ANTERIOR	LEI POSTERIOR	COMBINAÇÃO
Art. 1º *Norma gravosa*	Art. 1º *Norma benéfica*	Art. 2º da Lei Anterior
Art. 2º *Norma benéfica*	Art. 2º *Norma gravosa*	Art. 1º da Lei Posterior

Em favor da combinação de leis argumenta-se que, se o juiz pode aplicar o todo, nada impede que aplique somente parte da lei, sobretudo, porque buscaria uma solução justa (é a tese vencedora na doutrina).

Seus opositores objetam que o magistrado estaria agindo como legislador, **criando uma nova lei**. Para nós, não se deveria admitir tal combinação, que subjuga o espírito normativo constante da nova lei. A cisão legislativa, muito embora calcada em sólido argumento (isto é, a extra-atividade benéfica), rompe com a unidade e a harmonia que deve conter um diploma legislativo.

Nossa jurisprudência diverge a respeito do tema. A atual Lei de Drogas suscitou ampla discussão a respeito da possibilidade de combinação de leis penais. Isto porque a pena privativa de liberdade cominada ao tráfico ilícito de drogas, em sua modalidade fundamental, era de três a quinze anos de reclusão (Lei n. 6.368/76, art. 12, *caput*) e, com o advento da Lei n. 11.343/2006, passou a ser de cinco a quinze anos. Ocorre que a Lei de 2006 criou uma nova causa de redução de pena (de um sexto a dois terços), se o agente for primário, possuidor de bons antecedentes, não dedicado a atividades criminosas e não integrante de organização criminosa (art. 33, § 4º).

Assim, havia quem sustentasse que aos crimes de tráfico de droga praticados antes da entrada em vigor da Lei atual por réus primários e de bons antecedentes, preenchidas as demais condições citadas, dever-se-ia aplicar a pena contida no preceito primário da Lei n. 6.368 (mais benéfica) com a causa de diminuição prevista no art. 33, § 4º, da nova Lei.

O Superior Tribunal de Justiça não admite referida combinação (Súmula n. 501).

O Supremo Tribunal Federal, no julgamento do RE 596.152, julgado em 13.10.2011, havia se mostrado dividido a respeito do assunto, tanto que houve empate na votação, prevalecendo, em face disso, a tese favorável à defesa. Ocorre, porém, que no julgamento do RE 600.817, Rel. Min. Ricardo Lewandowski, julgado em 07.11.2013, a Suprema Corte filiou-se, por maioria de votos, ao entendimento contrário, ou seja, no sentido da impossibilidade de se adotar a conjugação de dispositivos da lei revogada com a revogadora. De acordo com o Tribunal, deve o magistrado, no caso da Lei de Drogas, calcular a pena segundo as duas Leis, sem mesclá-las e, ao final, verificar qual o resultado mais brando, aplicando-o ao réu[4].

---

[4] No mesmo sentido: "O Plenário do Supremo Tribunal Federal (RE 600.817-RG, Rel. Min. Ricardo Lewandowski) consolidou o entendimento de que não é possível a aplicação retroativa da causa especial de diminuição de pena do art. 33, § 4º, da Lei n. 11.343/2006, em benefício de réu condenado por crime de tráfico de drogas cometido na vigência da legislação anterior (Lei n. 6.368/1976)" (STF, HC 103.617, Rel. Min. Roberto Barroso, 1ª Turma, julgado em 18.03.2014). É esse também o posiciona-

9.2.6. Sucessão de leis penais

Ocorre quando o **mesmo fato** é **regido por diversas leis penais**, as quais **se sucedem no tempo**, regulando-o de maneira distinta. Ainda que tal situação possa parecer de difícil solução, para resolvê-la devem ser aplicados os critérios anteriormente estudados, ou seja, há de se adotar como regra o critério da atividade da lei penal e, somente quando se tratar de lei benéfica, sua extra-atividade.

Acompanhe-se o seguinte exemplo: imaginemos que o agente tenha cometido determinado delito no ano de 2011, quando a conduta era apenada com detenção, de dois a quatro anos. Em 2012, quando corria o processo, nova lei modifica a sanção para um a três anos de detenção. Finalmente, em 2013, dias antes de o juiz proferir a sentença, surge uma terceira lei, aumentando a pena para dois a cinco anos de reclusão. No caso de condenação, deverá ser aplicada a segunda norma, que retroage à data do fato, por ser mais benéfica que a primeira (*lex mitior*), e impede a incidência da última, que se mostra mais gravosa (*lex gravior*) em relação a ela. Teremos neste caso, portanto, a aplicação de uma lei ao mesmo tempo retroativa, porque incidente sobre fato anterior à sua vigência, e ultra-ativa, porquanto aplicada depois de sua revogação.

9.2.7. Medidas de segurança

As medidas de segurança constituem espécies do gênero sanção penal. Nosso Código as reserva aos agentes inimputáveis ou semi-imputáveis em razão de doença mental ou desenvolvimento mental incompleto ou retardado (CP, art. 26), que, comprovadamente, praticaram o fato definido como crime ou contravenção penal. Dividem-se em medida de segurança detentiva, consistente na internação em hospital de custódia e tratamento, e medida de segurança restritiva, consubstanciada em tratamento ambulatorial (arts. 96 a 98 do CP).

Os princípios constitucionais relativos à pena, dentre os quais a retroatividade benéfica, devem ser estendidos às medidas de segurança. Não há dúvida de que a lei que versa sobre tais sanções é "lei penal", na exata dicção do art. 5º, XL, da CF, que proclama sua retroatividade, quando assumirem natureza favorável ao agente.

Vale lembrar que o Supremo Tribunal Federal já reconheceu que os princípios penais estendem-se às medidas de segurança[5].

COMBINAÇÃO DE LEIS PENAIS	SUCESSÃO DE LEIS PENAIS	MEDIDAS DE SEGURANÇA
■ Dá-se quando o intérprete, verificando que uma nova lei favorece o agente num aspecto e o prejudica noutro, apenas a aplica no aspecto benéfico, combinando-a, no mais, com a regra branda oriunda de lei anterior. STJ e STF não admitem, atualmente, a combinação de leis penais.	■ Ocorre quando o mesmo fato é regido por diversas leis penais, as quais se sucedem no tempo, regulando-o de maneira distinta.	■ Os princípios constitucionais relativos à pena, dentre os quais a retroatividade benéfica, devem ser estendidos às medidas de segurança.

mento do STJ: AREsp 954.614/PR, Rel. Min. Joel Ilan Paciornik, 5ª Turma, julgado em 19.02.2019; e AgRg no HC 528.544/SP, Rel. Min. Reynaldo Soares da Fonseca, 5ª Turma, julgado em 12.05.2020.

[5] Cf. HC 84.219, Rel. Min. Marco Aurélio. E também: RE 628.658, Rel. Min. Marco Aurélio, Tribunal Pleno, julgado em 05.11.2015.

9.2.8. Competência para aplicação da lei penal benéfica

Deve-se ponderar, de início, que, desde a entrada em vigor da *novatio legis in mellius* ou da *abolitio criminis*, devem elas ser imediatamente aplicadas aos casos concretos, não importando em que fase a persecução penal esteja.

Assim, se na fase de investigação, deve a autoridade policial remeter os autos ao juízo competente para imediata aplicação da nova lei, no que for cabível. Na hipótese de *novatio legis in mellius*, dever-se-ão adotar os benefícios que passaram a ser admitidos (se adequados à fase inquisitiva, como, por exemplo, o envio dos autos ao Juizado Especial Criminal para aplicação das medidas contidas na Lei n. 9.099/95, no caso de uma infração tornar-se de menor potencial ofensivo). Em se tratando de *abolitio criminis*, a remessa ao juízo competente é necessária para que o magistrado, depois de ouvido o membro do Ministério Público, possa declarar a extinção da punibilidade.

Se o feito encontrar-se em andamento, com denúncia ou queixa-crime já recebidas, cumprirá ao juiz que o preside a aplicação da nova lei. Imagine-se o caso em que a infração passe a admitir a suspensão condicional do processo. Deve o magistrado, imediatamente após o início da vigência da nova lei, encaminhar os autos ao Ministério Público para a formulação da proposta do benefício.

Estando o processo em grau de recurso, incumbirá à Câmara ou Turma julgadora aplicar a *lex mitior*.

Finalmente, encontrando-se na fase de execução da pena, a tarefa de aplicar a novel legislação será de responsabilidade do juízo das execuções penais, como preceituam o art. 66, I, da LEP e a **Súmula n. 611 do STF**.

COMPETÊNCIA PARA APLICAÇÃO DA LEI PENAL BENÉFICA
▪ Na **fase de investigação**, deve a autoridade policial remeter os autos ao **juízo competente** para apreciar o inquérito policial, a fim de que aplique a nova lei favorável, no que for cabível.
▪ Na **fase judicial**, cumprirá ao **juiz ou tribunal que preside o feito** a aplicação da nova lei benéfica.
▪ Na **fase de execução da pena**, a tarefa de aplicar a novel legislação será de responsabilidade do **juízo das execuções penais** (LEP, art. 66, I, e **Súmula n. 611 do STF**).

9.2.9. Crime permanente e crime continuado

Configuram crimes permanentes aqueles cujo momento consumativo se prolonga no tempo, como, por exemplo, sequestro (enquanto a vítima for mantida com sua liberdade privada, considera-se prolongado o momento da consumação). Fala-se em crime continuado, por outro lado, quando vários crimes são praticados em continuidade delitiva (art. 71 do CP).

Se durante a permanência ou a continuidade delitiva entrar em vigor nova lei, ainda que mais gravosa, ela se aplica a todo o evento, vale dizer, ao crime permanente e a todos os delitos cometidos em continuidade delitiva.

É o que preconiza a **Súmula n. 711 do STF** ("A lei penal mais grave aplica-se ao crime continuado ou ao crime permanente, se a sua vigência é anterior à cessação da continuidade ou da permanência").

Assim, por exemplo, se uma pessoa recebeu droga em julho de 2006 (quando estava em vigor a Lei n. 6.368/76) e a guardou em um depósito com o objetivo de comercializá-la até janeiro de 2007 (quando já estava em vigor a Lei n. 11.343/2006), ficará sujeita às penas mais severas da nova legislação, uma vez que se trata de crime permanente, cujo momento consumativo se iniciou com a lei antiga, mas persistiu até a nova lei.

■ 9.3. LEI EXCEPCIONAL E LEI TEMPORÁRIA (CP, ART. 3º)

De acordo com o art. 3º do CP, "A lei excepcional ou temporária, embora decorrido o período de sua duração ou cessadas as circunstâncias que a determinaram, aplica-se ao fato praticado durante sua vigência". Excepcional é a lei elaborada para incidir sobre fatos havidos somente durante determinadas circunstâncias excepcionais, como situações de crise social, econômica, guerra, calamidades etc. Temporária é aquela elaborada com o escopo de incidir sobre fatos ocorridos apenas durante certo período de tempo.

A doutrina costuma afirmar que as leis excepcionais e temporárias são leis ultra-ativas, ou seja, produzem efeitos mesmo após o término de sua vigência. Na verdade, não se trata do fenômeno da ultra-atividade, uma vez que, com o passar da situação excepcional ou do período de tempo estipulados na lei, ela continua em vigor, embora inapta a reger novas situações. O art. 2º, VI, da Lei n. 1.521/51 (Lei dos Crimes contra a Economia Popular e contra a Saúde Pública), o qual vigorou de fevereiro de 1952 a dezembro de 1991, definia como crime a conduta do comerciante que vendia ou expunha à venda produto acima do preço definido em tabela oficial ("tabela de congelamento de preços"). Durante suas quatro décadas de vigência, permaneceu a maior parte do tempo inaplicável, salvo em épocas como o "Plano Cruzado" (1986/1987), no qual se decretou o tabelamento de preços, restaurando a eficácia da norma penal; assim, vários comerciantes flagrados vendendo produtos acima do preço oficial foram investigados e processados criminalmente; superado o período do congelamento oficial, os processos já instaurados prosseguiram seu curso, uma vez que a norma não fora, então, revogada: a ação de vender ou expor à venda produtos acima do preço oficial continuou sendo crime até sua substituição pelo art. 6º, I, da Lei n. 8.137/90 (este revogado em 2011), o qual punia conduta semelhante, mas com pena maior. O fim do "congelamento" ocorrido na década de 1980 assinalou, portanto, apenas o encerramento da aptidão da lei para reger novos fatos concretos, sem contudo afetar sua vigência, que persistiu, bem como sua eficácia no que pertine aos atos verificados durante o tabelamento oficial.

Não há de se falar, assim, em ultra-atividade, de modo que fica superada qualquer alegação de violação ao princípio da retroatividade benéfica da lei penal (CF, art. 5º, XL). Aliás, nesse sentido já se manifestaram consagrados penalistas[6].

A norma constante do art. 3º do CP tem ainda uma razão prática evidente, declarada na Exposição de Motivos da Parte Geral do Código Penal: "Esta ressalva visa impedir que, tratando-se de leis previamente limitadas no tempo, possam ser frustradas as suas sanções por expedientes astuciosos no sentido do retardamento dos processos penais".

---

[6] *Vide,* por todos, José Frederico Marques, *Tratado de direito penal*, v. 1, p. 268.

■ 9.4. RETROATIVIDADE DA LEI PENAL E LEI PENAL EM BRANCO

A lei penal em branco é a que possui **preceito primário incompleto**, de modo que **necessita de outra norma jurídica** para se definir, com precisão, seu alcance.

Assim, *v.g.*, o art. 33, *caput*, da Lei n. 11.343/2006, que tipifica o ato de "importar, exportar, remeter, preparar, produzir, (...) entregar a consumo ou fornecer **drogas**, ainda que gratuitamente, sem autorização ou em desacordo com determinação legal ou regulamentar". A conduta criminosa não se encontra descrita integralmente no dispositivo, pois este não define seu próprio objeto material, ou seja, o que se entende por "drogas". O complemento, neste caso, encontra-se em ato administrativo elaborado pela ANVISA (Agência Nacional de Vigilância Sanitária)[7].

Vale notar que **o complemento** pode estar em **norma de hierarquia diferente** da lei penal (lei penal em branco **heterogênea ou em sentido estrito**), como no exemplo acima citado, ou em norma da **mesma hierarquia** (lei penal em branco **homogênea ou em sentido amplo**). Cite-se, *v.g.*, o art. 237 do CP: "contrair casamento, conhecendo a existência de impedimento que lhe cause a nulidade absoluta", pois os impedimentos a que alude o tipo encontram-se no Código Civil (art. 1.521).

O complemento integra a norma, dela constituindo parte fundamental e indispensável. Por esse motivo, **sua revogação resultará, de regra, na descriminalização da conduta**; é dizer, produzirá *abolitio criminis*, operando retroativamente. Logo, no exemplo acima citado, se a lista das drogas ilícitas prevista em portaria da ANVISA for validamente alterada, fazendo com que determinada substância deixe de nela figurar, ocorrerá inegável *abolitio criminis* no tocante aos comportamentos que a tiveram como objeto material. O mesmo se dará em relação ao art. 237 do CP se houver mudança no Código Civil revogando quaisquer dos impedimentos matrimoniais absolutos.

Há, contudo, **exceções**, presentes quando o **complemento** possuir **natureza temporária** ou **excepcional**. Nessas situações, incidirá o art. 3º do CP. Por exemplo: se no tocante à venda de produtos em violação à tabela oficial encerrar-se o período de congelamento de preços com ab-rogação do ato administrativo que consubstancia a respectiva lista, não se falará em descriminalização de comportamentos (isto é, em *abolitio criminis*), e, via de consequência, a modificação não atingirá fatos anteriormente praticados.

■ 9.5. RETROATIVIDADE BENÉFICA DO ENTENDIMENTO JURISPRUDENCIAL

A questão que ora se propõe a estudar é a de saber se, em havendo uma modificação do entendimento jurisprudencial a respeito de determinado assunto, resultando em interpretação mais branda de uma determinada lei penal, esta interpretação deve retroagir, de modo a alcançar fatos já julgados em definitivo. Imagine-se, por exem-

7 Portaria SVS/MS n. 344, de 12.05.1998.

plo, que os juízes e tribunais venham aplicando determinada lei penal com frequência, condenando aqueles que infringem seus preceitos; suponha-se, então, que esta lei seja considerada inconstitucional. O novo entendimento deve retroagir, atingindo condenações transitadas em julgado?

É mister, antes de uma análise mais profunda, colocar-se corretamente as arestas do debate. Deve-se ter em mente, em primeiro lugar, que nosso país não adota o sistema do precedente judicial, de modo que as decisões proferidas por tribunais *não* têm caráter vinculante. Há, contudo, *exceções* (súmula vinculante e controle concentrado de constitucionalidade pelo STF), e somente nestes casos é que terá relevância verificar se, caso surja novo entendimento mais brando por parte da jurisprudência, este deve alcançar fatos já protegidos com o manto da coisa julgada.

A doutrina estrangeira mostra-se (predominantemente) favorável a esta possibilidade. Para Juan Bustos Ramírez e Hernán Hormazábal Malarée[8], adeptos dessa corrente, o tema não deve ser solucionado com o princípio da retroatividade benéfica (até porque o princípio refere-se à retroatividade da *lei* penal), mas sob o enfoque dos princípios da igualdade e da razoabilidade.

Pode-se citar como exemplo a **Súmula Vinculante n. 26 do STF**[9], que expressamente determina a aplicação retroativa do entendimento benéfico por ela prolatado a respeito da inconstitucionalidade da (hoje revogada) proibição de progressão de regimes nos delitos hediondos e assemelhados (antes contida na Lei n. 8.072/90).

De fato, seria flagrantemente desigual permitir que duas pessoas, as quais cometeram o mesmo fato definido em lei penal declarada inconstitucional, recebam tratamento distinto, em que uma cumpra a pena correspondente (porque condenada antes da prolação do novo entendimento jurisprudencial) e a outra não receba qualquer sanção (posto que julgada depois da decisão com caráter vinculante por parte do STF). A ofensa ao princípio constitucional da isonomia (CF, art. 5º, *caput*) seria evidente; o mesmo se poderia dizer com respeito ao princípio da proporcionalidade.

■ 9.6. TEMPO DO CRIME

A aplicação da lei penal no tempo é determinada, ainda, pelo **momento do crime**. Este, nos termos do art. 4º do CP, é aquele em que o sujeito pratica a conduta (ação ou omissão), mesmo que outro seja o momento do resultado. Cuida-se da **teoria da atividade**.

---

[8] *Lecciones de derecho penal*, p. 116.

[9] Eis o enunciado da Súmula: "Para efeito de progressão de regime no cumprimento de pena por crime hediondo, ou equiparado, o juízo da execução observará a inconstitucionalidade do art. 2º da Lei n. 8.072, de 25 de julho de 1990, sem prejuízo de avaliar se o condenado preenche, ou não, os requisitos objetivos e subjetivos do benefício, podendo determinar, para tal fim, de modo fundamentado, a realização de exame criminológico". No mesmo sentido, a Súmula n. 471 do STJ: "Os condenados por crimes hediondos ou assemelhados cometidos antes da vigência da Lei n. 11.464/2007 sujeitam-se ao disposto no artigo 112 da Lei n. 7.210/1984 (Lei de Execução Penal) para a progressão de regime prisional".

Dessa forma, se o agente cometer um crime cuja conduta ocorra antes da entrada em vigor de uma nova lei mais grave, ainda que o resultado se verifique depois de exaurido o período de vacância da *novatio legis in pejus*, esta não será aplicável ao delito; isto porque este se considerará cometido antes de sua entrada em vigor. Em 1994, o homicídio qualificado tornou-se crime hediondo; a inclusão deste fato na lista contida na Lei n. 8.072/90 ocorreu no dia 7 de setembro do ano citado. Suponha-se que o sujeito, visando a morte de seu inimigo, tenha desferido contra ele diversos disparos de arma de fogo, por motivo fútil, no dia 5 de setembro de 1994. Imagine-se, ademais, que o atirador se evada do local e a vítima seja socorrida por terceiros, ficando hospitalizada por uma semana, até que vem a óbito, por não resistir à gravidade dos ferimentos. Neste exemplo, a ação foi praticada antes da entrada em vigor da *lex gravior*, embora o resultado se tenha produzido depois desta data. Tendo em vista que o tempo do crime é o da conduta, e não o da consumação, o homicídio qualificado cometido não será considerado hediondo.

O art. 4º do CP tem relevância não só na questão da lei penal aplicável, mas dirime outras igualmente importantes.

Uma delas consiste na **delimitação da responsabilidade penal**. Com base na regra do art. 4º do CP, torna-se possível fixar o exato momento em que o agente passará a responder criminalmente por seus atos — isso se dará somente se a ação ou omissão houver sido praticada quando ele já tiver completado 18 anos de idade (o que ocorre no primeiro minuto de seu 18º aniversário).

Em se tratando de crime permanente (aquele cuja consumação se protrai no tempo, como ocorre com o delito de extorsão mediante sequestro — art. 159 do CP), deve-se fazer uma observação: mesmo tendo a ação ou omissão se iniciado antes da maioridade penal, se o sujeito a prolongou conscientemente no período de sua imputabilidade penal, terá aplicação o CP.

Com relação ao crime continuado (modalidade de concurso de crimes em que o sujeito comete vários delitos em continuidade delitiva — art. 71 do CP), somente receberão a incidência do Código Penal os fatos cometidos depois que o agente completar 18 anos de idade. As condutas cometidas antes disso serão consideradas atos infracionais e, portanto, submetidas às medidas socioeducativas previstas no Estatuto da Criança e do Adolescente (Lei n. 8.069/90).

Algumas **circunstâncias do crime** também terão sua aplicação ao fato condicionada à regra do art. 4º do CP. É o caso, por exemplo, da idade da vítima. Em alguns crimes, como o homicídio, ela pode gerar um aumento de pena. Assim, se o homicídio for cometido contra pessoa menor de 14 anos ou maior de 60 (CP, art. 121, § 4º, parte final), a pena do crime será aumentada em um terço. Para que a exasperação seja aplicável, dever-se-á verificar a idade do ofendido ao tempo da conduta (e não do resultado). Idêntico raciocínio utilizar-se-á na hipótese da agravante genérica prevista no art. 61, II, *h*, do CP (crime contra criança ou contra maior de 60 anos), que tem incidência em diversos delitos.

É preciso advertir, por fim, que a regra em estudo não se aplica para efeito de início da contagem do prazo prescricional. Isto porque o art. 111 do CP estabeleceu termos iniciais específicos para a contagem da prescrição da pretensão punitiva (que ocorre antes do trânsito em julgado). São eles: a **consumação** do crime, a data do último ato executório (se o crime for tentado), a cessação da permanência (nos delitos permanentes) e a data em que o fato tornar-se conhecido (nos crimes de bigamia ou falsificação ou alteração de assentamento de registro civil).

■ 9.7. LEI PENAL NO ESPAÇO

■ 9.7.1. Territorialidade

De acordo com o art. 5º, *caput*, do CP, "aplica-se a lei brasileira, sem prejuízo de convenções, tratados e regras de direito internacional, ao crime cometido no território nacional". Com tal enunciado, nosso Código acolheu o princípio da territorialidade da lei penal, isto é, a lei penal brasileira aplica-se a todos os fatos ocorridos dentro do nosso território.

Há exceções, contudo, como se nota na redação do dispositivo. Por isso, diz-se que o Brasil acolheu o princípio da territorialidade relativa, temperada ou mitigada, em detrimento da territorialidade absoluta (que não admitiria qualquer ressalva). Esta escolha encontra eco na maioria das legislações alienígenas e se justifica em prol da boa convivência internacional e em homenagem à reciprocidade, que deve reger as relações do Brasil no plano externo (CF, art. 4º).

■ *9.7.1.1. Território nacional*

Por território, no sentido jurídico, deve-se entender todo o espaço em que o Brasil exerce sua soberania:

- os limites compreendidos pelas fronteiras nacionais;
- o mar territorial brasileiro (faixa que compreende o espaço de 12 milhas contadas da faixa litorânea média — art. 1º da Lei n. 8.617/93);
- todo o espaço aéreo subjacente ao nosso território físico e ao mar territorial nacional (princípio da absoluta soberania do país subjacente — Código Brasileiro de Aeronáutica, art. 11, e Lei n. 8.617/93, art. 2º);
- as aeronaves e embarcações: a) brasileiras privadas, em qualquer lugar que se encontrem, salvo em mar territorial estrangeiro ou sobrevoando território estrangeiro; b) brasileiras públicas, onde quer que se encontrem; c) estrangeiras privadas, no mar territorial brasileiro.

■ 9.7.2. Lugar do crime

O CP definiu no art. 6º o **lugar do crime**, adotando a **teoria da ubiquidade ou mista**, segundo a qual o crime se considera praticado tanto no lugar da conduta quanto naquele em que se produziu ou deveria produzir-se o resultado. A preocupação do legislador foi estabelecer **quais crimes podem ser considerados como ocorridos no Brasil** e, por via de consequência, a quais delitos se aplica a lei penal brasileira. O dispositivo rege, portanto, a "competência internacional".

A regra em estudo só terá relevância nos chamados **crimes a distância ou de espaço máximo**, que são aqueles cuja execução se inicia no território de um país e a consumação se dá ou deveria dar-se em outro. Imagine-se a hipótese de um agente iniciar a execução de um crime na Argentina, visando produzir o resultado no Brasil, ou o inverso. Em ambos os casos, os delitos serão considerados como ocorridos em território nacional, de modo que a lei penal brasileira a eles se aplicaria. Como dizia Hungria, basta que o crime tenha "tocado" o território nacional para que nossa lei seja aplicável.

9.7.3. Foro competente

É preciso notar que a regra prevista no art. 6º do CP (acima estudada) não tem qualquer relevância para fixação do foro competente. Neste caso, devem ser observadas as regras previstas no Código de Processo Penal (arts. 70 a 91).

Como regra, o **foro competente** dependerá do **lugar da infração**. Se, contudo, for impossível encontrar o lugar da infração, a competência territorial levará em conta o **domicílio ou residência do réu** (critério subsidiário).

De ver que a violação às regras de competência territorial acarreta nulidade relativa, devendo ser arguida até a resposta escrita, nos termos do art. 108, *caput*, do CPP. Não obstante, o juiz pode reconhecer sua incompetência territorial de ofício, de acordo com o art. 109 do CPP.

Foro é sinônimo de território competente. Cada órgão judicial exerce sua jurisdição dentro de certos limites territoriais (foro). No âmbito da Justiça Estadual, o foro dos juízos de primeira instância corresponde aos limites da Comarca e, em segundo grau de jurisdição, ao respectivo Estado. Já na Justiça Federal, o foro da primeira instância é a subseção judiciária e, da segunda, a respectiva região (assim, por exemplo, o foro do TRF da 3ª Região abrange os Estados de São Paulo e Mato Grosso do Sul).

De acordo com o art. 70, *caput*, 1ª parte, do CPP, será competente para processar e julgar o fato o juízo do lugar onde a infração se tiver *consumado* (teoria do resultado). Curiosamente, nossos tribunais estabelecem algumas exceções *contra legem* à teoria do resultado; é o que ocorre, por exemplo, nos crimes dolosos contra a vida, nos quais a jurisprudência define como foro competente o local da conduta.

Nos crimes permanentes cuja consumação se estendeu pelo território de mais de uma comarca, a competência será firmada pela prevenção (isto é, pelo juízo do local que praticar o primeiro ato processual ou medida relativa ao processo). Tome-se como exemplo o crime de extorsão mediante sequestro (CP, art. 159). Esse delito se consuma com o sequestro (leia-se: privação da liberdade por tempo juridicamente relevante). Ocorre que a vítima pode ser sequestrada numa cidade e mantida em cativeiro noutra, ou até em mais de uma cidade. Como se trata de crime permanente, cuja consumação se prolonga no tempo, enquanto o agente mantiver o ofendido privado de sua liberdade o crime estará na fase de consumação. Assim, todas as cidades envolvidas (a do local do sequestro e as dos cativeiros) serão competentes, prevalecendo entre elas o juízo do lugar em que houve a prevenção.

Nos delitos perpetrados em local incerto na divisa de duas ou mais comarcas ou crime praticado em local certo, havendo incerteza quanto ao fato de o lugar pertencer a uma ou outra comarca, esta se resolve com base na prevenção.

No crime tentado, o foro competente é o do local do último ato de execução (CPP, art. 70, *caput*, 2ª parte).

Quando a execução do crime se iniciou no território nacional e a consumação ocorreu no exterior (crimes a distância), será competente o foro do local em que se deu o último ato de execução. Se, por outro lado, a execução se iniciou no território estrangeiro e a consumação ocorreu ou deveria ocorrer no território nacional, será competente o foro do lugar em que se deu ou deveria dar-se a consumação no Brasil.

Nos crimes cometidos integralmente no exterior (extraterritorialidade da lei penal brasileira), será competente o foro da Capital do Estado onde por último tenha o réu tido domicílio ou residência, ou, caso não tenha sido domiciliado ou não tenha residido no Brasil, a Capital da República (CPP, art. 88).

Se a infração penal for praticada em embarcação nas águas territoriais brasileiras, rios e lagos fronteiriços e a bordo de embarcações nacionais em alto-mar, a competência será da Justiça do primeiro porto que tocar a embarcação após o crime, ou do último porto, antes do crime, se rumar para fora do território nacional (CPP, art. 89).

Em se tratando de fatos praticados a bordo de aeronave nacional, dentro do espaço aéreo nacional ou alto-mar, ou a bordo de aeronave estrangeira, dentro do nosso espaço aéreo, será competente o foro do local em que se verificar o pouso após o crime, ou de onde houver partido a aeronave (CPP, art. 90).

Nas hipóteses dos arts. 89 e 90 do CPP, a competência será da Justiça Federal, salvo quando se tratar de delito praticado a bordo de pequena embarcação (lancha, jangada, canoa etc.).

O domicílio ou residência do réu também constitui critério de fixação da competência territorial, ao lado do lugar da infração. A competência territorial somente será firmada com base nesse critério quando totalmente desconhecido o lugar da infração (CPP, art. 72). Imagine-se uma excursão de ônibus, partindo de São Paulo com destino ao Rio de Janeiro. Durante o percurso, ocorre um furto. Ao chegar ao Rio de Janeiro, a vítima percebe o desfalque, mobiliza todos os passageiros e descobre o autor do delito. Sabe-se, apenas, que o crime ocorreu no caminho, porém ignora-se o momento. O ônibus passou por inúmeras Comarcas, e não se faz a menor ideia em qual ocorreu o crime. Deve-se aplicar o art. 72. A doutrina denomina esse critério de **foro subsidiário**. Nesses casos, pode ser que o réu possua mais de um domicílio ou residência; dentre eles, prevalecerá o juízo do local onde ocorrer a prevenção (art. 72, § 1º). Se desconhecido o lugar da infração bem como o domicílio ou residência do réu, será competente o juízo do lugar que primeiramente tomar conhecimento da infração (art. 72, § 2º).

Na ação penal privada exclusiva (não vale para a subsidiária), diz o Código de Processo Penal no art. 73 que o querelante poderá *optar* por ajuizar a queixa na Comarca do lugar onde se consumou a infração ou no foro do domicílio/residência do querelado. É o chamado *foro optativo.*

Registre-se que a Lei dos Juizados Especiais Criminais, no art. 63, contém regra específica, no sentido de que: "a competência do Juizado será determinada pelo lugar em que foi **praticada** a infração penal"[10]. A competência *ratione loci* para apuração das infrações penais de menor potencial ofensivo segue regra específica, afastando-se a incidência do art. 70 do CPP, que considera competente o lugar da produção do resultado. No sistema dos Juizados, a competência recai, portanto, sobre o lugar onde foi **praticada** a infração penal. Resta saber, contudo, em que lugar uma infração penal deve considerar-se **praticada**? No lugar da conduta, no do resultado, ou em ambos? Três posições surgiram. Desde já cumpre consignar, no entanto, que a determinação da competência segundo este critério é regra com regime jurídico relativo; vale dizer, sua inobservância, caso não haja arguição das partes em tempo oportuno (antes do recebimento da denúncia ou queixa no procedimento sumaríssimo), gera preclusão, sanando-se o vício. Predomina o entendimento de que a Lei dos Juizados adotou a teoria da atividade, de modo que o foro competente, em matéria de infrações de menor potencial ofensivo, é o do local em que ocorreu a *conduta*[11].

TEMPO E LUGAR DO CRIME
■ **Tempo do crime:** é aquele em que o sujeito pratica a conduta (ação ou omissão), ainda que outro seja o momento do resultado. Cuida-se da **teoria da atividade**.
■ ***Cuidado!*** *Para efeito de contagem da prescrição, vale o momento em que ocorrer a consumação do crime (art. 111, I, do CP).*
■ **Lugar do crime:** o crime se considera praticado tanto no lugar da conduta quanto naquele em que se produziu ou deveria produzir-se o resultado — **teoria da ubiquidade ou mista**.
■ ***Cuidado!*** *Para efeito de fixação da competência territorial, vale o lugar do resultado — teoria do resultado (art. 70 do CPP).*

[10] Grifo nosso.

[11] De ver, porém, que o art. 6º do CP diz que "considera-se praticado o crime no lugar em que ocorreu a ação ou omissão, (...), bem como onde se produziu ou deveria se produzir o resultado".

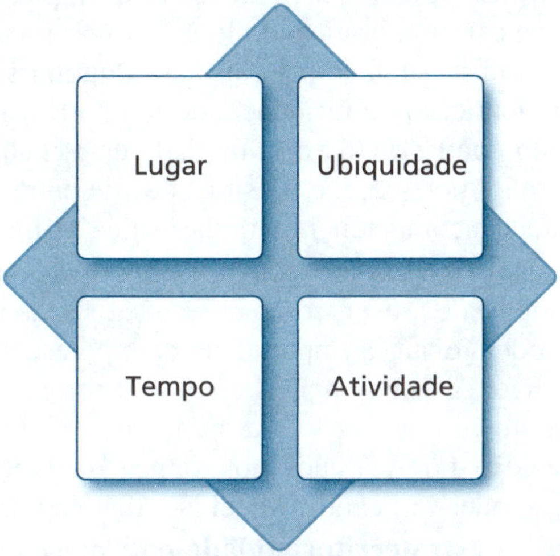

"LUTA" = Lugar Ubiquidade Tempo Atividade

■ 9.7.4. Extraterritorialidade da lei penal brasileira

Extraterritorialidade é o fenômeno pelo qual a lei penal brasileira se aplica a fatos ocorridos fora do território nacional, isto é, em locais submetidos à soberania externa ou mesmo em territórios em que país algum exerce seu poder soberano, como é o caso da Antártida. Deve-se sublinhar que, embora o fato tenha ocorrido em lugar estranho ao território brasileiro, nossa lei será aplicada por algum juízo ou tribunal pátrio. Exemplo: um homicídio praticado por brasileiro na Argentina ou um roubo cometido contra brasileiro no México, a princípio, serão julgados no país em que cometidos, segundo as leis dos respectivos países. Sem prejuízo disto, contudo, será possível instaurar uma investigação e um processo criminal também no Brasil, mediante uma série de condições que serão abordadas adiante, para responsabilizar o autor da conduta segundo a nossa lei penal.

Apesar de parecerem extravagantes num primeiro momento, essas regras são de elevada importância e, muitas vezes, evitam casos de impunidade. Por exemplo, um casal viaja de férias à Europa e, durante a viagem, o homem agride a namorada, nela provocando lesões, mas a vítima não comunica o fato às autoridades locais e, depois de retornarem ao Brasil, ambos rompem o relacionamento. Nessa situação, a lei brasileira pode ser aplicada ao crime cometido fora do território nacional, porque o sujeito passivo pode procurar a Polícia brasileira para comunicar o delito, iniciando-se investigação e a consequente ação penal com base nas regras de extraterritorialidade.

Entende-se que a Justiça competente para o processo e julgamento nos casos de extraterritorialidade da lei penal será a Justiça Comum Estadual ou a Federal, a depender do caso concreto, devendo ser a solução norteada pelo art. 109 da CF, que disciplina os casos de competência da Justiça Comum Federal, no sentido de que apenas competirá a ela a análise do caso quando se fizer presente alguma das hipóteses descritas nesse dispositivo constitucional[12]. Por exemplo, se um marido agride sua esposa em viagem ao exterior, praticando lesão corporal qualificada pela violência doméstica, o fato deverá ser julgado pela Justiça Comum Estadual, sendo competente o local do último domicílio ou residência do réu no Brasil; por outro lado, em se tratando de um delito contra a vida ou liberdade do Presidente da República, a competência será federal. Anote-se que há situações de extraterritorialidade da lei penal militar brasileira, cuja competência será da Justiça Militar.

Muito embora existam diversas situações em que nossa lei pune o fato praticado fora do Brasil, descuidou-se de prever, como o fez a legislação portuguesa, um princípio subsidiário, de modo a evitar a impunidade de hipóteses não alcançadas pelas regras contidas no Código. A lacuna poderia ocorrer, por exemplo, quando um estrangeiro cometesse delito contra outro, fora de nosso território, e se refugiasse no Brasil, sendo sua extradição, por qualquer motivo, negada. Houvesse um dispositivo de natureza subsidiária, poder-se-ia aplicar a lei brasileira a tais situações[13].

Há **duas espécies** de **extraterritorialidade** no Código Penal. Os casos mais graves são os de extraterritorialidade **incondicionada**, em que nossa lei se aplica aos fatos praticados no exterior, independentemente de qualquer condição (art. 7º, I, e § 1º). Nas hipóteses de extraterritorialidade **condicionada**, a aplicação de nossa lei depende do concurso de diversas condições (art. 7º, II, e §§ 2º e 3º).

■ 9.7.4.1. *Princípios aplicáveis*

A doutrina costuma apontar uma série de princípios que inspiraram o legislador a eleger os casos em que a lei de um país deve ser aplicada a fatos que se deram no estrangeiro:

■ 9.7.4.1.1. *Princípio da universalidade, da justiça penal universal ou cosmopolita*

Refere-se a hipóteses em que a gravidade do crime ou a importância do bem jurídico violado justificam a punição do fato, independentemente do local em que foi praticado e da nacionalidade do agente.

Conforme Hungria, "ao que proclama este princípio, cada Estado pode arrogar-se o direito de punir qualquer crime, sejam quais forem o bem jurídico por ele vio-

---

12 Nesse sentido: STF, RE 1.175.638 AgR/PR, Rel. Min. Marco Aurélio, 1ª Turma, julgado em 02.04.2019.

13 Mesmo nos crimes praticados pela internet, para ser competente a Justiça Federal, necessário demonstrar indícios mínimos de extraterritorialidade: "Hipótese em que (*sic*) o conflito se estabeleceu em virtude de queixa-crime apresentada pelo fato de um suposto *hacker* enviar ameaças e manipular diversos adolescentes e pais de um mesmo ciclo de amizade e convivência, por meio de e-mails, Orkut, Twitter e Facebook. 2. A jurisprudência desta Corte Superior é no sentido de que, embora se trate de crime praticado por meio da rede mundial de computadores, necessária se faz a existência de indícios mínimos de extraterritorialidade para que seja determinada a competência da Justiça Federal. A mera utilização da internet não basta, por si só, para caracterizar a transnacionalidade do delito. 3. *In casu*, não há, pelo menos neste momento processual, a presença de qualquer indício de transnacionalidade dos delitos apto a justificar a competência da Justiça Federal. 4. Agravo regimental não provido" (AgRg no CC 118.394/DF, Rel. Min. Ribeiro Dantas, 3ª Seção, julgado em 10.08.2016).

lado e o lugar onde tenha sido praticado. Não importa, igualmente, a nacionalidade do criminoso ou da vítima. Para a punição daquele, basta que se encontre no território do Estado"[14].

Cerezo Mir registra que "a origem desse princípio se encontra nas concepções jusnaturalistas de teólogos e juristas espanhóis dos séculos XVI e XVII, especialmente de Covarrubias e Suárez, que se desenvolve a partir de Grocio, para o qual os crimes (os quais distingue de delitos e contravenções) constituem uma violação do Direito Natural que rege a *societas generis humani*"[15].

Cuida-se de um princípio criticado por sua amplitude, que foi adotado na hipótese mencionada no art. 7º, I, *d*, e II, *a*, do CP, isto é, nos crimes de genocídio, definidos na Lei n. 2.889/56 (desde que o agente seja brasileiro ou tenha domicílio no país), e naqueles que nosso país se obrigou a reprimir por força de tratado ou convenção internacional.

Não se pode olvidar que, em matéria de genocídio, o Brasil é signatário do Tratado de Roma, o qual instituiu o Tribunal Penal Internacional, competente para julgar tal delito.

■ 9.7.4.1.2. *Princípio real, da proteção (ou proteção de interesses) ou da defesa*

Justifica a aplicação da lei penal brasileira sempre que no exterior se der a ofensa a um bem jurídico nacional de origem pública.

Cerezo Mir obtempera que este princípio costuma ser introduzido nas legislações como complemento da territorialidade, com vistas à punição de delitos cometidos no estrangeiro quando lesionem interesses do Estado, assim considerados essenciais[16].

O Código Penal os adotou nas letras *a, b* e *c* do inc. I do art. 7º, a saber: crime contra a vida ou liberdade do Presidente da República; crime contra o patrimônio ou contra a fé pública de pessoa jurídica de direito público brasileira, da administração direta ou indireta, no plano federal, estadual ou municipal; e, crime contra a administração pública brasileira, por quem está a seu serviço.

■ 9.7.4.1.3. *Princípio da personalidade ou nacionalidade*

Como cada país tem interesse em punir seus nacionais, a lei pátria se aplica aos brasileiros, em qualquer lugar em que o crime tenha sido praticado.

"A base do sistema é o conceito de que o cidadão está sempre ligado à lei do seu país e lhe deve obediência, ainda que se encontre no estrangeiro: *quilibet est subditus legibus patriae suoe et extra territorium*"[17].

O Brasil acolheu tanto o **princípio da nacionalidade ativa**, que se refere aos delitos praticados por brasileiro no exterior, quanto à **nacionalidade passiva**, relativa

[14] *Comentários ao Código Penal*, v. 1, t. 1, p. 156.
[15] *Derecho penal*, p. 251.
[16] *Derecho penal*, p. 250.
[17] Nélson Hungria, *Comentários ao Código Penal*, v. 1, t. 1, p. 155.

àqueles fatos praticados por estrangeiro contra brasileiro, fora do nosso país (CP, art. 7º, § 3º).

Deve-se ponderar que, diversamente do que propugnam alguns doutrinadores, não se pode confundir o princípio da personalidade passiva com o princípio real, justamente porque este se refere à lesão a bens de interesse do Estado, considerados fundamentais.

■ 9.7.4.1.4. *Princípio da representação ou da bandeira*

Cuida-se de levar em conta, para efeito de aplicação da lei penal brasileira, a bandeira da embarcação ou aeronave no interior da qual o fato foi praticado.

Esse princípio foi adotado com respeito à extraterritorialidade, com referência a delitos cometidos a bordo de embarcações ou aeronaves brasileiras privadas, quando ocorridos no exterior (caso contrário, o ato considerar-se-ia cometido dentro do território nacional). Exige-se, todavia, que o crime não tenha sido julgado no estrangeiro para efeito de se aplicar nossa lei, a qual, portanto, assume caráter subsidiário.

■ 9.7.4.2. *Extraterritorialidade incondicionada*

Dar-se-á a extraterritorialidade incondicionada nas seguintes hipóteses (CP, art. 7º, inc. I):

- **crime contra a vida ou a liberdade do Presidente da República** (exemplo: uma tentativa de homicídio contra o Presidente da República do Brasil durante um discurso proferido na Casa Rosada, edifício que abriga a Presidência da República da Argentina, — será instaurada uma investigação e o respectivo processo criminal no Brasil, para apurar a conduta, que constitui crime contra a segurança nacional — Lei n. 7.170/83, art. 29);
- **crime contra o patrimônio ou contra a fé pública da União, do Distrito Federal, dos Estados, dos Municípios ou Territórios, ou suas autarquias, empresas públicas, sociedades de economia mista ou fundações instituídas pelo Poder Público** (exemplo: autor que atira um objeto e depreda a janela da embaixada do Brasil nos Estados Unidos, configurando um crime de dano qualificado — art. 163, parágrafo único, inc. III, do CP — que será julgado pela Justiça Comum Federal no Brasil);
- **crime contra a administração pública brasileira por quem está a seu serviço** (exemplo: funcionário de missão diplomática brasileira na Itália que subtrai bens públicos brasileiros, será julgado no Brasil por peculato — art. 312 do CP);
- **crime de genocídio, se o agente for brasileiro ou domiciliado no Brasil** (trata-se de crime hediondo tipificado na Lei n. 2.889/56).

Todas elas consubstanciam fatos cuja gravidade reclama a adoção de providências, nos termos da legislação penal brasileira, independentemente de qualquer condição.

Em tais situações, é possível, em tese, que o agente responda por dois processos pelo mesmo crime, um no exterior, outro no Brasil, sobrevindo duas condenações. Se isso ocorrer, aplicar-se-á o art. 8º, que se funda no *princípio do non bis in idem* (o qual proíbe seja alguém condenado duas vezes pelo mesmo fato). Sendo assim, a pena *cumprida* no estrangeiro: a) *atenua* a pena imposta no Brasil pelo mesmo crime, quando diversas; ou b) nela é *computada*, quando idênticas (detração).

Entendemos que, no primeiro caso (atenuação), cumprirá ao juiz das execuções penais, pautando-se pela proporcionalidade e pela gravidade das penas cominadas no Brasil e no exterior, ouvido o Ministério Público e a defesa, decidir pelo grau de atenuação. Quando se tratar de penas de idêntica espécie, o método de incidência da pena estrangeira naquela aplicada pela Justiça pátria será muito mais simples, baseando-se no desconto do tempo da pena cumprida lá fora do total da pena imposta no Brasil, de modo que o sentenciado deverá cumprir apenas o tempo remanescente (detração).

■ 9.7.4.3. *Extraterritorialidade condicionada*

A extraterritorialidade condicionada ocorre em relação às seguintes infrações (CP, art. 7º, inc. II e § 3º):

- **crimes previstos em tratado ou convenção internacional que o Brasil se obrigou a reprimir** (exemplo: Acordo de Cooperação Judiciária em Matéria Penal entre o Governo da República Federativa do Brasil e o Governo da República Francesa — promulgado pelo Decreto n. 3.324/99 —, segundo o qual cabe ao Estado requerido executar os pedidos de cooperação relativos a um caso penal que lhe for dirigido; Convenção regulando extradição entre esses países — promulgada pelo Decreto n. 5.258/2008 —, pela qual, se um nacional de um Estado não for entregue a outro por conta de sua nacionalidade, caberá ao primeiro submeter o caso às autoridades competentes para exercer a ação penal, a título de extraterritorialidade, ou seja, se a França requerer a extradição de um infrator e o Brasil negar o pedido, caberá à autoridades brasileiras aplicar a lei nacional, mesmo tendo sido o crime cometido no exterior, com base nas regras de extraterritorialidade)[18];
- **crimes praticados por brasileiro** (essa foi a justificativa para instaurar inquérito policial no Brasil contra o jogador de futebol Neymar, para apurar suposto crime de estupro que teria sido perpetrado por ele em Paris, já que a sedizente ofendida compareceu a uma Delegacia de Polícia de São Paulo para noticiar o fato e requerer a respectiva investigação — caso fosse constatado, de fato, o cometimento do delito em questão, o autor responderia pelo tipo penal do art. 213 do CP perante a Justiça Comum Estadual);
- **crimes praticados a bordo de navio ou aeronave brasileiros privados, quando praticados no exterior e ali não forem julgados** (exemplo: família

[18] *Vide* STJ, RHC 88.432/AP, Rel. Min. Nefi Cordeiro, 6ª Turma, julgado em 19.02.2019.

brasileira que, durante voo de companhia aérea brasileira, com destino a Paris, na França e, pouco antes da aterrisagem do avião no destino, tem objeto valioso que estava na bagagem de mão furtado por outro passageiro, mas a família opta por curtir suas férias e só comunica o crime à Polícia no retorno ao Brasil, logo após chegarem à sua cidade de origem em nosso país — a conduta foi praticada a bordo de aeronave brasileira (privada) que já estava em território aéreo estrangeiro, portanto, fora do Brasil, razão por que a aplicação da lei brasileira ao crime de furto — CP, art. 155 — ocorre a título de extraterritorialidade);

- **crimes praticados por estrangeiro contra brasileiro fora do nosso território** (exemplo: "Caso Jean Charles de Menezes", no qual a Polícia britânica matou um brasileiro no metrô de Londres, por confundi-lo com um terrorista procurado — nessa situação, os servidores responsáveis pelo crime poderiam responder pelo fato perante a Justiça brasileira, com base na nossa lei penal)[19].

Nesses casos, nossa lei penal exige o concurso das seguintes condições: 1) entrada do agente no território nacional (condição de procedibilidade); 2) ser o fato punível também no país em que cometido; 3) estar o crime entre aqueles a que a lei brasileira admite a extradição; 4) não ter sido o agente absolvido ou não ter cumprido pena no estrangeiro; 5) não ter sido perdoado e não se tiver extinguido sua punibilidade, segundo a lei mais favorável (condições objetivas de punibilidade).

A primeira delas, isto é, o ingresso do sujeito em nosso território, constitui condição de procedibilidade ou condição específica da ação penal. Cuida-se, portanto, de fator necessário para que se possa ingressar com a ação penal. Nada obsta que se iniciem as investigações, com a colheita de provas, ainda que o agente não se encontre no Brasil.

As demais condições mencionadas são consideradas condições objetivas de punibilidade, isto é, fatores que condicionam o surgimento do poder-dever de punir do Estado (*ius puniendi*). Sem elas, não se pode, sequer, instaurar a investigação. O que pode ocorrer, todavia, é a existência de uma apuração preliminar, ainda que mediante inquérito policial, com vistas à verificação do fato, de sua autoria e do concurso de tais condições. Não se poderá, contudo, antes de constatar a presença de todas elas, indiciar o sujeito, sob pena de haver constrangimento ilegal.

É relevante mencionar que, nos casos de extraterritorialidade condicionada, não existirá a possibilidade de ocorrer *bis in idem*, haja vista que, se o agente tiver sido absolvido ou condenado e cumprido pena no estrangeiro, ficará afastada a possibilidade de aplicação extraterritorial de nossa lei penal.

Em se tratando de crimes praticados por estrangeiro contra brasileiro fora do nosso território, além das cinco condições supramencionadas, são exigidas outras duas: que não tenha sido pedida ou negada a extradição do agente e que haja requisi-

[19] No caso em questão, a investigação estrangeira concluiu que os policiais agiram licitamente, inexistindo qualquer irregularidade na atuação.

ção do Ministro da Justiça (CP, art. 7º, § 3º). Tendo em vista a necessidade desses requisitos adicionais, há quem nomeie essa hipótese de **extraterritorialidade hipercondicionada**.

9.7.4.4. *Extraterritorialidade na lei de tortura*

A Lei n. 9.455/97, que tipifica o delito de tortura ("constranger alguém com emprego de violência ou grave ameaça, causando-lhe sofrimento físico ou mental: a) com o fim de obter informação, declaração ou confissão da vítima ou de terceira pessoa; b) para provocar ação ou omissão de natureza criminosa; c) em razão de discriminação racial ou religiosa"), estabelece que seus dispositivos se aplicam "ainda quando o crime não tenha sido cometido em território nacional, sendo a vítima brasileira ou encontrando-se o agente em local sob jurisdição brasileira" (art. 2º). Cuida-se, portanto, de situação de extraterritorialidade prevista em lei especial, fundada no princípio da personalidade ou nacionalidade passiva.

9.7.4.5. *Extraterritorialidade da lei penal militar*

O Código Penal Militar (Decreto-lei n. 1.001/69) cuida do tema da extraterritorialidade em seu art. 7º, dispondo que: "aplica-se a lei penal militar, sem prejuízo das convenções, tratados e regras de direito internacional, ao crime cometido, no todo ou em parte, no território nacional, *ou fora dele, ainda que, neste caso, o agente esteja sendo processado ou tenha sido julgado pela justiça estrangeira*" (grifo nosso).

O dispositivo legal transcrito revela que, no tocante ao direito penal militar, adotou-se o princípio da extraterritorialidade incondicionada (ou irrestrita), o que se mostra plenamente justificável pelo fato de que os delitos militares cometidos no exterior interferem na defesa de nosso país. O tema ganha especial importância quando se tem em mente o envio de contingentes das Forças Armadas do Brasil para missões de paz da Organização das Nações Unidas em nações estrangeiras. Na hipótese de ocorrerem crimes militares em tais missões, será competente a Justiça Militar Federal, por intermédio dos Conselhos de Justiça integrantes da 11ª Circunscrição Judiciária Militar, sediada em Brasília[20].

9.7.5. Tribunal Penal Internacional ou Corte Penal Internacional

Este órgão foi criado em julho de 1998, pela Conferência de Roma, e encontra-se sediado em Haia, nos Países Baixos. Cuida-se de órgão permanente, a quem incumbe o julgamento de crimes contra a humanidade, crimes de guerra, de genocídio e de agressão, assim definidos no texto do Estatuto de Roma (promulgado no Brasil por meio do Decreto n. 4.388, de 25.09.2002).

A criação do Tribunal Penal Internacional se deu para atender a uma antiga reivindicação, consistente na existência de um tribunal, de caráter permanente, em

---

[20] *Vide* Cícero Robson Coimbra Neves e Marcello Streifinger, *Apontamentos de direito penal militar*, v. 1, p. 68.

substituição à prática criticável dos tribunais *ex post facto*, instituídos para julgar crimes de guerra, depois de seu término, pelas nações vencedoras. Foi assim com o Tribunal de Nuremberg, criado depois da Segunda Grande Guerra para julgar delitos cometidos pelos nazistas. Estes organismos sofriam duras críticas por constituírem, supostamente, a "Justiça dos vencedores".

Sua competência tem natureza supletiva, já que somente poderá julgar fatos cometidos após sua efetiva instalação, que se deu em 1º de julho de 2002, desde que o país em que foram praticados não os tenha investigado ou processado, não pretenda fazê-lo, não reúna as condições necessárias para isto ou não se mostre imparcial e honesta a condução do processo instaurado.

9.7.6. A aplicação da lei penal estrangeira a fatos cometidos em território nacional

Cuida-se da extraterritorialidade da lei estrangeira. Esta situação mostra-se perfeitamente possível e depende, exclusivamente, da legislação alienígena. A quase totalidade dos Códigos Penais contempla tal possibilidade, segundo critérios semelhantes àqueles adotados no art. 7º do CP. É de ver que a aplicação da lei penal de outro país não exclui, por óbvio, a incidência da nossa lei penal aos fatos aqui praticados.

TERRITORIALIDADE E EXTRATERRITORIALIDADE DA LEI PENAL BRASILEIRA
■ **Territorialidade:** "aplica-se a lei brasileira, sem prejuízo de convenções, tratados e regras de direito internacional, ao crime cometido no território nacional". As exceções dizem respeito aos casos de imunidade diplomática e consular.
■ **Extraterritorialidade:** fenômeno pelo qual a lei penal brasileira se aplica a fatos ocorridos *fora* do território nacional. Divide-se em: **extraterritorialidade incondicionada**, em que nossa lei se aplica aos fatos praticados no exterior, independentemente de qualquer condição (art. 7º, I, e § 1º), e **extraterritorialidade condicionada**, em que a aplicação de nossa lei depende do concurso de diversas condições (art. 7º, II, e §§ 2º e 3º).
■ **Princípios aplicáveis à extraterritorialidade:** a) universalidade, da justiça penal universal ou cosmopolita; b) real, da proteção (ou proteção de interesses) ou da defesa; c) personalidade ou nacionalidade (ativa e passiva); d) da representação ou da bandeira.
■ **Tribunal Penal Internacional ou Corte Penal Internacional:** órgão criado em julho de 1998, pela Conferência de Roma, e sediado em Haia, nos Países Baixos. A ele incumbe o julgamento de crimes contra a humanidade, crimes de guerra, de genocídio e de agressão, assim definidos no texto do Estatuto de Roma (promulgado no Brasil por meio do Decreto n. 4.388, de 25.09.2002). Sua competência tem natureza supletiva, já que somente poderá julgar fatos cometidos após sua efetiva instalação, que se deu em 1º de julho de 2002, e desde que o país em que foram praticados não os tenha investigado ou processado, não pretenda fazê-lo, não reúna as condições necessárias para isto ou não se mostre imparcial e honesta a condução do processo instaurado.

9.7.7. Extradição

9.7.7.1. Conceito

Consiste na entrega de uma pessoa que cometeu uma infração penal, por parte do Estado em cujo território se encontre, a outro que a solicita.

A Lei n. 13.445/2017 (Lei de Migração), que revogou expressamente o Estatuto do Estrangeiro (Lei n. 6.815/80), define-a em seu art. 81 como a "medida de cooperação internacional entre o Estado brasileiro e outro Estado pela qual se concede ou solicita a entrega de pessoa sobre quem recaia condenação criminal definitiva ou para fins de instrução de processo penal em curso".

De acordo com a citada Lei, existem três medidas de cooperação internacional: a extradição (arts. 81 a 99), a transferência de execução de pena ou extradição executória (arts. 100 a 102) e a transferência de pessoa condenada (arts. 103 a 105).

■ 9.7.7.2. *Espécies*

A extradição comporta duas espécies: *extradição ativa*, quando o Brasil faz o requerimento a outro país, visando a entrega de um nacional; e *extradição passiva*, quando alguma nação requer, ao Brasil, que entregue o infrator.

■ 9.7.7.3. *Disciplina constitucional*

Nossa Constituição Federal disciplina o assunto no art. 5º, LI e LII. De acordo com o primeiro deles: "nenhum brasileiro será extraditado, salvo o naturalizado, em caso de crime comum, praticado antes da naturalização, ou de comprovado envolvimento em tráfico ilícito de entorpecentes e drogas afins, na forma da lei". O outro dispõe que: "não será concedida extradição de estrangeiro por crime político ou de opinião".

Daí decorre que o brasileiro nato jamais poderá ser extraditado, salvo, no entender do Supremo Tribunal Federal, quando renunciou à nacionalidade brasileira ao se naturalizar nacional de outro país (Extradição 1.462, 1ª Turma, Rel. Min. Barroso, julgado em 28.03.2017).

O naturalizado, por sua vez, somente em dois casos: a) por crime comum cometido antes da naturalização; e b) por tráfico ilícito de drogas (Lei n. 11.343/2006), independentemente da data do fato. O português, equiparado ao brasileiro, havendo reciprocidade, nos termos do art. 12, § 1º, da CF, goza dos mesmos direitos concedidos aos brasileiros naturalizados. É de ver, contudo, que no caso do português equiparado, por força de tratado bilateral ratificado pelo Brasil, ele só poderá ser extraditado para Portugal. O estrangeiro, por fim, poderá ser extraditado, salvo quando se tratar de crime político ou de opinião (caberá ao STF, no pedido de extradição, julgar se o fato se enquadra ou não em tais conceitos).

■ 9.7.7.4. *Requisitos*

O pedido de extradição deverá observar o regramento constitucional e os ditames da Lei de Migração, que cuida da matéria nos arts. 81 a 99.

Vale ressaltar que, nos termos da Lei n. 13.445/2017, não será efetivada a entrega do extraditando sem que o Estado requerente assuma o compromisso de não submeter o extraditando a prisão ou processo por fato anterior ao pedido de extradição, de computar o tempo da prisão que, no Brasil, foi imposta por força da extradição, de comutar a pena corporal, perpétua ou de morte em pena privativa de liberdade, respeitado o limite máximo de cumprimento de 30 (trinta) anos, de não entregar o extraditando, sem consentimento do Brasil, a outro Estado que o reclame, de não considerar qualquer motivo político para agravar a pena e de não submeter o extraditando a tortura ou a outros tratamentos ou penas cruéis, desumanos ou degradantes.

9.7.8. Expulsão

Não se deve confundir extradição com expulsão. Esta consubstancia medida administrativa de retirada compulsória de migrante ou visitante do território nacional, conjugada com o impedimento de reingresso por prazo determinado (art. 54 da Lei n. 13.445/2017). Ocorre quando o estrangeiro for condenado, em sentença transitada em julgado, por crime de genocídio, crime contra a humanidade, crime de guerra ou crime de agressão, nos termos definidos pelo Estatuto de Roma do Tribunal Penal Internacional, de 1998, promulgado pelo Decreto n. 4.388, de 25 de setembro de 2002, ou no caso de sua condenação irrecorrível por crime comum doloso passível de pena privativa de liberdade, consideradas a gravidade e as possibilidades de ressocialização em território nacional.

- **Extradição:** consiste na entrega de uma pessoa que cometeu uma infração penal, por parte do Estado em cujo território se encontre, a outro que a solicita.
- **Espécies: extradição ativa**, quando o Brasil faz o requerimento a outro país, visando a entrega de um nacional, e **extradição passiva**, quando alguma nação requer ao Brasil que entregue o infrator.
- **Expulsão: não se deve confundir extradição com expulsão.** Esta consiste em medida administrativa de retirada compulsória de migrante ou visitante do território nacional, conjugada com o impedimento de reingresso por prazo determinado.

9.8. IMUNIDADE DIPLOMÁTICA

A ressalva contida no art. 5º, *caput*, do CP, com respeito à não incidência da lei penal brasileira a fatos cometidos em território nacional, tem sua razão de ser por força das regras de imunidade diplomática, contidas em documentos internacionais ratificados pelo Brasil. Constituem decorrência do princípio da soberania das nações.

Existem dois documentos internacionais que regulam o assunto: a Convenção Internacional de Havana, sobre Funcionários Diplomáticos, de 1928 ("Código de Bustamante"), promulgada no Brasil pelo Decreto n. 18.956/29; e a Convenção Internacional de Viena de 1961, sobre Relações Diplomáticas, promulgada por meio do Decreto n. 56.435/65.

As pessoas que gozam das imunidades diplomáticas ficam a salvo da legislação penal e processual penal pátrias, tendo em vista o disposto no art. 1º do CPP, submetendo-se, tão somente, às leis penais dos Estados que representam.

É de ver que a finalidade das regras concessivas de imunidade "não é beneficiar indivíduos, mas, sim, a de garantir o eficaz desempenho das funções das missões diplomáticas, em seu caráter de representantes dos Estados" (texto do preâmbulo da Convenção de 1961).

De acordo com as Convenções acima indicadas, possuem imunidade diplomática, em caráter absoluto (isto é, com respeito a quaisquer infrações penais), os chefes das missões, denominados agentes diplomáticos, os quais compreendem os embaixadores e os núncios (nome designativo dos representantes do Estado do Vaticano), além dos chefes de missões especiais. Também as possuem os membros de sua família que com eles convivam, desde que não sejam nacionais do Estado acreditado (vale dizer, do país em que o diplomata se encontra), os funcionários administrativos e os técnicos das missões e seus familiares, desde que conviventes e não sejam brasileiros ou tenham residência permanente no Brasil.

Caso os chefes das missões sejam brasileiros, suas imunidades serão relativas, já que elas se restringirão a atos ligados ao exercício de suas funções.

Os integrantes do "pessoal do serviço" das missões também possuem imunidade relativa. É de ver que, conforme já decidiu o STF (RHC 34.029), ficam excluídos da prerrogativa os "secretários particulares, datilógrafos, mordomos, criados ou motoristas, que constituem o pessoal 'não oficial'", quando nacionais do país acreditado.

As pessoas que contam com tais prerrogativas podem, ainda, recusar-se a servir como testemunhas.

A imunidade tem início quando o diplomata ingressa no país em que servirá e comunica sua qualidade, estendendo-se para depois de concluída a missão, na medida do necessário para que possa retirar-se.

É de ver que a Convenção de 1961 autoriza o Estado acreditante a renunciar à imunidade de seus agentes, caso em que poderão eles ser processados no país acreditado.

Os representantes da Organização das Nações Unidas (ONU) gozam dos mesmos privilégios e imunidades junto aos Estados-membros desta organização. Isto também se aplica aos membros de outros organismos internacionais, como a Organização dos Estados Americanos (OEA).

Finalmente, possuem imunidade absoluta os chefes de Estado. Apesar de a Convenção de Havana não estender tal prerrogativa aos seus familiares e ao seu séquito, a prática internacional tem o costume de fazê-lo, baseando-se no princípio da reciprocidade. Como lembrava Hungria: "muito embora as concessões de tais privilégios nem sempre estejam estipuladas em tratados ou convenções, resultam elas do respeito devido a regras consuetudinárias do direito das gentes, cuja recepção pelo direito interno se faz, tácita ou expressamente"[21].

■ 9.9. IMUNIDADES CONSULARES

Os cônsules e empregados consulares não são agentes diplomáticos, mas administrativos. Suas imunidades são relativas e têm como diploma fundamental a Convenção Internacional sobre Relações Consulares, firmada em Viena, e promulgada no Brasil pelo Decreto n. 61.078/67.

Tais pessoas somente ficam salvaguardadas com respeito a atos praticados no exercício de suas funções. Assim como as imunidades diplomáticas, as consulares também podem ser renunciadas pelo Estado acreditante.

---

[21] *Comentários ao Código Penal*, 5. ed., v. 1, t. 1, p. 182.

■ 9.10. EMBAIXADAS ESTRANGEIRAS

O território de embaixadas estrangeiras, bem como de edifícios consulares, no Brasil, fazem parte do *nosso território*. Os crimes ali cometidos serão, portanto, regidos pela nossa lei penal, salvo se os sujeitos ativos possuírem imunidade diplomática. De há muito, não se aceita a tese da extraterritorialidade destes locais, não só no Brasil, mas também no plano mundial[22].

■ 9.11. EFICÁCIA DA SENTENÇA ESTRANGEIRA

O art. 9º do CP estabelece as hipóteses em que a sentença penal estrangeira precisa ser homologada pelo STJ, nos termos do art. 105, I, *i*, da CF, com redação da EC n. 45, de 08.12.2004, para que produza efeitos no Brasil. São as seguintes:

- para *obrigar o condenado à reparação do dano, a restituições e outros efeitos civis*, desde que haja requerimento do interessado e que nossa lei preveja os mesmos efeitos na situação abordada pela sentença estrangeira;
- para *sujeitá-lo a uma medida de segurança*, desde que, nesse caso, a lei brasileira preveja os mesmos efeitos para a hipótese tratada (ex.: uma sentença estrangeira aplicou medida de segurança a um inimputável em virtude de doença mental) e que exista tratado de extradição com o país de origem ou requisição do Ministro da Justiça.

A sentença estrangeira não depende de homologação para produzir reincidência, impedir a obtenção de *sursis* ou para aumentar o período para concessão de livramento condicional.

É de ver que a reincidência, nos termos do art. 63 do CP, configura-se quando o agente pratica *novo crime*, depois de condenado, com trânsito em julgado, no Brasil *ou no estrangeiro*, por crime anterior. Esta condenação proferida fora do nosso país é que não requer qualquer tipo de homologação para gerar reincidência pelos fatos aqui cometidos. Exige-se, todavia, prova idônea de que tenha havido tal condenação, consistente em documento oficial expedido pela nação estrangeira, traduzido por tradutor juramentado.

A revogação do *sursis* (CP, art. 81) e a do livramento condicional (CP, arts. 86 e 87), que podem ter como fundamento a superveniência de uma condenação criminal, não dependem, nestes casos, de homologação, mas de prova adequada.

Quanto ao cumprimento de penas aplicadas no exterior, o mecanismo do qual o país deve se valer é a extradição, já que se trata de assunto estritamente ligado à soberania de cada nação, de modo que o Estado não deve delegar a outro a tarefa de cumprir penas criminais. Advirta-se, porém, que a Lei de Migração (Lei n. 13.445/2017) permite seja realizada a transferência de execução de pena (ou extradição executória) e a transferência de pessoa condenada — arts. 100 a 105.

---

22 *Vide* o registro feito por Cerezo Mir, quanto ao direito espanhol, em *Derecho penal*: parte general, p. 239.

■ 9.12. CONTAGEM DE PRAZOS PENAIS

Consideram-se prazos penais todos aqueles capazes de interferir, diretamente ou indiretamente, no exercício do *ius puniendi* estatal.

São prazos de índole material, pois ao refletirem no direito de punir do Estado, assinalando seu exercício ou extinção, repercutem correlatamente na liberdade individual, direito fundamental assegurado na Constituição.

Os prazos possuem termo inicial ou *dies a quo* e termo final ou *dies ad quem*.

No que tange aos penais, inclui-se em sua contagem o termo inicial, excluindo-se o final. Assim, por exemplo, uma pena de reclusão de dois anos, cujo início se deu no dia 5 de março de 2012, será integralmente cumprida no último minuto do dia 4 de março de 2014.

O art. 10 do CP dispõe, ainda, que os prazos penais devem ser contados de acordo com o calendário comum. Significa, destarte, que os meses e anos possuirão tantos dias quantos indicados no calendário. Se um indivíduo sujeitar-se a um ano de prisão, ficará recolhido por 365 ou 366 dias, conforme o ano em que se execute o respectivo mandado.

■ 9.13. FRAÇÕES NÃO COMPUTÁVEIS NA PENA

O art. 11 do CP determina que, no cálculo das penas privativas de liberdade e das restritivas de direitos, desprezam-se as frações de dia. Dessa forma, a título de exemplo, quando o juiz impuser uma pena de dois anos e dois meses de reclusão e, por incidência de causas de redução, tiver que diminuí-la, por duas vezes, à razão de um terço, fará o cálculo da seguinte maneira:

- pena de *2 anos e 2 meses*;
- incidência do primeiro redutor (1/3): *2 anos e 2 meses — 1/3 = 1 ano e 5 meses e 20 dias*;
- incidência do segundo redutor (1/3): *1 ano e 5 meses e 20 dias = 11 meses, 23 dias e 8 horas*;
- **despreza-se a fração de dia:** *11 meses e 23 dias* (**pena final**).

O dispositivo antes apontado determina, ainda, que no tocante à pena pecuniária, devem ser desconsiderados os centavos.

■ 9.14. PRINCÍPIO DA ESPECIALIDADE

O Título I da Parte Geral do CP encerra-se com a advertência de que as regras gerais do Código aplicam-se a todas as leis penais especiais, quando estas não dispuserem em sentido contrário.

Assim, por exemplo, o magistrado deverá, por ocasião da dosagem da pena, iniciar pela verificação das "circunstâncias judiciais" previstas no art. 59, *caput*, do CP, a saber: culpabilidade, antecedentes, conduta social, personalidade do agente, motivos, circunstâncias e consequências do crime e comportamento da vítima.

Quando se tratar, porém, de condenação por tráfico ilícito de drogas, o juiz deverá atentar-se ao art. 42 da Lei n. 11.343/2006, segundo o qual, "o juiz, na fixação das penas, considerará, com preponderância sobre o previsto no art. 59 do Código Penal, a natureza e a quantidade da substância ou do produto, a personalidade e a conduta social do agente".

■ **Eficácia da sentença estrangeira:** uma sentença penal estrangeira pode ser homologada pelo STJ para que produza efeitos no Brasil nos seguintes casos: a) para *obrigar o condenado à reparação do dano, a restituições e outros efeitos civis*; b) para *sujeitá-lo a uma medida de segurança*, desde que, nesse caso, a lei brasileira preveja os mesmos efeitos para a hipótese tratada.
■ **Contagem de prazo:** inclui-se o termo inicial, exclui-se o final. Anos, meses e dias são contados de acordo com o calendário comum.
■ **Frações não computáveis na pena:** no cálculo das penas privativas de liberdade e das restritivas de direitos, desprezam-se as frações de dia. Na pena pecuniária, devem ser desconsiderados os centavos.
■ **Princípio da especialidade:** as regras gerais do Código aplicam-se a todas as leis penais especiais, quando estas não dispuserem em sentido contrário.

■ 9.15. QUESTÕES

1. (MPE-CE — Analista Ministerial — Direito — CESPE/CEBRASPE — 2020) Acerca dos princípios aplicáveis ao direito penal e das disposições gerais acerca dos crimes contra o patrimônio, contra a dignidade sexual e contra a administração pública, julgue o item a seguir.

A revogação do crime de atentado violento ao pudor não configurou "abolitio criminis", pois houve continuidade típico-normativa do fato criminoso.

2. (TJ-AC — Juiz de Direito Substituto — VUNESP — 2019) Assinale a alternativa correta quanto à aplicação da lei penal.

a) Para efeito de análise sobre o local do crime, a legislação brasileira adota a teoria da ubiquidade.
b) É incabível a aplicação retroativa da Lei nº 11.343/2006, ainda que o resultado da incidência das suas disposições, na íntegra, seja mais favorável ao réu do que o advindo da aplicação da Lei nº 6.368/76, permitida, no entanto, a combinação das mencionadas leis para beneficiar o agente.
c) O Código Penal Brasileiro não adotou o princípio da representação na eficácia espacial da lei penal.
d) A lei penal mais grave não se aplica ao crime continuado ou ao crime permanente, se a sua vigência é anterior à cessação da continuidade ou da permanência.

3. (TJ-SC — Titular de Serviços de Notas e de Registros — Provimento — IESES — 2019) Quanto à aplicação da lei penal e processual penal no tempo e no espaço, é INCORRETO afirmar:

a) Com relação ao lugar do crime, para efeito de aplicação da lei brasileira e sem prejuízo de convenções, tratados e regras de direito internacional, o Código Penal adotou a teoria da ubiquidade, nos termos do seu art. 6º, considerando praticado o delito no lugar em que ocorreu a ação ou omissão, no todo ou em parte, bem como onde se produziu ou deveria produzir-se o resultado.
b) Ficam sujeitos à lei brasileira, embora cometidos no estrangeiro, os crimes praticados contra o patrimônio da União, do Distrito Federal, de Estado, de Território, de Município, de empresa pública, sociedade de economia mista, autarquia ou fundação instituída pelo Poder Público, ainda que o agente tenha sido absolvido no estrangeiro.
c) Com relação ao tempo do crime, o Código Penal adotou, nos termos de seu art. 4º, a teoria da atividade, considerando praticado o delito no momento da ação ou omissão, ainda que outro seja o momento do resultado.
d) Ninguém pode ser punido por fato que lei posterior deixa de considerar crime, cessando em virtude dela os efeitos penais da sentença condenatória, salvo se já transitada em julgado.

4. (PGE-PE — Analista Judiciário de Procuradoria — CESPE — 2019) Com relação ao tempo e ao lugar do crime e à aplicação da lei penal no tempo, julgue o item seguinte.

O Código Penal adota a teoria da atividade, segundo a qual o delito deverá ser considerado praticado no momento da ação ou da omissão e o local do crime deverá ser aquele onde tenha ocorrido a ação ou a omissão.

5. (TJ-PR — Juiz Substituto — CESPE — 2019) Nas disposições penais da Lei Geral da Copa, foi estabelecido que os tipos penais previstos nessa legislação tivessem vigência até o dia 31 de dezembro de 2014.

Considerando-se essas informações, é correto afirmar que a referida legislação é um exemplo de lei penal

a) excepcional.
b) temporária.
c) corretiva.
d) intermediária.

6. (PGE-SC — Procurador do Estado — FEPESE — 2018) Sobre a aplicação da lei penal, conforme o Código Penal, assinale a alternativa correta.

a) O dia do começo exclui-se no cômputo do prazo.
b) Considera-se praticado o crime no momento do resultado lesivo.
c) A lei posterior aplica-se aos fatos anteriores, ainda que decididos por sentença condenatória transitada em julgado.
d) A lei excepcional ou temporária, decorrido o período de sua duração ou cessadas as circunstâncias que a determinaram, é inaplicável ao fato praticado durante sua vigência se não instaurado o procedimento penal ao tempo da conduta típica por ela regida.
e) É aplicável a lei brasileira aos crimes praticados a bordo de aeronaves ou embarcações estrangeiras de propriedade privada, achando-se aquelas em pouso no território nacional ou em voo no espaço aéreo correspondente, e estas em porto ou mar territorial do Brasil.

7. (PC-GO — Delegado de Polícia — UEG — 2018) Sobre a lei penal, tem-se o seguinte:

a) A jurisprudência atual do Superior Tribunal de Justiça e do Supremo Tribunal Federal admite a aplicação combinada das partes benéficas de leis penais distintas (*lex tertia*).
b) A ultratividade da lei penal temporária, prevista no artigo 3º do Código Penal, constitui exceção legal à regra do *tempus regit actum*.
c) Não se aplica a *lex gravior* ao crime permanente, se a sua vigência é anterior à cessação da permanência
d) A retroatividade de lei penal benéfica ao réu é expressamente prevista na Convenção Americana sobre Direitos Humanos.
e) Admite-se a aplicação da analogia *in malam partem* no Direito Penal.

8. (PC-PI — Delegado de Polícia Civil — NUCEPE — 2018) Caio cometeu no dia 01 de janeiro de 2016 um fato criminoso punível com pena privativa de liberdade previsto em lei temporária, sendo no dia 05 de dezembro de 2016 condenado a 5 (cinco) anos de reclusão. No ano seguinte decorreu o período de sua duração, findando-se a citada lei no dia 31 de dezembro de 2017. Em relação à aplicação da lei penal indique a opção CORRETA.

a) Caio deve ser preso e cumprir a pena estabelecida de cinco anos, aplicando-se ao fato criminoso a lei temporária.
b) Ninguém pode ser punido por fato que medida provisória posterior deixa de considerar crime.
c) Deve continuar a execução da pena de Caio até o dia 31 de dezembro de 2017.
d) A lei posterior, que de qualquer modo favorecer o agente, não se aplica aos fatos anteriores, ainda que decididos por sentença condenatória transitada em julgado.
e) Caio deve ser imediatamente solto.

9. (TJ-CE — Titular de Serviços de Notas e de Registros — Remoção — IESES — 2018) Em relação a aplicação da lei penal, é correto afirmar:

I. Considera-se praticado o crime no momento do resultado.

II. Aplica-se a lei brasileira, sem prejuízo de convenções, tratados e regras de direito internacional, ao crime cometido no território nacional.
III. Não há crime sem lei anterior que o defina. Não há pena sem prévia cominação legal.
IV. A lei posterior, que de qualquer modo favorecer o agente, aplica-se aos fatos anteriores, desde que, ainda não decididos por sentença condenatória transitada em julgado.

A sequência correta é:

a) As assertivas I, II, III e IV estão corretas.
b) Apenas a assertiva I está incorreta.
c) Apenas as assertivas I, II e III estão corretas.
d) Apenas as assertivas II e III estão corretas.

10. (TJ-SP — Juiz Substituto — VUNESP — 2018) Segundo a Exposição de Motivos da Parte Geral, o Código Penal, quanto ao tempo e ao lugar do crime, ao concurso de pessoas e ao crime continuado, adotou, respectivamente, as seguintes teorias:

a) Atividade, Ubiquidade, Monística e Objetiva.
b) Atividade, Resultado, Monística e Objetiva-subjetiva.
c) Resultado, Atividade, Pluralística e Objetiva-subjetiva.
d) Ubiquidade, Resultado, Pluralística e Objetiva.

11. (PC-SC — Escrivão de Polícia Civil — FEPESE — 2017) É correto afirmar acerca dos princípios constitucionais do direito penal.

a) A fixação dos crimes e das respectivas penas não depende de lei formal.
b) para beneficiar o réu, a lei penal poderá ser aplicada retroativamente.
c) A lei não poderá deixar de incriminar uma conduta já tipificada por legislação anterior.
d) as penas cruéis poderão ser aplicadas caso o delito cause grande comoção social.
e) na impossibilidade de cumprimento da pena pelo réu, os seus familiares poderão ter a liberdade restringida.

12. (PC-RS — Escrivão e de Inspetor de Polícia — Tarde — FUNDATEC — 2018) A regra geral em direito é a aplicação da lei vigente à época dos fatos (*tempus regit actum*). No campo penal, não ocorre de maneira diferente, pois, ao crime cometido em determinada data, aplicar-se-á a lei penal vigente ao dia do fato. Considerando o conceito e o alcance da lei penal no tempo, assinale a alternativa INCORRETA.

a) A exceção à regra geral é a extratividade, ou seja, a possibilidade de aplicação de uma lei a fatos ocorridos fora do âmbito de sua vigência. O fenômeno da extratividade, no campo penal, realiza-se em dois ângulos: retroatividade e ultratividade.
b) A ultratividade é a aplicação da norma penal benéfica a fato criminoso acontecido antes do período da sua vigência.
c) O Código Penal Brasileiro, no artigo 2º, faz referência somente à retroatividade, pelo fato de estar analisando a aplicação da lei penal sob o ponto de vista da data do fato. Desta maneira, ou se aplica o princípio regra (*tempus regit actum*), se for o mais benéfico, ou se aplica a lei penal posterior, se for a mais benigna (retroatividade).
d) Para a definição da lei penal mais favorável, deve-se ter em vista, como marco inicial, a data do cometimento da infração penal, e, como marco final, a extinção da punibilidade pelo cumprimento da pena ou outra causa qualquer. De toda sorte, durante a investigação policial, processo ou execução da pena, toda e qualquer lei penal favorável, desde que possível a sua aplicação, deve ser utilizada em favor do réu.
e) A abolição do delito (*abolitio criminis*) é um fenômeno que ocorre quando uma lei posterior deixa de considerar crime determinado fato. Essa hipótese gera a extinção da punibilidade.

13. (PC-MA — Investigador de Polícia — CESPE — 2018) Para solucionar o conflito aparente de normas, são empregados os princípios da

a) especialidade e da subsidiariedade.
b) especialidade e da proporcionalidade.
c) proporcionalidade e da subsidiariedade.
d) subsidiariedade e da fragmentariedade.
e) fragmentariedade e da especialidade.

14. (MPE-SP — Analista Jurídico do Ministério Público — VUNESP — 2018) Sobre o conflito aparente de normas penais e os princípios dirimentes, é correto afirmar que

a) a norma especial prevalece sobre a norma geral e, necessariamente, descreve um tipo penal apenado mais severamente.
b) o conflito aparente de normas penais tem por requisito a unidade fática; a pluralidade de normas aplicáveis ao mesmo fato (aparente) e a vigência contemporânea de todas elas.
c) a norma subsidiária descreve um grau maior de lesividade ao bem jurídico e, necessariamente, um tipo penal apenado mais severamente.
d) a consunção, pela qual uma conduta absorve outra, é possível no crime progressivo, no crime complexo e na progressão criminosa. Em todos, necessariamente, há unidade de desígnios do sujeito ativo, desde o primeiro ato.
e) pelo princípio da subsidiariedade, prescinde-se do caso concreto para se saber qual a norma aplicável. A análise é feita de forma abstrata, confrontando-se as normas.

15. (MPE-MS — Promotor de Justiça Substituto — 2018) Analise as proposição a seguir:

I. Segundo entendimento sumulado pelo Supremo Tribunal Federal, no crime continuado, se entrar em vigor lei mais grave enquanto não cessada a continuidade, aplica-se a lei penal mais grave.
II. O princípio da continuidade normativa típica, conforme posição do Superior Tribunal de Justiça, ocorre quando uma norma penal é revogada, porém a mesma conduta continua tipificada em outro dispositivo, ainda que topologicamente diverso do originário.
III. Na fase de execução da sentença condenatória, com a definição da culpa do condenado, não se aplica a *lex mitior*.
IV. A lei penal brasileira é aplicável aos crimes cometidos em aeronaves estrangeiras de propriedade privada que estiverem sobrevoando o espaço aéreo brasileiro.

Assinale a alternativa correta.

a) Todos os itens estão corretos.
b) somente os itens I, II e III estão corretos.
c) somente os itens III e IV estão corretos.
d) somente os itens I, II e IV estão corretos.
e) somente os itens II, III e IV estão corretos.

16. (MPE-BA — Promotor de Justiça Substituto — 2018) Assinale a alternativa correta.

a) as leis penais em branco são identificadas pelo sentido genérico do preceito que deve ser completado por outra disposição normativa e não se distinguem das leis penais incompletas ou imperfeitas.
b) A função político-criminal e a função interpretativa ou dogmática representam funções básicas do princípio da ofensividade no direito penal.
c) A pena de detenção trata-se de sanção privativa de liberdade e que só admite o cumprimento em regime semiaberto ou aberto, e se distingue da pena de reclusão ante a maior gravidade do crime.
d) O agente que efetua diversos disparos contra a vítima sinaliza com sua conduta várias ações identificadoras do concurso material homogêneo, aplicando-se cumulativamente as penas.
e) admite-se a instigação, induzimento ou cumplicidade no fato culposo de outrem em face de contrariedade às normas que instituem um dever de cuidado objetivo.

17. (Prefeitura de Bauru — SP — Procurador Jurídico — VUNESP — 2018) Imagine que o Prefeito Municipal de Bauru, em viagem oficial ao exterior, tenha o computador pessoal que utiliza para trabalho — propriedade da Prefeitura, portanto — subtraído nas dependências do hotel em que se hospedava. Nesse caso, é correto afirmar que o furtador

a) não será punido pela Lei Penal Brasileira.
b) será punido pela Lei Penal Brasileira, ainda que eventualmente absolvido pela lei do país em que o furto ocorreu.
c) apenas será punido pela Lei Penal Brasileira, caso seja brasileiro.
d) apenas será punido pela Lei Penal Brasileira, caso adentre voluntariamente ao território nacional.
e) apenas será punido pela Lei Penal Brasileira, caso seja absolvido pela lei do país em que o furto ocorreu.

18. (Delegado de Polícia Civil — MA — CESPE — 2018) Em relação à lei penal no tempo e à irretroatividade da lei penal, é correto afirmar que à lei penal mais

a) severa aplica-se o princípio da ultra-atividade.
b) benigna aplica-se o princípio da extra-atividade.
c) severa aplica-se o princípio da retroatividade mitigada.
d) severa aplica-se o princípio da extra-atividade.
e) benigna aplica-se o princípio da não ultra-atividade.

19. (Escrivão de Polícia — MA — CESPE — 2018) A aplicação do princípio da retroatividade benéfica da lei penal ocorre quando, ao tempo da conduta, o fato é:

a) típico e lei posterior suprime o tipo penal.
b) típico e lei posterior provoca a migração do conteúdo criminoso para outro tipo penal.
c) típico e lei posterior aumenta a pena correspondente ao crime.
d) típico e lei posterior acrescenta hipótese de aumento de pena.
e) atípico e lei posterior o torna típico.

20. (Investigador de Polícia — PC-SP — VUNESP — 2018) No que diz respeito ao lugar do crime, o CP adotou a teoria

a) do resultado, ou seja, considera-se praticado o crime no lugar onde se produziu ou deveria produzir-se o resultado.
b) da ubiquidade, ou seja, considera-se praticado o crime no lugar em que ocorreu a ação ou omissão, no todo ou em parte, bem como onde se produziu ou deveria produzir-se o resultado.
c) da atividade, ou seja, considera-se praticado o crime no lugar em que ocorreu a ação ou omissão, no todo ou em parte.
d) da extraterritorialidade, ou seja, considera-se praticado no Brasil o crime cometido no estrangeiro contra a vida ou a liberdade do Presidente da República.
e) da territorialidade estendida, ou seja, considera-se praticado no Brasil o crime cometido a bordo de embarcações e aeronaves brasileiras, de natureza pública ou privada, onde quer que se encontrem

21. (Investigador de Polícia — PC-BA — VUNESP — 2018) Assinale a alternativa que indica a teoria adotada pela legislação quanto ao tempo do crime

a) Retroatividade.
b) Atividade.
c) Territorialidade.
d) Ubiquidade.
e) Extraterritorialidade.

22. (STJ — Analista Judiciário — Judiciária — CESPE — 2018) Tendo como referência a jurisprudência sumulada dos tribunais superiores, julgue o item a seguir, acerca de crimes, penas, imputabilidade penal, aplicação da lei penal e institutos.

Tratando-se de crimes permanentes, aplica-se a lei penal mais grave se esta tiver vigência antes da cessação da permanência.

23. (TJ-AL — Analista Judiciário — Área Judiciária — FGV — 2018) No dia 02.01.2018, Jéssica, nascida em 03.01.2000, realiza disparos de arma de fogo contra Ana, sua inimiga, em Santa Luzia do Norte, mas terceiros que presenciaram os fatos socorrem Ana e a levam para o hospital em Maceió. Após três dias internada, Ana vem a falecer, ainda no hospital, em virtude exclusivamente das lesões causadas pelos disparos de Jéssica. Com base na situação narrada, é correto afirmar que Jéssica:

a) não poderá ser responsabilizada criminalmente, já que o Código Penal adota a Teoria da Atividade para definir o momento do crime e a Teoria da Ubiquidade para definir o lugar;
b) poderá ser responsabilizada criminalmente, já que o Código Penal adota a Teoria do Resultado para definir o momento do crime e a Teoria da Atividade para definir o lugar;
c) poderá ser responsabilizada criminalmente, já que o Código Penal adota a Teoria da Ubiquidade para definir o momento do crime e a Teoria da Atividade para definir o lugar;

d) não poderá ser responsabilizada criminalmente, já que o Código Penal adota a Teoria da Atividade para definir o momento do crime e apenas a Teoria do Resultado para definir o lugar;
e) poderá ser responsabilizada criminalmente, já que o Código Penal adota a Teoria do Resultado para definir o momento do crime e a Teoria da Ubiquidade para definir o lugar.

24. (TJ/DFT — Técnico Judiciário — Administrativa — CESPE — 2015) Acerca do crime e da aplicação da lei penal no tempo e no espaço, julgue o item que se segue.

Ainda que se trate de tentativa delituosa, considera-se lugar do crime não só aquele onde o agente tiver praticado atos executórios, mas também aquele onde deveria produzir-se o resultado.

25. (TCE/RN — Assessor Técnico Jurídico — Cargo 2 — CESPE — 2015) Acerca da aplicação da lei penal, dos princípios de direito penal e do arrependimento posterior, julgue o item a seguir.

Pelo princípio da irretroatividade da lei penal, não é possível a aplicação de lei posterior a fato anterior à edição desta. É exceção ao referido princípio a possibilidade de retroatividade da lei penal benéfica que atenue a pena ou torne atípico o fato, desde que não haja trânsito em julgado da sentença penal condenatória.

26. (TCE/RN — Auditor — CESPE — 2015) Julgue o item a seguir, referentes à lei penal no tempo e no espaço e aos princípios aplicáveis ao direito penal.

A revogação de um tipo penal pela superveniência de lei descriminalizadora alcança também os efeitos extrapenais de sentença condenatória penal.

27. (MPE/MS — Promotor de Justiça Substituto — 2015) Em relação ao âmbito temporal de aplicação da lei penal, é incorreto afirmar que:

a) A lei penal mais benéfica é a única que tem extra-atividade.
b) A lei excepcional e a lei temporária possuem em comum o regime específico da ultratividade gravosa.
c) A lei penal em branco, quando tem por objetivo garantir a obediência da norma complementar, não está subordinada à irretroatividade da lei mais severa e da retroatividade da lei mais benigna.
d) No delito continuado, formado por uma pluralidade de atos delitivos, mas legalmente valorados como um só delito, para efeito de sanção, considera-se como tempo do crime aquele da prática de cada ação ou omissão.
e) O Código Penal acolheu a teoria da ação ou atividade, sendo o tempo da infração penal tanto o da ação como o da omissão, independentemente do momento do evento.

28. (MPE/SP — Analista de Promotoria — VUNESP — 2015) Sobre a aplicação da lei penal, é correto afirmar que

a) em relação ao tempo do crime, o Código Penal, no artigo 4º, adotou a teoria da ubiquidade.
b) para os crimes permanentes, aplica-se a lei nova, ainda que mais severa, pois é considerado tempo do crime todo o período em que se desenvolver a atividade criminosa.
c) em relação ao lugar do crime, o Código Penal, no artigo 6º, adotou a teoria da atividade.
d) a nova lei, que deixa de considerar criminoso determinado fato, cessa, em favor do agente, todos os efeitos penais e civis.
e) o princípio da retroatividade da lei penal mais benéfica é absoluto, previsto constitucionalmente, sobrepondo-se até mesmo à ultratividade das leis excepcionais ou temporárias.

29. (TCM-RJ — Procurador da Procuradoria Especial — FCC — 2015) No que concerne à aplicação da lei penal no espaço, o princípio pelo qual se aplica a lei do país ao fato que atinge bem jurídico nacional, sem nenhuma consideração a respeito do local onde o crime foi praticado ou da nacionalidade do agente, denomina-se princípio

a) da nacionalidade.
b) da territorialidade.
c) de proteção.
d) da competência universal.
e) de representação.

30. (186º Concurso de Ingresso à Carreira da Magistratura SP/2015 — Vunesp) À luz da jurisprudência do Supremo Tribunal Federal, assinale a alternativa correta.

a) Admite-se a suspensão condicional do processo por crime continuado, se a soma da pena mínima da infração mais grave com o aumento mínimo de um sexto for superior a um ano.
b) Não há crime de latrocínio, quando o homicídio se consuma, mas o agente não realiza a subtração de bens da vítima.
c) A lei penal mais grave aplica-se ao crime continuado ou ao crime permanente, se sua vigência é anterior à cessação da continuidade ou da permanência.
d) A opinião do julgador sobre a gravidade em abstrato do crime constitui motivação idônea para a imposição de regime mais severo do que o permitido segundo a pena aplicada.

31. (91º Concurso de Ingresso à Carreira do MP/SP — 2015) Após leitura dos enunciados abaixo, assinale a alternativa falsa:

a) O princípio da legalidade tem como fundamento o princípio *nullum crimen, nulla poena sine praevia lege*.
b) No tocante ao *tempo do crime*, o Código Penal Brasileiro adotou a *teoria da atividade*, que o considera como o momento da conduta comissiva ou omissiva.
c) No tocante ao *lugar do crime*, o Código Penal Brasileiro adotou a *teoria da atividade*, que o considera como o local onde ocorreu a conduta criminosa.
d) Lei excepcional, por ter ultratividade, pode ser aplicada a fatos praticados durante sua vigência mesmo após sua revogação.
e) A lei penal, ao entrar em conflito com lei penal anterior, pode apresentar as seguintes situações: *novatio legis* incriminadora, *abolitio criminis*, *novatio legis in pejus* e *novatio legis in mellius*.

32. (VII Exame Unificado — FGV — OAB — Maio/2012) John, cidadão inglês, capitão de uma embarcação particular de bandeira americana, é assassinado por José, cidadão brasileiro, dentro do aludido barco, que se encontrava atracado no Porto de Santos, no Estado de São Paulo. Nesse contexto, é correto afirmar que a lei brasileira:

a) não é aplicável, uma vez que a embarcação é americana, devendo José ser processado de acordo com a lei estadunidense;
b) é aplicável, uma vez que a embarcação estrangeira de propriedade privada estava atracada em território nacional;
c) é aplicável, uma vez que o crime, apesar de haver sido cometido em território estrangeiro, foi praticado por brasileiro;
d) não é aplicável, uma vez que, de acordo com a Convenção de Viena, é competência do Tribunal Penal Internacional processar e julgar os crimes praticados em embarcação estrangeira atracada em território de país diverso.

33. (Procurador da República — 22º Concurso — 2005) Conforme o princípio "tempus regit actum", a lei penal aplica-se às condutas ocorridas durante sua vigência. Todavia, para solucionar as questões advindas da sucessão de leis penais, há princípios de direito intertemporal. Assim:

I. a regra da irretroatividade vale apenas em relação à nova lei mais gravosa;
II. para aplicar a lei mais favorável ao réu definitivamente condenado, deve-se esperar o término do respectivo período de *vacatio legis;*
III. por serem dotadas de ultra-atividade, as leis excepcionais e temporárias aplicam-se a quaisquer delitos, desde que seus resultados tenham ocorrido durante sua vigência;
IV. a *abolitio criminis* alcança até os fatos definitivamente julgados.

Analisando as assertivas acima, pode-se afirmar que:

a) todas estão corretas;
b) estão erradas as de números I e II;
c) estão erradas as de números II e III;
d) estão erradas as de números I e IV.

34. (Procurador Municipal/SP — FCC — 2004) A retroatividade de lei penal que não mais considera o fato como criminoso:

a) exclui a imputabilidade.
b) afasta a tipicidade.
c) extingue a punibilidade.

d) atinge a culpabilidade.
e) é causa de perdão judicial.

35. (178º Concurso de Ingresso à Magistratura/SP — 2006) JOSÉ foi vítima de um crime de extorsão mediante sequestro (artigo 159, do C. Penal), de autoria de CLÓVIS. O Código Penal, em seu artigo 4º, com vistas à aplicação da lei penal, considera praticado o crime no momento da ação ou omissão, ainda que outro seja o momento do resultado. No curso do crime em questão, antes da liberação involuntária do ofendido, foi promulgada e entrou em vigor lei nova, agravando as penas. Assinale a opção correta.

a) A lei nova, mais severa, não se aplica ao fato, frente ao princípio geral da irretroatividade da lei.
b) A lei nova, mais severa, não se aplica ao fato, em obediência à teoria da atividade.
c) A lei nova, mais severa, é aplicável ao fato, porque sua vigência é anterior à cessação da permanência.
d) A lei nova, mais severa, não se aplica ao fato, porque o nosso ordenamento penal considera como tempo do crime, com vistas à aplicação da lei penal, o momento da ação ou omissão e o momento do resultado, aplicando-se a sanção da lei anterior, por ser mais branda.

36. (183º Concurso de Ingresso à Magistratura/SP — Vunesp — 2011) Antônio, quando ainda em vigor o inc. VII, do art. 107, do Código Penal, que contemplava como causa extintiva da punibilidade o casamento da ofendida com o agente, posteriormente revogado pela Lei n. 11.106, publicada no dia 29 de março de 2005, estuprou Maria, com a qual veio a casar em 30 de setembro de 2005. O juiz, ao proferir a sentença, julgou extinta a punibilidade de Antônio, em razão do casamento com Maria, fundamentando tal decisão no dispositivo revogado (art. 107, VII, do Código Penal). Assinale, dentre os princípios adiante mencionados, em qual deles fundamentou-se tal decisão.

a) Princípio da isonomia.
b) Princípio da proporcionalidade.
c) Princípio da retroatividade da lei penal benéfica.
d) Princípio da ultra-atividade da lei penal benéfica.
e) Princípio da legalidade.

37. (Procurador Municipal/SP — FCC — 2004) Uma semana antes de completar 18 (dezoito) anos João, durante uma briga, causou graves ferimentos em José. No mesmo dia, sequestrou Maria. Quinze dias após os fatos, José faleceu em razão dos ferimentos e Maria foi libertada em razão do pagamento do resgate. É correto afirmar que João:

a) responderá pelo homicídio e pela extorsão mediante sequestro pois, na sistemática de nosso ordenamento jurídico, considera-se praticado o crime quando da ocorrência do resultado;
b) responderá pelos crimes de homicídio e de extorsão mediante sequestro pois, embora vigente em nosso sistema a teoria da atividade, ambos os crimes são permanentes;
c) não responderá nem pelo homicídio nem pela extorsão mediante sequestro, ambos considerados pela doutrina crimes instantâneos de efeitos permanentes, pois era inimputável na data dos fatos;
d) não responderá pelo homicídio, crime instantâneo, mas responderá pela extorsão mediante sequestro, crime permanente, pois na sistemática de nosso ordenamento, considera-se praticado o crime indistintamente no momento da ação ou do resultado, vigendo o princípio da ubiquidade;
e) não responderá pelo homicídio, crime instantâneo, mas responderá pela extorsão mediante sequestro, crime permanente, pois, na sistemática de nosso ordenamento, considera-se praticado o crime no momento da ação ou da omissão, vigendo o princípio da atividade.

38. (Procurador Municipal/SP — FCC — 2004) Em relação à aplicação da lei penal no espaço, é incorreto afirmar que:

a) um dos princípios que regem a matéria é o da territorialidade. Este princípio é absoluto e não admite exceções;
b) é possível a aplicação da lei penal pátria a crime cometido fora do território nacional;
c) é possível a aplicação da lei penal pátria a crime cometido por estrangeiro contra brasileiro;
d) um dos princípios que regem a matéria é o da justiça universal. Regula as situações em que a punição é de interesse da humanidade;
e) o brasileiro que comete um crime no exterior e se refugia no Brasil não poderá ser extraditado.

39. (179º Concurso de Ingresso à Magistratura/SP — 2006) Assinale a alternativa incorreta. A lei brasileira aplica-se, também, ao crime cometido por estrangeiro contra brasileiro, se:

a) a punibilidade estiver extinta no país de origem, mas não no Brasil.
b) o fato também for punível no país em que foi praticado e na lei brasileira.
c) não tiver sido o agente perdoado no estrangeiro.
d) não tiver sido o agente absolvido no estrangeiro ou não tiver lá cumprido a pena.

40. (181º Concurso de Ingresso à Magistratura/SP — 2007) A Lei n. 11.343/06, que afastou a incidência de pena privativa de liberdade e de multa quanto ao crime de porte de substância entorpecente para uso próprio (cominadas na Lei n. 6.368/76) e estabeleceu, em seu lugar, a aplicação de outras medidas (advertência, prestação de serviços à comunidade, etc.), configura hipótese de:

a) *abolitio criminis.*
b) *novatio legis in pejus.*
c) *novatio legis* incriminadora.
d) *novatio legis in mellius.*

41. (83º Concurso de Ingresso ao MPSP — 2003) Dados os enunciados:

I. O princípio da legalidade, previsto no art. 1º do Código Penal, tem como fundamento o princípio *nullum crimen, nulla poena sine praevia lege.*
II. A lei penal, ao entrar em conflito com lei penal anterior, pode apresentar as seguintes situações: *novatio legis* incriminadora, *abolitio criminis, novatio legis in pejus* e *novatio legis in mellius.*
III. O Código Penal Brasileiro, no que diz respeito ao tempo do crime, adotou a teoria da atividade, pelo que se considera a imputabilidade do agente no momento em que o crime é cometido, sendo irrelevante, para tanto, o momento da produção do resultado.
IV. No tocante ao lugar do crime, o Código Penal Brasileiro adotou a chamada teoria mista, que leva em conta tanto o local onde ocorreu a conduta, quanto o local onde se deu o resultado.
V. Em relação à lei penal no espaço, a legislação penal brasileira adotou o chamado princípio da territorialidade temperada, pelo qual a lei penal brasileira é, em regra, aplicada aos crimes praticados no território nacional, tendo como exceções as convenções, tratados e regras de direito internacional.

São verdadeiros:

a) I, II, III, IV e V.
b) somente I e II.
c) somente I e V.
d) somente II e IV.
e) somente I, II e III.

42. (Delegado de Polícia Civil/SP — 2011) Em relação ao tempo do crime, a teoria adotada é:

a) da equivalência dos antecedentes.
b) do resultado.
c) da ubiquidade.
d) da atividade.
e) da territorialidade temperada.

43. (Magistratura — TRF 3ª Região — 2003) Frente ao princípio da extraterritorialidade penal pode-se afiançar que a aplicação da lei penal:

a) não se estende fora do território nacional;
b) estende-se quanto à propriedade privada de brasileiro quando a sua embarcação esteja atracada no exterior;
c) estende-se quanto a brasileiro vítima de tortura;
d) não se estende sendo a tortura também punível no exterior.

44. (182º Concurso de Ingresso à Magistratura/SP — Vunesp — 2009) A norma inserida no art. 7º, inciso II, alínea "b", do Código Penal — *Ficam sujeitos à lei brasileira, embora cometidos no estrangeiro (...) os crimes (...) praticados por brasileiro* — encerra o princípio:

a) da universalidade ou da justiça mundial.
b) da territorialidade.
c) da nacionalidade ou da personalidade ativa.
d) real, de defesa ou da proteção de interesses.

45. (182º Concurso de Ingresso à Magistratura/SP — Vunesp — 2009) O Código Penal Brasileiro, em seu art. 6º, como lugar do crime, adota a teoria:

a) da atividade ou da ação.
b) do resultado ou do evento.
c) da ação ou do efeito.
d) da ubiquidade.

46. (Procurador do Estado/SP — FCC — 2002) Em matéria de eficácia da lei penal no tempo, adotada a regra geral do *tempus regit actum* (prevalência da lei do tempo do fato), a lei aplicável nos casos de crimes permanente será a lei:

a) vigente quando se iniciou a conduta ilícita do agente.
b) mais benéfica, independentemente de quando se iniciou ou cessou a conduta.
c) vigente quando cessou a conduta ilícita do agente.
d) mais severa, independentemente de quando se iniciou ou cessou a conduta.
e) vigente quando da prolação da sentença.

47. (OAB — V Exame Unificado — FGV — 2011) Acerca da aplicação da lei penal no tempo e no espaço, assinale a alternativa correta.

a) Se um funcionário público a serviço do Brasil na Itália praticar, naquele país, crime de corrupção passiva (art. 317 do Código Penal), ficará sujeito à lei penal brasileira em face do princípio da extraterritorialidade.
b) O ordenamento jurídico-penal brasileiro prevê a combinação de leis sucessivas sempre que a fusão puder beneficiar o réu.
c) Na ocorrência de sucessão de leis penais no tempo, não será possível a aplicação da lei penal intermediária mesmo se ela configurar a lei mais favorável.
d) As leis penais temporárias e excepcionais são dotadas de ultra-atividade. Por tal motivo, são aplicáveis a qualquer delito, desde que seus resultados tenham ocorrido durante sua vigência.

48. (Concurso de Ingresso à Carreira do MP/PR — 2013) Dos crimes abaixo mencionados, qual não fica sujeito à lei brasileira pela aplicação do princípio da extraterritorialidade incondicionada:

a) De homicídio cometido no estrangeiro contra o Presidente da República;
b) De latrocínio cometido no estrangeiro contra o Presidente da República;
c) De constrangimento ilegal cometido no estrangeiro contra o Presidente da República;
d) De ameaça cometida no estrangeiro contra o Presidente da República;
e) De sequestro praticado no estrangeiro contra o Presidente da República.

49. (Concurso de Ingresso à Carreira do MP/PR — 2013) Quanto ao tempo do crime, é correto afirmar:

a) Para nosso Código Penal, considera-se praticado o crime quando o agente atinge o resultado, ainda que seja outro o momento da ação ou omissão, vez que adotamos a teoria da atividade;
b) Para nosso Código Penal, vez que adotada a teoria da ubiquidade ou mista, considera-se praticado o crime quando o agente atinge o resultado nos crimes materiais, ou no caso dos delitos de mera conduta, no momento da ação ou omissão;
c) O adolescente Semprônio, um dia antes de completar 18 anos, querendo ainda aproveitar-se de sua inimputabilidade, desfere tiros contra a vítima Heráclito, que somente vem a falecer uma semana após. Neste caso, graças à adoção da teoria do resultado pelo nosso Código Penal, Semprônio não se verá livre de responder pelo crime de homicídio;
d) No caso dos crimes permanentes — exceções que são à teoria do resultado adotada pelo Código Penal — considera-se praticado o delito no momento do início da execução;
e) Para nosso Código Penal, considera-se praticado o crime no momento da ação ou omissão, mesmo que seja outro o momento do resultado, vez que adotada a teoria da atividade.

50. (Concurso de Ingresso à Carreira da Magistratura/MG — Fundep — 2014) A respeito da aplicação da lei penal, assinale a alternativa INCORRETA.

a) A revogação do complemento da lei penal em branco, quando essa for a parte essencial da norma, gera *abolitio criminis*.
b) Em relação ao tempo do crime, nosso Código Penal adotou a teoria da atividade, considerando-o praticado no momento da ação ou omissão.

c) As situações de aplicação extraterritorial da lei penal brasileira e que constituem exceções ao princípio geral da territorialidade (artigo 5º) em nosso ordenamento jurídico são previstas, exclusivamente, no rol taxativo constante do artigo 7º do CP.
d) A lei excepcional ou temporária, embora decorrido o período de sua duração, aplica-se ao fato praticado durante a sua vigência. Trata-se de uma exceção ao princípio da retroatividade benéfica.

■ GABARITO ■

1. "certo". De fato, a Lei n. 12.015/2009, embora tenha revogado o art. 214 do CP (atentado violento ao pudor), passou a tratar da conduta nele descrita no art. 213 do CP (estupro), sem que houvesse solução de continuidade, isto é, o ato não perdeu seu caráter criminoso um dia sequer, a despeito da mudança legislativa.
2. "a". CP, art. 6º.
3. "d". Lei mista ou híbrida retroage, mas não atinge o que já foi decidido por coisa julgada.
4. "errado". Quanto ao lugar do crime, vale a teoria da ubiquidade (CP, art. 6º).
5. "b". A Lei Geral da Copa foi exemplo típico, em suas disposições penais, de lei penal temporária.
6. "e". As alternativas "a" até "d" contrariam os arts. 10, 6º, 2º e 3º do CP, respectivamente.
7. "d". CADH, art. 9.
8. "a". CP, art. 3º.
9. "d". CP, arts. 1º e 5º.
10. "a". CP, arts. 4º, 6º, 29 e 71.
11. "b". CP, art. 2º e CF, art. 5º, XL.
12. "b". Ultratividade consiste na aplicação da lei benéfica depois de sua revogação por lei gravosa.
13. "a". Os princípios são especialidade, subsidiariedade, consunção e alternatividade.
14. "b". Na especialidade, a norma especial pode ser menos grave. A norma subsidiária deve ser menos grave. Na progressão criminosa não há unidade de desígnios. A letra "e" está correta, apesar de o gabarito apontar a "b" como correta.
15. "d". A assertiva I corresponde à STF, Súmula 711. A assertiva II está correta. A III está errada (CF, art. 5º, XL, e CP, art. 2º). A IV está correta (CP, art. 5º).
16. "b". a) Lei penal incompleta é aquela cujo preceito secundário necessita de complemento, enquanto lei penal em branco é a que tem o preceito primário incompleto; c) a pena de detenção pode ser cumprida em regime fechado se, no curso da execução penal, ocorrer a regressão; d) a deflagração de mais de um disparo contra uma vítima, num mesmo contexto, traduz conduta única, dividida em vários atos; e) prevalece o entendimento na doutrina de que o crime culposo só admite coautoria (e não participação).
17. "b". CP, art. 7º, inc. I. Trata-se de situação em que a lei brasileira se aplica ao fato, independentemente de qualquer condição (extraterritorialidade incondicionada).
18. "b". Extratividade é gênero, do qual são espécies a retroatividade e a ultratividade. Essa característica só existe em lei penal benéfica.
19. "a". Trata-se da *abolitio criminis*.
20. "b". CP, art. 6º.
21. "b". CP, art. 4º.

22. "certo". STF, Súmula n. 711.

23. "a". CP, art. 4º. O tempo do crime é aquele em que foi praticada a conduta, e a autora do fato era menor inimputável nesse momento.

24. "certo". CP, art. 6º.

25. "errado". A retroatividade da lei penal benéfica atinge até a coisa julgada (CP, art. 2º).

26. "errado". A *abolitio criminis* nem sempre atinge os efeitos extrapenais da sentença penal condenatória, pois, quando advier após o trânsito em julgado, somente extinguirá os efeitos penais da condenação.

27. "c". A lei penal em branco se sujeita ao regime do art. 5º, XXXIX e XL, da CF e do art. 2º do CP. A alternativa "b", embora não coincida com a tese que sustentamos, está em consonância com a orientação majoritária, sendo, portanto, aconselhável para concursos públicos.

28. "b". Súmula n. 711 do STF: "A lei penal mais grave aplica-se ao crime continuado ou ao crime permanente, se a sua vigência é anterior à cessação da continuidade ou da permanência".

29. "c". O princípio da proteção, da defesa ou real diz respeito justamente à tutela de bens jurídicos nacionais (de caráter público ou relevância pública).

30. "c". Súmula n. 711 do STF. As demais alternativas contêm afirmações contrárias às Súmulas n. 610, 718 e 723 do STF.

31. "c". No tocante ao lugar do crime, o CP adotou a teoria mista ou da ubiquidade (art. 6º).

32. "b". O fato ocorreu em território nacional (território por extensão), pois se tratava de embarcação estrangeira privada em mar territorial brasileiro (CP, art. 5º). Aplica se, portanto, a lei penal brasileira.

33. "a". Gabarito oficial: "c". Todas as assertivas estão corretas, embora as de números II e III sejam passíveis de controvérsia.

34. "c". Trata-se da *abolitio criminis*, prevista como causa extintiva da punibilidade no art. 107, III, do CP.

35. "c". Súmula n. 711 do STF: "A lei penal mais grave aplica-se ao crime continuado ou ao crime permanente, se a sua vigência é anterior à cessação da continuidade ou da permanência".

36. "d". Ocorre a ultra-atividade benéfica da lei penal, pois quando revogada por outra gravosa, aplica-se mesmo após sua revogação a fatos ocorridos durante sua vigência.

37. "e". A pergunta retrata dois crimes: homicídio e sequestro. O primeiro é instantâneo, de modo que sua consumação se dá com a produção do resultado. O segundo é permanente, de forma que seu momento consumativo se prolonga no tempo. Para o homicídio, é decisiva a data do agente ao tempo da conduta (ação ou omissão), nos termos do art. 4º do CP (tempo do crime — teoria da atividade). Quanto ao sequestro, se a fase consumativa se estendeu quando o agente completou a maioridade penal, deverá responder pelo crime cometido.

38. "a". O art. 5º do CP adotou o princípio da territorialidade temperada ou mitigada, pois a lei penal brasileira aplica-se a todo crime ocorrido no Brasil, salvo o disposto em tratado, convenção ou regras internacionais, como as imunidades diplomáticas.

39. "a". O enunciado trata de um caso de extraterritorialidade condicionada (CP, 7º, § 3º). Nesse caso, exigem-se diversas condições, dentre as quais não ter sido o agente perdoado no estrangeiro ou, por outro motivo, não estar extinta a punibilidade, segundo a lei mais favorável (CP, 7º, § 2º, e).

40. "d". Trata-se de *novatio legis in mellius*, isto é, a nova lei penal que mantém o caráter criminoso do fato, mas abranda sua punição.

41. "a". Os fundamentos das assertivas se encontram nos arts. 1º, 2º, 4º, 5º e 6º do CP.

42. "d". CP, art. 4º.
43. "c". A lei penal brasileira aplica-se a crimes cometidos contra brasileiro no exterior (CP, art. 7º, § 3º).
44. "c". O princípio da nacionalidade ou personalidade ativa se dá quando a lei brasileira é aplicada em função da nacionalidade do sujeito ativo da infração penal.
45. "d". Trata se de uma das perguntas mais frequentes de concursos públicos. O art. 6º do Código Penal adotou a teoria mista ou da ubiquidade quanto ao lugar do crime.
46. "c". Súmula n. 711 do STF: "A lei penal mais grave aplica se ao crime continuado ou ao crime permanente, se a sua vigência é anterior à cessação da continuidade ou da permanência".
47. "a". Cuida se do princípio real, da proteção ou da defesa, adotado no art. 7º, inc. I, *c*, do CP.
48. "b". Sujeitam-se à lei brasileira, embora cometidos no exterior, os crimes contra a vida ou liberdade do Presidente da República (latrocínio é crime contra o patrimônio).
49. "e". É o que prevê o art. 4º do CP.
50. "c". Existem outras hipóteses de extraterritorialidade da lei penal contidas em leis especiais, como a Lei de Tortura.

10

CONFLITO APARENTE DE NORMAS

10.1. INTRODUÇÃO

Tal conflito ocorre sempre que, a um **único fato, aplica-se aparentemente mais de uma norma incriminadora**. Por exemplo: se um indivíduo mata alguém visando subtrair seu dinheiro, seu ato não pode configurar, ao mesmo tempo, homicídio praticado por motivo torpe (CP, art. 121, § 2º, I) e latrocínio (CP, art. 157, § 3º). É preciso definir exatamente qual a infração praticada, sob pena de cometer-se um inaceitável *bis in idem*.

Deve-se recordar que **em Direito Penal** é **vedada** a **dupla condenação por fato único**. Essa proibição se funda em critério de equidade, no respeito ao direito de liberdade e ao devido processo legal. O Direito Penal deve ser instrumento de Justiça, e não de vingança, estabelecendo para cada criminoso a pena que merece, em estreita conformidade com a infração cometida. Daí o **princípio do *non bis in idem***. Para o STF, muito embora não se trate de princípio explícito em nossa Constituição, sua incorporação ao ordenamento jurídico-penal complementa os direitos e as garantias individuais nela previstos[1].

No exemplo acima formulado, o agente será enquadrado no crime de latrocínio, que, neste caso, é especial em relação ao homicídio qualificado pela torpeza.

10.2. PRESSUPOSTOS

São **pressupostos** para a ocorrência do conflito aparente de normas:

- a **unidade de fato**;
- a **aparente incidência de mais de uma norma incriminadora**; e
- a **vigência simultânea dos tipos penais aparentemente aplicáveis**.

Não se deve **confundir** o conflito aparente de normas **com o conflito de leis penais no tempo. No primeiro caso, as normas** incriminadoras virtualmente aplicáveis **encontram-se** todas elas **em vigor**; no segundo, uma foi revogada por outra, cumprindo ao aplicador da lei penal determinar qual deverá incidir, norteando sua decisão pelo princípio da retroatividade benéfica (CF, art. 5º, XL, e CP, art. 2º).

Quando se der, portanto, a revogação de uma lei penal, deverá se analisar se a nova lei é benéfica ou gravosa. A de cunho favorável ao agente divide-se em *abolitio*

[1] HC 86.606, Rel. Min. Cármen Lúcia, 1ª Turma, julgado em 22.05.2007, *DJe* 03.08.2007.

criminis (lei supressiva de incriminação) e *novatio legis in mellius* (nova lei que mantém a incriminação, mas confere ao ato tratamento mais brando); ambas retroagem. A gravosa pode ser *novatio legis* incriminadora (a lei que cria novas infrações penais até então inexistentes) ou *novatio legis in pejus* (quando mantém a incriminação, agravando as consequências da conduta); essas não retroagem.

Difere também o conflito aparente de normas **do concurso de crimes** (CP, arts. 69 a 71), em que a conduta do sujeito, única ou múltipla, ofende bens jurídicos distintos. O concurso de delitos (ou *concursus delictorum*) pode ser material (CP, art. 69), formal (CP, art. 70) ou crime continuado (CP, art. 71).

■ 10.3. CONFLITO APARENTE DE NORMAS E PLURALIDADE DE FATO

Há casos excepcionais em que se identifica um conflito aparente de normas, muito embora inexista efetivamente um só fato, mas uma multiplicidade.

Isto ocorre em situações nas quais, apesar da pluralidade de comportamentos, nota-se entre eles um estreito vínculo, em que o fato anterior ou posterior não é capaz de agravar a lesividade da conduta que o sucedeu ou da que o antecedeu, ou seja, não tem o condão de agravar o malefício pretendido ou já consumado.

Trata-se de hipóteses em que o reconhecimento de um concurso de crimes não se justifica diante da ausência de ofensividade de uma das ações.

Isto se dá nos casos de **antefato** e **pós-fato impuníveis**.

■ 10.3.1. Antefato impunível

Ocorre o ***ante factum* impunível** quando **o agente realiza uma conduta criminosa visando praticar outra, em que a primeira esgotará toda a sua potencialidade lesiva**. A ação ou omissão anterior não possui razão de ser, senão para viabilizar a prática da seguinte, em que produzirá todo seu malefício.

É o que ocorre quando o agente falsifica uma folha de cheque de terceiro, assinando-a como se fosse o titular da conta corrente e, então, entrega o documento falsificado ao lojista, o qual, iludido em razão da fraude empregada, vende a ele a mercadoria, supondo que a cártula será honrada pela instituição financeira. Houve duas condutas criminosas: a falsidade documental (CP, art. 297, § 2º), seguida do estelionato (CP, art. 171), no qual a primeira esgotou todo seu malefício, ou seja, toda sua potencialidade lesiva. Quer dizer, em outras palavras, que o documento falso não se prestará a nenhum outro golpe, a não ser aquele já consumado. É exatamente isso que preconiza a Súmula n. 17 do STJ: "Quando o falso se exaure no estelionato, sem mais potencialidade lesiva, é por este absorvido".

■ 10.3.2. Pós-fato impunível

Ocorre o *post factum* impunível quando, **após a consumação, realiza-se nova conduta contra o mesmo bem jurídico, incapaz, porém, de agravar a lesividade do comportamento anterior**; significa que todo o malefício que poderia ser produzido contra o bem já ocorreu e não sofre qualquer acréscimo com a nova ação.

Cite-se, como exemplo, o dano (CP, art. 163) da coisa recém-subtraída (CP, art. 155): o indivíduo furta o relógio da vítima e, já distante, quando consumada a infração patrimonial, nota que o objeto não possui o valor que esperava e, raivoso, danifica-o. O dano representa, nesse caso, um pós-fato impunível por não ter o condão de agravar o malefício já produzido ao patrimônio do sujeito passivo.

■ 10.4. PRINCÍPIOS PARA SOLUÇÃO DE CONFLITO APARENTE DE NORMAS

Como se viu, um mesmo fato concreto não pode ser enquadrado em vários tipos penais, sob pena de afronta ao princípio do *non bis in idem* (ou *ne bis in idem*). Portanto, se aparentemente ocorrer a incidência de mais de um tipo penal a um mesmo fato, caberá ao intérprete, socorrendo-se dos princípios da **especialidade, consunção, subsidiariedade ou alternatividade**, resolver o conflito, apontando o correto enquadramento.

Muito embora não exista dispositivo legal tratando do tema ou consenso doutrinário acerca do assunto (salvo no tocante ao princípio da especialidade), admitem-se comumente os princípios mencionados.

Hungria, em seu anteprojeto de reforma do Código Penal, pretendia tratar da matéria na Parte Geral do Código, dispondo da seguinte maneira: "Quando a um mesmo fato podem ser aplicadas duas ou mais normas penais, atende-se ao seguinte, a fim de que uma só pena seja imposta: (a) a norma especial exclui a norma geral; (b) a norma relativa a crime que passa a ser elemento constitutivo ou qualificativo de outro é excluída pela norma atinente a este; (c) a norma incriminadora de um fato que é meio necessário ou normal fase de preparação ou execução de outro crime é excluída pela norma a este relativa. Parágrafo único. A norma penal que prevê vários fatos, alternativamente, como modalidades de um mesmo crime, só é aplicável uma vez, ainda quando os ditos fatos são praticados, pelo mesmo agente, sucessivamente"[2].

■ 10.4.1. Introdução aos princípios para solução de conflito aparente de normas

Para se determinar qual o princípio adequado a resolver o conflito aparente de normas, é preciso, antes, estabelecer a relação entre os tipos penais ou os crimes virtualmente aplicáveis.

O **princípio da especialidade** será empregado sempre que, entre os tipos aparentemente incidentes, der-se uma **relação de especialidade**, isto é, de gênero e espécie.

O **princípio da subsidiariedade**, por sua vez, pressupõe que entre as disposições penais conflitantes exista uma **relação de subsidiariedade**, vale dizer, de continente e conteúdo.

Nestes casos, a **comparação** entre as normas virtualmente aplicáveis **se faz no plano abstrato**, é dizer, confrontando-se o teor dos dispositivos para, então, determinar, ora o especial (que prevalecerá sobre o geral), ora o principal (que predominará em relação ao subsidiário).

2 *Comentários ao Código Penal*, v. 1, t. 1, 5. ed., p. 239-240.

O **princípio da consunção ou absorção** ocorre em face de uma **relação consuntiva** (de meio e fim), isto é, quando há crime-meio praticado no *iter criminis* de outro, que será o crime-fim.

O **princípio da alternatividade** aplica-se a **tipos mistos alternativos**, ou seja, os que possuem mais de um verbo nuclear alternativamente conectados.

Nos dois últimos princípios, a **solução** do conflito se dará necessariamente ***in concreto***. Não será, então, a comparação entre os dizeres da lei que resolverá a controvérsia, mas a análise do caso concreto.

10.4.2. Princípio da especialidade (*lex specialis derogat generalis*)

Aplica-se, como vimos, **sempre que existir** entre os tipos penais em conflito uma **relação de especialidade** (gênero — espécies).

Será especial, e portanto prevalecerá, a norma que contiver todos os elementos de outra (a geral), além de mais alguns, de natureza subjetiva ou objetiva, considerados especializantes.

"Toda a ação que realiza o tipo do delito especial realiza também necessariamente, e ao mesmo tempo, o tipo do geral, enquanto que o inverso não é verdadeiro"[3].

Assim, se a mãe mata o filho durante o parto, sob a influência do estado puerperal, incorre, aparentemente, nos arts. 121 (homicídio) e 123 (infanticídio) do CP. No primeiro, porque matou uma pessoa; no segundo, porque essa pessoa era seu filho e a morte se deu no momento do parto, influenciada pelo estado puerperal. O infanticídio contém todas as elementares do homicídio ("matar" + "alguém"), além de outras especializantes ("o próprio filho" + "durante o parto ou logo após" + "sob a influência do estado puerperal"), o que o torna especial em relação a esse. Percebe-se, então, que **toda ação que realiza o tipo do infanticídio realiza o do homicídio, mas nem toda ação que se subsome ao homicídio tem enquadramento no tipo do infanticídio**.

De igual modo, o homicídio culposo de trânsito (CTB, art. 302) é especial em relação ao homicídio culposo do Código Penal (art. 121, § 3º), já que aquele exige que a conduta seja praticada "na direção de veículo automotor". Dessa maneira, o motorista que acaba atropelando um pedestre, por não tomar as cautelas necessárias à condução do veículo, vindo o ofendido a morrer em decorrência do fato, responde o agente pelo crime de trânsito, embora a conduta aparentemente se subsuma também à figura típica do Código Penal.

Relembre-se que esse conflito se resolve abstratamente, isto é, basta a comparação entre as duas normas, em tese, para saber qual delas é a especial e, por via de consequência, a aplicável. Também é interessante notar que na relação de especialidade é indiferente se a norma especial é mais ou menos grave. Acrescente-se que a relação de especialidade se dá entre tipos fundamentais e secundários (exs.: roubo simples — art. 157, *caput*, e roubo circunstanciado — art. 157, § 2º).

---

[3] Jescheck, *Tratado de derecho penal*, p. 1.035, apud Cezar Roberto Bitencourt, *Tratado de direito penal*: parte geral, v. 1, p. 200.

10.4.3. Princípio da subsidiariedade (*lex primaria derogat legi subsidiariae*)

Caberá o princípio em questão quando, confrontando-se os tipos penais virtualmente aplicáveis, identificar-se entre eles uma **relação de subsidiariedade, ou seja, de continente e conteúdo**.

Mencionada relação ocorrerá quando **os tipos descreverem diferentes graus de violação ao mesmo bem jurídico**. Haverá, portanto, uma **norma mais ampla**, porque descreverá um grau maior de violação ao bem; será a **norma primária ou principal**. Existirá, ainda, outra **menos ampla**, pois descreverá um grau inferior de violação a esse mesmo bem; será a **norma subsidiária ou famulativa**.

Ensinava Hungria que "a diferença que existe entre especialidade e subsidiariedade é que, nesta, ao contrário do que ocorre naquela, os fatos previstos em uma e outra norma não estão em relação de espécie e gênero, e se a pena do tipo principal (sempre mais grave que a do tipo subsidiário) é excluída por qualquer causa, a pena do tipo subsidiário pode apresentar-se como 'soldado de reserva' e aplicar-se pelo *residuum*"[4]. Assim, por exemplo, o crime de roubo será agravado quando o agente utilizar, como meio executório, arma de fogo (CP, art. 157, § 2º, I). Caso se apure que o ofendido não portava absolutamente nenhum bem consigo, será aplicada a figura do art. 17 do CP (crime impossível), afastando-se o delito patrimonial. O juiz, todavia, não deverá simplesmente absolver o réu, mas, sim, condená-lo por porte ilegal de arma de fogo (Lei n. 10.823/2006, art. 14), o qual atuará como "soldado de reserva".

Há **duas espécies** de subsidiariedade:

- **expressa:** ocorre sempre que a norma se autoproclama subsidiária, indicando expressamente que só terá aplicação "se o fato não constituir crime mais grave". Exemplo: art. 132 do CP, que define como crime o ato de expor a vida ou a saúde de outrem a perigo direto e iminente, punindo-o com detenção, de três meses a um ano, **se o fato não constitui crime mais grave**. Se o agente, *v.g.*, efetua disparos de arma de fogo em direção à vítima, para matá-la, embora ela não seja atingida, responde por tentativa de homicídio (norma primária), deixando de aplicar-se o delito mencionado anteriormente (norma subsidiária).
- **implícita ou tácita:** verifica-se quando um tipo penal é previsto como **elementar ou circunstância legal** de outro crime. Exemplo: a omissão de socorro, que é crime autônomo, é também prevista como causa de aumento de pena do homicídio e da lesão corporal culposos. Isto ocorre tanto no Código Penal (arts. 121, § 4º, 129, § 7º, e 135) quanto no Código de Trânsito Brasileiro (arts. 302, § 1º, 303, § 1º e 304). Dessa forma, se uma pessoa dirige imprudentemente seu veículo e atropela outra, ferindo-a gravemente, e, em seguida, deixa de lhe prestar socorro, não comete dois crimes: lesão culposa agravada pela omissão de socorro (art. 303, § 1º, do CTB) e omissão de socorro no trânsito (art. 304 do CTB), mas somente o primeiro, o qual constitui norma primária, dada a relação de subsidiariedade entre eles.

---

4 *Comentários ao Código Penal*, v. 1, t. 1, arts. 1º a 10, p. 147.

10.4.4. Princípio da consunção ou da absorção (*lex consumens derogat legi consumptae*)

O princípio da consunção ou absorção dá-se sempre que se apresentar, entre os atos praticados pelo agente, a **relação consuntiva**, isto é, de meio e fim. Tal relação se verificará **quando um crime for praticado como meio necessário ou normal na fase de preparação ou de execução de outro**.

É o que ocorre entre os atos preparatórios puníveis, seguidos dos atos executórios e, por fim, da consumação (todos inseridos no mesmo *iter criminis*). Por exemplo: o indivíduo que porta consigo uma faca (porte de arma branca — ato preparatório punível), brande o instrumento (ato executório) e golpeia a vítima, ferindo-a (consumação), responde somente pelo crime-fim, ou seja, pela lesão corporal.

Verifica-se, ainda, quando o mesmo indivíduo realiza ações que configurariam mero auxílio e, logo após, atos materiais que se subsomem ao verbo nuclear. Por exemplo: o roubador que, em conjunto com outros, limita-se a conduzir o veículo utilizado para levar os comparsas à cena do crime, mas, durante sua execução, decide ingressar no estabelecimento e atuar na subtração dos bens. Ele não comete dois roubos, mas um só.

Aplica-se a consunção, ainda, no **crime progressivo** e **na progressão criminosa**.

Dá-se a **progressão criminosa** quando o agente inicia o *iter criminis* com o objetivo de provocar determinada lesão a um bem jurídico; depois de conseguir seu intento, contudo, **muda de ideia** e busca causar um grau maior de violação ao mesmo bem jurídico. Exemplo: o sujeito pretendia ferir seu desafeto, mas, em meio aos socos e pontapés, decide tirar-lhe a vida e leva-o a óbito. Só responde pelo homicídio, ficando as lesões corporais por este consumidas.

Não se deve confundir progressão criminosa em sentido estrito com crime progressivo. Naquela, o sujeito modifica seu intento durante a execução do fato, isto é, inicia-o com um objetivo determinado (por exemplo: violar domicílio alheio), alterando-o durante seu cometimento (por exemplo: decide furtar um objeto encontrado no interior do imóvel em que ingressou). **No crime progressivo, o indivíduo possui, desde o princípio, o mesmo escopo** e o persegue até o final, ou seja, pretendendo certo resultado de maior lesividade (*v.g.*, a morte de alguém), pratica outros atos de menor intensidade (*v.g.*, sucessivas lesões corporais) para atingi-lo.

O princípio da absorção, por derradeiro, também se aplica nas hipóteses de antefato e pós-fato impuníveis, anteriormente estudadas (itens 10.3.1 e 10.3.2).

Interessante destacar que um setor da doutrina situa as hipóteses de antefato e pós-fato impuníveis **fora** do âmbito do conflito aparente de normas. É o caso de Cezar Roberto Bitencourt. Para o penalista, em tais situações, ocorre uma "pluralidade de fatos", em que se adotam "critérios valorativos" para se optar pela incidência de somente uma das normas penais incriminadoras. Significa que, para o autor, não há conflito algum entre normas penais, não existindo razão formal para que ambas sejam aplicadas. O que justifica a incidência de apenas uma delas (por meio do princípio da consunção ou absorção) é uma opção valorativa, inspirada em critérios jurídicos[5].

---

5 *Tratado de direito penal*: parte geral, 13. ed., p. 203.

■ 10.4.5. Princípio da alternatividade

Este princípio tem lugar nas infrações penais de *ação múltipla ou conteúdo variado*, que são aqueles tipos penais que possuem diversos núcleos (verbos), separados pela conjunção alternativa "ou" (**tipos mistos alternativos**).

Quando alguém pratica mais de um verbo do mesmo tipo penal, apresentando-se uma conduta como consequência da outra, atingindo, todas, o(s) mesmo(s) objeto(s) material(ais), só responde por um crime (e não pelo mesmo crime mais de uma vez).

Exemplos: a) aquele que expõe à venda e, em seguida, vende drogas pratica um só crime de tráfico ilícito de entorpecentes (Lei n. 11.343/2006, art. 33); b) quem induz e instiga outrem a se suicidar, incorre uma só vez no delito de auxílio ao suicídio (art. 122 do CP).

Anote-se, entretanto, que em tais casos o juiz deve considerar a incursão em mais de uma ação nuclear na dosagem da pena, de modo a exacerbar a sanção imposta ao agente.

■ 10.5. SÍNTESE

CONFLITO APARENTE DE NORMAS		
PRESSUPOSTOS	**Unidade de fato** ■ (exceção: antefato e pós-fato impuníveis)	**Pluralidade de normas penais (vigentes) incidentes ao mesmo tempo**
PREMISSA	■ Um só fato não pode configurar mais de um crime, sob pena de violar o princípio do *ne bis in idem*	
DIFERENÇA COM CONFLITO DE LEIS PENAIS NO TEMPO	■ Ocorre a sucessão de leis penais regulando penalmente a mesma conduta, de modo que uma delas é revogada por outra	
DIFERENÇA COM O CONCURSO DE CRIMES	■ Não há unidade de fato, mas pluralidade, geradora de mais de uma lesão a bens jurídicos	

PRINCÍPIOS PARA SOLUÇÃO DO CONFLITO APARENTE DE NORMAS			
Especialidade	**Subsidiariedade**	**Consunção ou absorção**	**Alternatividade**
■ A norma especial prevalece sobre a geral	■ A norma primária predomina sobre a subsidiária	■ O crime-fim absorve o crime-meio	■ Aplica-se a tipos mistos alternativos
■ Aplica-se sempre que um tipo possuir todas as elementares de outro, acrescidas de algumas que o especializam.	■ Aplica-se quando as normas descreverem diferentes graus de violação ao mesmo bem jurídico. Divide-se em expressa e tácita. A expressa ocorre sempre que a norma se autoproclama subsidiária; a tácita, quando um tipo for previsto como elementar ou circunstância legal de outro.	■ Ocorre a relação consuntiva quando um crime é praticado como meio necessário ou normal na fase de preparação ou execução de outro. Aplica-se, ainda, nos casos de antefato e pós-fato impuníveis.	■ Será utilizado sempre que o agente praticar várias ações nucleares previstas no mesmo tipo penal (tipo misto alternativo), de modo que uma possua conexão com a outra e atinjam, todas, o(s) mesmo(s) objeto(s) material(ais).

■ 10.6. QUESTÕES

1. (Investigador de Polícia — PC-MA — CESPE — 2018) Para solucionar o conflito aparente de normas, são empregados os princípios da:

a) especialidade e da subsidiariedade.
b) especialidade e da proporcionalidade.
c) proporcionalidade e da subsidiariedade.
d) subsidiariedade e da fragmentariedade.
e) fragmentariedade e da especialidade.

2. (MPE/SP — Promotor de Justiça — 2015) Os princípios que resolvem o conflito aparente de normas são:

a) especialidade, legalidade, intranscendência e alternatividade.
b) especialidade, legalidade, consunção e alternatividade.
c) especialidade, subsidiariedade, consunção e alternatividade.
d) legalidade, intranscendência, consunção e alternatividade.
e) legalidade, consunção, subsidiariedade e alternatividade.

3. (TJ/PE — Juiz Substituto — FCC — 2015) Constituem princípios que se destinam a solucionar o conflito aparente de normas:

a) proporcionalidade e especialidade.
b) excepcionalidade e proporcionalidade.
c) especialidade e fragmentariedade.
d) subsidiariedade e especialidade.
e) excepcionalidade e subsidiariedade.

4. (TJ/PR — Juiz Substituto — PUC/PR — 2014) Com observância das assertivas abaixo, responda:

I. Há progressão criminosa quando o agente, a fim de alcançar o resultado pretendido pelo seu dolo, obrigatoriamente, produz outro, antecedente e de menor gravidade, sem o qual não atingiria o seu fim.
II. Há crime progressivo quando o dolo inicial do agente era dirigido a determinado resultado e, durante os atos de execução, resolve ir além, e produzir um resultado mais grave.
III. Em relação ao concurso ou conflito aparente de normas, pode-se falar em princípio da consunção, quando um crime é meio necessário ou normal fase de preparação ou de execução de outro crime, bem como nos casos de antefato e pós-fato impuníveis.
IV. Em relação ao concurso ou conflito aparente de normas, pelo princípio da subsidiariedade, na ausência ou impossibilidade de aplicação da norma principal mais grave, aplica-se a norma subsidiária menos grave.

Assinale a alternativa CORRETA.

a) Somente as assertivas I e II são verdadeiras.
b) Somente as assertivas III e IV são verdadeiras.
c) Somente as assertivas I, II e III são verdadeiras.
d) Somente as assertivas I e III são verdadeiras.

5. (PC/RO — Delegado de Polícia Civil — FUNCAB — 2014) São princípios que solucionam o conflito aparente de normas penais:

a) insignificância, consunção, subsidiariedade e alteridade.
b) insignificância, alteridade, consunção e alternatividade.
c) especialidade, alteridade, consunção e subsidiariedade.
d) especialidade, alternatividade, subsidiariedade e insignificância.
e) especialidade, consunção, subsidiariedade e alternatividade.

6. (179º Concurso de Ingresso à Magistratura/SP — 2006) Assinale a alternativa incorreta.

a) Crime progressivo e progressão criminosa são a mesma coisa.
b) No crime progressivo, o agente, para alcançar um resultado mais grave, passa por outro menos grave, havendo continência de condutas.

c) O crime progressivo é espécie do gênero crime complexo *lato sensu*.
d) A progressão criminosa *stricto sensu* se realiza quando o crime progressivo se desvincula na sua realização no tempo, ocorrendo delitos em sequência.

7. (Procurador do Estado/SP — FCC — 2002) Os conceitos de antefato e pós-fato impuníveis advêm da ampliação do seguinte princípio da teoria da lei penal:

a) especialidade.
b) anterioridade.
c) subsidiariedade.
d) consunção.
e) territorialidade.

8. (Procurador do Estado/SP — Vunesp — 2005) O antefato e o pós-fato impuníveis são desdobramentos do princípio da:

a) ofensividade.
b) consunção.
c) especialidade.
d) conexão.
e) taxatividade.

9. (87º Concurso de Ingresso à Carreira do MPSP — 2010) Assinale a alternativa incorreta:

a) segundo o princípio da especialidade, a norma específica derroga a norma geral, ainda que aquela contenha consequências penais mais gravosas.
b) segundo o princípio da consunção, na hipótese de crime progressivo, as normas que definem crimes mais graves absorvem as de menor gravidade.
c) o resultado da ação não pode ser atribuído ao agente na hipótese da existência de causa absolutamente independente, salvo se esta for preexistente.
d) nos crimes comissivos por omissão, o agente, que possui o especial dever de agir, abstém-se dessa atuação.
e) nos crimes de perigo abstrato, o perigo é objeto de presunção *juris et de jure*.

10. (Magistratura Federal — 1ª Região — XI Concurso Público) O conflito aparente de normas penais é resolvido:

a) pelos princípios da especialidade, da subsidiariedade e da consunção, alguns autores incluindo também o princípio da alternatividade;
b) pelos princípios da especialidade e da consunção, não dizendo respeito à questão o princípio da subsidiariedade, que é relativo à ação penal;
c) exclusivamente pelo princípio da especialidade;
d) pelos princípios da especialidade e da subsidiariedade.

■ GABARITO ■

1. "a". Os princípios que solucionam o conflito aparente de normas, segundo entendimento majoritário, são: especialidade, subsidiariedade, consunção e alternatividade.
2. "c".
3. "d".
4. "b". A assertiva I trata do antefato impunível. A assertiva II confunde crime progressivo com progressão criminosa.
5. "e".
6. "a". Crime progressivo não se confunde com progressão criminosa. No primeiro caso, o agente visa a produção do crime-fim, desde o início. No outro, ele inicia visando o cometimento de um crime, muda de ideia e pratica um delito mais grave, tornando o anterior crime-meio.

7. "d". O princípio da consunção ou absorção determina que o crime cometido com o fim exclusivo de viabilizar a prática de outro, no qual se exaure sua potencialidade lesiva, deve ser considerado antefato impunível. Do mesmo modo, não se pune o delito subsequente quando o anterior, consumado, já produziu toda a lesão ao bem jurídico, de modo que o seguinte se torna pós-fato impunível.

8. "b". O princípio da consunção ou absorção determina que o crime cometido com o fim exclusivo de viabilizar a prática de outro, no qual se exaure sua potencialidade lesiva, deve ser considerado antefato impunível. Do mesmo modo, não se pune o delito subsequente quando o anterior, consumado, já produziu toda a lesão ao bem jurídico, de modo que o seguinte se torna pós-fato impunível.

9. "c". Nas causas absolutamente independentes, o resultado jamais será atribuído ao agente.

10. "a". Trata-se da única alternativa que contempla os quatro princípios utilizados no conflito aparente de normas.

11

CONCEITO DE CRIME

11.1. CONCEITO

Há diversos conceitos de crime, agrupados em diferentes categorias, cada qual com um enfoque diferente e um propósito bem definido.

Destes, os principais são os **conceitos material, formal e analítico**.

O **conceito material** é o que se ocupa da **essência do fenômeno**, buscando compreender **quais** são os **dados necessários** para que um **comportamento** possa ser considerado **criminoso** ou, em outras palavras, o que justifica seja uma conduta considerada penalmente relevante aos olhos da sociedade.

O **conceito formal** intenta definir o delito **focando** em suas **consequências jurídicas**, isto é, na **espécie de sanção** cominada. Assim, por exemplo, o inadimplemento contratual não pode ser considerado um crime, pois não acarreta a imposição de nenhuma sanção penal (pena privativa de liberdade, pena alternativa ou medida de segurança), mas apenas provoca o dever de indenizar a parte contrária.

O **conceito analítico**, sobre o qual nos deteremos ao longo deste capítulo, trata de **conhecer a estrutura e os elementos do crime, sistematizando-os** de maneira organizada, sequenciada e inter-relacionada.

11.2. UTILIDADE DOS DIVERSOS CONCEITOS DE CRIME

O **conceito material** tem o **propósito** de **limitar a função seletiva do legislador, retirando-lhe a liberdade absoluta** para escolher quais comportamentos deverá criminalizar. Trata-se de **estabelecer um norte** que presidirá a escolha de quais condutas poderão ser legitimamente consideradas como criminosas.

Sob essa ótica, considera-se **crime toda ação ou omissão consciente e voluntária, que, estando previamente definida em lei, cria um risco juridicamente proibido e relevante a bens jurídicos considerados fundamentais para a paz e o convívio social**.

O **conceito formal** procura **orientar o operador do Direito Penal**, informando-lhe **como identificar**, na vasta gama de atos ilícitos previstos no ordenamento jurídico, **quais são os ilícitos penais**. Essa é uma tarefa de suma importância, porque, uma vez definido o ato como criminoso, haverá imediatas repercussões no modo de apuração da conduta (mediante inquérito policial, procedimento investigatório criminal, termo circunstanciado), na legitimidade para propositura de eventual ação buscando a responsabilização dos culpados (Ministério Público e, excepcionalmente, a vítima), na competência para o processo e julgamento do fato (Varas Criminais) etc.

Crime é, sob tal perspectiva, todo ato punido com sanções penais, isto é, penas ou medidas de segurança.

O art. 1º da LICP (Decreto-lei n. 3.914/41) contém uma relevante definição formal de crime, embora se deva notar que esta se encontra em parte desatualizada em razão da superveniência da Lei n. 11.343/2006.

De acordo com essa norma, crime é toda infração penal punida com reclusão ou detenção, acompanhada ou não de multa. Considera-se crime, ainda, o porte de droga para consumo próprio, tipificado no art. 28 da Lei n. 11.343/2006, que somente é punido com penas alternativas[1]. Há, ainda, outra espécie de infração penal, de acordo com a citada regra legal: a contravenção penal, aquela apenada com prisão simples (com ou sem multa) ou apenas com sanção pecuniária.

Graças ao conceito formal é que se tem condições de saber, por exemplo, que o "crime de responsabilidade", definido na Constituição Federal (*vide*, p. ex., o art. 85 da CF), não se cuida efetivamente de um delito, mas de uma infração político-administrativa. Isto porque esse "crime" não acarreta nenhum tipo de sanção penal, mas somente a perda do cargo (sanção administrativa) e a suspensão dos direitos políticos (sanção política). Logo, essa conduta não deverá ser investigada por meio de um inquérito policial; não caberá ao Ministério Público formular a acusação contra o agente que a tiver praticado; o julgamento não ficará a cargo de uma Vara Criminal etc.

O **conceito analítico**, por fim, preocupa-se em conhecer, organizar, ordenar e sistematizar os elementos e a estrutura do crime, de modo a **permitir uma aplicação racional e uniforme do Direito Penal**. É ele que ensina ao juiz criminal, *v.g.*, que deverá verificar, em primeiro lugar, se o fato é penalmente típico, para, então, analisar se é também antijurídico (ou ilícito) e, por último, examinar a culpabilidade, de modo a saber se o réu é ou não merecedor de uma punição.

■ 11.3. CONCEITO ANALÍTICO

Crime é fato típico e antijurídico. A culpabilidade constitui pressuposto de aplicação da pena.

---

[1] De ver que tramita na Suprema Corte o Recurso Extraordinário n. 635.659, com repercussão geral reconhecida, no qual se discute a inconstitucionalidade do art. 28 da Lei de Drogas. O Ministro Relator, Gilmar Mendes, em sessão realizada no dia 20 de agosto de 2015, deu provimento ao recurso, declarando a inconstitucionalidade da norma sem redução de texto, de modo a se interpretar suas providências como medidas de natureza civil e administrativa (e não mais, portanto, como sanções penais). De acordo com o Ministro, a criminalização conduz à estigmatização do usuário e põe em risco medidas de prevenção e redução de danos. Observou, ainda, que a norma estabelece sanção desproporcional e ofensiva ao direito à personalidade, além de se tratar de fato que causa dano eminentemente privado e não coletivo. Acrescentou, outrossim, que nos casos de prisão em flagrante por tráfico de drogas, a apresentação imediata do preso ao juiz deverá ser obrigatória, de modo a evitar que o fato seja indevidamente capitulado como tráfico. O julgamento foi interrompido com o pedido de vista de outros Ministros.

Dada a importância do conceito analítico, diversas teorias despontaram no Brasil com vistas à determinação dos elementos constitutivos do crime.

Além da **posição que defendemos** acima, que pode ser qualificada como **bipartida ou dicotômica**, há **outra** importante **corrente**, denominada **tripartida ou tricotômica**, para a qual o delito é **fato típico, antijurídico e culpável** (sustentada, entre outros, por Cezar Bitencourt, Guilherme Nucci, Heleno Cláudio Fragoso e Francisco de Assis Toledo).

A diferença substancial entre estas reside na posição ocupada pela culpabilidade na estrutura do crime. Para nós, constitui pressuposto de aplicação da pena; para a corrente tripartida, cuida-se do terceiro elemento constitutivo do crime.

Poder-se-ia julgar que a tese por nós adotada não confere à culpabilidade a mesma importância que a posição tricotômica. Não é verdade. O valor da culpabilidade é o mesmo nas duas correntes, divergindo estas somente quanto à sua natureza jurídica: pressuposto de aplicação da pena *versus* requisito do crime.

Frise-se que não se poderia jamais negar a importância da culpabilidade na responsabilidade penal, já que o princípio da culpabilidade (anteriormente estudado) constitui-se de princípio basilar do direito penal — *nulla poena sine culpa* (CF, art. 5º, LVII).

Registre-se que há outras correntes acerca do tema: existe quem defenda tratar-se o crime de fato típico, antijurídico, culpável e punível (**corrente quadripartida**)[2] e, por fim, quem pense consisti-lo em fato típico, antijurídico e punível, figurando a culpabilidade como fundamento e pressuposto de imposição da pena (**teoria constitucionalista do delito**)[3].

■ 11.4. TEORIA BIPARTIDA

No Brasil, seguindo o caminho inicialmente trilhado por René Ariel Dotti e Damásio de Jesus, vários juristas, como Julio Fabbrini Mirabete e Fernando Capez, filiam-se ao entendimento segundo o qual crime é o **fato típico e antijurídico**.

Cremos que lhes assiste razão.

---

2 Essa visão, contudo, tem pouco prestígio na doutrina, porquanto se assenta em uma premissa frágil: a punibilidade não pode ser considerada elemento do crime, já que lhe é algo exterior. Note-se que por punibilidade entende-se a possibilidade jurídica de aplicação da sanção penal. É possível, diante disso, que um crime tenha ocorrido, mas, por fatores alheios à conduta delitiva, não se lhe possa aplicar a correspondente sanção. Assim, se um crime foi cometido há muito tempo, provavelmente o seu responsável não mais possa ser punido, porque o fato terá sido atingido pela prescrição (causa extintiva da punibilidade — art. 107, IV, do CP). O crime, entretanto, subsiste, apesar da extinção da punibilidade. Para melhor compreensão, acompanhe-se o exemplo: *A* mata *B* em 1980, mas a autoria desse delito só vem a ser descoberta em 2010. O homicídio prescreve em 20 anos (CP, art. 109, I); logo, essa descoberta tardia impedirá a punição do culpado (*A*). A prescrição obsta a aplicação da pena, na medida em que extingue a punibilidade, mas não apaga o crime, que inegavelmente ocorreu.

3 Nesse sentido: Luiz Flávio Gomes e Antonio García-Pablos de Molina. *Direito penal*: parte geral, 2. ed., p. 142-143.

Na busca de um conceito analítico, mira-se a identificação dos requisitos ou elementos constitutivos do crime, não se podendo, nesta procura, abrir mão de analisar o direito positivo. Sendo assim, não há dúvida de que o crime só pode ser considerado fato típico e ilícito, figurando a culpabilidade não como elemento do crime, mas como pressuposto de aplicação da pena. Vejamos.

Pode-se afirmar com segurança que todo crime é, a princípio, um fato *típico* (ou seja, previsto num tipo penal). Quando alguém realiza uma conduta não punida por qualquer lei penal, é dizer, que não se subsome a nenhum tipo penal incriminador, pratica um indiferente penal. Esse fato não é típico. Lembre-se que a CF declara "*não há crime* sem lei anterior que o defina (...)" (art. 5º, XXXIX — grifei). Se o ato cometido não é definido em lei penal anterior, resta claro que *não há crime. A contrario sensu*, só há crime quando o fato for típico (previsto e punido em lei penal anterior).

A mesma certeza existe, ainda, quanto à ilicitude, parte integrante do conceito de crime, justamente porque nosso Código Penal declara não haver crime quando o fato é praticado ao abrigo de uma causa excludente de ilicitude (legítima defesa, estado de necessidade, exercício regular de um direito ou no estrito cumprimento de um dever legal) (art. 23 do CP: "*Não há crime* quando o agente pratica o fato (...)" — grifei).

No que tange à culpabilidade, há crime, ainda que ela não se verifique. Quando uma pessoa comete um fato típico e antijurídico, mas age sem culpabilidade, nosso Código, em vez de dizer que "não há crime", como se viu acima, declara que o agente é "isento de pena" (*vide* arts. 21, 22, 26 e 28 do CP). Essa técnica legislativa não pode ser ignorada, sobretudo quando procuramos analisar os elementos estruturais do crime, segundo nosso ordenamento jurídico.

Pondere-se, ainda, que a culpabilidade corresponde a um juízo negativo de censura, de cunho normativo, realizado *a posteriori* pelo julgador. Encontra-se, nesse sentido, na "cabeça do juiz", e não na "do réu" (daí não pertencer à estrutura do crime).

Pode-se concluir, em face do exposto, que a culpabilidade não faz parte do conceito de crime, o qual deve ser definido, sob o enfoque ora analisado, como *fato típico e antijurídico.*

■ 11.5. TEORIA TRIPARTIDA

A corrente tripartida ou tricotômica é a predominante, não só no Brasil como também na doutrina estrangeira.

Seus adeptos argumentam, entre outros, que não pode haver crime numa ação desmerecedora de reprovabilidade. A culpabilidade, desta forma, deve ser parte integrante do conceito. Acrescentam, ainda, que considerá-la pressuposto da pena é adjetivá-la de um modo que serviria a qualquer dos requisitos do delito; isto porque, sem fato típico e antijurídico (tanto quanto sem a culpabilidade), não pode haver a imposição de pena.

▪ 11.6. SÍNTESE

CONCEITO DE CRIME			
	Material	**Formal**	**Analítico**
DEFINIÇÕES	Crime é toda ação ou omissão consciente e voluntária, que, estando previamente definida em lei, cria um risco juridicamente proibido e relevante a bens jurídicos considerados fundamentais para a paz e o convívio social	Crime é todo ato punido com sanções penais, isto é, penas ou medidas de segurança	Crime é fato típico e antijurídico (a culpabilidade figura como pressuposto de aplicação da pena)
ENFOQUE	Essência do fenômeno	Consequências do ato	Estrutura e elementos do crime
UTILIDADE	Limitar a criação de delitos pelo legislador, segundo critérios materiais	Compreender e identificar quais são os ilícitos penais a partir de suas consequências	Sistematizar e permitir uma aplicação racional e uniforme do Direito Penal

Conceito analítico — teorias

Conceito analítico

- **Teoria bipartida:** crime é fato típico e antijurídico
- **Teoria tripartida:** crime é fato típico, antijurídico e culpável (dominante)
- **Teoria quadripartida:** crime é fato típico, antijurídico, culpável e punível
- **Teoria constitucionalista:** crime é fato típico, antijurídico e punível

12

SISTEMAS PENAIS

12.1. SISTEMA PENAL E O CONCEITO ANALÍTICO DE CRIME

O desenvolvimento de um **conceito analítico de crime**, o qual se propõe a conhecer, reunir e organizar os elementos integrantes da estrutura do delito, **exige a construção de um sistema penal**, com apoio em determinadas teorias, que esclareçam qual a posição ocupada por cada um dos elementos e a maneira como interagem uns com os outros.

A expressão "sistema penal" não é empregada com frequência na doutrina brasileira, muito embora seja corrente na linguagem do Direito Penal. Nossos penalistas, de regra, compartimentam as diferentes concepções sobre a teoria geral do delito em "teorias penais", das quais se destacam a "teoria clássica", a "neoclássica", a "finalista" e a "funcionalista". De ver, contudo, que não se trata de uma teoria, mas de um conjunto delas, organizadas de maneira sistemática; por esse motivo, parece-nos mais adequado falar em "sistemas penais" (clássico, neoclássico etc.).

A introdução do pensamento sistemático, no final do século XIX, trouxe, sem dúvida, enormes avanços à doutrina do crime. Antes de prosseguirmos, entretanto, faz-se necessário estabelecer em que consiste um "sistema" e, em seguida, o que se deve entender por "sistema penal".

Kant definia *sistema* como *unidade dos múltiplos conhecimentos a respeito de uma ideia*. Para Bertalanffy[1], sistema é "*um complexo de elementos interatuantes*", sendo que tal interação significa que os elementos se relacionam de modo que o comportamento de cada um em dada relação é necessariamente diferente de seu comportamento em outra. Num exemplo singelo, poderíamos pensar no sistema respiratório humano. Diversos são seus elementos (ou órgãos): pulmões, brônquios, traqueia, laringe, faringe etc. Estes, por si sós, não formam um sistema, mas somente por meio de sua relação entre si e a mútua interação, permitindo a entrada de ar em nosso organismo e a realização do processo de troca gasosa, suprindo nossa demanda por oxigênio.

Pois bem. O Direito também é um sistema. Cumpre a ele processar, enquanto sistema, as expectativas normativas (confiança no cumprimento das normas de conduta). Contudo, ele não pode impedir que suas normas sejam violadas, mas, por meio

[1] *Teoría general de los sistemas*: fundamentos, desarollo, aplicaciones, p. 56.

da interação entre elas (suas prescrições e sanções), pode assegurar que, a despeito da violação, elas se mantenham válidas, enquanto expectativas[2].

Com respeito à doutrina geral do crime, pode-se dizer que **o sistema penal representa um conjunto de elementos, cuja interação, segundo determinadas teorias e por meio de um conjunto de normas (princípios e regras), formam o conceito analítico de crime.**

Como dizíamos anteriormente, a construção de um pensamento sistemático tem ocupado grande parte dos trabalhos científicos em Direito Penal. Argumenta-se que tal forma de pensar permite uma atuação segura e previsível das normas criminais, evitando-se o acaso e a "loteria" nas decisões dos tribunais.

Liszt[3] afirmava, no começo do século passado, que: "(...) somente a ordenação dos conhecimentos em um sistema garante aquele domínio sobre todas as particularidades, seguro e sempre disposto, sem o qual a aplicação do Direito é sempre um diletantismo, abandonada ao acaso e à arbitrariedade".

Welzel[4], na década de 1960, reiterando uma tese que já sustentava há anos, assim ponderava: "(...) (o Direito Penal) como ciência sistemática para a base de uma Administração da Justiça uniforme e justa, pois somente o conhecimento das relações internas do Direito eleva sua aplicação para um patamar acima do acaso e da arbitrariedade".

Roxin, desde a década de 1970 até os dias atuais, defende com ênfase o emprego do **pensamento sistemático**[5], enumerando-lhe algumas **vantagens:**

- **a facilitação do exame de casos** — o aplicador do Direito, em face de uma situação concreta, irá examinar cada requisito do crime de modo ordenado: 1) fato típico, 2) antijuridicidade, 3) culpabilidade (como pressuposto de aplicação da pena);
- **a ordenação do sistema como pressuposto de uma aplicação uniforme e diferenciada do Direito** — a construção de um sistema dá bases seguras e uniformes, evitando uma solução improvisada e imprevisível dos problemas penais — a Justiça Penal deixa de ser uma "loteria";
- **simplificação e melhor manuseabilidade do Direito** — o aplicador do Direito terá sua tarefa facilitada, pois conseguirá solucionar rapidamente os fatos

---

2 Cf. Niklas Luhmann, O direito como um sistema social. In: Carlos Gómez-Jara Diéz (Coord.), *Teoría de sistemas y derecho penal*: fundamentos y posibilidades de aplicación, p. 95.

3 Apud Roxin, *Funcionalismo e imputação objetiva no direito penal*, p. 34.

4 *Derecho penal alemán*, p. 1.

5 Roxin admite riscos no pensar sistemático, embora conclua que estes são ínfimos diante das vantagens que ele traz. Tais perigos seriam: a) desatenção à justiça do caso concreto — por mais que se busque a formulação de um sistema penal abrangente, jamais será possível dar solução justa a todo e qualquer caso concreto; b) redução de possibilidades de solução dos problemas — o atrelamento a um sistema limita a busca de formas diferenciadas de resolução de questões penais; c) deduções sistemáticas ilegítimas do ponto de vista político-criminal — o que decorre da diversidade de premissas que leva à construção de algumas conclusões, tornando-as inaplicáveis político-criminalmente a casos diversos; e d) utilização de conceitos demasiado abstratos.

concretos (assim, por exemplo, diante de um caso de sonambulismo, no qual não existe conduta penalmente relevante, ficará dispensado o exame da antijuridicidade e da culpabilidade);

- **o contexto sistemático como diretriz para o desenvolvimento *praeter legem* do Direito** — a fixação de bases sistemáticas permite extrair fundamentos que extravasam os preceitos meramente legais, auxiliando na solução de problemas não antevistos pelo legislador.

12.2. PANORAMA DOS PRINCIPAIS SISTEMAS PENAIS

Dentre as diversas construções sistemáticas acerca do conceito analítico de crime, despontam as seguintes:

- **sistema clássico** (ou sistema "Liszt/Beling/Radbruch"), que remonta ao final do século XIX e início do século XX;
- **sistema neoclássico** (corresponde ao anterior, acrescido da teoria de Reinhard Frank e de Edmund Mezger), surgido em 1907;
- **sistema finalista**, difundido a partir da década de 1930 (Hans Welzel);
- **sistema funcionalista**, que se divide em: funcionalismo sistêmico ou radical (Jakobs) e teleológico ou moderado (Roxin), dentro dos quais se desenvolveu a (moderna) teoria da imputação objetiva.

SISTEMAS PENAIS	CLÁSSICO	NEOCLÁSSICO	FINALISTA	FUNCIONALISTA
PRECURSORES	■ Lizst, Beling, Radbruch	■ Frank, Mezger	■ Welzel	■ Roxin, Jakobs
PRINCIPAIS TEORIAS	■ Teoria causal ou naturalista da ação ■ Teoria psicológica da culpabilidade	■ Teoria causal ou naturalista da ação ■ Teoria normativa da culpabilidade (ou psicológico-normativa)	■ Teoria finalista da ação ■ Teoria normativa pura da culpabilidade	■ Teoria da imputação objetiva ■ Teoria funcionalista da culpabilidade
CARACTERÍSTICAS LIGADAS À ESTRUTURA DO CRIME	■ Dolo e culpa são espécies de culpabilidade	■ A culpabilidade passa a ser considerada um juízo de reprovação sobre o ato, mas ainda contém dolo e culpa	■ A culpabilidade torna-se exclusivamente normativa; dolo e culpa passam a integrar o fato típico	■ A ação perde relevância como elemento central da teoria do crime, dando lugar à imputação; a culpabilidade é expandida para uma noção mais abrangente (a de responsabilidade)

12.3. SISTEMA CLÁSSICO

12.3.1. Origem e base filosófica

Denomina-se **sistema clássico** aquele resultante das lições de Franz von Liszt e Ernest Beling, com contribuições de Güstav Radbruch.

Sua origem remonta ao final do século XIX, quando da publicação do *Tratado* de Von Liszt. Representou uma verdadeira revolução, tanto na abordagem científica do Direito Penal quanto na preocupação com a construção de uma sólida teoria do delito.

A estrutura do crime, apresentada pelo citado autor de modo claro, didático e sistematicamente estruturado, produziu enormes avanços no campo dogmático. Atribui-se a esta fase, por exemplo, o mérito de fulminar a responsabilidade penal objetiva, visto que o dolo e a culpa foram erigidos a elementos essenciais do crime (como espécies de culpabilidade), sem os quais ele não existe.

O sistema clássico sofreu grande influência, em suas bases filosóficas, do positivismo científico (final do século XIX), almejando-se submeter a ciência do Direito ao ideal de exatidão das ciências naturais. Os cientistas encontravam-se, com efeito, deslumbrados com os avanços da Biologia, da Medicina, da Física etc. Procuraram, então, utilizar-se dos mesmos métodos, notadamente em matéria jurídico-penal. Por esse motivo, o sistema em questão buscava empregar dados da realidade mensuráveis e empiricamente comprováveis[6].

12.3.2. Principais teorias

O sistema clássico incorporou **duas** importantes teorias:

- **teoria causal ou naturalista da ação** (ação como inervação muscular, produzida por energias de um impulso cerebral, que provoca modificações no mundo exterior);
- **teoria psicológica da culpabilidade** (culpabilidade como vínculo psicológico que une o autor ao fato, por meio do dolo ou da culpa).

Para os penalistas clássicos, **o crime continha dois aspectos**, a saber, um **objetivo**, composto pelo fato típico (ação + tipicidade) e pela antijuridicidade, e outro **subjetivo**, integrado pela culpabilidade.

O **fato típico** continha os seguintes **elementos: ação**[7] **e tipicidade**. Em determinados delitos (crimes materiais), agregavam-se também o **resultado** (naturalístico ou material, isto é, a modificação causal no mundo exterior provocada pela conduta) e o **nexo de causalidade** (orientado segundo a teoria da equivalência dos antecedentes ou da *conditio sine qua non*).

A antijuridicidade apresentava-se como consequência inerente à tipicidade. O fato típico presumia-se antijurídico, salvo quando presente alguma causa justificante (*v.g.*, legítima defesa, estado de necessidade, estrito cumprimento do dever legal ou exercício regular de um direito). Tais causas possuíam somente requisitos objetivos, de modo que prescindiam, para sua constatação, da presença de elementos subjetivos ou psicológicos; assim, por exemplo, atuava em legítima defesa mesmo aquele que desconhecia totalmente a existência de uma agressão injusta contra si ou terceiro, desde que objetivamente a repelisse. Para se ter uma ideia melhor, imaginemos uma

---

6 Cf. Roxin, *Derecho penal*, p. 200.

7 Falava-se em ação em sentido lato, que abrangeria a ação em sentido estrito, isto é, o agir, o comportamento positivo (*facere*) e a omissão, o não agir ou comportamento negativo (*non facere*). Terminologicamente, contudo, ação e omissão não se confundem, devendo ser tratadas como espécies distintas do gênero: "conduta".

pessoa alta atrás de um muro, de modo que somente sua cabeça seja visível para quem se encontra do outro lado; suponha-se, então, que alguém a veja e a identifique como um inimigo mortal, sacando uma arma de fogo e efetuando um único tiro letal; verifica-se, após, que a vítima encontrava-se prestes a ferir mortalmente outra pessoa, a qual acabou sendo salva pelo atirador. Para os clássicos, haveria de se reconhecer, no exemplo, uma situação de legítima defesa de terceiro. Isto porque, objetivamente, o atirador salvou a vida de alguém, efetuando o disparo que vitimou seu inimigo. Não importa saber, para tal ponto de vista, se o fez com ou sem o conhecimento da agressão contra o terceiro, ou mesmo se foi imbuído de um espírito altruísta (o salvamento de uma pessoa) ou egoísta (um ideal de vingança).

Verificando-se que o fato se mostrou típico e antijurídico, restaria somente a análise da **culpabilidade**, compreendida como o **vínculo psicológico que unia o autor ao fato por intermédio do dolo ou da culpa**. A imputabilidade, entendida como capacidade de ser culpável, atuava como seu pressuposto.

Como ensina Antônio Carlos da Ponte[8], "a culpabilidade consistiria exclusivamente na referência psíquica do agente a certos acontecimentos externos a sua pessoa. Seria o nexo psíquico entre o mundo sensível do autor e o resultado típico, tanto nos crimes dolosos quanto nos culposos".

■ 12.3.3. A estrutura do crime no sistema clássico

Nesse sistema, o delito consistia no fato típico, antijurídico e culpável.

Os dois primeiros elementos compunham o aspecto objetivo do crime, agregado ao aspecto subjetivo, correspondente à culpabilidade (resumida ao dolo e à culpa), que completava os elementos do crime.

Assim, esquematicamente, tínhamos:

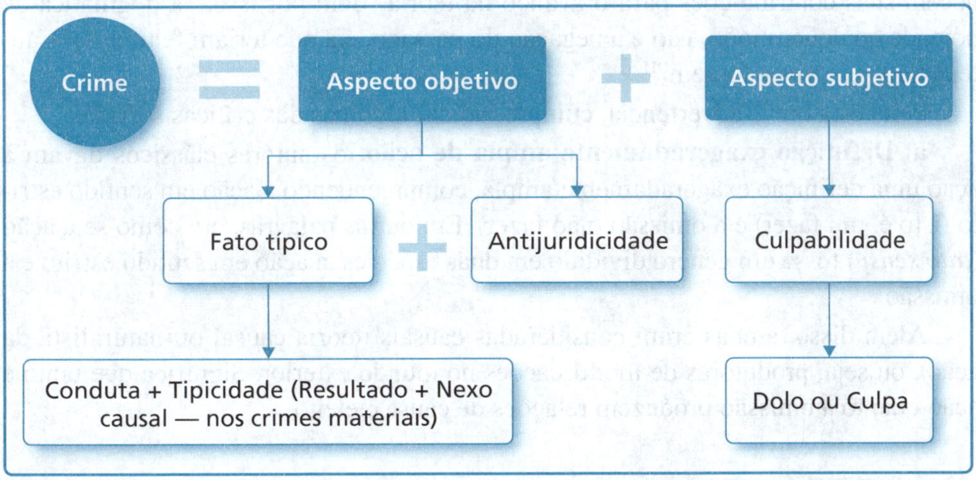

[8] *Inimputabilidade e processo penal*, p. 20.

O **fato típico** integrava-se de **ação** (em sentido lato ou conduta) **+ tipicidade**; nos crimes materiais, além destes, o resultado naturalístico e o nexo de causalidade (baseado na teoria da equivalência dos antecedentes).

A **antijuridicidade**, que era **decorrência da tipicidade** do fato (embora fosse dela totalmente independente — Beling), dava-se com a ausência de alguma causa de justificação (ou excludente de antijuridicidade) e se compunha de elementos puramente objetivos.

A **culpabilidade**, por fim, **tinha a imputabilidade** (entendida como capacidade de ser culpável) **como seu pressuposto** e se verificava com a constatação de que houve **dolo ou culpa**.

12.3.4. Críticas ao sistema clássico

Em que pese o fato de muitas das ideias elaboradas pelos clássicos ainda serem defendidas (com razão) nos dias de hoje, dentre elas a negação da responsabilidade penal objetiva, várias foram alvo de críticas, as quais levaram a um aperfeiçoamento da dogmática penal.

Calha, aqui, um parêntese. Como aponta Bacigalupo[9], o desenvolvimento do Direito Penal pode certamente ser entendido à luz da "teoria das gerações"[10]: "Cada geração consiste em uma peculiar sensibilidade, em um repertório orgânico de íntimas propensões; quer dizer que cada geração tem sua vocação própria, sua histórica missão".

Não há dúvida de que todas as gerações darão suas contribuições à ciência como um todo e, em particular, à ciência do Direito Penal. Sob esta perspectiva, as gerações podem sempre ser consideradas "cumulativas", já que partem de um esquema anteriormente apresentado e, com a referência em mestres que os antecederam, fornecem suas contribuições para o avanço da teoria. Bem por isso, "a dogmática de hoje, de qualquer modo, não é a negação do passado, é a que teriam feito nossos antepassados se vivos fossem"[11].

Feita esta breve advertência, cumpre indicar algumas das críticas sofridas.

a) Definição exageradamente ampla de ação: os autores clássicos davam à ação uma definição exageradamente ampla, compreendendo a ação em sentido estrito (isto é, um fazer) e a omissão (não fazer). Em outras palavras, era como se a ação (*lato sensu*) fosse um gênero dividido em duas espécies: a ação em sentido estrito e a omissão.

Além disso, ambas eram consideradas causais (teoria causal ou naturalista da ação), ou seja, produtoras de modificações no mundo exterior. Significa que tanto a ação quanto a omissão produzem relações de causa e efeito.

---

9 *Hacia el nuevo derecho penal*, p. 20.

10 De Ortega y Gasset.

11 Bacigalupo, *Hacia el nuevo derecho penal*, p. 20.

Note-se que a omissão não dá ensejo a relações de causalidade do ponto de vista natural, visto que consiste em um "nada", e do "nada, nada vem" (*ex nihilo, nihil*). O não agir não constitui causa real e efetiva de algum evento. Aquele que não age, quando muito, deixa de interferir numa relação de causalidade preexistente, mas não cria uma por si só. Por esse motivo, por exemplo, a pessoa que presencia um homicídio praticado por terceiro e nada faz, embora pudesse fazê-lo, não pode ser considerada responsável pela morte da vítima, a não ser que possua dever jurídico de impedir esse resultado (como um policial em serviço).

A omissão penalmente relevante não é causal, mas *normativa*, isto é, baseia-se na existência de um dever jurídico (ou normativo) de agir, visando afastar o resultado. Aliás, em nosso Código Penal consta o reconhecimento expresso de que a omissão é normativa (*vide* art. 13, § 2º).

b) A posição do dolo: para os clássicos, a intenção (dolo) do sujeito somente deveria ser examinada no âmbito da culpabilidade (e não quando da verificação da conduta). É dizer, deve-se analisar a parte objetiva do crime: fato típico + antijuridicidade, para, então, verificar a parte subjetiva: o dolo e a culpa.

Os clássicos, portanto, analisavam a conduta de maneira objetiva, sem se preocupar com a intenção do agente ao realizá-la. Este método não é considerado correto, desde o finalismo, por separar em teoria o que, na realidade, não se dissocia. Como ponderou Welzel, todas as pessoas, em função de seus conhecimentos prévios sobre as relações de causa e efeito, podem antever, dentro de certos limites, as consequências possíveis de seus atos e, desta forma, dirigem-nos a uma dada finalidade. A conduta humana penalmente relevante não pode ser analisada sem a intenção que a moveu.

Com a inserção do dolo no âmbito da culpabilidade, os clássicos encontraram dificuldades para explicar o crime tentado, em que o componente anímico mostra-se fundamental para o enquadramento típico do fato. Sem o exame da intenção, não há como descobrir qual fato típico ocorreu e, por vezes, nem sequer é possível determinar se houve ou não algum fato penalmente típico. Assim, por exemplo, se um homem agarra à força uma mulher e é impedido de levá-la a um local ermo por terceiros, é imprescindível verificar qual a sua intenção para *tipificar* a conduta: se ele pretendia matá-la, haverá uma tentativa de homicídio (CP, art. 121, c/c o art. 14, II); se visava realizar com ela conjunção carnal ou outro ato libidinoso, tentativa de estupro (CP, art. 213, c/c o art. 14, II); se objetivava agredi-la, tentativa de lesão corporal (CP, art. 129, c/c o art. 14, II); e assim por diante. Nota-se, destarte, que analisar o propósito do autor constitui etapa necessária para verificar qual o fato penalmente típico que o agente realizou. Se a intenção somente fosse analisada no âmbito da culpabilidade, não seria possível dizer qual o fato típico que se praticou.

Além disso, a outorga de natureza psicológica à culpa (já que ela pertencia ao aspecto "subjetivo" do crime) foi outro ponto frágil dentro do sistema clássico. Sabe-se que a culpa, diversamente do dolo, não tem cunho subjetivo (isto é, psicológico), mas normativo. Seu exame requer um juízo de valor, em que se compara a diligência empregada pelo indivíduo que causou o resultado com aquela que deveria ter sido adotada por uma pessoa de mediana prudência e discernimento (por exemplo, se um motorista provocou um acidente com vítimas, analisa-se a existência de culpa por sua parte mediante a comparação de sua conduta com a que se deveria esperar de um motorista prudente, na situação em que ele se encontrava).

c) Injustiça na solução dos casos de coação moral irresistível e obediência hierárquica: outro aspecto falho logo apontado pela doutrina consistiu na falta de uma solução satisfatória (justa) para os casos de coação moral irresistível e obediência hierárquica (em nosso CP, *vide* art. 22). Por exemplo, o gerente de uma agência bancária é obrigado por alguém a entregar o dinheiro contido no cofre, pois descobre que seus familiares encontram-se mantidos reféns por comparsas. Nestas situações, poder-se-ia verificar a presença de todos os elementos estruturais da teoria do crime (no sistema clássico), o que impunha concluir, no plano teórico, que houve delito e, portanto, o agente é merecedor de pena. No entanto, em tais hipóteses, a aplicação da pena criminal mostrava-se injusta.

Na tentativa de aperfeiçoar muitos dos aspectos acima indicados, os autores propuseram algumas reformulações dogmáticas, dando nascimento a outro sistema penal, o neoclássico.

12.4. SISTEMA NEOCLÁSSICO

12.4.1. Origem e base filosófica

O pensamento chamado "neoclássico" surgiu pouco tempo depois do sistema anterior. A data que costuma ser apontada como seu marco é o ano de 1907, em que se deu a publicação da obra de Reinhard Frank sobre culpabilidade. O manual de Edmund Mezger, contudo, é tido como a obra que melhor sintetiza o sistema em questão.

O sistema neoclássico diverge do anterior, em primeiro lugar, por seu aporte filosófico. Enquanto os clássicos se inspiraram no positivismo de Augusto Comte, os neoclássicos se viram grandemente influenciados pelo neokantismo e pela filosofia de valores.

O **neokantismo**, diferentemente do naturalismo (filosofia inspiradora do sistema clássico), **procurou dar fundamento autônomo às ciências humanas** (em vez de submetê-las ao ideal de exatidão das ciências naturais). Para o neokantismo, a peculiaridade das ciências humanas reside em que a realidade deve ser referida com base nos valores supremos de cada ciência.

12.4.2. Principais teorias

As **duas teorias mais importantes**, verdadeiros alicerces da teoria do crime no sistema neoclássico, são:

- **teoria causal ou naturalista da ação**, de Von Liszt;
- **teoria normativa da culpabilidade (ou psicológico-normativa)**, de Frank.

Do ponto de vista intrassistemático, nota-se, a **grande inovação** deu-se **na concepção da culpabilidade**. Frank agregou a ela a noção de reprovabilidade do ato. De acordo com este autor, a aplicação de uma pena somente se justifica quando o agente, podendo agir de outro modo, decidiu cometer o crime. Não seria justo, por outro lado, impor a pena se o sujeito, no momento do fato, não possuía condições psicológicas de comportar-se de maneira distinta (dadas as pressões externas irresistíveis que sofrera). Não se pode considerar reprovável (ou culpável) o ato de alguém que, nas circunstâncias concretas, agiu da forma como qualquer pessoa mediana, em face da situação, teria agido.

Assim, por exemplo, quem age sob coação moral irresistível, pratica um fato típico e antijurídico, mas desprovido de culpabilidade (a despeito de agir com dolo), dada a não reprovabilidade de seu comportamento. Não há como censurar aquele que, na situação concreta, em face dos fatores externos que o pressionavam, não possuía alternativa de conduta. Resolvem-se, com essa explicação, situações como a do gerente da agência bancária, mencionado no item 12.3.4, que se vê compelido por um roubador a entregar o dinheiro contido no cofre, depois de tomar conhecimento de que seus familiares encontram-se mantidos reféns por comparsas. Muito embora eventual colaboração do gerente com a subtração possa ser considerada dolosa, *não será culpável*, uma vez que a coação moral irresistível por ele sofrida torna inexigível outra atitude de sua parte.

Essa importante **contribuição de Frank** fez com que **evoluísse a noção** de culpabilidade, **acrescentando a ela um novo elemento, a exigibilidade de conduta diversa**, isto é, a necessidade de se constatar que o sujeito podia agir de outro modo.

A culpabilidade **passou a conter três elementos:** a) a **imputabilidade** (que deixou de ser simples pressuposto); b) o **dolo e a culpa**; e c) a **exigibilidade de conduta diversa**.

Em função da reestruturação promovida no campo da culpabilidade, perdeu espaço a teoria psicológica (integrante do sistema clássico), entrando em seu lugar a já mencionada teoria psicológico-normativa ou normativa da culpabilidade.

> "Para os adeptos da teoria psicológico-normativa, a culpabilidade é um juízo de valor sobre uma situação fática de ordinário psicológico, e seus elementos psicológicos, quais sejam, dolo e culpa, estão no agente do crime, enquanto seu elemento normativo está no juiz"[12].

■ 12.4.3. A estrutura do crime no sistema neoclássico

O crime, em seu aspecto analítico, era o **injusto culpável**. O termo injusto, de carga valorativa, representava a somatória do fato típico com a antijuridicidade.

O injusto, ademais, persistia com natureza puramente objetiva, muito embora Mezger já admitisse que, em alguns casos (segundo ele), haveria de se reconhecer excepcionalmente a presença de "elementos subjetivos do injusto" (*vide* item 12.4.4, *infra*).

A tipicidade de um fato representava um indício de ilicitude (Mayer)[13].

O fato típico e antijurídico (injusto), somado à culpabilidade, compunha os requisitos do crime.

---

[12] Antônio Carlos da Ponte, *Inimputabilidade e processo penal*, p. 21.

[13] Para Mezger, a tipicidade era a razão de ser (*ratio essendi*) da antijuridicidade.

A **culpabilidade**, no entanto, **possuía três elementos**, conforme se mencionou, e não era mais compreendida como mero liame psicológico que unia o autor ao fato (por meio do dolo ou da culpa), mas como a constatação da *reprovabilidade do ato* praticado pelo agente.

O fato típico continha os mesmos elementos, isto é, conduta (ação ou omissão) + tipicidade. Nos crimes materiais, além destes, o resultado naturalístico e o nexo de causalidade (baseado na teoria da equivalência dos antecedentes ou *conditio sine qua non*).

Esquematicamente tínhamos:

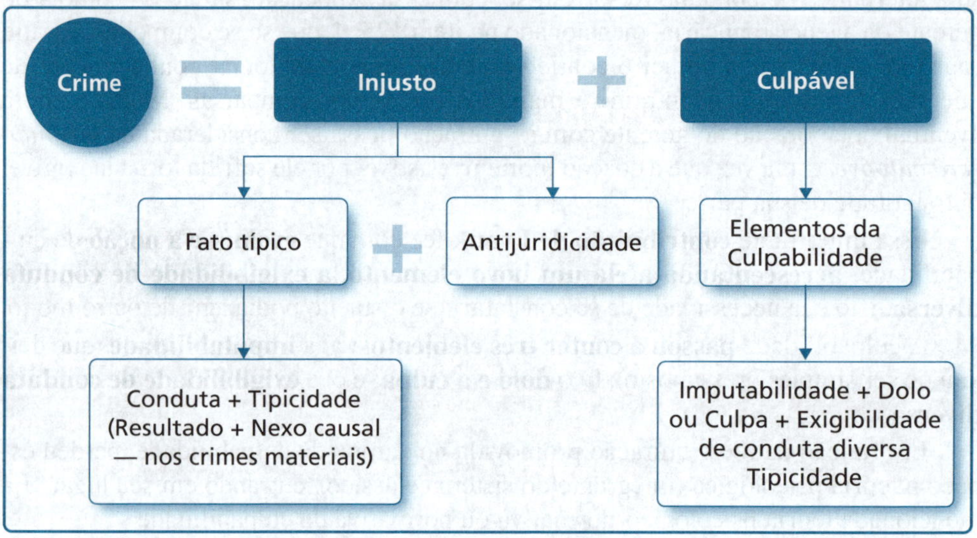

■ 12.4.4. Críticas ao sistema neoclássico

O sistema de Frank e Mezger teve diversos méritos, já expostos no item 12.4.2, dos quais desponta a nova compreensão dada à culpabilidade, entendida como reprovabilidade da conduta.

Houve, contudo, críticas que, como sói ocorrer, impulsionaram novos avanços na dogmática penal. Dentre elas, destacam-se as seguintes:

a) Elementos subjetivos do injusto: Fisher e Hegler[14] identificaram algumas situações em que o exame da intenção do agente mostrava-se fundamental para a verificação do caráter criminoso do comportamento. Tratava-se de casos nos quais a análise subjetiva era indispensável para verificar a existência do injusto (fato típico e antijurídico). O exemplo clássico formulado sob essa ótica era o do homem vestido com bata branca (um médico) que tocava a região genital de uma mulher. Se sua intenção fosse puramente clínica, estaríamos diante de um exame ginecológico de ro-

---

14 Conforme registro feito por Claus Roxin, *Derecho penal*, p. 199.

tina (fato penalmente atípico). Caso estivesse preocupado em saciar sua lascívia, tendo prazer sexual com o toque, estaria ele cometendo um crime (violação sexual mediante fraude). Essa situação evidencia que, se a intenção é necessária para analisar a existência de um injusto, não é correto afirmar que o injusto é puramente objetivo (como faziam os clássicos e neoclássicos).

Os próprios adeptos do sistema neoclássico, notadamente Mezger, reconheceram a necessidade do exame do elemento subjetivo do injusto, mas afirmavam tratar-se de uma análise restrita a poucas exceções; vale dizer, insistiam que o injusto era puramente objetivo, mas admitiam exceções a tal regra.

b) Dolo normativo ou híbrido: os neoclássicos, com o intuito de solucionar casos em que ocorria o erro de proibição (ou erro sobre o caráter ilícito do fato), passaram a afirmar que o dolo compunha-se de consciência, voluntariedade e consciência da ilicitude (dolo híbrido ou normativo).

No erro de proibição, o agente realiza uma conduta tendo plena consciência do ato que pratica, mas acreditando que age conforme o Direito. É dizer, o agente sabe o que faz, mas crê, erroneamente, que não faz nada errado quando, na verdade, comete um crime. Por exemplo: alguém se apodera de um relógio perdido na rua supondo ter o direito de se apropriar do bem, com base no dito popular "achado não é roubado", desconhecendo que a lei pune esse ato, que configura o crime de apropriação de coisa achada (art. 169, parágrafo único, II, do CP).

No sistema clássico, não se dava solução satisfatória para tal situação. Com o escopo de dar uma resposta a esse problema, alguns autores integrantes do sistema neoclássico "ressuscitaram" a teoria do *dolus malus* e, com uma roupagem atualizada para a época, criaram o chamado "dolo híbrido ou normativo", acima mencionado. Segundo esta concepção de dolo, não bastam a consciência da conduta e a vontade de realizar o ato, exige-se, para tais fins, que o agente tenha *consciência da ilicitude do comportamento.* Assim, aquele que age *sem* ter consciência da ilicitude de sua conduta *não* atua dolosamente. No exemplo acima proposto, o sujeito seria absolvido por falta de dolo. Tal solução, todavia, não ficou isenta de questionamentos.

Ao se afirmar que o dolo contém a consciência da ilicitude, corre-se o sério risco de tornar impunes criminosos habituais e demais delinquentes profissionais. Imagine-se uma pessoa criada numa grande favela, que não teve acesso à educação e viveu no meio da violência e da marginalidade como se isso fosse o normal. É possível que ela não veja mal algum na venda de certa quantidade de droga para se sustentar. Pode até considerar esse comportamento correto, segundo seus padrões individuais. Esse sujeito, então, nunca seria punido criminalmente pelo tráfico de drogas que cometesse, pois a falta de consciência individual da ilicitude conduziria, consoante a teoria acima exposta, à ausência de dolo em suas condutas[15].

[15] Tal solução não ficou isenta de questionamentos, visto que o dolo (elemento anímico) passara a conter um componente normativo (a consciência da ilicitude). Além disso, dava-se ênfase à consciência atual da ilicitude, quando o fundamental era perquirir a respeito da consciência potencial da ilicitude (como demonstrou Hans Welzel).

12.5. SISTEMA FINALISTA

12.5.1. Origem e base filosófica

A dogmática convencionou indicar como marco do sistema finalista o ano de 1931, quando Hans Welzel publicou um trabalho intitulado *Causalidade e omissão.*

As ideias do autor mencionado influenciaram de modo decisivo todo o pensamento dogmático, a partir da metade do século passado.

Grande parte do que se passa no campo da Ciência do Direito Penal é consequência do que sucede no contexto das ideias da filosofia e das ciências sociais. O sistema finalista aproxima-se filosoficamente das "doutrinas fenomenológico-ontológicas que buscavam dar ênfase a leis estruturais do ser humano e torná-las o fundamento das ciências que se ocupam do homem"[16].

12.5.2. Principais teorias

As teorias mais importantes no contexto da estrutura do crime no pensamento finalista são:

- **teoria finalista da ação**

Para essa teoria, a ação não constitui um simples movimento muscular gerador de relações de causalidade, mas uma conduta humana, consciente e voluntária, **movida a uma finalidade**.

- **teoria normativa pura da culpabilidade**

O finalismo tem como ponto de partida dados empíricos, isto é, constatações colhidas da realidade, que funcionam como realidades pré-jurídicas imutáveis. Nesse contexto, Welzel estruturou seu conceito de ação a partir da constatação de que **todo comportamento humano é movido por uma finalidade**. O próprio autor dizia que **a finalidade é a espinha dorsal da conduta humana**.

Ponderava o penalista que todos os homens dirigem seus comportamentos finalisticamente, influenciados que são pelos conhecimentos prévios sobre as relações de causa e efeito; dessa forma, as pessoas podem antever, dentro de limites, as possíveis consequências produzidas pelos mais variados atos. Assim, por exemplo, se um homem presenteia uma mulher com flores, finalisticamente o faz, isto é, espera dela uma determinada reação, que poderá satisfazer seu objetivo.

Dessa constatação empírica de que ninguém age sem ter, por detrás, uma intenção, por mais singela que seja, Welzel reformulou o conceito de ação e de dolo; além disso, reestruturou diversos elementos da teoria do delito.

Sendo a intenção a espinha dorsal da conduta, não se pode analisar a ação humana sem perceber o intuito que a moveu. Nos sistemas anteriores, a conduta era

16 Claus Roxin, *Derecho penal*, t. 1, p. 201.

desprovida de qualquer finalidade, pois o dolo somente era estudado no campo da culpabilidade.

Para a **teoria finalista da ação**, esta deve ser compreendida como o **comportamento humano, consciente e voluntário, movido a uma finalidade**. Welzel afirmava que a teoria causal da ação era cega e o finalismo, vidente. A conduta passa a ter um colorido particular (a intenção ou dolo), que antes não continha (ou pensava-se não conter).

Sendo a **ação mais do que um mero acontecer causal**, portanto um **verdadeiro acontecer final**, conclui-se que a conduta e a finalidade são inseparáveis. A teoria causal, ao separar o dolo da ação, separava juridicamente o que é indissociável no mundo real. Acompanhe o exemplo a seguir, confirmando que o dolo está na ação, e não na culpabilidade. O art. 124 do CP tipifica o crime de autoaborto. Trata-se de delito punido apenas na forma dolosa. Logo, se uma gestante ingere, *acidentalmente*, um comprimido, desconhecendo seu efeito abortivo, não responderá pelo crime. Pergunta-se, então, por quê? E a resposta evidente é: porque o fato é atípico (a lei não pune o aborto culposo). Adotando-se o sistema clássico, entretanto, teríamos um fato típico e antijurídico, pois a falta de dolo, nesse sistema, não conduz à atipicidade do comportamento, mas leva à exclusão da culpabilidade. Na prática, significa que o Ministério Público, mesmo após constatar com absoluta segurança que a mãe não agiu dolosamente, deveria denunciá-la pelo crime do art. 124 do CP, cabendo ao juiz (com base no art. 415 do CPP) ou ao Júri absolvê-la. Com o sistema finalista, entretanto, tal absurdo pode ser evitado. Quando o membro do Ministério Público conclui categoricamente que não houve dolo, tem diante de si um fato atípico, com base em que pode validamente postular o arquivamento do inquérito policial.

A **"retirada" do dolo da culpabilidade** fez com que **esta passasse** a ser restrita a **elementos exclusivamente normativos:** a imputabilidade, a potencial consciência da ilicitude (retirada do dolo, que se torna natural, e não mais híbrido) e a exigibilidade de conduta diversa — eis a **teoria normativa pura da culpabilidade**.

■ 12.5.3. A estrutura do crime no sistema finalista

Para Welzel, é importante acentuar, **o crime continua sendo o injusto** (fato típico e antijurídico) **culpável** (concepção tripartida). **Aquele**, entretanto, **deixa de ser puramente objetivo** (em razão da inserção do dolo junto à conduta) e a culpabilidade se torna exclusivamente normativa.

O **fato típico**, em razão do "deslocamento" do dolo (e da culpa), passou a ser **integrado** de:

- conduta (dolosa ou culposa);
- tipicidade;
- resultado naturalístico e nexo de causalidade (nos crimes materiais ou de resultado).

O nexo de causalidade baseava-se, segundo pensamento dominante, na teoria da equivalência dos antecedentes ou da *conditio sine qua non*.

No que tange à antijuridicidade, a mudança sensível residiu na afirmação de que as causas de justificação deveriam conter não só requisitos objetivos, mas também subjetivos. Assim, por exemplo, age em legítima defesa aquele que repele injusta agressão, atual ou iminente, a direito próprio ou alheio, utilizando-se moderadamente dos meios necessários, desde que o faça *com a intenção* de salvaguarda de um direito seu ou de outrem.

Hans Welzel verificou, ainda, que o dolo não poderia ser integrado por elementos de natureza normativa. Em seu conteúdo, somente cabiam a consciência e a voluntariedade do ato ("dolo natural" ou "dolo neutro"). A consciência da ilicitude foi, então, "retirada" do dolo, mas mantida na culpabilidade.

O autor, ademais, propunha que o cerne da questão *não* era examinar se o agente possuía *consciência atual* da ilicitude do ato praticado, *mas,* sim, se possuía *consciência potencial* do caráter de ilicitude de seu comportamento. Significa dizer que o decisivo não é saber se o agente tinha ou não conhecimento do caráter ilícito do ato, mas se tal informação lhe era acessível. Assim, por exemplo, se uma pessoa cometer um ato delitivo acreditando que sua conduta é lícita, não ficará afastada sua responsabilidade penal somente porque ela incorreu em erro de proibição (ou erro sobre o caráter ilícito do fato). Nesse caso, apenas se pode dizer que o indivíduo não tinha conhecimento *atual* da ilicitude; será preciso, ainda, verificar se ela tinha condições (ou não) de evitar o erro perpetrado, isto é, se a maneira como foi educada e as informações a que teve acesso ao longo de sua vida lhe permitiriam compreender a ilicitude do ato cometido (ou seja, trata-se do exame do *potencial* de consciência da ilicitude). Se ela tinha essa condição, o erro de proibição se tornará *evitável*, fazendo-a merecedora de pena (reduzida por conta do equívoco na compreensão do caráter ilícito do ato). Se se verificar que ela era desprovida dessa possibilidade, o erro se tornará *inevitável*, já que ela não terá sequer o *potencial* de conhecer a proibição violada. Nessa hipótese, não haverá culpabilidade, pela ausência do elemento "potencial consciência da ilicitude". Nossa atual legislação penal incorporou esta sistemática no tratamento do erro de proibição, como se nota no art. 21 do CP.

A modificação da natureza do dolo (de dolo normativo para dolo natural) e a manutenção da consciência (potencial) na culpabilidade fizeram com que ela se tornasse composta pela imputabilidade, pela potencial consciência da ilicitude e pela exigibilidade de conduta diversa.

Imprescindível relembrar que **as inovadoras ideias de Welzel** resultaram em duas novas teorias: a **finalista da ação** e a **normativa pura da culpabilidade**, como dois dos pilares do sistema finalista.

Entende-se por teoria finalista da ação aquela que sustenta ser a conduta humana um acontecer *final*, e não meramente causal. A finalidade se mostra presente porque o ser humano, graças ao seu saber causal (conhecedor das leis de causa e efeito), pode direcionar seus atos para a produção de um resultado *querido*. Ação e finalidade, portanto, são inseparáveis.

Com a inserção do dolo e da culpa na seara do fato típico, a doutrina passou a estruturar de maneira diferenciada o fato típico do crime doloso e o fato típico do crime culposo; este era composto de:

- conduta voluntária;
- resultado involuntário;
- tipicidade;
- relação de causalidade (material);
- quebra do dever de cuidado objetivo (dever de não lesar bens alheios, exigido de pessoas de mediana prudência e discernimento);
- previsibilidade objetiva do resultado (possibilidade de antever o evento segundo o que normalmente acontece — *quod plerumque accidit* — e de acordo com o critério de uma pessoa de mediana prudência e discernimento).

Com as lições de Welzel, todos os elementos da culpabilidade continham natureza normativa, porquanto exprimiam um juízo de valor. Além disso, segundo o escólio desse penalista, todas as descriminantes putativas deveriam ser tratadas na esfera da culpabilidade ("teoria extremada ou extrema da culpabilidade")[17].

Isso valia tanto para os casos em que o agente se equivocasse a respeito dos pressupostos fáticos de uma causa de justificação (descriminante putativa por erro de tipo ou erro de tipo permissivo) quanto para a hipótese em que seu engano atingisse os limites normativos de uma excludente de ilicitude (descriminante putativa por erro de proibição ou erro de proibição indireto).

Vale acrescentar que o sistema finalista de Hans Welzel influenciou em boa parte a doutrina nacional, a partir da década de 1970, destacando-se os trabalhos de Luiz Luisi, René Ariel Dotti e Damásio de Jesus.

---

17 A teoria extremada ou extrema da culpabilidade constitui uma das variantes da teoria normativa pura da culpabilidade. Difere da teoria limitada da culpabilidade justamente no que concerne ao tratamento das descriminantes putativas. A teoria extremada considera que todas as descriminantes putativas traduzem casos de erro de proibição e, portanto, devem ser tratadas à luz da culpabilidade. Para a teoria limitada, contudo, é preciso distinguir se o erro do agente incidiu nos pressupostos fáticos da causa de justificação, o que produziria um caso de erro de tipo (permissivo), ou nos limites normativos da excludente de antijuridicidade, o que resultaria num caso de erro de proibição (indireto). Segundo acreditamos, o Código Penal vigente adotou a teoria limitada da culpabilidade, consoante se nota no tratamento dado ao assunto no art. 20, § 1º, e no item 17 da Exposição de Motivos da nova Parte Geral. Reconhece-se, entretanto, que a questão é controvertida. Há autores, como Mirabete, que afirmam ter nosso Código se filiado à teoria extrema da culpabilidade, e os que, como Luiz Flávio Gomes, dizem termos acolhido uma abordagem diversa das acima sintetizadas, uma vez que o erro contido no art. 20, § 1º, não poderia ser qualificado quer como erro de tipo, quer como erro de proibição, isto é, seria um erro *sui generis*.

■ 12.5.4. Esquema da estrutura do crime no finalismo

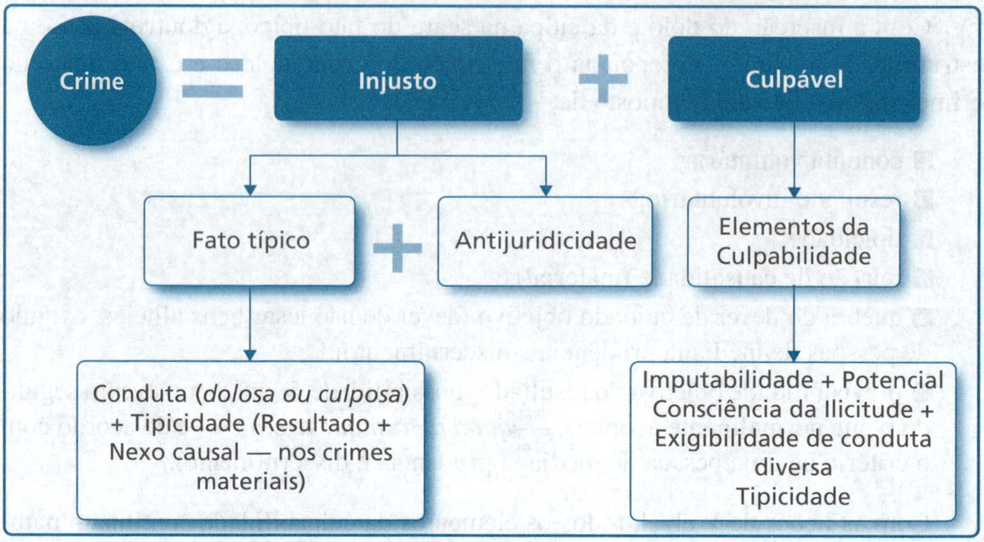

■ 12.5.5. Críticas ao finalismo

O finalismo recebeu diversas críticas. As primeiras foram endereçadas pelos adeptos do pensamento clássico/neoclássico. Os questionamentos, nesta fase, eram notadamente intrassistemáticos, ou seja, dirigiam-se a aspectos relativos à coerência interna do sistema e assinalavam eventuais incompatibilidades entre ele e o texto legal.

No Brasil, Nélson Hungria foi um dos ásperos críticos ao finalismo. O eminente penalista chegou a declarar, em tom indisfarçavelmente irônico, o seguinte: "Como toda a vez que a Europa acende fogo, a América Latina há de emitir fumaça, é escusado dizer que já chegou até o Brasil a teoria finalista, tendo havido mesmo quem dissesse que ela é a solução definitiva de fundamentais problemas até hoje insolúveis do tecnicismo jurídico"[18].

No mesmo texto, Hungria asseverou o seguinte:

> "Ninguém jamais contestou que a ação voluntária se dirija necessariamente a um fim, devendo este, *sub specie juris*, como reconhecem os finalistas, ser *juridicamente* relevante; mas é bom de ver que isso não impede, de modo algum, que, na análise conceitual da estrutura jurídica do crime, se separe da 'ação' a sua 'direção finalística', para, atendendo-se ao critério de classificar homogeneamente os elementos de um todo, inserir a direção finalística (representada no pensamento do agente) no elemento subjetivo ou psíquico, enquanto a ação se há de incluir no elemento objetivo ou físico. Não há razão alguma, de irredutível necessidade, para que o dolo dos finalistas, de caráter pu-

[18] A teoria da ação finalística no direito penal — excerto de aula inaugural proferida na Faculdade de Direito de Maringá, Estado do Paraná, *Revista Brasileira de Criminologia e Direito Penal*. [s.l.], n. 16, p. 9, jan./mar. 1967.

ramente psicológico, não permitindo distinguir entre o estrangular uma criança e o dar uma esmola, seja indestacável da ação, como se não se pudesse tratar separadamente o espírito e o sangue, o anímico e o corporal.

Com esse dolo acrômico, sob o ponto de vista ético-jurídico, os finalistas não vacilam em chegar à conclusão paradoxal de que os próprios inimputáveis (o louco, o idiota, a criança, o ébrio) poderiam praticar crimes dolosos, pois mesmo eles são capazes de ação finalística. O que até agora se chamou 'culpabilidade', cujas formas são o dolo e a culpa *stricto sensu*, não seria mais que a *reprovabilidade* da conduta e a consciência ou possibilidade de consciência da contrariedade ao direito ou da ilicitude jurídica"[19].

Houve, ainda, quem dissesse equivocada a teoria, já que, ao afirmar que toda conduta humana é movida por uma finalidade, ficariam sem explicações os crimes culposos, nos quais o sujeito não possui intenção de produzir o resultado. Contra-argumenta-se, todavia, que mesmo no crime culposo há intenção na conduta do agente. Ocorre que sua finalidade não é a de produzir o resultado. Assim, por exemplo, se um motorista conduz seu veículo em alta velocidade e perde o controle do automóvel, atropelando alguém por imprudência, existiu intenção no comportamento (chegar mais cedo no destino, acelerar o carro para verificar sua potência etc.).

Existem, ademais, doutrinadores para os quais se mostra adequada a concepção finalista, salvo quanto ao conceito de ação, que, embora reconheçam seja movida por uma intenção, encontra-se formulada de maneira insatisfatória. Visando suprir esta (suposta) falha, surgiu a *teoria social da ação* (Wessels e Jescheck). Segundo esta, a ação deveria ser entendida como a *conduta socialmente relevante, dominada ou dominável pela ação e dirigida a uma finalidade.* Tal concepção não angariou muitos adeptos, dentre outros motivos, pelo fato de que a teoria social da ação faz com que condutas socialmente aceitas constituam irrelevantes penais, o que, em última análise, significa a revogação de uma lei penal por um costume social.

Recentemente, todavia, o finalismo passou a receber críticas que extrapolaram o aspecto intrassistemático. Claus Roxin foi um dos primeiros autores que, já no último quarto do século passado, passou a questionar as bases filosóficas e o método utilizado por Hans Welzel, dando origem ao sistema funcionalista.

Confira-se o dizer de Roxin:

"(...) eu mesmo defendo uma extensa introdução de dados empíricos na sistemática e na dogmática das teorias gerais do direito penal. Mas oponho-me à maneira como isso é feito pela teoria finalista da ação e suas pretensões quase de direito natural, oposição essa que articularei em três pontos.

Primeiramente, é até possível que a estrutura da ação, enquanto único dado lógico-real descoberto pelo finalismo, influencie marcantemente a construção do sistema jurídico-penal, mas ela em nada contribui para impedir infiltrações ideológicas no âmbito da dogmática penal. (...)

Em segundo lugar, a ação final, se tomada como fundamento empírico-ontológico do direito penal e oposta aos pontos de partida normativos, compreende apenas um aspecto

19 *A teoria da ação finalística no direito penal*, p. 8-9, grifo nosso.

limitado da realidade, abrangendo de modo bastante incompleto o substrato fático dos acontecimentos jurídicos penalmente relevantes. (...)
Em terceiro lugar, é verdade que a teoria finalista da ação gera consequências para a estrutura do delito que influenciaram extensamente a jurisprudência e a legislação alemãs (e as brasileiras). Assim, a chamada teoria da culpabilidade, que não atribui qualquer relevância para o dolo. (...)
A teoria finalista da ação chega, assim, a resultados práticos, mas estes resultados não são, de modo algum, necessariamente corretos, e sim em parte corretos e em parte errôneos. Isso também refuta as pretensões quase jusnaturalistas dos resultados obtidos"[20].

12.5.6. O finalismo encontra-se superado?

Cremos que seria um exagero afirmar que o finalismo faz parte do passado. Muito pelo contrário. Tanto na doutrina estrangeira quanto na nacional, há destacados penalistas que discordam do funcionalismo (racional-teleológico de Roxin ou sistêmico de Jakobs) e propõem a correção do sistema de Hans Welzel. Entre alguns autores, podemos citar José Cerezo Mir, Miguel Reale Jr. e Cezar Roberto Bitencourt.

Há, ainda, aqueles que defendem a manutenção das bases filosóficas finalistas, com a incorporação de algumas teorias (como a imputação objetiva) advindas do funcionalismo, como é o caso de Damásio de Jesus.

Reale Jr. argumenta que o sistema finalista é superior ao funcionalista, dentre outras razões, por propiciar maior segurança jurídica, elemento indispensável sobretudo no campo do Direito Penal.

De acordo com o autor: "E o sistema torna-se mais firmemente instrumento de segurança jurídica se fundado em bases ontológicas, em uma estrutura lógico-objetiva tal como propõe o finalismo, considerando-se, recentemente, que a construção da ação e do delito a partir da natureza das coisas foi uma das 'mais importantes contribuições da história do direito penal'"[21].

12.6. SISTEMA FUNCIONALISTA

12.6.1. Origem e base filosófica

Nunca é demais lembrar que a **meta principal de um sistema penal** reside em **conhecer, definir, estruturar e inter-relacionar os elementos que integram o conceito analítico do crime** e, com isto, propiciar uma aplicação segura e previsível do Direito Penal.

O **sistema funcionalista vai além**: propõe que, além disso, deva o jurista cuidar de **construir um conceito de delito que atenda à função do Direito Penal**, vez que este não é um fim em si mesmo. Com essa nova diretriz em mente, o **sistema, além de harmônico e previsível**, será **justo**.

---

20 Que comportamentos pode o Estado proibir sob ameaça de pena? Sobre a fundamentação político-criminal do sistema penal. In: Roxin, *Estudos de direito penal*, p. 57-58.

21 *Instituições de direito penal*: parte geral, v. 1, p. 127.

Para isso, faz-se necessário **romper com um paradigma** adotado desde o sistema clássico até o finalista: o de que ao **jurista** incumbe exclusivamente cuidar da **dogmática** e, ao **legislador**, compete a tarefa de definir a **política criminal**.

Durante o século passado, a maioria dos autores propôs que a construção do trabalho sistemático em Direito Penal devesse ser alheia e, além disso, contrária a toda espécie de finalidade político-criminal. Esse tipo de opinião se mostrava claramente formulado, por exemplo, na obra de Von Liszt. Tal pensamento carrega, indiscutivelmente, uma influência do positivismo (jurídico), segundo o qual a dogmática deve ser analisada sem qualquer influência das dimensões sociais ou políticas.

Disso resulta um sistema voltado à elaboração de soluções inequívocas e uniformes na aplicação do Direito Penal, ainda que nem sempre sejam justas.

Preocupando-se com esse problema, Jescheck[22] propôs que o importante deve ser sempre a "solução da questão de fato", cumprindo às exigências sistemáticas o segundo plano na aplicação do Direito Penal.

Roxin, na mesma esteira e, segundo cremos, de maneira mais acertada, aduz que **os problemas político-criminais configuram o conteúdo próprio da teoria geral do delito**. O sistema jurídico-penal, desse modo, deve ser orientado pela busca de soluções justas (isto é, político-criminalmente satisfatórias), não se admitindo mais a separação entre dogmática penal e política criminal, como tradicionalmente concebida. Assim, para o autor: "(...) o caminho correto só pode consistir em deixar penetrar as decisões valorativas político-criminais no sistema do Direito Penal, em que sua fundamentação legal, sua clareza e legitimação, sua combinação livre de contradições e seus efeitos não estejam sob o enfoque das abordagens do sistema formal positivista proveniente de Liszt. (...). A vinculação entre Direito e a utilidade político-criminal não podem se contradizer, mas devem harmonizar-se em uma síntese, do mesmo modo que o Estado de Direito e o estado social não formam em verdade contrastes inconciliáveis, mas uma unidade dialética. Uma ordem estatal sem uma justiça social não forma um Estado material de Direito"[23].

A partir da unidade sistemática entre política criminal e dogmática penal, a teoria do crime estrutura-se de modo que **todas as "categorias concretas do delito (tipicidade, antijuridicidade e culpabilidade) devem sistematizar-se, desenvolver-se e contemplar-se desde o início sob o prisma de sua função político-criminal"**[24], e não segundo prévios ontológicos (ação, causalidade, estruturas lógico-reais etc.).

Essa abordagem é designada por **funcionalismo**, justamente porque considera que **a análise da teoria do crime deve observar a função político-criminal do Direito Penal**[25].

---

22 Apud Claus Roxin, *Política criminal y sistema del derecho penal*, p. 37.

23 *Política criminal y sistema del derecho penal*, p. 49.

24 Roxin, *Política criminal y sistema del derecho penal*, p. 58.

25 Em *Sociedad, norma y persona en una teoría de un derecho penal funcional*, Jakobs define o funcionalismo como "aquela teoria segundo a qual o Direito Penal encontra-se orientado a garantir a identidade normativa, a constituição e a sociedade" (Tradução de Manuel Cancio Meliá e Bernardo Feijó Sánchez. Madrid: Civitas, 1996, p. 15).

■ 12.6.2. Principais teorias

Em matéria de teoria do crime, o funcionalismo contém **dois componentes nucleares:**

- **A teoria da imputação ao tipo objetivo (ou teoria da imputação objetiva)**, que condiciona a imputação de um resultado à criação de um perigo não permitido dentro do alcance do tipo.

> "A imputação objetiva, ao considerar a ação típica uma realização de um risco permitido dentro do alcance do tipo, estrutura o ilícito à luz da função do direito penal. Esta teoria utiliza-se de valorações constitutivas da ação típica (risco não permitido, alcance do tipo), abstraindo de suas variadas manifestações ônticas"[26].

- **Teoria funcionalista da culpabilidade**, a qual propõe uma **expansão do conceito de culpabilidade para uma ideia de responsabilidade**; resultando daí que aquela, como condição indispensável para imposição da pena, deve aliar-se a necessidades preventivas da sanção penal (a culpabilidade e as exigências de prevenção limitam-se reciprocamente, e alguém só será penalmente responsável se ambas concorrerem simultaneamente).

> "A categoria delitiva que tradicionalmente denominamos culpabilidade tem em realidade muito menos a ver com a averiguação do poder agir de outro modo, algo empiricamente difícil de se constatar, mas sim com o problema normativo de saber se, e até que ponto, nos casos de circunstâncias pessoais irregulares ou condicionadas pela situação, convém impor-se uma sanção penal a uma conduta que, a princípio, está ameaçada com uma pena"[27].

Outro importante **adepto do funcionalismo**, juntamente com Roxin, é Günther **Jakobs**.

Há uma **diferença fundamental**, todavia, entre a concepção destes autores, porquanto **divergem quanto à missão do Direito Penal**. Para **Roxin**, trata-se da **proteção subsidiária de bens jurídicos** (funcionalismo racional-teleológico). Para **Jakobs**, não é a proteção de bens jurídicos, mas **a garantia da vigência (eficácia) da norma**[28] (funcionalismo sistêmico)[29].

Pode-se dizer, ainda, que o funcionalismo de Roxin é moderado em comparação ao de Jakobs, uma vez que aquele admite seja o Direito Penal submetido a limites

---

26 Claus Roxin, *Que comportamento pode o Estado proibir sob ameaça de pena?*, p. 79-80.

27 Claus Roxin, *Política criminal y sistema del derecho penal*, p. 59.

28 De ver que Jakobs sustenta que devam existir dois modelos de Direito Penal: o Direito Penal do Cidadão e o Direito Penal do Inimigo. A função do primeiro seria garantir a vigência (eficácia) da norma; a do segundo, eliminar perigos (como, por exemplo, os responsáveis por atentados terroristas).

29 Uma das consequências práticas da diferença entre os pensamentos desses autores resulta em que Roxin propõe limitações materiais expressas ao direito de punir estatal, relacionadas com a dignidade da pessoa humana (e com a proteção subsidiária de bens jurídicos), o que não se vê em Jakobs.

exteriores ao sistema penal. Na concepção de Jakobs, entretanto, nota-se um funcionalismo monista ou exacerbado, em que o sistema penal considera-se fechado (autopoiético), não sendo possível haver ingerências externas como fatores que o limitariam. Apenas em Roxin é que o funcionalismo encontra arestas na realidade empírica.

12.6.3. Estrutura do crime no sistema funcionalista

O crime, do ponto de vista analítico, permanece considerado como **injusto** (fato típico e antijurídico) **culpável**. O **injusto** não é puramente objetivo, como nos sistemas clássico e neoclássico, mas **contém o dolo** (elemento subjetivo) **e a culpa** (elemento normativo). A **culpabilidade** tem sua compreensão **alargada para** a ideia de **responsabilidade, englobando** os **elementos da culpabilidade presentes desde o finalismo** (imputabilidade, potencial consciência da ilicitude e exigibilidade de conduta diversa), **associados à satisfação de necessidades preventivas**.

De maneira mais desdobrada, seguindo Roxin, seus elementos estruturais são a conduta, a tipicidade, a antijuridicidade e a culpabilidade (expandida para a noção de responsabilidade).

A contribuição intrassistemática mais relevante é a utilização da imputação como critério que complementa (e restringe) a relação de causalidade fundamentada na teoria da equivalência dos antecedentes ou da *conditio sine qua non*.

A antijuricidade é, em parte, esvaziada, isto é, tem seu conteúdo reduzido, uma vez que diversas situações tradicionalmente solucionadas sob seu manto (como os casos de consentimento do ofendido, violência desportiva e intervenções médico-cirúrgicas[30]) são analisadas à luz da teoria da imputação objetiva, como hipóteses em que o comportamento do agente é penalmente atípico por gerar *riscos permitidos*.

A culpabilidade, por fim, deixa de ser considerada como reprovabilidade do ato (*vide* item 12.4.2, *supra*), visão que subsistiu por quase um século (desde Frank) e até hoje tem grande aceitação, passando a ser expandida para a noção de responsabilidade.

Dessa forma, confere-se ao julgador a possibilidade de reconhecer a desnecessidade da pena ainda quando presentes os tradicionais elementos da culpabilidade (imputabilidade, potencial consciência da ilicitude e exigibilidade de conduta diversa). É como se o sistema funcionalista permitisse, em tese, absolver o réu comprovadamente culpado, sempre que se verificasse que a aplicação da sanção não pudesse atender a nenhuma finalidade preventiva (isto é, não tivesse o condão de evitar a prática de novos crimes e, com isso, proteger bens jurídicos — função do Direito Penal, segundo Roxin e a maioria da doutrina).

---

[30] A violência desportiva (que observa, obviamente, as regras do desporto) e as intervenções médico-cirúrgicas são consideradas, na visão tradicional, como situações em que, muito embora possa haver um fato penalmente típico (uma lesão corporal, p. ex.), não há crime, porque a conduta é realizada no exercício regular de um direito. Para a teoria da imputação objetiva, todavia, o fato é penalmente atípico nestes casos, pois os riscos produzidos pelos desportistas (dentro das regras) e pelos médicos (nos limites da prática da Medicina) são *permitidos*.

Esse **conceito funcional de culpabilidade** já foi aplicado em nossa jurisprudência, com a denominação de "bagatela imprópria". Veja-se este exemplo: "Tratando-se de crimes cujas consequências foram ínfimas, praticados por agente impelido pelo vício em álcool/entorpecentes, hoje recuperado, aplica-se o princípio da 'bagatela imprópria', sendo desnecessária a imposição da pena, mormente por se tratar de réu primário e a única vítima, sua atual companheira, não desejar a condenação dele. A situação atual do casal em questão sobrepõe-se à necessidade de apenamento do acusado supostamente reinserido no seio social. Impingir a ele reprimenda corporal seria contrariar a função social da pena" (TJMS, 2ª Turma Criminal, Rel. Des. Romero Osme Dias Lopes, julgado em 20.07.2009)[31].

■ 12.6.4. Esquema da estrutura do crime no funcionalismo

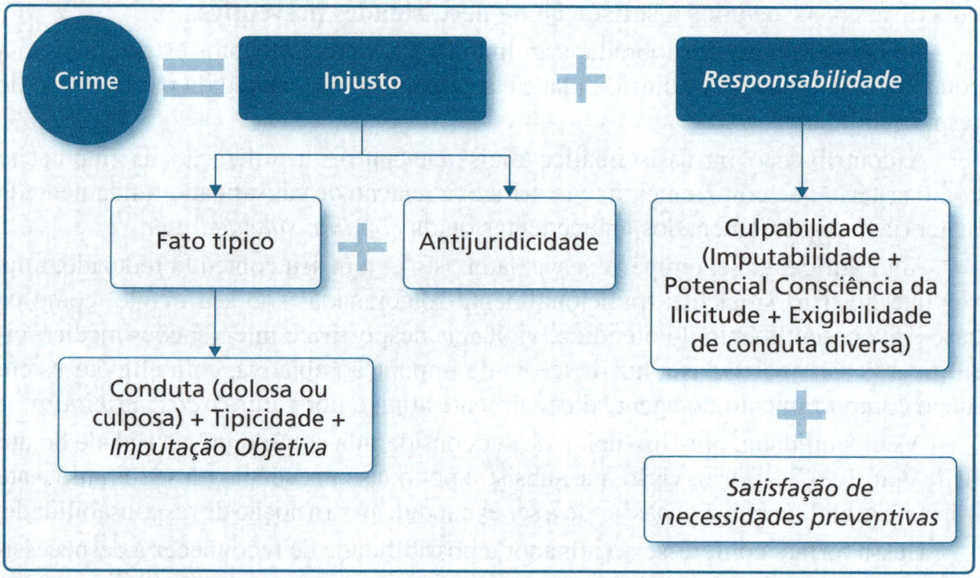

■ 12.6.5. Críticas ao funcionalismo

O funcionalismo tem recebido, como é natural, diversas críticas, notadamente neste início de milênio. Algumas delas dirigem-se contra aspectos intrassistemáticos e comumente questionam a teoria da imputação objetiva (que será estudada adiante).

Há também questionamentos quanto à opção de sobrelevar a importância da política criminal e fundi-la com a dogmática, o que misturaria a missão do legislador (elaborar a Política Criminal) com a do jurista (responsável pela teoria).

---

[31] Advirta-se que a ausência de bases claras para a incidência do princípio e a consequente exacerbação da discricionariedade judicial que este propicia tornam sua aplicação fator de insegurança jurídica e, por vezes, de desigualdade no tratamento da Justiça Penal.

Registre-se, ainda, que críticas há as quais se voltam contra a opção metodológica, consistente em se abrir mão de aspectos prévios ontológicos, isto é, de realidades pré-jurídicas que deveriam moldar a teoria do crime (finalismo). É nesse sentido, por exemplo, o comentário de Miguel Reale Jr. referido no item 12.5.6 "O finalismo encontra-se superado?".

■ 12.7. QUESTÕES

1. (MPE/SP — Promotor de Justiça — 2015) Após a leitura dos enunciados abaixo, assinale a alternativa correta:

I. A teoria finalista, no conceito analítico de crime, o define como um fato típico e antijurídico, sendo a culpabilidade pressuposto da pena.
II. A teoria clássica, no conceito analítico de crime, o define como um fato típico, antijurídico e culpável.
III. A teoria clássica entende que a culpabilidade consiste em um vínculo subjetivo que liga a ação ao resultado, ou seja, no dolo ou na culpa em sentido estrito.
IV. A teoria finalista entende que, por ser o delito uma conduta humana e voluntária que tem sempre uma finalidade, o dolo e a culpa são abrangidos pela conduta.
V. A teoria finalista entende que pode existir crime sem que haja culpabilidade, isto é, censurabilidade ou reprovabilidade da conduta, inexistindo, portanto, a condição indispensável à imposição e pena.

a) Somente o II e o III são verdadeiros.
b) Somente o I e o IV são verdadeiros.
c) Somente o I, IV e V são verdadeiros.
d) Somente o I e II são verdadeiros.
e) Todos são verdadeiros.

2. (STF — Analista Judiciário — Área Judiciária — CESPE — 2013) Acerca dos princípios gerais que norteiam o direito penal, das teorias do crime e dos institutos da Parte Geral do Código Penal brasileiro, julgue os itens a seguir.

A teoria finalista adota o conceito clássico de ação, entendida como mero impulso mecânico, dissociado de qualquer conteúdo da vontade.

3. (MP/GO — 2012) Em relação à imputação objetiva é correto afirmar:

a) imputação objetiva ou responsabilidade penal objetiva significa atribuir a alguém a realização de uma conduta criadora de um relevante risco juridicamente proibido e a produção de um resultado jurídico;
b) o comportamento e o resultado normativo só podem ser atribuídos ao sujeito quando a conduta criou ao bem (jurídico) um risco juridicamente desaprovado e relevante;
c) para fins de responsabilização do agente, a análise do estado anímico (dolo) precede à análise da imputação objetiva do resultado;
d) a teoria da imputação objetiva surgiu com a finalidade de limitar o alcance da teoria da equivalência dos antecedentes causais. Por meio dela deixa-se de lado a observação de uma relação de causalidade puramente normativa (jurídica) para se valorar outra de natureza puramente material.

4. (83º Concurso de Ingresso ao MPSP — 2003) Pode-se afirmar que para a teoria:

a) finalista da ação, crime é um fato típico, antijurídico e culpável, consistindo a culpabilidade no elo subjetivo que liga a ação ao resultado.
b) causalista ou naturalista da ação, a conduta não é tida como um simples comportamento humano nem como um puro fator da causalidade, mas sim como um comportamento que deve ser apreciado como ilícito ou reprovável.
c) teoria finalista da ação, a conduta é um comportamento humano simplesmente causal.

d) social, a ação é a conduta socialmente relevante, que não é questionada pelos requisitos do Direito, mas sim pelas leis da natureza.
e) causalista ou naturalista da ação, a conduta é um comportamento humano voluntário no mundo exterior, consistindo em fazer ou não fazer.

■ GABARITO ■

1. "e". Embora o gabarito oficial seja a alternativa "e", a assertiva I não está correta, pois confunde teoria finalista com teoria bipartida (ou finalismo bipartido), olvidando que há o finalismo tripartido (ou seja, que sustenta ser o crime fato típico, antijurídico e culpável).

2. "errado". Esse conceito condiz com a teoria causal ou naturalista da ação.

3. "b". a) imputação objetiva não se confunde com responsabilidade penal objetiva (sem dolo ou culpa); c) a análise da imputação objetiva é que precede a verificação da imputação subjetiva, ou seja, do dolo; d) a imputação objetiva deixa de valorar a relação de causalidade puramente material e insere outra puramente normativa.

4. "e". A teoria causal ou naturalista da ação define-a como uma inervação muscular, produzida por energias de um impulso cerebral, que provoca modificações no mundo exterior.

13

FATO TÍPICO

13.1. INTRODUÇÃO

No capítulo anterior, focou-se no estudo dos sistemas penais, os quais apresentam diversas concepções a respeito do conceito analítico do crime, preocupando-se em determinar sua estrutura, elementos e a maneira harmônica como interagem.

No presente capítulo, passa-se a uma análise mais detalhada de cada um dos elementos que compõe referida estrutura. Neste, estudar-se-á o fato típico, nos Capítulos 17 e 18, respectivamente, a antijuridicidade (ou ilicitude) e a culpabilidade.

13.2. DIVISÃO

Desde o finalismo, chegou-se à conclusão de que **deve haver dois fatos típicos distintos:** o do **crime doloso** e o do **crime culposo**. Ambos contêm similaridades, mas devem ser distinguidos, pois dolo e culpa não compõem a culpabilidade (como acreditavam os clássicos e neoclássicos), mas integram o fato típico.

Nos delitos **dolosos**, o fato típico possui os seguintes elementos:

- **conduta dolosa;**
- **tipicidade.**

Em se tratando de **crimes dolosos materiais**, contém, ainda:

- **resultado;**
- **nexo causal;**
- **relação de imputação objetiva.**

Nos **culposos**, por outro lado:

- **conduta voluntária;**
- **resultado involuntário;**
- **nexo causal;**
- **tipicidade;**
- **relação de imputação objetiva;**
- **quebra do dever de cuidado objetivo (imprudência, negligência ou imperícia);**
- **previsibilidade objetiva do resultado.**

13.3. CONDUTA

Na concepção mais acatada até o final do século passado (finalista), a conduta era entendida como a **ação ou omissão humana, consciente e voluntária, dirigida a uma finalidade**[1].

Sua existência **pressupõe um comportamento humano** (não há conduta no comportamento de animais). As pessoas jurídicas, embora possam ser sujeitos ativos de crimes, como já analisamos, somente podem praticar uma conduta penalmente relevante quando resultar de "(...) decisão de seu representante legal ou contratual, ou de seu órgão colegiado, no interesse ou benefício da sua entidade" (art. 3º da Lei n. 9.605/98). Vale dizer que a conduta punível do ente fictício será o retrato de um comportamento humano (ou vários).

13.3.1. Elementos da conduta

A quantidade de elementos da conduta é fluida e depende fundamentalmente da teoria que se adote. Assim, o finalismo irá inserir a "finalidade" como um de seus elementos fulcrais. A teoria social da ação, de sua parte, não deixará de incluir a relevância social do comportamento.

Há, todavia, **três elementos que se mostram presentes em praticamente todos os sistemas penais**, desde o clássico até o funcionalista. São eles:

- **exteriorização do pensamento;**
- **consciência;**
- **voluntariedade.**

Só haverá conduta se ocorrer a **exteriorização do pensamento**, mediante um movimento corpóreo ou abstenção indevida de um movimento. Afinal, ***cogitationis poenam nemo patitur***, vale dizer, o Direito Penal não pune o pensamento, por mais imoral, pecaminoso ou "criminoso" que seja.

Significa que, enquanto a ideia delituosa não ultrapassar a esfera do pensamento, por pior que seja, não se poderá censurar criminalmente o ato. Se uma pessoa, em momento de ira, deseja conscientemente matar seu desafeto, mas nada faz nesse sentido, acalmando-se após, para o direito penal a ideação será considerada irrelevante. Pode-se falar, obviamente, em reprovar o ato do ponto de vista moral ou religioso, nunca porém à luz do Direito Penal.

Por outro lado, só entram no campo da ilicitude penal os **atos conscientes**. Se alguém pratica uma conduta sem ter consciência do que faz, o ato é penalmente irrelevante (ex.: fato praticado em estado de **sonambulismo** ou sob efeito de **hipnose**).

---

[1] É a definição que recomendamos para a maioria dos concursos públicos. Para o funcionalismo, que não se ocupa de dados prévios ontológicos, a conduta deixa de ser a pedra angular da teoria do crime (espaço ocupado pela imputação), tornando-se sua conceituação tema de importância diminuída. É o que se deduz das definições fornecidas no âmbito do sistema funcionalista: a realização de um comportamento individualmente evitável (teoria da evitabilidade individual) ou a exteriorização da personalidade humana (teoria personalista da ação).

A conduta, ademais, deve refletir um **ato voluntário**, isto é, algo que seja o produto de sua vontade consciente. Nos chamados "**atos reflexos**" (como o reflexo rotuliano) e na **coação física irresistível** (*vis absoluta*), ocorrem atos involuntários e, por isso mesmo, penalmente irrelevantes. Quando se trata de "atos instintivos", o agente responde pelo crime, pois são atos conscientes e voluntários — neles há sempre um querer, ainda que primitivo.

13.3.2. Diferença entre conduta e ato

Por conduta, deve-se entender o comportamento consubstanciado no verbo núcleo do tipo penal: "matar" (CP, art. 121); "subtrair" (CP, art. 155); "sequestrar" (CP, art. 148) etc.

O ato corresponde a um momento, uma fração da conduta. É como se o ato fosse a "cena" e a conduta o "filme".

Conforme o núcleo do tipo penal, a conduta pode ser composta de um só ato ou de vários. No homicídio, por exemplo, a ação punível é "matar", a qual pode ser exercida por intermédio de um só ato (ex.: um disparo de arma de fogo), ou de vários (ex.: inúmeros golpes com instrumento contundente contra a cabeça da vítima, até que lhe produza traumatismo cranioencefálico). Esses crimes cuja ação admite fracionamento em diversos atos são chamados de **plurissubsistentes**.

Alguns tipos penais, por outro lado, descrevem condutas que só podem ser praticadas por meio de um ato (são os **crimes unissubsistentes ou monossubsistentes** — ex.: injúria verbal; uso de documento falso). Note-se que os crimes unissubsistentes **não admitem a forma tentada**.

13.3.3. Formas de conduta

São duas: **ação e omissão**.

Ação é a conduta positiva, que se manifesta por um movimento corpóreo. A maioria dos tipos penais descreve condutas positivas ("matar", "subtrair", "constranger", "falsificar", "apropriar-se" etc.). A **norma penal** nesses **crimes**, chamados **comissivos, é proibitiva** (ex.: "não matarás", "não furtarás" etc.).

Omissão é a conduta negativa, que consiste na indevida abstenção de um movimento. Nos crimes omissivos, a **norma penal é mandamental** ou imperativa: em vez de proibir alguma conduta, determina uma ação, punindo aquele que se omite.

13.3.3.1. Omissão penalmente relevante

13.3.3.1.1. Teorias da omissão

Há **duas teorias** acerca da natureza jurídica da omissão: **naturalística ou causal** e **normativa ou jurídica**.

A **primeira** sustenta que **se deverá imputar um resultado a um omitente sempre que sua inação lhe der causa**. Esse nexo de causalidade entre a omissão e o resultado verificar-se-ia quando o sujeito pudesse agir para evitá-lo, deixando de fazê-lo. Se um indivíduo, por exemplo, caminha por uma calçada e visualiza, a poucos metros, uma idosa distraída prestes a atravessar a rua e ser atropelada, nada fazendo para alertá-la ou salvá-la do perigo (embora nada o impeça), e, com isso, deixa de evitar sua morte, responde por homicídio.

A **segunda** teoria parte da premissa de que a omissão é um nada e do nada, nada vem (*ex nihilo, nihil*). A omissão, portanto, não produz nenhuma relação de causalidade. A **possibilidade de atribuir (imputar) ao omitente o resultado** dá-se não por haver nexo real entre a omissão e o resultado (até porque esse nexo é inexistente), mas como **decorrência de uma obrigação jurídica anterior à omissão**, que impõe ao sujeito que, podendo, aja no sentido de evitar a produção do resultado. O nexo entre omissão e resultado é, portanto, jurídico ou normativo (leia-se: deriva da existência de um dever *jurídico* de agir para evitar o resultado). Nesse sentido dispõe nosso CP no art. 13, § 2º ("A omissão é penalmente relevante quando o omitente devia e podia agir para evitar o resultado (...)").

■ *13.3.3.1.2. Espécies de crimes omissivos*

Há **duas espécies** de crimes omissivos: **próprios (ou puros)** e **impróprios, impuros ou comissivos por omissão**.

Os primeiros são aqueles em que o próprio tipo penal descreve uma conduta omissiva (ex.: arts. 135, 244 e 269 do CP). Em outras palavras: o verbo nuclear contém um não fazer (*non facere*).

Tais crimes são crimes de mera conduta, ou seja, o tipo penal nem sequer faz referência à ocorrência de um resultado naturalístico. Basta que o sujeito se tenha omitido indevidamente, independentemente da ocorrência de qualquer modificação no mundo exterior.

Nesses casos, portanto, não se coloca a discussão estudada no item anterior, a respeito dos requisitos para imputação de um resultado a uma omissão. Repita-se que, nos omissivos puros, basta a inação, à qual não se vincula necessariamente algum resultado material.

Em regra, são crimes dolosos, porém não há impedimento para que o legislador crie um tipo omissivo próprio culposo, assim como ocorreu no caso do art. 13 do Estatuto do Desarmamento (crime de omissão de cautela).

Nos **crimes comissivos por omissão**, o tipo penal incriminador descreve uma conduta positiva, é dizer, uma ação. O sujeito, no entanto, responde pelo crime porque estava juridicamente obrigado a impedir a ocorrência do resultado e, mesmo podendo fazê-lo, omitiu-se.

Para que alguém responda por um crime comissivo por omissão, é necessário que, nos termos do art. 13, § 2º, do CP, tenha o dever jurídico de evitar o resultado.

As hipóteses em que há o citado **dever jurídico** são as seguintes:

- **Dever legal ou imposição legal:** quando o agente tiver, por lei, obrigação de proteção, cuidado e vigilância (ex.: mãe com relação aos filhos; diretor do presídio no tocante aos presos).

■ **Dever de garantidor ou "garante":** quando o agente, de qualquer forma, assumiu a responsabilidade de impedir o resultado (não apenas contratualmente). É o caso do médico plantonista; do guia de alpinistas; do salva-vidas, com relação aos banhistas; da babá, para com a criança.

■ **Ingerência na norma:** quando o agente criou, com seu comportamento anterior, o risco da ocorrência do resultado (ex.: o nadador exímio que convida para a travessia de um rio pessoa que não sabe nadar torna-se obrigado a evitar seu afogamento; a pessoa que joga um cigarro aceso em matagal obriga-se a evitar eventual incêndio).

■ *13.3.3.2. Crimes de conduta mista*

São aqueles em que o **tipo** penal descreve uma **conduta inicialmente positiva**, mas a **consumação se dá com uma omissão posterior** (ex.: art. 169, parágrafo único, II, do CP). Tais crimes são, ainda, crimes de ação múltipla cumulativa.

■ *13.3.3.3. Teorias da ação (resumo)*

■ **Teoria causal ou naturalista:** ação é a inervação muscular que, produzida por energias de um impulso cerebral, provoca modificações no mundo exterior (Von Liszt). Em outras palavras, seria a **ação mera exteriorização do pensamento**, consistente numa modificação causal no mundo exterior. Mezger, citando Beling, dizia: "Para se afirmar que existe uma ação basta a certeza de que o sujeito atuou voluntariamente. O que quis (ou seja, o conteúdo de sua vontade) é por ora irrelevante: o conteúdo do ato de vontade somente tem importância no problema da culpabilidade"[2].

Para a teoria causal, o que importa não é a essência da ação humana para fins de responsabilização penal, mas a possibilidade de atribuir a essa ação um resultado, cujo desvalor se sobrepõe ao da ação.

■ **Teoria finalista da ação:** ação é a conduta humana consciente e voluntária dirigida a uma finalidade (Welzel). Ação e finalidade são conceitos inseparáveis. Esta é a espinha dorsal daquela. Isso porque o homem, sendo conhecedor dos diversos processos causais que pode desencadear, dirige seus comportamentos buscando atingir algum objetivo.

■ **Teoria social da ação** (Jescheck e Wessels): ação é a conduta positiva socialmente relevante, dominada ou dominável pela vontade e dirigida a uma finalidade.

Essa teoria foi concebida visando suplantar o conceito finalista e, por essa razão, agregou um elemento até então inexistente ao conceito de ação, qual seja, a relevância social. Tal concepção não angariou muitos adeptos, dentre outros motivos, pelo fato de que a teoria social da ação faz com que condutas socialmente

2 Apud Cezar R. Bitencourt, *Teoria geral do delito*, p. 42.

aceitas constituam irrelevantes penais, o que, em última análise, significa a revogação de uma lei penal por um costume social.

- **Teorias funcionais:** no campo do funcionalismo, a ação deixa de ser uma das protagonistas do conceito analítico de crime e passa a exercer um papel coadjuvante. A preocupação com o correto conceito de ação, desta forma, deixa de ser uma pedra angular da teoria do crime. O que realmente importa, para esse pensamento, é definir quais os critérios jurídicos de imputação de um resultado a uma conduta, de tal modo que a atribuição da responsabilidade penal possa ocorrer sempre de modo justo, atendendo à função do Direito Penal.

Importante recordar que há duas vertentes funcionalistas: a de Claus Roxin (funcionalismo racional-teleológico) e a de Günther Jakobs (funcionalismo sistêmico). Para o primeiro, a função do Direito Penal seria a de promover a proteção subsidiária de bens jurídicos. Acrescenta que o Estado não cria delitos, apenas os reconhece, de modo que não dispõe de um poder absoluto na tarefa de decidir o que é ou não crime; cabe-lhe, na verdade, verificar aquilo que deve ser tratado como delito segundo os anseios sociais. Caso o legislador não tenha tal sensibilidade e venha a definir como crime uma ação ou omissão socialmente aceitas e que não tragam prejuízo algum ao funcionamento normal das relações sociais, o fato será materialmente atípico. Para Jakobs, a função do Direito Penal é reafirmar a autoridade do Direito. A pena surge como fator que ratifica a importância do respeito à norma violada, enfatizando a necessidade de sua obediência. Ao contrário de Roxin, esse autor não propõe limitações materiais ao alcance da lei penal.

Consoante síntese de Luiz Régis Prado, **duas teorias da ação** foram desenvolvidas à luz do funcionalismo: a **teoria personalista da ação** ("ação é exteriorização da personalidade humana") e a **teoria da evitabilidade individual** ("ação é realização de resultado individualmente evitável")[3].

13.4. TIPICIDADE

13.4.1. Conceito

A tipicidade, ao lado da conduta, constitui elemento necessário ao fato típico de qualquer infração penal.

Deve ser analisada em dois planos: **formal** e **material**.

Entende-se por tipicidade a **relação de subsunção entre um fato concreto e um tipo penal** (tipicidade formal) e a **lesão ou perigo de lesão ao bem penalmente tutelado** (tipicidade material).

Trata-se de uma relação de encaixe, de enquadramento. É o adjetivo que pode ou não ser dado a um fato, conforme ele se enquadre ou não na lei penal.

O conceito de tipicidade, como se concebe modernamente, passou a ser estruturado a partir das lições de Beling (1906), cujo maior mérito foi distingui-la da antiju-

[3] *Curso de direito penal brasileiro*: parte geral, v. 1, p. 214.

ridicidade e da culpabilidade. Seus ensinamentos, entretanto, foram aperfeiçoados até que se chegasse à concepção vigente. Jiménez de Asúa sistematizou essa evolução, dividindo-a em três fases:

- **Fase da independência** (Beling — 1906): a tipicidade possuía *função meramente descritiva*, completamente separada da ilicitude e da culpabilidade (entre elas não haveria nenhuma relação). Tratar-se-ia de elemento valorativamente neutro. Sua concepção não admitia o reconhecimento de elementos normativos ou subjetivos do tipo.
- **Fase do caráter indiciário da ilicitude ou da *ratio cognoscendi*** (Mayer — 1915): a tipicidade deixa de ter função meramente descritiva, representando **um indício da antijuridicidade**. Embora se mantenha a independência entre tipicidade e antijuridicidade, admite-se ser uma indício da outra. Pela teoria de Mayer, praticando-se um fato típico, ele se presume ilícito. Essa presunção, contudo, é relativa, pois admite prova em contrário. Além disso, a tipicidade não é valorativamente neutra ou descritiva, de modo que se torna admissível o reconhecimento de elementos normativos e subjetivos do tipo penal.
- **Fase da *ratio essendi* da ilicitude** (Mezger — 1931): Mezger atribui ao tipo função constitutiva da ilicitude, de tal forma que, se o fato for lícito, será atípico. A ilicitude faz parte da tipicidade. O tipo penal do homicídio não seria matar alguém, mas matar alguém fora das hipóteses de legítima defesa, estado de necessidade etc.

A concepção defendida por Mayer é, ainda hoje, a dominante.

13.4.2. Adequação típica

Para muitos, é sinônimo de tipicidade, ou seja, a relação de subsunção entre o fato e a norma penal e a lesão ou perigo de lesão ao bem tutelado.

Há quem pense de modo diverso, afirmando que tipicidade seria a mera correspondência formal entre o fato e a norma, enquanto a adequação típica, a correspondência que levaria em conta não apenas uma relação formal de justaposição, mas a consideração de outros requisitos, como o dolo ou a culpa. Não nos parece correto esse ponto de vista, porque dolo e culpa ingressam no tipo penal, como elementos inerentes à conduta.

Há duas modalidades de adequação típica:

- **Adequação típica por subordinação imediata ou direta:** dá-se quando a adequação entre o fato e a norma penal incriminadora é imediata, direta; não é preciso que se recorra a nenhuma norma de extensão do tipo. Exemplo: alguém efetua dolosamente vários disparos contra a vítima — esse fato se amolda diretamente ao tipo penal incriminador do art. 121 do CP.
- **Adequação típica por subordinação mediata ou indireta:** o enquadramento fato/norma não ocorre diretamente, **exigindo-se o recurso a uma norma de extensão** para haver subsunção total entre fato concreto e lei penal. Exemplo: se

alguém, com intenção homicida, efetua vários disparos de arma de fogo contra outrem e foge, sendo a vítima socorrida e salva a tempo, esse fato não se amolda ao tipo penal do art. 121 (não houve morte). Também não se enquadra no art. 129 (lesões corporais), porque o sujeito agiu com *animus necandi* (o art. 129 pressupõe *animus laedendi*). Seria o fato atípico? Não. Para que ocorra o perfeito enquadramento da conduta com a norma, contudo, será preciso recorrer a uma norma de extensão; no caso, o art. 14, II, que descreve a tentativa. O mesmo se verifica quando alguém empresta arma de fogo a um homicida, que a utiliza posteriormente para cometer o crime. Sua conduta não encontra correspondência direta com o art. 121 do CP. Novamente é preciso, então, socorrer-se de uma norma de extensão; nesse caso, o art. 29, *caput*, que pune a participação.

13.4.3. Tipicidade conglobante (Zaffaroni)

Trata-se, segundo seu autor, de **um dos aspectos da tipicidade penal**, que se subdividiria em **tipicidade legal** (adequação do fato à norma penal, segundo uma análise estritamente formal) e **tipicidade conglobante** (inadequação do fato a normas extrapenais). Por meio desta, deve-se verificar se o fato, que aparentemente viola uma norma penal proibitiva, é permitido ou incentivado por outra norma jurídica (como no caso, por exemplo, das intervenções médico-cirúrgicas e da violência desportiva). Se existir referida autorização ou incentivo em norma extrapenal, o fato será penalmente atípico (em razão da atipicidade conglobante).

Portanto, na análise conglobada do fato com todas as normas jurídicas, inclusive extrapenais, situações consideradas tradicionalmente como típicas, mas enquadráveis nas excludentes de ilicitude (exercício regular de um direito ou estrito cumprimento de um dever legal), passariam a ser tratadas como atípicas, pela falta de tipicidade conglobante[4].

Não teria sentido, dentro dessa perspectiva, afirmar que a conduta do médico que realiza uma cirurgia no paciente para curá-lo de uma enfermidade viola a norma penal do art. 129 do CP ("não ofenderás a integridade corporal alheia") e, ao mesmo tempo, é autorizada pelas normas que regulamentam a atividade médica (não é lógico dizer que ele **viola** uma norma e **age em conformidade** com outra, ao mesmo tempo).

Inserem-se nesse contexto as cirurgias de mudança de sexo (cirurgias de ablação de órgãos sexuais), uma vez que se enquadram na classificação de intervenção cirúrgica com finalidade terapêutica e se encontram previstas no ordenamento jurídico, especificamente na Lei n. 9.434/97 (com redação dada pela Lei n. 10.211/2001); portanto, o médico que praticá-las não cometerá crime algum e, segundo a teoria da tipicidade conglobante, realizará fato penalmente atípico.

O Supremo Tribunal Federal aplicou a referida teoria a um caso concreto para considerar atípica a conduta em que o sujeito, "por meio de publicação em livro, incita a comunidade católica a empreender resgate religioso direcionado à salvação de

---

[4] Com a adoção da teoria da imputação objetiva, tais resultados (atipicidade de fatos então considerados típicos, porém lícitos) são atingidos sem necessidade dessa construção, que se torna supérflua.

adeptos do espiritismo, em atitude que, a despeito de considerar inferiores os praticantes de fé distinta, o faz sem sinalização de violência, dominação, exploração, escravização, eliminação, supressão ou redução de direitos fundamentais. Conduta que, embora intolerante, pedante e prepotente, insere-se no cenário do embate entre religiões e decorrente da liberdade de proselitismo, essencial ao exercício, em sua inteireza, da liberdade de expressão religiosa". Segundo a Suprema Corte, não é possível, "sob o ângulo da tipicidade conglobante, que conduta autorizada pelo ordenamento jurídico legitime a intervenção do Direito Penal"[5].

De igual modo, o Superior Tribunal de Justiça, recentemente, aplicou a teoria para considerar atípica a conduta do sujeito a quem foi imputado o fato típico de calúnia, devido "à apresentação de 'uma denúncia encaminhada ao Centro de Apoio Operacional da Moralidade Administrativa do Ministério Público de Santa Catarina'", por considerar que a intenção do agente era zelar pelo processo de falência da empresa que tramitava em juízo, destacando que o próprio "Estado estimula todos os cidadãos a denunciar irregularidades, não por outro motivo que os órgãos públicos possuem ouvidorias, alguns possuem corregedorias". Nesse cenário, concluiu que "a conduta do recorrente se encontra acobertada pelo exercício regular de um direito, nos termos do art. 23, III, do CP. (...) verdadeira causa excludente da tipicidade, pois não pode ser considerada típica conduta incentivada pelo próprio Estado. (...) Ordem concedida de ofício, para reconhecer a atipicidade da conduta, em virtude da ausência de tipicidade conglobante, no aspecto da antinormatividade, não havendo se falar, portanto, em *ani-mus caluniandi*"[6].

13.4.4. Funções do tipo penal

O tipo penal contém **três relevantes funções:** a função selecionadora; a função de garantia; a função motivadora geral.

A **função selecionadora** refere-se à tarefa de **escolher, dentre** a quase infinita gama de **comportamentos humanos, quais devem** ser inseridos como **conteúdo** das **normas penais incriminadoras**. Cuida-se de dever incumbido ao órgão encarregado de elaborar as leis penais, mas admite, sem dúvida, controle judicial, de modo a conformar a eleição às normas constitucionais (p. ex., ao princípio da alteridade, da insignificância etc.).

A **função de garantia** constitui a realização material e concreta do **ideal de segurança jurídica que o princípio da legalidade** busca fornecer. Em outras palavras, trata-se de garantir que somente haverá imposição de pena criminal se o ato

---

5 STF, RHC 134.682, Rel. Min. Edson Fachin, 1ª Turma, julgado em 29.11.2016, *DJe* 29.08.2017.

6 STJ, EDcl no AgRg nos EDcl no AREsp 1.421.747/SC, Rel. Min. Reynaldo Soares da Fonseca, 5ª Turma, julgado em 10.03.2020, *DJe* 19.05.2020. Com o devido respeito ao Superior Tribunal de Justiça, no julgado citado, a aplicação da teoria da tipicidade conglobante, nos termos empregados no acórdão, conferiu primazia a um entendimento doutrinário que, no caso concreto, implicou em solução jurídica contrária à preconizada expressamente no Texto Legal. Com efeito, o art. 23, III, do Código Penal é de clareza solar ao estabelecer que o exercício regular de direito é excludente de ilicitude e não de tipicidade.

realizado corresponder (de modo perfeito) a um comportamento descrito previamente no dispositivo legal.

A **função motivadora geral** corresponde ao intento de **fazer com que os destinatários das normas motivem-se a se comportar de acordo** com o que elas prescrevem. Assim, se o tipo penal define como crime "matar alguém", espera-se que com essa regra as pessoas se abstenham de suprimir a vida humana alheia. Referida função remonta à racionalidade comunicativa desempenhada pelo Direito Penal, consistente em transmitir à sociedade mensagens de confiança no modelo normativo, estimulando comportamentos conforme o Direito.

■ 13.4.5. Tipo objetivo e tipo subjetivo — tipos normais e anormais

O **tipo objetivo** corresponde ao **comportamento descrito** no preceito primário da norma incriminadora, desconsiderando-se o estado anímico do agente, isto é, sem a análise de sua intenção. O **tipo subjetivo**, de sua parte, corresponde à **atitude psíquica interna** que cada tipo objetivo requer.

Asúa afirmava que os tipos penais deveriam ser, de regra, objetivos, daí por que os chama de **tipos normais**. Quando, por outro lado, inseriam-se elementos subjetivos ou normativos na disposição, como a elementar "para si ou para outrem" (no crime de furto) ou "com fins libidinosos" (no sequestro qualificado), ou, ainda, "indevidamente" (no crime de prevaricação), estar-se-ia diante de **tipos anormais**.

É de ver, contudo, que todo tipo de crime doloso possui um elemento subjetivo implícito: o dolo e, nos crimes culposos, um elemento normativo tácito: a culpa.

■ 13.4.6. Tipo aberto e tipo fechado

Entende-se por **tipo aberto** aquele em cuja definição **empregam-se termos amplos**, de modo a abarcar diversos comportamentos diferentes. É a técnica utilizada na maioria dos crimes culposos ("se o homicídio é culposo" — diz o art. 121, § 3º, do CP). O **tipo fechado**, por outro lado, é aquele que utiliza **expressões de alcance restrito**, englobando poucos comportamentos na definição legal. Eles apresentam uma descrição completa do modelo de conduta proibida. O legislador deve, sempre que possível, preferir os tipos fechados aos abertos, em razão do princípio da legalidade. Estes, contudo, podem ser construídos sem ofensa à Constituição, até porque, ainda que suas expressões sejam amplas, eles sempre possuirão conteúdo determinado.

■ 13.5. RESULTADO

A expressão resultado tem natureza equívoca, já que possui dois significados distintos em matéria penal. Pode se falar, assim, em resultado material ou naturalístico e em resultado jurídico ou normativo.

O resultado naturalístico ou material consiste na modificação no mundo exterior provocada pela conduta. Trata-se de um evento que só se faz necessário em crimes materiais, ou seja, naqueles cujo tipo penal descreva a conduta e a modificação no mundo externo, exigindo ambas para efeito de consumação.

O resultado jurídico ou normativo reside na lesão ou ameaça de lesão ao bem jurídico tutelado pela norma penal. Todas as infrações devem conter, expressa ou implicitamente, algum resultado, pois não há delito sem que ocorra lesão ou perigo (concreto ou abstrato) a algum bem penalmente protegido.

A doutrina moderna dá preferência ao exame do **resultado jurídico**. Este constitui **elemento implícito de todo fato penalmente típico**, pois se encontra ínsito na noção de **tipicidade material**.

O resultado naturalístico, porém, não pode ser menosprezado, uma vez que se cuida de elementar presente em determinados tipos penais, de tal modo que desprezar sua análise seria malferir o princípio da legalidade.

13.5.1. Classificação dos crimes quanto ao resultado naturalístico

- **Materiais ou de resultado:** o tipo penal descreve a conduta e um resultado material, exigindo-o para fins de consumação. Exemplos: homicídio (CP, art. 121), furto (CP, art. 155), roubo (CP, art. 157), estelionato (CP, art. 171).
- **Formais ou de consumação antecipada:** o tipo penal descreve a conduta e o resultado material, porém não o exige para fins de consumação. Exemplos: extorsão (CP, art. 158), extorsão mediante sequestro (CP, art. 159), sequestro qualificado pelo fim libidinoso (CP, art. 148, § 1º, V).
- **De mera conduta ou simples atividade:** o tipo penal não faz nenhuma alusão a resultado naturalístico, limitando-se a descrever a conduta punível independentemente de qualquer modificação no mundo exterior. Exemplos: omissão de socorro (CP, art. 135), violação de domicílio (CP, art. 150).

Alguns autores afirmam que nos **crimes formais** o **tipo** penal **é incongruente**, porquanto descreve conduta e resultado, mas se contenta com aquela para que ocorra a consumação, vale dizer, exige menos do que aquilo que está escrito na norma penal.

13.5.2. Classificação dos crimes quanto ao resultado jurídico

- **De dano ou de lesão:** quando a consumação exige efetiva lesão ao bem tutelado. Exemplos: homicídio (CP, art. 121), lesão corporal (CP, art. 129), furto (CP, art. 155).
- **De perigo ou de ameaça:** caso a consumação se dê apenas com a exposição do bem jurídico a uma situação de risco. Exemplos: perigo de contágio venéreo (CP, art. 130), perigo à vida ou saúde de outrem (CP, art. 132).

Estes se subdividem em crimes de **perigo concreto ou real** (o risco figura como elementar do tipo e, em face disto, exige efetiva demonstração) e de **perigo abstrato ou presumido** (o perigo não está previsto como elementar, porque o legislador presume que a conduta descrita é, em si, perigosa, tornando desnecessária a demonstração concreta do risco).

Há polêmica acerca da constitucionalidade dos crimes de perigo abstrato. Para um setor da doutrina, tais delitos seriam inconstitucionais por violação ao princípio da ofensividade (*nullum crimen sine injuria*) ("princípio da ofensividade no Direito Penal"). Fernando Capez, por outro lado, entende subsistir a "possibilidade de tipificação de crimes de perigo abstrato em nosso ordenamento legal, como legítima estratégia de defesa do bem jurídico contra agressões em seu estado embrionário, reprimindo-se a conduta antes que ela venha a produzir um perigo concreto ou dano efetivo". Afirma o autor que se trata de "cautela reveladora de zelo do Estado em proteger adequadamente certos interesses"[7]. É a nossa posição. Na jurisprudência, predomina amplamente o entendimento no sentido da constitucionalidade de tais delitos. Veja-se o seguinte trecho de acórdão do STF:

> "(...) 3. A posse de arma de fogo de uso restrito, de seus acessórios ou de munições constitui crime de mera conduta e de **perigo abstrato** cujo objeto jurídico tutelado compreende a segurança coletiva e a incolumidade pública. 4. Presente laudo especificando o modelo do silenciador de uso restrito, desnecessária a realização de perícia a comprovar a potencialidade lesiva do acessório para configuração do delito. 5. A jurisprudência desta Corte é no sentido de que a descriminalização temporária prevista nos arts. 30 e 32 do Estatuto do Desarmamento, com a redação conferida pela Lei 11.706/2008, restringe-se ao delito de posse irregular de arma de fogo de uso permitido (art. 12) e não se aplica à conduta do art. 16 da Lei 10.826/2003. 6. Recurso ordinário a que se nega provimento" (STF, RHC 128.281, Rel. Min. Teori Zavascki, 2ª Turma, julgado em 04.08.2015, *DJe* 26.08.2015; grifo nosso). No mesmo sentido: STF, HC 95.861, Rel. Min. Cezar Peluso, Relator p/ Acórdão: Min. Dias Toffoli, 2ª Turma, julgado em 02.06.2015, *DJe* 01.07.2015: **"O Supremo Tribunal Federal firmou o entendimento de que é de perigo abstrato o crime de porte ilegal de arma de fogo, sendo, portanto, irrelevante para sua configuração encontrar-se a arma desmontada ou desmuniciada"**. E ainda: "Os tipos penais de posse e de porte ilegal de arma de fogo, acessórios e ou munição, de uso permitido, são formais e, *a fortiori*, de mera conduta e de perigo abstrato, razão pela qual as características do seu objeto material são irrelevantes, porquanto independe do *quantum* para ofender a segurança e incolumidade públicas, bem como a paz social, bens jurídicos tutelados, sendo ainda despiciendo perquirir-se acerca da potencialidade lesiva das armas e munições eventualmente apreendidas, de modo que, não cabe cogitar quanto à aplicação do princípio da insignificância para fins de descaracterização da lesividade material da conduta" (RHC 158.087 AgR, Rel. Min. Luiz Fux, 1ª Turma, julgado em 28.09.2018)[8].

[7] *Consentimento do ofendido e violência desportiva*: reflexos à luz da teoria da imputação objetiva, p. 87.

[8] No mesmo sentido: STJ, HC 576.849/SC, Rel. Min. Ribeiro Dantas, 5ª Turma, julgado em 23.06.2020, *DJe* 26.06.2020; e HC 568.195/SP, Rel. Min. Joel Ilan Paciornik, 5ª Turma, julgado em 16.06.2020, *DJe* 23.06.2020. Lembre-se, contudo, que, a despeito de ser um entendimento pacífico no STJ, quando "demonstrada, por laudo pericial, a total ineficácia da arma de fogo (inapta a disparar), deve ser reconhecida a atipicidade da conduta perpetrada, diante da caracterização de crime impossível dada a absoluta ineficácia do meio" (AgRg no REsp 1.394.230/SE, Rel. Min. Antonio Saldanha Palheiro, 6ª Turma, julgado em 23.10.2018, *DJe* 09.11.2018). Na mesma linha: AgInt no REsp 1.788.547/RN, Rel. Min. Reynaldo Soares da Fonseca, 5ª Turma, julgado em 02.04.2019. E o STJ, ainda, "passou a reconhecer o princípio da insignificância em situações excepcionais, de posse de ínfima quantidade de munições e ausência do artefato capaz de dispará-las, aliadas a elementos acidentais da ação que evidenciem a total inexistência de perigo à incolumidade pública" (AgRg

13.6. NEXO DE CAUSALIDADE OU RELAÇÃO DE CAUSALIDADE

13.6.1. Introdução

Entende-se por relação de causalidade o vínculo que une a causa, enquanto fator propulsor, a seu efeito, como consequência derivada. Trata-se do liame que une a causa ao resultado que produziu. O nexo de causalidade interessa particularmente ao estudo do Direito Penal, pois, em face de nosso Código Penal (art. 13), constitui requisito expresso do fato típico. Esse vínculo, porém, não se fará necessário em todos os crimes, mas somente naqueles em que à conduta exigir-se a produção de um resultado, isto é, de uma modificação no mundo exterior, ou seja, cuida-se de um exame que se fará necessário no âmbito dos crimes materiais ou de resultado.

13.6.2. As teorias sobre a relação de causalidade

Existem, no âmbito da Filosofia e da Ciência do Direito, várias teorias destinadas a esclarecer quais os critérios para se estabelecer a relação de causalidade. Dada a diversidade de pontos de vista, é possível distinguir dois grandes grupos:

- **Teorias da condição simples:** trata-se daquelas que não fazem qualquer distinção entre os fatores que antecederam o resultado.
- **Teorias da condição qualificada ou individualizadoras:** abrange aquelas que dão aos antecedentes diferente hierarquia ou grau de importância.

A **teoria da condição simples**, isto é, que **não estabelece níveis de importância entre os antecedentes do resultado**, é mais conhecida como **teoria da *conditio sine qua non* ou da equivalência dos antecedentes**.

Boa parte dos autores atribuem-na a Von Buri e Stuart Mill, muito embora haja quem a considere concebida, originariamente, por Juluis Glaser[9].

no AREsp 1.628.263/SC, Rel. Min. Rogerio Schietti Cruz, 6ª Turma, julgado em 30.06.2020, *DJe* 04.08.2020). Ver, na mesma esteira: STF, HC 154.390, Rel. Min. Dias Toffoli, 2ª Turma, julgado em 17.04.2018; STJ, AgRg no HC 566.373/RS, Rel. Min. Reynaldo Soares da Fonseca, 5ª Turma, julgado em 12.05.2020, *DJe* 18.05.2020.

[9] Costa Júnior, em nota de rodapé (n. 38) da obra *Do nexo causal* (1964, p. 91), aponta que Maurach, em seu *Tratado de direito penal*, atribui a Glaser a elaboração da teoria para o Direito Penal austríaco. De fato, Maurach diz textualmente que: "Fundada por Glaser (para o direito penal austríaco), introduzida por Buri na prática do RG, se caracteriza esta teoria por uma sugestiva clareza no modo de abordar os problemas e nas conclusões alcançadas. A causa do evento se averiguará exclusivamente abstraindo-a a partir do resultado. Não se distinguirá entre 'causas' e 'condições' do resultado típico ('equivalência', pois, de causas e condições): causa do resultado é toda a condição que não pode ser suprimida (em um 'processo hipotético de eliminação') sem que fique excluído o resultado na sua configuração concreta" (*Tratado de derecho penal*. Tradução de Juan Cordoba Roda. Barcelona: Ediciones Ariel, 1962, p. 229). Tobias Barreto faz coro ao dizer, referindo-se a Glaser, que "ele estabelece um princípio fecundo, cuja aplicação pode ser um meio seguro de chegar ao termo desconhecido do problema. Tal me parece esta síntese: 'Se se busca abstrair, diz ele, o pretendido autor de um crime dado da soma dos fatos que o constituem, e mostra-se que, não obstante, o resultado aparece, que, não obstante, a seriação das causas intermédias permanece a mesma, então é claro que o ato criminoso ou a sua imediata consequência, não pode ser posta à conta deste indivíduo'" (*Estudos de direito*, p. 304). Roxin confirma ser considerado Glaser "o primeiro defensor da

Para esta teoria, **todo o fator que exercer influência em determinado resultado, ainda que minimamente, será considerado sua causa**.

Sob o enfoque da *conditio sine qua non*, que foi adotada expressamente pelo nosso Código Penal (art. 13, *caput*, parte final), haverá relação de causalidade entre todo e qualquer fator que anteceder o resultado e nele tiver alguma interferência. O **método utilizado para se aferir o nexo de causalidade** é o **juízo de eliminação hipotética**, vale dizer, quando se pretender examinar a relação causal entre uma conduta e um resultado, basta eliminá-la hipoteticamente e verificar, após, se o resultado teria ou não ocorrido exatamente como se dera. Assim, se, depois de retirado mentalmente determinado fator, notar-se que o resultado *não* se teria produzido (ou não teria ocorrido exatamente do mesmo modo), poder-se-á dizer que entre a conduta (mentalmente eliminada) e o resultado houve nexo causal. Por outro lado, se a conclusão for a de que, com ou sem a conduta (hipoteticamente retirada), o resultado teria se produzido do mesmo modo como se deu, então, ficará afastada a relação de causalidade.

Essa teoria já sofreu várias objeções, dentre as quais se podem apontar: a de confundir a parte com o todo e a de gerar soluções aberrantes, mediante um regresso ao infinito ou produzindo um ciclo causal interminável.

As **soluções aberrantes** decorrentes **da teoria** da *conditio sine qua non* referem-se a um **exagero nos antecedentes e um excesso nos consequentes**. Os casos em que há exagero nos antecedentes correspondem ao chamado *regressus ad infinitum*. São exemplos clássicos: a discussão da relação de causalidade entre a fabricação da arma de fogo e o homicídio praticado com o instrumento bélico; o nexo causal entre a confecção de uma cama por um marceneiro e o estupro nela cometido; a relação sexual entre os pais que conceberam o criminoso e o delito por ele praticado.

Os excessos nos consequentes referem-se aos "cursos causais extraordinários"[10]. São exemplos: a imputação da morte decorrente do incêndio no hospital ao agente que

---

teoria da equivalência", pois já escrevia em 1858: "Para a verificação do nexo causal existe (...) um ponto de apoio seguro; se se excluir mentalmente o suposto autor da soma dos acontecimentos, e ficar demonstrado que ainda assim o resultado ocorre, que ainda assim a cadeia de causas intermediárias permanece a mesma, então está claro que o fato e o resultado não podem ser considerados em efeito desta pessoa. Se, por outro lado, ficar demonstrado que, uma vez excluída esta pessoa do cenário dos acontecimentos, o resultado não podia ocorrer, ou tivesse de ocorrer de uma maneira completamente diversa: então é justo considerá-lo efeito da atividade da pessoa". Roxin, contudo, adverte que "a fundamentação mais profunda da teoria da equivalência remonta (...) a Maximilian von Buri, sob cuja influência, enquanto conselheiro do Tribunal do Império, a teoria se consolidou desde bem cedo também na jurisprudência: primeiro na decisão RGSt 1, 373, e a partir daí de maneira constante; em muitos casos utiliza-se da ideia da *conditio sine qua non* sem que se recorra à fórmula especial da 'exclusão mental'. Esta aparece pela primeira vez no ano de 1910, em RGSt 44, 137 (139): 'só se pode falar em lesões corporais seguidas de morte se as lesões não puderem ser excluídas mentalmente, sem que ao mesmo tempo o resultado morte seja eliminado', a partir daí começou ela a ser utilizada em numerosos julgados" (*Funcionalismo e imputação objetiva no direito penal*, p. 275-276).

[10] Na doutrina brasileira, os casos que se aludem como "cursos causais extraordinários" costumam ser referidos como causas supervenientes relativamente independentes à conduta. Registre-se que os autores estrangeiros também usam a expressão "cursos causais hipotéticos" para se referir a tais grupos de casos.

atropelou a vítima culposamente, fazendo com que ela fosse internada no nosocômio; a atribuição da morte de um paraplégico durante desabamento em um estabelecimento fechado a quem deu causa à sua condição de deficiente físico em anterior acidente, caso se constate que o falecido teria sobrevivido se não tivesse reduzida sua mobilidade.

Dentre as **teorias da condição qualificada ou individualizadoras, merece destaque** a **teoria da causalidade adequada**. A maioria dos autores atribui sua criação a um fisiólogo, Von Kries[11]. Segundo ela, somente se reputa causa o antecedente adequado à produção do resultado. "Para que se possa considerar um resultado como causado por um homem, faz-se mister que este, além de realizar um antecedente indispensável, desenvolva uma atividade adequada à concretização do evento"[12].

Causa, portanto, é apenas o antecedente adequado à produção do resultado, segundo uma regularidade estatística. O nexo de causalidade não se afere por meio da simples eliminação hipotética, mas por intermédio de um juízo de prognose póstuma objetiva. Em outras palavras, para se verificar a relação de causalidade entre conduta e resultado, deve-se analisar se, no momento da conduta, o resultado se afigurava como provável ou possível, segundo um prognóstico capaz de ser realizado por uma pessoa mediana, baseado no *quod plerumque accidit*.

> "Em resumo: o julgador, retrocedendo no tempo até o momento da conduta, e colocando-se no lugar do agente, analisa os fatos, já verificados, como se ainda devessem verificar-se (*nachträgliche Prognose*). Emite, então, um juízo que é o corolário de um silogismo, cuja premissa maior é constituída pelo conhecimento das leis da natureza (conhecimento nomológico), e cuja premissa menor é integrada pelas condições particulares em que se encontrava o agente (conhecimento ontológico). E este juízo é o futuro do passado"[13].

A teoria em questão também sofreu diversas objeções. Houve, em primeiro lugar, quem julgasse supérfluo o exame do que já aconteceu como se não tivesse, ainda, ocorrido. Forte crítica, contudo, foi a que apontou ser impossível determinar, com a precisão estatística que a teoria sugere existir, o grau de possibilidade para que uma conduta produza determinado resultado. Existiram, por fim, aqueles que a taxaram de ser responsável por uma ampliação excessiva das causas de irresponsabilidade penal, gerando um excesso de absolvições.

Há, ainda, **outras teorias individualizadoras**, todas derivadas, em certa medida, da teoria da causalidade adequada. São elas: a **teoria da condição perigosa** (Grispigni), a **da causa humana exclusiva** (Antolisei), e a da **causalidade jurídica** (Maggiore).

---

11 Como anota Costa Júnior, há autores que sustentam ter sido ela concebida por Von Bar (op. cit., p. 98, nota de rodapé n. 67).

12 Costa Júnior manifesta expressa predileção em favor da teoria da causalidade adequada em detrimento da equivalência dos antecedentes: "Concluindo: a doutrina da causalidade adequada mostra-se completa em relação aos crimes qualificados pelo resultado, aos delitos omissivos, à coautoria, à tentativa impossível, à conceituação do perigo e a muitos outros institutos de Direito Penal. Não é, porém, uma teoria propriamente causal. Trata-se mais de uma concepção de relevância jurídica. Contudo, apesar de suas naturais deficiências, afigura-se-nos preferível à teoria da equivalência" (op. cit., p. 102).

13 Costa Júnior, op. cit., p. 99.

13.6.3. A teoria adotada em nosso Código Penal

Como já tivemos a oportunidade de destacar, **nosso Código**, desde sua versão original, em 1940, **adotou expressamente a teoria da equivalência dos antecedentes ou da *conditio sine qua non***. É o que dispõe o art. 13, *caput*: "O resultado de que depende a existência do crime somente é imputável a quem lhe deu causa. *Considera-se causa a ação ou omissão sem a qual o resultado não teria ocorrido*" (grifo nosso).

Para essa teoria, repise-se, todos os antecedentes do resultado, ainda que sobre ele tenham exercido mínima influência, serão considerados como sua "causa". A verificação da relação de causalidade baseia-se no **juízo de eliminação hipotética** (*vide* item 13.6.2, *supra*).

13.6.4. A teoria da equivalência dos antecedentes ou da *conditio sine qua non* e as causas independentes

Desenvolveu-se, no âmbito da teoria da equivalência dos antecedentes ou da *conditio sine qua non,* o estudo das **causas independentes**. Cuida-se de **fatores que podem interpor-se no nexo de causalidade entre a conduta e o resultado, de modo a influenciar no liame causal**.

A doutrina distingue *causas dependentes* e *independentes*. As primeiras seriam as que têm origem na conduta do sujeito e inserem-se dentro da sua linha de desdobramento causal natural, esperada. São elementos situados no âmbito do *quod plerumque accidit*, isto é, decorrências normais ou corriqueiras da conduta (como ocorre no caso da morte por choque hemorrágico subsequente a um ferimento perfurante profundo; ou, ainda, segundo nossa jurisprudência, na hipótese da morte por conta de infecção hospitalar).

Quanto às causas independentes, são as que, originando-se ou não da conduta, produzem por si sós o resultado. Elas configuram um fator que está fora do *quod plerumque accidit*, ou seja, não pertencem ao âmbito do que normalmente acontece. São eventos inusitados, inesperados, dos quais se pode citar a morte provocada por sangramento oriundo de uma pequena ferida incisa, em vítima hemofílica.

De acordo com a teoria da equivalência e seu juízo de eliminação hipotética, quando o resultado for produto de causas dependentes, o agente por ele responderá.

No que concerne às **causas independentes**, entretanto, faz-se necessário **distinguir** entre as causas **absolutamente** e as **relativamente independentes da conduta**.

Por **causas absolutamente independentes**, entendem-se **as que produzem por si sós o resultado, não possuindo qualquer origem ou relação com a conduta praticada**. Nesse caso, o resultado ocorreria de qualquer modo, com ou sem o comportamento realizado (eliminação hipotética), motivo pelo qual fica afastado o nexo de causalidade (fazendo com que não se possa imputar o resultado ao autor da conduta).

As causas absolutamente independentes **dividem-se em preexistentes ou anteriores** (quando anteriores à conduta), **concomitantes ou simultâneas** (quando ocorrem ao mesmo tempo) e **posteriores ou supervenientes** (quando se verificam após a conduta praticada). A título de ilustração, citam-se alguns exemplos: a) efetuar disparos de arma de fogo, com intenção homicida, em pessoa que falecera minutos antes (a morte anterior configura causa preexistente); b) atirar em pessoa que, no exato momento do tiro, sofre ataque cardíaco fulminante e que não guarda relação alguma com o disparo (o infarto é a causa concomitante); c) ministrar veneno na comida da vítima, que, antes que a peçonha faça efeito, vem a ser atropelada (causa superveniente; nesse caso, o agente só responde pelos atos praticados, ou seja, por tentativa de homicídio).

Já as **causas relativamente independentes**, por seu turno, são as que, **agregadas à conduta, conduzem à produção do resultado**. Com base na teoria da equivalência dos antecedentes, a presença de uma causa desta natureza não exclui o nexo de causalidade.

Do mesmo modo que as causas absolutamente independentes, **elas também se dividem em preexistentes ou anteriores, concomitantes ou simultâneas e supervenientes ou posteriores**.

A título de exemplo, observem-se os seguintes casos hipotéticos: a) efetuar ferimento leve, com instrumento cortante, num hemofílico, que sangra até a morte (a hemofilia é a causa preexistente, que, somada à conduta do agente, produziu a morte). Note-se que, nesse exemplo, pressupõe-se que o sujeito tenha vibrado um golpe leve no ofendido, que não produziria a morte de uma pessoa saudável; b) disparar contra a vítima que, ao ser atingida pelo projétil, sofre ataque cardíaco, vindo a morrer, apurando-se que a *soma* desses fatores produziu a morte (considera-se, nesse caso, que o disparo, isoladamente, não teria o condão de matá-la, o mesmo ocorrendo com relação ao ataque do coração — causa concomitante); c) após um atropelamento, a vítima é socorrida com algumas lesões; no caminho ao hospital, a ambulância capota, ocorrendo a morte (o capotamento da ambulância é a causa superveniente que, aliada ao atropelamento, deu causa à morte do ofendido). Deste último exemplo há algumas variantes dignas de menção: a vítima chega ilesa da ambulância ao hospital, que se incendeia; a vítima chega sem outras lesões ao hospital, mas falece por decorrência de um erro médico; ou, ainda, depois de ser atendida no nosocômio, tem uma de suas pernas amputadas como consequência da gravidade dos ferimentos e, depois de receber alta, morre num incêndio ocorrido no interior de um teatro, de onde não conseguiu fugir em razão de sua reduzida capacidade de locomoção.

Em todas as hipóteses retratadas no grupo das causas relativamente independentes da conduta, há nexo causal entre esta e o resultado (pela teoria da *conditio*). A imputação do resultado, todavia, exigirá outro elemento, de caráter subjetivo, consistente em se verificar se a causa era por ele conhecida (o que conduzirá à responsabilização a título de dolo), ou, ao menos, previsível (indicativo de culpa). Sem tais requisitos, por óbvio, ter-se-ia a responsabilidade objetiva do agente, algo repudiado de há muito no campo do Direito Penal.

As situações designadas como **causas relativamente independentes supervenientes** da conduta correspondem àquilo que os autores estrangeiros denominam "cursos causais extraordinários ou hipotéticos". São casos em que não haverá imputação pela teoria da imputação objetiva (como será visto adiante). **De qualquer**

modo, vale consignar que tais situações se enquadram no art. 13, § 1º, do CP, que expressamente exclui a responsabilidade penal.

Em suma:

- **as causas absolutamente independentes sempre excluem o nexo causal**, de modo que o agente nunca responderá pelo resultado; somente pelos atos praticados;
- **as causas relativamente independentes não excluem o nexo causal**, motivo por que o agente, se as conhecia ou se, embora não as conhecendo, podia prevê-las, responde pelo resultado;
- na **causa relativamente independente superveniente à conduta**, embora exista nexo de causalidade entre esta e o resultado, **o legislador afasta a imputação** (art. 13, § 1º), impedindo que o agente responda pelo evento subsequente, somente sendo possível atribuir-lhe o resultado que diretamente produziu.

13.7. IMPUTAÇÃO OBJETIVA

A relação de imputação objetiva, inserida como elemento do fato típico pelo funcionalismo, atua como um complemento à relação de causalidade.

Por meio dela, agregam-se outros requisitos que irão atuar em conjunto com a relação de causalidade, de modo a permitir que a atribuição de um resultado a uma conduta não seja um procedimento meramente lógico (fundado na teoria da equivalência dos antecedentes), mas se constitua também de um procedimento justo. A imputação (ato de atribuir a alguém determinado resultado, sujeitando-o às suas consequências) não pode se basear apenas numa relação lógica, pois é preciso ter em mente que a responsabilidade penal deve atender, antes de tudo, a critérios justos.

Por esse motivo, considera-se que, depois de constatada a presença do nexo de causalidade entre a conduta e o resultado, deve o intérprete exigir a demonstração de outros requisitos, que atuarão conjugadamente e, se presentes, permitirão a imputação do evento ao autor. São eles, segundo orientação predominante entre os adeptos do funcionalismo: a criação de um risco juridicamente proibido e relevante; a produção do risco no resultado; que o resultado provocado se encontre na esfera de proteção do tipo penal violado. Esses critérios, bem como a teoria da imputação objetiva, serão aprofundados mais adiante nesta obra.

13.8. DOLO

13.8.1. Introdução

Consiste na **vontade de concretizar os elementos objetivos e normativos do tipo**. Trata-se de **elemento subjetivo implícito** da conduta, presente no fato típico de crime doloso.

Várias teorias preocupam-se em conceituá-lo:

- **Teoria da vontade:** dolo é a vontade dirigida ao resultado (Carrara). Age dolosamente a pessoa que, tendo consciência do resultado, pratica sua conduta com a intenção de produzi-lo.

- **Teoria da representação:** haverá dolo quando o sujeito realizar sua ação ou omissão prevendo o resultado como certo ou provável (ainda que não o deseje) (Von Liszt e Frank). Por essa teoria, não haveria distinção entre dolo eventual e culpa consciente (que serão estudados abaixo, item 13.8.2).
- **Teoria do consentimento ou do assentimento:** consentir na produção do resultado é o mesmo que o querer. Aquele que, prevendo o resultado, assume o risco de produzi-lo, age dolosamente.

Nosso **Código Penal adotou** a teoria da **vontade** (dolo direto) e a do **consentimento** (dolo eventual).

O dolo possui os seguintes **elementos:** a) **cognitivo ou intelectual** (representação), que corresponde à consciência da conduta, do resultado e do nexo causal entre eles; b) **volitivo**, vale dizer, vontade de realizar a conduta e produzir o resultado[14]. A consciência da ilicitude não pertence ao dolo (como se supunha no sistema neoclássico), mas integra a culpabilidade (como o demonstrou o finalismo).

O dolo, ademais, **abrange não só o objetivo** perseguido pelo sujeito **(dolo de primeiro grau)**, mas **também** os **meios escolhidos** para a consecução desse fim e as **consequências secundárias inerentemente ligadas aos meios escolhidos (dolo de segundo grau ou dolo de consequências secundárias)**. Se o agente, intentando matar um gêmeo siamês, efetua contra ele um disparo de arma de fogo letal e, como consequência secundária inerentemente ligada aos meios e ao fim pretendido, leva à morte o irmão, responde por dois homicídios a título de dolo direto (de primeiro grau em relação ao seu desafeto e de segundo grau no tocante ao seu irmão). Exemplo interessante de dolo de segundo grau nos é fornecido por Cezar Bitencourt[15]. Imagine-se um terrorista que, objetivando matar um importante líder político, decida colocar uma bomba no automóvel oficial e, com a explosão, provoque a morte do político e do motorista. Haverá dolo direto com relação às duas mortes. A do líder político será imputada a título de dolo direto de primeiro grau e a do motorista, de segundo grau.

Não se pode confundir o dolo direto de segundo grau com o dolo eventual. No dolo de segundo grau, as consequências secundárias são *inerentes* aos meios escolhidos. No exemplo acima, o emprego da bomba resultará, obrigatoriamente, na morte do líder político e de seu motorista. Já no dolo eventual, que se verifica quando alguém assume o risco de produzir determinado resultado (embora não o deseje), o resultado *não é inerente* ao meio escolhido; cuida-se de um evento que pode ou não ocorrer. Suponha-se, no exemplo mencionado, que, quando da explosão, uma motocicleta passava ao lado do automóvel oficial, provocando a morte do motociclista (nesse caso, haverá dolo eventual, pois o falecimento deste não era inerente ao meio escolhido).

---

[14] O dolo integrado tão somente de consciência e vontade (tese amplamente vencedora) denomina-se natural ou neutro.

[15] *Tratado de direito penal*: parte especial, p. 26-27.

13.8.2. Espécies de dolo

Existem diversas espécies de dolo, sendo fundamental assinalar a importância de cada classificação.

- **dolo direto ou imediato:** dá-se quando o sujeito quer produzir o resultado (subdivide-se em dolo de primeiro e segundo grau — *vide* item 13.8.1);
- **dolo indireto ou mediato:** subdivide-se em **eventual** (o agente não quer produzir o resultado, mas, com sua conduta, assume o risco de fazê-lo) e **alternativo** (o agente quer produzir um ou outro resultado, p. ex., matar ou ferir).

Há quem entenda que o dolo eventual difere do dolo direto quanto à possibilidade de tentativa. Explica-se: um crime considera-se tentado quando o autor, depois de dar início à sua execução, não consegue consumá-lo por circunstâncias *alheias à sua vontade*. Não seria possível, destarte, falar-se em dolo eventual no crime tentado, uma vez que esta figura pressupõe a "vontade" de produzir o resultado, elemento ausente no dolo eventual. É de ver, contudo, que o Código Penal equipara o dolo direto ao dolo eventual no art. 18, I, e, ao tratar da forma tentada (art. 14, II), não faz qualquer distinção expressa quanto à sua aplicação (essa posição é adotada pelo STJ[16]).

- **dolo de dano:** ocorre quando o agente pratica a conduta visando lesar o bem jurídico tutelado na norma penal;
- **dolo de perigo:** o sujeito visa somente expor o bem jurídico a perigo, sem intenção de lesioná-lo.

Existem crimes em que se mostra fundamental a análise do dolo, se de dano ou de perigo, para efeito de enquadrar corretamente a conduta e responsabilizar o indivíduo.

Veja-se o caso do art. 130 do CP, que incrimina o ato de quem, sendo portador de doença venérea, realiza contato sexual capaz de transmiti-la. Se o agente pratica a conduta visando tão somente o prazer sexual (dolo de perigo), incorre no *caput*, em que a pena é de detenção, de três meses a um ano. Se, por outro lado, objetiva transmitir a moléstia (dolo de dano), responde pela forma qualificada prevista no § 1º (pena de reclusão, de um a quatro anos).

[16] "... Este Superior Tribunal reconhece a compatibilidade entre o dolo eventual e a tentativa, consequentemente cabível a decisão de pronúncia do agente em razão da suposta prática de tentativa de homicídio na direção de veículo automotor..." (REsp 1.486.745/SP, Rel. Min. Sebastião Reis Júnior, 6ª Turma, julgado em 05.04.2018). No mesmo sentido, AgRg no REsp 1.786.201/RS, Rel. Min. Joel Ilan Paciornik, 5ª Turma, julgado em 25.06.2019. E ainda: "Não se pode descurar, ademais, que a imputação de conduta dolosa engloba tanto o dolo direto quanto o eventual, não se verificando, dessarte, ofensa ao princípio da congruência. Aliás, a equiparação entre o dolo direto e o dolo eventual decorre do próprio texto legal, não se revelando indispensável apontar se a conduta foi praticada com dolo direto ou com dolo eventual" (STJ, AgRg no REsp 1.845.152/RS, Rel. Min. Joel Ilan Paciornik, 5ª Turma, julgado em 28.04.2020).

- **dolo natural ou neutro:** é aquele que possui somente dois elementos: consciência e vontade (é a concepção dominante — *vide* item 13.8.1);
- **dolo híbrido ou normativo:** é o que contém, além da consciência e da vontade, a consciência da ilicitude (teoria superada, pois a consciência da ilicitude faz parte da culpabilidade, e não do dolo).

Conforme já se ponderou, há quase um consenso doutrinário a respeito de ser o dolo puramente natural ou neutro.

- **dolo genérico:** trata-se da vontade de concretizar os elementos do tipo (presente em todos os crimes dolosos);
- **dolo específico:** corresponde à intenção especial a que se dirige a conduta do agente e está presente em alguns delitos dolosos (ex.: na extorsão mediante sequestro — art. 159 do CP —, o dolo genérico consiste na vontade livre e consciente de privar a liberdade de locomoção do ofendido; o específico, na intenção de obter alguma vantagem, como condição ou preço do resgate).

As expressões "dolo genérico" e "dolo específico" encontram-se defasadas, não sendo aceitas por boa parte da doutrina. O dolo compreende apenas a vontade de realizar os elementos do tipo. A intenção especial a que se dirige a conduta do sujeito, prevista em alguns crimes, configura **elemento subjetivo específico do tipo**.

- **dolo geral ou *dolus generalis*:** dá-se quando o sujeito pratica uma conduta objetivando alcançar um resultado e, após acreditar erroneamente tê-lo atingido, realiza outro comportamento, o qual acaba por produzi-lo. Exemplo: para matar seu inimigo, alguém o golpeia fortemente, de modo que a vítima desmaia, fazendo o agente pensar equivocadamente que ela faleceu; em seguida, com a finalidade de simular um suicídio, deixa o ofendido suspenso em uma corda amarrada ao seu pescoço, asfixiando-o. Embora as opiniões se dividam, prevalece o entendimento de que o dolo do agente, exteriorizado no início de sua ação, generaliza-se por todo o contexto fático, fazendo com que ele responda por um único crime de homicídio doloso consumado (há quem entenda que ocorre uma tentativa de homicídio em concurso material com homicídio culposo).

Não se pode confundir o dolo geral com o erro sobre o nexo causal (*aberratio causae*) ou com a figura da consumação antecipada.

No erro sobre o nexo causal, realiza-se uma só conduta pretendendo o resultado, o qual é alcançado em virtude de um processo causal diverso daquele imaginado. Exemplo: uma pessoa joga seu inimigo de uma ponte sobre um rio (conduta), pretendendo matá-lo (resultado) por afogamento (nexo de causalidade esperado), mas a morte ocorre porque, durante a queda, o ofendido choca sua cabeça contra os alicerces da ponte (nexo de causalidade diverso do imaginado). A diferença fundamental entre o dolo geral e o erro sobre o nexo de causalidade reside no fato de que naquele há duas condutas, enquanto neste há somente uma.

A **consumação antecipada** é, pode-se dizer, o **oposto do *dolus generalis***, porquanto se refere a situações em que o agente produz antecipadamente o resultado esperado, sem se dar conta disso. Exemplo: uma enfermeira ministra sonífero em elevada dose para sedar um paciente e, após, envenená-lo mortalmente; apura-se, posteriormente, que o óbito foi decorrência da dose excessiva de sedativo, e não da peçonha ministrada *a posteriori*. Nesse caso, responderá por homicídio **doloso**.

■ 13.9. CULPA

■ 13.9.1. Elementos do fato típico do crime culposo

São os seguintes:

- ■ **conduta (voluntária);**
- ■ **tipicidade;**
- ■ **resultado (involuntário);**
- ■ **nexo causal;**
- ■ **quebra do dever de cuidado objetivo, por imprudência, negligência ou imperícia;**
- ■ **previsibilidade objetiva do resultado;**
- ■ **relação de imputação objetiva.**

Note-se que os principais elementos que o compõem também estão presentes no fato típico do crime doloso; é o caso da conduta, da tipicidade, do resultado, do nexo causal e da relação de imputação objetiva.

A seguir, serão estudados os elementos específicos do crime culposo.

■ 13.9.2. Dever de cuidado objetivo e previsibilidade do resultado

O **dever de cuidado** consiste na imposição, a todos prevista, de atuar com cautela no dia a dia, de modo a não lesar bens alheios. Esse dever se apura objetivamente, ou seja, segundo um padrão mediano, baseado naquilo que se esperaria de uma pessoa de mediana prudência e discernimento; daí falar-se em "dever de cuidado objetivo".

A violação desse dever se externará por meio da **imprudência, negligência ou imperícia**. Essas modalidades de culpa são, portanto, as maneiras de quebra do multicitado elemento do fato típico dos crimes culposos.

A determinação concreta da violação do dever e, portanto, a constatação da imprudência, da negligência ou da imperícia exigem uma formulação hipotética, em que se compara a conduta do agente com aquela que se esperaria de uma pessoa de mediana prudência e discernimento, na situação em que o indivíduo se achava. Assim, por exemplo, se alguém conduz um automóvel em via pública em excesso de velocidade e, em face disto, colide com outro veículo, ferindo o motorista, sua conduta deverá ser confrontada com a de um homem mediano, na mesma situação em que ele se encontrava. Essa comparação revelará que o sujeito atuou com imprudência, quebrando o dever de cuidado objetivo, pois de uma pessoa medianamente cautelosa espera-se que, ao volante, obedeça às regras de trânsito, algo que o condutor responsável pelo acidente não fez.

A compreensão do dever de cuidado objetivo completa-se com a noção de **previsibilidade objetiva** (outro elemento do fato típico do crime culposo). Para saber qual a postura diligente, aquela que se espera de um "homem médio", é preciso verificar, antes, se o resultado, dentro daquelas condições, era objetivamente previsível (segundo o que normalmente acontece).

A **imprevisibilidade objetiva do resultado torna o fato atípico**. O resultado não será imputado ao agente a título de culpa, mas será considerado obra do imponderável (caso fortuito ou força maior). Por previsibilidade objetiva, em suma, deve-se entender a possibilidade de antever o resultado, nas condições em que o fato ocorreu. A partir dela é que se constata qual o dever de cuidado objetivo (afinal, a ninguém se exige o dever de evitar algo que uma pessoa mediana não teria condições de prever).

A previsibilidade objetiva, como visto, é aquela determinada segundo o critério de uma pessoa de mediana prudência e discernimento. Sua ausência, repita-se, torna o fato atípico. Exemplo: um motorista conduz seu veículo acima do limite de velocidade permitido (imprudência) por uma estrada estreita; ao fazer uma curva, colide com um ciclista embriagado que se encontrava na contramão de direção. Suponha-se que, em função da própria estrada, não era possível de modo algum enxergar depois da curva, de tal forma que o condutor do automóvel não podia imaginar que havia uma pessoa naquele local. Além disso, mesmo que trafegasse em velocidade compatível com a via, não poderia evitar o acidente. Apesar de sua imprudência, o resultado era objetivamente imprevisível (não é possível imaginar que depois de cada curva haverá um ciclista embriagado na contramão de direção!), motivo pelo qual o fato será considerado atípico.

Ressalte-se, por fim, que, **se** houver previsibilidade objetiva, mas **faltar a previsibilidade subjetiva** (segundo as aptidões pessoais do sujeito), o fato será típico, mas **não haverá culpabilidade**.

Em síntese, o processo de adequação típica do crime culposo envolve as seguintes etapas: a) analisa-se qual o dever de cuidado objetivo na situação em que o fato ocorreu; b) verifica-se se o resultado produzido era objetivamente previsível; c) constatadas a quebra do dever de cuidado que a todos se impõe e a possibilidade de antever o resultado, segundo o que se espera de uma pessoa de mediana prudência e discernimento, o fato será considerado típico; d) a tipicidade é um indício da ilicitude do comportamento, que só não será antijurídico se praticado sob o amparo de alguma excludente de ilicitude; e) finalmente, analisa-se a previsibilidade subjetiva do resultado, ou seja, se o agente, conforme suas aptidões pessoais, podia antever o resultado produzido — se presente, o sujeito responderá pelo crime; se ausente, ficará excluída a culpabilidade.

■ 13.9.3. O princípio do incremento do risco

Esse princípio, **ligado à teoria da imputação objetiva**, busca **substituir** o critério anteriormente estudado (quebra do dever de cuidado objetivo), pela ideia de

incremento do risco. Para Roxin, pioneiro nessa avaliação, o intérprete deve adotar o seguinte procedimento:

- examinar qual a conduta de todos esperada de acordo com os princípios do risco permitido;
- compará-la com a do agente, com o escopo de verificar se ele aumentou o risco ao bem.

Constatando-se o incremento do risco, haverá culpa, de modo que o sujeito responderá pelo resultado produzido, se prevista a forma culposa; caso contrário, não haverá crime.

Em nosso modo de ver, o princípio acima assinalado não exclui o critério tradicional; antes de afastá-lo, complementa-o.

13.9.4. Modalidades de culpa

Há três modalidades de culpa, expressamente referidas em nosso Código Penal (art. 18, II): **imprudência, negligência e imperícia**. São, a rigor, as três **formas** pelas quais o indivíduo pode **violar o dever de cuidado objetivo**.

- **Imprudência:** significa a culpa manifestada de forma ativa, que se dá com a quebra de regras de conduta ensinadas pela experiência; consiste no agir sem precaução, precipitado, imponderado. Exemplo: uma pessoa que não sabe lidar com arma de fogo a manuseia e provoca o disparo, matando outrem; alguém dirige um veículo automotor em alta velocidade e ultrapassa o farol vermelho, atropelando outrem.
- **Negligência:** ocorre quando o sujeito se porta sem a devida cautela. É a culpa que se manifesta na forma omissiva. Note-se que a omissão da cautela ocorre antes do resultado, que é sempre posterior. Exemplo: mãe não guarda um veneno perigoso, deixando-o à mesa e, com isso, possibilitando que seu filho pequeno, posteriormente, o ingira e morra.
- **Imperícia:** é a falta de aptidão para o exercício de arte ou profissão. Deriva da prática de certa atividade, omissiva ou comissiva, por alguém incapacitado a tanto, por falta de conhecimento ou inexperiência. Exemplo: engenheiro que projeta casa sem alicerces suficientes e provoca a morte do morador.

Não se pode confundir imperícia com o conceito jurídico de *erro profissional*, sinônimo de erro de diagnóstico *escusável* (leia-se: que isenta de responsabilidade). Exemplo: o médico, ao analisar o paciente, aplicou a técnica que os livros de Medicina recomendavam. No entanto, seu diagnóstico foi errado, pois a pessoa contraíra outra doença, diversa da que ele imaginava. O sujeito, em face dos medicamentos receitados pelo profissional, tem seu processo de deterioração do organismo acelerado e acaba morrendo. Nesse caso, o médico *não* responde pelo resultado, nem a título de culpa. A falha não foi sua, pois agiu de acordo com os conhecimentos de sua ciência, mas da própria Medicina (tanto que qualquer outro profissional medianamente preparado teria cometido o mesmo equívoco).

13.9.5. Culpa consciente e inconsciente. Diferença entre culpa consciente e dolo eventual

A **distinção** entre culpa consciente e inconsciente **tem relevo na dosimetria da pena**. Significa, então, que essa análise é posterior à constatação da imprudência, negligência ou imperícia. Assim, portanto, se o autor da conduta agiu de acordo com o dever de cuidado objetivo, não há crime algum. Se o desrespeitou, mediante uma das três modalidades de culpa citadas, e, além disso, encontram-se presentes os demais elementos necessários à imposição da pena, será caso de condenação, cumprindo ao julgador verificar se houve culpa consciente (com previsão do resultado) ou inconsciente (sem a previsão do resultado), a fim de dosar a sanção cabível.

Culpa consciente é a **culpa com previsão** do resultado. O agente pratica o fato, prevê a possibilidade de ocorrer o evento, porém, levianamente, confia na sua habilidade, e o produz por imprudência, negligência ou imperícia. A **culpa inconsciente** é a **culpa sem previsão**. O sujeito age sem prever que o resultado possa ocorrer. Essa possibilidade nem sequer passa pela sua cabeça, e ele dá causa ao resultado por imprudência etc. O resultado, porém, era objetiva e subjetivamente previsível.

Não se pode confundir culpa consciente com dolo eventual. Em ambos, o autor prevê o resultado, mas **não** deseja que ele ocorra; porém, **na culpa consciente, ele tenta evitá-lo**; enquanto **no dolo eventual, mostra-se indiferente** quanto à sua ocorrência, não tentando impedi-lo. Assim, por exemplo, se o agente dirige um veículo perigosamente e em alta velocidade e vê um pedestre atravessando a rua, tentando, sem êxito, evitar o atropelamento, teremos culpa consciente. Se, nas mesmas circunstâncias, em vez de buscar evitar o acidente, o motorista continua com sua direção imprudente, pensando "se morrer, morreu", haverá dolo eventual.

13.9.6. Culpa própria e culpa imprópria

Culpa própria ou propriamente dita é a que se dá quando o sujeito produz o resultado por **imprudência, negligência ou imperícia** e se funda no **art. 18, II, do CP**. É, portanto, a culpa tratada nos itens acima.

A **culpa imprópria**, também chamada **culpa por equiparação** ou **por assimilação**, ocorre quando **o agente** realiza um **comportamento doloso**, desejando produzir o resultado, o qual lhe é atribuído a título de culpa, em face de um **erro precedente** em que incorreu, que o fez **compreender mal a situação** e interpretar equivocadamente os fatos.

São exemplos de culpa imprópria no Código Penal o **erro de tipo permissivo** inescusável (art. 20, § 1º, parte final) e **o excesso culposo nas excludentes de ilicitude** (art. 23, parágrafo único, parte final).

Imagine-se alguém que caminha à noite e começa a ser perseguido por outrem, apertando o passo com receio de ser assaltado, até que este se aproxima e, quando se dirige verbalmente ao pedestre, recebe deste um golpe violento na cabeça, pois o sujeito temia ser roubado e acreditava, pelas circunstâncias, que se tratava de um ladrão; depois da agressão, contudo, o pedestre nota que se tratava de um velho conhecido que somente queria cumprimentá-lo. Apurando-se, nesse caso, que o agressor poderia ter evitado o equívoco (notando facilmente que se cuidava de uma abordagem amistosa), responderá por lesão corporal culposa (CP, art. 129, § 6º, c.c. 20, § 1º, parte final), muito embora tenha atingido propositadamente (dolosamente) a vítima.

■ 13.9.7. Culpa mediata ou indireta

Verifica-se com a produção indireta de um resultado de forma culposa. Suponha-se um assaltante que aborda um motorista parado no semáforo, assustando-o de tal modo que ele acelere o veículo impensadamente e colida com outro automóvel que cruzava a via, gerando a morte dos envolvidos no acidente. Aquele que produziu a conduta inicial (o assaltante, no exemplo elaborado) não responderá pelo resultado indireto, a não ser que: 1) haja nexo causal entre sua conduta e o resultado posterior; e 2) o resultado final possa ser considerado como um desdobramento previsível (o que de fato ocorreu no exemplo citado) e esperado (o que dependerá, na hipótese formulada, dos elementos do caso concreto).

■ 13.9.8. Graus de culpa

Há três graus de culpa: **levíssima, leve e grave**. A doutrina diverge acerca da relevância da graduação da culpa para fins penais. Há, de um lado, aqueles que sustentam não fazer nenhuma diferença o grau de culpa para fins de responsabilização criminal. Outros, por sua vez, afirmam ser o fato praticado com culpa grave mais reprovável do que o praticado com culpa leve, motivo por que a graduação influenciaria na dosimetria da pena (sanção maior para a culpa grave, por serem as circunstâncias judiciais — art. 59, *caput*, do CP — menos favoráveis ao agente).

■ 13.9.9. Concorrência e compensação de culpas

Se duas ou mais pessoas agem culposamente e juntas dão causa a um resultado, fala-se em concorrência de culpas. Nesse caso, todas responderão pelo resultado, cada uma na medida de sua culpabilidade. Exemplo: *A* dirige na contramão e *B*, em alta velocidade; ambos colidem e matam *C*. Os dois responderão por homicídio culposo, pois suas condutas imprudentes somaram-se na produção do resultado.

A compensação de culpas (figura que não existe em Direito Penal, mas em Direito Civil) ocorre quando, além do sujeito, a vítima também agiu culposamente. Exemplo: alguém, dirigindo em alta velocidade e na contramão de direção, atropela e mata uma pessoa que atravessava fora da faixa de pedestres. A atitude imprudente do pedestre não exime ou atenua a responsabilização penal do atropelador (poderá, no máximo, gerar um reflexo na pena, servindo o comportamento da vítima como uma circunstância judicial favorável ao réu — art. 59, *caput*, do CP).

■ 13.9.10. Excepcionalidade do crime culposo

De acordo com o art. 18, parágrafo único, do CP, os delitos são punidos, de regra, apenas na modalidade dolosa. O fato só constituirá crime, quando cometido culposamente, se o texto legal o indicar mediante expressões como "se o homicídio é culposo", "se a lesão é culposa", "se culposo o incêndio" (arts. 121, § 3º, 129, § 6º, e 250, § 2º, respectivamente); "se o crime é culposo" (arts. 252, parágrafo único, e 256, parágrafo único); "no caso de culpa" (arts. 251, § 3º, e 259, parágrafo único). Vale ressaltar que, no crime de receptação culposa (art. 180, § 3º), o Código não faz nenhuma referência expressa no sentido de constituir o tipo a modalidade culposa, muito embora isso configure opinião unânime da doutrina.

Além disso, se "A" e "B" agem com imprudência, um provocando lesão no outro, ambos respondem por crime de lesão corporal culposa, figurando o outro na condição de vítima. Nesse caso, há dois crimes, mas, de qualquer modo, um não se compensa com o outro.

■ 13.10. PRETERDOLO

Além dos crimes doloso e culposo, reconhece-se um *tertium genus*: o preterdoloso ou preterintencional, em que o resultado vai além da intenção do agente. Este deseja um resultado e o atinge, mas sua conduta enseja outro evento, por ele não querido (e decorrente de culpa). O sujeito atua com dolo no movimento inicial, havendo culpa no resultado agravador (além do pretendido). Diz-se tradicionalmente que existe "**dolo no antecedente e culpa no consequente**".

Frise-se que, se não for possível reconhecer a culpa no resultado agravador, o agente não responderá por este (CP, art. 19).

O crime preterdoloso é uma das espécies de **crime qualificado pelo resultado** (gênero). Podemos ter ainda crimes dolosos, agravados por resultados dolosos (ex.: latrocínio, no qual a morte pode derivar de culpa *ou dolo*), ou crimes culposos, agravados por resultados igualmente culposos (ex.: incêndio culposo agravado pelo resultado morte).

■ 13.11. SÍNTESE

FATO TÍPICO	
Crime doloso	**Crime culposo**
■ conduta dolosa ■ tipicidade ■ resultado (crimes materiais) ■ nexo causal (crimes materiais) ■ relação de imputação objetiva (crimes materiais)	■ conduta voluntária ■ resultado involuntário ■ nexo causal ■ tipicidade ■ relação de imputação objetiva ■ quebra do dever de cuidado objetivo (imprudência, negligência ou imperícia) ■ previsibilidade objetiva do resultado

ELEMENTOS (OBJETIVOS) DO FATO TÍPICO				
	Elementos	**Espécies**	**Teorias da ação**	**Crimes omissivos**
CONDUTA	exteriorização do pensamento + consciência + vontade + finalidade	a) conduta positiva: ação; b) conduta negativa: omissão	■ Causal ou naturalista ■ Finalista ■ Social ■ Evitabilidade individual ■ Personalista	a) próprios ou puros b) impróprios, impuros ou comissivos por omissão

TIPICIDADE	**Formal** (subsunção entre o fato concreto e o tipo penal) + **Material** (lesão ou perigo de lesão ao bem tutelado)	**Relação com a ilicitude** indiciária, isto é, a tipicidade do fato representa um indício de sua antijuridicidade	**Tipicidade conglobante** (decorre da inexistência da norma extrapenal autorizando ou incentivando a conduta tipificada em lei penal)	
RESULTADO	**Resultado naturalístico** (modificação no mundo exterior provocada pela conduta) *Só é necessário em crimes materiais*	**Classificação dos crimes segundo o resultado naturalístico** ▪ Materiais ou de resultado; ▪ Formais ou de consumação antecipada; ▪ De mera conduta ou simples atividade	**Resultado jurídico ou normativo** (encontra-se na tipicidade material)	**Classificação segundo o resultado jurídico** ▪ Crimes de dano ou de lesão; ▪ Crimes de perigo (concreto ou real e abstrato ou presumido)
NEXO CAUSAL	▪ É o requisito de imputação entre o resultado e a conduta adotado no Código Penal	▪ Baseia-se na teoria da equivalência dos antecedentes ou da *conditio sine qua non*	▪ A aferição do nexo de causalidade se dá com base no juízo de eliminação hipotética	▪ Os excessos da relação de causalidade devem ser corrigidos com a teoria da imputação objetiva

DOLO		
Elementos	**Abrangência**	**Espécies**
▪ Consciência e vontade (dolo natural ou neutro)	▪ Resultado pretendido + ▪ Meios escolhidos + ▪ Consequências secundárias inerentes aos meios (dolo de segundo grau)	▪ Dolo direto x indireto (eventual e alternativo) ▪ Dolo genérico x específico ▪ Dolo natural x normativo ▪ Dolo de dano x de perigo ▪ Dolo geral (*dolus generalis*)

CULPA		
Modalidades (quebra do dever de cuidado objetivo)	**Culpa consciente x culpa inconsciente**	**Observações**
▪ Imprudência, negligência ou imperícia	▪ Culpa consciente: com previsão (o agente prevê o resultado, mas tenta evitá-lo) ▪ Culpa inconsciente: sem previsão (o sujeito sequer prevê o resultado)	▪ Havendo concorrência de culpas, todos os que contribuíram com o resultado responderão por este, na medida de sua culpabilidade ▪ Não há compensação de culpas em Direito Penal

▪ 13.12. QUESTÕES

1. (TJ-PR — Titular de Serviços de Notas e de Registros — Remoção — NC-UFPR — 2019) Relação de causalidade é o liame ou vínculo de causa e efeito entre atos passíveis de serem imputados ao suspeito de determinado delito e seu resultado material. É certo que nosso direito positivo adotou um posicionamento sobre o assunto. A teoria da relação causal adotada pelo Código Penal brasileiro é:

a) causalidade adequada.

b) relevância jurídica.
c) totalidade das condições.
d) causa eficaz.
e) equivalência das condições.

2. (MPE-PR — Promotor Substituto — 2019) Para se determinar quando uma ação é causa de um resultado, foram elaboradas várias teorias. A respeito destas teorias, assinale a alternativa incorreta:

a) Para a Teoria da equivalência das condições, causa é a condição sem a qual o resultado não teria ocorrido.
b) Para a Teoria da causalidade adequada, causa é a condição mais adequada para produzir o resultado, fundando-se em um juízo de possibilidade ou de probabilidade à relação causal.
c) Para a Teoria da qualidade do efeito, causa é a condição da qual depende a qualidade do resultado, havendo diferenciação entre condições estáticas e dinâmicas, sendo que somente estas últimas seriam causa decisiva ou eficiente para o efeito.
d) Para a Teoria da imputação objetiva, não há diferenças entre níveis de admissibilidade de riscos permitidos, posto que o nível de proteção que cada tipo penal guarda é axiologicamente o mesmo.
e) Para a Teoria da relevância causal, causa da produção de um resultado depende, dentre outros critérios, da relevância jurídica da conexão causal do ato de vontade com o resultado.

3. (MPE-PI — Promotor de Justiça Substituto — CESPE — 2019) Assinale a opção que indica a teoria sobre a relação de causalidade penal, que define causa como uma condição sem a qual o resultado não teria ocorrido, sendo um antecedente invariável e incondicionado de algum fenômeno, sem distinção entre causa e condição.

a) teoria da equivalência das condições
b) teoria da causalidade adequada
c) teoria da prognose objetiva posterior
d) teoria da causa próxima ou última de Ortmann
e) teoria da imputação objetiva de resultado

4. (TJ-BA CESPE — Juiz de Direito Substituto — CESPE — 2019) João, com a intenção de matar José, seu desafeto, efetuou disparos de arma de fogo contra ele. José foi atingido pelos projéteis e faleceu.

Considere que, depois de feitos os exames necessários, se tenha constatado uma das seguintes hipóteses relativamente à causa da morte de José.

I Apesar dos disparos sofridos pela vítima, a causa determinante da sua morte foi intoxicação devido ao fato de ela ter ingerido veneno minutos antes de ter sido alvejada.
II A morte decorreu de ferimentos causados por disparos de arma de fogo efetuados por terceiro no mesmo momento em que João agiu e sem o conhecimento deste.
III A vítima faleceu em razão dos ferimentos sofridos, os quais foram agravados por sua condição de hemofílica.
IV A morte decorreu de uma infecção hospitalar que acometeu a vítima quando do tratamento dos ferimentos causados pelos tiros.

Nessa situação hipotética, conforme a teoria dos antecedentes causais adotada pelo CP, João responderá pela morte de seu desafeto caso se enquadre em uma das hipóteses previstas nos itens

a) I e II.
b) I e III.
c) III e IV.
d) I, II e IV.
e) II, III e IV.

5. (PC-SP — Delegado de Polícia — VUNESP — 2018) "Existe__________ quando o agente prevê o resultado, mas espera, sinceramente, que não ocorrerá; configura- se __________ quando a vontade do agente não está dirigida para a obtenção do resultado, pois ele quer algo diverso, mas, prevendo que o evento possa ocorrer, assume assim mesmo a possibilidade de sua produção."

Assinale a alternativa que correta e respectivamente completa as lacunas.

a) dolo indireto ... dolo alternativo
b) dolo eventual ... culpa consciente
c) culpa inconsciente ... culpa consciente

d) culpa consciente ... dolo eventual
e) culpa inconsciente ... dolo eventual

6. (Delegado de Polícia Substituto — PC-MG — FUMARC — 2018) NÃO é um elemento do tipo culposo de crime:

a) Conduta involuntária.
b) Inobservância de dever objetivo de cuidado.
c) Previsibilidade objetiva.
d) Tipicidade.

7. (Delegado de Polícia Civil — PC-PI — NUCEPE — 2018) JOÃO e JOSÉ estão na praia e resolveram entrar no mar. Em determinado momento eles começam a se afogar. Havia naquele local um salva-vidas que, ao avistar apenas JOÃO, notou que ele era seu desafeto e se recusou a salvá-lo; próximo a eles havia também um surfista, este avistou apenas JOSÉ pedindo socorro, mas, por ser seu inimigo, não atendeu aos pedidos dele, resolvendo sair do local. As duas pessoas acabam se afogando e morrendo. Em relação ao caso, qual das alternativas abaixo está CORRETA?

a) O salva-vidas responde por homicídio doloso por omissão.
b) O salva-vidas responde por omissão de socorro.
c) O surfista responde por homicídio doloso por omissão.
d) A conduta do surfista é atípica.
e) O surfista responde por homicídio culposo.

8. (Delegado de Polícia Substituto — PC-MG — FUMARC — 2018) Sabe-se que as atividades desportivas e médicas são fomentadas como "dever de Estado", não só pela Constituição Federal como também por outros diplomas em vigor. É certo, outrossim, que de tais atividades podem acontecer lesões corporais até mesmo com resultado morte aos envolvidos, em vista dos riscos inerentes às próprias atividades. Nesse sentido, na esteira da doutrina de E. R. Zaffaroni e Nilo Batista, é INCORRETO afirmar que:

a) Nos esportes arriscados, em regra, a aquiescência do esportista elimina a tipicidade conglobante nas condutas sistematicamente típicas (geralmente, culposas), eventualmente ocorrentes durante a prática esportiva, ainda que violadas as regras do jogo pelo autor.
b) As cirurgias médicas com fins terapêuticos, fomentadas juridicamente que são pelo Estado, permitem a consideração conglobada da norma deduzida do tipo legal, qualquer que seja seu resultado sobre a saúde ou a vida do paciente, desde que o médico proceda segundo a *lex artis*.
c) Nas intervenções cirúrgicas sem finalidade terapêutica, a falta de consentimento do paciente torna típica a lesão; o erro sobre a normatividade da ação por parte do médico, seja por crer que o assentimento lhe fora concedido, seja por supor que poderia ter atuado sem ele, constitui erro de proibição.
d) Na luta de boxe, por se tratar de atividade desportiva que contempla *ab initio* condutas subsumíveis ao tipo de lesões corporais dolosas, uma vez havendo infração das regras com causação de morte do adversário, será possível trabalhar o caso no modelo complexo do crime preterintencional.

9. (UFMT — DPE-MT — Defensor Público — 2016) Existe algum ponto de semelhança entre as condutas praticadas com culpa consciente e com dolo eventual?

a) Sim, pois, tanto na culpa consciente quanto no dolo eventual, há aceitação do resultado.
b) Não, pois não há ponto de semelhança nas condutas em questão.
c) Sim, pois em ambas o elemento subjetivo da conduta é o dolo.
d) Não, pois a aceitação do resultado na culpa consciente é elemento normativo da conduta.
e) Sim, pois, tanto na culpa consciente quanto no dolo eventual, o agente prevê o resultado.

10. (FUMARC — Câmara de Conceição do Mato Dentro — Advogado — 2016) No que tange ao conceito de crime, nos termos do Código Penal brasileiro, é CORRETO afirmar:

a) A tentativa é punida mesmo quando, por ineficácia absoluta do meio ou por absoluta impropriedade do objeto, é impossível consumar-se o crime.
b) A omissão é penalmente relevante quando o omitente devia e podia agir para evitar o resultado.

c) Considera-se crime tentado quando nele se reúnem todos os elementos de sua definição legal.
d) O agente que, voluntariamente, desiste de prosseguir na execução ou impede que o resultado se produza, responde nas mesmas penas aplicáveis ao crime consumado.

11. (FGV — MPE-RJ — Analista do Ministério Público — Processual — 2016) Diz-se que o crime é doloso quando o agente quis o resultado ou assumiu o risco de produzi-lo, e que o crime é culposo, quando o agente deu causa a resultado previsível por imprudência, negligência ou imperícia. Sobre o tema, é correto afirmar que:

a) o dolo direto de segundo grau também é conhecido como dolo de consequências necessárias;
b) para a teoria finalista da ação, o dolo e a culpa integram a culpabilidade;
c) no crime culposo, a imprudência se caracteriza por uma conduta negativa, enquanto a negligência, por um comportamento positivo;
d) o crime culposo admite como regra a forma tentada;
e) na culpa consciente, o agente prevê o resultado como possível, mas com ele não se importa.

12. (UFMT — DPE-MT — Defensor Público — 2016) NÃO é elemento constitutivo do crime culposo:

a) a inobservância de um dever objetivo de cuidado.
b) o resultado naturalístico involuntário.
c) a conduta humana voluntária.
d) a tipicidade.
e) a imprevisibilidade.

13. (CAIP-IMES — Câmara Municipal de Atibaia-SP — Advogado — 2016) Complete corretamente as frases abaixo assinalando a alternativa correta.

I. Configura-se o crime ____________, quando nele se reúnem todos os elementos de sua definição legal.
II. Configura-se o crime ____________, quando o agente quis o resultado ou assumiu o risco de produzi-lo.
III. Configura o crime ____________, quando por ineficácia absoluta do meio ou por absoluta impropriedade do objeto, a finalização e consumação do ato típico, antijurídico e culpável é afetada.
IV. Configura-se o crime ____________, quando o agente deu causa ao resultado por imprudência, negligência ou imperícia.

a) I. doloso; II. culposo. III. impossível; IV. consumado.
b) I. consumado; II. doloso; III. impossível; IV. culposo.
c) I. impossível; II. consumado; III. culposo; IV. doloso.
d) I. culposo, II. impossível, III. doloso; IV. consumado.

14. (MPDFT — Promotor de Justiça Adjunto — 2015) Sobre o nexo de causalidade, à luz do Código Penal brasileiro, assinale a opção CORRETA:

a) Por aplicação direta da teoria da causalidade adequada, adotada como regra pelo Código Penal brasileiro, "Télamon", operário da mina de extração de ferro, agindo sem dolo ou culpa, não pode ser responsabilizado pelo homicídio praticado com a arma de fogo produzida com aquele minério.
b) "Páris", com ânimo de matar, fere "Nestor", o qual, vindo a ser transportado em ambulância, morre em decorrência de lesões experimentadas em acidente automobilístico a caminho do hospital, sendo o acidente, no caso, causa superveniente e relativamente independente, respondendo "Páris" por homicídio consumado.
c) "Aquiles", sabendo que "Heitor" é hemofílico, fere-o, com intuito homicida, ocorrendo efetivamente a morte, em virtude de hemorragia derivada da doença da qual "Heitor" era portador, situação essa que leva à punição de "Aquiles" por homicídio tentado, sendo a hemofilia, nesse caso, considerada concausa.
d) "Menelau", inimigo do condenado à morte "Tideu", presenciando os instantes anteriores à execução, antecipa-se ao carrasco e mata o sentenciado, caso em que sua conduta não é punível, por falta de configuração jurídica de causa do resultado morte, que se daria de qualquer maneira.

e) "Pátroclo", com o intuito de matar "Eneas", dispara contra ele com arma de fogo, ferindo-o, sobrevindo a morte de "Eneas", exclusivamente por intoxicação causada por envenenamento provocado no dia anterior por "Ulisses", devendo "Pátroclo", nessa situação, responder por homicídio tentado, porque o envenenamento é considerado causa absolutamente independente preexistente.

15. (TCM/RJ — Auditor-Substituto de Conselheiro — FCC — 2015) A respeito da relação de causalidade, é INCORRETO afirmar que

a) o resultado, de que depende a existência do crime, só é imputável a quem lhe deu causa.
b) não há fato típico decorrente de caso fortuito.
c) não há crime sem resultado.
d) a omissão também pode ser causa do resultado.
e) o Código Penal adotou a teoria da equivalência das condições.

16. (TCE/CE — Conselheiro Substituto Auditor — FCC — 2015) O Código Penal adota no seu art. 13 a teoria conditio sine qua non (condição sem a qual não). Por ela,

a) imputa-se o resultado a quem também não deu causa.
b) a causa dispensa a adequação para o resultado.
c) a ação e a omissão são desconsideradas para o resultado.
d) tudo que contribui para o resultado é causa, não se distinguindo entre causa e condição ou concausa.
e) a omissão é penalmente irrelevante.

17. (DPE/PA — Defensor Público Substituto — FMP — 2015) A é esfaqueada por B, sofrendo lesões corporais leves. Socorrida e medicada, A é orientada quanto aos cuidados a tomar, mas não obedece à prescrição médica e em virtude dessa falta de cuidado, o ferimento infecciona, gangrena, e ela morre. Assinale a alternativa CORRETA.

a) B responde pelo resultado morte, visto se tratar de causa superveniente absolutamente independente.
b) B responde pelo ato de lesão praticado, visto se tratar de causa concomitante relativamente independente.
c) B responde pelo resultado morte, visto se tratar de causa concomitante absolutamente independente.
d) B responde pelo resultado morte, visto se tratar de causa preexistente relativamente independente.
e) B responde pelo ato de lesão anteriormente praticado, visto se tratar de causa superveniente relativamente independente, que por si só produziu o resultado.

18. (TRE/GO — Analista Judiciário — Área Judiciária — CESPE — 2015) Julgue o item seguinte, a respeito de concurso de pessoas, tipicidade, ilicitude, culpabilidade e fixação da pena.

Aquele que for fisicamente coagido, de forma irresistível, a praticar uma infração penal cometerá fato típico e ilícito, porém não culpável.

19. (PC/CE — Inspetor de Polícia Civil de 1ª Classe — VUNESP — 2015) Nos termos do Código Penal considera-se causa do crime

a) a ação ou omissão sem a qual o resultado não teria ocorrido.
b) a ação ou omissão praticada pelo autor, independentemente da sua relação com o resultado.
c) exclusivamente a ação ou omissão que mais se relaciona com a intenção do autor.
d) a ação ou omissão praticada pelo autor, independentemente de qualquer causa superveniente.
e) exclusivamente a ação ou omissão que mais contribui para o resultado.

20. (AGU — Advogado da União — CESPE — 2015) Acerca da aplicação da lei penal, do conceito analítico de crime, da exclusão de ilicitude e da imputabilidade penal, julgue o item que se segue.

Como a relação de causalidade constitui elemento do tipo penal no direito brasileiro, foi adotada como regra, no CP, a teoria da causalidade adequada, também conhecida como teoria da equivalência dos antecedentes causais.

21. (TJ/MS — Juiz Substituto — VUNESP — 2015) Assinale a alternativa correta.

a) Norma penal em branco é aquela cujo preceito secundário do tipo penal é estabelecido por outra norma legal, regulamentar ou administrativa.
b) A teoria da imputação objetiva consiste em destacar o resultado naturalístico como objeto do bem jurídico penalmente tutelado.
c) Da Constituição Federal de 1988 pode-se extrair a garantia à sociedade pela aplicação do princípio da não fragmentariedade, consistente na proteção de todos os bens jurídicos e proteção dos interesses jurídicos.
d) O Código Penal Brasileiro adotou a teoria do resultado para aferição do tempo do crime, conforme se depreende do art. 4º do mencionado Código.
e) A *tipicidade conglobante é um corretivo da tipicidade legal*, posto que pode excluir do âmbito do típico aquelas condutas que apenas aparentemente estão proibidas.

22. (DPE/PR — Defensor Público — NC-UFPR — 2014) Segundo a teoria da tipicidade conglobante, o fato não é típico por falta de lesividade:

1. quando se cumpre um dever jurídico.
2. quando, para defender um bem ou valor próprio, o agente sacrifica bem ou valor alheios de menor magnitude.
3. quando se pratica uma ação fomentada pelo direito.
4. quando há o consentimento do titular do bem jurídico.
5. quando o agente pratica a conduta em legítima defesa putativa.

Assinale a alternativa correta.

a) Somente as afirmativas 1, 2 e 4 são verdadeiras.
b) Somente as afirmativas 2 e 3 são verdadeiras.
c) Somente as afirmativas 1, 2, 4 e 5 são verdadeiras.
d) Somente as afirmativas 1, 3 e 4 são verdadeiras.
e) Somente as afirmativas 3 e 5 são verdadeiras.

23. (PC/PI — Delegado de Polícia — UESPI — 2014) Segundo a teoria da tipicidade conglobante proposta por Eugenio Raúl Zaffaroni, quando um médico, em virtude de intervenção cirúrgica cardíaca por absoluta necessidade corta com bisturi a região torácica do paciente, é CORRETO afirmar que

a) responde pelo crime de lesão corporal.
b) não responde por nenhum crime, pois está albergado pela causa de exclusão de ilicitude do exercício regular de direito.
c) não responde por nenhum crime, carecendo o fato de tipicidade, já que não podem ser consideradas típicas aquelas condutas toleradas ou mesmo incentivadas pelo ordenamento jurídico.
d) não responde por nenhum crime, pois estará agindo em erro de tipo provocado por terceiro.
e) não responde por nenhum crime, pois está albergado pela causa de exclusão de ilicitude do estado de necessidade.

24. (MPE/MA — Promotor de Justiça — 2014) A assertiva: *"a conduta expressa e previamente consagrada como um direito ou um dever será sempre atípica, pouco importando a subsunção formal ao tipo"*, está relacionada com:

a) A tipicidade concreta;
b) O erro de tipo;
c) O erro de proibição;
d) A tipicidade conglobante;
e) O erro de tipo permissivo.

25. (83º Concurso de Ingresso ao MPSP — 2003) São elementos do fato típico:

a) conduta, relação de causalidade, antijuridicidade e tipicidade.
b) conduta, resultado, relação de causalidade e culpabilidade.
c) conduta, resultado, relação de causalidade e tipicidade.
d) conduta, resultado, antijuridicidade e culpabilidade.
e) conduta, resultado, nexo de causalidade e antijuridicidade.

26. (Magistratura — TRF 3ª Região — 2007) Marque a alternativa correta.

a) Para o finalismo o dolo e a potencial consciência da ilicitude da conduta representam a mesma realidade como elemento necessário para o juízo de desvalor da ação ou omissão.

b) Mesmo após a reforma penal de 1984, a "intensidade do dolo" mantém-se como circunstância capaz de provocar maior dosagem de pena, já que é relevante para o Juiz avaliar o grau de reprovação social da conduta.

c) É atípico o comportamento praticado debaixo de irresistível coação física, respondendo o coator pelo fato na condição de autor imediato em concurso com a coação.

d) O tipo do injusto culposo é considerado "tipo fechado" porque a lei taxativamente prevê as modalidades de culpa (imprudência, imperícia e negligência), sendo ao menos uma delas o núcleo do tipo.

27. (181º Concurso de Ingresso à Magistratura/SP — 2007) A, decidido a matar B, sua namorada, leva-a a passeio de barco. No decorrer deste, B tropeça num banco, desequilibra-se, cai no lago e morre afogada, ante a inércia de A, que se abstém de qualquer socorro, não obstante saber nadar, dispor de bote salva-vidas na embarcação e não correr risco pessoal. Assinale a alternativa correta.

a) A deve responder por homicídio doloso por omissão.

b) A deve responder por homicídio culposo agravado pela omissão de socorro.

c) A não pode ser punido em decorrência da atipicidade da conduta.

d) A deve responder por crime de omissão de socorro, qualificado pela morte da vítima.

28. (Procurador da República — 22º Concurso — 2005) Crime é conduta típica, antijurídica e culpável. A partir desta definição estratiforme do delito, lembra-se o princípio *nullum crimen sine conducta*. Entretanto:

I. a conduta compreende o fato humano voluntário e o involuntário;

II. a conduta envolve a ação e a omissão, mas esta só tem relevância quando o omitente devia e podia agir para evitar o resultado;

III. a conduta atípica tem relevância no Direito Penal;

IV. a conduta humana é relevante para se verificar a ocorrência do delito, pois tem validade absoluta a parêmia latina *societas delinquere non potest:*

Analisando as assertivas acima, pode-se afirmar que:

a) estão corretas as de números I e II;

b) estão corretas as de números II e III;

c) estão corretas as de números III e IV;

d) todas estão corretas.

29. (84º Concurso de Ingresso ao MPSP — 2005) Aponte a única alternativa na qual todas as quatro classificações são apropriadas ao delito definido no art. 269, do CP — *Deixar o médico de denunciar à autoridade pública doença cuja notificação é compulsória.*

a) Crime omissivo impróprio, norma penal em branco, crime de perigo e crime que admite tentativa.

b) Crime omissivo puro, crime que não admite tentativa, crime de consumação antecipada, crime de ação múltipla.

c) Crime omissivo puro, crime próprio, norma penal em branco e crime de mera conduta.

d) Crime próprio, crime formal, crime de ação única e crime comissivo por omissão.

e) Crime que não admite nenhuma forma de concurso de pessoas, crime que não admite tentativa, crime permanente e crime formal.

30. (Procurador Municipal/SP — FCC — 2008) Crimes omissivos impróprios ou comissivos por omissão são aqueles:

a) que decorrem do não fazer o que a lei determina, sem dependência de qualquer resultado naturalístico.

b) em que a lei descreve a conduta do agente e o seu resultado.

c) em que a lei só descreve a conduta do agente, não aludindo a qualquer resultado.

d) que se consumam antecipadamente, não dependendo da ocorrência do resultado desejado pelo agente.

e) em que o agente, por deixar de fazer o que estava obrigado, produz o resultado.

31. (Procurador do Trabalho — XIII Concurso — 2006) Assinale a afirmativa INCORRETA, quanto à omissão em matéria penal:

a) a figura do "garantidor" ou "garante" é aplicável aos crimes omissivos impróprios;
b) crimes omissivos impróprios são aqueles objetivamente descritos com uma conduta negativa de não fazer o que a lei determina;
c) a causalidade nos crimes omissivos impróprios é normativa, estabelecendo-se entre o resultado e o comportamento que o agente estava juridicamente obrigado a fazer e do qual se omitiu;
d) o crime de omissão de socorro é exemplo de crime omissivo próprio;
e) não respondida.

32. (85º Concurso de Ingresso ao MPSP — 2006) Tendo em vista que, segundo Aníbal Bruno, "o tipo é por definição a fórmula descritiva das circunstâncias objetivas do crime", os tipos anormais:

a) são os que contêm elementos normativos, como a expressão "sem justa causa".
b) são os que contêm termos jurídicos, como "cheque".
c) são os que contêm expressões que exigem juízo de valoração, como "dignidade".
d) são os que contêm termos relativos a outras ciências, como "saúde".
e) todas as alternativas acima são hipóteses de tipos anormais.

33. (Procurador da República — 20º Concurso — 2003) Para os que concebem a teoria dos elementos negativos do tipo:

a) o ponto de partida a tal teoria está na relação tipicidade-culpabilidade.
b) posicionam-se em compatível com o tipo avalorado.
c) posicionam-se em concepção compatível com o tipo indiciário.
d) posicionam-se em concepção compatível com o tipo como *ratio essendi* da antijuridicidade.

34. (177º Concurso de Ingresso à Magistratura/SP — 2005) Ao tipificar o crime de "lesão corporal seguida de morte", o art. 129, § 3º, do Código Penal (Se resulta morte e as circunstâncias evidenciam que o agente não quis o resultado, nem assumiu o risco de produzi-lo) contempla:

a) uma hipótese exclusiva de crime culposo.
b) uma forma exclusiva de dolo direto.
c) uma forma exclusiva de dolo eventual.
d) uma forma autenticamente preterdolosa.

35. (177º Concurso de Ingresso à Magistratura/SP — 2005) Paulo foi agente de agressão violenta e dolosa contra Pedro, que em seguida veio a falecer. Mas, esse resultado letal foi decorrente de caso fortuito. Nesse caso, é correto afirmar-se que Paulo praticou crime de:

a) lesão corporal seguida de morte.
b) homicídio doloso.
c) homicídio culposo.
d) lesão corporal.

36. (Delegado de Polícia Civil/SP — 2011) Há algum ponto de semelhança entre condutas praticadas com culpa consciente e dolo eventual? Aponte a alternativa correta:

a) Sim. Tanto na culpa consciente quanto no dolo eventual há aceitação do resultado.
b) Sim. Tanto na culpa consciente quanto no dolo eventual o agente prevê o resultado.
c) Não. Não há nenhum ponto de semelhança nas condutas em questão.
d) Sim. Em ambas o elemento subjetivo da conduta é o dolo.
e) Não. Pois a aceitação do resultado na culpa consciente é elemento normativo da conduta.

37. (Procurador da República — 20º Concurso — 2003) O chamado *dolus generalis*

a) identifica-se com a *aberratio ictus.*
b) identifica-se com a *aberratio delicti.*
c) identifica-se, no curso causal, pela crença em antecipação do resultado, todavia ainda não acontecido.
d) identifica-se na *actio libera in causa.*

38. (Magistratura Trabalho — 15ª Região — 2008) É incorreto afirmar, sabendo-se que o crime pode ser doloso ou culposo, que:

a) não se admite compensação de multa;

b) há concorrência de culpas quando 02 (dois) indivíduos, um ignorando a participação do outro, contribuem culposamente para a produção de um fato definido como crime;
c) a regra é de que as infrações penais sejam imputadas a título de dolo e somente excepcionalmente a título de culpa, quando expressamente prevista tal modalidade;
d) culpa imprópria ocorre quando o sujeito prevê e quer o resultado, mas sua vontade baseia-se em erro de tipo inescusável ou vencível;
e) o crime culposo prescinde da existência real de um resultado.

39. (Procurador da Fazenda Nacional — ESAF — 2006) Geraldo pratica a conduta X. Sem desejar, porém assumindo o risco, tendo mentalmente antevisto o resultado, danifica o patrimônio de Ciro. A conduta de Geraldo, no aspecto subjetivo, identifica:

a) dolo direto;
b) dolo eventual;
c) culpa inconsciente;
d) culpa consciente;
e) preterdolo.

40. (Defensoria Pública/SP — FCC — 2007) Admitem a forma culposa os seguintes crimes no Código Penal:

a) homicídio, lesão corporal, dano, receptação e incêndio.
b) receptação, incêndio, explosão, perigo de inundação e desabamento.
c) difusão de doença ou praga, apropriação indébita, lesão corporal e perigo de desastre ferroviário.
d) homicídio, lesão corporal, explosão, uso de documento falso e ato obsceno.
e) receptação, incêndio, explosão, desabamento e difusão de doença ou praga.

41. (178º Concurso de Ingresso à Magistratura/SP — 2006) JOSÉ, com 16 anos de idade, sem habilitação para conduzir veículo automotor e sob a guarda e vigilância de seu pai, João, saiu com o automóvel do genitor, que sabia de sua conduta e tinha o dever de vigilância, envolvendo-se em grave acidente automobilístico a que deu causa por excesso de velocidade, motivo direto da morte da vítima VILMA. Como definir a responsabilidade de João:

a) João responderá por homicídio culposo (crime comissivo por omissão).
b) João responderá por homicídio doloso (crime comissivo por omissão).
c) João responderá por homicídio culposo (crime comissivo).
d) João responderá por homicídio doloso (crime omissivo).

42. (178º Concurso de Ingresso à Magistratura/SP — 2006) Assinale a alternativa falsa. É elemento do tipo injusto culposo:

a) a inobservância do dever objetivo de cuidado.
b) a produção de um resultado desejado como fim direcionado da ação.
c) a produção de um resultado e a existência de nexo causal.
d) a previsibilidade consciente e objetiva do resultado.

43. (88º Concurso de Ingresso à Carreira do MPSP — 2011) Em relação ao crime culposo, é correto afirmar que:

a) é sempre possível a tentativa.
b) só é possível a tentativa na chamada culpa consciente.
c) nunca é possível a tentativa.
d) é possível a tentativa na culpa imprópria.
e) é possível a tentativa na culpa inconsciente.

44. (Procurador da Fazenda Nacional — ESAF — 2006) A, capaz e imputável, deseja produzir o efeito X. Dadas as circunstâncias, entretanto, causa o efeito Y, contido no âmbito da previsibilidade. Caracteriza a conduta de A:

a) crime preterdoloso;
b) crime culposo;
c) crime doloso;
d) responsabilidade objetiva;
e) fato atípico.

45. (180º Concurso de Ingresso à Magistratura/SP — 2007) Antônio e Geraldo saem às ruas a fim de, em conjunto, praticarem roubos. Defrontam-se com Josué, ao sair de seu veículo. Antônio, armado de um revólver, acobertado por Geraldo, aborda a vítima e a subjuga no intento de roubar-lhe o automóvel. Assustada, a vítima resiste e acaba sendo ferida por dois disparos de Antônio, sofrendo lesões de natureza grave. Antônio e Geraldo fogem do local, sem nada roubarem. Hospitalizada, a vítima recebe injeção de penicilina, substância que lhe causa a morte por trauma alérgico. Em face do nosso estatuto penal, assinale a hipótese aplicável a Antônio e Geraldo.

a) Antônio responde por tentativa de latrocínio e Geraldo, por tentativa de roubo;
b) Ambos respondem por latrocínio tentado;
c) Antônio responde por latrocínio consumado, enquanto Geraldo, apenas por roubo;
d) Ambos respondem por roubo tentado e lesões corporais graves.

46. (83º Concurso de Ingresso ao MPSP — 2003) Nas causas supervenientes relativamente independentes em relação à conduta do sujeito, o resultado:

a) não é imputável, respondendo o agente pelos atos praticados.
b) é imputável ao agente.
c) não é imputável, pois há exclusão do nexo de causalidade.
d) é imputável, havendo, porém, diminuição da pena.
e) só é imputável ao agente quando se tratar de homicídio doloso.

47. (Procurador Municipal/SP — 2002) Tício, por razões de somenos importância, vem a ofender a integridade física de Caio, por meio de uma arma de fogo, produzindo-lhe lesões corporais de natureza grave. Ao ser socorrido, a ambulância, perigosamente conduzida por Paulus, vem a colidir com outro veículo, causando, destarte, a morte de Caio. As concausas que se encontram presentes no evento são:

a) naturais ou causais, havendo apenas o exaurimento da conduta inicial de Tício, que responderá por todos os atos.
b) preexistentes, na medida em que Paulus, ao dar causa ao evento morte, destruiu o nexo existente anterior.
c) supervenientes absolutamente independentes, com as implicações legais decorrentes.
d) supervenientes relativamente independentes, respondendo Tício pelos atos anteriormente praticados.
e) supervenientes relativamente independentes, com o estabelecimento de um concurso de pessoas entre Tício e Paulus, respondendo cada um na medida de sua culpabilidade.

48. (Procurador da República — 21º Concurso — 2004) A regra de imputação acolhida pelo Código Penal:

a) é exclusivamente a equivalência dos antecedentes causais;
b) é a da *conditio sine qua non* com temperamentos;
c) é suficiente para determinar a atribuição do resultado ao autor;
d) é incompatível com a teoria da imputação objetiva que incorpora a noção do risco.

49. (Concurso de Ingresso à Carreira do MP/PR — 2013) Assinale a alternativa correta:

a) No crime comissivo por omissão ou omissivo impróprio inexiste o dever jurídico de agir, não respondendo o omitente pelo resultado, mas pela própria prática da conduta omissiva, podendo ser citado, como exemplo, o crime de omissão de socorro. Já no crime omissivo próprio o omitente devia e podia agir para evitar o resultado;
b) No crime omissivo próprio o agente responde pelo resultado que deu causa. Já no caso do crime omissivo impróprio este se aperfeiçoa com a simples omissão;
c) Os denominados delitos omissivos próprios, como os omissivos impróprios ou comissivos por omissão, são considerados crimes de mera conduta, posto que a omissão não pode dar causa a qualquer resultado;
d) Os denominados crimes omissivos próprios admitem tentativa;
e) No crime omissivo próprio o omitente não responde pelo resultado, perfazendo-se o crime com a simples omissão do agente, podendo ser citado, como exemplo, o crime de omissão de socorro. Já no crime comissivo por omissão ou omissivo impróprio o omitente devia e podia agir para evitar o resultado.

50. (91º Concurso de Ingresso ao MPSP — 2015) São elementos do fato típico:

a) conduta, resultado, relação de causalidade e tipicidade.

b) conduta, resultado, relação de causalidade e culpabilidade.
c) conduta, resultado, antijuridicidade e culpabilidade.
d) conduta, resultado, nexo de causalidade e antijuridicidade.
e) conduta, relação de causalidade, antijuridicidade e tipicidade.

■ GABARITO ■

1. "e". CP, art. 13, *caput*, 2ª parte.
2. "d". Cada tipo penal possui âmbitos de proteção distintos, conforme o valor nele tutelado e, portanto, não guardam o mesmo nível axiológico de tutela.
3. "a". Trata-se da definição da teoria da equivalência dos antecedentes, que foi adotada pelo CP (art. 13, *caput*, 2ª parte).
4. "c". Nos itens I e II, há causa absolutamente independente, que exclui o nexo causal entre a conduta e o resultado.
5. "d". No dolo eventual, o agente prevê o resultado e age com indiferença, não se importando com sua produção, ao passo que na culpa consciente confia que ele não ocorrerá.
6. "a". No crime culposo a conduta é voluntária e o resultado é involuntário.
7. "a". Só o salva-vidas tinha o dever jurídico de agir para impedir o resultado. O surfista responde por crime omissivo próprio (omissão de socorro).
8. "a". A atipicidade conglobante exige tenham sido respeitadas as regras do jogo, para que, desse modo, incida a autorização prevista em norma extrapenal. A alternativa "c" é impugnável, pois, se o agente supõe que o assentimento lhe fora prestado, há erro de tipo, segundo a teoria limitada da culpabilidade, adotada pelo Código Penal.
9. "e". Nas duas figuras, o agente prevê resultado, mas não deseja produzi-lo.
10. "b". CP, art. 13, § 2º.
11. "a". O dolo direto se divide em dolo de primeiro e de segundo grau, o qual abrange as consequências secundárias inerentes aos meios escolhidos.
12. "e". Se o resultado for (objetivamente) imprevisível, o fato será penalmente atípico.
13. "b." CP, arts. 14 e 18.
14. "e." A causa absolutamente independente é a que não guarda qualquer relação com a conduta e por si só produz o resultado, afastando por completo o nexo causal entre a conduta do agente e o resultado. O agente, nesse caso, só responde pelos atos praticados.
15. "c". Há crime sem resultado naturalístico ou material (como os crimes de mera conduta). Não há crime, porém, sem resultado jurídico ou normativo.
16. "d". Pela teoria da equivalência dos antecedentes, tudo o que influencia o resultado é sua causa (não havendo entre estas — causa, condição e concausa — qualquer diferenciação).
17. "e". CP, art. 13, § 1º.
18. "errado". A coação física irresistível exclui a tipicidade.
19. "a". CP, art. 13, *caput*.
20 "errado". O CP adotou a teoria da equivalência dos antecedentes, que não se confunde com a teoria da causalidade adequada (CP, art. 13, *caput*).
21. "e". A tipicidade conglobante faz com que condutas enquadradas no tipo penal sejam atípicas por existir norma extrapenal que as autorize ou incentive.
22. "d". Nas alternativas 2 e 5 há, respectivamente, excludentes de ilicitude e erro de tipo, que exclui o dolo. Nas demais, contudo, constam situações em que há outra norma jurídica autorizando a conduta e, portanto, afastando a tipicidade conglobante.

23. "c". Havendo norma extrapenal autorizando ou incentivando a conduta, o fato será atípico à luz da teoria da tipicidade conglobante.

24. "d".

25. "c". A questão não menciona o dolo e a culpa. Para muitos autores, estariam estes embutidos na conduta.

26. "c". A coação física irresistível afasta a conduta por parte do coagido, de modo que o fato se torna penalmente atípico.

27. "d". O sujeito, embora tivesse a intenção prévia de matar a vítima, não praticou qualquer ato executório do crime de homicídio. Quanto à responsabilidade penal por omissão, não possuía o dever jurídico de agir, pois nenhuma das hipóteses do art. 13, § 2º, do CP se verificou.

28. "b". As assertivas I e IV estão erradas. Só há conduta se o fato for voluntário. No Brasil, entende-se inválida a expressão *societas delinquere non potest*, pois existe a responsabilidade penal da pessoa jurídica. De ver que a assertiva II encontra-se parcialmente correta, pois, nos crimes omissivos próprios, inexiste o dever jurídico específico de agir para evitar o resultado.

29. "c". É omissivo puro, pois o tipo descreve um não fazer e, como tal, é de mera conduta. É crime próprio, pois só o médico pode praticá lo. É norma penal em branco, pois o tipo não elenca as doenças de notificação compulsória.

30. "e". A única alternativa que se aproxima do conceito é a "e". Ver art. 13, § 2º, do CP.

31. "b". Os crimes omissivos impróprios ou comissivos por omissão são aqueles em que se imputa um delito comissivo a quem não impediu o resultado, embora pudesse e tivesse o dever jurídico de agir para fazê lo (CP, art. 13, § 2º).

32. "e". São considerados "tipos anormais" aqueles que contêm elementos normativos, os quais só podem ser compreendidos com um juízo de valor, científico, jurídico, cultural etc.

33. "d". A teoria dos elementos negativos do tipo enxerga neste, além das elementares que o integram, requisitos negativos, consistentes na ausência das excludentes de ilicitude. O tipo penal do homicídio seria, portanto, "matar alguém fora dos casos de legítima defesa, estado de necessidade etc.". Essa concepção se aproxima da visão em que o tipo e a antijuridicidade são a razão de ser (*ratio essendi*) um do outro.

34. "d". São crimes preterdolosos aqueles que preveem uma conduta dolosa e um resultado agravador imputado ao agente a título de culpa.

35. "d". De acordo com o art. 19 do CP, "Pelo resultado que agrava especialmente a pena, só responde o agente que o houver causado ao menos culposamente". Logo, a morte não pode ser imputada a Paulo, que só responde por lesão corporal.

36. "b". Nas duas figuras, ocorre a previsão do resultado, embora na culpa consciente o agente procure evitá-lo e, no dolo eventual, assuma o risco de produzi-lo.

37. "c". Dá-se o dolo geral ou *dolus generalis* quando o agente realiza uma conduta, visando a produção de um resultado (por exemplo, golpeia violentamente a vítima na cabeça) e, acreditando que o produziu (morte, *v.g.*), pratica novo comportamento com finalidade diversa (p. ex.: enterra o suposto cadáver), mas que acaba gerando o resultado almejado (a morte é gerada pela asfixia, e não pelo golpe desferido); ou seja, ele acredita erroneamente que já antecipou o resultado.

38. "e". O crime culposo pressupõe a produção de um resultado não desejado pelo agente.

39. "b". Há dolo eventual quando o agente prevê o resultado, mas, embora não o deseje, com ele não se importa, assumindo o risco de produzi-lo.

40. "e". Os crimes de dano, perigo de inundação, apropriação indébita, uso de documento falso e ato obsceno somente são punidos a título de dolo.

41. "a". A responsabilidade do pai decorre do art. 13, § 2º, *a*, do CP.

42. "b". Se o agente produz resultado típico desejado, comete crime doloso.

43. "d". A culpa imprópria é a única que admite a tentativa, pois há um ato doloso, apenado como delito culposo em face de um erro cometido pelo agente na compreensão dos fatos (CP, arts. 20, § 1º, e 23, parágrafo único).

44. "a". Dá-se o crime preterdoloso quando o agente pratica uma conduta dolosa e um resultado posterior, que agrava a pena, lhe é imputado a título de culpa.

45. "b". Todo aquele que concorre para o crime incide nas penas a este cominadas, na medida de sua culpabilidade. Os agentes, porém, não respondem pelo resultado morte, pois esta foi decorrente de causa superveniente relativamente independente da conduta.

46. "a". CP, art. 13, § 1º. Tais causas excluem a imputação do resultado.

47. "d". Houve causa superveniente, relativamente independente da conduta, que afasta a imputação do resultado, nos termos do art. 13, § 1º, do CP.

48. "b". O Código Penal adotou a teoria da equivalência dos antecedentes ou da *conditio sine qua non* como critério de imputação do resultado à conduta (art. 13, *caput*). Há, contudo, temperamento no § 1º.

49. "e". Ver, quanto aos omissivos impróprios, o art. 13, § 2º, do CP.

50. "a". As demais alternativas fazem menção à antijuridicidade e à culpabilidade, que não são elementos do fato típico.

14

TEORIA DA IMPUTAÇÃO OBJETIVA

14.1. INTRODUÇÃO

A teoria da imputação objetiva constitui **um dos pilares do sistema funcionalista**. Trata-se de um **requisito normativo inserido no fato típico**, fundamental para que se possa atribuir ao agente o resultado previsto no tipo penal.

14.2. O QUE É A RELAÇÃO DE IMPUTAÇÃO OBJETIVA (*OBJEKTIVEN ZURECHNUNG*)?

De modo sucinto, pode-se dizer que a teoria geral da imputação objetiva (conforme concebida por Roxin) **consiste num conjunto de pressupostos jurídicos que condicionam a relação de imputação (atribuição) de um resultado jurídico (ou normativo) a um determinado comportamento (penalmente relevante)**.

Luís Greco a conceitua como "o conjunto de pressupostos que fazem de uma causação uma causação típica, a saber, a criação e realização de um risco não permitido em um resultado"[1].

14.3. HISTÓRICO DA TEORIA GERAL DA IMPUTAÇÃO OBJETIVA

Coube a Claus Roxin, precursor da teoria, indicar sua árvore genealógica. Segundo ele, quem primeiro introduziu, no âmbito do Direito, o conceito da imputação de uma conduta a um resultado como problema de cunho jurídico (e não naturalístico) foi o civilista Karl Larenz, em 1927.

Esse autor definira o conceito de imputação para o Direito em sua tese de doutorado, intitulada *A teoria da imputação de Hegel e o conceito de imputação objetiva* (*Hegels Zurechnunglehre und der Begriff der objektiven Zurechnung*). Nessa obra, Larenz demonstra intensa preocupação em estabelecer os pressupostos jurídicos adequados para determinar quais consequências de nossos atos podem nos ser atribuídas como obras nossas e quais são obras do acaso.

Richard Honig, em 1930, trouxe para o Direito Penal a mesma preocupação de Larenz, em seu artigo *Causalidade e imputação objetiva* (*Kausalität und objektive Zurechnung*). Honig tomou como ponto de partida a polêmica existente entre a teoria

---

[1] A teoria da imputação objetiva: uma introdução. In: Claus Roxin, *Funcionalismo e imputação objetiva no direito penal*, p. 15.

da equivalência dos antecedentes e a teoria da causalidade adequada[2], no que concerne à busca do critério acertado para se atribuir um resultado a uma pessoa. O autor concluiu que a aferição da relação de causalidade material não poderia ser (mais) considerada como um dos aspectos centrais da Teoria do Delito. No lugar de pressupostos causalísticos (ou materiais), deveria o jurista valer-se de requisitos jurídicos para se estabelecer um liame entre ação e resultado.

Em 1970, Claus Roxin escreveu suas *Reflexões sobre a problemática da imputação no direito penal*. Neste ensaio, o autor resgatou o pensamento de Honig quanto à rejeição da importância da causalidade material e elaborou as bases fundamentais da "moderna" teoria da imputação objetiva (calcada no princípio do risco).

> "(...) a questão jurídica fundamental não consiste em averiguar se determinadas circunstâncias se dão, mas em estabelecer os critérios em relação aos quais queremos imputar a uma pessoa determinados resultados. A alteração da perspectiva que aqui se leva a cabo, da causalidade para a imputação, faz com que o centro de gravidade se desloque, já em sede de teoria da ação, da esfera ontológica para a normativa: segundo esta, a questão de saber se é possível imputar a um homem um resultado como obra sua, depende, desde o início, dos critérios de avaliação a que submetemos os dados empíricos. Por conseguinte, se, como faz Honig, colocarmos no centro de toda a discussão jurídico-penal 'o juízo de imputação com o seu caráter específico e basicamente distinto do juízo causal', tal implica a tese, hoje muito discutida, da normatividade do conceito jurídico-penal de ação"[3].

A principal diferença entre a moderna teoria da imputação objetiva (Roxin) e sua concepção original (Larenz e Honig) consiste em que "primeiramente, a formulação moderna trabalha com a ideia de risco, de perigo, ainda não presente de forma explícita nas primeiras construções; em segundo lugar, a formulação moderna desenvolve uma série de critérios de exclusão da imputação, enquanto as teorias primitivas esgotavam-se, fundamentalmente, em excluir os resultados imprevisíveis"[4], isto é, cuidavam dos chamados "cursos causais extraordinários".

■ 14.4. A IMPUTAÇÃO OBJETIVA SEGUNDO CLAUS ROXIN

O citado autor intenta, em suas primeiras concepções, construir uma teoria geral da imputação objetiva, aplicável aos crimes materiais. Para ele, a imputação objetiva **deveria substituir a relação de causalidade**, abandonando-se de vez o "dogma da

---

[2] Pela teoria da causalidade adequada, pode-se dizer, em síntese, que somente haverá relação de causalidade entre uma conduta e um resultado, se aquela se mostrar como a causa mais adequada a produzi-lo, segundo um juízo de probabilidade. Esta teoria baseia-se num juízo de prognose póstuma objetiva, em que se verifica, em primeiro lugar, se uma pessoa dotada de conhecimentos medianos poderia antever o resultado como provável ou possível na situação em que o agente se encontrava. Se a resposta for afirmativa e, portanto, o resultado puder ser antevisto como provável ou possível diante da conduta praticada, ficará estabelecida a relação de causalidade.

[3] Claus Roxin, *Problemas fundamentais de direito penal*, p. 145-146.

[4] Luís Greco, *A teoria da imputação objetiva*, p. 15.

causalidade" (fundado na teoria da equivalência dos antecedentes ou da *conditio sine qua non*).

Com efeito, afirmava o penalista alemão: "Esta redução da possibilidade objetiva com base no princípio do risco possibilita uma divisão do nosso critério que poderia permitir elaborar, para os crimes de resultado, uma teoria geral da imputação *completamente desligada do dogma causal*"[5].

Roxin qualificou a teoria da equivalência de "invenção metodologicamente infeliz", já que: "(...) necessita de inúmeras correções, cuja dificultosa fundamentação anula a vantagem da simplificação conseguida através da aplicação da teoria da condição; além disso, coloca novos problemas, os quais ficam excluídos à partida se os critérios de imputação orientados para a realidade se aplicarem"[6].

Em seus estudos mais recentes, todavia, nota-se que Claus Roxin admite a necessidade de aferição da relação de causalidade. É o que deflui do seguinte trecho: "Uma tal imputação objetiva, nos delitos comissivos, é de antemão impossível se o autor não causou o resultado. Quando, por ex., não se puder comprovar que um determinado medicamento é causa das lesões ocorridas nos pacientes com ele tratados, não se pode considerar que o fabricante do medicamento tenha lesionado alguém. Por causa disso, a teoria do nexo de causalidade (ao menos nos delitos comissivos, os únicos de que aqui se vai tratar) é o fundamento de toda imputação ao tipo objetivo. O primeiro pressuposto de toda realização do tipo é sempre que o autor tenha causado o resultado. Contudo, ao contrário do que antigamente se supunha, para que o tipo objetivo se considere realizado não basta estarem presentes a causalidade e as elementares escritas. (...) Como veremos, além do acaso, há outros motivos que podem excluir uma imputação ao tipo objetivo"[7].

No Brasil, Damásio de Jesus crê que a teoria da imputação objetiva virá a substituir a relação de causalidade material, embora admita que, no estágio atual de sua evolução, serve ela de complemento à causalidade objetiva. "(A teoria da imputação objetiva) pretende substituir o dogma causal material por uma relação jurídica (normativa) entre a conduta e o resultado. Tem a missão de resolver, do ponto de vista normativo, a atribuição de um resultado penalmente relevante a uma conduta. Assim, apresenta-se, no futuro, como substituta da doutrina da causalidade material, procurando dar melhor explicação a questões que o finalismo não conseguiu resolver. No momento, sem prescindir da causalidade objetiva, é seu complemento, atuando na forma de critério restritivo do dogma causal material"[8].

Em nosso ponto de vista, não há como prescindir do exame da relação de causalidade material, pois esta constitui requisito legal expresso na análise da imputação de um resultado a uma conduta (v. art. 13, *caput*, do CP).

---

5 *Problemas fundamentais de direito penal*, p. 148-149, grifo nosso.

6 *Problemas fundamentais de direito penal*, p. 151.

7 *Funcionalismo e imputação objetiva no direito penal*, p. 270.

8 *Imputação objetiva*, p. 23-24, parênteses nossos.

14.4.1. Os níveis de imputação conforme Roxin

Deve-se frisar, de início, que para o autor a imputação ao tipo objetivo constitui problema ligado aos crimes que exigem resultado desvinculado no tempo e no espaço da conduta do agente.

> "Um resultado espaço-temporalmente distinto da ação do autor. Nos delitos de simples atividade, como a violação do domicílio (§ 123) ou o falso testemunho (§ 154), a imputação ao tipo objetivo esgota-se na subsunção sob os elementos específicos do tipo em questão. (...) Nos delitos de resultado, pelo contrário, é de se decidir de acordo com regras gerais se a lesão ao objeto da ação (por ex., a uma pessoa nos §§ 212, 213, ou a uma coisa, no § 313) pode ser imputada ao acusado como obra sua; se não for este o caso, não terá ele matado, lesionado, danificado, etc., no sentido da lei"[9].

Em sua teoria geral da imputação objetiva, o penalista a estrutura a partir de **três níveis de imputação** (ou **três requisitos jurídicos para se imputar um resultado jurídico a uma determinada conduta**).

São eles:

- **a criação de um risco relevante e proibido;**
- **a repercussão do risco no resultado[10]; e,**
- **a exigência de que o resultado esteja dentro do alcance do tipo.**

14.4.1.1. Primeiro nível de imputação: produção (ou incremento) de um risco relevante e proibido

O **primeiro nível de imputação** requer que o sujeito tenha produzido (ou aumentado) um risco relevante e proibido, caso contrário (riscos irrelevantes, permitidos ou diminuídos), ter-se-á um fato penalmente atípico.

Roxin indica como **riscos irrelevantes** os "**riscos gerais da vida**" (p. ex., induzir alguém a praticar paraquedismo, na esperança de que um dia o aparelho falhe e a vítima faleça, ou incentivar uma pessoa a realizar viagem de automóvel por uma estrada perigosa, visando a ocorrência de um acidente fatal). Desta forma, quem se aproveita de tais riscos não pode ser considerado responsável pelo resultado, já que este não pode ser tido como obra sua.

Outra categoria com a qual o autor trabalha é a dos "**riscos permitidos**". Se o sujeito produziu um risco permitido, não há imputação objetiva ao resultado (e, como consequência, a responsabilidade penal). **Consideram-se riscos permitidos** os **autorizados** em face de sua **utilidade social**, como o decorrente do tráfego de automóveis (dentro das regras de trânsito), a **correta utilização da *lex artis*** (no caso da Medicina ou da Engenharia, por exemplo), **a prática de esportes**, dentre outros.

---

9 *Funcionalismo e imputação objetiva no direito penal*, p. 267-268. Os parágrafos citados referem-se aos crimes de homicídio, lesão corporal e dano, no Código Penal alemão.

10 Fala-se também, quanto a este nível, em "realização do risco no resultado".

Segundo o penalista, também se compreendem no risco permitido os casos aos quais se aplica o **princípio da confiança**. De acordo com tal princípio, não se pune quem pratica o fato na confiança de que terceiros, de quem se espera uma atitude subsequente, realizarão um ato conforme o Direito; por exemplo, se um motorista de veículo automotor trafega na via preferencial, confia que o outro irá aguardar sua passagem, dando-lhe a preferência — se isto não ocorrer, não se poderá imputar àquele que trafegava na via principal qualquer responsabilidade pelo acidente, ainda que fosse possível a ele evitá-lo, reduzindo a marcha do veículo.

O princípio da confiança também incide com relação a condutas precedentes à do autor do fato, quando este age na crença de que a pessoa que lhe antecedeu atuou conforme o Direito; por exemplo, se um médico emprega material cirúrgico, confia que seus assistentes o esterilizaram corretamente — caso isto não tenha ocorrido, ao médico não se imputará a infecção contraída pelo paciente, cabendo tal responsabilidade exclusivamente aos seus antecessores.

O autor ensina, também, que um comportamento redutor do risco proibido e relevante gerado por terceiro não age de modo contrário ao Direito e, por tal razão, não se imputará a ele objetivamente o resultado produzido (p. ex., se uma pessoa convence um furtador a subtrair da vítima mil reais, ao invés de cinco mil, não comete furto, embora tenha influenciado no ato criminoso).

14.4.1.2. *Segundo nível de imputação: repercussão do risco no resultado*

O **segundo nível de imputação**, a ser analisado depois da verificação da criação de um risco relevante e proibido, **consiste em constatar se o risco produzido se refletiu no resultado** (ou se este foi produto de outros fatores).

Nesse contexto, **são analisadas as "causas imprevisíveis" ou "cursos causais extraordinários ou hipotéticos"** (ou, ainda, causas supervenientes relativamente independentes à conduta). Não se imputará objetivamente um resultado ao autor, quando este não detinha controle sobre o desenrolar causal dos acontecimentos. Por exemplo, o atropelador não responde pela morte do pedestre ferido se esta se deu por força de um incêndio no hospital[11].

Também se enquadram neste nível de imputação os riscos que não tiveram nenhuma influência no resultado (e, portanto, teriam ocorrido de qualquer maneira). **Há casos nos quais o resultado teria ocorrido de qualquer modo, ainda que o agente empregasse toda a diligência recomendada para a situação**. Em assim sendo, não se poderá imputar a ele o resultado produzido. O conhecido exemplo do fabricante de um pincel com pelo de cabra pode ser analisado sob este enfoque. Se este deixar de fornecer a seus funcionários equipamentos adequados de proteção individual, e eles vierem a contrair uma infecção mortal, não haverá imputação objetiva da morte ao ato do fabricante, caso se comprove que o evento letal se dera por influência de um bacilo até então desconhecido, cujo contágio seria inevitável, ainda

[11] É de registrar que, para tais casos, nosso Código Penal vigente contém expressa solução (cf. art. 13, § 1º).

que os equipamentos e normas técnicas de segurança houvessem sido corretamente aplicados.

Por derradeiro, insere o autor, no segundo nível de imputação, **os resultados não compreendidos no fim de proteção da norma**. Cuida-se de perquirir, diante de uma norma de cuidado, qual a finalidade para que fora ela instituída, isto é, o que visava proteger. Daí se verifica se havia correlação entre o resultado ocorrido e a norma violada, ou seja, se o resultado produzido encontrava-se no âmbito daquilo que a norma de cuidado procurava evitar.

Roxin exemplifica, recorrendo à norma de cuidado que exige dos ciclistas, durante a noite, utilizarem um farol. Trata-se de norma de cuidado, cujo escopo é proteger o próprio ciclista contra acidentes pessoais. Assim, caso dois ciclistas andem com farol apagado e o que vai à frente seja abalroado por um veículo, não se pode imputar a morte ao segundo ciclista, muito embora se comprove que, se ele tivesse acionado o farol, evitaria a morte. A norma de proteção visa impedir acidentes pessoais, e não em terceiros.

■ 14.4.1.3. *Terceiro nível de imputação: resultado dentro do alcance do tipo*

O **terceiro e último nível de imputação**[12] consiste em examinar se **o risco gerado está compreendido no alcance do tipo**[13]. Constatados os níveis anteriores de imputação, deve-se analisar se o risco encontra-se dentro do "alcance do tipo, o fim de proteção da norma inscrita no tipo (ou seja, da proibição de matar, ferir, danificar, entre outras)". Pode haver casos, segundo Roxin, em que o tipo não compreende "resultados da espécie do ocorrido, isto é, quando o tipo não for determinado a impedir acontecimentos de tal ordem. Esta problemática é relevante em especial nos delitos culposos"[14].

Com relação aos delitos dolosos, o exame de o risco estar compreendido no alcance do tipo incriminador tem relevância em três situações:

- *autocolocação dolosa em perigo*;
- *heterocolocação consentida em perigo*;
- *âmbito de responsabilidade de terceiros*.

Por "autocolocação dolosa em perigo", Roxin entende as situações em que o ofendido se coloca dolosamente numa situação de perigo. Essa atitude exclui a responsabilidade de terceiros pelos resultados sofridos pela vítima. Assim, por exemplo, se alguém realiza algum contato sexual desprotegido com outrem, sabendo ser este

---

12 A existência deste terceiro nível de imputação constitui uma das peculiaridades da teoria de Roxin.

13 Roxin, inicialmente, fazia uso da expressão "risco compreendido no âmbito de proteção da norma". Para evitar confusões, no sentido de entender qual a "norma" a que seu critério fazia referência (isto é, a norma proibitiva constante do tipo penal, e não outras eventualmente consideradas, como as normas de trânsito etc.), passou a utilizar "risco compreendido no alcance do tipo".

14 *Funcionalismo e imputação objetiva no direito penal*, p. 352.

portador do vírus HIV, fica afastada a responsabilidade do parceiro decorrente do contágio venéreo.

Nos casos de "heterocolocação consentida em perigo", o autor examina fatos em que o ofendido autoriza, de modo livre e consciente, a que alguém o coloque em situação perigosa, como ocorre no exemplo do passageiro que solicita carona a um motorista visivelmente embriagado, vindo a ferir-se num acidente automobilístico.

Há, finalmente, a chamada "responsabilidade de terceiros" no resultado, a qual afasta a imputação objetiva de quem produziu inicialmente o risco proibido e relevante. Roxin enquadra as situações de erro médico neste âmbito. Segundo o autor, em matéria de erro médico, devem-se distinguir os casos em que o erro *substitui* o perigo gerado daqueles em que o erro *não impede* a repercussão do risco no resultado.

Quando o erro médico substitui o perigo, só o profissional responde pelo resultado (p. ex., se a vítima de um atropelamento, ao ser submetida a uma intervenção cirúrgica, vem a falecer por decorrência de um choque anafilático, o atropelador responde somente pelas lesões, imputando-se a morte, exclusivamente, ao médico).

Quando o erro não impede a realização do resultado, vale dizer, quando o médico imperitamente deixa de empregar a diligência recomendada a um profissional mediano, deve-se analisar o grau de culpa em que incorreu. Havendo culpa leve de sua parte, tanto ele quanto o produtor do risco inicial (p. ex., o motorista que atropelou a vítima hospitalizada) responderão pelo resultado. Ocorrendo culpa grave, só o médico responderá pelo evento final.

■ 14.5. A IMPUTAÇÃO OBJETIVA SEGUNDO JAKOBS

Um dos pontos fundamentais em que a teoria da imputação objetiva de Günther Jakobs distancia-se da de Claus Roxin reside no enfoque dado à relação de causalidade material.

Enquanto Roxin propõe que ela seja completamente substituída pela relação de imputação objetiva (embora tenha asseverado, posteriormente, que não há como ignorar o nexo de causalidade), Jakobs sustenta ser impossível abrir mão de um mínimo de causalidade material na aferição da responsabilidade penal.

Nesse sentido, a **imputação objetiva cumpriria um papel negativo**, vale dizer, atuaria como uma **teoria para restringir o alcance do nexo causal fundado na teoria da equivalência dos antecedentes**. Essa abordagem também se faz presente no escólio de Enrique Bacigalupo e Juarez Tavares.

Segundo Jakobs, depois de se aferir a existência de nexo causal entre a conduta e o resultado, segundo a teoria da *conditio sine qua non*, por meio do processo de eliminação hipotética, deve-se verificar se houve imputação objetiva entre a conduta e o resultado, de modo que esta teoria age como um freio (e não como substituto) da relação de causalidade material.

Citado doutrinador estrutura a teoria da imputação objetiva a partir das seguintes premissas:

- a imputação objetiva é vinculada a uma sociedade concretamente considerada;
- o contato social gera riscos; e,
- a imputação objetiva enfoca apenas comportamentos que violam um determinado papel social.

A imputação enquanto forma, isto é, a tarefa de se determinar quando alguém deve responder por seus atos, segundo Jakobs, sempre se fez presente na história da humanidade.

O autor cita, como exemplo, a passagem do Gênesis, em que Adão procurou justificar-se perante Deus, dizendo que o fruto que comera lhe fora dado por Eva, a mulher que Ele havia criado. Adão, portanto, relatava o fato e, ao mesmo tempo, procurava se defender, transferindo a responsabilidade à mulher que o próprio Criador lhe enviara.

O que varia no tempo e no espaço — em função de uma sociedade concretamente considerada — é o conteúdo da imputação, ou seja, a eleição de quais critérios são adequados para que se possa atribuir a alguém a responsabilidade por seus atos.

Todo contato social sempre produz algum perigo. Trata-se de contingência inafastável do convívio humano. Desde um simples aperto de mão, capaz de transmitir germes, passando pelo ato de dividir alguma comida, até atitudes como permitir que seus filhos pequenos brinquem com outras crianças, conduzam automóveis, sirvam-se de bebidas alcoólicas, entre outras, revelam que todo contato humano traz um potencial irremediável de perigo.

Estes perigos jamais podem ser eliminados por completo, sob pena de se paralisar a sociedade. Assim, o que se pode esperar razoavelmente das pessoas não é que não gerem quaisquer perigos, mas que cumpram um determinado papel social. Não se pode impedir, por exemplo, que o garçom sirva bebidas alcoólicas no interior de um estabelecimento, mas se pode proibir o ato de fazê-lo a um menor de 18 anos. Não há como impedir a fabricação de veículos automotores, embora se possa exigir dos fabricantes a observância de normas técnicas, para que os carros estejam dentro de *standards* de segurança automotiva. É impossível impedir que restaurantes sirvam comidas a seus clientes, porém, pode-se obrigá-los a cumprir seu papel social mediante a observância de regras sanitárias.

A imputação objetiva apenas guarda referência com comportamentos que violam determinado papel social. Jakobs fornece alguns exemplos em que não há imputação objetiva do resultado ao agente que se manteve dentro do papel social que lhe é atribuído: a) se um mecânico de automóveis conserta um veículo automotor, mesmo tendo ciência de que seu dono tem o costume de trafegar desrespeitando o limite de velocidade, não se poderá imputar a ele algum acontecimento fatal decorrente da imprudência do motorista; b) se o garçom serve uma garrafa de vinho a um cliente, mesmo sabendo que ele sairá do estabelecimento conduzindo um automóvel, não será responsabilizado pela morte decorrente do acidente automobilístico causado por conta da embriaguez ao volante.

14.5.1. Princípios excludentes de imputação segundo Jakobs

Em sua obra *A imputação objetiva no direito penal*, Jakobs procura assentar as premissas descritas anteriormente e, em seguida, estabelecer os princípios que, segundo sua teoria, afastam a responsabilidade pelo ato (ainda que exista relação de causalidade material).

14.5.1.1. Princípio do risco permitido

O primeiro princípio que afasta a imputação consiste na criação de um risco permitido.

Na visão de Jakobs, este se dá nas seguintes situações:

- normas jurídicas que autorizam comportamentos perigosos, como ocorre, por exemplo, com as regras de trânsito de veículos automotores, as práticas desportivas autorizadas ou normas técnicas de atividades industriais;
- fatos socialmente adequados, por exemplo, um passeio de automóvel com amigos ou o ato de levar alguém a uma caminhada por uma montanha;
- fatos relacionados com uma determinada *lex artis*, ou seja, comportamentos praticados com a estrita observância das regras técnicas de determinada atividade, como a Medicina ou a Engenharia; e,
- autorizações contidas em normas extrapenais, por exemplo, o emprego de desforço imediato na defesa da posse de um bem imóvel.

O autor desenvolve, ainda nesta esfera, conceitos de **compensação do risco** e de **variabilidade do risco.**

A **compensação de um risco** significa que **o emprego de uma maior diligência ou habilidade por parte do agente seria capaz de compensar um risco proibido por ele criado**. Assim, por exemplo, se um piloto profissional, em exibição realizada em via pública para promover uma corrida automobilística, efetuasse manobra arriscada próximo a pedestres, como um "cavalo de pau", não responderia por direção perigosa (CTB, art. 309), porque sua *expertise* compensaria o risco provocado. **Não se pode falar em compensação de risco, porém, quando existe alguma normatização a respeito**, estabelecendo um padrão obrigatório (*standard*) a ser observado. É o que se dá no caso da embriaguez ao volante, tipificada no art. 306 do CTB, em que a maior experiência ou habilidade por parte do condutor não eliminará o risco proibido por ele gerado, se dirigia alcoolizado, com nível de concentração de álcool por litro de sangue igual ou superior a 6 decigramas.

Já a noção de **variabilidade do risco** é utilizada para indicar que **o mesmo comportamento produtor de risco pode variar conforme o papel social do agente**. Se a mãe cuida da ferida de seu filho e, para isto, emprega um material não esterilizado, não há falar, objetivamente, em delito, ainda que daí tenha havido um agravamento das lesões. Se um médico, por outro lado, age de modo semelhante, há imputação objetiva ao tipo penal das lesões corporais.

■ *14.5.1.2. Princípio da confiança*

O **segundo princípio** com o qual Jakobs trabalha é o **princípio da confiança**. Ensina o autor que, na vida em sociedade, as pessoas não podem ser obrigadas a sempre desconfiar dos outros, supondo constantemente que as demais pessoas não cumprirão seu papel social. Justamente por isso, haverá exclusão da responsabilidade penal quando alguém agir confiando que outrem cumprirá o seu papel.

Esse princípio, na doutrina de Jakobs, não ingressa no conceito de risco permitido, muito embora se projete de modo semelhante ao desenvolvido por Roxin.

■ *14.5.1.3. Princípio da proibição do regresso*

O **terceiro princípio** é o da **proibição do regresso:** um comportamento lícito não permite que se imputem objetivamente a quem o praticou atos subsequentes de terceiros; por exemplo, se um motorista de táxi conduz um passageiro até o seu destino, não poderá ser responsabilizado pelas atitudes de outrem (ainda que criminosas), mesmo que tenha tomado conhecimento delas no trajeto.

■ *14.5.1.4. Princípio da capacidade ou competência da vítima*

Por fim, **o quarto princípio é a capacidade (ou competência) da vítima**. Neste âmbito, Jakobs cuida das situações em que houve consentimento livre e consciente do ofendido, com capacidade de entender e anuir, na agressão a seus bens jurídicos. Não faz, contudo, qualquer distinção entre casos de "autocolocação dolosa" ou "heterocolocação consentida" em perigo, como se vê em Roxin.

■ 14.6. UMA VISÃO POSSÍVEL À LUZ DO ORDENAMENTO PENAL PÁTRIO

O debate a respeito da viabilidade de adoção da teoria da imputação objetiva no Direito Penal brasileiro tem ocupado boa parte das discussões doutrinárias nos últimos anos[15].

Há, de um lado, autores como Damásio de Jesus, Juarez Tavares, Fernando Capez e Luís Greco que, expressamente, mostram-se favoráveis à incorporação da aludida teoria ao nosso Direito Penal, independentemente de qualquer reforma legislativa.

Outros, como Miguel Reale Jr., mostram-se céticos quanto a essa possibilidade. Para este autor, conforme já havíamos destacado em outra passagem desta obra: "O sistema (penal) torna-se mais firmemente instrumento de segurança jurídica se fundado em bases ontológicas, em uma estrutura lógico-objetiva, tal como propõe o finalismo, considerando-se, recentemente, que a construção da ação e do delito a partir da natureza das coisas foi uma das 'mais importantes contribuições da história do Direito Penal'"[16].

---

[15] Cf. *Diagnóstico da teoria da imputação objetiva no Brasil*, de Damásio de Jesus.

[16] *Instituições de direito penal*: parte geral, v. 1, p. 127.

Em nossa opinião, a "imputação objetiva" constitui uma teoria universal de imputação, que pode ser adotada por qualquer ordenamento jurídico-penal.

Com relação à realidade brasileira, há que se ponderar o fato de que nosso Código Penal normatizou a teoria da equivalência dos antecedentes no art. 13, *caput*. Justamente por isso, a concepção de Claus Roxin no sentido de abandonar completamente o "dogma da causalidade" não se mostra viável, ao que nos parece.

O dispositivo em questão, todavia, "em momento algum determina que a realização do tipo objetivo se limitará à causalidade"[17]. Depois do exame do nexo causal, parte-se para a análise da relação de imputação objetiva.

Da análise cuidadosa do texto legal, nota-se que, antes de se preocupar com a relação de causalidade, nosso legislador mirou a relação de imputação. "O resultado de que depende a existência do crime somente é **imputável** a quem lhe deu causa" (art. 13, *caput*, primeira parte, do CP; grifo nosso).

Além disso, no art. 13, § 1º, do CP, criou-se uma exceção à teoria da *conditio sine qua non* que, em termos práticos, resolve boa parte dos temas tratados pela teoria da imputação objetiva (notadamente os chamados "cursos causais extraordinários ou hipotéticos", ou, simplesmente, "**causas relativamente independentes supervenientes à conduta**").

A presença de tal exceção, contudo, não torna supérflua a adoção da teoria da imputação objetiva, uma vez que este dispositivo apenas se aplica às causas relativamente supervenientes à conduta, deixando em aberto inúmeros problemas que somente a teoria em questão é capaz de solucionar, de modo justo e consentâneo com um Direito Penal calcado na dignidade da pessoa humana (*v.g.* regresso ao infinito, capacidade da vítima, erro médico).

Antes disso, deve-se reconhecer que o art. 13, § 1º, do CP, ao representar a incorporação legislativa de uma das soluções propostas pela teoria da imputação objetiva, consistente em excluir a imputação do resultado nos "cursos causais extraordinários", deve ser lido como um ponto de apoio implícito, no texto legal, à teoria da imputação objetiva[18].

Os aspectos acima destacados levam-nos à conclusão de que somente podemos admitir como válida a teoria se atuar como **limite ao nexo de causalidade material**.

Em outras palavras, a imputação deve acontecer em dois planos:

1º) verifica-se a relação de causalidade com base na equivalência das condições, obedecendo-se ao disposto no art. 13, *caput*, do CP;

2º) havendo nexo causal, complementa-se o exame da imputação de forma negativa, tanto por intermédio do disposto no art. 13, § 1º, do CP, quanto pelos princípios da imputação objetiva.

---

[17] *A teoria da imputação objetiva*: uma introdução, p. 170.

[18] Luís Greco vê no art. 13, § 1º, do CP um "ponto de apoio legislativo expresso" da "moderna teoria da imputação objetiva" (*A teoria da imputação objetiva*: uma introdução, p. 173-174).

No dizer de Enrique Bacigalupo, com o qual concordamos: "A sequência da comprovação da imputação objetiva exige que, de início, se estabeleça uma relação de causalidade entre o resultado típico (por exemplo, interrupção do estado de gravidez, no crime de aborto) e uma determinada ação. Em seguida, deve-se verificar: 1º) se essa ação *no momento de sua execução* constituía um perigo juridicamente proibido (se era socialmente inadequada); e 2º) se esse perigo é o que se refletiu no resultado típico produzido"[19].

Em síntese: deve-se determinar, inicialmente, a relação de causalidade, nos termos (inafastáveis) do art. 13, *caput*, do CP[20]. Em seguida, verifica-se a presença da hipótese do art. 13, § 1º, do CP, e, após, analisa-se a imputação objetiva como fator tendente à restrição da causalidade material[21].

Do ponto de vista da teoria do crime, a teoria da imputação objetiva insere-se, conforme lição de Damásio de Jesus, como "elemento normativo do tipo"[22]. Cuida-se de elemento implícito no tipo penal de crimes dolosos e culposos. Deve ela ser considerada no âmbito do fato típico, de modo que a ausência da relação de imputação objetiva (assim como a falta de nexo de causalidade entre uma conduta e um resultado material) conduz à atipicidade do fato. Como anota o autor citado:

> "À exceção de Frederico Augusto de Oliveira Santos, que se fundamenta no pensamento de Juan Bustos Ramirez, é vencedora na doutrina brasileira a tese de que a imputação objetiva pertence à tipicidade, posição que adotamos, de modo que, inexistindo qualquer dos seus requisitos, ainda que subsista a afetação do bem juridicamente protegido, não há tipicidade. Assim, uma conduta que leva alguém a se submeter a um risco normal da vida em sociedade, o chamado 'risco tolerado' ou 'permitido', não gera adequação típica, isto é, não constitui nenhum tipo incriminador. Trata-se de uma permissão genérica para qualquer conduta que esteja na zona de tolerância, ao contrário do que ocorre nas causas de justificação, nas quais as circunstâncias do fato é que conduzem à permissão do comportamento.
> São casos de atipicidade da conduta, dentre outros: direção normal no trânsito, comportamento dirigido a reduzir a afetação do bem jurídico, princípio de confiança, etc."[23].

Saliente-se que o ponto de vista que sustentamos neste trabalho não é novo. Antônio Luís Chaves Camargo defende opinião semelhante. Com efeito, a ele assiste razão quando pondera:

---

[19] *Direito penal*, p. 248.

[20] Nosso Código Penal condiciona a atribuição de um resultado a alguém ao estabelecimento de uma relação de causalidade material. Trata-se de uma exigência da qual não se pode abrir mão, diante da peremptoriedade do texto legal: "o resultado de que depende a existência do crime somente é imputável a quem lhe deu causa".

[21] Predomina, entre os autores brasileiros adeptos da imputação objetiva, que ela somente pode ser apreciada após a relação de causalidade (cf. Damásio de Jesus, *Diagnóstico da teoria da imputação objetiva no Brasil*).

[22] *Imputação objetiva*, p. 37.

[23] *Diagnóstico da teoria da imputação objetiva no Brasil*, p. 30-31.

> "As consequências da adoção da imputação objetiva no Direito Penal brasileiro são amplas, isto porque atingem todos os institutos da parte geral do Código Penal, determinando, ainda, como vimos, um sistema penal aberto, em consonância com a dignidade humana e o pluralismo ideológico, fundamentos do Estado Democrático de Direito"[24].

Este autor acrescenta, ainda, que "a teoria da causalidade, equivalência das condições, não pode ser abandonada, quando se utiliza da imputação objetiva para a análise do fato típico de relevância jurídico-penal". Assevera, ademais, que: "além da relação de causalidade, há a necessidade da presença de um risco não permitido no resultado, que será apurado dentro dos critérios expostos, sem que haja uma fórmula determinada, lógico-formal, para chegar-se a esta conclusão"[25].

Prossegue o saudoso penalista ponderando:

> "A teoria da equivalência das condições, contida no art. 13 e §§ 1º e 2º do Código Penal brasileiro de 1984, não pode ser abandonada. Ao contrário, nos crimes de resultado é o nexo entre a existência de um fato e a ação causadora deste resultado.
>
> Esta relação causal, entretanto, não esgota todo o limite de incidência da norma penal, no sentido da busca de um tipo formal para caracterizar a conduta examinada, e concluir ou não pela responsabilidade do agente.
>
> Há a necessidade de outros exames, no sentido de poder imputar objetivamente a uma pessoa a autoria de um fato como sendo seu, ou, como adverte Roxin, ao tratar no sistema racional final ou teleológico funcional do Direito Penal, da teoria da imputação do tipo objetivo, quando informa que o Direito Penal clássico se satisfez com o conteúdo do tipo, enquanto no neoclássico acrescentou o tipo subjetivo e o finalismo, o dolo, todos voltados para a mera causalidade. O sistema teleológico não se contentou com a mera causalidade, fazendo depender o tipo objetivo da realização de um perigo não permitido dentro do fim de proteção da norma, o que determina a substituição de uma categoria lógica da causalidade pelo conjunto de regras orientado para as valorações jurídicas"[26].

14.6.1. A imputação objetiva na jurisprudência

Nossos tribunais, no plano estadual e regional[27], já aplicaram, em numerosos casos, a teoria da imputação objetiva. Merece destaque, porém, a orientação do Superior Tribunal de Justiça que, em diversos julgados, já reconheceu e aplicou a teoria multicitada (tanto para afastar a imputação como para reconhecê-la e, via de consequência, responsabilizar penalmente o autor da conduta)[28].

---

[24] *Imputação objetiva e direito penal brasileiro*, p. 154-155.

[25] *Imputação objetiva e direito penal brasileiro*, p. 157-158.

[26] *Imputação objetiva e direito penal brasileiro*, p. 188-189.

[27] *Vide*, a título de exemplo: TJMS, ApCr 0011675-59.2014.8.12.0001, Rel. Des. Ruy Celso Barbosa Florence, 2ª Câmara Criminal, julgado em 30.04.2019; TJDFT, ApCr 20171310039046APR, Rel. J. J. Costa Carvalho, 1ª Turma Criminal, julgado em 21.03.2019; e TJMG, ApCr 1.0474.12.002076-0/001, Rel. Des. Marcílio Eustáquio Santos, 7ª Câmara Criminal, julgamento em 06.02.2019.

[28] "Criminal. REsp. Delito de Trânsito. Responsabilidade Penal. Delito Culposo. Risco Permitido. Não Ocorrência. Imputabilidade Objetiva. Matéria Fático-Probatória. Súmula 07/STJ. Incidência. Pena Pecuniária Substitutiva. Ausência de Correspondência com a pena substituída. Recurso

Cite-se, como exemplo, julgado prolatado em 2009, no qual se concedeu ordem de *habeas corpus* em favor do paciente, engenheiro naval a quem, embora se pudesse falar em nexo de causalidade entre sua conduta e o resultado, não se poderia imputar objetivamente a morte de um mergulhador profissional, pois o risco por ele gerado mostrou-se juridicamente permitido. Note-se que, embora não citado na ementa, aplica-se ao caso o princípio da confiança (que Roxin analisa dentro do risco permitido e Jakobs trata destacadamente, como excludente da imputação causalisticamente constatada); confira-se:

> "*Habeas Corpus*. Homicídio Culposo. Vítima — Mergulhador Profissional Contratado Para Vistoriar Acidente Marítimo. Art. 121, §§ 3º e 4º, primeira parte, do Código Penal. Trancamento de Ação Penal. Ausência de Justa Causa.
>
> 1. Para que o agente seja condenado pela prática de crime culposo, são necessários, dentre outros requisitos: a inobservância do dever de cuidado objetivo (negligência, imprudência ou imperícia) e o nexo de causalidade.
>
> 2. No caso, a denúncia imputa ao paciente a prática de crime omissivo culposo, na forma imprópria. A teor do § 2º do art. 13 do Código Penal, somente poderá ser autor do delito quem se encontrar dentro de um determinado círculo normativo, ou seja, em posição de garantidor.
>
> 3. A hipótese não trata, evidentemente, de uma autêntica relação causal, já que a omissão, sendo um não agir, nada poderia causar, no sentido naturalístico da expressão. Portanto, a relação causal exigida para a configuração do fato típico em questão é de natureza normativa.
>
> 4. Da análise singela dos autos, sem que haja a necessidade de se incursionar na seara fático-probatória, verifico que a ausência do nexo causal se confirma nas narrativas constantes na própria denúncia.

Parcialmente Conhecido e Desprovido. I. De acordo com a Teoria Geral da Imputação Objetiva o resultado não pode ser imputado ao agente quando decorrer da prática de um risco permitido ou de uma ação que visa a diminuir um risco não permitido; o risco permitido não realize o resultado concreto; e o resultado se encontre fora da esfera de proteção da norma. II. O risco permitido deve ser verificado dentro das regras do ordenamento social, para o qual existe uma carga de tolerância genérica. É o risco inerente ao convívio social e, portanto, tolerável. III. Hipótese em que o agente agiu em desconformidade com as regras de trânsito (criou um risco não permitido), causando resultado jurídico abrangido pelo fim de proteção da norma de cuidado — morte da vítima, atraindo a incidência da imputabilidade objetiva. IV. As circunstâncias que envolvem o fato em si não podem ser utilizadas para atrair a incidência da teoria do risco permitido e afastar a imputabilidade objetiva, se as condições de sua aplicação encontram-se presentes, isto é, se o agente agiu em desconformidade com as regras de trânsito, causando resultado jurídico que a norma visava coibir com sua original previsão. V. O fato de transitar às 3 horas da madrugada e em via deserta não pode servir de justificativa à atuação do agente em desconformidade com a legislação de trânsito. Isto não é risco permitido, mas atuação proibida. VI. Impossível se considerar a hipótese de aplicação da teoria do risco permitido com atribuição do resultado danoso ao acaso, seja pelo fato do agente transitar embriagado e em velocidade acima da permitida na via, seja pelo que restou entendido pela Corte *a quo* no sentido de sua direção descuidada. (...)" (STJ, REsp 822.517/DF, Rel. Min. Gilson Dipp, 5ª Turma, julgado em 12.06.2007, *DJe* 29.06.2007, p. 697).

5. Diante do quadro delineado, não há falar em negligência na conduta do paciente (engenheiro naval), dado que prestou as informações que entendia pertinentes ao êxito do trabalho do profissional qualificado, alertando-o sobre a sua exposição à substância tóxica, confiando que o contratado executaria a operação de mergulho dentro das regras de segurança exigíveis ao desempenho de sua atividade, que mesmo em situações normais já é extremamente perigosa.
6. Ainda que se admita a existência de relação de causalidade entre a conduta do acusado e a morte do mergulhador, à luz da teoria da imputação objetiva, seria necessária a demonstração da criação pelo paciente de uma situação de risco não permitido, não ocorrente, na hipótese.
7. Com efeito, não há como asseverar, de forma efetiva, que engenheiro tenha contribuído de alguma forma para aumentar o risco já existente (permitido) ou estabelecido situação que ultrapasse os limites para os quais tal risco seria juridicamente tolerado.
8. *Habeas corpus* concedido para trancar a ação penal, por atipicidade da conduta" (STJ, HC 68.871/PR, Rel. Min. Maria Thereza de Assis Moura, Rel. p/ Ac. Min. Og Fernandes, 6ª Turma, julgado em 06.08.2009, *DJe* 05.10.2009).

■ 14.7. SÍNTESE

<table>
<tr><th colspan="2">TEORIA DA IMPUTAÇÃO OBJETIVA</th></tr>
<tr><td>CONTEXTUALIZAÇÃO SISTEMÁTICA</td><td>■ Trata-se de um dos pilares do funcionalismo (sistema funcionalista)</td></tr>
<tr><td>CONCEITO</td><td>■ Consiste num conjunto de pressupostos jurídicos que condicionam a imputação de um resultado jurídico a um determinado comportamento</td></tr>
<tr><td>Requisitos de imputação objetiva (Roxin)
Necessários para que o resultado jurídico possa ser imputado ao autor da conduta:
■ criação de um risco relevante e proibido;
■ repercussão do risco no resultado; e,
■ exigência de que o resultado esteja dentro do alcance do tipo.</td><td>Princípios de imputação objetiva (Jakobs)
Excluem a imputação do resultado causalisticamente produzido pelo autor da conduta:
■ princípio do risco permitido;
■ princípio da confiança;
■ princípio da proibição do regresso;
■ princípio da capacidade (ou competência) da vítima.</td></tr>
</table>

■ 14.8. QUESTÕES

1. (CESPE — PC-PE — Delegado de Polícia — 2016) A relação de causalidade, estudada no conceito estratificado de crime, consiste no elo entre a conduta e o resultado típico. Acerca dessa relação, assinale a opção correta.

a) Para os crimes omissivos impróprios, o estudo do nexo causal é relevante, porquanto o CP adotou a teoria naturalística da omissão, ao equiparar a inação do agente garantidor a uma ação.
b) A existência de concausa superveniente relativamente independente, quando necessária à produção do resultado naturalístico, não tem o condão de retirar a responsabilização penal da conduta do agente, uma vez que não exclui a imputação pela produção do resultado posterior.
c) O CP adota, como regra, a teoria da causalidade adequada, dada a afirmação nele constante de que "o resultado, de que depende a existência do crime, somente é imputável a quem lhe deu causa; causa é a ação ou omissão sem a qual o resultado não teria ocorrido".
d) Segundo a teoria da imputação objetiva, cuja finalidade é limitar a responsabilidade penal, o resultado não pode ser atribuído à conduta do agente quando o seu agir decorre da prática de um risco permitido ou de uma conduta que diminua o risco proibido.

e) O estudo do nexo causal nos crimes de mera conduta é relevante, uma vez que se observa o elo entre a conduta humana propulsora do crime e o resultado naturalístico.

2. (VIII Exame OAB Unificado — Setembro/2012) José conversava com Antônio em frente a um prédio. Durante a conversa, José percebe que João, do alto do edifício, jogara um vaso mirando a cabeça de seu interlocutor. Assustado, e com o fim de evitar a possível morte de Antônio, José o empurra com força. Antônio cai e, na queda, fratura o braço. Do alto do prédio, João vê a cena e fica irritado ao perceber que, pela atuação rápida de José, não conseguira acertar o vaso na cabeça de Antônio. Com base no caso apresentado, segundo os estudos acerca da teoria da imputação objetiva, assinale a afirmativa correta.

a) José praticou lesão corporal culposa.
b) José praticou lesão corporal dolosa.
c) O resultado não pode ser imputado a José, ainda que entre a lesão e sua conduta exista nexo de causalidade.
d) O resultado pode ser imputado a José, que agiu com excesso e sem a observância de devido cuidado.

3. (MP/GO — 2012) Em relação à imputação objetiva é correto afirmar:

a) imputação objetiva ou responsabilidade penal objetiva significa atribuir a alguém a realização de uma conduta criadora de um relevante risco juridicamente proibido e a produção de um resultado jurídico;
b) o comportamento e o resultado normativo só podem ser atribuídos ao sujeito quando a conduta criou ao bem (jurídico) um risco juridicamente desaprovado e relevante;
c) para fins de responsabilização do agente, a análise do estado anímico (dolo) precede à análise da imputação objetiva do resultado;
d) a teoria da imputação objetiva surgiu com a finalidade de limitar o alcance da teoria da equivalência dos antecedentes causais. Por meio dela deixa-se de lado a observação de uma relação de causalidade puramente normativa (jurídica) para se valorar outra de natureza puramente material.

4. (Procurador da República — 21º Concurso — 2004) A regra de imputação acolhida pelo Código Penal:

a) é exclusivamente a equivalência dos antecedentes causais;
b) é a da *conditio sine qua non* com temperamentos;
c) é suficiente para determinar a atribuição do resultado ao autor;
d) é incompatível com a teoria da imputação objetiva que incorpora a noção do risco.

■ GABARITO ■

1. "d". A teoria da imputação objetiva adota como um de seus pilares somente autorizar a imputação do resultado quando o risco provocado foi permitido.
2. "c". De acordo com a teoria da imputação objetiva, o agente não responde pelo resultado porque sua conduta **diminuiu** o risco produzido por terceiro ao bem jurídico (evitou um homicídio).
3. "b". a) imputação objetiva não se confunde com responsabilidade penal objetiva (sem dolo ou culpa); c) a análise da imputação objetiva é que precede a verificação da imputação subjetiva, ou seja, do dolo; d) a imputação objetiva deixa de lado a causalidade material e, em seu lugar, enseja uma relação normativa.
4. "b". O Código Penal adotou a teoria da equivalência dos antecedentes ou da *conditio sine qua non* como critério de imputação do resultado à conduta (art. 13, *caput*). Há, contudo, temperamento no § 1º.

15

ERRO DE TIPO

■ 15.1. O ERRO EM DIREITO PENAL (ERRO DE TIPO E ERRO DE PROIBIÇÃO)

Erro, em Direito Penal, corresponde a uma **falsa percepção da realidade**. Os termos "erro" e "ignorância", diferenciados em alguns setores do Direito, como no Civil, são tomados como sinônimos em matéria penal.

Existem duas modalidades de erro jurídico-penal, ambas capazes de interferir na responsabilidade criminal do agente: **erro de tipo** (art. 20 do CP) e **erro de proibição** (art. 21 do CP).

Tais espécies foram incorporadas em nosso Código Penal por intermédio da Reforma da Parte Geral de 1984 e vieram em substituição às fórmulas consideradas imperfeitas e inspiradas na tradição romanística: erro de fato e erro de direito.

■ 15.2. O ERRO ANTES DA REFORMA DE 1984

Durante muitos anos, notadamente no Direito Penal anterior à Reforma de 1984, nosso Código, no que tange ao tratamento do erro, permanecia vinculado à antiga tradição romana, que o distinguia em *error facti* e *error iuris*, admitindo a escusabilidade do primeiro e declarando a irrelevância do segundo (nos revogados arts. 16 e 17)[1].

A disciplina mostrava-se, porém, defeituosa e, não raro, deixava de ser acolhida pelos tribunais com apoio na doutrina pátria, que, ao final das décadas de 1970 e 1980, caminhava para uma construção muito próxima daquela atualmente inserida na Lei, a qual prevê as figuras do erro de tipo e do erro de proibição.

■ 15.3. DISTINÇÃO ENTRE ERRO DE TIPO E ERRO DE PROIBIÇÃO

É de fundamental importância perceber, desde logo, a diferença fulcral entre o erro de tipo e o erro de proibição, consagrados nos arts. 20 e 21 do Código Penal[2].

No **erro de tipo, a falsa percepção do agente recai sobre a realidade que o circunda**; vale dizer, ele não capta corretamente os eventos que ocorrem ao seu redor. **O sujeito se confunde**, trocando um fato por outro. Assim, por exemplo, age em erro de tipo a pessoa que, ao sair de um grande supermercado, dirige-se ao estacionamento

---

[1] Francisco de Assis Toledo, *O erro em direito penal*, p. 31 e segs.

[2] Boa parte das questões de concursos públicos pode ser resolvida com o domínio da diferença entre erro de tipo e erro de proibição.

e, diante de um automóvel idêntico ao seu (mesma cor e modelo), nele ingressa e, com sua chave, o aciona e deixa o local. Note-se que a pessoa não captou com precisão a realidade que está diante de seus olhos, pois, sem perceber, está levando embora coisa alheia móvel. Se o verdadeiro dono do veículo visse a cena, certamente acreditaria estar sendo vítima de um furto e, bem provavelmente, acionaria a Polícia. O motorista desatento, entretanto, não tem consciência de que conduz automóvel de outrem, já que pensa estar dirigindo seu próprio veículo. Neste caso, o sujeito opera em erro de tipo. A falsa percepção da realidade incidiu sobre um dado fático previsto como **elementar** do tipo penal do art. 155 do CP (no caso, desconhecia que o bem era "coisa alheia" e acreditava, de boa-fé, que se tratava de "coisa própria").

No **erro de proibição**, todavia, a pessoa tem **plena noção da realidade** que se passa ao seu redor. Não há confusão mental sobre o que está acontecendo diante de seus olhos. O sujeito, portanto, sabe exatamente o que faz. Seu **equívoco recai sobre a compreensão acerca de uma regra de conduta**. Com seu comportamento, o agente viola alguma proibição contida em norma penal que desconhece por absoluto. Em **outras palavras, ele sabe o que faz, só não sabe que o que faz é proibido**. Por exemplo: uma pessoa encontra um relógio valioso na rua, pega-o e sai à procura do dono. Não o encontra, apesar de insistir em restituí-lo ao legítimo proprietário. Cansado de procurá-lo, decide ficar com o objeto, acreditando no dito popular: "achado não é roubado". O sujeito, nesse caso, tem plena noção de que está se apoderando de um objeto pertencente a terceiro, mas acredita (de boa-fé) que não está fazendo nada de errado, pois tentou insistentemente encontrar o dono, sem êxito. Muito embora o sujeito tenha perfeita compreensão da realidade, desconhece a existência de uma proibição contida em norma penal. Isto porque o art. 169, parágrafo único, II, do CP define como crime o ato de se apropriar de coisa achada. De acordo com o dispositivo legal, aquele que encontra um objeto perdido deve restituí-lo ao dono ou, em até quinze dias, entregá-lo à autoridade.

Pode-se dizer, então, que **no erro de tipo o equívoco recai sobre dados da realidade e, no erro de proibição[3], a ignorância atinge a noção acerca do caráter ilícito do ato praticado**.

Advirta-se que não se deve confundir erro de proibição com desconhecimento da lei[4], o qual é incapaz de isentar alguém do dever de cumpri-la (*ignorantia legis neminem excusat* — art. 21, 1ª parte, do CP). Isto porque a maioria da população nunca compulsou lei alguma, muito menos o Código Penal, mas mesmo tais pessoas sabem bem que matar, roubar, sequestrar, ofender a honra etc. são crimes. Se o desconhecimento da lei isentasse as pessoas de responsabilidade por seus atos, quase todos teriam um "alvará" para cometer os mais atrozes atos, prejudicando terceiros, sem sofrer qualquer punição.

Para finalizar essa introdução, calha citar dois clássicos exemplos doutrinários diferenciando as multicitadas modalidades de erro:

---

3 Sobre erro de proibição, *vide* o Capítulo 18 desta obra, relativo à culpabilidade.

4 Trata-se o desconhecimento da lei da ignorância a respeito do teor do Texto Legal, de seus meandros, de seus detalhes (ver tópico 18.3.2.1, *infra*).

- se a pessoa subtrai coisa de outra, acreditando ser sua, encontra-se em erro de tipo (não sabe que subtrai coisa *alheia*); contudo, se crê ter o direito de subtrair coisa alheia, como o caso do credor em relação ao devedor inadimplente, há erro de proibição (Hans Welzel);
- quando alguém tem cocaína em casa, na crença de que constitui outra substância, inócua (ex.: talco), comete erro de tipo; mas se souber da natureza da substância, a qual mantém por supor equivocadamente que o depósito não é proibido, incide no erro de proibição (Damásio de Jesus).

15.4. ERRO DE TIPO — CONCEITO

O erro de tipo dá-se quando **o equívoco recai sobre situação fática prevista como elemento constitutivo do tipo legal de crime** ou **sobre dados irrelevantes da figura típica**.

Nesta modalidade de erro, o agente realiza concretamente (objetivamente) todos os elementos de um tipo penal incriminador, sem, contudo, o perceber. Lembre-se do exemplo do motorista distraído (item 15.3, *supra*), o qual, objetivamente, realiza todas as elementares do crime de furto.

Quem opera em erro de tipo sabe que uma atitude como a que pratica configura, em tese, ilícito penal, porém não percebe o que está fazendo, pois algum dado da realidade (que constitui elemento do tipo) refoge à sua percepção.

Exemplos:

- um aluno, ao final da aula, inadvertidamente, coloca em sua pasta um livro de um colega, pensando ser o seu. Esse aluno tem plena noção de que a subtração de coisa alheia móvel é crime; acredita equivocadamente, todavia, que o bem lhe pertence;
- uma pessoa pretende matar seu desafeto e, quando sai à sua procura, encontra-se com um sósia de seu inimigo e, por confundi-lo com a vítima visada, acaba matando a pessoa errada, ou seja, o sósia.

Nos dois casos houve uma falsa percepção da realidade, que impediu o indivíduo de captar, com fidelidade, o que ocorria diante de seus olhos. No primeiro exemplo, como se verá adiante, ocorre o erro de tipo essencial (pois o equívoco impede o agente de perceber que comete um crime). No segundo, tem lugar o erro de tipo acidental (uma vez que não obsta a pessoa de perceber que comete um homicídio, ainda que confunda a vítima real com outra pessoa). A constatação da espécie de erro de tipo (essencial ou acidental) repercute decisivamente na responsabilidade penal do sujeito (inocente no primeiro caso; culpado no outro).

15.4.1. Diferença entre erro de tipo e delito putativo por erro de tipo

É preciso sublinhar que o erro de tipo não se confunde com o chamado delito putativo (ou crime imaginário) por erro de tipo. São verdadeiros opostos.

No erro de tipo, o agente realiza uma conduta criminosa, sem se dar conta disso, por captar mal a realidade que está ao seu redor[5], apreciando equivocadamente a realidade que o circunda (ex.: Pedro traz consigo uma arma verdadeira pensando tratar-se de uma réplica inofensiva). Pode-se dizer que ocorre um delito do ponto de vista puramente objetivo (quem assistisse à cena veria o porte ilegal de arma de fogo); subjetivamente, contudo, não se está praticando crime algum; vale dizer, na mente de Pedro, ele porta um objeto inócuo.

No delito putativo por erro de tipo ou crime imaginário por erro de tipo, há crime somente na cabeça do agente, na sua imaginação. Objetivamente, contudo, não há crime algum. Basta pensar na situação inversa, isto é, se Pedro transportasse uma arma de fogo de brinquedo, acreditando ser verdadeira. Ele não pratica nenhum crime, mas pensa que o faz. Imagine-se, ainda, uma mulher que ingere substância de efeito abortivo pretendendo interromper seu estado gravídico, porém a gravidez é somente psicológica. Não há falar em tentativa de aborto (CP, art. 124, c/c o art. 14, II), a não ser na mente da mulher (crime, portanto, imaginário). Em tais casos, aplica-se a figura contida no art. 17 do CP (crime impossível).

Há outras formas de delito putativo ou crime imaginário, que são:

- **Delito putativo por erro de proibição:** o sujeito realiza um fato que, na sua mente, é proibido por lei criminal, quando, na verdade, sua ação não caracteriza ilícito penal algum. Por exemplo: um pai mantém relação sexual com sua filha, maior de 18 anos (incesto). Essa conduta é rigorosamente censurada pela sociedade, mas não constitui crime algum. Se o agente a praticar acreditando que comete um delito, será puramente imaginário (putativo).
- **Delito putativo por obra do agente provocador:** dá-se quando o agente pratica uma conduta delituosa induzido por terceiro, o qual assegura a *impossibilidade fática de o crime se consumar*. Por exemplo: um policial à paisana finge-se embriagado e, para chamar a atenção de um ladrão, com quem conversa em um bar, diz que está com muito dinheiro na carteira. O ladrão decide roubá-lo na saída do bar; ao fazê-lo, contudo, é preso em flagrante, por outros policiais à paisana que acompanhavam os fatos. Nesse caso, entende nossa doutrina que não há crime algum. O Supremo Tribunal Federal sumulou a tese de que "não há crime quando a preparação do flagrante pela polícia torna impossível a consumação" (Súmula n. 145 do STF). Para nosso Pretório Excelso, ocorre o crime impossível (CP, art. 17).

O **delito putativo por obra do agente provocador** também é **denominado delito de ensaio** ou **delito de experiência**.

A Súmula n. 145 do STF, anteriormente citada, somente se aplicará mediante dois requisitos: a preparação (ou induzimento) do flagrante pela polícia, somada à impossibilidade (absoluta) de consumação do crime.

---

5 Salvo quando se tratar de erro acidental, conforme se estudará.

É preciso alertar que rotineiramente policiais se fazem passar por interessados em comprar drogas e se aproximam de supostos traficantes, oferecendo dinheiro para a aquisição da substância. Quando esta é exposta, o policial o prende em flagrante. Em tais situações, a prisão em flagrante é válida e, apesar do induzimento da Polícia associado com a impossibilidade de consumação da venda, há crime por parte do agente. Isto porque o tráfico contém uma importante peculiaridade; cuida-se de crime definido em tipo misto alternativo, já que diversos são os seus verbos nucleares. O fato de o agente trazer a droga consigo ou guardá-la antes da abordagem do policial já é suficiente para que o delito esteja caracterizado. Note-se, então, que a "farsa" do policial não interfere na consumação do ilícito. O crime impossível somente se dá quanto à venda da substância, o que é irrelevante diante da consumação anterior do delito. Cite-se, como exemplo, o seguinte julgado do Superior Tribunal de Justiça: "Em se tratando o tráfico de drogas, nas condutas de 'guardar', 'transportar' e 'trazer consigo', de delito de natureza permanente, a prática criminosa, *in casu*, se consumou antes mesmo da atuação policial ('compra fictícia'), o que afasta a alegação de flagrante preparado"[6].

■ 15.4.2. Espécies de erro de tipo

O erro de tipo pode ser **essencial** ou **acidental**.

O **erro essencial sempre exclui o dolo**, pois retira do sujeito a capacidade de perceber que comete o crime. **Subdivide-se** em erro de tipo **incriminador** (CP, art. 20, *caput*) e erro de tipo **permissivo** (CP, art. 20, § 1º).

O **erro acidental não beneficia o agente**, justamente por não impedir o sujeito de se dar conta de que pratica o delito. **Compreende o erro sobre o objeto material** (CP, art. 20, § 3º), o **erro na execução** (CP, arts. 73 e 74) e o **erro sobre o nexo causal** (não previsto expressamente em lei).

---

6 STJ, AgRg no AgRg no REsp 1.455.188/SP, Rel. Min. Ribeiro Dantas, 5ª Turma, julgado em 19.02.2019. No mesmo sentido: STJ, AgRg no AREsp 1.637.754/SP, Rel. Min. Nefi Cordeiro, 6ª Turma, julgado em 19.05.2020; AgRg no HC 565.902/SP, Rel. Min. Felix Fischer, 5ª Turma, julgado em 19.05.2020; e AgRg no AREsp 1.579.303/SP, Rel. Min. Jorge Mussi, 5ª Turma, julgado em 06.02.2020. E ainda: "Não há falar em flagrante preparado. Identificada, no caso, a figura do agente encoberto. O policial, que se faz passar por usuário (ocultando sua real condição de agente da lei) e adquire entorpecente para produzir prova da materialidade e colher informações úteis ou imprescindíveis no consequente processo penal, não age de forma a induzir o tráfico de drogas (que preexiste na modalidade imputada 'ter em depósito'). As circunstâncias do flagrante, a ação controlada, o mandado de busca e apreensão, e a prova oral colhida demonstram, portanto, as condutas previstas no artigo 33, 'caput', da Lei de Drogas, nos verbos nucleares mencionados (ter em depósito, guardar e vender), comportamento realizado pelo réu" (TJRS, AP 70071232318, Rel. Des. Jayme Weingartner Neto, 1ª Câmara Criminal, julgado em 29.03.2017). Na mesma linha, ver: TJMG, ApCr 1.0210.19.001701-7/001, Rel. Des. Agostinho Gomes de Azevedo, 7ª Câmara Criminal, julgado em 05.02.2020; TJRS, ApCr 70081017048, Rel. Des. Rosaura Marques Borba, 2ª Câmara Criminal, julgado em 28.11.2019; TJMS, Embargos Infringentes e de Nulidade 0017966-12.2013.8.12.0001, Rel. Des. Dileta Terezinha Souza Thomaz, 2ª Seção Criminal, julgado em 18.06.2019.

15.4.2.1. *Erro de tipo essencial*

Dá-se quando a **falsa noção da realidade retira do agente a capacidade de perceber que pratica determinado crime**.

Assim, por exemplo, a pessoa que tem em mãos um cigarro de "maconha", que recebeu de terceiro para consumo próprio, acreditando (de boa-fé) cuidar-se de um cigarro comum, equivoca-se sobre um elemento (a natureza da substância) previsto como elementar de tipo penal (art. 28 da Lei n. 11.343/2006). Esse equívoco a impede de perceber que pratica, objetivamente, o delito de porte de droga para consumo pessoal[7]. Do mesmo modo, nos exemplos antes citados, havia também erro essencial, porquanto retirava do agente a possibilidade de compreender que cometia uma infração penal (motorista distraído adentrava em carro de outrem, idêntico ao seu; pessoa que portava arma de fogo verdadeira pensando ser de brinquedo; aquele que tinha em sua residência recipiente contendo pó branco, acreditando ser talco em vez de cocaína).

Em todos esses casos, **o erro excluirá o dolo**, tornando a conduta praticada **fato atípico**. É a solução adotada expressamente em nosso Texto Legal. O art. 20, *caput*, 1ª parte, do Código dispõe que "o erro sobre elemento constitutivo do tipo legal de crime exclui o dolo". Esse dispositivo, aliás, afigura-se como a demonstração inequívoca de que, com a Reforma da Parte Geral de 1984, nosso legislador incorporou a doutrina de que o dolo pertence ao fato típico.

Deve-se lembrar, todavia, que a atipicidade do fato resultante do erro de tipo nem sempre será absoluta, podendo ser, em alguns casos, relativa. Diz-se absoluta a atipicidade que conduz à inexistência de qualquer infração penal no ato cometido; relativa, por outro lado, a que conduz à descaracterização de um crime, mas com a subsistência de outro. Em outras palavras, enquanto a atipicidade absoluta conduz à ausência de ilícito penal, a atipicidade relativa leva à desclassificação para outro crime.

Se uma pessoa ofende a dignidade de outra desconhecendo que se trata de um funcionário público no exercício de sua função não responde pelo crime de desacato (CP, art. 331). Isto porque a falsa noção da qualidade especial do sujeito passivo exclui o dolo de desacatar (que requer a ciência da condição de funcionário público da vítima). O agente, todavia, responderá por crime de injúria (CP, art. 140), uma vez

---

[7] De ver que tramita na Suprema Corte o Recurso Extraordinário n. 635.659, com repercussão geral reconhecida, no qual se discute a inconstitucionalidade do art. 28 da Lei de Drogas. O Ministro Relator, Gilmar Mendes, em sessão realizada no dia 20 de agosto de 2015, deu provimento ao recurso, declarando a inconstitucionalidade da norma sem redução de texto, de modo a se interpretar suas providências como medidas de natureza civil e administrativa (e não mais, portanto, como sanções penais). De acordo com o Ministro, a criminalização conduz à estigmatização do usuário e põe em risco medidas de prevenção e redução de danos. Observou, ainda, que a norma estabelece sanção desproporcional e ofensiva ao direito à personalidade, além de se tratar de fato que causa dano eminentemente privado e não coletivo. Acrescentou, outrossim, que nos casos de prisão em flagrante por tráfico de drogas, a apresentação imediata do preso ao juiz deverá ser obrigatória, de modo a evitar que o fato seja indevidamente capitulado como tráfico. O julgamento foi interrompido com o pedido de vista de outros Ministros.

que, apesar do erro, tinha pleno conhecimento de que ofendia a honra de alguém (o suficiente para a caracterização da injúria). Nesse caso, o erro de tipo provocou a atipicidade relativa da conduta (ou atipicidade em relação ao desacato), porém o sujeito poderá ser responsabilizado pela injúria.

15.4.2.1.1. *Efeito*

O erro de tipo essencial pode ser avaliado quanto à sua intensidade, o que poderá ser fundamental para efeito de responsabilização criminal. Deve-se lembrar, de antemão, que o simples fato de o erro ser considerado essencial já é suficiente para excluir o dolo. Recorde-se: **o erro essencial sempre exclui o dolo**.

Quanto à intensidade, então, **o erro pode ser:**

- **inevitável (invencível ou escusável);**
- **evitável (vencível ou inescusável).**

Considerando que o erro essencial sempre afasta o dolo, a avaliação de sua intensidade somente terá importância quando a lei previr (também) a forma culposa. Ora, a maioria dos crimes só é punida a título do dolo. Nesses casos, basta verificar que o erro é essencial, sendo desnecessário analisar se é inevitável ou evitável, porquanto, afastado o dolo, o fato já é atípico (porque a lei não incrimina o crime na modalidade culposa). Se, por outro lado, o delito for definido nas duas formas, dolosa e culposa, como, por exemplo, o homicídio, a lesão corporal, o incêndio, será de capital importância distinguir-se entre erro vencível ou invencível, porque isto irá determinar se o agente (que de qualquer modo não será punido a título de dolo) poderá ser responsabilizado pelo crime culposo.

Pois bem. Fala-se em **erro inevitável, invencível ou escusável** quando, pelas circunstâncias concretas, nota-se que **qualquer pessoa de mediana prudência e discernimento, na situação em que o agente se encontrava, incorreria no mesmo equívoco**.

Por exemplo:

- Um caçador atira contra um arbusto, matando uma pessoa que se fazia passar, de modo verossímil, por animal bravio.
- O motorista distraído confunde seu automóvel com o de outrem no estacionamento, ingressando num veículo absolutamente idêntico ao seu e, com sua própria chave, consegue abri-lo, acrescentando-se ao fato a circunstância de que seu verdadeiro carro fora guinchado e o outro estacionara exatamente no mesmo local.

Note-se que o conceito de inevitabilidade não pode ser tomado na acepção literal, ou seja, como algo totalmente impossível de se evitar, mas como um equívoco razoável, que uma pessoa normal teria cometido naquela situação.

Nos dois exemplos formulados, houve erro de tipo essencial inevitável (invencível ou escusável), o qual exclui o dolo e a culpa.

A distinção, entretanto, somente tem relevância no primeiro exemplo, em que se pode discutir a responsabilização do agente por homicídio culposo. No outro, tal avaliação se mostra irrelevante, porque o indivíduo, objetivamente, cometeu um furto e tal delito não admite a modalidade culposa. A conduta, pois, é atípica.

O erro pode ser, ainda, **evitável, vencível ou inescusável**. Nesse caso, **o equívoco** só irá afastar o dolo, mas **permitirá a punição do agente por delito culposo, se previsto em lei**. O erro de tipo será qualificado como evitável **quando se verificar que uma pessoa de mediana prudência e discernimento, na situação em que o sujeito se encontrava, não o teria cometido**. Isto é, teria percebido o equívoco e, portanto, não praticaria o fato.

No exemplo do caçador, suponha-se que ele tenha atirado contra uma pessoa a poucos metros de distância porque, estando sem os seus óculos, a confundiu com um animal. Ele não agiu com dolo de matar alguém, embora o tenha feito, mas foi descuidado ao caçar e efetuar o disparo sem os óculos.

15.4.2.1.2. *Diferença entre erro de tipo incriminador (art. 20,* caput*) e permissivo (art. 20, § 1º)*

O **erro de tipo essencial** subdivide-se, como mencionamos acima, em **erro de tipo incriminador e erro de tipo permissivo:**

- **erro de tipo incriminador:** a falsa percepção da realidade incide sobre situação fática prevista como elementar ou circunstância de tipo penal *incriminador* (daí o nome);
- **erro de tipo permissivo:** o erro recai sobre os pressupostos fáticos de uma causa de justificação (isto é, excludente de ilicitude, que se encontra em tipos penais permissivos).

15.4.2.1.3. *Erro de tipo incriminador*

O tipo penal incriminador compõe-se de **elementares** (requisitos sem os quais o crime desaparece ou se transforma) ou **circunstâncias** (dados acessórios da figura típica, que repercutem na quantidade da pena). No crime de homicídio, são elementares: "matar" e "alguém"; são circunstâncias: "motivo torpe", "asfixia", "emboscada" etc.

Assim, se uma pessoa efetua disparos contra outra, pensando tratar-se de um animal, comete um equívoco, na medida em que aprecia mal a realidade. Essa falsa percepção da realidade incide sobre a elementar "alguém". O erro de tipo incriminador, portanto, recaiu sobre situação fática prevista como elementar.

Se o ladrão, pretendendo praticar um roubo, utiliza-se de uma arma de fogo verdadeira, acreditando tratar-se de arma de brinquedo, seu erro recai sobre uma circunstância do tipo penal (o emprego de arma de fogo constitui causa de aumento de pena no crime de roubo — art. 157, § 2º-A, I). O erro de tipo incriminador, neste caso, atingiu situação fática prevista como circunstância legal do tipo.

No primeiro exemplo, o agente não responde por homicídio; no segundo, pratica roubo, mas sem a causa de aumento[8].

É de recordar que o dolo, elemento do fato típico ligado à conduta, deve estender-se a todos os elementos objetivos e normativos do tipo penal.

Nos exemplos, não houve dolo quanto à elementar "alguém" ou com relação à circunstância "arma", porquanto tais elementos não integraram a intenção do sujeito.

Podem ser citadas, ilustrativamente, as seguintes situações:

- contrair casamento com pessoa casada, desconhecendo completamente o matrimônio anterior válido (o agente não será considerado bígamo — art. 235 do CP);
- subtrair coisa alheia, supondo-a própria (não ocorre o crime de furto — art. 155 do CP);
- praticar conjunção carnal consensualmente com alguém, supondo equivocadamente que se trata de pessoa maior de 14 anos de idade (não caracteriza o estupro de vulnerável — art. 217-A do CP);
- destruir bem público pensando tratar-se de bem particular (o indivíduo responderá por crime de dano simples, e não por dano qualificado — art. 163 do CP).

Cumpre recordar que o erro de tipo incriminador subdivide-se, quanto à sua intensidade, em inevitável (ou invencível, escusável) e evitável (também chamado de vencível ou inescusável) — *vide* item 15.4.2.1.1, *supra*.

15.4.2.1.4. Erro de tipo permissivo

Ocorre quando a falsa percepção da realidade **recai sobre situação de fato descrita como requisito objetivo de uma excludente de ilicitude** (tipo penal permissivo), ou, em outras palavras, quando o **equívoco incide sobre os pressupostos fáticos de uma causa de justificação**.

Tome-se o caso da legítima defesa, a qual exige uma agressão injusta, atual ou iminente, a direito próprio ou alheio, e que o agente a reprima mediante o emprego moderado dos meios necessários. Se na situação concreta, por equívoco, uma pessoa, apreciando mal a realidade, acreditar que está diante de uma injusta e iminente agressão, haverá erro de tipo permissivo. Exemplo: Antônio se depara com um sósia de seu inimigo que leva a mão à cintura, como se fosse sacar algum objeto; Antônio, ao ver essa atitude, pensa estar prestes a ser atingido por um revólver e, por esse motivo, brande sua arma, atirando contra a vítima, que nada possuía nas mãos ou na cintura.

O CP trata do tema no art. 20, § 1º, sob a rubrica **descriminantes putativas**[9]. A redação é imprecisa, pois, na verdade, esse dispositivo somente aborda uma das

---

8 O exemplo parte da premissa de que o emprego de arma de brinquedo não está compreendido na causa de aumento descrita no inc. I do § 2º do art. 157 do CP.

9 Descriminante significa causa que exclui o crime; putativa quer dizer imaginária.

espécies de descriminantes putativas, a **descriminante putativa por erro de tipo**. A outra, chamada de **descriminante putativa por erro de proibição** (ou "erro de proibição indireto"), **é regida pelo art. 21 do CP**[10].

Seguindo a denominação legal, portanto, pode-se falar em: legítima defesa putativa, estado de necessidade putativo, e assim por diante.

Acompanhem-se os exemplos:

- Numa comarca do interior, uma pessoa é condenada e promete ao juiz que, quando cumprir a pena, irá matá-lo. Passado certo tempo, o escrivão alerta o magistrado de que aquele réu está prestes a ser solto. No dia seguinte, o juiz caminha por uma rua escura e se encontra com seu algoz, que leva a mão aos bolsos de maneira repentina; o juiz, supondo que está prestes a ser alvejado, saca uma arma, matando-o; apura-se, em seguida, que o morto tinha nos bolsos apenas um bilhete de desculpas (legítima defesa putativa).
- Durante uma sessão de cinema, alguém leva uma metralhadora de brinquedo e finge atirar contra a plateia. Uma das pessoas, em desespero a caminho da saída, lesiona outras (estado de necessidade putativo).
- Um agente policial efetua a prisão do sósia de um perigoso bandido foragido da justiça (estrito cumprimento de um dever legal putativo).

15.4.2.1.4.1. *Disciplina legal*

De acordo com o Código Penal, "é isento de pena quem, por erro plenamente justificado pelas circunstâncias, supõe situação de fato que, se existisse, tornaria a ação legítima. Não há isenção de pena quando o erro deriva de culpa e o fato é punível como crime culposo" (art. 20, § 1º).

15.4.2.1.4.2. *A culpa imprópria (no erro de tipo permissivo)*

No erro de tipo permissivo invencível, o sujeito, diz o CP, é "isento de pena". Na parte final do art. 20, § 1º, ressalva a lei que, se o erro deriva de culpa, o agente responde pelo crime culposo, se previsto em lei. **Quando alguém opera em erro de tipo permissivo vencível incorre na chamada culpa imprópria, culpa por equiparação ou por assimilação.** Na verdade, não há crime culposo algum, pois o sujeito age dolosamente. A pessoa que efetua disparos contra terceiro, supondo que está prestes a ser injustamente agredida, mata ou fere dolosamente. O disparo não é efetuado por imprudência, negligência ou imperícia. O erro ("a culpa") não ocorre no momento da conduta, que é dolosa, mas anteriormente, quando da má apreciação da situação fática, em que acredita, equivocadamente, existir uma agressão injusta e iminente. Nas palavras de Luiz Flávio Gomes, "o que acontece de peculiar, e isso não é sempre percebido, é que esse fato é complexo e, assim, constituído de dois momentos importantes: há, em primeiro lugar, o momento da formação do erro do agente que o faz crer

---

[10] O assunto é objeto de controvérsia doutrinária. Há quem entenda não existir diferença entre as descriminantes putativas.

ser lícita sua conduta, nas circunstâncias, e, em segundo lugar, o da ação subsequente coligada ao erro precedente (...). No momento da formação do erro, portanto, é que *pode ou não haver culpa*; na *ação subsequente* ao erro *há sempre dolo*"[11].

■ 15.4.2.1.4.3. Controvérsia acerca da natureza do art. 20, § 1º, do CP

Há quem sustente que a figura prevista nesse dispositivo não constitui erro de tipo, na medida em que não provocaria a exclusão do dolo, mas, nos termos da lei, geraria uma "isenção da pena", indicando tratar-se de causa de exclusão de culpabilidade. É o caso de Mirabete[12], que vê, em função disso, um caso de erro de proibição[13]. Este argumento prende-se à redação do dispositivo e de outros do Código Penal, pois o termo "isenção de pena" é associado a fatores que excluem a culpabilidade do agente (cf. arts. 22, 26 e 28 do CP).

Outros doutrinadores, com base nessa mesma premissa, entendem que o erro disciplinado no art. 20, § 1º, não pode ser considerado nem de tipo (porque quando invencível isenta de pena) nem de proibição (pois quando vencível permite a punição por crime culposo, se previsto em lei). Em outras palavras: de acordo com o tratamento legislativo, se tal erro for invencível, acarreta como consequência o afastamento da culpabilidade (isenção de pena), indicando que, nesse aspecto, tem a natureza de erro de proibição; se for vencível, no entanto, o agente responde pelo crime culposo (se previsto em lei), disciplina ligada ao erro de tipo. Daí por que esse setor da doutrina sustenta cuidar-se de um *erro "sui generis"* (uma terceira espécie de erro, misto de erro de tipo e erro de proibição)[14].

No sentido de que a descriminante putativa do art. 20 configura erro de tipo, a maioria da doutrina[15], na qual nos incluímos, lembra, ainda, que essa conclusão ganha reforço pela leitura do item 17 da Exposição de Motivos da Parte Geral do Código Penal. Abaixo, trataremos do tema sob esse prisma.

■ 15.4.2.1.4.4. Descriminantes putativas — espécies e natureza jurídica

Como se viu acima, apesar da rubrica imprecisa do art. 20, § 1º, há **duas espécies** de **descriminantes putativas: por erro de tipo e por erro de proibição**.

- ■ **por erro de tipo:** dá-se quando o equívoco **incide** sobre os **pressupostos de fato da excludente**;
- ■ **por erro de proibição:** verifica-se quando a falsa percepção da realidade **incide sobre os limites legais (normativos) da causa de justificação**.

---

11 *Erro de tipo e erro de proibição*, p. 196-197.

12 *Manual de direito penal*, v. 1, p. 203.

13 Note-se que a modalidade de erro associada à culpabilidade é justamente o erro de proibição, pois o erro de tipo vincula-se ao fato típico.

14 Nesse sentido: Luiz Flávio Gomes, *Erro de tipo e erro de proibição*, p. 192 e s., e Cezar Roberto Bitencourt, *Erro jurídico-penal*, p. 67 e s.

15 Damásio de Jesus, *Direito penal*: parte geral, v. 1, p. 308 e s.; Francisco de Assis Toledo, *Princípios básicos de direito penal*, p. 272, e Fernando Capez, *Curso de direito penal*: parte geral, p. 183, entre outros.

Na descriminante putativa por erro de proibição, o agente sabe exatamente o que está fazendo, percebendo toda a situação; desconhece, no entanto, que a lei proíbe sua conduta. Pensa que age de forma correta, quando, na verdade, sua ação é errada, proibida, censurada pelo ordenamento penal. É o chamado *erro de proibição indireto*, que será estudado dentro da culpabilidade. Exemplo: "Um oficial de justiça realiza uma penhora. O executado, por erro, supõe que a diligência é injusta e reage em imaginária legítima defesa. O erro deriva não da má apreciação das circunstâncias do fato, mas de incorreta consideração da qualidade da agressão. Esta existe, mas é justa. O executado a supõe injusta. Aplica-se o art. 21: se o erro é invencível, há exclusão da culpabilidade, se vencível, não há exclusão da culpabilidade e sim diminuição de pena"[16].

> A natureza jurídica das descriminantes putativas varia de acordo com a teoria da culpabilidade adotada. Para a **teoria extremada, todas as descriminantes putativas**, sejam as que incidem sobre os pressupostos fáticos de uma causa de justificação, sejam as que recaem sobre os limites autorizadores de uma excludente de ilicitude, **são tratadas como erro de proibição** (só haveria, portanto, descriminantes putativas por erro de proibição). Hans Welzel, precursor do finalismo, acolhia essa tese.
>
> Já para a **teoria limitada da culpabilidade, adotada pelo nosso Código Penal** (veja-se o item 17 da Exposição de Motivos da Parte Geral), quando o erro do agente recai sobre os pressupostos fáticos, há erro de tipo (erro de tipo permissivo), ao passo que, se incide sobre os limites autorizadores, há erro de proibição (erro de proibição indireto).
>
> Em resumo:
>
> - **teoria extremada da culpabilidade** — as descriminantes putativas sempre têm natureza de erro de proibição;
> - **teoria limitada da culpabilidade** — se o equívoco reside na má apreciação de circunstância fática, há erro de tipo; se incidir nos requisitos normativos da causa de justificação, erro de proibição.

15.4.2.2. Erro de tipo acidental

Dá-se quando a falsa percepção da realidade incide sobre *dados irrelevantes da figura típica*. Encontra-se previsto nos arts. 20, § 3º, 73 e 74 do CP.

Subdivide-se em:

- *erro sobre o objeto material*, que pode ser erro sobre a pessoa ou erro sobre a coisa;
- *erro na execução*, que pode ser *aberratio ictus* ou *aberratio criminis*;
- *erro sobre o nexo de causalidade*.

Nesses casos, o agente, apesar do equívoco, percebe que pratica o crime; justamente por esse motivo, o erro não o beneficia.

15.4.2.2.1. Erro sobre o objeto material

O objeto material do crime é a pessoa ou coisa sobre a qual recai a conduta. Há, portanto, *erro sobre a pessoa* (*error in persona*) e *erro sobre o objeto ou sobre a coisa* (*error in objecto*).

[16] Damásio de Jesus, *Novas questões criminais*, p. 136.

15.4.2.2.1.1. *Erro sobre a pessoa*

O erro sobre a pessoa, espécie de erro de tipo acidental que incide sobre o objeto material, dá-se quando o agente atinge pessoa diversa da que pretendia ofender (vítima efetiva), por confundi-la com outra (vítima visada). Ocorre uma confusão mental, em que o indivíduo enxerga uma pessoa e sua mente identifica pessoa distinta. Por exemplo: um pai ingressa em sua residência e vê sua filha pequena em prantos, quando fica sabendo que ela teria sido violentada por um vizinho chamado "João"; o genitor toma uma arma e vai à procura do algoz de sua filha e, minutos após, encontra-se com um sósia do criminoso, atirando para matar.

Nesse caso, o autor dos disparos deparou-se com um inocente, mas o confundiu com a vítima visada ("João") dada a semelhança física entre eles. Houve um erro, porém este não impediu o agente de perceber o essencial, *i.e.*, que matava um ser humano.

Tratando-se de um erro irrelevante, o Código Penal determina que o agente responda pelo fato como se houvera atingido a vítima pretendida (art. 20, § 3º). Isto é, na aferição da responsabilidade penal, considera-se que o homicídio fora contra "João". Ao genitor, portanto, se imputará um homicídio doloso praticado por motivo de relevante valor moral (vingar-se do estuprador da filha matando-o) — art. 121, § 1º, do CP.

Outro exemplo: um traficante de drogas, inconformado com a inadimplência de um usuário, contrata alguém para matá-lo; para isso, entrega ao executor do crime uma fotografia da vítima pretendida; o atirador, todavia, mata o irmão gêmeo do devedor. Solução: o executor do crime responde por homicídio qualificado pela paga ou promessa de recompensa (CP, art. 121, § 2º, I), isto é, exatamente como ocorreria se houvesse matado o usuário.

Mais um exemplo: um filho pretende matar seu pai, mas confunde seu genitor com terceiro. A ele se imputará um homicídio, agravado pela circunstância contida no art. 61, II, *e*, do CP (crime contra ascendente).

15.4.2.2.1.2. *Erro sobre o objeto ou sobre a coisa*

Dá-se quando há engano quanto ao objeto material do crime e este não é uma pessoa, mas uma coisa. São inúmeras as infrações penais em que a conduta recai sobre coisas. Imaginemos um furto, em que o sujeito pretenda ingressar em um comércio para subtrair produtos importados e revendê-los, mas, por equívoco, leva produtos nacionais. O erro é totalmente irrelevante, porquanto não altera o essencial: ele furtou bens de outrem e sabe disso.

O erro em questão não trará qualquer benefício ao agente, a quem se imputará o crime do art. 155 do CP.

É preciso frisar, contudo, que só haverá erro sobre o objeto, enquanto modalidade de erro acidental, se a confusão de objetos materiais não interferir na essência do crime.

Assim, se alguém guarda cocaína para revendê-la, acreditando que detém a droga com alto teor de pureza, mas se equivoca quanto a essa condição, o erro é absolutamente irrelevante e não descaracteriza o tráfico ilícito de drogas cometido (Lei n. 11.343/2006, art. 33). Se a pessoa, todavia, guarda cocaína pensando ser farinha, age em *erro (de tipo) essencial*, porquanto sua ignorância com relação à natureza da substância armazenada a impede de saber que pratica um crime.

■ *15.4.2.2.2. Erro na execução do crime*

O erro na execução é considerado modalidade de erro de tipo acidental. De ver, contudo, que nele inexiste qualquer confusão mental. O agente enxerga uma coisa e pensa que é outra. O que ocorre é um equívoco na execução do fato. No momento em que se dá início ao *iter criminis*[17], ocorre uma circunstância inesperada ou desconhecida, normalmente decorrente da inabilidade do sujeito, a qual faz com que se atinja uma pessoa diversa da pretendida ou um bem jurídico diferente do imaginado.

Há duas modalidades de erro na execução: a *aberratio ictus* e a *aberratio criminis* ou *delicti*.

■ *15.4.2.2.2.1.* Aberratio ictus, *desvio na execução ou erro no golpe*

Cumpre deixar claro que a figura da *aberratio ictus* (desvio no golpe ou erro na execução) verifica-se quando a inabilidade do sujeito ou o acidente no emprego dos meios executórios faz com que se atinja *pessoa diversa da pretendida*.

Em tais situações, segue-se um princípio básico — o erro deve ser considerado acidental, isto é, deve o agente responder pelo fato como se houvesse atingido quem pretendia.

Assim, por exemplo, se uma pessoa aponta a arma para seu inimigo e efetua o disparo letal, mas por má pontaria alveja terceiro, que vem a morrer, responde por crime de homicídio doloso consumado, levando-se em conta, para efeito de aplicação da pena, as circunstâncias e condições pessoais da vítima visada (e não daquela efetivamente atingida). Em outras palavras, o Código determina que, como princípio básico para os casos de *aberratio ictus*, seja adotada regra semelhante à do erro sobre a pessoa, previsto no art. 20, § 3º, do CP. Eis o texto legal: "Quando, por acidente ou erro no uso dos meios de execução, o agente, ao invés de atingir a pessoa que pretendia ofender, atinge pessoa diversa, responde como se tivesse praticado o crime contra aquela, atendendo-se ao disposto no § 3º do art. 20 deste Código" (primeira parte do art. 73 do CP).

Analise-se a seguinte situação: um terrorista arma uma bomba para explodir num palanque, onde um importante político fará seu discurso de posse; no momento em que o dispositivo é acionado, contudo, encontrava-se no local seu assessor, que vem a falecer em virtude da explosão. Imagine-se, ainda, outro exemplo: uma pessoa envia uma carta com um pó letal a seu desafeto; ocorre que, ao chegar ao destinatário, a missiva é aberta por terceiro, que aspira o pó e falece. Em tais situações, imputar-se-á aos agentes o crime de homicídio doloso, exatamente como se houvessem matado seus "alvos".

---

[17] "Caminho do crime", "itinerário do crime" — designa as etapas que todo crime contém, desde os momentos iniciais até a sua consumação.

O art. 73 do CP regula duas espécies de *aberratio ictus*: a) com *unidade simples* ou *resultado único* (primeira parte), e b) com *unidade complexa* ou *resultado duplo* (segunda parte).

O erro na execução com resultado único se produz quando o desvio no golpe faz com que a conduta atinja outra pessoa, diversa da pretendida, a qual não sofre qualquer lesão. Todos os exemplos acima formulados correspondem à *aberratio ictus* com resultado único.

Dar-se-á, no entanto, a *aberratio* com resultado duplo se o agente atingir a vítima pretendida *e o terceiro*, por acidente ou erro na execução.

Assim, no exemplo da carta com pó letal, se, ao abri-la, o destinatário (*A*) estivesse ocasionalmente acompanhado de alguém (*B*), que, junto com ele, respirasse-o, provocando a morte de ambos, teríamos uma situação em que o homicida pretendia matar *A*, mas produziu o óbito de *A* e *B* (este, por acidente). De acordo com o art. 73, parte final, do CP, o sujeito responderá pelas duas mortes, em concurso formal (ou ideal) de crimes (CP, art. 70). Vale dizer, atribuir-se-ão a ele os crimes de homicídio doloso (com relação a *A*) e homicídio culposo (no tocante a *B*), cometidos em concurso formal. É importante registrar que a imputação da morte de *B*, no exemplo formulado, pressupõe seja previsível que ele pudesse se fazer acompanhar de alguém no momento da abertura da correspondência. Se, por qualquer razão, demonstrar-se que era imprevisível (para uma pessoa de mediana prudência e discernimento) o fato de que *A* poderia estar acompanhado no exato momento da abertura da carta, o homicida somente responde pela morte deste (ex.: *A* mora sozinho, não tem empregado e quase nunca recebe visitas, o que fez o agente supor que estaria só ao receber a missiva); caso contrário, ser-lhe-ia imputada uma morte sem dolo ou culpa (ou seja, haveria um caso de responsabilidade penal objetiva, o que é inadmissível à luz do princípio da culpabilidade).

Diversas situações podem ocorrer em se tratando de *aberratio ictus* com resultado duplo; confiram-se:

Imaginemos que uma pessoa saque arma de fogo e, com intenção letal, dispare contra seu desafeto (*X*), atingindo-o e também a um terceiro (*Y*):

- Ocorrendo a morte de ambos, haverá dois crimes, um homicídio doloso consumado (*X*) e outro culposo (*Y*), em concurso formal.
- Resultando somente lesões corporais em ambos, haverá uma tentativa de homicídio (*X*), em concurso formal com lesões corporais culposas (*Y*).
- Dando-se a morte de *X* e lesões corporais em *Y*, ter-se-ão um homicídio doloso consumado e lesões corporais culposas, em concurso ideal.
- Verificando-se lesões corporais em *X* e a morte de *Y*, imputar-se-á ao atirador um homicídio *doloso* consumado (*Y*), em concurso ideal com uma tentativa de homicídio (*X*).

A última situação merece uma explicação mais detalhada, pois, a princípio, poderia parecer correto considerar que houve uma tentativa de homicídio com relação a *X* e um homicídio *culposo* contra *Y*. Se fosse assim, todavia, quando se atingisse terceiro (*Y*) por erro na execução, seria melhor acertar também o alvo pretendido (*X*) do que simplesmente o terceiro. Em outras palavras, o erro na execução com resultado duplo seria mais benéfico para o assassino do que se houvesse resultado único (!). Isto porque, atingindo somente *Y* (*aberratio ictus* com resultado único), ser-lhe-ia imputado um crime de homicídio doloso consumado (art. 73, primeira parte, do CP). Se é assim, na hipótese de *também* acertar *X*, o qual sobrevive, não tem cabimento responder por fatos de menor gravidade (o concurso formal entre homicídio tentado e homicídio culposo é menos grave que um homicídio doloso consumado). É dizer: a pena decorrente da *aberratio ictus* com unidade complexa não pode ser inferior àquela imposta no caso de *aberratio ictus* com unidade simples.

Deve-se advertir que somente haverá *aberratio ictus* com resultado duplo quando o terceiro for atingido por *erro ou acidente* (isto é, culposamente), pois, se houver dolo, ainda que eventual, não se estará diante da figura do art. 73.

Lembre-se do exemplo do terrorista que pretende matar o político, durante seu discurso no palanque. O sujeito decide instalar o explosivo, mesmo *sabendo* que a vítima se fará acompanhar do assessor. No momento da explosão, os dois morrem. Não se pode dizer que houve "erro" na execução, pois, se o agente sabia que outra pessoa também estaria no local e, mesmo assim, decidiu acionar a bomba, responderá por dois homicídios dolosos consumados (em concurso formal impróprio).

Registre-se, por fim, que, embora sejam semelhantes quanto aos efeitos, a *aberratio ictus* com resultado único e o erro sobre a pessoa diferem em dois pontos cruciais: a) no erro sobre a pessoa, há erro de representação (mental), ao passo que, na *aberratio ictus*, o erro diz respeito à inabilidade do agente ou a um acidente na execução do crime; b) no erro sobre a pessoa (de regra), a vítima visada não sofre qualquer perigo, enquanto que na *aberratio ictus* dá-se o contrário.

■ *15.4.2.2.2.2.* **Aberratio criminis, aberratio delicti** ***ou resultado diverso do pretendido***

Ocorre quando o acidente ou erro no emprego dos meios executórios faz com que se atinja um bem jurídico diferente do pretendido. Na *aberratio ictus*, cuidava-se de acertar *pessoa* diferente; na *aberratio delicti*, *bem jurídico* diverso.

Suponha-se que um invejoso pretenda arremessar uma pedra sobre o automóvel novo de seu vizinho, por não se conformar com a aquisição, só que erra o alvo e acerta a cabeça de um pedestre, que sofre lesões. Nesse caso, o equívoco no emprego dos meios executórios fez com que o autor atingisse bem jurídico diverso do imaginado (integridade corporal em vez de patrimônio).

De acordo com o art. 74 do CP, primeira parte, o agente só responde pelo resultado produzido, que lhe será imputado a título de culpa (se prevista em lei a forma culposa). Note-se que, no exemplo formulado, o sujeito não responde por crime de dano tentado (CP, art. 163, c/c o art. 14, II), muito embora tenha dado início à execução de tal delito, que não se consumou por circunstâncias alheias à sua vontade (a má pontaria).

A aplicação da regra contida na primeira parte do art. 74 do CP *pressupõe que o resultado provocado seja previsto como crime culposo*. Basta imaginar a situação inversa para compreender o porquê: o agente arremessa a pedra visando ferir o vizinho, mas erra o alvo e quebra o vidro de um automóvel. Se a ele se imputasse o resultado a título de culpa, significa que ele teria cometido dano culposo (fato atípico), o qual absorveria a tentativa de lesão corporal. Evidente que não se trata disso. O sujeito, no exemplo formulado, responderá por lesão corporal tentada (CP, art. 129, c/c o art. 14, II).

A *aberratio criminis* também se subdivide em *resultado único ou unidade simples* e *resultado duplo ou unidade complexa*. Naquela, aplica-se a regra acima estudada; nesta, o concurso formal de crimes. Assim, se tencionando atingir o automóvel, o sujeito acertasse o veículo e, além disso, o pé de alguém, ferindo-o, haveria concurso ideal entre dano consumado e lesão corporal culposa.

15.4.2.2.3. *Erro sobre o nexo causal* ou aberratio causae

Dá-se quando o agente pretende atingir determinado resultado, mediante dada relação de causalidade, porém obtém seu intento por meio de um procedimento causal diverso do esperado, mas por ele desencadeado e igualmente eficaz. Exemplo: João, pretendendo matar seu inimigo, joga-o de uma ponte, na esperança de que, caindo no rio, morra por asfixia decorrente de afogamento; a vítima, no entanto, falece em virtude de traumatismo cranioencefálico, pois, logo após ser lançada da ponte, sua cabeça colide com um dos alicerces da estrutura.

O erro considera-se acidental, de modo que o agente responderá por crime de homicídio doloso consumado. É de alertar, contudo, que a qualificadora da asfixia (pretendida pelo sujeito) não terá incidência, pois outra foi a causa da morte.

Não se deve confundir o erro sobre o nexo causal com o dolo geral (*dolus generalis*). O *dolo geral* ou *dolus generalis* ocorre quando o sujeito pratica uma conduta objetivando alcançar um resultado, e, após acreditar erroneamente tê-lo atingido, *realiza outro comportamento*, o qual acaba por produzi-lo. Exemplo: para matar seu inimigo, alguém o golpeia fortemente, de modo que a vítima desmaia, fazendo o agente pensar equivocadamente que ela faleceu; em seguida, com a finalidade de simular um suicídio, deixa o ofendido suspenso em uma corda amarrada ao seu pescoço, asfixiando-o. Embora as opiniões se dividam, prevalece o entendimento de que o dolo do agente, exteriorizado no início de sua ação, generaliza-se por todo o contexto fático, fazendo com que ele responda por um único crime de homicídio doloso consumado[18].

Frise-se: não há que se confundir o dolo geral com o erro sobre o nexo causal (*aberratio causae*) **ou com a figura da consumação antecipada**.

No **erro sobre o nexo causal**, realiza-se **uma só conduta** pretendendo o resultado, o qual é alcançado em virtude de um processo causal diverso daquele imaginado. No **dolo geral**, todavia, o sujeito realiza **duas condutas**.

---

18 Há quem entenda que ocorra uma tentativa de homicídio em concurso material com homicídio culposo; cf. Enrique Bacigalupo, *Direito penal*: parte geral, Capítulo VI, n. 640.

Assim, no exemplo retromencionado: uma pessoa joga seu inimigo de uma ponte sobre um rio (conduta), pretendendo matá-lo (resultado) por afogamento (nexo de causalidade esperado), mas a morte ocorre porque, durante a queda, o ofendido choca sua cabeça contra os alicerces da ponte (nexo de causalidade diverso do imaginado). A diferença fundamental entre o dolo geral e o erro sobre o nexo de causalidade reside no fato de que naquele há duas condutas, enquanto neste há somente uma.

A consumação antecipada é, pode-se dizer, o oposto do *dolus generalis*, porquanto se refere a situações em que o agente produz antecipadamente o resultado esperado, sem se dar conta disso. Exemplo: uma enfermeira ministra sonífero em elevada dose para sedar um paciente e, após, envenená-lo mortalmente; apura-se, posteriormente, que o óbito decorreu da dose excessiva de sedativo, e não da peçonha ministrada *a posteriori*[19]. O homicídio, neste caso, é doloso.

Destaque-se que os casos de *aberratio ictus*, *aberratio delicti* e *aberratio causae* são impropriamente denominados por alguns doutrinadores de *delitos aberrantes*.

■ 15.5. ERRO SOBRE EXCLUDENTES DE CULPABILIDADE

■ 15.5.1. Coação moral irresistível putativa e obediência hierárquica putativa

Nosso Código não regula expressamente o erro incidente sobre as causas que excluem a culpabilidade. De advertir, porém, que tal discussão tem relevância à luz dos institutos previstos no art. 22 do CP, ou seja, da coação moral irresistível e da obediência hierárquica.

Pode-se adiantar, para efeito de melhor compreensão do assunto, que na coação moral irresistível e na obediência hierárquica surgem situações em que não se pode exigir do agente uma conduta diversa, motivo pelo qual ele se torna isento de pena (exclusão da culpabilidade).

Imagine-se que um funcionário público receba uma carta ameaçadora dizendo-lhe que não realize ato de ofício; amedrontado, omite-se; depois, percebe que a missiva era endereçada a outro funcionário com atribuição semelhante à sua. Responde o autor por prevaricação? A resposta é negativa. Entendemos que, na falta de expressa regulamentação legal, deva-se aplicar a tal hipótese os princípios relativos ao erro de proibição (CP, art. 21). Assim, se o erro era inevitável, o sujeito será isento de pena; se evitável, responde pelo crime, com redução de pena (de um sexto a um terço).

Mais um exemplo: uma pessoa, supondo existente uma ordem, não manifestamente ilegal, de superior hierárquico, pratica uma conduta. Na verdade, contudo, houve um engano, pois a ordem não foi dada. Responde pelo crime cometido? Não pode ser aplicado o art. 22 porque não havia ordem, mas sim o art. 21, uma vez mais, considerando-se os princípios do erro de proibição. O agente supôs que sua conduta era lícita porque agiu na crença de que havia uma ordem de autoridade superior, a qual lhe pareceu legal (e cuja ilegalidade, à vista do homem médio, não era manifesta).

---

19 Enrique Bacigalupo, *Direito penal*, Capítulo VI, n. 639.

15.5.2. Erro sobre a inimputabilidade

A imputabilidade consiste na capacidade mental de compreender o caráter ilícito do fato e de se determinar de acordo com tal entendimento. Não é possível que alguém se equivoque sobre a própria sanidade mental, a não ser que seja, de fato, louco, hipótese em que será aplicado o art. 26 do CP.

Poder-se-ia cogitar, todavia, de uma pessoa possuir 18 anos de idade, mas, por erro, acreditar-se menor de idade. Considere-se uma pessoa humilde, que não teve seu nascimento registrado em cartório, supondo ter 17 anos, quando, na verdade, possui 18 (circunstância apurada mediante perícia). Se ela praticar um fato definido como crime, é de se aplicarem os princípios relativos ao erro de proibição (CP, art. 21). Se inevitável, isenta-se de pena, mas incide o Estatuto da Criança e do Adolescente (Lei n. 8.069/90); se evitável, o Código Penal, com a redução da pena do art. 21.

15.6. ERRO DETERMINADO POR TERCEIRO

De acordo com Código Penal, em seu art. 20, § 2º, **responde pelo crime o terceiro que determina o erro**. Trata-se da hipótese em que o sujeito induz outra pessoa a agir em erro de tipo (incriminador ou permissivo). O **indivíduo induzido em erro** pratica uma conduta **isenta de dolo** e, portanto, penalmente **atípica**, mas **aquele que o determinou** a agir, provocando o equívoco, **responde pelo crime**.

Nesse caso, um **sujeito realiza o tipo objetivo**, isto é, a conduta em que se apresentam as elementares descritas no dispositivo legal, **enquanto outro realiza o tipo subjetivo**, ou seja, engendra dolosamente a prática delituosa.

A doutrina estrangeira, em tais situações, identifica uma das hipóteses configuradora da **autoria mediata**, na qual alguém se utiliza de um terceiro como mero instrumento de sua vontade (no caso em tela, o terceiro — também chamado de "instrumento" — atua sem dolo).

Veja esse exemplo: pretendendo matar seu inimigo e ocultando seu plano homicida, "A" convence "B" a dar um susto em "C", dizendo a este que efetue um disparo com arma de brinquedo contra a vítima, desconhecendo que, em verdade, se trata de arma verdadeira e municiada. "B", acreditando na sinceridade de "A", concorda em fazer a "encenação", de maneira que não atua com dolo de matar e acaba ceifando a vida de "C". Segundo prescreve nossa Lei, "A" responde por homicídio doloso e "B" não comete delito algum, pois sua conduta se revela penalmente atípica por falta de dolo (houve, nesse caso, erro inevitável ou escusável).

Outra conhecida situação em que se verifica a figura descrita no art. 20, § 2º, do CP, é aquela em que a enfermeira, pretendendo matar o paciente, entrega ao médico seringa com substância letal no lugar do anestésico. Só ela responde por homicídio doloso, pois agiu com propósito homicida e tinha plena ciência da letalidade do conteúdo do êmbolo. O médico não responde por delito algum, salvo se, tendo condição de prever a diversidade de substância (por exemplo, por diferença de coloração), não adotou a devida cautela, cenário este em que cometeria homicídio culposo (erro evitável ou inescusável).

■ 15.7. SÍNTESE

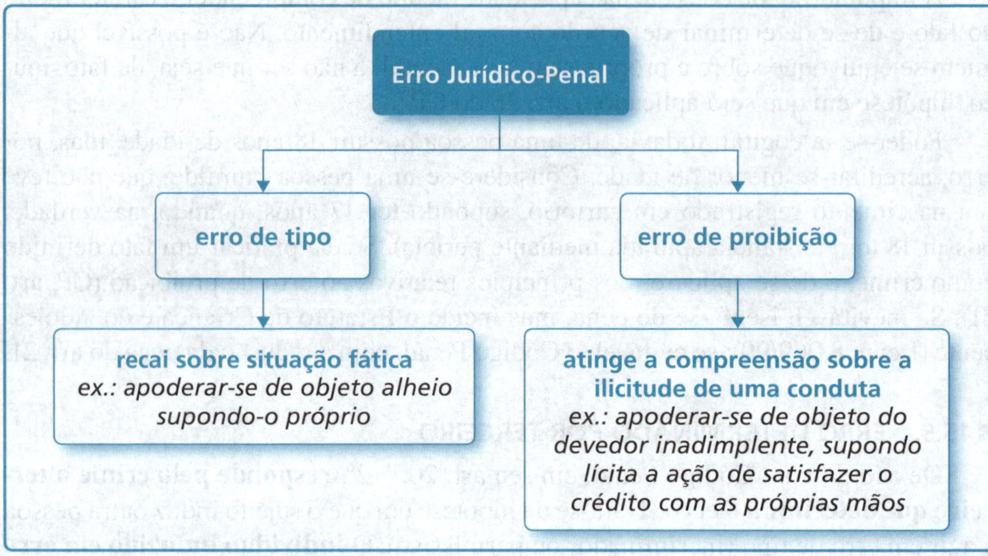

ERRO DE TIPO *VERSUS* DELITO PUTATIVO POR ERRO DE TIPO	
ERRO DE TIPO	■ O comportamento, objetivamente, tem caráter criminoso, mas, subjetivamente (*i.e.*, na mente do sujeito), inexiste a prática de uma conduta subsumível ao tipo. Não há crime por falta de dolo. Ex.: O agente porta uma arma verdadeira, imaginando que é de brinquedo.
DELITO PUTATIVO POR ERRO DE TIPO	■ O comportamento, subjetivamente, é criminoso, mas objetivamente o ato não se enquadra no tipo penal. Não há crime por faltar elementos objetivos do tipo penal na conduta do agente. Ex.: O agente porta uma arma de brinquedo, imaginando que é verdadeira.

ERRO DE TIPO	
■ **Essencial:** retira do agente a condição de perceber que pratica o crime (logo, sempre exclui o dolo). Se inevitável (ou escusável), exclui também a culpa. Se evitável, permite a punição por crime culposo (se previsto em lei).	Divide-se em: ■ erro de tipo incriminador (art. 20, *caput*); ■ erro de tipo permissivo (art. 20, § 1º — descriminante putativa).
■ **Acidental:** não retira a capacidade do sujeito de perceber que comete um delito (logo, não exclui o dolo).	Divide-se em: ■ erro sobre o objeto material (subdivide-se em erro sobre a pessoa e erro sobre o objeto); ■ erro na execução (subdivide-se em *aberratio ictus* e *aberratio criminis*); ■ erro sobre o nexo causal.

■ 15.8. QUESTÕES

1. (TRE-PA — Analista Judiciário — Judiciária — IBFC — 2020) Quanto ao "erro sobre elementos do tipo" e "erro sobre a ilicitude do fato", analise as afirmativas abaixo e dê valores Verdadeiro (V) ou Falso (F):

( ) Não cabe a incidência de erro de tipo nos crimes omissivos espúrios, em face do dever de agir para evitar o resultado, levando-se em conta a relação de normalidade ou perigo do caso concreto.

( ) O erro relativo à existência de uma causa de exclusão de ilicitude consiste em descriminante putativa por erro de proibição. Nesse caso, se inescusável o erro, afasta-se o dolo, subsistindo a responsabilidade por crime culposo, se previsto em lei.

( ) Ao agente provocador que atua dolosamente deverá ser imputado, na forma dolosa, o crime cometido pelo provocado. Já o agente provocado ficará impune, desde que escusável o seu erro.

( ) Incide sobre o "error in persona" a teoria da equivalência do bem jurídico atingido. Nesse caso, o agente responderá pelo crime praticado, porém, no momento da aplicação da pena, serão consideradas as condições da vítima virtual.

Assinale a alternativa que apresenta a sequência correta de cima para baixo.

a) V, F, F, V
b) F, F, V, V
c) F, V, V, F
d) V, V, V, V

2. (TJ-PA — Oficial de Justiça — Avaliador — CESPE/CEBRASPE — 2020) Na confraternização de final de ano de um tribunal de justiça, Ulisses, servidor do órgão, e o desembargador ganharam um relógio da mesma marca — em embalagens idênticas —, mas de valores diferentes, sendo consideravelmente mais caro o do desembargador. Ao ir embora, Ulisses levou consigo, por engano, o presente do desembargador, o qual, ao notar o sumiço do relógio e acreditando ter sido vítima de crime, acionou a polícia civil. Testemunhas afirmaram ter visto Ulisses com a referida caixa. No dia seguinte, o servidor tomou conhecimento dos fatos e dirigiu-se espontaneamente à autoridade policial, afirmando que o relógio estava na casa de sua namorada, onde fora apreendido.

Nessa situação hipotética, a conduta de Ulisses na festa caracterizou

a) erro de tipo.
b) excludente de ilicitude.
c) arrependimento posterior.
d) erro de proibição.
e) crime impossível.

3. (TJ-SC — Juiz Substituto — CESPE — 2019) Mara, pretendendo tirar a vida de Ana, ao avistá-la na companhia da irmã, Sandra, em um restaurante, ainda que consciente da possibilidade de alvejar Sandra, efetuou um disparo, que alvejou letalmente Ana e feriu gravemente Sandra. Nessa situação hipotética, assinale a opção correta relativa ao instituto do erro.

a) Devido à *aberratio ictus*, Mara responderá somente pelo homicídio de Ana, visto que o dolo estava direcionado a esta, havendo absorção do crime de lesão corporal cometido contra Sandra.
b) Mara responderá por homicídio doloso consumado em relação à Ana e por tentativa de homicídio em relação à irmã desta.
c) Em concurso formal imperfeito, Mara responderá pelo homicídio de Ana e pela lesão corporal de Sandra.
d) Mara incidiu em delito putativo por erro de tipo em unidade complexa.
e) Excluído o dolo e permitida a punição por crime culposo, se essa modalidade for prevista em lei, Mara terá incidido em erro de tipo essencial escusável contra a irmã de Ana.

4. (TJ-SC — Juiz Substituto — CESPE — 2019) À luz das disposições do Código Penal acerca do erro, julgue os itens a seguir.

I De acordo com a teoria da culpabilidade adotada pelo Código Penal, todo erro que recai sobre uma causa de justificação configura erro de proibição.

II No chamado *aberratio ictus*, quando, por acidente ou erro no uso dos meios de execução, em vez de vitimar a pessoa que pretendia ofender, o agente atingir pessoa diversa, consideram-se as condições e qualidades não da vítima, mas da pessoa que o agente pretendia atingir.

III O erro sobre elemento constitutivo do tipo penal exclui o dolo, se inevitável, ou diminui a pena de um sexto a um terço, se evitável.

IV Constitui crime impossível a prática de conduta delituosa induzida por terceiro que assegure a impossibilidade fática da consumação do delito.

Estão certos apenas os itens
a) I e III.
b) I e IV.
c) II e IV.
d) I, II e III.
e) II, III e IV.

5. (DPE-SP — Defensor Público — FCC — 2019) Daniel, com 18 anos de idade, conhece Rebeca, com 13 anos de idade, em uma festa e a convida para sair. Os dois começam a namorar e, cerca de 6 meses depois, Rebeca decide perder a virgindade com Daniel. O rapaz, mesmo sabendo da idade da jovem e da proibição legal de praticar conjunção carnal ou outro ato libidinoso com menor de 14 anos, ainda que com seu consentimento, mantém relação sexual com Rebeca, acreditando que o fato de namorarem seria uma causa de justificação que tornaria a sua conduta permitida, causa essa que, na verdade, não existe. Ocorre que os pais de Rebeca, ao descobrirem sobre o relacionamento de sua filha com Daniel, comunicaram os fatos à polícia. Daniel é denunciado pelo delito de estupro de vulnerável e a defesa alega que ele agiu em erro. De acordo com a teoria limitada da culpabilidade, Daniel incorreu em erro
a) de tipo.
b) sobre a pessoa.
c) de proibição direto.
d) de proibição indireto.
e) de tipo permissivo.

6. (MPE-PB — Promotor de Justiça Substituto — FCC — 2018) O erro sobre elementos do tipo, previsto no artigo 20 do Código Penal,
a) exclui o dolo, mas permite a punição por crime culposo, se previsto em lei.
b) sempre isenta o agente de pena.
c) não isenta o agente de pena, mas esta será diminuída de um sexto a um terço.
d) não tem relevância na punição do agente, pois o desconhecimento da lei é inescusável.
e) se inevitável, isenta o agente de pena; se evitável, poderá diminuir a pena de um sexto a um terço.

7. (MPE-AL — Analista do Ministério Público — Área Jurídica — FGV — 2018) Durante uma festa rave, Bernardo, 19 anos, conhece Maria, e, na mesma noite, eles vão para um hotel e mantém relações sexuais. No dia seguinte, Bernardo é surpreendido pela chegada de policiais militares no hotel, que realizam sua prisão em flagrante, informando que Maria tinha apenas 13 anos. Bernardo, então, é encaminhado para a Delegacia, apesar de esclarecer que acreditava que Maria era maior de idade, devido a seu porte físico e pelo fato de que era proibida a entrada de menores de 18 anos na festa rave.

Diante da situação narrada, Bernardo agiu em
a) erro de tipo, tornando a conduta atípica.
b) erro de tipo, afastando o dolo, mas permitindo a punição pelo crime de estupro de vulnerável culposo.
c) erro de proibição, afastando a culpabilidade do agente pela ausência de potencial conhecimento da ilicitude.
d) erro sobre a pessoa, tornando a conduta atípica.
e) erro de tipo permissivo, gerando causa de redução de pena.

8. (Defensor Público — DPE-AM — FCC — 2018) No Direito Penal brasileiro, o erro:
a) sobre os elementos do tipo impede a punição do agente, pois exclui a tipicidade subjetiva em todas as suas formas.
b) determinado por terceiro faz com que este responda pelo crime.
c) sobre a pessoa leva em consideração as condições e qualidades da vítima para fins de aplicação da pena.
d) de proibição exclui o dolo, tornando a conduta atípica.
e) sobre a ilicitude do fato isenta o agente de pena quando evitável.

9. (Delegado de Polícia Substituto — PC-MG — FUMARC — 2018) Com relação ao erro no Direito Penal, é CORRETO afirmar:

a) Quando, por erro no uso dos meios de execução, o agente, ao invés de atingir a pessoa que pretendia ofender, atinge pessoa diversa, responde como se tivesse praticado o crime contra aquela, considerando-se as qualidades da vítima que almejava. No caso de ser também atingida a pessoa que o agente pretendia ofender, aplica-se a regra do concurso formal: estamos diante da figura conhecida como *aberratio criminis*.
b) O agente que, objetivando determinado resultado, termina atingindo resultado diverso do pretendido, responde pelo resultado diverso do pretendido somente por culpa, se for previsto como delito culposo. Quando o agente alcançar o resultado almejado e também resultado diverso do pretendido, responderá pela regra do concurso formal, restando configurada a *aberratio causae*.
c) Mãe que, a fim de cuidar do machucado de seu filho, aplica sobre o ferimento ácido, pensando tratar-se de pomada cicatrizante, age em erro de proibição.
d) Fazendeiro que, para defender sua propriedade, mata posseiro que a invade, pensando estar nos limites de seu direito, atua em erro de proibição indireto.

10. (Delegado de Polícia Civil — PC-PI — NUCEPE — 2018) O erro acidental não afasta o dolo do agente, podendo ocorrer em algumas situações. Qual das hipóteses está CORRETA?

a) Erro sobre o objeto quando o autor, ao tentar matar o inimigo, por erro na pontaria mata outra pessoa.
b) Erro sobre o curso causal, quando o autor, ao tentar matar a vítima por afogamento e ao arremessar a vítima de uma ponte, esta bate na estrutura falecendo de traumatismo.
c) Erro sobre a pessoa no caso do autor que, ao tentar causar dano, atira uma pedra contra uma loja, e por erro atinge uma pessoa.
d) Erro na execução (*aberratio ictus*) quando, por exemplo, o autor, ao subtrair uma saca de café, pensa ser uma saca de açúcar.
e) Resultado diverso do pretendido, quando o autor, ao desejar matar seu filho, causa a morte de seu funcionário.

11. (Promotor de Justiça Substituto — MPE-MG — FUNDEP — 2018) Gleicilene, jovem simples de 20 anos de idade, preocupada com o atraso de seu ciclo menstrual e receosa por um estado de gestação indesejada, passou em um laboratório clínico e submeteu-se a exame sanguíneo a fim de que pudesse confirmar suas suspeitas, tendo o resultado sido prometido para a manhã seguinte. Entretanto, impaciente e tensa que estava, Gleicilene foi a uma farmácia e adquiriu um *kit* de teste gravídico e, chegando em casa, submeteu-se à experiência. Desesperou-se diante da reação química que, em princípio, indicava gravidez. Preocupada, procurou um indivíduo de quem adquiriu medicação abortiva com o escopo de praticar autoaborto, tendo ingerido duas drágeas à noite. No outro dia, logo de manhã, ela deambulou até o laboratório e apanhou o resultado do exame de sangue que revelou que não havia nenhuma gravidez. Foi realizada contraprova que ratificou a ausência de gestação.

Do ponto de vista do Direito Penal, pode-se dizer que Gleicilene incorreu em:

a) Delito putativo por erro de proibição.
b) Erro de tipo invencível.
c) Erro de proibição indireto.
d) Delito putativo por erro de tipo.

12. (Promotor de Justiça Substituto — MPE-MS — 2018) Assinale a alternativa correta.

a) O erro de tipo exclui a culpabilidade do agente, uma vez que ausente o conhecimento da antijuridicidade do fato por ele praticado.
b) A teoria limitada da culpabilidade, adotada pelo ordenamento penal brasileiro, afirma que o erro sobre os pressupostos fáticos de uma causa de justificação possui natureza de erro de tipo permissivo, com as mesmas consequências jurídicas do erro de tipo.
c) O erro de tipo essencial, que recai sobre elemento constitutivo do tipo legal, permite a redução da pena, caso seja inevitável.
d) O desconhecimento da lei penal é inescusável, não atenuando a pena do condenado.
e) A teoria extremada da culpabilidade — atualmente predominante — distingue, em relação à causa de justificação, erro de proibição indireto e erro de tipo permissivo.

13. (Promotor de Justiça Substituto — MPE-MG — FUNDEP — 2018) Assinale a alternativa INCORRETA:

a) A lei penal mais grave aplica-se ao crime continuado ou ao crime permanente, se sua vigência é anterior à cessação da continuidade ou da permanência.
b) O Direito Penal brasileiro adotou a teoria limitada da culpabilidade, que trata o erro sobre os pressupostos fáticos de uma justificante como erro de proibição indireto.
c) A desistência voluntária e o arrependimento eficaz são incompatíveis com os crimes culposos, sendo, contudo, admitidos na culpa imprópria.
d) O agente que dispara um tiro contra outrem, mas que, arrependido, leva a vítima para o hospital, vindo ela a falecer em decorrência de uma infecção hospitalar, responde por homicídio consumado.

14. (MPSP — 2012) Motorista que, em estacionamento, se apodera de veículo pertencente a terceiro supondo-o seu, em decorrência de absoluta semelhança entre os automóveis, incide em:

a) erro na execução.
b) erro de proibição.
c) erro de tipo.
d) crime impossível.
e) erro determinado por terceiro.

15. (177º Concurso de Ingresso à Magistratura/SP — 2005) Empregada doméstica, durante o trabalho em casa alheia, dali tomou para si certo objeto que, todavia, supunha ser seu. Esse fato configura:

a) erro de proibição.
b) erro de tipo.
c) causa de exclusão da ilicitude.
d) crime impossível.

16. (83º Concurso de Ingresso ao MPSP — 2003) Dentre as afirmativas abaixo, assinale a FALSA.

a) Descriminantes putativas ocorrem quando o agente supõe que está agindo licitamente, imaginando que se encontra presente uma das causas excludentes da ilicitude previstas em lei.
b) Erro invencível ou escusável é aquele no qual o sujeito não age dolosa ou culposamente, motivo pelo qual não responde por crime doloso ou culposo.
c) O erro de tipo, que incide sobre as elementares ou circunstâncias da figura típica, exclui o dolo.
d) O erro de proibição ocorre quando o homem não incorre em qualquer falsa apreciação da realidade, mas acredita que o fato não é contrário à ordem jurídica.
e) Erro vencível ou inescusável é o que emana do dolo do agente, pois, para evitá-lo, bastaria a atenção normal do "homem médio".

17. (Procurador da República — 20º Concurso — 2003) Pela denominada teoria unitária do erro,

a) é relevante a distinção entre erro de tipo e de proibição.
b) todo o problema do erro concentra-se na culpabilidade.
c) o denominado erro de direito ganha relevância penal.
d) o erro de direito inescusável tanto está em sede penal, quanto extrapenal.

18. (Procurador da República — 22º Concurso — 2005) Alice trabalhava, como diarista, fazendo limpezas semanais no apartamento de Rita. No dia seguinte à realização da festa de aniversário de sua patroa, encontrou, enquanto trabalhava, uma bolsa em cima de um móvel no canto da parede. Estava sozinha e subtraiu o objeto, pensando que fora deixado por alguma conviva. Mas, quando chegou em sua casa descobriu que a bolsa lhe pertencia e fora esquecida naquele local na semana anterior. Nesta situação, caracterizou-se:

a) o erro de tipo, excludente do dolo;
b) o crime putativo;
c) o furto, na sua forma tentada;
d) o crime impossível.

19. (86º Concurso de Ingresso à Carreira do MPSP — 2008) Assinale a alternativa correta.

a) O erro sobre a ilicitude do fato, se inevitável, determina a redução da pena de um sexto a um terço.

b) O erro sobre elemento constitutivo do tipo penal não exclui o dolo.
c) O erro quanto à pessoa contra a qual o crime é praticado determina que se considerem as condições ou qualidades da vítima da infração.
d) Nas descriminantes putativas, se o erro deriva de culpa, responde o agente por crime culposo, se previsto em lei.
e) Considera-se evitável o erro se o agente atua ou se omite com consciência da ilicitude do fato, quando não lhe era possível, nas circunstâncias, agir de forma diversa.

20. (183º Magistratura/SP — 2011) Analise as proposições seguintes.

I. O erro sobre elemento constitutivo do tipo legal de crime exclui o dolo, mas não permite a punição por crime culposo, ainda que previsto em lei.
II. Responde pelo crime o terceiro que determina o erro.
III. O desconhecimento da lei é inescusável, mas o erro sobre a ilicitude do fato, se inevitável, poderá diminuir a pena de um sexto a um terço.
IV. O desconhecimento da lei é considerado circunstância atenuante.
V. Se o fato é cometido sob coação irresistível, só é punível o autor da coação.

Assinale as proposições corretas.

a) I, II e V, apenas.
b) II, III e IV, apenas.
c) II, IV e V, apenas.
d) I, II e III, apenas.
e) II, III e V, apenas.

21. (Delegado de Polícia Civil/SP — 2011) Na *aberratio ictus*:

a) o agente erra a pessoa que pretendia atingir.
b) o agente erra no uso dos meios de execução.
c) o agente erra sobre a qualificadora.
d) o agente erra o objeto que pretendia atingir.
e) ocorre erro sobre o nexo causal.

22. (OAB — V Exame Unificado — FGV — 2011) Apolo foi ameaçado de morte por Hades, conhecido matador de aluguel. Tendo tido ciência, por fontes seguras, que Hades o mataria naquela noite e, com o intuito de defender-se, Apolo saiu de casa com uma faca no bolso de seu casaco. Naquela noite, ao encontrar Hades em uma rua vazia e escura e, vendo que este colocava a mão no bolso, Apolo precipita-se e, objetivando impedir o ataque que imaginava iminente, esfaqueia Hades, provocando-lhe as lesões corporais que desejava. Todavia, após o ocorrido, o próprio Hades contou a Apolo que não ia matá-lo, pois havia desistido de seu intento e, naquela noite, foi ao seu encontro justamente para dar-lhe a notícia. Nesse sentido, é correto afirmar que

a) havia dolo na conduta de Apolo.
b) mesmo sendo o erro escusável, Apolo não é isento de pena.
c) Apolo não agiu em legítima defesa putativa.
d) mesmo sendo o erro inescusável, Apolo responde a título de dolo.

23. (Concurso da Carreira da Magistratura/MG — Fundep — 2014) Acerca do erro jurídico-penal é INCORRETO afirmar que:

a) ocorre *aberratio criminis* quando o agente, objetivando um determinado resultado, termina alcançando resultado diverso. Nesta hipótese, o agente responde apenas por culpa, se houver previsão legal nesta modalidade.
b) o erro acidental atinge elementos secundários ou acessórios dos elementos constitutivos do tipo penal.
c) a Reforma Penal de 1984 adotou a teoria limitada da culpabilidade, que distingue o erro incidente sobre os pressupostos fáticos de uma causa de justificação do que incide sobre a norma permissiva.
d) o erro sobre a ilicitude do fato, se inevitável, isenta de pena e, se evitável, poderá diminuí-la, de um sexto a um terço. Tal modalidade de erro é classificada como erro de tipo e pode, em circunstâncias excepcionais, excluir a culpabilidade pela prática da conduta.

24. (Concurso de Ingresso à Carreira do MP/MA — 2014) Segundo a qualificação doutrinária dos crimes, assinale a alternativa incorreta:

a) Ocorre delito putativo por erro de proibição quando o agente supõe estar infringindo uma norma penal que na realidade não existe. Já no delito putativo por erro de tipo, o agente se equivoca quanto a existência das elementares do tipo. Um exemplo do primeiro poderia ser o da mulher que supondo estar grávida (quando não está na verdade) ingere substância abortiva;

b) Crime próprio é o que somente pode ser cometido por determinada categoria de pessoas, pois pressupõe no agente uma particular condição ou qualidade. Um exemplo pode ser o crime de aborto provocado pela gestante. Já o crime de mão própria é aquele que somente pode ser cometido pelo sujeito em pessoa, como o falso testemunho;

c) Para o crime habitual é necessária reiteração da mesma conduta reprovável, de forma a constituir um estilo ou hábito de vida, como o crime de curandeirismo. O crime continuado difere do habitual, porque naquele cada ação praticada constitui-se isoladamente em crime; já no crime habitual, cada conduta tomada isoladamente não se constitui em delito;

d) Crime instantâneo é o que se perfaz num só momento, como o homicídio. O crime permanente é aquele cujo momento consumativo se protrai no tempo, como o sequestro. Já no crime instantâneo de efeitos permanentes, o crime se consuma em um dado momento, mas os efeitos da conduta perduram no tempo, como o homicídio;

e) Crime de ação múltipla é aquele que contempla no tipo várias modalidades de ação para sua prática, como o induzimento, instigação ou auxílio ao suicídio. Já no crime de forma livre, a descrição típica não encerra qualquer forma de ação específica para sua prática, como o homicídio.

25. (Magistratura/SP — Vunesp — 2014) Analise as seguintes situações:

I. Quando, por erro no uso dos meios de execução, o agente, ao invés de atingir a pessoa que pretendia ofender, atinge pessoa diversa, responde como se tivesse praticado o crime contra aquela, levando-se em consideração as qualidades da vítima que almejava. No caso de ser também atingida a pessoa que o agente pretendia ofender, aplica-se a regra do concurso formal.

II. Há representação equivocada da realidade, pois o agente acredita tratar-se a vítima de outra pessoa. Trata-se de vício de elemento psicológico da ação. Não isenta de pena e se consideram as condições ou qualidades da pessoa contra quem o agente queria praticar o crime.

III. Trata-se de desvio do crime, ou seja, do objeto jurídico do delito. O agente, objetivando um determinado resultado, termina atingindo resultado diverso do pretendido. O agente responde pelo resultado diverso do pretendido somente por culpa, se for previsto como delito culposo. Quando o agente alcançar o resultado almejado e também resultado diverso do pretendido, responderá pela regra do concurso formal.

Tais ocorrências configuram, respectivamente:

a) *aberratio ictus*; *error in persona*; *aberratio criminis*.
b) *aberratio criminis*; *error in persona*; *aberratio ictus*.
c) *error in persona*; *aberratio ictus*; *aberratio criminis*.
d) *aberratio ictus*; *aberratio criminis*; *error in persona*.

26. (91º Concurso de Ingresso à Carreira do MP/SP — 2015) O erro de tipo:

a) exclui a culpabilidade do agente pela ausência e impossibilidade de conhecimento da antijuridicidade do fato que pratica.
b) exclui a culpabilidade porque o agente, ao tempo do crime, era inteiramente incapaz de entender o caráter ilícito do fato ou de determinar-se de acordo com esse entendimento.
c) exclui o dolo, pois se trata de conduta típica justificada pela norma permissiva.
d) exclui o dolo, tendo em vista que o autor da conduta desconhece ou se engana em relação a um dos componentes da descrição legal do crime, seja ele descritivo ou normativo.
e) exclui a punibilidade por se tratar de causa de isenção de pena prevista para determinados crimes.

GABARITO

1. "b". A primeira assertiva é falsa, pois o erro de tipo é cabível em qualquer delito. A segunda é falsa, uma vez que, quando se tratar de erro de proibição, sua consequência afetará a culpabilidade, e não o dolo. A terceira é tratada no art. 20, § 2º, do CP e a quarta, no art. 20, § 3º, do CP.
2. "a". Trata-se de erro de tipo, regido pelo art. 20, *caput*, do CP, que exclui o dolo. O agente supor erroneamente que o relógio que levava consigo era o seu, quando, em verdade, era de outrem.
3. "c". A questão deveria ser anulada, pois descreve uma situação, quanto à Sandra, que pode ser de culpa consciente ou dolo eventual quanto à matá-la.
4. "c". A I está errada, tendo em vista o art. 20, §1º, do CP e a III está errada tendo em vista o art. 20, *caput*, do CP.
5. "d". Houve erro de proibição indireto ou erro de permissão.
6. "a". CP, art. 20, *caput*.
7. "a". Houve erro de tipo — art. 20, *caput*, do CP.
8. "b". CP, art. 20, § 2º.
9. "d". O erro de proibição indireto é justamente o que incide sobre a falsa ideia de que a conduta está acobertada por excludente de ilicitude inexistente no caso concreto. A letra "a" trata da *aberratio ictus* (CP, art. 73). A letra "b" cuida da *aberratio criminis*. A letra "c" constitui erro de tipo.
10. "b". A letra "a" contém *aberratio ictus*. A letra "c" se refere a *aberratio criminis*. A letra "d" trata do erro sobre a coisa ou sobre o objeto. A letra "e" diz respeito a erro sobre a pessoa.
11. "d". Além disso, há crime impossível (CP, art. 17).
12. "b". CP, art. 20, § 1º. A Exposição de Motivos da Parte Geral confirma que o CP adotou a teoria indicada na alternativa correta. Sobre as demais, ver arts. 20 e 21 do CP.
13. "b". O erro sobre os pressupostos fáticos de uma causa de justificação (excludente de ilicitude) é, segundo a teoria limitada da culpabilidade, erro de tipo (CP, art. 20, § 1º).
14. "c". Trata-se de erro de tipo, pois o equívoco incidiu na representação mental dos fatos (CP, art. 20, *caput*).
15. "b". Há erro de tipo, pois o equívoco incidiu na má compreensão da realidade fática, atingindo dado previsto como elemento do tipo penal (CP, art. 20, *caput*).
16. "e". O erro será vencível ou inescusável quando o agente não tinha consciência do equívoco cometido. Não deriva de dolo, portanto.
17. "b". A teoria unitária do erro considera que os casos de erro de tipo e de proibição devem ser tratados na esfera da culpabilidade.
18. "d". Há crime impossível, por absoluta impropriedade do objeto material, já que a coisa própria não pode ser furtada. Existe, sob outra perspectiva, o chamado delito putativo por erro de tipo.
19. "d". O erro de proibição inevitável isenta o réu de pena (CP, art. 21). O erro de tipo sempre exclui o dolo (CP, art. 20, *caput*). O erro quanto à pessoa determina que se considerem as qualidades da vítima pretendida, e não da atingida (CP, art. 20, § 3º). O erro é evitável ou inescusável quando uma pessoa mediana, na situação em que o agente se encontrava, o teria evitado.
20. "c". Estão certas as assertivas II, IV e V. A assertiva I está errada, pois o erro sobre elemento constitutivo do tipo legal de crime exclui o dolo, mas permite a punição por crime culposo, ainda que previsto em lei (CP, art. 20, *caput*). A III também está equivocada, pois o desconhecimento da lei é inescusável, mas o erro sobre a ilicitude do fato, se inevitável, isenta de pena.

21. "b". CP, art. 73.
22. "a". Houve legítima defesa putativa. Nesse caso, pode-se dizer que o erro foi escusável e, portanto, isenta o agente de pena, nos termos do art. 20, 1º, do Código Penal. Havia dolo na conduta de Apolo (dolo de matar em legítima defesa, embora fosse esta imaginária, e não real).
23. "d". O erro nela mencionado é o erro de proibição, definido no art. 21 do CP.
24. "a". O exemplo formulado na letra "a" é delito putativo por erro de tipo (ou, ainda, crime impossível por absoluta impropriedade do objeto material).
25. "a". Os dispositivos refletem, respectivamente, os arts. 73; 20, § 3º; e 74 do CP.
26. "d". Nos termos do art. 20, *caput*, do CP, o erro de tipo sempre exclui o dolo, justamente por retirar do autor da conduta a noção de que pratica alguma elementar ou circunstância legal de crime.

16

ITER CRIMINIS

16.1. CONCEITO

Desde os momentos iniciais, quando o delito está apenas na mente do sujeito, até sua consumação, quando o crime se concretiza inteiramente, passa-se por todo um caminho, por um itinerário, composto de várias etapas ou fases — o chamado *iter criminis* (ou "caminho" do crime).

16.2. FASES DO *ITER CRIMINIS*

16.2.1. Fase interna (cogitação)

Trata-se do **momento interno** da infração. Só há crime na esfera psíquica, na mente do sujeito, que ainda não exteriorizou nenhum ato. Essa fase é totalmente irrelevante para o Direito Penal, uma vez que *cogitationis poenam nemo patitur*[1].

Lembre-se de que um dos elementos do fato típico é a conduta, que pressupõe exteriorização do pensamento. Enquanto a ideia criminosa não ultrapassar a esfera mental, por pior que seja, não se poderá censurar criminalmente o ato. Se uma pessoa, em momento de ira, deseja conscientemente matar seu desafeto, mas nada faz nesse sentido, acalmando-se após, para o Direito Penal a ideação será considerada irrelevante. Pode-se falar, obviamente, em reprovar o ato do ponto de vista moral ou religioso, nunca porém à luz do Direito Penal.

Mesmo quando a vontade de cometer o delito é verbalizada, não se tem, como regra, ilícito penal algum, salvo se tal manifestação oral puder violar ou periclitar algum bem jurídico, como se poderia imaginar nos casos de injúria (art. 140), ameaça (art. 147) ou incitação ao crime (art. 286).

16.2.2. Fase externa (preparação, execução e consumação)

16.2.2.1. Preparação

Os atos preparatórios ou *conatus remotus* verificam-se quando a ideia extravasa a esfera mental e se materializa mediante condutas voltadas ao cometimento do crime. Este, portanto, **sai da mente do sujeito, que começa a exteriorizar atos tendentes à sua futura execução**.

---

[1] Essa é a antiga fórmula cunhada por Ulpiano, no *Digesto*, XLVIII, 19, 18, conforme anota Hungria, *Comentários ao Código Penal,* v. 1, 4. ed., t. II, p. 75.

Nessa etapa, como regra, o Direito Penal não atua. Atos considerados meramente preparatórios não são punidos criminalmente.

Assim, o sujeito que, pretendendo matar seu inimigo (cogitação) e possuindo porte de arma de fogo, apodera-se do instrumento bélico (preparação) e, em seguida, desloca-se até as proximidades da residência do ofendido, sendo surpreendido pela polícia antes de sacar a arma ou mesmo de encontrar-se com a vítima visada, não comete crime algum (não se aplica o Estatuto do Desarmamento, uma vez que ele possui porte de arma).

É de ver, contudo, que eventualmente o legislador transforma em crimes autônomos condutas que configuram meros atos preparatórios de outros delitos. Referida técnica legislativa, cada vez mais presente nos dias atuais, denomina-se **antecipação da tutela penal**. Justifica-se sempre que os atos representarem, em si mesmos, um perigo à ordem jurídica, ou, ainda, quando pela suma relevância do bem jurídico que o agente pretenda vulnerar, mostre-se necessária a intervenção precoce do Direito Penal. Essa medida é, por vezes, essencial estratégia na salvaguarda de bens jurídicos fundamentais. O legislador, no entanto, deve utilizar-se desse método com prudência e seleção, sob pena de banalizar o Direito Penal ou ferir princípios constitucionais.

São mostras válidas de antecipação de tutela penal, dando-se a punição como crimes autônomos de atos preparatórios de outras infrações penais, os arts. 286 (incitação ao crime), 287 (apologia de crime ou fato criminoso)[2], 288 (associação criminosa) e o art. 291 (petrechos para falsificação de moeda), que seria ato preparatório do crime de moeda falsa (art. 289). Cite-se, também, o art. 34 da Lei de Drogas (petrechos destinados à fabricação, preparação, produção ou transformação de droga) e os arts. 12, 14 e 16 do Estatuto do Desarmamento, os quais tipificam a posse irregular e o porte ilegal de arma de fogo.

Reitere-se que a punibilidade de atos preparatórios não se dá senão mediante sua expressa tipificação, jamais pela extensão do caráter punível do delito cogitado (*meta optata*). Essa regra foi acolhida em nossa legislação penal, que, ao tratar do delito tentado (art. 14, II), demanda, como requisito indispensável, a presença do **início de execução**.

É bom lembrar, por fim, o disposto no art. 31 do CP, o qual dispõe que "o ajuste, a determinação ou instigação e o auxílio, salvo disposição expressa em contrário, não são puníveis, se o crime não chega, pelo menos, a ser tentado". Vale dizer: se o agente não sai da fase de preparação, o partícipe, que o induziu, instigou ou auxiliou, não será punido. Assim, por exemplo, se uma mulher contrata um "matador de aluguel" para ceifar a vida de seu esposo, mas este, mesmo depois de receber o preço e planejar o crime, converte-se a determinada religião e desiste de colocar em prática a trama delituosa, não chegando sequer a tentar matar o marido (isto é, não comete nenhum ato executório), sua conduta será atípica, qualidade da qual também será revestida a ação do mandante, no caso, a esposa.

[2] Observe-se que, ao elogiar o criminoso ou o fato por ele cometido, tal postura pode servir de incentivo a novos crimes.

■ 16.2.2.2. Execução

A terceira etapa do *iter criminis* se atinge com o primeiro ato de execução (*conatus proximus*). Cuida-se de uma das questões mais árduas em Direito Penal estabelecer a exata fronteira entre os atos preparatórios e os executórios. Trata-se de problema de suma importância, pois, enquanto os atos preparatórios são, como regra, penalmente irrelevantes, os executórios são penalmente típicos, tanto que, se o sujeito os iniciar, será punido ainda que haja a interrupção involuntária de seu agir (dar-se-á, nesse caso, a tentativa — art. 14, II, do CP).

É certo que só será possível falar em execução se estivermos diante de um **ato idôneo e inequívoco tendente à consumação do crime**. A dificuldade está em estabelecer precisamente qual é esse ato. A doutrina apresenta alguns critérios:

- **critério material:** a execução se inicia quando a conduta do sujeito passa a colocar em risco o bem jurídico tutelado pelo delito (Hungria);
- **critério formal-objetivo:** só há início de execução se o agente praticou alguma conduta que se amolda ao verbo núcleo do tipo.

Nenhum dos critérios se mostra totalmente satisfatório. O primeiro, por ser demasiado amplo, e o segundo, excessivamente restrito.

Damásio de Jesus, em função disso, sustenta deva ser adotada a **teoria individual-objetiva** (de Hans Welzel), pela qual o início da execução abarca todos os atos que, de acordo com a intenção do sujeito, sejam imediatamente anteriores ao início do cometimento da conduta típica.

Exemplos de atos executórios: disparar o tiro em direção à vítima; ministrar veneno no alimento do ofendido; sacar a faca e correr em direção à vítima; apoderar-se da coisa que pretende furtar[3]; anunciar o roubo; agarrar a vítima do estupro e etc.

A jurisprudência pátria tem adotado uma diretriz semelhante àquela proposta por Damásio de Jesus, consoante se extrai de caso interessante, no qual o Superior Tribunal de Justiça reconheceu a tentativa (e não meros atos preparatórios), em relação a uma associação criminosa que adquiriu um imóvel próximo a agência bancária e planejou a escavação de um túnel para acessar o cofre da instituição e subtrair o dinheiro, mesmo não tendo sido o túnel finalizado. O STJ destacou que uma conjugação de critérios distingue atos preparatórios e executórios, partindo-se da teoria objetivo-formal, associada a parâmetros subjetivos, devendo o julgador avaliar e definir se as condutas praticadas se aproximaram do início do tipo penal de tal modo que colocaram em risco o bem jurídico tutelado ou se os comportamentos periféricos externados evidenciam risco relevante e já configuram início de execução do delito[4].

---

[3] Ressalve-se existir entendimento no sentido de que o apoderamento da *res* produz a consumação.

[4] REsp 1.252.770/RS, Rel. Min. Rogerio Schietti Cruz, 6ª Turma, julgado em 24.03.2015. No caso concreto, os autores "mediante complexa logística, escavaram por dois meses um túnel de 70,30 metros entre o prédio que adquiriram e o cofre da instituição bancária, cessando a empreitada, em decorrência de prisão em flagrante, quando estavam a 12,80 metros do ponto externo do banco, contexto que evidencia, de forma segura, a prática de atos executórios".

16.2.2.3. Consumação

Há consumação (ou *summatum opus*), de acordo com o Código Penal, quando **se fazem presentes todos os elementos da definição legal do delito** (art. 14, I). Em outras palavras: total subsunção da conduta do sujeito com o modelo legal abstrato. Pode-se dizer, ainda, que essa fase final do *iter criminis* é atingida com a produção da lesão ao bem jurídico protegido.

Igualmente importante é definir a linha divisória da consumação. Esse momento é fundamental para determinar a quantidade da pena imposta, o termo inicial da prescrição da pretensão punitiva (art. 111, I, do CP) e o foro competente para o processo e julgamento da infração (art. 70 do CPP).

O momento consumativo varia conforme a natureza do crime; assim:

- **os crimes materiais ou de resultado** consumam-se com a ocorrência do resultado naturalístico ou material (isto é, modificação no mundo exterior provocada pela conduta);
- **os crimes de mera conduta** consumam-se com a ação ou omissão prevista e punida na norma penal incriminadora. Nesses delitos, o tipo penal não faz alusão a nenhum resultado naturalístico. Dessa forma, basta a conduta, positiva ou negativa, para que haja consumação;
- **os crimes formais** ou de consumação antecipada, apesar da alusão ao resultado naturalístico no tipo penal, não exigem, para fins de consumação, que ele ocorra, de tal modo que, praticada a conduta prevista em lei, o delito estará consumado;
- **os crimes permanentes** têm a característica de a fase consumativa prolongar-se no tempo. Isso tem relevância jurídica não só na competência territorial (art. 71 do CPP) e no termo inicial do prazo prescricional (art. 111, III, do CP), como também na prisão em flagrante (art. 303 do CPP);
- **os crimes culposos**, como crimes materiais, apenas estarão consumados com a ocorrência do resultado naturalístico;
- **os crimes omissivos**
  - **próprios:** por serem infrações penais de mera conduta, basta a inatividade do agente para que haja consumação, sendo prescindível que à omissão se associe a ocorrência de algum resultado;
  - **impróprios:** sempre são materiais ou de resultado, de modo que só estarão consumados com a superveniência deste;
- **os crimes qualificados pelo resultado** consumam-se com a ocorrência do resultado agravador;
- **os crimes habituais**, em face da exigência típica de reiteração de atos, só se consumam se o sujeito os pratica repetidas vezes. Uma só conduta, isoladamente, constitui fato atípico.

16.2.3. Exaurimento

Dá-se quando o agente, **depois de consumar o delito** e, **portanto, encerrar o *iter criminis*, pratica nova conduta**, intensificando a agressão ao bem jurídico penalmente tutelado. De regra, o exaurimento apenas influi na quantidade da pena, seja por estar previsto como causa especial de aumento (ex.: CP, art. 317, § 1º), seja por figurar como circunstância judicial desfavorável (pois o juiz deve levar em conta na dosagem da pena-base as *consequências do crime* — art. 59, *caput*, do CP).

Iter criminis

fase interna		*fase externa*	
cogitação	**preparação**	**execução**	**consumação**
Irrelevante para o Direito Penal.	*Regra: atos atípicos.* *Exceção: há atos preparatórios que são tipificados como delitos autônomos (antecipação da tutela penal).*	*Regra: atos penalmente típicos.* *Início de execução: ocorre nos atos imediatamente anteriores ao início da conduta típica (desde que idôneos e inequivocamente a ela dirigidos).*	*É a realização integral do tipo.* *Pressupõe a lesão ao bem jurídico protegido.*

16.3. CRIME TENTADO (CP, ART. 14)

16.3.1. Introdução

A tentativa (ou *conatus*) constitui a realização imperfeita do tipo penal. Dá-se quando o agente põe em prática o plano delitivo engendrado e, iniciando os atos executórios, vê frustrado seu objetivo de consumar o crime por motivos independentes de sua vontade.

O Código Penal define-a no art. 14, II, quando diz que o crime se considera tentado quando, iniciada sua execução, não se consuma por circunstâncias alheias à vontade do agente. Desdobrando o Texto Legal em **requisitos**, encontram-se os seguintes:

- início de execução;
- não consumação;
- por circunstâncias alheias à vontade do agente.

16.3.2. Natureza jurídica

A natureza jurídica da tentativa pode ser estudada sob dois enfoques: de acordo com a teoria da tipicidade e pelos olhos da teoria da pena.

Sob a ótica da tipicidade, o art. 14, II, do CP, ao definir os elementos do crime tentado, constitui uma **norma de adequação típica por subordinação mediata ou indireta**, uma verdadeira **extensão temporal da figura típica**, que propicia alcançar condutas temporalmente anteriores ao momento consumativo.

Lembre-se de que existem **dois procedimentos de adequação típica: por subordinação direta ou imediata**, que se dá quando o fato se encaixa diretamente no tipo penal, sem a necessidade de empregar-se qualquer norma de extensão do modelo legal; **por subordinação indireta ou mediata** (caso da tentativa), a qual se verifica quando o ato concreto não se amolda no tipo penal, sendo preciso combinar o preceito primário com alguma norma de extensão (ou ampliação) do tipo. Além do art. 14, II, podem-se citar os arts. 29, *caput* (participação), e o 13, § 2º (dever jurídico de agir nos crimes omissivos impróprios).

Do ponto de vista da teoria da pena, a tentativa é uma **causa de diminuição obrigatória**, que será levada em consideração na terceira fase de dosimetria (aplicação da pena), provocando uma redução da sanção imposta, de um a dois terços.

■ 16.3.3. Punibilidade da tentativa

De acordo com o Estatuto Penal: "salvo disposição em contrário, pune-se a tentativa com a pena correspondente ao crime consumado, diminuída de um a dois terços" (art. 14, parágrafo único).

Note-se que a lei prevê um decréscimo em limites variáveis, cumprindo ao juiz, na dosagem da reprimenda, **considerar a proximidade da consumação como critério para estabelecer a fração pertinente**. Logo, a redução da pena deve ser inversamente proporcional à distância da consumação. Assim, por exemplo, num caso de tentativa branca (quando o objeto material não foi atingido), deve a sanção ser diminuída de dois terços.

Há exceções, como se percebe da leitura do Código Penal. Existem infrações nas quais não se pune a tentativa (caso das contravenções penais) e, ainda, situações em que a lei equipara a pena das formas consumada e tentada (como se dá nos **delitos de atentado ou empreendimento**). Cite-se, como exemplo, o art. 352 do Código Penal (evasão mediante violência contra a pessoa), assim redigido: "evadir-se ou tentar evadir-se o preso ou o indivíduo submetido a medida de segurança detentiva, usando de violência contra a pessoa" (pena — detenção, de três meses a um ano, além da pena correspondente à violência).

■ 16.3.4. Teoria adotada

Nossa Lei Penal acolheu, em matéria de tentativa, a **teoria objetiva**, a qual preconiza uma redução da pena para o delito imperfeito, justamente porque o bem jurídico protegido não foi maculado. Ela se opõe à **teoria subjetiva ou voluntarística**, que determina uma equiparação punitiva entre as formas consumada e tentada, justamente porque em ambas o elemento subjetivo (o dolo) é o mesmo, não se justificando que o agente receba uma pena inferior porque fatores alheios ao seu querer o impediram de obter o resultado esperado.

■ 16.3.5. Espécies de tentativa

São várias:

- **perfeita (crime falho):** o agente percorre todo o *iter criminis* que estava à sua disposição, mas, ainda assim, por circunstâncias alheias à sua vontade, não consuma o crime (ex.: o sujeito descarrega a arma na vítima, que sobrevive e é socorrida a tempo por terceiros). Apesar de ter esgotado a fase executória, não alcança o resultado por circunstâncias alheias à sua vontade;

- **imperfeita:** o agente não consegue, por circunstâncias alheias à sua vontade, prosseguir na execução do crime (ex.: o sujeito entra na residência da vítima e, quando começa a se apoderar dos bens, ouve um barulho que o assusta, fazendo-o fugir);
- **branca (ou incruenta):** quando o objeto material não é atingido (o bem jurídico não chega a ser lesionado);
- **cruenta:** o oposto da tentativa branca, ou seja, o objeto material é atingido;
- **abandonada ou qualificada:** nome dado por alguns doutrinadores à desistência voluntária e ao arrependimento eficaz (CP, art. 15);
- **inadequada ou inidônea:** corresponde ao crime impossível (CP, art. 17).

16.3.6. Dolo na tentativa e sua compatibilidade com o *dolus eventualis*

O dolo, no crime tentado, é idêntico ao do consumado. O que justifica a punição menos severa no *conatus* é a ausência de lesão ao bem jurídico protegido.

Deve-se ressaltar que, dada a equiparação legal entre dolo direto e dolo eventual, presente no art. 18, I, do CP, não há razão para não se admitir a tentativa também nos delitos em que o agente se porta com indiferença em relação ao resultado, assumindo o risco de produzi-lo.

> "Se o agente *aquiesce* no advento do resultado específico do crime, previsto como possível, é claro que este entre na órbita de sua volição (...): logo, se, por circunstâncias fortuitas, tal resultado não ocorre, é inegável que o agente deve responder por tentativa"[5].

16.3.7. Infrações que não admitem a tentativa

Existem diversas infrações penais que, pelas mais variadas razões, não admitem a forma tentada. São elas:

- **crimes culposos**

O crime culposo dá-se quando o agente produz o resultado de maneira acidental, por imprudência, negligência ou imperícia. Por sua natureza, no crime culposo o indivíduo não deseja o resultado, o que o torna totalmente incompatível com a forma tentada, em que o sujeito dá início à execução de um crime, não obtendo o resultado por circunstâncias alheias à sua vontade.

É de ver, contudo, que **na culpa imprópria pode-se cogitar de tentativa**. Deve-se lembrar que na culpa imprópria a pessoa deseja a produção do resultado, ou seja, atua de forma dolosa. A pena que recebe, entretanto, é a de um crime culposo, em razão de um erro cometido pelo agente na apreciação dos fatos (a culpa imprópria encontra-se prevista nos arts. 20, § 1º, e 23, parágrafo único, do CP). Por exemplo: João dispara um tiro na cabeça, a fim de matar a pessoa que pretensamente estaria invadindo sua casa, sem produzir a morte.

---

5 Nélson Hungria, *Comentários ao Código Penal*, v. 1, 4. ed., t. II, p. 90.

- **crimes preterdolosos**

Pelas mesmas razões em que não há tentativa nos crimes culposos, também não pode haver em delitos preterdolosos. Nestes, o agente realiza um comportamento doloso, mas o crime se consuma com a produção de um resultado agravador, que decorre de imprudência, negligência ou imperícia; isto é, ele não o desejava (p. ex., art. 129, § 3º, do CP).

Há, em doutrina, autores que sufragam a tese da possibilidade de tentativa em infrações preterdolosas, em caráter excepcional. Ex.: tentativa de aborto agravada pela morte da gestante (art. 127 do CP). Nesse caso, a tentativa é possível, quer em face da redação diferenciada do dispositivo, quer pela possibilidade concreta da morte culposa da gestante e sobrevivência do feto, cujo aborto se pretendia.

- **crimes unissubsistentes**

São **aqueles cuja conduta típica não admite qualquer fracionamento**; vale dizer, o comportamento definido no verbo núcleo do tipo penal constitui-se de uma ação ou omissão indivisível. Nesses casos, ou o agente praticou o fato (e o crime consumou-se) ou nada fez (e não há qualquer fato penalmente relevante). Significa que não há "meio-termo". Se o ato foi realizado, o crime se consumou; caso contrário, não existirá delito algum. Exemplo disto é o crime de injúria (CP, art. 140), na forma verbal. O tipo penal encontra-se assim descrito: "injuriar alguém, ofendendo-lhe a honra ou o decoro". Quando o ato é praticado por meio verbal, consiste numa ofensa à vítima. Uma vez proferida a palavra ofensiva, a injúria estará completa e acabada. Se a ofensa não foi irrogada, não há infração penal alguma. A indivisibilidade da conduta impede a ocorrência da forma tentada.

- **crimes omissivos puros**

Os delitos omissivos puros, como a omissão de socorro (CP, art. 135), também são incompatíveis com a figura da tentativa. Entendem-se omissivos próprios ou puros aqueles em que o tipo penal descreve uma omissão, de modo que, para identificá-los, basta a leitura do dispositivo penal. Se o fato descrito corresponder a um *non facere*, o crime será omissivo próprio.

A impossibilidade da tentativa decorre do fato de que tais delitos são crimes de mera conduta e unissubsistentes. O simples não fazer é suficiente para a consumação. Se o sujeito agir, não há crime.

- **contravenções penais**

A tentativa de contravenção penal, por força de lei, não é punível. É o que estabelece expressamente o art. 4º da LCP. De ver, contudo, que é possível, em tese, a tentativa de tais infrações, muito embora, repita-se, não sejam puníveis. Assim, por exemplo, alguém pode tentar praticar vias de fato em outrem (p. ex., um empurrão) e ser impedido por terceiro, não conseguindo atingir seu desafeto. Haverá tentativa de vias de fato, um irrelevante penal em virtude do art. 4º da LCP.

- **crimes que a lei pune somente quando ocorre o resultado**

Há infrações penais cuja existência é condicionada à produção de um resultado. Sem este, o fato é atípico; elas não admitem, por esse motivo, a forma tentada. Atualmente, o único exemplo remanescente no CP é o art. 164, que pune o ato de introduzir ou deixar animais em propriedade alheia, sem consentimento de quem de direito, *desde que o fato resulte prejuízo*.

Na redação original do CP, o art. 122 (participação em suicídio) também se incluía nesse critério, pois a punição do agente era expressamente condicionada a que a vítima falecesse ou, tentando se suicidar, sofresse lesão corporal de natureza grave. Com as alterações promovidas no tipo penal pela Lei n. 13.968/2019, ampliou-se consideravelmente o alcance do dispositivo, que passou a criminalizar, juntamente com a participação em suicídio, o auxílio à automutilação; além disso, permitiu a configuração do delito ainda que o sujeito passivo não sofra qualquer lesão. Com as mudanças operadas, o art. 122 do CP passou a admitir a tentativa.

- **crimes permanentes de forma exclusivamente omissiva**

Os crimes permanentes são aqueles cuja consumação se prolonga no tempo. Quando praticados de forma exclusivamente omissiva, não admitem a forma tentada, isto porque ou o agente se omite e o fato estará consumado ou age e o crime não foi praticado (p. ex., CP, art. 148, na forma omissiva).

- **crimes de atentado ou de empreendimento**

Os crimes de atentado ou de empreendimento são aqueles em que a lei equipara a tentativa e a consumação. Vale dizer, tentar praticar a conduta descrita no tipo já representa realizar a norma por completo, isto é, o crime já estará consumado (p. ex., art. 352 do CP).

Existe controvérsia em doutrina a respeito da possibilidade de tentativa em crimes cometidos com **dolo eventual**. De um lado, há os que argumentam que essas figuras são incompatíveis, porquanto o agente, na tentativa, almeja a produção do resultado, ao passo que, no dolo eventual, o sujeito não deseja produzi-lo (mas assume o risco de provocá-lo). De outro, existem os que defendem a compatibilidade entre os institutos, pois o legislador equiparou, por completo, dolo direto e eventual, de forma que aquilo que se admite para um cabe para o outro; além disso, no dolo eventual, embora o autor não almeje produzir o resultado, assume o risco de fazê-lo, e, se esse resultado para o qual houve assunção de risco não se verificar, configura-se a tentativa. É a nossa posição, que também é adotada pelo STJ[6].

[6] "... Este Superior Tribunal reconhece a compatibilidade entre o dolo eventual e a tentativa, consequentemente cabível a decisão de pronúncia do agente em razão da suposta prática de tentativa de homicídio na direção de veículo automotor..." (STJ, REsp 1.486.745/SP, Rel. Min. Sebastião Reis Júnior, 6ª T., j. 05.04.2018). No mesmo sentido: STJ, AgRg no REsp 1.786.201/RS, Rel. Min. Joel Ilan Paciornik, 5ª Turma, julgado em 25.06.2019. De igual modo, o entendimento do STF: HC 165.200 AgR, Rel. Min. Roberto Barroso, 1ª Turma, julgado em 29.04.2019.

16.4. DESISTÊNCIA VOLUNTÁRIA E ARREPENDIMENTO EFICAZ (CP, ART. 15)

Essas figuras também são chamadas de **tentativa abandonada ou qualificada**. Ocorrem quando o agente inicia a execução de um crime que pretende consumar, porém não o faz por vontade própria (CP, art. 15).

Diferem da tentativa, porque nela o sujeito não logra consumar o delito por circunstâncias *alheias* à sua vontade. **Na tentativa, portanto, o autor quer, mas não pode, ao passo que, na desistência voluntária e no arrependimento eficaz, ele pode, mas não quer.**

Desistência e arrependimento são figuras distintas. A desistência pressupõe tenha o agente meios para prosseguir na execução, ou seja, ele ainda não esgotou o *iter criminis* posto à sua disposição (ex.: sua arma possui outros projéteis, mas ele desiste de dispará-los). **No arrependimento, subentende-se que o sujeito já tenha esgotado todos os meios disponíveis** e que, após terminar todos os atos executórios (mas sem consumar o fato), **pratica alguma conduta positiva**, tendente a evitar a consumação (ex.: o sujeito descarregou sua arma e, diante da vítima agonizando, arrepende-se e a socorre, evitando a morte).

16.4.1. Requisitos

São os seguintes:

- **voluntariedade**

Ato voluntário é o oriundo de livre escolha por parte do sujeito. Ele tinha mais de uma opção e, por vontade própria, preferiu desistir ou arrependeu-se, impedindo a consumação do delito. Pouco importam as razões internas que o motivaram a mudar seu propósito: súplica da vítima, arrependimento interno, aconselhamento de comparsas, remorso, piedade etc. Basta que sua atitude decorra de um ato de vontade, o qual se verifica quando o agente se posta mentalmente com a seguinte atitude: posso prosseguir, mas não quero; nada me impede, porém mudei de ideia. Será involuntária a interrupção do *iter criminis* e, portanto, surgirá a tentativa, se o indivíduo acreditar (ainda que erroneamente) que algo o impede, embora ele queira prosseguir.

Voluntariedade, contudo, não é o mesmo que espontaneidade, algo que a lei não exige. Espontâneo é o ato voluntário cuja iniciativa foi do próprio agente (não foi sugerido por terceiro). **Não é preciso espontaneidade; basta que o ato tenha sido voluntário** (ainda que decorrente de sugestão de terceiro ou súplica da vítima).

- **eficiência (ou eficácia)**

Significa que a consumação deve ter sido efetivamente evitada, caso contrário não incide o art. 15 do CP. Se uma pessoa, por exemplo, dá início a um homicídio mediante golpes de faca, desfere-os, mas se se arrepende e decide socorrer a vítima, que, embora levada ao hospital, não resiste aos ferimentos e morre, não se aplica o art. 15 do CP, pois o ato não foi eficaz. O agente responderá, portanto, por crime consumado, com a incidência da atenuante prevista no art. 65, III, *b*, do CP ("ter o agente procurado, por sua espontânea vontade e com eficiência, logo após o crime, evitar-lhe ou minorar-lhe as consequências, ou ter, antes do julgamento, reparado o dano").

16.4.2. Natureza jurídica

Hungria dizia tratar-se de causa extintiva da punibilidade; afinal, nas figuras estudadas, o texto legal dispõe que "não se pune a tentativa". De acordo com o saudoso mestre: "Há uma renúncia do Estado ao *jus puniendi* (no tocante à entidade 'crime tentado'), inspirada por motivos de oportunidade"[7].

Muito embora a lei fale em exclusão da punibilidade, **cuida-se, na verdade, de uma causa de exclusão da adequação típica**. Note-se que o sujeito dá início à execução de um crime, o qual não se consuma, por **circunstâncias ligadas à sua vontade**. A forma tentada, portanto, não se tipifica, diante da atitude do agente, o qual, por própria intenção, evita a produção do resultado (mediante uma abstenção ou por meio de um ato positivo). É o pensamento de diversos autores, dentre os quais Miguel Reale Jr.[8].

16.4.3. Efeito

O sujeito só responde pelos atos já praticados (se forem típicos). O delito que o agente tentou praticar não será reconhecido como entidade autônoma, apenando-o somente pelos comportamentos anteriores que, por si sós, tenham lesado algum bem jurídico. O autor que, portando uma faca, aborda a vítima e vibra diversos golpes para matá-la, mas muda de ideia e, embora pudesse prosseguir, deixa de fazê-lo, não será punido pela tentativa de homicídio que já estava em prática, mas somente pelas lesões corporais produzidas. Há, por conta da não punição da tentativa, como que um retrocesso no *iter criminis*. Abre-se em favor do agente, na linguagem dos autores clássicos, uma "**ponte de ouro**", que permite a ele escapar da pena do *conatus*. Há um justo incentivo para que o sujeito desista a tempo ou se arrependa e, com essa mudança psíquica, impeça a lesão ao valor fundamental que pretendia agredir.

16.4.4. Obstáculo erroneamente suposto

A existência de um obstáculo erroneamente suposto, que faz com que o indivíduo desista de prosseguir na execução do delito, não permite a aplicação do art. 15 do CP. Exemplo: "Um animal provoca barulho ao esbarrar numa porta. Supondo o agente que é a vítima que vem surpreendê-lo, põe-se em fuga, desistindo da prática do furto. Há tentativa, uma vez que a desistência é involuntária"[9]; em outras palavras, se dependesse da vontade do agente, ele prosseguiria na execução do delito[10].

As causas de exclusão da adequação típica previstas do art. 15 comunicam-se em caso de concurso de pessoas, porque, se o fato é atípico para um, ele é para todos (cf. art. 30 do CP).

16.4.5. Desistência voluntária e o crime de terrorismo (Lei n. 13.260/2016)

De acordo com o art. 5º da Lei Antiterrorismo, **pune-se a realização de atos preparatórios de terrorismo**, desde que haja o propósito inequívoco de consumar tal delito.

---

7 Nélson Hungria, *Comentários ao Código Penal,* v. 1, 4. ed., t. II, p. 93.

8 *Teoria do delito*, p. 206.

9 Damásio de Jesus, *Direito penal*: parte geral, v. 1, p. 341.

10 Em sentido contrário, Miguel Reale Jr., *Teoria do delito*, p. 208-209.

Assim, por exemplo, se o agente, pretendendo sabotar o funcionamento de instalações de geração ou transmissão de energia, com o intuito de provocar terror social ou generalizado, motivado por razões de discriminação contra determinado grupo de pessoas, elaborar plano e adquirir materiais para realizar o atentado, já estará incurso no dispositivo citado, ficando sujeito à pena de 12 a 30 anos de reclusão, reduzida de 1/4 até a metade.

Muito embora não tenha o agente realizado atos executórios, a conduta é punível por expressa determinação legal. Essa modalidade de tipificação denomina-se, conforme já citamos anteriormente, antecipação da tutela penal (trata-se da capitulação, como infração autônoma, de atos preparatórios de outros delitos).

Nesse caso, **a Lei n. 13.260/2016 admite expressamente a incidência da desistência voluntária ou do arrependimento eficaz** (art. 10 da Lei), ou seja, se o indivíduo ou grupo de pessoas, que já haviam realizado atos preparatórios de terrorismo (como no exemplo acima), dispostos inequivocamente a consumar a infração, desistem de fazê-lo, abandonando voluntariamente o plano, não respondem pelo delito do art. 5º da Lei, mas somente pelos atos anteriores.

Da maneira como a Lei redigiu a norma, transmite-se a impressão de que se admitiu desistência voluntária ou arrependimento eficaz antes mesmo de iniciada a execução de um crime (no caso, o terrorismo). Não é exatamente o que ocorre, pois o agente, embora não tenha dado início à execução de um ato terrorista, já começou a executar o crime descrito no art. 5º da Lei, que, apesar de se referir à incriminação de "atos preparatórios" de terrorismo, contém, ele mesmo, um *iter criminis* autônomo.

■ 16.5. ARREPENDIMENTO POSTERIOR (CP, ART. 16)

A figura em questão foi incorporada ao Código Penal com a Reforma da Parte Geral de 1984. Tem como escopo incentivar o sujeito a reparar os danos provocados pelo crime.

De acordo com o art. 16 do CP: "Nos crimes cometidos sem violência ou grave ameaça à pessoa, reparado o dano ou restituída a coisa, até o recebimento da denúncia ou da queixa, por ato voluntário do agente, a pena será reduzida de um a dois terços".

Note-se que o instituto em apreço premia uma atitude praticada pelo sujeito ativo da infração **depois da consumação** do delito (por esse motivo, **não se confunde com a desistência voluntária ou com o arrependimento eficaz**, nos quais o agente impede, voluntariamente, a realização integral do tipo).

Essa **causa obrigatória de diminuição de pena** depende da presença concomitante dos seguintes **requisitos:**

- **reparação integral do dano ou restituição da coisa como antes se encontrava**

A ideia que norteia esse requisito é a **preservação do *status quo ante***. A reparação deve ser, desta forma, total e, no caso de devolução do bem, há de se manter seu estado original. Admite-se, porém, o reconhecimento do benefício diante de uma reparação parcial ou da restituição da coisa em outro estado quando a vítima expressamente se contenta com tal, dando quitação.

- **ato do sujeito**

O benefício somente incidirá quando o **ato** for **praticado pelo sujeito ativo** da infração. Caso a reparação ou restituição seja levada a efeito por terceiro, como, por exemplo, o responsável civil (como o pai ou o empregador), não se aplicará a benesse.

Quando o crime for cometido em concurso de pessoas, basta que uma delas efetue a reparação integral ou a restituição do bem para fazer jus à causa de diminuição da pena, que, por força do art. 30 do CP (comunicabilidade das circunstâncias), beneficiará os demais coautores ou partícipes. Tal circunstância é de caráter objetivo.

- **voluntariedade**

A voluntariedade na ação do sujeito ativo é essencial para que se justifique a aplicação do redutor da pena. Não terá direito ao prêmio, destarte, aquele que efetuar a reparação ou devolução da coisa depois de ordenado a tanto por determinação judicial.

Não é necessário que haja espontaneidade (vale dizer, que a iniciativa seja do próprio sujeito ativo do crime). Assim, p. ex., fará jus ao redutor o indivíduo que, aconselhado por terceiro, ressarcir o ofendido.

- **crime sem violência ou grave ameaça à pessoa**

Esse obstáculo está presente em outros benefícios legais, como a substituição de prisão por pena alternativa na sentença condenatória (CP, art. 44). No caso do arrependimento posterior, se houve o emprego de grave ameaça ou violência contra a pessoa, ainda que ocorra a reparação do dano (material) ou a devolução do bem, não se recomporá, por completo, o *status quo ante*, justamente porque em face da natureza complexa do crime que, além de uma lesão patrimonial, produziu ofensa à integridade corporal ou psíquica da vítima.

A jurisprudência já admitiu o benefício em crimes culposos, ponderando que, nesses, eventual violência não é ínsita à conduta, mas está presente apenas no resultado. O Superior Tribunal de Justiça, todavia, "possui entendimento de que, para que seja possível aplicar a causa de diminuição de pena prevista no art. 16 do Código Penal, faz-se necessário que o crime praticado seja patrimonial ou possua efeitos patrimoniais. 2. As Turmas especializadas em matéria criminal do Superior Tribunal de Justiça firmaram a impossibilidade material do reconhecimento de arrependimento posterior nos crimes não patrimoniais ou que não possuam efeitos patrimoniais. 3. *In casu*, a composição pecuniária da autora do homicídio culposo na direção de veículo automotor (art. 302 do CTB) com a família da vítima, por consectário lógico, não poderá surtir proveito para a própria vítima, morta em decorrência da inobservância do dever de cuidado da recorrente" (REsp 1561276/BA, Rel. Min. Sebastião Reis Júnior, 6ª Turma, julgado em 28.06.2016, *DJe* 15.09.2016).

- **reparação ou restituição anterior ao recebimento da denúncia ou da queixa**

O Código assinalou um limite temporal para que o ato voluntário do agente lhe propicie a redução da pena: recebimento da denúncia ou queixa-crime. Quando tal atitude se der posteriormente (no curso do processo, por exemplo), poderá se aplicar uma atenuante genérica (art. 65, III, *b*, do CP).

Ressalte-se que o juiz, ao definir o *quantum* da redução da pena (de um a dois terços), deverá levar em conta a **presteza na reparação do dano** ou restituição do bem. Logo, quanto mais adiantada a persecução penal (*v.g.*, a denúncia já foi oferecida, embora não recebida), menor deverá ser a fração aplicada.

É fundamental advertir que o benefício do art. 16 do CP, em que **a reparação do dano (ou restituição da coisa) conduz à redução de pena, não será aplicado quando a lei previr efeito mais benéfico ao agente**. É o que se dá nos diversos casos especiais nos quais o legislador estipula que a reparação do dano conduz à extinção da punibilidade. Citem-se, como exemplos, o crime de peculato culposo (CP, art. 312, §§ 2º e 3º), o estelionato mediante emissão de cheque sem provisão de fundos (CP, art. 171, § 6º, e Súmula n. 554 do STF), a apropriação indébita previdenciária (CP, art. 168-A, § 2º), os delitos contra a ordem tributária (art. 34 da Lei n. 9.249/95).

■ 16.6. CRIME IMPOSSÍVEL (CP, ART. 17)

■ 16.6.1. Requisitos

O art. 17 do Código Penal contém o crime impossível que, baseado na noção realística de crime, proclama a impunidade da tentativa **quando**, ao se pôr em prática o plano delituoso, vê-se **impossível a consumação, em face da absoluta ineficácia do meio empregado ou da absoluta impropriedade do objeto material**.

Deve-se frisar que, no crime impossível (ou "tentativa inidônea", "quase crime" ou "tentativa inadequada"), a consumação é completamente irrealizável.

O meio a que alude o Código Penal, cuja **absoluta ineficácia** é prevista como condição para a impunidade da tentativa, é o **meio executório da infração**. Por exemplo: tentar matar alguém disparando tiros com pistola d'água; ou portar arma de fogo totalmente inapta para disparar[11]; tentar abortar por intermédio de crendices populares (ou "simpatias"); usar documento grosseiramente falsificado.

O **objeto** referido pela Lei **é o objeto material da infração**, ou seja, a pessoa ou coisa sobre a qual recai a conduta. Por exemplo: disparar com *animus necandi* contra quem já morreu; ingerir medicamento abortivo para interromper a gravidez que, na verdade, é meramente psicológica.

De ver que para o STJ: "Sistema de vigilância realizado por monitoramento eletrônico ou por existência de segurança no interior de estabelecimento comercial, por si só, não torna impossível a configuração do crime de furto" (Súmula n. 567)[12].

---

[11] Entendimento pacífico no STJ: AgRg no REsp 1.394.230/SE, Rel. Min. Antonio Saldanha Palheiro, 6ª Turma, julgado em 23.10.2018; e AgRg no REsp 1.709.398/BA, Rel. Min. Reynaldo Soares da Fonseca, 5ª Turma, julgado em 06.03.2018.

[12] Há precedente do STF, porém, indicando que a análise deve ser feita no caso concreto e, a depender da forma especifica em que o *iter criminis* foi vigiado pelos seguranças do estabelecimento, ensejará o reconhecimento do crime impossível: "A forma específica mediante a qual os funcionários

■ 16.6.2. Impropriedade ou ineficácia relativas

Se a impropriedade ou ineficácia forem somente relativas, **haverá crime tentado** (ex.: acionar o gatilho de arma de fogo sem que os projéteis disparem ou tentar furtar levando as mãos ao bolso vazio da vítima, que traz a carteira no outro bolso).

Serão relativas quando meramente acidentais, ocasionais ou circunstanciais, e absolutas quando constantes, permanentes, ou seja, quando total e irremediavelmente inviável a consumação do delito.

O meio é relativamente ineficaz quando, embora normalmente apto a macular o bem jurídico, falhou por razões acidentais (*v.g.*, caso do revólver eficaz e municiado que, no instante do disparo, apresenta falha circunstancial).

O objeto material é relativamente inidôneo quando apresenta alguma condição ocasional que obsta a ação danosa do agente ou, ainda, se presente no início do ataque, deixa o local antes de ser vulnerado (*v.g.*, hipótese do atirador que dispara no peito da vítima que, precavida, encontrava-se com colete à prova de balas oculto sob suas vestes).

■ 16.6.3. Natureza jurídica

O crime impossível configura causa de exclusão da adequação típica do crime tentado.

■ 16.6.4. Teorias

Há diversas teorias que se ocupam do tratamento que se deve dar ao sujeito que realiza um comportamento qualificado como crime impossível. São elas:

- **sintomática:** por ter manifestado periculosidade, o sujeito recebe uma medida de segurança (era adotada antes da Reforma de 1984);
- **subjetiva:** equipara o crime impossível ao crime tentado, porque também nele o agente demonstrou intenção de produzir o resultado, embora não o consumasse;
- **objetiva:** como não houve risco ao bem jurídico, o agente não é punido. **Subdivide-se em objetiva pura**, a qual aplica os princípios do crime impossível a qualquer hipótese de ineficácia do meio ou inidoneidade do objeto material (seja rela-

---

do estabelecimento vítima exerceram a vigilância direta sobre a conduta do paciente, acompanhando ininterruptamente todo o *iter criminis*, tornou impossível a consumação do crime, dada a ineficácia absoluta do meio empregado. Tanto isso é verdade que, no momento em que se dirigia para a área externada do estabelecimento comercial sem efetuar o pagamento do produto escolhido, o paciente foi abordado na posse do bem, sendo esse restituído à vítima. 2. De rigor, portanto, diante dessas circunstâncias, a incidência do art. 17 do Código Penal, segundo o qual 'não se pune a tentativa quando, por ineficácia absoluta do meio ou por absoluta impropriedade do objeto, é impossível consumar-se o crime'. 3. Esse entendimento não conduz, automaticamente, à atipicidade de toda e qualquer subtração em estabelecimento comercial que tenha sido monitorada pelo corpo de seguranças ou pelo sistema de vigilância, sendo imprescindível, para se chegar a essa conclusão, a análise individualizada das circunstâncias de cada caso concreto" (STF, RCH 144.516, Rel. Min. Dias Toffoli, 2ª Turma, julgado em 22.08.2017, *DJe* 06.02.2018).

tiva, seja absoluta), e **objetiva temperada**, que somente alcança as hipóteses de ineficácia e inidoneidade absolutas (é a acolhida atualmente pelo Código Penal).

16.6.5. Crime impossível por obra do agente provocador

Dá-se tal figura quando alguém induz ou instiga o sujeito a praticar o crime e, ao mesmo tempo, se certifica de que será impossível consumar a infração. É como se o autor do delito caísse numa armadilha engendrada por terceiro (a vítima ou a Polícia). Entende-se que, em tais casos, ocorre o **crime impossível**, devendo se aplicar o art. 17 do CP.

O Supremo Tribunal Federal sumulou esse entendimento: "não há crime quando a preparação do flagrante pela polícia torna impossível a consumação" (Súmula n. 145 do STF). Fala-se, nesse caso, em **delito putativo por obra do agente provocador**, também **denominado delito de ensaio** ou **delito de experiência**. Exigem-se **dois requisitos** para a aplicação da Súmula: a preparação (ou induzimento) do flagrante pela polícia, somada à impossibilidade (absoluta) de consumação do crime. A incidência do entendimento sumular trará o seguinte reflexo penal: a atipicidade do delito que se tentou praticar (o agente só responderá pelos atos anteriores); processualmente, a consequência será: a nulidade do flagrante (salvo se existir delito precedente já consumado). Cite-se, como exemplo, o caso frequente dos policiais que se fazem passar por usuários de drogas e se aproximam de supostos traficantes, oferecendo dinheiro para a aquisição da substância, prendendo o sujeito em flagrante quando o entorpecente é exibido. Há crime impossível e, portanto, fato atípico quanto à venda, mas o delito já estava consumado antes disso (por meio das condutas "guardar", "trazer consigo", "expor à venda" etc., previstas no art. 33 da Lei n. 11.343/2006), o que torna válida a prisão em flagrante. O mesmo ocorreria, ainda, na seguinte situação: um policial se infiltra em grupo de criminosos e os convence a roubar certo estabelecimento empresarial. Quando os ladrões anunciam o assalto, são presos por dezenas de policiais escondidos. Tal situação não se confunde com o flagrante esperado em que os policiais são meramente informados do local e hora de certo crime e aguardam sua concretização para efetuar a prisão.

16.7. SÍNTESE

TENTATIVA		
Requisitos	**Espécies**	**Infrações que não a admitem**
▫ início de execução; ▫ não consumação; ▫ por circunstâncias alheias à vontade do agente.	▫ **perfeita (crime falho):** o agente percorre todo o *iter criminis*. ▫ **imperfeita:** o agente não percorre todo o *iter criminis*. ▫ **branca (ou incruenta):** quando o objeto material não é atingido. ▫ **cruenta:** o oposto da tentativa branca, ou seja, o objeto material é atingido. ▫ **abandonada ou qualificada:** desistência voluntária e arrependimento eficaz (CP, art. 15). ▫ **inadequada ou inidônea:** crime impossível (CP, art. 17).	▫ **crimes culposos (salvo na culpa imprópria)** ▫ **crimes preterdolosos** ▫ **crimes unissubsistentes** ▫ **crimes omissivos puros** ▫ **contravenções penais** ▫ **crimes que a lei pune somente quando ocorre o resultado** ▫ **crimes permanentes de forma exclusivamente omissiva** ▫ **crimes de atentado ou de empreendimento**

DESISTÊNCIA VOLUNTÁRIA E ARREPENDIMENTO EFICAZ			
Diferença com a tentativa	**Requisitos**	**Efeito**	**Natureza jurídica**
■ Na tentativa, o agente quer, mas não pode; na desistência voluntária e no arrependimento eficaz, ele pode, mas não quer.	■ voluntariedade; ■ eficiência (ou eficácia).	■ O agente só responde pelos atos já praticados (se forem típicos).	■ Causa de exclusão da adequação típica.

ARREPENDIMENTO POSTERIOR	
Requisitos	**Natureza Jurídica**
■ **reparação integral do dano ou restituição da coisa** ■ **ato do sujeito**, e não de terceiro ■ **voluntariedade** (não é preciso espontaneidade) ■ **crime sem violência ou grave ameaça à pessoa** ■ **reparação ou restituição anterior ao recebimento da denúncia ou da queixa**	■ **Causa obrigatória de redução de pena (um a dois terços)**

CRIME IMPOSSÍVEL			
Espécies	**Natureza Jurídica**	**Efeito**	**Teoria adotada pelo CP**
■ **Crime impossível por absoluta ineficácia do meio executório** (ex.: tentar matar alguém disparando tiros com pistola d'água) ■ **Crime impossível por absoluta impropriedade do objeto material** (ex.: tentar matar quem já faleceu) ■ **Crime impossível por obra do agente provocador** (não há crime quando a preparação do flagrante pela polícia torna impossível a consumação — Súmula n. 145 do STF)	■ Causa de exclusão da adequação típica do crime tentado	■ Não se pune a tentativa (o agente só responde pelos atos anteriores que constituam crimes)	■ Teoria objetiva temperada

■ 16.8. QUESTÕES

1. (TJ-MS — Juiz Substituto — FCC — 2020) No tocante à tentativa, acertado afirmar que

a) é impunível nos casos de contravenção penal e de falta grave no curso da execução penal.
b) o cálculo da prescrição em abstrato é regulado pelo máximo da pena cominada ao delito imputado, menos dois terços.
c) não incide o respectivo redutor na fixação da quantidade de dias-multa.
d) é aplicável o redutor mínimo de um terço para efeito de verificação de cabimento da suspensão condicional do processo.
e) é possível nos crimes formais, se plurissubsistentes.

2. (MPE-PB — Promotor de Justiça Substituto — FCC — 2018) Nos termos do Código Penal, pune-se o crime tentado com a pena correspondente ao crime consumado, diminuída de um a dois terços. Para o Supremo Tribunal Federal, a pena será diminuída

a) considerando as circunstâncias judiciais do artigo 59, do Código Penal.
b) tomando-se por base os antecedentes e a personalidade do acusado.
c) com base nas condições de ordem subjetiva do autor do delito.

d) na proporção inversa do *iter criminis* percorrido pelo agente.
e) de forma equitativa ao dano causado à vítima do crime

3. (TJ-MS — Analista Judiciário — Área Fim — PUC-PR — 2017) Marque a alternativa CORRETA sobre crime consumado e crime tentado.

a) Define-se como tentado o crime que, quando ainda não iniciada a execução, não se consuma por circunstâncias alheias à vontade do agente.
b) Na tentativa perfeita, o agente inicia a execução sem, contudo, utilizar todos os meios que detinha ao seu alcance, e o crime não se consuma por circunstâncias alheias à sua vontade.
c) O critério para diminuição da pena no crime tentado está relacionado com a maior ou a menor proximidade da consumação, quer dizer, a distância percorrida do *iter criminis*.
d) Os crimes materiais e formais comportam a possibilidade de tentativa, entretanto, no que se refere aos crimes de mera conduta, não é possível sua configuração.
e) O crime falho, também chamado de tentativa inacabada, é uma espécie de tentativa na qual o agente pratica o fato em erro, ou seja, o agente elabora uma falsa percepção da realidade ao praticar sua conduta.

4. (DPE-SP — Defensor Público — FCC — 2015) Sobre o *iter criminis* é correto afirmar que

a) a jurisprudência do STF, sobre a consumação do roubo seguido de morte sem subtração da coisa, ultrapassa os limites do conceito de consumação do Código Penal.
b) a criminalização de atos preparatórios como crimes de perigo abstrato autônomos não é admita pela jurisprudência do STF, por violação do princípio da lesividade.
c) em casos de acidente automobilístico sem a morte da vítima, provocado por ingestão de bebida alcóolica, não se pode presumir o dolo eventual, pois há casos em que a imputação subjetiva concreta verifica a tentativa de homicídio culposo.
d) por razões de política criminal, o ordenamento jurídico brasileiro tornou as tentativas de contravenção e falta disciplinar na execução penal impuníveis.
e) a correta imputação subjetiva do crime tentado requer o dolo de tentar o delito para não incorrer em excesso punitivo, comum no populismo penal contemporâneo.

5. (Procurador Jurídico — Câmara de Campo Limpo Paulista — VUNESP — 2018) "Nos crimes cometidos sem violência ou grave ameaça à pessoa, reparado o dano ou restituída a coisa, até o recebimento da denúncia ou da queixa, por ato voluntário do agente, a pena será reduzida de um a dois terços." Trata-se da definição legal

a) da exclusão da ilicitude.
b) da exclusão da culpabilidade.
c) da desistência voluntária.
d) do arrependimento eficaz.
e) do arrependimento posterior.

6. (Delegado de Polícia Substituto — PC-MG — FUMARC — 2018) Com relação ao "iter criminis", é CORRETO afirmar:

a) No crime falho ou na tentativa imperfeita, o processo de execução é integralmente realizado pelo agente e o resultado é atingido.
b) Não existe desistência voluntária no caso de agente que desiste de prosseguir com os atos de execução por conselho de seu advogado, já que ausente a voluntariedade.
c) Com relação à tentativa, o Código Penal adota, como regra, a teoria objetiva e aplica ao agente a pena correspondente ao crime consumado, reduzida de um a dois terços, conforme maior ou menor tenha sido a proximidade do resultado almejado.
d) O arrependimento posterior tem natureza jurídica de causa de exclusão da tipicidade, desde que restituída a coisa ou reparado o dano nos crimes praticados sem violência ou grave ameaça até o recebimento da denúncia ou queixa.

7. (Investigador de Polícia — PC-SP — VUNESP — 2018) Quando, por ineficácia absoluta do meio ou por absoluta impropriedade do objeto, é impraticável consumar-se o crime, configura-se o instituto

a) da tentativa.
b) do arrependimento eficaz.
c) da desistência voluntária.
d) do arrependimento posterior.
e) do crime impossível.

8. (Juiz Federal Substituto — TRF — 3ª Região — 2018) Leia as afirmações abaixo e, ao final, indique a alternativa CORRETA:

I. O crime somente se consuma quando nele se reúnem todos os elementos de sua definição legal.

II. O agente que, voluntariamente, desiste de prosseguir na execução do crime não responde pelos atos já praticados.

III. A tentativa não é punível quando o crime não se consuma por ineficácia absoluta do meio ou por absoluta impropriedade do objeto.

IV. O erro sobre a identidade da pessoa contra a qual o crime é praticado isenta de pena o agente, se o erro é inevitável.

a) Apenas as afirmações III e IV estão certas.
b) Apenas as afirmações I e II estão certas.
c) Apenas as afirmações I e III estão certas.
d) Apenas as afirmações II e IV estão certas.

9. (Procurador do Estado — PGE-PE — CESPE — 2018) Com a intenção de praticar um golpe, Luiz pagou diversos produtos comprados em determinada loja com um cheque clonado pré-datado. Antes da data do vencimento do cheque, Luiz, arrependido, retornou à loja e trocou o cheque por dinheiro em espécie, tendo quitado o débito integralmente.

A respeito da conduta de Luiz na situação hipotética apresentada, assinale a opção correta.

a) Houve arrependimento eficaz.
b) Houve desistência voluntária.
c) Houve arrependimento posterior.
d) A conduta foi atípica, devido ao fato de o cheque ter sido pré-datado.
e) A conduta configurou tentativa.

10. (Defensor Público — DPE-PE — CESPE — 2018) Com relação à tentativa, à desistência voluntária e ao arrependimento, assinale a opção correta.

a) No arrependimento eficaz, o agente interrompe a execução do crime; na desistência voluntária, o resultado é impedido após o agente ter praticado todos os atos.
b) O arrependimento posterior pode ser aplicado aos crimes cometidos com violência ou grave ameaça.
c) Em se tratando de tentativa branca ou incruenta, a vítima não é atingida e não sofre ferimentos; se tratar-se de tentativa cruenta, a vítima é atingida e é lesionada.
d) A diferença entre a tentativa e a tentativa abandonada é que, no primeiro caso, o agente diz "eu consigo, mas não quero" e, no segundo, o agente diz "eu quero, mas não consigo".
e) A desistência voluntária e a tentativa abandonada são espécies de arrependimento eficaz.

11. (TCE/PR — Auditor — CESPE — 2016) Assinale a opção correta a respeito dos institutos da desistência voluntária, do arrependimento eficaz e do arrependimento posterior.

a) A voluntariedade e a espontaneidade da interrupção da execução do crime são requisitos caracterizadores fundamentais das hipóteses de desistência voluntária.
b) Conforme previsto no CP, a consequência penal do arrependimento eficaz é a mesma do arrependimento posterior.
c) Caso a restituição da coisa ou a reparação do dano se dê até o recebimento da denúncia, configurar-se-á o arrependimento posterior. Caso se dê após o recebimento da denúncia e até a sentença, a restituição ou reparação será considerada circunstância atenuante.
d) No arrependimento posterior, o agente pratica todos os atos executórios, e, arrependido, assume nova conduta, visando impedir que o resultado inicialmente almejado se concretize.
e) De acordo com o artigo pertinente do CP, a restituição da coisa, quando cabível e desde que feita até o recebimento da denúncia, é condição indispensável para a redução da pena em razão do arrependimento posterior, mas a recusa do ofendido em receber a coisa de volta inviabilizará a referida causa de diminuição da pena.

12. (MPDFT — Promotor de Justiça Adjunto — 2015) Assinale a opção CORRETA:

a) A desistência voluntária só se aplica a crimes cometidos sem violência ou grave ameaça à pessoa, e o agente não responde pela tentativa.

b) O motorista sem imunidade diplomática da Embaixada de Portugal em Brasília que furta, de dentro da sede daquela repartição diplomática, um computador, presta contas à justiça penal brasileira.
c) A tentativa de vias de fato é punível e, em caso de condenação, o agente pode ser beneficiado com a suspensão condicional da pena, por período que pode variar de 1 a 3 anos.
d) A reparação espontânea e integral do dano pelo agente, após o recebimento da denúncia ou queixa, mas antes do julgamento do processo, é causa de diminuição de pena.
e) A ineficácia absoluta do meio empregado e a impropriedade absoluta do objeto material ensejam a caracterização do crime impossível, que é causa de exclusão da ilicitude.

13. (TCM/RJ — Procurador da Procuradoria Especial — FCC — 2015) A respeito do crime consumado e do crime tentado, da desistência voluntária, do arrependimento eficaz e do arrependimento posterior, considere:

I. Há desistência voluntária quando o agente, embora tenha iniciado a execução de um delito, desiste de prosseguir na realização típica, atendendo sugestão de terceiro.
II. A redução de um a dois terços da pena em razão do reconhecimento do crime tentado deve ser estabelecida de acordo com as circunstâncias agravantes ou atenuantes porventura existentes.
III. Há arrependimento eficaz, quando o agente, após ter esgotado os meios de que dispunha para a prática do crime, arrepende-se e tenta, sem êxito, por todas as formas, impedir a consumação.
IV. Em todos os crimes contra o patrimônio, o arrependimento posterior consistente na reparação voluntária e completa do prejuízo causado, implica a redução obrigatória da pena de um a dois terços.
V. Há crime impossível quando a consumação não ocorre pela utilização de meio relativamente inidôneo para produzir o resultado.

Está correto o que se afirma APENAS em

a) I.
b) I e II.
c) III e IV.
d) IV.
e) II e V.

14. (AGU — Advogado da União — CESPE — 2015) João, empregado de uma empresa terceirizada que presta serviço de vigilância a órgão da administração pública direta, subtraiu aparelho celular de propriedade de José, servidor público que trabalha nesse órgão.

A respeito dessa situação hipotética, julgue o item que se segue.

Se devolver voluntariamente o celular antes do recebimento de eventual denúncia pelo crime, João poderá ser beneficiado com redução de pena justificada por arrependimento posterior.

15. (TJ/SP — Juiz Substituto — VUNESP — 2015) No arrependimento posterior, o agente busca atenuar os efeitos da sua conduta, sendo, portanto, causa geral de diminuição de pena. Sobre esse instituto, assinale a alternativa correta.

a) A grave ameaça não o tipifica.
b) Pode ocorrer em crime cometido com violência, desde que o agente se retrate até a sentença.
c) O dano não precisa ser reparado quando o crime foi sem violência.
d) Deve operar-se até o recebimento da denúncia ou queixa.

16. (DPE/PE — Estagiário de Direito — 2015) "O agente que, voluntariamente, desiste de prosseguir na execução ou impede que o resultado se produza, só responde pelos atos já praticados". Tal hipótese refere-se:

a) ao crime preterdoloso.
b) ao crime consumado.
c) à tentativa branca.
d) ao crime impossível.
e) a desistência voluntária e arrependimento eficaz.

17. (186° Concurso de Ingresso à Carreira da Magistratura SP — Vunesp — 2015) No arrependimento posterior, o agente busca atenuar os efeitos da sua conduta, sendo, portanto, causa geral de diminuição de pena. Sobre esse instituto, assinale a alternativa correta.

a) O dano não precisa ser reparado quando o crime foi sem violência.
b) A grave ameaça não o tipifica.
c) Deve operar-se até o recebimento da denúncia ou queixa.
d) Pode ocorrer em crime cometido com violência, desde que o agente se retrate até a sentença.

18. (MP/GO — 2012) Em relação ao arrependimento posterior é correto afirmar:

a) Considerando que a voluntariedade prevista no artigo 16 do CP não pressupõe espontaneidade, poderá ser beneficiado o autor do delito de furto mesmo que já tenha sido descoberto pela autoridade policial ser beneficiado com a causa geral de aumento de pena caso restitua a coisa ou repare o dano por ele causado à vítima no prazo previsto em lei;
b) Mesmo depois de encerrado o inquérito policial, com a consequente remessa à justiça, pode o agente, ainda, valer-se do arrependimento posterior, desde que restitua a coisa ou repare o dano por ele causado à vítima até o oferecimento da denúncia;
c) O agente do crime previsto no artigo 155, parágrafo 4º, inciso I (furto qualificado mediante rompimento de obstáculo) não pode ser beneficiado pela causa geral de diminuição de pena, posto que a reparação do dano ou a restituição da coisa só pode ser feita nas hipóteses da não ocorrência de violência ou grave ameaça;
d) O pagamento do cheque antes do recebimento da denúncia, nos termos da súmula 554 do STF, tem força para obstruir a ação penal.

19. (VII Exame Unificado — FGV — OAB — Maio/2012) Filolau, querendo estuprar Filomena, deu início à execução do crime de estupro, empregando grave ameaça à vítima. Ocorre que ao se preparar para o coito vagínico, que era sua única intenção, não conseguiu manter seu pênis ereto em virtude de falha fisiológica alheia à sua vontade. Por conta disso, desistiu de prosseguir na execução do crime e abandonou o local. Nesse caso, é correto afirmar que

a) Trata-se de caso de desistência voluntária, razão pela qual Filolau não responderá pelo crime de estupro;
b) Trata-se de arrependimento eficaz, fazendo com que Filolau responda tão somente pelos atos praticados;
c) a conduta de Filolau é atípica;
d) Filolau deve responder por tentativa de estupro.

20. (Defensoria Pública/SP — FCC — 2007) O juiz, ao distinguir atos preparatórios e atos executórios, considera a decisão e o plano do agente criminoso, além dos elementos descritivos do tipo penal. O critério é:

a) meramente objetivo.
b) objetivo-formal.
c) objetivo-material.
d) subjetivo-objetivo.
e) ataque ao bem jurídico.

21. (Magistratura Trabalho — 2ª Região — 2005) Confrontando o arrependimento eficaz com a desistência voluntária, no campo penal, é correto afirmar que:

a) Enquanto o arrependimento eficaz isenta o agente dos atos típicos anteriormente praticados, a desistência voluntária não produz essa isenção;
b) Enquanto o arrependimento eficaz se volta para evitar o resultado de uma ação delituosa já praticada, a desistência voluntária se dirige contra a continuidade do processo de execução de uma ação típica começada;
c) Somente quanto aos efeitos punitivos se equivalem à tentativa;
d) São crimes sempre equivalentes;
e) Nenhuma das proposições anteriores.

22. (Defensoria Pública/SP — FCC — 2006) A respeito da tentativa, é correto afirmar:

a) Se falta algum elemento objetivo do tipo, não se pode falar em tentativa.
b) Trata-se de uma ampliação, contida na parte especial do Código Penal, da proibição típica.
c) Há tentativa a partir da prática dos atos que antecedem o começo da execução até o momento da consumação.

d) Não há coautoria em crime tentado.
e) Enquanto os atos preparatórios ingressam no âmbito do proibido, os atos da tentativa não ingressam.

23. (177º Concurso de Ingresso à Magistratura/SP — 2005) Dentre as alternativas, assinale aquela que, corretamente, relaciona apenas crimes que não admitem a tentativa.

a) Crimes omissivos próprios, crimes de perigo, crimes progressivos.
b) Crimes preterdolosos, crimes plurissubsistentes, crimes omissivos próprios.
c) Crimes plurissubsistentes, crimes omissivos próprios, crimes culposos.
d) Crimes preterdolosos, crimes unissubsistentes, crimes omissivos próprios.

24. (84º Concurso de Ingresso ao MPSP — 2005) É unicamente correto afirmar que:

a) o delito de quadrilha só se consuma com a prática de qualquer delito pelo bando ou por alguns de seus integrantes.
b) ao dispor sobre crimes tentados, o Código Penal prevê possibilidade de casos com resposta penal equivalente à dos consumados.
c) em se tratando de contravenção penal, a punibilidade da tentativa segue as regras do Código Penal.
d) crime falho é outra designação dada à tentativa imperfeita.
e) o Código Penal condiciona o reconhecimento da modalidade tentada de determinado crime à existência, na Parte Especial, de previsão específica quanto à sua admissibilidade.

25. (Procurador Municipal/SP — 2002) Tentativa "branca" ou "incruenta" é a tentativa que:

a) iniciada a execução, não se consuma por circunstâncias alheias à vontade do agente.
b) reúne todos os elementos de sua definição legal.
c) não permite a ocorrência de lesões na vítima.
d) ocorre nos crimes cometidos sem violência ou grave ameaça à pessoa.
e) admite reparação de danos à vítima.

26. (Magistratura Trabalho — 15ª Região — 2005) Assinale a alternativa correta:

a) o cárcere privado praticado contra ascendente não constitui circunstância agravante;
b) mesmo quem tem o dever legal de enfrentar o perigo, pode alegar estado de necessidade;
c) a emoção ou paixão excluem a imputabilidade penal;
d) quando, iniciada a execução, o crime não se consuma por circunstâncias alheias à vontade do agente, ocorrerá tentativa;
e) o policial que prende alguém, em flagrante delito, comete constrangimento ilegal.

27. (Magistratura Trabalho — 15ª Região — 2010) Cada alternativa possui duas afirmações ("1" e "2") relacionadas ou não entre si. Marque a alternativa em que as duas afirmações sejam corretas:

a) 1. Considera-se tentado o crime quando, iniciada a execução, não se consuma por circunstâncias alheias à vontade do agente. 2. Salvo disposição em contrário, pune-se a tentativa com a pena correspondente ao crime consumado, diminuída pela metade.
b) 1. A legislação não faz diferença entre tentativa perfeita e imperfeita no que se refere à aplicação da pena em abstrato. 2. Todavia, quando da imposição da sanção em concreto, o magistrado deve considerar a ocorrência de uma ou de outra espécie de tentativa.
c) 1. No regime aberto o condenado deverá, fora do estabelecimento e com vigilância, trabalhar, frequentar curso ou exercer outra atividade autorizada, permanecendo recolhido durante o período noturno e nos dias de folga. 2. O trabalho do preso será sempre remunerado, sendo-lhe garantidos os benefícios da Previdência Social.
d) 1. A *abolitio criminis* constitui fato jurídico extintivo da punibilidade. 2. Nos crimes conexos, a extinção da punibilidade de um deles impede, quanto ao outro, a agravação da pena resultante da conexão teleológica.
e) 1. A redução a condição análoga à de escravo é crime contra a liberdade pessoal. 2. A extorsão é considerada crime contra a liberdade individual.

28. (Magistratura Trabalho — 2ª Região — 2005) Astolfo decide, após longa meditação, colocar um ponto final em suas desavenças com o vizinho, Herculano. Prepara seu revólver e se dirige à residência do desafeto, onde o encontra terminando o jantar. Ao lhe apontar a arma, é impedido

por Filomeno que, por sorte, chegara naquele instante e, valendo-se do elemento surpresa, pôde, com pronta eficácia, evitar o disparo do revólver. A qualificação técnico-penal da ação de Astolfo corresponde a:

a) desistência voluntária;
b) arrependimento eficaz reflexivo;
c) crime consumado;
d) desistência voluntária reflexiva;
e) crime tentado.

29. (86º Concurso de Ingresso à Carreira do MPSP — 2008) Assinale a alternativa correta.

a) Os crimes instantâneos não admitem tentativa.
b) Nos crimes de ação múltipla, a pluralidade de agentes integra o tipo.
c) É possível a tentativa em crimes comissivos por omissão.
d) O crime de exercício arbitrário das próprias razões é crime de mão própria.
e) Os crimes unissubjetivos não admitem coautoria.

30. (Delegado de Polícia Civil/SP — 2011) Na tentativa branca ou incruenta,

a) o agente sequer inicia os atos executórios.
b) o agente impede voluntariamente a consumação do delito.
c) o agente limpa o local do crime após a consumação.
d) o corpo da vítima não derrama sangue.
e) o agente não atinge o objeto material do delito.

31. (179º Concurso de Ingresso à Magistratura/SP — 2006) Considere o texto a seguir.

Tício ingressa em estabelecimento comercial para realizar roubo com emprego de arma de fogo. Já havia subtraído o numerário, e estava saindo do estabelecimento, quando foi surpreendido por policiais, do lado de fora da loja, que pretendiam prendê-lo. Retorna, então, para o interior da loja e apanha funcionária como refém, mantendo-a ao seu lado, coagida e com a arma encostada na cabeça, ameaçando matá-la caso algum policial lá ingressasse. Solicita a presença do Juiz Corregedor da Polícia Judiciária, que para lá se desloca. Após longas horas de negociação, termina por liberar a refém, que não sofreu ferimentos físicos, entregando a arma e os bens subtraídos.

É correto afirmar que:

a) houve desistência voluntária por parte de Tício.
b) houve arrependimento eficaz por parte de Tício.
c) houve roubo qualificado tentado e constrangimento ilegal.
d) houve roubo qualificado e sequestro.

32. (183º Concurso de Ingresso à Magistratura/SP — 2011) Antônio, durante a madrugada, subtrai, com o emprego de chave falsa, o automóvel de Pedro. Depois de oferecida a denúncia pela prática de crime de furto qualificado, mas antes do seu recebimento, por ato voluntário de Antônio, o automóvel furtado é devolvido à vítima. Nesse caso, pode-se afirmar a ocorrência de

a) arrependimento posterior.
b) desistência voluntária.
c) arrependimento eficaz.
d) circunstância atenuante.
e) causa de extinção da punibilidade.

33. (88º Concurso de Ingresso à Carreira do MPSP — 2011) Para que se reconheça a incidência do chamado arrependimento posterior, previsto em nossa lei penal, é indispensável que

a) a reparação do dano, ainda que não voluntária, seja do conhecimento do agente.
b) a reparação do dano ou a restituição da coisa seja feita até o recebimento da denúncia ou da queixa.
c) o crime cometido seja de natureza patrimonial e sem violência à coisa.
d) a reparação do dano ou a restituição da coisa seja feita até o trânsito em julgado da sentença.
e) a reparação do dano ou a restituição da coisa seja feita por ato espontâneo do agente ou de terceiro.

34. (Defensoria Pública/SP — FCC — 2006) No caso de crime impossível é correto afirmar:

a) Para sua configuração é necessário tanto que o meio seja absolutamente ineficaz, quanto que o objeto seja absolutamente impróprio.

b) Se os meios empregados são ineficazes para alcançar o resultado, mesmo que o agente acredite que são eficazes e aja para evitar o resultado, haverá crime impossível e não arrependimento ineficaz.

c) Se houver absoluta ineficácia do meio, a tentativa é atípica, mas punível.

d) A ausência da menção da inidoneidade no artigo 17 do Código Penal, que só trata da ineficácia do meio e da impropriedade do objeto, não pode ser resolvida com a analogia *in bonam partem*.

e) Nos casos de flagrante preparado, porque o bem está inteiramente protegido, não se pode dizer que há crime impossível.

35. (Concurso de Ingresso à Carreira do MP/PR — 2013) Assinale a alternativa incorreta:

a) Diz-se "tentativa imperfeita" ou "propriamente dita", quando o processo executório do crime é interrompido por circunstâncias alheias à vontade do agente;

b) No dito "crime falho" ou "tentativa perfeita", apesar de o agente realizar toda a fase de execução do crime, o resultado não ocorre por circunstâncias independentes de sua vontade;

c) Os crimes culposos, os omissivos próprios, omissivos impróprios e os preterdolosos não admitem tentativa;

d) O dolo no crime tentado é o mesmo do crime consumado;

e) A denominada "tentativa inidônea", ocorre quando, por ineficácia absoluta do meio ou por absoluta impropriedade do objeto, é impossível consumar-se o crime.

36. (Concurso de Ingresso à Carreira do MP/PR — 2013) Assinale a alternativa incorreta:

a) Segundo a sistemática do Código Penal, a desistência voluntária é compatível com a tentativa perfeita ou crime falho;

b) O chamado arrependimento posterior, nos moldes previstos no Código Penal, é causa de redução de pena;

c) Para que o agente somente responda pelos atos já praticados, o chamado arrependimento eficaz deve ser suficiente para impedir a ocorrência do resultado, pouco importando a voluntariedade do arrependimento do agente ou a reparação posterior do dano, caso o resultado venha a ocorrer;

d) Segundo a doutrina, para a que ocorra a desistência voluntária ou o arrependimento eficaz, basta voluntariedade por parte do agente, não sendo exigida espontaneidade em sua decisão de abandonar a trajetória criminosa ou de impedir a ocorrência do resultado;

e) Pode-se afirmar que a desistência voluntária é incabível nos chamados crimes unissubsistentes.

37. (Concurso de Ingresso à Carreira da Magistratura/MG — Fundep — 2014) Analise as seguintes alternativas sobre a figura prevista no Artigo 14, II, do Código Penal.

I. Nos chamados crimes de atentado, a tentativa é equiparada ao crime consumado, havendo a aplicação da teoria subjetiva.

II. Tentativa imperfeita, ou *iter criminis* interrompido ocorre quando, apesar de ter o agente realizado toda a fase de execução, o resultado não é alcançado por circunstâncias alheias à sua vontade.

III. Não se admite a tentativa, em regra, nos delitos culposos, preterdolosos, unissubsistentes, omissivos próprios, habituais próprios e nas contravenções penais.

IV. Todos os crimes previstos na Lei 10.826/2003, em seus Artigos 12 a 18, são dolosos e comissivos sendo, portanto, admitida a modalidade tentada.

A partir da análise, conclui-se que estão CORRETAS:

a) II, III e IV apenas.

b) I e III apenas.

c) II e IV apenas.

d) I, II e III apenas.

■ GABARITO ■

1. "e". A letra "a" está errada, porque, nos termos do art. 49, parágrafo único, da LEP, "Pune-se a tentativa com a sanção correspondente à falta consumada". A letra "b" está errada, pois a prescrição da pretensão punitiva em abstrato se baseia na pena máxima; logo, quando se tratar de tentativa (causa de diminuição de pena), deve incidir o redutor mínimo. A letra "c" está correta, o que motivaria a anulação da questão. Isto porque no cálculo do número de dias-multa prevalece o entendimento de que se deve levar em conta as "circunstâncias judiciais" do art. 59 do CP, e não as causas de aumento ou diminuição (no que a tentativa se enquadra). A letra "d" está errada, pois no caso da suspensão condicional do processo deve-se utilizar a pena mínima, o que pressupõe empregar, no cálculo desta, a redução máxima possível em face da tentativa, que é de dois terços.
2. "d". Esse é o posicionamento amplamente majoritário da jurisprudência, não só do STF.
3. "c". *Vide* o comentário acima.
4. "a". A assertiva constitui uma visão crítica da Súmula 610 do STF, propondo que esta não está em consonância com a definição legal de crime consumado — art. 14, I, do CP.
5. "e". CP, art. 16.
6. "c". CP, art. 14, parágrafo único.
7. "e". CP, art. 17.
8. "c". CP, arts. 14, I, e 17. Sobre as demais assertivas, ver arts. 15 e 20, § 3º, do CP.
9. "a". CP, art. 15.
10. "c". Na tentativa branca ou incruenta não se atinge o objeto material (pessoa ou coisa sobre a qual recai a conduta); na incruenta, dá-se o oposto.
11. "c". CP, arts. 16 e 65, III, letra "b".
12. "b". O interior das embaixadas estrangeiras no Brasil é território nacional e somente estão a salvo da aplicação da lei brasileira os detentores de imunidade diplomática.
13. "a". Quanto à assertiva II: a redução da tentativa leva em conta a proximidade da consumação. Quanto à III: o arrependimento eficaz exige que o agente tenha conseguido impedir a consumação. Quanto à IV: o arrependimento posterior não se aplica a crimes cometidos com violência ou grave ameaça à pessoa. Quanto à V: o crime impossível pressupõe meio absolutamente inidôneo.
14. "certo". CP, art. 16.
15. "d". CP, art. 16.
16. "e". CP, art. 15.
17. "c". O art. 16 do CP impõe que a reparação dos danos ou a restituição da coisa ocorram até o recebimento da inicial.
18. "d". a) O arrependimento posterior é uma causa geral de diminuição da pena (e não de aumento); b) O prazo estipulado é até o recebimento da denúncia (e não o oferecimento); c) O crime destacado pode ser beneficiado com o arrependimento posterior, pois seu meio executório não contém violência contra a pessoa.
19. "d". Encontram se presentes os requisitos da tentativa: início de execução e não consumação do crime por circunstância alheia à vontade do agente.
20. "d". O enunciado contém o critério subjetivo-objetivo de diferenciação entre atos preparatórios e executórios, pois leva em conta os elementos do tipo (critério objetivo) e a intenção do agente (critério subjetivo).

21. "b". A diferença entre desistência voluntária e arrependimento eficaz reside em que, naquele, o agente interrompe os atos executórios, embora pudesse praticar outros, enquanto neste, esgota os meios para a consecução do resultado, mas não o produz.

22. "a". Todas as alternativas, exceto a letra "a", estão incorretas, pois a tentativa se encontra na Parte Geral do Código Penal, só existe a partir do início da execução, admite coautoria e seus atos, como regra, são proibidos.

23. "d". Os crimes de perigo e os plurissubsistentes admitem a forma tentada.

24. "b". CP, art. 18, parágrafo único: "Salvo disposição em contrário, pune-se a tentativa com a pena correspondente ao crime consumado, diminuída de um a dois terços". O crime de quadrilha ou bando sofreu alteração em razão da Lei n. 12.850/2013, sendo atualmente chamado de associação criminosa (CP, art. 288).

25. "c". Ocorre a tentativa branca ou incruenta quando o objeto material do crime não é atingido.

26. "d". CP, art. 14, II.

27. "b". Há tentativa perfeita quando o agente esgota o processo executório, mas não consuma o crime por circunstâncias alheias à sua vontade. Imperfeita, quando há uma interrupção dos meios executórios. Em ambos os casos, há tentativa, devendo o juiz diferenciar as hipóteses aplicando pena maior quanto mais próximo o agente ficou da consumação (o que se dá, via de regra, nos casos de tentativa perfeita).

28. "e". Há tentativa, pois o agente deu início à execução do crime, sendo impedido de consumá-lo pela intervenção de terceiro, circunstância alheia à sua vontade.

29. "c". Crimes instantâneos são aqueles cuja consumação não se prolonga no tempo, como o furto, o roubo etc.; admitem tentativa. Os crimes de ação múltipla são aqueles cujo tipo possui vários verbos; podem ser cometidos por um ou vários agentes. O exercício arbitrário das próprias razões é crime comum. Os unissubjetivos ou de concurso eventual são os que podem ser praticados por um ou vários agentes.

30. "e". Trata-se de reprodução do conceito de tentativa branca.

31. "c". Não há falar-se em desistência voluntária ou arrependimento eficaz (CP, art. 15), pois o delito já estava consumado. De ver que o roubo não é "qualificado", mas "circunstanciado", pois o emprego de arma e a privação da liberdade são causas de aumento, e não qualificadoras (CP, art. 157, § 2º).

32. "a". Não há desistência voluntária ou arrependimento eficaz (CP, art. 15), porque a reparação do prejuízo se deu após a consumação do crime. A atenuante da reparação do dano tem caráter subsidiário em relação ao arrependimento posterior, cujos requisitos estão preenchidos. Não há extinção da punibilidade pela reparação do dano no crime de furto.

33. "b". CP, art. 16. São requisitos: reparação do dano ou restituição da coisa, efetuada por ato voluntário do agente, em crime sem violência ou grave ameaça contra a pessoa, até o recebimento da denúncia ou queixa.

34. "b". O Código Penal adotou a teoria sintomática em matéria de crime impossível, motivo pelo qual é irrelevante a intenção do agente ou sua impressão a respeito da ineficácia do meio.

35. "c". Os crimes omissivos impróprios admitem tentativa.

36. "a". A tentativa perfeita ou crime falho se dá quando o agente esgota todos os meios executivos de que dispunha, de modo que somente se mostra compatível com o arrependimento eficaz, e não com a desistência voluntária (na qual o processo executivo sofre interrupção).

37. "b". As assertivas I e III são corretas. A assertiva II contém a definição de tentativa perfeita ou crime falho. O art. 13 da Lei n. 10.826/2003 (Estatuto do Desarmamento) define o crime de omissão de cautela, o qual, por ser omissivo próprio, não admite tentativa.

17

ANTIJURIDICIDADE

17.1. INTRODUÇÃO

17.1.1. Conceito

Cuida-se a antijuridicidade ou ilicitude da **contrariedade do fato com o ordenamento jurídico** (enfoque puramente formal ou "ilicitude formal"), **por meio da exposição a perigo de dano ou da lesão a um bem jurídico tutelado** (enfoque material ou "ilicitude material").

A antijuridicidade da conduta **deve ser apreciada objetivamente**, vale dizer, **sem se perquirir se o sujeito tinha consciência de que agia de forma contrária ao Direito**. Por essa razão, age ilicitamente o inimputável que comete um crime, ainda que ele não tenha consciência da ilicitude do ato cometido (o agente, contudo, não receberá pena alguma por ausência de culpabilidade, como se estudará no próximo capítulo).

17.1.2. Classificação

A doutrina classifica a ilicitude em **genérica e específica**. A **genérica** corresponde à **contradição do fato com a norma abstrata, por meio da afetação a algum bem jurídico**. A **específica** consiste na ilicitude **presente em determinados tipos penais**, os quais empregam termos como "sem justa causa", "indevidamente", "sem autorização ou em desacordo com determinação legal ou regulamentar". Na verdade, dessas, só a primeira realmente trata-se efetivamente de ilicitude. A chamada **antijuridicidade específica nada mais é do que uma designação equivocada a determinados elementos normativos de alguns tipos penais**.

17.1.3. Relação com a tipicidade

Conforme já estudado, a ilicitude possui relação com a tipicidade, sendo esta um indício daquela. É nesse sentido a lição de Mayer (1915), para quem a **realização de um fato típico traduz um indício de que o comportamento é dotado de antijuridicidade**. Esta característica só não se fará presente quando o ato houver sido praticado sob amparo de alguma excludente de ilicitude.

17.2. EXCLUDENTES DE ILICITUDE

Nosso Código Penal define as excludentes de ilicitude no art. 23. De acordo com o texto, são quatro as causas de justificação: **estado de necessidade, legítima defesa,**

exercício regular de um direito e estrito cumprimento de um dever legal. Sendo o fato (típico) praticado nessas circunstâncias, não haverá crime.

Apesar de o leque legal ser abrangente, a doutrina **admite** a existência de **causas supralegais** (isto é, não previstas em lei) de exclusão da ilicitude, fundadas no emprego da analogia *in bonam partem*, suprindo eventuais situações não compreendidas no texto legal.

É o que ocorre em relação ao **consentimento do ofendido** nos tipos penais em que o **bem jurídico** é **disponível** (ex.: crime de dano — art. 163 do CP) e o **sujeito passivo, pessoa capaz**.

Registre-se que, no Projeto Alcântara Machado, o qual, como se sabe, depois do trabalho da Comissão Revisora (Hungria, Lyra e outros), originou o Código Penal de 1940, arrolava-se expressamente tal figura na lista das excludentes de antijuridicidade (art. 15, I). Todavia, pareceu supérflua sua inclusão aos olhos da insigne Comissão, que a suprimiu, critério seguido na Reforma da Parte Geral, em 1984. De acordo com Hungria, quando relevante o consentimento do sujeito passivo, deveria este excluir a tipicidade da conduta, pois "nos crimes patrimoniais e, em geral, naqueles em que o *constrangimento*, o *engano*, o *arbítrio* por parte do agente entram como condições essenciais (...) o não consentimento do ofendido é *elemento constitutivo* do crime". Citando especificamente o delito de dano, porém, o emérito penalista reconheceu que: "(...) o consentimento do ofendido exclui a injuridicidade", embora insistisse no caráter supérfluo da menção ao instituto no elenco das descriminantes, asseverando que, no caso do dano, por se cuidar de crime patrimonial, este pressupõe "*per definitionem*, a vontade contrária ao lesado"[1].

Importante advertir, por fim, que o assentimento da vítima atua como excludente de tipicidade quando o tipo penal prevê o dissenso do sujeito passivo como elementar. É o caso, por exemplo, da violação de domicílio (art. 150 do CP).

17.2.1. A ilicitude diante da teoria da imputação objetiva

A teoria da imputação objetiva provoca nova abordagem a determinadas situações, antes tratadas no âmbito da antijuridicidade, notadamente no que diz respeito ao exercício regular de um direito. O médico que realiza uma cirurgia regularmente e o desportista que, durante a prática de sua atividade, lesa adversário observando as regras do jogo praticam condutas que expõem bens jurídicos alheios a **riscos permitidos**. Sendo assim, os atos praticados são atípicos, por falta de imputação objetiva (frise-se que só há relação de imputação objetiva quando a conduta expõe bens jurídicos a riscos relevantes e proibidos).

O mesmo ocorre com o consentimento do ofendido e com os ofendículos (estudados abaixo, item 17.4.5), ou seja, situações antes vistas como excludentes de ilicitude, as quais, com a teoria da imputação objetiva, constituem fatos atípicos.

---

[1] *Comentários ao Código Penal*, 4. ed., v. I, t. II, p. 270.

17.2.2. Excesso

Consiste na **desnecessária intensificação de uma conduta a princípio legítima**. Assim, é possível que uma pessoa, inicialmente em situação de legítima defesa, estado de necessidade etc., exagere e, em razão disso, cometa um crime, doloso ou culposo, conforme a natureza do excesso (CP, art. 23, parágrafo único).

Embora o Código Penal se refira ao excesso nas formas dolosa e culposa, admite-se tal figura sem que se possa atribuir o exagero a título de dolo ou culpa.

Com efeito, tomando-se a desnecessária intensificação da conduta legítima a partir de suas causas, pode-se falar em **excessos consciente** (ou voluntário) e **inconsciente** (ou involuntário).

Dá-se o exagero **consciente** quando o **agente tem plena noção de que intensifica desnecessariamente sua conduta** de início legítima. Exemplo: depois de ter dominado o ladrão, a vítima efetua disparos de arma de fogo contra ele, por raiva, matando-o. Ciente da desnecessidade de seu comportamento, a vítima do roubo, que agia em legítima defesa, após ter dominado o ladrão e ter conscientemente efetuado disparos, torna-se autora de um homicídio doloso.

Há, também, o **excesso inconsciente (ou involuntário)**, o qual deriva da má apreciação da realidade (erro de tipo). O sujeito **ultrapassa os limites** da excludente **sem se dar conta disso. Para determinar sua responsabilidade penal, será preciso avaliar se o erro (de tipo) por ele cometido foi evitável ou não.** Considera-se evitável (ou vencível) o erro que uma pessoa de mediana prudência e discernimento não teria cometido na situação em que o agente se encontrava (ex.: durante um roubo, o ofendido reage à abordagem do sujeito e, mesmo após desarmá-lo e dominá-lo por completo, mas sem notar essas circunstâncias, o agride fisicamente, supondo por equívoco que o ladrão ainda não havia sido completamente subjugado). Nesse caso, ele responderá pelo resultado produzido excessivamente a título de culpa (se a lei previr o crime na forma culposa). Dá-se a **culpa imprópria, por equiparação ou por assimilação**. Por outro lado, será inevitável (ou invencível) o erro em que qualquer pessoa mediana incorreria na situação em que os fatos se deram (ex.: durante um roubo, a vítima, sem se dar conta de que o ladrão portava arma de brinquedo, reage à investida, efetuando disparos de arma de fogo, matando-o). Se assim for, ficam afastados o dolo e a culpa, surgindo o chamado **excesso exculpante, isto é, o sujeito não cometerá crime algum, apesar do excesso**.

Por vezes, o excesso exculpante pode derivar do medo. Uma senhora sexagenária abordada por um assaltante pode, por medo, reagir, agredindo-o com seu guarda-chuva (estará em legítima defesa). Se o agressor desmaiar e ela, ainda influenciada pelo medo, continuar a golpeá-lo, matando-o, haverá excesso. Caso esse medo tenha provocado uma importante alteração em seu estado psíquico, a ponto de impedi-la de avaliar objetivamente os fatos, surgirá o excesso exculpante, que, em matéria de legítima defesa, denomina-se **legítima defesa subjetiva**.

Registre-se, ainda, que existem autores que **distinguem** o **excesso intensivo do excesso extensivo**. Dá-se o **excesso intensivo ou excesso nos meios** quando há exagero indevido na reação. O **excesso extensivo ou excesso na causa** verifica-se com a inferioridade do direito protegido em comparação com aquele atingido pela repulsa empregada (por exemplo: uma pessoa defende seu **patrimônio** de uma agressão injusta e atual tirando a **vida** do agressor)[2].

■ 17.2.3. O excesso e o Tribunal do Júri

O Tribunal do Júri constitui instituição permanente, resguardada pela Constituição Federal (art. 5º, XXXVIII), a quem compete o julgamento dos crimes dolosos contra a vida, consumados ou tentados (CP, arts. 121 a 127). Nos julgamentos pelo Júri, costuma-se discutir, com considerável frequência, excludentes de ilicitude, notadamente a legítima defesa. Quando surge tal debate, outra questão tende a aflorar: o excesso. É interessante anotar que a decisão a respeito da excludente e de eventual excesso competirá aos jurados. Significa que, muito embora constitua questão técnica, ficará a cargo dos juízes leigos. Estes serão indagados sobre a excludente de ilicitude por meio de um quesito obrigatório, assim redigido, "o jurado absolve o acusado?"[3]. Se a resposta for afirmativa, implicará o reconhecimento da causa de justificação. Se negativa, contudo, significará seu afastamento. Eventual excesso (culposo) somente será objeto de quesitação quando houver requerimento expresso pela acusação ou pela defesa (que o faz, no mais das vezes, como tese subsidiária, para a hipótese de a legítima defesa não ser acatada pelo Conselho de Sentença).

Interessante verificar que, antes da reforma do procedimento do Júri, o excesso figurava como quesito obrigatório. Não é mais assim, de acordo com a atual sistemática, pois, repita-se, essa pergunta somente será feita mediante expressa solicitação das partes.

Em nossa opinião, ademais, o excesso (culposo) deve ser indagado depois do quesito absolutório (acima mencionado). Explica-se: o reconhecimento do excesso pressupõe, lógica e juridicamente, a existência de uma excludente de ilicitude. Por esse motivo, deve ser perguntado *depois* do quesito concernente à causa de exclusão da antijuridicidade, a qual, pelo novo sistema, fica englobada na pergunta obrigatória: *o jurado absolve o acusado?* Se os jurados responderem afirmativamente a essa questão, o réu, por óbvio, estará, assim, absolvido, ficando prejudicadas as demais perguntas, inclusive aquela correspondente ao excesso culposo. Caso os juízes leigos, no entanto, neguem o quesito absolutório, votar-se-á o relativo ao excesso culposo (que depende de pedido expresso da defesa ou acusação para figurar no questionário).

■ 17.3. ESTADO DE NECESSIDADE

Diz o CP no art. 24: "Considera-se em estado de necessidade quem pratica o fato para salvar de perigo atual, que não provocou por sua vontade, nem podia de outro

---

2 *Comentários ao Código Penal,* 4. ed., v. I, t. II, p. 305.

3 Nesse sentido: "Após a entrada em vigor da Lei n. 11.689/2008, a sistemática do Tribunal do Júri determina, em decorrência da garantia constitucional da plenitude de defesa, que o quesito absolutório genérico concentre, de forma implícita, todas as questões relativas às excludentes de ilicitude e de culpabilidade previstas no ordenamento jurídico pátrio (art. 483, III, § 2º, do CPP)" (STJ, AgRg no AREsp 1.046.744/AM, Rel. Min. Rogerio Schietti Cruz, 6ª Turma, julgado em 23.05.2017, *DJe* 30.05.2017).

modo evitar, direito próprio ou alheio, cujo sacrifício, nas circunstâncias, não era razoável exigir-se".

A situação de necessidade pressupõe, antes de tudo, a existência de um perigo (atual) que ponha em conflito dois ou mais interesses legítimos, que, pelas circunstâncias, não podem ser todos salvos (na legítima defesa, como se verá adiante, só existe um interesse legítimo). Um deles, pelo menos, terá de perecer em favor dos demais. **Ocorre uma "situação-limite", que demanda uma atitude extrema e, por vezes, radical.** O exemplo característico é o da "tábua de salvação": após um naufrágio, duas pessoas se veem obrigadas a dividir uma mesma tábua, que somente suporta o peso de uma delas. Nesse contexto, o direito autoriza uma delas a matar a outra, se isso for preciso para salvar sua própria vida.

■ 17.3.1. Teorias

Subdividem-se em:

- **diferenciadora:** afirma que, **se o bem salvo for mais importante que o sacrificado** (ex.: salvar a vida e danificar patrimônio alheio), **exclui-se a ilicitude** ("estado de necessidade justificante"), ao passo que, **se** os bens em conflito forem **equivalentes** (ex.: salvar a própria vida em detrimento da vida alheia), **afasta-se a culpabilidade** ("estado de necessidade exculpante");
- **unitária: em quaisquer das hipóteses** acima analisadas, há **exclusão da ilicitude**. Foi a teoria **adotada no Código Penal**.

É de ver que no **Código Penal Militar** (Decreto-lei n. 1.001/69) acolheu-se a **teoria diferenciadora** do estado de necessidade, em face dos arts. 39 e 43.

■ 17.3.2. Faculdade ou direito

A doutrina tradicional via no estado de necessidade uma faculdade do agente, e não um direito[4]. Argumentava-se: no estado de necessidade, há um conflito entre dois ou mais bens ou interesses legítimos, sendo todos protegidos pelo Direito. Diante do perigo, o titular de um direito, para salvá-lo, ofende o de terceiro, o qual não tem obrigação de permitir o perecimento de seu bem, pois também dispõe de um interesse legítimo. Se a todo direito corresponde uma obrigação, e se o terceiro não está obrigado a deixar seu bem ser lesionado, ninguém tem direito de agir em estado de necessidade, mas mera faculdade legal. Para a doutrina moderna, no entanto, as pessoas têm **direito de agir em estado de necessidade. O sujeito passivo dessa relação jurídica** não é, como se pensava, o terceiro titular do bem perecido, mas sim o **Estado, que tem a obrigação de reconhecer a licitude da conduta do agente**.

4 *Vide* Hungria, *Comentários ao Código Penal*, 4. ed., v. I, t. II, p. 272.

17.3.3. Requisitos

Há requisitos vinculados à situação de necessidade, ensejadora da excludente, e outros ligados à reação do agente. Entre os primeiros, temos: a) existência de um perigo atual; b) perigo que ameace direito próprio ou alheio; c) conhecimento da situação justificante; d) não provocação voluntária da situação de perigo. Com relação à reação do agente, temos: a) inexigibilidade do sacrifício do bem ameaçado (proporcionalidade dos bens em confronto); b) inevitabilidade da lesão ao bem jurídico em face do perigo; c) inexistência do dever legal de enfrentar o perigo.

17.3.3.1. Requisitos vinculados à situação de necessidade

17.3.3.1.1. Perigo atual

Perigo é a probabilidade de dano (ou lesão) a algum bem juridicamente tutelado. Pode provir da ação humana, como um incêndio criminoso, ou de fato da natureza, como uma inundação, um naufrágio provocado por mar revolto ou o ataque de um animal selvagem. Deve se tratar, ainda, de uma possibilidade concreta de dano, levando-se em conta a situação em que o agente se encontrava no momento imediatamente anterior à sua atuação em necessidade. **Se o perigo não era real**, mas fruto da imaginação do sujeito, fica afastada a ocorrência do estado de necessidade real (CP, art. 24), podendo cogitar-se, entretanto, da presença do **estado de necessidade putativo** (CP, art. 20, § 1º).

Deve-se ter em conta, ademais, a necessidade de se avaliar o perigo com certo grau de flexibilidade, posto que uma pessoa, em situação de necessidade, não possui (como regra) ânimo calmo e refletido para dimensionar a efetiva gravidade do mal que está por vir.

Exige nosso Código, ainda, que se trate de **perigo atual**, ou seja, presente. Não se admite a excludente, portanto, quando passado o perigo (sem perigo, não há mais necessidade de reação) ou quando este ainda não se concretizou, não passando de meras conjecturas. A **atualidade** deve ser aferida pela **necessidade de pronta reação** para defesa do bem ameaçado.

Registre-se, por derradeiro, que muito embora a lei só se refira à defesa do bem em face de um perigo atual, **deve-se admitir o estado de necessidade quando iminente o perigo (analogia *in bonam partem*)**.

17.3.3.1.2. Ameaça a direito próprio ou alheio

Age em estado de necessidade não somente quem salva direito próprio (ex.: a "tábua de salvação"), mas também quem defende direito de terceiro (ex.: médico que quebra sigilo profissional revelando que um paciente é portador do vírus HIV para salvar terceira pessoa que seria contaminada). Fala-se, respectivamente, em **estado de necessidade próprio** e **estado de necessidade de terceiro**.

A excludente, ademais, aplica-se quaisquer que sejam os direitos em jogo. Se o interesse for tutelado pelo ordenamento jurídico, poderá ser salvaguardado diante de uma situação de necessidade.

17.3.3.1.3. *Conhecimento da situação justificante*

O Texto Penal refere-se explicitamente a esta exigência quando, ao traçar os elementos da excludente, aduz que se considera sob seu manto quem pratica o fato **"para" salvar** (de perigo atual etc.) direito seu ou de outrem.

É fundamental, portanto, que o sujeito tenha plena consciência da existência do perigo e atue com o fim de salvar direito próprio ou alheio. Deve o sujeito dirigir seu proceder para combater o risco ou afastá-lo, com o firme propósito de salvaguardar algum bem jurídico.

Por essa razão, não age em estado de necessidade, *v.g.*, o médico que realiza aborto por dinheiro, mesmo se constatando, após a consumação do delito, a existência de risco de morte à gestante, de modo que a intervenção tenha impedido seu iminente falecimento.

17.3.3.1.4. *Perigo não provocado voluntariamente pelo sujeito*

O **provocador do perigo** não pode beneficiar-se da excludente, a não ser que o tenha gerado involuntariamente. Em outras palavras, aquele que por sua vontade produz o perigo não poderá agir em estado de necessidade. **Provocar voluntariamente significa causar dolosamente.** Dessa forma, se o agente provocou culposamente o perigo, poderá ser beneficiado pelo instituto. Há quem entenda de maneira diversa, tratando como provocação voluntária tanto a dolosa como a culposa. Argumenta-se que o provocador do risco teria sempre o dever jurídico de impedir o resultado (isto é, salvar o bem alheio em detrimento do seu), independentemente de dolo ou culpa, com base no art. 13, § 2º, *c*, do CP. Esse dispositivo, contudo, não se aplica ao estado de necessidade, pelo princípio da especialidade; isso porque o art. 24, § 1º, do CP estipula que só não pode alegar estado de necessidade quem tem o **dever legal** de enfrentar o perigo (situação retratada no art. 13, § 2º, *a*, do CP). Portanto, das pessoas arroladas no art. 13, § 2º, somente aquela da alínea *a* não pode agir amparada pela excludente; já as demais (letras *b* e *c*) podem.

17.3.3.2. *Requisitos ligados à reação do agente*

17.3.3.2.1. *Inexigibilidade do sacrifício do bem ameaçado (princípio da ponderação de bens)*

Na situação concreta, deve-se fazer uma **análise comparativa entre o bem salvo e o bem sacrificado** (ponderação de bens). **Haverá estado de necessidade** quando **aquele for de maior importância que este, ou, ainda, quando se equivalerem** (ex.: ofender o patrimônio de terceiro para salvar a vida ou matar para salvar a própria vida). É evidente que essa comparação não pode ser feita de acordo com um critério milimétrico, pois, como regra, quem se encontra diante de um perigo atual reage *ex improviso*, sem ânimo calmo e condições serenas para refletir ou sopesar qual a solução menos gravosa para a salvaguarda do bem que pretende resguardar.

Caso o **valor salvo seja de inferior importância** em comparação com o sacrificado, **não haverá estado de necessidade** (ex.: para evitar que um navio afunde, o capitão ordena que a tripulação se jogue em alto-mar). Nesse caso, todavia, deve-se aplicar o § 2º do art. 24 (causa obrigatória de diminuição de pena, de um a dois terços).

Registre-se, a título de ilustração, que o grande Luís Vaz de Camões fora vítima de um naufrágio e, em situação de necessidade diante da iminência de tornar-se viúvo ou perder o manuscrito de *Os Lusíadas*, preferiu o poeta português garantir sua magistral obra.

■ 17.3.3.2.2. *Inevitabilidade da lesão ao bem jurídico em face do perigo*

A excludente de antijuridicidade definida no art. 24 do CP autoriza as pessoas a lesarem bens jurídicos alheios, desde que essa medida se mostre necessária e urgente.

Para que essa permissão seja válida, entretanto, deve o sacrifício do direito alheio ser a única saída. A lesão ao bem jurídico decorrente do perigo, portanto, não pode ser de outro modo evitável. **Podendo-se salvaguardar o direito de outra maneira**, seja qual for, como um pedido de socorro ou a fuga do local, **o fato não se considerará justificado**.

O que dizer, contudo, quando havia outro meio de evitar o dano, mas o agente, na situação concreta, o desconhecia? Imagine-se, por exemplo, que, no caso da "tábua de salvação", havia outra madeira capaz de apoiá-los, além daquela que disputavam, embora eles não a tenham visto e, em face disto, acreditaram que a medida extrema era sua única salvação. Deverá se reconhecer, diante disso, o estado de necessidade putativo (art. 20, § 1º).

■ 17.3.3.2.3. *Inexistência de dever legal de arrostar o perigo (art. 24, § 1º)*

Quem tem dever legal de enfrentar o perigo não pode invocar estado de necessidade. Trata-se este do dever "que o Estado impõe, normativamente, em matéria de serviço de utilidade pública ou na defesa do interesse da comunhão social"[5]. Isso ocorre com algumas funções ou profissões: bombeiro, policial etc. Assim, o bombeiro não pode eximir-se de salvar uma pessoa num prédio em chamas sob o pretexto de correr risco de se queimar. Evidentemente que não se exige heroísmo (ex.: bombeiro ingressar em uma casa completamente tomada pelo fogo para salvar algum bem valioso, sendo improvável, na situação, que ele sobreviva, apesar de todo o seu treinamento).

Anote-se que não está abrangido o dever contratual, de tal modo que um segurança particular encontra-se desobrigado de enfrentar o perigo quando se encontrar, ele próprio, numa situação de necessidade.

■ 17.3.4. Classificação

O estado de necessidade é classificado em:

- **estado de necessidade defensivo:** a conduta do sujeito que age em necessidade se volta contra quem produziu ou colaborou para a produção do perigo, lesio-

---

5 Hungria, *Comentários ao Código Penal*, 4. ed., v. I, t. II, p. 280.

nando um bem de sua titularidade (ex.: um náufrago disputa a tábua de salvação com outro, que é o responsável pelo afundamento do navio);

- **estado de necessidade agressivo:** a conduta do sujeito que age em necessidade se volta contra outra coisa, diversa daquela que originou o perigo, ou contra terceiro inocente (ex.: um náufrago disputa a tábua de salvação com outro, sendo que ambos não tiveram nenhuma responsabilidade no tocante ao afundamento do navio).

A distinção acima não tem relevância para o Direito Penal (ambos excluem a ilicitude), mas **repercute na órbita cível.** O sujeito que age em estado de necessidade agressivo deverá reparar o dano causado ao terceiro inocente pela sua conduta, tendo direito de regresso contra o causador do perigo. O reconhecimento do estado de necessidade defensivo, por outro lado, afasta até mesmo a obrigação de reparar o dano causado pelo crime (a sentença penal que o reconhecer impedirá eventual ação civil *ex delicto*);

- **estado de necessidade justificante:** afasta a ilicitude da conduta. No Código Penal, o instituto sempre terá essa natureza, pois a Lei o prevê como excludente de antijuridicidade em todos os casos nos quais se permite seu reconhecimento, ou seja, quando o bem salvo é mais importante ou equivalente ao sacrificado.

- **estado de necessidade exculpante:** exclui a culpabilidade do agente (não foi adotado pelo Código Penal). Essa figura é prevista no Código Penal Militar, o qual distingue o estado de necessidade enquanto excludente de ilicitude (justificante) e de culpabilidade (exculpante), em seus arts. 39 e 43.

Existem, ainda, as seguintes classificações:

- **estado de necessidade próprio:** salva-se direito próprio.
- **estado de necessidade de terceiro:** salva-se bem alheio.
- **estado de necessidade real:** é aquele definido no art. 24 do CP.
- **estado de necessidade putativo:** trata-se do estado de necessidade imaginário (afasta o dolo — art. 20, § 1º, do CP, ou a culpabilidade — art. 21 do CP, conforme o caso).

■ 17.4. LEGÍTIMA DEFESA

Diz o CP, no *caput* do art. 25: "Entende-se em legítima defesa quem, usando moderadamente dos meios necessários, repele injusta agressão, atual ou iminente, a direito seu ou de outrem".

Trata-se de um dos mais bem desenvolvidos e elaborados institutos do Direito Penal. Sua construção teórica surgiu vinculada ao instinto de sobrevivência ("matar para não morrer") e, por via de consequência, atrelada ao crime de homicídio.

Assim, por exemplo, ao tempo das Ordenações Filipinas (1603-1830), a legítima defesa encontrava-se inserida no Título XXXV, o qual disciplinava o crime de homicídio e o de lesão corporal. O vetusto diploma dispunha que o homicida era punido com morte, salvo se agisse em sua "necessária defesa". Interessante registrar que o dispositivo punia o excesso, dispondo que "não haverá pena alguma, salvo se nela excedeu a temperança, que devera, ou pudera ter, porque então será punido segundo a qualidade do excesso".

Hodiernamente, reconhece-se a possibilidade de agir em legítima defesa para a salvaguarda de qualquer direito, não somente a vida ou a integridade física.

Acrescente-se que a Lei n. 13.964/2019 (Lei Anticrime) inseriu no art. 25 o parágrafo único, criando modalidade especial de legítima defesa, relativa a agente de segurança pública que repele agressão ou risco de agressão a pessoa mantida refém durante a prática de crimes (*vide* item 17.4.8, abaixo).

■ 17.4.1. Requisitos

São os seguintes: a) existência de uma agressão; b) atualidade ou iminência da agressão; c) injustiça dessa agressão; d) agressão contra direito próprio ou alheio; e) conhecimento da situação justificante (*animus defendendi*); f) uso dos meios necessários para repeli-la; g) uso moderado desses meios.

■ *17.4.1.1. Agressão*

É **sinônimo de ataque**, ou seja, de **conduta humana** que lesa ou expõe a perigo bens jurídicos tutelados. A mera **provocação não** dá ensejo à defesa legítima. Ao reagir a uma provocação da vítima, o agente responderá pelo crime, podendo ser reconhecida em seu favor uma atenuante genérica (CP, art. 65, III, *b*) ou uma causa de redução de pena, como se dá nos crimes de homicídio e lesão corporal dolosos (CP, arts. 121, § 1º, e 129, § 4º).

A agressão deve ser **proveniente de** um ser **humano**. Contra investidas de animais cabe, em tese, estado de necessidade (a não ser que alguém provoque deliberadamente o ser irracional, de modo que ele sirva como instrumento da sua ação — como ocorre quando o dono de um cão o açula, a fim de que fira outrem).

Acrescente-se que a **agressão** pode ser **ativa ou passiva**. Assim, *v.g.*, se o carcereiro mantém o preso nesta situação por mais tempo do que a lei permite, deixando de libertá-lo, contra essa omissão caberá legítima defesa para salvaguarda do direito de locomoção.

Importante questão refere-se às **agressões insignificantes**, como poderia se dar, a título de exemplo, na hipótese em que alguém tentasse subtrair (sem violência ou grave ameaça) pequena quantia em dinheiro e o ofendido reagisse contra o furto efetuando disparos letais de arma de fogo em direção ao agente. Existe a tal respeito consenso doutrinário, no sentido de que, **quando nítida a desproporção** entre o bem protegido e o sacrificado, **deve-se afastar o reconhecimento da excludente**. Cremos que tais situações devem ser resolvidas com a aplicação do **excesso (extensivo)**, responsabilizando o agente pelo resultado produzido (morte ou lesões corporais de natureza grave, por exemplo), nos termos do art. 23, parágrafo único, do CP.

■ *17.4.1.2. Atualidade ou iminência*

Trata-se do indispensável **requisito temporal**.

Atual é a agressão **presente**, que está em progressão, que está acontecendo. Por exemplo: uma pessoa saca sua arma e reage contra a abordagem de um ladrão, que acabara de anunciar o roubo. **Iminente**, quando está **prestes a se concretizar**. Outro exemplo: alguém saca uma arma tão logo percebe que seu rival, com quem discute, leva a mão ao coldre para sacar a sua.

Não caberá legítima defesa diante do temor de ser agredido, muito menos se alguém revidar uma agressão que, anteriormente, sofrera. A pessoa que reage em face de passado vinga-se; em vez de lícita, é, como regra, mais severamente punida (motivo fútil ou torpe). Se a agressão for futura, o agente também comete crime, pois faz justiça com as próprias mãos.

Ressalte-se que a **legítima defesa especial** (item 17.4.8, abaixo), descrita no parágrafo único do art. 25, **pode ser reconhecida ainda que não exista agressão atual ou iminente**, pois, embora o legislador faça alusão aos requisitos do *caput* para sua configuração, autoriza expressamente que ela se caracterize quando houver "risco de agressão", ou seja, a potencialidade de que a agressão venha a ocorrer, ainda que não se afigure atual ou iminente.

■ *17.4.1.3. Injustiça da agressão*

Injusta é a agressão ilícita (não precisa, porém, ter natureza criminosa). A injustiça da agressão deve ser **apreciada objetivamente**; significa dizer que **não importa** saber **se o agressor tinha** ou não **consciência da injustiça** de seu comportamento. Sendo ilícita sua conduta, contra ela caberá a defesa necessária.

Assim, por exemplo, encontrar-se-á em legítima defesa aquele que agredir uma pessoa para evitar ser vítima de um crime. Não se encontrará sob amparo da excludente o proprietário de um bem que pretender retirá-lo à força do locatário, quando este não for ressarcido em face da resilição do contrato antes do prazo assinalado; isto porque o Código Civil assegura ao locatário o direito de retenção, tornando lícita sua conduta (art. 571, parágrafo único).

Podem ser mencionados, ainda, os seguintes exemplos de agressões justas: cumprimento de mandados de prisão ou efetivação de prisão em flagrante (cf. arts. 284 e 292 do CPP), defesa da posse, violência desportiva e penhora judicial. Nesses casos, quem reagir não estará em legítima defesa.

É possível legítima defesa de legítima defesa?

Simultaneamente, não. Se uma das pessoas se encontra em legítima defesa, sua conduta contra a outra será justa (lícita), e, por consequência, o agressor nunca poderá agir sobre o amparo da excludente. É possível, no entanto, que uma pessoa aja inicialmente em legítima defesa e, após, intensifique desnecessariamente sua conduta, permitindo que o agressor, agora, defenda-se contra esse excesso (**legítima defesa sucessiva** — isto é "a reação contra o excesso").

Devem-se lembrar, também, as seguintes situações possíveis:

- **legítima defesa real contra legítima defesa putativa:** isto é, duas pessoas encontram-se, uma em face da outra, estando uma em legítima defesa real e outra, em legítima defesa putativa (imaginária);

- **legítima defesa putativa contra legítima defesa putativa:** vale dizer, duas pessoas encontram-se imaginariamente, uma contra a outra, em legítima defesa — na verdade, nenhuma delas pretende agredir a outra, mas ambas são levadas a imaginar o contrário pela situação.

Age em legítima defesa quem se defende de agressão de inimputáveis (menores, doentes mentais etc.)?

Para a doutrina prevalente, a **resposta** é **afirmativa**, uma vez que a injustiça da agressão deve ser aferida objetivamente, ou seja, sem cogitar se o agressor detinha capacidade de entender o caráter ilícito de sua atitude. Essa interpretação, no entanto, pode redundar em situações absurdas, porquanto na legítima defesa não se exige que a agressão seja inevitável. O que dizer, então, da hipótese em que uma criança de 5 anos se mune de um bastão para atingir um adulto, que, nas circunstâncias, poderia simplesmente se desviar do golpe? O adulto, se quiser, poderá reagir ainda na iminência de ser atingido, ferindo a criança (legítima defesa contra agressão iminente).

Para Roxin, "não se concede a ninguém um direito ilimitado de legítima defesa face à agressão de um inimputável", de modo que a excludente em estudo não se aplicaria a tais situações[6].

Afigura-se correto, em nosso sentir, que **contra agressões de inimputáveis se apliquem os requisitos do estado de necessidade, em que se exige que o perigo seja inevitável**[7]. Aplicando tal solução ao exemplo acima, o adulto que ferisse a criança responderia pelas lesões nela provocadas, pois poderia evitar o golpe, dele se desviando. Como argumento de reforço, cabe recordar que contra ataques de animais aplicam-se os princípios do estado de necessidade (mais restritos), e não os da legítima defesa (a não ser que o semovente seja açulado por alguém). Isso significa afirmar que diante da investida de um cão bravio, de regra, só poderemos reagir se não houver outro meio de escapar (inevitabilidade do perigo). Não se pode admitir que a repulsa contra o golpe evitável de uma criança seja lícita e a reação contra o ataque evitável de um animal seja crime. O direito estaria dando mais proteção ao ser irracional do que ao infante[8].

17.4.1.4. O direito defendido

Conforme explicado no início da exposição sobre a excludente, **qualquer direito pode ser defendido** em legítima defesa: vida, liberdade, honra, integridade física, patrimônio etc. Age sob seu manto, ainda, tanto aquele que defende direito próprio (**legítima defesa própria**) como quem tutela bem alheio (**legítima defesa de terceiro**). Assim, se uma pessoa causa lesão a fim de dominar um ladrão enquanto este assaltava alguém, está em legítima defesa de terceiro; se o faz para evitar ser assaltado, em legítima defesa própria.

---

6 Cf. Claus Roxin, As restrições ético-sociais ao direito de legítima defesa. In: *Problemas fundamentais de direito penal*, p. 224.

7 Hungria, já a seu tempo, propunha semelhante solução (*Comentários ao Código Penal,* 4. ed., v. I, t. II, p. 277).

8 Nesse sentido: Enrique Bacigalupo, *Direito penal*: parte geral, Capítulo VII, § 710.

■ 17.4.1.5. *Elemento subjetivo — conhecimento da situação justificante*

Constitui requisito fundamental para a existência da excludente.

O agente deve ter total conhecimento da existência da situação justificante para que seja por ela beneficiado. "A legítima defesa deve ser objetivamente necessária e subjetivamente orientada pela vontade de defender-se"[9]. Imagine-se a seguinte situação: *A* pretende vingar-se de seu inimigo *B* e passa a andar armado. Certo dia, avista-o. Ocorre que somente enxerga sua cabeça, pois *B* se encontra atrás de um muro alto. *A* não sabe o que está acontecendo do outro lado do muro. Como tencionava matar seu desafeto, saca sua arma e efetua um disparo letal na cabeça de *B*. Posteriormente, apura-se que, do outro lado do muro, *B* também estava com uma arma em punho, prestes a matar injustamente *C*. Constata-se, ainda, que o tiro disparado por *A* salvou a vida de *C*. **Enfim, *A* deve ou não ser condenado? Agiu em legítima defesa de terceiro? Não**, uma vez que só age em legítima defesa (e isso vale para as demais excludentes de antijuridicidade) quem tem conhecimento da situação justificante e atua com a finalidade/intenção de defender-se ou defender terceiro.

Presentes os requisitos vistos até então, restará plenamente configurada a situação autorizadora da repulsa ao ataque, de modo que esta se produzirá licitamente. A **reação**, no entanto, deve se pautar pelo que se mostre **necessário e suficiente para salvar** o direito ameaçado ou lesionado. Excedendo-se, extrapola o agente os limites da defesa, acarretando **excesso**, pelo qual o sujeito responderá, se no tocante a ele atuar dolosa ou culposamente (CP, art. 23, parágrafo único).

■ 17.4.1.6. *Meios necessários*

A reação deve ser orientada pelo emprego dos **meios necessários**.

Trata-se daquele **menos lesivo** que se encontra **à disposição do agente**, porém **hábil a repelir a agressão**. Havendo mais de um recurso capaz de obstar o ataque ao alcance do sujeito, deve ele optar pelo menos agressivo. Evidentemente essa ponderação, fácil de ser feita com espírito calmo e refletido, pode ficar comprometida no caso concreto, quando o ânimo daquele que se defende encontra-se totalmente envolvido com a situação. Por isso se diz, de forma uníssona, que a necessidade dos meios (bem como a moderação, que se verá em seguida) não pode ser aferida segundo um critério rigoroso, mas, sim, tendo em vista o calor dos acontecimentos. Assim, exemplificativamente, a diferença de porte físico legitima, conforme o caso, agressão com arma.

■ 17.4.1.7. *Moderação*

Não basta a utilização do meio necessário, é preciso que esse meio seja utilizado moderadamente. Trata-se da **proporcionalidade da reação**, a qual deve se dar na medida do necessário e suficiente para repelir o ataque. Como já lembrado, a moderação no uso dos meios necessários deverá ser avaliada levando-se em conta o caso concreto.

---

[9] Cezar Roberto Bitencourt, *Manual de direito penal*, v. 1, p. 264.

Pode-se dar como exemplo de atitude **imoderada** a repulsa empregada pela vítima de *bullying* que, vendo-se agredida a socos pelo valentão, reage com chutes e pontapés e, mesmo depois de conseguir contê-lo, prossegue com os golpes, ferindo-o gravemente.

17.4.2. *Commodus discessus*

Trata-se da "**saída mais cômoda**", do "afastamento discreto, fácil"[10]. Ocorre quando a **vítima** da agressão detinha a **possibilidade de fuga do local, de modo a evitar o embate**. Assim, por exemplo, quando duas pessoas, no interior de um estabelecimento, discutem verbalmente e uma delas ameaça agredir a outra se a encontrar na saída; o indivíduo ameaçado, momentos depois, nota que o outro está à sua espera e, neste instante, percebe que há outra via para deixar o lugar, que, se utilizada, evitará o confronto. Caso opte por fazê-lo, acolhendo a solução pacífica, terá empregado o *commodus discessus*. **Se não o fizer, porém, a legítima defesa não ficará, só por isso, descaracterizada.**

Note-se que o **Código Penal não exige** que a **agressão** causadora da legítima defesa seja **inevitável**, de modo que o agente não está obrigado a procurar uma cômoda fuga do local, em vez de repelir a agressão injusta. Em outras palavras, ainda que tenha o sujeito condições de retirar-se ileso, evitando o ataque, agirá em legítima defesa se optar por ali permanecer e reprimir a agressão injusta, atual ou iminente, a direito seu ou de outrem, desde que o faça moderadamente e use dos meios necessários.

Hungria, em célebre comentário a respeito do tema, justificando o critério adotado pelo Código Penal (mantido com a Reforma de 1984), dizia: "A lei penal não pode exigir que, sob a máscara da prudência, se disfarce a renúncia própria dos covardes ou animais de sangue frio"[11].

17.4.3. Excesso

Trata-se da **desnecessária intensificação de uma conduta inicialmente legítima**. Predomina na doutrina o entendimento de que o excesso decorre tanto do emprego do meio desnecessário como da falta de moderação[12].

Há, conforme já se estudou, duas formas de excesso:

- **intencional, voluntário ou consciente**, quando o agente tem plena consciência de que a agressão cessou e, mesmo assim, prossegue reagindo, visando lesar o bem do agressor; nesse caso, responderá pelo resultado excessivo a título de dolo (é o chamado "excesso doloso");

[10] Hungria, *Comentários ao Código Penal*, 4. ed., v. I, t. II, p. 292.

[11] *Comentários ao Código Penal*, 4. ed., v. I, t. II, p. 289. Mais adiante, o penalista é ainda mais explícito, ao dizer: "A lei não pode exigir que se leia pela cartilha dos covardes e pusilânimes" (op. cit., p. 292).

[12] Nesse sentido, entre outros, Julio Fabbrini Mirabete, *Manual de direito penal*: parte geral, v. 1, p. 183; Fernando Capez, *Curso de direito penal*: parte geral, v. 1, p. 237.

- **não intencional, involuntário ou inconsciente**, o qual se dá quando o sujeito, por erro na apreciação da situação fática, supõe que a agressão ainda persiste e, por conta disso, continua reagindo sem perceber o excesso que comete. Se o erro no qual incorreu for evitável (isto é, uma pessoa de mediana prudência e discernimento não cometeria o mesmo equívoco no caso concreto), o agente responderá pelo resultado a título de culpa, se a lei previr a forma culposa ("excesso culposo"). Caso, contudo, o erro seja inevitável (qualquer um o cometeria na mesma situação), o sujeito não responderá pelo resultado excessivo, afastando-se o dolo e a culpa ("excesso exculpante" ou "legítima defesa subjetiva")[13].

17.4.4. Classificação

A legítima defesa é classificada em:

- **legítima defesa recíproca:** é a legítima defesa contra legítima defesa (inadmissível, salvo se uma delas ou todas forem putativas);
- **legítima defesa sucessiva:** cuida-se da reação contra o excesso;
- **legítima defesa real:** é a que exclui a ilicitude;
- **legítima defesa putativa:** trata-se da imaginária, que constitui modalidade de erro (CP, arts. 20, § 1º, ou 21) e, nos termos da lei, "isenta de pena" o agente;
- **legítima defesa própria:** quando o agente salva direito próprio;
- **legítima defesa de terceiro:** quando o sujeito defende direito alheio;
- **legítima defesa subjetiva:** dá-se quando há excesso exculpante (decorrente de erro inevitável);
- **legítima defesa com *aberratio ictus*:** o sujeito, ao repelir a agressão injusta, por erro na execução, atinge bem de pessoa diversa da que o agredia. Exemplo: *A*, para salvar sua vida, saca de uma arma de fogo e atira em direção ao seu algoz, *B*; no entanto, erra o alvo e acerta *C*, que apenas passava pelo local. *A* agiu sob o abrigo da excludente e deverá ser absolvido criminalmente; na esfera cível, contudo, responderá pelos danos decorrentes de sua conduta contra *C*, tendo direito de regresso contra *B*, seu agressor.
- **legítima defesa geral**: é a descrita no *caput* do art. 25 do CP, cuja configuração requerer a existência de uma agressão injusta, atual ou iminente, a direito próprio ou alheio e a finalidade de salvaguarda desses direitos.
- **legítima defesa especial**: encontra-se disciplinada no parágrafo único do art. 25 do CP, e se dá quando o *agente de segurança pública* repele agressão *ou risco de agressão* a vítima mantida refém durante a prática de crimes.

17.4.5. Ofendículos

Compreendem todos os instrumentos empregados regularmente, de maneira predisposta (previamente instalada), na defesa de algum bem jurídico, geralmente

[13] Sobre o excesso, *vide* item 17.2.2, *supra*.

posse ou propriedade. Há autores que distinguem os ofendículos da defesa mecânica predisposta. Os primeiros seriam aparatos visíveis (cacos de vidro nos muros, pontas de lança etc.); os segundos, ocultos (cercas eletrificadas, armadilhas etc.). De qualquer modo, **a jurisprudência recomenda que o instrumento seja sempre visível e inacessível a terceiros inocentes**. Em se tratando de defesa mecânica predisposta, portanto, é preciso a existência de alguma advertência cientificando terceiros sobre sua existência (p. ex., "Cuidado, cão bravio" ou "Atenção, cerca eletrificada"), além da inacessibilidade a terceiros inocentes. Presentes esses requisitos, o titular do bem protegido não responderá criminalmente pelos resultados lesivos dele decorrentes. Quando atingir o agressor, terá agido em legítima defesa (preordenada); se atingir terceiro inocente, será absolvido com base na legítima defesa putativa.

Embora haja dissenso doutrinário a respeito da natureza jurídica dos ofendículos (legítima defesa ou exercício regular de um direito), prevalece o entendimento de que sua preparação configura exercício regular de um direito, e sua efetiva utilização diante de um caso concreto, legítima defesa preordenada. Pela teoria da imputação objetiva, no entanto, a instalação dos ofendículos constitui fato atípico, pois se trata de exposição de bens jurídicos a riscos permitidos.

17.4.6. Diferenças entre legítima defesa e estado de necessidade

Pode-se dizer, em síntese, que as principais excludentes de ilicitude (legítima defesa e estado de necessidade) diferem nos seguintes aspectos:

- a legítima defesa pressupõe agressão, e o estado de necessidade, perigo;
- nela, só há uma pessoa com razão; no estado de necessidade, todos têm razão, pois seus interesses ou bens são legítimos;
- há legítima defesa ainda quando evitável a agressão, mas só há estado de necessidade se o perigo for inevitável;
- não ocorre legítima defesa contra ataque de animal (salvo quando ele foi instrumento de uma agressão humana), mas existe estado de necessidade nessa situação.

17.4.7. "Legítima defesa da honra"

Quando se fala em "legítima defesa da honra", o que se tem normalmente como referência é a conduta do marido traído que, em nome de sua "honra", vinga-se da esposa infiel, matando-a.

Houve uma época, num passado muito distante, em que era considerada lícita tal conduta. O Título XXXVIII das Ordenações Filipinas dispunha que "achando o homem casado sua mulher em adultério, licitamente poderá matar a ela e ao adúltero, salvo se o marido for peão e o adúltero fidalgo, ou nosso desembargador, ou pessoa de maior qualidade". Mesmo durante a vigência dos Códigos de 1830, 1890 e durante o século passado, registraram-se casos em que o Júri (muito embora sem respaldo em texto de lei) absolveu maridos acusados de homicídio em tal situação. Com o passar do tempo e a evolução cultural de nosso povo, semelhante absurdo deixou de ter a chancela da Justiça. Os tribunais não mais admitem que essa argumentação conduza (validamente) à absolvição do réu. Assim, se essa tese for sustentada num julgamento perante o Tribunal Popular e for reconhecida pelos juízes leigos, a acusação poderá apelar, indicando que a decisão foi manifestamente contrária à prova dos autos (CPP, art. 593, III, *d*), e a Instância Superior determinará a anulação do julgamento, para realização de outro.

17.4.8. Legítima defesa especial

A Lei Anticrime criou modalidade especial de legítima defesa ao autorizar, no parágrafo único do art. 25 do CP, que se reconheça a excludente de ilicitude em favor do agente de segurança que atue para repelir agressão ou risco de agressão a vítima mantida refém durante a prática de crimes.

Assim, por exemplo, se o ex-marido, inconformado com a disposição da ex-esposa em não reatar o relacionamento, ingressar no imóvel e a fizer refém, poderá o agente de segurança pública repelir o risco de agressão, neutralizando o autor do sequestro. Do mesmo modo, se um indivíduo mantiver passageiros de um coletivo rendidos sob ameaça de arma de fogo, alardeando que incendiará o veículo com as pessoas no seu interior, a Polícia, depois de avaliar o cenário, está autorizada a intervir, reagindo contra o sujeito ativo do crime.

O parágrafo único estabelece que a configuração da excludente se sujeita ao preenchimento dos requisitos da legítima defesa geral (CP, art. 25, *caput*), o que poderia fazer a norma parecer redundante. Afinal, estando presentes os requisitos do *caput*, a excludente já estaria configurada, sem a necessidade de se criar a regra específica. Ocorre, porém, que a Lei inclui **três particularidades**, que **distinguem a legítima defesa geral da especial**: o **sujeito ativo da excludente**, o **titular do bem jurídico protegido** e o **aspecto temporal**.

A legítima defesa especial **somente pode ser empregada por agente de segurança pública**, ou seja, pelo servidor público integrante dos quadros de alguma das instituições mencionadas no art. 144 da CF: Polícia Federal, Polícia Rodoviária Federal, Polícia Ferroviária Federal, Polícia Civil, Polícia Penal e Guarda Municipal[14]. Nesse rol também deve-se incluir a Força Nacional de Segurança Pública[15].

Ela **só pode ser exercida em favor de terceiro, vítima de crime**, que seja **mantido refém** durante a prática do fato.

Além disso, enquanto a legítima defesa geral requer a existência de uma agressão atual ou iminente, isto é, que já está ocorrendo ou prestes a se verificar (em questão de segundos), **a legítima defesa especial tem espectro temporal mais amplo**, porquanto pode existir diante de um "risco de agressão".

Deve-se entender por risco de agressão a possibilidade concreta, baseada na análise dos dados objetivos apresentados *ax ante*, de que o sujeito esteja verdadeiramente colocando em perigo a vítima (ou vítimas) mantida refém durante a prática de crime.

---

[14] Muito embora a Guarda Municipal exista, no plano constitucional, para a proteção de bens, serviços e instalações do Município, a Lei n. 13.022/14, que a disciplina, impõe-lhe, como princípio de atuação, a preservação da vida (art. 3º, II) e lhe outorga, como competência específica, operar, preventiva e permanentemente, no território do Município, para a proteção sistêmica da população que utiliza os bens, serviços e instalações municipais (art. 5º, III).

[15] Sua disciplina se encontra na Lei n. 11.473/2007.

Importante lembrar que a autorização para reagir a um "risco de agressão" não exime o agente de segurança pública de ser responsabilizado por eventual excesso. Esse ocorrerá, por exemplo, quando se verificar que ele tinha consciência da possibilidade de efetuar um disparo de contenção, desarmando o criminoso, mas optou por realizar um tiro de comprometimento, matando-o.

17.5. EXERCÍCIO REGULAR DE DIREITO E ESTRITO CUMPRIMENTO DE DEVER LEGAL

17.5.1. Introdução

O exercício regular de um direito e o estrito cumprimento de um dever legal constituem **excludentes de ilicitude "em branco"**. Cuida-se de um fenômeno similar ao que ocorre nas já estudadas "leis penais em branco", em que o conteúdo definitivo da regra se deduz de outra norma jurídica, da mesma hierarquia ou de hierarquia inferior.

Isto porque o **fundamento** destas excludentes **encontra-se em outras normas jurídicas, de regra extrapenais**. Assim, por exemplo, o possuidor de um bem imóvel, turbado ou esbulhado em sua posse, tem direito assegurado pela legislação civil de, com sua "própria força", praticar atos tendentes a se manter ou se reintegrar na posse do bem. A atitude de quem proceder dessa maneira não será considerada criminosa, por força do art. 23, III, do CP, combinado com o art. 1.210 do CC (exercício regular de um direito).

De igual modo, o policial que cumpre um mandado de prisão e, para isso, emprega força física, na medida do necessário para conter o agente, encontra-se no estrito cumprimento de um dever legal; sua ação não é criminosa, com fundamento na combinação do art. 23, III, do CP com o art. 292 do CPP.

17.5.2. Exercício regular de um direito

Todo aquele que exerce um direito assegurado por lei não pratica ato ilícito. Quando o ordenamento jurídico, por meio de qualquer de seus ramos, autoriza determinada conduta, sua licitude reflete-se na seara penal, configurando excludente de ilicitude: exercício regular de um direito (CP, art. 23, III).

A presente excludente de ilicitude (do mesmo modo que o estrito cumprimento de um dever legal) resulta na harmonização do Direito Penal com os outros ramos jurídicos. Afinal, haveria absurda incoerência se um ato fosse considerado lícito para o Direito Civil etc. e, ao mesmo tempo, criminoso para o Penal.

A esfera de **licitude penal**, obviamente, **só alcança os atos exercidos dentro do estritamente permitido**. O agente que inicialmente exerce um direito, mas o faz de modo irregular, transbordando os limites do permitido, comete abuso de direito e responde pelo excesso, doloso ou culposo (não se podendo excluir a possibilidade do excesso exculpante).

Por exemplo: o proprietário de um imóvel se vê diante da iminência de ver sua posse esbulhada; para afastar os invasores, efetua disparos de arma de fogo, ferindo um deles mortalmente. Houve claro excesso (desnecessária intensificação de uma conduta inicialmente legítima), pois o Código Civil, ao regular o desforço imediato na defesa da posse, dispôs que: "os atos de defesa, ou de desforço, não podem ir além do indispensável à manutenção, ou restituição da posse" (art. 1.210, § 1º).

Interessante assinalar que a excludente pode fundar-se não só em normas jurídicas mas também nos costumes, como ocorre no caso dos conhecidos trotes acadêmicos. É certo, por óbvio, que os trotes, se excessivos, constituirão crime.

Os exemplos mais comuns de incidência da excludente em apreço, além dos citados, são:

- intervenção médico-cirúrgica (a intervenção cirúrgica não praticada por profissional habilitado apenas será autorizada em casos de estado de necessidade). Note-se que o médico deverá colher o consentimento do paciente, ou de seu representante, se menor, somente se podendo cogitar de cirurgia independentemente de autorização do paciente nos casos de estado de necessidade;
- violência desportiva, desde que o esporte seja regulamentado oficialmente e a lesão ocorra de acordo com as respectivas regras. Assim, o boxeador que provoca lesão no rosto do oponente durante a luta não comete crime;
- flagrante facultativo (CPP, art. 301), que constitui a faculdade conferida por lei a qualquer do povo de prender quem esteja em situação de flagrante delito, não podendo ser punido por sequestro (CP, art. 148) ou constrangimento ilegal (CP, art. 146).

17.5.2.1. Imputação objetiva

Cabe recordar que, segundo a teoria da imputação objetiva, o exercício regular de um direito deixa de existir como excludente de ilicitude, sendo suas hipóteses tratadas no âmbito do fato típico como afastadoras da relação de imputação objetiva, tendo em vista que o risco criado pelo agente nesses casos seria um risco permitido.

17.5.3. Estrito cumprimento do dever legal

Por vezes, a própria lei obriga um agente público a realizar condutas, dando-lhe poder até de praticar fatos típicos para executar o ato legal.

Para que o cumprimento do dever legal exclua a ilicitude da conduta, é preciso que obedeça aos seguintes **requisitos**:

- **existência prévia de um dever legal**, leia-se: de uma obrigação imposta por norma jurídica de caráter genérico, não necessariamente lei no sentido formal; o dever poderá advir, inclusive, de um ato administrativo (de conteúdo genérico). Se específico o conteúdo do ato, poder-se-á falar em obediência hierárquica (instituto regulado no art. 22 do CP, que interfere na culpabilidade do agente, como estudaremos no próximo capítulo);
- **atitude pautada pelos estritos limites do dever;**
- **conduta, como regra, de agente público e, excepcionalmente, de particular.**

Como exemplo de dever legal incumbido a particular, costuma-se lembrar do dever dos pais quanto à guarda, vigilância e educação dos filhos (anote-se que a maioria da doutrina qualifica o *jus corrigendi* dos pais como hipótese geradora de exercício regular de um direito).

Podem ser citados, ainda, os seguintes atos lesivos a bens jurídicos penalmente tutelados que são permitidos em lei e se enquadram na excludente em estudo:

- CPP, art. 292: violência para executar mandado de prisão;
- CPP, art. 293: execução de mandado de busca e apreensão e arrombamento;
- oficial de justiça que executa ordem de despejo;
- soldado que fuzila o condenado a morte por crime militar em tempo de guerra;
- agente policial infiltrado com autorização judicial que se vê obrigado a cometer delitos no seio da organização criminosa (arts. 10 a 14 da Lei n. 12.850/2013).

Como em todas as excludentes, também é possível que ocorra excesso (doloso, culposo ou exculpante).

17.6. SÍNTESE

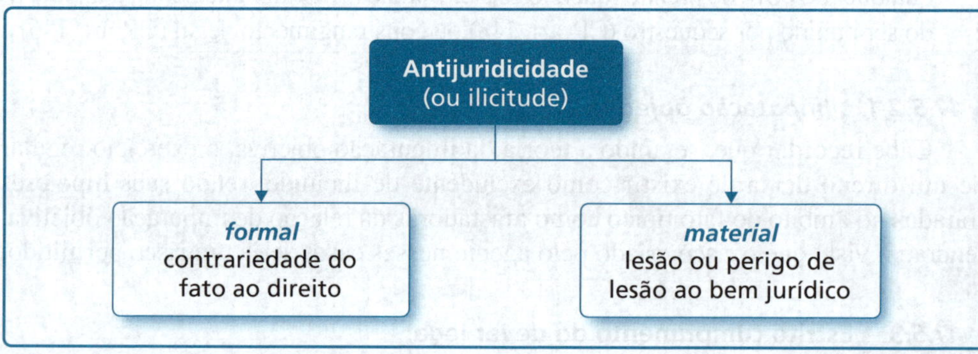

EXCLUDENTES DE ILICITUDE
Estado de necessidade
Legítima defesa
Exercício regular de um direito
Estrito cumprimento de um dever legal
Consentimento do ofendido (excludente supralegal)

EXCESSO (desnecessária intensificação de uma conduta inicialmente legítima)	
PUNÍVEL	*Doloso* (o agente tem consciência do exagero)
	Culposo (o agente não possui consciência do excesso, cometendo um erro na interpretação dos fatos, que uma pessoa mediana teria evitado — erro inescusável)
IMPUNÍVEL	*Exculpante*: não há dolo ou culpa (decorre de um exagero inconsciente, que uma pessoa mediana não teria notado — erro escusável)

ESTADO DE NECESSIDADE — REQUISITOS			
■ Perigo			■ Não provocação voluntária do perigo
■ Atual	■ Inevitável	■ Que põe em risco direito próprio ou alheio	■ Inexigibilidade de sacrifício do bem salvo
			■ Inexistência do dever legal de enfrentar o perigo
			■ Conhecimento da situação justificante

ESPÉCIES DE ESTADO DE NECESSIDADE	
DEFENSIVO	■ A conduta do sujeito que age em necessidade se volta contra quem produziu ou colaborou para a produção do perigo
AGRESSIVO	■ A conduta do sujeito que age em necessidade se volta contra terceiro inocente, isto é, pessoa diversa daquela que provocou ou contribuiu para o perigo
JUSTIFICANTE	■ Afasta a ilicitude da conduta
EXCULPANTE	■ Exclui a culpabilidade do agente (não foi adotado pelo Código Penal)
PRÓPRIO	■ Salva-se direito próprio
TERCEIRO	■ Salva-se bem alheio
REAL	■ É aquele definido no art. 24 do CP
PUTATIVO	■ Trata-se do estado de necessidade imaginário

LEGÍTIMA DEFESA — REQUISITOS	
Agressão	**Repulsa**
Injusta	Meios necessários
Atual ou iminente	Moderação
Ameaça a direito próprio ou alheio	
Conhecimento da situação justificante	

ESPÉCIES DE LEGÍTIMA DEFESA	
RECÍPROCA	■ É a legítima defesa contra legítima defesa (inadmissível, salvo se uma delas ou todas forem putativas)
SUCESSIVA	■ Cuida-se da reação contra o excesso
REAL	■ É a que exclui a ilicitude
PUTATIVA	■ Trata-se da imaginária, que constitui modalidade de erro (CP, arts. 20, § 1º, ou 21)
PRÓPRIA	■ Quando o agente salva direito próprio
DE TERCEIRO	■ Quando o sujeito defende direito alheio
SUBJETIVA	■ Dá-se quando há excesso exculpante (decorrente de erro inevitável)
COM *ABERRATIO ICTUS*	■ A vítima se defende, reagindo da agressão, mas, ao fazê-lo, atinge terceiro inocente por erro na execução

DIFERENÇAS ENTRE ESTADO DE NECESSIDADE E LEGÍTIMA DEFESA		
	Estado de necessidade	**Legítima defesa**
PRESSUPOSTO	■ Perigo atual	■ Agressão atual ou iminente
INEVITABILIDADE	■ Sim (o perigo deve ser inevitável)	■ Não (a agressão não precisa ser inevitável; basta que seja injusta)
RECIPROCIDADE	■ Cabe estado de necessidade recíproco (duas pessoas em estado de necessidade, ao mesmo tempo, uma contra a outra)	■ Não cabe legítima defesa recíproca (salvo se pelo menos uma delas for putativa)

EXCLUDENTES DE ILICITUDE "EM BRANCO"	
Exercício regular de um direito	**Estrito cumprimento de um dever legal**
Exemplos	Exemplos
■ Direito de retenção	■ Prisão em flagrante efetuada por policiais
■ Desforço imediato na defesa da posse	■ Cumprimento de ordens judiciais

OFENDÍCULOS	
CONCEITO	■ Aparatos predispostos na defesa de algum bem jurídico
NATUREZA JURÍDICA	■ Exercício regular de um direito (no momento da instalação)
	■ Legítima defesa preordenada (quando do acionamento)

■ 17.7. QUESTÕES

1. (PC-BA — Investigador de Polícia — VUNESP — 2018) O Código Penal, no art. 23, elenca as causas gerais ou genéricas de exclusão da ilicitude. Sobre tais excludentes, assinale a alternativa correta.

a) Morador não aceita que funcionário público, cumprindo ordem de juiz competente, adentre em sua residência para realizar busca e apreensão. Se o funcionário autorizar o arrombamento da porta e a entrada forçada, responderá pelo crime de violação de domicílio.

b) O estrito cumprimento do dever legal é perfeitamente compatível com os crimes dolosos e culposos.

c) Para a configuração do estado de necessidade, o bem jurídico deve ser exposto a perigo atual ou iminente, não provocado voluntariamente pelo agente.

d) O reconhecimento da legítima defesa pressupõe que seja demonstrado que o agente agiu contra agressão injusta atual ou iminente nos limites necessários para fazer cessar tal agressão.

e) Deve responder pelo crime de constrangimento ilegal aquele que não sendo autoridade policial prender agente em flagrante delito.

2. (Câmara de Salvador-BA — Especialista — Advogado Legislativo — FGV — 2018) No dia 25 de dezembro de 2017, Carlos, funcionário público, recebe uma visita inesperada de João, seu superior hierárquico, em sua residência. João informa a Carlos que estava sendo investigado pela prática de um delito e exige que este altere informação em determinado documento público, mediante falsificação, de modo a garantir que não sejam obtidas provas do crime que vinha sendo investigado, assegurando que, caso a ordem não fosse cumprida, sequestraria o filho de Carlos e que a restrição da liberdade perduraria até o atendimento da exigência. Diante desse comportamento de João, Carlos falsifica o documento público, mas vem a ser descoberto e

denunciado pela prática do crime previsto no Art. 297 do Código Penal (falsificação de documento público).

Com base apenas nessas informações, o advogado de Carlos deveria alegar, em busca de sua absolvição, a ocorrência de:

a) coação moral irresistível, causa de exclusão da culpabilidade;
b) estrita obediência à ordem de superior hierárquico, causa de exclusão da culpabilidade;
c) estado de necessidade, causa de exclusão da ilicitude;
d) coação moral irresistível, causa de exclusão da ilicitude;
e) estrita obediência à ordem de superior hierárquico, causa de exclusão da ilicitude.

3. (STJ — Técnico Judiciário — Administrativa — CESPE — 2018) Considerando que crime é fato típico, ilícito e culpável, julgue o item a seguir.

São causas excludentes de culpabilidade o estado de necessidade, a legítima defesa e o estrito cumprimento do dever legal.

4. (PC-SP — Investigador de Polícia — VUNESP — 2018) Aquele que pratica o fato para salvar de perigo atual, que não provocou por sua vontade, nem podia de outro modo evitar, direito próprio ou alheio, cujo sacrifício, nas circunstâncias, não era razoável exigir-se,

a) comete crime, embora esteja amparado por causa excludente de culpabilidade.
b) não comete crime, pois age amparado pelo estrito cumprimento do dever legal.
c) comete crime, embora esteja amparado por causa excludente de punibilidade.
d) não comete crime, pois age amparado pelo estado de necessidade.
e) não comete crime, pois age amparado pela legítima defesa.

5. (STJ — Analista Judiciário — Oficial de Justiça Avaliador Federal — CESPE — 2018) A respeito da culpabilidade, da ilicitude e de suas excludentes, julgue o item que se segue.

Conforme a doutrina pátria, uma causa excludente de antijuridicidade, também denominada de causa de justificação, exclui o próprio crime.

6. (MPE-BA — Promotor de Justiça Substituto — 2018) Assinale a alternativa correta.

a) A reação defensiva na legítima defesa não exige que o fato seja previsto como crime, mas deve ser no mínimo um ato ilícito em sentido amplo.
b) A ilicitude penal projeta-se para o todo do direito e, assim, não se restringe ao campo do direito penal.
c) Os conceitos de ilicitude e injusto não se distinguem uma vez que ambos não dispensam contrariedade ao ordenamento jurídico.
d) As alternativas "a", "b" e "c" estão corretas.
e) Apenas as alternativas "a" e "b" estão corretas.

7. (STM — Analista Judiciário — Área Judiciária — CESPE — 2018) No que tange aos institutos penais das excludentes de ilicitude e de culpabilidade e da imputabilidade penal, julgue o próximo item.

A embriaguez acidental, proveniente de força maior ou caso fortuito, exclui a culpabilidade, ainda que o sujeito ativo possuísse, ao tempo da ação, parcial capacidade de entender o caráter ilícito do fato que praticou.

8. (STM — Analista Judiciário — Área Judiciária — CESPE — 2018) No que tange aos institutos penais das excludentes de ilicitude e de culpabilidade e da imputabilidade penal, julgue o próximo item.

Preenchidos os requisitos legais, a coação irresistível e a obediência hierárquica são causas excludentes de culpabilidade daquele que recebeu ordem para cometer o fato, mantendo-se punível o autor da coação ou da ordem.

9. (Escrivão de Polícia — PC-MA — CESPE — 2018) Determinado policial, ao cumprir um mandado de prisão, teve de usar a força física para conter o acusado. Após a concretização do ato, o policial continuou a ser fisicamente agressivo, mesmo não havendo a necessidade. Nessa situação hipotética, o policial

a) excedeu o estrito cumprimento do dever legal.
b) abusou do exercício regular de direito.
c) prevaleceu-se de condição excludente de ilicitude.

d) agiu sob o estado de necessidade.
e) manifestou conduta típica de legítima defesa.

10. (Escrivão de Polícia — PC-SP — VUNESP — 2018) A respeito dos artigos 13 ao 25 do Código Penal, é correto afirmar que:

a) a redução da pena em virtude do arrependimento posterior aplica-se a todos os crimes, excepcionados apenas os cometidos com violência.
b) o erro quanto à pessoa contra a qual o crime é praticado não isenta de pena, considerando-se, no entanto, as condições ou qualidades da pessoa contra quem o agente queria praticar o crime e não as da vítima.
c) o agente que, por circunstâncias alheias à própria vontade, não prossegue na execução do crime, só responderá pelos atos já praticados.
d) o dever de agir para evitar o resultado incumbe a quem tenha, por lei ou convenção social, obrigação de cuidado, proteção e vigilância.
e) são excludentes da ilicitude o estado de necessidade e a legítima defesa, não sendo punível o excesso, se praticado por culpa.

11. (TJ/MS — Juiz Substituto — VUNESP — 2015) Considerando as causas excludentes da ilicitude, é correto afirmar que:

a) o estado de necessidade putativo ocorre quando o agente, por erro plenamente justificado pelas circunstâncias, supõe encontrar-se em estado de necessidade ou quando, conhecendo a situação de fato, supõe por erro quanto à ilicitude, agir acobertado pela excludente.
b) há estado de necessidade agressivo quando a conduta do sujeito atinge um interesse de quem causou ou contribuiu para a produção da situação de perigo.
c) de acordo com o art. 25, do Código Penal, os requisitos da legítima defesa são: a agressão atual ou iminente e a utilização dos meios necessários para repelir esta agressão.
d) o rol completo das hipóteses de excludentes de ilicitudes elencadas no art. 23 do Código Penal são: a legítima defesa, o estado de necessidade e o estrito cumprimento do dever legal.
e) legítima defesa subjetiva é a repulsa contra o excesso.

12. (PC/CE — Delegado de Polícia Civil de 1ª Classe — VUNESP — 2015) Considera-se em estado de necessidade quem

a) pratica o fato para salvar de perigo atual, que não provocou por sua vontade, nem podia de outro modo evitar, direito próprio ou alheio, ainda que nas circunstâncias seja exigível sacrifício.
b) exclusivamente em situação de calamidade pública, pratica o fato para salvar de perigo atual, que não provocou por sua vontade, nem podia de outro modo evitar, direito próprio ou alheio, cujo sacrifício, nas circunstâncias, não era razoável exigir-se.
c) pratica o fato para salvar de perigo atual, que não provocou por sua vontade, nem podia de outro modo evitar, direito próprio ou alheio, cujo sacrifício, nas circunstâncias, não era razoável exigir-se
d) exclusivamente em situação de calamidade pública, pratica o fato para salvar de perigo atual, que não provocou por sua vontade, nem podia de outro modo evitar, direito próprio (excluído direito alheio), cujo sacrifício, nas circunstâncias, não era razoável exigir-se
e) pratica o fato para salvar de perigo iminente ou atual, que não provocou por sua vontade, nem podia de outro modo evitar, direito próprio ou alheio, ainda que nas circunstâncias seja exigível sacrifício.

13. (DPE-MG — Defensor Público — FUNDEP — 2014) Analise o caso a seguir.

Ao passar próximo ao estoque de uma loja de roupas, um dos vendedores viu que havia ali um incêndio de grandes proporções. Naquela situação, correu em direção à porta do estabelecimento que, por ser estreita, estava totalmente obstruída por um cliente que entrava no local. Desconhecendo o incêndio e achando que estava sofrendo uma agressão, o cliente reagiu empurrando o vendedor, que lhe desferiu um soco. Os empurrões do cliente, assim como a agressão do vendedor produziram recíprocas lesões corporais de natureza leve. Na hipótese, é CORRETO afirmar.

a) que o vendedor agiu em estado de necessidade e o cliente, em legítima defesa putativa.
b) que o vendedor agiu em estado de necessidade putativo e o cliente, em legítima defesa.
c) que o vendedor agiu em legítima defesa e o cliente, em estado de necessidade.
d) que o vendedor agiu em legítima defesa putativa e o cliente, em estado de necessidade putativo.

14. (DPE/MG — Defensor Público — FUNDEP — 2014) Analise o caso a seguir.

Para repelir a arremetida de um cão feroz, o agente usa uma arma de fogo matando o animal. O animal tinha sido instado ao ataque pelo seu dono, o que era do conhecimento do agente.

O agente praticou o fato

a) em estado de necessidade.
b) em legítima defesa.
c) em exercício regular de direito.
d) em inexigibilidade de outra conduta.

15. (MPE/PR — Promotor — 2014) Quanto ao estado de necessidade, assinale a alternativa correta:

a) O direito penal brasileiro adota a teoria unitária do estado de necessidade, reconhecendo-o unicamente como causa de exculpação;
b) Para a teoria diferenciadora, se o bem jurídico sacrificado tiver valor inferior àquele protegido na situação de necessidade, estaremos diante do chamado estado de necessidade exculpante;
c) Para a teoria diferenciadora, se o bem jurídico sacrificado tiver valor igual àquele protegido na situação de necessidade, estaremos diante do chamado estado de necessidade justificante;
d) O direito penal brasileiro adota a teoria unitária do estado de necessidade, reconhecendo-o unicamente como causa de justificação;
e) O direito penal brasileiro adota a teoria diferenciadora do estado de necessidade, reconhecendo-o em certos casos como causa de exculpação e em outros como de justificação, conforme a ponderação de valores entre o bem sacrificado e o protegido.

16. (MPE/SC — Promotor de Justiça — Matutina — 2014) Analise os enunciados das questões abaixo e assinale se ele é Certo ou Errado.

Segundo a doutrina majoritária, em apenas uma das causas de exclusão de ilicitude previstas no artigo 23 do Código Penal Brasileiro, a legítima defesa, pode ocorrer excesso doloso.

17. (83º Concurso de Ingresso à Carreira do MPSP — 2003) Dentre as afirmações abaixo, assinale a FALSA.

a) No estado de necessidade, o perigo pode advir de conduta humana, força maior ou caso fortuito, a legítima defesa só é possível contra agressão humana ou ataque espontâneo de animal irracional.
b) No estado de necessidade há conflito entre bens jurídicos, na legítima defesa há ataque ou ameaça de lesão a um bem jurídico.
c) No estado de necessidade, o bem jurídico é exposto a perigo atual ou iminente, na legítima defesa o bem jurídico sofre uma agressão.
d) Podem coexistir, num mesmo fato, a legítima defesa com o estado de necessidade.
e) No estado de necessidade há ação, e na legítima defesa reação.

18. (Procurador do Trabalho — XV Concurso — 2008) Leia com atenção as assertivas abaixo e assinale a alternativa INCORRETA:

a) o estado de necessidade pode ser alegado por quem não tinha o dever legal de enfrentar o perigo;
b) na legítima defesa há ação em razão de um perigo e não de uma agressão;
c) a legítima defesa é uma das causas excludentes da antijuridicidade;
d) mesmo em caso de exercício regular de um direito, o agente responderá pelo excesso doloso ou culposo;
e) não respondida.

19. (Magistratura Trabalho — 15ª Região — 2005) Assinale a alternativa incorreta:

a) age, em legítima defesa, quem, usando moderadamente dos meios necessários, repele injusta agressão, ainda que futura, a direito seu;
b) usar de grave ameaça para favorecer interesse alheio contra parte em processo administrativo, constitui crime de coação no curso do processo;
c) o crime é culposo quando o agente deu causa ao resultado por imprudência, negligência ou imperícia;

d) o desconhecimento da lei penal é inescusável, contudo, pode constituir circunstância atenuante;
e) se o crime é cometido em estrita obediência a ordem de superior hierárquico, não manifestamente ilegal, só é punível o autor da ordem.

20. (Procurador do Estado/SP — Vunesp — 2005) X, desafeto de Y, encontra-o na via pública e resolve matá-lo. Entram em luta corporal e, na disputa pela arma de fogo portada por X, Y consegue dispará-la contra seu agressor, porém Z, que passava pelo local, também acaba sendo atingido. No caso, incide:

a) a regra do concurso material de infrações porque o resultado lesivo em Z afasta a incidência da excludente da ilicitude.
b) a norma da *aberratio ictus* com unidade complexa, reconhecendo-se o concurso formal.
c) a hipótese de excesso culposo na legítima defesa, e Y será processado pelo resultado causado a título de culpa em Z.
d) a excludente da legítima defesa tanto em relação a X quanto a Z, não havendo que se falar em *aberratio ictus* com unidade complexa.
e) a norma da *aberratio ictus* com unidade complexa, reconhecendo-se o crime continuado.

21. (183º Concurso de Ingresso à Carreira da Magistratura/SP — 2011) Antônio, depois de provocado por ato injusto de Pedro, retira-se e vai para sua casa, mas, decorridos cerca de trinta minutos, ainda influenciado por violenta emoção, resolve armar-se e voltar ao local do fato, onde reencontra Pedro, no qual desfere um tiro, provocando-lhe a morte. Nesta hipótese, Antônio pode invocar em seu favor a

a) excludente da legítima defesa real.
b) excludente da legítima defesa putativa.
c) existência de causa de diminuição de pena (art. 121, § 1º, do Código Penal).
d) existência de circunstância atenuante (art. 65, III, "c", do Código Penal).
e) excludente da inexigibilidade de conduta diversa.

22. (180º Concurso de Ingresso à Magistratura/SP — 2007) José, tido como inimputável no curso de um processo-crime em prova pericial, vem a agredir João, causando-lhe ferimentos de natureza grave. Apura-se, no entanto, que agiu em legítima defesa. O juiz, ante o disposto no Código Penal, art. 97, deve absolver o réu,

a) sujeitando-o à internação em casa de custódia, por ser o delito apenado com reclusão;
b) descabendo a aplicação de qualquer medida de segurança;
c) e aplicar-lhe medida de segurança pelo prazo correspondente a seu grau de periculosidade;
d) mas aplicar-lhe medida de segurança de, no mínimo, um ano.

23. (178º Concurso de Ingresso à Magistratura/SP — 2006) Alberto estava no interior de um bar. Lá também se encontrava Roberto, que passou a provocá-lo sem razão aparente. Em dado momento, Roberto aproximou-se, sacou uma arma e desferiu um golpe com a coronha na cabeça de Alberto, que poderia ter deixado o local, fugindo, porque próximo à saída, mas optou, em fração de segundos, por reagir, golpeando o agressor com um pedaço de madeira encontrada ao acaso e naquele instante sob o balcão, produzindo em Roberto lesão corporal de natureza grave. Assinale a resposta certa.

a) Alberto agiu em legítima defesa, mesmo optando pela reação.
b) Alberto estava obrigado a fugir, evitando a reação e, consequentemente, o resultado, a que responderá.
c) Alberto excedeu-se no uso dos meios necessários a repelir a agressão e responderá pelo excesso doloso.
d) Alberto agiu em legítima defesa putativa.

24. (180º Concurso de Ingresso à Magistratura/SP — 2007) Um ladrão pula o muro de uma casa para furtar. É morto, todavia, por ataque de cães bravios. Em tais condições, o proprietário da casa:

a) deve ser inocentado por legítima defesa preordenada;
b) responde por homicídio culposo;
c) deve ser inocentado, pela excludente de estado de necessidade;
d) responde por homicídio doloso.

■ GABARITO ■

1. "d". CP, art. 25.

2. "a". CP, art. 22.

3. "errado". Estas são excludentes de ilicitude.

4. "d". CP, art. 24.

5. "certo". CP, art. 23, *caput*.

6. "e". Ilicitude e injusto são conceitos distintos, pois o injusto compreende a ilicitude e o fato típico.

7. "errado". Se houver capacidade de entendimento, ainda que parcial, não haverá exclusão da culpabilidade (CP, art. 28).

8. "certo". CP, art. 22.

9. "a". CP, art. 23, parágrafo único.

10. "b". CP, art. 20, § 3º.

11. "a". CP, art. 20, § 1º.

12. "c". CP, art. 24, *caput*.

13. "a". O cliente desconhecia o perigo atual e, portanto, supondo que o vendedor pretendia agredi-lo, reagiu em legítima defesa putativa. O vendedor, porém, ciente do incêndio, estava em estado de necessidade real.

14. "b". Há legítima defesa, porque o animal fora provocado por seu dono.

15. "d". Segundo a teoria unitária, o estado de necessidade sempre atua como excludente de ilicitude (ou causa de justificação). Para a teoria diferenciadora, atua como excludente de ilicitude ou de culpabilidade.

16. "errado". Cabe excesso em face de qualquer excludente de ilicitude (CP, art. 23, parágrafo único).

17. "a". A legítima defesa pressupõe uma agressão (injusta, atual ou iminente etc.), que se entende como a conduta humana que lesa ou expõe a perigo bens juridicamente tutelados.

18. "b". A legítima defesa pressupõe, entre outros, haja uma agressão injusta, atual ou iminente, a direito próprio ou alheio.

19. "a". CP, art. 25.

20. "d". Há legítima defesa em relação às duas vítimas, muito embora uma delas (Z) tenha sido atingida por erro.

21. "d". Não há legítima defesa, pois não havia agressão atual ou iminente, mas passada. Não ocorre, ainda, o privilégio do crime de homicídio, pois sua reação não foi imediata.

22. "b". A legítima defesa pode ser praticada por inimputáveis.

23. "a". A legítima defesa não requer que seja a agressão repelida inevitável, ou seja, mesmo tendo tido condições de deixar o local, pode o sujeito atuar em sua própria defesa.

24. "b". O problema trata da figura dos ofendículos, que no momento de sua utilização constituem legítima defesa preordenada. Na hipótese formulada, houve excesso culposo.

18
CULPABILIDADE

■ 18.1. INTRODUÇÃO

A culpabilidade é entendida, pela maioria da doutrina nacional, como o **juízo de reprovação que recai sobre o autor culpado por um fato típico e antijurídico**. Constitui, para muitos, requisito do crime e, para outros, pressuposto de aplicação da pena.

Em nosso Código Penal, o exame das excludentes de culpabilidade permite inferir quais são os elementos que a compõem. Assim, o art. 21 exime de pena quem pratica o fato desconhecendo seu caráter ilícito (erro de proibição); o art. 22 registra isenção de pena para o sujeito de quem não se pode exigir outra conduta (inexigibilidade de conduta diversa); os arts. 26 a 28 referem-se às pessoas que não detêm capacidade de entender o caráter ilícito do fato ou de se determinar conforme esse entendimento (inimputabilidade). Conclui-se, daí, que a **culpabilidade, de acordo com nosso Estatuto Penal**, resulta da soma dos seguintes **elementos:**

- imputabilidade;
- potencial consciência da ilicitude;
- exigibilidade de outra conduta.

■ 18.2. EVOLUÇÃO DO CONCEITO DE CULPABILIDADE

O primeiro grande passo na elaboração do conceito de culpabilidade ocorreu quando do surgimento do **sistema clássico** (Liszt-Beling-Radbruch). Isto porque em tal fase da dogmática definiu-se que não haveria crime sem culpabilidade, sendo esta composta de dolo ou culpa; em outras palavras, repudiou-se a responsabilidade penal objetiva. Registre-se, contudo, que a culpabilidade era vista como **mero vínculo psicológico entre autor e fato, por meio do dolo e da culpa**, que eram suas espécies **(teoria psicológica da culpabilidade)**.

No **sistema neoclássico**, **agregou-se** a ela a **noção de reprovabilidade** (Reinhard Frank), resultando no entendimento de que somente seria reconhecida quando o agente fosse **imputável**, **agisse dolosa ou culposamente** e se pudesse dele **exigir comportamento diferente (teoria psicológico-normativa ou normativa da culpabilidade)**. A ideia de associar a pena ao cometimento de um fato digno de censura representou inegável avanço.

No âmbito do **sistema finalista**, não se promoveu alteração substancial em sua essência, **permanecendo** ela identificada **como reprovabilidade** do ato. Corrigiu-se, contudo, seus elementos, à medida que **se identificou a natureza puramente normativa da culpabilidade**, a qual passou a ser composta de imputabilidade, possibilidade de compreensão da ilicitude da conduta e de exigir do agente comportamento distinto **(teoria normativa pura da culpabilidade)**.

A **teoria normativa pura subdivide-se** em **teoria limitada e teoria extremada da culpabilidade**, as quais são absolutamente coincidentes em todos os seus postulados, salvo no tocante à natureza das descriminantes putativas.

Isto porque, de acordo com a **teoria limitada da culpabilidade**, adotada pelo Código Penal (*vide* item 17 da Exposição de Motivos da Parte Geral), **tais excludentes podem constituir erro de tipo (art. 20, § 1º) ou erro de proibição (art. 21), conforme o erro** do sujeito **recaia**, respectivamente, **sobre a má compreensão da realidade** ou **sobre os limites normativos de uma causa de justificação**. Fala-se, então, sob tal perspectiva, em: **descriminante putativa por erro de tipo** (ex.: o indivíduo confunde a abordagem súbita de um velho conhecido, que o encontra na rua, com a atitude de um assaltante prestes a roubá-lo e o golpeia antes que se aproxime definitivamente, supondo que está repelindo agressão injusta e iminente); **descriminante putativa por erro de proibição** (ex.: o sujeito golpeia a sogra quando esta se intromete na discussão que trava com sua esposa, supondo erroneamente que tem o direito de agredir aquele que interfere em assuntos privados do casal).

A **teoria extremada da culpabilidade**, por outro giro, preconiza que as descriminantes putativas devem sempre ser tratadas segundo os **princípios do erro de proibição** (art. 21) e, portanto, sob o manto da culpabilidade.

No âmbito do **funcionalismo**, surgiram novas concepções a respeito da culpabilidade.

Para Roxin, a noção de **culpabilidade deve ser expandida para uma ideia de responsabilidade**. Assim, diz o autor: "A responsabilidade depende de dois dados que devem referir-se ao injusto: da culpabilidade do sujeito e da necessidade preventiva da sanção penal, que deve ser deduzida da lei"[1]. Com isso, constrói um **conceito material de culpabilidade**, não se contentando com a simples constatação de que o agente "podia agir de outro modo" ou, em outras palavras, de que praticou um comportamento reprovável. Além disso, com vistas à imposição de um limite ao poder punitivo do Estado, defende que devem ser constatadas necessidades públicas de prevenção. Sem estas, muito embora (formalmente) reprovável, o fato não merecerá punição estatal.

Segundo Jakobs, por outro lado, deve-se adotar um **conceito funcional de culpabilidade**. Na visão desse doutrinador, o decisivo para efeito de se aferir a culpabilidade e, portanto, impor-se a pena ao agente reside em saber se tal medida é necessária para garantir a vigência (eficácia) da norma. Tornar-se-ia despicienda, deste modo, a análise de circunstâncias ligadas à pessoa do agente, como sua capacidade de compreender

1 *Derecho penal*: parte general, t. I, p. 792.

o caráter ilícito do fato ou de se determinar de acordo com tal entendimento. Para Jakobs, seria possível impor pena quando alguém, embora inimputável, cometesse um delito e não se vislumbrassem métodos com perspectivas de êxito para curar sua enfermidade mental. Segundo o autor, em tal quadro, a pena se mostraria necessária para que os cidadãos mantivessem sua confiança na vigência da norma. Cremos que não se pode abandonar a noção fundamental de reprovabilidade, em que pese aderirmos à teoria da prevenção geral positiva, nos moldes propostos por Jakobs. Isto porque a imposição de uma pena criminal para atitudes desprovidas de censurabilidade não se mostraria compatível com um modelo de Direito Penal calcado no princípio da dignidade da pessoa humana e fundado num Estado Democrático de Direito.

18.2.1. Princípio da coincidência

O **princípio da coincidência, da congruência ou da simultaneidade** consiste na **exigência de que todos os elementos do crime encontrem-se presentes, ao mesmo tempo, no instante da conduta delitiva**. Significa que no momento da realização típica do ato delitivo devem estar concomitantemente presentes a antijuridicidade e a culpabilidade do ato.

Cuida-se de exigir uma relação lógico-temporal entre as diversas categorias sistemáticas da infração penal, de modo que elas constituam uma "unidade lógico-temporal"[2].

O princípio em questão encontra-se implicitamente reconhecido em diversos dispositivos de nosso Código Penal, notadamente nos arts. 26 e 28, quando se condiciona a avaliação das capacidades mentais no exato momento da ação ou da omissão. Também se pode deduzi-lo do art. 23 do CP, o qual, ao regular as excludentes de ilicitude, estabelece a ausência de crime quando *o fato* for praticado em estado de necessidade, em legítima defesa etc. Note-se que o legislador condiciona a aplicação das causas de justificação à sua presença no momento do fato (leia-se: do fato típico, elemento estrutural do crime em que se insere a ação ou a omissão).

18.3. ELEMENTOS DA CULPABILIDADE

De acordo com o Código Penal, a culpabilidade compõe-se dos seguintes elementos:

- imputabilidade;
- potencial consciência da ilicitude;
- exigibilidade de conduta diversa.

18.3.1. Imputabilidade

Trata-se da **capacidade mental** de **compreender o caráter ilícito do fato** (vale dizer, que o comportamento é reprovado pela ordem jurídica) e de **determinar-se de acordo com esse entendimento** (ou seja, conter-se), conforme se extrai do art. 26,

[2] Ujala Joshi Jubert, *La doctrina de la "actio libera in causa" en el derecho penal*, p. 335.

caput, do CP, interpretado *a contrario sensu*. Em outras palavras, consiste no conjunto de condições de maturidade e sanidade mental, a ponto de permitir ao sujeito a capacidade de compreensão e de autodeterminação.

Entende-se imerecedor de censura um ato praticado por quem não tenha condições psíquicas de compreender a ilicitude de seu comportamento. Não se pode considerar reprovável a atitude de uma criança de pouca idade que, na sala de aula, exibe ingenuamente suas partes pudendas. Não há falar, em tal caso, em crime de ato obsceno. A obviedade do exemplo dispensa mais comentários. O mesmo se pode concluir de ato semelhante praticado por um adulto completamente desprovido de higidez mental, cuja maturidade seja equivalente à de um infante.

É preciso ressaltar, por fim, que não se deve confundir a imputabilidade penal com a responsabilidade jurídico-penal. Por responsabilidade jurídico-penal entende-se a obrigação de o agente sujeitar-se às consequências da infração penal cometida. Nada tem que ver, portanto, com a capacidade mental de compreensão e autodeterminação (imputabilidade). Tanto é assim que um inimputável por doença mental (CP, art. 26, *caput*), embora desprovido de condições psíquicas de compreender a ilicitude do seu ato e de se determinar conforme essa compreensão, será juridicamente responsável pelo delito praticado, pois ficará sujeito a uma sanção (a medida de segurança), caso demonstrada sua periculosidade.

■ 18.3.1.1. *Causas legais de exclusão da imputabilidade*

No nosso ordenamento jurídico, haverá exclusão da imputabilidade penal nas seguintes hipóteses:

- **doença mental ou desenvolvimento mental incompleto ou retardado** (CP, art. 26);
- **embriaguez completa e involuntária**, decorrente de caso fortuito ou força maior (CP, art. 28, § 1º);
- **dependência ou intoxicação involuntária decorrente do consumo de drogas ilícitas** (Lei n. 11.343/2006, art. 45, *caput*);
- **menoridade** (CP, art. 27, e CF, art. 228).

As **três primeiras** fundam-se no **sistema (ou critério) biopsicológico**. A **última**, no **biológico**.

■ 18.3.1.2. *Sistemas ou critérios de aferição da inimputabilidade*

O **sistema biopsicológico** é aquele que se baseia, para o fim de constatação da inimputabilidade, em **dois requisitos:** um de natureza biológica, ligado à **causa** ou elemento provocador, e outro relacionado com o **efeito**, ou a consequência psíquica provocada pela causa.

Assim, por exemplo, um doente mental somente será considerado inimputável se, além de sua enfermidade (causa), constatar-se que, no momento da conduta (ação ou omissão), encontrava-se desprovido de sua capacidade de entender a natureza ilícita do ato ou de se determinar conforme essa compreensão (efeito).

O **sistema biológico** (**etiológico** ou **sistema francês**) consiste naquele em que a lei fundamenta a inimputabilidade **exclusivamente na causa** geradora. Esse sistema foi adotado com respeito à menoridade, uma vez que os menores de 18 anos são penalmente inimputáveis pelo simples fato de não terem completado a idade mencionada. Não importa saber se a pouca idade influenciou na capacidade de entendimento ou de autodeterminação (que seria evidente numa criança de 2 anos de idade, mas discutível num adolescente com 17 anos).

No caso dos menores de 18 anos, portanto, mostra-se totalmente irrelevante investigar se o sujeito sabia o que fazia (tinha noção de certo e errado) e podia controlar-se (capacidade de autodeterminação).

Há, ainda, o **sistema psicológico**. Por meio desse sistema, que **não é adotado** atualmente entre nós, **bastaria o efeito** para caracterizar a inimputabilidade; o porquê seria irrelevante. Referido sistema foi abandonado com a promulgação do Código Penal. Sob a vigência da legislação penal anterior (Código Penal de 1890), permitia-se a exclusão da responsabilidade quando se verificasse que o agente, independentemente do motivo, se achasse em "estado de completa perturbação dos sentidos e de inteligência no ato de cometer o crime" (art. 27, § 4º).

Todas as causas de exclusão da imputabilidade, para serem reconhecidas, devem fazer-se presentes no exato **momento da conduta**. O **requisito temporal** é fundamental. Significa dizer que ao tempo da ação ou omissão criminosa é que se deve analisar a capacidade de entendimento e compreensão da ilicitude do ato, bem como a possibilidade de autodeterminação.

É possível, portanto, que alguém seja são no momento da conduta e, depois, tenha suprimida, em virtude de doença mental, a capacidade de entender e querer. Responderá normalmente pelo crime, mas haverá consequências quanto ao andamento do processo ou da execução da pena, dependendo do momento em que surja a doença mental.

O exame do requisito temporal dá ensejo a outro questionamento. Qual a solução quando alguém propositadamente se coloca numa situação de inimputabilidade para cometer o crime, considerando que, no momento da conduta, terá afastada a capacidade de autodeterminar-se? É o caso do sujeito que voluntariamente se deixa hipnotizar para o fim de perpetrar a infração, embriaga-se ou ingere drogas com esse mesmo propósito. Em tais casos, aplica-se a teoria da *actio libera in causa* (isto é, ação livre na causa), pela qual o agente responde pelo resultado produzido, uma vez que, ao se autocolocar no estado de inimputabilidade, tinha plena consciência do que fazia (*vide* item 18.3.1.3.5, *infra*).

Importante advertir que o sujeito só responderá pelo crime se na causa (ação livre) estiver presente o dolo ou a culpa ligados ao resultado. Em outras palavras, o resultado posterior que se pretende imputar ao agente deve ter sido, ao menos, previsível quando da ação livre (hipnose ou embriaguez, p. ex.).

Como ensina Damásio de Jesus, "a moderna doutrina penal não aceita a aplicação da teoria da *actio libera in causa* à embriaguez completa, voluntária ou culposa e não preordenada, em que o sujeito não possui previsão, no momento em que se embriaga, da prática do crime. Se o sujeito se embriaga prevendo a possibilidade de praticar o crime e aceitando a produção do resultado, responde pelo delito a título de dolo. Se ele se embriaga prevendo a possibilidade do resultado e esperando que ele não se produza, ou não o prevendo, mas devendo prevê-lo, responde pelo delito a título de culpa. Nos dois últimos casos, é aceita a aplicação da teoria da *actio libera in causa*. Diferente é o primeiro caso, em que o sujeito não desejou, não previu, nem havia elementos de previsão da ocorrência do resultado"[3].

18.3.1.3. Causas legais de inimputabilidade

18.3.1.3.1. Doença mental ou desenvolvimento mental incompleto ou retardado (CP, art. 26)

A doença mental, ou desenvolvimento mental incompleto ou retardado, se aliada à falta de capacidade de compreender o caráter ilícito do fato e de determinar-se de acordo com esse entendimento, produz a inimputabilidade.

Três são os **requisitos: biológico** (a causa, ou seja, a doença mental etc.), **psicológico** (o efeito, isto é, a supressão das capacidades de entendimento ou autodeterminação) e **temporal** (ocorrência dos requisitos anteriores no exato momento da conduta).

O sujeito que, nessa hipótese, praticar um crime, será **absolvido**. Trata-se de **absolvição imprópria**, pois a ele se aplicará uma **medida de segurança**.

A verificação da doença mental ou do desenvolvimento mental incompleto ou retardado depende de exame pericial. Sempre que houver suspeitas a respeito da higidez mental do agente, deve o juiz, de ofício ou mediante requerimento, determinar a instauração de um **incidente de insanidade mental** (CPP, arts. 149 a 152). No bojo do mencionado incidente processual, dar-se-á a perícia psiquiátrica. Cumprirá ao *expert* verificar se o agente é ou não portador de moléstia ou retardo mental. Sua conclusão, evidentemente, não vincula o magistrado, o qual poderá decidir segundo sua livre convicção (CPP, arts. 155, *caput*, e 182). Interessante anotar que o perito pode chegar às seguintes conclusões:

- **1ª)** que o agente não possui qualquer doença mental ou desenvolvimento mental incompleto ou retardado: nesse caso, desde que o juiz concorde com a perícia, o autor do fato será considerado penalmente **imputável**;
- **2ª)** que o sujeito possui doença mental ou desenvolvimento mental incompleto ou retardado, mas isto não interferiu em sua capacidade de entendimento ou de autodeterminação (no momento da conduta): em tal situação, e novamente desde que o magistrado esteja de acordo com o resultado da perícia, o acusado será julgado como **imputável**;
- **3ª)** que o réu é portador de doença mental ou desenvolvimento psíquico incompleto ou retardado e teve sua capacidade de entendimento ou de autodeterminação **inteiramente** suprimida, ao tempo do ato: se o juiz concordar com o

[3] *Direito penal*: parte geral, v. 1, p. 513.

resultado do exame, o agente será considerado **inimputável**, ficando sujeito a uma medida de segurança (desde que, obviamente, comprove-se seja ele o autor do crime e que o fato praticado se revestiu de tipicidade e antijuridicidade);

- **4ª)** que o denunciado é portador de doença mental ou desenvolvimento psíquico incompleto ou retardado e teve sua capacidade de entendimento ou de autodeterminação **diminuída**, por ocasião da ação ou omissão: se o magistrado se convencer do acerto da perícia, o sujeito será considerado **semi-imputável**, ficando sujeito a uma pena diminuída (de um a dois terços) **ou** a uma medida de segurança, caso esta se mostre necessária em razão da necessidade de tratamento;
- **5ª)** por fim, pode o perito constatar que o agente era, ao tempo da conduta, mentalmente são e, posteriormente, acometeu-se de alguma doença mental: nessa situação (concordando o juiz com a conclusão da perícia), dar-se-á a **superveniência de doença mental**, o que provocará a suspensão do processo penal, nos termos do art. 152 do CPP.

Acrescente-se que a **inimputabilidade por doença mental não pode acarretar absolvição sumária** (arts. 397 e 415 do CPP), somente podendo ser decretada em sede de cognição definitiva, isto é, quando do julgamento do mérito. Isto porque se trata de absolvição (sumária) imprópria, a qual acarreta a imposição de uma sanção penal (a medida de segurança)[4].

Nossa lei penal prevê que a doença mental ou o desenvolvimento mental incompleto ou retardado possa acarretar a supressão ou a simples diminuição das capacidades de entendimento ou de autodeterminação (como se viu, nas 3ª e 4ª conclusões).

Quando se der a redução das capacidades mencionadas, aplicar-se-á o art. 26, parágrafo único, do CP. Diz-se que, em tal hipótese, o agente é considerado "semi-imputável". Deve-se destacar que a expressão "semi-imputável" se mostra dogmaticamente equivocada, embora de uso corrente. Isto porque a imputabilidade não tem meio-termo: ou o agente é imputável, porque compreendeu bem a ilicitude do ato e teve plenas condições de se autocontrolar, ou não. Aquele que tem diminuída sua capacidade de compreensão *é* imputável, justamente porque tinha tal condição (embora em grau menor). Não é correto, portanto, denominá-lo "semi-imputável". Tanto é imputável o agente nesse caso que nossa lei comina-lhe uma pena (reduzida). A inflição de uma pena, ainda que menor, revela inequivocamente a presença da imputabilidade, fator essencial para se constatar a culpabilidade (lembre-se de que, sem imputabilidade, não há culpabilidade e, sem esta, não há pena...).

Nesses casos, a pena será reduzida pelo juiz de um a dois terços. Muito embora a lei utilize a expressão "pode ser reduzida" (CP, art. 26, parágrafo único), cuida-se

[4] É de ver que o art. 415, parágrafo único, do CPP (com redação dada pela Lei n. 11.689/2008), autoriza o juiz a proferir absolvição sumária imprópria, baseando-se no art. 26, *caput*, do CP, quando esta for a única tese defensiva. O Supremo Tribunal Federal, todavia, já reconheceu que tal postura viola os princípios constitucionais da plenitude de defesa e da competência do Tribunal do Júri para o julgamento dos crimes dolosos contra a vida (CF, art. 5º, XXXVIII, *a* e *d*).

de poder-dever judicial. Significa que, presentes os requisitos legais, não há campo para a discricionariedade judicial — haverá de ser concedida ao agente a diminuição da sanção prevista no dispositivo. A redução da pena deverá ser balizada em correspondência com a diminuição das capacidades mentais (de entendimento ou de autodeterminação). Isto é, quanto menor a capacidade, maior deverá ser a redução da pena. Ao indivíduo que se encontrar nestas condições, poderá ainda ser aplicada medida de segurança, em substituição à pena diminuída, nos termos do art. 98 do CP. De acordo com a lei, "na hipótese do parágrafo único do art. 26 deste Código e necessitando o condenado de especial tratamento curativo, a pena privativa de liberdade pode ser substituída pela internação, ou tratamento ambulatorial, pelo prazo mínimo de 1 (um) a 3 (três) anos, nos termos do artigo anterior e respectivos §§ 1º a 4º".

Note-se que, para a hipótese de **inimputabilidade por doença mental** (CP, art. 26, *caput*), a lei prevê somente uma solução: a medida de segurança. Como se trata de uma sanção penal adequada em função da **periculosidade** do agente, diz-se que, nesse caso, ela é **presumida**. Em se tratando da **capacidade diminuída** (ou "**semi-imputabilidade**") do art. 26, parágrafo único, do CP, permite-se a aplicação de pena *ou* medida de segurança. Fala-se, então, em **periculosidade real** (já que a medida de segurança somente será imposta pelo juiz se houver a comprovação real da necessidade de tratamento curativo).

O silvícola inadaptado ao convívio com a civilização, assim como o surdo-mudo alijado da cultura, pode enquadrar-se no art. 26, *caput* ou parágrafo único, de acordo com o caso concreto. É de ver que, ao tempo do Código Penal de 1890, tais pessoas eram expressamente mencionadas como "não criminosos"[5]. Essa ficção legal foi abandonada com a promulgação do atual Código Penal.

■ 18.3.1.3.2. Embriaguez completa e involuntária, decorrente de caso fortuito ou força maior (CP, art. 28, § 1º)

■ 18.3.1.3.2.1. Introdução

Cuida-se a embriaguez de um estado agudo e transitório de intoxicação, provocada pela ingestão de álcool ou substâncias de efeitos análogos.

O cometimento de delitos sob a influência da ebriez constitui fonte latente de preocupação da Justiça Penal. São inúmeras as infrações por ela desencadeadas ou, senão, encorajadas pelo consumo irresponsável do álcool.

O legislador penal, em face disto, ciente da necessidade de não deixar impunes os criminosos ébrios, restringiu de tal modo sua irresponsabilidade penal, que somente contemplou como **motivo de isenção de pena** a **embriaguez completa e involuntária** (causa) que, **ao tempo da conduta** (requisito temporal), **retire por inteiro a capacidade de entendimento ou de autodeterminação** (efeito).

---

[5] O art. 27, § 2º, do CP de 1890 declarava que "não são criminosos (...) os surdos-mudos de nascimento e os que não tiverem recebido educação nem instrução, salvo provando-se que obraram com discernimento".

Agiu bem o Código, uma vez que, de um lado, a vontade do ébrio jamais será tão severamente comprometida como a decorrente de perturbações psíquicas de caráter patológico e, além disso, a disciplina legal (associada, é óbvio, a uma eficaz fiscalização), por certo, opera como fator de inibição ao consumo irrefreado do álcool e, por conseguinte, dos efeitos malévolos dele decorrentes.

■ *18.3.1.3.2.2. Níveis de embriaguez*

A doutrina identifica **três estágios** de embriaguez: **excitação, depressão** e **letargia**. Considera-se **completa** a embriaguez **nas duas últimas fases**, pois ela retira quase por completo a capacidade de discernimento do agente.

O art. 28 do Código somente autoriza o reconhecimento da inimputabilidade penal ou da capacidade diminuída quando se cuida de ebriez completa.

■ *18.3.1.3.2.3. Origem da embriaguez (voluntária* versus *involuntária)*

O sujeito pode embriagar-se voluntariamente (quando tem a intenção de fazê-lo) ou de forma culposa (excesso imprudente no consumo de bebida alcoólica). Nessas hipóteses não incide o dispositivo em exame, que pressupõe **embriaguez involuntária**, ou seja, oriunda de caso fortuito (quando se ingere substância cujo efeito inebriante era desconhecido) ou força maior (quando se é compelido de maneira irresistível, contra a sua vontade, a consumir álcool ou substância de efeitos análogos). Aos casos de embriaguez voluntária, dolosa ou culposa, aplica-se a teoria da *actio libera in causa* (*vide* item 18.3.1.3.5, *infra*).

Há, ainda, uma **forma mais grave de embriaguez voluntária:** trata-se da **preordenada**, em que o agente, de maneira propositada, ingere o álcool ou a substância assemelhada, com o escopo previamente engendrado de cometer o delito. Tal forma de ebriez somente se compadece, por razões evidentes, com crimes dolosos e, dada sua maior gravidade, impõe a obrigatória aplicação de uma circunstância agravante (CP, art. 61, II, *l*).

A embriaguez **completa e involuntária** enseja, quando suprimir integralmente a capacidade intelectiva e volitiva do agente, a **absolvição própria**, isto é, sem a imposição de qualquer sanção penal. Se o comprometimento da capacidade de compreensão ou autodeterminação for apenas parcial, incidirá uma causa de diminuição de pena, de um a dois terços (CP, art. 28, § 2º).

Pode-se **sintetizar o critério legislativo** da seguinte maneira:

- Se o indivíduo se **embriaga voluntariamente**, fazendo-o para cometer o crime, tem-se a embriaguez **preordenada**, em que ele responde pelo **delito doloso com pena agravada**.
- Se o sujeito se **embriaga voluntariamente**, **sem a intenção de cometer** o delito, mas **prevendo** que pode praticá-lo **e assumindo o risco** de fazê-lo, responde por **crime doloso** (sem a incidência da agravante).
- Se o agente se **embriaga voluntária ou culposamente**, **sem a intenção** de praticar o fato e **sem prevê-lo**, mas **tendo condições para tanto** (ou seja, o fato

se mostra previsível, embora não previsto), responde por **infração dolosa ou culposa**, conforme se apresentem as circunstâncias por ocasião do comportamento típico.

- Se o autor da conduta **se embriaga involuntariamente** (caso fortuito ou força maior), **não responde pelo crime**, reconhecendo-se sua inimputabilidade, conquanto à causa some-se, como efeito, a supressão da capacidade mental de entender a ilicitude do ato ou de se determinar conforme esta compreensão, durante a ação ou omissão.

18.3.1.3.2.4. Embriaguez patológica

Cuida-se do alcoolismo, considerado, pelo critério da Medicina e do Direito, como doença mental e, portanto, regulado à luz do art. 26 do CP.

Significa, destarte, que o alcóolatra delinquente terá sua conduta examinada sob o enfoque de uma possível inimputabilidade por patologia psíquica, ensejando, se presentes os requisitos do dispositivo legal anteriormente citado, a **imposição de medida de segurança**.

18.3.1.3.3. Dependência ou intoxicação involuntária decorrente do consumo de drogas ilícitas (Lei n. 11.343/2006, art. 45, caput)

O art. 45, *caput*, da Lei de Drogas (Lei n. 11.343/2006) dispõe: "É isento de pena o agente que, em razão da dependência, ou sob o efeito, proveniente de caso fortuito ou força maior, de droga, era, ao tempo da ação ou da omissão, *qualquer que tenha sido a infração penal praticada*, inteiramente incapaz de entender o caráter ilícito do fato ou de determinar-se de acordo com esse entendimento" (grifo nosso).

Nesse caso, "quando absolver o agente, reconhecendo, por força pericial, que este apresentava, à época do fato previsto neste artigo, as condições referidas no *caput* deste artigo, poderá determinar o juiz, na sentença, o seu encaminhamento para tratamento médico adequado" (art. 45, parágrafo único).

Merece destaque que a **Lei de Drogas** acolheu sistemática semelhante àquela prevista no art. 28 do CP, com referência à embriaguez. Isto é, **adotou-se o sistema biopsicológico**. Os requisitos, portanto, são: **a causa**, ou seja, a **dependência ou o consumo involuntário de droga**; **o efeito**, a saber, **a supressão das capacidades de entendimento ou de autodeterminação**; **o momento**, pois a supressão das aptidões mentais deve ter ocorrido **ao tempo da ação ou omissão** (qualquer que seja a infração penal cometida).

Deve-se distinguir, no contexto do art. 45 da Lei n. 11.343/2006, duas situações:

- Se a causa da intoxicação e consequente supressão das capacidades mentais fora o **consumo involuntário** da droga, ter-se-á **absolvição própria**; vale dizer, não se imporá ao agente qualquer sanção penal.
- Se a causa for a **dependência a drogas**, ter-se-á **absolvição imprópria**, impondo-se a **medida de segurança** prevista no parágrafo único do art. 45, consistente no "tratamento médico adequado". Essa medida sujeitar-se-á aos cri-

térios estabelecidos nos arts. 96 a 98 do CP. Sua duração, destarte, ficará vinculada ao parecer médico e, obviamente, à decisão do juiz das execuções penais, no sentido da cessação da dependência química.

Relevante apontar, por derradeiro, que, quando se tratar de **intoxicação voluntária**, aplicar-se-á a teoria da *actio libera in causa* (*vide* item 18.3.1.3.5, *infra*), salvo quando a pessoa for dependente e não possuir capacidade de autodeterminação.

18.3.1.3.4. Menoridade (CP, art. 27, e CF, art. 228)

A responsabilidade penal dos menores sempre foi objeto de intensa controvérsia e difícil solução. Sem dúvida, a decisão por incriminar a conduta de um menor constitui decisão política do legislador e, qualquer que seja a saída encontrada, nunca estará isenta de críticas.

Com respeito ao tema em questão, nosso país já passou por diversos estágios.

Ao tempo do Código Criminal do Império (1830), eram absolutamente irresponsáveis os menores de 9 anos (critério biológico). As pessoas que possuíam mais que 9 e menos de 14 anos de idade eram relativamente responsáveis, isto é, somente podiam ser punidas criminalmente quando "obrassem com discernimento" (critério biopsicológico). Aos 14 anos, o indivíduo atingia sua maioridade penal (art. 27). Tais faixas etárias podem hoje ser tidas como absurdas ou ultrapassadas, mas não se pode ignorar que se trata de uma época na qual as pessoas se casavam aos 14 anos e morriam aos 50. O Código Penal de 1890 modificou o tratamento dado ao assunto e fixou a maioridade penal aos 14 anos, adotando unicamente o critério biológico (art. 27).

Em 1940, com a promulgação do Código Penal, adotou-se o parâmetro até hoje vigente, ou seja, a inimputabilidade penal dos menores de **18 anos**, os quais ficam sujeitos à legislação pertinente: Lei n. 8.069/90 (Estatuto da Criança e do Adolescente — ECA).

O adolescente (pessoa com mais de 12 e menos de 18 anos completos) que pratica um fato definido como crime ou contravenção penal incorre, nos termos do referido Estatuto, em **ato infracional**, sujeito às chamadas **medidas socioeducativas** (internação, semiliberdade etc.).

A criança que cometer semelhante ato, por sua vez, pode receber a aplicação de uma **medida protetiva** (encaminhamento aos pais ou responsável, mediante termo de responsabilidade; orientação, apoio e acompanhamento temporários; matrícula e frequência obrigatórias em estabelecimento oficial de ensino fundamental etc.).

Importante assinalar que a inimputabilidade penal dos menores de 18 anos, além de prevista no art. 27 do CP, encontra-se determinada no art. 228 da CF. Há autores, inclusive, que sustentam tratar-se de cláusula pétrea. Não é a nossa opinião. Como se sabe, as cláusulas pétreas encontram-se previstas no art. 60, § 4º, do Texto Maior, inserindo-se dentre elas as normas constitucionais ligadas aos direitos e garantias fundamentais (inc. IV). Para nós, a previsão da irresponsabilidade penal dos menores de 18 anos não constitui direito ou garantia fundamental. Isto porque, muito embora os direitos e garantias fundamentais que constituem cláusulas pétreas não se esgotem no âmbito do art. 5º da CF, todos aqueles relativos à matéria penal e processual penal encontram-se no citado dispositivo. Entendemos, então, que a norma contida no art. 228 do Texto Maior pode ser alterada, por meio de emenda à Constituição.

Registre-se, por fim, que a idade do agente deve ser aferida no instante da conduta, isto é, da ação ou omissão, ainda que outro seja o momento do resultado. Trata-se de solução decorrente do art. 4º do CP, que adotou a **teoria da atividade** com relação ao tempo do crime. Acrescente-se, também, que a maioridade penal dá-se a partir do primeiro minuto do dia do décimo oitavo aniversário do agente. É de todo irrelevante avaliar o horário do fato para vinculá-lo à hora do nascimento do agente. Lembre-se que, para efeitos penais, desprezam-se as frações de dia (isto é, as horas e os minutos) — art. 11 do CP.

■ *18.3.1.3.5. A teoria da* actio libera in causa

Por *actio libera in causa* entende-se a situação em que **o sujeito se autocoloca voluntariamente em situação de inimputabilidade ou incapacidade de agir**, de tal modo que, posteriormente, **ao cometer um comportamento criminoso, padecerá da capacidade de entender a ilicitude do ato ou de se autocontrolar**.

Há controvérsia doutrinária acerca da extensão da teoria em questão, muitos reconhecendo em sua aplicação, se irrestrita, verdadeira hipótese de responsabilidade penal objetiva.

Não nos parece, contudo, que se justifica tamanho receio. O elemento decisivo consiste em verificar se, ao tempo da autocolocação voluntária, o resultado jurídico posteriormente provocado se mostrava, ao menos, previsível. Se a conclusão for positiva, deverá o agente responder penalmente pela infração cometida. Lembre-se de que o ébrio completamente irresponsável, sem capacidade alguma de discernimento, é, no dizer clássico de Battaglini, "uma criação da fantasia"[6]. Consoante já dissemos, não se pode comparar a ausência de inibição de um indivíduo alcoolizado (por vezes elevada, mas jamais suprimida por completo) àquela de um sujeito acometido de patologia mental.

Assim, por exemplo, se um rapaz reúne-se com seus amigos para um *happy hour* no final do dia e consome elevada quantidade de bebida alcoólica, é absolutamente previsível que, na hipótese de ter de conduzir um veículo automotor na saída do estabelecimento, venha a expor a perigo concreto a vida, a integridade física e o patrimônio alheios. Por esse motivo, se ele provocar um atropelamento fatal, ser-lhe-á imputado o crime de homicídio, culposo ou doloso, conforme as circunstâncias da conduta.

O STF, em acórdão relatado pelo Min. Luiz Fux, decidiu que o simples fato de o motorista causador de um atropelamento fatal encontrar-se embriagado não autoriza concluir que agiu com dolo eventual[7]. Em nosso sentir, assiste razão à Suprema

---

6 *Diritto penale*, p. 125, apud Nélson Hungria, *Comentários ao Código Penal*, 4. ed., v. I, t. II, p. 385.

7 "Penal. *Habeas Corpus.* Tribunal do Júri. Pronúncia por Homicídio Qualificado a Título de Dolo Eventual. Desclassificação para Homicídio Culposo na Direção de Veículo Automotor. Embriaguez

Corte no ponto em que refuta o *dolus eventualis* por mera presunção, muito embora, em sua fundamentação, tenha o Ministro consignado que só se poderia vislumbrar dolo (direto ou eventual) quando a embriaguez fosse preordenada (isto é, quando o sujeito se alcooliza para cometer o crime). Nesse particular, ousamos divergir do eminente Julgador. Na verdade, muito embora a ebriez preordenada conduza invariavelmente ao dolo direto (já que o sujeito tem intenção prévia de cometer a infração), nada impede que nas demais formas de embriaguez voluntária responda o agente tanto por culpa quanto por dolo, eventual ou direto, a depender das circunstâncias. Assim, por exemplo, o rapaz que consumiu elevada quantidade de bebida alcoólica, sem intenção de se embriagar, enquanto confraternizava com amigos (embriaguez culposa, portanto) e, posteriormente, ao volante, vendo um pedestre atravessar sobre a faixa, decide assustá-lo, passando em alta velocidade ao seu lado, mas, em face de sua condição, erra a manobra e o atropela mortalmente, responde por homicídio doloso (pois previu e assumiu o risco de matá-lo)[8].

Alcoólica. *Actio Libera in Causa*. Ausência de Comprovação do Elemento Volitivo. Revaloração dos Fatos que não se confunde com revolvimento do conjunto fático-probatório. Ordem Concedida. 1. A classificação do delito como doloso, implicando pena sobremodo onerosa e influindo na liberdade de ir e vir, mercê de alterar o procedimento da persecução penal em lesão à cláusula do *due process of law*, é reformável pela via do *habeas corpus*. 2. O homicídio na forma culposa na direção de veículo automotor (art. 302, *caput*, do CTB) prevalece se a capitulação atribuída ao fato como homicídio doloso decorre de mera presunção ante a embriaguez alcoólica eventual. 3. A embriaguez alcoólica que conduz à responsabilização a título doloso é apenas a preordenada, comprovando-se que o agente se embebedou para praticar o ilícito ou assumir o risco de produzi-lo. 4. *In casu*, do exame da descrição dos fatos empregada nas razões de decidir da sentença e do acórdão do TJ/SP, não restou demonstrado que o paciente tenha ingerido bebidas alcoólicas no afã de produzir o resultado morte. 5. A doutrina clássica revela a virtude da sua justeza ao asseverar que 'O anteprojeto Hungria e os modelos em que se inspirava resolviam muito melhor o assunto'. O art. 31 e §§ 1º e 2º estabeleciam: 'A embriaguez pelo álcool ou substância de efeitos análogos, ainda quando completa, não exclui a responsabilidade, salvo quando fortuita ou involuntária. § 1º Se a embriaguez foi intencionalmente procurada para a prática do crime, o agente é punível a título de dolo; § 2º Se, embora não preordenada, a embriaguez é voluntária e completa e o agente previu e podia prever que, em tal estado, poderia vir a cometer crime, a pena é aplicável a título de culpa, se a este título é punível o fato'. (Guilherme Souza Nucci, *Código Penal comentado*, 5. ed. rev. atual. e ampl., p. 243) 6. A revaloração jurídica dos fatos postos nas instâncias inferiores não se confunde com o revolvimento do conjunto fático-probatório. Precedentes: HC 96.820/SP, Rel. Min. Luiz Fux, j. 28.06.2011; RE 99.590, Rel. Min. Alfredo Buzaid, *DJ* de 06.04.1984; RE 122.011, relator o Ministro Moreira Alves, *DJ* de 17.08.1990. 7. A Lei n. 11.275/2006 não se aplica ao caso em exame, porquanto não se revela *lex mitior*, mas, ao revés, previu causa de aumento de pena para o crime *sub judice* e em tese praticado, configurado como homicídio culposo na direção de veículo automotor (art. 302, *caput*, do CTB). 8. Concessão da ordem para desclassificar a conduta imputada ao paciente para homicídio culposo na direção de veículo automotor (art. 302, *caput*, do CTB), determinando a remessa dos autos à Vara Criminal da Comarca de Guariba/SP" (HC 107.801, Rel. Min. Cármen Lúcia, Relator p/ Ac.: Min. Luiz Fux, 1ª Turma, julgado em 06.09.2011, publicado em 13.10.2011).

8 Nesse sentido, o próprio STF entendeu que "Não tem aplicação o precedente invocado pela defesa, qual seja, o HC 107.801/SP, por se tratar de situação diversa da ora apreciada. Naquela hipótese, a

Outros exemplos de aplicação da teoria:

- Se o agente propositadamente se embriaga visando perder a inibição para importunar ofensivamente o pudor de uma mulher, o estado inebriante verificado, ainda que possa comprometer a capacidade de discernimento do sujeito, será irrelevante para efeito de sua responsabilidade penal; isto é, a ele se imputará a infração sexual correspondente ao ato praticado.
- O segurança de uma empresa nota a presença de possíveis bandidos e, por encontrar-se insatisfeito com seu empregador, ingere sonífero, permitindo que os furtadores ingressem no estabelecimento sem qualquer resistência — muito embora estivesse dormindo no momento da subtração, será considerado partícipe do delito, posto que descumpriu dolosamente seu dever jurídico de impedir o resultado (CP, art. 13, § 2º, *b*).
- Um motorista de caminhão, tendo que efetuar a entrega da mercadoria em curto período de tempo, decide fazer a viagem ininterruptamente; para tanto, ingere remédio estimulante, cujos efeitos colaterais fazem com que ele perca a consciência durante a condução do veículo, vindo a atropelar e matar terceiros — ainda que desprovido de consciência, responderá pelo homicídio doloso (dolo eventual).

18.3.2. Potencial consciência da ilicitude

18.3.2.1. Introdução

Para se mostrar merecedor de pena, de acordo com o CP, **deve o sujeito ter consciência do caráter ilícito de sua conduta**. Trata-se de requisito vinculado à ideia de que a pena se baseia num juízo ético de reprovação pelo ato praticado. Logo, quando o indivíduo carecer por completo da noção de que seu agir se mostrava ilícito, desconhecendo a existência de uma proibição reguladora de sua conduta, não deverá ser apenado.

Deve-se alertar que a **falta de consciência da ilicitude não se confunde com o desconhecimento da lei[9], que é inescusável** (*ignorantia legis neminem excusat*). **A**

Primeira Turma entendeu que o crime de homicídio praticado na condução de veículo sob a influência de álcool somente poderia ser considerado doloso se comprovado que a embriaguez foi preordenada. No caso sob exame, o paciente foi condenado pela prática de homicídio doloso por imprimir velocidade excessiva ao veículo que dirigia, e, ainda, por estar sob influência do álcool, circunstância apta a demonstrar que o réu aceitou a ocorrência do resultado e agiu, portanto, com dolo eventual" (HC 115.352, Rel. Min. Ricardo Lewandowski, 2ª Turma, julgado em 16.04.2013). E ainda: "Os autos evidenciam, neste juízo sumário, que a imputação atribuída ao agravante não resultou da aplicação aleatória do dolo eventual. Indicou-se, com efeito, as circunstâncias especiais do caso, notadamente a embriaguez, o excesso de velocidade e a ultrapassagem de semáforo com sinal desfavorável em local movimentado, a indicar a anormalidade da ação, do que defluiu a aparente desconsideração, falta de respeito ou indiferença para com o resultado lesivo" (HC 160.500 AgR, Rel. Min. Alexandre de Moraes, 1ª Turma, julgado em 28.09.2018). Ver também: HC 155.182, Rel. Min. Marco Aurélio, Rel. p/ Acórdão Min. Alexandre de Moraes, 1ª Turma, julgado em 23.04.2019.

[9] Lembre-se de que o desconhecimento da lei, embora não isente de pena, tem o efeito de atenuá-la, nos termos do art. 65, II, do CP.

primeira constitui o **desconhecimento profano do injusto** ou, em outras palavras, a insciência de que o agir é proibido. **A outra** significa tão somente a **carência da compreensão do texto legal**, o desconhecimento de seus detalhes, de seus meandros. Exemplificando, pode-se dizer que as pessoas, de modo geral, têm plena noção da ilicitude de diversas condutas criminosas, como o homicídio, o roubo, o estelionato, a extorsão, a corrupção, muito embora boa parte delas ignore por completo o teor da legislação aplicável.

■ *18.3.2.2. O dolo e a consciência da ilicitude*

A doutrina, por décadas, considerou que a consciência da ilicitude deveria ser examinada dentro do **dolo**, o qual, por tal razão, era considerado como **híbrido ou normativo**[10]. Essa concepção, ligada ao sistema neoclássico, foi predominante, no Brasil, até a década de 1970. Com o predomínio do pensamento finalista verificado na década de 1980 e, sobretudo, com a Reforma da Parte Geral de 1984, tornou-se tal entendimento superado, de tal modo que o **dolo** passou a se entender puramente **natural** ou **neutro**, desvinculado, destarte, da compreensão acerca do caráter ilícito do fato, a qual passou a ser considerada como elemento da culpabilidade.

■ *18.3.2.3. Exclusão da culpabilidade*

Não basta, porém, para ser inculpável, que o sujeito não detenha a consciência da ilicitude de seu comportamento. Esse desconhecimento atual da ilicitude poderá, quando muito, reduzir a pena imposta. **A ausência de culpabilidade exige algo mais: a falta de possibilidade (ou potencial) de conhecer a ilicitude do ato praticado.**

Advirta-se que a **mencionada possibilidade de compreender a ilicitude da conduta** prende-se a uma **análise cultural** (e não biológica ou psíquica, a qual se relaciona com a imputabilidade).

O aplicador da lei penal, portanto, deverá verificar se o fato foi penalmente típico e se é revestido de antijuridicidade. Em caso afirmativo, analisa a culpabilidade, principiando pelo exame das capacidades mentais (de entendimento e autodeterminação) do sujeito. Se ele não for mentalmente apto a compreender a natureza ilícita de sua conduta ou não detiver autocontrole, será considerado penalmente inimputável e receberá uma medida de segurança. Caso seja constatada sua higidez mental, passa-se, então, à análise do conhecimento da ilicitude sob o aspecto cultural. Trata-se de perquirir se o conjunto de informações recebidas pelo agente ao longo de sua vida, até o momento da conduta, dava-lhe condições de entender que a atitude por ele praticada era socialmente reprovável.

Nesse ponto, cabe enfatizar que o conhecimento da ilicitude se presume (presunção *hominis*[11]). Num caso concreto, cumprirá ao réu demonstrar ter agido desprovido

---

[10] Dolo híbrido ou normativo é o composto de consciência, vontade e consciência da ilicitude.

[11] Cuida-se de presunção fundada em regras de experiência. Esta nos ensina que todas as pessoas minimamente informadas sabem, por exemplo, que matar, roubar, ferir ou vender drogas é crime.

de conhecimento (cultural) acerca do caráter ilícito do fato. Lembre-se, por oportuno, que a defesa não terá de convencer o juiz a ponto de não restar nenhuma dúvida a respeito, pois no processo penal, como regra de julgamento, adota-se o *in dubio pro reo*.

Vamos a um exemplo: imagine-se um indígena, criado em tribo isolada, porém com plena capacidade mental. Suponha-se que essa pessoa, ao se tornar um jovem (já com 18 anos completos), decida conhecer um centro urbano e, tão logo chega no centro de uma grande cidade, observa um canário no interior de uma gaiola; ao ver o animal preso, é tomado de revolta e, na sincera crença de que age de modo correto, quebra o objeto para libertar o pássaro. O silvícola não responderá por crime de dano (CP, art. 163), visto que atuou acreditando (de boa-fé, portanto) estar fazendo o que era certo para a situação. Sua atitude encontra-se em sintonia com sua cultura, com as regras de conduta que lhe foram ensinadas durante sua experiência de vida. Pode-se dizer, então, que ele agiu sem a menor possibilidade de conhecer o caráter ilícito do ato praticado.

Em tais contextos, dar-se-á o **erro de proibição**, que consiste justamente na **falsa percepção da realidade que recai sobre a ilicitude do comportamento**.

Importante frisar que a falta de conhecimento da ilicitude, por si só, não exclui a culpabilidade e, portanto, não impede que o agente receba uma pena; a falta de consciência da ilicitude isoladamente apenas diminui a culpabilidade (leia-se: a censurabilidade da conduta), fazendo com que o sujeito mereça pena menor. A culpabilidade só estará afastada se o agente, além de não dispor do conhecimento da proibição, nem ao menos detiver capacidade para adquirir tal entendimento (careça de possibilidade — ou **potencial** — de consciência da ilicitude). Assim dispõe o art. 21 do CP, em sua parte final: "O erro sobre a ilicitude do fato, se inevitável, isenta de pena; se evitável, poderá diminuí-la de um sexto a um terço".

Quando age em erro de proibição, o sujeito sabe exatamente o que faz (age dolosamente), mas desconhece que é errado (leia-se: lesivo, imoral, antissocial...). Atua na crença de que o direito lhe autoriza a agir como tal, quando, na verdade, proíbe-o.

■ 18.3.2.4. *Erro de proibição evitável e inevitável*

O **erro de proibição**, que interfere, como visto, na consciência da ilicitude, classifica-se em: **evitável** (vencível ou inescusável): quando, apesar da falta de consciência da ilicitude, constata-se que o agente possuía condições de ter adquirido tal conhecimento (seja com algum esforço de inteligência, seja com os conhecimentos que poderia apreender a partir da vida em comunidade etc.); e **inevitável** (invencível ou escusável): quando, além de não dispor da consciência da ilicitude, verifica-se que o agente nem sequer teria tido condições de alcançar tal compreensão.

O erro inevitável isenta de pena (exclui a culpabilidade); o evitável a diminui, de um sexto a um terço.

■ 18.3.2.5. *Erro de proibição direto e indireto*

O **erro de proibição também se classifica em direto e indireto**. O primeiro dá-se quando a falsa percepção da realidade recai sobre a proibição constante em tipo penal incriminador; em outras palavras, o sujeito age desconhecendo que sua conduta é ilícita, quando na verdade ela configura um crime (o erro incidiu diretamente sobre a norma penal incriminadora). Exemplo: o dito popular "achado não é roubado", quando afirmado de boa-fé, pode representar uma situação em que o sujeito, ao apropriar-se de coisa alheia, desconhece que pratica algo errado (mas, na verdade, incorre no delito tipificado no art. 169, parágrafo único, II, do CP). Tem-se, por outro lado, erro de proibição indireto (ou erro de permissão) quando a falsa percepção da realidade incide sobre uma autorização contida em norma permissiva. Nele, o sujeito sabe que sua atitude é proibida, porém crê, equivocadamente, que no caso concreto haveria em seu favor alguma excludente de ilicitude. Exemplo: o marido sabe que não pode agredir sua esposa, porém, quando ela o trai, acredita poder fazê-lo no exercício regular de um direito; ou o sujeito que lesiona sua sogra, porque ela se intrometeu na vida do casal sem ser chamada, o que o faz supor ter o direito de ofender-lhe a honra e lesioná-la[12].

Ressalte-se que o **erro de proibição direto ou indireto**, quanto aos **efeitos**, pode **excluir a pena ou diminuí-la**, conforme seja invencível ou vencível.

■ *18.3.2.6. Erro mandamental*

De registrar, por derradeiro, que o erro de proibição também pode ser denominado **erro mandamental**, quando se referir a um comportamento omissivo. Explica-se: nos crimes omissivos, a norma tem natureza mandamental ou impositiva, isto é, a lei determina que as pessoas na situação descrita no tipo ajam punindo criminalmente os que não o fizerem. É possível, nesses casos, que alguém obre em erro de proibição, ao não fazer algo na crença sincera de que não devia agir. Como se trata de um erro referente ao desconhecimento de uma ordem, de um mandato de ação, fala-se em erro mandamental.

■ *18.3.2.7. Demais modalidades de erro de proibição*

É de ver que, na doutrina estrangeira, costumam-se apontar outras duas espécies de erro de proibição:

- **erro de subsunção:** trata-se de um erro de interpretação. Para que o erro de subsunção seja considerado modalidade de erro de proibição, é preciso que atin-

[12] Há alguns anos, numa cidade do interior paulista, um marido foi denunciado pelo Ministério Público, acusado de ter praticado crime de lesão corporal contra a mãe de sua esposa. Na sentença, o magistrado proferiu a seguinte decisão: "Conquanto em sogras se deva bater com maior instrumento de eficácia contundente, posto que normalmente gostam de se intrometer na vida do casal, o acusado somente desferiu na dita cuja alguns bons pontapés, porque esta, sem ser chamada, imiscui-se, como é o costume da maioria das sogras, em assuntos pertinentes ao casal". Disse o julgador, ainda, que o acusado agira no "estrito cumprimento de um dever". Deve-se registrar que houve apelação e a decisão foi reformada pelo TJSP. Nesse caso, poderia se dizer que o réu agiu em erro de proibição indireto, pois, equivocadamente, acreditou ser lícita uma conduta que, na verdade, é proibida.

ja o conhecimento da ilicitude do ato. Se uma pessoa aconselha-se com um advogado, o qual lhe presta uma informação equivocada acerca do alcance de um dispositivo penal, age em erro de subsunção e pratica um comportamento delitivo, acreditando-o lícito — deverá aplicar-se o disposto no art. 21 do CP;

- **erro de validade:** consiste em modalidade rara de erro de proibição, em que uma pessoa sabe da existência da norma de conduta violada, mas acredita que ela se funda em lei nula ou inconstitucional. Suponha-se que um indivíduo, informado por meio de noticiário que o Supremo Tribunal Federal reconheceu a não recepção dos dispositivos legais definidores dos crimes contra a honra na Lei de Imprensa (como de fato ocorreu), acredite ser lícito o ataque ao bom nome alheio por meio de um jornal, desconhecendo que a conduta ainda é punida criminalmente, mas com base no Código Penal (arts. 138 a 140); em razão dessa má compreensão do julgamento, ofende moralmente alguém, em artigo escrito num determinado periódico. Pode-se cogitar de erro de validade nesse caso. Advirta-se, todavia, que "deve-se ser cuidadoso no momento de se admitir tal erro *in concreto*. Pois a situação jurídica raramente se encontrará tão clara a ponto de alguém estar suficientemente seguro da nulidade (ou inconstitucionalidade) de uma lei"[13].

18.3.3. Exigibilidade de outra conduta

18.3.3.1. Introdução

Estamos agora diante do último elemento da culpabilidade previsto em nosso Código Penal. Para dizer que alguém praticou uma conduta reprovável, é preciso que se possa exigir dessa pessoa, na situação em que ela se encontrava, uma conduta diversa. Reinhard Frank[14] foi pioneiro na sistematização desse critério, inserindo-o dentro da culpabilidade. O autor estabeleceu como premissa fundamental a de **que só se pode impor pena ao autor de um injusto (fato típico e antijurídico) quando se demonstrar ter sido seu comportamento reprovável**. Para tanto, é necessário que dele se possa exigir conduta diversa, ou seja, que na situação em que o fato foi cometido, seja lícito concluir que o agente possuía uma alternativa válida de conduta. Se, por outro lado, verificar-se que as condições exteriores não lhe davam outra saída senão agir daquela maneira, seu ato não poderá ser tido como censurável. A ausência da censurabilidade acarreta a falta de culpabilidade e, desta forma, isenta-o de pena. Esse raciocínio funda-se no livre-arbítrio, isto é, na tese de que se deve punir alguém quando o ilícito resultou de uma livre opção; sem esta liberdade de escolha entre agir ou não agir criminosamente, não será justo aplicar a pena criminal.

Vale dizer, se a pessoa se vir em situações nas quais não tem escolha — ou age de tal forma, ou um mal muito maior lhe acontecerá —, seu ato não será merecedor de censura e, por conseguinte, de punição. Veja-se o seguinte caso: para obter declaração falsa e assinatura em um contrato, um sujeito aponta arma de fogo contra a

[13] Claus Roxin, *Derecho penal*, p. 873.

[14] *Sobre la estructura del concepto de culpabilidad.*

cabeça da vítima, exigindo que redija e assine o documento. Evidente que a vítima pode recusar-se a assiná-lo, no entanto, se o fizer, morrerá. Neste caso, não se pode exigir do ofendido que assinou o documento falso um comportamento diferente. Imagine-se, ainda, o gerente de uma agência bancária que se vê obrigado a auxiliar os roubadores, depois de verificar que seus familiares são mantidos reféns por comparsas dos ladrões. A decisão de colaborar ou não com a subtração caberá somente ao gerente, mas, em tais condições, não se pode dizer que atuou com livre-arbítrio e, por tal razão, dele não se podia exigir conduta diversa. A análise desse elemento leva em conta a conduta esperada de uma pessoa de mediana prudência e discernimento. É evidente que cada indivíduo possui diferentes características, fazendo-o agir de um modo especialmente diverso de outrem, ainda que diante de um mesmo contexto fático. Não se trata de levar em conta tais suscetibilidades, senão de considerar um critério médio (um *standard*).

A **teoria de Frank** resultou na **inserção de um elemento normativo** na culpabilidade — **a exigibilidade de conduta diversa**. Passados mais de cem anos, suas ideias ainda encontram ressonância na doutrina e em boa parte das legislações nacionais. Não se deve ignorar que há penalistas para quem se deve abandonar referido conceito, de modo que a culpabilidade não seria mais sinônimo de reprovabilidade, mas indicaria algo mais amplo, como a necessidade de atendimento a finalidades preventivas (Roxin), ou completamente distinto, como a necessidade de inflição da sanção penal para o fim de garantir a vigência da norma (Jakobs).

De qualquer modo, sob a ótica de nosso ordenamento positivo, mostra-se inafastável o exame da exigibilidade de outra conduta, notadamente em função do disposto no art. 22 do CP. Esse dispositivo isenta de pena quem pratica o fato sob coação (moral) irresistível ou age em estrita obediência a ordem, não manifestamente ilegal, de superior hierárquico.

■ 18.3.3.2. Causas legais de exclusão da exigibilidade de outra conduta

As causas previstas em lei que afastam o elemento da culpabilidade em estudo, também conhecidas como **causas de inexigibilidade de conduta diversa, são a coação moral irresistível e a obediência hierárquica**.

■ 18.3.3.2.1. Coação moral irresistível

De acordo com o art. 22 do CP, "se o fato é cometido sob coação irresistível (...) só é punível o autor da coação ou da ordem".

Deve-se frisar que a coação a que alude o dispositivo é, tão somente, a **coação moral ou *vis relativa***. Isto porque o ato praticado sob **coação física** (irresistível) representa um **fato atípico**. Lembre-se que este pressupõe, antes de tudo, uma conduta comissiva ou omissiva; esta, por sua vez, requer voluntariedade no ato praticado. Se houver coação física irresistível, o ato será involuntário, de modo que não existirá conduta e, sem esta, o fato será atípico.

A **coação moral** dá-se quando uma pessoa for alvo da **ameaça de inflição de um mal grave e injusto**. É preciso que tal ameaça seja revestida de **seriedade**. Se alguém diz, em tom irônico, "me obedeça senão te mato", não há que se falar em coação moral, ainda que o mal prometido seja de indiscutível gravidade, tendo em vista a falta de seriedade na promessa efetuada.

A gravidade do mal prometido deve ser aquilatada segundo o critério de uma pessoa de mediana prudência e discernimento. Significa que, para tais efeitos, é preciso avaliar o que seria grave segundo um padrão (*standard*) mediano.

A coação moral, por fim, deve ser **irresistível**. Conforme pondera Cezar Bitencourt, a "irresistibilidade da coação deve ser medida pela gravidade do mal ameaçado (...). Somente o mal efetivamente grave e iminente tem o condão de caracterizar a coação irresistível prevista pelo art. 22 do CP. A iminência aqui não se refere à *imediatidade* tradicional, puramente cronológica, mas significa iminente à recusa, isto é, se o coagido recusar-se, o coator tem condições de cumprir a ameaça em seguida, seja por si mesmo, seja por interposta pessoa"[15].

Exige-se, ademais, uma **ponderação** entre o **ato exigido e o mal que se promete** infligir. Assim, por exemplo, não será irresistível a promessa de ferir o coagido para convencê-lo a matar outrem. Isto porque, ponderando-se os bens em situação de risco proibido (integridade física e vida), não é razoável exigir-se a supressão do bem maior para evitar seja alguém acometido de lesões corporais. Pode haver, por óbvio, situações-limite, em que será preferível decidir em favor daquele que sofreu a coação. Por exemplo: imagine-se que uma pessoa seja obrigada a efetuar o disparo de arma de fogo letal contra um desconhecido, sob pena de, em se omitindo, ver amputado um de seus membros.

Em resumo, para efeito da irresistibilidade, será mister ater-se ao binômio **imediatidade + ponderação**.

Quando caracterizada a excludente em estudo, somente será punível o autor da coação. O coagido será isento de pena. Apesar de haver duas pessoas envolvidas na consecução do fato — o coator e o coagido —, não se há de falar em concurso de pessoas. O coagido é mero instrumento nas mãos do coator. Por isso, fala-se em autoria mediata. Além disso, o coator poderá incorrer em crime de tortura (art. 1º, I, *b*, da Lei n. 9.455/97): "constranger alguém com emprego de violência ou grave ameaça, causando-lhe sofrimento físico e mental, para provocar ação ou omissão criminosa".

Caso se conclua ser **resistível a coação, ambos responderão** pelo fato — coator e coagido; este com uma atenuante (art. 65, III, *c*, primeira figura) e aquele com a agravante genérica do art. 62, II, do CP.

■ *18.3.3.2.2. Obediência hierárquica*

Dá-se a obediência hierárquica quando alguém cumpre ordem de autoridade superior, revestida de caráter criminoso, desconhecendo a ilicitude de tal comando que, ademais, *não* pode ser manifestamente ilegal.

Os requisitos da excludente são, portanto:

---

15 *Tratado de direito penal*: parte geral, v. 1, p. 362-363.

- relação de direito público (hierarquia);
- ordem superior de cunho ilícito;
- ilegalidade da ordem não manifesta.

Suponha-se que o diretor de um estabelecimento penal determine a um carcereiro que algeme um preso, como medida para repreendê-lo por mau comportamento. Cuida-se de ordem ilegal, tendo em vista que o uso de algemas somente pode se dar quando necessário para impedir a fuga, quando houver resistência à prisão ou para garantir a segurança do preso ou de terceiros, hipóteses ausentes no exemplo formulado. Cremos, contudo, que a ilegalidade não é manifesta. Por esse motivo, somente responderá pelo crime o superior hierárquico responsável pela determinação.

Registre-se que ao autor da ordem não manifestamente ilegal será aplicada uma circunstância agravante (CP, art. 62, III), e o subordinado será isento de pena (trata-se de outro caso de autoria mediata).

Cogite-se, ainda, uma ordem emitida por delegado de polícia à sua equipe de investigação para que dê um "susto" em um rapaz que efetuou proposta indecorosa à sua namorada. Nesse caso, também os subordinados cumprem ordem ilegal emitida por seu superior imediato. O comando, todavia, mostra-se *patentemente* ilícito, motivo pelo qual todos deverão ser punidos. O autor da ordem, com pena agravada (CP, art. 62, III), e quem a cumpriu, com sanção atenuada (CP, art. 65, III, *c*, segunda figura).

O Código Penal Militar (Decreto-lei n. 1.001/69) regula de modo diverso referida excludente. Segundo a legislação castrense, o subordinado (militar) estará isento de pena *mesmo que a ilegalidade seja manifesta*. Anote-se que este, além de não poder discutir a conveniência ou oportunidade de uma ordem (tanto quanto o civil), não pode questionar sua legalidade (diversamente do civil), sob pena de responder pelo crime de insubordinação (art. 163 do CPM). *Ao militar, somente não é dado cumprir ordens manifestamente criminosas*. Portanto, se, apesar de flagrantemente ilegal, a ordem não for manifestamente criminosa, o subordinado estará isento de pena (art. 38, § 2º, do CPM).

18.3.3.3. *Causas supralegais de exclusão da culpabilidade*

Discute-se a possibilidade de admitir a existência de causas supralegais (não previstas em lei) de inexigibilidade de conduta diversa.

Deve-se lembrar, primeiramente, que estamos no campo das normas penais permissivas, para as quais é perfeitamente admissível o emprego da analogia (*in bonam partem*). Além disso, a não exigibilidade corresponde a um princípio geral de exclusão de culpabilidade. Não há óbice, portanto, à aplicação de causas supralegais de exclusão da culpabilidade.

Assim, por exemplo, a realização de aborto de feto anencefálico, segundo parte da jurisprudência, não constitui fato punível, porque não se pode exigir da gestante que leve adiante tal gravidez, sabendo que o feto não tem condições biológicas de sobreviver. O Plenário do Supremo Tribunal Federal, todavia, ao julgar a ADPF n. 54, declarou, em abril de 2012, que o aborto em caso de anencefalia é atípico e independe de ordem judicial.

Não se pode ignorar, ainda, que a culpabilidade, segundo sua moderna concepção, não se resume à possibilidade de agir de outro modo, exigindo também que a imposição da pena atenda a necessidades preventivas.

■ 18.4. EMOÇÃO E PAIXÃO

A emoção e a paixão, como expressamente consigna nosso Código Penal, não excluem o crime (art. 28). Um dos motivos que inspirou o legislador a inserir essa regra no texto foi a experiência verificada, sob a égide do Código Penal de 1890, com a excludente conhecida como "perturbação dos sentidos" (art. 27, § 4º). Segundo o registro de autores como Lyra e Hungria, tal dirimente foi utilizada como fonte de impunidade para diversos criminosos passionais que, sob o manto da "perturbação dos sentidos" provocada pela forte emoção ou pela paixão, ficaram a salvo da responsabilização criminal por graves crimes cometidos[16].

Sob outro giro, ainda, não custa recordar que a emoção é um estado presente em qualquer atitude criminosa. O autor do delito (por mais amoral que seja) sempre agirá revestido de alguma emoção, seja ela qualificada como tensão, apreensão, nervosismo, alegria, prazer, irritação, ansiedade etc. Fosse alguém impune por emocionar-se, não se aplicaria mais pena criminal alguma.

Emoção e paixão não se confundem. Por **emoção**, entende-se a **forte e transitória perturbação da afetividade** ou a **viva excitação do sentimento**. Cuida-se de um **estado momentâneo**. A **paixão**, por outro lado, corresponde a um **forte sentimento de cunho duradouro**. Como ilustra Fernando Capez, um torcedor de futebol fanático sente "paixão" por seu clube preferido e emoção quando o time marca um gol.

Deve-se lembrar que a emoção, muito embora não isente de pena, pode influenciar na sua quantidade, beneficiando o agente com uma sanção reduzida. Para que isso ocorra, todavia, não bastará a emoção pura e simples, exigindo-se junto dela outros requisitos. Assim, por exemplo, se uma pessoa praticar um homicídio sob o **domínio de violenta emoção, logo em seguida à injusta provocação da vítima**, sua pena será reduzida de um sexto a um terço (CP, art. 121, § 1º). Aquele que cometer a infração penal sob **a influência de violenta emoção** provocada por ato injusto do ofendido receberá uma atenuante genérica (art. 65, III, *c*, do CP).

■ 18.5. SÍNTESE

EVOLUÇÃO DO CONCEITO DE CULPABILIDADE				
	Sistema clássico	Sistema neoclássico	Sistema finalista	Sistema funcionalista
TEORIAS	▫ Psicológica	▫ Normativa (ou psicológico-normativa)	▫ Normativa pura	▫ Funcionalista

[16] Disse nosso maior penalista: "E foi dessarte cancelado o texto elástico do famigerado § 4º do art. 27 do Código de 90, essa chave falsa com que se abria, sistematicamente, a porta da prisão a réus dos mais estúpidos crimes" (*Comentários ao Código Penal*, 4. ed., v. I, t. II, p. 380).

CONCEITO	■ Vínculo psicológico que une o autor ao fato	■ Reprovabilidade do ato (integrada por dolo e culpa)	■ Reprovabilidade do ato (composta de elementos puramente normativos)	■ Expansão da culpabilidade para a noção de responsabilidade
ELEMENTOS	■ Dolo ou culpa	■ Imputabilidade ■ Dolo ou culpa ■ Exigibilidade de conduta diversa	■ Imputabilidade ■ Potencial consciência da ilicitude ■ Exigibilidade de conduta diversa	■ Culpabilidade (imputabilidade + potencial consciência da ilicitude + exigibilidade de conduta diversa) ■ Satisfação de necessidades preventivas

INIMPUTABILIDADE NO CÓDIGO PENAL		
Causas	**Efeitos**	**Consequências jurídicas**
■ Doença mental ou desenvolvimento mental incompleto ou retardado	■ Supressão das capacidades mentais	■ Absolvição imprópria (medida de segurança)
	■ Redução das capacidades mentais	■ Condenação com pena reduzida ou medida de segurança substitutiva
■ Menoridade	---------------------------	■ Medida socioeducativa (ECA)
■ Embriaguez completa e involuntária	■ Supressão das capacidades mentais	■ Absolvição própria
	■ Redução das capacidades mentais	■ Condenação com pena reduzida

POTENCIAL CONSCIÊNCIA DA ILICITUDE (a falta de consciência da ilicitude acarreta o erro de proibição)	
Erro de proibição	
■ Evitável (ou inescusável)	■ Inevitável (ou escusável)
■ Corresponde à falta de consciência atual da ilicitude	■ É sinônimo de falta de potencial consciência da ilicitude
■ Condenação com pena reduzida de 1/6 a 1/3	■ Absolvição própria (o agente ficará "isento de pena")

EXIGIBILIDADE DE CONDUTA DIVERSA		
	Causas legais de inexigibilidade de conduta diversa	
	Coação moral irresistível	**Obediência hierárquica**
REQUISITOS	■ Ameaça de inflição de um mal grave e injusto ■ Seriedade ■ Irresistibilidade (imediatidade e ponderação)	■ Relação de direito público (hierarquia) ■ Ordem superior de cunho ilícito ■ Ilegalidade da ordem não manifesta

■ 18.6. QUESTÕES

1. (MPE-MS — Promotor de Justiça Substituto — 2018) Assinale a alternativa correta.

a) O erro de tipo exclui a culpabilidade do agente, uma vez que ausente o conhecimento da antijuridicidade do fato por ele praticado.

b) A teoria limitada da culpabilidade, adotada pelo ordenamento penal brasileiro, afirma que o erro sobre os pressupostos fáticos de uma causa de justificação possui natureza de erro de tipo permissivo, com as mesmas consequências jurídicas do erro de tipo.

c) O erro de tipo essencial, que recai sobre elemento constitutivo do tipo legal, permite a redução da pena, caso seja inevitável.

d) O desconhecimento da lei penal é inescusável, não atenuando a pena do condenado.
e) A teoria extremada da culpabilidade — atualmente predominante — distingue, em relação à causa de justificação, erro de proibição indireto e erro de tipo permissivo.

2. (TJ-CE — Juiz Substituto — CESPE — 2018) João e Maria foram casados por cinco anos e, após o divórcio, continuaram a residir no mesmo lote, porém em casas diferentes. Certo dia, João, depois de ingerir bebidas alcoólicas, abordou Maria em um ponto de ônibus e, movido por ciúmes, iniciou uma discussão e a ameaçou de morte. Maria, ao retornar para casa à noite depois do trabalho, encontrou o ex-marido ainda embriagado; ele novamente a ameaçou de morte, acusando-a de traição. Ela foi à delegacia e registrou boletim de ocorrência acerca do acontecido, o que ensejou início de procedimento criminal contra João.

Com referência a essa situação hipotética, assinale a opção correta à luz da jurisprudência dos tribunais superiores.

a) A embriaguez voluntária de João poderá ser considerada excludente de culpabilidade caso ele comprove que estava em estado de plena incapacidade nos momentos das ameaças.
b) A conduta de João configura crime continuado, porque ele praticou dois crimes de ameaça, com idêntica motivação e propósito, em condições semelhantes de tempo, lugar e modo de agir.
c) João não poderá ser submetido à prisão preventiva, dado que a pena máxima para o crime de ameaça é de seis meses de detenção.
d) A ameaça é um crime formal, que não exige resultado naturalístico, por isso é incabível indenização a título de danos morais a Maria.
e) Por ser a ameaça um crime de menor potencial ofensivo, João, se condenado, poderá ser beneficiado com a substituição da pena de detenção por pena restritiva de direitos.

3. (MPE-MG — Promotor de Justiça Substituto — FUNDEP/Gestão de Concursos — 2018) Assinale a alternativa INCORRETA:

a) A lei penal mais grave aplica-se ao crime continuado ou ao crime permanente, se sua vigência é anterior à cessação da continuidade ou da permanência.
b) O Direito Penal brasileiro adotou a teoria limitada da culpabilidade, que trata o erro sobre os pressupostos fáticos de uma justificante como erro de proibição indireto.
c) A desistência voluntária e o arrependimento eficaz são incompatíveis com os crimes culposos, sendo, contudo, admitidos na culpa imprópria.
d) O agente que dispara um tiro contra outrem, mas que, arrependido, leva a vítima para o hospital, vindo ela a falecer em decorrência de uma infecção hospitalar, responde por homicídio consumado.

4. (TJ-SC — Analista Jurídico — FGV — 2018) Flavio, pretendendo matar seu pai Leonel, de 59 anos, realiza disparos de arma de fogo contra homem que estava na varanda da residência do genitor, causando a morte deste. Flavio, então, deixa o local satisfeito, por acreditar ter concluído seu intento delitivo, mas vem a descobrir que matara um amigo de seu pai, Vitor, de 70 anos, que, de costas, era com ele parecido.

A Flavio poderá ser imputada a prática do crime de homicídio doloso, com erro:

a) sobre a pessoa, considerando a agravante de crime contra ascendente, mas não a causa de aumento em razão da idade da vítima;
b) sobre a pessoa, considerando a causa de aumento em razão da idade da vítima, mas não a agravante de crime contra ascendente;
c) de execução, considerando a agravante de crime contra ascendente, mas não a causa de aumento em razão da idade da vítima;
d) de execução, considerando a agravante de crime contra ascendente e a causa de aumento em razão da idade da vítima;
e) de execução, considerando a causa de aumento da idade da vítima, mas não a agravante de crime contra ascendente.

5. (Juiz de Direito Substituto — TJ-RS — VUNESP — 2018) De acordo com o Código Penal, aquele que pratica o fato em estrita obediência a ordem não manifestamente ilegal de superior hierárquico

a) responde criminalmente como partícipe de menor importância.
b) não comete crime, pois tem a ilicitude de sua conduta afastada.

c) não é punido criminalmente.
d) responde criminalmente como partícipe.
e) responde criminalmente como coautor.

6. (Especialista — Advogado Legislativo — Câmara de Salvador-BA — FGV — 2018) No dia 25 de dezembro de 2017, Carlos, funcionário público, recebe uma visita inesperada de João, seu superior hierárquico, em sua residência. João informa a Carlos que estava sendo investigado pela prática de um delito e exige que este altere informação em determinado documento público, mediante falsificação, de modo a garantir que não sejam obtidas provas do crime que vinha sendo investigado, assegurando que, caso a ordem não fosse cumprida, sequestraria o filho de Carlos e que a restrição da liberdade perduraria até o atendimento da exigência. Diante desse comportamento de João, Carlos falsifica o documento público, mas vem a ser descoberto e denunciado pela prática do crime previsto no Art. 297 do Código Penal (falsificação de documento público).

Com base apenas nessas informações, o advogado de Carlos deveria alegar, em busca de sua absolvição, a ocorrência de:

a) coação moral irresistível, causa de exclusão da culpabilidade;
b) estrita obediência à ordem de superior hierárquico, causa de exclusão da culpabilidade;
c) estado de necessidade, causa de exclusão da ilicitude;
d) coação moral irresistível, causa de exclusão da ilicitude;
e) estrita obediência à ordem de superior hierárquico, causa de exclusão da ilicitude.

7. (Técnico Judiciário — Administrativa — STJ — CESPE — 2018) Considerando que crime é fato típico, ilícito e culpável, julgue o item a seguir.

São causas excludentes de culpabilidade o estado de necessidade, a legítima defesa e o estrito cumprimento do dever legal.

8. (Investigador de Polícia — PC-BA — VUNESP — 2018) De acordo com o Estatuto Penal brasileiro, são elementos da culpabilidade a imputabilidade, a potencial consciência da ilicitude e a exigibilidade de conduta diversa.

Sobre a imputabilidade, assinale a alternativa correta.

a) O conceito de imputabilidade penal compreende a capacidade mental do indivíduo, considerando-se apenas a sua idade ao tempo do crime.
b) Entre as causas de exclusão da imputabilidade, encontra-se a embriaguez completa ou incompleta, mas sempre voluntária.
c) A legislação penal brasileira adotou o critério biopsicológico como aquele de aferição da imputabilidade, independentemente da idade do infrator ao tempo do fato.
d) Ao agente que, em virtude da perturbação da saúde mental, não for inteiramente capaz de entender o caráter ilícito do fato ou de determinar-se de acordo com esse entendimento, poderá ser imposta pena como sanção, porém com redução de 1 (um) a 2/3 (dois terços).
e) O agente que por embriaguez incompleta e voluntária não for, ao tempo da ação ou da omissão, inteiramente capaz de entender o caráter ilícito do fato será isento de pena.

9. (Analista Judiciário — Área Judiciária — STM — CESPE — 2018 — Adaptada) No que tange aos institutos penais das excludentes de ilicitude e de culpabilidade e da imputabilidade penal, julgue o item.

A embriaguez acidental, proveniente de força maior ou caso fortuito, exclui a culpabilidade, ainda que o sujeito ativo possuísse, ao tempo da ação, parcial capacidade de entender o caráter ilícito do fato que praticou.

( ) certo ( ) errado

10. (Analista Judiciário — Área Judiciária — STM — CESPE — 2018 — Adaptada) No que tange aos institutos penais das excludentes de ilicitude e de culpabilidade e da imputabilidade penal, julgue o item.

Preenchidos os requisitos legais, a coação irresistível e a obediência hierárquica são causas excludentes de culpabilidade daquele que recebeu ordem para cometer o fato, mantendo-se punível o autor da coação ou da ordem.

( ) certo ( ) errado

11. (TRE-AP — Analista Judiciário — Administrativa — FCC — 2015) Maria é aprovada no vestibular para uma determinada Universidade Federal. No dia da matrícula, Maria, caloura, é recebida pelos alunos veteranos da universidade e submetida a um trote acadêmico violento. Além de outras coisas que foi obrigada a fazer, Maria foi amarrada em uma cadeira de bar e obrigada a ingerir bebida alcoólica até ficar completamente embriagada e sem qualquer possibilidade de entender o caráter ilícito de um fato ou de determinar-se de acordo com este entendimento. Maria é liberada do trote e sai do bar, dirigindo-se até o seu veículo que estava estacionado em via pública, sem conseguir movimentá-lo. Abordada por policiais, desacatou-os. Neste caso, no que concerne ao crime de desacato,

a) terá a pena reduzida de um a dois terços.
b) estará isenta de pena.
c) terá a pena reduzida de metade.
d) terá a pena reduzida em 1/6.
e) terá a pena aumentada de 1/3.

12. (TCU — Auditor Federal de Controle Externo — Conhecimentos Gerais — CESPE — 2015) Julgue o item seguinte, que trata de imputabilidade penal.

Situação hipotética: Cléber, com trinta e quatro anos de idade, pretendia matar, durante uma festa, seu desafeto, Sérgio, atual namorado de sua ex-noiva. Sem coragem para realizar a conduta delituosa, Cléber bebeu grandes doses de vodca e, embriagado, desferiu várias facadas contra Sérgio, que faleceu em decorrência dos ferimentos provocados pelas facadas.

Assertiva: Nessa situação, configura-se embriaguez voluntária dolosa, o que permite ao juiz reduzir a pena imputada a Cléber, uma vez que ele não tinha plena capacidade de entender o caráter ilícito de seus atos no momento em que esfaqueou Sérgio.

a) Certo
B) Errado

13. (TCM/SP — Agente de Fiscalização — Ciências Jurídicas — FGV — 2015) Dois prefeitos de cidades vizinhas, Ricardo e Bruno, encontram-se em um bar, após uma reunião cansativa de negócios. Ricardo bebia doses de whisky e, mesmo não sendo essa sua intenção, acabou ficando embriagado. Enquanto isso, Bruno bebia apenas refrigerante, mas foi colocado em seu copo um comprimido de substância psicotrópica por um eleitor de sua cidade, que também o deixou completamente embriagado. Após, ainda alterados, cada um volta para a sede de sua prefeitura e apropriam-se de bens públicos para proveito próprio. Considerando o fato narrado, é correto afirmar que:

a) Ricardo e Bruno são isentos de pena, pois a embriaguez de ambos decorreu de força maior;
b) Ricardo deverá responder pelo crime praticado, enquanto Bruno é isento de pena;
c) Ricardo e Bruno deverão responder pelos crimes praticados, pois a embriaguez nunca exclui a imputabilidade penal;
d) Ricardo e Bruno, caso sejam denunciados, responderão criminalmente perante a Câmara de Vereadores;
e) Ricardo e Bruno são isentos de pena, pois a embriaguez do primeiro foi culposa e do segundo decorreu de força maior.

14. (Prefeitura de Rio Grande da Serra/SP — Procurador — CAIP-IMES — 2015) No que concerne à imputabilidade, assim dispõe o Código Penal Brasileiro:

a) A embriaguez voluntária ou culposa, pelo álcool ou substância de efeitos análogos, exclui a imputabilidade penal.
b) O juiz pode deixar de aplicar qualquer medida, se o agente, em virtude de perturbação de saúde mental, não era inteiramente capaz de entender o caráter ilícito do fato.
c) O agente que comete o fato, sob o domínio de violenta emoção, logo após a injusta provocação da vítima, é isento de pena.
d) É isento de pena o agente que, por doença mental era, ao tempo da omissão, inteiramente incapaz de entender o caráter ilícito do fato.

15. (TCE/RJ — Auditor Substituto — FGV — 2015) A embriaguez provocada pelo uso do álcool pode excluir a culpabilidade quando:

a) for preordenada;
b) decorrer de força maior e diminuir a capacidade de entender a ilicitude do fato;
c) for culposa;

d) for patológica;
e) for habitual.

16. (MPE/SP — Analista de Promotoria — VUNESP — 2015) Assinale a alternativa correta a respeito da imputabilidade penal.

a) Comprovada a doença mental ou o desenvolvimento mental incompleto ou retardado, o agente será considerado inimputável para os efeitos legais.
b) Aos inimputáveis e aos semi-imputáveis, comprovada essa condição por perícia médica, será substituída a pena por medida de segurança consistente em internação em hospital de custódia e tratamento psiquiátrico.
c) A imputabilidade é um dos elementos da culpabilidade, ao lado da potencial consciência sobre a ilicitude do fato e a exigibilidade de conduta diversa.
d) A imputabilidade, de acordo com o Código Penal, pode se dar por doença mental, imaturidade natural ou embriaguez do agente.
e) A emoção e a paixão, além de não afastarem a imputabilidade penal do agente, podem ser consideradas como circunstâncias agravantes no momento da fixação da pena.

17. (TJ/RR — Juiz Substituto — FCC — 2015) Se o agente, em virtude de perturbação de saúde mental ou por desenvolvimento mental incompleto ou retardado, não era inteiramente incapaz de entender o caráter criminoso do fato ou de determinar-se de acordo com esse entendimento, a

a) circunstância atuará como atenuante, a ser considerada na segunda etapa do cálculo da pena.
b) pena poderá ser substituída por tratamento ambulatorial, mas não por internação.
c) pena será reduzida de um a dois terços, podendo-se considerar, na escolha do redutor, o grau de perturbação da saúde mental.
d) hipótese será de absolvição imprópria, com imposição necessária de medida de segurança.
e) pena será reduzida de um a dois terços, não se admitindo, porém, a substituição por medida de segurança.

18. (PC/CE — Delegado de Polícia Civil de 1ª Classe — VUNESP — 2015) Considere que determinado sujeito, portador de desenvolvimento mental incompleto, ao tempo da ação tinha plena capacidade de entender o caráter ilícito do fato, mas era inteiramente incapaz de determinar-se de acordo com esse entendimento — o que fora clinicamente atestado nos autos em perícia oficial. Em consonância com o texto legal do art. 26 do CP, ao proferir sentença deve o juiz reconhecer sua

a) inimputabilidade.
b) imputabilidade.
c) semi-imputabilidade, absolvendo-lhe e aplicando-lhe medida de segurança.
d) semi-imputabilidade, condenando-lhe e aplicando-lhe pena diminuída.
e) semi-imputabilidade, condenando-lhe e aplicando-lhe medida de segurança.

19. (VIII Exame OAB Unificado — Setembro/2012) Analise as hipóteses abaixo relacionadas e assinale a alternativa que apresenta somente causas excludentes de culpabilidade.

a) Erro de proibição; embriaguez completa proveniente de caso fortuito ou força maior; coação moral irresistível.
b) Embriaguez culposa; erro de tipo permissivo; inimputabilidade por doença mental ou por desenvolvimento mental incompleto ou retardado.
c) Inimputabilidade por menoridade; estrito cumprimento do dever legal; embriaguez incompleta.
d) Embriaguez incompleta proveniente de caso fortuito ou força maior; erro de proibição; obediência hierárquica.

20. (179º Concurso de Ingresso à Magistratura/SP — 2006) Assinale a alternativa incorreta.

a) O Código Penal Brasileiro adotou a teoria da *actio libera in causa*.
b) Quanto à imputabilidade penal, o Código Penal Brasileiro adotou o sistema do duplo binário para o agente imputável.
c) Se o agente for inimputável e o crime que praticou for apenado com detenção, o Juiz poderá submetê-lo a tratamento ambulatorial.
d) Se o agente for semi-imputável e necessitar de especial tratamento curativo, a pena privativa de liberdade pode ser substituída por internação ou tratamento ambulatorial, pelo prazo mínimo de 1 a 3 anos.

21. (83º Concurso de Ingresso à Carreira do MPSP — 2003) A *actio libera in causa* ocorre, quando o agente,

a) em estado de embriaguez completa, proveniente de caso fortuito ou força maior, que enseja isenção de pena, pratica um crime.
b) deliberadamente, se coloca em situação de inimputabilidade para cometer o crime, praticando-o em estado de inconsciência.
c) dentro do livre-arbítrio que rege a conduta humana, pratica o crime de forma livre e consciente.
d) após a prática de crime, passa a sofrer de doença mental, embora só possa a pena ser executada quando se recuperar.
e) em estado de embriaguez, proveniente de caso fortuito ou força maior, que enseja diminuição da pena, pratica um crime.

22. (84º Concurso de Ingresso à Carreira do MPSP — 2005) Considere os seguintes enunciados, relacionados com os temas de imputabilidade penal (CP, art. 26) e medida de segurança:

I. Não é cabível imposição de medida de segurança aos plenamente imputáveis.
II. Nos casos de semi-imputabilidade, não é permitida a cumulação da pena e medida de segurança.
III. Nas hipóteses de inimputabilidade plena, a regra é a absolvição seguida de imposição de medida de segurança consistente em internação em hospital de custódia e tratamento, podendo o juiz optar pelo tratamento ambulatorial no caso de crime punido com detenção.

Estão em conformidade com o sistema estabelecido no Código Penal,

a) apenas I e II.
b) apenas II e III.
c) apenas I e III.
d) nenhum dos três.
e) todos os três.

23. (84º Concurso de Ingresso à Carreira do MPSP — 2005) Perante o Código Penal, a chamada embriaguez preordenada pode, por si só,

a) conduzir à exclusão da imputabilidade penal.
b) constituir causa de diminuição de pena.
c) render ensejo à incidência de circunstância atenuante.
d) configurar circunstância agravante.
e) caracterizar qualificadora do crime de homicídio.

24. (178º Concurso de Ingresso à Magistratura/SP — 2006) RENATO, dirigindo-se para sua casa, foi preso na rua portando uma espingarda "pica-pau", de fabricação caseira e municiada, apta a disparos, que afirmou ter encontrado em um ferro velho. A arma, instantes antes, havia sido utilizada em uma representação teatral realizada em uma escola, circunstância apurada como verídica. RENATO alegou, em seu favor, desconhecimento sobre a ilicitude do fato. Afirmou, ainda, ter conhecimento da campanha de esclarecimento acerca da matéria (vedação de porte de arma sem registro e autorização prévia). Sua conduta caracteriza:

a) erro inevitável sobre a ilicitude do fato.
b) erro evitável sobre a ilicitude do fato.
c) erro de tipo.
d) exercício regular de direito.

25. (181º Concurso de Ingresso à Magistratura/SP — 2007) Após a morte da mãe, A recebeu, durante um ano, a pensão previdenciária daquela, depositada mensalmente em sua conta bancária, em virtude de ser procuradora da primeira. Descoberto o fato, A foi denunciada por apropriação indébita. Se a sentença concluir que a acusada (em razão de sua incultura, pouca vivência, etc.) não tinha percepção da antijuricidade de sua conduta, estará reconhecendo:

a) erro sobre elemento do tipo, que exclui o dolo.
b) erro de proibição.
c) descriminante putativa.
d) ignorância da lei.

26. (Procurador Municipal/SP — FCC — 2008) Exclui a culpabilidade, em decorrência da não imputabilidade,

a) a coação moral irresistível.
b) a menoridade.
c) o erro sobre a ilicitude do fato.
d) a emoção.
e) a embriaguez não acidental.

27. (Procurador da República — 22º Concurso — 2005) É adequado afirmar que:

a) o estado de necessidade, a legítima defesa, o estrito cumprimento do dever legal, a obediência hierárquica e o exercício regular de direito excluem a ilicitude;
b) a embriaguez total, proveniente de caso fortuito ou força maior, exclui a tipicidade;
c) a coação física irresistível exclui a culpabilidade;
d) a imputabilidade do agente, a possibilidade dele conhecer a ilicitude de seu comportamento e a exigibilidade de conduta diversa são pressupostos da culpabilidade.

28. (Procurador da República — 20º Concurso — 2003) Em tema de culpabilidade, chamada "coculpabilidade"

a) não tem guarida no nosso sistema normativo penal.
b) expressa-se na teoria da duplicidade do dolo.
c) fica reconhecida no disposto no artigo 66 do Código Penal.
d) propicia a chamada culpabilidade pela decisão de vida.

29. (Magistratura/SP — Concurso 182 — Vunesp — 2009) Com relação à coação moral irresistível, é correto afirmar que:

a) exclui a culpabilidade.
b) exclui a tipicidade.
c) exclui a antijuridicidade.
d) o coato age sem vontade.

30. (Magistratura/SP — Concurso 182 — Vunesp — 2009) O pai que, tendo o filho sequestrado e ameaçado de morte, é coagido por sequestradores armados e forçado a dirigir-se a certa agência bancária para efetuar um roubo a fim de obter a quantia necessária para o pagamento do resgate e livrar o filho do cárcere privado em que se encontra pode, em tese, lograr a absolvição com base na alegação de:

a) inexigibilidade de conduta diversa.
b) legítima defesa.
c) exercício regular de direito.
d) estrito cumprimento de dever legal.

31. (Procurador da Fazenda Nacional — ESAF — 2004) João, após acirrada discussão com Pedro, ocasião em que lhe dera uma surra, ameaçou-lhe de morte. Um mês após, ambos se encontraram em um enterro, quando Pedro levou a mão à carteira e João, supondo tratar-se de saque de arma de fogo, atirou em Pedro, matando-o. Ante o exposto, indique a opção que retrata a espécie.

a) Exclusão da ilicitude.
b) Exclusão da culpabilidade.
c) Estado de necessidade.
d) Exercício regular de direito.
e) Estrito cumprimento do dever legal.

32. (Magistratura/SP — Concurso 182 — Vunesp — 2009) Depois de haver saído do restaurante onde havia almoçado, Tício, homem de pouco cultivo, percebeu que lá havia esquecido sua carteira e voltou para recuperá-la, mas não mais a encontrou. Acreditando ter o direito de fazer justiça pelas próprias mãos, tomou para si objeto pertencente ao dono do referido restaurante, supostamente de valor igual ao seu prejuízo. Esse fato pode configurar:

a) erro determinado por terceiro.
b) erro de tipo.
c) erro de permissão.
d) erro de proibição.

33. (Delegado de Polícia Civil/SP — 2011) São causas de inexigibilidade de conduta diversa:

a) a inimputabilidade e o estado de necessidade.
b) a legítima defesa e o erro de proibição.
c) a coação moral irresistível e a obediência hierárquica.
d) o erro de tipo e o estrito cumprimento de dever legal.
e) a coação física e o erro de proibição.

34. (Concurso de Ingresso à Carreira do MP/PR — 2013) Pode excluir a imputabilidade penal:

a) A embriaguez voluntária;
b) A embriaguez acidental completa proveniente de caso fortuito;
c) A paixão;
d) A emoção;
e) A embriaguez culposa.

35. (Concurso de Ingresso à Carreira do MP/MA — 2014) Sobre embriaguez é correto afirmar:

a) Pelo Código Penal, é causa capaz de conduzir à exclusão da capacidade de entendimento e vontade do agente, em virtude de uma intoxicação aguda e transitória ocasionada exclusivamente pelo álcool;
b) A modalidade culposa compreende a ingestão de doses excessivas de bebida alcoólica, sendo que, quando completa, ela pode, por meio de laudo pericial, excluir a imputabilidade do agente;
c) Ao contrário da embriaguez preordenada, na embriaguez voluntária a conduta de ingerir a bebida alcoólica não configura ato inicial do comportamento típico;
d) A embriaguez por caso fortuito é caracterizada como acidental, ocorrendo quando deriva de uma força externa ao agente, contra a qual ele não pode resistir;
e) Quando configurada a embriaguez completa, porque o agente perdeu a capacidade de compreensão e vontade, cabe ao juiz decretar a absolvição sumária e aplicar medida de segurança.

■ GABARITO ■

1. "b". CP, art. 20, §1º.
2. "b". A alternativa "a" contraria o art. 28 do CP. A alternativa "c" está em desacordo com o art. 313, III, do CPP. Sobre a alternativa "d", a natureza formal do crime não impede a indenização. A alternativa "d" viola o art. 41 da Lei n. 11.340/06.
3. "b". A teoria limitada da culpabilidade considera o erro sobre os pressupostos fáticos da causa de justificação como erro de tipo (CP, art. 20, §1º).
4. "a". CP, art. 20, §3º.
5. "c". CP, art. 22.
6. "a". CP, art. 22.
7. "errado". As excludentes de culpabilidade são a inimputabilidade, o erro de proibição inevitável (que exclui a potencial consciência da ilicitude) e a inexigibilidade de conduta diversa (CP, art. 22). A alternativa trata de excludentes de antijuridicidade.
8. "d". Trata-se do semi-imputável (CP, art. 26, parágrafo único). Sobre as demais assertivas, ver arts. 26 a 28 do CP.
9. "errado". CP, art. 28.
10. "certo". CP, art. 22.
11. "b". Houve embriaguez completa e involuntária, decorrente de força maior, que afasta a culpabilidade (CP, art. 28).
12. "errado". Houve embriaguez preordenada, que implica uma agravante genérica (CP, art. 61, inc. II, *l*).
13. "b". Ricardo responde pelo crime, pois se trata de embriaguez voluntária. Bruno é isento de pena, porque, no seu caso, a embriaguez é involuntária (CP, art. 28).

14. "d". CP, art. 26, *caput*.

15. "d". A embriaguez patológica é considerada doença mental e, portanto, sujeita-se ao art. 26 do CP.

16. "c". CP, arts. 26 a 28.

17. "c". Trata-se da "semi-imputabilidade" (CP, art. 26, parágrafo único).

18. "a". A resposta coincide com a disciplina do artigo citado no enunciado.

19. "a". CP, arts. 21, 28 e 22, respectivamente. Observe, quanto às demais, que a embriaguez culposa, por ser voluntária, não exclui a culpabilidade; o estrito cumprimento do dever legal (CP, art. 23, III) é excludente de ilicitude; e a embriaguez incompleta não afasta a culpabilidade.

20. "b". O Código Penal adotou o sistema vicariante, em que só se admite a imposição de uma das sanções penais, pena ou medida de segurança.

21. "b". *Actio libera in causa*, ou ação livre na causa, é a teoria que impõe a responsabilização penal de quem, voluntariamente, autoproduziu-se uma situação de inconsciência.

22. "e". Todas as disposições estão em consonância com as disposições do Código Penal.

23. "d". A embriaguez preordenada constitui agravante genérica prevista no art. 61, I e II, do CP.

24. "b". Trata-se de erro de proibição, pois o equívoco recaiu sobre a compreensão do agente acerca da ilicitude de sua conduta. Ele acreditou ser permitida uma conduta proibida por lei penal.

25. "b". Há erro de proibição. O equívoco recaiu sobre a compreensão da agente acerca da ilicitude de sua conduta. Ela acreditou ser permitida uma conduta proibida por lei penal.

26. "b". CP, art. 27, e CF, art. 228. A letra "a" exclui a culpabilidade pela inexigibilidade de conduta diversa. A letra "c" afasta a culpabilidade pela falta de potencial consciência da ilicitude. A emoção e a embriaguez não acidental não excluem o crime.

27. "d". Os elementos da culpabilidade estão reunidos na letra "d" (CP, arts. 21, 22, 26 a 28).

28. "c". A coculpabilidade é uma teoria doutrinária segundo a qual o Estado teria uma parcela de culpa quando o crime foi cometido, por não ter propiciado razoáveis condições de educação e cultura ao delinquente, que lhe permitisse outro modo de vida. Essa polêmica teoria resultaria no reconhecimento de uma atenuante genérica em favor do réu, baseada no art. 66 do CP.

29. "a". CP, art. 22. A coação moral irresistível torna inexigível outra conduta, excluindo a culpabilidade.

30. "a". Trata o problema de coação moral irresistível, que configura causa legal de inexigibilidade de conduta diversa (CP, art. 22).

31. "b". A pergunta retrata legítima defesa putativa que, segundo o art. 20, § 1º, isenta o agente de pena. Entendemos, porém, que, como se cuida de modalidade de erro de tipo, há exclusão do dolo, em vez da culpabilidade, como constou do gabarito.

32. "d". Há erro de proibição, pois o sujeito supôs lícita uma conduta proibida criminalmente (CP, art. 21).

33. "c". CP, art. 22.

34. "b". CP, art. 28.

35. "c". De fato, na embriaguez voluntária, o agente não ingere a substância pensando em se embriagar, de modo que não constitui ato inicial da conduta típica, muito embora o sujeito responda criminalmente por seus atos.

19

CONCURSO DE PESSOAS

19.1. CONCEITO

Concurso de pessoas é a denominação dada pelo Código Penal às hipóteses em que **duas** ou **mais** pessoas envolvem-se **na prática** de uma infração penal. A doutrina e a jurisprudência também se utilizam das expressões **concurso de agentes** e **codelinquência** para referir-se a essas hipóteses de pluralidade de envolvidos no ilícito penal.

19.2. CLASSIFICAÇÃO DOS CRIMES E O CONCURSO DE PESSOAS

A maior parte dos crimes previstos na legislação brasileira pode ser cometida por uma única pessoa ou por duas ou mais em concurso. Alguns, todavia, **só podem ser praticados** por duas ou mais em conjunto. Por isso, a doutrina faz a seguinte classificação:

a) Crimes **unissubjetivos** ou **monossubjetivos**. São aqueles que podem ser praticados por **uma só pessoa**. Os crimes de homicídio, furto, roubo e estupro, dentre inúmeros outros, têm esta natureza porque podem ser cometidos individualmente. Acontece que nada obsta a que duas ou mais pessoas se unam para perpetrar este tipo de delito, havendo, em tais casos, concurso de agentes. Assim, se duas pessoas resolvem praticar juntamente um homicídio contra determinada pessoa, ambas efetuando disparos contra a vítima, elas são **coautoras** (modalidade de concurso de agentes) deste crime.

Considerando que os delitos que se enquadram nesta classificação podem ser praticados por uma só pessoa ou por duas ou mais em concurso, são também chamados de **crimes de concurso eventual**.

b) Crimes **plurissubjetivos**. São aqueles que **só** podem ser praticados por **duas ou mais pessoas** em concurso, por haver expressa exigência do tipo penal nesse sentido. São mais conhecidos como **crimes de concurso necessário**, pois só se caracterizam se houver o concurso exigido na lei. Um exemplo é o delito de associação para o tráfico previsto no art. 35 da Lei n. 11.343/2006 (Lei de Drogas), que pressupõe a união de pelo menos duas pessoas para a prática delitiva.

■ **Espécies de crimes plurissubjetivos**

Considerando a finalidade para a qual se dá a união dos infratores, os crimes plurissubjetivos são assim classificados:

a) Crimes de concurso necessário de **condutas paralelas**, em que os agentes **auxiliam-se mutuamente** visando um resultado criminoso comum. O exemplo sempre lembrado é o do crime de associação criminosa, descrito no art. 288 do Código Penal (com a redação dada pela Lei n. 12.850/2013), em que a lei prevê como ilícito penal a associação de três ou mais pessoas para o fim de cometer, reiteradamente, crimes. Há um pacto entre os integrantes do grupo no sentido de atuarem em conjunto na prática de delitos.

b) Crimes de concurso necessário de **condutas convergentes**, nos quais as condutas se **fundem** gerando imediatamente o resultado ilícito. O exemplo normalmente utilizado pela doutrina era o do crime de adultério, que, todavia, deixou de existir desde que foi revogado pela Lei n. 11.106/2005. Atualmente, costuma-se dar como exemplo o crime de bigamia, ressalvando-se, porém, que só haverá o concurso se houver má-fé por parte do cônjuge ainda solteiro, ou seja, se ele tiver ciência de que o parceiro já é casado e, ainda assim, contrair matrimônio. A bigamia está descrita no art. 235 do Código Penal e a pena para aquele que ainda não era casado é menor, nos termos do art. 235, § 1º, do Código Penal.

c) Crimes de concurso necessário de **condutas contrapostas**, em que os envolvidos agem **uns contra os outros**. É o caso do crime de rixa (art. 137 do CP), cuja configuração pressupõe a recíproca e concomitante troca de agressões entre pelo menos três pessoas.

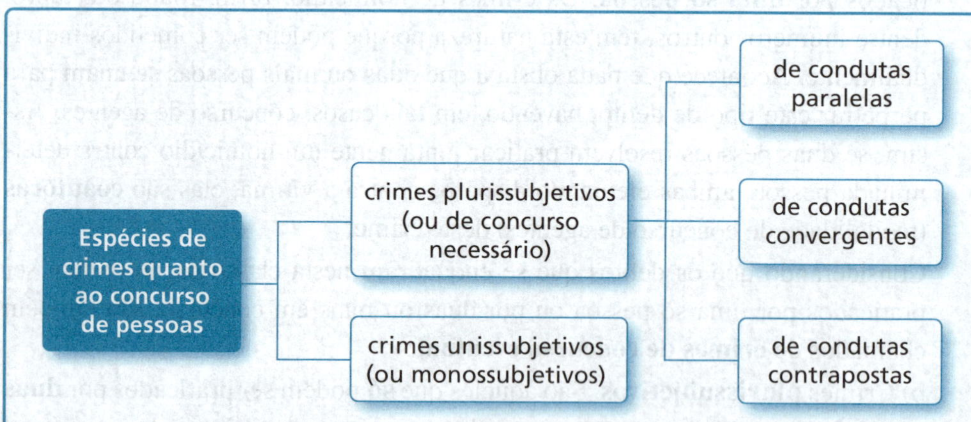

■ 19.3. TEORIAS QUANTO AO CONCEITO DE AUTOR

Para que se possa ter a exata compreensão em torno do tema do concurso de pessoas, é preciso inicialmente estabelecer o conceito de **autoria criminal**, pois, dependendo da definição adotada, haverá inúmeros desdobramentos:

a) Teoria **unitária: todos** os que tomarem parte em um delito devem ser tratados como autores e estarão incursos nas mesmas penas, inexistindo a figura da **participação**.

b) Teoria **extensiva:** igualmente entende **não** existir **distinção** entre autores e partícipes, sendo todos os envolvidos autores do crime. Esta teoria, entretanto, ao contrário da anterior, admite a aplicação de penas menores àqueles cuja colaboração para o delito tenham sido de menor relevância.

c) Teoria **restritiva:** distingue autores de partícipes. Autores são os que **realizam** a conduta descrita no tipo penal. São os **executores** do crime pelo fato de seu comportamento se enquadrar no verbo descrito no tipo. Autor de homicídio é quem mata (desfere tiros, facadas etc.). Autor de furto é quem subtrai o bem (coloca a mão dentro da bolsa da vítima e tira o dinheiro; esconde a mercadoria na blusa e sai sem pagar no mercado etc.). Partícipes, por exclusão, são aqueles **que não realizam o ato executório descrito no tipo penal**, mas de alguma outra forma **contribuem** para a eclosão do delito. Para esta corrente, o mandante e o mentor intelectual, que não realizarem atos de execução no caso concreto, não serão autores, e sim partícipes da infração penal.

d) Teoria **do domínio do fato:** também distingue autores de partícipes, porém, para os adeptos desta corrente, o conceito de autoria é mais **amplo**, abrangendo não só aqueles que realizam a conduta descrita no tipo como também os que têm **controle pleno do desenrolar do fato criminoso**, com poder de decidir sobre sua prática ou interrupção, bem como acerca das circunstâncias de sua execução. Por essa corrente, criada por Hans Welzel, o mandante e o mentor intelectual, por controlarem os comparsas, são também autores do crime, ainda que não realizem pessoalmente atos executórios.

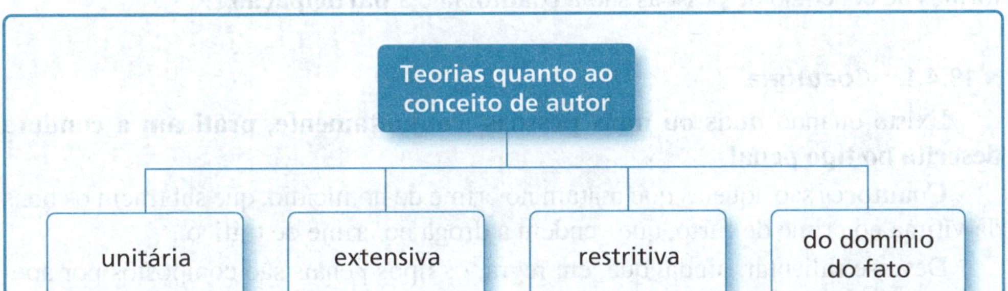

▪ **Teoria adotada pelo Código Penal brasileiro**

O legislador nitidamente adotou a **teoria restritiva**, que diferencia autoria de participação, haja vista a existência de institutos como os da **participação de menor importância** (art. 29, § 1º) e da **participação impunível** (quando o autor não chega a tentar cometer o crime).

A teoria do **domínio do fato**, contudo, possui relevância e, por consequência, aplicação concreta, para que possa ser tratado como "autor" de um crime o denominado "**autor mediato**", que, apesar de não realizar a conduta típica, pode ser assim denominado porque manipula terceiro, que não possui capacidade de discernimento, para que este realize a conduta típica, de modo que essa pessoa serve como instrumento para a efetivação do delito. Como diz Fernando Capez[1], "o executor atua sem vontade ou consciência, considerando-se, por essa razão, que a conduta principal foi realizada pelo autor mediato". Ex.: pessoa entrega veneno para uma criança e pede para ela colocar no copo da vítima, sendo, assim, autora mediata do homicídio doloso.

Por outro lado, a teoria do domínio do fato não pode ser aceita em sua integralidade porque não é possível identificar com clareza, em grande número de casos, quando uma pessoa tem ou não o controle completo da situação. Quando o mandante, por exemplo, contrata uma pessoa para matar a vítima, o executor contratado pode fugir com o dinheiro, ser preso antes de cometer o crime, ou, por outro lado, cometer delito mais grave do que o combinado. Em nenhum desses casos, o mandante tinha pleno controle da situação. Por isso, não pode ser considerado autor. O mesmo se diga em relação ao mentor intelectual. Ademais, a teoria do domínio do fato é totalmente inaplicável aos crimes culposos, pois, nesta modalidade de infração penal, as pessoas não querem o resultado, não se podendo falar em controle dos demais envolvidos.

Em conclusão, a teoria adotada quanto ao concurso de agentes é a **restritiva, que diferencia autores e partícipes**, sendo autores aqueles que realizam a conduta descrita no tipo penal. No que diz respeito à autoria mediata, contudo, aplica-se a teoria do **domínio do fato**.

■ 19.4. MODALIDADES DE CONCURSO DE AGENTES

Tendo nossa legislação adotado a teoria **restritiva** no que diz respeito ao concurso de pessoas, teoria esta que diferencia **autores e partícipes**, pode-se dizer que as formas de concurso de pessoas são a **coautoria** e a **participação**.

■ 19.4.1. Coautoria

Existe quando **duas ou mais pessoas, conjuntamente, praticam a conduta descrita no tipo penal**.

Coautores são aqueles que matam no crime de homicídio, que subtraem os bens da vítima no crime de furto, que vendem a droga no crime de tráfico.

Deve-se salientar, ainda, que, em regra, os tipos penais são compostos por apenas uma conduta típica, **por um único verbo**, como nos exemplos do homicídio (matar) e do furto (subtrair). Existem, porém, exceções. Em delitos como roubo e estupro, o tipo penal é composto por mais de um ato executório. No roubo, é necessário o emprego de violência ou grave ameaça para dominar a vítima e, então, subtrair seus pertences. No estupro, também se exige violência ou grave ameaça para subjugar alguém e realizar atos de natureza sexual contra sua vontade. Nestas formas de crime, não é necessário que o agente realize todas essas ações para ser considerado

[1] Fernando Capez, *Curso de direito penal*, 15. ed., v. 1, p. 370.

coautor, bastando a prática de uma delas. É comum, nestes casos, a chamada **divisão de tarefas**, em que um dos criminosos realiza parte da conduta típica e o comparsa, a outra. Deste modo, existe coautoria no roubo quando um dos envolvidos segura a vítima para que o comparsa subtraia a carteira dela, ou, no estupro, quando um dos agentes ameaça a vítima com uma arma para que o comparsa consiga com ela realizar os atos libidinosos. É a chamada coautoria **parcial** ou **funcional**.

Nos denominados crimes com **tipo misto alternativo**, existem **vários núcleos**, vários verbos, separados pela partícula "ou". Nesta espécie de crime, a realização de uma só dessas condutas já é suficiente para a sua configuração do crime, contudo a realização de mais de uma delas em relação ao mesmo objeto material constitui delito único (e não crime continuado, concurso formal ou material). Assim, no tráfico de drogas, se o mesmo agente **transporta** e depois **vende** um único lote de entorpecente, comete crime único de tráfico, embora tenha realizado dois verbos previstos no tipo penal (transportar e vender). Além disso, se duas pessoas estão agindo em conluio desde o princípio e uma delas transporta a droga e a outra vende o entorpecente, incorrem em crime único de tráfico, sendo coautoras neste delito.

Nos crimes de **concurso necessário**, como no caso do delito de associação criminosa, todos os que integrarem o grupo para o fim de cometer crimes serão considerados coautores.

■ 19.4.2. Participação

Esta modalidade de concurso de pessoas diz respeito àquele que **não realiza ato de execução** descrito no tipo penal, mas, **de alguma outra forma, concorre intencionalmente** para o crime. São exemplos de participação incentivar verbalmente o agente a matar a vítima, emprestar um carro para o furtador ir até a casa de alguém cometer o crime, fornecer informações acerca da localização da vítima para que possa ser sequestrada etc. É evidente que, para ser considerado partícipe, o sujeito deve ter ciência da finalidade criminosa do autor.

O art. 29 do Código Penal regulamenta o instituto da participação estabelecendo que "quem, de qualquer modo, concorre para o crime, incide nas penas a este cominadas, na medida de sua culpabilidade". Esta é uma **norma de extensão** que permite a aplicação da pena aos partícipes, já que para estes não existe pena prevista na Parte Especial do Código. Com efeito, o art. 121, por exemplo, prevê pena de 6 a 20 anos de reclusão para aquele que **mata** a vítima, mas não estabelece sanção a quem incentiva verbalmente o assassinato (partícipe). Assim, sem a norma de extensão não seria possível a punição do partícipe, pois ele não realiza a conduta descrita no tipo.

Como regra, o partícipe responde pelo mesmo crime dos autores e coautores do delito e a pena em abstrato para todos é a mesma. É claro que, no momento da fixação da pena, o juiz deve levar em conta o grau de envolvimento de cada um no ilícito (**culpabilidade**). É até possível em certos casos que o partícipe receba pena mais alta do que o próprio autor do delito, como eventualmente no caso do mentor **intelectual**.

Conforme mencionado, salvo em certas exceções o enquadramento criminal do partícipe é o mesmo do autor do delito. Assim, se alguém induz outrem a cometer um crime e este inicia a execução mas não consegue consumá-lo por circunstâncias alheias à sua vontade, a infração é considerada tentada para ambos. O índice de redução da pena referente à tentativa leva em conta o *iter criminis* percorrido pelo autor e comunica-se ao partícipe. Não faria sentido, evidentemente, o juiz reduzir a pena em 1/3 para o autor do crime e em 2/3 para o partícipe.

■ 19.4.2.1. *Espécies de participação*

A doutrina divide a figura da participação em duas modalidades:

a) Participação moral. Pode se dar por **induzimento** ou **instigação**. No **induzimento**, o sujeito **faz surgir** a ideia do crime em outra pessoa. Ex.: um empregado sugere a um amigo que furte a casa de seu patrão porque este viajará no fim de semana. Na **instigação**, o partícipe **reforça** a intenção criminosa já existente em alguém. Ex.: uma pessoa diz a um amigo que está pensando em matar alguém e o amigo o incentiva a fazê-lo.

b) Participação material. É o **auxílio**. Consiste em colaborar de alguma forma com a **execução** do crime, sem, entretanto, realizar a conduta típica. Este auxílio, portanto, deve ser **secundário**, **acessório**. Pode consistir em fornecer meios para o agente cometer o crime (a arma para cometer o homicídio ou o roubo) ou instruções para a sua prática.

■ 19.4.2.2. *Natureza jurídica da participação*

A conduta do partícipe é **acessória** em relação à do autor, uma vez que aquele só pode ser punido se este o for. O próprio art. 31 do Código Penal leva inequivocamente a esta conclusão. Existem, em razão disso, várias teorias acerca do conceito desta acessoriedade da participação:

a) Acessoriedade **mínima:** basta que o partícipe concorra para um **fato típico**, ainda que este não seja antijurídico. Esta teoria é absurda porque considera crime o ato de auxiliar alguém que está agindo em legítima defesa, estado de necessidade etc.

b) Acessoriedade **limitada:** há crime se o partícipe colaborou com a prática de um **fato típico e antijurídico**. É a interpretação que entendemos correta e que é aceita pela maioria dos doutrinadores.

c) Acessoriedade **extremada:** só existe crime em relação ao partícipe se o autor principal tiver cometido **fato típico** e **antijurídico** e desde que seja **culpável**. Por esta teoria, não há participação quando alguém induz um menor a cometer crime, pois este não é culpável em razão da inimputabilidade. Aplicando-se tal teoria, o maior ficaria impune, pois, segundo ela, não existe participação quando o executor não é culpável. O que ocorre, em verdade, é que quem induz ou incentiva pessoa não culpável a cometer infração penal é **autor mediato** do delito. Por essa razão, alguns autores, como Flávio Monteiro de Barros[2] e Fernando

2 Flávio Augusto Monteiro de Barros, *Direito penal*, v. 1, p. 347-348.

Capez[3], defendem que esta teoria é a correta exatamente porque dá sustentação à autoria mediata. O problema, entretanto, é que as teorias que estão em análise dizem respeito à natureza jurídica da figura do partícipe, e a autoria mediata não constitui hipótese de participação. Trata-se de hipótese *sui generis* de **autoria**.

d) hiperacessoriedade: para a punição do partícipe, é preciso que o autor seja **culpável**, que tenha cometido **fato típico** e **antijurídico**, e, ainda, que seja **punível**. Para esta corrente, se houver extinção da punibilidade em relação ao autor do crime (por prescrição, por morte etc.), torna-se inviável a responsabilização do partícipe. É evidente o equívoco desta corrente já que a punibilidade de uma pessoa não interfere na da outra.

19.4.2.3. *Não identificação do autor e possibilidade de punição do partícipe*

Não inviabiliza a punição do partícipe a não identificação do executor do delito, desde que fique provado o **envolvimento** de ambos. Tal situação, aliás, é muito comum. Se a prova demonstra, por exemplo, que o empregado deixou aberta a porta da casa para o comparsa nela entrar e cometer o furto, será absolutamente possível a sua punição como partícipe, ainda que o furtador tenha fugido e não tenha sido identificado.

19.4.2.4. *Participação posterior ao crime*

Só é realmente partícipe de um crime quem contribui para sua consumação. Daí por que seu envolvimento deve ocorrer **antes** ou **durante** a execução do delito. É claro que, se uma pessoa diz ao agente, antes de um furto, que se dispõe a comprar carro de determinada marca e modelo, e realmente o faz após a subtração, ela é **partícipe** do furto porque, antes do delito, incentivou o furtador — embora só tenha recebido o bem posteriormente. Ao contrário, aquele que recebe o veículo furtado sem ter de qualquer modo incentivado anteriormente o crime incorre em delito de **receptação**.

O envolvimento posterior ao crime, dependendo da situação concreta, pode configurar também crimes como favorecimento pessoal (art. 348 do CP) ou real (art. 349 do CP), ocultação ou destruição de cadáver (art. 211 do CP) etc.

19.4.2.5. *Participação inócua*

É aquela que em **nada contribui** para o resultado, não sendo punível. Em tais casos, não há relevância causal na conduta, o que exclui o concurso de agentes. Ex.: uma pessoa cede uma arma para o agente matar a vítima, mas o executor comete o crime mediante asfixia. Neste caso, quem emprestou a arma não pode ser punido por participação na modalidade auxílio, pois aquele prestado mostrou-se inócuo. Se, eventualmente, ficar demonstrado que, além de emprestar a arma, o sujeito havia também incentivado verbalmente a prática do homicídio, poderá ser punido por participação, nas modalidades de induzimento ou instigação.

---

3 Fernando Capez, *Curso de direito penal*, 15. ed., v. 1, p. 369.

Lembre-se, por sua vez, de que a colaboração **posterior** à consumação do delito, conforme já estudado, não configura participação, podendo constituir crime autônomo ou irrelevante penal (dependendo do caso).

■ 19.4.2.6. Participação por omissão

Existe participação por omissão quando uma pessoa que tem o **dever jurídico** de evitar o resultado toma ciência da execução de um crime por terceira pessoa e, podendo evitar-lhe o prosseguimento, resolve nada fazer para que o crime siga seu curso. Suponha-se que um policial, ao dobrar uma esquina, veja um homem desconhecido estrangulando uma mulher. Ele está armado e pode evitar o resultado, tendo, inclusive, o dever jurídico de fazê-lo. Contudo, ao perceber que a vítima é uma pessoa de quem não gosta, resolve se omitir, permitindo que o homicídio se consume. O desconhecido é autor do homicídio e o policial, partícipe por omissão (porque tinha o dever jurídico de evitar o resultado e não o fez).

Existe um sutil detalhe que distingue a participação por omissão dos denominados crimes comissivos por omissão. Com efeito, em ambos o sujeito tem o dever jurídico de evitar o resultado, porém, nos crimes comissivos por omissão, não há terceira pessoa cometendo um crime, enquanto na participação por omissão, estamos na seara do concurso de pessoas, havendo alguém cometendo um crime e a omissão colaboradora daquele que tinha o dever jurídico de evitá-lo.

■ 19.4.2.7. Conivência

A conivência consiste na omissão **voluntária** de fato impeditivo do crime, na não informação à autoridade pública a fim de evitar seu prosseguimento, ou na retirada do local onde o delito está sendo cometido, **quando ausente o dever jurídico de agir** (daí a diferença em relação à participação por omissão).

Dependendo da situação, a conivência pode gerar ou não consequências. Se um cidadão comum presencia um homicídio em andamento e não intervém para salvar a vítima por haver risco para ele próprio, não responde por delito algum. Por outro lado, se um nadador vê a mãe jogar uma criança de pouca idade em uma piscina e, sem qualquer risco pessoal, permite que a criança venha a falecer por afogamento, responde por crime de omissão de socorro agravada pelo evento morte (art. 135, parágrafo único, 2ª parte, do CP). Não há que se falar em participação por omissão no crime de homicídio, pois o nadador não tinha o dever jurídico **específico** de impedir o evento, todavia, como infringiu um dever **genérico** de assistência, responde pela omissão de socorro.

É possível, ainda, que o conivente não incorra em delito algum, **ainda que tome prévio conhecimento de que este iria ocorrer e se omita**. É o caso da pessoa que fica sabendo, por ouvir uma conversa na mesa ao lado, que haverá um furto de madrugada em determinada loja e não dá a notícia às autoridades que poderiam evitar sua prática. Cometido o furto, o omitente não é partícipe porque não tinha a obrigação de evitar o resultado e nem responde por omissão de socorro, já que a situação do furto não é abrangida pelo art. 135 do Código Penal.

A conivência **posterior** à prática de um crime pode configurar **contravenção** penal descrita no art. 66, I, da Lei das Contravenções Penais (Decreto-lei n. 3.688/41), que prevê pena de multa para quem "deixar de comunicar à autoridade competente: I — crime de ação pública, de que teve conhecimento no exercício de função pública, desde que a ação penal não dependa de representação; II — crime de ação pública, de que teve conhecimento no exercício da medicina ou de outra profissão sanitária, desde que a ação penal não dependa de representação e a comunicação não exponha o cliente a procedimento criminal". Nota-se, todavia, que referida contravenção enquadra-se na classificação dos delitos **próprios**, que só podem ser praticados por determinadas pessoas — funcionários públicos, médicos ou outros profissionais sanitários. Assim, se um particular toma conhecimento de um crime e, não havendo mais qualquer pessoa em risco, omite-se em noticiar o fato ou sua autoria às autoridades, não incorre na contravenção ou em qualquer outro crime. Os cidadãos comuns podem comunicar um crime às autoridades, mas não têm a obrigação de fazê-lo.

■ 19.4.2.8. *Possibilidade de coautoria e participação em crimes omissivos próprios e impróprios*

Discute-se a possibilidade de serem considerados coautores aqueles que meramente deixam de agir na mesma oportunidade, como na hipótese de duas pessoas que presenciam um acidente e, imediatamente, saem do local sem socorrer a vítima. **Seriam coautoras no delito de omissão de socorro** (art. 135)? A resposta nos parece positiva quando **ambas percebem** que a vítima não foi socorrida pela outra e, ainda assim, deixam o local sem socorrê-la. Em tal caso, existe o **liame subjetivo**, ou seja, a ciência recíproca de colaborar para um fim comum — a omissão do socorro —, ainda que não tenha havido incentivo recíproco nesse sentido. Se, entretanto, uma pessoa vê a vítima se acidentar e não presta socorro, deixando o local e, posteriormente, outra pessoa chega por ali, percebe o acidente e igualmente deixa o local, não existe coautoria, mas sim dois delitos autônomos de omissão de socorro.

A **participação** é admissível. Suponha-se que alguém incentive o pai a não matricular o filho no ensino fundamental. O pai é autor de crime de abandono intelectual (crime omissivo próprio) e quem o incentivou é partícipe.

Entendemos ser também possível a coautoria e a participação nos crimes **comissivos impróprios**. Quando pai e mãe combinam não alimentar o filho de pouca idade para que ele morra de fome, há coautoria, pois ambos têm o dever jurídico de evitar o resultado e este só ocorre em decorrência da omissão recíproca. De nada adiantaria, para alcançar o fim almejado, que um deles deixasse de alimentar o filho, mas o outro o fizesse. Haverá participação, por sua vez, por parte daquele que não tem o dever jurídico de evitar o resultado, mas que incentiva o detentor deste dever a se omitir.

■ 19.4.2.9. *Coautoria e participação em crime culposo*

É admissível a coautoria em crimes culposos. Esta possibilidade consta da Exposição de Motivos do Código Penal de 1940: "fica solucionada, no sentido afirmativo, a questão sobre o concurso em crime culposo, pois, neste, tanto é possível a cooperação material quanto a cooperação psicológica, *i.e.*, no caso de pluralidade de agentes, cada um destes, embora não querendo o evento final, tem consciência de cooperar na ação". Ex.: o passageiro de um veículo incentiva o motorista a empregar velocidade excessiva e este, aceitando a sugestão, passa a dirigir de forma incompatível com o local, vindo a causar um atropelamento culposo em que a vítima morre. O motorista e o passageiro são coautores do delito porque os dois agiram de forma culposa contribuindo para o evento. Nestes casos, considerando que um deles é quem dirigia e o outro quem incentivava, pode ficar a impressão de que o primeiro é autor (porque foi ele quem atropelou a vítima) e o segundo mero partícipe do crime culposo. Ocorre que o último não incentivou a que o motorista matasse alguém. Sua conduta foi de incentivo ao excesso de velocidade. Agiu também com imprudência. Assim, houve duas atitudes culposas, de cuja soma resultou o evento criminoso. Por esse raciocínio, segundo o qual são coautores todos os que agem de forma culposa e contribuem, conscientemente, para o resultado culposo, é **impossível a participação** nos delitos desta natureza, pois toda e qualquer pessoa que tenha agido culposamente será tratada como autora do delito.

Não se deve confundir a hipótese acima com a chamada **concorrência de culpas**, em que duas pessoas agem concomitantemente de forma culposa dando causa ao evento, porém **sem que cada uma delas tenha a consciência de contribuir para a eclosão do evento**, o que afasta o concurso de agentes. Em tais casos, cada qual responde pelo crime culposo, mas sem estar na condição de coautora. A diferença é que, na concorrência de culpas, **não existe o liame subjetivo**. Ex.: uma pessoa dirige o carro em excesso de velocidade, e a outra, na contramão, gerando um acidente com morte, sem que uma tenha prévia ciência da conduta culposa da outra.

■ *19.4.2.10. Participação dolosa em crime culposo e vice-versa*

Não se admite participação dolosa em crime culposo e nem participação culposa em crime doloso. Nesses casos, cada um dos envolvidos responde por crime autônomo, não havendo concurso de pessoas — que pressupõe unidade de crimes para os envolvidos. Se Lucas, querendo lesionar Felipe, entrega a Tiago uma lata (tipo *spray*) contendo um forte produto químico, mas diz a este que se trata de produto que causa mera irritação momentânea e, em seguida, convence-o a borrifar o líquido em Felipe como se fosse uma brincadeira, e, em razão disso, a vítima sofre graves queimaduras no rosto, Lucas responde por lesão dolosa grave, e Tiago, por lesão culposa.

Da mesma forma, se alguém, por imprudência, colaborar com a prática de um homicídio doloso, responderá no máximo por homicídio culposo, não sendo partícipe do delito intencional, pelo qual só responderá o outro.

■ *19.4.2.11. Hipóteses em que a lei transforma a participação em autoria*

O suicídio e a prostituição são condutas que o legislador quer inibir, mas não considera criminosas. Quem tenta se suicidar ou quem se prostitui não incorre em ilícito penal. Contudo, visando evitar o estímulo ou a colaboração material por parte de terceiros a tais condutas, o legislador incriminou o induzimento, a instigação e o auxílio ao suicídio ou à automutilação (art. 122) e o favorecimento à prostituição (art. 228). Por isso, a figura criminosa do art. 122 do Código Penal, por exemplo, é mais conhecida como **participação em suicídio ou automutilação**. De ver-se, entretanto, que aquele que participa de um suicídio ou favorece a prostituição é, na realidade, **autor** do delito, pois realizou conduta descrita no tipo penal. Em suma, quem induz, instiga ou auxilia outrem a se matar é **autor** do crime de participação em suicídio e quem induz ou atrai alguém à prostituição é **autor** de crime de favorecimento à prostituição.

■ 19.4.2.12. *Participação da participação ou em cadeia*

Ocorre quando uma pessoa induz ou instiga outra a, posteriormente, convencer ou auxiliar terceiro a executar o crime. É o que ocorre, por exemplo, quando João convence Pedro a induzir Antônio a matar Paulo. Antônio é autor do homicídio. Pedro é partícipe, e João é partícipe da participação. De qualquer modo, todos serão responsabilizados pelo homicídio.

■ 19.4.2.13. *Participação sucessiva*

Verifica-se a participação sucessiva quando duas pessoas estimulam o executor a cometer o delito, sem que uma saiba da participação da outra. Ex.: assessores diversos de um prefeito o aconselham, em ocasiões diversas, a desviar o dinheiro de determinada licitação.

■ 19.4.2.14. *Coautoria sucessiva*

Normalmente, os coautores iniciam juntos a infração penal. Pode ocorrer, entretanto, de apenas uma pessoa iniciar a execução e, durante a prática do delito, outra aderir à conduta e auxiliar a primeira nos atos executórios. É o que se chama de coautoria sucessiva. Em regra, esse tipo de coautoria só é viável até o momento consumativo da infração penal. Excepcionalmente, contudo, será possível após a consumação nas infrações permanentes. Ex.: uma só pessoa sequestra a vítima a fim de pedir resgate aos familiares. Com a captura da vítima, o crime do art. 159, que é formal, já está consumado. Se, entretanto, outra pessoa for informada do que está ocorrendo e se dispuser, por exemplo, a tomar conta da vítima no cativeiro e colaborar com as tratativas para o pagamento do resgate com a família dela, estaremos diante de coautoria sucessiva.

ASPECTOS MAIS IMPORTANTES DO CONCURSO DE PESSOAS NA MODALIDADE PARTICIPAÇÃO	
CONCEITO DE PARTICIPAÇÃO E ALCANCE	■ Modalidade de concurso de pessoas que pune aquele que não realiza ato executório da infração penal, mas de qualquer outro modo concorre para o crime. ■ Para que seja possível a punição, deve ser aplicada a regra de extensão do art. 29 do CP, que atribui ao partícipe a mesma pena do autor do delito. ■ De acordo com a teoria unitária (ou monista), adotada por nossa legislação, o partícipe incorre no mesmo crime do autor do delito, salvo exceções previstas na Parte Especial do Código ou na hipótese de cooperação dolosamente distinta. ■ Além disso, se for de menor importância a participação, a pena pode ser reduzida de 1/6 a 1/3.

NATUREZA JURÍDICA DA PARTICIPAÇÃO	■ Conduta acessória à do autor.
TEORIAS A RESPEITO DO CARÁTER ACESSÓRIO DA PARTICIPAÇÃO	a) acessoriedade mínima; b) acessoriedade limitada (é a adotada); c) acessoriedade extremada; d) hiperacessoriedade.
NÃO IDENTIFICAÇÃO DO AUTOR DO CRIME	■ Não impede a punição do partícipe.
NÃO SÃO PUNÍVEIS	a) **participação posterior ao crime**. Pode eventualmente configurar outro delito (receptação, favorecimento pessoal ou real, ocultação de cadáver etc.); b) **conivência**. Em razão da inexistência de dever jurídico de evitar o resultado; c) **participação inócua**. Pois em nada contribui para o crime.
SÃO PUNÍVEIS	a) a participação por omissão; b) a participação em crimes omissivos próprios e impróprios; c) participação de menor importância (embora a pena seja diminuída de 1/6 a 1/3, nos termos do art. 29, § 1º, do CP).
IMPOSSIBILIDADE DE PARTICIPAÇÃO EM CRIMES CULPOSOS	■ Entende-se que qualquer incentivo a uma conduta culposa constitui também ato de imprudência, razão pela qual o sujeito é considerado autor, e não partícipe do crime. Note-se, portanto, que a conduta é punível, mas não na modalidade de participação.

■ 19.5. AUTORIA MEDIATA

Na autoria mediata, o agente serve-se de pessoa **sem discernimento** ou que esteja com **errada percepção da realidade** para executar para ele o delito. O executor é utilizado como **instrumento**, por atuar sem vontade ou sem consciência do que está fazendo, e, por isso, só responde pelo crime o autor mediato. **Não existe concurso de agentes** entre o autor mediato e o executor impunível. Não há coautoria ou participação nesses casos.

A doutrina costuma apontar que a autoria mediata pode ocorrer nos seguintes casos:

a) Falta de capacidade do executor em razão de **menoridade**, **doença mental** ou **embriaguez**. Ex.: convencer uma criança de 6 anos de idade ou um deficiente mental a colocar líquido transparente no copo de alguém e esta, pensando tratar-se de água, colocar veneno no recipiente, que vem a ser ingerido pela vítima do homicídio.

b) Coação moral irresistível, em que o executor, ameaçado gravemente, pratica o crime com a vontade submissa à do coator.

c) Erro de tipo escusável, provocado pelo autor mediato. Ex.: alguém contrata um carreto mentindo ao motorista que o material de construção existente em um terreno lhe pertence, fazendo com que vá até o local, recolha o material e o entregue posteriormente a ele. O motorista agiu em situação de erro de tipo, pois não sabia que estava subtraindo coisa alheia. Ele não responde pelo crime por falta de dolo. Pelo delito responde somente o autor mediato, sendo inclusive qualificado o furto pelo concurso de agentes, já que a qualificadora existe ainda que o comparsa não possa ser punido (menor de idade, filho da vítima etc.).

A hipótese de autoria mediata em análise abrange também as **excludentes de ilicitude por erro de tipo** provocadas pelo autor mediato. Com efeito, quando o sujeito faz o executor acreditar que se encontra na iminência de ser morto por outrem e o convence a agir em suposta legítima defesa matando o falso agressor, existe autoria mediata.

d) Obediência hierárquica, em que o autor da ordem a sabe ilegal, mas faz o executor pensar que ela é legal.

- **Autoria mediata e coação física**

Nos casos de **coação física irresistível** ou naqueles em que o agente se vale de **hipnose** ou do **sonambulismo** de outrem para que neste estado cometa o crime, sem ciência do que está fazendo, considera-se não haver **conduta** por parte destes. A ação é atribuída diretamente ao outro, de modo que sua autoria é **imediata**. Não havendo pluralidade de condutas, não há concurso de agentes.

- **Autoria mediata e crimes culposos**

Não é possível autoria mediata em crimes **culposos**, haja vista que, nestes, o resultado é produzido de forma involuntária.

- **Autoria mediata e autoria intelectual**

Não se confunde a autoria mediata com a **intelectual**. Nesta, o mentor é mero partícipe por ter concorrido para o crime ao idealizá-lo e induzir os demais a cometê-lo. Os executores têm plena ciência de que estão cometendo infração penal e respondem pelo delito, havendo, portanto, concurso de agentes, ao contrário do que se passa na autoria mediata.

■ 19.6. TEORIAS QUANTO AO CONCURSO DE PESSOAS

Existem três teorias a respeito de como deve se dar a punição dos envolvidos nos casos de concurso de agentes:

a) Teoria **unitária**, segundo a qual todos os que colaboram para determinado resultado criminoso incorrem no **mesmo** crime. Há uma única tipificação para autores, coautores e partícipes. É também conhecida como teoria **monista**.

b) Teoria **dualista**, pela qual há **dois** crimes, um cometido pelos autores, e outro, pelos partícipes.

c) Teoria **pluralista**, no qual cada um dos envolvidos responde por crime autônomo, havendo, portanto, **uma pluralidade de fatos típicos**. Cada um dos envolvidos deve responder por crime diverso.

Note-se que a diferença entre as duas últimas teorias não consiste em serem dois crimes na dualista e três ou mais na pluralista. A distinção é que, na dualista, há um crime para os autores e outro para os partícipes, enquanto na pluralista há sempre dois crimes (ainda que ambos os envolvidos tenham realizado atos executórios), havendo, assim, enquadramento em dois dispositivos distintos do Código.

▪ Teoria adotada pelo Código Penal

O legislador, ao estabelecer no art. 29, *caput*, do Código Penal **que incorre nas penas cominadas ao crime quem, de qualquer modo, para ele concorre**, adotou a teoria **unitária**. Assim, se uma pessoa incentiva ou auxilia outra a matar alguém, ambas incorrem em crime de homicídio. É evidente que, eventualmente, pode haver algumas diferenciações no enquadramento, dependendo de circunstâncias do caso concreto. Por exemplo, se uma pessoa induz outra a matar o próprio pai, ambas respondem por homicídio, mas a agravante genérica referente a ser o delito cometido contra ascendente (art. 61, II, *e*) só pode ser aplicada ao filho. Da mesma forma, se uma pessoa mata por razões torpes, desconhecidas do comparsa, a qualificadora do homicídio é aplicada apenas ao primeiro. Assim, pode-se dizer que é consequência da teoria monista o enquadramento dos envolvidos no mesmo tipo penal, ainda que em relação a alguns deles haja agravantes ou qualificadoras que não se estendam aos demais.

▪ Exceções à teoria unitária existentes no Código Penal

Não obstante a lei penal brasileira tenha adotado como regra a teoria monista, existem algumas exceções expressamente descritas no Código Penal em que foi adotada a teoria **pluralista** (crime diverso para cada um dos envolvidos). Uma dessas exceções é **genérica**, por estar prevista na **Parte Geral** do Código Penal. É a chamada **cooperação dolosamente distinta**, descrita no art. 29, § 2º. Segundo este dispositivo, se algum dos concorrentes **quis participar de crime menos grave**, ser-lhe-á aplicada a pena deste. Sua pena, entretanto, será aumentada em **metade** se o resultado mais grave era **previsível**. Dessa forma, se duas pessoas combinam agredir a vítima a fim de machucá-la, mas, durante a agressão, repentinamente, um dos agentes saca um canivete e a mata, o outro responde apenas por crime de lesões corporais, podendo a pena deste crime ser aumentada em até metade se ficar comprovado, no caso concreto, que era previsível o resultado mais grave. Neste caso, havia por parte do sujeito intenção de participar de crime menos grave contra aquela vítima.

Há situações em que fica ainda mais patente a impossibilidade de responsabilizar o comparsa de um crime por **outro** delito realizado na mesma ocasião pelo corréu. Suponha-se que dois indivíduos entrem armados em um banco e dominem todos os funcionários e clientes na área dos caixas. Em seguida, um dos assaltantes entra com a gerente na sala onde fica o cofre, sendo que as demais vítimas e o comparsa permanecem no recinto onde se deu a abordagem. Aquele roubador, que se encontra a sós com a gerente, além de subtrair o dinheiro do cofre, estupra a mulher, fato este que não havia sido ajustado com o comparsa e que lhe era completamente desconhecido. Em tal hipótese, ocorreu um segundo ato criminoso, contra vítima específica, e que era desconhecido de um dos envolvidos, que, evidentemente, não pode ser responsabilizado pelo crime de estupro, embora tenha ajudado a dominar as vítimas, inclusive a gerente, no momento inicial da abordagem. Neste exemplo, não será aplicado aumento de metade da pena, pois não era previsível que, durante o roubo, um dos envolvidos fosse cometer estupro contra a gerente.

É preciso ter cuidado com a apreciação do contexto executório do delito, uma vez que, em certas situações, um dos agentes efetivamente queria participar de crime menos grave, porém acabou se envolvendo concretamente no fato mais gravoso, devendo ser também punido por este. Imagine-se que dois assaltantes abordem a vítima e subtraiam-lhe a carteira, sendo que, no momento em que iam deixar o local, um deles comece a estuprar a vítima, e o comparsa permaneça apontando a arma para esta, enquanto o outro pratica os atos libidinosos. Ambos respondem por roubo e por estupro. O sujeito que permaneceu apontando a arma durante o ato sexual queria cometer apenas crime de roubo, mas se envolveu diretamente na execução do estupro, de modo que deve ser também responsabilizado por este crime.

Existem, ainda, exceções à teoria unitária na **Parte Especial** do Código Penal. Em tais casos, todavia, o dolo dos envolvidos é o mesmo. Eles unem seus esforços para o mesmo resultado criminoso, porém o legislador resolveu que cada um deve responder por tipo penal distinto. Podemos apontar as seguintes hipóteses:

a) uma gestante procura uma clínica e autoriza a realização de aborto sem que haja qualquer justificativa para tanto, aborto este que é realizado. O resultado almejado pela gestante e pelo terceiro é um só, o aborto. Ela, todavia, incorre em crime menos grave, chamado **consentimento para o aborto** (art. 124), enquanto o terceiro responde pelo crime de **provocação de aborto com o consentimento da gestante** (art. 126);

b) um particular oferece dinheiro a um fiscal para que não lavre uma multa e este aceita. O particular comete crime de **corrupção ativa** (art. 333), e o funcionário público, o delito de **corrupção passiva** (art. 317);

c) a testemunha, perito, tradutor, contador ou intérprete que presta falso testemunho ou falsa perícia mediante suborno incorre no art. 342, § 1º, do Código Penal, enquanto o responsável pelo suborno comete o crime previsto no **art. 343**;

d) um funcionário público que esquece a porta da viatura destrancada incorre no crime de **peculato culposo** (art. 312, § 1º), enquanto a pessoa que se aproveita disso para furtar a viatura comete **furto comum** (art. 155).

- **Participação de menor importância**

Prevê o art. 29, § 1º, do Código Penal que, se a participação for de menor importância, a pena poderá ser diminuída de **1/6 a 1/3**. Trata-se de **causa de diminuição de pena** que só tem aplicação quando o juiz verifica, no caso concreto, que a contribuição do sujeito para o crime foi pequena, não merecendo a mesma reprimenda dos demais envolvidos. Nesse caso, não há efetiva exceção à teoria unitária, na medida em que o crime é o mesmo para todos os envolvidos, havendo apenas uma redução de pena para o partícipe cuja contribuição para o delito tenha sido menor. Atente-se para o fato de que **toda** participação é conduta **acessória**, de modo que só deve haver a redução da pena quando o envolvimento do partícipe no delito tiver sido realmente pequeno. Não é o que ocorre, por exemplo, por parte daquele que dirige seu carro com os comparsas até a frente de uma loja e fica ali aguardando o assalto para, em seguida, dar fuga aos demais na posse dos bens roubados. É comum que os defensores aleguem participação de menor importância nesses casos, alegação que vem sendo refutada por se tratar de colaboração relevante para a concretização do roubo.

Tendo em vista que o dispositivo se refere à **participação** de menor importância, não há que se cogitar, por falta de amparo legal, de eventual **coautoria** de menor importância, mesmo porque a realização de atos executórios é sempre relevante. É claro que é possível, em um homicídio, que um dos agentes desfira uma facada na vítima e que o outro desfira trinta facadas. Em tal caso, não há possibilidade de redução da pena para aquele que deu apenas um golpe. Ao contrário, o que pode ocorrer é a exasperação da pena-base daquele que desferiu os inúmeros golpes.

■ 19.7. REQUISITOS PARA A EXISTÊNCIA DE CONCURSO DE AGENTES

É unânime a doutrina no sentido de que são **quatro** os requisitos para a existência do concurso de agentes: 1) **pluralidade de condutas**; 2) **relevância causal das condutas**; 3) **liame subjetivo**; 4) **identidade de crime para todos os envolvidos**.

■ 19.7.1. Pluralidade de condutas

Para que seja possível a punição de duas ou mais pessoas em concurso, é necessário que cada uma delas tenha realizado ao menos uma conduta. Caso se trate de **coautoria**, existem duas condutas classificadas como **principais**. Ex.: duas pessoas efetuando disparos na vítima; três indivíduos subtraindo bens da vítima; dois funcionários públicos desviando dinheiro público etc. No caso de **participação**, existe uma conduta principal — do autor — e outra **acessória** — do partícipe. Ex.: uma pessoa atira na vítima, e o partícipe, verbalmente, a incentiva a fazê-lo; um empregado deixa destrancada a janela da casa e comunica o fato ao furtador, que, de noite, vai à residência e subtrai os bens da vítima.

■ 19.7.2. Relevância causal das condutas

Apenas aqueles cujas condutas tenham efetivamente contribuído para o **resultado** podem responder pelo delito. Assim, como há pouco mencionado, os que tenham realizado conduta que, na prática, mostre-se inócua para a concretização do crime não respondem por ele, não havendo, neste caso, concurso de agentes.

Mesmo nos delitos em que a lei dispensa o resultado para a consumação, como os crimes **formais**, o requisito mostra-se **indispensável**. Com efeito, imagine-se um crime de extorsão mediante sequestro, que é formal, em que um partícipe forneça informações acerca do local onde a vítima se encontra para que os executores possam capturá-la. A relevância da conduta diz aqui respeito ao evento "sequestro", e não à obtenção do resgate.

■ 19.7.3. Liame subjetivo

Para que exista concurso de pessoas, é necessário que os envolvidos atuem **com intenção de contribuir para o resultado criminoso**. Sem esta identidade de desígnios, existe autoria **colateral**, que não constitui hipótese de concurso de agentes.

É de se salientar que não é requisito para a configuração do concurso de pessoas a existência de **prévio** ou **expresso ajuste** entre as partes. É suficiente que o envolvido tenha ciência de que, com sua conduta, colabora para o resultado criminoso. Assim, existe participação, por exemplo, quando um empregado, desgostoso com o patrão que não lhe deu aumento, intencionalmente deixa aberta a porta da casa, facilitando com que um ladrão que por ali passe entre no imóvel e cometa um furto. Neste caso, o furtador não sabe que foi ajudado, certamente supondo que alguém se esqueceu de fechar a porta, contudo o empregado é considerado partícipe.

É óbvio que também há concurso de pessoas se estiver presente o prévio ajuste entre os envolvidos, o que, aliás, é o que normalmente ocorre.

19.7.4. Identidade de crimes para todos os envolvidos

Havendo o liame subjetivo, todos os envolvidos devem responder pelo **mesmo crime** em razão da teoria **unitária** ou **monista** adotada pelo Código Penal. Assim, se duas pessoas entram armadas em uma casa para roubar os moradores e uma delas consegue fugir levando alguns objetos, enquanto a outra é presa no local sem nada levar, ambas respondem por crime **consumado**. É que a pessoa que foi presa, com seu comportamento anterior, colaborou para que o comparsa concretizasse a subtração.

Nas hipóteses previstas no Código Penal em que existe exceção à teoria unitária, não há concurso de pessoas, cada qual respondendo como autor de delito diverso. Quando uma pessoa oferece dinheiro a um policial para este não lavrar uma multa e o policial recebe os valores, o primeiro responde por corrupção ativa, e o segundo, por corrupção passiva. Não há concurso de agentes.

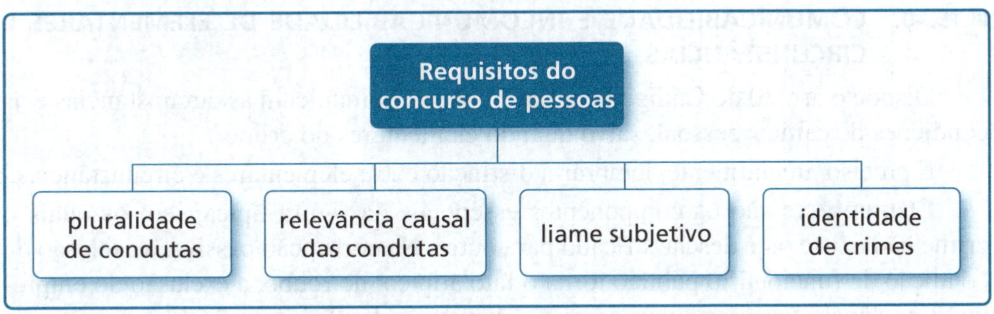

19.8. AUTORIA COLATERAL

Ocorre quando duas ou mais pessoas querem cometer o mesmo crime e agem ao mesmo tempo sem que uma saiba da intenção da outra. É o que ocorre quando dois ladrões resolvem furtar objetos de um supermercado ao mesmo tempo sem que um saiba da atuação do outro. Ambos escondem mercadorias sob a blusa e saem sem pagar. Cada um cometeu um crime de furto, contudo sem ter havido concurso de agentes. A autoria colateral nada mais é do que duas pessoas, coincidente e concomitantemente, cometendo crimes contra a mesma vítima, sem que haja liame subjetivo entre elas.

A questão se torna mais interessante quando um dos autores colaterais consegue consumar o crime e o outro não. Imagine-se que João e Pedro queiram matar Antônio, mas um não saiba da intenção do outro. João aguarda a vítima de um lado da estrada, e Pedro, do outro lado. Quando Antônio passa, ambos atiram ao mesmo tempo, e a vítima é alvejada por apenas um dos disparos. No caso em tela, se ficar provado que a vítima morreu em virtude do tiro de João, este responde por homicídio consumado, e Pedro, por tentativa de homicídio (não se trata de crime impossível porque a vítima estava viva no momento em que ambos apertaram os gatilhos de suas armas). Não se fala aqui em coautoria ou em participação, pois estas só se configuram quando há o liame subjetivo, ou seja, quando os envolvidos sabem que estão concorrendo para um resultado comum. Se houvesse tal liame entre João e Pedro, eles seriam coautores e ambos responderiam por homicídio consumado.

■ 19.9. AUTORIA INCERTA

Ocorre quando, na autoria colateral, não se consegue apurar qual dos envolvidos provocou o resultado. Ex.: João e Pedro querem matar Antônio. Um não sabe da intenção do outro. Ambos disparam contra a vítima, que morre recebendo apenas um disparo, não se conseguindo, porém, apurar qual deles causou a morte. Esta é a autoria incerta. A solução é que ambos respondam por tentativa de homicídio. Apesar de não haver solução expressa no texto legal, esta é a única solução viável, já que não podem ambos ser responsabilizados por crime consumado porque, neste caso, haveria punição mais grave para a pessoa que errou o disparo.

■ 19.10. COMUNICABILIDADE E INCOMUNICABILIDADE DE ELEMENTARES E CIRCUNSTÂNCIAS

Dispõe o art. 30 do Código Penal que "não se comunicam as circunstâncias e as condições de caráter pessoal, salvo quando elementares do crime".

É preciso, inicialmente, lembrar a distinção entre elementares e circunstâncias.

Elementares são os componentes essenciais da figura típica, sem os quais o crime não existe ou é desclassificado para outro. Na corrupção passiva, a exclusão da condição de funcionário público torna o fato atípico; no roubo, a exclusão do emprego de violência física ou grave ameaça promove a desclassificação para o crime de furto. São, portanto, elementares. No primeiro exemplo, a qualidade de funcionário público é elementar de caráter pessoal, enquanto, no segundo, o emprego de violência ou grave ameaça constitui elementar de caráter objetivo.

Circunstâncias são todos os dados **acessórios** que, agregados à figura típica, têm o condão de **influir na fixação da pena**. São circunstâncias as agravantes e atenuantes genéricas, as causas de aumento e de diminuição de pena, as qualificadoras etc. A inexistência de uma circunstância não interfere na tipificação de determinada infração penal, apenas altera sua pena.

São **circunstâncias** de caráter **pessoal (subjetivas)** aquelas relacionadas à **motivação** do agente, que podem tornar o crime mais **grave** (motivo torpe, fútil, finalidade de garantir a execução de outro crime etc.) ou mais **brando** (relevante valor social ou moral, violenta emoção etc.), o **parentesco** com a vítima, a **confissão** etc. As **condições** de caráter **pessoal** dizem respeito ao **agente**, e não ao fato, e, assim, acompanham-no independentemente da prática da infração. Exs.: reincidência, maus antecedentes, menoridade, personalidade, conduta social etc.

São circunstâncias **objetivas** as que dizem respeito **ao fato**, e não ao autor do crime. Podem ser citados como exemplos:

a) o local do crime. O crime de sequestro ou cárcere privado é qualificado se o delito é cometido mediante internação em casa de saúde ou hospital (art. 148, § 1º, II); o crime de violação de domicílio é qualificado se o fato ocorre em local ermo (art. 150, § 1º);

b) o tempo do crime. O furto tem a pena aumentada em 1/3, se o fato ocorre durante o repouso noturno (art. 155, § 1º);

c) os meios de execução. Emprego de fogo, veneno, explosivo, asfixia ou outros meios insidiosos ou cruéis no homicídio; emprego de arma nos delitos de constrangimento ilegal (art. 146, § 1º), violação de domicílio (art. 150, § 1º), roubo (art. 157, § 2º, VII, § 2º-A, I, e § 2º-B);

d) o modo de execução. À traição, mediante emboscada, dissimulação ou outros recursos que dificultem ou impossibilitem a defesa da vítima;

e) a condição da vítima. Mulher grávida, criança, pessoa maior de 60 anos, enfermo etc.

Feitos esses esclarecimentos, vamos analisar as regras contidas no mencionado art. 30 do Código Penal:

1ª) As circunstâncias e condições objetivas comunicam-se aos coautores e também aos partícipes que tenham tomado conhecimento da forma mais gravosa de execução do delito. Quando se diz que João e Pedro mataram Antônio com emprego de fogo, isso significa que são **coautores** do homicídio, e, se ambos atearam fogo na vítima, é evidente que conheciam a forma mais gravosa de execução, e ambos incorrem na qualificadora respectiva. No caso de **participação**, porém, podem ocorrer duas situações: se João incentiva Pedro a matar Antônio sem saber que este empregará veneno como forma de execução, responde apenas por homicídio simples, enquanto para Pedro o delito é qualificado. Se João, todavia, incentiva Pedro a cometer o crime, ciente de que ele usará veneno ou fogo na execução, incorre também na figura qualificada.

2ª) As circunstâncias e condições subjetivas não se comunicam. Assim, se uma moça, querendo ficar com a herança do pai, mente ao namorado dizendo que aquele a está molestando sexualmente e pede para ele matá-lo, existe motivação distinta. A moça agiu por motivo torpe e incorre em homicídio qualificado. O namorado cometeu o crime pensando estar protegendo a namorada e não responde pela figura qualificada. Além disso, a agravante genérica referente à condição de filha da vítima não se estende ao namorado.

3ª) As elementares, quer sejam subjetivas ou objetivas, comunicam-se aos comparsas, desde que tenham entrado em sua esfera de conhecimento. Dessa forma, se o Secretário de Obras de uma cidade (funcionário público) pede a um amigo para buscar dinheiro decorrente de propina junto a uma empreiteira, ambos respondem por corrupção passiva. Apesar de o amigo não ser funcionário público, ele também incorre em corrupção passiva porque o art. 30 do Código Penal diz que as elementares de caráter pessoal estendem-se aos comparsas — no crime de corrupção passiva, a condição de funcionário público é elementar. Neste caso, a regra do art. 30 atuou de forma a possibilitar a punição de uma pessoa não abrangida diretamente pelo tipo penal. Saliente-se que, por estar a comunicabilidade das elementares de caráter pessoal contida na Parte Geral do Código Penal (art. 30), suas consequências estendem-se a toda a Parte Especial, podendo, em certos casos, atuar como fator de abrandamento da punição. É o caso clássico do infanticídio, em que a mãe, sob influência do estado puerperal, mata o próprio filho, durante o parto ou logo após (art. 123 do CP). Caso outras pessoas colaborem com a mãe no ato de matar o bebê, respondem também por infanticídio, embora não estejam no estado puerperal e tampouco sejam a mãe da criança. É que tais aspectos, por serem elementares de caráter pessoal, comunicam-se aos eventuais comparsas.

- **Desistência voluntária e arrependimento eficaz no concurso de agentes**

Segundo o art. 15 do Código Penal, o agente que, voluntariamente, desiste de prosseguir na execução do crime ou impede que o resultado se produza só responde pelos atos já praticados. Tais temas já foram abordados anteriormente e, conforme estudado, geram a atipicidade em relação ao crime visado por ocasião do início da execução, respondendo o agente somente pelos atos já realizados. Desse modo, se o sujeito efetuou disparos querendo matar a vítima e, ao perceber que não a atingiu de forma fatal, deixou de efetuar novos disparos embora fosse perfeitamente possível fazê-lo, só responde pelo crime de lesões corporais. Tal fato aproveita ao partícipe, pois a conduta acessória (participação) segue as consequências da principal, mesmo porque a desistência e o arrependimento eficaz são circunstâncias objetivas que, nos termos do art. 30, comunicam-se aos comparsas. Em suma, se o mandante paga para alguém matar a vítima e este inicia a execução do crime, mas acaba desistindo de nele prosseguir ou socorre a vítima, salvando-a, nenhum dos dois responde por tentativa de homicídio.

19.11. PARTICIPAÇÃO IMPUNÍVEL

De acordo com o art. 31 do Código Penal, o **ajuste**, a **determinação**, a **instigação** e o **auxílio**, salvo expressa disposição em contrário, **não são puníveis, se o crime não chega, ao menos, a ser tentado**. Assim, se uma pessoa estimula outra a cometer um crime, mas esta sequer inicia a execução do delito, o fato é atípico para ambas. Em suma, a participação não é punível quando aquele ou aqueles que iam cometer o delito não chegam sequer a tentá-lo. Se alguém é contratado para matar a vítima, recebe o dinheiro do mandante, mas desaparece com os valores, sequer procurando o sujeito passivo para cometer o crime de homicídio, estamos diante da hipótese do art. 31 do Código Penal, em que nenhum dos envolvidos será punido. A mesma solução será aplicada se o executor, após o pacto, sair à procura da vítima para matá-la, mas, antes de iniciar a prática do homicídio, for atropelado ou preso por outros crimes pelos quais era procurado.

Interessante notar que, no crime de associação criminosa (art. 288 do CP, com a redação dada pela Lei n. 12.850/2013), o mero ajuste entre três ou mais pessoas visando à prática futura e reiterada de crimes foi erigido à condição de crime autônomo, estando caracterizado ainda que seus integrantes não cheguem a executar qualquer dos crimes pretendidos.

■ 19.12. QUESTÕES

1. (Ministério Público/CE — 2009) Nos chamados crimes monossubjetivos:

a) o concurso de pessoas é eventual.
b) o concurso de pessoas só ocorre no caso de autoria mediata.
c) o concurso de pessoas é necessário.
d) não há concurso de pessoas.
e) há concurso de pessoas apenas na forma de participação.

2. (Ministério Público/PR — 2009) Sobre o tema autoria e participação, assinale a alternativa correta:

a) ocorre a autoria colateral quando ações paralelas de agentes diversos lesionam um mesmo bem jurídico, como resultado de prévio planejamento conjunto.
b) na autoria mediata, o terceiro utilizado como instrumento pelo autor mediato para a prática do crime, pode ser um sujeito inimputável ou imputável, conforme a hipótese concreta.
c) no crime de peculato (Código Penal, art. 312), a qualidade de funcionário público do autor não se comunica ao partícipe que não é funcionário público, ainda que aquela qualidade seja de pleno conhecimento deste último.
d) A, B e C resolvem praticar furto noturno em residência, quando então A, por decisão e execução exclusiva, pratica estupro contra a vítima D, que acordara durante a execução do crime patrimonial. Assim, a prática do crime sexual também é imputável a B e C, ainda que não tenha ingressado na esfera de previsibilidade destes últimos.
e) a punibilidade da participação, segundo a teoria da acessoriedade limitada, exige que a ação principal, além de típica e antijurídica, também seja culpável.

3. (Procurador do Estado/CE — CESPE/UNB — 2008) Com relação ao concurso de pessoas, assinale a opção correta:

a) As circunstâncias objetivas se comunicam, desde que o partícipe tenha conhecimento delas.
b) As circunstâncias objetivas se comunicam, mesmo quando o partícipe não tiver conhecimento delas.
c) As circunstâncias subjetivas nunca se comunicam.
d) As elementares objetivas sempre se comunicam, ainda que o partícipe não tenha conhecimento delas.
e) As elementares subjetivas nunca se comunicam.

4. (Defensoria/MT — FCC — 2009) A respeito do concurso de pessoas é correto afirmar que:

a) é necessário o ajuste prévio no concurso de pessoas.
b) o Direito Penal brasileiro adotou a teoria unitária.
c) o concurso de agentes pode verificar-se após a consumação do delito.
d) pode ocorrer coautoria sem vínculo subjetivo entre os coautores.
e) é necessária a presença no local do comparsa para a configuração do concurso de agentes.

5. (Cartório/SP — 2008) Em relação à comunicabilidade das circunstâncias e condições pessoais na hipótese de concurso de agentes, assinale a alternativa incorreta:

a) Não se comunicam em hipótese alguma.
b) Quando elementares do crime, as circunstâncias de caráter pessoal podem se comunicar.

c) Quando elementares do crime, as condições pessoais podem se comunicar.
d) Via de regra não se comunicam, ficando a exceção para aquelas que integram o tipo penal.

6. (Polícia Civil/SP — Vunesp — 2018) No que diz respeito ao concurso de pessoas e às expressas regras do CP (arts. 29 a 31),

a) não se comunicam as circunstâncias e as condições de caráter pessoal, salvo quando elementares do crime.
b) quem, de qualquer modo, concorre para o crime incide nas penas a este cominadas, na medida de sua punibilidade.
c) aplica-se a mesma pena a todos os coautores, ainda que a participação seja de menor importância.
d) quem, de qualquer modo, concorre para o crime incide nas penas a este cominadas, na medida de sua voluntariedade.
e) mesmo que o crime sequer seja tentado, o ajuste, a determinação ou a instigação e o auxílio sempre são puníveis.

7. (OAB — FGV — 2010.3) Tomás decide matar seu pai, Joaquim. Sabendo da intenção de Tomás de executar o genitor, Pedro oferece, graciosamente, carona ao agente até o local em que ocorre o crime. A esse respeito, é correto afirmar que Pedro é:

a) coautor do delito, respondendo por homicídio agravado por haver sido praticado contra ascendente.
b) coautor do delito, respondendo por homicídio sem a incidência da agravante.
c) partícipe do delito, respondendo por homicídio sem a incidência da agravante.
d) partícipe do delito, respondendo por homicídio agravado por haver sido praticado contra ascendente.

8. (Magistratura/RS — 2009) Considere as assertivas abaixo sobre concurso de pessoas:

I. Quando um dos concorrentes quis participar de crime menos grave, a pena é diminuída até a metade, na hipótese de ter sido previsível o resultado mais grave, não podendo, porém, ser inferior ao mínimo da pena cominada ao crime cometido.
II. Quando o agente, no cometimento de um crime, ostentar atuação que o identifique como líder dentre os demais participantes, sua pena deverá ser aumentada de um sexto a um terço.
III. Quando a participação do agente no cometimento de um crime for de menor importância, a pena poderá ser reduzida de um sexto a um terço.

Quais são corretas?

a) Apenas a I.
b) Apenas a II.
c) Apenas a III.
d) Apenas I e II.
e) I, II e III.

9. (Defensoria/MA — FCC — 2009) Os requisitos para a ocorrência do concurso de pessoas no cometimento de crime são:

a) pluralidade de comportamentos, nexo de causalidade entre comportamento do partícipe e o resultado do crime e vínculo objetivo-subjetivo entre autor e partícipe.
b) presença física de autor e partícipe, nexo de causalidade entre o comportamento do coautor e o resultado do crime; vínculo subjetivo entre autor e partícipe e identidade do crime.
c) presença física de autor e partícipe, pluralidade de comportamentos, nexo de causalidade entre o comportamento do partícipe e o resultado do crime; vínculo subjetivo entre autor e partícipe e identidade do crime.
d) pluralidade de comportamentos, nexo de causalidade entre o comportamento do partícipe e o resultado do crime; vínculo objetivo entre autor e partícipe e identidade do crime.
e) pluralidade de comportamentos, nexo de causalidade entre o comportamento do partícipe e o resultado do crime; vínculo subjetivo entre autor e partícipe e identidade do crime.

10. (Defensoria/PA — FCC — 2009) A previsibilidade do resultado mais grave do crime na hipótese de concurso de pessoas, quando um dos agentes quis participar de crime menos grave conduz, em relação a esse, à

a) diminuição da pena de 1/6 a 1/3 por se tratar de participação de menor importância desde que o resultado possa lhe ser imputado a título de culpa.
b) aplicação da pena prevista para o resultado do crime na exata medida de sua culpabilidade.
c) diminuição da pena de 1/6 a 1/3 por se tratar de participação de menor importância qualquer que seja o resultado.
d) aplicação da pena prevista para o crime de que queria participar.
e) aplicação da pena prevista para o crime de que queria participar, aumentada até metade.

11. (Ministério Público/SP — 2005) Assinale a alternativa incorreta.

a) A chamada "autoria mediata" é delineada na conduta de quem consegue a subtração de bens alheios através de menor de 18 anos.
b) Não é isento de pena o estranho que colabora com o filho no furto de bens pertencentes aos pais deste.
c) No concurso de pessoas, é dispensável prévio acordo, mas se exige um vínculo ou liame psicológico entre elas.
d) No concurso de agentes, a interrupção da prescrição decorrente de sentença condenatória recorrível produz efeito relativamente ao coautor absolvido.
e) Em roubo praticado em concurso por dois agentes, pode-se reconhecer a modalidade consumada para um e a tentada, para o outro.

12. (Delegado de Polícia/SP — 2008) Não configura requisito para a existência do concurso de agentes:

a) a infração única para todos os concorrentes.
b) a pluralidade de condutas.
c) a relevância causal de cada conduta.
d) o vínculo subjetivo.
e) o acordo prévio entre os agentes.

13. (Ministério Público/SP — 2015) Após leitura dos enunciados abaixo, assinale a alternativa correta:

I. Ao tratar do concurso de pessoas, o Código Penal adotou como principal a teoria monista ou unitária.
II. O Código Penal, no que diz respeito ao concurso de pessoas, adotou também em alguns casos as chamadas exceções pluralísticas à teoria unitária.
III. A chamada autoria mediata se dá nos casos em que o agente consegue a execução do crime por meio de pessoa que age sem culpabilidade.
IV. A doutrina e a jurisprudência não aceitam o concurso de agentes em crime culposo, pois, nesse caso, não há possibilidade de vínculo psicológico entre duas pessoas na prática da conduta.
V. Os requisitos do concurso de pessoas, em regra, são: pluralidade de condutas, relevância causal de cada uma das ações, liame subjetivo entre os agentes e identidade de fato.

a) Somente o I, II, III e V são verdadeiros.
b) Somente o I, III e V são verdadeiros.
c) Somente o I, II e IV são verdadeiros.
d) Somente o I e V são verdadeiros.
e) Todos são verdadeiros.

14. (TJM/SP — 2016) A respeito do concurso de agentes, afirma-se corretamente que

a) além das modalidades instigação e induzimento, a participação também se dá pelo auxílio. Nesta modalidade, a fim de se diferenciar o coautor do partícipe, deve-se recorrer à regra da essencialidade da cooperação.
b) o concurso de pessoas, pelo Código Penal, assume duas formas, coautoria e participação. Partícipe é aquele que instiga ou induz o autor na perpetração do crime, sendo os atos de instigação e induzimento puníveis, independentemente de o crime vir a ser tentado ou consumado.
c) o Código Penal taxativamente estabelece que as penas dos autores e partícipes devem ser diferenciadas, punindo sempre de forma diminuída quem apenas instiga, induz ou auxilia na prática delitiva.

d) segundo o Código Penal, o coautor ou partícipe, independentemente do crime para o qual quis concorrer, será punido segundo a pena do crime efetivamente praticado, pois assumiu o risco do resultado.
e) segundo o Código Penal, as condições de caráter pessoal do autor estendem-se a todos os concorrentes da prática delitiva.

15. (OAB — 2017.2 — FGV) Rafael e Francisca combinam praticar um crime de furto em uma residência onde ela exercia a função de passadeira. Decidem, então, subtrair bens do imóvel em data sobre a qual Francisca tinha conhecimento de que os proprietários estariam viajando, pois assim ela tinha certeza de que os patrões, de quem gostava, não sofreriam qualquer ameaça ou violência. No dia do crime, enquanto Francisca aguarda do lado de fora, Rafael entra no imóvel para subtrair bens. Ela, porém, percebe que o carro dos patrões está na garagem e tenta avisar o fato ao comparsa para que este saísse rápido da casa. Todavia, Rafael, ao perceber que a casa estava ocupada, decide empregar violência contra os proprietários para continuar subtraindo mais bens. Descobertos os fatos, Francisca e Rafael são denunciados pela prática do crime de roubo majorado. Considerando as informações narradas, o(a) advogado(a) de Francisca deverá buscar

a) sua absolvição, tendo em vista que não desejava participar do crime efetivamente praticado.
b) o reconhecimento da participação de menor importância, com aplicação de causa de redução de pena.
c) o reconhecimento de que o agente quis participar de crime menos grave, aplicando-se a pena do furto qualificado.
d) o reconhecimento de que o agente quis participar de crime menos grave, aplicando-se causa de diminuição de pena sobre a pena do crime de roubo majorado.

■ GABARITO ■

1. "a". Crimes monossubjetivos são também chamados de crimes de concurso eventual porque podem ser praticados por uma só pessoa ou por duas ou mais em concurso.
2. "b". Na autoria colateral, não há prévio ajuste entre os envolvidos (alternativa "a"). No peculato, a qualidade de funcionário se comunica por ser elementar (alternativa "c"). Os outros furtadores não respondem por estupro por ter havido a chamada cooperação dolosamente distinta (alternativa "d"). Pela teoria da acessoriedade limitada, não é necessário que o autor seja culpável (alternativa "e").
3. "a". É a única alternativa que se encontra em consonância com as regras do art. 30 do CP.
4. "b". Todas as demais alternativas contêm informações erradas em relação ao concurso de agentes.
5. "a". As outras alternativas estão em consonância com o art. 30 do CP.
6. "a".
7. "c". Pedro é apenas partícipe porque não realizou ato executório do homicídio. Para ele não se aplica a agravante porque a vítima não é seu pai e o art. 30 do CP diz que as circunstâncias de caráter pessoal não se comunicam.
8. "c". A afirmativa I encontra-se em desacordo com o art. 29, § 2º, do CP, que trata da cooperação dolosamente distinta. A assertiva II carece de previsão legal. Já a assertiva III está correta porque reproduz o art. 29, § 1º, do CP.
9. "e". As demais alternativas apresentam requisitos que não condizem com o que a doutrina diz a respeito deste tema.
10. "e". É o que diz expressamente o art. 29, § 2º, 2ª parte, do Código Penal.
11. "e". Esta alternativa está errada porque é consequência do concurso de agentes a identidade de crimes para os envolvidos, de modo que, consumado o delito de roubo para um, estará consumado para todos, ainda para os que sejam presos no local do crime sem nada levar.

12. "e". O prévio ajuste é desnecessário, bastando o vínculo subjetivo, ou seja, a ciência de colaborar com o delito.
13. "a". A assertiva IV está errada porque é possível a coautoria em crimes culposos. As demais assertivas estão corretas.
14. "a".
15. "c".

20

DAS PENAS

20.1. CONCEITO

É a retribuição imposta pelo Estado em razão da prática de um ilícito penal e consiste na privação ou restrição de bens jurídicos determinada pela lei, cuja finalidade é a readaptação do condenado ao convívio social e a prevenção em relação à prática de novas infrações penais.

- **Espécies de penas admitidas na Constituição Federal**

Visando estabelecer parâmetros ao legislador, a Carta Magna elenca um rol de penas que podem ser adotadas pela lei penal. Nesse sentido, estabelece o art. 5º, XLVI, da Constituição que a *lei regulará a individualização da pena e adotará, entre outras, as seguintes*:

- **privação ou restrição de liberdade;**
- **perda de bens;**
- **multa;**
- **prestação social alternativa;**
- **suspensão ou interdição de direitos.**

A pena **privativa de liberdade** é exemplo de **privação** de direito (de ir e vir, de liberdade).

A **limitação de fim de semana**, por sua vez, é exemplo de pena **restritiva** de liberdade (que, no Código Penal, entretanto, integra o rol das penas denominadas restritivas de direitos).

A **perda de bens** consiste na reversão de pertences do condenado ao Fundo Penitenciário Nacional.

A **multa** consiste no pagamento de valores impostos na sentença. Afeta o patrimônio do acusado.

Por fim, a **suspensão ou interdição de direitos** pode consistir, por exemplo, na proibição do exercício de profissão ou de função pública, na suspensão da carteira de habilitação, na proibição de frequentar certos locais etc.

- **Espécies de penas vedadas pela Constituição Federal**

O texto constitucional (art. 5º, XLVI) permite ao legislador a adoção de outras espécies de penas além daquelas citadas no item anterior, porém, a fim de evitar que determinados limites sejam extrapolados, o próprio Constituinte proibiu algumas modalidades de pena. Com efeito, diz o art. 5º, XLVII, que não haverá penas:

- **de morte**, salvo em caso de guerra declarada;
- **de caráter perpétuo;**
- **de trabalhos forçados;**
- **de banimento;**
- **cruéis.**

Os direitos fundamentais, elencados no art. 5º da Constituição Federal, constituem **cláusulas pétreas** e não podem ser suprimidos nem mesmo por meio de Emenda Constitucional. Com efeito, reza o art. 60, § 4º, IV, da Carta Magna que "não será objeto de deliberação a proposta de emenda tendente a abolir os direitos e garantias individuais". Daí por que são absolutamente despidos de possibilidade de sucesso eventuais projetos de **lei** ou de **emenda** constitucional visando a adoção da **pena de morte** no país. Referido tipo de debate, portanto, é meramente acadêmico, pois a possibilidade de adoção da pena de morte como consequência de condenação criminal é nula em razão da vedação constitucional já referida.

Os crimes para os quais é prevista pena de **morte** em caso de **guerra declarada** estão descritos nos arts. 355 e seguintes do Código Penal Militar e a forma de execução encontra-se no art. 707 do Código de Processo Penal Militar[1].

A vedação de pena de caráter **perpétuo** está materializada no art. 75, *caput*, do Código Penal, que estabelece que o **cumprimento** de penas privativas de liberdade não pode exceder **40 anos**.

O art. 31 da Lei das Execuções Penais (Lei n. 7.210/84) estabelece que é **obrigatório** o trabalho interno do condenado à pena privativa de liberdade, na medida de suas aptidões. Todavia, caso ele se recuse a trabalhar, **não poderá ser forçado**. Ao contrário, o trabalho no ambiente carcerário lhe dará direito à **remição** da pena, ou seja, de abater um dia de condenação para cada três dias trabalhados. Além disso, o texto constitucional proíbe que o juiz profira na sentença condenação **específica** de **trabalhos forçados**.

É vedado também o **banimento** do brasileiro nato ou naturalizado do território nacional, como havia em legislações passadas. Por sua vez, a **deportação**, a **expulsão** e a **extradição** de estrangeiros são admissíveis, na medida em que possuem natureza **administrativa**, e não de sanção penal (Lei n. 13.445/2017).

---

[1] "O militar que tiver de ser fuzilado sairá da prisão com uniforme comum e sem insígnias, e terá os olhos vendados, salvo se o recusar, no momento em que tiver de receber as descargas. As vozes de fogo serão substituídas por sinais" (art. 707, *caput*, do CPPM); "O civil ou assemelhado será executado nas mesmas condições, devendo deixar a prisão decentemente vestido" (§ 1º); "Será permitido ao condenado receber socorro espiritual" (§ 2º); "A pena de morte só será executada 7 dias após a comunicação ao Presidente da República, salvo se imposta em zona de operação de guerra e o exigir o interesse da ordem e da disciplina" (§ 3º).

Por fim, são proibidas as penas **cruéis**, como, por exemplo, a serem cumpridas em regime degradante ou desumano. Tampouco são permitidos açoites, como chicotadas, marcações com ferro em brasa etc.

PENAS ADMITIDAS NA CONSTITUIÇÃO FEDERAL	PENAS VEDADAS NA CONSTITUIÇÃO FEDERAL
1) Privação e restrição de liberdade	1) De morte, salvo em caso de guerra declarada
2) Perda de bens	2) De caráter perpétuo
3) Multa	3) De trabalhos forçados
4) Prestação social alternativa	4) De banimento
5) Suspensão ou interdição de direitos	5) Cruéis

■ 20.2. FINALIDADES DA PENA

Existem **três** teorias que procuram explicar as finalidades da pena:

a) Teoria **absoluta** ou da **retribuição:** a finalidade da pena é **punir** o infrator pelo mal causado à vítima, aos seus familiares e à coletividade. Como o próprio nome diz, a pena é uma retribuição.

b) Teoria **relativa** ou da **prevenção:** a finalidade da pena é a de **intimidar**, evitar que delitos sejam cometidos.

c) Teoria **mista** ou **conciliatória:** a pena tem duas finalidades, ou seja, **punir** e **prevenir**.

■ 20.3. FUNDAMENTOS DA PENA

A aplicação da pena ao condenado possui diversos fundamentos. Refere-se o tema às consequências **práticas** da condenação, ao contrário do item anterior (finalidades da pena), em que se analisam as próprias razões da existência do sistema penal.

a) Preventivo: a existência da norma penal incriminadora visa **intimidar** os cidadãos, no sentido de não cometerem ilícitos penais, pois, ao tomarem ciência de que determinado infrator foi condenado, tenderão a não realizar o mesmo tipo de conduta, pois a transgressão implicará na sanção. Esta é a chamada **prevenção geral**.

Em termos específicos, a aplicação efetiva da pena ao criminoso no caso concreto, em tese, evita que ele cometa novos delitos enquanto cumpre sua pena (privativa de liberdade, por exemplo), protegendo-se, destarte, a coletividade (**prevenção especial**). Na prática, entretanto, tem-se visto que mesmo do interior dos presídios os criminosos continuam a delinquir, havendo centenas de casos de homicídios dentro dos estabelecimentos penais, tráfico de drogas, e até mesmo de crimes contra o patrimônio (extorsões) cometidos com uso de telefones celulares, que, evidentemente, são proibidos em referidos locais. Muitos delinquentes chegam a comandar suas facções criminosas do interior dos estabelecimentos penais. A maioria destas facções, aliás, surgiu devido à associação de presos dentro das penitenciárias.

b) Retributivo: a pena funciona como **castigo** ao transgressor de forma proporcional ao mal que causou, dentro dos limites constitucionais. Ao autor de um homicídio não pode ser aplicada a pena de morte, mas a pena privativa de liberdade a ele imposta deve ser maior do que a de um estelionatário, por exemplo.

c) Reparatório: consiste em **compensar a vítima** ou seus **parentes** pelas consequências advindas da prática do ilícito penal. A obrigação de reparar o dano, efeito secundário da sentença condenatória (art. 91, I, do CP), é um dos aspectos desse item. Igualmente a Lei n. 9.714/98, ao criar a prestação pecuniária em favor da vítima, como uma das novas penas restritivas de direitos, deixou clara a natureza reparatória desta espécie de sanção.

d) Readaptação: busca-se também com a aplicação da pena a **reeducação**, a **reabilitação** do criminoso ao convívio social, devendo ele receber estudo, orientação, possibilidade de trabalho, lazer, aprendizado de novas formas laborativas etc. A concretização desses objetivos, na prática, é rara, embora alcançados em alguns estabelecimentos penais tidos como modelo.

FINALIDADES DA PENA	FUNDAMENTOS DA PENA
■ Teorias acerca da necessidade do sistema punitivo	1) Prevenção
1) Absoluta ou retributiva	2) Retribuição
2) Relativa ou preventiva	3) Reparação
3) Mista ou conciliatória	4) Readaptação

■ 20.4. PRINCÍPIOS RELACIONADOS ÀS PENAS

As penas regem-se rigorosamente pelos seguintes princípios:

a) Da **legalidade** e da **anterioridade**. São, verdadeiramente, dois os princípios que decorrem do brocardo *nullum crimen nulla poena sine praevia lege*, estampados expressamente no art. 5º, XXXIX da Constituição Federal e no art. 1º do Código Penal, que estabelecem que "não há crime sem lei anterior que o defina. Não há pena sem prévia cominação legal".

Em suma, o princípio da **legalidade**, ou da **reserva legal**, é o que exige a tipificação das infrações penais em uma **lei** aprovada pelo Congresso Nacional, de acordo com as formalidades constitucionais, e sancionada pelo Presidente da República. Um ilícito penal não pode ser criado por meio de decreto, resolução, medida provisória etc.

Já o princípio da **anterioridade** exige que lei que incrimina certa conduta seja anterior ao fato delituoso que se pretende punir. Assim, é inaceitável que, após a prática de certo fato não considerado criminoso, aprove-se uma lei para punir o autor daquele fato pretérito. Igualmente não se pode aumentar a pena prevista para um delito e pretender que sua aplicação incida em relação a fatos já ocorridos.

b) Da humanização. São vedadas as penas cruéis, de morte, de trabalhos forçados, de banimento ou perpétuas (art. 5º, XLIX, da Constituição Federal).

c) Da **pessoalidade** ou **intranscendência**. A pena não pode passar da pessoa do condenado, podendo a obrigação de reparar o dano e a decretação do perdimento de bens ser, nos termos da lei, estendidas aos sucessores e contra eles executadas até o limite do valor do patrimônio transferido (art. 5º, XLV, da Constituição Federal). Em suma, de acordo com este princípio a pena aplicada só pode ser cumprida pelo réu **condenado**, **não podendo ser transferida a um sucessor ou coautor do delito**.

d) Da **proporcionalidade**. Deve haver correspondência entre a gravidade do ilícito praticado e a sanção a ser aplicada. Este princípio deve também nortear o legislador no sentido de não aprovar leis penais extremamente rigorosas, no calor de certos episódios noticiados pela imprensa, provocando distorções entre a pena prevista em abstrato e a gravidade do delito.

e) Da **individualização da pena**. Nos termos do art. 5º, XLVI, da Constituição Federal, a lei deve regular a individualização da pena de acordo com a **culpabilidade** e os **méritos pessoais** do acusado.

Duas importantíssimas decisões do Supremo Tribunal Federal, por exemplo, mudaram as regras da aplicação da pena aos mais graves delitos previstos em nossa legislação por entender o tribunal que certos dispositivos legais não respeitavam o princípio da individualização da pena. Com efeito, ao julgar o *Habeas Corpus* 82.959, em 23 de fevereiro de 2006, decidiu a Corte Suprema ser inconstitucional a redação originária do art. 2º, § 1º, da Lei n. 8.072/90 (Lei dos Crimes Hediondos), que determinava que, para os delitos hediondos, tráfico de drogas, terrorismo e tortura, a pena deveria ser cumprida **integralmente** em regime fechado. Entenderam os ministros do Supremo Tribunal Federal que a vedação à progressão de regime feria o princípio da individualização da pena e também o da dignidade humana. Além disso, no julgamento do *Habeas Corpus* 97.256, em setembro de 2010, o Pretório Excelso entendeu serem inconstitucionais os arts. 44, *caput*, e 33, § 4º, da Lei n. 11.343/2006 (Lei de Drogas), que proibiam a conversão da pena privativa de liberdade em restritiva de direitos do réu condenado por crime de tráfico (mesmo que a pena aplicada fosse igual ou inferior a 4 anos), uma vez que o art. 44 do Código Penal prevê tal possibilidade de conversão **sempre** que o crime cometido não envolver violência ou grave ameaça e a pena não superar 4 anos.

f) Da **inderrogabilidade**. O juiz não pode deixar de aplicar a pena ao réu considerado culpado, bem como de determinar seu cumprimento, salvo exceções expressamente previstas em lei, como, por exemplo, do perdão judicial em crimes como homicídio culposo, lesão corporal culposa, receptação culposa etc.

Observação: Princípios como os da **fragmentariedade**, da **intervenção mínima**, da **insignificância** ou da **lesividade** são princípios **gerais** do Direito Penal e dizem respeito à existência ou não da infração penal, da possibilidade ou não da tipificação de uma conduta, não sendo princípios **específicos** da aplicação da pena.

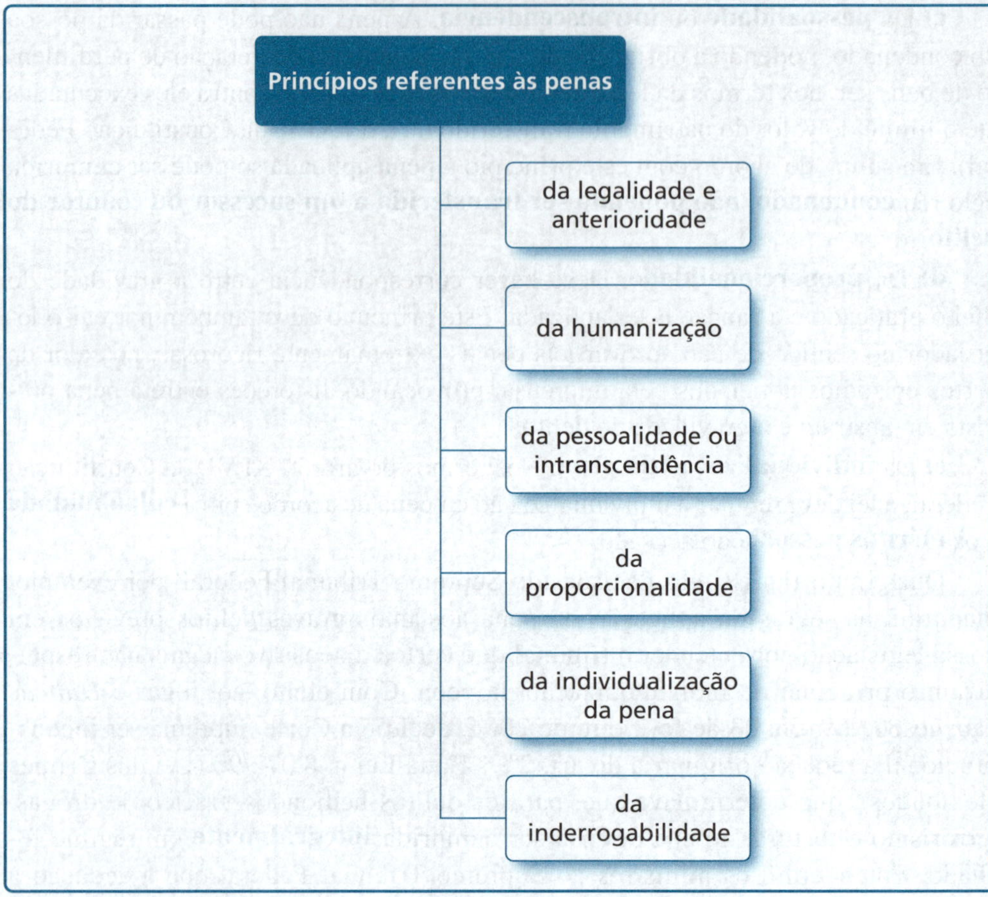

■ 20.5. PENAS PRINCIPAIS

A Constituição Federal, em seu art. 5º, XLVI, elenca um rol de penas que **poderão** ser adotadas pelo legislador. Este, ao regulamentar o tema (art. 32 do CP), adotou efetivamente as seguintes modalidades:

a) Penas privativas de liberdade: reclusão e detenção para os crimes (art. 33 do CP). Para as contravenções penais, a espécie de pena privativa de liberdade prevista é a prisão simples (art. 6º da Lei das Contravenções Penais — Decreto-lei n. 3.688/41).

b) Restritivas de direitos: prestação pecuniária, perda de bens e valores, prestação de serviços à comunidade ou a entidades públicas, interdição temporária de direitos e limitação de fim de semana (art. 43 do CP).

c) Multa (art. 49 do CP).

21

PENAS PRIVATIVAS DE LIBERDADE

21.1. RECLUSÃO E DETENÇÃO

No Código Penal, as modalidades de pena que privam o condenado de seu direito de ir e vir subdividem-se em **reclusão** e **detenção**. A reclusão é prevista para as infrações consideradas mais graves pelo legislador, como, por exemplo, homicídio, lesão grave, furto, roubo, estelionato, apropriação indébita, receptação, estupro, associação criminosa, falsificação de documento, peculato, concussão, corrupção passiva e ativa, denunciação caluniosa, falso testemunho, tráfico de drogas, tortura etc. Já a detenção costuma ser prevista nas infrações de menor gravidade, como, por exemplo, nas lesões corporais leves, nos crimes contra a honra, constrangimento ilegal, ameaça, violação de domicílio, dano, apropriação de coisa achada, ato obsceno, prevaricação, desobediência, desacato, comunicação falsa de crime, autoacusação falsa etc.

A reclusão tem regime mais severo do que a detenção. As principais diferenças entre elas são as seguintes:

a) o **regime inicial** de cumprimento de pena nos delitos apenados com reclusão pode ser o fechado, o semiaberto ou o aberto, enquanto naqueles apenados com detenção o regime inicial só pode ser o aberto ou o semiaberto, salvo em casos de regressão de pena, nos termos do art. 118 da Lei de Execuções Penais. Em suma, o próprio juiz pode fixar **na sentença** o regime inicial fechado para os crimes apenados com reclusão, o que não pode ocorrer nos crimes apenados com detenção, em que apenas o **juiz das execuções**, por intermédio da chamada **regressão**, é que pode impor o regime fechado, caso o condenado a isto tenha dado causa;

b) quanto aos **efeitos secundários específicos da condenação**, o juiz pode determinar, nos crimes apenados com **reclusão**, a incapacitação para o exercício do poder familiar, tutela ou curatela quando o delito tiver sido praticado contra "outrem igualmente titular do mesmo poder familiar, contra filho, filha ou outro descendente ou contra tutelado ou curatelado" (art. 92, *b*, II, do CP). No crime de maus-tratos (art. 136 do CP), em sua modalidade simples, o dispositivo não pode ser aplicado, uma vez que o crime é apenado com detenção. Contudo, caso o filho sofra lesão grave, passa a ser cabível, pois o delito, nesta forma qualificada, é apenado com reclusão (art. 136, § 1º);

c) a **medida de segurança**, aplicada aos inimputáveis ou semi-imputáveis por doença mental, deverá se dar em regime de **internação** se o crime praticado for apenado com **reclusão**, podendo, entretanto, dar-se em sistema de **tratamento ambulatorial** nos ilícitos apenados com **detenção**;

d) a pena de reclusão, por ser mais grave, deve ser cumprida antes da pena detentiva, de modo que, se o réu for condenado por dois crimes, um de cada espécie, deve cumprir primeiro aquele apenado com reclusão. Esta **prioridade na execução** da pena reclusiva encontra-se expressamente prevista na parte final do art. 69 do Código Penal, bem como em seu art. 76.

■ 21.2. PRISÃO SIMPLES

É a modalidade de pena privativa de liberdade prevista para as contravenções penais e, nos termos do art. 6º da Lei das Contravenções Penais, segue as seguintes regras:

a) o cumprimento da pena só é admitido nos regimes semiaberto e aberto, sendo, portanto, **vedada a regressão** ao regime fechado sob qualquer fundamento;

b) a pena deve ser cumprida sem rigor penitenciário;

c) o sentenciado deve cumprir pena em separado daqueles que foram condenados pela prática de crime;

d) o trabalho é facultativo quando a pena aplicada não superar 15 dias.

De acordo com o art. 10 da Lei das Contravenções Penais, o prazo máximo de prisão simples é de 05 anos.

É de se lembrar que, na prática, uma pessoa só será efetivamente condenada a cumprir pena de prisão simples se for **reincidente**, pois existem inúmeras medidas despenalizadoras a fim de evitá-la, já que as contravenções penais são infrações de menor potencial ofensivo para as quais se mostram cabíveis a transação penal e a suspensão condicional do processo. Além disso, inserem-se no rol das infrações penais em relação às quais é cabível a substituição da pena privativa de liberdade por restritiva de direitos (pena alternativa) — supondo-se, obviamente, que o réu seja primário.

O Superior Tribunal de Justiça já decidiu que "vulnera o disposto no art. 6º da Lei das Contravenções Penais o recolhimento do réu, para cumprimento da pena imposta, à cadeia pública, sabidamente em condições mais gravosas do que a revelada pelo regime fechado mantido em penitenciárias. A pena de prisão simples deve ser cumprida sem rigor penitenciário, em estabelecimento especial ou seção especial de prisão comum, em regime semiaberto ou aberto" (*DJU* 23.04.1993, p. 6922).

■ 21.3. HISTÓRICO DOS SISTEMAS DE CUMPRIMENTO DA PENA PRIVATIVA DE LIBERDADE

No desenvolvimento histórico da pena privativa de liberdade, vários sistemas foram adotados, sendo possível apontar os seguintes como os mais relevantes:

a) sistema da **Filadélfia** ou *solitary system*, adotado em 1775 na prisão de Walnut Street Jail, caracterizado pelo **isolamento** do preso em sua cela, a fim de que pudesse refletir e se arrepender por seus atos, sem contato com outros presos;

b) sistema de **Auburn**, adotado em 1816 no Estado de Nova York — EUA, em que o preso permanecia isolado em sua cela durante a noite e **trabalhava** em silêncio na companhia de outros presos durante o dia;

c) sistema **progressivo inglês**, em que a pena era cumprida em diversos estágios, havendo **progressão** de um regime inicial mais rigoroso para outras fases mais brandas, de acordo com os méritos do condenado e com o cumprimento de determinado tempo da pena.

Este sistema progressivo **consagrou-se no Brasil**, já que o art. 33, § 2º, do Código Penal estabelece que a pena deverá ser executada de **forma progressiva**, de acordo com os méritos do condenado, passando de um regime mais gravoso para outros menos rigorosos, sempre que cumpridas as exigências legais. O Supremo Tribunal Federal, aliás, entendeu inconstitucional, por ferir os princípios da dignidade humana e da individualização da pena, o dispositivo da Lei dos Crimes Hediondos que proibia a progressão de regime nos delitos hediondos, tráfico de drogas, terrorismo e tortura (HC 82.959, julgado em fevereiro de 2006).

■ 21.4. REGIME INICIAL DE CUMPRIMENTO DE PENA

O juiz de direito, ao proferir uma condenação, deve fixar o regime inicial do cumprimento da pena, de acordo com as regras do art. 33, § 2º, do Código Penal. Posteriormente, as progressões para regimes mais brandos ou a eventual regressão para regime mais severo serão determinadas pelo **juiz das execuções criminais**.

Para a fixação do regime inicial, a lei estabelece que o juiz deve levar em conta os seguintes fatores:

a) se o crime é apenado com reclusão ou detenção;

b) o montante de pena aplicado na sentença (de acordo com patamares estabelecidos na própria lei penal);

c) se o réu é primário ou reincidente;

d) se as circunstâncias do art. 59 do Código Penal são favoráveis ou desfavoráveis ao acusado (antecedentes, conduta social, personalidade e culpabilidade, motivos, consequências e circunstâncias do crime);

e) o tempo de prisão provisória.

■ 21.4.1. Crimes apenados com reclusão

O art. 33, *caput*, do Código Penal estabelece que nos crimes apenados com reclusão, o regime inicial poderá ser o aberto, o semiaberto ou o fechado, dependendo das variáveis mencionadas no item anterior (art. 33, § 2º):

a) se a pena fixada na sentença for **superior a 8 anos**, o regime inicial necessariamente será o **fechado**;

b) se a pena aplicada **for superior a 4 anos e não superior a 8**, o condenado poderá iniciá-la em regime **semiaberto**, desde que não seja reincidente. Caso seja **reincidente**, o regime inicial deverá ser o **fechado**;

c) se a pena imposta for **igual ou inferior a 4 anos**, poderá o sentenciado iniciar a pena em regime **aberto**, desde que não seja reincidente. Se o for, o regime inicial será o **semiaberto**, se as **circunstâncias** judiciais lhe forem **favoráveis**, ou o **fechado**, caso referidas **circunstâncias** sejam **desfavoráveis**. Nesse sentido, existe a Súmula n. 269 do Superior Tribunal de Justiça que assim dispõe: "é admissível a adoção do regime prisional semiaberto aos reincidentes condenados a pena igual ou inferior a 4 anos se favoráveis as circunstâncias judiciais". Suponha-se, por exemplo, uma pessoa condenada a 2 anos de reclusão por estelionato que ostente uma única condenação anterior (reincidência) por crime de lesão corporal. Como não há outra circunstância desfavorável, o juiz pode fixar o regime inicial semiaberto. Por outro lado, se o mesmo estelionatário condenado a 2 anos de reclusão possuir outras trinta condenações por crimes contra o patrimônio, o juiz poderá fixar-lhe o regime inicial fechado, pois se trata de pessoa, além de reincidente, com personalidade voltada para o crime e com péssimos antecedentes.

É necessário lembrar que o **montante da pena** e a **primariedade** do acusado não são os únicos critérios que norteiam o juiz na escolha do regime inicial. Com efeito, estabelece o art. 33, § 3º, do Código Penal que, na fixação do regime inicial, o juiz deve também observar os critérios do art. 59 do Código Penal (**circunstâncias judiciais**), tais como conduta social do acusado, seus antecedentes, culpabilidade, personalidade, além dos motivos do crime, suas circunstâncias e consequências. Assim, é possível que, excepcionalmente, o juiz condene uma pessoa a 6 anos de reclusão por crime de roubo e, mesmo sendo ela primária, fixe o regime inicial fechado (e não o semiaberto), justificando que o réu agrediu fortemente a vítima, de 80 anos de idade, a fim de despojá-la de sua bolsa. Neste caso, as circunstâncias especiais do crime no caso concreto justificam regime mais gravoso, embora o acusado seja primário.

De ver-se, outrossim, que a Súmula n. 718 do Supremo Tribunal Federal estabelece que "a opinião do julgador sobre a gravidade em abstrato do crime não constitui motivação idônea para a imposição de regime mais severo do que o permitido segundo a pena aplicada". Dessa forma, não pode um juiz dizer que fixa regime inicial fechado para todo crime de roubo por considerá-lo grave, sendo necessário, como mencionado no exemplo acima, que apresente fundamentos no sentido de demonstrar que aquele crime do caso concreto se reveste de gravidade diferenciada (no exemplo, o que justificava o regime fechado era o fato de serem fortes as agressões e de ser a vítima pessoa de 80 anos). Da mesma forma, não pode o juiz fixar para a pena de 1 ano de reclusão, aplicada a um receptador, um regime inicial semiaberto ou fechado, alegando que todo receptador incentiva a criminalidade. Ainda que isto seja verdade, o fato é que a pena prevista em lei para a receptação é de 1 a 4 anos de reclusão (art. 180, *caput*, do CP), de modo que o próprio legislador resolveu não estabelecer pena alta para este tipo de infração. Assim, se o réu for primário, a pena aplicada ao receptador deverá ser iniciada em regime aberto. Apenas se no caso concreto o juiz perceber a presença de circunstâncias que tornam aquela receptação específica mais gravosa do que o normal, é que poderá fixar regime diverso do aberto, fundamentando expressamente na sentença os motivos que tornaram aquele crime diferenciado. Ora, se o legislador quisesse que todo receptador iniciasse sua pena em regime semiaberto, teria previsto para tal delito pena superior a 4 anos. Daí por que o Supremo Tribunal Federal em sua Súmula n. 719 adverte que "a imposição do regime de cumprimento mais severo do que a pena aplicada permitir exige motivação idônea".

Importante ainda chamar a atenção para o teor da Súmula n. 440 do Superior Tribunal de Justiça, segundo a qual "fixada a pena-base no mínimo legal, é vedado o estabelecimento de regime prisional mais gravoso do que o cabível em razão da sanção imposta, com base apenas na gravidade abstrata do delito". Ora, a pena-base é fixada de acordo com os mesmos parâmetros do art. 59 do Código Penal (antecedentes, conduta social, personalidade, culpabilidade, motivos, circunstâncias e consequências do crime). Desse modo, se o juiz fixou a pena-base no mínimo legal, significa que entendeu que todas as referidas circunstâncias são favoráveis ao acusado, não fazendo sentido que, no momento seguinte, ao estabelecer o regime inicial, escolha um mais gravoso do que o montante da pena arbitrada permite. Assim, se o juiz fixou 4 anos de pena-base para um roubo (pena mínima) e o acusado é primário, não poderá fixar regime inicial semiaberto ou fechado com o simples argumento de que roubo é crime grave. Ao contrário, se o magistrado fixou a pena-base em 4 anos e 10 meses, argumentando que o roubo em tela foi praticado com violência extrema, poderá, com o mesmo fundamento, determinar que o regime inicial seja o fechado (e não o semiaberto).

- **Detração penal e regime inicial**

O art. 387, § 2º, do Código de Processo Penal, com a redação dada pela Lei n. 12.736/2012, diz que o tempo de prisão provisória, de prisão administrativa ou de internação, no Brasil ou estrangeiro, deve ser computado para fim de determinação do regime inicial. A respeito do tema e de suas polêmicas ver item 21.10.

21.4.2. Crimes apenados com detenção

O art. 33, *caput*, do Código Penal dispõe que, nos crimes apenados com detenção, o regime inicial só pode ser o **aberto** ou o **semiaberto**, de acordo com as regras do art. 33, § 2º:

a) se a pena aplicada for **superior a 4 anos** ou se o condenado for **reincidente** (ainda que a pena seja inferior a 4 anos), deve iniciar o cumprimento da pena no regime **semiaberto**;

b) se a pena aplicada **for inferior a 4 anos** e o réu não for reincidente, o regime inicial deve ser o **aberto**.

Observação: Se o réu reincidente for condenado, por crime apenado com detenção, a pena superior a 4 anos, o **regime inicial não pode ser o fechado** por falta de amparo legal. Igualmente, se o réu tiver cometido vários crimes apenados com detenção e a soma das penas superar 8 anos. O próprio art. 33, *caput*, do Código Penal estabelece que somente por meio de **regressão** de regime, durante a execução da pena, é que pode ser imposto regime fechado ao condenado por crime apenado com detenção. Ex.: quem comete falta grave durante a execução.

21.4.3. Crimes hediondos e equiparados

De acordo com o art. 2º, § 1º, da Lei n. 8.072/90, os condenados por crimes hediondos, tráfico ilícito de entorpecentes, terrorismo e tortura devem **necessariamente** iniciar o cumprimento da pena em regime **fechado**, ainda que a pena fixada na sentença seja inferior a 8 anos e o réu primário. Acontece que o Plenário do Supremo Tribunal Federal, em 27 de junho de 2012, declarou, por oito votos contra três, a inconstitucionalidade deste dispositivo por entender que a obrigatoriedade de regime inicial fechado para crimes com pena não superior a 8 anos fere o princípio constitucional da individualização da pena. Assim, mesmo para crimes hediondos, tráfico de drogas, terrorismo e tortura, o regime inicial só poderá ser o fechado (quando a pena fixada não for maior do que 8 anos) se o acusado for reincidente ou se as circunstâncias do caso concreto indicarem uma gravidade diferenciada daquele crime específico, o que deverá constar expressamente da fundamentação da sentença. Essa decisão ocorreu no julgamento do HC 111.840/ES: "é inconstitucional o § 1º do art. 2º da Lei 8.072/90 ('Art. 2º (...) § 1º A pena por crime previsto neste artigo será cumprida inicialmente em regime fechado'). Com base nesse entendimento, o Plenário, por maioria, deferiu *habeas corpus* com a finalidade de alterar para semiaberto o regime inicial de pena do paciente, o qual fora condenado por tráfico de drogas com reprimenda inferior a 8 anos de reclusão e regime inicialmente fechado, por força da Lei 11.464/2007, que instituíra a obrigatoriedade de imposição desse regime a crimes hediondos e assemelhados — v. *Informativo* 670. Destacou-se que a fixação do regime inicial fechado se dera exclusivamente com fundamento na lei em vigor. Observou-se que não se teriam constatado requisitos subjetivos desfavoráveis ao paciente, considerado tecnicamente primário. Ressaltou-se que, assim como no caso da vedação legal à substituição de pena privativa de liberdade por restritiva de direitos em condenação pelo delito de tráfico — já declarada inconstitucional pelo STF —, a definição de regime deveria sempre ser analisada independentemente da natureza da infração. Ademais, seria imperioso aferir os critérios, de forma concreta, por se tratar de direito subjetivo garantido constitucionalmente ao indivíduo. Consignou-se que a Constituição contemplaria as restrições a serem impostas aos incursos em dispositivos da Lei 8.072/90, e dentre elas não se encontraria a obrigatoriedade de imposição de regime extremo para início de cumprimento de pena. Salientou-se que o art. 5º, XLIII, da CF, afastaria somente a fiança, a graça e a anistia, para, no inciso XLVI, assegurar, de forma abrangente, a individualização da pena. Vencidos os Ministros Luiz Fux, Joaquim Barbosa e Marco Aurélio, que denegavam a ordem" **(HC 111.840/ES, Rel. Min. Dias Toffoli, 27.06.2012)**.

Em novembro de 2017, confirmando tal entendimento, o Supremo Tribunal Federal aprovou a tese 972, em sede de repercussão geral: "É inconstitucional a fixação *ex lege*, com base no art. 2º, § 1º, da Lei n. 8.072/90, do regime inicial fechado, devendo o julgador, quando da condenação, ater-se aos parâmetros previstos no art. 33 do Código Penal".

▪ **Alteração do regime inicial pelo juízo das execuções**

Mesmo que discorde dos argumentos lançados pelo juiz sentenciante para a fixação do regime inicial, não pode o juiz das execuções alterá-lo. Somente por razões supervenientes o regime poderá ser modificado na Vara das Execuções: progressão ou regressão; surgimento de nova condenação cuja soma das penas torne inviável o regime inicial fixado na 1ª condenação.

▪ **Omissão do juiz sentenciante em fixar o regime inicial**

Se a sentença transitar em julgado sem que as partes tenham interposto embargos de declaração para sanar a omissão, a solução é o juiz da Vara das Execuções estabelecer o regime inicial.

▪ **Quadro comparativo dos regimes iniciais de pena**

CRIMES APENADOS COM RECLUSÃO			
	Pena acima de 8 anos	Pena superior a 4 e não superior a 8 anos	Pena igual ou inferior a 4 anos
REINCIDENTE	■ Fechado	■ Fechado	■ Fechado ou semiaberto (se favoráveis as circunstâncias)
PRIMÁRIO	■ Fechado	■ Semiaberto	■ Aberto

Observações:

1) Mesmo sendo o réu primário, o juiz pode fixar regime inicial mais gravoso do que indica o montante da pena, se as circunstâncias judiciais do art. 59 forem desfavoráveis (art. 33, § 3º, do CP), porém: a) a opinião do julgador sobre a gravidade **em abstrato** do crime não constitui motivação idônea para a imposição de regime mais severo do que o permitido segundo a pena aplicada (Súmula n. 718 do STF); b) a imposição de regime de cumprimento mais severo do que a pena aplicada permitir exige motivação idônea (Súmula n. 719 do STF).

2) É admissível a adoção do regime prisional semiaberto aos reincidentes condenados a pena igual ou inferior a 4 anos, se favoráveis as circunstâncias judiciais.

3) Em se tratando de condenação por crime hediondo, tráfico de drogas, terrorismo ou tortura, o art. 2º, § 1º, da Lei n. 8.072/90 diz que o regime inicial é sempre o fechado, ainda que a pena seja inferior a 8 anos e o réu primário (art. 2º, § 1º, da Lei n. 8.072/90); todavia, o Plenário do STF, ao julgar o HC 111.840/ES, declarou a inconstitucionalidade de tal dispositivo. Posteriormente, em sede de repercussão geral, aprovou a tese 972 no mesmo sentido.

CRIMES APENADOS COM DETENÇÃO			
	Pena acima de 8 anos	Pena superior a 4 e não superior a 8 anos	Pena igual ou inferior a 4 anos
REINCIDENTE	■ Semiaberto	■ Semiaberto	■ Semiaberto
PRIMÁRIO	■ Semiaberto	■ Semiaberto	■ Aberto

■ 21.5. CUMPRIMENTO DAS PENAS PRIVATIVAS DE LIBERDADE

Conforme já estudado, é o juiz da instrução — aquele que colhe a prova e profere a sentença — quem fixa o regime inicial da pena. Transitando em julgado a condenação, se o réu já estiver preso ou se vier a sê-lo, será expedida a **guia de recolhimento**, documento que dará início ao processo de execução (art. 105 da LEP). Referida guia é expedida por ordem do juízo da condenação e encaminhada à Vara das Execuções. A guia é expedida pelo escrivão da vara por onde tramitou a ação penal e assinada pelo respectivo juiz, devendo conter, nos termos do art. 106 da Lei das Execuções: I — o nome do condenado; II — sua qualificação civil e número do registro geral no órgão de identificação civil; III — o inteiro teor da denúncia e da sentença condenatória, bem como certidão do trânsito em julgado; IV — informação sobre os antecedentes criminais e o grau de instrução do condenado; V — data do término da pena; VI — outras peças do processo reputadas indispensáveis ao adequado tratamento penitenciário.

Da expedição da guia de recolhimento deve-se dar ciência ao **Ministério Público** (art. 106, § 1º, da LEP).

A partir do início do cumprimento da pena, as decisões serão tomadas pelo **juízo das execuções**, cujas **funções** estão elencadas no art. 66 da LEP: I — aplicar aos casos julgados lei posterior que de qualquer modo favoreça o condenado; II — declarar extinta a punibilidade; III — decidir sobre: a) soma ou unificação de penas; b) progressão ou regressão nos regimes; c) detração e remição da pena; d) suspensão condicional da pena; e) livramento condicional; f) incidentes da execução; IV — autorizar saídas temporárias; V — determinar: a) a forma de cumprimento da pena restritiva de direitos e fiscalizar sua execução; b) a conversão da pena restritiva de direitos em privativa de liberdade (este dispositivo também menciona a conversão de multa em privativa de liberdade, mas nesta parte está revogado pela Lei n. 9.268/96); c) conversão da pena privativa de liberdade em restritiva de direitos; d) aplicação da medida de segurança, bem como a substituição da pena por medida de segurança; e) revogação da medida de segurança; f) desinternação e restabelecimento da situação anterior; g) cumprimento da pena ou medida de segurança em outra comarca; h) remoção do condenado para locais distantes quando necessário para segurança pública ou do próprio condenado; VI — zelar pelo correto cumprimento da pena ou medida de segurança; VII — inspecionar, mensalmente, os estabelecimentos penais, tomando providências para o adequado funcionamento e promovendo, quando for o caso, a apuração de responsabilidade; VIII — interditar, no todo ou em parte, estabelecimento penal que estiver funcionando em condições inadequadas ou com infringência aos dispositivos da Lei de Execuções; IX — compor e instalar o Conselho da Comunidade; X — emitir anualmente atestado de pena a cumprir.

Contra as decisões judiciais proferidas no juízo das execuções, o recurso cabível é o de agravo (art. 197 da LEP). **É o chamado agravo em execução**. Nos termos da Súmula n. 700 do Supremo Tribunal Federal, "é de cinco dias o prazo para interposição de agravo contra decisão do juiz da execução penal".

Por sua vez, dispõe o art. 67 da Lei de Execuções que o **Ministério Público** fiscalizará o procedimento de execução da pena ou medida de segurança, oficiando no processo e em todos os seus incidentes. De acordo com o art. 68 da LEP, o Ministério Público, além de fiscalizar as formalidades do processo executório, poderá requerer o que entender necessário como, por exemplo, a extinção da pena, a progressão ou regressão de regime, a concessão ou revogação de livramento condicional ou de suspensão condicional da pena etc. O órgão do Ministério Público também deve visitar mensalmente os estabelecimentos penais, podendo propor a interdição parcial ou total daqueles considerados inadequados ou que de alguma forma infrinjam a Lei de Execuções.

É evidente que o próprio condenado e seu defensor poderão também requerer benefícios.

De acordo com o art. 84, § 3º, da Lei de Execuções, com a redação dada pela Lei n. 13.167/2015, os presos condenados ficarão separados de acordo com os seguintes critérios: I — condenados pela prática de crimes hediondos ou equiparados; II — reincidentes condenados pela prática de crimes cometidos com violência ou grave ameaça à pessoa; III — primários condenados pela prática de crimes cometidos com violência ou grave ameaça à pessoa; IV — demais condenados pela prática de outros crimes ou contravenções em situação diversa das previstas nos incisos I, II e III.

■ 21.5.1. Cumprimento da pena em regime fechado

As regras de cumprimento da pena encontram-se parte no Código Penal e parte na Lei de Execuções Penais (Lei n. 7.210/84).

O art. 33, § 1º, *a*, do Código Penal reza que o regime fechado é cumprido em estabelecimento de segurança **máxima** ou **média**. Nas chamadas **penitenciárias**, o condenado será alojado em cela **individual** que conterá dormitório, aparelho sanitário e lavatório. Além disso, o ambiente deve ser saudável, com insolação, aeração e condições térmicas adequadas à saúde humana, bem como possuir área mínima de seis metros quadrados (art. 88 da LEP).

Em se tratando de penitenciária **feminina**, deve haver ala para gestantes e parturientes, bem como creche para abrigar crianças maiores de 6 meses e menores de 7 anos, com a finalidade de assistir a criança desamparada cuja responsável estiver presa (art. 89 da LEP).

A penitenciária destinada a homens deve ser construída em locais afastados dos centros urbanos, porém a uma distância que não restrinja o direito de visita (art. 90 da LEP).

No início do cumprimento da pena, o condenado será submetido a **exame criminológico** para a obtenção dos elementos necessários a uma adequada classificação com vistas à individualização da pena (arts. 34, *caput*, do Código Penal, e 8º, *caput*, da LEP).

O preso fica sujeito a trabalho **interno** no período diurno e isolamento durante o repouso noturno (art. 34, § 1º). O trabalho será em comum dentro do estabelecimento, nas conformidades das aptidões anteriores do condenado, desde que compatíveis com a execução da pena (art. 34, § 2º). O trabalho **externo** é admissível, no regime fechado, em serviços ou obras públicas.

▪ Permissões de saída

São admitidas as **permissões de saída**, mediante escolta, quando ocorrer **falecimento** ou **doença grave** do cônjuge, companheira, ascendente, descendente ou irmão ou para tratamento médico (art. 120 da LEP). Esta permissão é dada pelo **diretor** do estabelecimento penitenciário **pelo tempo necessário** à finalidade da saída (art. 120, §§ 1º e 2º, da LEP). Em caso de recusa do diretor, considerada injusta pelo sentenciado, o pedido poderá ser feito ao **juiz** das execuções.

O art. 120 da Lei das Execuções admite as permissões de saída aos presos que estejam cumprindo pena em regime **fechado** ou **semiaberto** e também aos presos **provisórios**.

21.5.1.1. Regime disciplinar diferenciado

- **Introdução**

O incontável número de rebeliões sangrentas, o surgimento de perigosíssimas facções criminosas dentro dos presídios, a existência de líderes de organizações criminosas comandando outros criminosos de dentro das penitenciárias, o tráfico de drogas dentro das cadeias, dentre outros motivos, levaram o legislador a aprovar diversas leis que dizem respeito especificamente ao cumprimento da pena, modificando, deste modo, alguns dispositivos da Lei das Execuções Penais. Uma dessas providências surgiu com a Lei n. 10.792/2003, que alterou o art. 52 daquela lei e criou o regime disciplinar diferenciado, aplicável aos criminosos tidos como especialmente perigosos em razão de seu comportamento carcerário inadequado. Consiste na adoção temporária de tratamento mais gravoso ao preso que tiver infringido uma das regras legais.

- **Hipóteses de decretação**

1) *prática de crime doloso durante o cumprimento da pena que implique subversão da ordem ou disciplina internas* (art. 52, *caput*, da LEP);

2) *existência de provas de que o preso apresenta alto risco para a ordem e a segurança do estabelecimento penal ou da sociedade* (art. 52, § 1º, I);

3) *existência de fundadas suspeitas de envolvimento ou participação do preso, a qualquer título, em organizações criminosas, associação criminosa ou milícia privada, independentemente da prática de falta grave* (art. 52, § 1º, II).

Para a decretação da medida, basta **um** desses requisitos.

Existindo indícios de que o preso exerce liderança em organização criminosa, associação criminosa ou milícia privada, ou que tenha atuação criminosa em dois ou mais Estados da Federação, o regime disciplinar diferenciado será obrigatoriamente cumprido em estabelecimento prisional **federal** (art. 52, § 3º, da LEP). Em tal hipótese o regime diferenciado deverá contar com alta segurança interna e externa, principalmente no que diz respeito à necessidade de se evitar contato do preso com membros de sua organização criminosa, associação criminosa ou milícia privada (art. 52, § 5º).

- **Consequências**

As consequências da decretação do regime disciplinar diferenciado passaram por modificações com o advento da Lei n. 13.964/2019.

As consequências, atualmente, são as seguintes:

1) recolhimento em cela individual (art. 52, II, da LEP);

2) visitas quinzenais, de duas pessoas por vez, a serem realizadas em instalações equipadas para impedir o contato físico e a passagem de objetos, por pessoa da família ou, no caso de terceiro, autorizado judicialmente, com duração de duas horas (art. 52, III, da LEP);

Tais visitas devem ser gravadas em sistema de áudio e vídeo e, com autorização judicial, fiscalizada por agente penitenciário;

3) direito à saída da cela por duas horas diárias para banho de sol, em grupos de até quatro presos, desde que não haja contato com presos do mesmo grupo criminoso (art. 52, IV, da LEP);

4) entrevistas sempre monitoradas, exceto aquelas com seu defensor, em instalações equipadas para impedir o contato físico e a passagem de objetos, salvo expressa autorização judicial em contrário (art. 52, V, da LEP);

5) fiscalização do conteúdo de correspondência (art. 52, VI, da LEP);

6) participação em audiências judiciais preferencialmente por videoconferência, garantindo-se a participação do defensor, no mesmo ambiente do preso (art. 52, VII, da LEP).

▪ Duração

A duração máxima desse regime diferenciado é de **2 anos**, sem prejuízo de repetição da sanção, em caso de nova falta grave da mesma espécie (art. 52, I, da LEP).

O regime diferenciado poderá ser prorrogado sucessivamente, por período de 1 ano, se houver indícios de que o preso: I) continua apresentando alto risco para a ordem e a segurança do estabelecimento penal de origem ou da sociedade; ou, II) mantém os vínculos com a organização criminosa, associação criminosa ou milícia privada, considerados também o perfil criminal e a função desempenhada por ele no grupo criminoso, a operação duradoura do grupo, a superveniência de novos processos criminais e os resultados do tratamento penitenciário (art. 52, § 4º).

▪ Destinatários da medida

Os presos condenados e os provisórios (prisão preventiva, em flagrante), nacionais ou estrangeiros, que se enquadrem em alguma das hipóteses legais (art. 52, *caput*, da LEP).

▪ Competência para decretar a medida

O regime disciplinar diferenciado só pode ser decretado pelo **juiz das execuções** competente, em razão de requerimento fundamentado do diretor do estabelecimento ou outra autoridade administrativa, devendo o juiz, antes de decidir, ouvir o Ministério Público e a Defesa (art. 54, §§ 1º e 2º, da LEP). O juiz tem prazo de **15 dias** para proferir sua decisão.

▪ Constitucionalidade da medida

Apesar de alguns juristas defenderem que a adoção do regime disciplinar constitui espécie de pena cruel ou desumana e que, por isso, ofende a Constituição Federal, o

Superior Tribunal de Justiça refutou tal entendimento, mesmo porque o preso mantém, embora com restrições, direito de visitas e de banho de sol. Entendeu o mencionado tribunal superior que a medida atende ao princípio da **proporcionalidade** para afastar detentos perigosos que, de dentro do presídio, colocam em risco a coletividade ou perturbam gravemente o ambiente carcerário. Nesse Sentido: "*Habeas Corpus*. Regime Disciplinar Diferenciado. Art. 52 da LEP. Constitucionalidade. Aplicação do princípio da proporcionalidade. Considerando que os princípios fundamentais consagrados na Carta Magna não são ilimitados (princípio da relatividade ou convivência das liberdades públicas), vislumbra-se que o legislador ao instituir o Regime Disciplinar Diferenciado atendeu ao princípio da proporcionalidade. 2. Legítima a atuação estatal, tendo em vista que a Lei n. 10.792/2003, que alterou o art. 52 da LEP, busca dar efetividade à crescente necessidade de segurança nos estabelecimentos penais, bem como resguardar a ordem pública, que vem sendo ameaçada por criminosos que, mesmo encarcerados, continuam comandando ou integrando facções criminosas que atuam no interior do sistema prisional — liderando rebeliões que não raro culminam em fugas e mortes de reféns, agentes penitenciários e/ou outros detentos — e, também no meio social" (STJ, HC 40.300/RJ, 5ª Turma, Rel. Min. Arnaldo Esteves Lima, *DJ* 22.08.2005, p. 312). No mesmo sentido: (STJ, HC 265.937/SP, Rel. Min. Laurita Vaz, 5ª Turma, julgado em 11.02.2014, *DJe* 28.02.2014) (STJ, HC 44.049/SP, Rel. Min. Hélio Quaglia Barbosa, Rel. p/ Acórdão Min. Hamilton Carvalhido, 6ª Turma, julgado em 12.06.2006, *DJ* 19.12.2007, p. 1232).

Fernando Capez, em brilhante sustentação, argumenta "não existir nenhuma inconstitucionalidade em implementar regime penitenciário mais rigoroso para membros de organizações criminosas ou de alta periculosidade, os quais, de dentro dos presídios, arquitetam ações delituosas e até terroristas. É dever constitucional do Estado proteger a sociedade e tutelar com um mínimo de eficiência o bem jurídico. É o princípio da proteção do bem jurídico, pelo qual os interesses relevantes devem ser protegidos de modo eficiente. O cidadão tem direito constitucional a uma administração eficiente (CF, art. 37, *caput*). Diante da situação de instabilidade institucional provocada pelo crescimento do crime organizado, fortemente infiltrado no sistema carcerário brasileiro, de onde provém grande parte dos crimes contra a vida, a liberdade e o patrimônio de uma sociedade cada vez mais acuada, o Poder Público tem a obrigação de tomar medidas, no âmbito legislativo e estrutural, capazes de garantir a ordem constitucional e o Estado Democrático de Direito. Prova da importância que nossa CF confere a tais valores encontra-se no seu art. 5º, *caput*, garantindo a todos a inviolabilidade do direito à vida, à liberdade, à igualdade, à segurança e à propriedade, bem como no inciso XLIV desse mesmo artigo, o qual considera imprescritíveis as ações de grupos armados, civis ou militares, contra a ordem constitucional e o regime democrático"[1].

■ 21.5.2. Cumprimento da pena em regime semiaberto

De acordo com o art. 33, § 1º, *b*, do Código Penal, o regime semiaberto é cumprido em **colônia penal agrícola ou industrial, ou em estabelecimento similar**.

[1] Fernando Capez, *Curso de direito penal*, 15. ed., v. 1, p. 410.

É **facultativa** a realização de **exame criminológico** ao preso que inicia a pena em regime **semiaberto** para individualização da pena (arts. 35, *caput*, do Código Penal, e 8º, parágrafo único, da LEP). Tal exame será determinado se a autoridade entender que ele é necessário.

O condenado fica sujeito a trabalho em comum durante o período diurno dentro da colônia penal (art. 35, § 1º, do CP). É permitido o trabalho externo, bem como a frequência a cursos profissionalizantes, de instrução de segundo grau ou superior (art. 35, § 2º).

- **Saída temporária**

O preso no regime semiaberto tem direito à **saída temporária, sem vigilância direta**, mediante autorização judicial, para: I — visita à família; II — frequência a curso profissionalizante, de segundo grau ou superior; III — participação em atividades que concorram para o retorno ao convívio social (art. 122 da LEP).

O benefício será concedido por prazo não superior a **7 dias** e poderá ser renovado por mais **quatro** vezes durante o ano (art. 124, *caput*), com distanciamento mínimo de **45 dias** entre uma e outra (art. 124, § 3º), exceto no caso de frequência a cursos em que o prazo será o suficiente para o cumprimento das atividades discentes (art. 124, § 2º).

O art. 122, § 2º, da Lei de Execuções Penais, inserido pela Lei n. 13.964/2019, **veda** a saída temporária ao condenado que cumpre pena pela prática **de crime hediondo com resultado morte** (latrocínio, homicídio qualificado etc.).

Ao conceder a saída temporária, o juiz imporá ao beneficiário as seguintes condições, entre outras que entender compatíveis com as circunstâncias do caso e a situação pessoal do condenado: I — fornecimento do endereço onde reside a família a ser visitada ou onde poderá ser encontrado durante o gozo do benefício; II — recolhimento à residência visitada, no período noturno; III — proibição de frequentar bares, casas noturnas e estabelecimentos congêneres (art. 124, § 1º).

A autorização será concedida por ato motivado do juízo da execução, ouvidos o Ministério Público e a administração penitenciária, e depende do preenchimento dos seguintes requisitos: a) comportamento adequado; b) cumprimento de 1/6 da pena se o réu for primário e 1/4 se reincidente; c) compatibilidade do benefício com os objetivos da pena (art. 123 da LEP). De acordo com a Súmula n. 40 do Superior Tribunal de Justiça, "para obtenção dos benefícios de saída temporária e trabalho externo, considera-se o tempo de cumprimento da pena no regime fechado", ou seja, o benefício só é cabível a presos que estejam em regime semiaberto e que tenham cumprido determinado tempo de sua pena, computado, porém, o eventual período que já cumpriram em regime fechado. O benefício será automaticamente revogado quando o condenado praticar fato definido como crime doloso, for punido por falta grave, desatender às condições impostas na autorização ou revelar baixo aproveitamento do curso. Em tais casos, só poderá ser novamente obtido em caso de absolvição no processo penal que deu origem à revogação, cancelamento da punição pela falta grave ou demonstração de merecimento por parte do condenado (art. 125 da LEP).

Quando o beneficiado por saída temporária não retorna ao sistema carcerário, ele é considerado fugitivo e, nos termos do art. 50, II, da Lei de Execuções Penais, deve ser determinada a regressão ao regime fechado.

De acordo com a Súmula n. 520 do Superior Tribunal de Justiça "o benefício da saída temporária no âmbito da execução penal é ato jurisdicional insuscetível de delegação à autoridade administrativa do estabelecimento prisional".

- **Saída temporária e monitoramento eletrônico**

A Lei n. 12.258/2010 alterou o art. 146 da Lei de Execuções Penais e passou a admitir o monitoramento eletrônico de presos, normalmente feito por meio de pulseiras ou tornozeleiras dotadas de localizador, que estejam de **saída temporária** ou em prisão domiciliar (regime aberto). Nota-se, portanto, que o preso em regime semiaberto pode obter o direito à saída temporária, sem vigilância direta, contudo, a critério do juiz das execuções, poderá ser determinado seu monitoramento eletrônico (art. 146-B da LEP). Em tal hipótese, o condenado será instruído acerca dos cuidados que deverá adotar com o equipamento eletrônico e dos seguintes deveres: I — receber visitas do servidor responsável pela monitoração eletrônica, responder aos seus contatos e cumprir suas orientações; II — abster-se de remover, de violar, de modificar, de danificar de qualquer forma o dispositivo de monitoração eletrônica ou de permitir que outrem o faça (art. 146-C). A violação de qualquer desses deveres autoriza o juiz, ouvidos o Ministério Público e a Defesa, a determinar a regressão ao regime fechado, revogar a autorização de saída ou dar advertência por escrito ao sentenciado (art. 146-C, parágrafo único).

- **Quadro comparativo entre as hipóteses de autorização de saída**

PERMISSÕES DE SAÍDA	SAÍDA TEMPORÁRIA
1) Concedida pelo diretor do estabelecimento ou pelo juiz em caso de recusa por parte do primeiro. **2)** Cabível aos condenados que estão no regime fechado ou semiaberto e aos presos provisórios. **3)** A saída se dá com acompanhamento por escolta. **4)** Permitida em hipóteses de: I — falecimento ou doença grave de cônjuge, companheira, ascendente, descendente ou irmão; II — necessidade de tratamento médico.	**1)** Concedida somente pelo juiz. **2)** Cabível apenas aos condenados que estão em regime semiaberto. **3)** A saída se dá sem escolta, podendo o juiz determinar o monitoramento eletrônico. **4)** Permitida em hipóteses de: I — visita à família; II — frequência a curso; III — participação em atividades que concorram para o retorno ao convívio social. **5)** Só pode ser concedida se o benefício for compatível com os objetivos da pena e desde que o condenado: a) tenha se comportado de forma adequada durante o cumprimento da pena; b) tenha cumprido 1/6 da pena, se primário, e 1/4, se reincidente. **6)** O prazo máximo é de 7 dias (salvo no caso de frequência a curso) e só pode se repetir 4 vezes ao ano, com intervalo mínimo de 45 dias entre as saídas. **7)** Vedada para quem cumpre pena pela prática de crime hediondo com resultado morte.

21.5.3. Cumprimento da pena em regime aberto

É feito em **casa do albergado ou estabelecimento adequado** (art. 33, § 1º, *c*, do CP). Baseia-se na autodisciplina e no senso de responsabilidade do condenado (art. 36 do CP), que ficará fora do estabelecimento, e sem vigilância, para trabalhar ou frequentar curso ou exercer outro tipo de atividade autorizada, devendo retornar à casa do albergado, onde permanecerá durante o período noturno e nos dias de folga (art. 36, § 1º).

O art. 94 da Lei de Execuções dispõe que a casa do albergado deve situar-se em centro urbano, separada de outros estabelecimentos penais, e caracteriza-se pela ausência de obstáculos físicos contra a fuga. Existe, entretanto, fiscalização para que se saiba se os presos retornaram ou não à casa após as atividades externas.

O trabalho do preso em regime aberto rege-se pela legislação trabalhista comum (Consolidação das Leis do Trabalho), enquanto o exercido pelos presos do regime fechado ou semiaberto seguem os ditames da Lei de Execuções (arts. 31 a 37), não se lhes aplicando as regras da referida Consolidação, nos termos do art. 28, § 2º, da LEP.

O ingresso do condenado em regime aberto supõe a **aceitação** de seu programa e das condições impostas pelo Juiz. Por isso, é realizada uma **audiência**, na qual o condenado assina **termo de compromisso** aceitando as condições, o que **dá início** ao cumprimento da pena em tal regime (art. 113 da LEP). Além de outras condições que o juiz pode estabelecer de acordo com as especificidades do caso (condições **especiais**), o art. 115 da Lei das Execuções diz que são **obrigatórias** para o preso em regime aberto as seguintes (condições **gerais**): I — permanecer no local que for designado, durante o repouso e nos dias de folga; II — sair para o trabalho e retornar, nos horários fixados; III — não se ausentar da cidade onde reside, sem autorização judicial; IV — comparecer a Juízo, para informar e justificar as suas atividades, quando for determinado.

Um exemplo muito comum de condição especial fixada pelos juízes é o da proibição de frequentar determinados locais, como bares ou locais de reputação duvidosa.

O art. 115 da Lei de Execuções, conforme mencionado, permite que o juiz, ao fixar o regime aberto, estabeleça condições especiais ao condenado. Estas condições especiais, contudo, não podem ser as penas restritivas de direitos do art. 44 do Código Penal (prestação de serviços à comunidade, por exemplo). Com efeito, conforme será adiante estudado, as penas restritivas de direitos têm caráter substitutivo da pena privativa de liberdade e, portanto, por falta de permissão legal não podem ser cumuladas com ela. Em suma, haveria a imposição de dupla penalidade se, além de cumprir pena no regime aberto (com a obrigação de permanecer durante a noite e fins de semana em casa do albergado), tivesse o acusado que prestar serviços à comunidade. Nesse sentido, a **Súmula n. 493** do STJ: "É inadmissível a fixação de pena substitutiva (art. 44 do CP) como condição especial ao regime aberto". Excepcionalmente, caso não haja casa do albergado onde o acusado possa cumprir sua pena após a prolação da sentença que fixou o regime aberto ou da decisão que determinou a progressão para tal regime, poderá o juiz da execução substituir o cumprimento da pena privativa de liberdade por restritivas de direitos, conforme decidiu o Supremo Tribunal Federal com a aprovação da Súmula Vinculante n. 56.

■ Prisão albergue domiciliar

O art. 117 da Lei de Execuções Penais admite em algumas hipóteses que o sentenciado cumpra o regime aberto em prisão-albergue domiciliar. Em tal caso, o condenado deve recolher-se à **sua residência** durante o período noturno e nos dias de folga. A prisão domiciliar é possível quando: a) o condenado em regime aberto tem mais de 70 anos; b) está acometido de doença grave; c) possui filho menor ou deficiente mental; d) a condenada é gestante. O preso que se encontre em tais situações pode ser dispensado do trabalho (art. 114, parágrafo único, da LEP).

- **Ausência de casa do albergado na comarca**

O art. 95 da Lei de Execuções dispõe que em todas as comarcas do país, deve haver pelo menos uma casa do albergado, a qual deve conter, além dos aposentos para abrigar os presos, recinto adequado para **cursos** e **palestras**. Por sua vez, o art. 203, § 2º, da mesma Lei previu prazo de **6 meses** para a aquisição ou desapropriação de prédios para a instalação de referidas casas. Acontece que, passados mais de 35 anos da entrada em vigor da Lei n. 7.210/84 (Lei de Execuções Penais), não existe casa do albergado em inúmeras comarcas. Por essa razão, o Superior Tribunal de Justiça passou a determinar que os presos que devem iniciar sua pena em regime aberto ou que progridem para tal regime podem obter o direito à prisão albergue **domiciliar**, quando não existir casa do albergado na comarca, mesmo que não se enquadrem em quaisquer das hipóteses do art. 117 da Lei das Execuções (tópico anterior). Nesse sentido: "Execução penal. *Habeas corpus*. Regime aberto. Réu mantido em situação mais gravosa. Prisão albergue domiciliar. Constitui constrangimento ilegal submeter o paciente a regime mais rigoroso do que o estabelecido na condenação. Vale dizer, é inquestionável o constrangimento ilegal se o condenado cumpre pena em condições mais rigorosas que aquelas estabelecidas na sentença. Se o caótico sistema prisional estatal não possui meios para manter o detento em estabelecimento apropriado, é de se autorizar, excepcionalmente, que a pena seja cumprida em regime mais benéfico, *in casu*, o domiciliar. O que é inadmissível, é impor ao paciente o cumprimento da pena em local reservado aos presos provisórios, como se estivesse em regime fechado, por falta de vagas na Casa de Albergados. (Precedentes). *Habeas corpus* concedido" (STJ, HC 84.070/MG, 5ª Turma, Rel. Min. Felix Fischer, *DJ* 01.10.2007, p. 347); e "Sendo deferida ao paciente a progressão ao regime aberto, não pode ser ele compelido a aguardar, em Penitenciária local, o surgimento de vaga em Casa do Albergado. Precedentes" (STJ, REsp 1.112.990/RS, Rel. Min. Arnaldo Esteves Lima, 5ª Turma, julgado em 15.10.2009, *DJe* 16.11.2009).

No mesmo sentido, a **Súmula Vinculante n. 56** do Supremo Tribunal Federal, aprovada em 29.06.2016: "A falta de estabelecimento penal adequado não autoriza a manutenção do condenado em regime prisional mais gravoso, devendo-se observar, nesta hipótese, os parâmetros fixados no Recurso Extraordinário (RE) 641.320".

Em maio de 2016, ao dar parcial provimento ao referido RE 641.320, o Plenário da Corte Suprema fixou as seguintes diretrizes: "a) a falta de estabelecimento penal adequado não autoriza a manutenção do condenado em regime prisional mais gravoso; b) os juízes da execução penal poderão avaliar os estabelecimentos destinados aos regimes semiaberto e aberto, para qualificação como adequados a tais regimes. São aceitáveis estabelecimentos que não se qualifiquem como 'colônia agrícola, industrial' (regime semiaberto) ou 'casa de albergado ou estabelecimento adequado' (regime aberto) (artigo 33, parágrafo 1º, alíneas 'b' e 'c'); c) havendo déficit de vagas, deverá determinar-se: (I) a saída antecipada de sentenciado no regime com falta de vagas; (II) a liberdade eletronicamente monitorada ao sentenciado que sai antecipadamente ou é posto em prisão domiciliar por falta de vagas; (III) o cumprimento de penas restritivas de direito e/ou estudo ao sentenciado que progride ao regime aberto. Até que sejam estruturadas as medidas alternativas propostas, poderá ser deferida a prisão domiciliar ao sentenciado" (RE 641.320, Rel. Min. Gilmar Mendes, Tribunal Pleno, julgado em 11.05.2016, Acórdão Eletrônico *DJe*-159 29.07.2016, public. 01.08.2016).

- **Prisão domiciliar e monitoramento eletrônico**

A Lei n. 12.258/2010 alterou o art. 146 da Lei de Execuções Penais e passou a admitir o monitoramento eletrônico de presos, normalmente feito por meio de pulseiras ou tornozeleiras dotadas de localizador, que estejam de saída temporária ou em **prisão domiciliar**. Em tal hipótese, o condenado será instruído acerca dos cuidados que deverá adotar com o equipamento eletrônico e dos seguintes deveres: I — receber visitas do servidor responsável pela monitoração eletrônica, responder aos seus contatos e cumprir suas orientações; II — abster-se de remover, de violar, de modificar, de danificar de qualquer forma o dispositivo de monitoração eletrônica ou de permitir que outrem o faça (art. 146-C). A violação de qualquer desses deveres autoriza o juiz, ouvidos o Ministério Público e a Defesa, a determinar a revogação da prisão domiciliar, a regredir o sentenciado ao regime semiaberto ou a dar advertência por escrito ao sentenciado (art. 146-C, parágrafo único).

21.5.4. Progressão de regime

Segundo o art. 33, § 2º, do Código Penal, as penas **privativas de liberdade** devem ser executadas de forma **progressiva**, com a transferência para regime menos rigoroso, a ser determinado pelo juiz, de acordo com o **mérito** do condenado. Segundo esta regra, o sentenciado deve passar **gradativamente** de um regime **mais rigoroso** para outro **mais brando**, desde que preenchidos os requisitos legais, a fim de estimular e possibilitar sua ressocialização.

21.5.4.1. Progressão do regime fechado para o semiaberto

A atual redação do art. 112 da Lei de Execuções Penais, modificada pela Lei n. 13.964/2019, exige requisitos objetivos e subjetivos para referida progressão:

a) requisito objetivo: antes do advento da Lei n. 13.964/2019, havia três regras quanto ao período de cumprimento de pena para a obtenção da progressão de regime: a) para condenados por crimes comuns, o período era de 1/6 (art. 112 da LEP); b) para pessoas **primárias** condenadas por crimes hediondos, o período era de 2/5 (art. 2º, § 2º, da Lei n. 8.072/90); c) para **reincidentes** condenados por crimes hediondos, o período era de 3/5 (art. 2º, § 2º, da Lei n. 8.072/90). Essas regras continuam valendo para pessoas que cometeram crime antes da entrada em vigor da Lei n. 13.964/2019. Após o advento de tal Lei, que modificou a redação do art. 112 da LEP e revogou o art. 2º, § 2º, da Lei n. 8.072/90, passaram a existir variados prazos para a obtenção da progressão, conforme se verifica na relação abaixo, segundo a qual, para ter direito à progressão de regime, o condenado deve ter cumprido, ao menos:

I — 16% (dezesseis por cento) da pena, se for primário e o crime tiver sido cometido sem violência à pessoa ou grave ameaça. É o caso, por exemplo, de quem é primário e é condenado por crime de furto, apropriação indébita, estelionato, importunação sexual, posse sexual mediante fraude, corrupção passiva, concussão, etc.

O crime de homicídio culposo ou lesão corporal culposa enquadram-se nesta regra, pois a violência inerente a tais delitos **não é intencional**.

O crime de tráfico de drogas é cometido, em regra, sem o emprego de violência ou grave ameaça, mas por ser crime equiparado a hediondo pressupõe cumprimento de período mais elevado de pena (40% se o réu for primário, ou 60% se reincidente). Observe-se, porém, que no julgamento do HC 118.533, Rel. Min. Cármen Lúcia, em 23.06.2016, o Plenário do STF decidiu que o **tráfico privilegiado** de drogas não possui natureza hedionda. Posteriormente, a Lei n. 13.964/2019 alterou o art. 112, § 5º, da Lei de Execuções Penais, para deixar expresso que o tráfico privilegiado não se equipara aos crimes hediondos. Por tal razão, a progressão de regime se dará com o cumprimento de 16% (no tráfico privilegiado o réu é necessariamente primário). Considera-se privilegiado o tráfico quando o agente é **primário**, tem bons antecedentes, não se dedica às atividades criminosas e não integra organização criminosa. Em tal hipótese, descrita no art. 33, § 4º, da Lei de Drogas, a pena do réu deve ser reduzida de 1/6 a 2/3 em relação à pena prevista para o tráfico de drogas comum (não privilegiado).

II — 20% (vinte por cento) da pena, se for reincidente em crime cometido sem violência à pessoa ou grave ameaça. Apesar da redação ambígua — inaceitável para dispositivo de tamanha importância — parece-nos que esta regra se aplica a quem cometeu crime sem violência ou grave ameaça (furto, estelionato, importunação sexual, corrupção passiva etc.) sendo reincidente. O dispositivo **não** menciona reincidência **específica**, de modo que a regra se aplica tanto a quem foi condenado por furto e furto, como também a quem foi condenado anteriormente por roubo (que pressupõe violência ou grave ameaça) e depois por furto (crime sem violência ou grave ameaça). Não faria sentido o tempo de cumprimento de pena ser maior apenas no primeiro caso (furto e furto), que, inclusive, é menos grave. A interpretação da lei não pode levar a conclusões ilógicas e absurdas.

III — 25% (vinte e cinco por cento) da pena, se for primário e o crime tiver sido cometido com violência à pessoa ou grave ameaça. Exs: pessoas primárias condenadas por homicídio simples, lesão corporal, roubo simples ou extorsão simples.

IV — 30% (trinta por cento) da pena, se for reincidente em crime cometido com violência à pessoa ou grave ameaça. O dispositivo igualmente possui redação ambígua, mas como não contém a expressão "reincidência específica", aplica-se às condenações por crimes cometidos com violência ou grave ameaça, desde que o réu seja reincidente pela prática de qualquer crime anterior (com ou sem violência ou grave ameaça).

V — 40% (quarenta por cento) da pena, se for condenado pela prática de crime hediondo ou equiparado, se for primário. Exs. roubo majorado pela restrição da liberdade ou pelo emprego de arma de fogo ou arma de fogo de uso proibido ou restrito, extorsão qualificada pela restrição da liberdade, estupro, favorecimento da prostituição ou de outra forma de exploração sexual de criança ou adolescente ou de vulnerável.

VI — 50% (cinquenta por cento) da pena, se for:

a) condenado pela prática de crime hediondo ou equiparado, com resultado morte, se for primário, vedado o livramento condicional. Exs: homicídio qualificado consumado, latrocínio consumado, estupro qualificado pela morte, tortura qualificada pela morte etc. Saliente-se que para crimes hediondos sem evento morte as regras são mais brandas do que quando há resultado morte. Por isso, embora o homicídio qualificado seja hediondo tanto na forma consumada quanto na tentada, as regras são distintas, conforme se verifica nos incisos V, VI, "a", VII e VIII.

b) condenado por exercer o comando, individual ou coletivo, de organização criminosa estruturada para a prática de crime hediondo ou equiparado; ou

c) condenado pela prática do crime de constituição de milícia privada. Tal delito está descrito no art. 288-A, do Código Penal. Consiste em "constituir, organizar, integrar, manter ou custear organização paramilitar, milícia particular, grupo ou esquadrão com a finalidade de praticar qualquer dos crimes previstos neste Código". A pena é de reclusão, de 4 a 8 anos.

VII — 60% (sessenta por cento) da pena, se for reincidente na prática de crime hediondo ou equiparado. Tal como mencionado em dispositivos anteriores, deve-se ressaltar que o legislador não exigiu reincidência específica. Por isso, este dispositivo tem aplicação quando o réu é condenado por crime hediondo ou equiparado sendo reincidente (ainda que pela prática de crime de outra natureza). Nesse sentido: STJ — HC 583.571, Rel. Min. Félix Fischer, julgado em 18.06.2020.

VIII — 70% (setenta por cento) da pena, se for reincidente em crime hediondo ou equiparado com resultado morte, vedado o livramento condicional. É o caso, por exemplo, de quem é condenado por homicídio qualificado consumado, latrocínio consumado, estupro qualificado pela morte, tortura qualificada pela morte etc., após já ter sido condenado por qualquer outro crime.

Para a progressão do regime fechado para o semiaberto, o condenado deve ter cumprido o montante exigido da pena **imposta** na sentença ou do **total** de penas (no caso de várias execuções).

Quando se trata de **condenação superior a 40 anos**, o índice deve ser calculado com base no montante **total** da pena. Nesse sentido, existe a Súmula n. 715 do Supremo Tribunal Federal: "a pena unificada para atender ao limite de 30[2] anos de cumprimento, determinado pelo art. 75 do Código Penal, não é considerada para a concessão de outros benefícios como o livramento condicional ou regime mais favorável de execução". Dessa forma, se o montante total é de 60 anos, o réu terá direito à progressão após 16% de cumprimento da pena (pouco menos de 9 anos e 8 meses, em caso de crime comum cometido sem violência ou grave ameaça e réu primário — art. 112, I, da LEP). Contudo, se estiver condenado a um total de 500 anos, deverá ser colocado em liberdade após 40 anos no cárcere, uma vez que o art. 75 do Código Penal veda montante superior a este no cumprimento de pena.

O Pleno da Corte Suprema decidiu, por sua vez, que a falta de pagamento da pena de multa cumulativamente imposta impede a progressão de regime, não bastando a mera alegação de falta de recursos financeiros. Apenas quando o sentenciado comprovar efetivamente a impossibilidade de efetuar o pagamento é que a progressão

[2] Após a entrada em vigor da Lei n. 13.964/2019, o prazo passou a ser de 40 anos.

poderá ser deferida: "Execução Penal. Agravo Regimental. Inadimplemento deliberado da pena de multa. Progressão de regime. Impossibilidade. 1. O inadimplemento deliberado da pena de multa cumulativamente aplicada ao sentenciado impede a progressão no regime prisional. 2. Tal regra somente é excepcionada pela comprovação da absoluta impossibilidade econômica do apenado em pagar a multa, ainda que parceladamente. 3. Agravo regimental desprovido" (EP 12 ProgReg-AgR, Rel. Min. Roberto Barroso, Tribunal Pleno, julgado em 08.04.2015, processo eletrônico *DJe*-111 divulg. 10.06.2015, public. 11.06.2015).

De acordo com o art. 112, § 3º, da Lei de Execuções Penais (com a redação dada pela Lei n. 13.769/2018), a progressão de regime para mulheres gestantes, mães ou responsáveis por crianças ou pessoas com deficiência, pode se dar pelo cumprimento de 1/8 da pena, se o crime não tiver sido cometido com emprego de violência ou grave ameaça, que a sentenciada não integre organização criminosa, que seja primária e tenha bom comportamento carcerário e que não tenha cometido o crime contra filho ou dependente. Essa regra só vale para crimes comuns.

De acordo com o art. 2º, § 9º, da Lei n. 12.850/2013, com a redação dada pela Lei n. 13.964/2019, o condenado expressamente em sentença por integrar organização criminosa, ou por crime praticado por meio de organização criminosa, **não poderá progredir de regime de cumprimento de pena** ou obter livramento condicional ou outros benefícios prisionais se houver elementos probatórios que indiquem a manutenção do vínculo associativo, ou seja, que ainda integra a organização.

b) requisito subjetivo: que o réu ostente **boa conduta carcerária** comprovada pelo diretor do estabelecimento, respeitadas as normas que vedam a progressão. Trata-se aqui do mérito do condenado que, durante a execução da pena, demonstrou-se participativo, colaborou com as atividades, exerceu atividade laborativa, não se envolveu em confusões etc.

- **Exame criminológico**

A atual redação do art. 112 da Lei de Execuções, alterada pela Lei n. 10.792/2003, diz que para a comprovação do requisito subjetivo basta a elaboração de **atestado de boa conduta carcerária pelo diretor do presídio**, não mais se exigindo, como na antiga redação do mencionado artigo, o **exame criminológico** e o **parecer da Comissão Técnica de Classificação**.

A finalidade da alteração foi a de tornar mais célere o procedimento de progressão, contudo severas críticas merece o legislador, na medida em que o diretor do presídio dificilmente tem condições de analisar a conduta de cada um dos presos de sua unidade, cuja lotação geralmente chega à casa das centenas ou milhares. Ao contrário, o exame criminológico é feito por equipe multidisciplinar de peritos (assistente social, psicólogo, psiquiatra, educador) que, obrigatoriamente, fazem entrevistas e exames no preso que pretende a progressão. Tal equipe verifica se ele demonstra ou não periculosidade, arrependimento, condições de retornar ao convívio social, problemas de relacionamento, dependências etc. Tais conclusões se mostram relevantíssimas precipuamente se considerarmos que, no regime semiaberto, o condenado terá direito às saídas temporárias, sem acompanhamento direto.

Em razão das críticas contundentes que essas novas regras sofreram por parte da doutrina e da jurisprudência, os tribunais passaram a entender que a realização do exame criminológico deixou de ser **obrigatória mas não foi proibida**. Assim, dependendo das circunstâncias do caso concreto o Ministério Público poderá requerer sua realização e o juiz poderá, **em decisão fundamentada**, deferi-la.

O **Superior Tribunal de Justiça** acabou aprovando a Súmula n. 439 afirmando que "admite-se o exame criminológico pelas peculiaridades do caso, desde que em decisão motivada".

Também o **Supremo Tribunal Federal** manifestou-se em tal direção: "Entendeu-se que o aludido art. 112 da LEP, em sua nova redação, admite a realização facultativa do exame criminológico, desde que fundamentada e quando necessária à avaliação do condenado e de seu mérito para a promoção a regime mais brando. Ressaltou-se, ainda, que esse exame pode ser contestado, nos termos do § 1º do próprio art. 112, o qual prevê a instauração de contraditório sumário. A partir de interpretação sistemática do ordenamento (CP, art. 33, § 2º e LEP, art. 8º), concluiu-se, que a citada alteração não objetivou a supressão do exame criminológico para fins de progressão do regime, mas, ao contrário, introduziu critérios norteadores à decisão do juiz para dar concreção ao princípio da individualização da pena. Vencido o Min. Marco Aurélio que deferia o *writ* por considerar não ter havido modificação substancial das exigências legais para a concessão de tal benefício" (STF, HC 86.631/PR, 1ª Turma, Rel. Min. Ricardo Lewandowski, 05.09.2006). No mesmo sentido: "Prevalece nesta Corte o entendimento no sentido de que a alteração do artigo 112 da LEP pela Lei 10.792/2003 não proibiu a realização do exame criminológico, quando necessário para a avaliação do sentenciado, tampouco proibiu a sua utilização para a formação do convencimento do magistrado sobre o direito de promoção para regime mais brando" (STF, HC 112.464, Rel. Min. Ricardo Lewandowski, 2ª Turma, julgado em 14.08.2012, processo eletrônico *DJe*-181 divulg. 13.09.2012, public. 14.09.2012).

Em suma, para a progressão de regime, o mérito do sentenciado deve ser demonstrado sempre por atestado de boa conduta carcerária e, eventualmente, pelo exame criminológico, caso assim determinado fundamentadamente pelo juiz, de acordo com as peculiaridades do caso concreto.

- **Prévia manifestação das partes e motivação da decisão**

Nos termos do art. 112, § 2º, da LEP, com a redação dada pela Lei n. 13.964/2019, a decisão do juiz que determinar a progressão de regime será sempre motivada e precedida de manifestação do Ministério Público e do defensor.

- **Progressão nos crimes contra a administração pública**

Além dos requisitos anteriores, a progressão de regime para os condenados por crime contra a administração pública tem como condição a **reparação do dano causado ou a devolução do produto do ilícito praticado**, com os acréscimos legais. É o que diz o art. 33, § 4º, do Código Penal, com a redação que lhe foi dada pela Lei n. 10.792/2003.

O Plenário do Supremo Tribunal Federal considerou tal dispositivo constitucional: "Execução Penal. Progressão de Regime. Crime contra a Administração Pública. Devolução do produto do ilícito. 1. É constitucional o art. 33, § 4º, do Código Penal, que condiciona a progressão de regime, no caso de crime contra a Administração Pública, à reparação do dano ou à devolução do produto do ilícito. 2. Tendo o acórdão condenatório fixado expressamente o valor a ser devolvido, não há como se afirmar não se tratar de quantia líquida. 3. A alegação de falta de recursos para devolver o dinheiro desviado não paralisa a incidência do art. 33, § 4º, do Código Penal. O sentenciado é devedor solidário do valor integral da condenação. 4. Na hipótese de celebração de ajuste com a União para pagamento parcelado da obrigação, estará satisfeita a exigência do art. 33, § 4º, enquanto as parcelas estiverem sendo regularmente quitadas. 5. Agravo regimental desprovido" (EP 22 ProgReg-AgR, Rel. Min. Roberto Barroso, Tribunal Pleno, julgado em 17.12.2014, processo eletrônico *DJe*-052 divulg. 17.03.2015, public. 18.03.2015).

- **Falta grave por parte de preso que está em regime fechado**

O art. 118, I, da Lei das Execuções dispõe que o preso que comete falta grave fica sujeito a **regressão** para regime **mais rigoroso**. Veja-se, entretanto, que não é possível regredir o preso que já está no regime fechado, que é o mais rigoroso existente, e que venha a cometer falta grave. Assim, as Cortes Superiores firmaram entendimento de que, em tal caso, a contagem do prazo para a progressão deve **reiniciar-se** a contar da última falta grave cometida. O prazo, entretanto, deve ser contado com base no tempo **remanescente** de pena, e não no tempo total imposto na sentença.

Nesse sentido: "A prática de falta grave acarreta a interrupção da contagem do prazo para a progressão do regime de cumprimento de pena. Inobstante a ausência de previsão legal expressa nesse sentido, não há que se falar em violação do princípio da legalidade. Isso porque a interrupção do prazo decorre de uma interpretação sistemática das regras legais existentes (Precedentes: HC n. 97.135/SP, Relatora a Ministra Ellen Gracie, Segunda Turma, *DJ* de 24.5.11; HC n. 106.685/SP, Relator o Ministro Ricardo Lewandowski, Primeira Turma, *DJ* de 15.3.11; RHC n. 106.481/MS, Relatora a Ministra Cármen Lúcia, Primeira Turma, *DJ* de 3.3.11; HC n. 104.743/SP, Relator o Ministro Ayres Britto, Segunda Turma, *DJ* de 29.11.10; HC n. 102.353/SP, Relator o Ministro Joaquim Barbosa, Segunda Turma, *DJ* de 04.11.10; HC n. 103.941/SP, Relator o Ministro Dias Toffoli, *DJ* de 23.11.10). 3. O réu que cumpre pena privativa de liberdade em regime menos severo, ao praticar falta grave, pode ser transferido para regime mais gravoso; todavia, ao réu que já cumpre pena no regime mais gravoso (regime fechado) não pode ser aplicado o instituto da regressão, sendo permitido, portanto, o reinício da contagem do prazo para a progressão, levando-se em conta o tempo de pena remanescente" (HC 102.365, Rel. Min. Luiz Fux, 1ª Turma, julgado em 14.06.2011, *DJe*-146); E, ainda: "Na Turma, já se consolidou o entendimento de que o cometimento de falta grave pelo apenado implica reinício da contagem do prazo para a concessão de benefícios relativos à execução da pena, inclusive a progressão de regime prisional. Contudo, a contagem do novo período aquisitivo do requisito objetivo deverá iniciar-se na data do cometimento da última falta grave, a incidir sobre o remanescente da pena e não sobre a totalidade dela. Precedentes citados: HC 66.009-PE, *DJ* 10/9/2007; REsp 842.162-RS, *DJ* 5/2/2007, e HC 72.080-SP, *DJ* 3/9/2007" (STJ, HC 122.860/RS, 5ª Turma, Rel. Min. Napoleão Nunes Maia Filho, julgado em 12.05.2009).

Em 2015, o Superior Tribunal de Justiça aprovou a **Súmula n. 534** confirmando que "a prática de falta grave interrompe a contagem do prazo para a progressão de regime de cumprimento de pena, o qual se reinicia a partir do cometimento dessa infração". Posteriormente, a Lei n. 13.964/2019, trouxe regra expressa no mesmo sentido com o seguinte teor: "o cometimento de falta grave durante a execução da pena privativa de liberdade interrompe o prazo para a obtenção da progressão no regime de cumprimento da pena, caso em que o reinício da contagem do requisito objetivo terá como base a pena remanescente" (art. 52, § 6º, da LEP). Saliente-se que, se o condenado estiver no regime aberto ou semiaberto e cometer a falta grave, haverá a regressão para regime mais rigoroso (art. 118, I, da LEP), e a nova progressão terá como base o período remanescente de pena (art. 52, § 6º, da LEP).

As hipóteses de falta grave encontram-se descritas no art. 50 da Lei de Execuções Penais, como, por exemplo, fuga, posse de arma ou de telefone celular dentro do presídio etc.

Conforme já estudado, determinadas espécies de falta grave, como, por exemplo, integrar organização criminosa no interior do presídio, podem também levar o juiz a decretar o regime disciplinar diferenciado.

A prática de falta grave não interrompe o prazo para fim de comutação de pena ou indulto. É o que diz a **Súmula n. 535** do Superior Tribunal de Justiça.

- **Progressão "por saltos"**

É proibido que o juiz defira a passagem direta do regime fechado para o aberto (sem passar pelo semiaberto), uma vez que o art. 112 da Lei de Execuções exige o cumprimento de determinado tempo da pena no regime **anterior** para que seja possível a progressão.

Nesse sentido existe, inclusive, a **Súmula n. 491** do Superior Tribunal de Justiça: "É inadmissível a chamada progressão *per saltum* de regime prisional".

- **Ausência de vagas no regime semiaberto**

O número de vagas em colônias penais não se tem mostrado suficiente para abrigar todos os presos que progridem para o regime semiaberto. Durante muitos anos, a jurisprudência interpretou que, em tal situação, deveriam eles aguardar em regime fechado a vaga no semiaberto. Atualmente, entretanto, pacificou-se o entendimento de que, uma vez deferida a progressão, não pode o condenado ser prejudicado e permanecer em regime mais gravoso, por algo a que não deu causa, já que o fornecimento da vaga é obrigação do Estado. Assim, deve ser colocado em regime aberto (inclusive domiciliar se, igualmente, não existir casa do albergado), até que surja a vaga na colônia penal.

A propósito: "Segundo entendimento consolidado nesta Corte de Justiça, configura constrangimento ilegal a submissão do apenado a regime mais rigoroso do que aquele fixado na sentença condenatória ou em sede de execução penal, não podendo o réu ser prejudicado pela precariedade do sistema prisional, sob pena de violação aos princípios da dignidade da pessoa humana e da individualização da pena. 3. Caso em que o apenado teve deferido pedido de progressão ao regime semiaberto e permanece recolhido no regime mais gravoso por ausência de vagas em estabelecimento compatível ao cumprimento da reprimenda. (...). Ordem concedida, de ofício, para determinar a imediata transferência do paciente para estabelecimento penal compatível com o regime semiaberto e, na falta de vaga, seja ele colocado em regime aberto ou prisão domiciliar, com monitoramento eletrônico, sob as cautelas do Juízo das Execuções, até que surja vaga no estabelecimento prisional adequado, salvo se por outro motivo não estiver preso ou dever cumprir a pena em regime mais severo" (STJ, HC 300.786/SP, Rel. Min. Gurgel de Faria, 5ª Turma, julgado em 19.05.2015, *DJe* 01.06.2015).

De acordo com a **Súmula Vinculante n. 56** do Supremo Tribunal Federal, aprovada em 29.06.2016, "a falta de estabelecimento penal adequado não autoriza a manutenção do condenado em regime prisional mais gravoso, devendo-se observar, nesta hipótese, os parâmetros fixados no Recurso Extraordinário (RE) 641.320".

Em maio de 2016, ao dar parcial provimento ao referido RE 641.320, o Plenário da Corte Suprema fixou as seguintes diretrizes: "a) a falta de estabelecimento penal adequado não autoriza a manutenção do condenado em regime prisional mais gravoso; b) os juízes da execução penal poderão avaliar os estabelecimentos destinados aos regimes semiaberto e aberto, para qualificação como adequados a tais regimes. São aceitáveis estabelecimentos que não se qualifiquem como 'colônia agrícola, industrial' (regime semiaberto) ou 'casa de albergado ou estabelecimento adequado' (regime aberto) (artigo 33, parágrafo 1º, alíneas 'b' e 'c'); c) havendo déficit de vagas, deverá determinar-se: (I) a saída antecipada de sentenciado no regime com falta de vagas; (II) a liberdade eletronicamente monitorada ao sentenciado que sai antecipadamente ou é posto em prisão domiciliar por falta de vagas; (III) o cumprimento de penas restritivas de direito e/ou estudo ao sentenciado que progride ao regime aberto. Até que sejam estruturadas as medidas alternativas propostas, poderá ser deferida a prisão domiciliar ao sentenciado" (RE 641.320, Rel. Min. Gilmar Mendes, Tribunal Pleno, julgado em 11.05.2016, Acórdão Eletrônico *DJe*-159 29.07.2016, public. 01.08.2016).

■ 21.5.4.2. *Progressão do regime semiaberto para o aberto*

São exigidos, inicialmente, os mesmos requisitos **objetivo** (cumprimento de parte da pena) e **subjetivo** (bom comportamento).

Quanto ao tempo de pena, deve-se lembrar de que, se o condenado começou a cumprir a pena em regime fechado, deve permanecer no regime semiaberto pelo mesmo índice de tempo necessário para a primeira progressão, devendo-se levar em conta a pena restante, e não aquela originariamente imposta, uma vez que pena **cumprida** é pena **extinta**.

As Cortes Superiores firmaram entendimento no sentido de que o marco para a progressão de regime é o da data em que o acusado preenche os requisitos legais e não a do início do cumprimento no regime atual. Assim, se o acusado cumpriu 16% de sua pena no regime fechado em 15 de março de determinado ano, mas o juízo das execuções demorou a deferir a progressão e o sentenciado só foi para o regime semiaberto em 15 de dezembro daquele ano, o período de 16% que deve cumprir para progredir futuramente para o regime aberto conta-se a partir de 15 de março. De acordo com o STJ, o termo inicial para a nova progressão é a data em que o sentenciado preenche todos os requisitos para a progressão (**objetivos e subjetivos**). Nesse sentido: "Alinhando-se a novel orientação da eg. Suprema Corte, a Quinta Turma deste Tribunal Superior, No julgamento do AgRg no REsp n. 1.582.285/MS, de relatoria do e. Min. Ribeiro Dantas, evoluiu em seu entendimento "no sentido de que a data inicial para progressão de regime deve ser aquela em que o apenado preencheu os requisitos do art. 112 da Lei de Execução Penal, e não a data da efetiva inserção do reeducando no regime atual" (AgRg no REsp n. 1.582.285/MS, Quinta Turma, Rel. Min. Ribeiro Dantas, *DJe* de 24.08.2016). IV — Portanto, a data-base para verificação do implemento dos requisitos objetivo e subjetivo, previstos no art. 112 da Lei n. 7.210/1984, deverá ser definida de forma casuística, fixando-se como termo inicial o momento em que preenchido o último requisito pendente, seja ele o objetivo ou o subjetivo" (HC 526.825/SP, Rel. Min. Leopoldo de Arruda Raposo (DESEMBARGADOR CONVOCADO DO TJ/PE), 5ª Turma, julgado em 12.11.2019, *DJe* 20.11.2019).

Para a obtenção do regime aberto, em que há efetivo retorno ao convívio social, a lei exige ainda:

a) que o condenado aceite o programa do regime aberto e as condições impostas pelo juiz (art. 113 da LEP). A esse respeito, ver item "cumprimento da pena em regime aberto";

b) que o condenado esteja trabalhando ou comprove a possibilidade de obter emprego de imediato (art. 114, I, da LEP);

c) que apresente, pelos seus antecedentes ou pelo resultado dos exames a que foi submetido fundados indícios de que irá ajustar-se, com autodisciplina e senso de responsabilidade, ao novo regime (art. 114, II, da LEP).

21.5.4.3. Progressão de pena para crimes hediondos e equiparados

O art. 5º, XLII, da Constituição Federal prevê que a "lei considerará inafiançáveis e insuscetíveis de graça ou anistia a prática da tortura, o tráfico ilícito de entorpecentes e drogas afins, o terrorismo e os definidos como crimes hediondos por eles respondendo os mandantes, os executores e os que, podendo evitá-los, se omitirem". Por essa razão, o legislador aprovou a Lei n. 8.072/90, que definiu os delitos de natureza hedionda, bem como estabeleceu que, para tal espécie de crime, bem como para a tortura, o terrorismo e o tráfico de drogas, a pena deveria ser cumprida em regime **integral** fechado, ou seja, sem ter direito o condenado a progressão para regimes mais brandos. Durante quase dezesseis anos, o Supremo Tribunal Federal considerou constitucional essa vedação, tendo, inclusive, aprovado a Súmula n. 698 nesse sentido. Surpreendentemente, ao julgar o HC 82.959/SP, em 23 de fevereiro de 2006, o mesmo Supremo Tribunal Federal, por maioria de votos, declarou a inconstitucionalidade da redação originária do art. 2º, § 1º, da Lei n. 8.072/90 (Lei dos Crimes Hediondos), por entender que a proibição de progressão de regime fere os princípios da **individualização** da pena e da **dignidade humana**. De acordo com o Supremo, o regime progressivo é um direito reconhecido na Constituição. Com essa decisão, os condenados por crimes comuns ou por crimes hediondos poderiam obter a progressão com o mero cumprimento de 1/6 da pena, razão pela qual foi rapidamente apresentado projeto de lei que, aprovado, transformou-se na Lei n. 11.464, publicada em 29 de março de 2007. Esta lei alterou o art. 2º da Lei n. 8.072/90, estabelecendo as seguintes regras:

a) o condenado por crimes hediondos ou delitos equiparados necessariamente deve *iniciar* a pena em regime fechado (art. 2º, § 1º, da Lei n. 8.072/90). Desse modo, mesmo que o réu seja primário e a pena não superior a 8 anos, o juiz deve determinar o início da pena em regime fechado. Acontece que o Plenário do Supremo Tribunal Federal, em 27 de junho de 2012, declarou, por oito votos contra três, a inconstitucionalidade deste dispositivo por entender que a obrigatoriedade de regime inicial fechado para crimes com pena não superior a 8 anos fere o princípio constitucional da individualização da pena. Assim, mesmo para crimes hediondos, tráfico de drogas, terrorismo e tortura, o regime inicial só poderá ser o fechado (quando a pena fixada não for maior do que 8 anos) se o acusado for reincidente ou se as circunstâncias do caso concreto indicarem uma gravidade diferenciada daquele crime específico, o que deverá constar expressamente da fundamentação da sentença. Essa decisão ocorreu no julgamento do HC 111.840/ES e foi posteriormente confirmada pela aprovação da tese 972 em sede de repercussão geral;

b) a progressão se dará com o cumprimento mínimo de 2/5 da pena, se o sentenciado for primário, e de 3/5 se reincidente. Ocorre que esse dispositivo foi expressamente revogado pela Lei n. 13.964/2019, que, ao mesmo tempo, modificou a redação do art. 112 da Lei de Execuções Penais, e trouxe uma série de regras relativas à progressão de regime para crimes hediondos e equiparados.

Pelas regras atuais, a progressão pressupõe o cumprimento ao menos de:

1) 40% da pena, se for condenado pela prática de crime hediondo ou equiparado, se for primário (art. 112, V);

2) 50% da pena, se for condenado pela prática de crime hediondo ou equiparado, com resultado morte, se for primário (art. 112, VI, "a");

3) 60% da pena, se for reincidente na prática de crime hediondo ou equiparado (art. 112, VII);

4) 70% da pena, se for reincidente em crime hediondo ou equiparado com resultado morte, vedado o livramento condicional (art. 112, VIII).

Essas novas regras só valem para os crimes cometidos após a entrada em vigor da Lei n. 13.964/2019.

Note-se, pois, que, dependendo da época em que cometido o delito, há três possibilidades: a) para os condenados por crimes hediondos ou equiparados praticados antes de 29 de março de 2007 (data da entrada em vigor da Lei n. 11.464/2007), deve haver o cumprimento de 1/6 da pena — em razão da declaração da inconstitucionalidade da redação originária da Lei dos Crimes Hediondos que vedava a progressão de regime; b) cumprimento de 2/5 da pena, se primário, e 3/5 se reincidente (da entrada em vigor da Lei n. 11.464/2007, em 29 de março de 2007, até o dia anterior à entrada em vigor da Lei n. 13.964/2019, em 23 de janeiro de 2020); c) as diversas regras atuais insertas no art. 112, V a VII, da LEP (após a entrada em vigor da Lei n. 13.964/2019).

A Súmula Vinculante 26 do Supremo Tribunal Federal ressalva que o juiz, a fim de verificar se o condenado por crime hediondo está apto para a progressão a regime mais brando, pode determinar a realização do exame criminológico. O texto da súmula é o seguinte:

> Para efeito de progressão de regime no cumprimento da pena por crime hediondo, ou equiparado, o juízo da execução observará a inconstitucionalidade do art. 2º da Lei n. 8.072, de 25 de julho de 1990, sem prejuízo de avaliar se o condenado preenche, ou não, os requisitos objetivos e subjetivos do benefício, podendo determinar para tal fim, de modo fundamentado, a realização do exame criminológico.

É evidente que a súmula se refere à redação originária do art. 2º da Lei n. 8.072/90. No mesmo sentido, existe a Súmula 471 do Superior Tribunal de Justiça.

De acordo com o art. 1º da Lei n. 8.072/90, constituem crimes hediondos, em suas formas consumadas ou tentadas: a) o homicídio praticado em atividade típica de grupo de extermínio, ainda que cometido por um só agente (art. 121 do CP); b) o homicídio qualificado (art. 121, § 2º); c) a lesão corporal dolosa de natureza gravíssima (art. 129, § 2º) e a lesão corporal seguida de morte (art. 129, § 3º), quando praticadas contra autoridade ou agente descrito nos arts. 142 e 144 da Constituição Federal, integrantes do sistema prisional e da Força Nacional de Segurança Pública, no exercício da função ou em decorrência dela, ou contra seu cônjuge, companheiro ou parente consanguíneo até terceiro grau, em razão dessa condição; d) o roubo circunstanciado pela restrição da liberdade da vítima (art. 157, § 2º, inciso V); e) o roubo circunstanciado pelo emprego de arma de fogo (art. 157, § 2º-A, inciso I) ou pelo emprego de arma de fogo de uso proibido ou restrito (art. 157, § 2º-B); f) o roubo qualificado pelo resultado lesão corporal grave ou morte (art. 157,§ 3º); g) a extorsão qualificada pela restrição da liberdade da vítima, ocorrência de lesão corporal ou morte (art. 158, § 3º); h) a extorsão mediante sequestro (art. 159); i) o estupro (art. 213); j) o estupro de vulnerável (art. 217-A); k) o crime de epidemia com resultado morte (art. 267, § 1º); l) a falsificação de produtos terapêuticos ou medicinais (art. 273); m) favorecimento da prostituição ou de outra forma de exploração sexual de criança ou adolescente ou de vulnerável (art. 218-B, *caput*, e §§ 1º e 2º); n) o furto qualificado pelo emprego de explosivo ou de artefato análogo que cause perigo comum (art. 155, § 4º-A); o) genocídio (art. 1º da Lei n. 2.889/56); p) a posse ou porte ilegal de arma de fogo de uso proibido (art. 16, § 2º, da Lei n. 10.826/2003); q) o comércio ilegal de armas de fogo (art. 17 da Lei n. 10.826/2003); r) o tráfico internacional de arma de fogo, acessório ou munição (art. 18 da Lei n. 10.826/2003); e s) o crime de organização criminosa, quando direcionado à prática de crime hediondo ou equiparado (art. 2º, *caput*, da Lei n. 12.850/2013).

São equiparados a hediondos: a tortura (Lei n. 9.455/97), o tráfico de drogas (Lei n. 11.343/2006) e o terrorismo (Lei n. 13.260/2016). Observe-se que no julgamento do HC 118.533, Rel. Min. Cármen Lúcia, em 23.06.2016, o Plenário do STF decidiu que o tráfico privilegiado de drogas não possui natureza hedionda. Posteriormente, a Lei n. 13.964/2019, inseriu no art. 112, § 5º, da LEP, previsão expressa no sentido de que o tráfico privilegiado não possui natureza equiparada à dos crimes hediondos. Por isso, a progressão de regime pode se dar com o cumprimento de 16% da pena imposta — ao passo que no tráfico comum (não privilegiado) a progressão pressupõe o cumprimento de 40% da pena. Considera-se privilegiado o tráfico quando o agente é primário, tem bons antecedentes, não se dedica às atividades criminosas e não integra organização criminosa. Em tal hipótese, descrita no art. 33, § 4º, da Lei de Drogas, a pena do réu será reduzida de 1/6 a 2/3.

Lembre-se que o art. 2º, § 2º, da Lei n. 8.072/90 foi expressamente revogado pela Lei n. 13.964/2019. Tal dispositivo, em sua parte final, previa regras mais brandas para a progressão de regime — relativa a crimes hediondos ou equiparados — para mulheres gestantes, mães ou responsáveis por crianças ou pessoas com deficiência, se o crime não tivesse sido cometido com emprego de violência ou grave ameaça, se a sentenciada não integrasse organização criminosa, se fosse primária e tivesse bom comportamento carcerário e não tivesse cometido o crime contra filho ou dependente. Com a revogação do dispositivo, o tempo de cumprimento de pena para gestantes, mães ou responsáveis por crianças ou pessoas com deficiência, conseguirem progressão de regime em relação a crimes hediondos ou equiparados é o mesmo exigido para as demais pessoas, exceto para crimes cometidos antes da entrada em vigor da Lei n. 13.964/2019.

■ 21.6. PROGRESSÃO DE REGIME E EXECUÇÃO PROVISÓRIA

A possibilidade de ser decretada **progressão** de regime **antes do trânsito em julgado da sentença condenatória** deixou de ser tema polêmico após a aprovação de duas súmulas pelo Supremo Tribunal Federal.

De acordo com a Súmula n. 716, "admite-se a progressão de regime de cumprimento da pena ou a aplicação imediata de regime menos severo, antes do trânsito em julgado da sentença condenatória".

Já a Súmula n. 717 estabelece que "não impede a progressão de regime de execução da pena, fixada em sentença não transitada em julgado, o fato de o réu encontrar-se em prisão especial". A prisão especial é reservada apenas para presos provisórios nos termos do art. 295 do Código de Processo Penal.

Ademais, a Resolução n. 19 do Conselho Nacional de Justiça dispõe que "a guia de recolhimento provisório será expedida quando da prolação da sentença ou acórdão condenatório, ressalvada a hipótese de possibilidade de interposição de recurso com efeito suspensivo por parte do Ministério Público, devendo ser prontamente remetida ao Juízo da Execução Criminal".

Na realidade, o próprio art. 2º, parágrafo único, da Lei de Execuções Penais admite **expressamente** a execução **provisória** ao estabelecer que seus dispositivos aplicam-se também aos presos provisórios, inclusive, portanto, as regras relativas à progressão de regime.

É preciso, entretanto, salientar que o Supremo Tribunal Federal reconheceu a existência de algumas restrições à progressão em execução provisória. Com efeito, ela só será possível se:

a) a decisão tiver **transitado em julgado para o Ministério Público** no que diz respeito ao **montante** da pena privativa de liberdade aplicada. Assim, se o réu primário foi condenado a 12 anos de reclusão por um crime comum cometido sem violência ou grave ameaça e já cumpriu 16% da pena (art. 112, I, da LEP), nada obsta a progressão de regime se pendente recurso apenas da defesa ou do Ministério Público com finalidade diversa do agravamento da pena. Se, entretanto, houver recurso visando tal agravamento, não é possível aplicar-se o índice de 16% sobre os 12 anos fixados na sentença de primeira instância porque este montante pode ser alterado pelo Tribunal;

b) o preso já tiver cumprido **16% da pena máxima** prevista para o delito (crime comum cometido sem violência ou grave ameaça e condenado primário — art. 112, I, da LEP), ainda que haja recurso do Ministério Público visando aumentar a pena fixada na sentença. O seguinte julgado do Supremo Tribunal Federal resume perfeitamente a hipótese: "Não se admite, enquanto pendente de julgamento apelação interposta pelo Ministério Público com a finalidade de agravar a pena do réu, a progressão de regime prisional sem o cumprimento de, pelo menos, 1/6[3] da pena máxima atribuída em abstrato ao crime. Com base nesse entendimento, a Turma, por maioria, deferiu, em parte, *habeas corpus* para que, mantido o regime inicial semiaberto de cumprimento de pena, seja afastado o óbice à progressão para o regime aberto a paciente que, preso cautelarmente há 3 anos, fora condenado à pena de 4 anos pela prática do crime de corrupção ativa (CP, art. 333). Considerou-se que, no caso, eventual provimento do recurso do *parquet* não seria empecilho para o reconhecimento do requisito objetivo temporal para a pretendida progressão, porquanto, levando-se em conta ser de 12 anos a pena máxima cominada em abstrato para o delito de corrupção ativa, o paciente deveria cumprir, pelo menos, 2 anos da pena para requerer, à autoridade competente, a progressão para o regime prisional aberto, o que já ocorrera. Aduziu-se, por fim, caber ao juízo da execução criminal competente avaliar se, na espécie, estão presentes os requisitos objetivos e subjetivos para o benefício, devendo, se possível, proceder ao acompanhamento disciplinar do paciente até o cumprimento final da pena. Precedente citado: HC 90864/MG (*DJU* de 17.4.2007)" (STF, HC 90.893/SP, 1ª Turma, Rel. Min. Cármen Lúcia, 05.06.2007).

O juízo competente para a progressão de pena para o preso provisório é o das **execuções criminais**, devendo o juiz do processo de conhecimento determinar a

3 A menção ao índice de 1/6 deve-se ao fato de o julgado ser anterior à Lei n. 13.964/2019.

expedição da **guia de recolhimento provisório** sempre que verificar presente uma das hipóteses mencionadas.

■ 21.7. REGRESSÃO DE REGIME

É a **transferência** do condenado para qualquer dos **regimes mais rigorosos**, nas hipóteses previstas em lei (art. 118, *caput*, da Lei de Execuções). É possível, de acordo com tal dispositivo, a **regressão por salto**, ou seja, que o condenado passe diretamente do regime aberto para o fechado. As situações mais comuns, todavia, são a regressão do regime semiaberto para o fechado, ou do regime aberto para o semiaberto.

Dependendo da espécie de infração disciplinar cometida, o juiz pode regredir o preso até mesmo para regime mais gravoso do que aquele fixado na sentença. Ex.: réu condenado a iniciar pena em regime semiaberto pode ser regredido ao regime fechado.

As hipóteses de regressão estão expressamente previstas na legislação:

a) Prática de fato definido como crime doloso: o condenado, durante a execução da pena, comete nova infração, de natureza dolosa.

De acordo com a Súmula n. 526 do Superior Tribunal de Justiça "o reconhecimento de falta grave decorrente do cometimento de fato definido como crime doloso no cumprimento da pena prescinde do trânsito em julgado de sentença penal condenatória no processo penal instaurado para apuração do fato".

b) Prática de falta grave: de acordo com o art. 50 da Lei de Execuções Penais, as hipóteses de falta grave para o preso que cumpre pena privativa de liberdade são as seguintes: I — incitação ou participação em movimento para subverter a ordem ou disciplina; II — fuga; III — posse indevida de instrumento capaz de ofender a integridade física de outrem; IV — provocação de acidente do trabalho; V — descumprimento, no regime aberto, das condições impostas; VI — inobservância do dever de obediência ao servidor e respeito a qualquer pessoa com quem deva relacionar-se ou do dever de executar o trabalho, as tarefas ou ordens recebidas; VII — posse, utilização ou fornecimento de aparelho telefônico, rádio ou similar, que permita a comunicação com outros presos ou com o ambiente externo; VIII — recusar submeter-se ao procedimento de identificação do perfil genético (condenados por crime doloso praticado com violência grave contra a pessoa, bem como por crime contra a vida, a liberdade sexual ou por crime sexual contra vulnerável).

Quando decretada a regressão em razão de **falta grave**, novo período de cumprimento passa a ser contado. Assim, se um preso primário condenado por crime comum, cometido sem violência ou grave ameaça, está cumprindo pena no regime semiaberto e está prestes a cumprir 16% de pena neste regime (art. 112, I, da LEP) e comete falta grave, deve regredir ao regime fechado, iniciando-se nova contagem, ou seja, não basta que cumpra o que faltava para completar 16% no semiaberto. O novo período para obter o benefício, entretanto, deve levar em conta o restante da pena, e não o montante inicialmente imposto na sentença. Em suma, após a regressão, o condenado deverá cumprir 16% da pena restante para obter nova progressão. O índice de 16% foi mencionado no exemplo por se tratar de crime comum cometido sem violência ou grave ameaça e por ser o condenado primário. É claro que o índice poderá ser outro dependendo do tipo de crime praticado e do fato de o réu ser primário ou reincidente.

A Lei n. 13.964/2019 acrescentou no § 6º do art. 112 da LEP regra expressa no mesmo sentido: "O cometimento de falta grave durante a execução da pena privativa de liberdade interrompe o prazo para progressão de regime de cumprimento de pena, caso em que o reinício da contagem do requisito objetivo **terá como base a pena remanescente**".

c) Superveniência de condenação, por crime anterior, cuja soma com as penas já em execução torne incabível o regime em curso.

Caso se trate de preso que cumpre pena em regime **aberto**, a regressão será ainda possível caso ele **frustre os fins da execução da pena** descumprindo as condições impostas (art. 36, § 2º). Este mesmo dispositivo prevê a possibilidade de regressão se o condenado que está em regime aberto deixa de pagar a pena de **multa** cumulativamente imposta (caso tenha condições financeiras de fazê-lo). É quase **pacífico** na doutrina, entretanto, que esta parte do dispositivo está **revogada** porque a Lei n. 9.268/96 alterou a redação do art. 51 do Código Penal, proibindo a conversão da pena de multa em privativa de liberdade. É de se mencionar, contudo, que, na hipótese, não se trata de converter a multa em prisão, e sim de regredir o regime do preso que, podendo pagar a multa, deixa de fazê-lo.

O Superior Tribunal de Justiça, em 2018, firmou entendimento de que a unificação de penas não altera o termo *a quo* para concessão de quaisquer novos benefícios. Apenas poderá ensejar a regressão caso o *quantum* obtido após o somatório torne incabível o regime atual. Nos termos do entendimento do Superior Tribunal de Justiça: "Recurso especial. Execução penal. Unificação de penas. Superveniência do trânsito em julgado de sentença condenatória. Termo *a quo* para concessão de novos benefícios. Ausência de previsão legal para alteração da data-base. Acórdão mantido. Recurso não provido. 1. A superveniência de nova condenação no curso da execução penal enseja a unificação das reprimendas impostas ao reeducando. Caso o *quantum* obtido após o somatório torne incabível o regime atual, está o condenado sujeito a regressão a regime de cumprimento de pena mais gravoso, consoante inteligência dos arts. 111, parágrafo único, e 118, II, da Lei de Execução Penal. 2. A alteração da data-base para concessão de novos benefícios executórios, em razão da unificação das penas, não encontra respaldo legal. Portanto, a desconsideração do período de cumprimento de pena desde a última prisão ou desde a última infração disciplinar, seja por delito ocorrido antes do início da execução da pena, seja por crime praticado depois e já apontado como falta disciplinar grave, configura excesso de execução" (REsp 1557461/SC, Rel. Min. Rogerio Schietti Cruz, 3ª Seção, julgado em 22.02.2018, *DJe* 15.03.2018); e "Execução penal. Unificação de penas. Nova data-base para a concessão de benefícios. Inexistência de previsão legal. Constrangimento ilegal configurado. *Habeas corpus* não conhecido. Ordem concedida de ofício. (...) II — Este Superior Tribunal de Justiça se posicionava no sentido de que a superveniência de nova condenação, no curso da execução da pena, determinava a unificação das reprimendas e a fixação de nova data-base para a concessão de benefícios, excetuados o livramento condicional, a comutação de pena e o indulto. III — A Terceira Seção desta Corte Superior de Justiça, em 22.02.2018, ao julgar o REsp n. 1.557.461/SC, de relatoria do Ministro Rogério Schietti Cruz, e o *Habeas Corpus* n. 381.248/MG, com Relator para o acórdão o Ministro Sebastião Reis Júnior, sedimentou o entendimento de que a alteração da data-base para a concessão de novos benefícios executórios, em razão da unificação das penas, não encontra respaldo legal. IV — O v. acórdão que modificou o termo *a quo* para a concessão de novos benefícios em face da unificação de penas, estabelecendo como novo marco a data do trânsito em julgado da última sentença condenatória, está em confronto com a nova orientação jurisprudencial firmada pela Terceira Seção desta Corte Superior de Justiça e, portanto, configura constrangimento ilegal" (HC 442.454/ES, Rel. Min. Felix Fischer, 5ª Turma, julgado em 17.05.2018, *DJe* 24.05.2018).

Observação: A Lei n. 12.258/2010 alterou a redação do art. 146 da Lei de Execuções, passando a prever a possibilidade de **monitoramento eletrônico** do preso que cumpre pena em regime albergue domiciliar (aberto), bem como estabeleceu diversas consequências para o detento que descumpra seus deveres quanto ao referido monitoramento, dentre elas a possibilidade de o juiz decretar a **regressão** de regime (art. 146-C). Ex.: preso que destrói a tornozeleira responsável pelo monitoramento.

▪ Procedimento disciplinar

Praticada a infração disciplinar (cometimento de crime doloso, falta grave etc.), deverá ser instaurado procedimento apuratório, no qual o acusado terá o direito de ser ouvido (exceto se estiver foragido), devendo o **juiz** proferir decisão **fundamentada**, decretando ou não a regressão.

De acordo com a Súmula n. 533 do Superior Tribunal de Justiça "para o reconhecimento da prática de falta disciplinar no âmbito da execução penal, é imprescindível a instauração de procedimento administrativo pelo diretor do estabelecimento prisional, assegurado o direito de defesa, a ser realizado por advogado constituído ou defensor público nomeado".

Durante o procedimento apuratório, a autoridade administrativa poderá determinar o isolamento **preventivo** do faltoso pelo prazo máximo de **10 dias** (art. 60 da LEP).

▪ Prescrição da falta grave

Conforme mencionado, a prática de falta grave gera a instauração de procedimento disciplinar para sua apuração. Em razão disso, embora não haja previsão expressa em torno do prazo para seu início e conclusão, a jurisprudência firmou entendimento de que também a falta grave se sujeita à prescrição e, na ausência de um prazo expressamente estabelecido na legislação, ambas as turmas criminais do

Superior Tribunal de Justiça entendem que deve ser adotado o **prazo de 3 anos** (menor prazo prescricional previsto em relação às penas privativas de liberdade): "A jurisprudência do STJ sedimentou-se no sentido de que, à míngua de previsão específica na Lei n. 7.210/1984, o prazo de prescrição para apuração de falta disciplinar grave praticada no curso da execução penal é o regulado no art. 109, inciso VI, do Código Penal, qual seja, 3 anos, se verificada após a edição da Lei n. 12.234/2010. 2. No caso dos autos, a transgressão disciplinar ocorreu no dia 4.12.2012, tendo a decisão prolatada em 20.8.2013, constatando-se, portanto, não ter transcorrido o lapso prescricional. 3. Agravo regimental a que se nega provimento" (STJ, AgRg no REsp 1.606.201/SP, Rel. Min. Jorge Mussi, 5ª Turma, julgado em 27.04.2017, *DJe* 10.05.2017); "A decisão agravada deve ser mantida por seus próprios fundamentos, porquanto, nos termos da jurisprudência pacífica do STJ, a prescrição das faltas disciplinares de natureza grave, em virtude da inexistência de legislação específica, regula-se, por analogia, pelo menor dos prazos previstos no art. 109 do Código Penal, qual seja, 3 anos, nos termos do disposto na Lei n. 12.234/2010, não se aplicando, pois, prazo distinto previsto em norma local, por invasão da competência reservada à lei federal. 2. Agravo regimental improvido" (STJ, AgRg no HC 365.687/ES, Rel. Min. Nefi Cordeiro, 6ª Turma, julgado em 16.03.2017, *DJe* 23.03.2017); "1. A jurisprudência desta Corte é firme em assinalar que 'o prazo prescricional para aplicação de sanção administrativa disciplinar decorrente do cometimento de falta grave, após a edição da Lei n. 12.234/2010, é de 3 (três) anos, consoante o disposto no art. 109, inciso VI, do Código Penal, contados entre o cometimento da falta e a decisão judicial que homologou o procedimento administrativo instaurado para sua apuração' (HC n. 294.248/SP, Rel. Ministra Maria Thereza de Assis Moura, 6ª T., *DJe* 15.12.2014)" (STJ, AgRg no HC 452.842/SP, Rel. Min. Rogerio Schietti Cruz, 6ª Turma, julgado em 21.06.2018, *DJe* 01.08.2018); e "A jurisprudência desta Corte reconhece a aplicação, por analogia, do prazo prescricional do art. 109, inciso VI, do Código Penal às faltas graves praticadas no curso da execução penal. Após a publicação da Lei n. 12.234, de 5.5.10, verificada a falta grave, o prazo para sua apuração em Processo Administrativo Disciplinar — PAD e homologação em Juízo é de 3 anos, a contar do cometimento da referida falta. Precedentes" (STJ, RHC 71.109/RJ, Rel. Min. Joel Ilan Paciornik, 5ª Turma, julgado em 26.06.2018, *DJe* 01.08.2018).

■ 21.8. DIREITOS DO PRESO

Estabelece o art. 38 do Código Penal que o preso conserva **todos os direitos** não atingidos pela perda da liberdade, impondo-se a todas as autoridades o respeito à sua integridade física e moral.

A Constituição Federal consagra igualmente que aos presos é assegurado o direito à **integridade física e moral** (art. 5º, XLIX). Para garantir tal proteção, o legislador tipificou como crime de **tortura** submeter "pessoa presa ou sujeita a medida de segurança a sofrimento físico ou mental, por intermédio da prática de ato não previsto em lei ou não resultante de medida legal" (art. 1º, § 1º, da Lei n. 9.455/97).

A Constituição também assegura aos presos que comprovarem insuficiência de recursos **assistência jurídica integral** (art. 5º, LXXIV), além de indenização em caso de eventual erro judiciário ou por permanência na prisão por tempo superior ao determinado (art. 5º, LXXV).

Por sua vez, o art. 41 da Lei das Execuções Penais estabelece que constituem direitos do preso: a) alimentação e vestuário; b) trabalho remunerado; c) previdência social; d) proporcionalidade na distribuição do tempo entre trabalho, descanso e recreação; e) exercício das atividades profissionais, intelectuais, artísticas e desportivas anteriores, que sejam compatíveis com a execução da pena; f) assistência material à saúde, jurídica, educacional, social e religiosa; g) proteção contra qualquer forma de sensacionalismo; h) entrevista pessoal e reservada com seu advogado; i) visita do cônjuge, companheira, parentes e amigos em dias determinados; j) ser chamado pelo nome; k) igualdade de tratamento com outros presos, salvo quanto às peculiaridades da pena; l) ser ouvido pelo diretor do estabelecimento; m) representar e peticionar a qualquer autoridade, em defesa de seu direito (o preso pode, por exemplo, solicitar benefícios pessoalmente, por meio de carta, ao juiz das execuções); n) contato com o mundo exterior por meio de correspondência escrita, leitura ou outros meios de informação que não comprometam a moral e os bons costumes; o) receber atestado de pena a cumprir, emitido anualmente (sob pena de responsabilidade da autoridade judiciária competente).

É evidente, entretanto, que, dependendo do comportamento do preso, alguns desses direitos podem ser **restringidos**, como o tempo de recreação e do direito de visitas. É o que dispõe o art. 41, parágrafo único, da Lei de Execuções, além do art. 52, que trata do regime disciplinar diferenciado.

Os presos **provisórios** têm os mesmos direitos dos demais (art. 42 da LEP).

- **Direitos políticos**

O art. 15, III, da Constituição Federal estabelece que a condenação transitada em julgado gera a **suspensão** dos direitos políticos do sentenciado, enquanto durarem seus efeitos. O condenado, portanto, não tem direito a voto. Já os presos provisórios têm direito a voto e os juízes eleitorais devem providenciar, com antecedência, as medidas necessárias ao exercício deste direito. A suspensão dos direitos políticos impede também que o sentenciado se lance candidato a cargos públicos eletivos.

- **Trabalho do preso**

O art. 39 do Código Penal diz que o trabalho do preso será sempre **remunerado**, sendo-lhe garantidos os direitos da **previdência social**. Em seguida, o art. 41 estabelece que tal matéria será regulada em lei especial, que, na hipótese, é a Lei n. 7.210/84, também conhecida como Lei de Execuções Penais. A **forma** como se desenvolve o trabalho do preso em cada um dos regimes (fechado, semiaberto ou aberto) já foi abordada na análise de cada um deles. Resta, porém, mencionar os dispositivos da Lei de Execuções que detalham diversos outros aspectos referentes ao trabalho dos presos.

A **finalidade** do trabalho é educativa e produtiva (art. 28, *caput*, da LEP).

Devem ser aplicadas quanto ao método de trabalho as precauções relativas à higiene, bem como para evitar acidentes do trabalho (art. 28, § 1º).

O trabalho do preso não está sujeito ao regime da Consolidação das Leis do Trabalho (art. 28, § 2º), porque ele não contrata livremente com seu empregador (exceto no regime aberto).

O salário não poderá ser inferior a **três quartos do salário mínimo** (art. 29).

O trabalho **interno** é **obrigação** do preso, exceto o provisório (art. 31 e parágrafo único). O condenado, entretanto, não pode ser obrigado a trabalhar, porque a Constituição proíbe os trabalhos forçados (art. 5º, XLVII, *c*). A recusa imotivada em trabalhar constitui falta grave (art. 50, VI).

Na atribuição do trabalho, deve-se levar em conta a aptidão pessoal e as necessidades futuras do condenado, bem como as oportunidades oferecidas pelo mercado (art. 32, *caput*). Os maiores de 60 anos, os doentes e os deficientes físicos exercerão atividades apropriadas à idade ou condição física (art. 32, §§ 2º e 3º).

A jornada de trabalho não será inferior a **6 nem superior a 8 horas diárias**, com descanso aos sábados e domingos (art. 33). Os presos que trabalham em serviços de conservação e manutenção do presídio (limpeza, pintura, consertos elétricos e hidráulicos etc.) poderão ter horário especial (art. 33, § 1º).

A cada três dias de trabalho, o preso poderá descontar um dia da pena restante (art. 126).

- **Visita íntima**

Embora não prevista expressamente a visita em local reservado onde o preso (ou presa) possa manter relações sexuais com o cônjuge, companheira ou namorada, a realidade é que se trata de situação que tem sido admitida pelos diretores dos presídios por ser visto como fator que ajuda a manter a tranquilidade entre os detentos e evita abusos sexuais de uns contra os outros.

- **Direitos das mulheres presas**

As presas, evidentemente, têm os mesmos direitos dos homens, além de cumprirem pena em estabelecimento **próprio** (art. 37 do CP).

Ademais, em face das condições peculiares relacionadas à maternidade, existem diversos dispositivos tratando do tema. Em primeiro lugar, a Constituição Federal expressamente exige que os estabelecimentos penais tenham condições para garantir o aleitamento materno (art. 5º, L). Além disso, é assegurado acompanhamento médico à mulher, principalmente no pré-natal e pós-parto, extensivo ao recém-nascido (art. 14, § 3º, da LEP); os estabelecimentos deverão ser dotados de **berçário** onde as mães poderão amamentar os filhos pelo menos até os **6 meses** de idade (art. 83, § 2º, da LEP), bem como de seção especial para gestantes e parturientes e de **creche** para crianças maiores de **6 meses e menores de 7 anos** (art. 89, *caput*, da LEP).

- **Preso idoso**

De acordo com o art. 82, § 1º, da Lei de Execuções Penais, a pessoa com mais de 60 anos deve cumprir pena em estabelecimento próprio, adequado à sua condição pessoal.

- **Superveniência de doença mental**

O condenado a quem sobrevém doença mental deve ser internado em hospital de custódia e tratamento psiquiátrico ou, à sua falta, em outro estabelecimento adequado (art. 41). Não se trata aqui de doença mental **ao tempo do crime**, que pode levar ao reconhecimento da inimputabilidade e **absolvição** do réu com aplicação de medida de segurança. O dispositivo em análise refere-se ao preso que, **posteriormente** ao crime, passa a apresentar distúrbios mentais, ou seja, que é acometido de doença mental durante o cumprimento da pena. Em tais casos, o sentenciado será encaminhado a hospital psiquiátrico para tratamento e, ao obter alta, deverá retornar ao presídio. Esta regra, todavia, aplica-se somente à situação do condenado que é acometido de surto passageiro ou transtorno mental transitório. O período em que permaneceu internado será descontado da pena.

Por sua vez, dispõe o art. 183 da Lei de Execuções Penais que o juiz pode, a vista do exame pericial e após ouvir o Ministério Público e a autoridade administrativa, determinar a **substituição** da pena privativa de liberdade por medida de segurança, quando o condenado for acometido de doença mental grave que necessite de tratamento prolongado. Em tal caso, passarão a valer as regras referentes às medidas de segurança e sua forma de execução.

21.9. DETRAÇÃO DA PENA

De acordo com o art. 42 do Código Penal, detração é o cômputo, na pena **privativa de liberdade** e na **medida de segurança** aplicadas na sentença, do tempo de **prisão provisória** cumprida no Brasil ou no estrangeiro, de prisão administrativa[4] e de **internação** em hospital de custódia ou tratamento psiquiátrico. Em suma, significa que, se o sujeito permaneceu preso em razão de prisão preventiva, flagrante ou qualquer outra forma de prisão provisória, tal período deve ser descontado do tempo de pena ou medida de segurança aplicado na sentença final. Se o sujeito foi condenado a 5 anos e 4 meses e havia ficado preso por 4 meses durante o tramitar da ação, deverá cumprir apenas os 5 anos restantes. Computa-se, também, o prazo de **internação provisória**, decretada com fundamento no art. 319, VII, do CPP, com a redação dada pela Lei n. 12.403/2011, nas hipóteses de crimes praticados com violência ou grave ameaça, quando os peritos concluírem ser inimputável ou semi-imputável o acusado e houver risco de reiteração.

---

[4] No Código Penal, ainda existe a menção à prisão administrativa, porém tal forma de prisão não foi recepcionada pela Constituição Federal de 1988.

A detração é cabível qualquer que tenha sido o regime fixado na sentença. Por isso, se o acusado ficou preso provisoriamente por 4 meses, terá direito à detração ainda que, ao final, tenha sido condenado a cumprir pena em regime aberto.

- **Detração, regime inicial e progressão de pena**

O art. 387, § 2º, do Código de Processo Penal, com a redação dada pela Lei n. 12.736/2012, diz que o juiz, ao proferir a sentença, deve levar em conta o tempo de prisão provisória, prisão administrativa ou internação (detração), no Brasil ou no estrangeiro, para a **fixação do regime inicial**. Surgiram, então, dois entendimentos:

a) *Interpretação literal*: o juiz simplesmente deve aplicar a pena seguindo o critério trifásico e, em seguida, descontar o tempo de prisão provisória para, com base no montante final, fixar o regime inicial.

A crítica que se faz a tal entendimento é a de que viola o princípio constitucional da **individualização da pena** e, também, o princípio da **igualdade**. É que, com base em tal interpretação, quem venha a ser condenado a 8 anos e 2 meses e já tenha ficado preso por 4 meses, terá pena restante a cumprir, a partir da sentença de 1º grau, de 7 anos e 10 meses e, de acordo com a mencionada interpretação literal, receberia automaticamente regime inicial semiaberto, enquanto aquele que respondeu ao processo solto teria que iniciar o cumprimento no regime fechado (8 anos e 2 meses) e só após cumprir parte da pena e preencher os requisitos subjetivos (bom comportamento na prisão etc.) é que iria para o semiaberto. Note-se que o menor índice para progressão de regime, previsto no art. 112, I, da LEP, é de 16% (réu primário, crime comum sem violência ou grave ameaça). Se aplicado esse índice no exemplo acima, o réu condenado a 8 anos e 2 meses, que não ficou preso provisoriamente, só poderia progredir após cumprir aproximadamente 16 meses de pena.

b) *Interpretação lógico-sistemática e histórica*: a intenção do legislador foi somente a de permitir que o juiz do processo de conhecimento, caso tenha em mãos a documentação necessária, aplique regime inicial mais brando mediante a satisfação dos requisitos exigidos para a progressão, de modo a evitar que os condenados fiquem em regime mais gravoso por mais tempo do que o necessário aguardando a execução provisória.

Observando a Exposição de Motivos do Projeto de Lei[5] (de iniciativa do Governo, assinada pelo Ministro da Justiça) e os pareceres das comissões da Câmara[6] e do

5 "O que se almeja com o presente projeto, portanto, é que o abatimento da pena cumprida provisoriamente possa ser aplicada, também, pelo juiz do processo de conhecimento que exarar a sentença condenatória conferindo maior celeridade e racionalidade ao sistema de justiça criminal, evitando a permanência da pessoa presa em regime que já não mais corresponde à sua situação jurídica concreta".

6 "Com efeito, a possibilidade de a detração ser reconhecida já pelo juiz que proferir a sentença condenatória, inclusive para fins de determinação do regime inicial do cumprimento da pena privativa de liberdade, fará justiça com o condenado que do instituto puder se beneficiar, evitando privações de liberdade por tempo maior do que o devido, e trará vantagens para a execução penal, aliviando o grave problema da superpopulação carcerária.

Senado[7], percebe-se que foi exatamente isso o que foi debatido e aprovado, estando claro, inclusive, que não se trata de obrigação, e sim de faculdade do juiz sentenciante (cuidando-se, portanto, de **competência concorrente com o juízo das execuções**). Assim, se o magistrado, ao julgar procedente a ação penal, verificar que o acusado já teria tempo para a progressão e caso já exista nos autos comprovação dos requisitos subjetivos, poderá estabelecer o regime mais brando. Se, entretanto, o juiz não tiver em mãos atestado de bom comportamento ou se entender que é pertinente a realização do exame criminológico, poderá deixar a análise para o juízo das execuções. Nada disso, contudo, precisará ser cogitado se o acusado não tiver cumprido o tempo mínimo de pena exigido pelo art. 112 da LEP por ocasião da sentença.

Observação: A atual redação do art. 387, § 2º, do CPP, prevê exclusivamente que a detração deve ser levada em conta na fixação do **regime inicial para o cumprimento da pena**. Não pode, portanto, ser considerada para a verificação do **cabimento** de penas substitutivas (multa e restritivas de direitos) ou do *sursis*. Veja-se, por exemplo, o caso das penas restritivas de direitos, em que o art. 44, I, do Código Penal permite a substituição nos crimes dolosos, cometidos sem violência contra pessoa ou grave ameaça, se a pena fixada **não superar 4 anos** (se preenchidos os demais requisitos legais). Se, no caso concreto, o réu tiver sido condenado a 4 anos e 2 meses e tenha ficado provisoriamente preso por 4 meses, **não** fará jus à substituição — mas só terá que cumprir o tempo restante da pena privativa de liberdade, ou seja, 3 anos e 10 meses. Por outro lado, se o acusado for condenado a 3 anos e 6 meses e, por isso, o juiz substituir a pena privativa de liberdade por prestação de serviços à comunidade pelo mesmo período, os 4 meses em que ficou provisoriamente preso deverão ser descontados, de modo que só lhe restará cumprir os 3 anos e 2 meses restantes.

▪ Detração penal e penas restritivas de direitos

A detração é cabível nas penas restritivas de direitos que substituem as penas privativas de liberdade **por período equivalente**, como a prestação de serviços à comunidade ou entidades públicas, a interdição temporária de direitos e a limitação de fim de semana. Com efeito, em tais penas alternativas o juiz substitui o tempo exato de pena privativa de liberdade aplicada na sentença pela pena restritiva. Ex.: réu condenado a 10 meses de detenção, cuja pena é substituída por 10 meses de prestação de serviços à comunidade. Caso o condenado tenha permanecido preso provisoriamente por 7 meses durante o processo, só precisará prestar serviços por mais 3 meses.

Note-se que não é revogado o art. 66, III, *c*, da Lei de Execução Penal, de tal sorte que ambos os juízos serão competentes para os fins pretendidos. Assim, o voto é pela constitucionalidade, juridicidade, boa técnica legislativa e, no mérito, pela aprovação do PL n. 2.784, de 2011, com a emenda oferecida em anexo" (Sala da Comissão, em 18 de maio de 2012. Deputado Luiz Couto).

7 "Quanto ao mérito, verificamos, de fato que a atual redação do Código de Processo Penal acaba por exigir providência burocrática em tudo desnecessária.

É que compete ao juiz da execução analisar a possibilidade de progressão de regime com base no tempo de prisão cumprido. Assim, é na Vara das Execuções Penais que o recém-condenado deve deduzir o pedido próprio, que ainda tramitará por algum tempo, sendo que o juiz sentenciante possui na grande maioria das vezes todos os dados necessários à apreciação dessa pretensão" (31 de outubro de 2012. Relator Senador Romero Jucá).

Algumas penas restritivas, entretanto, são incompatíveis com a detração, pois não guardam relação de tempo com a pena privativa de liberdade, como a prestação pecuniária e a perda de bens.

▪ Detração penal e multa

A Lei n. 9.268/96 alterou a redação original do art. 51 do Código Penal e retirou a possibilidade de conversão da pena de multa em detenção. Pacificou-se, pois, o entendimento de que **não** é aplicável a detração à pena de **multa**, mesmo porque o art. 42 do Código Penal é taxativo e só faz menção à detração em relação à pena privativa de liberdade e à medida de segurança. Dessa forma, ainda que se trate de pena de multa substitutiva (de pena inferior a 1 ano aplicada na sentença, conforme permite o art. 44, § 2º, do Código Penal), o tempo anterior de prisão é irrelevante. É que nesses casos a substituição não guarda proporção com a pena de reclusão ou detenção aplicada na sentença. Com efeito, imagine-se alguém condenado a 9 meses de detenção, que tenha permanecido preso provisoriamente por 2 meses, e que o juiz, fazendo uso da permissão do art. 44, § 2º, do Código Penal, resolva substituir a pena de prisão por multa. Em tal caso, a lei estabelece que o juiz pode efetuar a substituição por 10 dias-multa (art. 49 do CP), não havendo a necessidade de substituir por 270 dias-multa (o que seria equivalente aos 9 meses de prisão). Observa-se, pois, que referida conversão já beneficia, e muito, o condenado, não se podendo concluir que não precisaria pagar os 10 dias-multa, porque, pelo fato de ter ficado preso por 2 meses, teria sido beneficiado com a detração.

▪ Detração e suspensão condicional da pena

Também se mostra **incabível** a detração porque o *sursis* é benefício que, igualmente, **não guarda proporção** com a pena privativa de liberdade fixada na sentença. Com efeito, o *sursis* é aplicado por um prazo de 2 a 4 anos para substituir penas não superiores a 2 anos (art. 77, *caput*, do CP). Assim, se alguém que ficou preso por 3 meses durante a ação penal for condenado a 2 anos de reclusão e o juiz conceder o *sursis* por 4 anos, não poderá ser descontado do período de prova o tempo de prisão provisória. É claro, entretanto, que a consequência de eventual revogação do *sursis* é a obrigação de o sentenciado cumprir a pena originariamente imposta na sentença e, em tal caso, deverá ser descontado o tempo de prisão processual.

▪ Detração penal e medida de segurança

O art. 42 do Código Penal expressamente **permite a detração** em caso de medida de segurança. Ocorre que, nesta, o juiz fixa apenas o **prazo mínimo** de cumprimento (1 a 3 anos), que permanece **indeterminado** enquanto não for averiguada, mediante perícia médica, a cessação da periculosidade (art. 97, § 1º, do CP). Assim, se a perícia constatar que o condenado continua perigoso em razão da doença mental, o juiz das execuções determinará a continuidade da internação até a próxima perícia e assim sucessivamente. Desse modo, entende-se que a detração será aplicada em relação ao prazo mínimo para a primeira perícia, ou seja, se na sentença o juiz fixou o período mínimo de 1 ano para a primeira verificação, mas o acusado já havia ficado preso ou internado provisoriamente por 4 meses, o exame deverá ser feito após 8 meses.

▪ Detração e prisão provisória em processo distinto

Se o réu for **absolvido** em processo em que permaneceu provisoriamente preso, a detração **poderá** ser aplicada em outra condenação, desde que se refira a crime cometido **antes** da prisão no processo onde se deu a absolvição. Assim, se o outro crime tiver sido praticado **depois** da absolvição, **inviável** a detração, pois, caso contrário, o sujeito ficaria com um crédito de pena, ou seja, poderia pensar em cometer um novo crime porque já teria previamente cumprido a pena (no processo em que foi absolvido). A propósito: "Execução penal. Detração penal. Cômputo de tempo de prisão imposta em outro processo. Possibilidade. Condições. CP, art. 42. LEP, art. 11. CF, art. 5º, XV e LXXV. A Constituição da República, em razão da magnitude conferida ao *status libertatis* (art. 5º, XV), inscreveu no rol dos direitos e garantias individuais regra expressa que obriga o Estado a indenizar o condenado por erro judiciário ou quem permanecer preso por tempo superior ao fixado na sentença (art. 5º, LXXV) situações essas equivalentes à de quem foi submetido a prisão processual e posteriormente absolvido. Em face desse preceito constitucional, o art. 42, do Código Penal, e o art. 111, da Lei de Execuções Penais, devem ser interpretados de modo a abrigar a tese de que o tempo de prisão provisória imposta em processo no qual o réu foi absolvido, seja computado para a detração de pena imposta em processo relativo a crime anteriormente cometido" (STJ, REsp 611.899/SP, 6ª Turma, Rel. Min. Vicente Leal, *DJ* 26.03.1996).

▪ Detração e prescrição

No caso de **evasão** do condenado ou de **revogação** do **livramento condicional**, o prazo de prescrição da pretensão executória é regulado de acordo com o **tempo restante** da pena, nos termos do art. 113 do Código Penal. Esta regra, entretanto, não se aplica em relação ao tempo de prisão provisória por não haver menção a esse respeito no dispositivo referido. Assim, se uma pessoa permaneceu presa por 6 meses e foi solta durante o transcorrer da ação penal, mas, ao final, foi condenada a 4 anos e 3 meses, o cumprimento da pena deve iniciar-se em até 12 anos, que é prazo prescricional referente a penas maiores do que 4 e não superiores a 8 anos (art. 109, III, do CP). Não se desconta, para análise de prescrição, os 6 meses que o réu permaneceu preso durante a ação penal, pois, se tal desconto fosse feito, a prescrição da pena dar-se-ia em 8 anos (art. 109, IV, do CP). Em suma, se o réu vier a ser preso, restam-lhe apenas 3 anos e 9 meses de prisão para cumprir; todavia, enquanto não iniciada a execução, a prescrição rege-se pelo montante aplicado na sentença, isto é, 4 anos e 3 meses. A propósito: "Prisão provisória. Contagem para efeito da prescrição. Impossibilidade. O tempo de prisão provisória não pode ser computado para efeito da prescrição, mas tão somente para o cálculo de liquidação da pena. O art. 113 do Código Penal, por não comportar interpretação extensiva nem analógica, restringe-se aos casos de evasão e de revogação do livramento condicional. Ordem denegada" (STF, RHC 85.026/SP, 1ª Turma, Rel. Min. Eros Grau, *DJ* 27.05.2005, p. 123); "O cálculo da prescrição pela pena residual, conforme prevê o art. 113 do Código Penal, limita-se às hipóteses de evasão e de revogação do livramento condicional. Não é possível, portanto, a consideração do tempo de prisão provisória para fins de contagem do prazo prescricional, pois o citado dispositivo deve ser interpretado restritivamente (Precedentes do STF e do STJ). Recurso ordinário desprovido" (STJ, RHC 67.403/DF, Rel. Min. Felix Fischer, 5ª Turma, julgado em 16.03.2017, *DJe* 31.03.2017); "1. O artigo 113 do Código Penal restringe os casos em que a prescrição é regulada pelo tempo que resta da pena, não cabendo interpretação extensiva para inserir em tais casos a detração do tempo de prisão provisória. Precedentes. Incidência do enunciado n. 83 das Súmulas do Superior Tribunal de Justiça — STJ. 2. Agravo regimental desprovido" (STJ, AgRg no AREsp 884.674/ES, Rel. Min. Joel Ilan Paciornik, 5ª Turma, julgado em 24.05.2016, *DJe* 03.06.2016). No mesmo sentido: STJ, AgRg no REsp 1.474.294/SC, Rel. Min. Maria Thereza de Assis Moura, 6ª Turma, julgado em 02.10.2014, *DJe* 13.10.2014, e STJ, EDcl no AgRg no REsp 1564309/MS, Rel. Min. Jorge Mussi, 5ª Turma, julgado em 24.04.2018, *DJe* 04.05.2018.

O art. 387, § 2º, do Código de Processo Penal, com a redação que lhe foi dada pela Lei n. 12.736/2012, diz expressamente que a detração deve ser levada em conta na fixação do regime inicial, **mas não menciona a mesma providência em relação à prescrição**.

■ 21.10. REMIÇÃO

Trata-se de instituto regulamentado nos arts. 126 a 130 da Lei de Execuções Penais, que passou por **grandes alterações** em decorrência da Lei n. **12.433/2011**, que lhe conferiu maior abrangência.

A remição é o **desconto** no tempo **restante** da pena do período em que o condenado **trabalhou** ou **estudou** durante a execução.

Segundo o art. 126, § 1º, da Lei de Execuções, o condenado que cumpre pena em regime **fechado** ou **semiaberto** pode descontar **1 dia de pena para cada 3 trabalhados** ou **por 12 horas de frequência escolar**.

Só serão computados os dias em que o preso desempenhar a jornada **completa** de trabalho, excluindo-se também feriados e fins de semana. De acordo com o art. 33 da Lei de Execuções, a jornada **normal** de trabalho não será inferior a 6 nem superior a 8 horas.

A remição pelo **estudo** já era admitida pela Súmula n. 341 do Superior Tribunal de Justiça, embora não existisse previsão expressa nesse sentido no texto legal. Esse quadro se alterou diante da nova redação dada ao dispositivo pela mencionada Lei n. 12.433/2011, que regulamentou a remição pelo estudo.

De acordo com o art. 126, § 1º, I, da Lei de Execuções, as 12 horas de estudo, que dão direito a 1 dia de desconto na pena, devem ser divididas, no **mínimo**, **em 3 dias** (4 horas diárias neste caso). É possível, portanto, que as 12 horas sejam divididas em número maior de dias (2 ou 3 horas diárias etc.), mas nunca em número menor (o que poderia levar rapidamente ao desconto total da pena, se o sujeito, por exemplo, estudasse 12 horas diariamente).

As atividades de estudo poderão ser desenvolvidas de forma presencial ou por metodologia de ensino a distância e deverão ser certificadas pelas autoridades educacionais competentes dos cursos frequentados (art. 126, § 2º, da LEP). O estudo pode se dar no ensino fundamental, médio (inclusive profissionalizante), superior ou de requalificação profissional.

Se o condenado estudar e **concomitantemente** trabalhar, poderá haver **cumulação** dos dias a remir. Assim, se durante 3 dias o sentenciado trabalhar e estudar 12 horas (4 horas por dia), poderá descontar 2 dias de sua pena.

Outra inovação trazida pela Lei n. 12.433/2011 é o acréscimo de **1/3** do tempo a remir em **razão do estudo** em decorrência da **conclusão** do ensino fundamental, médio ou superior, durante o cumprimento da pena, desde que certificada pelo órgão competente do sistema de educação (art. 126, § 5º, da LEP). Assim, se o condenado tinha direito a 150 dias de remição em razão do **estudo**, a conclusão do curso trará como prêmio o acréscimo de 50 dias no tempo a ser descontado. De acordo com o texto legal, se o condenado tem dias a remir em razão do **trabalho**, a formatura não lhe dará direito ao aumento de 1/3 nos dias a descontar.

A remição pelo trabalho não alcança os presos que cumprem pena em regime **aberto** por expressa disposição do art. 126, § 6º, da Lei de Execuções, uma vez que, em tal regime, o preso cumpre atividade laborativa normal, fora do ambiente carcerário e sem as limitações da lei penal. De acordo com a Súmula n. 562 do Superior Tribunal de Justiça, *"É possível a remição de parte do tempo de execução da pena quando o condenado, em regime fechado ou semiaberto, desempenha atividade laborativa, ainda que extramuros"*.

Já a remição pelo **estudo**, em curso regular ou profissionalizante, é possível também para os presos que estejam em **regime aberto** ou em **livramento condicional**, de modo que o tempo de estudo será descontado do restante da pena, no caso do regime aberto, ou do período de prova, no caso do livramento (art. 129, § 6º, da LEP). Também nesse caso é necessário que as 12 horas de estudo, que dão direito a 1 dia de remição, sejam divididas em pelo menos 3 dias.

Tem sido também admitida a remição pela leitura e resenha de livros: "A jurisprudência deste Superior Tribunal de Justiça tem admitido que a norma do art. 126 da LEP, ao possibilitar a abreviação da pena, tem por objetivo a ressocialização do condenado, sendo possível o uso da analogia *in bonam partem*, que admita o benefício em comento em razão de atividades que não estejam expressas no texto legal, como no caso, a leitura e resenha de livros, nos termos da Recomendação n. 44/2013 do Conselho Nacional de Justiça" (STJ HC 353.689/SP, Rel. Min. Felix Fischer, 5ª Turma, julgado em 14.06.2016, *DJe* 01.08.2016). No mesmo sentido, dentre outros: STJ, HC 312.486-SP, Rel. Min. Sebastião Reis Júnior, julgado em 09.06.2015, *DJe* 22.06.2015.

A Recomendação n. 44/2013 do Conselho Nacional de Justiça regulamenta a remição pela leitura.

▪ Procedimento

A remição é declarada pelo **juiz** das execuções, após ouvir o **Ministério Público** e a defesa (art. 129, § 8º). Para que tenha condições de verificar o período trabalhado, a autoridade administrativa deve encaminhar, **mensalmente**, ao juízo cópia do registro de todos os condenados que estejam trabalhando ou estudando, com informação dos dias de trabalho e das horas de frequência escolar ou de atividades de ensino de cada um deles (art. 129 da LEP). Após a decisão judicial, deve-se dar ao preso relação dos dias considerados remidos (art. 129, parágrafo único, da LEP).

O tempo remido será computado para **todos os fins:** progressão de regime, obtenção de livramento condicional ou de indulto etc. De acordo com o art. 128 da Lei de Execuções, o tempo remido considera-se como pena cumprida para todos os efeitos.

O desconto de dias da pena pela remição é possível, qualquer que seja a espécie de delito cometido, inclusive os hediondos ou equiparados, uma vez que não há qualquer ressalva na legislação.

- **Preso provisório**

O trabalho ou o estudo por parte do **preso provisório** dar-lhe-á direito à remição caso venha a ser condenado (art. 126, § 7º, da LEP). A declaração judicial da remição, contudo, só poderá ser feita após o início do processo de execução, ainda que provisória.

- **Acidente do trabalho**

O preso que não puder prosseguir no trabalho, em razão de acidente, continuará a beneficiar-se com a remição (art. 126, § 4º, da LEP).

- **Remição e falta grave**

Reza o art. 127 da Lei de Execuções Penais, com a redação dada pela Lei n. 12.433/2011, que a punição do condenado por **falta grave** poderá ter como consequência a revogação, pelo juiz das execuções, de até **1/3 do tempo remido**, recomeçando a contagem a partir da data da infração disciplinar. De acordo com o dispositivo, o juiz deverá levar em conta os parâmetros do art. 57 da Lei de Execuções para decidir o *quantum* a ser revogado em decorrência da falta grave, já que a lei estabelece o índice de 1/3 como o limite **máximo** da redução, podendo o magistrado, entretanto, aplicar índice **inferior**. Segundo o referido art. 57, "na aplicação das sanções disciplinares, levar-se-ão em conta a natureza, os motivos, as circunstâncias do fato, bem como a pessoa do faltoso e seu tempo de prisão".

Antes da Lei n. 12.433/2011, o art. 127 da LEP estabelecia que a prática de falta grave gerava a perda de **todos** os dias remidos, e, embora tal regra tivesse tido sua constitucionalidade questionada, o Supremo Tribunal Federal aprovou a Súmula Vinculante n. 9, segundo a qual, "o disposto no art. 127 da Lei n. 7.210/84 (Lei de Execução Penal) foi recebido pela ordem constitucional vigente e não se lhe aplica o limite temporal previsto no *caput* do artigo 58". Esta súmula vinculante atualmente se encontra superada em razão da modificação sofrida pelo art. 127 da Lei de Execuções.

Por fim, a Súmula n. 441 do Superior Tribunal de Justiça diz que "a falta grave não interrompe o prazo para a obtenção de livramento condicional". Significa que, ainda que o condenado perca 1/3 do direito aos dias remidos que seriam descontados, não se inicia nova contagem do prazo de cumprimento de pena para a obtenção do livramento a partir da falta grave. Ex.: pessoa primária condenada por crime comum a 6 anos de reclusão. O livramento condicional pode ser obtido após o cumprimento de 1/3 da pena (2 anos). Exatamente 1 ano após o início da pena, comete falta grave, sendo que, durante esse ano, trabalhou e estudou por 90 dias. Esse condenado, que poderia, então, obter o livramento 30 dias (1/3 de 90) antes do prazo de 2 anos, ao cometer falta grave e ver revogado 1/3 do tempo remido (10 dias), só poderá obter o benefício 20 dias antes do prazo de 2 anos. O que a súmula pretende esclarecer é que a prática da falta grave não faz com que o condenado perca aquele 1 ano de cumprimento da pena.

■ 21.11. QUESTÕES

1. (Ministério Público/SP — 2019) Quanto aos efeitos da falta grave na execução da pena, interrompe a contagem

a) do prazo para obtenção de livramento condicional, o qual se reinicia a partir do cometimento dessa infração, a teor da Súmula 441 do STJ.
b) do prazo para a progressão de regime de cumprimento de pena, o qual se reinicia a partir do cometimento dessa infração, a teor da Súmula 534 do STJ.
c) do prazo para fim de comutação de pena ou indulto, a teor da Súmula 535 do STJ.
d) dos prazos para a obtenção de livramento condicional e para fim de comutação de pena ou indulto, a teor das Súmulas 441 e 535 do STJ.
e) dos prazos para a obtenção de livramento condicional e progressão de regime de cumprimento de pena, os quais se reiniciam a partir do cometimento dessa infração, assim como para fim de comutação de pena ou indulto, a teor das Súmulas 441, 534 e 535 do STJ.

2. (Magistratura/PR — 2006) Recentemente, o Supremo Tribunal Federal editou várias Súmulas relacionadas ao regime de execução da pena. Entre estas destacam-se as seguintes, EXCETO:

a) A opinião do julgador sobre a gravidade em abstrato do crime não constitui motivação idônea para a imposição de regime mais severo do que o permitido segundo a pena aplicada.
b) Não impede a progressão de regime de execução da pena, fixada em sentença não transitada em julgado, o fato de o réu encontrar-se em prisão especial.
c) Não se admite a progressão de regime de cumprimento da pena ou a aplicação imediata de regime menos severo nela determinada, antes do trânsito em julgado da sentença condenatória.
d) A imposição do regime de cumprimento, mais severo do que a pena aplicada permitir, exige motivação idônea.

3. (Ministério Público/PR — 2004) Assinale a alternativa correta:

a) A Constituição Federal brasileira não admite, em caso algum, a cominação da pena de morte;
b) No entendimento do Superior Tribunal de Justiça, após observado o critério trifásico, o magistrado não pode fixar a pena em *quantum* inferior ao mínimo legal;
c) As circunstâncias atenuantes não se aplicam para o agente que não tenha concorrido com consciência e vontade para a sua caracterização;
d) No concurso entre circunstâncias atenuantes e agravantes devem preponderar as de caráter objetivo;
e) O reincidente, condenado ao cumprimento da pena de detenção, não pode iniciar o cumprimento da pena privativa de liberdade em regime fechado.

4. (OAB/SP — 135º exame — CESPE/UNB — 2008.1) De acordo com a Lei de Execução Penal, assinale a alternativa correta:

a) Aquele que cumpre pena no regime semiaberto e preenche os requisitos objetivo e subjetivo para a progressão de regime tem direito a progredir para o regime aberto, mesmo que esteja desempregado e sem qualquer proposta de trabalho.

b) O detento que cumpre pena em regime fechado pode obter permissão para sair do estabelecimento, mediante escolta, no caso de falecimento de companheira, por exemplo.
c) O recolhimento de beneficiário de regime aberto em residência particular não é admitido quando se tratar de condenado acometido de doença grave.
d) O condenado que cumpre pena em regime fechado pode obter autorização para saída temporária do estabelecimento, sem vigilância direta, no caso de visita à família.

5. (Ministério Público/SP — 2010) Assinale a alternativa correta:

a) A pena de detenção não pode ser cumprida em regime inicialmente fechado.
b) O condenado, não reincidente, a pena superior a oito anos de reclusão pode começar a cumpri-la em regime semiaberto.
c) Na hipótese de concurso formal imperfeito, aplica-se ao agente a pena mais grave das cabíveis ou, se iguais, só uma delas, aumentada de 1/6 até 1/2.
d) A prescrição intercorrente tem como baliza a pena aplicada na sentença condenatória, podendo abranger o período entre a sentença e o recebimento da denúncia.
e) É facultado ao juiz substituir a pena privativa de liberdade não superior a quatro anos, imposta ao réu reincidente pela prática do mesmo crime ou de diversa espécie, se constituir medida socialmente recomendável.

6. (Magistratura/SE — CESPE/UNB — 2008) Assinale a opção correta a respeito das penas:

a) O princípio da intranscendência estabelece que nenhuma pena passará da pessoa do condenado, contudo a obrigação de reparar o dano se estende aos sucessores ilimitadamente.
b) Não haverá pena de morte, salvo em caso de guerra declarada.
c) Não haverá penas de caráter perpétuo, de banimento, cruéis ou pecuniárias.
d) A pena será cumprida preferencialmente em estabelecimentos distintos, de acordo com a natureza do delito e as condições socioeconômicas do apenado.
e) É assegurado aos presos o direito à integridade física, moral e material, sendo vedada pena que implique perda ou privação de bens.

7. (Magistratura/MG — 2009) Sobre o regime inicial de cumprimento de pena, marque a alternativa correta:

a) É possível a imposição do regime fechado para o início do cumprimento da pena ao condenado à pena de detenção.
b) A gravidade em abstrato, por si só, não se presta à adoção de regime inicial diverso do sugerido em lei.
c) A circunstância agravante da reincidência não guarda correlação com a estipulação do regime inicial para o cumprimento de pena.
d) Ao condenado à prisão simples, pela prática de contravenção penal, é vedada, regra geral, a adoção do regime inicialmente fechado, o que, todavia, poderá ocorrer excepcionalmente, desde que devidamente fundamentado pelo juiz.

8. (Ministério Público/SP — 2006) Considere os seguintes enunciados, relacionados com o regime das penas privativas de liberdade, aplicadas a autor de crime que não seja hediondo ou a ele equiparado, e assinale a alternativa correta:

I. O condenado a pena igual a 8 anos, ainda que primário, deverá cumpri-la em regime fechado.
II. O condenado, cuja pena seja superior a 4 anos e não exceda a 8 anos, poderá, desde o princípio, cumpri-la em regime semiaberto, ainda que reincidente.
III. O condenado cuja pena seja igual ou inferior a 4 anos, poderá, desde o princípio, cumpri-la em regime semiaberto, salvo se reincidente.

a) Todas as afirmações estão corretas.
b) Nenhuma das afirmações está correta.
c) Apenas as afirmações I e II estão corretas.
d) Apenas as afirmações I e III estão corretas.
e) Apenas as afirmações II e III estão corretas.

9. (Cartório/MS — VUNESP — 2009) A, primário, foi condenado por tentativa de roubo qualificado à pena de 2 anos e 8 meses de reclusão e multa. O juiz, ao aplicar a pena:

a) deverá fixar o regime fechado para o cumprimento inicial por tratar-se de crime praticado com violência contra a pessoa.

b) poderá substituir a pena privativa de liberdade por uma pena restritiva de direitos.
c) poderá substituir a pena privativa de liberdade por duas penas restritivas de direitos.
d) poderá conceder a suspensão condicional da pena privativa de liberdade por até 4 anos.
e) poderá fixar o regime aberto para o cumprimento inicial da pena privativa de liberdade.

10. (Ministério Público/SP — 2019) Em relação à progressão de regime de pena, é correto afirmar que

a) é admissível a chamada progressão *per saltum* de regime prisional se o condenado já descontou tempo de pena suficiente para tanto.
b) a falta de estabelecimento penal adequado autoriza a manutenção do condenado em regime prisional mais gravoso, devendo-se observar, nessa hipótese, os parâmetros fixados no RE 641.320/RS.
c) com a edição da Lei n. 10.792/03, que alterou a redação do artigo 112 da Lei de Execução Penal, não mais se admite o exame criminológico.
d) se a colaboração premiada for posterior à sentença, a pena poderá ser reduzida até a metade, e somente será admitida a progressão de regime se presente o requisito objetivo.
e) o condenado por crime contra a administração pública terá a progressão de regime do cumprimento da pena condicionada à reparação do dano que causou.

11. (Magistratura/MG — 2006) Quanto à detração penal, é correto afirmar que:

a) computam-se na pena privativa de liberdade e na medida de segurança o tempo de prisão, no Brasil ou no estrangeiro, o de prisão administrativa e o de internação em hospital ou manicômio.
b) é o cômputo na pena privativa de liberdade do tempo de prisão provisória ou administrativa, não abrangendo a medida de segurança.
c) admite-se sua aplicação quando o fato criminoso pelo qual houve condenação tenha sido praticado posteriormente ao delito que trouxe a prisão provisória e a absolvição.
d) tendo em vista que a lei penal é elaborada para viger dentro dos limites em que o Estado exerce sua soberania, na pena privativa de liberdade e na medida de segurança computam-se o tempo de prisão provisória, à exceção da cumprida no estrangeiro, o de prisão administrativa e o de internação em hospitais ou manicômio.

12. (OAB — CESPE/UNB — 2009.2) Em cada uma das opções a seguir, é apresentada uma situação hipotética seguida de uma assertiva a respeito de penas. Assinale a opção em que a assertiva está de acordo com o que dispõe o Código Penal.

a) Júlio foi definitivamente condenado à pena privativa de liberdade em regime fechado e passou a trabalhar no presídio. Nessa situação, embora o trabalho de Júlio seja remunerado, ele não terá direito aos benefícios da previdência social.
b) Roberto, durante o trâmite de processo por crime de roubo, ficou preso provisoriamente em razão de prisão preventiva decretada pelo juiz para garantia da ordem pública. Nessa situação, caso o juiz imponha a Roberto, na sentença definitiva, medida de segurança, e não pena privativa de liberdade, o tempo de prisão provisória não será computado na medida de segurança.
c) Paulo foi definitivamente condenado à pena privativa de liberdade em regime fechado. Nessa situação, Paulo deverá, necessariamente, ser submetido a exame criminológico para a obtenção da progressão de regime.
d) Túlio, funcionário público, praticou crime de peculato doloso, vindo a ser definitivamente condenado à pena privativa de liberdade. Nessa situação, a progressão do regime de cumprimento de sua pena ficará condicionada à reparação do dano que causou ou à devolução do produto do crime, com os acréscimos legais.

13. (OAB — CESPE/UNB — 2009.1) Com relação à finalidade das sanções penais, assinale a opção correta.

a) Segundo entendimento doutrinário balizador das normas aplicáveis à espécie, as teorias tidas por absolutas advogam a tese da aplicação das penas para a prevenção de futuros delitos.
b) As teorias tidas por relativas advogam a tese da retribuição do crime, justificada por seu intrínseco valor axiológico, que possui, em si, seu próprio fundamento.
c) O ordenamento jurídico brasileiro não reconheceu somente a função de retribuição da pena, sendo certo que a denominada teoria mista ou unificadora da pena é a mais adequada ao regime adotado pelo CP.
d) As medidas de segurança têm finalidade essencialmente retributiva.

14. (OAB — FGV — 2012.1) Pitágoras foi definitivamente condenado, com sentença penal condenatória transitada em julgado, à pena de 6 anos de reclusão a ser cumprida, inicialmente, em regime semiaberto. Cerca de 4 meses após o início do cumprimento da pena privativa de liberdade, sobreveio nova condenação definitiva, desta vez a 3 anos de reclusão no regime inicial aberto, em virtude da prática de crime anterior. Atento ao caso narrado, bem como às disposições pertinentes ao tema, presentes tanto no Código Penal, quanto na Lei de Execuções Penais, é correto afirmar que:

a) Pitágoras poderá continuar a cumprir pena no regime semiaberto.
b) Pitágoras deverá regredir para o regime fechado.
c) Pitágoras deverá regredir de regime porque a nova condenação significa o cometimento de falta grave.
d) prevalece o regime isolado de cada uma das condenações, devendo-se executar primeiro a pena mais grave.

15. (MP/GO — 2016) O Juiz ao condenar o agente delituoso pela prática de um crime de roubo simples (art. 157, "caput", do CP), fixou a pena no mínimo legal de 04 (quatro) anos de reclusão, após análise das circunstâncias judiciais que foram todas favoráveis ao acusado, se tratando de réu primário, possuindo endereço certo e trabalho lícito. Ao fixar o regime prisional, o Magistrado determinou o cumprimento da pena em regime inicial fechado, fundamentando sua decisão na gravidade do crime de roubo, cometido com violência ou grave ameaça à pessoa, o que demonstra a periculosidade do agente. A defesa recorreu da sentença, somente se opondo quanto ao regime prisional estabelecido na sentença penal condenatória, requerendo a fixação do regime aberto. Os autos foram enviados com vista ao Ministério Público para ofertar suas Contrarrazões. O órgão de primeiro grau deverá se manifestar, posicionando-se, no sentido de que:

a) Veda-se o estabelecimento de regime prisional mais gravoso do que o cabível em razão da sanção imposta, com base apenas na gravidade abstrata do delito, nos termos do entendimento sumulado tanto pelo STJ quanto pelo STF.
b) É permitido o estabelecimento de regime prisional mais gravoso, com base na gravidade do delito, notoriamente quando atinge bens individuais indisponíveis e que são cometidos mediante violência ou grave ameaça à pessoa, nos termos do entendimento sumulado tanto pelo STJ quanto pelo STF.
c) Veda-se o estabelecimento de regime prisional mais gravoso do que o cabível em razão da sanção imposta, com base apenas na gravidade abstrata do delito, nos termos do entendimento sumulado pelo STF e majoritário no STJ, embora, neste último caso, não sumulado.
d) É permitido o estabelecimento de regime prisional mais gravoso, com base na gravidade do delito, notoriamente quando atinge bens individuais indisponíveis e que são cometidos mediante violência ou grave ameaça à pessoa, nos termos do entendimento sumulado pelo STJ e majoritário no STF, embora, neste último caso, não sumulado.

16. (Magistratura/AL — FCC — 2015) Segundo entendimento sumulado dos Tribunais Superiores acerca das penas privativas de liberdade,

a) é admissível a chamada progressão *per saltum* de regime prisional.
b) a falta grave interrompe o prazo para a obtenção de livramento condicional.
c) é admissível a adoção do regime prisional semiaberto aos reincidentes condenados a pena igual ou inferior a quatro anos, ainda que desfavoráveis as circunstâncias judiciais.
d) é inadmissível a fixação de pena substitutiva como condição especial ao regime aberto.
e) é admissível o exame criminológico pelas peculiaridades do caso, independentemente de motivação da determinação.

17. (Magistratura/SP — 2017) No tocante às penas privativas de liberdade, é correto afirmar que

a) o benefício de saída temporária no âmbito da execução penal, cabível para os condenados que cumprem pena em regime fechado ou semiaberto, é ato jurisdicional insuscetível de delegação à autoridade administrativa do estabelecimento prisional.
b) o condenado por crime hediondo ou assemelhado, independentemente da data de cometimento da infração, só poderá obter a progressão de regime após o cumprimento de 2/5 (dois quintos) da pena, se primário, admitindo-se a determinação de exame criminológico, desde que em decisão motivada.

c) é admissível a adoção do regime prisional fechado aos reincidentes condenados a pena igual ou inferior a 4 (quatro) anos de reclusão, se desfavoráveis as circunstâncias judiciais, bem como vedado o estabelecimento de regime prisional mais gravoso do que o cabível em razão da sanção imposta, com base apenas na gravidade abstrata do delito, se fixada a pena-base no mínimo legal.

d) o reconhecimento de falta grave decorrente do cometimento de fato definido como crime doloso no cumprimento da pena prescinde do trânsito em julgado da sentença penal condenatória no processo penal instaurado para apuração do fato e interrompe a contagem do prazo para a progressão de regime, o qual se reinicia a partir da decisão judicial que identificar a infração.

■ GABARITO ■

1. "b".
2. "c". As alternativas "a", "b" e "d" correspondem, respectivamente, às Súmulas ns. 718, 717 e 719 do STF. Por sua vez, a alternativa "c" diz exatamente o contrário da Súmula n. 716.
3. "e". O art. 33, *caput*, do Código Penal deixa claro que o regime fechado para pessoas condenadas por crime apenado com detenção só é possível em caso de regressão, e nunca como regime inicial.
4. "b". Tal alternativa está em perfeita consonância com o art. 120, I, da LEP. O enunciado "a" está errado, porque o art. 114, I, da LEP exige prova de que o preso a ser progredido ao regime aberto está trabalhando ou comprove a possibilidade de fazê-lo de imediato. A assertiva "c" está errada, porque é possível a prisão domiciliar ao preso com doença grave. A alternativa "d" está equivocada, porque o preso em regime fechado não tem direito a saída temporária sem escolta (art. 112 da LEP).
5. "a". O art. 33, *caput*, do Código Penal deixa claro que o regime fechado nos crimes apenados com detenção só pode decorrer de regressão de regime, não podendo, em hipótese alguma, ser fixado como regime inicial.
6. "b". O art. 5º, XLVII, *a*, da Constituição Federal realmente dispõe que é vedada a pena de morte, salvo em caso de guerra declarada. A alternativa "a" está errada, porque a Constituição diz que a obrigação de reparar o dano por parte dos herdeiros está limitada ao valor da herança. A resposta "c" está errada, porque é possível pena pecuniária. A assertiva "d" está equivocada, porque não há dispositivo exigindo separação por condição socioeconômica dos presos. Por fim, a alternativa "e" está errada, porque a Constituição expressamente prevê a possibilidade de pena de perda de bens (art. 5º, XLVI).
7. "b". A alternativa está correta, porque coincide com a Súmula n. 718 do STF. As alternativas "a" e "d" estão erradas, porque o regime inicial não pode ser o fechado nos crimes apenados com detenção e para as contravenções penais. Por fim, a reincidência afeta o regime inicial a ser fixado pelo juiz.
8. "b". Todas as assertivas estão erradas. A primeira porque o regime só deve ser o fechado se a pena for superior (e não igual) a 8 anos. A segunda porque o reincidente condenado a tal pena deve começar a execução no regime fechado. Já na terceira o cumprimento pode ser no regime aberto.
9. "e". Sendo o réu primário e a pena inferior a 4 anos, o regime inicial pode ser o aberto, ainda que se trate de crime que envolva violência ou grave ameaça. Por sua vez, o fato de haver violência ou grave ameaça impede a substituição por pena restritiva, nos termos do art. 44 do CP. O *sursis* é incabível, porque a pena é superior a 2 anos.
10. "e". É o que diz o art. 33, § 4º, do CP.
11. "a". Tal alternativa reflete exatamente o texto do art. 42 do CP, o que, por si só, indica os erros das alternativas "b" e "d". Já a alternativa "c" está errada, porque menciona crime posteriormente praticado quando a possibilidade de detração é a inversa (crime anteriormente cometido).

12. "d". A alternativa encontra-se em consonância com o art. 33, § 4º, do CP. As demais estão erradas, porque o preso tem direito aos benefícios previdenciários "a", porque é possível detração em medida de segurança "b" e porque o exame criminológico é facultativo "c".
13. "c". A teoria mista foi adotada no art. 59 do CP que menciona a prevenção e a reprovação do crime como finalidades da lei penal. As alternativas "a" e "b" estão erradas, porque os seus conceitos estão trocados. Por fim, a finalidade essencial da medida de segurança é preventiva "d".
14. "b".
15. "a". Essa alternativa encontra embasamento nas Súmulas n. 440 do STJ e 718 e 719 do STF.
16. "d". É o que diz a Súmula n. 493 do STJ.
17. "c".

22

PENAS RESTRITIVAS DE DIREITOS

22.1. CONCEITO

As penas restritivas de direitos, juntamente com a de multa, constituem as chamadas penas **alternativas**, que têm por finalidade evitar a colocação do condenado na prisão, substituindo-a por certas **restrições** (perda de bens, limitação de fim de semana, interdição de direitos) ou **obrigações** (prestação pecuniária, prestação de serviços à comunidade).

Algumas penas restritivas são **genéricas**, porque podem ser aplicadas a **todas** as espécies de infração penal, desde que observadas as limitações legais (pena não superior a 4 anos, crime cometido sem violência ou grave ameaça), enquanto outras são **específicas**, porque só cabíveis quando a condenação disser respeito a delitos que se revestem de características especiais. Ex.: a proibição para o exercício de cargo, função ou atividade pública pressupõe a condenação por crime cometido no exercício das atividades profissionais em que tenha havido violação aos deveres inerentes a referido cargo ou função.

22.2. ESPÉCIES

O Código Penal, em seu art. 43, elenca expressamente o rol de penas restritivas de direitos, a saber:

a) prestação pecuniária;
b) perda de bens ou valores;
c) prestação de serviços à comunidade ou a entidades públicas;
d) interdição temporária de direitos;
e) limitação de fim de semana.

22.3. CARACTERÍSTICAS

São três as principais características das penas restritivas de direitos:

a) Autonomia. Este aspecto está expressamente ressaltado no art. 44, *caput*, do Código Penal e tem por finalidade esclarecer que **não** se trata de pena **acessória**, que possa ser cumulada com a pena privativa de liberdade.

b) Substitutividade. Também prevista no art. 44, *caput*, do Código Penal, indica que as penas restritivas não estão previstas na Parte Especial do Código — ao contrário das penas privativas de liberdade e da multa. Por isso, não podem ser aplicadas diretamente pelo juiz, que, de acordo com o art. 54 do Código Penal, deve, inicialmente, aplicar o montante da pena privativa de liberdade e, em seguida, substituí-la por pena restritiva de direitos, desde que preenchidos os requisitos legais. Ex.: a pena prevista para o crime de furto qualificado é de reclusão, de 2 a 8 anos, e multa (art. 155, § 4º, do CP). No caso concreto, o juiz pode aplicar pena de 2 anos de reclusão, e multa, ao acusado primário e, em seguida, substituir a pena de 2 anos por restritiva de direitos. Note-se que o condenado deverá também arcar com a pena de multa originariamente imposta na sentença, porque a pena restritiva substitui somente a pena privativa de liberdade.

c) **Precariedade.** As penas restritivas podem ser reconvertidas em privativa de liberdade no juízo das execuções caso o sentenciado cometa alguma das transgressões previstas em lei.

■ 22.4. REQUISITOS PARA A CONCESSÃO DA PENA RESTRITIVA DE DIREITOS

Os requisitos para a substituição estão previstas no art. 44, *caput*, do Código Penal:

a) Que o crime seja **culposo**, qualquer que seja a pena aplicada, ou, se **doloso**, que a pena estabelecida na sentença **não seja superior a 4 anos** (art. 44, I, do CP).

b) Nos crimes **dolosos**, que **não** tenha havido emprego de **violência contra pessoa** ou **grave ameaça** (art. 44, I, do CP). Assim, se o réu for condenado, por exemplo, por crime de tentativa de roubo cometido com emprego de faca a uma pena de 2 anos de reclusão, não poderá obter o benefício, em razão da grave ameaça empregada no delito. Por sua vez, se for condenado, também a pena de 2 anos, por furto qualificado pelo arrombamento, poderá obter a substituição, na medida em que a violência nesse crime não foi empregada contra pessoa, e sim contra coisa.

c) Que o réu **não seja reincidente** em crime **doloso** (art. 44, II, do CP).

Excepcionalmente, o art. 44, § 3º, do Código admite a substituição, desde que se verifique a presença de dois requisitos: 1) que a medida seja recomendável no caso concreto em face da condenação anterior; 2) que a reincidência não se tenha operado em virtude da prática do mesmo tipo de delito (reincidência específica). Parece-nos que esse dispositivo refere-se apenas a quem não é reincidente em crime doloso, pois, caso contrário, ficaria sem sentido a vedação do art. 44, II. Seria aplicável, pois, aos reincidentes específicos em contravenções penais ou quando um dos crimes for culposo. Este, contudo, não é o entendimento do Superior Tribunal de Justiça. Para tal Corte, a reincidência genérica em crime doloso não impede, por si só, a substituição. Veja-se: "Aplicada pena inferior a 4 (quatro) anos, é possível a sua substituição por restritivas de direitos, mesmo aos reincidentes, quando essa condição não se der em virtude de prática de idêntico delito e a medida for suficiente para a prevenção e repressão da conduta incriminada, nos termos do § 3º do art. 44 do Código Penal. No caso em análise, o Tribunal *a quo* entendeu não ser recomendável a concessão do benefício, em razão das circunstâncias concretas da conduta e em face da reincidência do réu, embora não específica, de forma que não se vislumbra qualquer arbitrariedade em tal conclusão" (AgRg no HC 506.819/SP, Rel. Min. Jorge Mussi, 5ª Turma, julgado em 18.06.2019, *DJe* 27.06.2019).

O fato de o acusado ser reincidente específico em crime doloso inviabiliza as penas restritivas de direitos, ainda que a condenação anterior tenha sido **exclusivamente a pena de multa**, na medida em que não há, para as penas restritivas, regra similar à do art. 77, § 1º, do CP, que permite o *sursis* ao reincidente em crime doloso, se a condenação anterior referir-se somente a pena de multa.

d) Que a **culpabilidade**, os **antecedentes**, a **conduta social** e a **personalidade** do condenado, bem como os **motivos** e as **circunstâncias** do crime, indiquem que a substituição é suficiente (art. 44, III, do CP). Em suma, devem ser favoráveis as chamadas **circunstâncias judiciais**.

É possível, portanto, dividir os requisitos em **objetivos** e **subjetivos**. São **objetivos** aqueles que se referem à **modalidade de crime** (culposos ou dolosos cometidos sem violência ou grave ameaça) e ao **montante da pena** (até 4 anos nos delitos dolosos); e **subjetivos** os que se referem à primariedade, conduta social, personalidade do réu etc.

▪ Tráfico de drogas e penas restritivas de direitos

O art. 44, *caput*, da Lei n. 11.343/2006 (Lei de Drogas) expressamente **proíbe** a **substituição** da pena privativa de liberdade por restritiva de direitos nos crimes de tráfico de entorpecentes.

A pena prevista para o crime de tráfico é de reclusão, de 5 a 15 anos, e multa, porém o art. 33, § 4º, da Lei n. 11.343/2006 prevê que esta pena pode ser reduzida de 1/6 a 2/3 se o traficante for primário, de bons antecedentes, não integrar organização criminosa e não se dedicar costumeiramente ao tráfico. Em tais casos, é comum que a pena privativa de liberdade aplicada ao traficante na sentença seja inferior a 4 anos (5 anos reduzida de 1/6 a 2/3).

O crime de tráfico, ademais, não envolve, em regra, o emprego de violência ou grave ameaça, de modo que, nas hipóteses do art. 33, § 4º, da Lei n. 11.343/2006, o condenado perfaz os requisitos previstos no Código Penal para a obtenção da substituição (pena não superior a 4 anos e crime sem emprego de violência ou grave ameaça). Entretanto, de acordo com a própria Lei de Drogas, a substituição era vedada, tanto em seu art. 44, *caput*, como no próprio corpo do art. 33, § 4º. Em suma, o condenado perfazia os requisitos genéricos do Código Penal, mas não poderia obter o benefício por conta da proibição da lei especial. O Supremo Tribunal Federal, todavia, entendendo que a vedação afrontava diretamente o princípio da **individualização** da pena, decretou a **inconstitucionalidade** dos dispositivos da lei especial neste aspecto, permitindo, assim, a substituição da pena privativa de liberdade por restritivas de direitos nos crimes de tráfico privilegiado, desde que presentes os demais requisitos legais (pena não superior a 4 anos etc.). A decretação da inconstitucionalidade deu-se no julgamento do HC 97.256/RS, em 1º de setembro de 2010: "Em conclusão, o Tribunal, por maioria, concedeu parcialmente *habeas corpus* e declarou, incidentalmente, a inconstitucionalidade da expressão 'vedada a conversão em penas restritivas de direitos', constante do § 4º do art. 33 da Lei 11.343/2006, e da expressão 'vedada a conversão de suas penas em restritivas de direitos', contida no aludido art. 44 do mesmo diploma legal. Tratava-se, na espécie, de *writ*, afetado ao Pleno pela 1ª Turma, em que condenado à pena de 1 ano e 8 meses de reclusão pela prática do crime de tráfico ilícito de entorpecentes (Lei 11.343/2006, art. 33, § 4º) questionava a constitucionalidade da vedação abstrata da substituição da pena privativa de liberdade por restritiva de direitos disposta no art. 44 da citada Lei de Drogas ('Os crimes previstos nos arts. 33, *caput* e § 1º, e 34 a 37 desta Lei são inafiançáveis e insuscetíveis de *sursis*, graça, indulto, anistia e liberdade provisória, vedada a conversão de suas penas em restritivas de direitos.'). Sustentava a impetração que a proibição, nas hipóteses de tráfico de entorpecentes, da substituição pretendida ofenderia as garantias da individualização da pena (CF, art. 5º, XLVI), bem como aquelas constantes dos incisos XXXV e LIV do mesmo preceito constitucional — v. *Informativos* 560, 579 e 597. Esclareceu-se, na presente assentada, que a ordem seria concedida não para assegurar ao paciente a imediata e requerida convolação, mas para remover o obstáculo da Lei 11.343/2006, devolvendo ao juiz da execução a tarefa de auferir o preenchimento de condições objetivas e subjetivas. Vencidos os Ministros Joaquim Barbosa, Cármen Lúcia, Ellen Gracie e Marco Aurélio que indeferiam o *habeas corpus*" (STF, HC 97.256/RS, Pleno, Rel. Min. Ayres Britto, *Informativo* n. 598). Posteriormente, o Senado Federal aprovou a Resolução n. 5, publicada em 16 de fevereiro de 2012, estabelecendo que: "é suspensa a execução da expressão 'vedada a conversão em penas restritivas de direitos' do § 4º do **art. 33 da Lei n. 11.343, de 23 de agosto de 2006**, declarada inconstitucional por decisão definitiva do Supremo Tribunal Federal nos autos do *Habeas Corpus* 97.256/RS".

- **Crimes hediondos**

Em regra os crimes hediondos são cometidos com emprego de violência ou grave ameaça ou têm a pena fixada acima de 4 anos, o que, de imediato, afasta a possibilidade de conversão em pena restritiva de direitos. Excepcionalmente, porém, a pena pode ficar abaixo do mencionado limite, como em um crime tentado de estupro de vulnerável (art. 217-A, do CP) — pena mínima de 8 anos, reduzida de 2/3, por exemplo. O estupro de vulnerável não é necessariamente cometido com violência ou grave ameaça (ex.: relação sexual com mulher de 13 anos de idade que diz ter consentido para o ato; tal consentimento, contudo, não tem validade). Em tais casos, exatamente como ocorreu em relação ao tráfico (item anterior) os tribunais superiores têm permitido a substituição por pena restritiva, desde que presentes os demais requisitos do art. 44, ressaltando-se aquele que diz que a substituição só é cabível se a medida se mostrar **suficiente** para a prevenção e a repressão ao delito cometido (art. 44, III, parte final). Nesse sentido: "A Turma, ao prosseguir o julgamento, concedeu a ordem para restabelecer a decisão do magistrado de primeiro grau que deferira, de um lado, o regime aberto para o cumprimento da pena e, de outro lado, a substituição da pena privativa de liberdade por duas restritivas de direitos, ao entendimento de que, sempre que aplicada pena privativa de liberdade em patamar não superior a quatro anos, é admissível a substituição da pena privativa de liberdade pela restritiva de direitos, ainda que se trate dos crimes equiparados a hediondos, levando-se em consideração as recentes decisões da Sexta Turma. Precedentes citados: REsp 702.500-BA, *DJ* 10/4/2006, e HC 32.498-RS, *DJ* 17/12/2004" (STJ, HC 90.380/ES, Rel. Min. Nilson Naves, j. 17.06.2007, *Informativo* n. 360).

- **Infrações de menor potencial ofensivo cometidas com violência ou grave ameaça**

Delitos como lesão corporal de natureza leve (art. 129, *caput*, do CP), constrangimento ilegal (art. 146) e ameaça (art. 147) são praticados com emprego de violência contra pessoa ou grave ameaça e, por tal razão, a pessoa condenada por um desses delitos, em tese, não faria jus à substituição por pena restritiva de direitos. Todavia, como são **infrações de menor potencial ofensivo** (pena máxima em abstrato **não superior a 2 anos**), caracterizam-se pela possibilidade de o autor da infração obter pena restritiva de direitos ou multa **em audiência preliminar**, antes mesmo do início da ação penal propriamente dita (art. 76 da Lei n. 9.099/95). Assim, não faz sentido que, em caso de condenação, não possa receber o benefício, desde que presentes os demais requisitos legais, como primariedade e bons antecedentes.

- **Violência doméstica ou familiar contra mulher**

O art. 17 da Lei n. 11.340/2006, conhecida como Lei Maria da Penha, estabelece que "é vedada a aplicação, nos casos de violência doméstica ou familiar contra a mulher, de penas de cesta básica ou outras de prestação pecuniária, bem como a substituição de pena que implique o pagamento isolado de multa". Trata-se, em verdade, de vedação meramente **parcial**, pois a conversão em outras espécies de penas restritivas não foi proibida.

Note-se que a lei se refere a **violência** doméstica, o que *a priori* excluiria todas as penas alternativas. Acontece que a palavra "violência" na Lei Maria da Penha foi utilizada de maneira genérica, abrangendo, além da violência contra a pessoa e a grave ameaça, condutas como furto, estelionato e apropriação indébita, dentre outros, contra a mulher, no âmbito doméstico ou familiar (**art. 7º** da Lei n. 11.340/2006). Assim, conclui-se que: a) nos crimes com **violência física efetiva ou grave ameaça** contra a mulher, abrangidos pela Lei n. 11.340/2006, não se mostra cabível qualquer substituição por pena alternativa. De acordo com a Súmula n. 588 do STJ, "A prática de crime ou contravenção penal contra a mulher com violência ou grave ameaça no ambiente doméstico impossibilita a substituição da pena privativa de liberdade por restritiva de direitos"; b) nos crimes em que **não** haja violência real ou grave ameaça (furto, estelionato etc.), só não será cabível a substituição por pena de cesta básica ou outras pecuniárias, bem como a substituição por pena exclusiva de multa.

- **Violência imprópria**

A expressão "*violência imprópria*" é criação doutrinária para se referir, em crimes como o roubo, à hipótese em que o agente não emprega violência física ou grave ameaça, mas, de alguma outra forma, **reduz a vítima à impossibilidade de resistência**.

É o caso, por exemplo, de quem sorrateiramente ministra sonífero na bebida da vítima para depois subtrair os seus pertences. Muitos defendem o descabimento da substituição por pena restritiva de direitos por se tratar de hipótese que tem a mesma gravidade da violência física e da grave ameaça porque, igualmente, tipifica o crime de roubo. É o entendimento, por exemplo, de Fernando Capez[1]. Outros, por sua vez, sustentam que a proibição seria hipótese de analogia *in malam partem*, que é vedada, porque a lei só se refere expressamente ao emprego de **violência** e a denominação "violência imprópria" não existe no Código, não havendo efetivamente uma agressão contra a vítima. Nesse sentido: "1. Violência, no Código Penal, tem sempre o sentido de emprego de força sobre a coisa ou pessoa, estabelecendo a lei penal, expressamente, porque se cuida de *fictio juris*, os casos em que a presume, o que impede, na espécie, a invocação do brocardo latino *ubilex non distinguet, nec nos distinguere debemus*. 2. A violência de que trata o inciso I do art. 44 do Código Penal é a real, fazendo-se-lhe estranhas as hipóteses legais da violência presumida" (STJ, RHC 9.135/MG, 6ª Turma, Rel. Hamilton Carvalhido, *DJ* 19.06.2000, p. 210). Este julgado, em verdade, refere-se à violência presumida nos crimes sexuais, que deixou de existir desde a Lei n. 12.015/2009, contudo serve de parâmetro para a questão da violência imprópria, na medida em que o Ministro Relator expressamente menciona que somente a violência real (física) é que exclui a possibilidade de substituição por pena restritiva de direitos.

■ 22.5. REGRAS PARA A SUBSTITUIÇÃO

É na **sentença condenatória** que o juiz deve verificar a possibilidade de conversão da pena privativa de liberdade em restritiva de direitos, de acordo com os requisitos anteriormente estudados (limite de pena fixada, primariedade, ausência de emprego de violência contra pessoa ou grave ameaça, circunstâncias judiciais favoráveis).

Caso o juiz entenda ser cabível a substituição, deverá atentar para as seguintes regras elencadas no art. 44, § 2º, do Código Penal:

a) se a pena fixada na sentença for **igual** ou **inferior** a **1 ano**, o juiz poderá substituí-la por multa ou por **uma** pena restritiva de direitos;

b) se a pena fixada for **superior a 1 ano**, o juiz deverá substituí-la por **duas** penas restritivas de direitos, ou por uma pena restritiva **e** outra de multa.

Observação: A Lei de Execuções Penais prevê como incidente da execução a possibilidade de o juiz converter a pena privativa de liberdade não superior a 2 anos em restritiva de direitos, desde que o condenado esteja cumprindo pena em regime **aberto**, que tenha cumprido ao menos **um quarto** da pena e que os antecedentes e a personalidade do sentenciado indiquem ser a conversão recomendável (art. 180 da LEP).

1 Fernando Capez, *Curso de direito penal*, 15. ed., v. 1, p. 437.

▪ Competência para fixar as penas restritivas de direitos

Quem fixa a espécie de pena restritiva que substituirá a pena de prisão é o próprio **juiz da sentença**, de acordo com os critérios legais e com as peculiaridades do caso concreto. Uma vez transitada em julgado a sentença, o juiz das execuções, de ofício ou a requerimento do Ministério Público, promoverá a devida execução, podendo, para tanto, requisitar, quando necessário, a colaboração de entidades públicas ou solicitá-las a particulares (art. 147 da LEP). Além disso, em qualquer fase da execução, poderá motivadamente alterar a forma de cumprimento das penas de prestação de serviços à comunidade e de limitação de fim de semana, ajustando-as às condições pessoais do condenado e às características do estabelecimento, da entidade ou do programa comunitário ou estatal (art. 148 da LEP).

■ 22.6. DURAÇÃO DAS PENAS RESTRITIVAS

Nos termos do art. 55 do Código Penal, as penas restritivas têm a **mesma** duração da pena privativa de liberdade aplicada na sentença. Por isso, se o réu tiver sido condenado a 2 anos de reclusão, o juiz poderá substituí-la exatamente por 2 anos de prestação de serviços à comunidade, limitação de fins de semana etc.

É claro que certas penas restritivas, como as que se referem à **perda de bens** ou **prestação pecuniária**, não guardam relação de tempo com a pena originária, de modo que, uma vez cumpridas, devem ser declaradas extintas.

Ademais, conforme adiante se estudará, a pena de prestação de serviços à comunidade pode ser cumprida mais rapidamente — caso o condenado se disponha a uma carga horária maior durante a execução (art. 46, § 4º).

■ 22.7. RECONVERSÃO EM PENA PRIVATIVA DE LIBERDADE

O Código Penal e a Lei de Execuções Penais preveem hipóteses, que serão a seguir analisadas, em que a pena restritiva de direitos será revogada, sendo novamente convertida em privativa de liberdade.

▪ Descumprimento injustificado da restrição imposta

Esta regra encontra-se no art. 44, § 4º, do Código Penal, mas é mais bem detalhada no art. 181 da Lei de Execuções Penais. Trata-se de incidente da execução que deve ser decidido pelo juiz, que, previamente, dará oportunidade de defesa ao condenado para que justifique o descumprimento.

No caso de **prestação de serviços à comunidade** (art. 181, § 1º), a conversão ocorrerá caso o condenado: a) não seja encontrado por estar em local incerto e não sabido e não atender à intimação por edital para **dar início** ao cumprimento da pena; b) não comparecer, injustificadamente, à entidade ou programa em que deva prestar o serviço; c) recusar-se, injustificadamente, a prestar o serviço.

Em hipótese de **limitação de fim de semana**, a reconversão ocorrerá quando o condenado: a) não comparecer ao estabelecimento designado para cumprimento da pena; b) recusar-se a exercer alguma atividade determinada pelo juiz; ou c) não for encontrado para iniciar a pena por estar em local incerto (art. 181, § 2º).

Em se tratando de **interdição temporária de direitos**, a reconversão será decretada se o condenado: a) exercer, injustificadamente, o direito interditado; ou b) não for encontrado para dar início ao cumprimento da pena por estar em local incerto (art. 181, § 3º).

No caso de **perda de bens**, o descumprimento ocorre se o condenado se desfaz do bem declarado perdido pelo juiz antes da execução da sentença e, na hipótese de **prestação pecuniária**, quando o sentenciado deixa de prestá-la injustificadamente.

- **Superveniência de condenação a pena privativa de liberdade por outro crime**

Esta regra encontra-se no art. 44, § 5º, do Código Penal, que, todavia, diz que o juiz da execução só deve determinar a conversão se a nova pena **tornar inviável** o cumprimento da pena restritiva de direitos anteriormente imposta. É que a razão da revogação da pena restritiva é a impossibilidade de seu cumprimento por parte do condenado que esteja preso. Assim, se o acusado havia sido condenado a uma pena de prestação pecuniária, a condenação posterior a pena privativa de liberdade não gera necessariamente a revogação da primeira, se o acusado demonstrar que, embora preso, pode efetuar a prestação.

É irrelevante que a nova condenação se refira a crime cometido antes ou depois daquele que gerou a pena restritiva de direitos. O que a lei exige para a revogação, em verdade, são **três** requisitos:

a) que a nova condenação seja a pena **privativa de liberdade**;
b) que seja em razão da prática de **crime** (se a condenação for por contravenção não há possibilidade de revogação);
c) que a nova condenação torne **impossível o cumprimento** da pena restritiva anteriormente imposta.

Apenas a condenação **transitada em julgado** pode dar margem à revogação da pena restritiva, pois somente a necessidade do cumprimento da pena privativa de liberdade pela segunda condenação é que pode inviabilizar a primeira.

- **A prática de falta grave**

O art. 51 da Lei de Execuções prevê algumas hipóteses de faltas graves nas quais pode incorrer o condenado que cumpre pena restritiva de direitos. Já o art. 181, § 1º, *d*, da mesma Lei dispõe que, em tais casos, haverá **reconversão** em pena privativa de liberdade. Algumas delas são similares àquelas já estudadas: descumprimento ou retardo, injustificado, da obrigação imposta (art. 51, incs. I e II, da LEP); não execução do trabalho, das tarefas ou ordens recebidas (art. 51, III, cc. art. 39, V, da LEP).

Além disso, estabelece haver falta grave quando o condenado desobedecer servidor público durante o cumprimento da pena ou desrespeitar qualquer pessoa com quem deva relacionar-se (art. 51, III, cc. art. 39, II, da LEP).

- **Cumprimento da pena privativa de liberdade em caso de reconversão**

No cálculo da pena privativa de liberdade a ser executada, deverá ser **descontado** o tempo já cumprido da pena restritiva de direitos, respeitado o cumprimento de, no mínimo, **30 dias** de reclusão ou detenção. É o que diz o art. 44, § 4º, do Código Penal. Se o condenado já tinha, por exemplo, cumprido 8 meses da pena de prestação de serviços à comunidade em sentença que determinava 10 meses, só ficará preso por 2 meses. Se, entretanto, faltavam apenas 15 dias de prestação de serviços e houver a revogação, o acusado deverá permanecer preso por 30 dias.

- **Detração penal e penas restritivas de direitos**

Conforme anteriormente estudado, a detração é cabível nas penas restritivas de direitos que substituem as penas privativas de liberdade por período equivalente, como a prestação de serviços à comunidade ou entidades públicas, a interdição temporária de direitos e a limitação de fim de semana. Com efeito, em tais penas alternativas o juiz substitui o tempo exato de pena privativa de liberdade aplicada na sentença pela pena restritiva. Ex.: réu condenado a 10 meses de detenção, cuja pena é substituída por 10 meses de prestação de serviços à comunidade. Caso o condenado tenha permanecido preso provisoriamente por 7 meses durante o desenrolar da ação penal, só precisará prestar serviços por 3 meses.

Algumas penas restritivas, entretanto, são incompatíveis com a detração, pois não guardam relação de tempo com a pena privativa de liberdade, como a prestação pecuniária e a perda de bens.

22.8. PENAS RESTRITIVAS DE DIREITO EM ESPÉCIE

22.8.1. Prestação pecuniária

Nesta forma de pena restritiva, o juiz determina que o condenado efetue pagamento em **dinheiro** à vítima, aos seus dependentes, ou à entidade pública ou privada com destinação social, em montante não inferior a 1 salário mínimo e nem superior a 360 salários mínimos (art. 45, § 1º, do CP).

Há uma ordem de preferência na lei, de modo que os valores só serão destinados aos dependentes se não puderem ser entregues à vítima (falecida, por exemplo). Por sua vez, só poderão ser destinados a entidades públicas ou privadas na ausência da vítima e dos dependentes. De acordo com o texto legal, aliás, apenas as entidades privadas que tenham **destinação social** é que podem ser beneficiárias da prestação pecuniária.

Quando a prestação for paga à vítima ou aos seus dependentes, o valor pago será **deduzido** do montante de eventual condenação em ação de reparação civil, se coincidentes os beneficiários (art. 45, § 1º).

A prestação pecuniária não se confunde com a pena de **multa**. Os beneficiários são diversos, pois os valores referentes à pena de multa são destinados ao Fundo Penitenciário. Seu montante também não é descontado de futura indenização à vítima ou aos seus dependentes. Por fim, a multa (originária ou substitutiva) não é considerada pena restritiva de direitos.

Se o condenado solvente deixa de efetuar o pagamento da **prestação pecuniária**, o juiz deve revogá-la, executando a pena privativa de liberdade originariamente imposta. Ao contrário do que ocorre com a pena de multa, não existe vedação neste sentido.

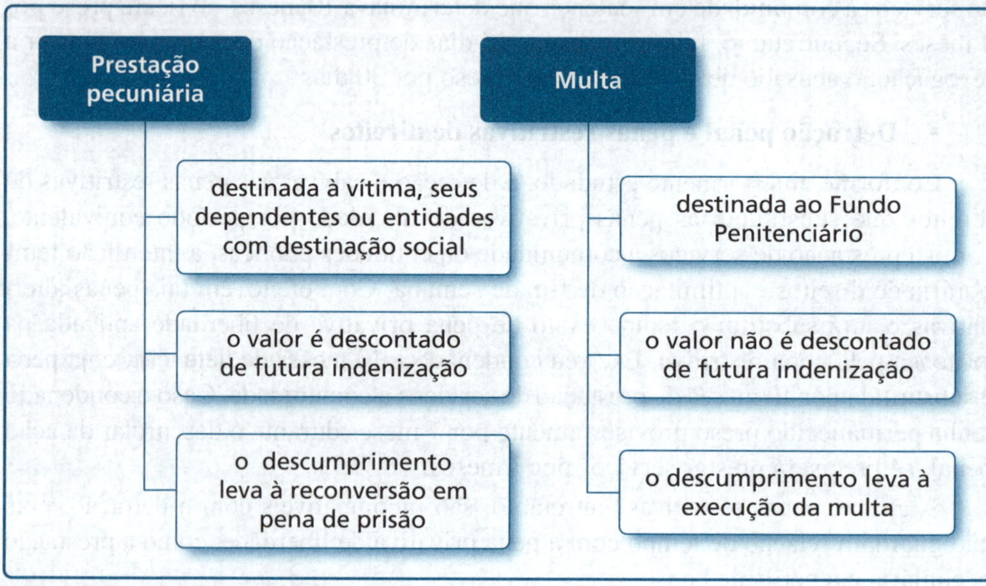

- **Prestação de outra natureza**

Em princípio, a prestação pecuniária deve ser feita em dinheiro e **independe de aceitação** do destinatário (vítima, dependentes, entidades). O art. 45, § 2º, do Código Penal, porém, ressalva que, **se houver aceitação do beneficiário**, a prestação pode consistir em prestação de outra natureza. Ex.: entrega de cestas básicas a entidades assistenciais.

- **Lei Maria da Penha**

O art. 17 da Lei n. 11.340/2006 proíbe a aplicação de pena de prestação pecuniária ou de entrega de cestas básicas à pessoa condenada por crime que envolva **violência doméstica ou familiar contra mulher**.

22.8.2. Perda de bens ou valores

Refere-se a bens ou valores (títulos, ações) **pertencentes ao condenado**, que o juiz declara **perdidos** em favor do Fundo Penitenciário Nacional, tendo como teto o que for maior:

a) *o montante do prejuízo causado*;

b) *o provento obtido pelo agente ou por terceiro em consequência da prática do crime*.

O juiz deve estabelecer os bens ou valores que considera perdidos **na própria sentença** para evitar discussões em torno da possibilidade de serem estes valores cobrados dos herdeiros na hipótese de falecimento posterior do condenado. Assim, com o trânsito em julgado da sentença, os bens já se consideram perdidos, não podendo ser exigidos como parte da herança se o réu morrer depois disso. Para possibilitar a individualização dos bens na própria sentença, deve o juiz, durante a ação penal, efetuar pesquisas quanto ao patrimônio do acusado, como, por exemplo, se existem veículos ou imóveis registrados em seu nome.

Caso o magistrado **não estabeleça** na sentença os bens perdidos, caberá ao juiz da execução fazê-lo. O problema é que, se o condenado morrer antes disso, surgirá discussão em torno da possibilidade de serem tirados bens que dele passaram para os herdeiros no momento da morte. Com efeito, o art. 5º, XLV, da Constituição Federal diz que a pena não passará da pessoa do condenado, podendo a obrigação de reparar o dano e a decretação do **perdimento de bens** ser, **nos termos da lei**, estendidas aos sucessores e contra eles executadas, até o limite do valor do patrimônio transferido. Entendemos que o dispositivo constitucional tem aplicação imediata e que a expressão "*nos termos da lei*" diz respeito apenas ao procedimento a ser seguido que, enquanto não regulamentado, pode ser suprido por procedimentos executórios similares. É também o entendimento de Luiz Flávio Gomes[2]. Em contrário, podemos apontar a opinião de Fernando Capez[3] no sentido de que somente após a edição de lei especial regulando o tema é que os bens declarados perdidos poderão ser exigidos dos herdeiros.

Observação: Não se deve confundir o instituto em análise, que é **pena substitutiva**, com a perda em favor da União, tratada no art. 91, II, do Código Penal, dos **instrumentos** do crime que consistam em coisas cujo fabrico, alienação, uso, porte ou detenção constituam fato ilícito, ou do **produto** do crime ou de qualquer outro bem ou valor que constituam **proveito** auferido pelo agente com a prática do fato criminoso. Esta perda de bens para a União constitui efeito secundário da condenação (aplicado cumulativamente com a pena privativa de liberdade ou de outra natureza).

22.8.3. Prestação de serviços à comunidade

Consiste na atribuição ao condenado de **tarefas gratuitas** em estabelecimentos assistenciais, hospitais, escolas, orfanatos ou outros estabelecimentos congêneres, em programas comunitários ou estatais (art. 46, §§ 1º e 2º, do CP).

Este tipo de prestação de serviços, portanto, não é remunerada, regra, aliás, repetida no art. 30 da Lei de Execuções Penais.

---

2 Luiz Flávio Gomes, *Penas e medidas alternativas à prisão*, p. 138.

3 Fernando Capez, *Curso de direito penal*, 15. ed., v. 1, p. 447.

O juiz só pode optar pela adoção da pena alternativa de prestação de serviços se a pena aplicada na sentença for **superior a 6 meses** (art. 46, *caput*, do CP).

Os serviços devem ser prestados à razão de **1 hora** de trabalho **por dia de condenação**, fixadas de modo a não prejudicar a jornada normal de trabalho do condenado (art. 46, § 3º).

Se a pena aplicada na sentença for **superior a 1 ano**, é **facultado** ao condenado cumpri-la em período **menor**, nunca inferior à **metade** da pena originariamente imposta, ou seja, o sentenciado poderá cumprir a pena mais rapidamente, perfazendo um maior número de horas-tarefa em espaço mais curto de tempo.

As tarefas devem ser atribuídas de acordo com a **aptidão** do sentenciado (art. 46, § 3º, do CP) e cabe ao juiz das **execuções designar** a entidade onde os serviços serão prestados (art. 149, I, da LEP).

A execução terá início a partir do primeiro comparecimento, sendo que o juízo das execuções deve **intimar** o condenado, cientificando-o das datas, do horário e do local onde deve comparecer para cumprir a pena (art. 149, II, e § 2º, da LEP). Nos termos do art. 181, § 1º, da Lei de Execuções, se o sentenciado não for encontrado no endereço fornecido e não atender à intimação por edital, ou caso intimado não compareça para a prestação de serviços, o juiz deve reverter a pena em privativa de liberdade.

A entidade onde o sentenciado cumpre pena deve remeter, **mensalmente**, ao juízo das execuções, **relatório** circunstanciado das atividades prestadas, bem como, a qualquer tempo, comunicar a respeito de eventuais **faltas** ao serviço ou **transgressões** disciplinares (art. 150 da LEP).

O juiz das execuções pode, a todo tempo, promover alterações na forma de prestação de serviços à comunidade, caso entenda necessário.

Quando se tratar de condenação por crime previsto no Código de Trânsito Brasileiro (Lei n. 9.503/97), o juiz deverá, caso considere presentes os requisitos legais para a substituição da pena privativa de liberdade por restritiva de direitos, observar a regra de seu art. 312-A (inserido pela Lei n. 13.281/2016), segundo o qual a pena restritiva deverá ser a de prestação de serviço à comunidade ou a entidades públicas, em uma das seguintes atividades: I — trabalho, aos fins de semana, em equipes de resgate dos corpos de bombeiros e em outras unidades móveis especializadas no atendimento a vítimas de trânsito; II — trabalho em unidades de pronto-socorro de hospitais da rede pública que recebem vítimas de acidente de trânsito e politraumatizados; III — trabalho em clínicas ou instituições especializadas na recuperação de acidentados de trânsito; IV — outras atividades relacionadas ao resgate, atendimento e recuperação.

22.8.4. Interdição temporária de direitos

Consiste na proibição do exercício de determinados direitos pelo prazo correspondente ao da pena substituída. Algumas são **específicas**, porque aplicáveis apenas aos crimes que o próprio Código menciona, e outras são **genéricas**, porque passíveis de aplicação a qualquer infração penal.

■ 22.8.4.1. *Interdições específicas*

a) **Proibição do exercício de cargo, função pública ou mandato eletivo** (art. 47, I, do CP). Aplica-se aos crimes praticados no exercício de profissão, atividade, ofício, cargo ou função, sempre que houver **violação dos deveres** que lhe são inerentes (art. 56 do CP).

b) **Proibição do exercício de atividade, profissão ou ofício que dependa de licença especial ou autorização do poder público** (art. 47, II, do CP). Ex.: dentista, médico, engenheiro, advogado, corretor etc.

c) **Suspensão de autorização ou de habilitação para dirigir veículo** (art. 47, III, do CP). Esta regra, de acordo com o art. 57 do Código Penal, aplica-se aos crimes **culposos cometidos no trânsito**. Ocorre que o Código de Trânsito Brasileiro (Lei n. 9.503/97) criou crimes específicos de homicídio e lesões corporais culposas **na direção de veículo automotor** e estabeleceu para tais delitos, como pena **cumulativa**, além da privativa de liberdade, a **suspensão** ou proibição de se obter permissão para dirigir ou da **carteira de habilitação**. Desse modo, por se tratar de dispositivo específico, que determina a cumulação das sanções, afasta a incidência do art. 47, III, do Código Penal, que prevê a suspensão da habilitação como **pena substitutiva**. Desse modo, pode-se dizer que o art. 47, III, continua em vigor apenas no que diz respeito à suspensão da **autorização** para dirigir veículo. A autorização para dirigir diz respeito exclusivamente a **ciclomotores**, que, nos termos do Anexo I, do Código de Trânsito, são veículos de duas ou três rodas, com no máximo 50 cilindradas e cuja velocidade máxima não ultrapasse 50 km/h. A aplicação deste dispositivo é raríssima. Ex.: alguém, com um ciclomotor, comete um crime de lesão culposa, e o juiz substitui a pena de detenção pela suspensão da autorização para conduzir o ciclomotor por igual tempo. É evidente que, em tal caso, o juiz deve impor também a proibição de **obter** a carteira de habilitação, pois não faria sentido o condenado ficar proibido de dirigir ciclomotores e conseguir uma carteira de habilitação e, com ela, dirigir veículos de maior porte.

d) **Proibição de inscrever-se em concurso, avaliação ou exames públicos** (art. 47, V, do CP). Trata-se de modalidade de pena restritiva de direitos criada pela Lei n. 12.550/2011 destinada a pessoas condenadas por fraude em certame de interesse público (concurso, avaliação ou certame público; processo seletivo para ingresso no ensino superior; exame ou processo seletivo previsto em lei), nos termos do art. 311-A do Código Penal.

■ 22.8.4.2. *Interdição genérica*

Qualquer que seja a espécie de delito cometido, o juiz pode substituir a pena privativa de liberdade pela **proibição de frequentar determinados lugares** (art. 47,

IV, do CP), tais como bares, boates, lupanares, casas de jogos etc. Em geral, é aplicado justamente quando o crime foi cometido nesses tipos de estabelecimento para evitar que o condenado volte a frequentá-los durante o tempo de cumprimento da pena.

Observação: Se o condenado exercer, **injustificadamente**, o direito interditado ou não for encontrado para dar início ao cumprimento da pena por estar em local incerto e não sabido, a pena será reconvertida em privativa de liberdade (art. 181, § 3º, da LEP).

■ 22.8.5. Limitação de fim de semana

Consiste na obrigação de permanecer, aos **sábados** e **domingos**, por **5 horas diárias**, em casa do **albergado** ou outro estabelecimento adequado (art. 48 do CP).

Durante a permanência, poderão ser ministrados aos condenados cursos e palestras ou atribuídas atividades educativas (art. 48, parágrafo único).

Em se tratando de condenação por crime que tenha envolvido violência doméstica contra mulher, o juiz poderá determinar o comparecimento do agressor a programas de recuperação e reeducação (art. 152, parágrafo único, da LEP).

A **inexistência** de casa do albergado ou estabelecimentos similares em diversas comarcas tem levado os juízes a fazer pouca utilização desta modalidade de pena restritiva de direitos, que, a bem da verdade, é uma espécie de pena restritiva **de liberdade** (são 10 horas semanais de recolhimento).

Caso aplicada na sentença a pena de limitação de fim de semana, o juiz das execuções determinará a intimação do condenado, cientificando-o do local, dos dias e do horário em que deverá cumprir a pena, sendo que a execução terá **início** a partir do **primeiro** comparecimento (art. 151 da LEP).

O estabelecimento designado (casa do albergado ou outro) encaminhará, **mensalmente**, ao juiz das execuções, **relatório** de cumprimento da pena, bem como comunicará, a qualquer tempo, eventual ausência ou falta disciplinar (art. 153 da LEP).

Se o condenado **não comparecer** ao estabelecimento designado para cumprimento da pena, **recusar-se** a exercer alguma atividade determinada pelo juiz, ou **não for encontrado** para iniciar a pena por estar em local incerto e não sabido, será determinado o cumprimento da pena privativa de liberdade originariamente imposta na sentença (art. 181, § 2º, da LEP).

■ 22.9. QUADRO COM AS PRINCIPAIS REGRAS DAS PENAS RESTRITIVAS DE DIREITOS

CONCEITO	■ São penas autônomas e substituem a pena privativa de liberdade por certas restrições e obrigações. Têm, portanto, caráter substitutivo, ou seja, não são previstas em abstrato no tipo penal, não podendo ser aplicadas diretamente pelo juiz. Este deve, inicialmente, aplicar a pena privativa de liberdade e, se presentes os requisitos legais, substituí-la pela restritiva de direitos, pelo mesmo período (exceto quando se tratar de substituição por pena pecuniária ou de perda de bens).

REQUISITOS	a) que o crime seja culposo, qualquer que seja a pena, ou, se doloso, que a pena aplicada não supere 4 anos e que não tenha sido cometido com violência contra pessoa ou grave ameaça; b) que o réu não seja reincidente em crime doloso. Quando a reincidência não se referir a crimes dolosos e não for referente à mesma espécie de crime, o juiz pode efetuar a substituição por pena restritiva, se a medida se mostrar socialmente recomendável; c) que as circunstâncias judiciais do art. 59 do CP indiquem que a substituição é suficiente. *Observação*: a jurisprudência tem entendido cabível a substituição: 1. em crimes hediondos ou equiparados que não envolvam violência ou grave ameaça, se a pena não for maior do que 4 anos; 2. nas infrações de menor potencial ofensivo, mesmo que cometidos com violência contra pessoa ou grave ameaça; 3. nos delitos cometidos com violência imprópria.
PRESTAÇÃO PECUNIÁRIA	■ Consiste no pagamento em dinheiro à vítima, aos seus dependentes ou à entidade pública ou privada com destinação social, de importância fixada pelo juiz não inferior a 1 salário mínimo e não superior a 360. ■ Se houver concordância do beneficiário, a prestação pode consistir em prestação de outra natureza (ex.: entrega de cestas básicas). ■ Caso seja direcionada à vítima ou aos seus dependentes, os valores serão descontados de futura indenização decorrente de condenação à reparação civil dos danos, se coincidentes os beneficiários.
PERDA DE BENS OU VALORES	■ Refere-se a bens ou valores do condenado que reverterão ao Fundo Penitenciário Nacional, tendo como teto — o que for maior — o montante do prejuízo causado ou o provento obtido pelo agente ou por terceiro em decorrência do delito.
PRESTAÇÃO DE SERVIÇOS	■ Consiste na atribuição ao condenado de tarefas gratuitas em entidades assistenciais, hospitais, escolas, orfanatos ou estabelecimentos congêneres, em programas comunitários ou estatais. ■ Somente é possível se a pena fixada na sentença for superior a 6 meses. ■ O condenado deve cumprir 1 hora de tarefa por dia de condenação.
INTERDIÇÃO TEMPORÁRIA DE DIREITOS	■ Pode consistir em: a) proibição do exercício de cargo, função ou atividade pública, bem como de mandato eletivo; b) proibição do exercício de profissão, atividade ou ofício que dependa de habilitação especial, de licença ou autorização do poder público; c) suspensão da autorização para dirigir veículos (a suspensão da habilitação está atualmente regulamentada no Código de Trânsito); d) proibição de frequentar determinados lugares; e) proibição de inscrever-se em concurso, avaliação ou exame públicos.
LIMITAÇÃO DE FIM DE SEMANA	■ Consiste na obrigação de permanecer, aos sábados e domingos, por 5 horas diárias, em casa do albergado ou estabelecimento similar, ocasião em que poderão ser ministrados cursos ou palestras educativas.
REGRAS PARA SUBSTITUIÇÃO	a) Se a pena fixada na sentença for igual ou inferior a 1 ano, a pena poderá ser substituída por uma multa ou por uma restritiva de direitos. Não poderá, entretanto, ser aplicada a pena de prestação de serviços à comunidade se a pena for inferior a 6 meses; b) Se a condenação for a pena superior a 1 ano (e não superior a 4 nos delitos dolosos), poderá ser substituída por uma pena de multa e uma restritiva de direitos, ou por duas restritivas de direitos.
CONVERSÃO EM PENA PRIVATIVA DE LIBERDADE	■ A reconversão da pena restritiva em privativa de liberdade pode se dar, por decisão judicial, quando: a) ocorrer o descumprimento injustificado da medida imposta; b) se o sentenciado cometer falta grave; c) se sobrevier condenação a pena privativa de liberdade por outro crime e o juiz verificar que isso torna impossível o cumprimento da pena restritiva anteriormente imposta. *Observação*: Decretada a reconversão em pena privativa de liberdade, será descontado o tempo de pena restritiva já cumprido, devendo o condenado cumprir ao menos 30 dias de pena privativa (caso o tempo remanescente seja inferior).

■ 22.10. QUESTÕES

1. (Ministério Público/ES — 2005) Diante da falência da reprimenda de prisão, foram inseridas no Código Penal sanções alternativas, denominadas pelo legislador pátrio de restritivas de direitos. Assinale a alternativa adiante que não é classificada pelo mencionado diploma como pena restritiva de direitos:

a) prestação pecuniária.
b) interdição temporária de direitos.
c) perda de bens ou valores.
d) multa.
e) limitação de fins de semana.

2. (Ministério Público/MG — 2010) Sobre as penas restritivas de direitos, de conformidade com a disciplina do Código Penal, assinale a alternativa correta:

a) São cabíveis em se tratando de crimes culposos, desde que a pena aplicada não exceda dois anos.
b) A prestação de serviços à comunidade somente é aplicável às condenações inferiores a dois anos de privação de liberdade.
c) Podem ser aplicadas nas contravenções penais e nos crimes punidos com detenção, vedada sua admissão se o crime for punido com reclusão.
d) Se a condenação for a reprimenda superior a 1 ano, a sanção privativa de liberdade poderá ser substituída por duas restritivas de direitos.

3. (Magistratura/PI — CESPE/UNB — 2008) Acerca da substituição da pena privativa de liberdade por penas restritivas de direitos, assinale a opção incorreta:

a) É cabível a substituição mencionada quando aplicada pena privativa de liberdade de até quatro anos e o crime não for cometido com violência ou grave ameaça à pessoa.
b) Quando se trata de crime culposo, será cabível a referida substituição para os casos a que se aplicar pena privativa de liberdade de até oito anos.
c) Na condenação igual ou inferior a 1 ano, a referida substituição não pode ser feita por duas penas restritivas de direitos.
d) Se o condenado for reincidente, o juiz poderá aplicar a substituição citada, desde que, em face da condenação anterior, a medida seja socialmente recomendável.
e) A pena restritiva de direitos converte-se em privativa de liberdade quando ocorrer o descumprimento injustificado da restrição imposta.

4. (Magistratura/AL — FCC — 2007) A pena de prestação pecuniária:

a) é cabível apenas em favor da vítima ou de seus dependentes.
b) não pode ser deduzida de eventual condenação em ação de reparação civil, ainda que coincidentes os beneficiários.
c) não pode exceder a 360 salários mínimos.
d) não é substitutiva da pena privativa de liberdade.
e) é fixada em dias-multa.

5. (Defensoria/PA — FCC — 2009) As penas restritivas de direitos, postas em relação às penas privativas de liberdade, no sistema adotado pelo Código Penal brasileiro são:

a) subsidiárias e de aplicação cumulativa para os crimes culposos punidos com pena de reclusão de até 4 anos.
b) autônomas e aplicam-se cumulativamente quando a culpabilidade, os antecedentes, a conduta social e a personalidade do condenado indicarem que essa cumulação seja necessária para prevenir e reprimir o crime.
c) subsidiárias e substitutivas pelo tempo da pena aplicada não superior a 6 anos de reclusão para os crimes cometidos sem violência ou grave ameaça à pessoa.
d) autônomas e substitutivas qualquer que seja a pena aplicada para os crimes culposos.
e) autônomas e substitutivas pelo tempo da pena aplicada não superior a 4 anos.

6. (OAB — CESPE/UNB — 2008.2) Entre as penas restritivas de direitos previstas no Código Penal, não está incluída:

a) A prestação de serviço a entidades públicas.
b) A prestação pecuniária.
c) A perda de bens ou valores.
d) A interdição permanente de direitos.

7. (Ministério Público/GO — 2012) Alternativa à pena de prisão, a interdição temporária de direitos, prevista no Código Penal Brasileiro, consiste na proibição dada ao condenado de, em tempo igual ao da pena restritiva de liberdade decretada em sentença, ser privado de exercer determinadas atividades. Nesse sentido, identifique o tipo de interdição incorreta:

a) proibição do exercício de cargo, função ou atividade pública, bem como de mandato eletivo;
b) proibição de frequentar determinados lugares;
c) limitação de fim de semana consistente na obrigação de permanecer, aos sábados e domingos, por 5 (cinco) horas diárias, em casa de albergado ou outro estabelecimento adequado;
d) proibição de inscrever-se em concurso, avaliação ou exames públicos.

■ GABARITO ■

1. "d". A pena de multa é a única que não consta do rol de penas restritivas de direitos do art. 43 do Código Penal.
2. "d". As demais estão em desacordo com as regras expressas do art. 44 do Código Penal.
3. "b". Todas as outras assertivas estão em consonância com as regras expressas do art. 44 do Código Penal.
4. "c". As demais alternativas estão erradas porque a prestação pecuniária pode reverter também em favor de entidades públicas ou privadas e deve ser deduzida em ação de reparação civil (art. 45, § 1º). Além disso, é substitutiva da pena de prisão (art. 44, *caput*) e não é aplicada em dias-multa.
5. "d". Todas as demais estão em desacordo com as regras do art. 44 do Código Penal.
6. "d". Apenas a interdição temporária (e não permanente) é pena restritiva de direitos.
7. "c".

23

PENA DE MULTA

■ 23.1. CONCEITO

É uma modalidade de sanção de caráter **patrimonial** consistente na entrega de dinheiro ao fundo penitenciário.

Ao contrário do que ocorre com a pena restritiva consistente na perda de bens; cujos valores, conforme o Código Penal, em seu art. 45, § 3º, são revertidos ao Fundo Penitenciário **Nacional** (regulamentado pela Lei Complementar n. 79/94), em relação à pena de multa o art. 49 do mesmo Código refere-se genericamente a fundo penitenciário, possibilitando que os Estados legislem sobre o tema, criando seus próprios fundos, a fim de obterem recursos para construção e reforma de estabelecimentos prisionais, aquisição de equipamentos destinados a referidas unidades etc. No Estado de São Paulo, por exemplo, existe o FUNPESP (Fundo Penitenciário do Estado de São Paulo), criado e regulamentado pela Lei Estadual n. 9.171/95.

■ 23.2. ESPÉCIES DE MULTA

▪ Originária

É aquela descrita em **abstrato** no próprio tipo penal incriminador, em seu preceito **secundário**. Pode ser prevista de forma **isolada**, **cumulativa** ou **alternativa** com pena privativa de liberdade. Vejamos os seguintes exemplos:

1) Nas contravenções penais de **anúncio de meio abortivo** (art. 20 da LCP) ou de **perigo de desabamento** (art. 30 da LCP), a pena prevista em abstrato é única e exclusivamente a de multa.

Observação: A previsão de pena de multa isoladamente em abstrato só existe em **contravenções penais**.

2) No crime de **ameaça** (art. 147 do CP), a pena é de detenção, de 1 a 6 meses, **ou** multa; no de **desacato** (art. 331 do CP), é de detenção, de 6 meses a 2 anos, **ou** multa.

3) No crime de **furto simples** (art. 155, *caput*, do CP), a pena prevista é de reclusão, de 1 a 4 anos, **e** multa; no de **peculato** (art. 312), é de reclusão, de 2 a 12 anos, **e** multa.

▪ Substitutiva

É aquela aplicada em substituição a uma pena privativa de liberdade fixada na sentença em montante **não superior a 1 ano**, e desde que o réu não seja reincidente em crime doloso e as circunstâncias do art. 59 do Código Penal indiquem que a substituição é suficiente (art. 44, § 2º, do CP). É chamada de multa **substitutiva** ou **vicariante**. O art. 44 do Código Penal, com a redação que lhe foi dada pela Lei n. 9.714/98, exige, ainda, que se trate de crime cometido **sem o emprego de violência contra pessoa ou grave ameaça**.

Conforme será explicado detalhadamente adiante, o inadimplemento no pagamento da multa não gera a possibilidade de reconversão em pena privativa de liberdade. Por isso, se o juiz havia aplicado uma pena de 8 meses de detenção e a substituiu por multa, caso o condenado deixe de pagá-la, a consequência será a execução da multa (com penhora de bens do condenado que serão levados a leilão), e nunca a reconversão na pena originária de 8 meses de detenção.

▪ Vigência ou revogação tácita do art. 60, § 2º, do Código Penal

O art. 60, § 2º, do Código Penal permite a substituição da pena privativa de liberdade por multa quando a pena fixada na sentença não for superior a **6 meses**, desde que o réu **não seja reincidente em crime doloso** e que as circunstâncias do art. 59 do Código Penal lhe sejam favoráveis. Tal dispositivo existe desde a aprovação da nova Parte Geral do Código Penal, em 1984. Ocorre que a Lei n. 9.714/98 passou a permitir a substituição por multa quando a pena fixada não exceder 1 ano, e, com isso, a maioria dos doutrinadores entendeu que houve revogação tácita do referido art. 60, § 2º. Nesse sentido, o pensamento de Damásio de Jesus[1], Fernando Capez[2] e Luiz Flávio Gomes[3]. Existe, porém, entendimento em sentido contrário com forte sustentação jurídica, na medida em que o art. 60, § 2º, do Código Penal, não exige que o crime tenha sido cometido **sem** violência ou grave ameaça, de modo que, sendo diversos os requisitos e o montante exigido para a conversão em multa, não se pode falar que um dispositivo tenha revogado o outro, por não serem incompatíveis. Suponha-se, assim, um crime de lesão corporal leve contra o próprio **pai** (art. 129, § 9º, do Código Penal), cuja pena em abstrato é de detenção de 3 meses a 3 anos (não se trata de infração de menor potencial ofensivo). Se o juiz fixar pena de 3 meses na sentença poderá convertê-la em multa nos termos do art. 60, § 2º, possibilidade que não existe no art. 44, § 2º, uma vez que o crime envolve emprego de violência contra pessoa. Por sua vez, se a pena arbitrada na sentença fosse, por exemplo, de 9 meses, o juiz não poderia convertê-la em multa. Em tal hipótese, o art. 60, § 2º, não poderia ser utilizado; porque a pena é superior a 6 meses; tampouco o art. 44, § 2º, em razão

1 Damásio de Jesus, *Direito penal*, 27. ed., v. 1, p. 535.

2 Fernando Capez, *Curso de direito penal*, v. 1, p. 465.

3 Luiz Flávio Gomes, *Penas e medidas alternativas à prisão*, p. 120.

do emprego de violência. O único benefício possível nesse caso seria o *sursis* (penas de até 2 anos, ainda que haja emprego de violência ou grave ameaça — desde que presentes outros requisitos).

No sentido da não revogação tácita do art. 60, § 2º, do Código Penal, podemos apontar o entendimento de Celso Delmanto, Roberto Delmanto e outros[4].

- **Violência doméstica ou familiar contra a mulher e proibição de conversão em pena exclusiva de multa**

O art. 17 da Lei n. 11.340/2006, conhecida como Lei Maria da Penha, proíbe a substituição da pena privativa de liberdade por pena exclusiva de multa quando o delito for praticado com violência doméstica ou familiar contra **mulher**.

■ 23.3. CÁLCULO DO VALOR DA MULTA

Quando se tratar de multa prevista em abstrato no próprio tipo penal **(originária)**, o juiz observará **duas** fases. Primeiro fixará o número de dias-multa e depois o valor de cada um deles.

- **Regras para a fixação no número de dias-multa**

De acordo com o art. 49 do Código Penal, a pena deverá ser de, **no mínimo, 10 e, no máximo, 360 dias-multa**.

Para se estabelecer o número de dias-multa, as regras a serem observadas pelo juiz são as mesmas estabelecidas na lei penal para a pena privativa de liberdade, ou seja, o critério **trifásico** do art. 68 do Código Penal. Assim, o juiz deve inicialmente fixar a **pena-base** de dias-multa com observância das **circunstâncias do art. 59** do Código Penal e, nas fases seguintes, aplicar as **agravantes e atenuantes genéricas**, bem como **causas de aumento e de diminuição** de pena. Em suma, é a gravidade do delito e aspectos pessoais do sentenciado (antecedentes, reincidência, conduta social etc.) que permitem estabelecer o número de dias-multa e, ao término das operações mencionadas (critério trifásico), tal montante estará determinado.

- **Fixação do valor de cada dia-multa**

O valor de cada dia-multa atenderá ao critério da **situação econômica do réu** (art. 60 do CP), não podendo ser inferior a **1/30** do maior **salário mínimo mensal** e nem superior a **5** salários mínimos (art. 49, § 1º, do CP). Assim, para acusados menos favorecidos, o juiz aplicará valor **menor** e para os mais abastados, um valor **maior**. É de se lembrar, outrossim, que, mesmo sendo o valor do dia-multa fixado no patamar máximo, pode ele se mostrar ineficaz e insuficiente diante da imensa fortuna do réu e, em tais casos, permite o art. 60, § 1º, do Código Penal, que o juiz **triplique** o valor da multa.

---

[4] Celso Delmanto, Roberto Delmanto e outros, *Código Penal comentado*, 8. ed., p. 284.

Em suma, o valor final da multa resulta de um simples cálculo aritmético, ou seja, da **multiplicação** do número de dias-multa pelo índice do salário mínimo fixado.

Saliente-se que o objetivo buscado pelo legislador com o critério do dia-multa é punir o condenado com o pagamento de uma multa que guarde equivalência com o valor do dia de trabalho do réu. Quando o acusado recebe mensalmente um salário mínimo, o juiz deve fixar o valor do dia-multa em 1/30 daquele para que haja correspondência a um dia de trabalho do acusado. Assim, 10 dias-multa são proporcionais a 10 dias de trabalho. Por sua vez, imagine-se uma pessoa que tenha renda mensal de 30 salários mínimos. Significa que recebe um salário mínimo por dia de trabalho, de forma que o valor de cada dia-multa deve ser exatamente de um salário mínimo.

Observação: No que se refere à multa **substitutiva** (vicariante), não existe absolutamente nenhuma regra expressa na legislação. Ao contrário do que ocorre com as penas restritivas de direitos, não pode o juiz, por falta de amparo legal, substituir cada dia de prisão por um dia-multa (ex.: pena de 10 meses de detenção por 300 dias-multa), mesmo porque, se a substituição ocorresse deste modo, resultaria em multas altíssimas, pois equivaleriam, em regra, a 10 meses de salário do condenado. Por tal razão, os juízes costumam efetuar a substituição pelo montante mínimo previsto em lei (10 dias-multa), observando apenas a condição econômica do réu na fixação do valor de cada um desses dias-multa.

23.4. CUMULAÇÃO DE MULTAS

Há dezenas de infrações penais em que a pena privativa de liberdade é prevista em abstrato cumulativamente com a pena de multa, como, por exemplo, os crimes de calúnia (art. 138 do CP), cuja pena é de detenção, de 6 meses a 2 anos, **e** multa, ou de furto (art. 155 do CP), em que a pena é de reclusão, de 1 a 4 anos, **e** multa. Suponha-se, assim, um furto simples, em que o réu seja primário e o juiz aplique pena de 1 ano de reclusão e 10 dias-multa. Discute-se, em tal caso, se o magistrado poderia substituir a pena de reclusão por outros 10 dias-multa, e, em seguida, somá-los à outra multa originariamente imposta, alcançando o montante de 20 dias-multa. A maioria dos doutrinadores entende que é plenamente cabível tal procedimento por não haver qualquer vedação à referida providência no Código Penal. Na prática, pode-se dizer que quase todos os juízes criminais lançam mão de tal conversão. Existem alguns autores, entretanto, que sustentam que a pena substituta **absorve** a original. Argumentam que o art. 44, III, do Código Penal diz que o juiz deverá efetuar a substituição da pena privativa de liberdade por multa quando esta se mostrar **suficiente**, de modo que, se o magistrado efetuou a substituição, é porque entendeu que uma única multa já é suficiente. É o que pensam Damásio de Jesus[5] e Alberto Silva Franco[6]. Não concordamos com tal argumentação porque a palavra "suficiente" constante do dispositivo tem apenas a finalidade de alertar o juiz de que só deve

---

[5] Damásio de Jesus, *Comentários ao Código Penal*, v. 2, p. 622.

[6] Alberto Silva Franco, *Temas de direito penal* — breves anotações sobre a Lei n. 7.209/84, p. 187.

proceder à substituição por multa se julgar que a pena privativa de liberdade não se mostra necessária. Entendemos, pois, que é possível a cumulação de multas.

Observação: As referidas substituição e cumulação de penas pecuniárias não têm sido admitidas pelo Superior Tribunal de Justiça quando se trata de crime previsto em **lei especial**. Nesse sentido, a Súmula n. 171: "*cominadas cumulativamente, em lei especial, penas privativas de liberdade e pecuniária, é defeso a substituição da prisão por multa*". De acordo com tal súmula, ao réu deve ser imposta a pena privativa de liberdade, ainda que não superior a 1 ano, além da multa prevista originariamente no tipo penal. O fundamento para a adoção desta súmula pelo mencionado Tribunal Superior é o de que as leis especiais não preveem a possibilidade de substituição das penas privativas de liberdade por multa. Esqueceram-se, assim, da norma contida no art. 12 do Código Penal, no sentido de que as regras gerais do Código Penal aplicam-se às leis especiais quando não existir norma em sentido contrário.

■ 23.5. ATUALIZAÇÃO DO VALOR DA MULTA

O art. 149, § 2º, do Código Penal dispõe que, por ocasião da execução, o valor da multa deve ser **atualizado** de acordo com os índices de **correção monetária**. Surgiram, então, várias correntes em torno do termo *a quo* a ser observado para a atualização, contudo a controvérsia perdeu o sentido porque o Superior Tribunal de Justiça publicou a Súmula n. 43, decidindo que "*a correção monetária decorrente de dívida de ato ilícito deve incidir da data do efetivo prejuízo*", ou seja, a correção monetária deve correr a partir do dia em que foi cometido o delito.

■ 23.6. PAGAMENTO DA MULTA

Transitada em julgado a sentença que impôs pena de multa, os autos irão ao contador judicial para a atualização de seu valor. Em seguida, após ouvir o Ministério Público, o juiz homologará o valor e determinará a notificação do condenado para que, no prazo de **10 dias**, efetue o pagamento.

Estabelece, por sua vez, o art. 50, *caput*, do Código Penal que, a pedido do condenado e conforme as circunstâncias do caso, poderá o juiz permitir que o pagamento se faça em **parcelas** mensais.

Permite, ainda, o art. 50, § 1º, do Código Penal que a cobrança seja efetuada mediante **desconto** no salário do condenado, se não prejudicar o seu sustento e o de sua família, se a multa tiver sido aplicada isoladamente, cumulada com restritiva de direitos, ou caso tenha havido aplicação de *sursis* em relação à pena privativa de liberdade cumulativamente imposta.

Efetuado o pagamento, o juízo decretará a **extinção da pena**.

■ 23.7. EXECUÇÃO DA PENA DE MULTA

Pela redação originária do art. 51 do Código Penal, se o condenado não pagasse a pena de multa, o juiz deveria convertê-la em detenção na proporção de um dia-multa por dia de prisão. Assim, sendo preso o sentenciado, ele poderia, de imediato, pagar a multa e livrar-se de permanecer no cárcere ou ficar na cadeia pelos dias determinados, hipótese em que a pena seria declarada extinta. A **Lei n. 9.268/96**, entretanto, promoveu imensas modificações no que pertine à execução da pena de multa, acabando com a possibilidade de sua conversão em detenção. Referida lei alterou a redação do mencionado art. 51, estabelecendo que "transitada em julgado a sentença condenatória, a multa será considerada dívida de valor, aplicando-se-lhe as normas da legislação relativa à dívida ativa da Fazenda Pública, inclusive no que concerne às causas interruptivas e suspensivas da prescrição".

Surgiram duas correntes:

A primeira sustentava que, como o art. 51 diz que devem ser aplicadas as normas relativas à dívida ativa, **inclusive** no que concerne às causas interruptivas e suspensivas da prescrição, o processo de execução deveria seguir integralmente a legislação tributária. Assim, a atribuição para promover a execução da multa seria da **Fazenda Pública** (Procuradoria Fiscal) e não mais do Ministério Público. A multa não mais teria caráter penal, devendo o seu valor ser inscrito na dívida ativa. Por isso, a **competência** para a execução seria do Juízo das Execuções Fiscais e não mais da Vara das Execuções Penais. O procedimento para a execução seria também o da legislação tributária. Este foi o entendimento adotado no Superior Tribunal de Justiça, que, inclusive, aprovou a Súmula 521 nesse sentido: "a legitimidade para a execução fiscal de multa pendente de pagamento imposta em sentença condenatória é exclusiva da Procuradoria da Fazenda Pública".

A outra corrente aduz que a nova redação do art. 51 teria trazido apenas duas modificações: vedação da conversão da pena de multa em detenção e adoção do procedimento executório da Lei de Execução Fiscal, inclusive quanto às causas interruptivas e suspensivas da prescrição da legislação tributária. Dessa forma, a atribuição para promover a execução continuaria sendo do **Ministério Público**, devendo esta tramitar junto à Vara das Execuções Criminais, mas de acordo com o procedimento da legislação tributária. Em 13 de dezembro de 2018, o Plenário do Supremo Tribunal Federal, no julgamento da **ADI 3150**, firmou entendimento de que esta é a interpretação correta, de modo que a atribuição para a execução da pena de multa é do Ministério Público — perante a **Vara das Execuções Criminais**, pois a multa é de caráter penal. Ainda de acordo com tal decisão, a Fazenda Pública pode, supletivamente, promover a execução da pena de multa — mas apenas em caso de eventual inércia por parte do Ministério Público. **A Lei n. 13.964/2019, modificou novamente a redação do art. 51 do Código Penal para consagrar em definitivo este último entendimento, ou seja, a nova redação deixa expresso que a execução da multa deve ser feita no juízo das execuções penais. Tem, portanto, caráter penal.**

■ 23.8. PRAZO PRESCRICIONAL, INTERRUPÇÃO E SUSPENSÃO DA PRESCRIÇÃO

Nos termos do art. 174 do **Código Tributário Nacional** (Lei n. 5.172/66), a prescrição da ação para a cobrança do crédito tributário e, por conseguinte, da pena de multa dá-se em **5 anos**.

Por sua vez, o art. 51 do Código Penal diz que serão observadas as normas da legislação fazendária quanto à **suspensão** e à **interrupção** do prazo prescricional da execução da pena de multa.

De acordo com o art. 174, parágrafo único, do Código Tributário, a prescrição se **interrompe** pelo **despacho** do juiz que ordena a **citação** em execução fiscal. Existem outras causas interruptivas, que, contudo, não guardam relação com a pena de multa, como, por exemplo, o protesto.

Por sua vez, o juiz **suspenderá** o curso da execução, enquanto não for localizado o devedor ou encontrados bens penhoráveis e, nesses casos, não correrá o prazo de prescrição (art. 40 da Lei n. 6.830/80). De acordo com a Súmula n. 314 do Superior Tribunal de Justiça, "*em execução fiscal, não localizados bens penhoráveis, suspende-se o processo por um ano, findo o qual se inicia o prazo da prescrição quinquenal intercorrente*".

Em resumo, existe um prazo de 5 anos para que seja iniciado o processo de execução da multa no juízo das execuções fiscais. Quando o juiz determina a citação do condenado, interrompe-se referido prazo, de modo que novo período de 5 anos passa a correr. Caso o réu não seja encontrado ou não sejam localizados bens penhoráveis, o juiz determina a suspensão da execução por 1 ano. Findo este período, retoma-se o prazo prescricional. Se o condenado não for mais encontrado dentro do prazo restante, decreta-se a prescrição da dívida. Se for localizado o acusado ou bens de sua propriedade dentro do prazo de 5 anos, prossegue-se na execução.

A 3ª Seção do Superior Tribunal de Justiça, em julgamento de recurso repetitivo (tema 931), aprovou a seguinte tese: "Nos casos em que haja condenação a pena privativa de liberdade e multa, cumprida a primeira (ou a restritiva de direitos que eventualmente a tenha substituído), o inadimplemento da sanção pecuniária não obsta o reconhecimento da extinção da punibilidade" (REsp 1.519.777/SP, Rel. Min. Rogerio Schietti Cruz, 3ª Seção, julgado em 26.08.2015, *DJe* 10.09.2015). Tal entendimento baseava-se na interpretação desta Corte Superior no sentido de que a pena de multa não mais teria caráter penal. Para o Superior Tribunal de Justiça, cumprida a pena privativa de liberdade poderia ser decretada a extinção da pena, pois a multa não teria mais caráter penal e poderia ser cobrada pela Procuradoria da Fazenda. O Plenário do Supremo Tribunal Federal, entretanto, no julgamento da ADI 3150 (em 18 de dezembro de 2018), decidiu que a multa continua tendo natureza penal (ver item anterior). Em razão disso, considerando que a decisão da Corte Suprema tem primazia, o juiz não pode declarar a extinção da pena antes do adimplemento da multa. Nesse sentido, veja-se RE 1.159.468/SP, Rel. Min. Edson Fachin, julgado em 02.07.2019. O próprio Superior Tribunal de Justiça alterou seu entendimento não mais permitindo a extinção da pena antes da quitação da pena de multa.

COMPARAÇÃO ENTRE O ANTIGO E O ATUAL SISTEMA DE EXECUÇÃO DA MULTA	
1) Possibilidade de conversão da multa em detenção em caso de inadimplemento.	1) Vedada a conversão da multa em detenção em caso de inadimplemento.
2) Competência do juízo das execuções criminais.	2) Competência do juízo das execuções criminais
3) Prazo prescricional de 2 anos (prescrição executória).	3) Prazo prescricional de 5 anos para a execução.
4) Causas de interrupção da prescrição previstas no Código Penal.	4) Causas de suspensão e interrupção da prescrição previstas na legislação tributária.

- **Suspensão da execução da multa**

Estabelece o art. 52 do Código Penal que é suspensa a execução da multa se sobrevém doença mental ao acusado. O curso do prazo prescricional, entretanto, não se suspende em tal hipótese por falta de previsão legal.

- **Morte do condenado à pena de multa e execução contra os herdeiros**

A origem da condenação à multa é **penal** e, por isso, não pode passar da pessoa do condenado por força do art. 5º, XLV, da Constituição Federal. Neste particular, não se aplica a legislação tributária que permite que a execução prossiga em relação aos herdeiros (art. 4º, VI, da Lei n. 6.830/80). Em suma, falecendo o condenado durante o procedimento executório, deve ser declarada extinta a pena, nos termos do art. 107, I, do Código Penal.

- **Suspensão condicional da pena e multa**

De acordo com o art. 80 do Código Penal, a suspensão condicional da pena (*sursis*) não se estende à pena de multa. Assim, se o réu for condenado a uma pena privativa de liberdade e também a pena de multa, caso o juiz aplique o *sursis* em relação à primeira, continua o sentenciado obrigado a pagar a multa.

- ***Habeas corpus* e pena de multa**

De acordo com a Súmula n. 693 do Supremo Tribunal Federal, "não cabe *habeas corpus* contra decisão condenatória a pena de multa, ou relativo a processo em curso por infração penal a que a pena pecuniária seja a única cominada". É que, nos termos do art. 5º, LXVIII, da Constituição Federal, o *habeas corpus* tutela apenas a liberdade, o direito de ir e vir das pessoas, e a pena de multa, desde o advento da Lei n. 9.268/96 (que alterou o art. 51 do Código Penal), não pode mais ser convertida em prisão.

23.9. PENA DE MULTA E CONCURSO DE CRIMES

Nas hipóteses de concurso formal perfeito e crime continuado, o juiz aplica somente uma pena privativa de liberdade aumentada, de um sexto até metade em caso de **concurso formal** (art. 70 do CP), ou de um sexto a dois terços, em hipótese de **continuação delitiva** (art. 71 do Código Penal). O art. 72 do Código, entretanto, ressalva que as penas de multa previstas **cumulativamente** em abstrato com a pena privativa de liberdade não se submetem a tal sistema, devendo haver **soma** das penas pecuniárias. Por isso, se o acusado, por exemplo, tiver praticado cinco crimes em continuação, o juiz deve aplicar, no mínimo, pena de 50 dias-multa (10 para cada delito), ainda que, em relação à pena privativa de liberdade, tenha aplicado uma só aumentada de um sexto a dois terços. O Superior Tribunal de Justiça, todavia, firmou entendimento de que a regra do art. 72 é inaplicável quando se tratar de **crime continuado** com o argumento de que, por ficção, a lei determina que seja o fato interpretado como crime único (e não como concurso de crimes). Assim, quanto ao crime continuado, deve ser aplicado o sistema da exasperação, mesmo no que se refere à pena pecuniária. Nesse sentido: "A jurisprudência desta Corte assentou compreensão no sentido de que o art. 72 do Código Penal é restrito às hipóteses de concursos formal ou material, não sendo aplicável aos casos em que há reconhecimento da continuidade delitiva. Desse modo, a pena pecuniária deve ser aplicada conforme o regramento estabelecido para o crime continuado, e não cumulativamente, como procedeu a Corte de origem" (STJ, AgRg no AREsp 484.057/SP, Rel. Min. Jorge Mussi, 5ª Turma, julgado em 27.02.2018, *DJe* 09.03.2018).

■ 23.10. DETRAÇÃO E PENA DE MULTA

Conforme já estudado, o art. 42 do Código Penal é **taxativo** e só faz menção à detração em relação à pena **privativa de liberdade** e à **medida de segurança**. Dessa forma, ainda que se trate de pena de multa **substitutiva** (de pena inferior a 1 ano aplicada na sentença, conforme permite o art. 44, § 2º, do Código Penal), o tempo anterior de prisão é irrelevante.

■ 23.11. QUADRO COM AS PRINCIPAIS REGRAS REFERENTES À PENA DE MULTA

CONCEITO	■ É uma modalidade de sanção de caráter patrimonial consistente na entrega de dinheiro ao fundo penitenciário.
ESPÉCIES	a) multa *originária*: prevista no próprio tipo penal. Ex.: a pena do roubo é de reclusão, de 4 a 10 anos, e multa; b) multa *substitutiva* (vicariante): substitui a pena privativa de liberdade não superior a 1 ano, nos crimes cometidos sem violência ou grave ameaça, praticados por réu primário, desde que as circunstâncias do art. 59 sejam favoráveis. ■ *Observação*: Entendemos que ainda é possível a substituição por multa nos crimes cometidos com violência ou grave ameaça, se a pena fixada não for superior a 6 meses (art. 60, § 2º, do CP).
FIXAÇÃO	■ O juiz deve primeiro estabelecer o número de dias-multa, que será de, no mínimo, 10, e, no máximo, 360. Em seguida, deve fixar o valor de cada dia-multa entre, no mínimo, 1/30 do salário mínimo, e, no máximo, 5 salários mínimos, de acordo com a condição econômica do acusado. Caso o juiz entenda que o montante é ainda insuficiente, poderá ainda triplicar o valor de cada dia-multa. ■ O valor da multa deve passar por correção monetária a contar da data do fato.
PAGAMENTO	■ A efetivação do pagamento da multa, por ato do condenado ou por desconto em seus vencimentos, gera a extinção da pena.
NÃO PAGAMENTO	■ Se o condenado deixar de pagar a multa, passarão a ser aplicadas as regras relativas à dívida ativa, inclusive no que concerne às causas interruptivas e suspensivas da prescrição. A execução é promovida no juízo das execuções criminais pelo Ministério Público.
SUPERVENIÊNCIA DE DOENÇA MENTAL NO ACUSADO	■ Suspende a execução da multa.
VIOLÊNCIA DOMÉSTICA OU FAMILIAR CONTRA MULHER	■ Proibida aplicação de pena exclusiva de multa.

SURSIS	▪ Suspende somente a pena privativa de liberdade, e não a pena de multa aplicada cumulativamente.
CONCURSO DE CRIMES	▪ Em caso de concurso formal, crime continuado e concurso material, as penas de multa são sempre somadas de acordo com o art. 72 do CP, mas o STJ entende que essa regra não se aplica ao crime continuado.
DETRAÇÃO	▪ É incabível na pena de multa.

▪ 23.12. QUESTÕES

1. (Procurador do Estado/CE — CESPE/UNB — 2008) Assinale a opção correta em relação à pena de multa criminal, após o trânsito em julgado da sentença penal condenatória.

a) A multa é considerada dívida ativa de valor, aplicando-se as normas da legislação relativa à dívida ativa da Fazenda Pública.
b) No que concerne às causas interruptivas da prescrição, aplicam-se as normas do Código Penal.
c) No que se refere às causas suspensivas da prescrição, aplicam-se as regras do Código Penal.
d) A multa pode ser convertida em prisão caso o condenado não a pague.
e) Cabe *habeas corpus* contra decisão condenatória a pena exclusivamente de multa.

2. (Ministério Público/SP — 2001) Multa vicariante é a

a) só imposta a infração administrativa.
b) de valor irrisório.
c) substitutiva.
d) cumulada à pena privativa de liberdade.
e) aplicada como sanção principal cominada abstratamente como sanção específica a um tipo penal.

3. (Defensoria Pública/MT — FCC — 2009) Não se inclui dentre as penas restritivas de direitos a

a) multa.
b) perda de bens ou valores.
c) prestação de serviços à comunidade.
d) interdição temporária de direitos.
e) limitação de fim de semana.

4. (Ministério Público/SP — 2001) "A" cometeu três roubos simples, em concurso formal perfeito, e, quanto à privativa de liberdade, o juiz aplicou-lhe a pena-base no mínimo, com aumento de 1/5, em razão do concurso referido. Além disso, impôs-lhe trinta dias-multa. Tendo em conta tais dados, pode-se dizer que:

a) a pecuniária aplicada é excessiva, pois deveria ter seguido o critério utilizado para dosar a pena privativa de liberdade.
b) a multa foi aplicada com acerto, obedecendo não o sistema de exasperação destinado pela legislação às penas privativas de liberdade, mas a outro dispositivo do Código Penal.
c) não está totalmente errado o *quantum* de multa, pois o crime é grave.
d) a quantidade de multa imposta contrariou o disposto no Código Penal.
e) a multa deveria ter sido exasperada na proporção de um sexto até a metade.

5. (OAB — CESPE/UNB — 2010.1) Com relação à pena de multa, assinale a opção correta.

a) Transitada em julgado a sentença condenatória, a multa será considerada dívida de valor, aplicando-se-lhe as normas da legislação relativa à dívida ativa da fazenda pública, exceto no que concerne às causas interruptivas e suspensivas da prescrição, incidindo, nesse caso, as normas do CP.
b) Sobrevindo ao condenado doença mental, é suspensa a execução da pena de multa.
c) Transitada em julgado a sentença condenatória, a multa deverá ser paga no prazo de 10 dias e será convertida em pena privativa de liberdade caso o condenado não realize o pagamento.
d) É vedado o pagamento da pena de multa em parcelas mensais, dada a natureza jurídica de tal espécie de sanção.

■ GABARITO ■

1. "a". É a única alternativa que se encontra em consonância com o art. 51 do Código Penal após a redação que lhe deu a Lei n. 9.268/96.

2. "c". Conforme estudado anteriormente, a denominação multa vicariante diz respeito àquela que substitui a pena privativa de liberdade.

3. "a". Conforme estudado, a multa é modalidade de pena diversa das restritivas de direitos.

4. "b". Nos termos do art. 72 do CP, o juiz deve somar as penas de multa ainda que se trate de concurso formal perfeito. No caso concreto, o réu cometeu três roubos, de modo que agiu corretamente o juiz ao estabelecer 30 dias-multa (10 dias-multa para cada delito de roubo).

5. "b". A alternativa encontra-se em plena consonância com o art. 52 do Código Penal. A alternativa "a" está errada porque se aplicam à pena de multa as causas suspensivas e interruptivas da legislação tributária. A resposta "c" está equivocada porque é vedada a conversão da multa em prisão. A alternativa "d" está errada porque é permitido o parcelamento da multa.

24

DA APLICAÇÃO DA PENA

24.1. INTRODUÇÃO

O Código Penal, em seus arts. 59 a 76, elenca detalhadamente o procedimento a ser seguido pelo juiz para a aplicação da pena ao condenado. Estes dispositivos têm por finalidade regulamentar o art. 5º, XLVI, da Constituição Federal que estabelece que "a lei regulará a individualização da pena". Com efeito, as penas são previstas abstratamente nos tipos penais em patamares **mínimo** e **máximo**. No homicídio simples a pena é de reclusão, de 6 a 20 anos (art. 121, *caput*, do CP), enquanto no estupro simples é de reclusão, de 6 a 10 anos (art. 213, *caput*). Dessa forma, para que o juiz possa fixar um montante determinado e específico de pena ao réu que está em julgamento, o Código Penal enumera uma série de **critérios** que devem ser levados em conta por ocasião da sentença. Geralmente esses critérios dizem respeito às circunstâncias do delito que o tornam mais ou menos gravoso ou a aspectos da vida do acusado (seus antecedentes, conduta social etc.).

24.2. SISTEMAS DE INDIVIDUALIZAÇÃO DA PENA

São conhecidos **quatro** sistemas de aplicação de pena que podem ser adotados pelo legislador:

a) o da pena **estanque**, em que **a lei** fixa exatamente o montante da sanção, que, portanto, não pode ser modificado pelo juiz. A este cabe exclusivamente dizer se o acusado é culpado ou inocente, pois o *quantum* da pena já está previamente estabelecido no texto legal. Este sistema não pode ser adotado em nosso país porque fere o princípio da individualização da pena;

b) o da pena **indeterminada**, em que a legislação não fixa qualquer parâmetro, de modo que cabe, exclusivamente, ao juiz estabelecer o montante da pena. Também não pode ser aceito em nosso país, cujo sistema pressupõe o prévio estabelecimento de pena em **lei** (princípio da **anterioridade**). Ademais, o art. 5º, XLVI, da Constituição diz que "a **lei** regulará a individualização da pena", deixando claro que devem existir parâmetros legais para a individualização que, assim, não pode ficar ao livre-alvedrio do juiz em cada caso concreto;

c) o da pena **parcialmente indeterminada**, em que a lei fixa apenas o seu patamar máximo, deixando ao arbítrio do juiz o montante mínimo. Esse sistema é admitido em nosso país e é utilizado, por exemplo, em alguns crimes eleitorais e em alguns delitos militares. O crime consistente em votar mais de uma vez é apenado com "reclusão até 3 anos" (art. 309 do Código Eleitoral — Lei n. 4.737/65). O crime militar de constrangimento ilegal, por sua vez, é apenado com "detenção até um ano" (art. 222 do Código Penal Militar — Decreto-lei n. 1.001/69);

d) o da pena **determinada**, em que a legislação fixa os montantes mínimo e máximo em abstrato e estabelece critérios para que o juiz fixe a pena dentro de tais limites. É o sistema adotado como regra em nosso país pelo Código Penal, sendo de se lembrar que, **excepcionalmente**, referido Código permite que sejam extrapolados os limites mínimo e máximo, desde que pelas denominadas **causas de aumento ou de diminuição** de pena.

■ 24.3. PROCEDIMENTO NA FIXAÇÃO DA PENA

O art. 59 do Código Penal estabelece que o juiz, na aplicação da pena, deve observar as seguintes fases, conforme seja **necessário** e **suficiente** para a **reprovação** e **prevenção** do crime:

I — **escolher a pena a ser aplicada dentre as previstas**. Se o delito for apenado com detenção **ou** multa, é preciso que o juiz, inicialmente, escolha qual das duas irá aplicar;

II — **determinar a quantidade de pena aplicada, dentro dos limites legais**. Estamos aqui diante da chamada **dosimetria** da pena em que o juiz fixará o montante da reprimenda. Conforme se estudará em seguida, o juiz deve passar por três fases expressamente delineadas no Código até chegar ao montante final (critério **trifásico**);

III — **fixar o regime inicial de cumprimento da pena privativa de liberdade**. Já foi anteriormente abordado este tópico, em que o juiz, dependendo do tipo de pena e das condições pessoais do réu, deve fixar regime inicial fechado, semiaberto ou aberto;

IV — **verificar a possibilidade de substituição da pena privativa de liberdade aplicada por outra espécie de pena, se cabível**. As regras para a substituição da pena privativa de liberdade por pena restritiva de direitos ou multa já foram detalhadamente estudadas.

Dos tópicos acima, portanto, resta analisar aquele que trata da dosimetria da pena.

■ 24.4. FIXAÇÃO OU DOSIMETRIA DA PENA

A reforma da Parte Geral em 1984, concretizada por intermédio da Lei n. 7.209/84, adotou expressamente o chamado critério **trifásico** na fixação da reprimenda, na medida em que o art. 68 do Código Penal passou a prever expressamente que, na **primeira fase**, o juiz deve levar em conta as **circunstâncias inominadas** do art. 59; na **segunda**, deve considerar as **agravantes e atenuantes genéricas** (arts. 61, 62, 65 e 66 do CP); e, por fim, em um **terceiro** momento, deve considerar as causas de **aumento** e de **diminuição** de pena (previstas na Parte Geral ou na Parte Especial do Código).

> **Observação:** O reconhecimento de **qualificadora** pelo juiz ou pelos jurados (nos crimes dolosos contra a vida) não constitui fase de aplicação da pena, e sim de análise de mérito. Quando é reconhecida uma qualificadora durante o julgamento, o juiz, posteriormente, no momento da fixação da pena, inicia a primeira fase tendo em vista os limites previstos para o crime em sua forma qualificada. Assim, se o réu estiver sendo condenado por um furto **simples**, o juiz iniciará a aplicação da pena considerando o montante previsto no art. 155, *caput*, do Código Penal, que é de reclusão, de 1 a 4 anos, porém, se a condenação for por furto **qualificado**, o juiz já iniciará os cálculos tendo em conta a pena do art. 155, § 4º, que é de reclusão, de 2 a 8 anos.

■ 24.5. VEDAÇÃO DO *BIS IN IDEM*

A proibição do *bis in idem* tem por finalidade evitar que a **mesma** circunstância seja levada em conta por mais de uma vez pelo juiz na dosimetria da pena, quer para exasperá-la, quer para reduzi-la. Veja-se, por exemplo, um caso em que, tendo morrido os pais, os bens são herdados por dois irmãos, um maior de idade e uma criança de 10 anos, sendo que, em seguida, aquele mata o menor para ficar com todo o patrimônio. A motivação **torpe** é prevista como qualificadora do homicídio (art. 121, § 2º, I, do CP) e também como agravante genérica (art. 61, II, *a*, do CP). Além disso, estabelece o art. 59 do Código Penal que, na fixação da pena-base, o juiz deve levar em consideração os **motivos** do crime. Nota-se, no caso em análise, que, em tese, a motivação considerada torpe encontra respaldo para sua aplicação em três dispositivos da lei penal. Considerando, todavia, a proibição do *bis in idem*, é evidente que o juiz só poderá levar em conta tal circunstância uma única vez. A solução será reconhecer o motivo torpe como **qualificadora** do crime, uma vez que se trata de dispositivo específico do crime de homicídio, enquanto as agravantes do art. 61 e as circunstâncias do art. 59 são genéricas e, por tal razão, não podem incidir. Da mesma forma, é prevista, no art. 121, § 4º, 2ª parte, do Código Penal, uma **causa de aumento** de pena de um terço para a hipótese de ser a vítima do homicídio menor de 14 anos, sendo que, concomitantemente, o art. 61, II, *h*, prevê como **agravante genérica** o fato de a vítima ser criança. No exemplo acima, em que a vítima tinha 10 anos, só uma das circunstâncias poderá ser aplicada e, na hipótese, será a causa de aumento, por ser ele específica do homicídio. A agravante, por ser genérica, fica prejudicada. No crime de induzimento ao suicídio ou automutilação (art. 122), se a intenção do sujeito é estimular que o próprio pai se mate para ficar com sua herança, a pena é aplicada em dobro por ter o acusado agido por motivo egoístico (art. 122, § 3º, I), o que impede a aplicação da agravante genérica do motivo torpe (art. 61, II, *a*).

Assim, é possível estabelecer **critérios de prevalência** dentre as circunstâncias existentes no Código Penal de acordo com seu maior ou menor grau de especialidade.

a) Elementares e **qualificadoras** têm prevalência em relação às **causas de aumento, agravantes genéricas** e **circunstâncias judiciais**, tal como no primeiro exemplo mencionado em que o motivo torpe, por ser qualificadora do homicídio, impede o reconhecimento de agravante genérica ou circunstância judicial relacionada à mesma motivação. De igual forma, considerando que o crime de infanticídio é sempre cometido contra o próprio filho (**elementar**), não pode este fator ser utilizado como agravante genérica — crime contra descendente — prevista no art. 61, II, *e*, do Código Penal.

b) Dentre as circunstâncias que compõem o critério trifásico, **as causas de aumento e diminuição têm preferência em relação às agravantes e atenuantes genéricas que, por sua vez, têm primazia em relação às circunstâncias judiciais**.

Por isso, quando se reconhece a causa de aumento no homicídio por ser a vítima maior de 60 anos, torna-se inviável a agravante que se refere a crime contra pessoa idosa (art. 61, II, *h*, do CP), ou quando se aplica o privilégio do relevante valor social do art. 121, § 1º, do Código Penal (causa de diminuição de pena), fica prejudicada a atenuante genérica homônima (art. 65, III, *a*, do CP).

Igualmente, o reconhecimento da agravante da reincidência impede que a pena-base seja exasperada em virtude de maus antecedentes (circunstância do art. 59 do CP), quando se tratar da mesma condenação anterior. Nesse sentido, existe inclusive a Súmula n. 241 do Superior Tribunal de Justiça: "a reincidência penal não pode ser considerada como circunstância agravante e, simultaneamente, como circunstância judicial". Referida vedação não existe, todavia, quando o acusado ostenta mais de uma condenação definitiva e o juiz utiliza uma delas para reconhecer a reincidência e a outra como maus antecedentes. Nesta situação, não há *bis in idem* porque cada agravação da pena baseou-se em condenação anterior diversa.

■ 24.6. PRIMEIRA FASE DA FIXAÇÃO DA PENA

No primeiro momento, o juiz deve fixar a chamada **pena-base** tendo como fundamento as chamadas circunstâncias **judiciais** ou **inominadas** do art. 59 do Código Penal, que possuem referida denominação porque o legislador, embora mencione os critérios que o juiz deva levar em conta, o faz de forma **vaga**, **indeterminada**. Com efeito, referido dispositivo menciona que o juiz, ao estabelecer a pena-base, deve considerar a **culpabilidade**, os **antecedentes**, a **conduta social** e a **personalidade** do acusado, bem como os **motivos**, **circunstâncias** e **consequências** do crime, além do **comportamento da vítima**. Veja-se, por exemplo, a menção a "motivos do crime" que é feita de forma absolutamente genérica pelo legislador, deixando ao prudente arbítrio do juiz analisar, no caso concreto, se a motivação do delito merece tornar a pena-base mais ou menos grave (ou nenhuma delas). Conforme já mencionado anteriormente, estas circunstâncias judiciais só poderão ser utilizadas pelo juiz caso não estejam previstas expressamente como agravantes ou atenuantes genéricas, causas de aumento ou de diminuição de pena, qualificadoras ou elementares da infração penal.

Ao término da primeira fase, a pena-base deve estar **dentro dos limites previstos em abstrato** para a infração penal, ou seja, não pode estar aquém do mínimo ou além do máximo.

▪ Culpabilidade

Apesar de serem feitas muitas críticas à inclusão da culpabilidade como circunstância judicial, com o argumento de que se trata de conceito ambíguo, de difícil definição, a realidade é que tal tema diz respeito a maior ou menor **reprovabilidade da conduta**, de acordo com as condições pessoais do agente e das características do crime. Não há como se negar que merece pena maior, nos delitos de natureza culposa, aquele que age com grau elevadíssimo de culpa em relação àquele cuja conduta culposa é mais leve. Do mesmo modo, a intensidade do dolo deve ser levada em conta na fixação da pena. Com efeito, quando ocorre um homicídio de grande repercussão, um dos assuntos mais abordados pela imprensa é a questão da **premeditação**, que, todavia, não consta no Código Penal como qualificadora, causa de aumento ou agravante. Assim, a premeditação (a cuidadosa e detalhada preparação do crime) pode ser levada em conta no âmbito da culpabilidade para a exasperação da pena-base.

▪ Antecedentes

São os fatos bons ou maus da vida pregressa do autor do delito. Apesar de não se tratar do único meio para tal constatação, na prática, os antecedentes dos réus são analisados com base na chamada **folha de antecedentes criminais** que registra as passagens anteriores do acusado pelo sistema penal. Caso a folha de antecedentes aponte alguma condenação anterior, deverá ser requisitada a **certidão** detalhada de tal julgamento à vara criminal onde foi lançada a condenação. Em regra, é esta certidão que faz prova acerca da condenação anterior e nela devem constar, além da qualificação do condenado, a data do crime, do recebimento da denúncia ou queixa e da sentença, o montante da pena aplicada, a data do trânsito em julgado para a acusação e para a defesa, bem como a data em que o sentenciado iniciou o cumprimento da pena e, se for o caso, a data em que ela foi declarada extinta por eventual cumprimento ou prescrição. O Superior Tribunal de Justiça, todavia, possui inúmeros julgados que admitem que a prova dos maus antecedentes seja feita pela própria folha de antecedentes, contudo, desde que esta contenha todos os dados necessários, o que, na prática, nem sempre ocorre. A propósito: "No que se refere ao pleito de afastamento da agravante da reincidência, é firme a jurisprudência desta Corte de Justiça 'no sentido de que a folha de antecedentes criminais é documento hábil e suficiente a comprovar os maus antecedentes e a reincidência, não sendo, pois, obrigatória a apresentação de certidão cartorária' (HC 175.538/SP, Rel. Min. Marco Aurélio Bellizze, 5ª Turma, *DJe* 18.04.2013)" (STJ, HC 389.518/SP, Rel. Min. Ribeiro Dantas, 5ª Turma, julgado em 16.05.2017, *DJe* 19.05.2017); "A folha de antecedentes criminais é documento apto e suficiente para comprovar os maus antecedentes e a reincidência do agente, sendo prescindível a juntada de certidões exaradas pelos cartórios criminais para a consecução desse desiderato. Na hipótese, o Tribunal de origem registrou que há condenação definitiva e com trânsito em julgado em data anterior à do fato discutido nestes autos" (STJ, HC 475.694/SP, Rel. Min. Laurita Vaz, 6ª Turma, julgado em 23.04.2019, *DJe* 30.04.2019). Em junho de 2019, o Superior Tribunal de Justiça, confirmando tal entendimento, publicou a

Súmula n. 636, com o seguinte teor: "A folha de antecedentes criminais é documento suficiente a comprovar os maus antecedentes e a reincidência".

A **reincidência**, que também se prova por meio de certidão ou folha de antecedentes completa, constitui agravante genérica aplicada na segunda fase da fixação da pena e que igualmente tem por fundamento uma condenação anterior. A distinção entre reincidência e maus antecedentes, entretanto, não é difícil, na medida em que os arts. 63 e 64 do Código Penal especificam o alcance da reincidência em relação a condenações anteriores exigindo: a) que o crime pelo qual o réu esteja sendo condenado tenha sido praticado **após** o trânsito em julgado **da sentença** que o condenou pelo crime anterior; b) que, na data do novo crime, não se tenham passado 5 anos desde a extinção da pena do delito anterior. Assim, em havendo condenação anterior definitiva, mas ausente algum desses requisitos, somente se poderá cogitar de maus antecedentes, e não de reincidência. Suponha-se, dessa forma, uma pessoa que tenha sido condenada no ano de 2005 e cuja pena tenha sido declarada extinta em 2010. Ao cometer novo delito em 2016, mais de 5 anos após a extinção da pena, não poderá ser considerado reincidente pelo juiz que, entretanto, o taxará de portador de maus antecedentes na fixação da pena-base[1]. Pode ainda acontecer de o réu ser condenado em 2016 e, apesar de possuir outra condenação transitada em julgado em 2015, não ser considerado reincidente por ter sido praticado em 2014 o crime que embasou a última condenação (antes do trânsito em julgado da primeira condenação em 2015). Nesta situação, igualmente, ele será considerado portador de maus antecedentes. Do mesmo modo, vem decidindo o Superior Tribunal de Justiça que: "Não há ilegalidade a ser reconhecida no tocante à valoração negativa dos antecedentes criminais do paciente, tendo em vista a existência de condenação transitada em julgado por fato pretérito ao delito objeto do presente *mandamus*, com trânsito em julgado anterior à sentença proferida nos presentes autos, situação apta a configurar maus antecedentes. Precedentes" (HC 301.637/SP, Rel. Min. Maria Thereza de Assis Moura, 6ª Turma, julgado em 25.11.2014, *DJe* 15.12.2014); "A condenação por fato anterior, mas com trânsito em julgado posterior ao crime em análise justifica o reconhecimento dos maus antecedentes. Precedentes" (HC 270.685/SP, Rel. Min. Laurita Vaz, 5ª Turma, julgado em 20.05.2014, *DJe* 27.05.2014).

Existe, outrossim, a possibilidade de reconhecimento de maus antecedentes quando a pessoa foi condenada anteriormente por **contravenção** penal e, posteriormente, veio a cometer **crime**, na medida em que esta hipótese não é abrangida pelo conceito de reincidência do art. 63 do Código Penal, ainda que o crime tenha sido cometido dentro do prazo de 5 anos após a condenação pela contravenção.

[1] O Plenário do Supremo Tribunal Federal, por maioria, apreciando o tema 150 da repercussão geral, deu parcial provimento ao recurso extraordinário e fixou a seguinte tese: "Não se aplica para o reconhecimento dos maus antecedentes o prazo quinquenal de prescrição da reincidência, previsto no art. 64, I, do Código Penal" nos termos do voto do Relator, vencidos os Ministros Ricardo Lewandowski, Marco Aurélio, Gilmar Mendes e Dias Toffoli (Presidente). Não participou deste julgamento o Ministro Celso de Mello. Plenário, Sessão Virtual de 07.08.2020 a 17.08.2020.

Observação: Quando o acusado ostenta diversas condenações anteriores definitivas, discute-se a possibilidade de o juiz utilizar uma delas para reconhecer a reincidência e as demais como antecedentes criminais. Alguns alegam tratar-se de *bis in idem* porque o passado criminal do acusado só pode ser considerado uma vez durante a dosimetria da pena. Prevalece, contudo, entendimento no sentido de que é possível o reconhecimento de reincidência e de maus antecedentes na mesma sentença, desde que sejam referentes a condenações anteriores distintas, fator que justifica a não ocorrência do *bis in idem*. Nesse sentido, é pacífica a jurisprudência do Supremo Tribunal Federal. Vejamos: "Habeas corpus. *Direito Penal. Maus antecedentes. Reincidência. Violação ao princípio do* non bis in idem. *Inexistência. Condenações Distintas. Ordem denegada. 1. Alega-se que a valoração dos maus antecedentes e da reincidência na mesma condenação afrontariam o princípio do* non bis in idem. *2. A jurisprudência deste Tribunal é pacífica no sentido de que o* bis in idem *na fixação da pena somente se configura quando o mesmo fato — a mesma condenação definitiva anterior — é considerado como signo de maus antecedentes (circunstância judicial do art. 59 do Código Penal) e como fator de reincidência (agravante genérica do art. 61 também do Código Penal). Precedentes. 3. Nada impede que condenações distintas deem ensejo a valorações distintas, porquanto oriundas de fatos distintos. 4. Não se verifica constrangimento ilegal a ser sanado, pois o paciente possui mais de uma condenação definitiva, sendo possível utilizar uma para considerar negativos os antecedentes e a outra como agravante da reincidência, inexistindo* bis in idem. *5.* Habeas corpus *denegado*" (STF, HC 99.044/SP, 2ª Turma, Rel. Min. Ellen Gracie, *DJe* 21.05.2010, p. 793); "Maus antecedentes. Reincidência. Inexistência de violação ao princípio do *non bis in idem*. Condenações diversas" (STF, RHC 92.611, Rel. Min. Gilmar Mendes, 2ª Turma, julgado em 16.04.2013, acórdão eletrônico *DJe*-081 divulg. 30.04.2013, public. 02.05.2013); "Não se infere manifesta desproporcionalidade na sanção imposta, porquanto a jurisprudência desta Corte admite a utilização de condenações anteriores transitadas em julgado como fundamento para a fixação da pena-base acima do mínimo legal, diante da valoração negativa dos maus antecedentes, ficando apenas vedado o *bis in idem*. *In casu*, evidenciada a existência de mais de uma condenação transitada em julgado, tendo havido valoração de títulos distintos na primeira e na segunda fase da dosimetria, não há se falar em *bis in idem*" (STJ, HC 389.518/SP, Rel. Min. Ribeiro Dantas, 5ª Turma, julgado em 16.05.2017, *DJe* 19.05.2017).

Muito se discutia no passado se a existência de considerável quantidade de inquéritos policiais ou de ações penais em **andamento** tornava o réu portador de maus antecedentes. O Superior Tribunal de Justiça, todavia, resolveu o tema por meio da Súmula n. 444, segundo a qual *"é vedada a utilização de inquéritos policiais e ações penais em curso para agravar a pena-base"*, de forma que não podem ser levados em conta como antecedentes criminais ou para justificar a agravação com o argumento de que o acusado tem "personalidade voltada para o crime". Igualmente, na apreciação do tema 129 (repercussão geral), o Plenário do Supremo Tribunal Federal aprovou a seguinte tese: "A existência de inquéritos policiais ou de ações penais sem trânsito em julgado não pode ser considerada como maus antecedentes para fins de dosimetria da pena" (STF, RE 591.054, Rel. Min. Marco Aurélio, Tribunal Pleno, julgado em 17.12.2014, Acórdão Eletrônico Repercussão Geral — Mérito, *DJe*-037 25.02.2015, public. 26.02.2015).

Da mesma forma, não podem ser considerados maus antecedentes os inquéritos já **arquivados** e as ações penais nas quais o réu tenha sido **absolvido**.

- **Conduta social**

Refere-se ao comportamento do agente em relação às suas atividades profissionais, relacionamento familiar e com a coletividade. Na prática, as autoridades limitam-se a elaborar um questionário respondido pelo próprio acusado, no qual ele informa detalhes de sua vida social, familiar e profissional. Tais indagações igualmente devem ser feitas pelo juiz por ocasião do interrogatório. Com efeito, prevê o art. 187 do Código de Processo Penal que o interrogatório é composto de duas partes, sendo que, na primeira, o magistrado indaga ao acusado a respeito de seus meios de vida e profissão, oportunidades sociais, lugar onde exerce sua atividade etc.

- **Personalidade do acusado**

Refere-se ao comportamento do réu no dia a dia e ao seu caráter, levando-se ainda em conta sua **periculosidade**. Personalidade, portanto, é a índole do sujeito, seu perfil psicológico e moral. As menções mais comuns em sentença são aquelas em que o magistrado fixa a pena-base acima do mínimo por entender que o acusado possui personalidade violenta, por ter sido tal fato mencionado por testemunhas que o conhecem.

- **Motivos do crime**

São os precedentes psicológicos da infração penal, as razões que levaram o réu a agir de modo criminoso, os fatores que desencadearam a ação delituosa. Conforme já mencionado, se a motivação constituir qualificadora, causa de aumento ou diminuição de pena ou, ainda, agravante ou atenuante genérica, não poderá ser considerada como circunstância judicial. Por isso, é rara a utilização do motivo do crime na aplicação da pena-base.

- **Circunstâncias do crime**

Refere-se o dispositivo à maior ou menor gravidade do delito em razão do *modus operandi* no que diz respeito aos instrumentos do crime, tempo de sua duração, forma de abordagem, comportamento do acusado em relação às vítimas, local da infração etc. Não se pode aplicar a mesma pena para um roubo em que a vítima ficou na rua à mercê do assaltante por apenas 30 segundos e para aquele cometido no interior de uma residência em que uma família inteira ficou dominada por horas pelos roubadores, sob a mira de armas, enquanto eles arrecadavam os bens. Da mesma maneira, existe maior gravidade na conduta de quem, em crime de estupro, mantém conjunção carnal **prolongada** com a vítima, ou, em delito de roubo, que a agride de forma desmesurada, exagerada, realizando um verdadeiro espancamento. Merece, outrossim, maior reprimenda o acusado que humilha ou maltrata desnecessariamente a vítima durante a prática do crime, ou que, no caso de assalto, mantém dezenas de vítimas sob a mira de armas de fogo.

- **Consequências do crime**

Esta é uma das circunstâncias judiciais mais importantes e que merece especial atenção por parte dos juízes. Refere-se à maior ou menor intensidade da lesão ao bem jurídico e às sequelas deixadas na vítima. No crime de lesões corporais culposas, por exemplo, não existe no tipo penal gradação baseada na gravidade da lesão, de modo que é justamente na fixação da pena-base que o juiz deve verificar se a lesão é leve ou grave. No crime de extorsão mediante sequestro, a consumação se dá com a captura da vítima, sendo o pagamento do resgate mero exaurimento, que não altera a capitulação do delito, mas pode ser considerado pelo juiz como circunstância inominada para agravar a pena. Nos crimes contra o patrimônio, em geral, o fato de o prejuízo para a vítima ser muito elevado também deve ser levado em conta. Da mesma forma, merece pena maior quem mata uma mulher ciente de que ela deixará crianças órfãs.

É, também, muito comum que vítimas de crimes violentos narrem traumas psicológicos que subsistem por meses ou anos após o delito, o que também deve ser sopesado pelo magistrado.

- **Comportamento da vítima**

Se o juiz verificar que o comportamento da vítima de alguma maneira **estimulou** a prática do crime **ou influenciou negativamente** o agente, deve levar em conta tal circunstância para que a pena seja reduzida.

Um exemplo de aplicação desta circunstância pode ocorrer no crime de desacato se o sujeito xinga o policial durante uma abordagem por ter ele sido muito truculento. O fato de o policial não ter sido polido na aproximação não afasta o crime, pois, se o cidadão entende que houve abuso no exercício das funções, deve informar o fato à Corregedoria da Polícia, e não proferir ofensas contra o funcionário público que se encontra no desempenho de suas funções. Também já se aplicou o dispositivo em estudo em situação em que a vítima de furto, distraidamente, deixou os vidros do carro abertos e a carteira sobre o banco, fato que foi considerado estímulo à prática do delito.

O comportamento da vítima como circunstância judicial raramente é reconhecido nos crimes dolosos violentos, na medida em que o art. 65, III, *c*, do Código Penal prevê como atenuante genérica o fato de o crime ter sido cometido sob influência de violenta emoção **provocada por ato injusto da vítima**. Considerando que tal atenuante é especial em relação às circunstâncias do art. 59, normalmente é ela que é levada em consideração no que diz respeito ao comportamento do sujeito passivo. É claro, porém, que, se faltar algum dos requisitos de referida atenuante, poderá ser reconhecida a norma genérica do art. 59. O mesmo comentário vale em relação às hipóteses de privilégio existentes nos crimes de homicídio e lesões corporais dolosas (art. 121, § 1º, e art. 129, § 4º, do CP) quando se reconhece que o crime foi cometido sob o domínio de violenta emoção logo em seguida à injusta provocação **da vítima**.

Nos crimes culposos, entretanto, não é difícil visualizar a incidência do dispositivo em análise. De fato, quando o autor do crime e a vítima tiverem agido com imprudência, tendo o delito resultado da soma dessas condutas, não haverá isenção de pena (não há compensação de culpas), mas o comportamento da vítima deverá ser levado em conta na fixação da reprimenda. Imagine-se, por exemplo, que o passageiro de um carro estimule o amigo motorista a dirigir em excesso de velocidade e este, ao fazê-lo, provoque um acidente e lesões no passageiro.

- **Importância do art. 59 do Código Penal**

É com base nas circunstâncias judiciais em análise que o juiz **escolhe a pena** que será aplicada dentre as previstas (privativa de liberdade ou multa), **fixa o seu montante**, determina o **regime inicial** e, por fim, verifica a possibilidade de **substi-**

tuição da pena de prisão por restritiva de direitos ou multa. Existem, ainda, outros dispositivos no Código Penal e em leis especiais que vinculam a concessão de benefícios ao fato de serem favoráveis as circunstâncias judiciais. É o que ocorre, por exemplo, em relação ao *sursis* (art. 77, II, do CP), à transação penal (art. 76, § 2º, III, da Lei n. 9.099/95) e à suspensão condicional do processo (art. 89 da Lei n. 9.099/95).

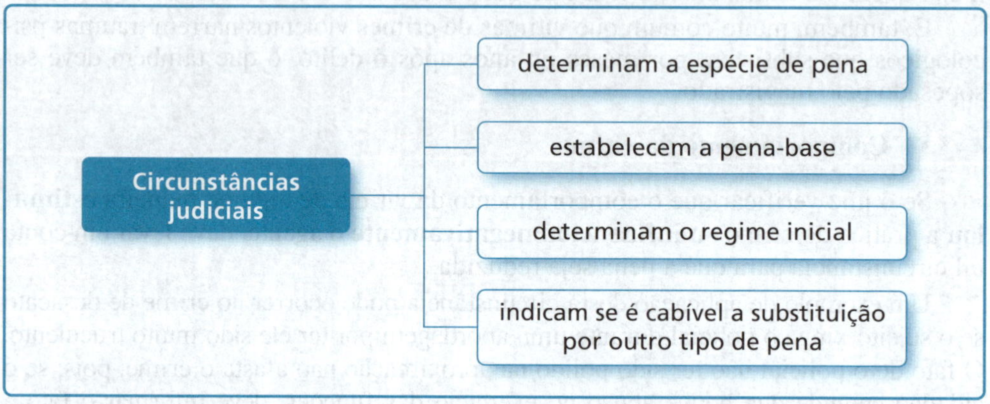

▪ Montante da agravação ou redução da pena

Embora não exista nenhum dispositivo determinando que a pena-base deva ser fixada no mínimo legal quando inexiste circunstância judicial desfavorável, a realidade é que, nestas situações, os juízes procedem de tal modo. Da mesma forma, quando existem apenas circunstâncias favoráveis, a pena acaba sendo a mínima prevista em abstrato, uma vez que o próprio art. 59, II, do Código Penal proíbe a fixação abaixo do mínimo legal nesta fase.

Por sua vez, quando existe circunstância desfavorável, fica a **critério do juiz** estabelecer o montante no qual a pena será exacerbada. A lei não estabelece o *quantum* de agravação, mas fixou-se entendimento **jurisprudencial** no sentido de que este aumento deve ser, em regra, de **um sexto** em relação à pena mínima prevista em abstrato. É claro, contudo, que se trata apenas de um parâmetro, pois, se a situação concreta justificar, o juiz poderá proceder ao acréscimo em patamar maior. Assim, é comum que os juízes aumentem a pena em **um sexto** quando o réu possui uma única condenação anterior (fora do período de reincidência), mas que utilizem índices maiores (um terço, metade) quando o acusado ostenta inúmeros antecedentes criminais.

▪ 24.7. SEGUNDA FASE DA FIXAÇÃO DA PENA

Fixada a pena-base com fundamento nas circunstâncias judiciais do art. 59, deve o juiz passar para a segunda fase, ou seja, a aplicação das **agravantes e atenuantes genéricas**.

As agravantes estão descritas nos arts. 61 e 62 do Código Penal, enquanto as atenuantes encontram-se elencadas nos arts. 65 e 66 do mesmo diploma. São chamadas de **genéricas** por estarem na Parte Geral do Código e, por tal razão, serem aplicáveis a todos os crimes, **desde que não constituam qualificadoras ou elementares do delito**.

▪ **Montante do aumento**

O montante do aumento ou da redução fica a **critério do juiz**, não havendo índice preestabelecido no texto legal. Na prática, entretanto, firmou-se a interpretação de que o aumento ou diminuição deve se dar no patamar de **um sexto**, salvo se as circunstâncias indicarem a necessidade de índice maior.

▪ **Limites do dispositivo**

Apesar de não haver previsão expressa nesse sentido, pacificou-se o entendimento de que, com o reconhecimento de agravantes genéricas, a pena não pode superar o máximo previsto em abstrato para o delito, bem como não pode ficar abaixo do mínimo no caso de reconhecimento de atenuantes. Em relação a esta última hipótese existe, inclusive, a Súmula n. 231 do Superior Tribunal de Justiça: "a incidência de circunstância atenuante não pode conduzir à redução da pena abaixo do mínimo". Esta súmula é importante porque é comum que os juízes fixem a pena-base no mínimo legal (pela ausência de circunstâncias judiciais negativas) e que, tendo o acusado confessado o crime ou sendo maior de 70 anos (hipóteses de atenuantes genéricas), pretendam os defensores a redução da pena. Esta redução, porém, não ocorrerá porque a pena-base havia sido fixada no mínimo e as atenuantes não podem reduzi-la abaixo deste patamar.

O Supremo Tribunal Federal, no mesmo sentido, ao apreciar o Recurso Extraordinário n. 597.270, reconhecendo repercussão geral à hipótese, entendeu inviável a redução aquém do mínimo para a hipótese de reconhecimento de atenuante genérica: "Sentença. Condenação. Pena privativa de liberdade. Fixação abaixo do mínimo legal. Inadmissibilidade. Existência apenas de atenuante ou atenuantes genéricas, não de causa especial de redução. Aplicação da pena mínima. Jurisprudência reafirmada, repercussão geral reconhecida e recurso extraordinário improvido. Aplicação do art. 543-B, § 3º, do CPC. Circunstância atenuante genérica não pode conduzir à redução da pena abaixo do mínimo legal" (STF, RE 597.270, Rel. Min. Cezar Peluso, *DJe*-104, p. 445-458).

24.7.1. Agravantes genéricas

A maioria das agravantes está descrita no art. 61 do Código Penal, sendo que, no topo do dispositivo, consta expressamente que são agravantes de **aplicação obrigatória**, desde que não constituam **elementares** ou **qualificadoras** do delito. Assim, é evidente que no crime de aborto sem o consentimento da gestante não pode ser aplicada a agravante relacionada ao fato de o sujeito passivo ser mulher grávida (art. 61, II, *h*, do CP), pois tal aspecto é elementar do delito. Do mesmo modo, o meio cruel constitui qualificadora do homicídio e, assim, não pode ser reconhecido como agravante genérica deste crime, podendo, entretanto, ser aplicado a outros ilícitos, como, por exemplo, no de lesão corporal.

Apesar de não haver menção expressa no Código, as agravantes também ficam prejudicadas se o fato estiver previsto como causa de aumento de pena para o delito em questão. É o que ocorre no homicídio que prevê aumento de um terço quando o sujeito passivo tem menos de 14 ou mais de 60 anos (art. 121, § 4º, do CP), o que inviabiliza as agravantes relativas ao fato de ser a vítima criança ou idosa (art. 61, II, *h*, do CP).

No art. 62 do Código Penal, estão descritas agravantes genéricas cabíveis apenas em casos de concurso de agentes.

Inicialmente analisaremos as agravantes do art. 61 do Código Penal.

▪ Reincidência (art. 61, I)

Diante da importância deste instituto, o Código Penal reserva dois dispositivos para defini-lo e regulamentá-lo.

Nos termos do art. 63, verifica-se a reincidência quando o agente comete novo crime, **depois** de transitar em julgado a sentença que, no **país** ou no **estrangeiro**, tenha-o condenado por **crime** anterior. Para complementar esta regra, encontra-se previsto no art. 7º da **Lei das Contravenções Penais** que **também há reincidência** quando o agente pratica uma contravenção depois de passar em julgado a sentença que o tenha condenado, no **Brasil** ou no **estrangeiro**, por qualquer outro **crime**, ou, no **Brasil**, por motivo de **contravenção**.

O quadro abaixo facilita a compreensão em torno das hipóteses de reincidência decorrentes da combinação dos dois dispositivos referidos:

CONDENAÇÃO ANTERIOR REFERENTE A	NOVA INFRAÇÃO	CONCLUSÃO
Contravenção no Brasil	Contravenção	Reincidente (art. 7º da LCP)
Contravenção no exterior	Contravenção	Não reincidente (art. 7º é omisso)
Contravenção	Crime	Não reincidente (art. 63 é omisso)
Crime no Brasil ou no exterior	Crime	Reincidente (art. 63 do CP)
Crime no Brasil ou no exterior	Contravenção	Reincidente (art. 7º)

▪ Período depurador

De acordo com o art. 64, I, do Código Penal, decorridos 5 anos do cumprimento da pena do crime anterior ou de sua extinção por qualquer outro motivo (prescrição, por exemplo), o sujeito volta a ser **primário**. Assim, se o novo delito for cometido após esses 5 anos, o indivíduo será considerado portador de maus antecedentes, mas não reincidente.

O mesmo art. 64, I, contém outra regra importante ao ressaltar que, no prazo depurador de 5 anos, computa-se o período de prova do ***sursis*** e do **livramento condicional**, desde não tenham sido revogados. Assim, se o réu foi condenado e o juiz concedeu o *sursis*, ou se o acusado obteve o livramento condicional após cumprir parte da pena, os efeitos da reincidência cessam após 5 anos a contar do início do período de prova, desde que estes benefícios não sejam posteriormente revogados pelo juízo das execuções. Caso haja revogação, o prazo será contado, em ambas as hipóteses, do dia em que o agente terminar de cumprir a pena.

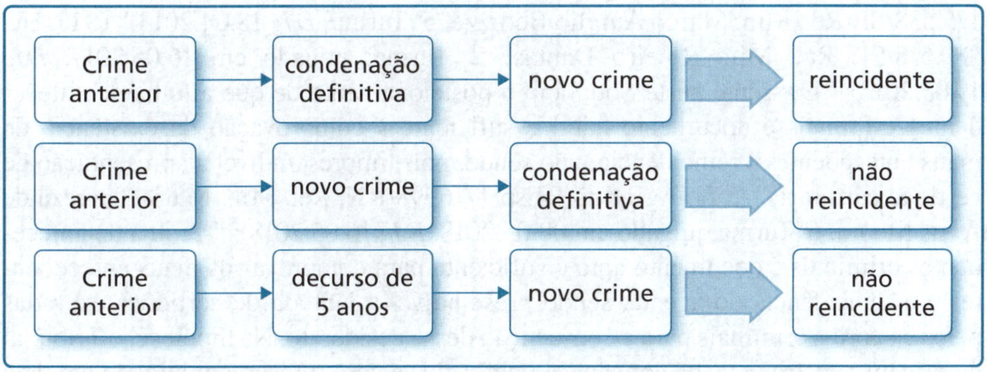

▪ Condenações anteriores que não geram reincidência

O art. 64, II, do Código Penal estabelece que, para o reconhecimento de reincidência, não se consideram:

a) os **crimes militares próprios**, que são aqueles previstos no Código Penal Militar e que **não** encontram descrição semelhante na legislação penal comum, como crimes de deserção e insubordinação. Porém, a condenação anterior por crime militar impróprio gera reincidência (ex.: estupro ou furto cometidos por militar em serviço);
b) os **crimes políticos**.

O Superior Tribunal de Justiça firmou o entendimento de que a condenação anterior por crime de porte de droga para consumo pessoal (art. 28 da Lei n. 11.343/2006) não gera reincidência, com o argumento de que tal crime não é apenado com pena privativa de liberdade. Nesse sentido: HC 453.437/SP, Rel. Min. Reynaldo Soares da Fonseca, 5ª Turma, julgado em 04.10.2018; REsp 1.672.654/SP, Rel. Min. Maria Thereza, 6ª Turma, julgado em 21.08.2018.

Observação: A condenação anterior à pena exclusivamente de **multa** pela prática de **crime** não exclui a possibilidade de reincidência.

- **Prova da reincidência**

A mera confissão do acusado, admitindo que já foi condenado, não é suficiente para o reconhecimento da reincidência. A prova de que alguém é reincidente é feita, em regra, por certidão judicial emitida pelo cartório da vara onde ocorreu a condenação transitada em julgado, uma vez que em tal certidão constam todos os dados necessários (data do crime e do trânsito em julgado para as partes, data do cumprimento da pena etc.). O Superior Tribunal de Justiça, todavia, passou a admitir que a prova da reincidência seja feita pela própria folha de antecedentes, contudo, desde que esta contenha todos os dados necessários, o que, na prática, nem sempre ocorre. A propósito: "No que se refere ao pleito de afastamento da agravante da reincidência, é firme a jurisprudência desta Corte de Justiça 'no sentido de que a folha de antecedentes criminais é documento hábil e suficiente a comprovar os maus antecedentes e a reincidência, não sendo, pois, obrigatória a apresentação de certidão cartorária' (HC 175.538/SP, Rel. Min. Marco Aurélio Bellizze, 5ª Turma, *DJe* 18.04.2013)" (STJ, HC 389.518/SP, Rel. Min. Ribeiro Dantas, 5ª Turma, julgado em 16.05.2017, *DJe* 19.05.2017); "É assente neste Sodalício o posicionamento de que a folha de antecedentes criminais é documento hábil e suficiente à comprovação da existência de maus antecedentes e reincidência, não sendo, pois, imprescindível a apresentação de certidão cartorária" (STJ, AgRg no REsp 1716998/RN, Rel. Min. Maria Thereza de Assis Moura, 6ª Turma, julgado em 08.05.2018, *DJe* 16.05.2018); "A folha de antecedentes criminais é documento apto e suficiente para comprovar os maus antecedentes e a reincidência do agente, sendo prescindível a juntada de certidões exaradas pelos cartórios criminais para a consecução desse desiderato. Na hipótese, o Tribunal de origem registrou que há condenação definitiva e com trânsito em julgado em data anterior à do fato discutido nestes autos" (STJ, HC 475.694/SP, Rel. Min. Laurita Vaz, 6ª Turma, julgado em 23.04.2019, *DJe* 30.04.2019). Em junho de 2019, o Superior Tribunal de Justiça, confirmando tal entendimento, publicou a Súmula n. 636, com o seguinte teor: "A folha de antecedentes criminais é documento suficiente a comprovar os maus antecedentes e a reincidência".

- **Incomunicabilidade da reincidência**

A reincidência é circunstância de **caráter pessoal** e, portanto, não se comunica aos corréus em caso de concurso de agentes, nos exatos termos do art. 30 do Código Penal.

- **Reincidência e maus antecedentes em face da mesma condenação anterior**

Alguns juízes incorrem no erro de reconhecer uma **única** condenação anterior do acusado como maus antecedentes e concomitantemente como agravante genérica, providência que evidentemente constitui *bis in idem*. Assim, se o juiz percebe que o acusado é reincidente, deve se abster na primeira fase de fixação da pena de reconhecê-lo como portador de maus antecedentes para, na segunda fase, aplicar a agravante da reincidência. É o que diz inclusive a Súmula n. 241 do Superior Tribunal de Justiça: "a reincidência penal não pode ser considerada como circunstância agravante e, simultaneamente, como circunstância judicial". É claro, por sua vez, que, se o acusado possui mais de uma condenação anterior, o juiz pode reconhecer, na nova sentença, os maus antecedentes e a reincidência (este tema já foi objeto de estudo por ocasião da análise do alcance dos maus antecedentes).

- **Reincidência específica**

A atual Parte Geral do Código Penal teve sua redação dada pela Lei n. 7.209/84. A redação antiga decorria do Decreto-lei n. 2.848/40 (que é o diploma que ainda hoje está em vigência em relação à Parte Especial).

Na antiga Parte Geral, havia expressa distinção entre reincidência genérica e específica, que deixou de existir com a reforma de 1984. **Genérica** era aquela decorrente da prática de crimes de natureza diversa; e **específica**, a que se referia ao cometimento de crimes da **mesma natureza** (art. 46, § 1º, II, do Decreto-lei n. 2.848/40). Crimes da mesma natureza eram aqueles previstos no **mesmo dispositivo** penal, bem como os que, embora previstos em dispositivos diversos, apresentassem, pelos fatos que os constituíam ou por seus motivos determinantes, caracteres fundamentais comuns (art. 46, § 2º, do Decreto-lei n. 2.848/40). Ainda mais importante era a regra do art. 47, I, que estabelecia que, em caso de reincidência específica, a aplicação da pena privativa de liberdade deveria ser aplicada **acima da metade da soma do mínimo com o máximo** previsto em abstrato. Assim, quem fosse reincidente específico na prática de crime de roubo deveria receber pena mínima superior a 7 anos, já que o art. 157 do Código Penal prevê que a pena desse crime é de 4 a 10 anos de reclusão.

A reforma penal de 1984 não mais previu o instituto da reincidência específica. Apesar disso, muitos juízes continuam a utilizar a expressão para justificar, em certos casos, a aplicação de maior índice de aumento decorrente da reincidência. Conforme já explicado anteriormente, não existe índice fixo, determinado por lei, para o aumento da pena em caso de reconhecimento de agravante genérica, havendo, contudo, um costume jurisprudencial, no sentido de que deve ser um acréscimo de um sexto. Como esta regra é maleável, podendo variar de acordo com a maior ou menor gravidade da circunstância reconhecida, é comum que os juízes, em se tratando de reincidência específica, aumentem a pena em um terço ou mais, não havendo nada de errado em tal procedimento.

É de se mencionar, por fim, que leis posteriores voltaram a inserir o instituto da reincidência específica em nossa legislação, fazendo-o, entretanto, em relação a institutos isolados. A Lei n. 8.072/90, por exemplo, alterou o art. 83, V, do Código Penal, para proibir a concessão de livramento condicional ao réu reincidente específico na prática de crimes hediondos, tráfico de drogas, terrorismo ou tortura. Por sua vez, a Lei n. 9.714/98 modificou o art. 44, § 3º, do Código Penal, para estabelecer que, se o agente for reincidente **na mesma espécie de crime**, não poderá obter substituição da pena privativa de liberdade por restritiva de direitos, mesmo que a recidiva não diga respeito a crimes dolosos.

▪ Constitucionalidade do instituto da reincidência

Há quem sustente que o instituto da reincidência é inconstitucional porque a pena de um novo crime é agravada em razão de um crime anterior em relação ao qual o sujeito já cumpriu pena (ou deveria tê-la cumprido). Alegam, portanto, que a agravação constitui *bis in idem*. Argumentam, basicamente, que, se o réu já foi condenado a 1 ano de reclusão por um furto, caso o juiz lhe aumente a pena agora que cometeu um homicídio, o novo aumento tem como razão de existir o mesmo furto anterior pelo qual ele já foi condenado.

A realidade, todavia, é que o réu é condenado por ter cometido uma **nova infração penal** e, em relação a esta, seu comportamento é mais grave por ser pessoa já condenada, o que demonstra sua maior periculosidade em relação à coletividade, a merecer reprimenda mais severa. Entendemos que o instituto da reincidência atende ao reclamo constitucional que exige a individualização da pena. O Supremo Tribunal Federal e o Superior Tribunal de Justiça, aliás, já **rechaçaram** a tese de inconstitucionalidade da reincidência. Nesse sentido: "este Supremo Tribunal Federal sempre reputou válida a fixação da circunstância agravante da reincidência, não entendendo haver ilegalidade ou inconstitucionalidade a ser reconhecida" (STF, HC 93.969/RS, 1ª Turma, Rel. Min. Cármen Lúcia, *DJe* 27.06.2008, p. 770); **e** "a tese de inconstitucionalidade da reincidência (art. 61, I, do CPB) não encontra respaldo na jurisprudência do Supremo Tribunal Federal e desta Corte, porquanto é uníssono o entendimento de que a aplicação da agravante no momento da individualização da pena, não importa *bis in idem*, mas apenas reconhece maior reprovabilidade à conduta de quem reitera a prática infracional, após o trânsito em julgado de sentença condenatória anterior" (STJ, HC 175.681/RJ, 5ª Turma, Rel. Min. Napoleão Nunes Maia Filho, *DJe* 21.02.2011).

Em 2013, o **Plenário** do Supremo Tribunal Federal enfrentou de forma definitiva a questão e expressamente declarou a constitucionalidade do instituto da reincidência: "*Habeas corpus*. Roubo. Condenação. 2. Pedido de afastamento da reincidência, ao argumento de inconstitucionalidade. *Bis in idem*. 3. Reconhecida a constitucionalidade da reincidência como agravante da pena (RE 453.000/RS). 4. O aumento pela reincidência está de acordo com o princípio da individualização da pena. Maior reprovabilidade ao agente que reitera na prática delitiva. 5. Ordem denegada". (HC 93.815, Rel. Min. Gilmar Mendes, Tribunal Pleno, julgado em 04.04.2013, acórdão eletrônico *DJe*-083, divulg. 03.05.2013, public. 06.05.2013).

▪ Efeitos da reincidência

Além de constituir agravante genérica, a reincidência é tema de grande relevância na disciplina penal, tendo várias outras consequências previstas no âmbito do Código Penal e em leis especiais. O quadro abaixo demonstra a importância do instituto.

CONSEQUÊNCIAS DA REINCIDÊNCIA
1) Impede a obtenção de *sursis*, caso se trate de reincidência por crime doloso, salvo se a condenação anterior for a pena de multa (art. 77, I e § 1º).
2) Constitui circunstância preponderante em caso de concurso entre agravantes e atenuantes genéricas (art. 67).

3) Aumenta o prazo de cumprimento da pena para a obtenção do livramento condicional (art. 83, II).
4) Impede a concessão do livramento condicional quando se trata de reincidência específica em crimes hediondos, tráfico de drogas, terrorismo e tortura (arts. 83, V, do CP; e 44, parágrafo único da Lei de Drogas).
5) Constitui causa obrigatória de revogação do *sursis*, caso a nova condenação seja por crime doloso (art. 81, I), e causa facultativa, na hipótese de condenação por crime culposo ou contravenção penal a pena privativa de liberdade ou restritiva de direitos (art. 81, § 1º).
6) Constitui causa obrigatória de revogação do livramento condicional, se o agente vem a ser condenado a pena privativa de liberdade por crime cometido durante o período de prova (art. 86, I).
7) Interrompe a prescrição da pretensão executória (art. 117, VI).
8) Aumenta em um terço o prazo da prescrição da pretensão executória (art. 110).
9) Revoga a reabilitação quando o agente for condenado a pena que não seja de multa (art. 95).
10) Obriga o condenado a iniciar a pena em regime mais severo (art. 33, § 2º).
11) Impede o reconhecimento do privilégio nos crimes de furto, apropriação indébita, estelionato e receptação (arts. 155, § 2º; 170; 171, § 1º; e 180, § 5º).
12) Aumenta o prazo para a progressão de regime (art. 112 da LEP).
13) Impossibilita a transação penal nas infrações de menor potencial ofensivo (art. 76, § 2º, da Lei n. 9.099/95).
14) Impede a suspensão condicional do processo (art. 89, da Lei n. 9.099/95).
15) Nos crimes de tráfico de drogas, impede que a pena seja reduzida de um sexto a dois terços, ainda que o acusado não se dedique reiteradamente ao tráfico e não integre associação criminosa (art. 33, § 4º).
16) Impede a substituição da pena privativa de liberdade por restritiva de direitos (art. 44, II), caso se trate de reincidência em crime doloso, ou por multa (art. 44, § 2º).
17) Impede o acordo de não persecução penal (art. 28-A, § 2º, II, do CPP).

▪ Perdão judicial e reincidência

O art. 120 do Código Penal é expresso no sentido de que o acusado não perde a primariedade em decorrência de sentença na qual o juiz lhe concede perdão judicial. Em tal espécie de sentença, que tem natureza **declaratória**, nos termos da Súmula n. 18 do Superior Tribunal de Justiça, o juiz, embora entenda que o réu seja o autor do delito narrado na denúncia, deixa de aplicar-lhe a pena e decreta a extinção da punibilidade, por verificar que o acusado encontra-se em uma das situações narradas na lei que justificam tal benefício. Exemplo: o fato de a vítima do crime de homicídio culposo ser o próprio filho do réu.

▪ As agravantes genéricas que possuem a mesma redação das qualificadoras do homicídio

Nas alíneas *a*, *b*, *c* e *d*, do art. 61, II, do Código Penal, estão elencadas diversas agravantes genéricas cuja redação coincide com a das qualificadoras do homicídio previstas no art. 121, § 2º, do Código. Assim, em regra, estas agravantes não são aplicáveis ao homicídio, exceto se os jurados reconhecerem duas ou mais qualificadoras, hipótese em que o juiz usará uma delas para qualificar o delito e as demais (que não serão usadas como qualificadoras) como agravantes genéricas.

Referidas agravantes, por sua vez, possuem plena aplicabilidade em relação a outros delitos, como, por exemplo, no de lesões corporais.

▪ Motivo fútil (art. 61, II, *a*, 1ª figura)

Aplica-se a quem comete o crime por motivo de **pequena importância**, como, por exemplo, ao marido que agride a esposa porque ela se atrasou para chegar em casa ou ao cliente que agride o garçom porque este disse que o bar iria fechar.

A jurisprudência entende que, se a razão do crime foi uma forte discussão entre as partes, não se reconhece o motivo fútil, ainda que a discussão tenha se iniciado por um motivo pequeno. Da mesma forma, entende-se que, em regra, o ciúme não constitui motivo fútil.

▪ Motivo torpe (art. 61, II, *a*, 2ª figura)

É o motivo **vil, repugnante, imoral**, como, por exemplo, agredir alguém porque ela é homossexual (homofobia) ou de determinada raça, cor, religião etc. Constitui, ainda, motivo torpe agredir pessoas apenas por diversão, ou para se exibir para os amigos, ou porque a vítima torce para outro time de futebol etc.

Esta agravante não se aplica a delitos em que a motivação imoral está intrínseca nos próprios contornos da infração penal, como, por exemplo, aos crimes de estupro, roubo, extorsão mediante sequestro etc.

A vingança pode ou não ser considerada motivo torpe, dependendo do que a tenha motivado.

Observação: O motivo de um crime não pode ser considerado ao mesmo tempo fútil e torpe, devendo o juiz escolher o dispositivo que melhor se enquadre ao caso concreto.

▪ Se o crime é cometido para facilitar ou assegurar a execução de outro crime (art. 61, II, *b*, 1ª figura)

É preciso ter cautela para não confundir a agravante em análise com as hipóteses de **crime-meio** que, segundo já estudado no tópico "princípio da consunção", ficam absorvidas pelo crime-fim, por constituírem fase **necessária** à obtenção do resultado e **afetarem o mesmo bem jurídico**. Na agravante genérica, o primeiro delito efetivamente tem por finalidade a prática do segundo crime, mas não ocorre a absorção porque os bens jurídicos são diversos. Veja-se, por exemplo, a situação do sujeito que, querendo estuprar uma mulher que conseguiu se esconder dentro de uma casa, coloca fogo no imóvel para fazê-la sair. A solução é puni-lo pelo crime de incêndio (com a agravante genérica) em concurso **material** com o estupro.

Nesta agravante, há uma forma de **conexão** (vínculo) entre os crimes que faz com que haja uma só ação penal para a apuração de ambos. Esta modalidade de conexão é chamada de **teleológica**.

▪ Ter o agente cometido o delito para assegurar a ocultação, a impunidade ou a vantagem de outro crime (art. 61, II, *b*, 2ª figura)

Esta parte do dispositivo abrange, em verdade, **três** agravantes que são marcadas pela conexão denominada **consequencial**, em que o sujeito, primeiro, comete um delito e, em seguida, o outro, a fim de assegurar a ocultação, a impunidade ou a vantagem daquele.

O sujeito pretende assegurar a **ocultação** do primeiro delito quando sua intenção é evitar que a **própria existência** de tal ilícito seja descoberta. Ex.: colocar fogo em uma casa para que não se descubra que ali foi cometido um furto momentos antes.

Ao procurar assegurar a **impunidade** de outro crime, a intenção do agente é não permitir que se concretize a punição por delito cuja existência já é conhecida. Ex.: indivíduo que na véspera havia furtado um carro e que acaba se deparando com a vítima, dona do veículo, que o aborda e, neste momento, é agredida pelo ladrão que usa a violência como forma de não ser preso.

> **Observação:** Quem agride uma testemunha de delito anterior (um estupro, por exemplo), na véspera da audiência, a fim de intimidá-la e desse modo evitar um depoimento desfavorável, comete crime de lesão corporal, sem a incidência desta agravante genérica, porque, especificamente em tal caso, a intenção de se beneficiar com o depoimento configura outro crime, chamado **coação no curso do processo** (art. 344 do CP), em concurso material com o de lesões corporais. Neste caso, a imposição da agravante constituiria *bis in idem*. Haverá, ainda, a punição pelo crime de estupro apurado nos autos originais.

Por fim, o agente visa assegurar a **vantagem** de outro crime quando pretende garantir o lucro advindo da infração anterior. Ex.: duas pessoas cometem um roubo e, posteriormente, uma delas se arrepende e diz que irá devolver todos os bens à vítima. A outra, neste momento, agride o ladrão arrependido, a fim de evitar a devolução.

- **Se o crime é cometido à traição, de emboscada, ou mediante dissimulação, ou outro recurso que dificulte ou torne impossível a defesa do ofendido (art. 61, II, *c*)**

Nesta alínea, as agravantes dizem respeito ao **modo de execução** do crime que, de alguma maneira, dificulta a defesa da vítima. O legislador, inicialmente, menciona três hipóteses específicas — traição, emboscada e dissimulação — e, ao término, faz uso de uma **fórmula genérica** que só pode ser utilizada se não for possível o enquadramento nas primeiras (outro recurso que dificulte ou impossibilite a defesa da vítima).

Na **traição**, o agente se aproveita da prévia confiança que a vítima nele deposita para cometer o delito em um momento inesperado.

Na **dissimulação**, o agente, escondendo sua intenção criminosa, utiliza-se de artifícios, de métodos fraudulentos, para se aproximar da vítima e então cometer a infração.

Emboscada, por sua vez, é sinônimo de tocaia, situação em que o sujeito fica escondido aguardando a vítima se aproximar para contra ela cometer o delito.

A fórmula genérica — **outro recurso que dificulte ou torne impossível a defesa da vítima** — é utilizada em hipóteses como agressões contra pessoa que está dormindo, golpe desferido de surpresa ou pelas costas, pancada em vítima que está desmaiada ou em coma etc.

- **Com emprego de veneno, fogo, explosivo, tortura ou outro meio insidioso ou cruel, ou de que podia resultar perigo comum (art. 61, II, *d*)**

As agravantes descritas neste inciso referem-se aos **meios de execução** que são considerados **mais gravosos** pelo legislador.

Veneno é a substância de natureza química ou biológica que, introduzida no organismo da vítima, pode provocar sua morte ou lesões. Pode se apresentar em forma líquida, sólida ou gasosa. O emprego de veneno normalmente é ligado ao crime de homicídio, para o qual existe qualificadora com redação idêntica. Assim, é rara a incidência do veneno como agravante genérica, sendo possível, por exemplo, no crime de lesão corporal.

A agravante do emprego de **fogo** não pode ser aplicada quando se tratar de crime de **incêndio** por ser **elementar** (art. 250 do CP) ou de **dano** por ser **qualificadora** (art. 163, parágrafo único, II, do CP). É comum, porém, sua aplicação em crime de lesão corporal.

O emprego de **explosivo** tem sido reconhecido, por exemplo, na utilização de rojão ou arremesso de bomba de fabricação caseira contra torcedor de time rival do qual resultam lesões corporais.

Tortura e outros **meios cruéis** são aqueles que provocam um grave sofrimento físico ou mental na vítima. É possível, por exemplo, que durante um estupro o agente empregue meios executórios extremamente gravosos, merecendo a exasperação da pena pelo dispositivo em análise. O emprego de violência é elementar de tal crime por constituir um de seus meios de execução, contudo, se o agente, após empregá-la para imobilizar a vítima e conseguir a conjunção carnal, começar a realizar atos de sadismo contra ela (queimá-la com pontas de cigarro, por exemplo), incidirá na agravante.

Meio insidioso é o emprego de fraude, de armadilha, para que o crime seja cometido de tal forma que a vítima não perceba que está sendo atingida.

Perigo comum é aquele resultante de conduta que expõe a risco a vida ou o patrimônio de número elevado e indeterminado de pessoas.

- **Se o crime é praticado contra ascendente, descendente, irmão ou cônjuge (art. 61, II, *e*)**

A necessidade do aumento surge em razão da insensibilidade moral do agente que pratica crime contra alguns dos parentes enumerados na lei ou contra o cônjuge. Como se trata de norma que agrava a pena, não é possível a utilização da analogia para alcançar crimes praticados contra o **companheiro** ou a **companheira** nos casos de união estável.

No caso dos **ascendentes** e **descendentes**, o dispositivo tem aplicação qualquer que seja o grau (crime contra os pais, avós, bisavós, ou contra filhos, netos etc.).

No que diz respeito aos **irmãos**, o dispositivo alcança os **germanos** (filhos do mesmo pai e da mesma mãe) e os **unilaterais**.

As agravantes em estudo são aplicáveis ao crime de **homicídio**, mas não ao delito de **lesão corporal**, na medida em que a Lei n. 10.886/2004 alterou a redação do art. 129, criando os §§ 9º e 10, nos quais se estabeleceu como **qualificadora** do crime de lesão leve o fato de a vítima ser **ascendente, descendente, irmão** ou **cônjuge** (ou **companheiro**), e, para as mesmas hipóteses, **causas de aumento de pena** nos crimes de lesão dolosa grave, gravíssima e seguida de morte.

Também não se aplicam aos crimes **sexuais**, já que, nestes, o parentesco atua também como causa de aumento de pena (art. 226, II, do CP). De acordo com este dispositivo, a pena dos crimes sexuais será aumentada em metade se o agente é ascendente, padrasto ou madrasta, tio, irmão, cônjuge ou companheiro, tutor, curador, preceptor ou empregador da vítima, ou por qualquer outro título tem autoridade sobre ela. Nota-se, pois, que o art. 226, II, do CP não abrange os crimes cometidos **contra** ascendente (filho contra a mãe, por exemplo), de modo que, nesse caso, será cabível a agravante genérica em análise.

Nos crimes contra o **patrimônio** cometidos sem violência ou grave ameaça contra pessoa menor de 60 anos, o fato de a vítima ser descendente, ascendente ou cônjuge torna o fato impunível (art. 181, I e II, do CP). Se a vítima for irmão, a ação penal torna-se pública condicionada à representação (art. 182, II, do CP). Caso, porém, trate-se de crime contra o patrimônio cometido com violência ou grave ameaça (roubo, extorsão), ou, qualquer que seja o delito patrimonial, se a vítima tiver mais de 60 anos, o agente será plenamente punível (art. 183, I e III, do CP), e, em tais casos, mostram-se aplicáveis as agravantes genéricas em estudo.

- **Se o delito é cometido com abuso de autoridade ou prevalecendo-se o agente de relações domésticas, de coabitação ou de hospitalidade, ou com violência contra a mulher na forma da lei específica (art. 61, II, *f*)**

A razão do gravame é a **quebra da confiança** que a vítima depositava no agente.

O **abuso de autoridade** se refere às relações privadas (tutela, curatela etc.), e não públicas, para as quais existe lei especial (Lei n. 13.869/2019).

Relações domésticas são as criadas com os integrantes de uma família, podendo ser parentes fora das hipóteses da alínea anterior (primos, tios) ou não. Exemplos: crime cometido pelo patrão contra babá; ou pela babá contra a criança; pela empregada doméstica contra os patrões etc.

Relação de **coabitação** indica que autor e vítima moram sob o mesmo teto, de forma não transitória, enquanto relação de **hospitalidade** ocorre quando a vítima recebe alguém em sua casa para visita ou para permanência por certo período e este se aproveita da situação para cometer o crime contra ela.

A parte final deste dispositivo — **crime que envolva violência contra a mulher na forma da lei específica** — foi inserida pela Lei n. 11.340/2006, conhecida como **Lei Maria da Penha**, mas não tem muita utilidade prática. Com efeito, quando o crime é o de lesão corporal, a violência doméstica já atua como qualificadora ou causa de aumento de pena (art. 129, §§ 9º e 10). Nas demais modalidades de infração penal (ameaça contra a mulher, constrangimento ilegal, homicídio etc.), o fato de a vítima ser a esposa, a mãe ou a filha já é considerado agravante na alínea anterior (crime contra cônjuge, ascendente ou descendente). Assim, a inovação tem valor em casos de agressão contra ex-esposa, por exemplo, já que tal hipótese é considerada violência doméstica e não há outra agravante quanto a tal aspecto.

- **Se o crime é praticado com abuso de poder ou violação de dever inerente a cargo, ofício, ministério ou profissão (art. 61, II, *g*)**

Nas duas primeiras hipóteses, o crime deve ter sido praticado por funcionário que exerce **cargo** ou **ofício público**, desrespeitando os deveres inerentes às suas funções ou abusando de seu poder. Ex.: ofensas dirigidas pelo funcionário público contra pessoa que pretendia alguma prestação de serviço na repartição, furto cometido por um policial quando vistoriava o interior de uma casa etc.

Nos casos em que esta agravante é aplicada, o juiz pode decretar a **perda do cargo**, desde que a condenação seja a pena privativa de liberdade **igual ou superior a 1 ano** (art. 92, I, *a*, do CP). A perda do cargo, entretanto, **não é automática**, devendo ser **motivadamente** declarada na sentença (art. 92, parágrafo único, do CP).

O dispositivo em estudo não se aplica quando se tratar de crime de **abuso de autoridade** cometido por funcionário público na forma da Lei n. 13.869/2019, porque em tal tipo de delito o abuso ou desvio das funções constitui **elementar**. Tampouco se aplica aos delitos previstos no capítulo "dos crimes praticados por funcionário público contra a administração em geral" (arts. 312 a 327 do CP), em que a violação de dever para com a administração é elemento indissociável e comum a todos os tipos penais.

Ministério se refere ao desempenho de atividades religiosas. Ex.: desviar o dinheiro da doação dos fiéis.

A **profissão** caracteriza-se pela inexistência de vinculação hierárquica com outra pessoa e pelo exercício predominantemente **técnico** e **intelectual** (arquiteto, advogado, médico, agrônomo etc.).

- **Se o crime é praticado contra criança, maior de 60 anos, enfermo ou mulher grávida (art. 61, II, *h*)**

A razão do gravame é a **vulnerabilidade** da vítima escolhida pelo criminoso decorrente de sua **condição física**. Estas pessoas têm maior dificuldade de se defender e, por isso, muitos infratores escolhem-nas para contra elas cometer delitos.

Criança é a pessoa com menos de 12 anos, nos termos do art. 2º do Estatuto da Criança e do Adolescente (Lei n. 8.069/90).

A referência a **pessoa maior de 60 anos**, por sua vez, decorre de alteração feita pelo **Estatuto do Idoso** (Lei n. 10.741/2003), pois, antes disso, o Código usava a expressão **crime contra velho**, e, na ausência de definição legal quanto ao conceito de pessoa velha, a jurisprudência se inclinava pela idade de **70 anos** — por uma questão de paridade, já que é esta a idade que o Código considera para reduzir o prazo prescricional ao autor do delito (art. 115 do CP) e para atenuar sua pena (art. 65, I, do CP).

Atualmente, porém, basta que a vítima tenha mais de 60 anos para que a pena seja agravada, ainda que se trate de pessoa extremamente atlética.

A idade da vítima deve ser levada em conta **na data do fato**, nos termos do art. 4º do Código Penal.

Enferma é a pessoa que, em razão de doença ou defeito físico, tem reduzida sua capacidade de defesa (cego, paraplégico, deficiente mental, pessoa que recentemente passou por cirurgia e que se encontra debilitada etc.). Por isso, quem furta um cego ou rouba um paraplégico, aproveitando-se da facilidade que decorre da enfermidade, tem sua pena majorada. É evidente, por outro lado, que não se cogita de agravação da pena se a vítima está meramente gripada.

O conceito de **gravidez**, por óbvio, dispensa explicações, sendo de se salientar, entretanto, que a agravante pressupõe que o agente saiba de sua existência. Assim, um desconhecido que rouba uma mulher que se encontra grávida há apenas um mês não deve receber o aumento, já que referido aspecto não integrava seu dolo. A agravante não se aplica ainda a quem comete crime de aborto sem o consentimento da gestante (art. 125 do CP), por tratar-se de elementar do delito. Ao contrário, quem mata mulher, ciente da gravidez, e com isso provoca também a morte do feto responde por crime de homicídio (este agravado pelo estado gestacional), em concurso formal com o crime de aborto.

- **Se o ofendido está sob imediata proteção da autoridade (art. 61, II, *i*)**

O dispositivo se refere à proteção **direta** e **imediata** de alguma autoridade, e não à situação genérica dos cidadãos que se encontram sob a proteção da Polícia e de outros órgãos de segurança pública. O aumento é devido em razão do desrespeito à autoridade e à maior audácia do agente. Exemplo: um policial dá voz de prisão a um roubador e o algema sendo que, nesse momento, um popular desfere um soco no preso causando-lhe lesões corporais.

- **Se o delito é cometido em ocasião de incêndio, naufrágio, inundação ou qualquer calamidade pública ou de desgraça particular do ofendido (art. 61, II, *j*)**

Nestes casos, a razão da maior punição é a **insensibilidade** do agente que se aproveita das facilidades decorrentes do momento de desgraça **coletiva** ou **particular** para cometer o crime. É necessário que o incêndio, ou inundação etc. não tenha sido praticado pelo agente, pois, caso o tenha feito a fim de viabilizar o outro delito, responde por este em concurso material com o crime de incêndio (art. 250) ou de inundação (art. 254), tendo estes últimos a pena agravada pela conexão teleológica (crime cometido a fim de facilitar a execução de outro).

- **Se o agente comete o crime em estado de embriaguez preordenada (art. 61, II, *l*)**

Nessa modalidade, é necessário que se prove que o agente se embriagou **com a específica finalidade** de cometer o crime. São comuns os casos em que o agente ingere bebida alcoólica a fim de afastar sua inibição natural e possibilitar o cometimento da infração penal.

- **Inaplicabilidade das agravantes genéricas aos crimes culposos**

À exceção da **reincidência**, as agravantes genéricas previstas no art. 61 do Código Penal **não podem ser aplicadas aos crimes culposos**, tendo em vista a própria natureza das circunstâncias elencadas no texto legal. Nos crimes culposos, o agente não quer cometer infração penal, de modo que, se atropela, por exemplo, uma mulher grávida ou pessoa maior de 60 anos, não o faz de forma intencional, não merecendo a agravação da reprimenda. Nesse sentido: "*salvo a agravante da reincidência, as demais somente incidem nos crimes dolosos*" (STF, HC 62.214/MG, 2ª Turma, Rel. Min. Djaci Falcão, *DJ* 08.11.1984, p. 266). É este, outrossim, o pensamento de Heleno Cláudio Fragoso[2], Damásio de Jesus[3], Julio Fabbrini Mirabete[4] e Celso Delmanto[5] (Roberto Delmanto e outros).

Existe, porém, entendimento um pouco mais abrangente, admitindo que as agravantes referentes à **motivação** (torpe ou fútil) aplicam-se aos crimes culposos. Para estes, a torpeza ou futilidade em relação à **conduta** é suficiente para o reconhecimento da agravante, caso daquela advenha o resultado culposo. De acordo com esse entendimento, se alguém aceitar dinheiro para realizar uma conduta perigosa e tal comportamento provocar lesões ou mortes culposas, será aplicável a agravante, ainda que o agente não quisesse o resultado e confiasse que não iria produzi-lo. É o entendimento, por exemplo, de Roberto Lyra[6]. Adotando tal interpretação, existe julgado do Supremo Tribunal Federal, que ficou famoso por se tratar do julgamento criminal dos responsáveis pelo notório naufrágio da embarcação Bateau Mouche, ocorrido na cidade do Rio de Janeiro, em 31.12.1988, quando o Supremo entendeu que a intenção de lucro fácil (motivo torpe) deveria atuar como agravante genérica do crime culposo: "2. Não obstante a corrente afirmação apodítica em contrário, além da reincidência, outras circunstâncias agravantes podem incidir na hipótese de crime culposo: assim, as atinentes ao motivo, quando referidas a valoração da conduta, a qual, também nos delitos culposos, é voluntária, independentemente da não voluntariedade do resultado: admissibilidade, no caso, da afirmação do motivo torpe — a obtenção de lucro fácil —, que, segundo o acórdão condenatório, teria induzido os agentes ao comportamento imprudente e negligente de que resultou o sinistro" (HC 70.362/RJ, 1ª Turma, Rel. Min. Sepúlveda Pertence, *DJ* 12.04.1996, p. 97).

---

[2] Heleno Cláudio Fragoso, *Lições de direito penal*, parte geral, 11. ed., p. 344.

[3] Damásio de Jesus, *Código Penal anotado*, 15. ed., p. 210.

[4] Julio Fabbrini Mirabete, *Código Penal interpretado*, p. 347.

[5] Celso Delmanto, Roberto Delmanto e outros, *Código Penal comentado*, 8. ed., p. 287.

[6] Roberto Lyra, *Comentários ao Código Penal*, 2. ed., v. II, p. 237.

- **Possibilidade de reconhecimento de agravante genérica pelo juiz ainda que não conste expressamente da denúncia**

O art. 385 do Código de Processo Penal é expresso no sentido de que, nos **crimes de ação pública**, o juiz **pode** reconhecer agravantes genéricas na sentença ainda que **nenhuma tenha sido alegada** pela acusação. É evidente, entretanto, que é recomendável que os integrantes do Ministério Público façam menção às agravantes na denúncia. Se não o fizerem, entretanto, o juiz poderá, ainda assim, reconhecê-las.

Nos crimes de ação privada exclusiva, não há regra similar, não sendo possível o reconhecimento de agravante genérica não mencionada pelo querelante.

24.7.2. Agravantes genéricas no caso de concurso de agentes

No art. 62 do Código Penal, existem diversas outras agravantes genéricas que somente são cabíveis em crimes cometidos por **duas** ou **mais** pessoas. É possível, todavia, a aplicação da agravante ainda que o comparsa não tenha sido identificado, desde que haja prova de que o outro incorreu em um dos dispositivos legais.

- **Agente que promove ou organiza a cooperação no crime ou dirige a atividade dos demais agentes (art. 62, I)**

Nesse dispositivo, a lei pune mais gravemente o indivíduo responsável pela união dos criminosos ou que atua como **líder** do grupo.

O aumento incide também sobre o **mentor intelectual** do crime, ainda que não tenha estado no local da prática do delito. A propósito: "a promoção ou organização da cooperação no crime não se caracteriza com o simples conselho ou exortação, dependendo de efetiva ascendência e atuação, despontando o agente como artífice intelectual. Assim, mero convite, feito por um dos agentes, de pronto aceito pelo comparsa, não justifica a apenação daquele com a agravante do art. 45, I, do CP (atual 62, I)" (TacrimSP, Rel. Rocha Lima, *Jutacrim* 36/254); **e ainda:** "a ideia desta agravante genérica é punir o 'chefe', sem o qual a consecução delituosa não teria sucesso, ou seja, se por qualquer eventualidade este não articulasse ou não movesse a ação comum. Trata-se de um mentor, de um intelectual que se sobressai na dinâmica dos fatos" (TJMG, Rel. Carlos Stephaninni, AC 33.613-8).

- **Agente que coage ou induz outrem à execução material do crime (art. 62, II)**

Nessa hipótese, o agente emprega **violência** ou grave **ameaça**, ou, ainda, seu poder de **insinuação** (induzimento), para convencer alguém à prática direta do delito. Em tais situações, a agravante genérica incidirá apenas para o **partícipe** (pessoa que coagiu ou induziu), que, assim, terá pena mais elevada que a do autor **direto** do crime.

É preciso que a coação seja **resistível**, mas que o coagido tenha cometido o crime. Este, por ter sofrido coação, responde pelo crime com a atenuante do art. 65, III, *c*, do CP — ter cometido o crime sob coação a que podia resistir.

Lembre-se de que, em se tratando de coação **irresistível**, o coator responde pelo crime praticado pelo executor direto (**sem a agravação da pena pelo dispositivo em análise**) em concurso **material** com o crime de **tortura** do art. 1º, I, *b*, da Lei n. 9.455/97: "Constranger alguém com emprego de violência ou grave ameaça, causando-lhe sofrimento físico ou mental, para provocar ação ou omissão criminosa". No último caso, o coagido não responde por delito algum por ter agido mediante coação irresistível (art. 22 do CP).

- **Agente que instiga ou determina a cometer o crime alguém sujeito à sua autoridade ou não punível em virtude de condição ou qualidade pessoal (art. 62, III)**

Instigar é **reforçar** a ideia preexistente.

Determinar significa mandar.

Para que se aplique a agravante, é necessário que a conduta recaia sobre pessoa que está sob a autoridade (**pública** ou **particular**) de quem instiga ou determina, ou sobre pessoa não punível em razão de condição ou qualidade pessoal (**menoridade, deficiência mental, acobertado por escusa absolutória** etc.).

- **Agente que executa o crime, ou nele participa, mediante paga ou promessa de recompensa (art. 62, IV)**

Pune-se neste dispositivo o criminoso **mercenário**, que entra na empreitada criminosa visando pagamento por seus serviços.

A **paga** é **prévia** em relação à execução do crime. A **recompensa** é para entrega **posterior**, mas a agravante pode ser aplicada ainda que o autor da promessa não a tenha cumprido após a execução do crime.

24.7.3. Atenuantes genéricas

Estas circunstâncias, que geram a redução da pena na segunda fase de fixação da reprimenda, estão descritas nos arts. 65 e 66 do Código Penal.

Apesar de o art. 65 mencionar que as atenuantes **sempre** reduzem a pena, a verdade é que, se a pena-base já havia sido fixada no mínimo legal, as atenuantes reconhecidas restarão prejudicadas, pois **não** poderão fazer com que a pena fique **abaixo do mínimo** previsto em abstrato, existindo até mesmo súmula do Superior Tribunal de Justiça neste sentido: "*a incidência da circunstância atenuante não pode conduzir à redução da pena abaixo do mínimo legal*" (Súmula n. 231).

No **art. 65** do Código Penal, existe um rol de atenuantes cujas hipóteses de configuração estão **expressamente delineadas** no texto legal, enquanto o **art. 66** descreve uma atenuante **inominada**, permitindo que o juiz reduza a pena sempre que entender existir circunstância relevante, anterior ou posterior ao crime, não elencada no rol do art. 65.

24.7.3.1. *Atenuantes genéricas em espécie*

- **Se o agente é menor de 21 anos, na data do fato, ou maior de 70 anos, na data da sentença (art. 65, I)**

Entendeu o legislador que a pessoa menor de 21 anos ainda **não tem sua personalidade plenamente formada**, de modo que o senso de responsabilidade ainda não é total, justificando a redução da reprimenda. A jurisprudência fixou entendimento no sentido de que esta é **a mais importante** das circunstâncias da 2ª fase da fixação da pena.

De acordo com a Súmula n. 74 do Superior Tribunal de Justiça, "*para efeitos penais, o reconhecimento da menoridade do réu requer prova por documento hábil*". Este documento pode ser uma certidão de nascimento, um documento de identidade, carteira de habilitação etc. O Superior Tribunal de Justiça aceita também que a prova seja feita pela qualificação constante do termo de declarações colhido na delegacia de polícia ou pela própria folha de antecedentes juntada aos autos, na qual consta a data de nascimento do réu.

Conforme o texto legal, o que se leva em conta é a menoridade (de 21 anos) **na data em que a infração penal for cometida**.

A modificação trazida pelo Código Civil (Lei n. 10.406/2002) no sentido de reduzir a maioridade civil de 21 para 18 anos não alterou o dispositivo do Código Penal, pois não houve modificação expressa nesta legislação que é especial em relação à civil. Ademais, no âmbito da legislação civil antiga, o criminoso menor de 21 anos podia já estar emancipado pelos pais ou pelo casamento e, nem por isso, deixava de merecer a atenuante em caso de prática de ilícito penal.

Já em relação aos **maiores de 70 anos**, o que se leva em conta é a data da **prolação da sentença de 1ª instância**. Se o sujeito completa 70 anos quando o processo já se encontra em fase recursal, sua pena não será reduzida. De ver-se, entretanto, que, se o réu for absolvido em 1ª instância e a condenação for lançada em grau recursal em decorrência de recurso da acusação, a atenuante será aplicada se na data do Acórdão o acusado já tiver completado 70 anos.

O **Estatuto do Idoso** (Lei n. 10.741/2003), que tem a idade de 60 anos como parâmetro para as suas diretrizes, não alterou a presente atenuante genérica, pois não era intenção do legislador, ao aprovar referido Estatuto, trazer mais benefícios ao idoso que figura como **autor** de delito.

- **Desconhecimento da lei (art. 65, II)**

Como é sabido, o desconhecimento da lei **não isenta** de pena nos termos do art. 21 do Código Penal, mas pode **atenuá-la**.

Dificilmente este dispositivo teria aplicação em crimes como homicídio, furto, roubo etc., incidindo, em geral, em infrações de natureza complexa que podem levar o cidadão a se confundir em torno de seu alcance. A sinceridade das palavras do acusado que afirma desconhecer a lei deve ser analisada com cautela pelo juiz em cada caso concreto.

- **Ter o agente cometido o crime por motivo de relevante valor social ou moral (art. 65, III, *a*)**

Valor **moral** diz respeito aos sentimentos relevantes do próprio agente, avaliados de acordo com o conceito médio de dignidade do grupo social, no que diz respeito ao aspecto ético.

O relevante valor **social** é reconhecido quando o agente comete o crime pensando agir em consonância com os anseios da coletividade.

Estas mesmas circunstâncias são previstas como justificadoras do **privilégio** nos crimes de homicídio (art. 121, § 1º) e lesões corporais (art. 129, § 4º), de modo que seu reconhecimento pelos jurados (no homicídio) ou pelo juiz (nas lesões corporais) automaticamente afasta a possibilidade da atenuante. Assim, o pai que mata ou agride o estuprador da filha incorre, respectivamente, em homicídio ou lesão corporal privilegiada pelo relevante valor moral. É rara, portanto, a aplicação da atenuante genérica em análise.

- **Ter o agente procurado, por sua espontânea vontade e com eficiência, logo após o crime, evitar-lhe ou minorar-lhe as consequências, ou ter, antes do julgamento, reparado o dano (art. 65, III, *b*)**

A presente atenuante não deve ser confundida com o instituto do **arrependimento eficaz**, previsto no art. 15 do Código Penal, em que o agente, após realizar os atos executórios do delito, arrepende-se e realiza nova ação **evitando a consumação** do crime, o que afasta sua incidência. Premissa do arrependimento eficaz, portanto, é que o crime ainda não se tenha consumado. Já na atenuante, o sujeito, **após a consumação do delito, tenta** evitar-lhe ou minorar-lhe as **consequências**. Não se exige a eficácia, pois o texto legal diz que basta que o agente procure (tente) diminuir ou evitar as consequências da infração. É o caso, por exemplo, de alguém que após agredir a vítima e lhe provocar lesões graves (crime consumado) a socorre, levando-a ao hospital.

Em relação à **reparação do dano**, que deve ser **integral** para o réu merecer o benefício, é preciso fazer uma distinção com o instituto do **arrependimento posterior**, previsto no art. 16 do Código Penal. Este último constitui **causa de diminuição** de pena cuja consequência é a redução de **um a dois terços** da reprimenda, desde que o delito tenha sido cometido **sem o emprego de violência contra pessoa ou grave ameaça** e que a reparação tenha ocorrido **antes do recebimento** da denúncia ou queixa. Dessa forma, caso se trate de delito cometido com violência à pessoa ou grave ameaça, a reparação do dano só pode ser considerada como atenuante genérica. Por sua vez, em se tratando de delito que não envolva violência ou grave ameaça, deve-se analisar o momento em que se deu a reparação: se **antes** do recebimento da denúncia ou queixa, aplica-se o instituto do arrependimento posterior; se verificada durante o tramitar da ação mas antes do julgamento de 1ª instância, aplica-se a atenuante.

▪ **Cometido o crime sob coação a que podia resistir, ou em cumprimento de ordem de autoridade superior, ou sob a influência de violenta emoção, provocada por ato injusto da vítima (art. 65, III, *c*)**

Trata-se aqui de coação **resistível** e, como o texto legal não faz restrição, abrange a de natureza **física** ou **moral**. Em se tratando de coação **irresistível**, o coagido fica **isento de pena**, só respondendo pelo delito o coator (art. 22 do CP). É possível, portanto, que seja feita a seguinte distinção:

a) o agente emprega coação considerada **resistível** para que uma gestante realize autoaborto (art. 124 do CP). O coator responde pelo crime de aborto na condição de partícipe, com a pena agravada pelo art. 62, II, do CP, e a gestante incorre no mesmo crime, mas com a **atenuante em estudo**;

b) o agente emprega coação **irresistível** para a gestante realizar o autoaborto. O coator incorre no crime de autoaborto na condição de autor mediato em concurso material com crime de tortura do art. 1º, I, *b*, da Lei n. 9.455/97, na condição de autor: "Constranger alguém com emprego de violência ou grave ameaça, causando-lhe sofrimento físico ou mental, para provocar ação ou omissão criminosa". A gestante, por ter cometido o delito mediante coação irresistível, é isenta de pena, nos termos do art. 22 do Código Penal.

No caso de ordem de **superior hierárquico**, o dispositivo diz respeito a **funcionário público** que recebe ordem de seu superior. Neste caso, é necessário que a ordem emanada **seja manifestamente ilegal** e que o subordinado, ainda assim, cumpra-a. É o que ocorre, por exemplo, quando o delegado de polícia manda um investigador dar sumiço em certo inquérito policial. Em tal caso, ambos respondem pelo crime, porém, com uma diferença: o delegado terá sua pena aumentada nos termos do art. 62, III, do Código Penal, e o investigador terá a pena abrandada pelo dispositivo ora em análise.

Caso a ordem emanada **não seja manifestamente ilegal**, haverá **isenção de pena** por parte do **subordinado**, nos termos do art. 22 do Código Penal.

O fato de ter sido o delito cometido por quem se encontra sob a **influência** de **violenta emoção**, provocada por **ato injusto** da vítima, também gera a atenuação da pena. Havendo, entretanto, injusta **agressão** por parte da vítima, não existirá crime em face da legítima defesa.

Os crimes de **homicídio** doloso e **lesão** dolosa, por sua vez, possuem hipótese de **privilégio** que também se caracteriza pela **violenta emoção** (arts. 121, § 1º, e 129, § 4º). O privilégio, entretanto, diferencia-se da atenuante genérica porque exige que o agente esteja sob o **domínio** (e não sob a mera **influência**) de violenta emoção e porque a morte ou lesão devem ter sido praticadas **logo após** a injusta provocação (requisito dispensável na atenuante). Assim, uma pessoa que fica extremamente nervosa por ter sido xingada e que desfere, **imediatamente**, um soco na vítima, provocando-lhe lesões, incorre na figura privilegiada da lesão corporal. Se, entretanto, nada faz ao ser ofendida, mas, horas depois, volta ao local e, ainda em razão daquele xingamento, agride a vítima, aplica-se a atenuante. A agressão neste último caso não ocorreu logo em seguida, mas foi cometida por influência da violenta emoção. Por sua vez, se uma pessoa, ao ser xingada, desfere **imediatamente** um chute e amassa a porta do carro da vítima, responde pelo crime de dano, com a pena **atenuada** pelo dispositivo em questão, pois, **no crime de dano, não existe figura privilegiada**.

- **Ter o agente confessado, espontaneamente, perante a autoridade, a autoria do crime (art. 65, III, *d*)**

Antes da reforma da Parte Geral, feita pela Lei n. 7.209/84, a confissão só configurava atenuante se a **autoria** fosse **ignorada** ou **imputada a outrem**. Estes requisitos foram excluídos do texto legal, de modo que, atualmente, ainda que todas as provas colhidas indiquem o réu como autor do delito e este, ao ser interrogado ao final da ação, confesse aquilo que todos já disseram, ou seja, que ele é o autor do crime, a atenuante será cabível.

Costuma-se dizer que não basta que a confissão seja **voluntária**, devendo ser **espontânea**. Assim, não haveria a atenuante se o acusado confessasse o crime apenas em razão da insistência de seu advogado para que o fizesse. Na prática, entretanto, é impossível saber o que o advogado e o cliente conversaram antes ou durante a audiência. No atual sistema processual, aliás, após serem ouvidas todas as testemunhas, o advogado tem o direito de conversar **reservadamente** com o réu, antes de ser ele interrogado, sendo que o juiz e a acusação não tomam ciência do teor deste diálogo. Assim, ainda que o advogado tenha orientado ou aconselhado o cliente a confessar, é sempre este **quem pode ou não fazê-lo**. De qualquer modo, não há como saber se o acusado já não iria confessar a infração antes mesmo de conversar com o defensor. Nestes casos, os juízes têm reconhecido a atenuante, sendo de se mencionar que o número de confissões cresceu exponencialmente após a reforma trazida ao Código de Processo Penal pela Lei n. 11.719/2008, que passou a prever, em seu art. 400, o **interrogatório ao final da audiência** de instrução, e não mais em seu início. No sistema antigo, em que os acusados eram interrogados em outra audiência, antes de todas as testemunhas, não eram comuns as confissões, porque imaginavam que o restante da prova a ser futuramente colhida poderia beneficiá-los. No regime atual, todas as testemunhas são ouvidas na mesma data, antes do interrogatório do réu. Assim, se todos o apontaram, momentos antes, como o autor do crime, é comum que confesse, exatamente para obter os benefícios legais.

A doutrina costuma salientar que a confissão **qualificada**, em que o réu assume a autoria do delito, mas alega ter agido acobertado por excludente de ilicitude não demonstrada pelo restante da prova, **não atenua a pena**. A propósito: "1. A confissão qualificada, na qual o agente agrega à confissão teses defensivas descriminantes ou exculpantes, não tem o condão de ensejar o reconhecimento da atenuante prevista no art. 65, inciso III, alínea *d*, do Código Penal. De qualquer forma, a versão dos fatos apresentados pelo ora Paciente sequer foram utilizados para embasar a sua condenação, uma vez que restou refutada pela prova oral colhida no processo. 2. *In casu*, o

Paciente confessou ter atirado contra os policiais para se defender, negando, assim, o *animus necandi*. 3. Ordem denegada" (STJ, HC 129.278/RS, Rel. Min. Laurita Vaz, 5ª Turma, julgado em 27.04.2009, *DJe* 25.05.2009); **e** "Nos termos da jurisprudência do Superior Tribunal de Justiça, a chamada 'confissão qualificada' impede a aplicação da atenuante da confissão espontânea" (STJ, AgRg no REsp 1.359.503/MG, Rel. Min. Campor Marques (Desembargador Convocado do TJ/PR), 5ª Turma, julgado em 16.05.2013, *DJe* 21.05.2013).

É preciso, ainda, que o réu confesse **a espécie de ato criminoso narrado na acusação**. Assim, se ele confessa que estava com a droga descrita na denúncia, alegando, contudo, que o fazia para uso próprio, mas o restante da prova demonstra que sua intenção era mesmo o **tráfico**, o juiz, ao condená-lo por este último crime, não poderá reconhecer a atenuante. Da mesma maneira, quando o interrogado, acusado por crime de roubo, confessa um furto, ou seja, assume que subtraiu a bolsa da vítima, negando, porém, tê-la agredido, ou quando assume que teve relações sexuais com a vítima do alegado estupro, mas nega ter empregado violência ou grave ameaça para a prática do ato sexual. Nesse sentido: "*firme é a jurisprudência deste Supremo Tribunal Federal no sentido de que não se aplica a atenuante da confissão espontânea para efeito de redução da pena se o réu, denunciado por tráfico de droga, confessa que a portava apenas para uso próprio. Neste sentido, dentre outros,* Habeas Corpus *n. 73.075, Rel. Ministro Maurício Corrêa,* DJ *12.3.1996; 71.903, Rel. Ministro Néri da Silveira,* DJ *9.8.1996. Para a incidência da atenuante genérica da confissão espontânea, faz-se imprescindível que o Paciente tenha confessado a traficância: situação não havida na espécie*" (STF, HC 94.295/SP, 1ª Turma, Rel. Min. Cármen Lúcia, *DJe* 31.10.2008, p. 905). No mesmo sentido: "Não é de se aplicar a atenuante da confissão espontânea para efeito de redução da pena se o réu, denunciado por tráfico de droga, confessa que a portava apenas para uso próprio" (STF, HC 118.375, Rel. Min. Cármen Lúcia, 2ª Turma, julgado em 08.04.2014, processo eletrônico *DJe*-125 divulg. 27.06.2014, public. 01.07.2014). Em maio de 2019, o Superior Tribunal de Justiça aprovou a **Súmula n. 630** com o seguinte teor: "A incidência da atenuante da confissão espontânea no crime de tráfico ilícito de entorpecentes exige o reconhecimento da traficância pelo acusado, não bastando a mera admissão da posse ou propriedade para uso próprio."

Já no que se refere ao **dolo** em relação ao resultado criminoso, é relutante a jurisprudência. É o caso, por exemplo, do acusado que diz que efetivamente efetuou os disparos contra a vítima, sustentando, porém, que não queria matá-la, mas apenas lesioná-la. No sentido de ser cabível a atenuante, podemos apontar o seguinte julgado: "*a circunstância atenuante pertinente à confissão espontânea, ainda que parcial, é aplicável àquele que confessa a autoria do crime independentemente da admissão do dolo ou das demais circunstâncias narradas na denúncia*" (STF, HC 99.436/RS, 1ª Turma, Rel. Min. Cármen Lúcia, *DJe* 06.12.2010, p. 113).

Saliente-se que a confissão pode ter ocorrido perante a autoridade policial ou perante o juiz. De ver-se, contudo, que é pacífico que **não se aplica** a atenuante se o réu confessou o crime perante o delegado, mas, em juízo, **retratou-se**, negando a prática do ilícito diante do magistrado, exceto se o juiz tiver expressamente mencionado em sua decisão, como fundamento para a condenação, a confissão extrajudicial. Nesse sentido: "1. A confissão realizada em sede policial quanto ao delito de roubo, mesmo que posteriormente retratada em juízo, é suficiente para fazer incidir a atenuante do art. 65, III, *d*, do Código Penal, quando expressamente utilizada para a formação do convencimento do julgador, pouco importando se a admissão da prática do ilícito foi espontânea ou não, integral ou parcial" (STJ, HC 217.687/SP, Rel. Min. Jorge Mussi, 5ª Turma, julgado em 25.09.2012, *DJe* 03.10.2012); "Se a confissão do paciente, colhida na fase extrajudicial e retratada em Juízo, é utilizada como prova para a condenação, obrigatória a aplicação da atenuante prevista no art. 65, III, 'd', do Código Penal" (STJ, HC 175.027/SP, Rel. Min. Og Fernandes, 6ª Turma, julgado em 13.03.2012, *DJe* 02.04.2012); e "A jurisprudência desta Corte de Justiça firmou o entendimento de que servindo a confissão do réu, seja ela integral ou parcial, para embasar o decreto condenatório, é de rigor a aplicação da atenuante prevista no art. 65, III, *d*, do Código Penal" (STJ, AgRg no HC 201.806/SP, Rel. Min. Moura Ribeiro, 5ª Turma, julgado em 20.02.2014, *DJe* 25.02.2014).

Existe igualmente entendimento de que, se o réu confessa o delito perante o delegado, mas se torna revel em juízo, a confissão anterior atenua a pena somente se tiver sido **utilizada pelo juiz como um dos argumentos** a justificar a condenação.

Em outubro de 2015, o Superior Tribunal de Justiça aprovou a **Súmula n. 545**, com o seguinte teor: "quando a confissão for utilizada para a formação do convencimento do julgador, o réu fará jus à atenuante prevista no art. 65, III, *d*, do Código Penal". De acordo com a Corte Superior, se o juiz utilizou a confissão como fundamento para a condenação, pouco importa que tenha sido espontânea ou não, total ou parcial, ou mesmo se foi realizada só na fase policial, com posterior retratação em juízo. O Superior Tribunal de Justiça passou a entender, inclusive, que, mesmo a confissão qualificada pode atenuar a pena, desde que tenha sido utilizada expressamente pelo juiz como fundamento para a condenação: "O entendimento dominante no âmbito deste Superior Tribunal de Justiça é no sentido de que, mesmo nas hipóteses de confissão qualificada ou parcial, deve incidir a atenuante prevista no art. 65, III, *d*, do Código Penal, desde que tenha sido utilizada como elemento de convicção do julgador" (STJ, HC 439.019/PB, Rel. Min. Jorge Mussi, 5ª Turma, julgado em 26.06.2018, *DJe* 01.08.2018); "É cabível a atenuante da confissão espontânea ainda que a confissão seja parcial ou qualificada, desde que a confissão tenha sido utilizada para a formação do convencimento do julgador, hipótese inocorrente no presente caso" (STJ, AgRg no REsp 1690840/ES, Rel. Min. Maria Thereza de Assis Moura, 6ª Turma, julgado em 19.06.2018, *DJe* 29.06.2018).

- **Ter o agente cometido o crime sob a influência de multidão em tumulto, se não a provocou (art. 65, III, *e*)**

Justifica-se o dispositivo porque, em tais situações, o sujeito costuma agir **por impulso**. Assim, se um caminhão tomba acidentalmente e os bens transportados caem na estrada, e, nesse momento, um grande grupo de pessoas, sem prévio ajuste, começa a se apoderar das mercadorias e furtá-las, mostra-se viável o redutor.

▪ Atenuante inominada (art. 66)

Segundo o art. 66 do Código Penal, o juiz pode ainda atenuar a pena em razão de qualquer outra circunstância relevante, **anterior** ou **posterior** ao crime, embora **não** prevista expressamente em lei. É o que ocorre, por exemplo, quando o juiz entende ser o caso de reduzir a pena de pessoa que, presa por dirigir embriagada, submeteu-se espontaneamente a tratamento para alcoolismo, ou que, tendo cometido crime de tráfico de drogas, passou a ministrar cursos em escolas falando dos malefícios do vício. Nestes exemplos, a circunstância é **posterior** ao crime.

Já se reconheceu, por sua vez, a atenuante inominada em crimes contra o patrimônio, cometidos sem violência ou grave ameaça, quando o réu era pessoa muito pobre (circunstância **anterior**).

O estado puerperal, que é elementar do infanticídio, pode servir de atenuante inominada, por exemplo, no crime de abandono de recém-nascido (art. 134 do CP).

É evidente, entretanto, que o juiz não pode reconhecer circunstâncias em relação às quais o legislador tenha tido a específica intenção de que **não fossem alcançadas** pelas atenuantes do art. 65.

■ *24.7.3.2. Concurso de circunstâncias agravantes e atenuantes genéricas*

Nos termos do art. 67 do Código Penal, no **concurso** de circunstâncias agravantes e atenuantes, a pena deve aproximar-se do limite indicado pelas circunstâncias **preponderantes**, entendendo-se como tais as que resultam dos **motivos** determinantes do crime, da **personalidade** do agente e da **reincidência**.

O dispositivo tem por finalidade esclarecer que o juiz, ao reconhecer, **no mesmo caso, uma** agravante e **uma** atenuante genérica, **não deve** simplesmente **compensar** uma pela outra. O magistrado deve, em verdade, dar maior valor às chamadas circunstâncias **preponderantes** (quer seja uma agravante, quer uma atenuante). Essa análise deve ser feita caso a caso, mas o legislador esclareceu no dispositivo que as circunstâncias preponderantes são as de caráter **subjetivo** (motivos do crime, personalidade do agente e reincidência, tendo a jurisprudência acrescentado a menoridade relativa).

É evidente, entretanto, que **um** fator preponderante não pode prevalecer sobre **diversos** outros em sentido oposto. Imagine-se, por exemplo, uma pessoa maior de 70 anos que tenha cometido crime contra o próprio pai, com emprego de fogo, à traição e por motivo torpe, sendo, ainda, reincidente com várias condenações anteriores. Não se pode cogitar que uma única atenuante tenha mais valor do que cinco agravantes.

> **Observação:** O reconhecimento concomitante da agravante da reincidência com a atenuante da confissão espontânea é extremamente comum. De acordo com o texto legal, a reincidência é circunstância preponderante (a confissão, não), de modo que deve prevalecer a exasperação. Nesse sentido, existem, inclusive, muitos julgados do STF: "O acórdão impugnado está em conformidade com a jurisprudência de ambas as Turmas do Supremo Tribunal Federal, no sentido de que, a teor do art. 67 do Código Penal, 'a agravante da reincidência prepondera sobre a atenuante da confissão espontânea, razão pela qual é inviável a compensação pleiteada' (RHC 110.727, Rel. Min. Dias Toffoli).

2. *Habeas Corpus* extinto sem resolução de mérito por inadequação da via processual" (STF, HC 105.543, Rel. Min. Roberto Barroso, 1ª Turma, julgado em 29.04.2014, *DJe*-100 divulg. 26.05.2014, public. 27.05.2014); "*Habeas corpus*. Fixação da pena. Concurso da agravante da reincidência e da atenuante da confissão espontânea. Pretensão à compensação da qualificadora com a atenuante, ou à mitigação da pena-base estabelecida. Inviabilidade. Ordem denegada. 1. Nos termos do art. 67 do Código Penal, no concurso de atenuantes e agravantes, a pena deve aproximar-se do limite indicado pelas circunstâncias preponderantes. No caso em exame, a agravante da reincidência prepondera sobre a atenuante da confissão espontânea, razão pela qual é inviável a compensação pleiteada ou qualquer outra mitigação. Precedentes. 2. Ordem denegada" (HC 112.830, Rel. Min. Dias Toffoli, 1ª Turma, julgado em 22.05.2012, 118). Com o mesmo teor, podemos ainda apontar os seguintes julgados, todos proferidos em 2011 e 2012 pela 1ª Turma do STF: HC 108.391/MG; HC 96.063/MS; HC 106.514; RHC 110.727/DF; RHC 103.560/DF. Destoando desses julgados da Corte Suprema, verifica-se que o Superior Tribunal de Justiça, de forma pacífica, vem permitindo a compensação, pois, ao analisar o tema 585 em sede de recurso repetitivo, a 3ª Seção aprovou a seguinte tese: "É possível, na segunda fase da dosimetria da pena, a compensação da atenuante da confissão espontânea com a agravante da reincidência. No julgado abaixo a Corte justifica por qual razão entende ser a confissão uma circunstância preponderante — apesar de não constar no rol do art. 67 do CP: '1. Segundo a atual orientação da Terceira Seção desta Corte, a atenuante da confissão espontânea, por ser de mesmo valor da agravante da reincidência, quando sopesadas na segunda fase da fixação da pena, resulta na compensação de uma pela outra. 2. A confissão espontânea traz ao processo uma série de benefícios que tornam a prestação jurisdicional mais célere e eficaz, além de evidenciar a autoria do fato, tornando-a inequívoca. Ela acarreta economia e celeridade processuais pela dispensa da prática dos atos que possam ser considerados desnecessários ao deslinde da questão. Também acrescenta seguranças material e jurídica ao conteúdo do julgado, pois a condenação reflete de maneira inequívoca a verdade real, buscada inexoravelmente pelo processo penal. 3. Ordem concedida, em parte, para redimensionar a dosimetria da pena" (HC 242.422/MS, Rel. Min. Adilson Vieira Macabu, 5ª Turma, julgado em 26.06.2012, *DJe* 07.08.2012).

O Superior Tribunal de Justiça entende, todavia, que a compensação deve ser parcial quando o acusado for multirreincidente: "Não é possível realizar a compensação integral entre a confissão e a reincidência, ante a multirreincidência do réu" (STJ, AgInt no REsp 1.661.261/SP, Rel. Min. Rogerio Schietti Cruz, 6ª Turma, julgado em 03.08.2017, *DJe* 10.08.2017).

Por sua vez, a 3ª Seção do Superior Tribunal de Justiça decidiu que é possível a compensação integral entre a confissão e a reincidência **específica**: "A col. Terceira Seção deste eg. Superior Tribunal de Justiça, por ocasião do julgamento do Recurso Especial Repetitivo n. 1.341.370/MT (Rel. Min. Sebastião Reis Júnior, *DJe* de 17.04.2013), firmou entendimento segundo o qual 'é possível, na segunda fase da dosimetria da pena, a compensação da atenuante da confissão espontânea com a agravante da reincidência.' V — Na hipótese, não obstante seja o paciente reincidente específico, entendo que podem ser compensadas a agravante da reincidência (específica) com a atenuante da confissão espontânea, mormente se considerada a ausência de qualquer ressalva no entendimento firmado por ocasião do julgamento do recurso especial repetitivo sobre o tema" (HC 365.963/SP, Rel. Min. Felix Fischer, 3ª Seção, julgado em 11.10.2017, *DJe* 23.11.2017).

> No mesmo sentido: "Reconhecida a atenuante da confissão, essa pode ser compensada integralmente com a agravante da reincidência, uma vez que, a Terceira Seção deste Superior Tribunal de Justiça, por ocasião do julgamento do *habeas corpus* n. 365.963/SP, em 11.10.2017, firmou entendimento no sentido da 'possibilidade de se compensar a confissão com o gênero reincidência, irradiando seus efeitos para ambas espécies (genérica e específica), ressalvados os casos de multirreincidência' (HC 424.983/SP, Rel. Min. Felix Fischer, 5ª Turma, julgado em 03.05.2018, *DJe* 08.05.2018); "A recente orientação sedimentada no Superior Tribunal de Justiça, por sua Terceira Seção, no julgamento do HC n. 365.963/SP, é a de que mesmo a reincidência específica pode ser integralmente compensada com a atenuante da confissão. Precedentes. 2. Agravo regimental desprovido" (AgRg no REsp 1721888/MS, Rel. Min. Antonio Saldanha Palheiro, 6ª Turma, julgado em 10.04.2018, *DJe* 16.04.2018).

■ 24.7.4. Terceira fase da fixação da pena

Na última fase de fixação da pena, o juiz deve considerar as causas de **aumento** e de **diminuição** de pena que se mostrarem presentes no caso concreto. Essas circunstâncias podem estar previstas na Parte **Geral** ou na Parte **Especial** do Código Penal.

Identifica-se uma **causa de aumento** quando a lei se utiliza de índice de **soma** ou de **multiplicação** a ser aplicado sobre o montante de pena estabelecido na fase anterior. Vejamos os seguintes exemplos:

a) no caso do concurso formal, a lei diz que a pena é aumentada de 1/6 até 1/2 (art. 70);

b) no crime continuado, a pena é exasperada de 1/6 a 2/3 (art. 71);

c) no homicídio e nas lesões corporais dolosas, a pena é aumentada em 1/3, se a vítima é menor de 14 ou maior de 60 anos (arts. 121, § 4º, e 129, § 7º);

d) no crime de aborto, a pena é aumentada em 1/2, se a gestante sofre lesão grave, e é aplicada em dobro, se ela morre (art. 127);

e) no constrangimento ilegal, a pena é aplicada em dobro, se para a execução do delito se reúnem mais de três pessoas ou há emprego de armas (art. 146, § 1º);

f) no furto, a pena é aumentada em 1/3, se o delito é cometido durante o repouso noturno (art. 155, § 1º);

g) nos crimes contra a dignidade sexual (estupro, por exemplo), a pena é aumentada em 1/2, se o agente é ascendente, padrasto ou madrasta, tio, irmão, cônjuge ou companheiro, tutor, curador, preceptor ou empregador da vítima, ou se, por qualquer outro título, tem autoridade sobre ela (art. 226, II);

h) nos crimes praticados por funcionário público contra a administração em geral, a pena é exasperada em 1/3, se o réu exerce cargo de direção, assessoramento ou em comissão (art. 327, § 2º).

Existem, evidentemente, inúmeras outras causas de aumento previstas no Código Penal.

As causas de **diminuição** de pena caracterizam-se pela utilização de índice de **redução** a ser aplicado sobre a pena fixada na fase anterior, como nos exemplos abaixo:

a) nos crimes tentados, a pena será reduzida de 1/3 a 2/3 (art. 14, parágrafo único);

b) nos casos de arrependimento posterior, a pena também será reduzida de 1/3 a 2/3 (art. 16 do CP);

c) no homicídio privilegiado, a pena é diminuída de 1/6 a 1/3 (art. 121, § 1º, do CP);

d) nos crimes de tráfico de drogas, a pena é reduzida de 1/6 a 2/3, se o réu é primário, de bons antecedentes, não se dedica a atividades criminosas nem integra organização dessa natureza (art. 33, § 4º, da Lei n. 11.343/2006).

▪ Possibilidade de transposição dos limites previstos em abstrato

É importante salientar que, com o reconhecimento de causa de aumento ou de diminuição de pena, o juiz pode aplicar pena **acima** da **máxima** ou **inferior** à **mínima** cominada em abstrato. Ex.: em um crime de tentativa de furto qualificado, o juiz pode fixar a pena em 2 anos de reclusão (pena mínima em abstrato) e diminuí-la de 2/3, chegando a um montante final de 8 meses.

▪ Concurso de causas de aumento ou de diminuição de pena em relação ao mesmo delito

O art. 68, parágrafo único, do Código Penal traça regra de extrema importância, no sentido de que, no concurso de causas de aumento ou de diminuição de pena **previstas na Parte Especial**, pode o juiz limitar-se a **um só** aumento ou a **uma só** diminuição, prevalecendo, todavia, a causa que mais aumente ou diminua.

Em decorrência desse dispositivo, teremos as seguintes soluções:

a) Se forem reconhecidas **duas causas de aumento**, uma da Parte **Geral** e outra da Parte **Especial**, **ambas** serão aplicadas, sendo que o segundo índice deve incidir sobre a pena resultante do primeiro aumento. Ex.: roubo praticado mediante concurso de pessoas e em concurso formal. O juiz fixa a pena-base, por exemplo, em 4 anos, e a aumenta em 1/3 em face do concurso de agentes, atingindo 5 anos e 4 meses. Na sequência, aplicará, sobre esse montante, um aumento de 1/6 em razão do concurso formal, atingindo a pena de 6 anos, 2 meses e 20 dias. Igual procedimento deve ser adotado quando o juiz reconhecer uma **causa de diminuição** de pena da Parte **Geral** e outra da Parte **Especial**. É o que ocorre, por exemplo, no homicídio privilegiado tentado. A pena é diminuída de 1/6 a 1/3 em razão do privilégio e depois, **sobre o montante obtido com a primeira redução**, aplica-se nova diminuição de 1/3 a 2/3 em razão da tentativa.

O **primeiro** índice a ser aplicado é o da Parte Especial, pois primeiro incide a regra específica, prevista no tipo penal, e depois a norma genérica (da Parte Geral).

b) Se o juiz reconhecer **uma causa de aumento e uma causa de diminuição** (**uma** da Parte Geral e **outra** da Parte Especial), deve aplicar ambos os índices. Primeiro é aplicado o dispositivo da Parte Especial e depois o da Parte Geral. Exs.: a) tentativa de homicídio de pessoa com mais de 60 anos, em que se aplica o aumento de 1/3 em razão da idade e, em seguida, o redutor decorrente da tentativa. No exemplo, o aumento está na Parte Especial e o redutor, na Geral; b) furtos privilegiados em continuação delitiva, em que o juiz reduz a pena em face do privilégio (1/3 a 2/3) e depois a aumenta em decorrência da continuação. Neste caso, o redutor decorre da Parte Especial e o aumento, da Geral.

c) Se o juiz reconhecer **uma causa de aumento** e **uma causa de diminuição** (ambas da Parte Especial), deve aplicar ambos os índices. Ex.: homicídio privilegiado contra pessoa maior de 60 anos. O mesmo deve ocorrer se reconhecer **uma causa de aumento** e uma **causa de diminuição** da Parte Geral. Ex.: crimes tentados cometidos em concurso formal.

d) Se o juiz reconhecer **duas ou mais causas de aumento**, estando todas descritas na **Parte Especial**, o magistrado poderá efetuar um só aumento, aplicando, todavia, a causa que mais exaspere a pena. Ex.: no roubo a pena deve ser aumentada de 1/3 até metade se o crime for cometido mediante restrição da liberdade da vítima (art. 157, § 2º, V) e de 2/3 se houver emprego de arma de fogo (art. 157, § 2º-A, I). O juiz poderá aplicar apenas o último aumento, que é o maior. Essa mesma regra também deve ser aplicada quando o juiz reconhecer duas causas de diminuição previstas na Parte Especial do Código Penal. Ex.: homicídio privilegiado pela violenta emoção **e** pelo relevante valor social.

Observação: Na última hipótese (duas ou mais causas de aumento ou de diminuição previstas na Parte Especial), o art. 68, parágrafo único, do Código Penal diz que o juiz **pode** se limitar a um só aumento ou redução, estabelecendo, assim, tratar-se da faculdade de o juiz escolher se aplicará apenas uma ou mais causas de aumento. Firmou-se, contudo, na doutrina, entendimento de que a regra é a aplicação de um único aumento ou diminuição, devendo o juiz fundamentar expressamente na sentença as eventuais razões que o levaram a aplicar ambos os índices.

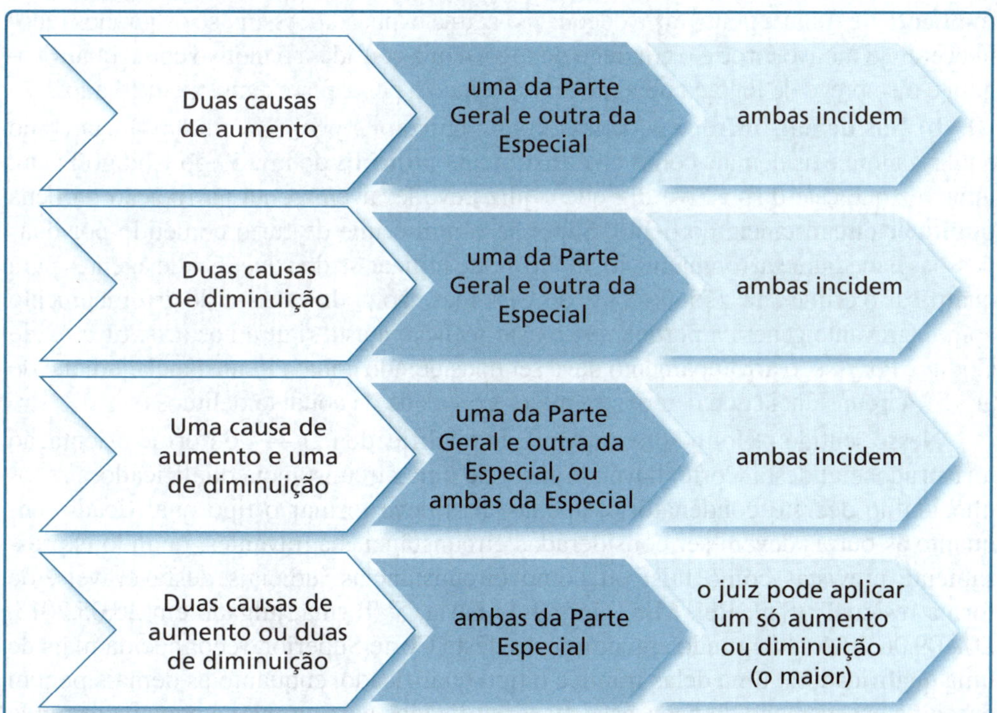

▪ **Pluralidade de qualificadoras**

Apesar de o reconhecimento concomitante de duas ou mais qualificadoras em relação ao mesmo crime ser algo absolutamente corriqueiro, o legislador não estabeleceu regras a respeito da forma como deve proceder o juiz na fixação da pena em tais casos. A solução, portanto, teve que ser encontrada pela doutrina e pela jurisprudência.

Lembre-se de que a pena prevista em abstrato é a mesma, quer seja reconhecida uma, duas ou mais qualificadoras. Assim, pode-se dizer que, em um crime de furto, basta uma qualificadora para que a pena seja de 2 a 8 anos de reclusão (furto qualificado), ou que, em um homicídio, basta uma qualificadora para que o patamar passe a ser de 12 a 30 anos de reclusão. Dessa forma, as demais qualificadoras reconhecidas no caso concreto não são necessárias para deslocar a pena do crime simples aos níveis do delito qualificado. Por isso, a solução é que as outras qualificadoras sejam utilizadas para **exasperar** a pena além do mínimo previsto para a figura qualificada — afinal não é justo que a pena seja de 12 anos para um homicídio com uma só qualificadora e também para outro em que sejam reconhecidas duas ou mais. Em suma, para os casos de pluralidade de qualificadoras, as soluções são as seguintes:

a) Caso se trate especificamente de **homicídio**, o juiz utilizará a primeira para qualificar o crime e as demais como **agravantes genéricas** do art. 61, II, *a*, *b*, *c* e *d*, do Código Penal. Esta possibilidade só existe porque o teor destas agravantes é o mesmo das qualificadoras do homicídio, de modo que o juiz, não utilizando algumas das circunstâncias como qualificadoras, poderá considerá-las como agravantes genéricas. Essa coincidência não existe em nenhum outro crime do Código Penal.

Deve-se lembrar de que os jurados votam todas elas como qualificadoras e o juiz, **no momento de fixar a pena**, faz a adequação acima explicada. Assim, se os jurados reconheceram o motivo torpe e o emprego de fogo, o juiz considera o motivo como qualificadora e o emprego de fogo como agravante, fixando a pena, por exemplo, em 14 anos.

b) Nas demais infrações penais, o juiz utilizará a primeira circunstância como qualificadora e as demais como **circunstâncias judiciais** do art. 59 do Código Penal, uma vez que este dispositivo diz que o juiz deve levar em conta na fixação da pena **qualquer** circunstância do delito. Suponha-se um crime de furto cometido por duas pessoas e mediante arrombamento. O juiz pode utilizar-se do concurso de agentes para qualificar o crime (art. 155, § 4º, IV, do CP), mas não pode valer-se do arrombamento como agravante genérica porque não existe menção a esta figura nos arts. 61 e 62 do Código. Por isso, o arrombamento deve ser considerado como circunstância judicial do art. 59 (circunstância que demonstra maior gravidade da conduta delituosa).

Nesse sentido: "Homicídio duplamente qualificado (...) — Conforme orientação jurisprudencial desta Corte, havendo mais de uma circunstância qualificadora reconhecida no decreto condenatório, apenas uma deve formar o tipo qualificado, enquanto as outras devem ser consideradas circunstâncias agravantes, quando expressamente previstas como tais, ou como circunstâncias judiciais desfavoráveis, de forma residual" (STJ, Rel. Min. Gurgel de Faria, 5ª Turma, julgado em 26.05.2015, *DJe* 09.06.2015); "Segundo entendimento desta Corte Superior, reconhecida mais de uma qualificadora, uma delas implica o tipo qualificado, enquanto as demais podem ensejar a exasperação da pena-base ou ser utilizadas para agravar a pena na segunda fase da dosimetria, se previstas no art. 61 do Código Penal" (STJ, HC 101.096/MS, Rel. Min. Rogerio Schietti Cruz, 6ª Turma, julgado em 12.02.2015, *DJe* 25.02.2015).

■ 24.8. QUADRO COM RESUMO DAS FASES DE DOSIMETRIA DA PENA

1ª fase — circunstâncias judiciais	■ Fixação da pena-base com as chamadas circunstâncias judiciais do art. 59, que se referem à culpabilidade do réu, seus antecedentes, conduta social, personalidade, motivos, circunstâncias e consequências do crime, bem como ao comportamento da vítima. ■ A pena fixada não pode ultrapassar os limites legais em abstrato.
2ª fase — agravantes e atenuantes genéricas	■ Aumento ou redução da pena da fase anterior com base nas agravantes dos arts. 61 e 62 ou atenuantes dos arts. 65 e 66. ■ Não é possível que a pena alcance índice inferior ao mínimo ou superior ao máximo previsto em abstrato. ■ Não há índice preestabelecido.
3ª fase — causas de aumento e de diminuição	■ Aplicação das causas de aumento e de diminuição previstas na Parte Geral e na Parte Especial do Código. ■ A lei estabelece o montante de aumento ou redução e, com base nelas, é possível ultrapassar os limites descritos em abstrato.

■ 24.9. QUESTÕES

1. (Ministério público/SP -2019) Com relação ao tema "reincidência", considere as seguintes afirmações.

I. A prescrição intercorrente regula-se pela pena aplicada e verifica-se nos prazos fixados no artigo 109 do Código Penal, os quais se aumentam de 1/3 (um terço), se o condenado é reincidente.
II. Para efeito de reincidência, não prevalece a condenação anterior após decorrido o prazo depurador de cinco anos entre a data do trânsito em julgado da sentença condenatória do crime anterior e a data da prática do crime posterior.
III. A reincidência é causa interruptiva apenas da prescrição da pretensão executória.
IV. Consoante disposto no Código Penal, o agente reincidente em crime doloso pode ter sua pena privativa de liberdade substituída por pena restritiva de direitos.
V. Para efeito de reincidência, a reabilitação extingue a condenação anterior.

É correto o que se afirma somente em

a) II, III e IV.
b) I, II e III.
c) II e V.
d) IV e V.
e) III e IV.

2. (Ministério Público/SP — 2005) Assinale a alternativa incorreta. Perante o Código Penal, a condição de reincidente em crime doloso

a) é prevista como preponderante no concurso de circunstâncias agravantes e atenuantes.
b) é relevante na aferição do estágio mínimo de cumprimento de pena exigido para o livramento condicional.

c) constitui causa interruptiva de prescrição.
d) configura pressuposto necessário à imposição de medida de segurança.
e) exerce influência no cálculo do prazo da prescrição da pretensão executória.

3. (Ministério Público/SP — 2005) Aponte a única alternativa que não constitui entendimento jurisprudencial objeto de Súmula do Superior Tribunal de Justiça, envolvendo circunstâncias agravantes ou atenuantes.

a) Para efeitos penais, o reconhecimento da menoridade do réu requer prova por documento hábil.
b) A reincidência não influi no prazo da prescrição da pretensão punitiva.
c) A incidência de circunstância atenuante não pode conduzir à redução da pena para abaixo do mínimo legal.
d) A confissão perante a autoridade policial configura circunstância atenuante mesmo quando retratada em Juízo.
e) A reincidência penal não pode ser considerada como circunstância agravante e, simultaneamente, como circunstância judicial.

4. (OAB — 2009.3) Assinale a opção correta quanto à fixação da pena.

a) Concorrendo circunstâncias atenuantes e agravantes, deve sempre prevalecer a circunstância atenuante, em respeito ao princípio *in dubio pro reo*.
b) Na segunda etapa da dosimetria da pena, o juiz não pode reduzir a pena em razão de circunstância relevante, anterior ou posterior ao crime, visto que tal possibilidade não está prevista expressamente em lei.
c) Será reincidente o réu que possuir condenação por crime anterior, ainda que esta não tenha transitado em julgado.
d) O CP adotou o sistema trifásico de fixação da pena, segundo o qual o juiz fixa a pena-base, considera, em seguida, circunstâncias agravantes e atenuantes e, por último, as causas de aumento e de diminuição da pena.

5. (OAB — 2007.3) Entre as circunstâncias que sempre atenuam a pena, não está incluído o fato de o agente:

a) desconhecer a lei.
b) ter cometido o crime sob coação a que pudesse resistir.
c) ter cometido o crime sob a influência de multidão em tumulto, se não o tiver provocado.
d) ter cometido o crime em ocasião de incêndio, inundação ou qualquer outra calamidade pública.

6. (Magistratura/PA — 2009) Com relação à aplicação da pena, analise as afirmativas a seguir:

I. São circunstâncias que sempre agravam a pena, quando não constituem ou qualificam o crime, dentre outras, as seguintes: a gravidade do crime praticado, ter o agente cometido o crime por motivo fútil ou torpe e ter o agente cometido o crime contra criança, maior de 60 anos, enfermo ou mulher grávida.
II. São circunstâncias que sempre atenuam a pena, dentre outras, as seguintes: ser o agente menor de 21 anos na data do fato, ter o agente cometido o crime por motivo de relevante valor social ou moral e ter o agente cometido o crime em estado de embriaguez preordenada.
III. A pena será ainda agravada em relação ao agente que promove ou organiza a cooperação no crime ou dirige a atividade dos demais agentes, ao passo que a pena será ainda atenuada em relação ao agente que induz outrem à execução material do crime.

Assinale:

a) se nenhuma afirmativa estiver correta.
b) se somente as afirmativas I e II estiverem corretas.
c) se somente as afirmativas I e III estiverem corretas.
d) se somente as afirmativas II e III estiverem corretas.
e) se todas as afirmativas estiverem corretas.

7. (Defensoria/RN — 2006) No cálculo da pena, havendo concurso de agravantes e atenuantes, prepondera sobre todas as demais a circunstância da (dos)

a) reincidência.
b) confissão espontânea.

c) motivos do crime.
d) menoridade.

8. (Ministério Público/SP — 2006) Em relação à aplicação da pena, assinale a alternativa incorreta:

a) a presença da reincidência não é levada em conta na análise das chamadas circunstâncias judiciais (art. 59 do Código Penal).
b) os motivos do crime podem constituir uma agravante.
c) a presença de circunstâncias agravantes não autoriza a aplicação de pena acima do máximo cominado.
d) o comportamento da vítima não interfere na análise das circunstâncias judiciais (art. 59 do Código Penal).
e) as consequências do crime são levadas em conta na análise das circunstâncias judiciais (art. 59 do Código Penal).

9. (Magistratura/SP — 2008) A premeditação, no ordenamento penal:

a) constitui qualificadora do homicídio.
b) não tem previsão específica, mas pode atuar como fator de individualização da pena.
c) constitui agravante genérica.
d) constitui qualificadora do crime de perigo de contágio venéreo (art. 130, § 1º).

10. (Magistratura/MA — 2009) O réu pode ser tido como reincidente quando:

a) comete novo crime, apesar de ainda não julgado pelo primeiro.
b) comete novo crime depois de transitar em julgado a sentença que o tenha condenado por crime anterior.
c) o processo relacionado ao crime anterior, necessariamente, esteja em grau de recurso.
d) comete novo crime antes de passar cinco anos do cometimento do primeiro independentemente do trânsito em julgado da primeira condenação.
e) a prática do novo crime resultar da mesma qualidade de pena.

11. (Defensoria/MT — 2007) Concernente à aplicação da pena o artigo 68 do Código Penal prevê o sistema trifásico. Sobre a matéria analise os itens.

I. O primeiro passo consiste em aplicar a pena-base prevista sempre no *caput* do artigo, observando-se, para tanto, as circunstâncias judiciais contidas no art. 59 do Código Penal.
II. Na primeira fase, a operação da dosagem tem por parâmetro a pena em abstrato prevista para o delito.
III. Fixada a pena-base, devem ser analisadas as circunstâncias atenuantes e agravantes.
IV. A terceira fase constitui na aplicação das causas especiais de aumentos e diminuições, não sendo permitido ultrapassar o limite mínimo e máximo da pena cominada para o delito.
V. Havendo concurso entre causas de aumento de pena da Parte Geral e Parte Especial do Código Penal, aplica-se apenas a maior causa de aumento.

Estão corretos os itens:

a) II, IV e V.
b) II e III.
c) I, III e V.
d) I, II e IV.
e) III e IV.

12. (Magistratura Federal — 1ª Região — 2005) Sobre as causas especiais de aumento ou diminuição de pena é correto afirmar:

a) que, independentemente de sua situação no texto do Código Penal, o juiz deve sempre limitar-se a um só aumento ou a uma só diminuição, prevalecendo, todavia, a causa que mais aumente ou diminua.
b) que o juiz, se pode aplicar um só aumento ou uma só diminuição, também pode, independentemente de motivação, aplicar mais de um aumento ou diminuição.
c) as causas de aumento e de diminuição de pena permitem, respectivamente, elevação acima da pena máxima ou diminuição abaixo da pena mínima prevista, em tese, para o crime.
d) as causas de diminuição permitem diminuição abaixo do mínimo legal, mas as de aumento não podem elevar a pena acima do limite previsto, em tese, para o crime.

13. (Ministério Público/GO — 2012) São considerados efeitos da reincidência:

a) impedimento ao livramento condicional, nos casos de crimes hediondos, tortura, tráfico de entorpecentes e terrorismo, tratando-se de reincidência específica;
b) aumento do prazo da prescrição da pretensão punitiva em um terço;
c) causa de suspensão do curso da prescrição;
d) impedimento à obtenção do *sursis* nos casos de reincidência em crime culposo.

14. (Magistratura/AL — 2015 — FCC) A circunstância agravante

a) pode ser reconhecida pelo juiz, ainda que não alegada pelo Ministério Público, consoante expressa previsão legal.
b) da reincidência pode ser considerada simultaneamente como circunstância judicial.
c) incide ainda que qualifique o crime, mas não se dele constituir elementar.
d) pode elevar a pena acima do máximo previsto em lei para o crime.
e) nunca prepondera sobre circunstância atenuante.

15. (Magistratura/SP — 2017) Na aplicação da pena,

a) a incidência de circunstância atenuante não pode conduzir à redução da pena abaixo do mínimo legal, a não ser que utilizada a confissão para a formação do convencimento do julgador, hipótese em que o réu fará jus à diminuição, ainda que aquém do piso.
b) a reincidência não pode ser considerada como circunstância agravante e, simultaneamente, como circunstância judicial, não prevalecendo a condenação anterior, contudo, se entre a data do trânsito em julgado para a acusação da condenação anterior e a infração posterior tiver decorrido período de tempo superior a 5 (cinco) anos.
c) é vedada a utilização de inquéritos policiais e ações penais em curso para agravar a pena-base, configurando-se, porém, a má antecedência se o acusado ostentar condenação por crime anterior, transitada em julgado após o novo fato.
d) o desconhecimento da lei constitui circunstância atenuante, podendo ainda a pena ser atenuada em razão de fato relevante, embora não previsto em lei, desde que necessariamente anterior ao crime.

GABARITO

1. "e". A assertiva I está errada, pois o prazo prescricional só aumenta na prescrição da pretensão executória (art. 110) e a prescrição intercorrente alcança a pretensão punitiva (e não a executória). A assertiva II está errada porque o período depurador se inicia com o cumprimento da pena e não com o trânsito julgado da condenação. A assertiva V está errada porque a reabilitação não extingue a condenação anterior,

2. "d". Das alternativas existentes, a única em que o Código Penal não se refere à reincidência é aquela que diz respeito à aplicação da medida de segurança.

3. "d". Alternativa "a" (Súmula n. 74); alternativa "b" (Súmula n. 220); alternativa "c" (Súmula n. 231) e alternativa "e" (Súmula n. 241).

4. "d". As demais alternativas estão em desacordo com texto expresso de lei.

5. "d". Esta alternativa contém agravante, e não atenuante.

6. "a". A assertiva I está errada porque a gravidade do crime não é agravante genérica. A II contém erro porque a embriaguez é agravante, e não atenuante. Por fim, a assertiva III está errada porque não há atenuante para quem induz outrem à execução do crime, pois se trata, em verdade, de agravante.

7. "d". De acordo com o Código Penal, o maior relevo a ser dado é em relação aos motivos do crime, porém a jurisprudência entende que, embora não haja menção no referido artigo, é a menoridade a mais importante das circunstâncias.

8. "d". Esta é a resposta errada porque o comportamento da vítima consta expressamente do art. 59.

9. "b". Não há previsão específica quanto à premeditação no CP, de modo que só pode ser considerada como circunstância judicial do art. 59.

10. "b". É a única alternativa que se enquadra no conceito de reincidência existente no art. 63 do CP.

11. "b". A pena-base pode não estar prevista no *caput* do artigo, como, por exemplo, nos crimes qualificados e, por isso, está errada a assertiva I. Já a IV está errada porque as causas de aumento e diminuição podem extrapolar os limites de pena previstos em abstrato. E a afirmativa V está equivocada porque, em havendo causas de aumento na Parte Geral e na Parte Especial, elas devem ser cumuladas.

12. "c". As demais estão em desacordo com as regras atinentes às causas de aumento e diminuição.

13. "a".

14. "a". É o que diz o art. 385 do CPP (desde que se trate de crime de ação pública).

15. "c".

25

CONCURSO DE CRIMES

25.1. CONCEITO

Concurso de crimes é a expressão utilizada para designar as hipóteses em que o agente, mediante uma, duas ou mais condutas, comete **duas ou mais infrações penais**.

Quando se fala em concurso de crimes, significa que o agente efetivamente cometeu e, por isso, responderá pelas diversas infrações, não se confundindo com as situações relacionadas ao **princípio da consunção** em que, embora as condutas se amoldem em mais de um tipo penal, o agente só responde por um delito, ficando os demais absorvidos, quer por se tratar de crime-meio, quer por ser considerado *post factum* impunível. Aplica-se, por exemplo, o princípio da consunção quando o agente falsifica um cheque para cometer estelionato, ficando a falsificação do documento absorvida pelo crime contra o patrimônio por se tratar de crime-meio (Súmula n. 17 do Superior Tribunal de Justiça), ou quando o agente, após furtar um quadro, nele ateia fogo, ficando o delito de dano absorvido por se tratar de *post factum* impunível. Em suma, para que se possa cogitar de concurso de crimes, é preciso que não se mostrem presentes os requisitos para a aplicação do princípio da consunção (para mais detalhes sobre o tema, consultar o tópico **conflito aparente de normas**).

Quando há dois delitos em apuração em uma mesma ação penal, porém, cada um deles sendo atribuído a réu diverso, não se está diante de concurso de crimes. Esta expressão somente é usada para se referir a dois ou mais crimes cometidos **pela mesma ou pelas mesmas pessoas**, mediante uma ou mais condutas.

À primeira vista, se o agente cometeu dois ou mais delitos, deveria responder por todos, somando-se as penas. O legislador, contudo, percebendo que ocorreriam inúmeros exageros no montante da reprimenda, estabeleceu regras quanto à sua fixação nos casos de concurso de crimes, visando tornar mais justa a pena final. Suponha-se que o motorista de um ônibus, distraidamente, avance um sinal vermelho e colida com outro ônibus, provocando a morte de 60 pessoas. Caso sobrevivesse e as penas fossem somadas, estaria incurso em uma pena **mínima** de 160 anos de detenção (art. 302, parágrafo único, IV, do Código de Trânsito Brasileiro) — homicídio culposo na direção de veículo praticado por motorista profissional. Para tal situação, entretanto, o legislador previu o concurso formal de crimes, em que o piloto só recebe uma pena, aumentada de 1/6 até 1/2, de modo que, no exemplo acima, a pena máxima seria de 9 anos.

25.2. ESPÉCIES

As modalidades de concurso de crimes previstas no Código Penal são:

a) concurso **material** (art. 69);
b) concurso **formal** (art. 70);
c) crime **continuado** (art. 71).

25.3. CONCURSO MATERIAL

Dá-se o concurso material, nos termos do art. 69 do Código Penal, quando o agente, mediante **duas ou mais** ações ou omissões, comete **dois ou mais** crimes, **idênticos** ou **não**. Nesses casos, as penas são **somadas**.

O concurso material é também chamado de concurso **real** ou **cúmulo** material.

Só se pode cogitar de soma de penas **na sentença** se ambos os delitos estiverem sendo apurados na mesma ação penal. Para tanto, é necessária a existência de alguma forma de conexão entre eles, pois só assim se justifica a apuração no mesmo feito. É o que acontece, por exemplo, se o agente mata o marido para estuprar a esposa, quando se mostra presente a conexão teleológica. Em tal caso, os crimes são apurados em conjunto e o juiz, ao sentenciar o acusado, deve somar as penas dos crimes de homicídio qualificado e de estupro. Por sua vez, se os delitos não são conexos, cada qual deve ser apurado em um processo distinto e receber pena isoladamente (uma sentença para cada crime). A soma só acontecerá posteriormente, no juízo das execuções criminais. Ex.: um criminoso que pratica crimes de estupro e homicídio contra vítimas diversas e em locais distintos, não havendo qualquer ligação entre os delitos.

Importante salientar que, também no **crime continuado**, o sujeito comete dois ou mais crimes por meio de duas ou mais ações. Neste, entretanto, o juiz aplica uma só pena, aumentada de 1/6 a 2/3, porque os crimes são da **mesma espécie** e cometidos nas mesmas circunstâncias de tempo, local e modo de execução. Assim, a regra do **concurso material só pode ser aplicada quando faltar algum dos requisitos do crime continuado**.

25.3.1. Espécies

O concurso material pode ser:

a) **homogêneo:** quando os crimes cometidos forem **idênticos** (dois roubos, dois estupros etc.). Para o reconhecimento desta modalidade de concurso material, em que as infrações penais são da mesma espécie, é preciso que sejam diversas as circunstâncias de tempo, local ou modo de execução, pois, caso contrário, a hipótese seria de crime continuado. Haverá, portanto, concurso material, se os dois roubos foram cometidos em datas distantes um do outro, ou em cidades diferentes, ou, ainda, se foram cometidos por modos de execução distintos;

b) **heterogêneo:** quando os crimes praticados **não forem idênticos** (um furto e um estelionato; um estupro e um aborto etc.). Nestes casos, em que os delitos não são da mesma espécie, é fácil a distinção em relação ao crime continuado.

25.3.2. A soma das penas

A **soma** das penas propriamente dita só é possível quando os crimes cometidos forem apenados com a mesma espécie de sanção. Assim, se o réu for condenado por furto e estelionato (ambos apenados com reclusão) a 1 ano por cada um dos crimes, a pena final será de 2 anos de reclusão. O mesmo raciocínio se aplica se os delitos forem todos apenados com detenção. Se, entretanto, as penas privativas de liberdade previstas forem distintas, não haverá soma (no sentido aritmético). Em tais casos, estabelece a parte final do art. 69 que o juiz fixará as duas penas, **sem somá-las**, e o réu cumprirá primeiro a pena de reclusão e depois a de detenção.

25.3.3. Concurso material e penas restritivas de direitos

Estabelece o art. 69, § 1º, do Código Penal (já revogado tacitamente), que, quando ao agente tiver sido aplicada pena privativa de liberdade, não suspensa, por um dos crimes, para os demais será incabível a substituição por pena restritiva de direitos. A finalidade deste dispositivo era afirmar que, no caso de concurso material, se o condenado tivesse de cumprir pena privativa de liberdade por um dos delitos, em relação ao outro não caberia pena restritiva de direitos. Acontece que a Lei n. 9.714/98 alterou o capítulo das penas, criando algumas novas modalidades de penas restritivas de direitos, que podem ser cumpridas concomitantemente com a pena de prisão. Por isso, o art. 44, § 5º, do Código Penal estabelece que, quando o condenado já estiver cumprindo pena restritiva e sobrevier condenação a pena privativa de liberdade por outro crime, o juiz da execução deverá decidir a respeito da revogação da pena restritiva, podendo deixar de decretá-la, se for possível ao condenado cumprir a pena substitutiva anterior. Assim, atualmente é possível, ao contrário do que diz o art. 69, § 1º (que sofreu revogação tácita), que o juiz, em casos de concurso material, aplique para um dos delitos pena privativa de liberdade — a ser cumprida efetivamente em prisão — e, em relação ao outro, realize a substituição por pena restritiva de direitos compatível com o cumprimento da pena privativa de liberdade. Ex.: crime de lesão grave em que o juiz fixe pena de 2 anos e não possa substituir por pena restritiva de direitos porque envolve violência física, com condenação concomitante por delito de posse ilegal de arma de fogo, para o qual seja fixada pena de 1 ano, hipótese em que o juiz pode, em tese, substituir a última pena por prestação pecuniária.

Por sua vez, dispõe o art. 69, § 2º, do Código Penal que, quando forem aplicadas na sentença duas ou mais penas restritivas de direitos, o condenado cumprirá simultaneamente as que forem compatíveis entre si e sucessivamente as demais.

Após o advento da Lei n. 9.714/98, as penas restritivas de direitos nos crimes dolosos passaram a ser admitidas em condenações de até 4 anos, desde que não haja emprego de violência contra pessoa ou grave ameaça. Além disso, de acordo com a atual redação do art. 44, § 2º, do Código Penal, dada por aquela lei, na condenação superior a 1 ano (e inferior a 4), o juiz pode substituir a pena por uma restritiva e outra de multa, ou por **duas restritivas de direitos**. Suponha-se, então, que o réu seja condenado a 2 anos por um furto qualificado e mais 1 ano e 6 meses por uma apropriação indébita. A substituição por penas restritivas é cabível porque as penas somadas não superam 4 anos (se superassem, o juiz deveria fixar pena privativa de liberdade em regime inicial semiaberto). Discute-se, na prática, se o juiz somará as penas e ao final as substituirá por duas penas restritivas (ou por uma restritiva e outra de multa), ou se fará duas substituições (a primeira em relação ao furto e a segunda em relação à apropriação indébita), podendo aplicar, nesta hipótese, quatro penas restritivas ou duas restritivas e mais duas multas. Essa questão não seria relevante se todas as penas restritivas substituíssem as privativas de liberdade pelo mesmo tempo, pois seria irrelevante cumprir 3 anos e 6 meses de prestação de serviços à comunidade pela soma das penas, ou cumprir 2 anos pelo furto qualificado e depois mais 1 ano e 6 meses pela apropriação indébita (lembre-se de que o prazo prescricional é sempre individual em relação a cada crime, mas não corre durante o cumprimento da pena). Contudo, se adotada a última corrente, o juiz poderia fixar, por exemplo, penas de prestação de serviços à comunidade (uma pelo furto e outra pela apropriação) e mais duas prestações pecuniárias (uma para cada crime), hipótese em que o réu teria uma sanção a mais a cumprir (uma prestação pecuniária a mais). Parece-nos que esta é a orientação correta, pois é o que ocorreria se o sujeito sofresse duas condenações em processos distintos, não havendo razão para ser beneficiado pelo mero fato de os crimes, cometidos em concurso material, serem apurados nos mesmos autos.

25.3.4. A soma das penas prevista em dispositivos da Parte Especial do Código Penal

Em diversos crimes previstos no Código Penal, o legislador mencionou expressamente que a violência utilizada pelo agente como meio para sua execução e que cause lesão leve não fica **por ele absorvida**, constituindo, assim, exceção ao princípio da consunção. Ademais, em tais casos, o legislador adotou redação que leva à conclusão de que as penas serão **somadas**, ainda que tenha havido uma única ação criminosa. Vejamos os seguintes exemplos: a) no crime de injúria real (ofensa à honra por meio de agressão), a pena é de detenção, de 3 meses a 1 ano, e multa, **além da pena correspondente à violência** (art. 140, § 2º); b) no crime de constrangimento ilegal, o art. 146, § 2º, prevê que, **além das penas cominadas, aplicam-se as correspondentes à violência**; c) no crime de resistência, o art. 329, § 2º, estabelece que as penas deste artigo são aplicadas **sem prejuízo das correspondentes à violência**. Note-se que a redação dos dispositivos dá a clara noção de que as penas devem ser somadas, pois dizem que uma pena será aplicada além da outra ou sem prejuízo da outra. Por isso, se alguém agride um policial para não ser preso e acaba lesionando-o, serão somadas as penas dos crimes de resistência e de lesão corporal, embora a agressão tenha sido única.

Regras idênticas são encontradas, dentre outros crimes, nos de dano qualificado pelo emprego de violência (art. 163, parágrafo único, II), atentado contra a liberdade de trabalho (art. 197), coação no curso do processo (art. 344), exercício arbitrário das próprias razões (art. 345), evasão mediante violência contra pessoa (art. 352), arrebatamento de preso (art. 353), motim de presos (art. 354) etc.

25.4. CONCURSO FORMAL

Ocorre o concurso **formal**, nos termos do art. 70, *caput*, do Código Penal, quando o agente, mediante **uma única** ação ou omissão, pratica **dois** ou **mais** crimes, **idênticos** ou **não**. É também chamado de concurso **ideal**.

Se os delitos forem **idênticos**, o dispositivo determina que o juiz aplique **uma só** pena, aumentada **de 1/6 até 1/2** (**sistema da exasperação da pena**). É o chamado concurso formal **homogêneo**. Ex.: agindo com imprudência, o agente provoca um acidente no qual morrem duas pessoas. Nesse caso, o juiz aplica a pena de um homicídio culposo, no patamar de 1 ano (supondo-se que tenha optado pela pena mínima) e, na sequência, aumenta-a de 1/6, chegando ao montante final de 1 ano e 2 meses de detenção.

Se os delitos, todavia, **não forem idênticos**, temos o concurso formal **heterogêneo**, em que a lei determina que seja aplicada a pena do crime **mais grave**, aumentada também **de 1/6 até 1/2**. É o que ocorre, por exemplo, quando alguém, agindo com imprudência, provoca a morte de uma pessoa e lesões corporais na outra. Note-se que, aplicando-se a pena do crime mais grave (homicídio culposo), aumentada de 1/6, chegaremos à mesma pena do caso anterior (1 ano e 2 meses), muito embora, na situação anterior, tivessem sido praticados dois homicídios culposos.

25.4.1. Concurso material benéfico no concurso formal heterogêneo

Na hipótese de concurso formal **heterogêneo**, é possível que ocorra uma distorção na aplicação da pena. Com efeito, imagine-se um crime de **estupro de vulnerável** (art. 217-A) em concurso **formal** com o **de perigo de contágio de moléstia venérea** (art. 130, *caput*), ou seja, um sujeito acometido de sífilis que estupra uma jovem de 12 anos de idade. Suponha-se, então, que o juiz fixe a pena mínima para os dois delitos. No estupro, o mínimo é de 8 anos, e, no crime de perigo, é de 3 meses. Se as penas fossem **somadas**, atingiríamos o total de 8 anos e 3 meses, mas, se aplicássemos a regra do concurso formal, chegaríamos a uma pena de 9 anos e 4 meses (8 anos mais 1/6). Nesse caso, a regra do concurso formal, criada para beneficiar o acusado e evitar penas desproporcionais, estaria a prejudicá-lo. Atento a esse detalhe, o art. 70 do Código Penal, em seu parágrafo único, estabeleceu que a pena resultante da aplicação do concurso formal não pode ser superior àquela cabível no caso de soma das penas. Por isso, sempre que o montante da pena decorrente da aplicação do aumento de 1/6 até 1/2 (referente ao concurso formal) resultar em *quantum* superior à soma das penas, deverá ser desconsiderado tal índice e aplicada a pena resultante da **soma**. A essa hipótese, dá-se o nome de **concurso material benéfico**.

25.4.2. Critério para a exasperação da pena

A jurisprudência pacificou entendimento no sentido de que é o **número de crimes praticados** o critério que deve ser levado em conta pelo juiz para aplicar o índice de exasperação da pena. Assim, quando o sujeito, mediante uma única imprudência, provoca a morte de duas pessoas, deve ser aplicado o aumento mínimo de 1/6, porém, se o número de vítimas for maior, o índice, igualmente, deve ser maior. Quando o número de vítimas for exorbitante, é evidente que o índice aplicado deve ser o máximo previsto em lei (1/2). Nesse sentido: "Crimes de roubo. Concurso formal. Critérios de fixação da pena. Número de crimes. CP, art. 70. I. — Não se justifica o aumento da pena em um terço, em razão do concurso formal, se foram praticados apenas 2 (dois) crimes de roubo. Redução do acréscimo para o mínimo de um sexto" (STF, HC 77.210/SP, 2ª Turma, Rel. Carlos Velloso, *DJ* 07.05.1999, p. 2).

Há décadas, nossos tribunais fixaram os seguintes critérios para servir de parâmetro na aplicação da pena no concurso formal:

NÚMERO DE CRIMES	ÍNDICE DE AUMENTO
2	1/6
3	1/5
4	1/4
5	1/3
6 ou mais	1/2

25.4.3. Concurso formal perfeito e imperfeito

O instituto do concurso formal, com aplicação de uma só pena exasperada, poderia servir de estímulo a marginais inescrupulosos, que, **visando benefícios na aplicação da pena**, poderiam se utilizar de subterfúgios na execução do delito. Assim, se um desses bandidos quisesse cometer três homicídios poderia colocar fogo na casa onde estivessem as três vítimas ou prendê-las dentro de um carro e jogá-lo de um precipício. Teria, com isso, cometido três homicídios com uma só ação e poderia receber uma só pena com exasperação. Atento a essa possibilidade, o legislador criou, na 2ª parte do art. 70, *caput*, do Código Penal, o concurso formal **imperfeito** (ou **impróprio**), no qual as penas são **somadas**, como no concurso material, sempre que o agente, com uma só ação ou omissão dolosa, praticar **dois ou mais crimes**, cujos resultados ele **efetivamente visava** (**autonomia** de **desígnios** quanto aos resultados). No exemplo acima, portanto, o criminoso teria somadas as penas dos três homicídios cometidos com a ação única, já que os delitos são dolosos e o agente efetivamente queria matar as três vítimas. Assim, pode-se dizer que o concurso formal traz duas hipóteses de aplicação de pena:

a) concurso formal **próprio** (ou **perfeito**), no qual o agente **não tem autonomia de desígnios** em relação aos resultados e cuja consequência é a aplicação de uma só pena aumentada de 1/6 até 1/2;

b) concurso formal **impróprio** (ou **imperfeito**), no qual o agente atua com dolo direto em relação aos dois crimes, querendo provocar ambos os resultados, hipótese em que as penas são somadas.

Saliente-se que o concurso formal perfeito não é instituto exclusivo dos crimes culposos. Ao contrário, é o concurso formal imperfeito que pressupõe a existência de dolo **direto**, ou seja, a intenção específica de cometer ambos os delitos. Por exclusão, portanto, aplica-se a regra do concurso formal perfeito, em todas as outras hipóteses em que, com uma só ação ou omissão, o agente tenha cometido dois ou mais crimes. Existe, pois, concurso formal próprio: a) se os dois (ou mais) delitos forem culposos; b) se um crime for culposo, e o outro, doloso (como nas hipóteses de *aberratio ictus* e *aberratio criminis* com **duplo resultado**); c) se ambos os delitos forem fruto de dolo eventual; d) se um dos crimes for resultado de dolo direto, e o outro, decorrente de dolo eventual.

25.4.4. *Aberratio ictus* com duplo resultado

Já foi estudado anteriormente que a *aberratio ictus*, ou **erro de execução**, existe quando o agente, querendo atingir determinada pessoa, efetua o golpe, mas, por má pontaria ou outro motivo qualquer, acaba atingindo pessoa diversa da que pretendia, hipótese em que o art. 73 do Código Penal prevê que o agente responde como se tivesse atingido a pessoa visada. Pode acontecer, todavia, de o sujeito atingir quem pretendia e, por erro de execução, atingir também outra pessoa. Nesse caso, o agente responde por crime **doloso** em relação a quem pretendia matar e por delito **culposo** em relação ao outro. Em tal caso, a parte final do art. 73 diz que se aplica a regra do concurso formal. Como o agente queria apenas um dos resultados, aplica-se a regra da exasperação da pena (concurso formal perfeito).

25.4.5. *Aberratio criminis* com duplo resultado

Nesta modalidade, o sujeito quer cometer um crime e, por erro, comete outro. O exemplo sempre lembrado é o do agente que atira uma pedra querendo cometer crime de dano, mas, por erro, acerta uma pessoa que passava pelo local, causando-lhe lesões. Neste caso, o art. 74 do Código Penal estipula que o agente só responde pela lesão culposa, que absorve a tentativa de dano. Caso, porém, o agente atinja o bem que pretendia e, por erro, atinja também o outro, responde pelos **dois crimes em concurso formal**, conforme prevê a parte final do art. 74 do Código Penal. No exemplo acima, o agente responderia por crime de lesão culposa em concurso formal perfeito com o crime de dano.

25.5. CRIME CONTINUADO

O conceito de crime continuado encontra-se no art. 71, *caput*, do Código Penal. De acordo com tal dispositivo, "quando o agente, mediante **mais de uma ação ou omissão**, pratica **dois ou mais crimes** *da* **mesma espécie** e, pelas condições de **tempo**, **lugar**, **maneira** de **execução** e outras semelhantes, **devem os subsequentes ser havidos como continuação do primeiro**".

A finalidade do instituto é a de evitar a aplicação de penas exorbitantes, pois a consequência do reconhecimento da continuidade delitiva é a aplicação de uma só pena, aumentada de **1/6 a 2/3** (sistema da exasperação). Assim, quando um criminoso resolve, por exemplo, furtar estepes de veículos estacionados na rua e, em uma semana, consegue furtar 100 estepes de carros diferentes, ele, em tese, teria que receber uma pena mínima de 100 anos de reclusão, pois cometeu 100 crimes de furto simples que têm pena mínima de 1 ano cada. Ao se reconhecer o instituto do crime continuado em tal caso, a consequência será a aplicação de uma só pena aumentada de 1/6 a 2/3. Por isso, se aplicada a pena mínima ao furto (1 ano), aumentada no patamar máximo de 2/3, a pena final será de 1 ano e 8 meses. A diferença na pena, portanto, é enorme.

25.5.1. Aplicação da pena

No crime continuado, os delitos devem ser necessariamente **da mesma espécie**. Não há dúvida de que crimes cometidos em sua modalidade simples e também na qualificada, quando atingem exatamente os mesmos bens jurídicos, são tidos como da mesma espécie. É o que ocorre entre os crimes de furto simples e qualificado (o único bem jurídico atingido é o patrimônio). Por isso, o próprio art. 71, *caput*, do Código Penal, realça que, nas hipóteses de continuação criminosa, aplica-se a pena de um só dos crimes, se idênticas, ou **a mais grave**, **se diversas**, aumentada, em qualquer caso, de 1/6 a 2/3.

Tal como ocorre no concurso formal, o juiz, na escolha do *quantum* de exasperação, deve levar em conta o número de infrações perpetradas. Quanto maior o número de delitos componentes da continuação, maior deverá ser o índice de aumento. Há muito tempo, nossos tribunais fixaram os seguintes critérios para servir de parâmetro na aplicação da pena no crime continuado:

NÚMERO DE CRIMES	ÍNDICE DE AUMENTO
2	1/6
3	1/5
4	1/4
5	1/3
6	1/2
7 ou mais	2/3

A propósito: "A exasperação da pena do crime de maior pena, realizado em continuidade delitiva, será determinada, basicamente, pelo número de infrações penais cometidas, parâmetro este que especificará no caso concreto a fração de aumento, dentro do intervalo legal de 1/6 a 2/3. Nesse diapasão esta Corte Superior de Justiça possui o entendimento consolidado de que, em se tratando de aumento de pena referente à continuidade delitiva, aplica-se a fração de aumento de 1/6 pela prática de 2 infrações; 1/5, para 3 infrações; 1/4 para 4 infrações; 1/3 para 5 infrações; 1/2 para 6 infrações e 2/3 para 7 ou mais infrações" (STJ, HC 490.707/SC, Rel. Min. Ribeiro Dantas, 5ª Turma, julgado em 21.02.2019, *DJe* 01.03.2019); **e** "Relativamente à exasperação da reprimenda procedida em razão do crime continuado, é imperioso salientar que esta Corte Superior de Justiça possui o entendimento consolidado de que, cuidando-se aumento de pena referente à continuidade delitiva, aplica-se a fração de aumento de 1/6 pela prática de 2 infrações; 1/5, para 3 infrações; 1/4, para 4 infrações; 1/3, para 5 infrações; 1/2, para 6 infrações e 2/3, para 7 ou mais infrações" (STJ, REsp 1.582.601/DF, Rel. Min. Rogerio Schietti Cruz, 6ª Turma, julgado em 26.04.2016, *DJe* 02.05.2016).

25.5.2. Natureza jurídica

Existem três teorias a respeito:

a) Teoria da **unidade real**. Essa teoria, concebida por Bernardino Alimena, entende que as hipóteses de crime continuado constituem, em verdade, **crime único**.

b) Teoria da **ficção jurídica**. O crime continuado é constituído por uma pluralidade de crimes, mas, por ficção legal, é tratado como delito único no momento da aplicação da pena. Trata-se de teoria desenvolvida por Francesco Carrara e nitidamente adotada pelo Código Penal Brasileiro, que, ao definir crime continuado, menciona que o sujeito "pratica dois ou mais crimes", mas devem os subsequentes ser havidos como continuação do primeiro apenas para a fixação da pena. Tanto é verdadeira essa conclusão que o art. 119 do Código Penal prevê que, no caso de concurso de crimes, a extinção da punibilidade incidirá sobre a pena de cada um isoladamente.

c) Teoria **mista**. Para esta teoria, o crime continuado não constitui crime único nem concurso de crimes, e sim outra categoria (autônoma).

25.5.3. Requisitos

O art. 71 do Código Penal expressamente exige os seguintes requisitos para o reconhecimento do crime continuado:

a) Pluralidade de condutas. Tal como ocorre no concurso material, o crime continuado demanda a realização de **duas ou mais ações ou omissões** criminosas, opondo-se, portanto, ao instituto do concurso formal, que exige conduta única.

b) Que os crimes cometidos sejam da mesma espécie. São aqueles previstos **no mesmo tipo penal, simples** ou **qualificados, tentados** ou **consumados**. Desse modo, pode haver crime continuado entre furto simples e furto qualificado, mas não entre furto e apropriação indébita, entre furto e roubo ou entre roubo e extorsão etc. Nesse sentido: "o Plenário desta Corte, ao julgar em 12.4.84, os Embargos de Divergência n. 96.701, firmou o entendimento de que roubo e extorsão não são crimes da mesma espécie, não se admitindo, portanto, nexo de continuidade entre eles, mas sim concurso material" (STF, RE 104.063-7/SP, 2ª Turma, Rel. Min. Moreira Alves, *DJU* 17.05.1985, p. 7356); "Conforme entendimento pacífico desta Corte, não há continuidade delitiva entre os delitos de roubo e extorsão, porque de espécies diferentes" (STJ, HC 411.722/SP, Rel. Min. Maria Thereza de Assis Moura, 6ª Turma, julgado em 08.02.2018, *DJe* 26.02.2018); **e** "No que tange ao pedido de reconhecimento da continuidade delitiva entre os crimes de roubo duplamente majorado e furto qualificado, é pacífico o entendimento desta Corte no sentido que tais delitos, conquanto possam ser considerados do mesmo gênero, são de espécies diversas, o que obsta a incidência do art. 71 do Estatuto Repressor Penal. Precedentes" (STJ, HC 357.183/RS, Rel. Min. Ribeiro Dantas, 5ª Turma, julgado em 09.08.2016, *DJe* 23.08.2016); "Entretanto, em caso como o dos autos, nos quais foram cometidos os delitos de roubo e de furto, a jurisprudência desta Corte firmou-se no sentido de que não há como se reconhecer a continuidade delitiva entre os referidos delitos, pois são infrações penais de espécies diferentes e que têm definição legal autônoma. Precedentes" (STJ, HC 299.516/SP, Rel. Min. Reynaldo Soares da Fonseca, 5ª Turma, julgado em 21.06.2018, *DJe* 29.06.2018). É de se ressalvar, outrossim, que existe corrente que dá outra interpretação ao conceito de "crimes da mesma espécie", argumentando que devem ser assim entendidos aqueles cometidos mediante os mesmos modos de execução e que atinjam o mesmo bem jurídico. Para essa corrente, é admissível o reconhecimento da continuidade delitiva entre o roubo e a extorsão, já que ambos são cometidos mediante violência ou grave ameaça e atingem o mesmo bem jurídico (patrimônio), e entre furto mediante fraude e estelionato. Saliente-se, porém, que a interpretação amplamente dominante em termos doutrinários e jurisprudenciais é aquela mencionada anteriormente, que interpreta que são da mesma espécie apenas aquelas condutas que integram o **mesmo tipo penal** — simples ou qualificados, consumados ou tentados.

c) Que os crimes tenham sido cometidos pelo mesmo modo de execução (conexão modal). Por esse requisito, não se pode aplicar a regra do crime continuado entre dois roubos quando, por exemplo, um deles tiver sido cometido mediante **violência** e o outro, mediante **grave ameaça**.

d) Que os crimes tenham sido cometidos nas mesmas condições de tempo (conexão temporal). A jurisprudência vem admitindo o reconhecimento do crime continuado quando entre as infrações penais não houver decorrido período superior a 30 dias. A propósito: "quanto ao fator tempo previsto no art. 71 do Código Penal, a jurisprudência sedimentada no Supremo Tribunal Federal é no sentido de observar o limite de trinta dias que, uma vez extrapolado, afasta a possibilidade de se ter o segundo crime como continuação do primeiro" (STF, HC 69.896-4, Rel. Min. Marco Aurélio, *DJU* 02.04.1993, p. 5620); **e** "não ocorre a continuidade delitiva se o intervalo entre um crime e outro é superior a trinta dias. Precedentes. HC 69.896, HC

62.451, HC 69.305" (STF, HC 70.174-4, Rel. Min. Carlos Velloso, *DJU* 06.08.1993, p. 14904). É claro, entretanto, que não basta a ocorrência de fatos criminosos sem o interregno de 30 dias entre um e outro. Se ficar constatado tratar-se de criminoso profissional ou habitual, que comete crimes quase que diariamente como meio de vida, não tem direito ao benefício. Nesse sentido, vejam-se alguns julgados do Supremo Tribunal Federal no tópico seguinte — *unidade de desígnios como requisito do crime continuado*.

e) Que os crimes tenham sido cometidos nas mesmas condições de local (conexão espacial). Admite-se a continuidade delitiva quando os crimes forem praticados no mesmo local, em locais próximos ou, ainda, em bairros distintos da mesma cidade e até em cidades contíguas (vizinhas). Nesse sentido: "*o fato de serem diversas as cidades nas quais o agente perpetrou os crimes (São Paulo, Santo André e São Bernardo do Campo) não afasta a reclamada conexão espacial, pois elas são muito próximas umas das outras, e integram, como é notório, uma única região metropolitana*" (STF, Rel. Min. Xavier de Albuquerque, *RT* 542/455).

- **Unidade de desígnios como requisito do crime continuado**

Existe séria divergência em torno de a unidade de desígnios por parte do criminoso ser requisito do crime continuado. As teorias sobre o tema são as seguintes:

a) teoria **objetiva pura:** o crime continuado exige **somente** os requisitos de ordem **objetiva** elencados no art. 71 do Código Penal — que os crimes sejam da mesma espécie e cometidos nas mesmas circunstâncias de tempo, local e modo de execução. **A lei não exige qualquer requisito de ordem subjetiva**, dispensando a verificação quanto à finalidade do agente ao reiterar a ação delituosa;

b) teoria **objetivo-subjetiva:** a continuação delitiva pressupõe a coexistência dos requisitos **objetivos** e **subjetivo** (**unidade de desígnios**), ou seja, só pode ser reconhecida quando demonstrada a **prévia intenção** de cometer vários delitos em continuação. Esta teoria é também chamada de **mista**. De acordo com ela, existe crime continuado quando, por exemplo, o caixa de um estabelecimento subtrai diariamente certa quantia em dinheiro da empresa, não o configurando, entretanto, a hipótese de assaltante que rouba aleatoriamente casas diversas, sem que haja qualquer vínculo entre os fatos, de forma a demonstrar que se trata de **criminoso contumaz**, habitual, que não merece as benesses legais.

O Código Penal, com a reforma da Parte Geral ocorrida em 1984, em decorrência da Lei n. 7.209/84, **adotou a teoria puramente objetiva**, já que isto consta **expressamente** do item n. 59 da **Exposição de Motivos**. Ademais, não há qualquer menção à unidade de desígnios como requisito do instituto no texto legal, não podendo o intérprete da lei exigir requisitos que esta não traz, ainda mais quando se trata de norma benéfica. Essa conclusão é pacífica na doutrina. Na jurisprudência, entretanto, nossos tribunais, principalmente os superiores, têm se mostrado reticentes em aplicar a teoria objetiva pura, exigindo a unidade de desígnios para o reconhecimento do crime continuado, a fim de limitar o benefício, excluindo-o em casos de criminoso habitual ou profissional. Nesse sentido: "Crime continuado. Necessidade de presença dos elementos objetivos e subjetivos. Reiteração habitual. Descaracterização. Ordem denegada. 1. Para a caracterização do crime continuado faz-se necessária a presença tanto dos elementos objetivos quanto dos subjetivos. 2. Constatada a reiteração habitual, em que as condutas criminosas são autônomas e isoladas, deve ser aplicada a regra do concurso material de crimes. 3. A continuidade delitiva, por implicar verdadeiro benefício àqueles delinquentes que, nas mesmas circunstâncias de tempo, modo e lugar de execução, praticam crimes da mesma espécie, deve ser aplicada somente aos acusados que realmente se mostrarem dignos de receber a benesse" (STF, HC 101.049/RS, 2ª Turma, Rel. Min. Ellen Gracie, *DJe* 21.05.2010, p. 968); "Impende registrar, por oportuno, que 'esta Corte, ao interpretar o art. 71 do CP, adota a teoria mista, ou objetivo-subjetiva, segundo a qual caracteriza-se a ficção jurídica do crime continuado quando preenchidos tanto os requisitos de ordem objetiva — mesmas condições de tempo, lugar e modo de execução do delito —, quanto o de ordem subjetiva — a denominada unidade de desígnios ou vínculo subjetivo entre os eventos criminosos, a exigir a demonstração do entrelaçamento entre as condutas delituosas, ou seja, evidências no sentido de que a ação posterior é um desdobramento da anterior' (AgRg no HC 426.556/MS, Rel. Min. Nefi Cordeiro, 6ª Turma, julgado em 22.03.2018, *DJe* 03.04.2018)" (STJ, AgRg no HC 438.232/SP, Rel. Min. Reynaldo Soares da Fonseca, 5ª Turma, julgado em 17.05.2018, *DJe* 30.05.2018); "A jurisprudência desta Corte adota a teoria mista para o reconhecimento do crime continuado, previsto no art. 71 do Código Penal, de modo que sua configuração demanda o preenchimento dos requisitos objetivos contidos no dispositivo (mesmas condições de tempo, lugar e modo de execução) bem como do subjetivo, qual seja, a existência da unidade de desígnios entre os delitos praticados. Precedentes do STJ e do STF: HC 110.002, Relator(a): Min. Teori Zavascki, Segunda Turma, julgado em 09.12.2014, processo eletrônico *DJe*-250, divulgado em 18.12.2014, publicado em 19.12.2014; RHC 117.702, Relator Min. Gilmar Mendes, Segunda Turma, julgado em 26.11.2013, processo eletrônico *DJe*-241, divulgado em 06.12.2013, publicado em 09.12.2013; RHC 107.761, Relator Min. Dias Toffoli, Primeira Turma, julgado em 09.08.2011, *DJe*-175, divulgado em 12.09.2011, publicado em 13.09.2011, ement vol-02585-01 pp-00170; HC 95.753, Relator Min. Carlos Britto, Primeira Turma, julgado em 11.11.2008, *DJe*-148, divulgado em 06.08.2009, publicado em 07.08.2009, ement vol-02368-03 pp-00602" (STJ, AgRg no AREsp 1247561/DF, Rel. Min. Reynaldo Soares da Fonseca, 5ª Turma, julgado em 10.04.2018, *DJe* 18.04.2018).

- **Distinção entre crime habitual e continuado**

No crime **habitual**, a **tipificação** pressupõe a **reiteração de condutas**. A prática de um ato isolado não constitui crime. Ex.: curandeirismo (art. 284 do CP). Na continuação delitiva, cada conduta isoladamente constitui crime, mas, em virtude de estarem presentes os requisitos legais, aplica-se uma só pena seguida de exasperação.

25.5.4. Crime continuado qualificado ou específico

A reforma da Parte Geral decorrente da Lei n. 7.209/84 fez cessar discussão até então existente em torno da possibilidade do reconhecimento da continuação entre crimes violentos contra vítimas diferentes, como em casos de homicídio, roubo, estupro etc. Com efeito, a atual redação do art. 71, parágrafo único, do Código Penal **expressamente admite** a continuação delitiva ainda que os crimes sejam **dolosos**, cometidos contra **vítimas diferentes** e com emprego de **violência** à pessoa ou **grave ameaça**. Ocorre que, nesses casos, o juiz poderá até **triplicar** a pena de um dos crimes (se idênticos) ou do mais grave (se diversas as penas), considerando, para tanto, os **antecedentes** do acusado, sua **conduta social**, sua **personalidade**, bem como os **motivos** e as **circunstâncias** dos crimes. É evidente, todavia, que a hipótese de triplicação da pena só existirá se forem cometidos três ou mais crimes, pois, caso contrário, o crime continuado poderia acabar implicando pena maior do que a obtida com a soma delas. Assim, se foram praticados dois crimes, o juiz, no caso concreto, poderá apenas somar as respectivas penas. O instituto do crime continuado qualificado tem sido aplicado, por exemplo, em situações de chacina, em que os assassinos matam várias vítimas, ou de crimes de estupro cometidos contra vítimas diversas. A propósito: "ao paciente foi reconhecida a presença de continuidade específica nas tentativas de homicídio duplamente qualificado. O aumento da pena em razão do crime continuado se fundamentou na regra consoante a qual nos crimes dolosos, contra vítimas diferentes, cometidos com violência ou grave ameaça à pessoa, poderá o juiz aumentar a pena de um só dos crimes, se idênticas, ou a mais grave, se diversas até o triplo (CP, art. 71, parágrafo único), levando em consideração as circunstâncias judiciais do art. 59, do Código Penal, especialmente as de índole subjetiva. 8. Houve adequada e expressa fundamentação no acórdão do Tribunal de Justiça a respeito do fator de aumento da pena corporal em razão do crime continuado específico, havendo apenas o limite de a pena fixada pelo crime continuado não ultrapassar a pena do concurso material, o que foi rigorosamente observado no julgamento da apelação" (STF, HC 92.819/RJ, 2ª Turma, Rel. Min. Ellen Gracie, *DJe* 15.08.2008, p. 841).

- **Concurso material benéfico**

Nos termos já explicitados no tópico anterior, deve-se ressaltar que o próprio parágrafo único do art. 71 do Código Penal ressalva, também em relação à continuidade delitiva, o cabimento do concurso **material benéfico** (para que as penas sejam somadas), quando a aplicação do triplo da pena (no crime continuado qualificado) puder resultar em pena superior à eventual soma. É que, de acordo com o dispositivo, o juiz pode triplicar a pena do crime **mais grave**. Suponha-se, assim, que haja continuidade entre dois homicídios simples e um qualificado pelo motivo torpe. Se o juiz triplicar a pena do crime qualificado, chegará a uma pena mínima de 36 anos. Todavia, se somar as penas dos dois homicídios simples com a do qualificado, a pena mínima será de 24 anos. Dessa forma, em tal situação as penas devem ser somadas como no concurso material.

25.5.5. Denominações do crime continuado

Existem, destarte, duas espécies de crime continuado: a modalidade **simples** ou **comum**, prevista no *caput* do art. 71, em que o juiz aplica o sistema da exasperação da pena ao **crime mais grave**, e a modalidade **qualificada** ou **específica**, em que o juiz pode somar as penas até o triplo da pena prevista, também para o crime mais grave.

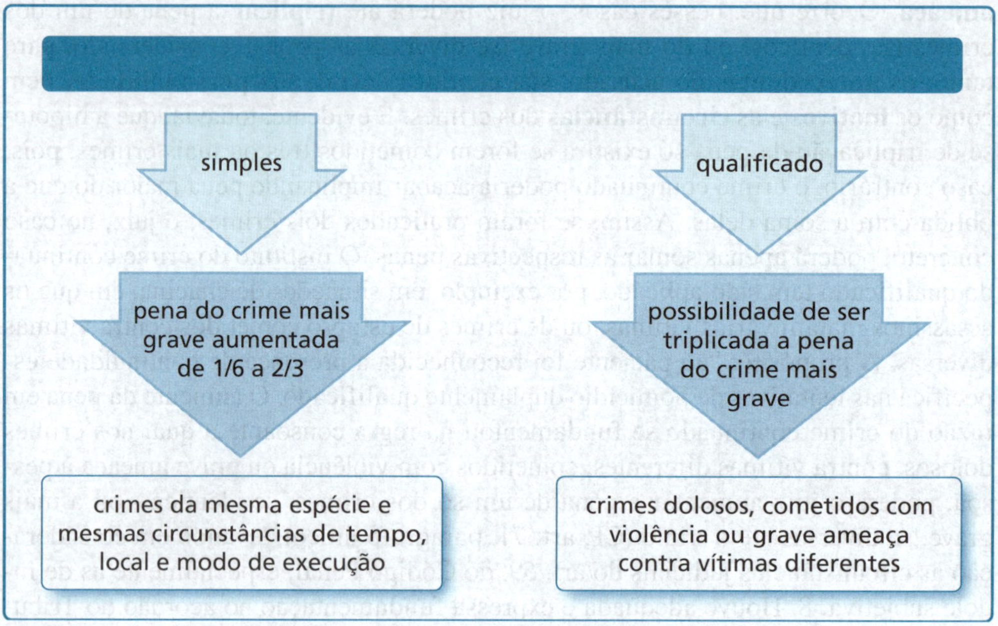

25.5.6. Superveniência de lei nova mais gravosa no interregno entre as condutas que compõem o crime continuado

Nos termos da Súmula n. 711 do Supremo Tribunal Federal, **a lei penal mais grave** aplica-se ao crime continuado, se a sua vigência **for anterior à cessação da continuidade**. Assim, se alguém cometeu três crimes de estelionato em dias diversos e, ao praticar o último dos crimes, já havia uma nova lei tornando mais alta a pena do estelionato, a pena será aplicada com base na nova lei. Não se trata de retroatividade de lei mais grave, mas sim de aplicação da nova lei a fato cometido já na sua vigência.

25.5.7. Unificação das penas

Se na sentença não tiver sido possível aplicar o sistema da **exasperação** da pena decorrente do **concurso formal** ou do **crime continuado** por terem sido instauradas **ações penais distintas** para cada um dos fatos criminosos, será possível que, no juízo das execuções, seja feita a **unificação**. Assim, no momento em que o juiz de referida vara verificar a presença dos requisitos do concurso formal ou do crime continuado, decorrentes de condenações lançadas em sentenças diversas (por crimes distintos), deverá, em vez de somar as penas, desprezar uma delas, mantendo apenas a mais grave, e, em seguida, aplicar o índice de exasperação de que tratam os arts. 70 e 71 do Código Penal.

■ 25.5.8. Prescrição dos crimes cometidos em continuação ou em concurso formal

De acordo com o art. 119 do Código Penal, "no caso de concurso de crimes, a extinção da punibilidade incidirá sobre a pena de cada um, isoladamente".

Por sua vez, a Súmula n. 497 do Supremo Tribunal Federal estabelece que, "quando se tratar de crime continuado, a prescrição regula-se pela pena imposta na sentença, não se computando o aumento decorrente da continuação". Assim, quando um policial é acusado de receber propinas de diversos motoristas em momentos diversos, incorre em pena de 2 anos por cada um dos crimes de corrupção passiva (art. 317), porém, tendo em vista a continuidade delitiva, o juiz lhe aplica somente uma pena aumentada, por exemplo, em 1/3, totalizando 2 anos e 8 meses. Esta última pena, por ser superior a 2 anos, prescreveria em 8 (art. 109, IV), contudo, de acordo com o art. 119 do Código Penal e da Súmula n. 497, a prescrição deve levar em conta a pena de 2 anos, ocorrendo, assim, em 4 anos (art. 109, V). Em suma, o réu deve cumprir 2 anos e 8 meses de reclusão, mas a prescrição leva em conta a pena de cada um dos delitos (2 anos).

■ 25.6. CONCURSO DE CRIMES E SUSPENSÃO CONDICIONAL DO PROCESSO

A suspensão condicional do processo é benefício descrito no art. 89 da Lei n. 9.099/95, cuja premissa é a pena mínima em abstrato do delito **não superar 1 ano**. A lei prevê ainda que o réu deve ser primário e que não pode estar sendo processado por outro crime, devendo, ainda, serem favoráveis as demais circunstâncias judiciais.

Em relação ao **montante da pena mínima**, leva-se em conta o crime **mais grave** com a exasperação **mínima** do concurso **formal** ou do crime **continuado**, que é de 1/6, ou, no caso do concurso **material**, as penas mínimas devem ser **somadas**. Por isso, se alguém está sendo acusado por dois crimes de furto simples, em concurso formal ou em continuação delitiva, a pena mínima é de 1 ano e 2 meses (pena de 1 ano pelo furto simples acrescida de 1/6), não cabendo a suspensão condicional do processo. Da mesma maneira, se alguém está sendo processado por três crimes que possuem pena mínima de 6 meses, em concurso material, a conclusão é de que igualmente não cabe o benefício porque o mínimo de pena é de 1 ano e 6 meses. Nesse sentido, foram aprovadas duas súmulas:

1) Súmula n. 723 do Supremo Tribunal Federal: "não se admite a suspensão condicional do processo por crime continuado, se a soma da pena mínima da infração mais grave com o aumento mínimo de 1/6 for superior a 1 ano".

2) Súmula n. 243 do Superior Tribunal de Justiça: "o benefício da suspensão condicional do processo não é aplicável em relação às infrações penais cometidas em concurso material, concurso formal ou continuidade delitiva, quando a pena mínima cominada, seja pelo somatório, seja pela incidência da majorante, ultrapassar o limite de 1 ano".

■ 25.7. DIFERENÇA ENTRE PLURALIDADE DE AÇÕES E PLURALIDADE DE ATOS E SUA IMPORTÂNCIA NA CONFIGURAÇÃO DE CRIME ÚNICO, CONCURSO FORMAL OU CRIME CONTINUADO

Atente-se ao fato de que o Código Penal, ao tratar do concurso formal, exige **unidade de ação** (ou omissão), enquanto ao regulamentar o concurso material e o crime continuado exige **pluralidade de ações** (ou omissões). Esta, todavia, não se confunde com unidade ou pluralidade de **atos**. Uma ação é sinônimo de **contexto fático único**, que pode ser cindido em vários atos. Além disso, na apreciação do concurso de crimes, deve-se levar em conta a existência ou não de lesão a mais de um bem jurídico. Vejamos os seguintes casos:

a) Quando, **em uma mesma ocasião**, o agente penetra diversas vezes o pênis na vítima do crime de estupro, estamos diante de crime único (uma ação e vários atos contra a mesma vítima). Se, entretanto, o pai, valendo-se da convivência no lar, estupra a própria filha em dias diversos, temos crime continuado na modalidade simples (mais de uma ação contra a mesma vítima). Se o agente estupra mulheres diferentes em um mesmo contexto fático (uma de cada vez, evidentemente) ou em ocasiões próximas, temos pluralidade de ações, aplicando-se o crime continuado qualificado.

b) Se o sujeito mata a vítima com várias facadas, há crime único de homicídio, pois apenas **uma vida** foi ceifada. Trata-se de ação única composta de diversos atos (facadas). Não se caracteriza o concurso formal por ter havido uma só morte (um só resultado).

Por sua vez, se, por imprudência, ele provoca, na mesma colisão de veículos, a morte de duas pessoas, incorre em concurso formal (ação única com pluralidade de vítimas).

Se o sujeito com uma única explosão mata, concomitante e dolosamente, os dois ocupantes de um carro, responde por dois crimes em concurso formal (impróprio). Houve uma ação (explosão) com duplo resultado morte, havendo autonomia de desígnios quanto a estes.

Se o sujeito, sucessivamente, atira e mata pessoas diversas (várias ações e vítimas), incorre no crime continuado qualificado.

▪ Infrações penais com tipo misto alternativo

Existem inúmeros crimes na legislação penal que são formados por mais de um "verbo" (núcleo) separados pela conjunção alternativa "ou". No art. 122 do Código

Penal, por exemplo, pune-se quem induz, instiga **ou** auxilia outrem a cometer suicídio ou automutilação. Nos crimes dessa natureza, a realização de uma das condutas típicas já é suficiente para caracterizar a infração penal, porém a realização de mais de uma delas, desde que em relação à mesma vítima, configura **crime único** e não continuado. Ex.: pessoa que convence a vítima a se matar (induzimento) e que, posteriormente, fornece-lhe veneno para que seja utilizado no ato suicida (auxílio) responde por um só delito.

Esta espécie de infração penal composta por vários núcleos separados pela partícula "ou" encontra diversas denominações na doutrina — **crime de ação múltipla, crime de conteúdo variado, delito com tipo misto alternativo** etc.

Interessante analisar tal questão em relação ao crime **de tráfico de drogas**, pois, em geral, os traficantes cometem esta forma de delito de modo reiterado. O tráfico, previsto no art. 33, *caput*, da Lei n. 11.343/2006, é composto por dezoito verbos separados pela conjunção "ou". Assim, a pluralidade de ações **envolvendo a mesma droga** constitui crime único por se tratar de fases sucessivas do mesmo ilícito. Ex.: adquirir, transportar e depois vender o mesmo lote de droga. Por outro lado, não haverá crime único quando as condutas recaírem em cargas diversas de entorpecentes sem ligação fática entre elas. Assim, se uma pessoa compra e depois vende um quilo de cocaína e, na semana seguinte, compra e vende mais dois quilos, responde por dois delitos em continuação delitiva, já que a forma de execução foi a mesma (compra e posterior venda). Se, entretanto, o agente importa um carregamento de maconha do Paraguai e produz concomitantemente cocaína no Brasil, os **meios executórios** e as condutas são diversas, incorrendo o traficante em concurso material.

▪ Aborto de gêmeos

O abortamento criminoso de gêmeos necessita de apreciação em torno do **dolo** do sujeito ativo. Com efeito, quando uma mulher anuncia a gestação, há uma presunção de que se trata de feto único, posto que a gravidez de gêmeos ocorre, aproximadamente, na proporção de uma para cada duzentas. É evidente, contudo, que, após a realização de ultrassom ou outro exame específico, torna-se conhecido o fato de a mulher estar esperando dois bebês. Assim, a solução é muito simples. Se o agente provoca o aborto em gêmeos, **sem conhecer** este aspecto, responde por crime **único**, pois puni-lo pelos dois delitos seria responsabilidade objetiva (não há dolo em relação a um dos resultados e não existe crime culposo de aborto). Se o agente, contudo, **sabia** que eram gêmeos e, ainda assim, realizou a manobra abortiva contra ambos, responde por dois delitos em concurso formal. Em tais casos, é possível dizer que houve dolo **direto** (autonomia de desígnios) em relação aos dois delitos, devendo o agente ter as penas somadas por se tratar de concurso formal **imperfeito**.

▪ Lesões corporais e concurso de crimes

Se, **em contexto fático único**, o agente desfere inúmeros golpes contra a vítima, provocando diversas lesões em seu corpo (no rosto, nas pernas, no braço etc.), responde por crime **único**. Se, entretanto, uma dessas lesões for **grave** e as demais leves, o agente responderá somente pela modalidade mais grave. Às vezes, ocorre de o agente agredir a vítima em oportunidades diversas, hipótese que configura o crime continuado. Assim, se o marido agride a esposa em dias seguidos, provocando-lhe lesões, comete o crime de lesão corporal qualificado pela violência doméstica (art. 129, § 9º, do CP), em continuidade delitiva. Como se trata de uma só vítima, o juiz deve aplicar uma só pena, aumentada de 1/6 a 2/3 (crime continuado simples).

- **Roubo e concurso de crimes**

Quando o roubador, com uma arma, ameaça duas pessoas na rua, mas subtrai objetos de apenas uma delas (sequer tentando levar pertences da outra), responde por crime **único** de roubo, na medida em que houve lesão patrimonial única. Se, entretanto, leva bens das duas (duplo resultado), responde por dois crimes de roubo em concurso **formal**. A jurisprudência entende tratar-se de ação única (grave ameaça concomitante contra ambas), composta de dois atos (subtrações).

Se os assaltantes fazem uma espécie de "arrastão" em um prédio, adentrando sequencialmente nos diversos apartamentos que compõem o edifício e subtraindo pertences dos moradores, respondem por delitos de roubo em **continuidade delitiva**. A pluralidade de ações está clara, na medida em que os ladrões realizaram diversas abordagens e ingressaram sucessivamente nos apartamentos.

Latrocínio e roubo simples não são crimes da mesma espécie porque, embora o latrocínio seja uma das modalidades de roubo qualificado, contém uma considerável diferença em relação à figura simples, qual seja, afeta a vida além do patrimônio. Os bens jurídicos atingidos, portanto, não são exatamente os mesmos, de modo que entre tais delitos há sempre **concurso material**. Ex.: agente que rouba um banco e mata o segurança e, na fuga, rouba também um carro que estava nas proximidades.

- **Receptação e concurso de crimes**

Se o receptador compra vários bens furtados da mesma vítima, incorre em crime único. Se, todavia, compra, de uma só vez, objetos que foram furtados de vítimas diversas, ciente disso, responde pelos delitos em concurso formal.

- **Associação criminosa e concurso de crimes**

É pacífico o entendimento doutrinário e jurisprudencial no sentido de que o delito de associação criminosa (art. 288 do CP, com a redação dada pela Lei n. 12.850/2013) é **formal**, isto é, consuma-se no exato instante em que os seus componentes entram em acordo e se associam com a finalidade de cometer crimes. Caso eles, posteriormente, cometam efetivamente as infrações para as quais se uniram, responderão por todas elas em concurso **material** com o delito de associação criminosa.

- **Coexistência de duas formas de concurso de crimes**

Não existe grande dificuldade quando se trata de coexistência de concurso **material** com uma das outras modalidades de concurso. Assim, se uma pessoa comete um estupro em concurso material com dois crimes de furto, estes em concurso formal entre si, o juiz deve aplicar a pena de um dos furtos, com o acréscimo de 1/6 a 1/2 (decorrente do concurso formal) e, em seguida, somar com a pena do estupro. O mesmo raciocínio vale quando o agente comete um crime em concurso material com outros em relação aos quais exista continuidade delitiva. Ex.: um delito de associação criminosa em concurso material com estelionatos em continuidade.

Dificuldade maior se apresenta quando se trata de concomitância entre concurso formal e crime continuado. Suponha-se que alguém, mediante única ação, tenha cometido estelionato contra duas pessoas em determinada data e, no dia seguinte, praticado novo estelionato contra outra vítima. Nesse caso, existe concurso formal nos delitos cometidos na primeira ocasião em continuidade delitiva com o último crime. A conclusão é a de que o juiz deve aplicar dois acréscimos sucessivamente (primeiro o aumento de 1/6 do concurso formal e, em seguida, o aumento de 1/6 do crime continuado). Há, entretanto, quem entenda que este procedimento prejudica o réu porque a aplicação de um aumento sobre o outro gera pena maior. Em razão disso, existe outra corrente no sentido de que o juiz deve aplicar somente o acréscimo do crime continuado, mas com exasperação acima da mínima (por serem três crimes).

No sentido de que ambos os acréscimos devem incidir: "Direito penal e processual penal. Crimes de estelionato. Concurso formal e continuidade delitiva (crime continuado). Artigos 70 e 71 do Código Penal. *Habeas corpus*. Alegação de *bis in idem*. Inocorrência. 1. Correto o Acórdão impugnado, ao admitir, sucessivamente, os acréscimos de pena, pelo concurso formal, e pela continuidade delitiva (artigos 70, *caput*, e 71 do Código Penal), pois o que houve, no caso, foi, primeiramente, um crime de estelionato consumado contra três pessoas e, dias após, um crime de estelionato tentado contra duas pessoas inteiramente distintas. Assim, sobre a pena-base deve incidir o acréscimo pelo concurso formal, de modo a ficar a pena do delito mais grave (estelionato consumado) acrescida de, pelo menos, um sexto até metade, pela coexistência do crime menos grave (art. 70). E como os delitos foram praticados em situação que configura a continuidade delitiva, também o acréscimo respectivo (art. 71) é de ser considerado. 2. Rejeita-se, pois, com base, inclusive, em precedentes do S.T.F., a alegação de que os acréscimos pelo concurso formal e pela continuidade delitiva são inacumuláveis, em face das circunstâncias referidas. 3. 'H.C.' indeferido" (STF, HC 73.821/RJ, 1ª Turma, Rel. Min. Sydney Sanches, *DJ* 13.09.1996, p. 219); **e** "no concurso formal e crime continuado, incidem os aumentos correspondentes a essas duas causas, distintas e sucessivamente" (Tacrim/SP, Ap. 472.853, Rel. Juiz Haroldo Luz, 25.05.1987).

Entendendo que deve incidir somente o acréscimo do crime continuado: "Crime de roubo qualificado. Coautores. Concurso formal. Continuidade delitiva. *Non bis in idem* (arts. 70 e 71 do CP). Em situação de aparente e simultânea incidência da norma de concurso formal e da de continuidade delitiva, é correto o entendimento de que a unificação das penas, com o acréscimo de fração a pena básica encontrada, se faça apenas pelo critério da continuidade delitiva, por mais abrangente. Recurso extraordinário não conhecido" (STF, RE 103.244/SP, 1ª Turma, Rel. Min. Rafael Mayer, *DJ* 22.11.1985, p. 25); **e** "crime continuado. Concurso formal. A regra do concurso formal foi concebida em favor do réu, e só há de ser aplicada quando efetivamente lhe trouxer proveito. Mesmo havendo, entre dois dos crimes integrantes do nexo de continuidade delitiva, concurso formal, apenas um aumento de pena — o do crime continuado — deve prevalecer" (STF, RE 101.925/SP, 2ª Turma, Rel. Min. Francisco Rezek, *DJ* 14.03.1986, p. 3389).

■ 25.8. CONCURSO DE CRIMES E PENA DE MULTA

Qualquer que seja a hipótese de concurso (material, formal ou crime continuado), a pena de multa será aplicada **distinta** e **integralmente**, não se submetendo, pois, a índices de aumento. É o que diz expressamente o art. 72 do Código Penal. Assim, considerando, por exemplo, que o furto simples possui penas de reclusão, de 1 a 4 anos, **e multa**, caso seja reconhecido o concurso formal entre dois furtos, o juiz poderá aplicar a pena de 1 ano, por um dos crimes, e aumentá-la de 1/6, atingindo o patamar de 1 ano e 2 meses; entretanto, em relação às multas o juiz terá de fixar pelo menos 10 dias-multa para cada infração penal, atingindo o patamar mínimo de 20 dias-multa.

O Superior Tribunal de Justiça, todavia, firmou entendimento de que a regra do art. 72 é inaplicável quando se tratar de **crime continuado** com o argumento de que, por ficção, a lei determina que seja o fato interpretado como crime único (e não como concurso de crimes). Assim, quanto ao crime continuado, deve ser aplicado o sistema da exasperação, mesmo no que se refere à pena pecuniária. Nesse sentido: "A jurisprudência desta Corte assentou compreensão no sentido de que o art. 72 do Código Penal é restrito às hipóteses de concursos formal ou material, não sendo aplicável aos casos em que há reconhecimento da continuidade delitiva. Desse modo, a pena pecuniária deve ser aplicada conforme o regramento estabelecido para o crime continuado, e não cumulativamente, como procedeu a Corte de origem" (STJ, AgRg no AREsp 484.057/SP, Rel. Min. Jorge Mussi, 5ª Turma, julgado em 27.02.2018, *DJe* 09.03.2018).

■ 25.9. LIMITE DAS PENAS PRIVATIVAS DE LIBERDADE NOS CRIMES

A fim de evitar punições de caráter perpétuo, conforme vedação do art. 5º, XLVII, *b*, da Constituição Federal, o art. 75, *caput*, do Código Penal estabelece que **o cumprimento das penas privativas de liberdade não pode ser superior a 40 anos**[1]. Ademais, quando o agente for condenado, em processos distintos, a penas privativas de liberdade cuja soma seja superior a 40 anos, devem elas ser unificadas para atender ao limite máximo previsto no dispositivo (§ 1º).

[1] Até o advento da Lei n. 13.964/2019 esse limite era de 30 anos.

Essas regras não obstam a **aplicação** de penas superiores a 40 anos, hipótese razoavelmente comum quando o agente pratica **vários crimes** de intensa gravidade e as penas somadas atingem patamares muitas vezes superiores a 500 anos. A lei veda apenas que o condenado **cumpra** mais de 40 anos de prisão em face da pena imposta. Assim, sendo o réu condenado a 300 anos de reclusão, poderá permanecer no cárcere apenas por 40 anos. Veja-se, entretanto, que, para o condenado conseguir o **livramento condicional**, deve cumprir **1/3 da pena** (em se tratando de crime comum e de pessoa primária). Essa terça parte, evidentemente, não pode ter por base de cálculo o limite de 40 anos, pois, se assim fosse, a pessoa condenada a 300 anos acabaria obtendo a liberdade com 13 anos e 4 meses de cumprimento da pena. Por isso, o índice de 1/3 para a obtenção do livramento condicional deve ser aplicado sobre a pena total (300 anos no exemplo acima). Dessa forma, o benefício só seria cabível após 100 anos, fator que torna incabível o livramento na hipótese concreta, uma vez que, após 40 anos, o sentenciado obterá sua liberdade em definitivo pela extinção da pena em razão da regra do art. 75. Nesse sentido, existe a **Súmula n. 715** do Supremo Tribunal Federal, "a pena unificada para atender ao limite de 30[2] anos determinada pelo art. 75 do Código Penal não é considerada para a concessão de outros benefícios, como o livramento condicional ou regime mais favorável de execução".

- **Limite das penas privativas de liberdade nas contravenções penais**

De acordo com o art. 10 da Lei das Contravenções Penais, a duração da pena de **prisão simples não pode, em caso algum, ser superior a 5 anos**.

- **Superveniência de nova condenação após o início do cumprimento da pena e o limite de 40 anos do art. 75**

O art. 75, § 2º, do Código Penal estabelece que, se o réu for condenado por novo fato criminoso, praticado após o início do cumprimento da pena, far-se-á nova unificação, desprezando-se, para esse fim, o período de pena já cumprido. Ex.: suponha-se uma pessoa condenada a 40 anos, que tenha cumprido 15 de sua pena. Resta-lhe, portanto, cumprir outros 25 anos. Imagine-se, em seguida, que o sentenciado sofra condenação a 20 anos de reclusão pela morte de um companheiro de cela. Nesse caso, os 25 anos restantes da primeira condenação deverão ser somados aos 20 anos aplicados na segunda sentença, chegando-se a um total de 45 anos. Desse modo, a partir da segunda condenação, terá o condenado de cumprir mais 40 anos de pena (para se respeitar o limite do art. 75). Essa regra é extremamente criticada pela doutrina, pois praticamente assegura a impunidade por crimes cometidos **logo no início** do cumprimento da execução, por pessoas que já tenham longa pena a cumprir.

---

2 Após a entrada em vigor da Lei n. 13.964/2019, o prazo passou a ser de 40 anos.

25.10. CONCURSO ENTRE CRIMES E CONTRAVENÇÕES

No concurso de **infrações**, executar-se-á inicialmente a pena mais grave (art. 76). Esse dispositivo se refere ao concurso entre **crime** e **contravenção** penal em que as penas de reclusão ou detenção devem ser executadas antes da pena de prisão simples referente à contravenção.

	CONCURSO MATERIAL	CONCURSO FORMAL	CRIME CONTINUADO
CONCEITO	■ O agente, com duas ou mais ações ou omissões, comete dois ou mais crimes, idênticos ou não.	■ O agente, mediante uma única ação, pratica dois ou mais crimes, idênticos ou não.	■ O agente, com duas ou mais ações ou omissões, comete dois ou mais crimes da mesma espécie e nas mesmas circunstâncias de tempo, local e modo de execução.
ESPÉCIES	a) concurso material homogêneo, quando os crimes são da mesma espécie; b) concurso material heterogêneo, quando não são da mesma espécie.	a) concurso formal homogêneo, quando os crimes são da mesma espécie; b) concurso formal heterogêneo, quando não são da mesma espécie; c) concurso formal próprio, em que o agente não quer provocar os dois resultados; d) concurso formal impróprio, em que o agente quer os dois resultados.	a) crime continuado simples, cabível quando faltar qualquer dos requisitos da modalidade qualificada; b) crime continuado qualificado, em que os delitos são dolosos, cometidos com violência contra pessoa ou grave ameaça e contra vítimas diferentes.
APLICAÇÃO DA PENA	■ As penas são sempre somadas.	■ Aplica-se a pena do crime mais grave aumentada de 1/6 até 1/2. ■ No caso do concurso formal impróprio, as penas são somadas.	■ Aplica-se a pena do crime mais grave aumentada de 1/6 até 2/3, salvo na modalidade qualificada em que o juiz pode somar as penas, nunca ultrapassando o triplo.

25.11. QUESTÕES

1. (Magistratura/SP — 2006) João ingressou em um *Shopping Center*, tarde da noite, burlando a vigilância local. Invadiu cinco lojas de proprietários diversos, valendo-se, para tanto de chaves falsas. De cada uma das lojas, subtraiu inúmeras peças de roupas. Após a ação, deixou o local e foi preso passada meia hora, abordado por policiais militares que estranharam o volume de pacotes que carregava. João foi denunciado e condenado por cinco furtos qualificados. Na fixação da pena, o Juiz deve considerar as condutas praticadas:

a) em concurso formal.
b) como crime continuado.
c) como crime único.
d) em concurso material.

2. (Ministério Público/SP — 2005) Aponte a alternativa que está em desacordo com disposição do Código Penal envolvendo concurso de crimes.

a) No concurso formal e no crime continuado, a pena final não poderá exceder aquela que resultaria da cumulação.
b) É possível o reconhecimento da continuidade delitiva entre crimes consumados e tentados.
c) Nos casos de concurso material, a prescrição incide sobre a soma das penas cominadas ou aplicadas a cada crime.
d) Na condenação por roubo em concurso formal perfeito, as multas devem ser aplicadas cumulativamente.
e) No concurso de crimes culposos, a substituição por restritivas de direito é possível qualquer que seja o total das penas privativas de liberdade.

3. (Ministério Público/SP — 2001) O percentual do acréscimo de pena em razão do crime continuado é fixado tendo-se em vista

a) o *iter criminis* percorrido.
b) o número de infrações cometidas.
c) a capacidade econômica das vítimas.
d) o montante do prejuízo.
e) a gravidade das infrações.

4. (OAB — CESPE/UNB — 2008.2) Segundo o Código Penal brasileiro, quando, por acidente ou erro no uso dos meios de execução, o agente, em vez de atingir a pessoa que pretendia ofender, atinge pessoa diversa, ele deve responder como se tivesse praticado o crime contra aquela. No caso de ser, também, atingida a pessoa que o agente pretendia ofender, aplica-se a regra do

a) concurso material.
b) concurso formal.
c) crime continuado.
d) crime habitual.

5. (OAB — FGV — 2010.2) Com relação ao concurso de delitos, é correto afirmar que:

a) no concurso de crimes as penas de multa são aplicadas distintamente, mas de forma reduzida.
b) o concurso material ocorre quando o agente mediante mais de uma ação ou omissão, pratica dois ou mais crimes com dependência fática e jurídica entre estes.
c) o concurso formal perfeito, também conhecido como próprio, ocorre quando o agente, por meio de uma só ação ou omissão, pratica dois ou mais crimes idênticos, caso em que as penas serão somadas.
d) o Código Penal brasileiro adotou o sistema de aplicação de pena do cúmulo material para os concursos material e formal imperfeito, e da exasperação para o concurso formal perfeito e o crime continuado.

6. (Magistratura/DF — 2007) Analise as proposições e assinale a única alternativa correta:

I. O concurso formal imperfeito ocorre quando os desígnios não são autônomos.
II. Crime progressivo e progressão criminosa são a mesma coisa.
III. No crime continuado, devem ser aplicadas distintas e cumulativamente as penas de multa.

a) Todas as proposições são verdadeiras.
b) Todas as proposições são falsas.
c) Apenas uma das proposições é verdadeira.
d) Apenas uma das proposições é falsa.

7. (Magistratura/GO — FCC — 2009) Em relação ao crime continuado,

a) é inaplicável a lei penal mais grave, ainda que sua vigência seja anterior à cessação da continuidade, consoante posição do Superior Tribunal de Justiça.
b) é cabível a suspensão condicional do processo, ainda que a soma da pena mínima da infração mais grave com o aumento mínimo de um sexto seja superior a 1 ano, de acordo com entendimento sumulado do Superior Tribunal de Justiça.
c) é possível a identificação de sua modalidade específica, prevista no art. 71, parágrafo único, do Código Penal, com o aumento da pena de uma das infrações até o triplo, se cometidas contra a mesma vítima.
d) o aumento da pena, no caso do art. 71, *caput*, do Código Penal, deve levar em conta o número de infrações cometidas, segundo majoritário entendimento jurisprudencial.
e) é inadmissível o seu reconhecimento nos crimes dolosos contra a vida.

8. (Magistratura/AL — FCC — 2007) O concurso formal

a) ocorre quando o agente, mediante mais de uma ação, pratica dois ou mais crimes, idênticos ou não.
b) não permite que se fixe a pena acima do máximo legal.
c) deve levar a aumento proporcional de acordo com o número de vítimas ou de crimes cometidos, segundo construção jurisprudencial amplamente aceita.

d) pode conduzir à imposição de pena superior à que resultaria do concurso material.
e) pode provocar a elevação da pena em até dois terços.

9. (Ministério Pùblico/SP — 2019) José e João trabalhavam juntos. José, o rei da brincadeira. João, o rei da confusão. Certo dia, discutiram acirradamente. Diversos colegas viram a discussão e ouviram as ameaças de morte feitas por João a José. Ninguém soube o motivo da discussão. José não se importou com o fato e levou na brincadeira. Alguns dias depois, em um evento comemorativo na empresa, João bradou "eu te mato, José" e efetuou disparo de arma de fogo contra José. Contudo o projétil não atingiu José e sim Juliana, matando a criança que chegara à festa naquele momento, correndo pelo salão.

Nesse caso, é correto afirmar que, presente a figura
a) do erro sobre a pessoa, nos termos do artigo 20, § 3º, do Código Penal, João deve responder por homicídio doloso sem a agravante de crime cometido contra criança.
b) do erro sobre a pessoa, nos termos do artigo 20, § 3º, do Código Penal, João deve responder por homicídio doloso, com a agravante de crime cometido contra criança.
c) *aberratio criminis*, artigo 74 do Código Penal, João deve responder por tentativa de homicídio e homicídio culposo sem a agravante de crime cometido contra criança, em concurso formal de crimes.
d) *aberratio ictus*, artigo 73 do Código Penal, João deve responder por homicídio doloso sem a agravante de crime cometido contra criança.
e) *aberratio ictus*, artigo 73 do Código Penal, João deve responder por tentativa de homicídio e homicídio culposo, com a agravante de crime cometido contra criança, em concurso material de crimes.

10. (Cartório/MT — CESPE/UNB — 2005) Um agente de polícia, usando arma de fogo, efetuou propositadamente disparos contra Pedro, causando a sua morte e, acidentalmente, a de Cláudio. Nessa situação, esse agente deve responder por:
a) lesões corporais, em concurso material.
b) um único crime de homicídio doloso consumado.
c) homicídio doloso consumado em concurso formal.
d) homicídio doloso consumado em relação a Pedro, e por homicídio culposo consumado em relação a Cláudio.

11. (Defensoria/MT — FCC — 2009) João matou seu desafeto com vinte golpes de faca. Nesse caso,
a) ocorreu concurso formal de infrações.
b) responderá por vinte crimes de homicídio em concurso material.
c) deve ser reconhecido o crime continuado.
d) responderá por um crime de homicídio.
e) responderá por crime de homicídio tentado e consumado em concurso material.

12. (Magistratura/SP — 2011) Antônio e Pedro, agindo em concurso e mediante o emprego de arma de fogo, no mesmo contexto fático, subtraem bens de José e, depois, constrangem-no a fornecer o cartão bancário e a respectiva senha, com o qual realizam saque de dinheiro. Assinale, dentre as opções adiante mencionadas, qual delas é a correta, consoante a jurisprudência pacificada dos Tribunais Superiores (STJ e STF).
a) Os agentes cometeram crime único, no caso, roubo.
b) Os agentes cometeram dois crimes, no caso, roubo e extorsão, em concurso formal.
c) Os agentes cometeram dois crimes, no caso, roubo e extorsão, em continuidade.
d) Os agentes cometeram crime único, no caso, extorsão.
e) Os agentes cometeram dois crimes, no caso, roubo e extorsão, em concurso material.

13. (OAB — FGV — 2011.2) As regras do concurso formal perfeito (em que se adota o sistema da exasperação da pena) foram adotadas pelo Código Penal com o objetivo de beneficiar o agente que, mediante uma só conduta, praticou dois ou mais crimes. No entanto, quando o sistema da exasperação for prejudicial ao acusado, deverá prevalecer o sistema do cúmulo material (em que a soma das penas será mais vantajosa do que o aumento de uma delas com determinado percentual, ainda que no patamar mínimo). A essa hipótese a doutrina deu o nome de:
a) concurso material benéfico.

b) concurso formal imperfeito.
c) concurso formal heterogêneo.
d) exasperação *sui generis*.

14. (OAB — FGV — 2011.3) Otelo objetiva matar Desdêmona para ficar com o seguro de vida que esta havia feito em seu favor. Para tanto, desfere projétil de arma de fogo contra a vítima, causando-lhe a morte. Todavia, a bala atravessa o corpo de Desdêmona e ainda atinge Iago, que passava pelo local, causando-lhe lesões corporais. Considerando que Otelo praticou crime de homicídio doloso qualificado em relação a Desdêmona e, por tal crime, recebeu pena de 12 anos de reclusão, bem como que praticou crime de lesão corporal leve em relação a Iago, tendo recebido pena de 2 meses de reclusão, é correto afirmar que

a) o juiz deverá aplicar a pena mais grave e aumentá-la de um sexto até a metade.
b) o juiz deverá somar as penas.
c) é caso de concurso formal homogêneo.
d) é caso de concurso formal impróprio.

15. (Magistratura/AL — FCC — 2015) Em matéria de crime continuado, é correto afirmar que

a) é admissível apenas se idênticos os crimes, segundo expressa previsão legal.
b) é admissível a suspensão condicional do processo, se a soma da pena mínima da infração mais grave com o aumento mínimo de um sexto for superior a um ano.
c) aplica-se a lei penal mais grave, se a sua vigência é anterior à cessação da continuidade.
d) a pena pode ser aumentada até o triplo nos crimes dolosos, contra a mesma vítima, cometidos com violência ou grave ameaça à pessoa.
e) a prescrição regula-se pela pena imposta na sentença, computando-se o acréscimo decorrente da continuação.

16. (Magistratura/SP — 2017) Quanto ao concurso de crimes, é correto afirmar:

a) no crime continuado comum, aplica-se a pena de um só dos crimes, se idênticas, ou a mais grave, se diversas, aumentada, em qualquer caso, de um sexto a dois terços, considerado o número de infrações cometidas, incidindo a extinção da punibilidade sobre a pena de cada uma, isoladamente.
b) nos crimes dolosos, cometidos com violência ou grave ameaça contra a mesma vítima, poderá o juiz, considerando a culpabilidade, os antecedentes, a conduta social e a personalidade do agente, bem como os motivos e as circunstâncias, aumentar a pena de um só dos crimes, se idênticas, ou a mais grave, se diversas, até o triplo.
c) há concurso formal impróprio ou imperfeito quando a ação ou omissão, dolosa ou culposa, resultar de desígnios autônomos, hipótese em que a pena será aplicada pela regra do concurso material.
d) há concurso formal próprio quando o agente, mediante uma só ação ou omissão, pratica dois ou mais crimes, idênticos ou não, aplicando-se a mais grave das penas cabíveis ou, se iguais, somente uma delas, mas aumentada, em qualquer caso, de um sexto a dois terços, considerado o número de infrações cometidas.

17. (OAB — 2017.1 — FGV) Gilson, 35 anos, juntamente com seu filho Rafael, de 15 anos, em dificuldades financeiras, iniciaram atos para a subtração de um veículo automotor. Gilson portava arma de fogo e, quando a vítima tentou empreender fuga, ele efetua disparos contra ela, a fim de conseguir subtrair o carro. O episódio levou o proprietário do automóvel a falecer. Apesar disso, os agentes não levaram o veículo, já que outras pessoas que estavam no local chamaram a Polícia. Descobertos os fatos, Gilson é denunciado pelo crime de latrocínio consumado e corrupção de menores em concurso formal, sendo ao final da instrução, após confessar os fatos, condenado à pena mínima de 20 anos pelo crime do Art. 157, § 3º, do Código Penal, e à pena mínima de 01 ano pelo delito de corrupção de menores, não havendo reconhecimento de quaisquer agravantes ou atenuantes. Reconhecido, porém, o concurso formal de crimes, ao invés de as penas serem somadas, a pena mais grave foi aumentada de 1/6, resultando em um total de 23 anos e 04 meses de reclusão. Considerando a situação narrada, o advogado de Gilson poderia pleitear, observando a jurisprudência dos Tribunais Superiores, em sede de recurso de apelação,

a) a aplicação da regra do cúmulo material em detrimento da exasperação, pelo concurso formal de crimes.
b) a aplicação da pena intermediária abaixo do mínimo legal, em razão do reconhecimento da atenuante da confissão espontânea.

c) o reconhecimento da modalidade tentada do latrocínio, já que o veículo automotor não foi subtraído.
d) o afastamento da condenação por corrupção de menor, pela natureza material do delito.

18. (Ministério Público/SP — 2017) Entende-se por concurso material benéfico

a) o cometimento de dois crimes com uma única ação, cujas penas são somadas em favor do réu.
b) a soma da pena de dois crimes distintos que não impeçam a obtenção da suspensão condicional da pena.
c) o cometimento de mais de um crime, mediante mais de uma ação, cuja pena pode ser substituída.
d) o cometimento de dois crimes mediante mais de uma ação, porém nas mesmas condições de tempo, lugar e maneira de execução.
e) o cometimento de dois crimes idênticos, mediante a prática de duas ações distintas, porém em sequência imediata.

19. (Polícia Civil/MA — 2018 — CESPE) Em determinada noite, Pedro arrombou a porta de um centro comercial e subtraiu vários itens de vestuário de oito lojas, de diferentes proprietários. Nessa situação hipotética, se descoberta a conduta de Pedro, ele deverá responder pelos furtos

a) como crime habitual.
b) como crime continuado.
c) como crimes autônomos.
d) em concurso formal.
e) como crime permanente.

■ GABARITO ■

1. "b". Foram várias as ações, e os crimes são da mesma espécie, cometidos com o mesmo modo de execução (chave falsa), no mesmo *shopping* e sucessivamente.
2. "c". A prescrição incide em relação a cada um dos crimes isoladamente nos termos do art. 119 do CP.
3. "b".
4. "b". É o que diz expressamente o art. 73 do Código Penal, em sua parte final.
5. "d".
6. "c". A proposição correta é a III, porque está em consonância com o art. 72 do CP. O concurso formal imperfeito pressupõe autonomia de desígnios; e crime progressivo não é a mesma coisa que progressão criminosa.
7. "d". As alternativas "a" e "b" contrariam, respectivamente, as Súmulas ns. 711 e 243 do STJ. A alternativa "c" está errada porque a hipótese só seria verdadeira se fossem vítimas diferentes. Por fim, a atual redação do art. 71, parágrafo único, do CP permite a continuação delitiva até mesmo em crimes dolosos contra a vida, o que faz com que a alternativa "e" esteja também errada.
8. "c". As outras alternativas estão erradas porque o concurso formal é praticado por meio de uma só ação; porque permite que a pena supere a máxima; porque não pode conduzir a pena maior que a do concurso material; e, ainda, porque sua elevação máxima é de 1/2 da pena.
9. "d". O texto legal diz que o agente responde como se tivesse atingido quem pretendia.
10. "c". Ao réu será aplicada a pena do crime mais grave (homicídio doloso) com a pena aumentada pelo concurso formal.
11. "d". Trata-se de uma só vítima e de golpes efetuados no mesmo contexto fático, o que faz com que haja crime único.
12. "e". O entendimento de referidos tribunais superiores é no sentido de que não é possível a continuidade delitiva entre roubo e extorsão, aplicando-se o concurso material na hipótese do enunciado.

13. "a".
14. "b". Trata-se de hipótese de concurso formal próprio e heterogêneo, porém as penas devem ser somadas porque a aplicação do sistema de exasperação implicaria pena maior do que aquela decorrente da soma (concurso material benéfico).
15. "c".
16. "a". É o que diz o art. 71, *caput*, do CP.
17. "a". A hipótese é de concurso material benéfico.
18. "a".
19. "b".

26

DA SUSPENSÃO CONDICIONAL DA PENA

■ 26.1. CONCEITO

A suspensão condicional da pena, ou *sursis*, consiste na **suspensão** da execução da pena **privativa de liberdade** aplicada pelo juiz na sentença condenatória, desde que presentes os requisitos legais, ficando o condenado sujeito ao cumprimento de certas **condições** durante o período de prova determinado também na sentença, de forma que, se após seu término o sentenciado não tiver dado causa à revogação do benefício, será declarada **extinta** a pena.

■ 26.2. NATUREZA JURÍDICA

O *sursis* não é espécie de pena prevista **no rol** do art. 32 do Código Penal. Trata-se de medida **alternativa** ao cumprimento da pena, sendo, porém, **condicionada**. Cuida-se, inegavelmente, de um **benefício**, pois, de modo indiscutível, é mais vantajoso do que o cumprimento da pena em regime prisional. O próprio Código Penal denomina quem está em cumprimento de *sursis* de **beneficiário** (art. 81). Por conta disso, podemos, então, dizer que o *sursis* é um **benefício legal alternativo ao cumprimento da pena privativa de liberdade**. É, ao mesmo tempo, **forma de execução de pena**, pois pressupõe decreto condenatório e substituição da pena de prisão pelo cumprimento de condições — inclusive prestação de serviços à comunidade ou limitação de fim de semana. Nesse sentido: "O *sursis*, denominado, no Código Penal, 'suspensão condicional da pena' (*rectius* — suspensão condicional da execução da pena) deixou de ser mero incidente da execução para tornar-se modalidade de execução da condenação. Livra o condenado da sanção que afeta o *status libertatis*, todavia, impõe-se-lhe pena menos severa, eminentemente pedagógica. O confronto do instituto na redação inicial da Parte Geral do Código Penal e a dada pela reforma de 1984 evidencia ser a primeira mais benigna" (STJ, REsp 54.695/SP, 6ª Turma, Rel. Min. Luiz Vicente Cernicchiaro, *DJ* 15.04.1996, p. 11556).

■ 26.3. SISTEMAS

São dois os principais sistemas de suspensão condicional da pena:

a) Sistema **anglo-americano:** o juiz reconhece a existência de provas contra o acusado, mas **não o condena**, submetendo-o a um período de prova. Cumpridas as condições nesse período, o juiz extingue a ação penal, mantendo o réu a sua primariedade.

b) Sistema **belgo-francês:** o juiz **condena** o réu, mas suspende a execução da pena imposta, desde que presentes certos requisitos. **Este é o sistema adotado no Brasil**.

■ 26.4. OPORTUNIDADE PARA A CONCESSÃO

O *sursis* pressupõe a prolação de **sentença condenatória**.

O juiz deve julgar procedente a ação penal e fixar a pena em sua **integralidade**, estabelecendo seu montante final de acordo com o **critério trifásico** e o **regime prisional inicial**. Somente depois disso poderá ser concedido o *sursis*.

A necessidade de prévia fixação da pena e de seu regime inicial é evidente. Primeiro, porque o *sursis* só pode ser concedido se a pena não superar 2 anos, de modo que apenas com a determinação efetiva do montante é que será possível ao magistrado apreciar o cabimento do benefício. Segundo, porque, em caso de revogação do *sursis*, o condenado terá que cumprir a pena originariamente imposta e, para que isso seja possível, é preciso que estejam definidos seu montante e o regime inicial.

■ 26.5. ESPÉCIES

O Código Penal prevê três modalidades de *sursis*:

a) *sursis* simples (art. 77, *caput*);
b) *sursis* especial (art. 78, § 2º);
c) *sursis* etário e humanitário (art. 77, § 2º).

■ 26.5.1. *Sursis* simples

A lei não define expressamente a modalidade "simples" do *sursis*, porém, **por exclusão**, deve ser assim considerada a modalidade em que o réu ainda não reparou o dano causado pelo crime ou quando **não** lhe forem inteiramente favoráveis os requisitos do art. 59 do Código Penal, uma vez que, se presentes estes requisitos, estaremos diante do *sursis* especial, definido no art. 78, § 2º, do Código, que sujeita o condenado a condições mais brandas.

■ *26.5.1.1. Requisitos do sursis simples*

Seus requisitos estão elencados no art. 77 do Código Penal.

A doutrina costuma classificá-los em requisitos objetivos e subjetivos.

■ *26.5.1.1.1. Requisitos objetivos*

São os seguintes:

a) *Que o réu seja condenado a pena privativa de liberdade não superior a 2 anos* (art. 77, *caput*, do CP).

Pressupõe-se, portanto, que haja condenação, que a pena aplicada seja **privativa de liberdade** (reclusão ou detenção) e que seu montante **não ultrapasse 2 anos**.

De acordo com o art. 80 do Código Penal, o *sursis* não se estende a pena **restritiva de direitos** ou **multa**. Por isso, se alguém for condenado a 1 ano de reclusão, e multa, o juiz poderá aplicar o *sursis* em relação à pena privativa de liberdade, mas a multa deverá ser paga, uma vez que não pode ser objeto da suspensão.

Nos casos de **concurso de crimes**, o limite de 2 anos deve ser apreciado em relação ao montante **total** aplicado na sentença, e não em relação a cada delito individualmente. No concurso material, se as penas somadas ultrapassarem 2 anos, não será cabível o benefício. Da mesma forma, se for aplicada pena originária de 2 anos, mas, em razão de acréscimo decorrente do crime continuado ou do concurso formal, o montante final for de 2 anos e 4 meses.

No caso de aplicação de **medida de segurança** ao inimputável ou semi-imputável, evidentemente não será cabível o *sursis*. Primeiro, porque o texto legal se refere expressamente à suspensão condicional da **pena** (e não da medida de segurança). Segundo, porque a medida de segurança tem finalidades especiais — tratamento do agente e prevenção em relação ao doente mental considerado perigoso —, sendo incompatível com o *sursis*.

b) *Que não seja indicada ou cabível a substituição por pena restritiva de direitos ou multa* (art. 77, III, do CP).

É evidente que se forem cabíveis tais substituições por penas alternativas (restritiva de direitos ou multa), deve o juiz aplicá-las, restando prejudicado o *sursis*.

Antes do advento da Lei n. 9.714/98, as penas restritivas de direitos só eram viáveis em condenações em que a pena não superasse o limite de 1 ano. Por isso, quando a pena estava contida nesse patamar, os juízes aplicavam a pena restritiva, incidindo o *sursis*, na maioria das vezes, em condenações superiores a 1 ano e não superiores a 2. Após referida lei, as penas restritivas passaram a ser possíveis em condenações não superiores a **4 anos** (nos crimes dolosos), desde que cometidos **sem violência contra pessoa ou grave ameaça**. Por isso, considerando que o *sursis* só é cabível em condenações não superiores a 2 anos, sua incidência perdeu consideravelmente a importância, sendo aplicado, em regra, somente em crimes que envolvem violência física ou grave ameaça, nas quais a condenação não supera 2 anos. Ex.: crimes de lesão corporal de natureza grave ou gravíssima, tentativa de homicídio simples com a redução máxima da tentativa (2/3) etc. É que, se a pena aplicada não superar a 2 anos e o delito doloso não envolver violência física ou grave ameaça, a substituição por pena restritiva de direitos terá preferência em relação ao *sursis*.

■ *26.5.1.1.2. Requisitos subjetivos*

São considerados de ordem subjetiva os seguintes requisitos:

a) *Que o réu não seja reincidente em crime doloso* (art. 77, I, do CP).

Somente se o acusado for condenado por um crime doloso após a condenação por outro crime da mesma natureza é que o benefício se mostra inviável. Se qualquer deles for culposo, ou ambos, o *sursis* mostra-se cabível. Além disso, se a condenação anterior quanto ao crime doloso gerou aplicação exclusiva de pena de **multa**, igualmente se mostra possível a suspensão condicional da pena, nos exatos termos do art. 77, § 1º, do Código Penal.

b) *Que a culpabilidade, os antecedentes, a conduta social e a personalidade do agente, bem como os motivos e as circunstâncias do crime, autorizem a concessão do benefício* (art. 77, II, do CP).

Ainda que o réu seja primário, o juiz poderá negar-lhe o *sursis*, caso ostente maus antecedentes e o magistrado entenda que a conjugação das condenações denote que a suspensão da pena não se mostra suficiente. É claro, porém, que o julgado anterior deve ser referente a crime doloso e que não deve ter havido aplicação exclusiva de pena de multa, pois até para os casos de reincidência é assim. Lembre-se, ainda, do teor da Súmula n. 444 do Superior Tribunal de Justiça, segundo a qual "é vedada a utilização de inquéritos policiais e ações penais em curso para agravar a pena-base". Por lógica, também não poderão ser consideradas como fatores impeditivos do *sursis*.

O benefício poderá ainda ser negado se o juiz entender que o acusado tem personalidade violenta ou que os motivos do crime são incompatíveis com a suspensão da pena (ex.: agressão de integrantes de torcida organizada a torcedor de outra equipe com a provocação de lesão grave ou gravíssima).

O fato de o réu se tornar **revel** durante o tramitar da ação penal **não** impede o *sursis*.

- **Direito subjetivo do condenado**

Presentes os requisitos elencados no texto legal, a obtenção do *sursis* é **direito** público **subjetivo** do acusado, não podendo o juiz negar-lhe o benefício.

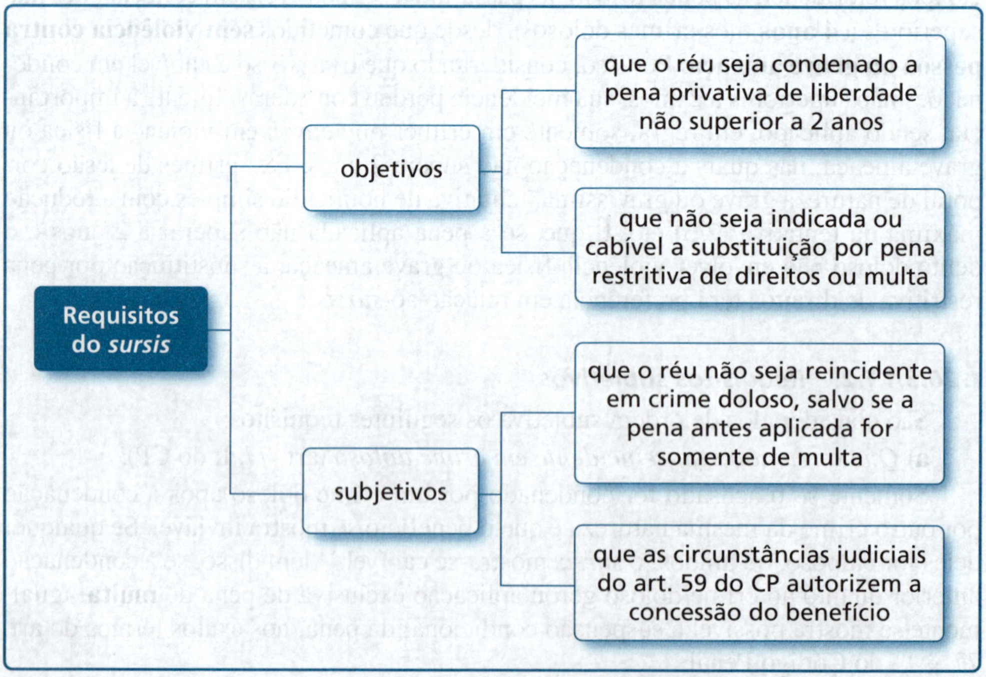

26.5.1.2. Sursis e *crimes hediondos, tortura e terrorismo*

Devido às altas penas previstas aos delitos de natureza hedionda e equiparados, normalmente não há que se cogitar de aplicação do *sursis*. Excepcionalmente, contudo, a hipótese se apresenta em casos práticos, como, por exemplo, quando alguém é condenado por crime de estupro simples tentado (art. 213, cc. art. 14, II, do CP) e o juiz reduz a pena em seu montante máximo de 2/3, alcançando o patamar de 2 anos, ou, ainda, quando alguém é condenado por crime de tortura, cuja pena mínima é exatamente de 2 anos (art. 1º, da Lei n. 9.455/97). Esses crimes são praticados com emprego de violência física ou grave ameaça e, por isso, incabível quanto a eles a substituição por penas restritivas de direitos (se fosse cabível tal substituição, automaticamente estaria afastado o *sursis*). Em razão disso, duas correntes surgiram:

a) O *sursis* é **incompatível** com o sistema mais severo vislumbrado pelo legislador para os crimes hediondos e equiparados. A própria Constituição Federal, em seu art. 5º, XLIII, determinou tratamento **mais gravoso** aos delitos dessa natureza. Se, todavia, a pena for suspensa, o autor do crime hediondo receberá o mesmo tipo de sanção destinada aos criminosos comuns. Nesse sentido: "Penal. Recurso especial. Art. 213, c/c o art. 14, II, do CP. *Sursis* (art. 77 do CP). Sistemática da Lei n. 8.072/90. Incompatibilidade. A suspensão condicional da pena é inaplicável quando se tratar de crimes hediondos e equiparados, pois incompatível com a sistemática do art. 2º, § 1º, da Lei n. 8.072/90. (Precedentes). Recurso provido" (STJ, REsp 660.920/RS, 5ª Turma, Rel. Min. Felix Fischer, *DJ* 14.02.2005, p. 233).

b) Como **não há vedação expressa** no texto legal, não cabe ao juiz negar o benefício se o acusado preencher os requisitos genéricos do art. 77 do Código Penal. É a opinião que tem prevalecido na doutrina e na jurisprudência. Damásio de Jesus[1] assim se pronunciou: "Crimes hediondos — a execução da pena imposta em face de sua prática, presentes seus pressupostos objetivos e subjetivos, não é incompatível com o *sursis* (...). Ocorre que o *sursis* constitui uma medida penal sancionatória de natureza alternativa, não se relacionando com os regimes de execução".

O Supremo Tribunal Federal, analisando o assunto, decidiu da seguinte forma: "Normas penais. Interpretações. As normas penais restritivas de direitos hão de ser interpretadas de forma teleológica — de modo a confirmar que as leis são feitas para os homens —, devendo ser afastados enfoques ampliativos. Suspensão condicional da pena — crime hediondo — compatibilidade. A interpretação sistemática dos textos relativos aos crimes hediondos e à suspensão condicional da pena conduz à conclusão sobre a compatibilidade entre ambos" (HC 84.414, 1ª Turma, Rel. Min. Marco Aurélio, *DJ* 26.11.2004, p. 26). No mesmo sentido, o HC 86.698 (*DJe* 092, 31.08.2007).

[1] Damásio de Jesus, *Código Penal anotado*, 15. ed., p. 275.

■ 26.5.1.3. Sursis *e tráfico ilícito de entorpecentes*

Apesar de o tráfico de drogas ser delito equiparado a hediondo[2], a análise do cabimento do *sursis* quanto a tal crime possui aspectos diferenciados, por haver **vedação expressa** à suspensão condicional da pena no art. 44, *caput*, da Lei de Drogas (Lei n. 11.343/2006). O Supremo Tribunal Federal declarou a inconstitucionalidade do referido art. 44 no tocante à vedação da conversão da pena privativa de liberdade em restritiva de direitos (ver item 22.4), mas não fez o mesmo em relação ao *sursis*, que, no regime atual, constitui benefício de maior grandeza, pois só obriga à prestação de serviços à comunidade ou limitação de fim de semana no primeiro ano de cumprimento, podendo ser ainda menos restritivo caso se trate de *sursis* especial. Por essa razão, os tribunais **não** têm reconhecido a possibilidade de substituição. Nesse sentido: "1. O Supremo Tribunal Federal assentou serem inconstitucionais os arts. 33, § 4º, e 44, *caput*, da Lei n. 11.343/2006, na parte em que vedavam a substituição da pena privativa de liberdade por restritiva de direitos em condenação pelo crime de tráfico de entorpecentes (HC 97.256, Rel. Min. Ayres Britto, sessão de julgamento de 1º.9.2010, *Informativo/STF* 598). 2. O art. 77, inc. III, do Código Penal estabelece que a suspensão condicional da pena (*sursis*) somente será aplicável quando não for indicada ou cabível a substituição da pena privativa de liberdade por restritiva de direitos, prevista no art. 44 do Código Penal. 3. Reconhecida pelo Plenário do Supremo Tribunal Federal a possibilidade de substituição da pena privativa de liberdade por restritiva de direitos no crime de tráfico de drogas, fica vedada a concessão de *sursis* ao Paciente" (STF, HC 104.361, 1ª Turma, Rel. Min. Cármen Lúcia, *DJe* 098, p. 346); "Consoante entendimento deste Superior Tribunal de Justiça, a vedação ao *sursis* (prevista no artigo 44 da Lei n. 11.343/06) não foi objeto de controle de constitucionalidade pelo Supremo Tribunal Federal, razão pela qual mantém-se em plena vigência, ainda que a reprimenda definitiva fixada não seja superior a 2 (dois) anos de reclusão" (STJ, AgRg no REsp 1615201/MG, Rel. Min. Jorge Mussi, 5ª Turma, julgado em 08.08.2017, *DJe* 18.08.2017); "2. A Quinta Turma desta Corte Superior tem reiteradamente decidido que a vedação à concessão de *sursis*, contida no art. 44 da Lei n. 11.343/06, continua em vigor, pois não foi objeto de controle de constitucionalidade pelo Plenário do Supremo Tribunal Federal, no julgamento do HC n. 97.256/RS, Rel. Ministro Ayres Britto, tampouco da Resolução n. 05/2012 do Senado Federal, que a partir de mencionado julgado suspendeu execução da parte final do art. 33, § 4º, da Lei n. 11.343/06" (REsp 1.163.667/MG, Rel. Min. Laurita Vaz, 5ª Turma, julgado em 27.03.2012, *DJe* 03.04.2012). No mesmo sentido: STJ, REsp 1.358.147/SP, Rel. Min. Marilza Maynard (Desembargadora convocada do TJ/SE), 5ª Turma, julgado em 18.04.2013, *DJe* 25.04.2013.

[2] No julgamento do HC 118.533, Rel. Min. Cármen Lúcia, em 23.06.2016, o Plenário do STF decidiu que o tráfico privilegiado de drogas não possui natureza hedionda. Posteriormente, a Lei n. 13.964/2019 alterou o art. 112, § 5º, da Lei de Execuções Penais, para deixar expresso que o tráfico privilegiado não se equipara aos crimês hediondos. Considera-se privilegiado o tráfico quando o agente é primário, tem bons antecedentes, não se dedica às atividades criminosas e não integra organização criminosa. Em tal hipótese, descrita no art. 33, § 4º, da Lei de Drogas, a pena do réu será reduzida de 1/6 a 2/3.

Em suma, o que se percebe na jurisprudência dos tribunais superiores é a possibilidade da substituição da pena privativa de liberdade por **restritivas de direitos** nos crimes de **tráfico** (quando a pena não superar 4 anos e o delito não envolver violência ou grave ameaça). Já em relação aos **crimes hediondos, tortura e terrorismo**, que, em regra, envolvem violência ou grave ameaça, sendo, por isso, incompatíveis com as penas restritivas de direitos, há julgados admitindo a aplicação do *sursis* (embora o tema seja ainda controvertido), desde que a pena não supere 2 anos. No julgamento do HC 118.533, Rel. Min. Cármen Lúcia, em 23.06.2016, o Plenário do STF decidiu que o tráfico privilegiado de drogas não possui natureza hedionda, razão pela qual, em tal modalidade do delito, tem-se admitido a concessão do *sursis*: "É desproporcional e carece de razoabilidade a negativa de concessão de *sursis* em sede de tráfico privilegiado se já resta superada a própria vedação legal à conversão da pena, mormente após o julgado do Pretório Excelso que decidiu não se harmonizar a norma do parágrafo 4º com a hediondez do delito definido no *caput* e parágrafo 1º do artigo 33 da Lei de Tóxicos" (STJ, REsp 1.626.436/MG, Rel. Min. Maria Thereza de Assis Moura, 6ª Turma, julgado em 08.11.2016, *DJe* 22.11.2016). A Lei n. 13.964/2019 alterou o art. 112, § 5º, da Lei de Execuções Penais, confirmando que o tráfico privilegiado não se equipara aos crimes hediondos.

■ 26.5.1.4. Condições

Presentes os requisitos legais, o acusado tem direito ao benefício. Deve, por isso, o magistrado, concomitantemente à concessão, **fixar as condições** a que fica subordinado o agente durante o período de prova.

De acordo com o art. 157 da Lei de Execuções Penais, o Juiz ou Tribunal deverá, na sentença que aplicar pena privativa de liberdade no limite de 2 anos, pronunciar-se, motivadamente, sobre a suspensão condicional da pena, quer a conceda, quer a denegue.

Já o art. 158 estabelece que, concedida a suspensão, o Juiz **especificará** as condições a que fica sujeito o condenado, pelo prazo fixado, começando este a correr da **audiência admonitória**.

O art. 159, por sua vez, dispõe que, quando a suspensão condicional da pena for concedida pelo Tribunal, em grau de recurso ou nos casos de competência originária, a este caberá fixar as condições do benefício. De igual modo procederá o Tribunal se **modificar** as condições estabelecidas na sentença recorrida. É possível, todavia, que o tribunal, ao conceder o *sursis*, **delegue** ao Juízo da execução a incumbência de estabelecer as condições do benefício (art. 159, § 1º, da LEP).

As condições do *sursis* são classificadas em **legais** e **judiciais**.

a) Condições **legais**. São obrigatórias e encontram-se expressamente elencadas no texto da lei, isto é, no art. 78, § 1º, do Código Penal, que dispõe que, no **primeiro ano** do período de prova, deverá o condenado **prestar serviços à comunidade ou submeter-se a limitação de fim de semana**.

b) Condições **judiciais**. De acordo com o art. 79 do Código Penal, o juiz pode especificar **outras condições** a que fica subordinada a suspensão, desde que adequadas ao fato e à situação pessoal do condenado. Essas condições evidentemente **não** podem ser **vexatórias** nem atingir **direitos fundamentais** do indivíduo (obrigação de doar sangue, de frequentar cultos religiosos etc.). Poderão, outrossim, ser estabelecidas condições como as de sujeição a tratamento para toxicômanos, frequência a aulas sobre normas de trânsito, obrigação de comparecimento ao juízo para justificar suas atividades etc.

Durante o período de prova, o sentenciado fica obviamente proibido de realizar condutas que causem a revogação do benefício. São as chamadas condições **indiretas** do *sursis*.

26.5.1.5. Omissão na fixação das condições pelo juiz ou tribunal

No atual sistema penal, **não** existe *sursis* **incondicionado**. Se o juiz, ao sentenciar, omitir-se na fixação das condições, deverão ser interpostos embargos de declaração. O mesmo deve ocorrer se o Tribunal conceder o *sursis* e não fixar as condições e nem conferir expressamente ao juízo das execuções a incumbência de fazê-lo, conforme permite o art. 159, § 1º, da Lei de Execuções Penais. Se não forem interpostos os embargos e a decisão transitar em julgado, entende o Superior Tribunal de Justiça que o juízo das execuções, excepcionalmente, poderá fazê-lo, suprindo a omissão. Nesse sentido: "1. Compete ao juiz ou ao tribunal, motivadamente, pronunciar-se sobre o *sursis*, deferindo-o ou não sempre que a pena privativa da liberdade situar-se dentro dos limites em que ele é cabível. A fatos ocorridos após a vigência das Leis 7.209 e 7.210 de 1984 não se admite que o juiz conceda a suspensão condicional 'sem condições especiais' tendo em vista o que está expressamente previsto nas aludidas leis. Todavia, se o juiz se omite em especificar as condições na sentença, cabe ao réu ou ao Ministério Público opor embargos de declaração, mas se a decisão transitou em julgado, nada impede que, provocado ou de ofício, o juízo da execução especifique as condições. Aí não se pode falar em ofensa a coisa julgada, pois esta diz respeito à concessão do *sursis* e não às condições, as quais podem ser alteradas no curso da execução da pena. 2. Recurso especial conhecido e provido" (STJ, REsp 15.368/SP, 5ª Turma, Rel. Min. Jesus Costa Lima, *DJ* 28.02.1994, p. 2906). O fundamento é o de que, se o juiz das execuções pode alterar as condições estabelecidas pelo juízo da condenação (art. 158, § 2º, da LEP), também pode fixá-las em caso de omissão.

Existem, entretanto, opiniões relevantes em sentido contrário, com o argumento de que a prerrogativa de o juiz das execuções alterar as condições do *sursis* deve-se sempre a razões **supervenientes**, não havendo, porém, previsão legal admitindo que altere a coisa julgada, ou seja, a sentença condenatória que não especificou condições. Ao contrário, o art. 159, § 1º, da Lei de Execuções só permite a tal juízo fixar as condições do *sursis* se o tribunal, ao proferir decisão condenatória, expressamente delegar tal função. De acordo com esse entendimento, em caso de omissão do juiz da condenação, subsistem apenas as condições **indiretas**.

26.5.2. *Sursis* especial

Nos termos do art. 78, § 2º, do Código Penal, se o condenado houver **reparado o dano**, salvo impossibilidade de fazê-lo, e se as circunstâncias do art. 59 lhe forem **inteiramente** favoráveis, o juiz poderá aplicar o *sursis* especial, no qual o condenado terá de se submeter a condições menos rigorosas, a saber:

a) *proibição de frequentar determinados lugares* (bares, boates, locais onde se vendem bebidas alcoólicas etc.);

b) *proibição de ausentar-se da comarca onde reside, sem autorização do juiz*;

c) *comparecimento pessoal e obrigatório a juízo, mensalmente, para informar e justificar suas atividades.*

26.5.3. *Sursis* etário e *sursis* humanitário

Se o condenado tiver idade **superior a 70 anos** na data da sentença e for condenado a pena **não superior a 4 anos**, o juiz poderá também conceder o *sursis*, mas, nesse caso, o período de prova será de **4 a 6 anos**. Este é o chamado *sursis* **etário**. Do mesmo modo poderá proceder o juiz, se razões de **saúde** do acusado justificarem a suspensão no caso de ser aplicada pena **não** superior a **4 anos**, hipótese conhecida como *sursis* **humanitário** (doença grave, invalidez etc.).

Essas modalidades de suspensão condicional da pena estão previstas no art. 77, § 2º, do Código Penal.

As demais regras são idênticas (condições a que deve se submeter o condenado, hipóteses de revogação etc.).

26.6. EXECUÇÃO DO *SURSIS*

Nos termos do art. 160 da Lei de Execuções Penais, após o trânsito em julgado da sentença, o condenado será notificado para comparecer à **audiência admonitória**, na qual será lida a sentença condenatória pelo juiz, sendo o acusado, assim, cientificado das condições impostas e advertido das consequências de seu descumprimento e da prática de nova infração.

A **ausência injustificada** do condenado, notificado pessoalmente ou por edital pelo prazo de 20 dias, ou, ainda, sua **recusa** em aceitar o cumprimento das condições (manifestada na audiência), obriga o juiz a **tornar sem efeito** o benefício e determinar o cumprimento da pena privativa de liberdade originariamente imposta na sentença (art. 161 da LEP). É o que se chama da **cassação** do *sursis*.

A fiscalização do cumprimento das condições é atribuída ao serviço social, penitenciário, Patronato, Conselho da Comunidade ou à instituição beneficiada com a prestação de serviços. Estes órgãos serão inspecionados pelo Ministério Público ou pelo Conselho Penitenciário, ou por ambos.

Os órgãos responsáveis pela fiscalização deverão comunicar **imediatamente** ao juízo das execuções qualquer fato capaz de acarretar a **revogação** do benefício, a **prorrogação** do período de prova ou a **modificação** das condições (art. 158, § 5º, da LEP).

O juiz poderá, a qualquer tempo, de ofício, a requerimento do Ministério Público ou mediante proposta do Conselho Penitenciário, **modificar** as condições e regras estabelecidas na sentença, ouvido previamente o condenado (art. 158, § 2º, da LEP).

■ 26.7. PERÍODO DE PROVA

Conforme acima mencionado, se o réu não comparecer à audiência admonitória ou recusar as condições impostas, o *sursis* será **tornado sem efeito** pelo juiz, expedindo-se mandado de prisão para o cumprimento da pena. Se, entretanto, for realizada a audiência e o réu aceitar as condições, **terá início** o período de prova. A audiência admonitória, portanto, é o marco que **dá início** à execução do *sursis*.

Período de prova é o montante de tempo fixado pelo juiz na sentença, no qual o condenado deve dar mostras de boa conduta, não provocando a revogação do benefício. Ao seu término, se o condenado não tiver dado causa à revogação ou prorrogação do *sursis*, o juiz decretará a extinção da pena (art. 82 do CP).

A duração do período de prova em regra é de **2 a 4 anos**, porém existem algumas exceções como no *sursis* etário ou humanitário em que pode ser de **4 a 6 anos**, ou nas contravenções penais em que varia entre **1 e 3 anos**.

Para estabelecer o *quantum* do período de prova entre seus montantes mínimo e máximo, o juiz deve levar em conta a gravidade do crime cometido e as circunstâncias do art. 59 do Código Penal. Se o magistrado optar por fixá-lo acima do mínimo legal, deverá expressamente mencionar as razões de tal proceder, sob pena de nulidade da sentença neste aspecto e consequente redução ao patamar básico. Nesse sentido: "A estipulação, no *sursis*, do período de prova em limites superiores ao mínimo legal, não pode ser arbitrariamente fixada pelos juízes ou Tribunais, que deverão, para esse efeito, indicar, necessariamente, os motivos de sua decisão, sob pena de caracterização de injusto constrangimento ao estado de liberdade dos réus condenados" (STF, HC 68.422/DF, Rel. Min. Celso de Mello, *DJU* 15.03.1991, p. 2650).

■ 26.8. REVOGAÇÃO DO *SURSIS*

A revogação do benefício pressupõe que o condenado esteja em **período de prova**, isto é, que já tenha sido realizada a audiência admonitória.

A revogação implicará a necessidade de cumprimento **integral** da pena originariamente imposta na sentença, não havendo desconto proporcional ao tempo já cumprido antes da revogação.

O art. 81, *caput*, do Código Penal, elenca as hipóteses em que a revogação é obrigatória, enquanto em seu § 1º encontram-se os casos de revogação facultativa.

■ 26.8.1. Revogação obrigatória

Em tais casos, o juiz **não tem discricionariedade**, de modo que, constatada a hipótese de revogação, cabe-lhe **compulsoriamente** proferir decisão revogando o *sursis*.

As hipóteses de revogação **obrigatória** são as seguintes:

a) *Superveniência de condenação irrecorrível pela prática de crime doloso* (art. 81, I, do CP).

Pouco importa se a condenação se refere a crime anterior ou posterior ao início do período de prova. O que se mostra necessário é que a condenação tenha **transitado em julgado** e que se refira a **crime doloso**.

Existe julgado do Supremo Tribunal Federal no sentido de que a revogação, neste caso, é **automática**, prescindindo de decisão judicial: "Direito penal. *Sursis*. Tanto a prorrogação obrigatória no período de prova do *sursis* (art. 81, parágrafo 2.), como a revogação obrigatória (art. 81, inc. I, do Cód. Penal) é automática, não exigindo a lei decisão do juiz. Precedentes do STF. Recurso provido" (RE 112.829, 2ª Turma, Rel. Min. Djaci Falcão, *DJ* 15.05.1987, p. 8891). Na prática, entretanto, os juízes proferem tal decisão, na medida em que, sem ela, o cartório judicial não expede o mandado de prisão.

É desnecessária a prévia oitiva do sentenciado, uma vez que a prova da condenação anterior se faz de forma objetiva, com a juntada de certidão proveniente do juízo onde se deu a condenação.

Por interpretação extensiva ao art. 77, § 1º, do Código Penal, se a nova condenação referir-se somente à pena de **multa**, não haverá revogação do benefício.

b) *Frustração da execução da pena de multa, embora solvente o condenado* (art. 81, II, 1ª parte, do CP).

É praticamente pacífico o entendimento de que houve **revogação tácita** deste dispositivo em razão do advento da Lei n. 9.268/96, que não mais permite a prisão como consequência do não pagamento da pena de multa, que, de acordo com a atual redação do art. 51 do Código Penal, considera-se dívida de valor, sendo-lhe aplicável a legislação tributária.

c) *Não reparação do dano provocado pelo delito, sem motivo justificado* (art. 81, II, 2ª parte).

Nesse caso, o condenado deve ser ouvido antes de ser decretada a revogação, a fim de que possa justificar a falta de reparação do prejuízo. Poderá, assim, demonstrar, dentre outros motivos, que não possui condições financeiras para arcar com os valores, que a vítima renunciou à indenização, que ela se encontra em local desconhecido, hipóteses em que não haverá revogação.

d) *Descumprimento da prestação de serviços à comunidade ou limitação de fim de semana no primeiro ano do período de prova* (art. 81, III, do Código Penal).

O juiz deve também dar oportunidade ao sentenciado para justificar o descumprimento, só declarando a revogação do *sursis* se não for apresentada escusa satisfatória.

■ 26.8.2. Revogação facultativa

Verificada uma das situações previstas em lei, caberá ao juiz, de acordo com as circunstâncias do caso concreto, proferir decisão **revogando** o *sursis*, **mantendo-o** ou, ainda, **prorrogando** o período de prova até o seu **limite máximo**, se este não foi o fixado na sentença (art. 81, § 3º, do CP).

As hipóteses de revogação **facultativa** são as seguintes:

a) *Superveniência de condenação irrecorrível, por crime culposo ou contravenção, a pena privativa de liberdade ou restritiva de direitos* (art. 81, § 1º, do CP).

É evidente que o juiz deve verificar a viabilidade de o acusado prosseguir cumprindo as condições do *sursis*, precipuamente se o período de prova encontrar-se no primeiro ano, quando o acusado é obrigado a prestar serviços à comunidade ou sujeitar-se a limitação de fim de semana. Obviamente se, na nova condenação, for fixado o regime inicial semiaberto (o mais rigoroso cabível em relação a crimes culposos ou contravenções), não será possível a manutenção do *sursis*, pois será inviável que o sujeito continue cumprindo as condições referentes à primeira condenação.

Sendo fixado o regime inicial aberto ou sendo a pena substituída por restritiva de direitos, poderá o juiz, se assim entender pertinente, manter o *sursis*, revogá-lo ou prorrogar o período de prova.

b) *Descumprimento de qualquer das condições judiciais fixadas no "sursis" simples ou das condições do "sursis" especial* (art. 81, § 1º, do CP).

O juiz deve também dar oportunidade ao sentenciado para justificar o descumprimento, só declarando a revogação do benefício se não for apresentada escusa satisfatória ou se o descumprimento for reiterado.

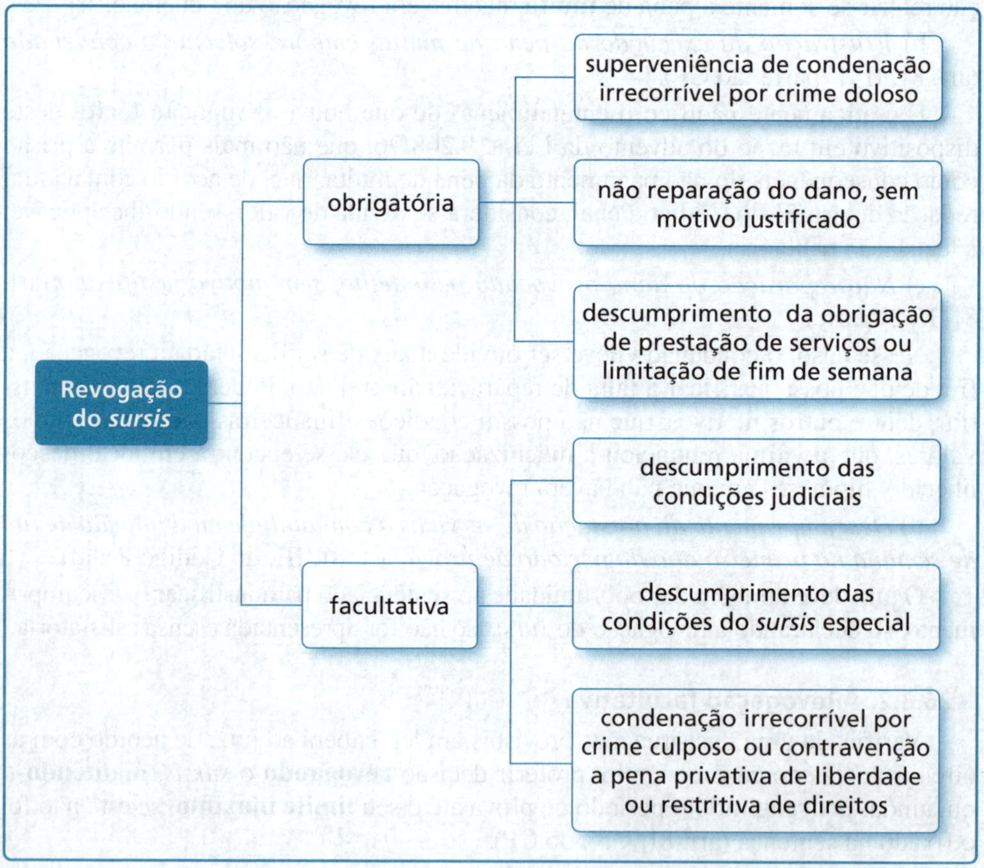

26.8.3. Relevância da distinção entre cassação e revogação do *sursis*

A **cassação** se dá **antes** da realização da **audiência admonitória** (réu que não comparece ao juízo ou que recusa o benefício). Ocorre, portanto, **antes do início** de execução do *sursis*. A **revogação**, conforme já estudado, ocorre **depois**. No primeiro caso, o termo *a quo* da prescrição da pretensão executória é o **trânsito em julgado** da sentença para a acusação (art. 112, I, 1ª parte, do CP), enquanto, no segundo, é a **data da revogação** do *sursis* (art. 112, I, 2ª parte, do CP).

■ 26.9. PRORROGAÇÃO DO PERÍODO DE PROVA

Se o condenado, durante o período de prova, passa a ser **processado** por outro **crime** ou **contravenção**, considera-se **prorrogado** o prazo até o **julgamento definitivo** (trânsito em julgado) da nova acusação (art. 81, § 2º). Assim, se o agente vier a ser condenado, poderá dar-se a revogação do *sursis*, hipótese em que o agente terá de cumprir a pena privativa de liberdade suspensa condicionalmente na sentença originária. Se, entretanto, vier a ser absolvido, o juiz decretará a extinção da pena referente ao processo no qual foi concedida a suspensão condicional.

Observe-se que, durante o prazo de prorrogação, o condenado fica **desobrigado** de cumprir as condições do *sursis*.

A prorrogação do período de prova em tal caso é **automática**, isto é, **dispensa decisão judicial** declarando-a. O procedimento adotado na prática é o seguinte: ao término do período de prova determinado na sentença, é juntada aos autos da execução a folha de antecedentes atualizada do condenado. Caso nada conste, o juiz declara a extinção da pena, nos termos do art. 82 do Código Penal. Se, entretanto, constar a existência de ação penal em andamento, o período de prova estará automaticamente prorrogado, podendo ou não haver futura revogação do *sursis*, dependendo do desfecho desta outra ação. É perfeitamente possível, portanto, a revogação do *sursis* mesmo após o término do período de prova. Nesse sentido: "Constatado o descumprimento de condição imposta durante o período de prova do sursis, é perfeitamente cabível a revogação do benefício, ainda que a decisão venha a ser proferida após o término do período de prova. Precedentes" (HC 91.562, 2ª Turma, Rel. Min. Joaquim Barbosa, *DJ* 30.11.2007, p. 128); "Suspensão condicional da pena. 3. Revogação após esgotado o período de prova por descumprimento das condições antes do término. Possibilidade. 4. Jurisprudência firmada pelo Plenário: AP 512 AgR, Rel. Min. Ayres Britto, *DJe* 20.04.2012. 5. Ordem denegada" (STF, HC 114.862, Rel. Min. Gilmar Mendes, 2ª Turma, julgado em 01.10.2013, processo eletrônico *DJe*-213 divulg. 25.10.2013, public. 28.10.2013); "Esta Corte tem firmado o entendimento no sentido de que o período de prova do *sursis* fica automaticamente prorrogado quando o beneficiário está sendo processado por outro crime ou contravenção, bem como que a superveniência de sentença condenatória irrecorrível é caso de revogação obrigatória do benefício, mesmo quando ultrapassado o período de prova" (STJ, HC 175.758/SP, Rel. Min. Laurita Vaz, 5ª Turma, julgado em 04.10.2011, *DJe* 14.10.2011).

Se acontecer, eventualmente, de a nova folha de antecedentes juntada aos autos da execução nada apontar e o juiz, em razão disso, declarar a extinção da pena, **transitando em julgado tal decisão**, ela tornar-se-á imutável, não mais sendo possível a revogação do *sursis* pelo surgimento de prova de que o beneficiário já respondia a outro processo (informação que ainda não havia sido inserida em sua folha de antecedentes por ocasião da juntada aos autos da execução).

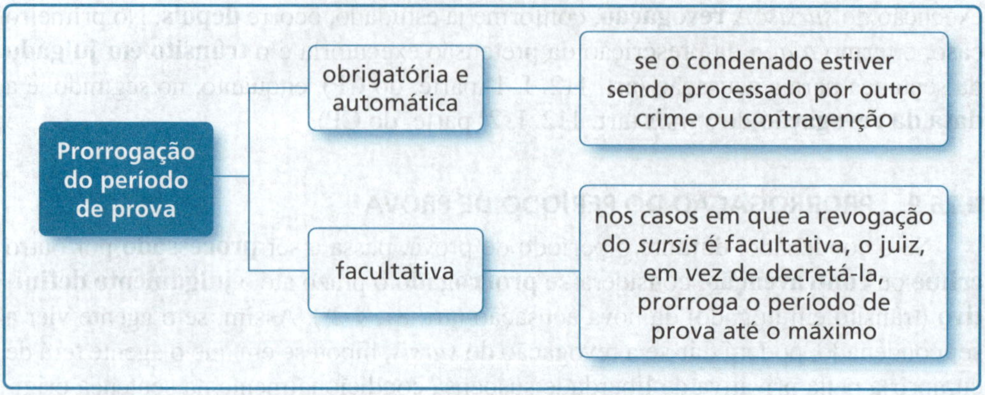

■ 26.10. *SURSIS* SIMULTÂNEOS

Existe a possibilidade do cumprimento simultâneo de dois *sursis* nas seguintes hipóteses:

a) Se o réu, já condenado por um crime no qual foi concedido o *sursis*, for novamente condenado por crime doloso, e a nova sentença for proferida antes da audiência admonitória referente ao primeiro delito. É necessário que, quanto à última condenação, a pena não supere 2 anos e que o acusado tenha sido considerado primário (crime cometido antes da primeira condenação, por exemplo). Nesta hipótese, a nova condenação não gera a revogação do primeiro *sursis* porque proferida antes do início do período de prova.

b) Se o sentenciado, durante o período de prova, for condenado por crime **culposo** ou **contravenção penal** a pena não superior a 2 anos, e o juízo das execuções **não revogar** o *sursis* em relação ao primeiro delito (a hipótese é de revogação facultativa). Note-se que, em relação à segunda infração, o réu não está impedido de obter o *sursis*, por não ser reincidente em crime doloso.

■ 26.11. *SURSIS* E DETRAÇÃO PENAL

A detração é incabível porque o *sursis* é benefício que **não guarda proporção** com a pena privativa de liberdade fixada na sentença. Assim, se alguém for condenado a 1 ano e 4 meses de reclusão e o juiz conceder o *sursis* por 2 anos, não poderão ser descontados desse período de prova, por exemplo, os 3 meses em que o réu permaneceu preso durante o tramitar da ação. É claro, entretanto, que a consequência de eventual revogação do *sursis* é a obrigação de o sentenciado cumprir a pena originariamente imposta na sentença e, em tal caso, deverá ser descontado o tempo de prisão processual.

■ 26.12. *SURSIS* E LEI DAS CONTRAVENÇÕES PENAIS

O art. 11 da Lei das Contravenções Penais permite a aplicação do *sursis* quando reunidas as condições estabelecidas no Código Penal. O período de prova, entretanto, será fixado entre **1 e 3 anos**.

No que diz respeito à execução do benefício, causas de revogação e prorrogação, dentre outras, aplicam-se os mesmos dispositivos do Código Penal, uma vez que não há regramento especial sobre o assunto na lei própria.

■ 26.13. *SURSIS* E LEI AMBIENTAL

O art. 16 da Lei n. 9.605/98 (Lei de Proteção ao Meio Ambiente) permite a aplicação do *sursis* nos crimes nela descritos, caso a pena privativa de liberdade aplicada **não supere 3 anos**.

Como não há outras regras especiais em referida lei, aplicam-se os dispositivos do Código Penal quanto ao restante dos requisitos, causas de revogação e de prorrogação etc.

■ 26.14. DISTINÇÃO ENTRE A SUSPENSÃO CONDICIONAL DA PENA (*SURSIS*) E A SUSPENSÃO CONDICIONAL DO PROCESSO (*SURSIS* PROCESSUAL)

Na suspensão condicional da **pena**, o réu é condenado a pena privativa de liberdade e, por estarem presentes os requisitos legais, o juiz suspende essa pena, submetendo o sentenciado a um período de prova, no qual ele deve observar certas condições. Se o benefício for revogado, será expedido mandado de prisão, mas se as condições forem integralmente cumpridas, o juiz extinguirá a pena. Como existe **condenação**, caso o sujeito venha a cometer novo crime, será considerado **reincidente**.

Na suspensão condicional do **processo**, criada pelo art. 89 da Lei n. 9.099/95, o agente é acusado da prática de infração penal cuja pena mínima não excede a **1 ano** e, desde que não esteja sendo processado, que não tenha condenação anterior por outro crime e que estejam presentes os demais requisitos que autorizariam o *sursis* (art. 77 do CP), deve o **Ministério Público** fazer uma **proposta** de suspensão do processo, por prazo de **2 a 4 anos**, no qual o réu terá de submeter-se a algumas condições: reparação do dano, salvo impossibilidade de fazê-lo; proibição de frequentar determinados locais; proibição de ausentar-se da comarca onde reside sem autorização do juiz; e comparecimento mensal e obrigatório a juízo, para informar e justificar suas atividades.

Assim, após a elaboração da proposta pelo Ministério Público, o juiz deve notificar o réu para que se manifeste acerca dela (juntamente com seu defensor), e, se ambos a aceitarem, será ela submetida à homologação judicial. Feita a homologação, entrará o réu em período de prova e, ao final, caso não tenha havido revogação, decretará o juiz a extinção da **punibilidade** do agente. Dessa forma, caso o sujeito venha a cometer novo crime, não será considerado reincidente.

O juiz **não** pode conceder a suspensão condicional do processo de **ofício**. Assim, caso o promotor se recuse a efetuá-la, e o juiz discorde dos argumentos, deverá remeter os autos ao **Procurador-Geral de Justiça**, aplicando-se, por analogia, o art. 28 do Código de Processo Penal (Súmula n. 696 do STF). Este, então, poderá fazer a proposta ou designar outro promotor para fazê-la, ou insistir na recusa, hipótese em que o juiz estará obrigado a dar andamento na ação penal sem a suspensão condicional do processo.

Nos termos das Súmulas n. 723 do Supremo Tribunal Federal e n. 243 do Superior Tribunal de Justiça, não se admite o benefício da suspensão condicional do processo em relação às infrações penais praticadas em concurso material, concurso formal ou continuidade delitiva, quando a pena mínima cominada, seja pela soma, seja pela incidência da majorante, ultrapassar o limite de 1 ano.

■ 26.15. QUESTÕES

1. (Ministério Público/SP — 2003) A revogação facultativa do *sursis* é possível quando o beneficiado

a) não cumpre as condições de prestar serviços à comunidade ou de se submeter à limitação de fim de semana, previstas no § 1º do artigo 78 do Código Penal.
b) é condenado por crime doloso em sentença irrecorrível.
c) é irrecorrivelmente condenado, por crime culposo ou por contravenção, a pena privativa de liberdade ou restritiva de direitos.
d) frustra, embora solvente, a execução da pena de multa ou não efetua, sem motivo justificado, a reparação do dano.
e) descumpre qualquer obrigação imposta ou não efetua, de qualquer modo, a reparação do dano.

2. (Ministério Público/SP — 2011) Há previsão legal para a revogação obrigatória da suspensão condicional da pena:

a) se o réu sofrer condenação recorrível a pena privativa de liberdade, pela prática de crime doloso, praticado no curso do benefício.
b) se o réu sofrer condenação irrecorrível a pena privativa de liberdade, pela prática de crime culposo, praticado no curso do benefício.
c) se o réu vier a ser condenado, no curso do benefício, em sentença irrecorrível, a pena privativa de liberdade, pela prática de crime doloso.
d) se o réu vier a ser condenado irrecorrivelmente por crime culposo a pena privativa de liberdade ou restritiva de direitos, cometido no curso do benefício.
e) se o réu vier a ser condenado por crime doloso ou culposo, anterior à concessão do benefício, a pena de multa, tendo a condenação transitado em julgado, após o curso do prazo do benefício.

3. (Magistratura/SP — 2006) Assinale a alternativa incorreta.

a) Não cabe suspensão condicional da pena quando não couber substituição da pena corporal até 2 anos, por penas restritivas de direitos.
b) A execução de pena privativa de liberdade não superior a 4 anos pode permitir a concessão da suspensão condicional da pena por 4 a 6 anos para condenado maior de 70 anos à época da condenação.
c) A condenação anterior à pena de multa não impede a suspensão condicional da pena.
d) É cabível a suspensão condicional da pena, desde que o condenado não seja reincidente em delito doloso.

4. (OAB — CESPE/UNB — 2010.1) Admite-se a suspensão condicional da pena (*sursis*)

a) em casos de condenação a pena restritiva de direito ou privativa de liberdade, desde que não superior a 4 anos.
b) a reincidente em crime doloso, desde que condenação anterior tenha sido exclusivamente à pena de multa.
c) para o condenado que, na data do fato, tenha idade acima de 70 anos, desde que a pena não seja superior a 2 anos.
d) para o condenado em estado de saúde grave ou portador de doença incurável desde que ele tenha reparado o dano.

5. (Magistratura/SC — 2009) Assinale a alternativa incorreta.

a) A condenação anterior a pena de multa não impede a concessão da suspensão condicional da pena.

b) É admissível a suspensão condicional da pena, mesmo em se tratando de condenado reincidente em crime culposo.
c) É vedado ao juiz especificar outras condições a que fica subordinada a suspensão da pena, além daquelas previstas no Código Penal.
d) Uma das diferenças entre a suspensão condicional da pena e o livramento condicional refere-se ao período de prova, que para a primeira dura de 2 a 4 ou de 4 a 6 anos, enquanto que para o segundo corresponde ao restante da pena a ser cumprida.
e) Em determinados casos, é possível a concessão de livramento condicional ainda que o crime tenha sido cometido mediante violência ou grave ameaça à pessoa.

6. (Ministério Público/GO — 2012) A propósito da suspensão condicional da pena é incorreto afirmar:

a) É incabível afirmar que o *sursis* seja pena, pois estas são claramente enumeradas no Código Penal e a suspensão é medida destinada justamente a evitar a aplicação das penas privativas de liberdade;
b) Doutrinariamente *sursis* humanitário, também conhecido como simples, é aquele consistente na aplicação das condições de prestação de serviços à comunidade ou limitação de fim de semana, além da proibição de ausentar-se da comarca onde reside;
c) O *habeas corpus* não é meio idôneo, em regra, para discutir a concessão de *sursis*, nem para a análise das condições estipuladas pelo juiz. Excepcionalmente poderá ser manejado o remédio constitucional, visando corrigir a imperfeição de uma decisão de forma eficaz e célere;
d) A condenação, em sentença irrecorrível, por crime doloso é causa de revogação obrigatória da suspensão condicional da pena.

7. (OAB — FGV — 2011.3) Nise está em gozo de suspensão condicional da execução da pena. Durante o período de prova do referido benefício, Nise passou a figurar como indiciada em inquérito policial em que se apurava eventual prática de crime de tráfico de entorpecentes. Ao saber de tal fato, o magistrado responsável decidiu por bem prorrogar o período de prova. Atento ao fato narrado e, consoante legislação pátria, é correto afirmar que

a) não está correta a decisão de prorrogação do período de prova.
b) a hipótese é de revogação facultativa do benefício.
c) a hipótese é de revogação obrigatória do benefício.
d) Nise terá o benefício obrigatoriamente revogado se a denúncia pelo crime de tráfico de entorpecentes for recebida durante o período de prova.

■ GABARITO ■

1. "c". É o que prevê o art. 81, § 1º, do CP.
2. "c". É o que dispõe o art. 81, I, do CP.
3. "a". Trata-se de regra descrita no art. 77, III, do CP.
4. "b". É o que prevê o art. 77, § 1º, do CP.
5. "c".
6. "b".
7. "a". De acordo com o art. 81, § 2º, do CP, a prorrogação do *sursis* pressupõe que a denúncia seja recebida pelo outro crime.

27

DO LIVRAMENTO CONDICIONAL

27.1. CONCEITO

Consiste na antecipação da liberdade plena do condenado, de caráter precário, decretada após o cumprimento de parte da pena (ou penas), concedida pelo juízo das execuções criminais, quando preenchidos os requisitos legais de ordem objetiva e subjetiva, ficando o sentenciado sujeito ao cumprimento de certas obrigações.

O livramento tem caráter precário porque pode ser revogado pelo descumprimento das obrigações impostas e por outras razões.

27.2. NATUREZA JURÍDICA

O livramento condicional é **incidente da execução da pena**. Não é concedido, portanto, pelo juiz que profere a sentença, e sim pelo juízo das execuções. É regulamentado, conforme se verá, no Código Penal, no Código de Processo Penal e na Lei de Execuções Penais.

Trata-se de **direito subjetivo** do reeducando, na medida em que, preenchidos os requisitos legais, está o juiz das execuções obrigado a conceder o livramento.

Não há como se negar, outrossim, que se trata de **benefício** legal, pois permite a libertação plena do sentenciado antes do cumprimento integral da pena aplicada na sentença.

27.3. REQUISITOS

São diversos os requisitos enumerados no art. 83 do Código Penal para a obtenção do livramento condicional, sendo alguns de natureza **objetiva** e outros de cunho **subjetivo**.

27.3.1. Requisitos objetivos

a) *Que o juiz tenha aplicado na sentença pena privativa de liberdade igual ou superior a 2 anos* (art. 83, *caput*, do CP).

Caso a pena tenha sido fixada em patamar inferior, o livramento não será possível. Se uma pessoa for condenada, por exemplo, a 1 ano e 6 meses de reclusão, e o juiz, por alguma razão, não substituir a pena por restritiva de direitos e não aplicar o *sursis*, será inviável a posterior incidência do livramento condicional. Se, todavia, o acusado possuir outras condenações, poderão as penas ser **somadas** para atingir o montante mínimo exigido pelo texto legal para a obtenção do benefício.

O livramento pode ser deferido a quem está cumprindo pena em regime fechado, semiaberto ou aberto, já que a lei não faz distinção. Para o condenado que cumpre pena, por exemplo, no regime fechado, não é necessário que primeiro progrida para o regime aberto ou semiaberto para que depois obtenha o benefício (os requisitos são diversos). É claro, porém, que é comum que o sujeito já tenha progredido anteriormente de regime antes de obter o livramento.

b) *Que o condenado tenha reparado o dano causado pela infração, salvo impossibilidade de fazê-lo* (art. 83, IV, do CP).

É certo que, se a vítima não tiver sofrido qualquer prejuízo, não haverá que se cogitar deste requisito, como ocorre, por exemplo, nos crimes contra o patrimônio quando o réu é preso logo após o delito e os bens restituídos integralmente ao dono.

Poderá também o acusado se eximir da reparação caso demonstre concretamente não possuir condições financeiras de arcar com os valores devidos.

c) *Cumprimento de parte da pena* (art. 83, I e II e V, do CP).

Dependendo da espécie de crime cometido e dos antecedentes do reeducando, o tempo de cumprimento da pena para a obtenção do livramento **varia**, de acordo com as seguintes regras:

1) Em se tratando de crime **comum** e **não** sendo o condenado **reincidente em crime doloso**, bem como apresentando **bons antecedentes**, deve ter cumprido mais de **um terço** (1/3) da pena (art. 83, I, do CP). É o chamado livramento condicional **simples**.

2) No caso de crime **comum**, se o réu for **reincidente em crime doloso**, deve ter cumprido mais de **metade** (1/2) da pena (art. 83, II, do CP). É o chamado livramento condicional **qualificado**.

O texto legal é ambíguo no que diz respeito ao tempo de cumprimento em relação ao portador de **maus antecedentes** (condenado por dois crimes dolosos, mas fora do prazo da reincidência) e do **reincidente** em que algum dos crimes seja **culposo**. O art. 83, inc. I, parece excluí-los do critério que exige apenas 1/3 (o dispositivo exige bons antecedentes), enquanto o inc. II só exige o cumprimento de 1/2 da pena se a reincidência for em crime doloso. Na dúvida, deve-se optar pela solução mais favorável aos condenados com maus antecedentes ou reincidentes (em que um dos crimes cometidos seja culposo), ou seja, deve-se interpretar que precisam cumprir somente 1/3 da pena para a obtenção do livramento. Nesse sentido, existem vários julgados do Superior Tribunal de Justiça: "Criminal. HC. Livramento condicional. Réu possuidor de maus antecedentes. Direito ao livramento condicional simples. Necessidade de cumprimento de 1/3 da pena. Limitação à liberdade que deve vir expressa em lei. Vedação à interpretação ampla às regras restritivas de direitos. Ordem concedida" (HC 57.300/SP, 5ª Turma, Rel. Min. Gilson Dipp, *DJ* 05.02.2007, p. 275); **e** "Para a concessão de livramento condicional a réu primário, possuidor de maus antecedentes, ante a falta de previsão legal, como requisito objetivo, exige-se o cumprimento de um terço da sanção imposta, a teor do disposto no artigo 83, I, do Código Penal" (HC 25.299/RJ, 6ª Turma, Rel. Min. Paulo Gallotti, *DJ* 14.06.2004, p. 277).

3) Se a condenação for referente a crime **hediondo**, **terrorismo** ou **tortura**, deve o sentenciado ter cumprido mais de **dois terços** (2/3) da pena, salvo se o apenado for **reincidente específico** em crimes dessa **natureza** (art. 83, V, do CP). Assim, se o agente já foi condenado por qualquer crime hediondo, por tortura ou terrorismo, não poderá obter o livramento caso torne a cometer quaisquer desses crimes.

O art. 112 da Lei de Execuções Penais, em seus incisos VI, "a", e VIII, veda, por sua vez, o livramento condicional para pessoas condenadas por crimes hediondos ou equiparados **com resultado morte**. Exs: latrocínio consumado, homicídio qualificado consumado.

A Lei n. 13.344/2016 modificou a redação do art. 83, V, do Código Penal, e passou a prever que, no crime de tráfico de pessoas (art. 149-A do CP), o livramento condicional também só poderá ser obtido após o cumprimento de dois terços da pena, desde que o apenado não seja reincidente específico em crime dessa natureza. Quanto a tal instituto, portanto, o tráfico de pessoas passou a ter tratamento idêntico ao dos crimes hediondos e assemelhados, embora não tenha tal natureza, já que o legislador preferiu não o inserir no rol da Lei n. 8.072/90 (Lei dos Crimes Hediondos).

4) Se a condenação referir-se a crime de **tráfico** de **drogas** (arts. 33, *caput*, § 1º, e 34 a 37, da Lei n. 11.343/2006), é necessário que o reeducando tenha também cumprido mais de **dois terços** (2/3) da pena, salvo se reincidente **específico** em crimes dessa natureza (art. 44, parágrafo único, da Lei n. 11.343/2006). Apenas não poderá obter o livramento quem for reincidente específico em crimes de tráfico. O alcance de reincidência específica nesse dispositivo é mais restrito do que aquele contido no art. 83, V, do Código Penal e, por ser a Lei de Drogas posterior, revogou tacitamente a menção ao crime de tráfico existente no mencionado inc. V. Em suma, quem cometer tráfico de drogas após ter sido condenado em definitivo por algum crime hediondo (estupro, por exemplo) pode obter o livramento após cumprir dois terços (2/3) de sua pena, porém, se a condenação anterior for também relacionada ao tráfico de drogas, o livramento não poderá ser concedido.

Observe-se que no julgamento do HC 118.533, Rel. Min. Cármen Lúcia, em 23.06.2016, o Plenário do STF decidiu que o **tráfico privilegiado de drogas** não possui natureza hedionda e que, por tal razão, não são exigíveis os requisitos mais severos para a obtenção do livramento, previstos no art. 44, parágrafo único, da Lei n. 11.343/2006. Posteriormente, a Lei n. 13.964/2019 alterou o art. 112, § 5º, da Lei de Execuções Penais, para deixar expresso que o tráfico privilegiado não se equipara aos crimes hediondos. Considera-se privilegiado o tráfico quando o agente é primário, tem bons antecedentes, não se dedica às atividades criminosas e não integra organização criminosa. Em tal hipótese, descrita no art. 33, § 4º, da Lei de Drogas, a pena do réu será reduzida de 1/6 a 2/3 e ele poderá obter o livramento de acordo com as regras comuns do Código Penal (art. 83).

No tráfico de drogas comum (não privilegiado) será necessário o cumprimento do montante diferenciado de pena previsto no art. 44, parágrafo único, da Lei n. 11.343/2006.

O Superior Tribunal de Justiça fixou entendimento no sentido de que não há reincidência específica se a pessoa for condenada inicialmente por tráfico privilegiado e depois por tráfico comum (art. 33, *caput*): "*In casu*, embora o paciente já ostentasse condenação anterior por tráfico privilegiado quando praticou o crime de tráfico de drogas (art. 33, *caput*, da Lei n. 11.343/2006), não se configurou a reincidência específica, uma vez que se trata de condutas de naturezas distintas" (STJ — HC 453.983/SP, Rel. Min. Felix Fischer, 5ª Turma, julgado em 02.08.2018, *DJe* 09.08.2018); "Imperioso afastar a reincidência específica em relação ao tráfico privilegiado e o tráfico previsto no *caput* do art. 33 da Lei de Drogas, nos termos do novo entendimento jurisprudencial, para fins da concessão do livramento condicional" (STJ — HC 436.103/DF, Rel. Min. Nefi Cordeiro, 6ª Turma, julgado em 19.06.2018, *DJe* 29.06.2018); "O sentenciado condenado, primeiramente, por tráfico privilegiado (art. 33, § 4º, da Lei n. 11.343/2006) e, posteriormente, pelo crime previsto no *caput* do art. 33 da Lei n. 11.343/2006, não é reincidente específico, nos termos da legislação especial; portanto, não é alcançado pela vedação legal, prevista no art. 44, parágrafo único, da referida Lei" (HC 419.974/SP, Rel. Min. Maria Thereza de Assis Moura, 6ª Turma, julgado em 22.05.2018, *DJe* 04.06.2018).

5) De acordo com o art. 2º, § 9º, da Lei n. 12.850/2013, com a redação dada pela Lei n. 13.964/2019, o condenado expressamente em sentença por integrar organização criminosa, ou por crime praticado por meio de organização criminosa, não poderá progredir de regime de cumprimento de pena ou obter livramento condicional ou outros benefícios prisionais se houver elementos probatórios que indiquem a manutenção do vínculo associativo, ou seja, que ainda integra a organização.

▪ Soma das penas

No caso de concurso de crimes reconhecidos na mesma sentença, deve-se observar o montante **total** aplicado, resultante da **soma** ou **exasperação**, para se verificar a possibilidade do benefício pelo cumprimento de parte desse total.

Igualmente no caso de **superveniência** de nova condenação quando o acusado já estava cumprindo pena por outro crime, as reprimendas devem ser somadas para que, com base no novo montante a cumprir, seja verificado o cabimento do livramento. Suponha-se uma pessoa condenada a 6 anos de reclusão por um crime comum, que já tenha cumprido 1 ano da pena, quando sobrevém nova condenação por crime comum, agora a 3 anos de reclusão, sendo o réu considerado **reincidente**. Serão somados os 5 anos restantes da primeira condenação com os três anos da última, alcançando o total de 8 anos. Assim, o livramento poderá ser obtido após o cumprimento de 4 anos.

Quando os crimes praticados sujeitarem-se a prazos **diversos** para a concessão do benefício, deverá ser feita a análise com base em cada um deles individualmente e depois deverão ser somados. Ex.: pessoa condenada a 12 anos de reclusão por homicídio qualificado (crime hediondo) e a 6 anos por crime de extorsão (crime comum). O réu não foi considerado reincidente em nenhuma das condenações. Assim, deverá ter cumprido 8 anos em relação ao homicídio (2/3) e mais 2 anos referentes à extorsão (1/3). Em suma, após a incidência dos índices respectivos e de sua soma, tal condenado poderá obter o livramento, se presentes os demais requisitos legais, depois do cumprimento de 10 anos de sua pena.

Ressalte-se, por sua vez, a **Súmula n. 715** do Supremo Tribunal Federal que determina que "a pena unificada para atender ao limite de trinta anos de cumprimento, determinado pelo art. 75 do Código Penal, não é considerada para a concessão de outros benefícios, como o livramento condicional ou regime mais favorável de execução". Saliente-se que, após a aprovação da Lei n. 13.964/2019, o limite passou a ser de **quarenta** anos. Suponha-se, assim, uma pessoa primária que seja condenada, por ter cometido dez roubos simples, a 60 anos de reclusão. O art. 75 do Código Penal limita o cumprimento da pena a 40 anos, porém, de acordo com a súmula, não significa que o condenado deva apenas cumprir 1/3 de 40 anos. Deverá, em verdade, cumprir 1/3 da pena total (60 anos), ou seja, 20 anos. É claro, por outro lado, que se o réu tiver sido condenado a 150 anos não poderá ficar 50 anos preso, devendo ser liberado em definitivo quando cumprir 40 anos de prisão.

- **Contravenções penais**

O livramento condicional é perfeitamente cabível em relação às pessoas condenadas por contravenções penais, havendo, inclusive, previsão expressa nesse sentido, no art. 11 da Lei das Contravenções. Considerando, porém, que não há regramento próprio em relação a estas infrações, são-lhe aplicáveis os mesmos dispositivos que tratam do tema em relação aos crimes.

- **Remição e livramento condicional**

De acordo com o art. 128 da Lei de Execuções Penais, o tempo remido pelo trabalho ou pelo estudo considera-se como **pena cumprida** para todos os fins. Assim, referido período é descontado do montante da pena, gerando a antecipação do livramento condicional. Se a pessoa tinha 12 anos de pena a cumprir e conseguiu remir 180 dias pelo trabalho, poderá obter o livramento condicional tendo por base o tempo remanescente. É de se ver, porém, que a prática de **falta grave** pelo condenado **após** a remição faz com que o juiz das execuções possa revogar 1/3 dos dias remidos, mas, por falta de previsão legal, tal falta não interrompe o prazo do livramento. Neste sentido, veja-se a **Súmula n. 441** do Superior Tribunal de Justiça: "a falta grave não interrompe o prazo para a obtenção de livramento condicional". No exemplo acima, em que o condenado havia conseguido remir 180 dias da pena, o cometimento de falta grave e a consequente revogação de 1/3 desse período farão com que sejam descontados apenas 120 dias da pena, mas se o condenado já estava preso há 2 anos tal período será computado para fim de livramento.

A falta grave terá, ainda, outras consequências, como, por exemplo, a possibilidade de regressão de regime.

27.3.2. Requisitos subjetivos

a) *Comprovação de bom comportamento durante a execução da pena* (art. 83, III, "a").

A comprovação deste requisito é feita pela elaboração de **atestado de boa conduta carcerária pelo diretor do presídio.**

b) *Não cometimento de falta grave nos últimos 12 meses* (art. 83, III, "b").

A Súmula 441 do STJ diz que "a falta grave não interrompe o prazo para a obtenção de livramento condicional". Saliente-se, contudo, que a Lei n. 13.964/2019 deu nova redação ao art. 83, III, "b", do Código Penal, vedando o livramento caso o condenado tenha praticado falta grave nos 12 meses que antecedem o alcance do prazo para o benefício. Assim, se o condenado cometer a falta grave quando faltar menos de 12 meses para atingir o prazo do benefício, deverá aguardar mais 12 meses.

c) *Bom desempenho no trabalho que lhe foi atribuído* (art. 83, III, "c").

A prova é também feita por intermédio de atestado do diretor do estabelecimento.

O preso que, reiterada e injustificadamente, recusa-se a trabalhar não poderá, em razão disso, obter o livramento.

d) *Aptidão para prover à própria subsistência mediante trabalho honesto* (art. 83, III, "d").

O preso pode apresentar, por exemplo, proposta de emprego ou demonstrar que irá trabalhar com parentes ou por conta própria etc.

e) *Para o condenado por crime doloso, cometido mediante violência ou grave ameaça à pessoa, a constatação de que o acusado apresenta condições pessoais que façam presumir que, uma vez liberado, não voltará a delinquir* (art. 83, parágrafo único, do CP).

Esta prova pode ser feita pelo exame criminológico, por parecer da Comissão Técnica de Classificação ou por outros meios etc.

■ 27.4. EXAME CRIMINOLÓGICO

A lei **não** exige a realização do exame criminológico para obtenção do livramento condicional, porém também não o proíbe. Assim, a jurisprudência dos tribunais superiores é no sentido de que o juiz pode determinar a realização deste exame, **em decisão fundamentada**, sempre que entender que as circunstâncias do **caso concreto** justificam a medida. Este exame é realizado por equipe multidisciplinar de peritos (assistentes sociais, psicólogos, psiquiatras, educadores) que, obrigatoriamente, fazem entrevistas e exames no preso, os quais evidentemente, podem trazer inúmeros subsídios para que o juiz tome a decisão acertada, concedendo ou negando o benefício.

A propósito, veja-se a **Súmula n. 439** do Superior Tribunal de Justiça: "Admite-se o exame criminológico pelas peculiaridades do caso, desde que em decisão motivada".

■ 27.5. PROCEDIMENTO PARA A OBTENÇÃO DO LIVRAMENTO

As regras para a obtenção do livramento condicional encontram-se parte na Lei de Execuções Penais (arts. 131 a 146 da LEP) e parte no Código de Processo Penal (arts. 710 a 734 do CPP). Muitos dos dispositivos do Código de Processo, entretanto, estão tacitamente revogados pelas Leis ns. 7.209/84 e 7.210/84 — nova Parte Geral do Código Penal e Lei de Execuções Penais — que lhe são posteriores.

O livramento poderá ser concedido em razão de **requerimento** do próprio **sentenciado**, de seu **cônjuge** ou de parente em **linha reta**, ou por proposta do **diretor** do **estabelecimento**, ou, ainda, por iniciativa do **Conselho Penitenciário** (art. 712 do CPP).

O reeducando pode fazer o requerimento **pessoalmente**, sem a necessidade de estar representado por advogado.

Na sequência, o diretor do estabelecimento penal onde se encontrar preso o reeducando apresentará **relatório** a respeito do caráter revelado pelo sentenciado, suas relações com a família e com estranhos, seu procedimento na prisão durante o cumprimento da pena, seu grau de instrução e aptidão profissional, sua situação financeira e seus propósitos quanto ao futuro (art. 714 do CPP). O prazo para a apresentação deste relatório é de **15 dias** (art. 714, parágrafo único, do CPP) e deverá ser acompanhado de eventual proposta de emprego, caso feita por escrito por pessoa idônea. A evidente finalidade deste relatório é possibilitar ao juiz verificar a presença dos requisitos subjetivos do livramento.

Em seguida, será apresentado parecer **pelo Conselho Penitenciário**, órgão consultivo e fiscalizador da execução da pena. A necessidade deste parecer encontra-se expressamente prevista no **art. 131 da Lei de Execuções Penais e também no art. 713 do Código de Processo Penal**. Por isso, não faz sentido a interpretação de que tal parecer tornou-se desnecessário depois que a Lei n. 10.792/2003 alterou o art. 70, I, da Lei de Execuções Penais, excluindo a previsão do parecer para o livramento condicional das funções do Conselho Penitenciário. Com efeito, a referida lei modificou apenas o artigo da Lei de Execuções que tratava **genericamente** das incumbências do Conselho Penitenciário, mas não revogou os outros dois artigos que **expressamente** exigem tal parecer ao regulamentar o procedimento próprio do livramento condicional. Se realmente fosse intenção do legislador excluir a necessidade deste parecer, teria, evidentemente, revogado todos os artigos que tratam do tema, o que não ocorreu.

Os autos serão, então, encaminhados ao Ministério Público e depois à defesa para manifestação (art. 112, §§ 1º e 2º, da LEP).

Por fim, o juiz proferirá decisão concedendo ou negando o benefício. Contra a decisão, é cabível recurso de **agravo em execução**, no prazo de **5 dias** (art. 197 da LEP).

Considerando o fato de estar preso o requerente, poderá ser interposto *habeas corpus* em caso de indeferimento, desde que a matéria alegada não comporte dilação probatória, sendo estritamente jurídica. Ex.: o juiz indefere o pedido dizendo que o acusado deveria ter cumprido metade da pena por ser reincidente, mas este sustenta que é primário e pleiteia a concessão do livramento em razão do cumprimento de mais de um terço da reprimenda imposta.

27.6. ESPECIFICAÇÃO DAS CONDIÇÕES DO LIVRAMENTO CONDICIONAL

O juiz das execuções criminais que deferir o livramento deve especificar na sentença concessiva quais as condições a que deve submeter-se o sentenciado.

A Lei de Execuções Penais, em seu art. 132, contém um rol de condições a serem impostas pelo juiz. Algumas delas são obrigatórias e outras facultativas.

27.6.1. Condições obrigatórias

São previstas no art. 132, § 1º, da Lei de Execuções, segundo o qual o juiz **sempre** imporá ao condenado as seguintes condições:

a) *obtenção de ocupação lícita, dentro de prazo razoável (fixado pelo próprio juiz)*;

b) *comparecimento periódico para informar ao juízo sobre suas atividades*;

c) *não mudar do território da comarca do Juízo da Execução sem prévia autorização deste.*

27.6.2. Condições facultativas

Previstas no art. 132, § 2º, da Lei de Execuções. Tal dispositivo contém um rol exemplificativo de condições que o juiz também poderá impor ao beneficiário, **sem prejuízo de outras que o magistrado entenda pertinentes**. Por isso, são também chamadas de condições **judiciais**. São as seguintes as condições que o dispositivo menciona:

a) *não mudar de residência sem comunicação ao juiz e à autoridade incumbida da observação cautelar e de proteção*;

b) *recolher-se à sua residência em hora fixada pelo juiz*;

c) *não frequentar determinados lugares*. Estes locais devem ser expressamente mencionados na sentença concessiva do benefício.

- **Condições indiretas**

Após a concessão do livramento, o benefício pode ser revogado por várias causas (condenação superveniente, por exemplo). Assim, considera-se como condição **indireta** à extinção da pena não realizar o condenado condutas que possam dar causa à revogação do benefício.

- **Modificação das condições**

Nos termos do art. 144 da Lei de Execuções Penais, o juiz das execuções, de **ofício**, a requerimento do **Ministério Público**, da **Defensoria Pública** ou mediante representação do **Conselho Penitenciário, ouvido o liberado**, poderá **modificar** as condições impostas na sentença, devendo o respectivo ato decisório ser lido ao liberado.

27.7. A CERIMÔNIA DE CONCESSÃO E O ACOMPANHAMENTO DO PERÍODO DE PROVA

De acordo com o art. 136 da Lei de Execuções, concedido o benefício, será expedida a **carta de livramento**, com cópia integral da sentença em **duas vias**, remetendo-se uma à **autoridade administrativa** incumbida da execução e outra ao **Conselho Penitenciário**.

O art. 137 da Lei de Execuções, por sua vez, dispõe que o presidente do Conselho Penitenciário designará data para a cerimônia de concessão do livramento, a ser realizada no interior do estabelecimento onde o reeducando encontra-se cumprindo pena. Neste dia e local, a sentença concessiva será lida ao liberando, na presença dos demais condenados, pelo próprio presidente do Conselho, por membro por ele designado, ou pelo juiz. A autoridade administrativa deverá chamar a atenção do condenado sobre o cumprimento das condições, questionando-o se as aceita. Se não as aceitar, o fato será comunicado ao juiz, que tornará sem efeito o benefício. Se as aceitar, será colocado em liberdade, tendo início o **período de prova**, permanecendo o sentenciado nessa situação até o término da pena, salvo se o livramento vier a ser revogado.

O condenado que se encontra em livramento condicional é chamado de **egresso** (art. 26, II, da LEP).

Ao sair do estabelecimento, o sentenciado receberá, além do saldo de seu pecúlio e o que lhe pertencer, uma **caderneta** ou **salvo-conduto** que conterá a sua identificação e as condições do livramento. Tais documentos deverão ser apresentados à autoridade administrativa ou ao juiz sempre que forem exigidos (art. 138 da LEP).

A observação cautelar e a proteção do reeducando serão realizadas pelo serviço social penitenciário, Patronato ou Conselho da Comunidade (art. 139 da LEP). A esses órgãos incumbirá: I — fazer observar o cumprimento das condições especificadas na sentença concessiva do benefício; II — proteger o beneficiário, orientando-o na execução de suas obrigações e auxiliando-o na obtenção de atividade laborativa. Se no acompanhamento do beneficiário os integrantes destes órgãos verificarem a ocorrência de fato que justifique a modificação das condições ou sua revogação, deverão apresentar relatório ao Conselho Penitenciário.

■ 27.7.1. O estudo durante o período de prova

Inovação trazida pela Lei n. 12.433/2011 é a possibilidade de o condenado que já se encontra em livramento condicional remir parte da pena faltante pelo **estudo**. Com efeito, estabelece a atual redação do art. 126, § 6º, da Lei de Execuções Penais (dada pela referida lei) que o **estudo**, em curso regular ou profissionalizante, é possível também para os presos que estejam em regime aberto ou em **livramento condicional**, de modo que o tempo de estudo será descontado do período de prova. Nesse caso, o condenado poderá abater 1 dia da pena restante para cada 12 horas de estudo. É necessário, porém, que essas 12 horas sejam divididas em pelos menos 3 dias (art. 126, § 1º, I, da LEP).

■ 27.8. REVOGAÇÃO DO LIVRAMENTO

O livramento condicional pode ser revogado pelo juízo das execuções, de ofício, em razão de requerimento do Ministério Público ou de representação do Conselho Penitenciário. **Antes de decidir, entretanto, o juiz deve ouvir o condenado** (art. 143 da LEP).

■ 27.8.1. Causas obrigatórias de revogação

Estão previstas no art. 86 do Código Penal:

a) *Se o beneficiário vem a ser condenado, por sentença transitada em julgado, a pena privativa de liberdade por crime cometido durante a vigência do benefício* (art. 86, I, do CP).

Nesse caso, dispõe o art. 88 do Código Penal que o tempo em que o sentenciado permaneceu em liberdade **não será descontado**, devendo, portanto, cumprir **integralmente** a pena que restava por ocasião do início do benefício, somente podendo obter novamente o livramento em relação à segunda condenação. Ex.: uma pessoa foi condenada a 9 anos de reclusão e já havia cumprido 5 anos quando obteve o livramento, restando, assim, 4 anos de pena a cumprir. Após 2 anos, sofre condenação por crime doloso cometido na vigência do benefício. Dessa forma, não obstante tenha estado 2 anos em período de prova, a revogação do livramento fará com que tenha de cumprir os 4 anos que faltavam quando obteve o benefício. Suponha-se que, em relação ao novo crime, tenha sido o réu condenado a 6 anos de reclusão. Terá de cumprir os 4 anos em relação à primeira condenação e, posteriormente, poderá obter o livramento em relação à segunda, desde que cumprida mais de metade da pena (3 anos).

Quando o sentenciado comete novo crime durante o período de prova e vem a ser condenado a pena privativa de liberdade, o efeito previsto em lei é a revogação do livramento. Assim, firmou-se entendimento de que, na ausência de previsão legal quanto a outros efeitos, não se pode decretar a perda dos dias remidos: "A prática de crime no curso do período de prova do livramento condicional não tem o condão de gerar os efeitos próprios da prática de falta grave, no caso, a perda de até 1/3 dos dias remidos, mas tão somente, após a efetiva revogação, a perda do tempo cumprido em livramento condicional e a impossibilidade de nova concessão do benefício no tocante à mesma pena (HC 271.907/SP, Min. Rogerio Schietti Cruz, *DJe* 14.04.2014)" (STJ, HC 376.104/MG, Rel. Min. Sebastião Reis Junior, 6ª Turma, julgado em 14.02.2017, *DJe* 23.02.2017).

b) *Se o beneficiário vem a ser condenado, por sentença transitada em julgado, a pena privativa de liberdade, por crime cometido antes do benefício* (art. 86, II, do CP).

Nessa hipótese, o art. 88 do Código Penal permite que seja descontado o período em que o condenado esteve em liberdade, podendo, ainda, ser somado o tempo restante à pena referente à segunda condenação para fim de obtenção de novo benefício (conforme o art. 84 do CP). Ex.: uma pessoa foi condenada a 9 anos de reclusão e já havia cumprido 5 anos quando obteve o livramento, restando, assim, 4 anos de pena a cumprir. Após 2 anos, sofre condenação por crime cometido antes da obtenção do benefício e, dessa forma, terá de cumprir os 2 anos faltantes. Suponha-se que, em relação à segunda condenação, tenha sido aplicada pena de 6 anos de reclusão. As penas serão somadas, atingindo-se um total de 8 anos, tendo o condenado de cumprir mais de um terço dessa pena (ou metade, se reincidente em crime doloso) para obter novamente o livramento.

27.8.2. Causas de revogação facultativa

Estão descritas no art. 87 do Código Penal:

a) *Se o liberado deixa de cumprir qualquer das obrigações impostas na sentença.*

Nesse caso, não se desconta da pena o período do livramento e o condenado não mais poderá obter o benefício.

b) *Se o liberado for irrecorrivelmente condenado, por crime ou contravenção, a pena que não seja privativa de liberdade.*

Se a condenação for por delito **anterior**, será **descontado** o tempo do livramento. Se a condenação se refere a delito cometido na **vigência** do benefício, **não haverá tal desconto**.

Caso o juiz não revogue o livramento, poderá alterar suas condições, conforme permite o art. 144 da Lei de Execuções Penais.

Existe uma omissão nestes arts. 86 e 87 do Código Penal, que não preveem a revogação quando o reeducando é condenado por **contravenção penal** a pena **privativa de liberdade**. Tal possibilidade, entretanto, existe. Decorre de **interpretação extensiva**, e não de analogia. Com efeito, se é permitido ao juiz revogar facultativamente o livramento quando o beneficiário é condenado por contravenção a **pena diversa da prisão** (art. 87, do CP), bem como fazê-lo de modo obrigatório quando lançada condenação por **crime** a pena privativa de liberdade (art. 86 do CP), resta evidente que o legislador também pretendeu a revogação no caso onde se deu a omissão (condenação por contravenção a pena privativa). Não é possível outra conclusão. O legislador disse menos do que pretendia. Em tais casos, a solução é a interpretação extensiva para abranger a hipótese de condenação a pena privativa de liberdade por contravenção penal como causa obrigatória de revogação do livramento, mesmo porque, durante a execução da pena referente ao fato contravencional, estará o sentenciado impossibilitado de cumprir as demais condições do livramento referentes à primeira condenação.

■ 27.9. NÃO IMPLANTAÇÃO DO LIVRAMENTO

Se o condenado **não comparece** à cerimônia solene em que o benefício será concedido, o livramento, evidentemente, não poderá ser implantado. É o que ocorre, por exemplo, quando ele foge após a concessão do benefício e antes da cerimônia. Neste caso, não existe tecnicamente revogação do livramento, porque ainda não havia se iniciado o período de prova. O mesmo ocorre quando o sentenciado se recusa a aceitar o benefício na audiência solene designada para tal fim.

■ 27.10. SUSPENSÃO DO LIVRAMENTO CONDICIONAL

De acordo com o art. 145 da Lei de Execuções Penais, se o beneficiário praticar **nova infração penal**, o juiz poderá, ouvidos o Conselho Penitenciário e o Ministério Público, **suspender** o curso do livramento e determinar a prisão do condenado. A efetiva **revogação**, entretanto, **dependerá da decisão final** a ser proferida no processo que apura o novo delito.

Trata-se de medida de natureza **cautelar**, tomada pelo juízo das execuções no curso do período de prova, ao verificar que existem evidentes elementos da prática do novo crime e que isso denota periculosidade do acusado em relação à coletividade, incompatível com a manutenção da liberdade decorrente do livramento.

Se o acusado for ao final absolvido pela nova infração, o livramento poderá ser retomado. Caso haja condenação definitiva, o benefício será revogado.

■ 27.11. PRORROGAÇÃO DO PERÍODO DE PROVA

Considera-se prorrogado o período de prova se, ao término do prazo, o agente estiver sendo **processado por crime cometido em sua vigência** (art. 89 do CP). Se ao final da nova ação penal houver condenação a pena privativa de liberdade, o juiz decretará **obrigatoriamente** a revogação do benefício (art. 86, I, do CP). Se a condenação for a outra espécie de pena, a revogação se mostra facultativa (art. 87 do CP). Caso o réu venha a ser absolvido, o juiz decretará a extinção da pena.

Durante a prorrogação, o sentenciado fica **desobrigado** de observar as condições impostas.

O Supremo Tribunal Federal firmou entendimento de que a prorrogação do período de prova deve ser **expressamente** declarada pelo juízo ao tomar conhecimento da existência da nova ação penal. Se não o fizer até o término do período de prova e ainda não tiver sido proferida nova sentença condenatória, a **pena** deverá ser declarada **extinta**. Argumenta-se, nesse sentido, que, se a lei de execuções exige decisão judicial para a suspensão do livramento em razão de nova ação penal (art. 145 da LEP), tal decisão mostra-se também necessária para a respectiva prorrogação: "À luz do disposto no art. 86, I, do Código Penal e no art. 145 da Lei das Execuções Penais, se, durante o cumprimento do benefício, o liberado cometer outra infração penal, o juiz poderá ordenar a sua prisão, suspendendo o curso do livramento condicional, cuja revogação, entretanto, aguardará a conclusão do novo processo instaurado. 3. A suspensão do livramento condicional não é automática. Pelo contrário, deve ser expressa, por decisão fundamentada, para se aguardar a apuração da nova infração penal cometida durante o período de prova, e, então, se o caso, revogar o benefício. Precedente. 4. Decorrido o prazo do período de prova sem ter havido a suspensão cautelar do benefício, tampouco sua revogação, extingue-se a pena privativa de liberdade. Precedentes. 5. Ordem concedida, para reconhecer a extinção da pena privativa de liberdade imposta ao paciente quanto ao primeiro crime cometido" (STF, HC 119.938, Rel. Min. Rosa Weber, 1ª Turma, julgado em 03.06.2014, processo eletrônico *DJe*-123 divulg. 24.06.2014, public. 25.06.2014); "A jurisprudência desta Corte Superior sedimentou-se no sentido da inadmissibilidade da prorrogação automática do período de prova do livramento condicional. Assim, ocorrendo novo delito durante o período de prova do livramento condicional, é necessária a suspensão cautelar do benefício, sob pena de ser declarada extinta a pena após o término do prazo do livramento" (STJ, HC 389.653/SP, Rel. Min. Joel Ilan Paciornik, 5ª Turma, julgado em 14.03.2017, *DJe* 27.03.2017). Em outubro de 2018, o Superior Tribunal de Justiça publicou a **Súmula n. 617**, com o seguinte teor: **"A ausência de suspensão ou revogação do livramento condicional antes do término do período de prova enseja a extinção da punibilidade pelo integral cumprimento da pena".**

■ 27.12. EXTINÇÃO DA PENA

Se ao término do período de prova o livramento não foi revogado ou prorrogado, o juiz deverá declarar a extinção da pena, ouvindo antes o Ministério Público.

■ 27.13. LIVRAMENTO CONDICIONAL E EXECUÇÃO PROVISÓRIA DA PENA

Este assunto não comporta mais polêmica, estando pacificada na jurisprudência dos tribunais superiores a possibilidade do livramento **antes** do trânsito em julgado da sentença. Nesse sentido: "I. Prisão processual: direito à progressão do regime de cumprimento de pena privativa de liberdade ou a livramento condicional (LEP, art. 112, *caput* e § 2º). A jurisprudência do STF já não reclama o trânsito em julgado da condenação nem para a concessão do indulto, nem para a progressão de regime de execução, nem para o livramento condicional (HC 76.524, *DJ* 29.08.83, Pertence). No caso, o paciente — submetido à prisão processual, que perdura por mais de 2/3 da pena fixada na condenação, dada a demora do julgamento de recursos de apelação — tem direito a progressão de regime de execução ou a concessão de livramento condicional, exigindo-se, contudo, o preenchimento de requisitos subjetivos para o deferimento dos benefícios" (STF, HC 87.801, 1ª Turma, Rel. Min. Sepúlveda Pertence, *DJ* 26.05.2006, p. 511).

A **Súmula n. 716** do Supremo Tribunal, embora só mencione expressamente a progressão de regime, aplica-se também à possibilidade de livramento condicional em caso de execução provisória. De acordo com a súmula, "admite-se a progressão de regime de cumprimento da pena ou a aplicação imediata de regime menos severo, antes do trânsito em julgado da sentença condenatória". Dessa forma, se o réu, primário, foi condenado a 6 anos de reclusão por crime de roubo e já cumpriu 1/3 da pena, pode pleitear o livramento, ainda que exista recurso da defesa aguardando julgamento.

Saliente-se que, para que o livramento seja possível, é necessário que haja: a) recurso apenas da defesa; ou b) recurso da acusação com finalidade diversa do agravamento da pena ou de condenação por crime conexo, pois, nesses casos, a pena final poderá ser superior, impedindo o livramento com base no montante de pena já cumprido durante o transcorrer da ação. Observe-se, contudo, que, ainda que haja recurso da acusação visando o aumento da pena, será cabível o benefício se o sentenciado já tiver cumprido o índice exigido **tendo por base o montante máximo da pena cominada ao crime**. Ex.: réu que possui diversas condenações anteriores foi condenado a 1 ano e 2 meses, na condição de reincidente, por crime de furto simples. O Ministério Público recorre visando agravar a pena. O acusado pode obter o livramento durante a pendência do recurso, se já tiver cumprido metade da pena máxima prevista para o furto simples, ou seja, 2 anos (a pena máxima do furto simples é 4 anos), pois em hipótese alguma o tribunal poderá fixar pena acima desse limite ao julgar o recurso da acusação.

A Resolução n. 19 do Conselho Nacional de Justiça regulamenta a expedição da guia de recolhimento provisório.

27.14. DISTINÇÕES ENTRE LIVRAMENTO CONDICIONAL E *SURSIS*

Esses institutos possuem diferenças muito marcantes. Com efeito, enquanto o *sursis* é concedido na **sentença** e evita o **início** do **cumprimento** da pena privativa de liberdade, o livramento condicional é concedido durante a **execução** da pena, **após** o **cumprimento** de parte da pena de prisão.

No *sursis*, o tempo do período de prova é fixado na sentença, **em regra**, entre 2 e 4 anos. No livramento, o período de prova corresponde ao tempo **restante** da pena.

Por fim, o *sursis* só pode ser concedido, como regra, quando a pena fixada **não superar 2 anos**, ao passo que o livramento só é cabível quando referida pena for **igual ou superior a 2 anos**.

27.15. LIVRAMENTO CONDICIONAL HUMANITÁRIO

Esta denominação é dada pela doutrina à hipótese de concessão do livramento condicional a quem ainda não cumpriu o tempo mínimo de pena exigido pela lei para a obtenção do benefício, por estar acometido de doença grave. Ocorre que, por ausência de previsão legal, **não é admitido em nosso ordenamento jurídico**.

27.16. LIVRAMENTO CONDICIONAL A CONDENADO ESTRANGEIRO

Durante muito tempo o entendimento foi no sentido de ser cabível o livramento ao condenado estrangeiro que resida no Brasil ou que tenha visto de trabalho no país, desde que não tenha sido expulso. Nesse sentido: "*Habeas corpus*. Execução penal. Decreto de expulsão de estrangeiro. Pedido de livramento condicional. Inadmissibilidade. Ordem denegada. 1. É firme a jurisprudência deste Supremo Tribunal no sentido de que o decreto de expulsão, de cumprimento subordinado à prévia execução da pena imposta no País, constitui empecilho ao livramento condicional do estrangeiro condenado. 2. A análise dos requisitos para concessão do benefício de livramento condicional ultrapassa os limites estreitos do procedimento sumário e documental do *habeas corpus*. 3. Ordem denegada" (STF, HC 99.400, 1ª Turma, Rel. Min. Cármen Lúcia, julgado em 27.04.2010, *DJe* 096, p. 1046).

Para aqueles que tinham apenas visto de turista ou encontravam-se irregulares no país, não seria cabível o benefício, uma vez que não preencheriam os requisitos legais, por não terem residência fixa no Brasil e por não serem autorizados a exercer atividade remunerada em nosso território (art. 98 da Lei n. 6.815/80 — antigo Estatuto do Estrangeiro), o que seria condição para a obtenção do benefício. Alegava-se não se tratar de discriminação quanto ao estrangeiro, mas de ausência de requisito obrigatório para obter o livramento. A propósito: "*Habeas corpus*. Estrangeiro. Turista. Livramento condicional. Requisitos objetivos e subjetivos. O só fato de o sentenciado ser estrangeiro não impede a concessão de livramento condicional. A possibilidade de permanência do estrangeiro, no país, há de considerar-se, entretanto, como indispensável a outorga do livramento condicional, o que cumpre ser provado pelo requerente do benefício. Hipótese em que, como turista, sem residência fixa, não poderá o paciente fazer a aludida prova. Recurso desprovido" (STF, RHC 65.643, 1ª Turma, Rel. Min. Néri da Silveira, *DJ* 26.02.88, p. 3193).

O Supremo Tribunal Federal, todavia, em decisões mais recentes passou a admitir o livramento, ainda que haja decreto de expulsão ou que o estrangeiro não tenha residência no país. Nesse sentido: "A exclusão do estrangeiro do sistema progressivo de cumprimento de pena conflita com diversos princípios constitucionais, especialmente o da prevalência dos direitos humanos (art. 4º, II) e o da isonomia (art. 5º), que veda qualquer discriminação em razão da raça, cor, credo, religião, sexo, idade, origem e nacionalidade. Precedente. II — Ordem concedida para afastar a vedação de progressão de regime à paciente, remetendo-se os autos ao juízo da execução para que verifique a presença dos requisitos do art. 112 da LEP" (HC 117.878, Rel. Min. Ricardo Lewandowski, 2ª Turma, julgado em 19.11.2013, processo eletrônico *DJe*-237 divulg. 02.12.2013, public. 03.12.2013); "Pena privativa de liberdade. Progressão de regime. Admissibilidade. Condenação por tráfico de drogas. Estrangeira sem domicílio no país e objeto de processo de expulsão. Irrelevância. HC concedido. Voto vencido. O fato de o condenado por tráfico de droga ser estrangeiro, estar preso, não ter domicílio no país e ser objeto de processo de expulsão, não constitui óbice à progressão de regime de cumprimento da pena" (HC 97.147, Rel. Min. Ellen Gracie, Rel. p/ Acórdão: Min. Cezar Peluso, 2ª Turma, julgado em 04.08.2009, *DJe*-027 divulg. 11.02.2010, public. 12.02.2010 ement v. 2389-02, p. 291, *RTJ* v. 213, p. 561). Também nesse sentido: o julgamento do HC 119.717, Rel. Min. Luiz Fux, 1ª Turma, julgado em 22.04.2014, processo eletrônico *DJe*-105 divulg. 30.05.2014, public. 02.06.2014.

De qualquer forma, o art. 54, § 2º, da Lei de Migração (Lei n. 13.445/2017) estabelece que o processamento da expulsão em caso de crime comum não prejudicará a progressão de regime, o cumprimento da pena, a suspensão condicional do processo, a comutação da pena ou a concessão de pena alternativa, de indulto coletivo ou individual, de anistia ou de quaisquer benefícios concedidos em igualdade de condições ao nacional brasileiro.

PRINCIPAIS ASPECTOS DO LIVRAMENTO CONDICIONAL	
REQUISITOS	1) Objetivos: a) aplicação na sentença de pena igual ou superior a 2 anos (no caso de várias condenações, as penas são somadas); b) reparação do dano, salvo impossibilidade de fazê-lo; c) cumprimento de parte da pena. Nos crimes comuns, deve ter havido cumprimento de mais de 1/3 da pena, se o réu for primário, e mais de 1/2, se for reincidente. Nos crimes hediondos, terrorismo, tráfico de pessoas e tortura, exige-se o cumprimento de mais de 2/3 da pena, salvo se o réu for reincidente específico em crimes dessa natureza, ou o cumprimento de mais de 2/3 da pena no crime de tráfico, se o acusado não for reincidente específico nessa mesma espécie de crime. Caso se trate de tráfico privilegiado (art. 33, § 4º, da Lei de Drogas), não considerado hediondo pelo Plenário do STF, o livramento poderá ser obtido de acordo com as regras comuns do CP. Para quem for condenado por crime hediondo ou equiparado com resultado morte é vedado o livramento condicional. 2) Subjetivos: a) bom comportamento durante a execução da pena; b) Não cometimento de falta grave nos últimos 12 meses; c) bom desempenho no trabalho que lhe foi atribuído; d) aptidão para manter a própria subsistência; e) nos crimes cometidos com violência ou grave ameaça, constatação de que o preso apresenta condições que denotem que não tornará a delinquir.

CONDIÇÕES	1) Obrigatórias: a) obter ocupação lícita dentro do prazo fixado pelo juiz; b) comparecer periodicamente em juízo para justificar suas atividades; c) não mudar da comarca sem autorização do juízo das execuções. 2) Facultativas: a) não mudar de residência sem comunicação ao juízo das execuções e à autoridade administrativa incumbida da observação cautelar e de proteção; b) recolher-se à sua casa em hora determinada; c) não frequentar determinados lugares. O juiz pode fixar ainda outras condições a seu critério.
HIPÓTESES DE REVOGAÇÃO	1) Obrigatória: se o beneficiário vier a ser condenado, em definitivo, a pena privativa de liberdade, por crime cometido antes ou depois do benefício. Se a nova condenação referir-se a crime anterior será descontado o tempo do período de prova já cumprido, se referir-se a crime posterior não haverá tal desconto. 2) Facultativa: a) se o liberado deixar de cumprir qualquer das obrigações impostas na sentença; b) se vier a ser condenado irrecorrivelmente, por crime ou contravenção, a pena que não seja privativa de liberdade.
SUSPENSÃO DO PERÍODO DE PROVA	■ Se o beneficiário praticar **nova infração penal**, o juiz poderá, ouvidos o Conselho Penitenciário e o Ministério Público, **suspender** cautelarmente o curso do livramento e determinar a prisão do condenado.
PRORROGAÇÃO DO PERÍODO DE PROVA	■ Considera-se prorrogado o período de prova se, ao término do prazo, o agente estiver sendo **processado por crime cometido em sua vigência** (art. 89 do CP). Se ao final da nova ação penal houver condenação a pena privativa de liberdade, o juiz decretará **obrigatoriamente** a revogação do benefício (art. 86, I, do CP). Se a condenação for a outra espécie de pena, a revogação se mostra facultativa (art. 87 do CP). Caso o réu venha a ser absolvido, o juiz decretará a extinção da pena.
EXTINÇÃO DA PENA	■ Findo o período de prova, sem que tenha havido prorrogação ou revogação do benefício, o juiz, após ouvir o Ministério Público, deve decretar a extinção da pena.
EXECUÇÃO PROVISÓRIA	■ É cabível o livramento condicional durante a execução provisória.

■ 27.17. QUESTÕES

1. (Delegado de Polícia/SP) Estudando a Lei das Contravenções Penais, verificamos que nela

a) é cabível a figura do *sursis* mas não a do livramento condicional, face a natureza de suas penas.
b) são cabíveis as figuras do *sursis* e do livramento condicional.
c) é cabível a figura do livramento condicional mas não a do *sursis*, face a natureza de suas penas.
d) não são cabíveis as figuras do livramento condicional e do *sursis*, face a natureza de suas penas.

2. (Defensoria Pública/SP — FCC — 2010) Na execução da pena privativa de liberdade, o exame criminológico é

a) requisito obrigatório para a concessão da progressão de regime ou livramento condicional.
b) requisito facultativo, mediante decisão fundamentada do magistrado, quando a gravidade do crime praticado o exigir.
c) requisito facultativo para a concessão de benefícios, quando necessário, mediante decisão fundamentada do magistrado, consideradas as peculiaridades do caso.
d) requisito obrigatório para a concessão de benefícios em relação aos condenados pela prática de crimes hediondos.
e) vedado na Lei de Execução Penal, a partir da edição da Lei n. 10.792/2003.

3. (Magistratura/SP — 2008) Deferido o livramento condicional com a concordância do Ministério Público, a ausência do condenado à cerimônia solene, prevista no art. 137 da LEP, terá como consequência

a) a não implantação do benefício.
b) a revogação obrigatória do benefício.
c) a irrevogabilidade do benefício, que se tornou definitivo em virtude da não interposição de agravo em execução da sentença concessiva do livramento.
d) a revogação do benefício desde que comprovado o descumprimento injustificado das condições impostas na sentença de livramento.

4. (Ministério Público/MA — 2009) O livramento condicional para condenado por crime hediondo poderá ser concedido:

a) pelo Juiz de Execução Penal, ouvidos o Ministério Público e o Conselho Penitenciário, após o cumprimento de metade da pena.
b) pelo Juiz de Execução Penal, ouvido o Conselho de Comunidade, após o cumprimento de dois terços da pena.
c) pelo juiz que prolatou a sentença condenatória, necessariamente, ouvido o Ministério Público, após o cumprimento de dois terços da pena.
d) pelo Juiz de Execução Penal, após o cumprimento de metade da pena, a pedido do Diretor do estabelecimento penal, desde que comprovados os requisitos estabelecidos em Lei.
e) pelo Juiz de Execução Penal, desde que, dentre outras condições, haja o réu cumprido mais de dois terços da pena e não for reincidente específico em crimes dessa natureza.

5. (Defensor Público/AM — 2018 — FCC) O livramento condicional

a) pode ser revogado com a prática de crime doloso no período de prova, independentemente do trânsito em julgado, conforme jurisprudência do Superior Tribunal de Justiça.
b) exige o cumprimento de três quintos de pena para o condenado reincidente em crime hediondo.
c) pode ser mantido se a condenação por crime doloso praticado durante o período de prova resultar em aplicação de pena restritiva de direitos.
d) pode ser suspenso cautelarmente com a notícia de descumprimento de suas condições, como, por exemplo, o não comparecimento periódico em juízo.
e) não pode ser revogado em razão da prática de crime anterior à sua vigência pois os postulados do garantismo penal incidem igualmente na execução penal.

6. (Ministério Público/SP — 2019) Quanto ao livramento condicional, assinale a alternativa correta.

a) Para os condenados pelo crime previsto no artigo 35 da Lei n. 11.343/06, dar-se-á após o cumprimento de dois terços da pena, vedada sua concessão ao reincidente específico.
b) A gravidade abstrata dos delitos praticados e a longevidade da pena a cumprir podem servir, por si sós, como fundamento para a determinação de prévia submissão do apenado a exame criminológico.
c) A ausência de suspensão ou revogação do livramento condicional antes do término do período de prova não enseja a extinção da punibilidade pelo integral cumprimento da pena.
d) A pena unificada para atender ao limite de trinta anos de cumprimento, determinado pelo art. 75 do Código Penal, deve ser considerada para a concessão de outros benefícios, como o livramento condicional.
e) Não se admite a realização do exame criminológico pelas peculiaridades do caso.

GABARITO

1. "b". O cabimento tanto do *sursis* quanto do livramento condicional às contravenções penais encontra-se expressamente previsto no art. 11 da LCP.
2. "c". É o que diz a Súmula n. 439 do STJ.
3. "a".
4. "e".
5. "c".
6. "a". É o que prevê expressamente o art. 44, parágrafo único, da Lei de Drogas. As demais assertivas estão incorretas.

28

DOS EFEITOS DA CONDENAÇÃO

Com o trânsito em julgado da sentença condenatória, o **principal** efeito é a concretização da **pena** que deverá ser cumprida pelo acusado (efeito **principal** da condenação). Em nossa legislação, porém, existem diversos efeitos **secundários** que decorrem da procedência definitiva da ação penal. Tais efeitos estão previstos tanto no Código Penal quanto em leis especiais. Em alguns casos, a consequência para o condenado é de natureza **penal** e, em outros, de cunho **extrapenal**. Estes, por sua vez, subdividem-se em efeitos extrapenais **genéricos** ou **específicos**, conforme se verá em seguida.

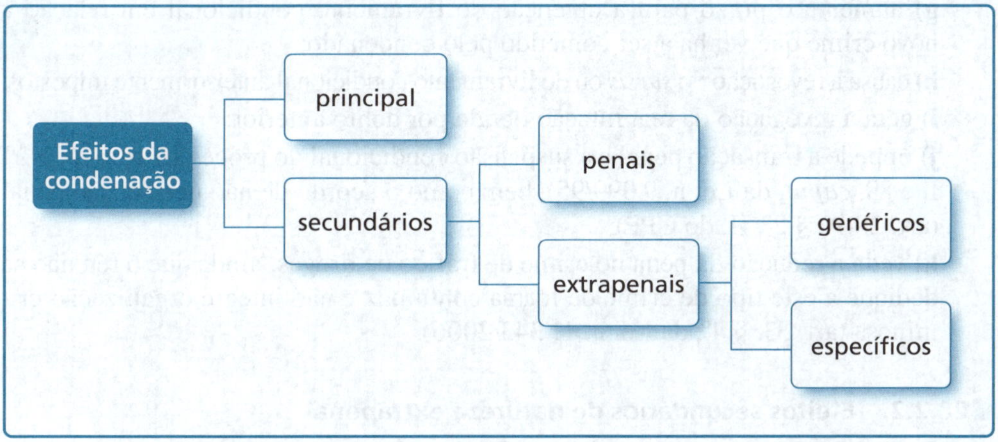

28.1. EFEITO PRINCIPAL

O efeito principal da **condenação** é a imposição da **pena** (privativa de liberdade ou multa) ou **medida de segurança** para os semi-imputáveis cuja necessidade de tratamento tenha sido constatada (os inimputáveis também recebem medida de segurança, mas em razão de sentença **absolutória**, conforme se verá oportunamente). É certo que o juiz pode, ainda, substituir a pena privativa de liberdade por restritiva de direitos ou multa, ou suspendê-la condicionalmente (*sursis*). Esses temas, entretanto, já foram estudados, sendo que a finalidade do presente capítulo é exatamente a de analisar os efeitos **secundários** da condenação.

28.2. EFEITOS SECUNDÁRIOS

Por exclusão, são todos os demais efeitos condenatórios, que podem se revestir de natureza **penal** ou **extrapenal**.

28.2.1. Efeitos secundários de natureza penal

Dentre outros, podemos elencar os seguintes:

a) gera reincidência caso o condenado venha a cometer outro crime dentro do prazo a que se refere o art. 64, I, do Código Penal;

b) aumenta o prazo da prescrição da pretensão executória em 1/3 no caso da prática de novo crime;

c) interrompe a prescrição da pretensão executória de delito anteriormente cometido;

d) impede a obtenção do *sursis* (salvo se a condenação for à pena de multa);

e) impede o privilégio nos crimes de furto (art. 155, § 2º, do CP), apropriação indébita (art. 170 do CP), estelionato (art. 1.271, § 1º, do CP) e receptação (art. 180, § 5º, 2ª parte, do CP);

f) impede o perdão judicial em certos crimes, como na receptação culposa (art. 180, § 5º, 1ª parte);

g) aumenta o prazo para a obtenção do livramento condicional em relação a novo crime que venha a ser cometido pelo condenado;

h) causa a revogação do *sursis* ou do livramento condicional anteriormente impostos;

i) gera a revogação da reabilitação obtida por delito anterior;

j) impede a transação penal e a suspensão condicional do processo (arts. 76, § 2º, I, e 89, *caput*, da Lei n. 9.099/95), bem como o acordo de não persecução penal (art. 28-A, § 2º, II, do CPP);

k) veda a redução da pena no crime de tráfico de drogas, ainda que o réu não se dedique a este tipo de crime de forma contumaz e não integre organização criminosa (art. 33, § 4º, da Lei n. 11.343/2006).

28.2.2. Efeitos secundários de natureza extrapenal

Parte desses efeitos está prevista no Código Penal e parte, em leis especiais.

Aqueles previstos no Código Penal encontram-se em Capítulo denominado "Dos efeitos da condenação", que integra o Título "Das penas" (Capítulo VI, do Título V, da Parte Geral, do CP). Em tal capítulo, nota-se, nitidamente, que os efeitos secundários extrapenais foram divididos em duas categorias: a) os **genéricos** (art. 91 do CP); b) os **específicos** (art. 92 do CP).

28.2.2.1. Efeitos extrapenais genéricos

São assim denominados porque decorrem de **qualquer** condenação. Constituem efeito **automático** da condenação, vale dizer, não necessitam de declaração expressa na sentença.

São os seguintes:

a) *Tornar certa a obrigação de indenizar o dano causado pelo crime* (art. 91, I, do CP).

A sentença condenatória constitui título **executivo judicial**. Assim, a vítima do delito, ou seus familiares, não precisam ingressar com ação indenizatória na esfera cível, caso haja condenação no âmbito penal.

De acordo com o art. 387, IV, do Código de Processo Penal, na sentença condenatória o juiz deverá fixar o valor **mínimo** da indenização, considerando os prejuízos sofridos pela vítima. A fixação exata desse valor, entretanto, não é tarefa simples, ficando muitas vezes prejudicada pela falta de informações. De qualquer modo, se na ação penal houver elementos suficientes, o juiz deverá, conforme já mencionado, fixar o valor mínimo, podendo a vítima complementar esse valor em **liquidação** no juízo cível. Se, entretanto, por falta de elementos suficientes quanto ao valor, não for possível ao juízo criminal fixar o valor mínimo na sentença, o montante deverá ser, integralmente, objeto de liquidação.

Saliente-se que o Superior Tribunal de Justiça tem entendido que, para ser possível a fixação desse valor mínimo pelo juiz na sentença, deve previamente ter havido requerimento na denúncia ou queixa, de modo que o acusado, durante a instrução, tenha oportunidade de conhecer as provas e rebatê-las (princípio do contraditório e da ampla defesa). A propósito: "A aplicação do instituto disposto no art. 387, inciso IV, do CPP, referente à reparação de natureza cível, quando da prolação da sentença condenatória, requer a dedução de um pedido expresso do querelante ou do Ministério Público, em respeito às garantias do contraditório e da ampla defesa" (STJ, AgRg no REsp 1.622.852/MT, Rel. Min. Rogerio Schietti Cruz, 6ª Turma, julgado em 07.03.2017, *DJe* 14.03.2017); "De acordo com reiterados julgados deste Superior Tribunal de Justiça, para que haja a fixação na sentença do valor mínimo devido a título de indenização civil pelos danos causados à vítima, nos termos do artigo 387, IV, do Código de Processo Penal, é necessário pedido expresso na inicial acusatória, sob pena de afronta à ampla defesa e ao contraditório" (STJ, AgRg no REsp 1671240/PR, Rel. Min. Maria Thereza de Assis Moura, 6ª Turma, julgado em 22.05.2018, *DJe* 04.06.2018).

Não é necessário, porém, que conste da denúncia o valor mínimo a ser indenizado, pois esse valor deve ser obtido pelas provas amealhadas durante a instrução. Nesse sentido: "A aplicação do instituto disposto no art. 387, inciso IV, do CPP, referente à reparação de natureza cível, quando da prolação da sentença condenatória, requer a dedução de um pedido expresso do querelante ou do Ministério Público, em respeito às garantias do contraditório e da ampla defesa. 4 — Neste caso houve pedido expresso por parte do Ministério Público, na exordial acusatória, o que é suficiente para que o juiz sentenciante fixe o valor mínimo a título de reparação dos danos causados pela infração. 5 — Assim sendo, não há que se falar em iliquidez do pedido, pois o *quantum* há que ser avaliado e debatido ao longo do processo, não tendo o *Parquet* o dever de, na denúncia, apontar valor líquido e certo, o qual será devidamente fixado pelo Juiz sentenciante" (STJ, REsp 1.265.707/RS, Rel. Min. Rogerio Schietti Cruz, 6ª Turma, julgado em 27.05.2014, *DJe* 10.06.2014).

Observe-se que a vítima **não** é obrigada a **aguardar** o desfecho da ação penal para buscar sua indenização, podendo intentar a ação civil antes mesmo da propositura da ação penal ou durante sua tramitação.

O efeito condenatório em estudo evidentemente não existe nas infrações que não causam prejuízo ou que não possuem vítima determinada.

Por fim, o dever de indenizar pode ser transferido aos herdeiros, nos limites dos valores recebidos a título de herança, nos termos do art. 5º, XLV, da Constituição Federal.

b) *Perda em favor da União, ressalvado o direito do lesado ou de terceiro de boa-fé, dos instrumentos do crime, desde que consistam em coisas cujo fabrico, alienação, uso, porte ou detenção constitua fato ilícito* (art. 91, II, *a*, do CP).

Não são todos os instrumentos do crime (*instrumenta sceleris*) que podem ser confiscados, mas apenas aqueles cujo fabrico, alienação, uso, porte ou detenção constitua **fato ilícito**. Podem ser citados como exemplos os petrechos para falsificação de moeda, as chaves falsas (mixas) utilizadas em crimes de furto, documentos falsos utilizados na prática de estelionato etc.

É evidente, outrossim, que o confisco só pode recair sobre objeto que pertença ao **autor** ou **partícipe** do crime. O próprio art. 91, II, do Código Penal ressalva o direito do **lesado** ou do **terceiro de boa-fé**. É de se mencionar que, se o objeto não pertence ao criminoso, mas é desconhecido o seu proprietário, torna-se necessário aguardar o prazo de 90 dias a contar do trânsito em julgado da sentença, hipótese em que será vendido em leilão, caso não seja reclamado, depositando-se o valor à disposição do juízo de ausentes (art. 123 do CPP).

Os instrumentos do crime cuja perda em favor da União tenha sido decretada serão inutilizados ou recolhidos a museu criminal, se houver interesse na conservação.

O texto legal diz que constitui efeito da condenação a **perda** em favor da **União** dos instrumentos do **crime** se o seu porte constitui fato ilícito. Diverge a jurisprudência acerca da incidência de tal norma às contravenções: a) não pode haver confisco porque o artigo menciona instrumento de **crime**, e não instrumento de contravenção. Impossível, pois, a interpretação **ampliativa**; b) há o confisco porque a palavra crime foi usada em sentido **genérico**, *lato sensu*, abrangendo também as contravenções. Além disso, o art. 1º da Lei das Contravenções Penais prevê que as normas do Código Penal se aplicam às contravenções, desde que não haja disposição em contrário nessa Lei. Ora, como ela é omissa em relação ao confisco, é cabível a aplicação subsidiária do Código Penal, que possibilita ao juiz decretar a perda do instrumento.

De ver-se, todavia que, no que se refere especificamente às **armas de fogo** apreendidas, que tenham sido utilizadas como instrumento de crime (roubo, estupro, homicídio etc.), dispõe o art. 25 do Estatuto do Desarmamento (Lei n. 10.826/2003) que serão encaminhadas pelo juízo competente, após a elaboração do laudo e sua juntada aos autos, ao Comando do Exército, no prazo de 48 horas, para destruição ou doação aos órgãos de segurança pública ou às Forças Armadas. Na prática, porém, aguarda-se o trânsito em julgado da decisão para que seja efetuado referido encaminhamento.

O **dono** de arma de fogo que com ela cometa crime em via pública terá a arma confiscada, caso não possua o respectivo “porte”.

O art. 61 da Lei de Drogas (Lei n. 11.343/2006) trata da apreensão de veículos, embarcações, aeronaves e quaisquer outros meios de transporte, bem como maquinários, instrumentos, utensílios e objetos de qualquer natureza, utilizados para a prática dos crimes definidos na Lei. A perda efetiva em favor da União só será declarada pelo juiz na **sentença** (art. 63, inc. I), revertendo em favor do Fundo Nacional Antidrogas (Funad). Ex.: aeronave ou carro utilizado para o transporte de droga; máquinas utilizadas na produção de substância entorpecente. Nesse dispositivo, o confisco existe ainda que o porte, a alienação, o fabrico, a detenção ou o uso do bem sejam normalmente lícitos, já que o texto legal não exige o contrário. Saliente-se, outrossim, que, apesar de o dispositivo ter redação genérica, mencionando que a perda ocorrerá qualquer que seja o crime praticado, é lógico que a interpretação dada pela doutrina e pela jurisprudência foi **restritiva**, no sentido de que só deve ser decretada a perda dos bens se forem relacionados ao **tráfico de drogas**. Assim, quem usa o próprio carro para nele fazer uso de maconha (crime de porte para consumo próprio) não corre o risco de ter o veículo confiscado.

Ressalte-se, por fim que, mesmo que o crime seja o de tráfico, estão assegurados os direitos dos **terceiros de boa-fé**, como, por exemplo, do amigo que emprestou o carro para o outro sem saber que este iria transportar droga com o veículo.

O art. 243 da Constituição Federal prevê a **desapropriação**, sem indenização, das **terras** onde forem localizadas culturas ilegais de substância entorpecente. Tais glebas serão destinadas ao assentamento de colonos.

O art. 25, § 4º, da Lei n. 9.605/98 diz que os instrumentos utilizados na prática de crime **ambiental** (motosserras, armadilhas para animais etc.) deverão ser vendidos, garantida a sua descaracterização por meio da reciclagem. O confisco, portanto, dar-se-á, ainda que não se trate de instrumento cujo porte, detenção, uso, fabrico ou alienação constitua fato ilícito, já que se trata de lei especial que não exige tal requisito.

c) *Perda em favor da União, ressalvado o direito do lesado ou de terceiro de boa-fé, do produto do crime ou de qualquer bem ou valor que constitua proveito auferido pelo agente com a prática do fato criminoso* (art. 91, II, *b*, do CP).

Constituem **produto** do crime (*producta sceleris*) os objetos ou valores obtidos **diretamente** com a ação delituosa, como, por exemplo, o veículo roubado, ou mediante **especificação**, como as joias furtadas que foram derretidas e transformadas em outras.

Na maioria dos casos, o produto do crime é restituído ao **dono** ou **terceiro de boa-fé**, salvo se não forem identificados. É o que ocorre, por exemplo, nos crimes contra a economia popular, falsificação de medicamentos, alimentos ou combustíveis, em que os lucros advindos da atividade ilícita são apreendidos em poder dos criminosos (e devem ser declarados perdidos), mas as vítimas são indeterminadas. Da mesma forma, o lucro dos traficantes com a venda dos entorpecentes ou dos bens adquiridos com tal lucro (joias, carros ou imóveis). Em relação ao produto do tráfico existe, inclusive, regra especial no art. 243, parágrafo único, da Constituição Federal, determinando o confisco. Em tal caso, após a decretação da perda, os valores serão revertidos ao Fundo Nacional Antidrogas (Funad).

Os **objetos materiais** dos crimes de tráfico, falsificação de medicamentos ou alimentos, dentre outros, deverão ser destruídos por ordem judicial.

Nos crimes ambientais, o produto do crime terá destinação específica elencada nos §§ 1º e 2º da Lei n. 9.605/98. Os animais serão libertados em seu *habitat* ou entregues a jardins zoológicos, fundações ou entidades assemelhadas. As madeiras serão doadas a instituições científicas, hospitalares, penais ou outras beneficentes.

Proveito do crime podem ser os bens ou valores obtidos **indiretamente** com a infração (dinheiro decorrente da venda do carro roubado, por exemplo), bem como o preço do crime (valor recebido para matar alguém), o pagamento ao partícipe por informação prestada (porteiro de prédio que, por ter passado informação aos assaltantes, recebe certa quantia em dinheiro, sem que se trate de divisão dos bens roubados), o salário do "olheiro" do tráfico etc.

Decretada a perda do produto ou proveito do crime em razão de sentença condenatória, poderão estes ser exigidos ainda que estejam em poder dos sucessores. O art. 5º, XLV, da Constituição Federal consagra o princípio da intranscendência da pena, mas não veda que este efeito **extrapenal** da condenação alcance os sucessores.

A fim de reforçar a importância de consequências patrimoniais aos criminosos condenados, a Lei n. 12.694, publicada em 25 de julho de 2012, acrescentou dois parágrafos ao art. 91 do Código Penal, estabelecendo, inicialmente, que poderá ser decretada a perda de bens ou valores **equivalentes** ao produto ou proveito do crime quando estes não forem encontrados ou quando se localizarem no exterior (art. 91, § 1º). Além disso, para que haja êxito em referida providência, estabelece o atual art. 91, § 2º, do Código Penal que as medidas assecuratórias previstas na legislação processual (sequestro, arresto e hipoteca) poderão abranger bens ou valores equivalentes do investigado ou acusado para posterior decretação de perda.

O Plenário do STF, no julgamento do RE 795.567/PR, após reconhecer a repercussão geral (tema 187), aprovou a seguinte tese: "As consequências jurídicas extrapenais, previstas no art. 91 do Código Penal, são decorrentes de sentença penal condenatória. Tal não ocorre, portanto, quando há transação penal, cuja sentença tem natureza meramente homologatória, sem qualquer juízo sobre a responsabilidade criminal do aceitante. As consequências geradas pela transação penal são essencialmente aquelas estipuladas por modo consensual no respectivo instrumento de acordo". No julgamento desse caso, a Corte asseverou, ainda, que "as consequências jurídicas extrapenais previstas no art. 91 do CP, dentre as quais a do confisco de instrumentos do crime (art. 91, II, *a*) e de seu produto ou de bens adquiridos com o seu proveito (art. 91, II, *b*), só podem ocorrer como efeito acessório, reflexo ou indireto de uma condenação penal. Apesar de não possuírem natureza penal propriamente dita, as medidas acessórias previstas no art. 91 do CP, embora incidam *ex lege*, exigem juízo prévio a respeito da culpa do investigado, sob pena de transgressão ao devido processo legal" (STF, RE 795.567, Rel. Min. Teori Zavascki, Tribunal Pleno, julgado em 28.05.2015, Acórdão Eletrônico Repercussão Geral — Mérito, *DJe*-177 08.09.2015, public. 09.09.2015).

d) *Suspensão dos direitos políticos, enquanto durarem os efeitos da condenação* (art. 15, III, da CF).

Cuida-se de efeito **automático** e inerente a **toda** e **qualquer condenação**. Consiste, basicamente, na **perda do direito de votar e de ser votado**. Quando uma pessoa é definitivamente condenada, o juízo de origem deve comunicar o fato à Justiça Eleitoral que impedirá o exercício do voto.

O Plenário do Supremo Tribunal Federal, no julgamento do tema 370 (repercussão geral), confirmou que também há suspensão dos direitos políticos em caso de substituição da pena privativa de liberdade por pena restritiva de direitos (STF, RE 601.182, Rel. p/ Acórdão Min. Alexandre de Moraes, j. 08.05.2019).

Declarada a extinção da pena, por seu cumprimento ou pela prescrição, o sujeito recupera, também automaticamente, os direitos políticos. De acordo com a Súmula n. 9 do Tribunal Superior Eleitoral, "a suspensão de direitos políticos decorrente de condenação criminal transitada em julgado cessa com o cumprimento ou a extinção da pena, independendo de reabilitação ou de prova de reparação dos danos".

e) *Rescisão do contrato de trabalho por justa causa* (art. 482, *d*, da CLT).

Prevê o art. 482, *d*, da Consolidação das Leis do Trabalho que constitui **justa causa** para a rescisão do contrato de trabalho pelo empregador a condenação criminal do empregado, passada em julgado, caso não tenha havido suspensão condicional da pena (*sursis*). A ressalva contida na parte final do dispositivo nos faz acreditar que, também quando houver aplicação exclusiva de pena de multa, não haverá justa causa para a rescisão.

f) *Obrigatoriedade de novos exames às pessoas condenadas por crimes praticados na direção de veículo automotor descritos no Código de Trânsito Brasileiro* (art. 160 da Lei n. 9.503/97).

Estabelece o art. 160 do Código de Trânsito Brasileiro que a condenação por **qualquer** dos crimes nele previstos torna necessária a realização de novos exames para que o condenado volte a conduzir veículos automotores.

Trata-se de efeito **automático** da condenação, não precisando ser mencionado na sentença. Por esta razão e por ser aplicável a todos os crimes do Código de Trânsito, classifica-se como efeito **genérico**.

■ 28.2.2.2. Efeitos extrapenais específicos

São aqueles que **não** decorrem meramente da condenação, exigindo a lei requisitos **específicos**. Além disso, é necessário que o juiz **justifique** a aplicação de tais efeitos na sentença, **não** sendo, assim, **automáticos**.

São eles:

a) *Perda do cargo, função pública ou mandato eletivo quando aplicada pena privativa de liberdade igual ou superior a 1 ano, nos crimes praticados com abuso de poder ou violação de dever para com a Administração Pública* (art. 92, I, *a*, do CP).

Esse efeito condenatório aplica-se a funcionários públicos que cometem crime contra a Administração Pública (arts. 312 a 326 do CP) ou outros com abuso de poder (tentativa de estupro praticado pelo carcereiro contra uma presa, por exemplo) ou violação de dever para com a Administração.

Nos termos do art. 92, parágrafo único, do Código Penal, este efeito **não é automático**, devendo ser **motivadamente** declarado na sentença, ou seja, o magistrado deve justificar por qual razão aquela condenação é incompatível com a manutenção do réu no cargo que ocupa.

Nos termos noticiados no *Informativo* 599/2017, do Superior Tribunal de Justiça, "o reconhecimento de que o réu praticou ato incompatível com o cargo por ele ocupado é fundamento suficiente para a decretação do efeito extrapenal de perda do cargo público (AgRg no REsp 1.613.927/RS, *DJe* 30.09.2016). **Em regra, a pena de perdimento deve ser restrita ao cargo público ocupado ou função pública exercida no momento do delito.** Trilhando esse entendimento, doutrina defende que 'A perda deve restringir-se somente àquele cargo, função ou atividade no exercício do qual praticou o abuso, porque a interdição pressupõe que a ação criminosa tenha sido realizada com abuso de poder ou violação de dever que lhe é inerente'. Assim, a perda do cargo público, por violação de dever inerente a ele, necessita ser por crime cometido no exercício desse cargo, valendo-se o envolvido da função para a prática do delito. Porém, salienta-se que se o magistrado de origem considerar, motivadamente, que o **novo cargo** guarda correlação com as atribuições do anterior, ou seja, naquele em que foram praticados os crimes, mostra-se devida a perda da nova função, uma vez que tal ato visa anular a possibilidade de reiteração de ilícitos da mesma natureza, o que não ocorreu no caso" (REsp 1.452.935/PE, Rel. Min. Reynaldo Soares da Fonseca, 5ª Turma, julgado em 14.03.2017, *DJe* 17.03.2017).

No que diz respeito à perda do **mandato eletivo**, é necessário ressaltar, todavia, que o art. 15, III, da Constituição Federal prevê a suspensão **automática** dos direitos políticos pela condenação criminal, **qualquer que seja a pena aplicada e independentemente de menção nesse sentido na sentença**. O Supremo Tribunal Federal, analisando o alcance do dispositivo, confirmou "decorrer a suspensão dos direitos políticos de qualquer condenação criminal — não importa a maior ou menor gravidade do delito, nem o *quantum* ou a modalidade de execução da pena" (RE 179.502/SP, Pleno, Rel. Min. Moreira Alves, *DJ* 08.09.1995, p. 28.389). Assim, neste aspecto vale a norma constitucional, de modo que, sendo o titular de mandato eletivo municipal condenado em definitivo, basta que o fato seja comunicado ao Presidente da Câmara Municipal, por ofício judicial, para que seja declarada a extinção do mandato do vereador ou prefeito, de modo que possa assumir, respectivamente, o suplente ou o vice-prefeito. Cuida-se aqui de ato **vinculado** do Poder Legislativo, que não deverá deliberar acerca da perda ou não do mandato. A propósito: "Eleitoral. Recurso contra expedição de diploma. Condenação criminal transitada em julgado após a posse do candidato eleito (CF, art. 15, III). Perda dos direitos políticos: consequência da existência da coisa julgada. A Câmara de vereadores não tem competência para iniciar e decidir sobre a perda de mandato de prefeito eleito. Basta uma comunicação à Câmara de Vereadores, extraída nos autos do processo criminal. Recebida a comunicação, o Presidente da Câmara de Vereadores, de imediato, declarará a extinção do mandato do Prefeito, assumindo o cargo o Vice-Prefeito, salvo se, por outro motivo, não possa exercer a função. Não cabe ao Presidente da Câmara de Vereadores outra conduta senão a declaração da extinção do mandato. Recurso extraordinário conhecido em parte e nessa parte provido" (RE 225.019, Tribunal Pleno, Rel. Min. Nelson Jobim, *DJ* 26.11.1999, p. 133). O mesmo procedimento deve ser seguido em caso de condenação do Governador do Estado ou do Presidente da República, sendo a decisão comunicada, respectivamente, pelo Superior Tribunal de Justiça à Assembleia Legislativa ou pelo Supremo Tribunal Federal ao Congresso Nacional.

Quando, todavia, se tratar de condenação criminal definitiva de **Deputado Federal** ou **Senador**, a situação é diferente, pois deve ser observada a regra especial do art. 55, VI, combinado com o art. 55, § 2º, da Constituição Federal. Segundo tais dispositivos, a perda do cargo decorrente da condenação criminal **não será automática**, devendo ser decidida pela Câmara dos Deputados ou pelo Senado, por voto aberto[1] e maioria absoluta, mediante provocação da respectiva Mesa ou de partido político representado no Congresso Nacional, assegurada a ampla defesa. Tal procedimento aplica-se também aos Deputados Estaduais em razão do que dispõe o art. 27, § 1º, da Constituição Federal, que a eles estende as regras referentes à perda de mandato. Em suma, a perda efetiva do cargo poderá ou não ser decretada pela Câmara dos Deputados, pela Assembleia Legislativa ou pelo Senado. Ainda que não haja a cassação, o Deputado ou Senador que sofreu a condenação criminal não poderá se reeleger por estar com os direitos políticos suspensos.

O art. 16 da Lei n. 7.716/89 prevê a possibilidade de o juiz decretar a perda do cargo ou função pública do servidor condenado por crime de **racismo**, devendo tal efeito ser **motivadamente** declarado na sentença (art. 18).

Em relação aos servidores públicos condenados pela prática de crime de **tortura**, o art. 1º, § 5º, da Lei n. 9.455/97 prevê como efeitos **automáticos** da condenação a **perda** do cargo, função ou emprego público e a interdição para seu exercício pelo **dobro do prazo da pena aplicada**.

Segundo o art. 83 da Lei n. 8.666/93 (Lei de **Licitações**), os servidores públicos condenados por crime nela previsto, ainda que tentados, sujeitam-se, além das sanções penais, à **perda** do cargo, emprego, função ou mandato eletivo.

b) *Perda do cargo, função pública ou mandato eletivo quando aplicada pena privativa de liberdade por tempo superior a 4 anos, qualquer que tenha sido a infração penal cometida* (art. 92, I, *b*, do CP).

Nesse dispositivo, não é necessário que o delito tenha qualquer tipo de relação com o desempenho das funções, bastando, para que seja decretada a perda do cargo, a aplicação de pena **superior a 4 anos**. Ex.: condenação a 14 anos de reclusão por crime de homicídio.

1 A redação do art. 55, § 2º, da Constituição Federal foi modificada pela Emenda Constitucional n. 76, de 28 de novembro de 2013. Antes da reforma, a votação era secreta.

Nos termos do art. 92, parágrafo único, do Código Penal, este efeito **não é automático**, devendo ser **motivadamente** declarado na sentença. A razão normalmente é a impossibilidade de o condenado continuar a exercer suas atividades em razão da pena a cumprir que, por ser superior a 4 anos, terá que ser em regime semiaberto ou fechado.

c) "Incapacidade para o exercício do poder familiar, da tutela ou da curatela nos crimes dolosos sujeitos à pena de reclusão cometidos contra outrem igualmente titular do mesmo poder familiar, contra filho, filha ou outro descendente ou contra tutelado ou curatelado" (art. 92, II, do CP). Esse dispositivo teve a redação alterada pela Lei n. 13.715, de 24 de setembro de 2018.

A decretação de referida incapacitação pressupõe quatro requisitos: 1) que o crime tenha sido praticado contra outrem igualmente titular do mesmo poder familiar, filho, filha ou outro descendente (neto, neta) ou contra tutelado ou curatelado; 2) que se trate de crime doloso; 3) que se trate de crime apenado com reclusão; 4) que o juiz entenda ser necessária referida inabilitação em razão da gravidade dos fatos e pela incompatibilidade gerada em relação ao exercício do poder familiar, tutela ou curatela (art. 92, parágrafo único, do CP).

Vejam-se, exemplificativamente, os crimes de abandono de incapaz (art. 133) e maus-tratos (art. 136), que, em suas figuras simples, são apenados com detenção. Embora dolosos, não podem levar à incapacitação em estudo. Caso, todavia, a vítima sofra lesão corporal de natureza grave ou morra, os crimes passam a ser qualificados e punidos com pena de reclusão, de modo que, nestas hipóteses, será cabível o efeito condenatório (no caso de morte, evidentemente, em relação aos outros filhos, tutelados ou curatelados). Na prática, é também comum a aplicação da incapacitação nos crimes de estupro de vulnerável cometidos contra a própria filha ou de tortura, que são dolosos, apenados com reclusão e denotam a absoluta impossibilidade da subsistência do poder familiar (ou da tutela ou curatela). Havendo a constatação pelo juiz de referida incompatibilidade, poderá ser declarada a incapacitação ainda que a pena de reclusão tenha sido substituída por restritiva de direitos ou pelo *sursis* diante da primariedade do réu (ex.: condenação por crime de lesão corporal grave).

A incapacitação é aplicada em relação à vítima do crime, bem como aos demais filhos, tutelados ou curatelados.

O pai que comete crime contra o **patrimônio** de qualquer dos filhos, sem o emprego de violência ou grave ameaça, é isento de pena, nos termos do art. 181, II, do Código Penal, e, por consequência, incogitável falar-se no efeito em análise, já que não haverá sentença condenatória. Ao contrário, ao tutor ou curador que cometa, por exemplo, crime de apropriação indébita em prejuízo do tutelado ou curatelado, haverá condenação e evidentemente a inabilitação para o exercício do múnus.

Em relação à vítima do crime, a incapacitação é **perpétua**. A declaração judicial de reabilitação após o cumprimento ou extinção da pena, todavia, faz com que o sujeito possa tornar a exercer o poder familiar, tutela ou curatela em relação a outros filhos, tutelados ou curatelados, nos termos do art. 93, parágrafo único, do Código Penal.

d) *Inabilitação para dirigir veículo, quando utilizado como meio para a prática de crime doloso* (art. 92, III, do CP).

Esta inabilitação somente é aplicada quando o veículo é utilizado como **instrumento** para a prática de crime **doloso**, como, por exemplo, quando o agente atropela intencionalmente alguém com o intuito de matá-lo ou lesioná-lo.

Nos casos de participação em competição não autorizada em via pública ("pegas", "rachas"), das quais decorra morte ou lesões em terceiro, a jurisprudência firmou entendimento no sentido da configuração de crimes de homicídio ou lesões corporais **dolosos** (dolo eventual). Em tais hipóteses, portanto, será cabível o efeito em tela, uma vez que o texto legal não restringe o instituto aos casos de dolo direto.

A incidência deste dispositivo também **não é automática**, devendo ser **motivadamente** declarada na sentença.

Trata-se de efeito que só pode ser afastado **após a reabilitação criminal**, de modo que só depois disso o condenado poderá novamente obter sua habilitação para conduzir veículos.

Nos crimes de homicídio culposo e lesão corporal culposa cometidos na direção de veículo automotor, a suspensão e a proibição de obter a habilitação ou permissão para dirigir veículo constituem pena prevista no próprio tipo penal, e não efeito secundário da condenação (arts. 302 e 303 do CTB).

e) "*na hipótese de condenação por infrações às quais a lei comine pena máxima superior a 6 anos de reclusão, a perda, como produto ou proveito do crime, dos bens correspondentes à diferença entre o valor do patrimônio do condenado e aquele que seja compatível com o seu rendimento lícito" (art. 91-A — introduzido pela Lei n. 13.964/2019)*

A perda prevista neste artigo deverá ser requerida expressamente pelo Ministério Público, por ocasião do oferecimento da denúncia, com a indicação da diferença apurada (§ 3º).

De acordo com o art. 91-A, § 1º, para efeito da perda prevista no *caput* deste artigo, entende-se por patrimônio do condenado todos os bens:

I — de sua titularidade, ou em relação aos quais ele tenha o domínio e o benefício direto ou indireto, na data da infração penal ou recebidos posteriormente; e

II — transferidos a terceiros a título gratuito ou mediante contraprestação irrisória, a partir do início da atividade criminal.

O condenado, por sua vez, poderá demonstrar a inexistência da incompatibilidade ou a procedência lícita do patrimônio (§ 2º). Em outras palavras, há uma inversão no ônus da prova, cabendo ao réu provar que seu patrimônio tem origem lícita.

Em caso de sentença condenatória, o juiz deve declarar o valor da diferença apurada e **especificar** os bens cuja perda for decretada (§ 4º). O efeito, portanto, **não** é automático.

Veja-se que o dispositivo, inserido no Código Penal pela Lei Anticrime (Lei n. 13.964/2019), cria uma espécie de procedimento paralelo em relação à apuração do delito originário, desde que haja requerimento expresso do Ministério Público nesse sentido por ocasião do oferecimento da denúncia. Quando isso ocorrer haverá a necessidade de uma prestação de contas por parte do réu em relação ao montante total de seu patrimônio, pois a finalidade do dispositivo é alcançar bens e valores do réu, sem a efetiva demonstração de que decorrem daquele crime em apuração. Suponha-se que um político seja acusado por crime de corrupção passiva por ter recebido cinco milhões de reais para beneficiar um grupo empresarial durante sua gestão. Imagine-se que, durante as investigações, o Ministério Público descubra que esse político possui patrimônio de cem milhões, que é incompatível com seus ganhos lícitos e, em razão disso, faça o pedido mencionado no art. 91-A, *caput*. Caso o réu não faça prova de que os cem milhões têm origem lícita, o juiz poderá decretar a perda desses valores.

A constitucionalidade desse dispositivo certamente será questionada por mencionar que o juiz pode decretar a perda como produto ou proveito do crime, de bens ou valores que não têm necessariamente relação com o delito em apuração naqueles autos. De acordo com o texto legal, como o réu não apresentou justificativa para a origem dos seus bens, **presume-se** que são produto ou proveito de crime.

f) "*Perda em favor da União ou do Estado, dependendo da Justiça onde tramita a ação penal, dos instrumentos utilizados para a prática de crimes por organizações criminosas e milícias ainda que não ponham em perigo a segurança das pessoas, a moral ou a ordem pública, nem ofereçam sério risco de ser utilizados para o cometimento de novos crimes*" (art. 91-A, § 5º).

O Juiz deverá **declarar** a perda, não sendo efeito automático.

Se a ação penal tramitar pela Justiça federal, a perda será em favor da União. Caso contrário, em favor do Estado por onde tramita a ação.

g) *Condenação por crime falimentar.*

De acordo com o art. 181 da Lei de Falências (Lei n. 11.101/2005), a condenação por qualquer dos crimes falimentares nela descritos pode gerar:

I — a inabilitação para o exercício de atividade empresarial;
II — o impedimento para o exercício de cargo ou função em conselho de administração, diretoria ou gerência das sociedades sujeitas à lei falimentar;
III — a impossibilidade de gerir empresa por mandato ou por gestão de negócios.

Esses efeitos **não são automáticos**, devendo ser **motivadamente** declarados na sentença, e perdurarão até **5 anos** após a extinção da pena, podendo, contudo, cessar antes pela **reabilitação** penal (art. 181, § 1º).

EFEITOS EXTRAPENAIS GENÉRICOS	EFEITOS EXTRAPENAIS ESPECÍFICOS
1) Tornar certa a obrigação de indenizar o dano causado pelo crime.	1) Perda do cargo, função pública ou mandato eletivo quando aplicada pena privativa de liberdade igual ou superior a 1 ano, nos crimes praticados com abuso de poder ou violação de dever para com a Administração Pública.
2) Perda em favor da União, ressalvado o direito do lesado ou de terceiro de boa-fé, dos instrumentos do crime, desde que consistam em coisas cujo fabrico, alienação, uso, porte ou detenção constitua fato ilícito.	2) Perda do cargo, função pública ou mandato eletivo quando aplicada pena privativa de liberdade por tempo superior a 4 anos, qualquer que tenha sido a infração penal cometida.

3) Perda em favor da União, ressalvado o direito do lesado ou de terceiro de boa-fé, do produto do crime ou de qualquer bem ou valor que constitua proveito auferido pelo agente com a prática do fato criminoso.	3) Incapacidade para o exercício do poder familiar, tutela ou curatela, nos crimes dolosos, sujeitos à pena de reclusão, cometidos contra filho, tutelado ou curatelado.
4) Suspensão dos direitos políticos, enquanto durarem os efeitos da condenação.	4) Inabilitação para dirigir veículo, quando utilizado como meio para a prática de crime doloso.
5) Rescisão do contrato de trabalho por justa causa.	5) Inabilitação para o exercício de atividade empresarial e outras, nas condenações por crime falimentar.
6) Obrigatoriedade de novos exames às pessoas condenadas por crimes praticados na direção de veículo automotor descritos no Código de Trânsito Brasileiro.	6) Na hipótese de condenação por infrações às quais a lei comine pena máxima superior a 6 anos de reclusão, a perda, como produto ou proveito do crime, dos bens correspondentes à diferença entre o valor do patrimônio do condenado e aquele que seja compatível com o seu rendimento lícito.
	7) Perda em favor da União ou do Estado, dependendo da Justiça onde tramita a ação penal, dos instrumentos utilizados para a prática de crimes por organizações criminosas e milícias ainda que não ponham em perigo a segurança das pessoas, a moral ou a ordem pública, nem ofereçam sério risco de ser utilizados para o cometimento de novos crimes.

■ 28.2.2.3. Efeitos extrapenais de natureza híbrida

a) *Condenação por crime de favorecimento da prostituição ou outra forma de exploração sexual de vulnerável* (art. 218-B do CP).

As pessoas vulneráveis a que se refere este dispositivo são os menores de **18 anos** e aqueles que por enfermidade ou deficiência mental não têm o necessário discernimento para a prática de ato sexual. Saliente-se que, na maioria dos crimes do Código Penal, o conceito de vulnerável, no que diz respeito à idade da vítima, tem como objeto de proteção as pessoas menores de 14 anos, o que não ocorre no delito em análise que faz referência aos menores de 18 anos.

Estabelece, por sua vez, o art. 218-B, § 2º, II, do Código Penal que serão também punidos os **proprietários**, **gerentes** ou **responsáveis** pelo estabelecimento onde ocorram práticas sexuais envolvendo a prostituição de pessoa vulnerável. Ex.: motéis, casas de massagem, bordéis, boates etc. Em tais casos, constitui efeito **obrigatório** da condenação a **cassação** da licença de localização e de funcionamento do estabelecimento (art. 218-B, § 3º, do CP).

Trata-se de efeito **híbrido** porque aplicável a uma única modalidade de infração penal, pressupondo ainda requisitos **específicos** (que prostituta menor de idade mantenha relação sexual no interior do estabelecimento), mas que, por outro lado, dispensa fundamentação na sentença.

b) *Impedimento matrimonial* (art. 1.521, VII, do CC).

De acordo com o art. 1.521, VII, do Código Civil, a condenação por crime doloso contra a vida, consumado ou tentado, constitui **impedimento matrimonial absoluto** em relação ao cônjuge sobrevivente. Dessa forma, quem for condenado por matar ou tentar matar o marido não poderá se casar com a esposa.

Classifica-se como efeito híbrido porque não é necessária menção na sentença condenatória, mas, ao mesmo tempo, somente é aplicável aos crimes de homicídio e participação em suicídio cometidos contra o cônjuge da pessoa pretendida.

- **Contravenções de jogo de azar e loteria não autorizada**

O art. 50 da Lei das Contravenções Penais (Decreto-lei n. 3.688/41) prevê como efeito da condenação por contravenção de jogo de azar a perda dos móveis e objetos de decoração do local onde o jogo era realizado (ex.: cassino clandestino).

Por sua vez, o art. 45 do Decreto-lei n. 6.259/44 estabelece que, na contravenção de loteria clandestina, é efeito da condenação a perda de todos os aparelhos de extração, mobiliário, utensílios e valores pertencentes à loteria.

■ 28.3. QUESTÕES

1. (Procurador do Estado/CE — CESPE/UNB — 2008) Assinale a opção correta acerca dos efeitos da condenação e da reabilitação.

a) É efeito da condenação a perda, em favor da União, independentemente do direito de terceiro de boa-fé, de qualquer valor que constitua proveito auferido pelo agente com a prática do fato criminoso.
b) É efeito automático da condenação a perda do cargo público, quando for aplicada a servidor público pena privativa de liberdade por tempo superior a 4 anos.
c) De acordo com o CP, constitui efeito não automático da condenação, devendo ser motivadamente declarado na sentença, a inabilitação para dirigir veículo, quando utilizado como meio para prática de crime doloso.
d) A reabilitação alcança a pena privativa de liberdade e a restritiva de direitos aplicadas em sentença definitiva, e não cabe tal pedido em caso de condenação a pena exclusivamente de multa.

2. (Magistratura/PR — 2006) Sobre os efeitos da condenação, é correto afirmar:

a) Todos os efeitos da condenação são automáticos, não havendo necessidade de sua declaração motivada na sentença.
b) É efeito da condenação a perda do instrumento do crime em favor da União, mesmo que este pertença ao lesado ou terceiro de boa-fé.
c) É efeito da condenação a perda do cargo, função pública ou mandato eletivo, sendo irrelevante para tal a quantidade de pena fixada na sentença.
d) A condenação torna certa a obrigação de indenizar o dano causado pelo crime.

3. (Ministério Público/GO — 2012) Na lição de Frederico Marques: "ao lado dos efeitos que a condenação produz como ato jurídico, consequências dela derivam como fato ou acontecimento jurídico. A sentença condenatória, de par com seus efeitos principais, tem o que alguns denominam efeitos 'reflexos e acessórios', ou efeitos indiretos, que são consequência dos efeitos principais, ou efeito da sentença como fato jurídico" (Nucci, Guilherme de Souza. *Manual de direito penal*: parte geral — 6. ed. — São Paulo: Editora Revista dos Tribunais, 2009, p. 548). Nesse sentido, analise as proposições abaixo, assinalando a alternativa correta:

a) O efeito específico da incapacidade para o poder familiar, tutela ou curatela trata-se de efeito automático, que não necessita ser declarado em sentença condenatória;
b) A condenação criminal por fato praticado na atividade, pode resultar na perda de cargo, função, sendo atribuição do juiz criminal declarar em sentença;
c) O efeito de perda ao Estado de bens e valores de origem ilícita abrange bens diversos, móveis ou imóveis obtidos em proveito do delito;
d) A inabilitação para dirigir não se confunde com a suspensão de autorização ou de habilitação para dirigir veículo. A primeira, considerada pelo estatuto repressivo efeito da condenação, dependente de declaração judicial motivada, aplicável quando é utilizado algum veículo como meio para a prática de crime doloso. A inabilitação tem efeito permanente, vigorando até que o condenado se reabilite. A segunda, enquanto interdição temporária de direitos, é aplicada em casos de crimes culposos de trânsito.

4. (Ministério Público/SP — 2015) O efeito civil da condenação referente à "incapacidade para o exercício do pátrio poder":

a) é sempre permanente com relação à vítima.
b) pode ser recuperado em relação a todos os filhos, inclusive a vítima, por meio de deferimento da reabilitação.
c) tratando-se de crime sexual praticado contra filha, só pode ser recuperado por meio de deferimento da reabilitação em relação aos filhos homens, nunca em relação à vítima e demais filhas mulheres.
d) tratando-se de crime apenado com detenção, tal efeito civil da condenação tem caráter de mera suspensão do pátrio poder, devendo ser imposto pelo Juiz com prazo determinado e somente em relação à vítima.
e) tratando-se de crime apenado com detenção, tal efeito civil tem o caráter de mera suspensão do pátrio poder, por isso que é imposto pelo Juiz por prazo determinado e em relação a todos os filhos do agente.

■ GABARITO ■

1. "c". É o que diz o art. 92, III, do CP.
2. "d". É o que diz o art. 91, I, do CP.
3. "c".
4. "a". É o que se conclui da leitura do art. 93, parágrafo único, do CP.

29

REABILITAÇÃO CRIMINAL

De acordo com o art. 93 do Código Penal, o instituto da reabilitação tem dupla finalidade:

a) assegurar o **sigilo** do registro sobre o processo e sua condenação;

b) conferir novamente ao acusado direitos que lhe foram retirados como efeito **secundário** da condenação.

29.1. SIGILO DOS REGISTROS

O art. 93, *caput*, do Código Penal assegura ao condenado reabilitado uma folha de antecedentes sem registros criminais a respeito do processo e da condenação.

De ver-se, contudo, que o art. 202 da Lei de Execuções assegura o mesmo sigilo, independentemente da reabilitação: "Cumprida ou extinta a pena, não constarão da folha corrida, atestados ou certidões fornecidas por autoridade policial ou por auxiliares da Justiça, qualquer notícia ou referência à condenação, salvo para instruir processo pela prática de nova infração penal ou outros casos expressos em lei". Por qual razão, então, o condenado iria requerer a reabilitação, se este dispositivo garante o sigilo logo após o cumprimento ou extinção da pena e de forma **automática**, enquanto o deferimento da reabilitação exige o decurso do prazo de 2 anos após referida extinção ou cumprimento e pressupõe o preenchimento de diversos requisitos?

A resposta é simples. O deferimento da reabilitação faz com que a condenação anterior só possa constar de certidões por força de **ordem judicial** (art. 748 do CPP), enquanto o sigilo descrito no art. 202 da Lei de Execuções Penais assegura apenas a certidão sem registros quando solicitada pelo condenado, podendo, contudo, haver menção aos antecedentes quando for solicitada por autoridade policial, por órgão do Ministério Público, ou, ainda, para fim de concursos públicos, uma vez que a parte final do referido art. 202 prevê a possibilidade da quebra do sigilo "em outros casos expressos em lei".

Há de se ressalvar, novamente, que, mesmo com o deferimento da reabilitação, o sigilo não é absoluto, posto que, em **decorrência de ordem judicial**, poderão os antecedentes constar de certidão a fim de instruir processo pela prática de novo crime. Por isso, é assegurado ao condenado que já cumpriu pena obter certidão negativa, o que poderá facilitar sua reinserção na vida social, obtenção de emprego etc.

Contudo, a anotação referente à condenação será **mantida nos arquivos judiciais** e constará de certidão, por ordem judicial, para instruir outro processo, de modo que o magistrado, neste novo feito, possa individualizar corretamente a pena à vista dos antecedentes ou reincidência do réu.

Nesse sentido, veja-se: "A Terceira Seção desta Corte tem entendido que 'por analogia à regra inserta no art. 748 do Código de Processo Penal, as anotações referentes a inquéritos policiais e ações penais não serão mencionadas na Folha de Antecedentes Criminais, nem em certidão extraída dos livros do juízo, nas hipóteses em que resultarem na extinção da punibilidade pela prescrição da pretensão punitiva, arquivamento, absolvição ou reabilitação' (RMS n. 29.423/SP, Rel. Ministra Laurita Vaz, 5ª T., *DJe* 21/9/2011). 2. Sem perder de vista o disposto no art. 202 da Lei de Execuções Penais, a manutenção, no banco de dados do IIRGD, de informações relativas a processos criminais cujas punibilidades foram extintas é de rigor posto que, como o Tribunal de Justiça do Estado de São Paulo não possui sistema de armazenamento de dados próprio e centralizado, nos moldes do IIRGD, do qual constem informações oriundas de todo o Estado acerca de todos os processos em trâmite relacionados a determinada pessoa, a exclusão das informações implicaria na impossibilidade de sua recuperação nas hipóteses em que a lei o permite. Precedentes. 3. O acesso a tais dados é condicionado a requerimento fundamentado dirigido ao juiz criminal, única autoridade habilitada a autorizar o acesso aos antecedentes penais daqueles protegidos pelo manto da reabilitação, da absolvição ou da extinção da punibilidade pela prescrição. Isso porque, operada a reabilitação, aparenta vício de ilegalidade o livre acesso aos terminais de identificação por agentes públicos que não o juiz criminal, visto que a Lei de Execuções Penais, bem como o Código de Processo Penal, atentos à disciplina do Código Penal, fixaram o caráter sigiloso das informações penais acerca do reabilitado e daquele em favor de quem se tenha operado a extinção da punibilidade. 4. De outro lado, se o cidadão foi reabilitado, tem o direito de obter, perante a vara criminal, certidão negativa, para o fim de posse em concurso público, na qual não conste nenhuma referência à prévia existência de processo(s) no qual tenha sido reabilitado, já que nem sempre o destinatário da certidão consegue ler o seu conteúdo com o mesmo valor que aquela que informa 'Nada Consta', o que pode colocar em risco o exercício de direitos constitucionalmente garantidos, tais como o trabalho e a livre participação em certame público de provas e títulos" (STJ, RMS 52.714/SP, Rel. Min. Reynaldo Soares da Fonseca, 5ªTurma, julgado em 07.03.2017, *DJe* 10.03.2017); "O sigilo da folha de antecedentes para fins civis também é assegurado aos condenados que, embora tenham cumprido a pena, ainda não promoveram a reabilitação, consoante previsto no art. 202 da Lei n. 7.210/84. 3. Todavia, não é o caso de conceder o *mandamus* para ordenar a exclusão dos registros do Recorrente dos Institutos de Identificação Criminal, mas sim para determinar que os atestados e as certidões fornecidas por autoridade policial ou por auxiliares da Justiça não façam referência à condenação por ele já cumprida, salvo se requisitadas por Juiz criminal, nos termos dos arts. 748 do Código de Processo Penal e 202 da Lei n. 7.210/84" (STJ, RMS 29.423/SP, 5ª Turma,

Rel. Min. Laurita Vaz, *DJe* 21.09.2011); "As informações relativas a inquérito e processo criminal (em que houve absolvição) não podem ser excluídas do banco de dados do Instituto de Identificação. Isso porque tais registros comprovam fatos e situações jurídicas e, por essa razão, não devem ser apagados ou excluídos, observando-se, evidentemente, que essas informações estão protegidas pelo sigilo" (STJ, RMS 26.086/SP, Rel. Min. Maria Thereza de Assis Moura, Rel. p/ Acórdão Min. Og Fernandes, 6ª Turma, julgado em 27.03.2012, *DJe* 08.03.2013).

■ 29.2. RECUPERAÇÃO DOS DIREITOS ATINGIDOS COMO EFEITO EXTRAPENAL ESPECÍFICO DA CONDENAÇÃO

Esta é a razão mais importante da existência do instituto da reabilitação, tanto que Damásio de Jesus[1] e Fernando Capez[2] afirmam que a reabilitação criminal possui **natureza jurídica** de "*causa suspensiva de alguns efeitos secundários da condenação*".

Efetivamente, estabelece o parágrafo único do art. 93 do Código Penal que a reabilitação pode atingir os efeitos da condenação previstos no art. 92 do Código, vedada a reintegração na situação anterior, nos casos dos incs. I e II do mesmo artigo.

O mencionado art. 92 prevê os denominados efeitos extrapenais específicos da condenação: I — perda de cargo, função ou mandato eletivo; II — incapacidade para exercício do poder familiar, tutela ou curatela; III — inabilitação para conduzir veículos. São chamados de **específicos** porque só se aplicam a condenações que se revistam de **certas características**, conforme já estudado. O deferimento da reabilitação permite que o condenado volte a exercer tais atividades, para as quais estava inabilitado, vedada, porém, a reintegração ao estado anterior, nas hipóteses I e II, nos termos expressos da lei. Assim, imagine-se um funcionário público que tenha sido condenado a 6 anos de reclusão por um crime de homicídio simples e que, por tal razão, tenha o juiz decretado a perda do cargo que ocupava (art. 92, I, *b*, do CP). Com o reconhecimento da reabilitação, poderá tal pessoa voltar a ser funcionário público (nomeado ou por concurso), mas, em hipótese alguma, poderá ser reconduzido ao mesmo cargo que ocupava como efeito automático da reabilitação.

Da mesma forma, o condenado a quem tenha sido aplicada a incapacitação para o exercício do poder familiar, por ter cometido crime doloso apenado com reclusão contra o próprio filho. Tal efeito é permanente em relação a este descendente, porém, com a reabilitação, será possível que volte a exercer tal poder em relação aos outros filhos.

No que tange à inabilitação para conduzir veículos aos condenados por crime doloso em que este tenha sido utilizado como meio de execução, a reabilitação tornará possível a obtenção de nova habilitação.

---

1 Damásio de Jesus, *Direito penal*, 27. ed., v. 1, p. 651.

2 Fernando Capez, *Curso de direito penal*, 15. ed., v. 1, p. 541.

■ 29.3. PRESSUPOSTOS

Para a obtenção da reabilitação criminal, é necessário que estejam presentes, cumulativamente, os requisitos elencados no art. 94 do Código Penal:

a) *Que já tenham se passado 2 anos do dia em que foi extinta, por qualquer modo, a pena ou tenha terminado sua execução, computando-se o período de prova do* sursis *e do livramento condicional, desde que não revogados* (art. 94, *caput*, do CP). A reabilitação só é cabível em caso de condenação, quer tenha havido o cumprimento da pena, quer tenha sido decretada sua extinção (prescrição da pretensão executória, por exemplo). Não se mostra possível, portanto, em casos em que houve arquivamento de inquérito policial, decretação de prescrição da pretensão punitiva ou outra causa extintiva da punibilidade anterior ao trânsito em julgado da condenação e, ainda, no caso de sentença absolutória. Nestas hipóteses, não há pena a ser reabilitada.

O prazo (2 anos) é sempre o mesmo, quer o condenado seja **primário** ou **reincidente**.

No caso de prescrição da pena, conta-se o tempo do dia em que encerrado o prazo, e não daquele em que foi judicialmente declarado.

Nas hipóteses de *sursis* e livramento condicional não revogados, o termo *a quo* é o da **audiência admonitória**. Em se tratando de pena exclusiva de multa, o prazo é contado a partir do pagamento ou da prescrição.

O art. 743 do Código de Processo Penal, que prevê prazos **diferentes** para a obtenção da reabilitação, foi tacitamente **revogado**, na medida em que a atual redação do art. 94 do Código Penal decorre de lei posterior (Lei n. 7.209/84).

b) *Que o sentenciado tenha tido domicílio no país durante os 2 anos que o tópico anterior menciona*. Pode ser provado por carteira de trabalho, comprovante de residência, declaração por escrito de pessoas idôneas, atestado de frequência a cursos etc.

c) *Que durante esse prazo o condenado tenha dado demonstração efetiva de bom comportamento público e privado*. A comprovação deste requisito deve observar o disposto no art. 744 do Código de Processo Penal, que prevê que o requerimento de reabilitação deve ser instruído com: I — certidões comprobatórias de não ter o requerente respondido nem estar respondendo a processo penal, em qualquer das comarcas em que houver residido, durante o período de 2 anos já referido; II — atestados de autoridades policiais ou outros documentos que comprovem ter residido nas comarcas indicadas e mantido, efetivamente, bom comportamento; III — atestados de bom comportamento fornecidos por pessoas a cujo serviço tenha estado; IV — quaisquer outros documentos que sirvam de prova de sua regeneração.

Em suma, o bom comportamento deve ser demonstrado pelo não envolvimento em novas infrações penais, pelo trabalho ou estudo etc. A propósito: "A reabilitação não é de ser concedida ao réu que não tenha conduta exemplar, a ponto de justificá-la, devido a envolvimento em outros fatos delituosos" (Tacrim-SP, Rel. Gentil Leite, *Jutacrim* 70/175).

d) *Que o condenado tenha ressarcido o dano causado pelo crime ou demonstre a absoluta impossibilidade de o fazer, até o dia do pedido, ou exiba documento que comprove a renúncia da vítima ou novação da dívida.*

O condenado, para obter a reabilitação, deve reparar o dano ou: a) comprovar a impossibilidade de fazê-lo; b) exibir documento que comprove a renúncia da vítima; c) exibir documento que comprove a novação da dívida.

No que pertine à impossibilidade de reparação do prejuízo, fixou-se o entendimento de que não basta mera alegação do condenado, devendo ele fazer efetiva prova de sua falta de condições econômicas. Nesse sentido: "Processual penal. Reabilitação. Requisitos. Ressarcimento do dano. Estabelecido como pressuposto objetivo da reabilitação, o ressarcimento do dano, ou sua escusa legal, há de ser cumpridamente provado, não se contentando pela simples presunção da insolvência do reabilitando" (STJ, REsp 58.916/SP, 5ª Turma, Rel. Min. José Dantas, *DJ* 10.04.1995, p. 9283); "I — Para fins de cumprimento do requisito objetivo previsto no art. 94, inciso III, do CP, deve o condenado, necessariamente, ressarcir o dano causado pelo crime ou demonstrar a absoluta impossibilidade de fazê-lo ou exibir documento que comprove a renúncia da vítima ou a novação da dívida (Precedentes do STF). II — No caso, alega-se a desnecessidade de ressarcimento do dano, uma vez que a vítima não teria sofrido qualquer prejuízo. Todavia, não há, nos autos, nenhum elemento idôneo que evidencie tal assertiva" (STJ, HC 45.690/SP, Rel. Min. Felix Fischer, 5ª Turma, julgado em 24.11.2008, *DJe* 02.02.2009).

A prova da impossibilidade de ressarcimento refere-se à época do pedido de reabilitação. Admite qualquer meio de prova.

O presente requisito mostra-se dispensável, evidentemente, quando o crime não causou prejuízos financeiros, como, por exemplo, nas tentativas de furto simples ou estelionato, nos crimes de perigo etc.

Nos casos em que o agente comprova que a vítima encontra-se em local incerto, existem duas correntes: a) o valor da reparação deve ser consignado em juízo; b) fica o condenado dispensado deste requisito. Parece-nos que a interpretação correta é a última. Se a vítima não foi localizada nem mesmo após ter sido procurada por oficial de justiça nos endereços constantes dos autos e naqueles fornecidos posteriormente por órgãos como Receita Federal, Tribunal Regional Eleitoral etc., a situação é de **impossibilidade de ressarcimento**, não por falta de condição econômica, mas por desconhecimento quanto ao paradeiro da pessoa a ser indenizada.

O fato de a vítima ou seus familiares não terem ingressado com ação cível pleiteando a reparação do dano não afasta a necessidade de ressarcimento como condição para a reabilitação.

Entende-se, outrossim, que, em observância à autonomia das instâncias, se o réu foi condenado no âmbito criminal, mas tiver sido julgada improcedente a ação indenizatória movida pela vítima ou seus familiares na área cível, antes da prolação da sentença condenatória, **subsiste** a obrigação de indenizar como **requisito** para a reabilitação. Com efeito, a obrigação de indenizar é efeito necessário da sentença que julga procedente a ação penal (art. 91, I, do CP).

Por outro lado, caso tenha havido **prescrição civil da dívida**, o ressarcimento mostra-se dispensável.

Deve-se lembrar, ainda, que é exigível a **correção monetária** dos valores entre a data da infração penal e a do ressarcimento.

- **Reabilitação e crime falimentar**

A partir da decretação da falência, fica o falido inabilitado para exercer qualquer atividade empresarial, restrição que só cessará com a sentença que extinguir suas obrigações (art. 102). Essa inabilitação terá, contudo, duração maior no caso de condenação por crime falimentar, pois, nesse caso, o art. 181, § 1º, da Lei n. 11.101/2005 (Lei de Falências) estende seus efeitos pelo prazo de 5 anos a partir da extinção da pena, podendo, contudo, cessar em prazo anterior, se for concedida a reabilitação nos termos do art. 94 do Código Penal.

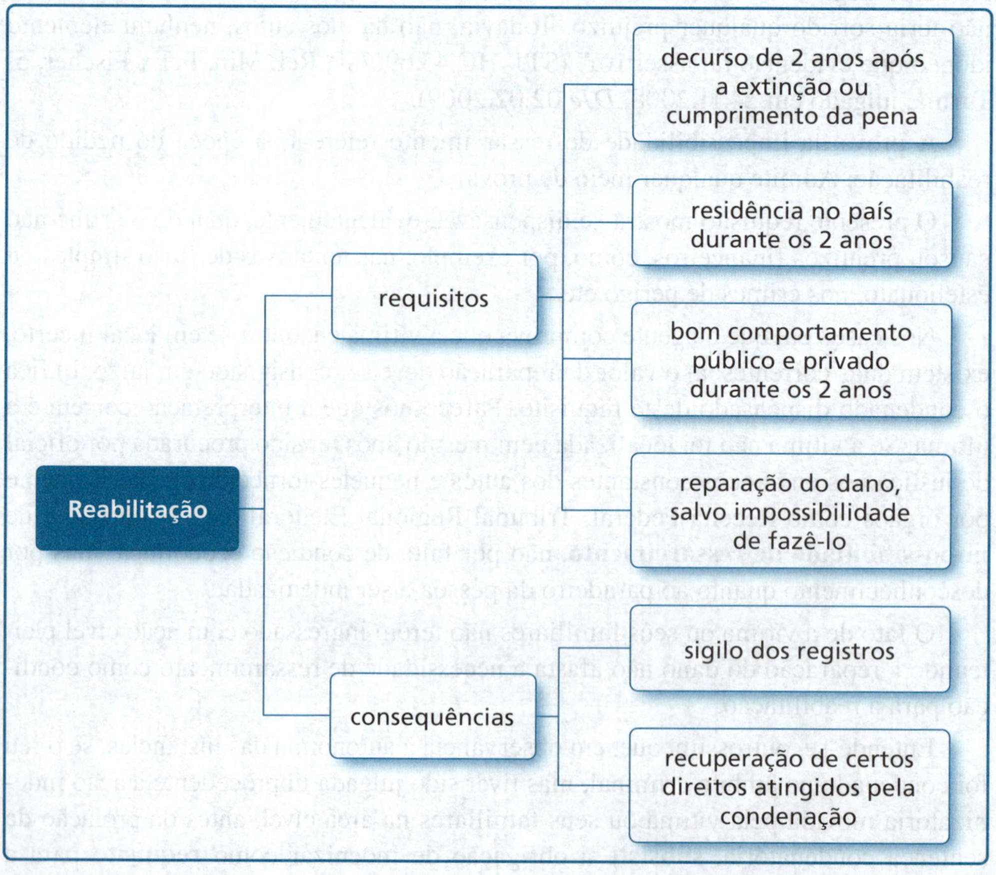

■ 29.4. COMPETÊNCIA, PROCEDIMENTO E RECURSOS

A reabilitação só pode ser concedida pelo próprio juízo da condenação (pelo qual tramitou o processo de conhecimento), e não pelo juízo das execuções, uma vez que a reabilitação é concedida após o término da execução da pena.

A competência é do órgão jurisdicional de **1ª instância**.

O procedimento a ser seguido está descrito nos arts. 744 e 745 do Código de Processo Penal. O sentenciado deve apresentar petição em juízo com a documentação que comprove a satisfação dos requisitos legais (art. 744). Tal requerimento, por ser judicial, deve ser feito por intermédio de advogado.

O juiz, em seguida, poderá determinar a realização de diligências que entenda necessárias (juntada de certidões, notificação da vítima etc.) e ouvirá o Ministério Público. Ao final, proferirá a decisão.

Caso seja denegado o pedido, em razão da ausência de algum dos requisitos, o pedido poderá ser renovado **a qualquer tempo**, desde que sejam apresentadas novas provas (art. 93, parágrafo único, do Código Penal).

Se a parte, entretanto, não se conformar com a decisão denegatória, poderá interpor recurso de **apelação** (art. 593, II, do CPP).

Se a reabilitação for deferida, o juiz deverá interpor recurso de **ofício**, devendo a matéria, portanto, passar por **reexame obrigatório** no Tribunal de Justiça.

■ 29.5. CONDENADO QUE OSTENTA DIVERSAS CONDENAÇÕES

Só pode requerer a reabilitação após o decurso de 2 anos do cumprimento da última das penas. Se ainda existir pena a cumprir em relação a qualquer das ações penais em que foi condenado, a reabilitação não pode ser deferida quanto às outras em que a pena já tenha sido cumprida ou extinta há 2 anos. Esta conclusão decorre da própria natureza do instituto que visa a reinserção do acusado no corpo social.

Quando o sentenciado já cumpriu todas as condenações originadas em ações penais distintas, o ideal é que pleiteie a reabilitação em cada uma delas individualmente. Em todos os pedidos, deverá efetuar prova de que já cumpriu a última pena há 2 anos, o que se faz mediante apresentação de certidão do juízo das execuções criminais. O que impede, em regra, a realização de requerimento único (no juízo onde se deu o último cumprimento de pena) é o fato de existirem vítimas diversas a serem indenizadas, cujos endereços e valores mínimos de indenização (art. 387, IV, do CPP), *a priori*, só constam dos autos originários. É claro, entretanto, que será admitido o pedido em conjunto, em um único juízo, se o condenado, por exemplo, anexar declarações assinadas por todas as vítimas, de todos os processos, afirmando que receberam as indenizações ou delas abriram mão.

■ 29.6. REVOGAÇÃO DA REABILITAÇÃO

De acordo com o art. 95 do Código Penal, a reabilitação será **revogada**, de **ofício** ou a **requerimento** do Ministério Público, se o reabilitado for **condenado**, como

reincidente, por sentença transitada em julgado, **exceto se houver imposição somente de pena de multa**.

A reabilitação não exclui a possibilidade de o réu ser considerado reincidente caso venha a cometer novo delito, já que os efeitos da condenação anterior subsistem por **5 anos** após o cumprimento da pena ou sua extinção. Assim, concedida a reabilitação após 2 anos, o réu não volta a ser primário. Desse modo, se neste interregno (após a reabilitação e antes do retorno à condição de primário) o réu sofrer nova condenação, sendo considerado reincidente, estará revogada a reabilitação deferida no processo anterior.

A revogação não significa que o condenado não mais consiga certidões criminais sem registros, já que isso é decorrência do mero cumprimento ou extinção da pena, nos termos do já mencionado art. 202 da Lei de Execuções Penais, sendo, para tal fim, desnecessária a própria obtenção da reabilitação. A consequência da revogação, portanto, consistirá na retomada das incapacidades ou inabilitações aplicadas como efeitos extrapenais específicos da condenação (art. 92 do CP).

▪ Morte do reabilitando

Faz com que o pedido de reabilitação que esteja em processamento não seja conhecido por falta de interesse.

▪ 29.7. QUESTÕES

1. (Magistratura/TO — CESPE/UNB — 2007) Assinale a opção correta no que se refere à reabilitação:

a) Considere que Marcelo tenha sido condenado por crime de furto qualificado e que tenha sido reabilitado após regular cumprimento da pena e decurso do prazo legal. Considere, ainda, que, após a reabilitação, ele tenha cometido novo crime, nessa vez, de estupro. Nessa situação, o juiz, ao proferir sentença condenatória contra Marcelo pela prática do crime de estupro, não poderá considerá-lo reincidente por causa do furto qualificado anteriormente praticado.
b) Para fins de reabilitação, é desnecessária, em caso de crime contra o patrimônio, a análise de ressarcimento do dano causado pelo crime.
c) A prescrição da pretensão punitiva do Estado não impede o pedido de reabilitação.
d) Sendo o reabilitado condenado exclusivamente a pena de multa, a reabilitação não será revogada.

2. (OAB/SP — CESPE/UNB — 2008.3) À luz do que dispõe o CP acerca da reabilitação, assinale a opção correta.

a) Caso o condenado seja reabilitado, terá assegurado o sigilo dos registros sobre o seu processo e a condenação.
b) Após o decurso de 2 anos do dia em que for extinta, de qualquer modo, a pena ou terminar sua execução, o condenado poderá requerer a reabilitação, não se computando o período de prova da suspensão e do livramento condicional.
c) Caso o reabilitado seja condenado, como reincidente, por decisão definitiva, à pena de multa, o Ministério Público pode requerer a revogação da reabilitação.
d) A reabilitação não pode ser revogada de ofício.

3. (Magistratura/SP — 2008) Assinale a opção correta em relação aos efeitos da condenação e da reabilitação:

a) A perda de cargo público decorrente da condenação à pena privativa de liberdade superior ao prazo previsto em lei é efeito automático da condenação.
b) A incapacidade para o exercício da tutela é efeito específico da condenação por crime doloso ou culposo cometido contra o tutelado.

c) A reabilitação alcança quaisquer penas aplicadas em sentença definitiva e poderá atingir os efeitos da condenação, por exemplo, restaurando a habilitação para dirigir veículo.
d) Negada a reabilitação, esta poderá ser requerida novamente após o decurso do prazo previsto em lei e desde que o pedido seja instruído com novos elementos de prova.
e) A reabilitação será revogada em caso de nova condenação transitada em julgado à pena privativa de liberdade ou multa.

4. (Magistratura/SC — 2017 — FCC) Acerca da concessão da reabilitação, considere:

I. Ter domicílio no país pelo prazo de quatro anos.
II. No cômputo do prazo de *sursis* não ter havido revogação.
III. Ter demonstrado efetiva e constantemente bom comportamento público e privado.
IV. Condenação a pena superior a dois anos, no caso de pena privativa de liberdade.
V. Ter ressarcido o dano causado ou demonstrado a impossibilidade absoluta de fazê-lo.

Está correto o que se afirma APENAS em

a) III e IV.
b) I, II, III e V.
c) II, III, IV e V.
d) II, III e V.
e) I, II e IV.

■ GABARITO ■

1. "d". É o que diz o art. 95 do CP.
2. "a".
3. "c".
4. "d".

30

DAS MEDIDAS DE SEGURANÇA

30.1. CONCEITO

Espécie de sanção penal, de caráter **preventivo**, fundada na **periculosidade** do agente, aplicada pelo juiz da sentença, por prazo **indeterminado**, aos **inimputáveis** e, eventualmente, aos **semi-imputáveis**, a fim de evitar que tornem a delinquir.

Como já mencionado, a finalidade da medida de segurança é exclusivamente **preventiva**, ou seja, impor tratamento especial ao inimputável ou semi-imputável que cometeu infração penal demonstrando com isso sua periculosidade, no intuito de serem evitadas novas ações ilícitas.

30.2. DISTINÇÕES ENTRE AS PENAS E AS MEDIDAS DE SEGURANÇA

a) Quanto ao **fundamento:** as penas têm caráter retributivo e preventivo, enquanto as medidas de segurança têm apenas caráter preventivo especial — conferir compulsoriamente tratamento ao seu destinatário. A pena, portanto, tem caráter aflitivo e a medida de segurança, caráter curativo.

b) Quanto ao **pressuposto** em que se baseiam: as penas refletem a **culpabilidade** do agente, isto é, devem-se à demonstração de sua responsabilidade pelo ilícito penal. As medidas de segurança fundam-se na **periculosidade**, assim entendida a probabilidade de voltar a cometer delitos.

c) Quanto à **duração:** as penas são aplicadas por tempo **determinado**. As medidas de segurança são aplicadas por período **indeterminado**, terminando apenas quando comprovada a cessação da periculosidade.

d) Quanto aos **destinatários:** as penas destinam-se aos imputáveis e aos semi-imputáveis não considerados perigosos. As medidas de segurança destinam-se aos inimputáveis e aos semi-imputáveis cuja periculosidade tenha sido pericialmente demonstrada e que, por isso, necessitam de tratamento.

30.3. SISTEMAS DE APLICAÇÃO DAS MEDIDAS DE SEGURANÇA

No âmbito penal, são possíveis dois sistemas para a aplicação das medidas de segurança. O sistema **vicariante** só permite a aplicação de uma espécie de sanção penal ao acusado, enquanto o sistema do **duplo binário** permite a aplicação **cumulativa** de pena e medida de segurança. Até a reforma da Parte Geral de 1984, o sistema adotado era o duplo binário. Atualmente, o sistema adotado é o vicariante, devendo o juiz aplicar pena **ou** medida de segurança (e nunca as duas cumulativamente). Aos **inimputáveis**, será **sempre aplicada medida de segurança**.

Para os **semi-imputáveis**, será aplicada **pena ou medida de segurança**. Quanto a estes, o juiz deve aplicar a pena privativa de liberdade necessariamente reduzida de 1/3 a 2/3 (art. 26, parágrafo único, do CP). Em seguida, se estiver demonstrada a periculosidade em razão de perturbação mental, o juiz substituirá a pena por medida de segurança (art. 98 do CP). Não havendo prova de tal periculosidade, o magistrado manterá a pena privativa de liberdade.

■ 30.4. PRESSUPOSTOS E APLICAÇÃO DA MEDIDA DE SEGURANÇA

Para que o magistrado possa, ao proferir sentença, determinar a aplicação de medida de segurança, são necessários os seguintes pressupostos:

a) *Que haja prova de que o acusado cometeu fato típico e antijurídico.* Assim, se ficar demonstrado que o fato é atípico ou se não houver prova de que o réu cometeu a infração penal, deve ser absolvido sem a adoção de qualquer outra providência, ainda que a perícia ateste tratar-se de pessoa perigosa. Da mesma maneira, se ficar demonstrado que agiu em legítima defesa, estado de necessidade etc.

b) *Que exista prova da periculosidade do agente em razão de inimputabilidade decorrente de doença mental ou desenvolvimento mental incompleto ou retardado ou de semi-imputabilidade decorrente de perturbação da saúde mental ou por desenvolvimento mental incompleto ou retardado.*

A periculosidade é **presumida** quando a perícia atesta que o réu é **inimputável:** não tinha condição de entender o caráter ilícito do fato ou de determinar-se de acordo com tal entendimento em razão do problema mental. O fato de haver prova da prática de infração penal leva à inexorável conclusão de que se trata de pessoa perigosa, que pode voltar a delinquir, e torna necessária a aplicação da medida de segurança. Neste caso, estabelece o art. 386, parágrafo único, III, do Código de Processo Penal que o juiz absolverá o réu e aplicará a medida de segurança. É a chamada sentença **absolutória imprópria**.

Já nos casos dos **semi-imputáveis**, é preciso que a perícia ateste que o agente estava parcialmente privado de sua capacidade de entendimento e autodeterminação em razão da deficiência mental e afirme que, em razão disso, há elementos para concluir que é provável que torne a delinquir se não houver tratamento. É a chamada **periculosidade real** como pressuposto para a aplicação da medida de segurança em substituição à pena privativa de liberdade para os semi-imputáveis. Para estes, portanto, a sentença tem sempre natureza **condenatória**, pois o juiz aplica pena privativa de liberdade e, em seguida, se for o caso, a substitui pela medida de segurança.

■ 30.5. ESPÉCIES DE MEDIDA DE SEGURANÇA

De acordo com o art. 96 do Código Penal, existem apenas duas modalidades de medida de segurança:

a) *Detentiva*: consiste em **internação** em hospital de custódia e tratamento psiquiátrico ou, à falta, em outro estabelecimento adequado (art. 96, I, do CP). De acordo com os arts. 97, *caput*, e 98, do Código Penal, se o crime for apenado com **reclusão**, esta deverá ser a medida de segurança aplicada, quer se trate de réu inimputável, quer semi-imputável (cuja periculosidade tenha sido constatada, tornando necessária a medida).

De acordo com o art. 99 do Código Penal, o internado será recolhido a estabelecimento dotado de características **hospitalares**. Na falta de vaga em hospital psiquiátrico, a internação pode se dar em hospital comum ou particular, constituindo constrangimento ilegal, sanável por *habeas corpus*, a manutenção em **penitenciária** ou **cadeia** pública de pessoa a quem tiver sido determinada medida de segurança.

b) *Restritiva*: consiste na sujeição a **tratamento ambulatorial**, ou seja, na necessidade de comparecimento regular para consultas pessoais com psiquiatras e equipe multidisciplinar. Aplica-se aos crimes apenados com **detenção**, quer se trate de réu inimputável ou semi-imputável.

> **Observação:** Os critérios, de acordo com texto expresso de lei, são os anteriormente mencionados. Na prática, entretanto, os juízes só têm decretado medida de **internação** naqueles crimes apenados com reclusão em que o montante da pena justificaria a aplicação de regime de pena inicial fechado ou semiaberto (se o réu fosse imputável). Tal providência se deve à escassez de vagas nos hospitais psiquiátricos e à desnecessidade de internação, quando cometidos crimes menos graves (ainda que apenados com reclusão). Ex.: crime de furto simples.

■ 30.6. DURAÇÃO DA MEDIDA DE SEGURANÇA

Quer se trate de inimputável ou de semi-imputável, a internação ou o tratamento ambulatorial serão aplicados **sempre** por tempo **indeterminado**, perdurando enquanto não averiguada, mediante **perícia** médica, a **cessação** da **periculosidade**.

Em qualquer hipótese, o período mínimo de internação será decidido pelo juiz na sentença, podendo variar de **1 a 3 anos** (arts. 97, § 1º, e 98 do CP). Na escolha do período mínimo, o juiz deve levar em conta a gravidade da infração praticada.

A referida perícia médica será realizada ao **término** do prazo mínimo fixado na sentença e, posteriormente, será repetida de **ano em ano**, ou a qualquer tempo, se assim determinar o juiz das execuções.

Nota-se, claramente, portanto, que a lei **não** prevê prazo **máximo** para o término da medida de segurança, caso não constatada a cessação da periculosidade. Existe, entretanto, interpretação do Superior Tribunal de Justiça no sentido de que o condenado não pode ser submetido à medida de segurança por tempo superior ao máximo previsto em abstrato no tipo penal como pena. Nesse sentido, a Súmula n. 527 do STJ, aprovada em 2015: "o tempo de duração da medida de segurança não deve ultrapassar o limite máximo da pena abstratamente cominada ao delito praticado".

O **Supremo Tribunal Federal**, por sua vez, firmou interpretação no sentido de que o prazo máximo é o de **40 anos** mencionado no art. 75 do Código Penal, não guardando, assim, relação com o montante previsto em abstrato para a infração penal cometida. De acordo com o Pretório Excelso, este é o limite por que a Constituição, ao estabelecer vedação a penas de caráter perpétuo, teria também abrangido as medidas de segurança (art. 5º, XLVII, *b*, da CF). Por isso, após os 40 anos, deverá ser declarada extinta a medida de segurança e, se constatada persistência do estado de periculosidade, deve o Ministério Público ingressar com ação civil visando a interdição da pessoa perigosa, uma vez que o art. 1.769 do Código Civil e o art. 9º da Lei n. 10.216/2001 permitem a internação compulsória de pessoa perigosa, mesmo que desvinculada da prática de ilícito penal. Nesse sentido: "II — Esta Corte, todavia, já firmou entendimento no sentido de que o prazo máximo de duração da medida de segurança é o previsto no art. 75 do CP, ou seja, trinta anos[1]. Precedente. III — Laudo psicológico que, no entanto, reconheceu a permanência da periculosidade do paciente, embora atenuada, o que torna cabível, no caso, a imposição de medida terapêutica em hospital psiquiátrico próprio. IV — Ordem concedida em parte para extinguir a medida de segurança, determinando-se a transferência do paciente para hospital psiquiátrico que disponha de estrutura adequada ao seu tratamento, nos termos da Lei 10.216/01, sob a supervisão do Ministério Público e do órgão judicial competente" (STF, HC 98.360/RS, 1ª Turma, Rel. Min. Ricardo Lewandowski, *DJe* 23.10.2009, p. 1095). No mesmo sentido: "Penal. *Habeas Corpus*. Réu inimputável. Medida de segurança. Prescrição. Inocorrência. Periculosidade do paciente subsistente. Transferência para hospital psiquiátrico, nos termos da Lei 10.216/2001. *Writ* concedido em parte. I — Esta Corte já firmou entendimento no sentido de que o prazo máximo de duração da medida de segurança é o previsto no art. 75 do CP, ou seja, trinta anos[2]. Na espécie, entretanto, tal prazo não foi alcançado. II — Não há falar em extinção da punibilidade pela prescrição da medida de segurança uma vez que a internação do paciente interrompeu o curso do prazo prescricional (art. 117, V, do Código Penal). III — Laudo psicológico que reconheceu a permanência da periculosidade do paciente, embora atenuada, o que torna cabível, no caso, a imposição de medida terapêutica em hospital psiquiátrico próprio. IV — Ordem concedida em parte para determinar a transferência do paciente para hospital psiquiátrico que disponha de estrutura adequada ao seu tratamento, nos termos da Lei 10.261/2001, sob a supervisão do Ministério Público e do órgão judicial competente" (STF, HC 107.432, Rel. Min. Ricardo Lewandowski, 1ª Turma, julgado em 24.05.2011, processo eletrônico *DJe*-110 divulg. 08.06.2011, public. 09.06.2011, *RMDPPP* v. 7, n. 42, 2011, p. 108-115, *RSJADV* set., 2011, p. 46-50).

Caso constatada pericialmente a **cessação** da periculosidade, "a desinternação, ou a liberação, será sempre condicional, devendo ser restabelecida a situação anterior se o agente, antes do decurso de 1 ano, pratica fato indicativo de persistência de sua periculosidade" (art. 97, § 3º, do CP). Esse fato pode ser uma nova infração penal ou qualquer atividade que demonstre ser aconselhável a reinternação ou o reinício do tratamento ambulatorial.

Por sua vez, estabelece o art. 97, § 4º, que, em qualquer fase do **tratamento ambulatorial**, poderá o juiz determinar a **internação** do agente, se essa providência

[1] O julgado é anterior à Lei n. 13.964/2019, que modificou o prazo para 40 anos.

[2] O julgado é anterior à Lei n. 13.964/2019, que modificou o prazo para 40 anos.

for necessária para fins curativos. A mesma providência poderá ser tomada se o agente, por seu comportamento durante a medida, revelar incompatibilidade com o tratamento ambulatorial (ausência contumaz às sessões agendadas, por exemplo) — art. 184 da Lei de Execuções Penais. Neste caso, o prazo mínimo de internação será de **1 ano** (art. 184, parágrafo único, da LEP).

Apesar de não haver previsão legal expressa, é possível que o juiz, diante da melhora no quadro da pessoa sujeita à medida de segurança de internação, substitua-a pelo tratamento ambulatorial.

■ 30.7. EXECUÇÃO DAS MEDIDAS DE SEGURANÇA

O procedimento da execução das medidas de segurança é regulado pelos arts. 171 a 179 da Lei de Execuções Penais.

Inicialmente, estabelece o art. 171 que, transitando em julgado a sentença que tenha aplicado medida de segurança, será determinada a expedição da respectiva **guia** de internação ou de tratamento ambulatorial. Dispõe, por sua vez, o art. 172 que ninguém será internado em Hospital de Custódia e Tratamento Psiquiátrico, ou submetido a tratamento ambulatorial, para cumprimento de medida de segurança, sem a mencionada guia, expedida pela autoridade judiciária. Esta guia, que é extraída pelo escrivão (e subscrita por este e pelo juiz), será remetida à **autoridade administrativa** incumbida da execução e conterá, nos termos do art. 173 da LEP: I — a qualificação do agente e o número da sua cédula de identidade; II — o inteiro teor da denúncia e da sentença em que tenha sido aplicada a medida de segurança, bem como a respectiva certidão de trânsito em julgado; III — a data em que terminará o prazo mínimo de internação ou do tratamento ambulatorial; IV — outras peças do processo reputadas indispensáveis ao adequado tratamento ou internação.

O Ministério Público deverá ser cientificado da extração da guia de internação ou tratamento (art. 173, § 1º).

Em se tratando de medida de internação, a realização de **exame criminológico** se mostra necessária para a adequada individualização da medida de segurança e para a obtenção de dados reveladores da personalidade do executando (arts. 8º, 9º e 174 da LEP). Em se tratando de tratamento ambulatorial, a providência é facultativa.

▪ Cessação da periculosidade

De acordo com o art. 175 da Lei de Execuções Penais, a cessação da periculosidade será averiguada no fim do prazo mínimo de duração da medida de segurança, pelo exame das condições pessoais do agente, observando-se o seguinte: I — a autoridade administrativa, até **1 mês** antes de expirar o prazo, remeterá ao juiz minucioso relatório que o habilite a resolver sobre a revogação ou permanência da medida; II — o relatório será instruído com o **laudo psiquiátrico**; III — após eventuais diligências determinadas pelo juiz, serão ouvidos, sucessivamente, o Ministério Público e o curador ou defensor, no prazo de 3 dias cada; IV — o juiz nomeará curador ou defensor para o executando que não o tiver; V — o juiz, de ofício ou a requerimento de qualquer das partes, poderá determinar **novas** diligências, ainda que expirado o prazo de duração mínima da medida de segurança; VI — ouvidas as partes e realizadas as diligências, o juiz proferirá sua decisão, no prazo de **5 dias**.

O art. 176 da Lei de Execuções permite que, excepcionalmente, o exame de cessação da periculosidade seja feito **antes** do prazo mínimo fixado na sentença, se houver requerimento fundamentado neste sentido do Ministério Público ou do interessado, seu procurador ou defensor. Em tal hipótese, será adotado o procedimento descrito no parágrafo anterior.

Sempre que ficar constatada a subsistência da periculosidade do agente, a medida deverá ser **mantida** e o exame, repetido ano a ano, ou a qualquer tempo, a critério do juiz da execução (art. 97, § 2º, do CP). O procedimento será sempre o mesmo.

Observação: O art. 43 da Lei de Execuções garante a possibilidade da pessoa submetida a medida de segurança, dos seus familiares ou dependentes contratarem médico de sua confiança a fim de orientar e acompanhar o tratamento. Eventuais divergências entre o médico oficial e o particular serão resolvidas pelo juiz das execuções (art. 43, parágrafo único, da LEP). Por analogia ao art. 159, § 5º, II, do Código de Processo Penal, este médico poderá também atuar como assistente técnico nos exames de cessação da periculosidade.

Se **constatada** a cessação da periculosidade, o juiz da execução determinará a desinternação ou liberação do executando (art. 97, § 3º, do CP). Essa medida, contudo, é sempre **condicional**, pois será revertida se, no prazo de **1 ano**, o agente praticar fato indicativo de **persistência da periculosidade**. Por isso, quando o juiz da execução determina a desinternação ou liberação na hipótese acima, fala-se em mera **suspensão** da medida de segurança.

O art. 177 da Lei de Execuções estabelece que, durante esse prazo de 1 ano, o agente fica sujeito a certas condições **obrigatórias** e outras **facultativas**. As condições **obrigatórias** são: a) obter ocupação lícita, dentro de prazo razoável, se for apto para o trabalho; b) comunicar periodicamente ao juiz sua ocupação; c) não mudar do território da comarca do Juízo da Execução, sem prévia autorização deste. Já as condições **facultativas** (determinadas a critério do juiz) são: a) não mudar de residência sem comunicação ao juiz e à autoridade incumbida da observação cautelar e de proteção; b) recolher-se à habitação em hora fixada; c) não frequentar determinados lugares.

De ver-se que o simples descumprimento de alguma dessas condições não é, por si só, indicativo de periculosidade do agente a justificar a imediata retomada da medida de segurança, podendo o juiz, entretanto, determinar a realização de nova perícia.

Se, ao término do prazo de 1 ano da suspensão da medida de segurança, o agente não der causa ao restabelecimento da situação anterior pela prática de ato que denote a persistência de sua periculosidade, o juiz das execuções decretará a sua **extinção**. Contra as decisões judiciais, mostra-se cabível o recurso de **agravo em execução** (art. 197 da LEP), no prazo de **5 dias** (Súmula n. 700 do STF).

■ 30.8. INTERNAÇÃO PROVISÓRIA OU PREVENTIVA

A Lei n. 12.403/2011 modificou drasticamente o sistema da prisão preventiva, bem como criou diversas outras medidas **cautelares**, dentre elas a **internação provisória** que, de acordo com a nova redação do art. 319, VII, do Código de Processo Penal (dada por referida lei), poderá ser decretada **nas hipóteses de crimes praticados com violência ou grave ameaça, quando os peritos concluírem ser o réu inimputável ou semi-imputável e houver risco de reiteração.**

Cuida-se, portanto, de medida aplicável somente em relação a infrações graves, praticadas com violência ou grave ameaça, e que pressupõe, além da constatação, em decorrência da instauração de incidente de insanidade, de que o indiciado ou réu é inimputável ou semi-imputável, a conclusão de que apresenta **considerável potencial de reincidência**. A internação deve ocorrer em Hospital de Custódia e Tratamento Psiquiátrico ou, à falta, em outro estabelecimento adequado.

■ 30.9. DETRAÇÃO PENAL E MEDIDA DE SEGURANÇA

De acordo com o art. 42 do Código Penal, detração é o **cômputo**, na pena privativa de liberdade e na **medida de segurança** aplicadas na sentença, do tempo de prisão provisória cumprida no Brasil ou no estrangeiro, de prisão administrativa e o de **internação** em hospital de custódia ou tratamento psiquiátrico. Em suma, significa que, se o sujeito permaneceu preso em razão de prisão preventiva, flagrante ou qualquer outra forma de prisão provisória, tal período deve ser descontado do tempo de pena aplicado na sentença final. Computa-se, também, o prazo de **internação provisória**, decretada com fundamento no art. 319, VII, do CPP, com a redação dada pela Lei n. 12.403/2011, nas hipóteses de crimes praticados com violência ou grave ameaça, quando os peritos concluírem ser inimputável ou semi-imputável o acusado e houver risco de reiteração. O problema é que, nas medidas de segurança, o juiz fixa apenas o **prazo mínimo** de cumprimento (1 a 3 anos), sendo que o período indeterminado perdura enquanto não for averiguada, mediante perícia médica, a cessação da periculosidade (art. 97, § 1º, do CP). Desse modo, entende-se que a detração será aplicada em relação ao prazo mínimo para a primeira perícia, ou seja, se, na sentença, o juiz fixou o período mínimo de 1 ano para a primeira verificação, mas o acusado já havia ficado preso ou internado provisoriamente por 4 meses, o exame deverá ser feito após 8 meses.

■ 30.10. PRESCRIÇÃO DAS MEDIDAS DE SEGURANÇA

Havia no passado divergência a respeito da possibilidade de prescrição das medidas de segurança em relação aos inimputáveis, na medida em que eles são absolvidos e as medidas são decretadas por tempo **indeterminado**, até que verificada pericialmente a cessação da periculosidade (art. 97, § 1º, do CP). Os tribunais superiores, entretanto, pacificaram o entendimento no sentido de que, por serem também sanções penais, devem sujeitar-se a regime de prescrição, pois o contrário violaria o princípio constitucional da prescritibilidade.

Ademais, o art. 96, parágrafo único, do Código Penal expressamente dispõe que "extinta a punibilidade, não se impõe medida de segurança nem subsiste a que tenha sido imposta", deixando claro que elas também se sujeitam ao regime prescricional, quer em relação à pretensão punitiva, quer em relação à pretensão executória. Considerando que a medida de segurança é aplicada por prazo indeterminado, a interpretação é no sentido de que ambas (pretensão punitiva ou executória) devem tomar por base o montante **máximo** da pena em abstrato. Dessa forma, se o crime tem pena máxima de 6 anos, a prescrição da medida de segurança aplicada dar-se-á em 12 anos. No caso da pretensão executória, porém, a sentença não interrompe o prazo prescricional, por ter natureza **absolutória** (imprópria), nos termos do art. 386, parágrafo único, III, do Código de Processo Penal.

Na hipótese de ocorrer prescrição da pretensão punitiva, o juiz não poderá impor a medida de segurança, ainda que constatada a periculosidade do réu.

Já no caso da medida de segurança aplicada aos semi-imputáveis, não há dificuldade, porque, neste caso, o art. 98 do Código Penal estabelece que o juiz condena o réu, aplica-lhe pena privativa de liberdade (diminuída de 1/3 a 2/3 em razão da perturbação mental) e em seguida a substitui pela medida de segurança. Assim, é com base no montante de pena inicialmente aplicado na sentença que é feito o cálculo (embora a medida de segurança seja aplicada sempre por tempo indeterminado, com prazo mínimo de 1 a 3 anos).

■ 30.11. SUPERVENIÊNCIA DE DOENÇA MENTAL

As hipóteses de aplicação de medida de segurança já estudadas dizem respeito ao acusado que, **ao tempo do crime**, era inimputável ou semi-imputável em razão de doença mental ou desenvolvimento mental incompleto ou retardado. É possível, contudo, que a doença mental somente tenha se manifestado após a prática do ilícito penal.

Na hipótese acima, **estando a ação penal ainda em tramitação**, o processo, que estava paralisado para a realização do exame de sanidade mental (art. 149, § 2º, do CPP), **continuará suspenso**, aguardando o restabelecimento do acusado ou a ocorrência da prescrição. Nessa hipótese, poderá o juiz ordenar a internação do acusado em manicômio judiciário, desde que presentes os requisitos para a aplicação da **medida cautelar pessoal** prevista no art. 319, VII, do Código de Processo Penal (**internação provisória** nas hipóteses de crimes praticados com violência ou grave ameaça, quando os peritos concluírem ser ele inimputável ou semi-imputável e **houver risco de reiteração**).

Se a doença ou perturbação mental **sobrevierem** no curso da **execução** da pena privativa de liberdade, poderá o juiz, de ofício ou a requerimento do Ministério Público ou da autoridade administrativa, determinar a **substituição** da pena por medida de segurança (art. 183 da LEP), caso se trate de doença grave, de difícil restabelecimento. Nessa situação, o prosseguimento da execução dar-se-á de acordo com as regras da Lei de Execuções atinentes às medidas de segurança. Se, entretanto, tratar-se de um surto psicótico breve ou de quadro de perturbação passageira das faculdades mentais, o sentenciado deverá ser recolhido a hospital de custódia e tratamento psiquiátrico ou, à falta, a outro estabelecimento adequado, até que se recupere (art. 41 do CP), hipótese em que será retomado o cumprimento da pena originária.

PRINCIPAIS ASPECTOS DAS MEDIDAS DE SEGURANÇA	
PRESSUPOSTOS	a) que haja prova de que o acusado cometeu fato típico e antijurídico; b) que exista prova da periculosidade do agente em razão de inimputabilidade decorrente de doença mental ou desenvolvimento mental incompleto ou retardado ou semi-imputabilidade decorrente de perturbação da saúde mental ou por desenvolvimento mental incompleto ou retardado.
DESTINATÁRIOS	a) inimputáveis em razão de doença mental ou desenvolvimento mental incompleto ou retardado: o juiz absolve o réu e aplica medida de segurança. A periculosidade é presumida; b) semi-imputáveis em razão de perturbação da saúde ou desenvolvimento mental incompleto ou retardado: o juiz condena o réu, diminui a pena de 1/3 a 2/3 e, se comprovada a periculosidade, substitui a pena aplicada por medida de segurança.
ESPÉCIES	a) internação em hospital de custódia e tratamento psiquiátrico: se o crime for apenado com reclusão; b) tratamento ambulatorial: se o delito for apenado com detenção.
CARACTERÍSTICAS	■ Baseiam-se na periculosidade do agente, tendo caráter preventivo especial. ■ São decretadas por tempo indeterminado até que seja constatada a cessação da periculosidade pericialmente. ■ Se não cessar a periculosidade, podem se estender por até 40 anos, independentemente do montante da pena máxima prevista em abstrato. ■ Admitem a detração, que é aplicada em relação à data do 1º exame de cessação da periculosidade. ■ Sujeitam-se à prescrição da pretensão punitiva e executória.

■ 30.12. INIMPUTABILIDADE POR DEPENDÊNCIA DE SUBSTÂNCIA ENTORPECENTE

Dispõe o art. 45, *caput*, da Lei n. 11.343/2006 (Lei de Drogas) que o réu é considerado **inimputável** quando, em razão da dependência, era, ao tempo da ação ou da omissão criminosa, **inteiramente** incapaz de entender o caráter ilícito do fato ou de determinar-se de acordo com tal entendimento. A constatação desta falta de capacidade de entendimento ou autodeterminação deve ser feita **pericialmente**, pelo chamado exame de **dependência toxicológica**. Comprovada, então, a inimputabilidade, o réu ficará isento de pena, qualquer que tenha sido o crime por ele cometido — da própria Lei de Drogas ou não. Ex.: prática de furto ou roubo para sustentar o vício; venda de droga para conseguir dinheiro para comprar suas próprias substâncias etc. Nos termos do art. 45, parágrafo único, da Lei n. 11.343/2006, o juiz deverá **absolver** o réu e submetê-lo a **tratamento médico**. Trata-se aqui de medida de segurança, em relação à qual deverão ser aplicadas, no que couber, as regras do Código Penal e da Lei de Execuções Penais, posto que não há regramento específico na Lei n. 11.343/2006.

■ 30.13. SEMI-IMPUTABILIDADE EM RAZÃO DE DEPENDÊNCIA DE SUBSTÂNCIA ENTORPECENTE

O art. 46 da Lei n. 11.343/2006 considera semi-imputável quem, em razão da dependência, estava, ao tempo da ação ou omissão criminosa, **parcialmente** privado de sua capacidade de entendimento ou autodeterminação, qualquer que seja a espécie de infração praticada. De acordo com o art. 47 da mesma lei, esses semi-imputáveis **não são isentos de pena** e, portanto, devem ser condenados. Haverá, entretanto, uma redução de um a dois terços do montante da reprimenda e o juiz, com base em avaliação que ateste a necessidade de encaminhamento do agente para tratamento, determinará que se proceda de tal forma no local em que tiver de cumprir a pena imposta. Nesse caso, portanto, não há substituição da pena por medida de segurança. O réu é condenado e, concomitantemente com o cumprimento da pena, é submetido a tratamento médico.

■ 30.14. QUESTÕES

1. (Ministério Público/SP — 2011) Com relação às chamadas medidas de segurança, é correto afirmar que:

a) a desinternação ou a liberação será sempre de forma condicional, ficando restabelecida a situação anterior se o agente, antes do decurso de um ano, vier a praticar qualquer fato indicativo da persistência de sua periculosidade.
b) têm caráter retributivo e preventivo, decorrem do reconhecimento da culpabilidade do agente, podendo ser aplicadas, em certos casos, juntamente com as penas privativas de liberdade.
c) são indeterminadas no tempo, não são aplicáveis aos inimputáveis, pressupondo a sua aplicação a prática de um fato típico e antijurídico, reconhecido em sentença condenatória.
d) podem ser aplicadas em face de qualquer espécie de crime, punível com reclusão ou detenção, exigindo para sua incidência a existência de uma sentença condenatória que reconheça a existência do crime e a prova da inimputabilidade absoluta do agente.
e) são aplicadas por tempo indeterminado, com a especificação do prazo mínimo de sua duração, pelo Juiz na sentença, não sendo permitida a realização do exame de cessação de periculosidade antes do término do prazo mínimo fixado.

2. (Ministério Público/SP — 2005) Considere os seguintes enunciados, relacionados com os temas de imputabilidade penal (CP, art. 26) e medida de segurança:

I. Não é cabível imposição de medida de segurança aos plenamente imputáveis.
II. Nos casos de semi-imputabilidade, não é permitida a cumulação da pena e medida de segurança.
III. Nas hipóteses de inimputabilidade plena, a regra é a absolvição seguida de imposição de medida de segurança consistente em internação em hospital de custódia e tratamento, podendo o juiz optar pelo tratamento ambulatorial no caso de crime punido com detenção.

Estão em conformidade com o sistema estabelecido no Código Penal,

a) apenas I e II.
b) apenas II e III.
c) apenas I e III.
d) nenhum dos três.
e) todos os três.

3. (Magistratura/SP — 2007) José, tido como inimputável no curso de um processo-crime em prova pericial, vem a agredir João, causando-lhe ferimentos de natureza grave. Apura-se, no entanto, que agiu em legítima defesa. O juiz, ante o disposto no Código Penal, art. 97, deve absolver o réu,

a) sujeitando-o à internação em casa de custódia, por ser o delito apenado com reclusão.
b) descabendo a aplicação de qualquer medida de segurança.
c) e aplicar-lhe medida de segurança pelo prazo correspondente a seu grau de periculosidade.
d) mas aplicar-lhe medida de segurança de, no mínimo, um ano.

4. (Magistratura/MG — 2008) No que tange à medida de segurança é incorreto afirmar:

a) A medida de segurança difere da pena, dentre outros motivos, por ter prazo indeterminado.
b) Mesmo que esteja caracterizada uma excludente de ilicitude, é aplicável a medida de segurança.
c) Aos semi-imputáveis pode ser aplicada a medida de segurança.
d) A periculosidade do agente é presumida no caso dos inimputáveis.

5. (Delegado de Polícia/MG — 2007) Em relação aos inimputáveis e às medidas de segurança é correto afirmar que

a) Sendo adequado às circunstâncias pessoais em que se encontre o sentenciado, a qualquer tempo, pode a pena ser substituída pela aplicação de medida de segurança.

b) As medidas de segurança destinam-se exclusivamente aos inimputáveis. Aos semi-imputáveis somente há previsão de redução de pena e, necessitando eles de especial tratamento curativo, não há que se falar em substituição da pena por medida de segurança conforme o princípio da reserva legal.

c) O réu considerado inimputável será absolvido e consequentemente será aplicada a ele uma medida de segurança que não possui limite de tempo mínimo nem máximo.

d) A desinternação é sempre condicional, devendo ser restabelecida a situação anterior se o agente, antes do decurso de 5 anos, pratica fato indicativo de periculosidade.

6. (Magistratura/SP — Vunesp — 2014) Assinale a opção que contenha assertiva verdadeira no tocante às Medidas de Segurança:

a) A medida de segurança deve perdurar enquanto não cessada a periculosidade do agente, não sendo cabível, na espécie, a limitação do período máximo de trinta anos, prevista no art. 75 do Código Penal.

b) A prescrição de medida de segurança deve ser calculada pelo máximo da pena cominada ao delito atribuído ao agente, interrompendo-se-lhe o prazo com o início do seu cumprimento.

c) A regra da detração da prisão provisória em relação à medida de segurança se justifica para o fim de ser levantada a medida e não para desconto do tempo para a realização do exame de averiguação de periculosidade ao termo do prazo mínimo.

d) Perigoso o agente, ainda que extinta sua punibilidade, é possível a aplicação de medida de segurança, subsistindo a que tenha sido imposta.

7. (Magistratura/RS — FAURGS — 2016) Sobre as penas e medidas de segurança, considere as afirmações abaixo.

I. Segundo a orientação jurisprudencial dominante no Superior Tribunal de Justiça, processos criminais em andamento não poderão ser valorados como prova de antecedentes criminais, salvo na hipótese de já terem sido objeto de sentença condenatória sobre a qual se aguarda o julgamento de recursos defensivos.

II. Segundo a orientação jurisprudencial dominante no Superior Tribunal de Justiça, quando da aplicação do método trifásico da pena, o juiz poderá aplicá-la abaixo do mínimo legal apenas no momento de fixação da pena definitiva, não sendo possível diminuí-la em momento anterior, ainda que reconhecida alguma circunstância atenuante.

III. Segundo a orientação jurisprudencial dominante no Superior Tribunal de Justiça, o tempo de duração da medida de segurança não poderá ser superior ao tempo máximo de pena abstratamente cominado ao crime praticado pelo agente.

Quais estão corretas?

a) Apenas I.

b) Apenas II.

c) Apenas III.

d) Apenas II e III.

e) I, II e III.

■ GABARITO ■

1. "a".
2. "e".
3. "b". No caso em análise, o inimputável não cometeu crime, pois agiu em legítima defesa e, por isso, não é cabível qualquer espécie de medida de segurança.
4. "b".

5. “a”.
6. “b”.
7. “d”.

31

DA AÇÃO PENAL

31.1. CONCEITO

É o procedimento judicial iniciado pelo titular da ação quando há indícios de autoria e de materialidade, a fim de que o juiz declare procedente a pretensão punitiva estatal e condene o autor da infração penal.

Durante o transcorrer da ação penal, será assegurado ao acusado amplo direito de defesa, além de outras garantias, como a estrita observância do procedimento previsto em lei, de só ser julgado pelo juiz competente, de ter assegurado o contraditório e o duplo grau de jurisdição etc.

31.2. CLASSIFICAÇÃO

De acordo com o art. 100, *caput*, do Código Penal, o Estado, detentor do **direito** e do **poder** de punir (*jus puniendi*), pode conferir a **iniciativa** do desencadeamento da ação penal a um órgão **público** (Ministério Público) ou à própria **vítima**, dependendo da modalidade de crime praticado. Portanto, para cada delito previsto em lei existe a prévia definição da espécie de ação penal — de iniciativa **pública** ou **privada** —, de modo que **as próprias infrações penais** são divididas nestas duas categorias — **crimes** de ação pública ou de ação privada.

Ação penal **pública** é aquela em que a iniciativa é **exclusiva** do Ministério Público (órgão público), nos termos do art. 129, I, da Constituição Federal. A peça processual que a ela dá início se chama **denúncia**.

A ação **pública** apresenta as seguintes modalidades:

a) Incondicionada — o exercício da ação independe de qualquer condição especial.

b) Condicionada — a propositura da ação penal depende da prévia existência de uma condição especial (**representação da vítima** ou **requisição do Ministro da Justiça**). É o que estabelece o art. 100, § 1º, do Código Penal.

Ação penal **privada** é aquela em que a iniciativa da propositura é conferida à vítima. A peça inicial se chama **queixa-crime**.

Subdivide-se em:

a) Exclusiva — a iniciativa da ação penal é da vítima, mas, se esta for menor ou incapaz, a lei prevê que possa ser proposta pelo representante legal. Ademais, em caso de morte da vítima, a ação poderá ser iniciada por seus sucessores (cônjuge, companheiro, ascendente, descendente ou irmão) e, se já estiver em andamento por ocasião do falecimento, poderão eles prosseguir no feito.

b) Personalíssima — a ação só pode ser proposta pela vítima. Se ela for menor, deve-se esperar que complete 18 anos. Se for doente mental, deve-se aguardar eventual restabelecimento.

Em caso de morte, a ação não pode ser proposta pelos sucessores. Se já tiver sido proposta na data do falecimento, a ação se extingue pela impossibilidade de sucessão no polo ativo.

c) Subsidiária da pública — é a ação proposta pela vítima em crime de ação pública, possibilidade que só existe quando o Ministério Público, dentro do prazo que a lei lhe confere, não apresenta qualquer manifestação.

Cada uma das espécies de ação penal será **detalhadamente** analisada adiante.

Observe-se, por fim, que a ação penal somente tem início efetivo quando o juiz **recebe** a denúncia ou queixa, ou seja, quando o magistrado admite a existência de indícios de autoria e materialidade de uma infração penal e, assim, determina a citação do réu para que tome ciência da acusação e produza sua defesa.

▪ Ação penal popular

Não existe em nosso ordenamento jurídico nenhuma hipótese de ação penal **popular** em que a lei confira a todo e qualquer cidadão o direito de dar início a uma ação para apurar ilícito penal, ainda que contra representantes políticos. Eventual aprovação de **lei** nesse sentido seria considerada inconstitucional por ofensa ao art. 129, I, da Constituição, de modo que apenas por Emenda Constitucional seria possível tal providência.

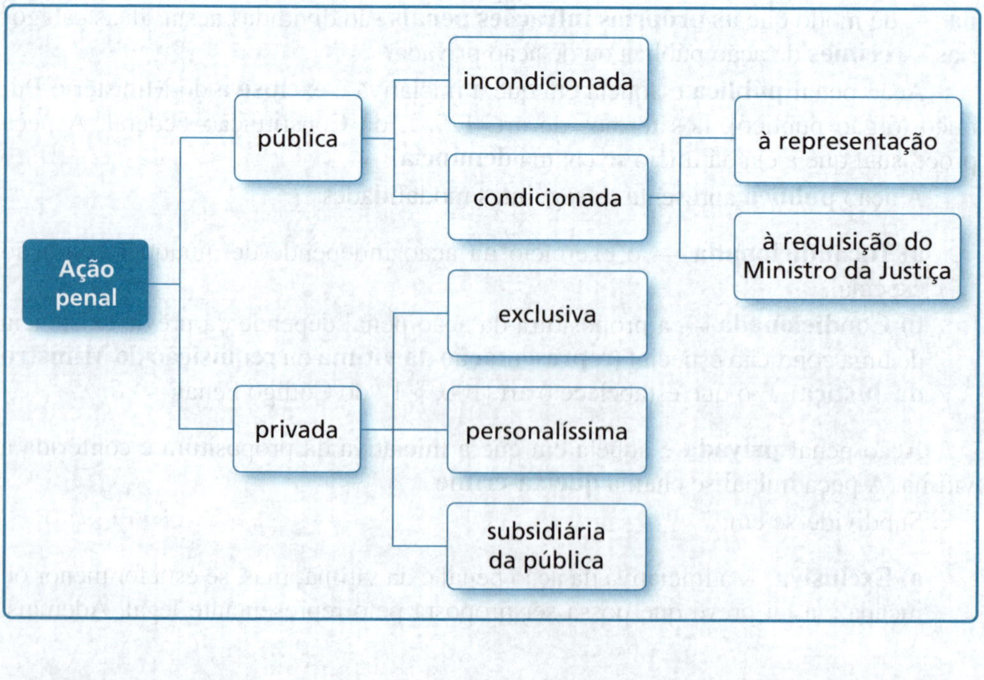

■ 31.3. CONDIÇÕES GERAIS DA AÇÃO

São condições que devem estar presentes para a propositura de **toda e qualquer ação penal**.

Podemos assim elencá-las:

a) Legitimidade de parte. Se a ação for pública, deve ser proposta pelo Ministério Público e, se for privada, pelo ofendido ou por seu representante legal.

O acusado deve ser maior de 18 anos e ser pessoa física, pois, salvo nos crimes ambientais, pessoa jurídica não pode figurar no polo passivo de uma ação penal, pois, em regra, não cometem crime.

Os **inimputáveis** por doença mental ou por dependência em substância entorpecente podem figurar no polo passivo da ação penal, pois, se provada a acusação, serão absolvidos mas com aplicação de medida de segurança ou sujeição a tratamento médico contra a dependência.

b) Interesse de agir. Para que a ação penal seja admitida, é necessária a existência de indícios suficientes de autoria e de materialidade a ensejar sua propositura. Além disso, é preciso que não esteja extinta a punibilidade pela prescrição ou qualquer outra causa.

c) Possibilidade jurídica do pedido. No processo penal, o pedido que se endereça ao juízo é o de condenação do acusado a uma **pena** ou **medida de segurança**. Para ser possível requerer a condenação, é preciso que o fato descrito na denúncia ou queixa seja típico, isso é, que se mostrem presentes no caso concreto todas as elementares exigidas na descrição abstrata da infração penal.

A denúncia ou queixa-crime oferecida sem a estrita observância das condições da ação deve ser **rejeitada**, nos expressos termos do art. 395, II, do Código de Processo Penal. Se a falta de condição da ação for percebida somente após o recebimento da denúncia ou queixa, deve ser declarada a **nulidade** da ação penal que está em andamento desde o seu princípio, nos termos do art. 563, II, do Código de Processo Penal. Ex.: quando se apura, no transcorrer da ação, que o acusado é menor de 18 anos.

Observação: Além dessas condições gerais, algumas espécies de ação penal exigem condições **específicas**, como a ação pública condicionada, que pressupõe a existência de **representação da vítima** ou de **requisição do Ministro da Justiça**.

Existem, ainda, na legislação algumas outras condições (de procedibilidade) específicas, como:

a) a entrada do autor da infração no território nacional, nas hipóteses de extraterritorialidade da lei penal brasileira previstas nos §§ 2º e 3º, do art. 7º, do Código Penal. Exs.: crime praticado por brasileiro no exterior ou por estrangeiro contra um brasileiro fora do Brasil. Ressalte-se, outrossim, que o ingresso no território nacional é apenas um dos requisitos para a incidência da lei brasileira (ver comentários aos artigos citados no tópico 9.7.4.3);

b) autorização da Câmara dos Deputados para a instauração de processo criminal contra o **Presidente da República**, **Vice-Presidente** ou **Ministros de Estado**, perante o Supremo Tribunal Federal (art. 51, I, da Constituição Federal).

Desde o advento da Emenda Constitucional n. 35/2001, o desencadeamento de ação penal contra **Senadores** da República e **Deputados** Federais e Estaduais dispensa a prévia autorização da respectiva Casa Legislativa.

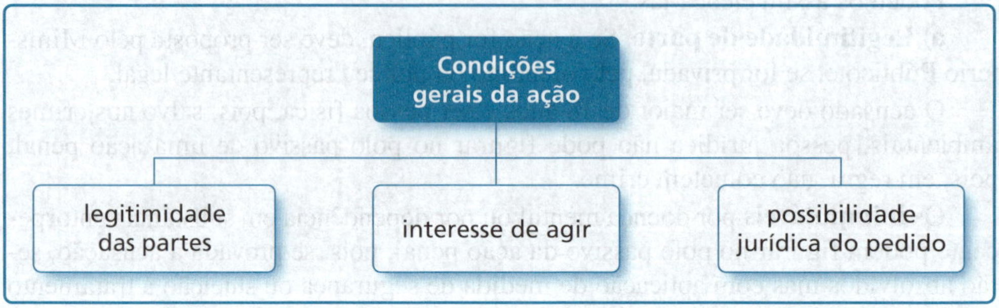

31.4. AÇÃO PENAL PÚBLICA

É aquela cuja titularidade é exclusiva do **Ministério Público**, nos termos do art. 129, I, da Constituição Federal, para os delitos que a lei defina como de ação pública.

31.4.1. Princípios específicos da ação pública

Além dos princípios gerais da ação (contraditório, ampla defesa, devido processo legal etc.) que se aplicam a todo e qualquer tipo de ação penal, a ação pública rege-se ainda por três princípios que lhe são específicos: a) **obrigatoriedade**; b) **indisponibilidade**; c) **oficialidade**.

- **Princípio da obrigatoriedade**

De acordo com esse princípio, o promotor de justiça **não** pode **transigir** ou **perdoar** o autor do crime de ação pública. Caso entenda, de acordo com sua própria apreciação dos elementos de prova — pois a ele cabe formar a *opinio delicti* —, que há indícios suficientes de autoria e materialidade de crime que se apura mediante ação pública, **estará obrigado a oferecer denúncia**, salvo se houver causa impeditiva, como, por exemplo, a prescrição, hipótese em que deverá requerer a declaração judicial de extinção da punibilidade e, por consequência, o arquivamento do inquérito.

Saliente-se que existem algumas exceções a este princípio. É o que ocorre nas infrações de menor potencial ofensivo (contravenções e crimes com pena máxima de até 2 anos), em relação às quais o Ministério Público pode deixar de promover a ação penal, não obstante existam provas cabais de delito de ação pública, pois, para tais crimes, é cabível a transação penal, instituto reconhecido constitucionalmente (art. 98, I, da CF). O mesmo ocorre em relação aos delitos para os quais seja cabível o acordo de não persecução penal, previsto no art. 28-A do CPP.

- **Princípio da indisponibilidade**

Nos termos do art. 42 do Código de Processo Penal, o Ministério Público **não pode desistir da ação por ele proposta**.

Tampouco pode desistir de recurso que tenha interposto (art. 576 do CPP).

- **Princípio da oficialidade**

O titular exclusivo da ação pública é um órgão oficial, que integra os quadros do Estado: o **Ministério Público**.

Esse princípio é atenuado pela própria Constituição Federal que, em seu art. 5º, LIX, permite que, subsidiariamente, seja oferecida queixa em crime de ação pública, **desde que o Ministério Público não apresente qualquer manifestação dentro do prazo que a lei lhe confere**. Dentro do prazo legal, contudo, o princípio é absoluto.

■ 31.4.2. Espécies de ação pública

A ação pública pode ser condicionada ou incondicionada.

■ *31.4.2.1. Ação pública incondicionada*

Esta denominação decorre do fato de o exercício do direito de ação pelo Ministério Público não depender de qualquer condição **especial**. Basta que o crime investigado seja de ação pública e que existam indícios suficientes de autoria e materialidade para que o promotor esteja autorizado a oferecer a denúncia.

É a regra no direito penal, uma vez que, **no silêncio da lei**, a ação será pública incondicionada. Ao cuidar, por exemplo, dos crimes de homicídio doloso (art. 121 do CP), roubo (art. 157 do CP), associação criminosa (art. 288) e peculato (art. 312 do CP), a lei **nada mencionou** a respeito da modalidade de ação penal. Em consequência, tais delitos se apuram mediante ação pública incondicionada.

Saliente-se que a maioria dos crimes previstos no Código Penal e em leis especiais enquadram-se nessa modalidade de ação penal.

É necessário lembrar, por fim, a regra contida no art. 24, § 2º, do Código de Processo Penal, com a redação que lhe foi dada pela Lei n. 8.666/93, segundo a qual, qualquer que seja o crime, a ação será pública quando cometido em detrimento de patrimônio ou interesse da **União**, **Estado** ou **Município**.

■ *31.4.2.2. Ação pública condicionada à representação*

Em razão da natureza de determinadas infrações penais, o legislador condicionou a propositura da ação penal pelo Ministério Público à prévia existência de **representação**, que nada mais é do que uma **manifestação de vontade**, da vítima ou de seu representante legal, no sentido de **solicitar** providências do Estado para a apuração de determinado crime e, concomitantemente, **autorizar** o Ministério Público a ingressar com a ação penal contra os autores do delito.

A titularidade da ação penal é exclusiva do Ministério Público, porém o promotor só pode dar início a ela se presente esta autorização da vítima.

A representação tem natureza jurídica de condição de **procedibilidade** — condição para que o titular da ação possa dar causa à sua instauração.

Alguns autores se referem à representação como *delatio criminis* **postulatória**.

A autoridade policial só pode **iniciar** o **inquérito** policial para apurar crime de ação **pública condicionada** se já presente a representação (art. 5º, § 4º, do CPP), salvo nas infrações de menor potencial ofensivo em que o termo circunstanciado pode ser lavrado sem a representação (que só será colhida *a posteriori* na audiência preliminar).

Nos crimes dessa natureza, a lei expressamente menciona, junto ao tipo penal, que "**somente se procede mediante representação**". Exs.: crime de ameaça (art. 147, parágrafo único, do CP); crime de furto de coisa comum (art. 156, § 1º, do CP); crime de perigo de contágio de moléstia venérea (art. 130, § 2º, do CP) etc.

Excepcionalmente nos crimes de **lesão corporal dolosa leve e lesão culposa**, a necessidade de representação encontra-se prevista em outra lei (e não junto ao tipo penal), conforme art. 88 da Lei n. 9.099/95. Igualmente, em relação ao crime de lesão corporal culposa na **direção de veículo automotor**, a necessidade de representação encontra-se no art. 291, § 1º, da Lei n. 9.503/97 (Código de Trânsito Brasileiro).

A representação não obriga o Ministério Público a oferecer denúncia. Com efeito, o art. 127, § 1º, da Constituição Federal confere aos membros do Ministério Público a **independência funcional** no sentido de tomarem suas decisões, no exercício das funções, de acordo com a própria convicção, sendo que tais decisões só podem ser eventualmente revistas pelo chefe da Instituição (Procurador-Geral de Justiça) e naquelas hipóteses em que a lei o permita. Assim, a existência de representação da vítima não vincula o órgão do Ministério Público, que, portanto, pode promover o arquivamento do inquérito ou denunciar apenas um dos investigados por entender que não há provas contra os demais.

A representação é uma autorização para a apuração **do fato**, e não em relação a determinado autor da infração. Por isso, se ao oferecer representação a vítima mencionar apenas um dos autores do crime, o Ministério Público estará autorizado a oferecer denúncia contra todas as pessoas identificadas em relação às quais existam provas. Nesse sentido: "Na ação pública condicionada, desde que feita a representação pelo ofendido, o Ministério Público, à vista dos elementos indiciários de prova que lhe forem fornecidos, tem plena liberdade de denunciar a todos os implicados no evento criminoso, mesmo se não nomeados pela vítima" (STF, RHC, Rel. Cunha Peixoto, *RT* 501/364).

■ 31.4.2.2.1. Aspectos formais da representação

Nossos tribunais rechaçaram por completo a necessidade de formalismos na representação. Assim, basta que a vítima ou seu representante deixem claro seu interesse em ver o delito apurado, sendo suficiente, por exemplo, que façam constar no **boletim de ocorrência** que desejam a responsabilização penal dos autores do crime. Há dezenas de julgados dos Tribunais Superiores confirmando tal assertiva: "A representação a que se refere o art. 225, § 2º, do CP, não depende de forma especial, bastando que o representante se dirija à autoridade competente para noticiar o delito, pois é de se presumir que, com essa atitude, pretenda a adoção das providências cabíveis" (STF, HC 72.376/SP, 1ª Turma, Rel. Min. Sydney Sanches, *DJU* 09.06.1995, p. 17.234); "1. Esta Corte de Justiça Superior tem jurisprudência pacífica no sentido de que 'a representação, condição de procedibilidade exigida nos crimes de ação penal pública condicionada, prescinde de rigores formais, bastando a inequívoca manifestação de vontade da vítima ou de seu representante legal no sentido de que se promova a responsabilidade penal do agente' (HC 130.000/SP, Rel. Min. Laurita Vaz, 5ª Turma, *DJe* 08.09.2009)" (STJ, AgRg no REsp 1.455.575/RS, Rel. Min. Reynaldo Soares da Fonseca, 5ª Turma, julgado em 10.11.2015, *DJe* 17.11.2015); "1. Conforme cediço na doutrina e na jurisprudência, a representação, condição de procedibilidade exigida nos crimes de ação penal pública condicionada, prescinde de rigores formais, bastando a inequívoca manifestação de vontade da vítima ou de seu representante legal no sentido de que se promova a responsabilidade penal do agente" (STJ, HC 213.571/MG, Rel. Min. Laurita Vaz, 5ª Turma, julgado em 22.10.2013, *DJe* 05.11.2013); **e** "A representação, como condição de procedibilidade da ação penal, prescinde de fórmula rígida, sendo suficiente a manifestação inequívoca da vítima ou de quem tenha qualidade para representá-la no sentido de que seja processado o autor do crime. Precedentes do STJ" (STJ, RHC 4.360-1, 6ª Turma, Rel. Min. Vicente Leal, *DJU* 04.03.1996, p. 5420). O Superior Tribunal de Justiça, ademais, entende que o simples fato de a vítima procurar a Delegacia de Polícia para noticiar os fatos e registrar o respectivo boletim de ocorrência autoriza a propositura da ação penal, salvo quando houver prova de que a vítima registrou a ocorrência para outros fins (recebimento de seguro, por exemplo): "O Superior Tribunal de Justiça vem entendendo que o simples registro da ocorrência perante a autoridade policial equivale a representação para fins de instauração da instância penal. Recurso conhecido e provido" (STJ, REsp 541.807/SC, Rel. Min. José Arnaldo da Fonseca, 5ª Turma, julgado em 06.11.2003, *DJ* 09.12.2003, p. 331).

É claro, por sua vez, que a vítima pode preferir apresentar uma petição à autoridade policial solicitando a instauração do inquérito e apresentando formalmente uma representação. Não é necessário que essa petição seja ofertada por intermédio de advogado, estabelecendo o art. 39, *caput*, do Código de Processo, que ela pode ser apresentada **pessoalmente** ou por procurador com poderes especiais.

A representação pode ser dirigida ao juiz, ao Ministério Público ou à autoridade policial. Pode ser apresentada de forma escrita ou verbal, mas neste caso, deverá ser reduzida a termo.

■ 31.4.2.2.2. Titularidade do direito de representação

Se a vítima for **maior de 18 anos**, somente ela pode oferecer a representação. Se, entretanto, for **doente mental**, o direito passa a ser do **representante legal**. Se a vítima não tiver representante, ou caso haja conflito de interesses entre a vítima com problemas mentais e aquele, o **juiz criminal** deve nomear **curador especial**, pessoa da sua confiança, para avaliar a **conveniência** de oferecer a representação (art. 33 do CPP).

Se a vítima morreu ou foi declarada ausente, o direito se transfere ao cônjuge, ascendente, descendente ou irmão (art. 31 do CPP). Atualmente, tal direito é reconhecido também ao companheiro em caso de união estável.

Se a vítima for **menor de 18 anos**, o direito é do representante legal. Se a vítima, entretanto, não tiver representante, ou se houver colidência de interesses, o juízo da **Infância e da Juventude** deve nomear curador especial para apreciar a conveniência em apresentar a representação.

Existe colidência de interesses, por exemplo, quando o autor do delito é o próprio representante legal.

■ 31.4.2.2.3. Prazo para a representação

De acordo com o art. 103 do Código Penal, o direito de representação deve ser exercido no prazo de **6 meses** a contar do dia em que a vítima ou seu representante legal **descobrirem** quem é o autor do delito. O prazo a que a lei se refere é para que **a representação seja oferecida**, podendo o Ministério Público apresentar a **denúncia** mesmo **após** esse período.

O prazo para o oferecimento da representação é **decadencial**, mas só corre após a descoberta da autoria pela **vítima ou seu representante**. Por gerar a extinção da punibilidade, este prazo tem natureza penal, de modo que se inclui na contagem o primeiro dia (dia da descoberta da autoria). A prescrição, contudo, corre desde a data da consumação do delito, razão pela qual é comum que a prescrição aconteça antes da decadência, bastando para tanto que a vítima não tome conhecimento acerca da autoria da infração penal contra ela cometida.

■ 31.4.2.2.4. Retratação

Prevê o art. 102 do Código Penal que a representação é **retratável** até o **oferecimento** da denúncia. A vítima, portanto, pode retirar a representação, de forma a impossibilitar o oferecimento de denúncia pelo Ministério Público.

Deve ser salientado, ainda, que, dentro do prazo decadencial, a representação pode ser **novamente** oferecida tornando a ser viável a apresentação de denúncia pelo Ministério Público. É o que se chama de **retratação da retratação**.

PRINCIPAIS CARACTERÍSTICAS DA REPRESENTAÇÃO
1) **Conceito:** manifestação de vontade em que se solicita a instauração do inquérito e se autoriza o Ministério Público a propor a ação penal contra os autores do ilícito penal.
2) **Natureza jurídica:** condição de procedibilidade.
3) **Prazo:** 6 meses a contar do descobrimento da autoria.
4) **Consequência do não exercício do direito de representação no prazo legal:** decadência do direito e extinção da punibilidade do infrator.
5) **Destinatários:** autoridade policial, Ministério Público ou Juiz de Direito.
6) **Titulares do direito:** a vítima ou seu representante legal.
7) **Retratação:** é possível até o oferecimento da denúncia. É também possível a retratação da retratação dentro do prazo decadencial.
8) **Aspectos formais:** a representação não exige formalismo. Pode ser apresentada pessoalmente ou por procurador com poderes especiais.

31.4.2.3. Ação pública condicionada à requisição do Ministro da Justiça

A requisição do Ministro da Justiça é também uma condição de **procedibilidade**.

Em determinados ilícitos penais, entendeu o legislador ser necessário que o Ministro da Justiça avalie a **conveniência** política de ser iniciada a ação penal pelo Ministério Público. É o que ocorre quando um estrangeiro pratica crime contra brasileiro fora do território nacional (art. 7º, § 3º, *b*, do Código Penal) ou quando é cometido **crime contra a honra** do Presidente da República ou chefe de governo estrangeiro (art. 145, parágrafo único, do Código Penal). Nesses casos, somente com a requisição é que poderá ser oferecida a denúncia.

Nos crimes dessa natureza, a lei expressamente prevê que "**somente se procede mediante requisição do Ministro da Justiça**".

A existência da requisição não vincula o Ministério Público, que, apesar dela, pode requerer o arquivamento do feito, uma vez que a Constituição Federal, em seu art. 127, § 1º, assegura **independência funcional** e livre convencimento aos membros de tal instituição, possuindo seus integrantes total autonomia na formação da *opinio delicti*.

31.4.2.3.1. Prazo

Ao contrário do que ocorre com a representação, **não existe prazo** decadencial para o oferecimento da requisição pelo Ministro da Justiça. Assim, esta pode ser oferecida a qualquer tempo, desde que antes da prescrição.

31.4.2.3.2. Retratação

Existem duas correntes quanto à possibilidade de retratação por parte do Ministro da Justiça:

a) A requisição é **irretratável**, uma vez que os arts. 102 do Código Penal e 25 do Código de Processo Penal somente admitem a retratação da **representação**. É a opinião de José Frederico Marques[1], Fernando da Costa Tourinho Filho[2], Fernando Capez[3] e Magalhães Noronha[4], dentre outros.

b) A requisição é **retratável**. Apesar de os arts. 102 do Código Penal e 25 do Código de Processo só mencionarem expressamente a possibilidade de retratação da representação, podem eles ser aplicados por analogia à requisição do Ministro da Justiça, já que todo ato administrativo pode ser revogado. É a

---

1 José Frederico Marques, *Elementos de direito processual penal*, 2. ed., v. I, p. 344.

2 Fernando da Costa Tourinho Filho, *Processo penal*, 33. ed., v. 1, p. 461.

3 Fernando Capez, *Curso de processo penal*, 12. ed., p. 117.

4 E. Magalhães Noronha, *Curso de direito processual penal*, 19. ed., p. 29.

opinião de Carlos Frederico Coelho Nogueira[5] e Damásio de Jesus[6], dentre outros.

31.5. AÇÃO PENAL PRIVADA

Essa forma de ação penal é de iniciativa do **ofendido** ou, quando este for menor ou incapaz, de seu **representante legal**. O direito de punir continua sendo estatal, mas a iniciativa da ação é transferida para o ofendido ou seu representante legal, uma vez que os delitos dessa natureza atingem a **intimidade** da vítima ou interesses estritamente particulares, de modo que ela pode preferir não discutir o assunto em juízo.

31.5.1. Princípios específicos da ação privada

Existem três princípios específicos da ação privada: a) da **oportunidade**; b) da **disponibilidade**; c) da **indivisibilidade**.

- **Princípio da oportunidade**

Também conhecido como princípio da **conveniência**, significa que, ainda que haja provas cabais contra os autores da infração penal, pode o ofendido preferir não os processar. Na ação privada, o ofendido (ou seu representante legal) decide, de acordo com seu livre-arbítrio, se vai ou não ingressar com a ação penal.

- **Princípio da disponibilidade da ação**

O querelante pode **desistir do prosseguimento** da ação por ele intentada por meio dos institutos do **perdão** e da **perempção** (arts. 51 e 60 do CPP), bem como pode **desistir** de recurso que tenha interposto (art. 576 do CPP).

- **Princípio da indivisibilidade**

Está consagrado no art. 48 do Código de Processo Penal que diz que a **queixa contra qualquer dos autores do crime obrigará ao processo de todos**. A finalidade do dispositivo é esclarecer que, embora o ofendido possa optar por ingressar ou não com a queixa (princípio da oportunidade), caso resolva fazê-lo deve inserir na acusação todos os autores do delito que tenham sido identificados. Não pode, portanto, mencionar alguns dos autores do crime na queixa e deixar os outros de fora. A intencional exclusão de um deles será interpretada como **renúncia** em relação a ele e, nos termos do art. 49, **a todos se estenderá**.

O art. 48 do Código de Processo Penal, em sua parte final, diz que cabe **ao Ministério Público velar** pela indivisibilidade da ação privada, alertando o juízo de eventual desrespeito à regra para que o juiz declare a renúncia referida no parágrafo anterior.

---

5 Carlos Frederico Coelho Nogueira, *Comentários ao Código de Processo Penal*, v. 1, p. 461.

6 Damásio E. de Jesus, *Código de processo penal anotado*, 24. ed., p. 62-63.

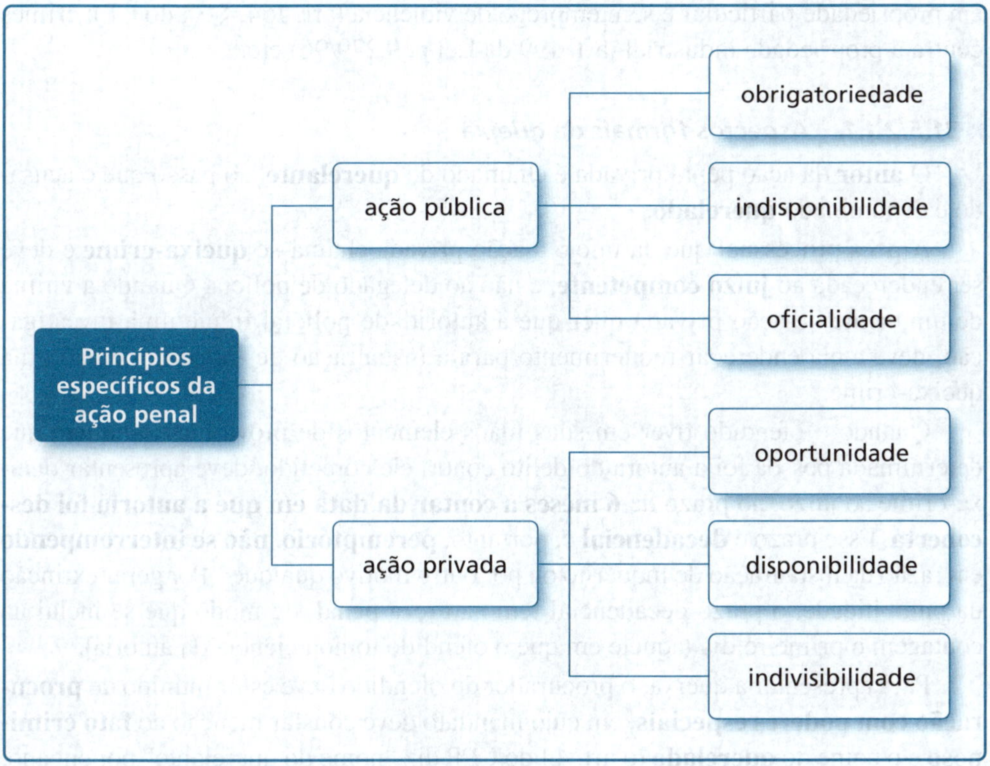

31.5.2. Espécies de ação privada

Existem três espécies de ação privada: a **exclusiva**, a **personalíssima** e a **subsidiária da pública**.

31.5.2.1. Ação privada exclusiva

A iniciativa da ação cabe ao ofendido (ou seu representante legal), mas, em caso de **morte** ou **declaração de ausência** antes da propositura da ação, esta poderá ser intentada, dentro do prazo decadencial de 6 meses, pelo cônjuge, ascendente, descendente ou irmão (art. 31 do CPP). Atualmente, tal direito é reconhecido também ao companheiro em caso de união estável. Por sua vez, se o querelante falecer **após o início** da ação, poderá haver **substituição** no polo ativo, no prazo de **60 dias** a contar da morte.

Nos crimes de ação privada exclusiva, o legislador, na própria parte especial do Código Penal, expressamente declara que para a apuração daquele delito "**somente se procede mediante queixa**". Esta, portanto, é a frase que identifica os crimes de ação privada exclusiva. Exs.: crimes contra a honra (art. 145 do CP), salvo algumas exceções; crime de dano simples ou qualificado pelo motivo egoístico ou pelo prejuízo considerável causado à vítima (art. 167 do CP); crime de esbulho possessório em propriedade particular e sem emprego de violência (art. 164, § 3º, do CP); crimes contra a propriedade industrial (art. 199 da Lei n. 9.279/96) etc.

■ 31.5.2.1.1. Aspectos formais da queixa

O **autor** da ação penal privada é chamado de **querelante**, ao passo que o acusado é denominado **querelado**.

A peça processual que dá início à ação privada chama-se **queixa-crime** e deve ser endereçada ao **juízo competente**, e não ao delegado de polícia. Quando a vítima de um crime de ação privada quer que a autoridade policial inicie uma investigação, deve a ela endereçar requerimento para a instauração de inquérito, e não uma queixa-crime.

Quando o ofendido tiver em suas mãos elementos de prova que indiquem que determinada pessoa foi a autora do delito contra ele cometido, deve apresentar queixa-crime ao juízo, no prazo de **6 meses a contar da data em que a autoria foi descoberta**. Esse prazo é **decadencial** e, portanto, **peremptório, não se interrompendo** em razão da instauração de inquérito ou por outro motivo qualquer. Por gerar extinção da punibilidade, o prazo decadencial tem natureza penal, de modo que se inclui na contagem o primeiro dia (aquele em que o ofendido tomou ciência da autoria).

Para apresentar a queixa, o procurador do ofendido deve estar munido de **procuração com poderes especiais**, em cujo mandato deve constar menção ao **fato criminoso** e o nome do **querelado** (o art. 44 do CPP diz "nome do querelante" por engano, já que o nome deste não teria como deixar de constar da procuração). Neste mandato, portanto, deve haver descrição específica, ainda que não detalhada, do crime que o procurador está autorizado a imputar ao querelado. O mandato evidentemente deve acompanhar a queixa.

A ausência de procuração com poderes especiais ou a falta de algum dos requisitos do art. 44 do Código de Processo impede o recebimento da queixa, mas a falha poderá ser corrigida dentro do prazo decadencial de 6 meses.

Se o ofendido comprovar sua **pobreza**, o juiz, a pedido dele, nomeará advogado para promover a ação penal (art. 32, *caput*, do CPP).

A pessoa jurídica pode ser vítima de crime de ação privada (dano, crime contra a propriedade industrial da Lei n. 9.279/96, por exemplo). Para esses casos, o art. 37 do Código de Processo dispõe que "as fundações, associações ou sociedades legalmente constituídas poderão exercer a ação penal, devendo ser representadas por quem os respectivos contratos ou estatutos designarem, ou, no silêncio destes, pelos seus diretores ou sócios-gerentes".

Para que possa ser recebida, a queixa-crime deve atender aos requisitos do art. 41 do CPP, ou seja, deve conter a exposição do fato criminoso com todas as suas circunstâncias, a qualificação do querelado ou esclarecimentos pelos quais se possa identificá-lo, a classificação do crime e, quando necessário, o rol das testemunhas. Esses mesmos requisitos devem estar presentes na denúncia, nos crimes de ação pública.

31.5.2.1.2. *Titularidade do direito de queixa*

As regras são as mesmas já analisadas em relação ao direito de representação nos crimes de ação pública condicionada à representação:

a) Se a vítima for maior de 18 anos, somente ela poderá exercer o direito. Se, entretanto, for doente mental, o direito passa ao seu representante legal. Se a vítima não tiver representante legal, ou caso haja conflito de interesses entre ela e o representante, o juiz criminal deverá nomear **curador especial**, pessoa da sua confiança, para avaliar a **conveniência** de oferecer a queixa (art. 33 do CPP). Se a vítima morrer ou for declarada ausente, o direito passa ao cônjuge (ou companheiro), ascendente, descendente ou irmão (art. 31 do CPP).

b) Se a vítima for menor de 18 anos, o direito é do representante legal. Se a vítima, entretanto, não tiver representante, ou se houver colidência de interesses, o juízo da **Infância e da Juventude** deverá nomear curador especial para apreciar a conveniência em apresentar a queixa.

Existe colidência de interesses, por exemplo, quando o autor do delito é o próprio representante legal.

31.5.2.2. *Ação privada personalíssima*

A ação só pode ser intentada pela **vítima**. Se esta for menor de idade deve-se aguardar que complete 18 anos para que tenha legitimidade ativa. Se for incapaz em razão de doença mental, deve-se aguardar sua eventual melhora. Em tais hipóteses, o prazo decadencial de 6 meses só correrá a partir da maioridade ou da volta à capacidade mental.

Nesse tipo de ação privada, caso haja **morte** do ofendido, antes ou depois do início da ação, **não** poderá haver substituição para a sua propositura ou seu prosseguimento. A morte, portanto, gera a extinção da punibilidade do autor da infração.

Atualmente, o único crime de ação privada personalíssima previsto no Código Penal é o de **induzimento a erro essencial ou ocultação de impedimento para casamento**, em que o art. 236, parágrafo único, do Código Penal, estabelece que a ação penal só pode ser iniciada por queixa do **contraente enganado**.

31.5.2.3. *Ação privada subsidiária da pública*

De acordo com o art. 5º, LIX, da Constituição Federal, "será admitida ação privada nos crimes de ação pública, se esta não for intentada no prazo legal".

Nota-se, pois, que o constituinte, apesar de ter conferido ao Ministério Público a titularidade **exclusiva** da ação penal nos crimes de ação pública (art. 129, I, da CF), **não** reconheceu caráter **absoluto** a tal prerrogativa, já que, se o órgão ministerial mostrar-se desidioso e não se manifestar dentro do prazo previsto em lei, poderá o ofendido oferecer queixa subsidiária.

De acordo com o art. 46 do Código de Processo Penal, o prazo para o oferecimento de denúncia é de **5 dias**, se o indiciado estiver **preso**, e de **15 dias**, se estiver **solto**, a contar da data em que for recebido o inquérito policial. Findo esse prazo **sem que o Ministério Público tenha apresentado manifestação**, surge o direito para a vítima de oferecer a queixa em substituição à denúncia não apresentada tempestivamente. Tal possibilidade inicia-se com o **término** do prazo do Ministério Público e se estende por **6 meses**. Como o prazo para o promotor se manifestar não é peremptório, sua inércia gera a possibilidade da queixa subsidiária, mas não impede que ele próprio ofereça denúncia, se a vítima ainda não tomou aquela providência (oferecimento da queixa supletiva). Além disso, a inércia do ofendido dentro dos 6 meses não gera a extinção da punibilidade porque o crime, em sua natureza, é de ação pública. Em suma, transcorridos os 6 meses, a vítima não mais poderá oferecer queixa subsidiária, mas o Ministério Público ainda poderá oferecer a denúncia. O que se conclui, portanto, é que, findo o prazo inicial do Ministério Público (5 dias para o indiciado preso e 15 para o solto), passa a haver legitimidade **concorrente** para o desencadeamento da ação penal pelo período de 6 meses. Dentro desse prazo, quem desencadear primeiro a ação penal terá sua titularidade (Ministério Público ou vítima). Após os 6 meses, sem que a ação tenha se iniciado, volta o Ministério Público a ter a titularidade exclusiva para promover a ação penal.

De ver-se que a possibilidade de ação privada subsidiária só existe quando o Ministério Público **não se manifesta** no prazo legal. Por isso, se o promotor **promove o arquivamento** do inquérito **ou determina o retorno do inquérito ao Distrito Policial para a realização de novas diligências**, não cabe a queixa subsidiária. Se, apesar disso, ela for oferecida, o juiz deve rejeitá-la por ilegitimidade de parte (falta de pressuposto para a ação penal — art. 395, II, do CPP).

- **Atuação do Ministério Público na ação privada subsidiária**

Tal como ocorre nas demais hipóteses de ação privada, o Ministério Público atua como **fiscal da lei** (*custos legis*) no sentido de resguardar o correto tramitar da ação, a regularidade dos atos processuais e os direitos das partes. Todavia, como o crime cometido é de ação pública, o art. 29 do Código de Processo Penal confere poderes diferenciados ao promotor que atua no feito, podendo ele:

1) Repudiar a queixa e oferecer denúncia substitutiva — esta possibilidade só existe se a queixa oferecida não preencher os requisitos previstos no art. 41 do Código de Processo, sendo, portanto, considerada **inviável**.

2) Aditar a queixa — se entender que a queixa é viável, mas que apresenta falhas, o Ministério Público poderá **aditá-la**, quer para corrigir imperfeições, incluir corréu ou crime conexo não mencionado na queixa, ou, ainda, para inserir qualificadora ou causa de aumento de pena omitidas pelo querelante etc.

3) Interpor recursos — o Ministério Público poderá recorrer **qualquer** que tenha sido a natureza da decisão (absolvição, condenação, desclassificação, extinção da punibilidade) e também em relação ao montante da pena aplicada.

Lembre-se de que, na ação privada exclusiva ou personalíssima, o Ministério Público só pode recorrer em favor do querelado.

4) Fornecer elementos de prova — o promotor poderá também requerer e participar da produção de qualquer prova.

5) Retomar a titularidade da ação em caso de negligência do querelante — não existe perempção nesse tipo de ação penal. A perempção é causa extintiva da punibilidade cabível somente nos crimes de ação privada exclusiva ou personalíssima. Decorrem de negligência do querelante após o início da ação penal, nas hipóteses elencadas no art. 60 do Código de Processo penal.

31.6. ESPECIFICAÇÃO DA MODALIDADE DE AÇÃO PENAL EM DISPOSITIVO DIVERSO DAQUELE QUE DEFINE A INFRAÇÃO PENAL

Já foi explicado anteriormente que é junto ao próprio tipo penal que o legislador determina a espécie de ação penal cabível para apurar a infração. Existem, porém, algumas regras genéricas, como, por exemplo, as que tratam da ação nos crimes complexos e aquelas que cuidam dos delitos que atingem o patrimônio de entidades públicas, que estão previstos em dispositivos diversos daqueles que definem as infrações penais.

Existem, ainda, alguns capítulos do Código Penal em que o tema referente à ação penal é tratado em dispositivo autônomo, em geral na parte das "Disposições Gerais", a fim de estabelecer uma regra seguida de algumas exceções em relação aos diversos delitos tipificados no respectivo capítulo. É o que ocorre, por exemplo, em relação aos crimes contra a honra (art. 145 do CP), e de dano (art. 167 do CP).

Por fim, existem regras referentes a crimes previstos no Código Penal, cuja modalidade de ação penal é disciplinada em leis especiais, como, por exemplo, os crimes de lesão dolosa leve e lesão culposa (art. 88 da Lei n. 9.099/95).

- **Ação penal nos crimes complexos**

Reza o art. 101 do Código Penal que, "quando a lei considera como elemento ou circunstâncias do tipo legal fatos que, por si mesmos, constituem crimes, cabe ação pública em relação àquele, desde que, em relação a qualquer destes, se deva proceder por iniciativa do Ministério Público".

Crime **complexo** é aquele constituído pela **fusão** de dois ou mais tipos penais ou aquele em que um tipo penal funciona como qualificadora de outro. Exs.: o crime de roubo é um crime complexo, uma vez que surge da fusão dos crimes de furto e ameaça; o crime de latrocínio é delito complexo, pois se caracteriza pelo fato de uma morte (homicídio) funcionar como qualificadora do roubo.

Assim, pode ocorrer de um dos crimes componentes da unidade complexa ser de ação pública e outro de ação privada. Nesse caso, conforme dispõe o art. 101, o crime complexo será de ação **pública**. Ex.: injúria real (art. 140, § 2º): se com a prática da injúria real a vítima sofre lesão corporal, esse crime será apurado mediante ação pública.

- **Crimes contra a dignidade sexual**

São os crimes relacionados a **agressão** sexual, como o estupro e o estupro de vulnerável (arts. 213 e 217-A do CP), ou de **conotação** sexual, como a violação sexual mediante fraude (art. 215 do CP) e o assédio sexual (art. 216-A do CP), dentre outros. Em relação a tais crimes, a Lei n. 13.718, de 24 de setembro de 2018, alterou a redação do art. 225 do Código Penal, estabelecendo que a ação penal será sempre pública incondicionada. Antes da mencionada Lei, a ação penal era, em regra, pública condicionada à representação, sendo incondicionada somente se a vítima fosse menor de 18 anos ou pessoa vulnerável.

- **Crimes contra o patrimônio público**

De acordo com o art. 24, § 2º, do Código de Processo Penal, **qualquer que seja o crime**, quando praticado em detrimento do **patrimônio** ou **interesse** da **União**, **Estado** ou **Município**, a ação penal será **pública**.

Esta norma foi inserida no Código de Processo Penal pela Lei n. 8.699/93.

Não se tem notícia de crime cuja tipificação tenha por finalidade tutelar exclusivamente o patrimônio de uma dessas entidades e que seja de ação privada. Pode, porém, ocorrer a existência de crime para o qual a lei preveja a ação privada, referindo-se aos casos em que o prejuízo seja de entidades privadas, mas que não preveja expressamente a possibilidade de o mesmo delito atingir o patrimônio público, hipótese em que terá aplicação prática o art. 24, § 2º. Assim, pode-se utilizar como exemplo o crime de fraude à execução do art. 179 do Código Penal, em que a lei menciona ser privada a ação penal. Contudo, se a fraude for contra execução movida pela União, Estado ou Município, a ação será pública incondicionada.

Note-se, por outro lado, o crime de **esbulho possessório**, descrito no art. 161, § 1º, II, do Código Penal, em que a lei prevê que a ação será **privada** se a propriedade for **particular** (art. 161, § 3º). Em tal caso, é desnecessária a utilização do art. 24, § 2º, do CPP, na medida em que, nos próprios dispositivos que regulamentam o delito, existe a ressalva de que, se o bem for público, a ação não será privada.

- **Ação penal nos crimes de dano**

O Capítulo IV do Título que trata dos Crimes contra o **Patrimônio**, na Parte Especial do Código Penal, é reservado aos crimes de dano. Atualmente existem apenas dois crimes previstos em tal capítulo, quais sejam, os crimes de dano propriamente ditos (art. 163 do CP) e o de introdução ou abandono de animais em propriedade alheia (art. 164). Os demais delitos foram tacitamente revogados pela Lei Ambiental (Lei n. 9.605/98).

O art. 167 do Código Penal prevê que a ação penal é **privada** no crime de dano simples (art. 163, *caput*), no dano qualificado quando cometido por motivo egoístico ou com considerável prejuízo à vítima (art. 163, parágrafo único, IV) e, ainda, no crime de introdução ou abandono de animais em propriedade alheia (art. 164 do CP).

Por exclusão, portanto, nas demais modalidades de dano qualificado a ação é **pública incondicionada**: quando cometido com violência à pessoa ou grave ameaça (art. 163, parágrafo único, I), com emprego de substância inflamável ou explosiva (art. 163, parágrafo único, II), ou contra o patrimônio da União, de Estado, do Distrito Federal, de Município ou de autarquia, fundação pública, empresa pública, sociedade de economia mista ou empresa concessionária de serviços públicos (art. 163, parágrafo único, III). No último caso, a própria lei prevê que o fato de ser atingido bem público (ou de concessionárias de serviços públicos ou sociedades de economia mista) faz com que a ação seja pública, além de a pena ser expressivamente mais grave.

Considerando que a modalidade simples do crime de dano apura-se mediante ação privada e que algumas figuras qualificadas são de ação pública incondicionada, caso o réu tenha sido denunciado por uma dessas formas qualificadas e o juiz, na sentença, entenda que houve o dano, mas que não está demonstrada a qualificadora, não poderá condenar o réu pela figura simples. Ex.: réu é acusado de ter danificado bem pertencente ao Município, mas durante a ação penal se prova que o bem era particular e sequer tinha relação com a municipalidade. Em tal caso, após declarar a inexistência da qualificadora, o juiz deverá decretar a nulidade da ação penal, desde o seu princípio, por ilegitimidade de parte, já que a ação foi proposta pelo Ministério Público, quando o correto teria sido a vítima intentar queixa-crime (arts. 395, II, e 564, II, do CPP). A vítima, então, poderá propor novamente a ação, se ainda não decorrido o prazo decadencial de 6 meses. Veja-se, porém, a seguinte exceção: no exemplo acima, houve desclassificação porque o bem era particular e não guardava relação com a municipalidade. Suponha-se, contudo, que o bem esteja alugado para que a Prefeitura preste serviços aos munícipes. Neste caso, haverá também desclassificação para o crime simples, pois o dano qualificado pressupõe que a conduta cause **prejuízo** ao ente público (art. 163, parágrafo único, III, do CP), o que não ocorreu porque o bem é privado. Já a redação do art. 24, § 2º, do Código de Processo Penal prevê que a ação será pública quando atingir o patrimônio ou **interesse** de uma das entidades públicas. Neste caso, portanto, o crime é o de dano simples, mas, excepcionalmente, a ação será pública, porque afetado interesse da municipalidade, de modo que a desclassificação não impede a condenação imediata.

- **Crimes de lesão corporal dolosa de natureza leve e lesão corporal culposa**

Desde o advento da Lei n. 9.099/95, estes crimes passaram a ser apurados mediante ação **pública condicionada à representação**. Ademais, por serem infrações de menor potencial ofensivo, a representação só pode ser oferecida na audiência preliminar, no Juizado Especial Criminal, após mostrar-se inviável a composição civil com o autor da infração. Se, entretanto, as partes (autor do crime e vítima) chegarem a um acordo quanto aos danos civis, a homologação deste acordo pelo juiz gera **renúncia** ao direito de representação e, por consequência, a **extinção da punibilidade** (art. 74, parágrafo único, da Lei n. 9.099/95).

No crime de homicídio culposo e nas demais hipóteses de lesão dolosa (grave, gravíssima e seguida de morte), a ação é pública incondicionada.

■ Lesão corporal na direção de veículo automotor

Nos termos do art. 291, § 1º, da Lei n. 9.503/97 (Código de Trânsito Brasileiro), a ação penal para apurar crime de lesão corporal culposa cometida na direção de veículo automotor é **pública condicionada à representação**. Será, entretanto, pública **incondicionada** nas hipóteses elencadas nos incisos do mesmo art. 291, § 1º, ou seja, se o autor do crime culposo estiver:

I — sob a influência de álcool ou qualquer substância psicoativa que determine dependência;

II — participando, em via pública, de corrida, disputa ou competição automobilística, de exibição ou demonstração de perícia em manobra de veículo automotor, não autorizada pela autoridade competente;

III — transitando em velocidade superior à máxima permitida para a via em 50 km/h.

■ Ação penal nos crimes contra honra (calúnia, difamação e injúria)

O art. 145 do Código Penal estabelece as modalidades de ação penal para a apuração dos crimes contra honra:

> **Art. 145.** Nos crimes previstos nesse Capítulo somente se procede mediante queixa, salvo quando, no caso do art. 140, § 2º, da violência resulta lesão corporal.
>
> **Parágrafo único.** Procede-se mediante requisição do Ministro da Justiça, no caso do inciso I do *caput* do art. 141 deste Código, e mediante representação do ofendido, no caso do inciso II do mesmo artigo, bem como no caso do § 3º do art. 140 deste Código.

Pode-se notar pela leitura do dispositivo que existe **uma regra**, seguida de várias exceções.

A regra é a de que a ação penal é **privada**, devendo ser proposta por meio de queixa-crime, nos crimes de calúnia, difamação e injúria. A queixa deve ser proposta dentro do prazo decadencial de **6 meses**, contados da data em que o ofendido descobre a autoria do delito, sendo certo que, na procuração outorgada para a propositura da ação penal, deve constar expressamente o nome do querelado, bem como menção específica ao fato criminoso, nos termos do art. 44 do Código de Processo Penal.

As exceções, por sua vez, são as seguintes:

a) Se a ofensa for contra o Presidente da República ou chefe de governo estrangeiro, a ação é pública **condicionada à requisição** do Ministro da Justiça (art. 145, parágrafo único, do CP).

b) Se a ofensa for contra funcionário público em razão de suas funções, a ação é pública **condicionada à representação**.

De ver-se, contudo, que essa hipótese, expressamente prevista no art. 145, parágrafo único do Código Penal, sofreu interpretação diferenciada por parte do Supremo Tribunal Federal. Com efeito, entendeu o Pretório Excelso que, nesses casos, o funcionário público tem também a opção de **valer-se da regra** prevista no Código Penal para os crimes contra a honra, podendo oferecer queixa-crime (ação privada). Em razão disso, o Supremo aprovou a Súmula n. 714, segundo a qual "é concorrente a legitimidade do ofendido, mediante queixa, e do Ministério Público, condicionada à representação do ofendido, para a ação penal por crime contra a honra de servidor público em razão do exercício de suas funções". O fundamento da súmula é que o Código Penal estabeleceu a ação pública condicionada apenas para o servidor não ter que arcar com as despesas de contratação de advogado para promovê-la (já que a ofensa é relacionada ao desempenho de suas funções), porém pode ele abrir mão da prerrogativa e ingressar com a ação privada.

É de se ressaltar, todavia, que uma opção exclui a outra. Se o funcionário oferecer representação ao Ministério Público, mas o representante desta instituição requerer o arquivamento do inquérito e o pedido for deferido judicialmente, não mais poderá o servidor intentar queixa-crime. Por sua vez, optando o funcionário pela ação penal privada, passam a ser possíveis institutos como a perempção em caso de desídia, que inexiste quando a ação é pública.

c) Em caso de crime de injúria racial ou preconceituosa, a ação penal é pública **condicionada à representação**. O crime em tela ocorre quando o ofensor faz uso de elementos referentes à raça, cor, religião, etnia ou origem da vítima, ou à sua condição de pessoa idosa ou portadora de deficiência.

d) No crime de injúria real do qual resulta lesão corporal como consequência da violência empregada, a ação é pública **incondicionada**. A finalidade da lei é estabelecer a mesma espécie de ação penal para os dois delitos: injúria real e lesões corporais. Por isso, após a entrada em vigor da Lei n. 9.099/95, que passou a exigir representação em caso de lesão leve, deve ser feita a seguinte distinção: se a injúria real provocar lesão leve, ambos os delitos dependem de **representação** do ofendido, exceto quando se tratar de violência doméstica ou familiar contra **mulher**; se causar lesão grave ou gravíssima, a ação penal é **incondicionada**.

■ 31.7. LEGITIMIDADE CONCORRENTE

Existem ao menos duas hipóteses em que a ação penal pode ser proposta tanto pelo Ministério Público quanto pelo ofendido.

A primeira delas ocorre em todos os crimes de ação pública quando o Ministério Público mantém-se inerte durante o prazo em que tem a titularidade exclusiva para desencadeá-la. Ao término do prazo surge para o ofendido o direito de oferecer queixa subsidiária nos 6 meses seguintes. Dentro desse prazo, porém, o Ministério Público também pode apresentar a denúncia. Quem primeiro exercer o direito será o titular da ação.

A outra ocorre nos crimes contra a honra de funcionário público, ofendido em razão das funções, conforme explicado no tópico anterior.

■ 31.8. LESÃO CORPORAL DE NATUREZA LEVE QUALIFICADA PELA VIOLÊNCIA DOMÉSTICA

A Lei conhecida como **Maria da Penha** (n. 11.340/2006) alterou a pena do crime de lesão corporal de natureza leve qualificada pela violência doméstica. Atualmente a redação do dispositivo é a seguinte:

> **Art. 129, § 9º** — Se a lesão for praticada contra ascendente, descendente, irmão, cônjuge ou companheiro, ou com quem conviva ou tenha convivido, ou, ainda, prevalecendo-se o agente das relações domésticas, de coabitação ou de hospitalidade:
> Pena — Detenção, de 3 meses a 3 anos.

Note-se que este crime, cuja vítima pode ser **homem** ou **mulher**, passou a ter pena máxima de 3 anos, deixando, assim, de se enquadrar no conceito de infração de menor potencial ofensivo e passando à competência do Juízo Comum ou dos Juizados de Violência Doméstica (se a vítima for mulher). De qualquer forma, em razão da pena máxima atualmente prevista, não mais se aplicam a tal crime os institutos despenalizadores da Lei n. 9.099/95 (transação penal, composição civil), nem o rito sumaríssimo e tampouco a possibilidade de julgamento dos recursos por Turmas Recursais. Por conta disso, surgiu dúvida em torno na natureza da ação penal para apurar esse tipo de lesão leve — qualificada pela violência doméstica —, posto que o dispositivo que estabelece a ação pública condicionada encontra-se justamente na Lei n. 9.099/95 (art. 88). Ocorre, por outro lado, que o art. 16 da Lei n. 11.340/2006 (Lei Maria da Penha) diz que, "nas ações públicas condicionadas à representação da ofendida de que trata esta Lei, só se admitirá a renúncia à representação perante o juiz, em audiência especialmente designada com tal finalidade, antes do recebimento da denúncia e ouvido o Ministério Público", possibilitando intepretação de que a ação continuaria condicionada.

Acontece que o **Plenário do Supremo Tribunal Federal** decidiu em definitivo a questão, julgando procedente, por maioria, ação direta de inconstitucionalidade, proposta pelo Procurador Geral da República, para atribuir **interpretação conforme** a Constituição aos arts. 12, I; 16 e 41, todos da Lei n. 11.340/2006, e assentar a natureza **incondicionada** da ação penal em caso de crime de lesão corporal, praticado mediante violência doméstica e familiar **contra a** mulher. O Plenário do STF "explicitou que a Constituição seria dotada de princípios implícitos e explícitos, e que caberia à Suprema Corte definir se a previsão normativa a submeter crime de lesão corporal leve praticado contra a mulher, em ambiente doméstico, ensejaria tratamento igualitário, consideradas as lesões provocadas em geral, bem como a necessidade de representação. Salientou-se a evocação do princípio explícito da dignidade humana, bem como do art. 226, § 8º, da CF. Frisou-se a grande repercussão do questionamento, no sentido de definir se haveria mecanismos capazes de inibir e coibir a violência no âmbito das relações familiares, no que a atuação estatal submeter-se-ia à vontade da vítima" (ADI n. 4.424/DF, Rel. Min. Marco Aurélio, 09.02.2012). Em razão disso, o Superior Tribunal de Justiça aprovou, em 31 de agosto de 2015, a **Súmula n. 542** com o seguinte teor: "a ação penal relativa ao crime de lesão corporal resultante de violência doméstica contra a mulher é pública incondicionada".

Em suma, no crime **comum** de lesão leve (art. 129, *caput*, do CP), infração de menor potencial ofensivo — por que tem pena máxima de 1 ano —, além de a ação penal depender de representação, são aplicáveis todas as regras da Lei n. 9.099/95 (transação penal, composição civil como causa de renúncia ao direito de representação, apuração mediante termo circunstanciado e rito sumaríssimo no Juizado Especial Criminal, recursos para as Turmas Recursais etc.). Já para as lesões leves **qualificadas** pela violência doméstica (art. 129, § 9º, do CP), que não constituem infração de menor potencial ofensivo, a ação penal é incondicionada (se a vítima for mulher) e não são cabíveis os institutos despenalizadores da Lei n. 9.099/95, bem como a apuração se dará mediante inquérito policial e pelo rito sumário — no Juízo Comum ou da Violência Doméstica contra a Mulher (se a vítima for mulher nas hipóteses elencadas na Lei Maria da Penha) —, e os recursos são para o Tribunal de Justiça.

■ 31.9. QUESTÕES

1. (Ministério Público/SP — 2003) *Delatio criminis* postulatória é

a) inquérito judicial.
b) requisição.
c) representação.
d) requerimento.
e) auto de prisão em flagrante.

2. (Ministério Público/SP — 2010) São princípios que regem a ação penal privada:

a) disponibilidade e indivisibilidade.
b) obrigatoriedade e intranscendência.
c) indivisibilidade e obrigatoriedade.
d) oportunidade e indisponibilidade.
e) intranscendência e indisponibilidade.

3. (Magistratura/SP — 2009) Assinale a alternativa correta, considerando a hipótese de ter havido o falecimento do querelante durante o andamento de ação penal privada, antes da sentença.

a) A companheira, embora vivesse em união estável com o falecido, não tem legitimidade ativa para prosseguir na ação.
b) A companheira, que vivia em união estável com o falecido, tem legitimidade ativa para prosseguir na ação.

c) O falecimento do querelante acarreta, necessariamente, o trancamento da ação penal privada.
d) O falecimento do querelante só acarreta o trancamento da ação penal privada se o querelado assim o requerer.

4. (Ministério Público/CE — FCC — 2009) Avaliando inquérito policial instaurado para apurar eventual crime de roubo cometido por João, o promotor de justiça decide por requerer o arquivamento, sendo o pedido homologado pelo juiz. Menos de seis meses depois, o ofendido oferece queixa-crime. O juiz deverá

a) receber a queixa, pois em caso de arquivamento de inquérito é possível ser reaberto com novas provas.
b) receber a queixa, porque ainda não houve decadência.
c) rejeitar a queixa, porque o crime de roubo é de ação penal pública e nunca ensejaria queixa subsidiária.
d) receber a queixa, porque se trata de hipótese de ação penal privada subsidiária da pública e foi ajuizada no prazo legal.
e) rejeitar a queixa, com fundamento de que a queixa subsidiária somente é cabível em caso de inércia do promotor, não quando este pede o arquivamento.

5. (Defensoria/PI — CESPE/UNB — 2009) Caberá ação penal privada subsidiária da pública se o representante do *parquet*

a) determinar o arquivamento das peças de informação.
b) determinar o arquivamento do inquérito policial.
c) requisitar as diligências necessárias à obtenção de dados informativos que aperfeiçoem o acervo que contém a *informatio delicti*.
d) excluir algum indiciado da denúncia.
e) se mantiver inerte, não oferecendo a denúncia, no prazo legal, desde que não tenha ele, tempestivamente, pugnado pela necessidade de novas diligências a serem realizadas pela autoridade policial, nem tenha se manifestado pelo arquivamento dos autos.

6. (Delegado/SP — 2008) Quando por omissão do Ministério Público, a ação penal pública não é intentada no prazo legal, nem requer o arquivamento do inquérito policial consentâneo ou sua devolução à polícia para diligências complementares, é cabível ação penal

a) pública subsidiária.
b) privada exclusiva.
c) privada dependente.
d) privada supletiva.
e) pública condicionada.

7. (OAB — CESPE/UNB — 2008.2) Assinale a opção correta acerca da ação penal.

a) Se, em qualquer fase do processo, o juiz reconhecer extinta a punibilidade, deverá aguardar o requerimento do MP, do querelante ou do réu, apontando a causa de extinção da punibilidade para poder declará-la.
b) A renúncia ao exercício do direito de queixa, em relação a um dos autores do crime, não se estende aos demais.
c) A queixa contra qualquer dos autores do crime obrigará ao processo de todos, e o Ministério Público velará pela sua indivisibilidade.
d) O perdão concedido a um dos querelados aproveitará a todos, inclusive o querelado que o recusar.

8. (Magistratura/SP — 2008) Verificado no curso da ação penal que o acusado era menor de 18 anos à data do fato delituoso, cumpre

a) absolvê-lo.
b) decretar a extinção de sua punibilidade.
c) declará-lo isento de pena em razão de sua inimputabilidade.
d) anular a ação penal por ilegitimidade passiva *ad processum*.

9. (Magistratura/MS — FGV — 2008) O prazo para ajuizamento da queixa-crime é:

a) de seis meses, iniciando a fluência desse prazo no dia seguinte ao dia em que o ofendido vem a saber quem é o autor do crime.

b) de dois meses, iniciando a fluência desse prazo no dia seguinte ao dia em que o ofendido vem a saber quem é o autor do crime.
c) de seis meses, iniciando a fluência desse prazo no dia em que o ofendido vem a saber quem é o autor do crime.
d) de dois meses, iniciando a fluência desse prazo no dia em que o ofendido vem a saber quem é o autor do crime.
e) enquanto não estiver prescrito o crime praticado.

10. (Magistratura/SP — 2006) Quanto às ações públicas e privadas, é falso afirmar que:

a) o direito de representação, nas ações públicas condicionadas, é retratável a qualquer tempo, justamente ante à exigência do requisito volitivo.
b) a representação não tem força probatória quanto ao oferecimento da denúncia pelo Ministério Público.
c) em relação à ação pública incondicionada, não se opera a decadência.
d) nas ações públicas incondicionadas, se o Ministério Público não oferecer denúncia no prazo legal, o ofendido pode intentar ação penal subsidiária.

11. (Procuradoria do Município/SP — FCC — 2004) A representação do ofendido, nos crimes de ação pública condicionada é:

a) irretratável.
b) retratável até o trânsito em julgado da sentença condenatória.
c) irretratável após o recebimento da denúncia.
d) irretratável após o oferecimento da denúncia.
e) retratável desde que haja concordância do réu.

12. (Magistratura/RS — FAURGS — 2016) Assinale a alternativa correta com referência à ação penal.

a) Nos crimes contra a honra cometidos contra funcionário público, em razão de suas funções, bem como em casos de injúria consistente na utilização de elementos referentes a raça, cor, etnia, religião, origem ou a condição de pessoa idosa ou deficiente, a jurisprudência majoritária do Supremo Tribunal Federal confere exclusivamente ao Ministério Público, mediante representação do ofendido, a legitimidade para a propositura da ação penal.
b) O delito de estupro, previsto no artigo 213, *caput*, do Código Penal, com a nova redação conferida pela Lei n. 12.015/2009, é de ação penal pública incondicionada, independentemente da condição pessoal da vítima.
c) De acordo com o Supremo Tribunal Federal e com o Superior Tribunal de Justiça, ação penal relativa ao crime de lesão corporal, mesmo que de natureza leve ou culposa, praticado contra a mulher em âmbito doméstico, é pública incondicionada.
d) Os crimes previstos no Estatuto do Idoso são de ação penal pública condicionada à representação, salvo quando um dos elementos ou das circunstâncias do crime constituir delito autônomo, pelo qual cabe ação penal pública incondicionada.
e) Os crimes definidos na Lei de Falências são de ação penal pública incondicionada e, em caso de não oferecimento da denúncia no prazo legal pelo Promotor de Justiça, apenas o administrador judicial possui legitimidade para intentar a ação penal subsidiária da pública.

GABARITO

1. "c".
2. "a".
3. "b".
4. "e".
5. "e".
6. "d". A expressão mais usual é privada subsidiária.

7. "c". É o que diz o art. 48 do CPP.
8. "d".
9. "c".
10. "a".
11. "d". É o que dizem os arts. 102 do Código Penal e 25 do Código de Processo Penal.
12. "c".

32

DA EXTINÇÃO DA PUNIBILIDADE

Com a prática da infração penal, surge para o Estado o **direito de punir**, ou seja, a *punibilidade*, que nada mais é do que a possibilidade jurídica de o Estado impor a sanção ao autor do delito.

O legislador, entretanto, estabelece uma série de causas **subsequentes** que extinguem essa punibilidade, impossibilitando, pois, a imposição da pena. O **art. 107** do Código Penal enumera algumas causas dessa natureza, que serão a seguir estudadas. Esse rol, entretanto, **não é taxativo**, pois existem várias outras causas extintivas da punibilidade descritas na Parte Especial do Código e em outras leis:

a) morte da vítima em crimes de ação privada personalíssima (art. 236, parágrafo único);

b) o ressarcimento do dano antes da sentença transitar em julgado no crime de peculato culposo (art. 312, § 3º);

c) a homologação da composição quanto aos danos civis nos crimes de menor potencial ofensivo de ação privada ou pública condicionada à representação (art. 74, parágrafo único, da Lei n. 9.099/95);

d) o término do período de prova da suspensão condicional do processo sem que o agente tenha dado causa à revogação do benefício (art. 89, § 5º, da Lei n. 9.099/95);

e) aquisição superveniente de renda na contravenção de vadiagem (art. 59, parágrafo único, da LCP);

f) pagamento do valor do cheque emitido sem provisão de fundos antes do recebimento da denúncia (art. 171, § 2º, VI, do CP e Súmula n. 554 do STF);

g) pagamento do tributo, inclusive acessórios, antes ou em qualquer fase da persecução, nos crimes contra a ordem tributária da Lei n. 8.137/90 (arts. 9º, § 2º, da Lei n. 10.684/2003 e 69 da Lei n. 11.941/2009);

h) pagamento integral das contribuições sociais, inclusive acessórios, antes ou em qualquer fase da persecução penal, nos crimes dos arts. 168-A e 337-A do Código Penal (arts. 9º, § 2º, da Lei n. 10.684/2003 e 69 da Lei n. 11.941/2009);

i) o efetivo cumprimento do acordo de leniência (colaboração) nos crimes contra a ordem econômica elencados na Lei n. 8.137/90, desde que da colaboração tenha resultado: I — a identificação dos demais envolvidos na infração; e II — a obtenção de informações e documentos que comprovem a infração noticiada ou sob investigação (arts. 86 e 87, parágrafo único, da Lei n. 12.529/2011). Tal regra aplica-se também a outros crimes diretamente relacionados à prática de cartel, tais como os tipificados na Lei n. 8.666/93 e os de associação criminosa (art. 288 do CP, com a redação dada pela Lei n. 12.850/2013) com aqueles relacionados;

j) a efetiva e espontânea entrega de arma de fogo não registrada às autoridades (art. 32 da Lei n. 10.826/2003). Em tal caso, extingue-se a punibilidade do crime de posse ilegal de arma de fogo (art. 12 da Lei n. 10.826/2003).

k) cumprimento do acordo de não persecução penal (art. 28-A, § 13).

O reconhecimento de uma causa extintiva da punibilidade é matéria de **ordem pública** e, por isso, pode ser decretada em **qualquer fase do inquérito ou da ação penal e em qualquer grau de jurisdição, de ofício ou em razão de provocação das partes** (art. 61 do CPP). Somente o juiz pode decretá-las e contra a decisão que deferir ou indeferir seu reconhecimento cabe recurso em sentido estrito (art. 581, VII e VIII, do CPP). Poderá, ainda, ser impetrado *habeas corpus* (art. 648, VII, do CPP).

32.1. CLASSIFICAÇÃO

1) Quanto às **infrações penais a que são aplicáveis**, as causas extintivas podem ser:

a) Gerais: alcançam todo e qualquer tipo de infração. Exs.: a morte do agente e a *abolitio criminis*.

A prescrição é cabível em todos os crimes, exceto para um pequeno rol de delitos definidos como imprescritíveis no texto constitucional (racismo e crimes praticados por grupos armados, civis ou militares, contra a ordem constitucional e o Estado Democrático). Também a anistia, a graça e o indulto podem ser concedidos aos crimes em geral, salvo aos de natureza hedionda, ao terrorismo, ao tráfico de drogas e ao crime de tortura (art. 5º, XLIII, da Constituição Federal).

b) Especiais: aplicam-se apenas a determinados delitos. Incluem-se nesta categoria a retratação, o perdão judicial, a renúncia, o perdão do ofendido, a perempção e a decadência.

c) Específicas: cabem em uma única infração penal. Não estão previstas na Parte Geral do Código, e sim em dispositivos determinados da Parte Especial ou de leis especiais. Exs.: a reparação do dano no crime de peculato culposo (art. 312, § 3º, do CP); a aquisição posterior de renda na contravenção de vadiagem (art. 59, parágrafo único, da LCP).

2) Quanto ao **alcance** em relação às **pessoas** envolvidas no crime:

a) Comunicáveis: beneficiam todos os envolvidos na infração (autores ou partícipes). Exs.: renúncia, perempção, *abolitio criminis* etc.

b) Incomunicáveis: aplicam-se somente ao agente que se enquadra na situação prevista em lei, não se estendendo aos comparsas. Ex.: a morte de um dos criminosos.

3) Quanto à **causa** que fundamenta a causa extintiva:

a) Naturais: quando a causa extintiva se baseia em um fato natural, como, por exemplo, a morte do agente ou o decurso do tempo na prescrição.

b) Políticas: quando o legislador entende que certos comportamentos devem fulminar o *jus puniendi*. Exs.: perdão do ofendido ou retratação do agente; indulto por parte do Presidente da República; perdão judicial etc.

4) Quanto à exigência de algum **ato por parte do autor do crime** para a extinção da punibilidade:

a) Incondicionadas: quando a extinção da punibilidade independe de ato do agente. Exs.: prescrição, perempção, renúncia, decadência, perdão judicial etc.
b) Condicionadas: quando está vinculada a algum ato do autor da infração: Exs.: retratação do agente, reparação do dano no peculato culposo, cumprimento das condições na suspensão condicional do processo, pagamento do tributo nos crimes contra a ordem tributária etc.

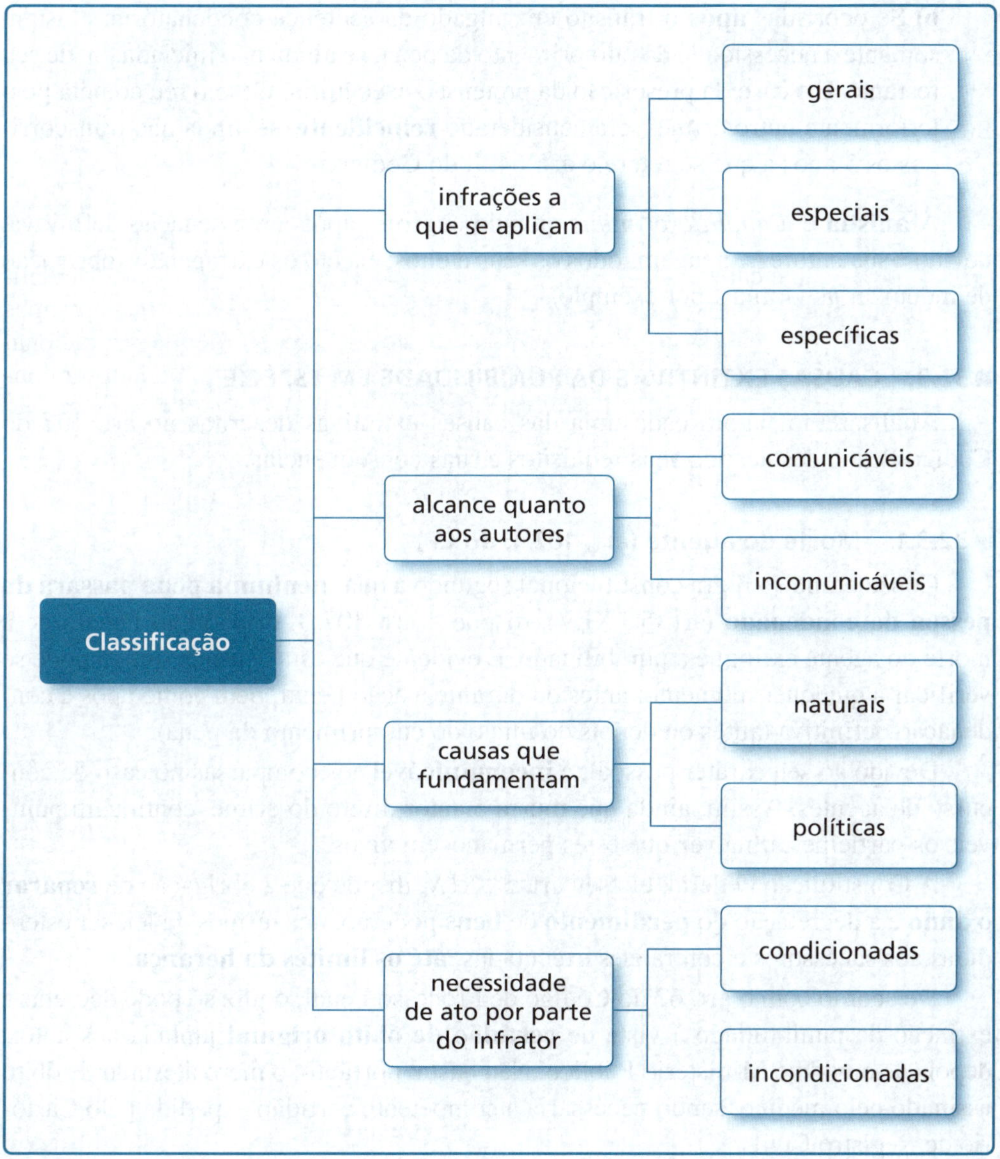

■ 32.2. EFEITOS DA EXTINÇÃO DA PUNIBILIDADE

Dependendo do momento em que ocorre a causa extintiva, seus efeitos podem ter maior ou menor intensidade.

a) Se verificadas **antes** do trânsito em julgado da sentença condenatória: impedem a própria prolação da sentença ou afastam todo e qualquer efeito da sentença já prolatada, mas ainda não transitada em julgado. Incluem-se nesta categoria a prescrição da pretensão punitiva, a decadência, o perdão, a perempção, a renúncia, a retratação, dentre outros. O réu, portanto, mantém-se **primário**.

b) Se ocorridas **após** o trânsito em julgado da sentença condenatória: afastam somente a necessidade do cumprimento da pena, se ainda não iniciada, ou de seu restante. É o caso da prescrição da pretensão executória. Caso o réu cometa posteriormente outro crime, será considerado **reincidente**, se ainda não transcorridos os 5 anos a que se refere o art. 64, I, do Código.

A **anistia** e a *abolitio criminis* quando ocorrem após a condenação definitiva, devido à sua natureza, apagam todos os seus efeitos, exceto os extrapenais (obrigação de indenizar as vítimas, por exemplo).

■ 32.3. CAUSAS EXTINTIVAS DA PUNIBILIDADE EM ESPÉCIE

Analisaremos agora cada uma das causas extintivas descritas no art. 107 do Código Penal, destacando seus requisitos e suas consequências.

■ 32.3.1. Morte do agente (art. 107, I, do CP)

Considerando a regra constitucional segundo a qual **nenhuma pena passará da pessoa do condenado** (art. 5º, XLV), dispõe o art. 107, I, do Código Penal que a morte do agente extingue a punibilidade. É evidente que esta causa extintiva pode se verificar a qualquer momento: antes ou durante a ação penal, bem como após a condenação definitiva (antes ou depois do início do cumprimento da pena).

Devido ao seu caráter pessoal, é **incomunicável** aos comparsas no caso de concurso de agentes. Assim, ainda que morra o autor direto do crime, continuam puníveis os partícipes, uma vez que estes permanecem vivos.

A Constituição Federal, em seu art. 5º, XLV, dispõe que a obrigação de **reparar o dano** e a decretação do **perdimento** de **bens** poderão, nos termos da lei, ser estendidas aos sucessores e contra eles executadas, **até os limites da herança**.

De acordo com o art. 62 do Código de Processo Penal, o juiz só pode decretar a extinção da punibilidade à vista de **certidão de óbito original** juntada aos autos, depois de ouvido o Ministério Público. Não basta, portanto, o mero atestado de óbito assinado pelo médico, sendo necessária a competente certidão expedida pelo Cartório de Registro Civil.

No caso de morte presumida em razão da declaração de **ausência** (art. 6º, do Código Civil), não pode ser declarada a extinção da punibilidade fundada no dispositivo em análise, por falta de amparo legal, na medida em que faltará documento essencial exigido por lei para a decretação — a certidão de óbito. Assim, nos casos de ausência, que é decretada para fins patrimoniais (nomeação de curador para administração dos bens do ausente e abertura de sucessão), deve ser aguardado o decurso do lapso prescricional.

Já nos casos de morte presumida decorrentes da **extrema probabilidade de morte de quem estava em perigo de vida** (naufrágio, inundação, incêndio, terremoto ou qualquer outra catástrofe — art. 7º, I, do Código Civil) ou **desaparecido em campanha ou feito prisioneiro e não reencontrado até dois anos após o término da guerra** (art. 7º, II, do Código Civil), o art. 88 da Lei de Registros Públicos (Lei n. 6.015/73), bem como seu parágrafo único, permite que o juiz determine o **assento de óbito**, após o devido procedimento de justificação, fixando, inclusive, a **data provável do falecimento**. Nestes casos, portanto, é expedida certidão de óbito, sendo viável a declaração da extinção da punibilidade.

- **Extinção da punibilidade decretada em razão de certidão de óbito falsa**

Parte da doutrina entende que, se ficar constatada a falsidade da certidão após o trânsito em julgado da decisão declaratória da extinção da punibilidade, esta não mais poderá ser revista, por ser vedada a revisão criminal *pro societate*, restando apenas a possibilidade de punir o responsável pela falsificação e pelo uso do documento público falso (arts. 297 e 304 do CP). Em outras palavras, uma pessoa que estivesse condenada a enorme pena por diversos homicídios poderia ficar impune por tais delitos, respondendo apenas pelo crime de uso de documento falso, cuja pena é extremamente menor. Nesse sentido, o entendimento de Damásio de Jesus[1]. O entendimento que prevalece atualmente, porém, é no sentido oposto, estando consideravelmente cristalizado, no Supremo Tribunal Federal e no Superior Tribunal de Justiça, que a **ação penal poderá ser retomada apesar do trânsito em julgado da decisão**, na medida em que fundada em fato inexistente. Com efeito, o que gera a extinção da punibilidade é a morte, e não o documento que a comprova. Assim, se posteriormente se demonstra que aquela não ocorreu, simplesmente se revoga a decisão anterior e prossegue-se no feito do ponto onde havia sido paralisado. Com isso, não se premia a má-fé do falsário. Nesse sentido: "Processual penal. Extinção da punibilidade amparada em certidão de óbito falsa. Decisão que reconhece a nulidade absoluta do decreto e determina o prosseguimento da ação penal. Inocorrência de revisão *pro societate* e de ofensa à coisa julgada" (HC 104.998, Rel. Min. Dias Toffoli, 1ª Turma, julgado em 14.12.2010, *DJe*-085 divulg. 06.05.2011, public. 09.05.2011, ement. v. 02517-01, p. 00083, *RTJ*, v.

---

[1] Damásio de Jesus, *Direito penal*, 27. ed., v. 1, p. 690.

00223-01, p. 00401). No mesmo sentido, o HC 84.525, relatado pelo Min. Carlos Velloso (*LEXSTF* v. 27, n. 315, 2005, p. 405-409). Do Superior Tribunal de Justiça, veja-se: "Tal circunstância, referente ao estado da pessoa, assemelha-se em tudo e por tudo com a hipótese da declaração de extinção da punibilidade fundada em certidão de óbito falsa, situação em que a jurisprudência remansosa do Pretório Excelso reconhece ser inexistente a decisão que a decreta. (Precedentes do STF)" (HC 286.575/MG, Rel. Min. Felix Fischer, 5ª Turma, julgado em 04.11.2014, *DJe* 17.11.2014).

32.3.2. Anistia, graça e indulto (art. 107, II, do CP)

Esses institutos constituem espécies de clemência, de indulgência estatal que, por razões políticas, renuncia ao direito de punir em relação a delitos já praticados.

Podem alcançar crimes de ação **pública** ou **privada**, já que, nestes, o direito de punir é ainda do Estado — apenas a iniciativa da ação penal é transferida ao ofendido.

A anistia refere-se a **fatos** passados e depende de lei aprovada pelo Congresso Nacional, ao passo que a graça e o indulto dizem respeito a **pessoas** e são concedidos por decreto presidencial.

Embora a lei que concede a anistia faça menção a fatos específicos, acaba se refletindo sobre pessoas, uma vez que sua finalidade, obviamente, é extinguir a punibilidade por condutas ilícitas por elas praticadas. Assim, por exemplo, a Lei n. 12.505/2011, que concedeu anistia a crimes militares cometidos por "policiais e bombeiros militares dos Estados de Alagoas, de Minas Gerais, do Rio de Janeiro, de Rondônia e de Sergipe que participaram de movimentos reivindicatórios por melhorias de vencimentos e de condições de trabalho ocorridos entre o dia 1º de janeiro de 1997 e a publicação desta Lei e aos policiais e bombeiros militares dos Estados da Bahia, do Ceará, de Mato Grosso, de Pernambuco, do Rio Grande do Norte, de Roraima, de Santa Catarina e do Tocantins e do Distrito Federal que participaram de movimentos reivindicatórios por melhorias de vencimentos e de condições de trabalho ocorridos entre a data da publicação da **Lei n. 12.191, de 13 de janeiro de 2010**, e a data de publicação desta Lei". Note-se que a lei concede a anistia fazendo menção a fatos: os crimes militares praticados durante os movimentos reivindicatórios em determinados períodos por policiais militares e bombeiros de certos Estados. Nos decretos de indulto, ao contrário, não há menção a fatos. Ex.: concede-se indulto aos condenados a pena não superior a 6 anos que já tenham cumprido 4/5 da pena e que não sejam reincidentes em crime doloso.

- **Crimes insuscetíveis de anistia, graça e indulto**

Os institutos em estudo, em regra, podem alcançar todas as espécies de infração penal (políticas, comuns, militares), exceto aquelas em relação às quais exista vedação expressa. Assim, de acordo com o art. 5º, XLIII, da Constituição Federal, são insuscetíveis de **anistia** e **graça** os crimes de **tortura**, **terrorismo**, **tráfico de drogas** e os definidos em lei como **hediondos**. Tal regra foi repetida no art. 2º, I, da Lei n. 8.072/90, que, além disso, acrescentou em relação a todos esses crimes a vedação quanto ao indulto. Houve, em razão disso, discussão em torno da constitucionalidade da proibição ao indulto, por não constar esta proibição expressamente do texto da Carta Magna, tendo, porém, prevalecido o entendimento de que a palavra "graça" no texto da Constituição foi utilizada em sentido **amplo**, no sentido de clemência do Estado em relação a pessoas, **englobando**, por isso, o **indulto**. Nesse sentido: "O inciso I do art. 2º da Lei 8.072/90 retira seu fundamento de validade diretamente do art. 5º, XLII, da Constituição Federal. O art. 5º, XLIII, da Constituição, que proíbe a graça, gênero do qual o indulto é espécie, nos crimes hediondos definidos em lei, não conflita com o art. 84, XII, da Lei Maior" (HC 90.364, Tribunal Pleno, Rel. Min. Ricardo Lewandowski, *DJ* 30.11.2007, p. 29).

Com a aprovação da nova Lei de Drogas, o legislador repetiu a vedação da anistia, da graça e do indulto ao crime de tráfico de drogas, conforme se verifica no art. 44, *caput*, da Lei n. 11.343/2006.

Observe-se, porém, que no julgamento do HC 118.533, Rel. Min. Cármen Lúcia, em 23.06.2016, o Plenário do STF decidiu que o **tráfico privilegiado de drogas** não possui natureza hedionda. Posteriormente, a Lei n. 13.964/2019 alterou o art. 112, § 5º, da Lei de Execuções Penais, para deixar expresso que o tráfico privilegiado não se equipara aos crimes hediondos. Por tal razão, as vedações à anistia, graça e indulto não alcançam o crime privilegiado. Considera-se privilegiado o tráfico quando o agente é primário, tem bons antecedentes, não se dedica às atividades criminosas e não integra organização criminosa. Em tal hipótese, descrita no art. 33, § 4º, da Lei de Drogas, a pena do réu será reduzida de 1/6 a 2/3.

Por fim, o art. 1º, § 6º, da Lei n. 9.455/97, posterior à Lei dos Crimes Hediondos (Lei n. 8.072/90), menciona, em relação ao crime de **tortura**, vedação somente quanto à anistia e à graça, nada mencionando a respeito de vedação ao indulto. Apesar disso, como se entendeu, conforme explicado acima, que a palavra "graça" no texto constitucional abrange também o indulto, este continua vedado para os crimes de tortura.

■ *32.3.2.1. Anistia*

A anistia exclui o crime, apagando seus efeitos. É ela concedida por **lei**, referindo-se a fatos, e não a pessoas e, por isso, atinge **todos** que tenham praticado determinada espécie de infração em certa data ou período. Trata-se, assim, de lei penal benéfica que, nos termos do art. 5º, XL, da Constituição Federal, **retroage** para alcançar fatos passados.

A anistia só é aplicável a fatos pretéritos, sendo essa a distinção quanto à *abolitio criminis*. Nesta, a norma penal incriminadora deixa de existir, enquanto, naquela, são fulminados apenas fatos criminosos anteriores, continuando a existir o tipo penal.

Considerando que a Constituição veda a retroatividade de leis prejudiciais ao acusado, uma vez concedida legalmente a anistia, não pode ela ser revogada por lei posterior que, inegavelmente, seria prejudicial ao acusado.

A anistia deve ser aprovada em **lei ordinária** votada pelo **Congresso Nacional e sancionada pelo Presidente da República** (art. 48, VIII, da Constituição Federal).

A anistia em matéria penal é de competência exclusiva da União. A iniciativa do projeto de lei segue os ditames comuns, não havendo necessidade de que a proposta seja originária desta ou daquela autoridade ou instituição.

A anistia pode ser concedida **antes** ou **depois** da sentença, apagando o crime e as demais consequências de natureza penal. Por isso, se o sujeito vier, posteriormente, a cometer novo crime, não será considerado reincidente. A anistia, contudo, **não** afasta os efeitos **extrapenais** se o acusado já havia sido condenado em definitivo por ocasião da concessão do benefício. Por isso, a sentença condenatória poderá ser executada no juízo cível por pessoas prejudicadas pela infração penal.

Com a entrada em vigor da lei que concede a anistia, cabe **ao juízo das execuções**, de ofício ou em razão de requerimento do Ministério Público ou do interessado, declará-la — uma vez que é preciso verificar se o texto legal enquadra-se naquele fato concreto (art. 187 da LEP). Se, todavia, a anistia for concedida antes da sentença condenatória definitiva, caberá ao juízo por onde tramitar a ação (ou ao Tribunal por onde tramite o recurso) declarar a extinção da punibilidade.

■ 32.3.2.1.1. *Espécies de anistia*

Tendo em vista a possibilidade de formas diversas de anistia, pode ela ser classificada da seguinte maneira:

1) Quanto ao **momento** da concessão:

a) própria: quando concedida **antes** da condenação;

b) imprópria: quando concedida **após** o trânsito em julgado da condenação.

2) Quanto ao **alcance**:

a) plena, geral ou **irrestrita:** quando aplicável a **todos** os criminosos;

b) parcial ou **restrita:** quando, mencionando fatos, contenha *exceções* quanto ao seu alcance.

3) Quanto à **necessidade de algum ato** por parte do beneficiado:

a) incondicionada: quando **independe** de qualquer ato;

b) condicionada: quando a extinção da punibilidade **depende** da realização de algum ato por parte dos autores da infração. Exs.: pedido público de desculpas, prévia reparação dos prejuízos causados pelo crime etc.

A anistia, em regra, não pode ser recusada, devendo ser declarada pelo juiz, independentemente da anuência do beneficiário. Na modalidade condicionada, entretanto, cabe a recusa, bastando que o beneficiário se negue a cumprir a condição imposta para a extinção da punibilidade.

4) Quanto à **modalidade de crime** a que se refere:

a) especial: cuida-se da anistia relacionada a crimes **políticos**;
b) comum: diz respeito aos **demais** ilícitos penais.

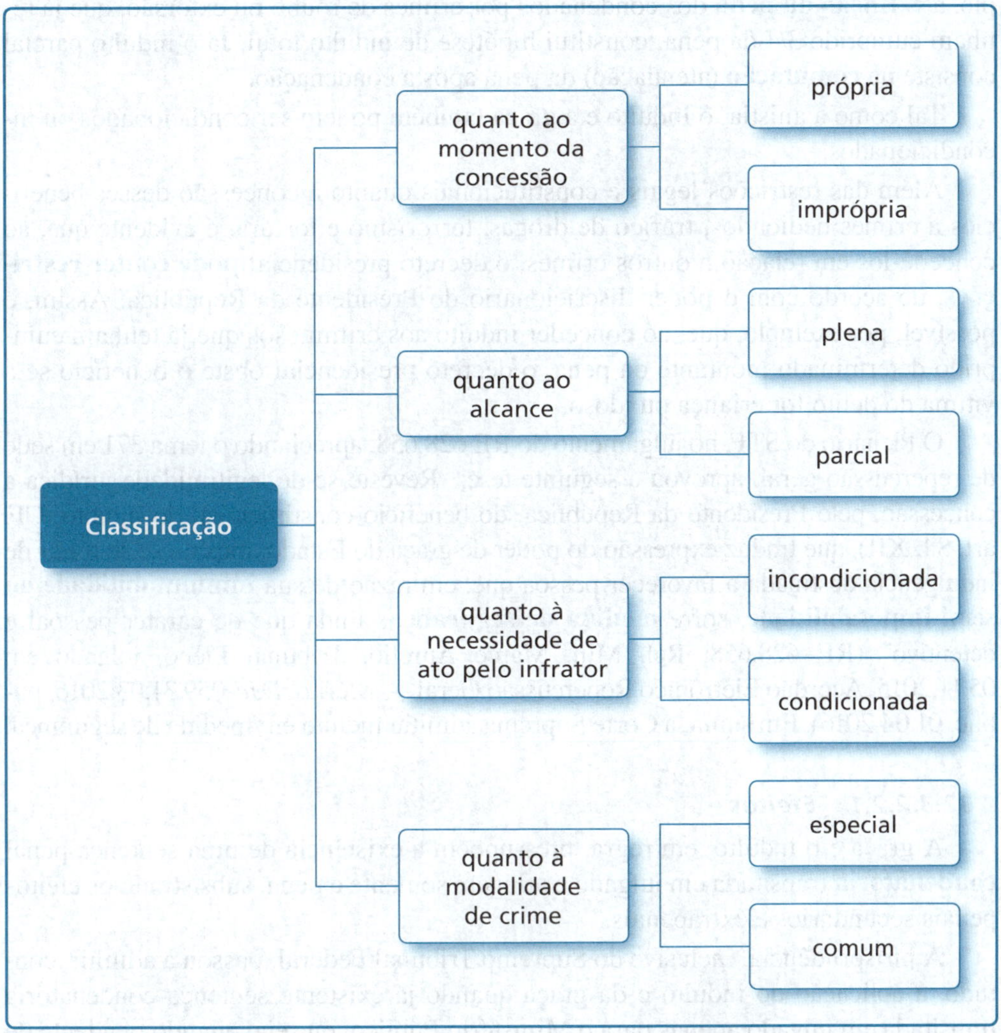

■ *32.3.2.2. Graça e indulto*

Esses institutos possuem algumas características comuns e outras que os distinguem. Ambos são concedidos a **pessoas**, e não a fatos, por **decreto** firmado pelo **Presidente da República** (art. 84, XII, da CF), que, por sua vez, pode **delegar** tal função a ministro de Estado, ao procurador-geral da República ou ao advogado-geral da União, que deverão observar os limites da delegação recebida (art. 84, parágrafo único, da CF).

Os institutos se diferenciam porque a graça é **individual** e deve ser **requerida** pela parte interessada, enquanto o indulto é **coletivo** e concedido **espontaneamente** pelo Presidente da República ou pelas autoridades que dele receberam delegação. O indulto presidencial costuma ser concedido na época do Natal.

O indulto e a graça podem ser **totais** (quando extinguem a punibilidade) ou **parciais** (quando apenas reduzem a pena). O decreto presidencial que prevê, por exemplo, a **extinção da pena** dos condenados por crimes de roubo ou extorsão, que já tenham cumprido 3/4 da pena, constitui hipótese de indulto total. Já o indulto parcial consiste na **comutação** (atenuação) da pena após a condenação.

Tal como a anistia, o indulto e a graça também podem ser condicionados ou incondicionados.

Além das restrições legais e constitucionais quanto à concessão desses benefícios a crimes hediondos, tráfico de drogas, terrorismo e tortura, é evidente que, ao concedê-los em relação a outros crimes, o decreto presidencial **pode conter restrições**, de acordo com o poder discricionário do Presidente da República. Assim, é possível, por exemplo, que, ao conceder indulto aos criminosos que já tenham cumprido determinado montante da pena, o decreto presidencial obste o benefício se a vítima do delito for criança ou idoso.

O Plenário do STF, no julgamento do RE 628.658, apreciando o tema 371 em sede de repercussão geral, aprovou a seguinte tese: "Reveste-se de legitimidade jurídica a concessão, pelo Presidente da República, do benefício constitucional do indulto (CF, art. 84, XII), que traduz expressão do poder de graça do Estado, mesmo se se tratar de indulgência destinada a favorecer pessoa que, em razão de sua **inimputabilidade ou semi-imputabilidade**, sofre **medida de segurança**, ainda que de caráter pessoal e detentivo" (RE 628.658, Rel. Min. Marco Aurélio, Tribunal Pleno, julgado em 05.11.2015, Acórdão Eletrônico Repercussão Geral — Mérito, *DJe*-059 31.03.2016, public. 01.04.2016). Em suma, a Corte Suprema admitiu indulto em medida de segurança.

■ *32.3.2.2.1. Efeitos*

A graça e o indulto, em regra, pressupõem a existência de uma sentença penal **condenatória** transitada em julgado e atingem somente a pena, subsistindo os efeitos penais secundários e extrapenais.

A jurisprudência, inclusive do Supremo Tribunal Federal, passou a admitir, contudo, a aplicação do indulto e da graça quando já existente sentença condenatória transitada em julgado apenas para o Ministério Público, ou seja, quando pendente de recurso exclusivo da defesa. Em tal caso, o reconhecimento do indulto ou da graça não impede o julgamento do recurso onde o acusado pleiteia sua absolvição, na medida em que o provimento do recurso lhe é mais benéfico, porque afasta todos os efeitos da condenação cassada. Nesse sentido: "Dado que a jurisprudência do STF já não reclama o trânsito em julgado da condenação nem para a concessão do indulto, nem para a progressão de regime de execução, nem para o livramento condicional, o eventual interesse do réu na obtenção de tais benefícios não se pode opor ao conhecimento do recurso interposto por seu defensor" (HC 76.524, Tribunal Pleno, Min. Sepúlveda Pertence, *DJ* 29.08.2003, p. 19).

De acordo com a **Súmula n. 631** do Superior Tribunal de Justiça: "O indulto extingue os efeitos primários da condenação (pretensão executória), mas não atinge os efeitos secundários, penais ou extrapenais".

■ 32.3.2.2.2. *Procedimento para a graça*

A concessão da graça, que é sempre **individual**, deve ser **solicitada**, nos termos do art. 188 da Lei de Execuções Penais.

A iniciativa do requerimento pode ser do próprio condenado, do Ministério Público, do Conselho Penitenciário ou da autoridade administrativa responsável pelo estabelecimento onde a pena é cumprida. Em seguida, os autos contendo a petição irão com vistas ao Conselho Penitenciário para parecer, caso este não tenha sido o responsável pelo requerimento (art. 189 da LEP). Na sequência, os autos são encaminhados ao Ministério da Justiça, que submeterá a decisão ao Presidente da República (ou a alguma das autoridades a quem ele tenha delegado a função). Concedida a graça, o juiz, após determinar a juntada de cópia do decreto aos autos de execução, decretará a extinção da punibilidade ou reduzirá a pena (graça parcial), após a oitiva do Ministério Público e da defesa (art. 112, § 2º, da LEP).

■ 32.3.2.2.3. *Procedimento para o indulto*

O indulto **coletivo** é concedido **espontaneamente** por decreto presidencial, não havendo, portanto, necessidade de provocação. Em geral, o decreto vincula o benefício ao preenchimento de determinadas condições de caráter **subjetivo** (primariedade, bons antecedentes) e **objetivo** (cumprimento de determinado montante da pena, que se trate de crime cometido sem violência etc.).

De acordo com o art. 193 da Lei de Execuções Penais, se o sentenciado for beneficiado por indulto coletivo, o juiz, de ofício, a requerimento do interessado, do Ministério Público, ou por iniciativa do Conselho Penitenciário ou da autoridade administrativa, anexará aos autos da execução cópia do decreto e declarará a extinção da pena ou procederá à comutação nos moldes determinados pela Presidência da República, ouvidos previamente o Ministério Público e a defesa (art. 112, § 2º, da LEP). Quando o decreto presidencial condiciona o benefício (indulto ou comutação) ao cumprimento de parte da pena, o fato de o acusado cometer falta grave não interrompe a contagem do prazo de acordo com a **Súmula n. 535** do Superior Tribunal de Justiça, aprovada no ano de 2015: "A prática de falta grave não interrompe o prazo para fim de comutação de pena ou indulto".

■ 32.3.3. *Abolitio criminis* (art. 107, III, do CP)

De acordo com esse dispositivo, extingue-se a punibilidade pela **retroatividade de lei nova que deixa de considerar o fato como criminoso**.

Nos termos do art. 5º, XL, da Constituição Federal, a lei penal pode retroagir para favorecer o réu. Além disso, o próprio art. 2º do Código Penal contém norma no mesmo sentido, estabelecendo que ninguém pode ser punido por fato que lei posterior deixa de considerar como crime, cessando, em virtude dela, a execução e os efeitos penais da sentença condenatória.

Em suma, dá-se a *abolitio criminis* com a entrada em vigor de lei nova que revoga a infração penal já cometida e deixa de considerar o fato como crime. A conduta deixa de ser prevista como crime para os fatos novos e retroage para extinguir a punibilidade daqueles que já incorreram no tipo penal agora revogado.

O que extingue efetivamente a punibilidade é a entrada em vigor da nova lei, todavia é necessário que haja declaração judicial nesse sentido.

Se o crime ainda está em fase de investigação no inquérito policial ou se já há ação penal em andamento, cabe ao juiz natural declarar a extinção. Se o processo está em grau de recurso, é o tribunal competente quem deve apreciar a questão.

Se já existe sentença condenatória transitada em julgado, cabe **ao juízo das execuções** a decretação, nos termos do art. 66, I, da Lei de Execuções Penais. Neste sentido, existe a **Súmula n. 611** do Supremo Tribunal Federal: "transitada em julgado a sentença condenatória, compete ao juízo das execuções a aplicação da lei mais benigna".

Conforme se viu, a *abolitio criminis* pode acontecer **antes** ou **depois** da sentença condenatória, sendo que, neste último caso, rescinde a própria condenação e todos os seus efeitos penais, voltando o réu a ter o *status* de primário. A obrigação de reparar o prejuízo decorrente da sentença condenatória, porém, subsiste, podendo ser executada no juízo cível.

Por razões óbvias, a causa extintiva da punibilidade em estudo estende-se a todos os autores e partícipes do crime.

Para a ocorrência da *abolitio*, não basta que a lei nova tenha revogado o artigo que tratava do delito ou alterado seu nome, sendo necessário que a conduta tenha deixado de ser prevista como crime. Assim, quando a nova Lei de Drogas (Lei n. 11.343/2006) revogou a antiga (Lei n. 6.368/76), não houve *abolitio* do crime de tráfico de entorpecentes, na medida em que as condutas punidas na lei antiga continuaram a ser punidas na nova (somente a pena foi modificada). Da mesma forma, quando a Lei n. 12.015/2009 revogou o crime de atentado violento ao pudor, até então previsto no art. 214 do Código Penal, não houve *abolitio,* porque a mesma lei, expressamente, acrescentou no tipo penal do estupro (art. 213 do CP) as hipóteses que antes configuravam o atentado violento (houve alteração no nome, mas o fato não deixou de ser considerado criminoso). Podemos também mencionar a Lei n. 11.106/2005, que, ao revogar o crime de rapto violento, passou a prever a mesma conduta como crime de sequestro qualificado (art. 148, § 1º, V, do CP).

Por outro lado, é possível citar como exemplos de *abolitio criminis* a Lei n. 11.106/2005, que expressamente revogou os crimes de sedução (antigo art. 217 do CP), rapto consensual (antigo art. 220 do CP) e adultério (antigo art. 240 do CP), e a Lei n. 12.015/2009, que, também de forma expressa, revogou o crime sexual de corrupção de menores (antigo art. 218 do CP).

Deve-se esclarecer, ainda, que, em algumas hipóteses, a revogação pela nova lei, e, portanto, a *abolitio criminis* dá-se de forma **tácita**. Podemos citar como exemplo a contravenção de direção não habilitada de veículo automotor (art. 32 da LCP), que foi revogada tacitamente pelo Código de Trânsito (Lei n. 9.503/97), que passou a punir referida conduta apenas como infração administrativa — quando a direção não habilitada não gera perigo de dano.

■ *32.3.3.1.* **Abolitio criminis *e norma penal em branco***

Em determinadas situações, para a existência da *abolitio criminis* sequer é preciso que o tipo penal seja revogado. É o que se passa, por exemplo, em alguns casos em que é meramente modificado o complemento de uma norma penal em branco, porém de tal maneira que a infração já cometida deixa concretamente de existir. Senão vejamos:

a) Quando o complemento da norma penal em branco **não tiver caráter temporário ou excepcional, sua alteração benéfica retroagirá**, uma vez que o complemento integra a norma, dela constituindo parte fundamental e indispensável. Exs.: no crime consistente em contrair matrimônio conhecendo a existência de impedimento que lhe cause nulidade absoluta (art. 237), o complemento está no art. 1.521, I a VII, do Código Civil. Assim, se houver alteração no Código Civil, de forma a se excluir uma das hipóteses de impedimento, aquele que se casou na vigência da lei anterior infringindo esse impedimento será beneficiado; no tráfico de drogas, caso ocorra exclusão de determinada substância do rol dos entorpecentes constantes de portaria da Anvisa (órgão federal responsável pela definição das substâncias entorpecentes), haverá retroatividade da norma, deixando de haver crime de tráfico. A alteração alcança, ademais, a própria figura abstrata do tipo penal, uma vez que a palavra "**droga**" integra o tipo penal do tráfico.

b) Quando o complemento tiver natureza temporária ou excepcional, a alteração benéfica não retroagirá. Ex.: no crime do art. 2º da Lei n. 1.521/51 (Lei de Economia Popular), que consiste na venda de produto acima do preço constante nas tabelas oficiais, a alteração posterior dos valores destas não exclui o crime, se à época do fato o agente desrespeitou a tabela então existente.

Veja-se, ainda, o crime de falsificação de moeda (art. 289 do CP). Aquele que falsificou, por exemplo, "Cruzeiros" (moeda vigente na época dos fatos) não deixa de responder pelo delito por ter o Governo Federal posteriormente alterado a moeda para "Real". Em tal caso, houve apenas mudança na denominação, mas o objeto material continua o mesmo "papel-moeda de curso legal no país ou no estrangeiro". Não ocorreu nesse caso, uma efetiva alteração benéfica, mas mera modificação da moeda em curso.

■ 32.3.4. Prescrição (art. 107, IV, 1ª parte, do CP)

A prescrição é a **perda do direito de punir** decorrente do decurso de determinado prazo sem que a ação penal tenha sido proposta por seu titular ou sem que se consiga concluí-la (prescrição da pretensão punitiva), ou, ainda, a **perda do direito de executar a pena** por não conseguir o Estado dar início ou prosseguimento a seu cumprimento dentro do prazo legalmente estabelecido (prescrição da pretensão executória).

Pouco importa de quem seja a responsabilidade pela demora: das autoridades responsáveis pela investigação ou do titular da ação penal (Ministério Público ou ofendido) antes de sua propositura; do Poder Judiciário em concluir a instrução e proferir sentença ou em julgar os recursos interpostos pelas partes; das autoridades responsáveis pela prisão do sentenciado após o trânsito em julgado da sentença condenatória.

32.3.4.1. Natureza jurídica

A prescrição é instituto de direito **material**, de modo que as regras a ela inerentes regem-se pelo princípio constitucional segundo o qual as normas penais não retroagem, salvo se forem benéficas (art. 5º, XL, da CF). Assim, se uma nova lei aumentar um prazo prescricional ou criar nova causa interruptiva, não retroagirá. Ao contrário, se reduzir o prazo ou revogar causa interruptiva, alcançará fatos pretéritos.

Também como consequência de sua natureza **penal**, os prazos contam-se na forma do art. 10 do Código Penal, ou seja, incluindo-se o dia inicial na contagem.

32.3.4.2. Fundamentos para a existência

Costumam ser apontadas como justificativas para a existência do instituto da prescrição:

a) Ineficiência da aplicação da pena como resposta ao fato criminoso e como forma de punição após o decurso de longo período;

b) Necessidade de os agentes do Estado responsáveis pela persecução penal atuarem de forma eficaz e dentro dos prazos estabelecidos na legislação.

32.3.4.3. A prescritibilidade como regra constitucional

A Constituição Federal prevê apenas duas espécies de crimes considerados imprescritíveis:

a) o **racismo**, previsto em diversas figuras da Lei n. 7.716/89 (art. 5º, XLII, da CF)[2];

[2] De acordo com o art. 5º, XLII, da Constituição Federal, a prática do **racismo** constitui crime inafiançável e imprescritível. O Superior Tribunal de Justiça tem estendido tais regras ao delito de **injúria racial**, previsto no art. 140, § 3º, do CP, que pune com reclusão, de 1 a 3 anos, ofensas a pessoas determinadas em razão da raça, cor, religião, etnia ou origem. A propósito: AgRg no AREsp 686.965/DF, Rel. Min. Ericson Maranho (Desembargador Convocado do TJSP), 6ª Turma,

b) aqueles decorrentes de **ações de grupos armados**, civis ou militares, contra a ordem constitucional e o Estado Democrático (art. 5º, XLIV, da CF).

Nota-se, portanto, que, fora essas duas exceções, a Constituição consagrou como regra a **prescritibilidade** das infrações penais. Assim, todo autor de ilícito penal tem direito público subjetivo a ver reconhecida a prescrição após o decurso de determinado prazo previamente estabelecido na legislação. Por isso, é obrigação constitucional do legislador estabelecer prazos prescricionais, que, em regra, são fixados com base na gravidade da infração (sua pena máxima).

- **Tribunal Penal Internacional**

O art. 5º, § 4º, da Constituição Federal, inserido pela Emenda Constitucional n. 45/2004, prevê que "o *Brasil se submete à jurisdição de Tribunal Penal Internacional a cuja criação tenha manifestado adesão*". Assim, ainda que um delito seja cometido no território brasileiro, havendo pedido do Tribunal Penal Internacional, o agente poderá ser entregue à jurisdição estrangeira.

O Tribunal Penal Internacional foi criado em julho de 1998 pela Conferência de Roma. O Brasil formalizou sua adesão por intermédio do Decreto Legislativo n. 112/2002, promulgado pelo Decreto n. 4.388/2002. De acordo com o seu art. 5º, tópico 1, o Tribunal Penal, com sede em **Haia**, é órgão **permanente** com competência para o processo e o julgamento dos crimes mais graves, que afetam a comunidade internacional no seu conjunto. Nos termos do Estatuto, o Tribunal terá competência para processar e julgar:

a) o crime de genocídio;

b) crimes contra a humanidade;

c) crimes de guerra;

d) o crime de agressão.

O art. 29 da Conferência de Roma, por sua vez, estabelece **que os crimes nela previstos são imprescritíveis**.

- **Constitucionalidade da suspensão indefinida do prazo prescricional decorrente da citação por edital desacompanhada de comparecimento em juízo**

O art. 366 do Código de Processo Penal, modificado pela Lei n. 9.271/96, prevê que, se o réu for citado por edital — por não ter sido encontrado para a citação pessoal — e não comparecer em juízo para realizar sua defesa e não nomear defensor, ficarão **suspensos** o processo e o **prazo prescricional** até que o réu seja localizado, hipótese em que o processo e a prescrição tornarão a ter andamento.

julgado em 18.08.2015, *DJe* 31.08.2015; AgRg no AREsp 734.236/DF, Rel. Min. Nefi Cordeiro, 6ª Turma, julgado em 27.02.2018, *DJe* 08.03.2018.

Considerando que referido dispositivo não estabeleceu o prazo de suspensão da prescrição, considerável número de doutrinadores concluiu que tal lei teria criado nova figura de imprescritibilidade, o que é vedado, de modo que o Superior Tribunal de Justiça editou a **Súmula n. 415**, estabelecendo que "o período de suspensão do prazo prescricional é regulado pelo máximo da pena cominada". Com isso, mencionado tribunal, em vez de considerar inconstitucional o dispositivo, fixou prazo para a suspensão de acordo com a interpretação que seus componentes entenderam a mais adequada. De acordo com a súmula, se determinado crime prescreve em 4 anos, caso seja decretada a suspensão do prazo prescricional e do processo com fundamento no referido art. 366 do CPP, deve-se aguardar o decurso desses 4 anos e, ao término deste período, o prazo prescricional voltará a correr — por mais 4 anos. Ao fim deste período, deverá ser declarada extinta a punibilidade do réu se ele não for reencontrado.

Existem, porém, julgados do Supremo Tribunal Federal (inclusive de seu Plenário) entendendo que referido dispositivo não cria nova hipótese de imprescritibilidade, nada tendo de inconstitucional. De acordo com esses julgados, o fato de a prescrição tornar a correr em caso de localização do réu ou de nomeação de defensor pelo acusado demonstra que não se trata de hipótese de imprescritibilidade. Por isso, o processo e o prazo prescricional devem ficar indefinidamente suspensos. Nesse sentido: "Citação por edital e revelia: suspensão do processo e do curso do prazo prescricional, por tempo indeterminado — Código de Processo Penal, art. 366, com a redação da L. 9.271/96. 1. Conforme assentou o Supremo Tribunal Federal, no julgamento da Ext. 1042, 19.12.06, a Constituição Federal não proíbe a suspensão da prescrição, por prazo indeterminado, na hipótese do art. 366 do C. Pr. Penal. 2. A indeterminação do prazo da suspensão não constitui, a rigor, hipótese de imprescritibilidade: não impede a retomada do curso da prescrição, apenas a condiciona a um evento futuro e incerto, situação substancialmente diversa da imprescritibilidade. 3. Ademais, a Constituição Federal se limita, no art. 5º, XLII e XLIV, a excluir os crimes que enumera da incidência material das regras da prescrição, sem proibir, em tese, que a legislação ordinária criasse outras hipóteses. 4. Não cabe, nem mesmo sujeitar o período de suspensão de que trata o art. 366 do C.Pr.Penal ao tempo da prescrição em abstrato, pois, 'do contrário, o que se teria, nessa hipótese, seria uma causa de interrupção, e não de suspensão'. 5. RE provido, para excluir o limite temporal imposto à suspensão do curso da prescrição" (RE 460.971/RS, 1ª Turma, Rel. Min. Sepúlveda Pertence, *DJ* 30.03.2007, p. 76).

Tendo em vista a dualidade de interpretações dos Tribunais Superiores, inclusive pela aprovação da súmula do STJ, foi reconhecida pelo Eminente Ministro Ricardo Lewandowski repercussão geral ao RE 600.851/DF, que trata do tema, quando, em última instância, o Supremo decidirá acerca da existência ou não de prazo para a suspensão do processo do art. 366 do CPP.

32.3.4.4. *Espécies de prescrição*

Existem duas modalidades de prescrição:

a) a que atinge a pretensão **punitiva** estatal e que ocorre **antes** do trânsito em julgado da sentença condenatória;

b) a que atinge a pretensão **executória** estatal, também chamada de prescrição da pena, que pressupõe a existência de sentença condenatória transitada em julgado.

32.3.4.4.1. *Prescrição da pretensão punitiva*

É a perda do direito de punir pelo Estado em face de sua inércia durante o lapso de tempo previamente estabelecido na lei.

A prescrição da pretensão punitiva, de acordo com o próprio texto legal, se subdivide em:

a) prescrição pela pena em **abstrato**, também chamada de prescrição da ação (embora também possa ocorrer durante o transcurso da ação penal);

b) prescrição pela pena em **concreto**, que, por sua vez, subdivide-se em prescrição **retroativa** e **intercorrente**.

32.3.4.4.1.1. *Prescrição da pretensão punitiva pela pena em abstrato*

Essa forma de prescrição pode ocorrer **antes** da propositura da ação penal ou **após** o seu início e até mesmo **após a prolação da sentença de 1ª instância**, desde que haja recurso da acusação (se não houver recurso da acusação, mas apenas da defesa, a prescrição após a sentença passa a se basear na pena em concreto, ou seja, naquela já aplicada).

Nessa modalidade de prescrição, o lapso prescricional varia de acordo com o **máximo** de pena privativa de liberdade prevista em abstrato para a infração penal, de acordo com a tabela constante no art. 109 do Código Penal:

PENA MÁXIMA EM ABSTRATO	PRAZO PRESCRICIONAL
■ Inferior a 1 ano	■ 3 anos
■ Igual ou superior a 1 ano, mas não superior a 2 anos	■ 4 anos
■ Superior a 2 e não superior a 4 anos	■ 8 anos
■ Superior a 4 e não superior a 8 anos	■ 12 anos
■ Superior a 8 e não superior a 12 anos	■ 16 anos
■ Superior a 12 anos	■ 20 anos

Suponha-se, portanto, a prática de um crime de apropriação indébita, cuja pena máxima em abstrato é de 4 anos (art. 168 do CP). Se após a prática do crime tiver transcorrido período de 8 anos, sem que a ação penal tenha se iniciado pelo recebimento de denúncia, estará prescrito o delito e não mais poderá ser proposta a ação penal. Assim, se ainda não havia sido instaurado inquérito, não mais poderá ser iniciado. Se o inquérito estava em andamento, a prescrição deverá ser reconhecida e declarada pelo juiz natural. Se a denúncia já havia sido oferecida, mas ainda não recebida, deverá ser rejeitada, com fundamento no art. 395, III, do CPP.

Conforme se verá adiante, o recebimento da denúncia e a publicação da sentença condenatória interrompem o prazo prescricional, fazendo com que novo prazo comece a correr. Assim, imagine-se que, após o recebimento da denúncia (dentro do prazo) para apuração do crime de apropriação indébita, transcorram 8 anos sem que o juiz tenha proferido sentença. Ao término do prazo, o próprio juiz, de ofício ou a requerimento das partes, deverá decretar a prescrição da pretensão punitiva, o que, evidentemente, impedirá a prolação da sentença de mérito.

Por fim, ainda tomando por base o crime de apropriação indébita, se a sentença foi proferida antes do decurso do lapso prescricional, mas, havendo interposição de recurso pela acusação (e eventualmente também pela defesa), se, após 8 anos da última causa interruptiva, ainda não houver julgamento pelo Tribunal, deverá também ser reconhecida a prescrição. Neste caso, mesmo que a sentença de 1ª instância fosse de natureza condenatória, o reconhecimento da prescrição antes de seu trânsito em julgado afasta absolutamente todos os seus efeitos, mantendo o réu, inclusive, a primariedade e os bons antecedentes.

32.3.4.4.1.1.1. *Fatores que influenciam e que não influenciam no montante do prazo prescricional*

a) Idade do réu

O reconhecimento de **agravantes** ou **atenuantes** genéricas descritas nos arts. 61, 62 e 65 do Código Penal **não** altera os prazos prescricionais, uma vez que, conforme já estudado, não podem fazer a pena ultrapassar o máximo previsto em abstrato. Excepcionalmente, todavia, o art. 115 do Código Penal estabelece que, sendo o réu **menor de 21 anos** na data do **fato** ou **maior de 70** por ocasião da **sentença**, o prazo prescricional será reduzido pela **metade**. São, portanto, **duas** atenuantes genéricas (art. 65, I) que alteram o lapso prescricional. Suponha-se que uma pessoa de 19 anos tenha cometido um crime de ameaça que, tendo pena máxima de 6 meses, prescreve em 3 anos. Como o autor da infração é menor de 21 anos, a prescrição se dará em 1 ano e 6 meses.

O fato de o Código Civil ter diminuído a menoridade para os atos da vida civil para 18 anos não modificou a regra do art. 115 do Código Penal, que continua prevendo a redução do prazo prescricional quando o infrator possuir menos de 21 anos na data do fato. Trata-se de norma **especial**.

Em relação aos maiores de 70 anos, é preciso chamar a atenção para o fato de que, nos termos da lei, o acusado deve ter tal idade na data da prolação da sentença **condenatória de 1ª instância** ou, analogicamente, por ocasião do julgamento de recurso que reforme sentença absolutória e condene o réu. Assim, se o réu tinha 69 anos na data em que foi condenado em 1ª instância, não há que se cogitar de redução do prazo pela metade se, na data do julgamento do recurso, já contava 70 anos. Nesse sentido:

"*Habeas corpus*. Penal. Condenação. Prescrição. Incidência do art. 115 do Código Penal. Impossibilidade. Paciente com idade inferior a 70 (setenta) anos na data da sentença condenatória. Precedentes. Ordem denegada. 1. Segundo a jurisprudência majoritária da Corte, a regra do art. 115 do Código Penal somente é aplicada ao agente com 70 (setenta) anos na data da sentença condenatória. 2. Entendimento jurisprudencial proveniente da interpretação literal do art. 115 do Código Penal. 3. Ordem denegada" (STF, Rel. Min. Dias Toffoli, 2ª Turma, julgado em 19.04.2016, Processo Eletrônico *DJe*-109, 27.05.2016, public. 30.05.2016); "... a Terceira Seção desta Corte, no julgamento dos Embargos de Divergência em Recurso Especial n. 749.912/PR, pacificou o entendimento de que o benefício previsto no artigo 115 do Código Penal não se aplica ao réu que completou 70 anos de idade após a data da primeira decisão condenatória. Assim, na hipótese, não há como reduzir o prazo prescricional pela metade, já que o recorrente contava com menos de 70 (setenta) anos na data de prolação da sentença condenatória, não podendo ser reconhecida a extinção da punibilidade" (STJ, AgRg no REsp 1.491.079/SP, Rel. Min. Reynaldo Soares da Fonseca, 5ª Turma, julgado em 26.04.2016, *DJe* 02.05.2016); "A redução do prazo prescricional, prevista no artigo 115 do Código Penal, só deve ser aplicada quando o réu atingir 70 anos até primeira decisão condenatória, seja ela sentença ou acórdão. 3. Embargos de Divergência rejeitados" (STJ, REsp 749.912/PR, Rel. Min. Maria Thereza de Assis Moura, 3ª Seção, julgado em 10.02.2010, *DJe* 05.05.2010); "Por expressa previsão do art. 115 do CP, são reduzidos pela metade os prazos de prescrição quando o criminoso era, na data da sentença, maior de 70 anos. O acórdão confirmatório da condenação não substitui o marco de redução do prazo prescricional. Precedentes" (STJ, AgRg no RHC 94.376/SP, Rel. Min. Rogerio Schietti Cruz, 6ª Turma, julgado em 17.05.2018, *DJe* 01.06.2018).

Lembre-se, ainda, de que o Estatuto do Idoso (Lei n. 10.741/2003) assim define as pessoas com idade **igual ou superior a 60 anos**, porém referida lei não revogou expressa ou tacitamente a regra do art. 115 do Código Penal, na medida em que foge às finalidades de referido Estatuto dar proteção diferenciada a pessoas idosas **acusadas** de ilícitos penais. A prescrição pela metade continua tendo como referência a idade de **70 anos**.

O seguinte julgado do Supremo Tribunal Federal deixa bem delineados os limites da regra do art. 115 do Código Penal em relação às pessoas idosas: "I — A idade de 60 (sessenta) anos, prevista no art. 1º do Estatuto do Idoso, somente serve de parâmetro para os direitos e obrigações estabelecidos pela Lei 10.741/2003. Não há que se falar em revogação tácita do art. 115 do Código Penal, que estabelece a redução dos prazos de prescrição quando o criminoso possui mais de 70 (setenta) anos de idade na data da sentença condenatória. II — A redução do prazo prescricional é aplicada, analogicamente, quando a idade avançada é verificada na data em que proferida decisão colegiada condenatória de agente que possui foro especial por prerrogativa de função, quando há reforma da sentença absolutória ou, ainda, quando a reforma é apenas parcial da sentença condenatória em sede de recurso. III — Não cabe aplicar o benefício do art. 115 do Código Penal quando o agente conta com mais de 70 (setenta) anos na data do acórdão que se limita a confirmar a sentença condenatória. IV — Hipótese dos autos em que o agente apenas completou a idade necessária à redução do prazo prescricional quando estava pendente de julgamento agravo de instrumento interposto de decisão que inadmitiu recurso extraordinário. V — Ordem denegada" (HC 86.320/SP, 1ª Turma, Rel. Min. Ricardo Lewandowski, *DJ* 24.11.2006, p. 76); e "Prescrição. Incidência do art. 115 do Código Penal. Impossibilidade. Agravante com idade inferior a 70 (setenta) anos na data da sentença condenatória. Precedentes. Regimental não provido. 1. Segundo a jurisprudência majoritária da Corte, a regra do art. 115 do Código Penal somente é aplicada ao agente com 70 (setenta) anos na data da sentença condenatória. 2. Entendimento jurisprudencial proveniente da interpretação literal do art. 115 do Código Penal. 3. O acórdão confirmatório da condenação não substitui a sentença para fins de redução do prazo prescricional (*v.g.* ARE 839.680-AgR/SC, 2ª Turma, de minha relatoria, *DJe* 27.09.2016). 4. Agravo regimental ao qual se nega provimento" (STF, HC 135.671 AgR, Rel. Min. Dias Toffoli, 2ª Turma, julgado em 02.12.2016, *DJe*-031 divulg. 15.02.2017, public. 16.02.2017).

Por questão de bom senso, é claro que, se o autor do delito já tem mais de 70 anos, por exemplo, na própria data do crime, a prescrição já corre, desde tal momento, com os prazos pela metade, pois a idade não diminui.

Observe-se que, no caso de concurso de agentes, o fato de a prescrição ser aplicada pela metade ao réu menor de 21 anos ou maior de 70 na data da sentença não se estende aos comparsas.

b) Causas de aumento e diminuição da pena

As causas de aumento e de diminuição de pena, que a alteram em patamares fixos (1/6, 1/3, 2/3 etc.) e que são de aplicação **obrigatória**, fazem com que a pena máxima sofra alterações e, assim, devem ser levadas em conta na busca do tempo da prescrição. Exs.: o furto simples possui pena privativa de liberdade de 1 a 4 anos e, por isso, prescreve em 8 anos. Se, entretanto, o furto for praticado durante o repouso noturno (art. 155, § 1º), a pena sofrerá um acréscimo de 1/3, passando a ter um limite máximo de 5 anos e 4 meses, cujo prazo prescricional é de 12 anos; na tentativa de furto simples, a pena máxima é de 2 anos e 8 meses (4 anos com a redução de 1/3) e, por isso, a prescrição continua a ocorrer em 8 anos. Saliente-se que a consequência da tentativa é a redução de 1/3 a 2/3 da pena (art. 14, parágrafo único, do CP), mas, para análise da prescrição pela pena em abstrato, deve-se levar em conta a menor redução, pois, com isso, obtém-se a maior pena em abstrato para a infração penal.

Se houver concomitantemente causa de aumento e de diminuição de pena, o juiz deve considerar ambas para apreciar o prazo prescricional. Ex.: tentativa de furto noturno (pena máxima de 4 anos aumentada de 1/3 pelo furto noturno e depois reduzida de 1/3 pela tentativa).

c) Reincidência

Nos termos da **Súmula n. 220** do Superior Tribunal de Justiça, "a reincidência não interfere no prazo da prescrição da pretensão punitiva". Tal súmula era dispensável, na medida em que o art. 110, *caput*, do Código Penal é expresso no sentido de que a reincidência somente aumenta em 1/3 o prazo da prescrição da pretensão **executória**.

■ 32.3.4.4.1.1.2. *Contagem do prazo prescricional*

A análise do prazo prescricional, conforme já estudado, leva em conta o montante da pena **máxima** em abstrato, porém pressupõe também a apreciação do **termo inicial** a partir do qual ele começa a fluir (art. 111 do CP), bem como a verificação de eventuais causas **interruptivas** (art. 117 do CP) e **suspensivas**.

Lembre-se, outrossim, de que, por se tratar de prazo de natureza penal, inclui-se na contagem o dia inicial e exclui-se o último (art. 10 do CP). Se o prazo prescricional de 1 ano começa em 07 de agosto de 2010, a prescrição se dá no dia 06 de agosto de 2011. O prazo é **improrrogável**, podendo terminar em fins de semana ou feriados.

■ 32.3.4.4.1.1.3. *Termos iniciais do prazo da prescrição da pretensão punitiva*

O termo *a quo* dos prazos prescricionais varia de acordo com a figura delitiva, conforme se verifica no art. 111 do Código Penal, que estabelece que a prescrição começa a correr:

a) Da data da consumação do crime. Esta é a regra no Direito Penal. As demais hipóteses podem ser consideradas exceções. Assim, se o agente efetua disparos contra a vítima a fim de matá-la no dia 10 de fevereiro de 2011, mas ela só morre no dia 06 de abril do mesmo ano, após permanecer longo período internada em hospital, a prescrição do crime de homicídio consumado só passa a correr a partir desta última data. Nota-se, pois, que em relação à prescrição **não** adotou o legislador a regra do art. 4º do Código Penal, que trata do chamado "*tempo do crime*" e que considera praticado o delito no momento da ação ou omissão ilícita.

Quando existir dúvida acerca da data exata da consumação, deve-se tomar por base a possibilidade mais favorável ao acusado. Suponha-se que um televisor tenha sido furtado em 08 de abril de 2009 e que tenha sido encontrado em poder do acusado em 15 de outubro de 2010. Não se sabe ao certo a data em que ele recebeu o bem (momento consumativo do crime de receptação), uma vez que não há testemunhas e o receptador reservou-se o direito de permanecer calado. Neste caso, considera-se iniciada a prescrição em 08 de abril de 2009 (primeiro dia em que ele pode ter recebido o bem, uma vez que não existe prova em sentido contrário). Imagine-se, por sua vez, uma pessoa que desapareceu em maio de 2006, cuja ossada tenha sido encontrada em janeiro de 2011 com indícios de ter sido vítima de homicídio. Conta-se a prescrição a partir da data do desaparecimento.

> **Observação:** No caso de concurso de crimes (material, formal ou continuado), o termo inicial incide **isoladamente** a partir da consumação de cada um dos ilícitos praticados (art. 119 do CP).

b) No caso de tentativa, da data em que cessou a atividade criminosa. A prescrição passa a correr, portanto, a partir do dia em que realizado o último ato executório. Ex.: o agente faz um doce envenenado no dia 05 de abril e o entrega de presente para a vítima no dia 06 do mesmo mês, porém, ela está de dieta e joga o doce fora. A prescrição corre a partir do dia 06 (último ato de execução).

c) Nos crimes permanentes, do dia em que cessar a permanência. Se uma pessoa é sequestrada em 15 de junho e libertada em 10 de setembro, diz-se que o crime se consumou em 15 de junho. A prescrição, entretanto, só passará a correr em 10 de setembro, data em que cessada a execução do crime pela libertação da vítima.

d) Nos crimes de bigamia (art. 235 do CP) e nos de falsificação ou alteração de assento de registro civil (arts. 241, 242 e 299, parágrafo único, do CP), da data em que o fato se tornar conhecido da autoridade. O legislador, considerando que esses crimes são praticados clandestinamente e que geralmente permanecem ocultos por muitos anos, estabeleceu regra específica segundo a qual a prescrição tem seu termo inicial a partir da data em que as autoridades responsáveis pela apuração do delito tomarem conhecimento de sua ocorrência (delegado de polícia, promotor de justiça etc.). Será necessária a produção de prova nos autos acerca da forma como a autoridade tomou conhecimento e da data em que isso ocorreu. Tais crimes, enquanto não descobertos, não prescrevem.

e) Nos crimes contra a dignidade sexual de crianças e adolescentes, previstos neste Código ou em legislação especial, da data em que a vítima completar 18 (dezoito) anos, salvo se a esse tempo já houver sido proposta a ação penal. Esse dispositivo (art. 111, V), foi inserido no Código Penal pela Lei n. 12.650/2012.

Atualmente todos os crimes contra a dignidade sexual de menores de idade apuram-se mediante ação pública incondicionada (art. 225, parágrafo único, do CP) e, por isso, não se sujeitam a prazo decadencial. É comum, todavia, que crianças e adolescentes abusados sexualmente, por medo ou vergonha, mantenham-se em silêncio em relação aos crimes contra eles praticados e, somente muito tempo depois, quando já maiores de idade, tenham coragem de revelar o fato a amigos, psicólogos ou autoridades. O decurso desse longo período poderia fazer com que o prazo prescricional já tivesse sido atingido. Esta, portanto, a razão da inserção desse novo dispositivo. Assim, se uma criança de 10 anos for vítima de crime de estupro de vulnerável e o delito não for apurado, o lapso prescricional só terá início na data em que ela completar 18 anos.

Existe uma ressalva no texto legal, segundo a qual a prescrição começará a correr antes de a vítima completar 18 anos se a esse tempo **já tiver sido proposta ação penal** para apurar a infração penal. Ex.: crime contra criança de 10 anos em que a vítima conta o ocorrido aos pais e o Ministério Público oferece denúncia quando ela tem 15 anos. O prazo prescricional neste caso começará a correr da propositura da ação penal, e não da data do crime; se até o oferecimento da denúncia a prescrição não estava correndo, o termo inicial é o da propositura da ação, não retroagindo à data do fato. Aliás, caso a vítima morra antes de completar 18 anos e antes de ser iniciada a ação penal, o termo *a quo* do prazo prescricional é a data do falecimento, e não a da consumação do crime, porque, nos termos da lei, o prazo não estava ainda em andamento.

A regra em análise aplica-se, nos termos do texto legal, a crimes contra a dignidade sexual previstos no **Código Penal e em leis especiais**. O Código Penal prevê os crimes a seguir, cometidos contra menores de idade: estupro qualificado por ser a vítima maior de 14 e menor de 18 anos (art. 213, § 1º), estupro de vulnerável por ser a vítima menor de 14 (art. 217-A), violação sexual mediante fraude (art. 215); assédio sexual (art. 216-A, § 2º), satisfação de lascívia mediante presença de criança ou adolescente (art. 218-A); favorecimento da prostituição ou outra forma de exploração sexual de vulnerável e suas figuras equiparadas (art. 218-B, e seu § 2º); mediação para satisfazer a lascívia de outrem (art. 227, § 1º); rufianismo (art. 230, § 1º). Em leis especiais, podem ser apontados os crimes dos arts. 240 e 241 da Lei n. 8.069/90 (Estatuto da Criança e do Adolescente).

32.3.4.4.1.1.4. *Causas interruptivas da prescrição da pretensão punitiva*

Iniciada a fluência do prazo prescricional, ele terá curso até que sobrevenha referida causa extintiva da punibilidade ou que seja atingido por alguma causa interruptiva. Estas encontram-se previstas em rol taxativo no art. 117 do Código Penal, sendo que todas consistem em **decisões judiciais** proferidas no curso da ação penal.

A ocorrência de causa interruptiva faz com que novo curso prescricional se inicie **por completo** (art. 117, § 1º, do CP), devendo o prazo anterior ser ignorado para fim de prescrição pela pena em abstrato, podendo, todavia, ser futuramente considerado na análise da prescrição retroativa, conforme será oportunamente estudado.

As causas interruptivas da prescrição da pretensão punitiva são: a) o **recebimento da denúncia ou queixa**; b) a **pronúncia**; c) a decisão **confirmatória da pronúncia**; d) a publicação da **sentença** ou do **acórdão recorríveis**[3]; e) o **trânsito em julgado da condenação**.

- **Recebimento da denúncia ou queixa (art. 117, I, do CP)**

A interrupção se dá com a **publicação**, isto é, com a entrega em cartório, ao escrivão, da decisão de recebimento da denúncia ou queixa.

O recebimento de **aditamento** não interrompe a prescrição, quando se limita à correção de erros ou de omissões de circunstâncias relativas ao fato já narrado (causas de aumento de pena, qualificadoras etc.). Caso, entretanto, trate-se de inclusão de novo fato criminoso conexo, haverá interrupção em relação a este.

Se o juiz rejeitar a denúncia ou a queixa e se a acusação entrar com recurso em sentido estrito, caso o tribunal venha a dar-lhe provimento, o acórdão valerá como causa interruptiva a ser contada da data de sua publicação. Nesse sentido, existe, inclusive, a **Súmula n. 709** do Supremo Tribunal Federal: "Salvo quando nula a decisão de primeiro grau, o acórdão que provê o recurso contra a rejeição da denúncia vale, desde logo, pelo recebimento dela". Conforme se verifica pelo teor da súmula, somente se o tribunal entender que incorreu o magistrado de 1ª instância em alguma nulidade é que deverá esta ser declarada, de modo a, sanada a falha, nova análise quanto ao recebimento da denúncia ou queixa ser por ele proferida. Se o tribunal concluir, porém, que houve mero *error in judicando* e der provimento ao recurso, recebendo a denúncia ou queixa, tal decisão funciona como causa interruptiva, devendo os autos ser restituídos ao juízo de origem para o início da instrução criminal.

---

3 O Plenário do STF firmou entendimento de que o acórdão confirmatório de condenação também interrompe a prescrição (HC 176.473, julgado em 28.04.2020).

■ **Pronúncia (art. 117, II, do CP)**

A pronúncia é uma decisão judicial **interlocutória mista** que encerra a **primeira fase** do procedimento do júri. Ao proferi-la, o juiz admite a existência de indícios de autoria e de prova da materialidade de crime doloso contra a vida e, assim, manda o réu a julgamento pelos jurados.

Por seu turno, se, em vez de pronunciar, o juiz, nesta fase, **desclassificar** o crime para delito de outra natureza, **impronunciar** ou **absolver sumariamente** o réu, não haverá interrupção do prazo prescricional. Havendo, entretanto, recurso da acusação e vindo o Tribunal a reformar a decisão para mandar o réu a júri, haverá interrupção da prescrição a partir da publicação do acórdão.

Deve-se lembrar, ainda, do teor da **Súmula n. 191** do Superior Tribunal de Justiça no sentido de que "a pronúncia é causa interruptiva da prescrição, ainda que o Tribunal do Júri venha a desclassificar o crime" **por ocasião do julgamento em plenário**. Ex.: o réu havia sido pronunciado por tentativa de homicídio e os jurados desclassificaram a conduta para crime de ameaça — que prescreve em 3 anos. Neste caso, o juiz **não** pode reconhecer a prescrição se entre o recebimento da denúncia e a sentença em plenário tiverem decorrido 3 anos e 6 meses, ignorando a pronúncia proferida 1 ano antes do julgamento pelos jurados.

A interrupção pela pronúncia se dá com a sua **publicação**, ou seja, quando entregue pelo juiz que a elaborou ao escrivão ou, se prolatada em audiência, no exato instante em que for proferida na presença das partes.

Se por alguma razão for declarada a nulidade da sentença de pronúncia, invalidada também estará a interrupção do prazo prescricional.

É possível que fatos supervenientes tornem necessária a prolação de nova pronúncia. Com efeito, estabelece o art. 421, § 1º, do CPP que, havendo circunstância superveniente que altere a classificação do crime, o juiz ordenará a remessa dos autos ao Ministério Público para a readequação (aditamento) e, em seguida, proferirá nova decisão de pronúncia (art. 421, § 2º, do CPP). Ex.: em ação penal por tentativa de homicídio, a vítima falece após a pronúncia em razão dos ferimentos anteriormente causados pelo réu. Nesse caso, subsiste como causa interruptiva tão somente a última decisão.

■ **Decisão confirmatória da pronúncia (art. 117, III, do CP)**

Sendo o réu pronunciado e havendo interposição de recurso em sentido estrito contra a decisão, caso o tribunal venha a confirmá-la, estará novamente interrompido o prazo prescricional.

■ **Publicação da sentença ou acórdão condenatórios recorríveis (art. 117, IV, do CP)**

A primeira das hipóteses de interrupção se dá com a publicação da sentença condenatória, ou seja, no dia em que esta é entregue pelo juiz ao escrivão ou na data da própria audiência se a sentença for proferida verbalmente em tal fase processual.

A interrupção existe ainda que a procedência da ação penal seja **parcial** (no caso de crimes conexos) ou em casos de desclassificação do delito para outro de menor gravidade, desde que haja sentença condenatória.

Se uma sentença condenatória for posteriormente declarada nula, também se considera inválida a interrupção da prescrição. Assim, somente quando for proferida nova sentença condenatória, após sanada a nulidade pelo juízo de 1º grau, é que haverá efetiva interrupção.

Se, em grau de apelação, a sentença condenatória vem a ser reformada pelo tribunal, que absolve o réu, continua a valer a interrupção decorrente da sentença de 1ª instância. Assim, se houver interposição de recurso extraordinário ou especial, o prazo prescricional em andamento será aquele iniciado após tal sentença.

Embora haja divergência em torno da natureza da sentença que concede o **perdão judicial** (ver comentários ao art. 107, IX, do CP no item 32.3.12.2), prevalece atualmente o entendimento de que ela tem natureza **declaratória**, e não condenatória (Súmula n. 18 do STJ). Por isso, não pode ser considerada como causa interruptiva. É claro que, se da sentença concessiva não for interposto recurso, o próprio perdão judicial constituirá causa extintiva da punibilidade. Imagine-se, contudo, que as partes não tenham concordado com a concessão do perdão na sentença e que, por isso, tenham recorrido, e o tribunal, ao analisar o recurso, tenha absolvido o réu. O Ministério Público, então, ingressa com recurso especial. A última causa interruptiva a ser considerada em eventual alegação de prescrição perante o Superior Tribunal de Justiça — incumbido de julgar o recurso especial — é o recebimento da denúncia.

A sentença em que o juiz aplica **medida de segurança** ao réu inimputável em razão de doença mental ou desenvolvimento mental incompleto ou retardado não interrompe o prazo prescricional, posto que tal sentença tem natureza **absolutória**, nos termos do art. 386, VI, do CPP.

A **segunda parte** do art. 117, IV, do Código Penal se refere, de forma expressa, à hipótese de réu absolvido em 1ª instância, que vem a ser condenado pelo tribunal em razão de recurso da acusação. Em tal caso, o acórdão tem caráter condenatório. A jurisprudência já era pacífica nesse sentido, porém a Lei n. 11.596/2007 conferiu nova redação ao art. 117, IV, do Código Penal, inserindo expressamente esta hipótese no texto legal. Há, entretanto, uma pequena ressalva, pois, ao contrário do que ocorre quando a sentença é proferida em audiência — em que é imediatamente publicada na presença das partes —, nos julgamentos dos tribunais, os votos são colhidos na sessão de julgamento, mas o acórdão é redigido posteriormente e conferido em uma das duas sessões seguintes, para só então ser publicado (art. 615, § 2º, do CPP). Apesar disso, o Supremo Tribunal Federal continua entendendo que a interrupção da prescrição ocorre na data da sessão do julgamento. Nesse sentido: “A interrupção da prescrição da pretensão punitiva estatal nas instâncias colegiadas se dá na data da sessão de julgamento, que torna público o acórdão condenatório. 6. A jurisprudência deste Supremo Tribunal é firme no sentido de que o que se espera de uma decisão judicial é que seja fundamentada, e não que se pronuncie sobre todas as alegações deduzidas pelas partes. 7. Embargos de Declaração rejeitados" (AP 396 ED, Rel. Min. Cármen Lúcia, Tribunal Pleno, julgado em 13.12.2012, Acórdão Eletrônico *DJe*-051, divulg. 15.03.2013, public 18.03.2013).

Tendo havido publicação do acórdão condenatório, considera-se interrompida a prescrição, ainda que sejam opostos embargos de declaração ou infringentes (em caso de decisão condenatória não unânime).

O Superior Tribunal de Justiça tinha entendimento firmado no sentido de que, se o réu fosse condenado em 1ª instância e o tribunal se limitasse a confirmar a condenação, não haveria nova interrupção em face da ausência de previsão legal, com o argumento de que, ao contrário do que ocorre com a pronúncia, **não** existe previsão de que a prescrição se interrompe "pelo acórdão que confirma a condenação". A propósito: "A jurisprudência do STJ é firme em assinalar que o acórdão confirmatório da sentença não interrompe a prescrição da pretensão punitiva, salvo na hipótese de julgado que modifique a tipificação do delito, alterando substancialmente a condenação" (STJ, AgRg no REsp 1.294.254/SC, Rel. Min. Rogerio Schietti Cruz, 6ª Turma, julgado em 14.03.2017, *DJe* 22.03.2017); "... é pacífica a jurisprudência deste Colendo Tribunal, assentando que os acórdãos confirmatórios da condenação não podem ser considerados como causas interruptivas do prazo prescricional, a teor do que disciplina o art. 117, inciso IV, do Código Penal (redação determinada pela Lei n. 11.596/07)" (STJ — HC 152.373/RO, Rel. Min. Campos Marques (Desembargador Convocado do TJ/PR), 5ª Turma, julgado em 26.02.2013, *DJe* 05.03.2013); "O acórdão confirmatório da condenação não é marco interruptivo. Precedentes desta Corte" (STJ, AgRg no REsp 1.430.857/SP, Rel. Min. Maria Thereza de Assis Moura, 6ª Turma, julgado em 02.12.2014, *DJe* 17.12.2014).

O Plenário do Supremo Tribunal Federal, todavia, no julgamento do HC 176.473, fixou entendimento de que o Código Penal não faz distinção entre acórdão condenatório inicial e acórdão confirmatório de sentença condenatória para fim de interrupção da prescrição. Por isso, o acórdão (decisão colegiada do Tribunal) que confirma a sentença condenatória, por revelar pleno exercício da jurisdição penal, interrompe o prazo prescricional, nos termos do art. 117, inc. IV, do Código Penal. Nesse julgamento, ocorrido em 28 de abril de 2020, a Corte Suprema aprovou a seguinte tese: **"Nos termos do inciso IV do artigo 117 do Código Penal, o acórdão condenatório sempre interrompe a prescrição, inclusive quando confirmatório da sentença de 1º grau, seja mantendo, reduzindo ou aumentando a pena anteriormente imposta"**.

Atualmente, portanto, interrompem a prescrição tanto o acórdão que condena o réu anteriormente absolvido como o que confirma condenação anterior, ainda que modificando a pena.

- **Trânsito em julgado da condenação**

Com o trânsito em julgado da condenação, o prazo de prescrição da pretensão punitiva deixa de fluir, pois, com este, concretiza-se o *jus puniendi* estatal.

32.3.4.4.1.1.5. Alcance dos efeitos interruptivos nos casos de continência (art. 117, § 1º, 1ª parte, do CP)

De acordo com a primeira parte do art. 117, § 1º, do Código Penal, "a *interrupção da prescrição produz efeitos relativamente a todos os autores do crime*". A doutrina costuma dizer que, nestes casos, existe a extensão **subjetiva** dos efeitos das causas interruptivas da prescrição da pretensão punitiva. Esta regra tem aplicação no caso de **continência** em que duas ou mais pessoas cometem em concurso a mesma infração penal. De acordo com o dispositivo, se a denúncia for oferecida apenas em relação a um dos autores do delito, por ser o outro desconhecido, a interrupção pelo recebimento da denúncia estende-se também ao comparsa, de modo que, caso venha a ser identificado futuramente, durante o tramitar da ação, a prescrição será contada da data do recebimento da denúncia em relação ao outro (e não da data do fato). Do mesmo modo, se houver dois réus e apenas um for condenado. A interrupção do prazo prescricional decorrente da sentença condenatória estende-se àquele que foi absolvido (o que será de grande relevância se a acusação recorrer da sentença).

Por fim, lembrando que a instauração de incidente de insanidade mental **não suspende** o prazo prescricional, caso haja desmembramento do feito por ter sido instaurado incidente em relação a um dos réus, a prolação de sentença condenatória em relação ao outro interrompe também o prazo prescricional para aquele que está se sujeitando aos exames para apuração de sua saúde mental. Caso, porém, tenha havido desmembramento do processo em razão da decretação da suspensão da ação penal em relação a corréu citado por edital que não compareceu em juízo e nem nomeou defensor (art. 366 do CPP), a sentença condenatória quanto ao comparsa não estende seus efeitos interruptivos da prescrição em relação àquele para o qual a ação está suspensa, na medida em que, neste caso, a suspensão da ação também gera a suspensão do prazo prescricional. Assim, o prazo que estava suspenso não pode ser interrompido.

32.3.4.4.1.1.6. Alcance dos efeitos interruptivos nos casos de conexão de crimes apurados nos mesmos autos (art. 117, § 1º, 2ª parte, do CP)

Nos termos da 2ª parte do art. 117, § 1º, do Código Penal, "nos crimes conexos, que sejam objeto do mesmo processo, estende-se aos demais a interrupção relativa a qualquer deles". Trata-se da extensão **objetiva** dos efeitos das causas interruptivas da prescrição. Assim, se em virtude da conexão, o réu for acusado de dois crimes em uma mesma ação penal e o juiz de 1ª instância condená-lo por um dos crimes e absolvê-lo quanto ao outro, considera-se interrompida a prescrição em relação aos dois delitos, fator, entretanto, que só terá relevância em caso de recurso da acusação. Da mesma forma, sendo o réu pronunciado pelo crime doloso contra a vida narrado na denúncia, a interrupção da prescrição em relação a este crime estende-se a todos aqueles que lhe sejam conexos e que estejam narrados na inicial acusatória.

Se, apesar da conexão, os crimes forem apurados em processos **distintos**, o presente dispositivo não tem aplicação de acordo com o texto legal.

■ *32.3.4.4.1.1.7. Causas suspensivas da prescrição da pretensão punitiva*

Existem hipóteses de suspensão da prescrição no próprio Código Penal e em outras leis. Nesses casos, cessada a causa suspensiva, **o prazo volta a correr apenas pelo período restante**.

De acordo com a legislação penal, o prazo prescricional não corre:

a) Enquanto não resolvida, em outro processo, questão de que dependa o reconhecimento da existência do crime. Essa regra, contida no art. 116, I, do Código Penal, refere-se às questões prejudiciais. Assim, é possível que o juiz criminal suspenda o processo-crime no qual se apura delito de furto, até que seja resolvido, no juízo cível, se o acusado pela subtração é ou não o dono do objeto. Nesta hipótese, fica também suspenso o prazo prescricional.

De acordo com decisão do Plenário do Supremo Tribunal Federal, proferida em 07 de junho de 2017, "é possível **suspender** a prescrição em casos penais sobrestados por repercussão geral. (...) Conforme os ministros, a suspensão se aplica na ação penal, não se implementando nos inquéritos e procedimentos investigatórios em curso no âmbito do Ministério Público, ficando excluídos também os casos em que haja réu preso. O Plenário ressalvou ainda possibilidade de o juiz, na instância de origem, determinar a produção de provas consideradas urgentes. A decisão se deu no julgamento de questão de ordem no Recurso Extraordinário (RE) 966177. (...) Os ministros definiram que o parágrafo 5º do artigo 1.035 do Código de Processo Civil (CPC), segundo o qual uma vez reconhecida a repercussão geral, o relator no STF determinará a suspensão de todos os processos que versem sobre a questão e tramitem no território nacional, se aplica ao processo penal. Ainda segundo o Tribunal, a decisão quanto à suspensão nacional não é obrigatória, tratando-se de uma discricionariedade do ministro-relator. A suspensão do prazo prescricional ocorrerá a partir do momento em que o relator implementar a regra prevista do CPC. (...) A partir da interpretação conforme a Constituição do artigo 116, inciso I, do Código Penal — até o julgamento definitivo do recurso paradigma pelo Supremo — o relator pode suspender o prazo de prescrição da pretensão punitiva relativa a todos os crimes objeto de ações penais que tenham sido sobrestadas por vinculação ao tema em questão" (*Informativo STF* 868/2017).

b) Enquanto o agente cumpre pena no exterior. Essa regra está descrita no art. 116, II, do Código Penal.

c) Durante a pendência de embargos de declaração ou de recursos aos tribunais superiores, quando inadmissíveis.

Já havíamos mencionado, nas edições anteriores desta obra, que o Supremo Tribunal Federal firmara entendimento no sentido de que, se o prazo prescricional fosse, em tese, atingido durante a tramitação de recurso especial ou extraordinário, não poderia ser declarada, de imediato, a extinção da punibilidade, pois, se o recurso não fosse admitido por falta dos requisitos legais, considerar-se-ia que o acórdão (decisão de 2ª instância) havia transitado em julgado antes da interposição do recurso ao tribunal superior. A não admissão do recurso especial ou extraordinário em tais casos teria consequência semelhante à de sua própria inexistência. Nesse sentido: "Tendo por base a jurisprudência da Corte de que o indeferimento dos recursos especial e extraordinário na origem — porque inadmissíveis — e a manutenção dessas decisões pelo STJ não têm o condão de empecer a formação da coisa julgada (HC 86.125/SP, 2ª Turma, Rel. Min. Ellen Gracie, *DJ* 02.09.2005), o trânsito em julgado da condenação do ora embargante se aperfeiçoou em momento anterior à data limite para a consumação da prescrição, considerada a pena em concreto aplicada" (ARE 737.485/AgR-ED, Rel. Min. Dias Toffoli, 1ª Turma, julgado em 17.03.2015, processo eletrônico *DJe* divulg. 08.04.2015, public. 09.04.2015). No mesmo sentido: HC 126.594/RS, Rel. Min. Gilmar Mendes, *DJe* 31.03.2015; ARE 806.216/DF, Rel. Min. Dias Toffoli, *DJe* 03.02.2015; HC 125.054/RS, Rel. Min. Cármen Lúcia, *DJe* 06.11.2014.

Posteriormente, a Lei n. 13.964/2019, inseriu no art. 116, III, do Código Penal, regra expressa no sentido de que a prescrição fica suspensa enquanto pendente recurso especial e recurso extraordinário, desde que estes não sejam admitidos. Em suma, uma vez interposto recurso especial ou extraordinário, o prazo prescricional deixa de correr. Se o recurso, futuramente, **não for admitido** pela falta dos requisitos legais, considerar-se-á ter havido trânsito em julgado, descontando-se o prazo da suspensão. Lembre-se que os recursos especial e extraordinário têm diversos requisitos específicos (não bastando o mero inconformismo) e, por tal razão, antes da análise efetiva do mérito pelos tribunais superiores deve ser feito o chamado juízo de admissibilidade, justamente para a verificação da presença de tais requisitos. Esse juízo de admissibilidade é feito, inicialmente, no próprio tribunal de origem, e, posteriormente, pelo tribunal superior.

Observe-se que era razoavelmente comum que a Defesa, verificando a possibilidade de alcançar o prazo prescricional, interpusesse recursos meramente procrastinatórios aos tribunais superiores, para evitar o trânsito em julgado da condenação e buscar a prescrição. Tais recursos, em regra, não preenchiam os requisitos legais, mas, em muitos casos, apesar de não admitidos, levavam à prescrição do delito pelo fato de o prazo continuar em andamento. Com a nova regra temos as seguintes situações: interposto o recurso especial ou extraordinário, a prescrição fica suspensa. Se o recurso não for admitido pela falta de algum dos requisitos legais, a decisão anterior transitará em julgado, não se computando o prazo de suspensão. Admitido o recurso especial ou extraordinário pela presença dos requisitos legais, a prescrição é computada normalmente desde a interposição destes recursos, ainda que a Corte Superior negue provimento ao mérito do recurso.

Em suma, enquanto tramitar um recurso especial ou extraordinário não pode ser decretada a prescrição porque o prazo prescricional está suspenso (exceto, obviamente, se o prazo prescricional havia sido atingido antes). Se, todavia, o recurso for admitido pela presença dos requisitos necessários, o prazo prescricional é contado desde a interposição de tal recurso. É como se a suspensão não tivesse existido.

O mesmo raciocínio vale em relação aos embargos de declaração.

d) Enquanto não cumprido ou não rescindido o acordo de não persecução penal.

Esse acordo está regulamentado no art. 28-A, do Código de Processo Penal. De acordo com tal dispositivo, tendo o investigado confessado formal e circunstancialmente a prática de infração penal com pena mínima **inferior a 4 anos** e cometida sem violência ou grave ameaça, o Ministério Público poderá propor acordo de não persecução penal, desde que necessário e suficiente para reprovação e prevenção do crime, mediante uma série de condições ajustadas com o autor do delito. O acordo de não persecução penal será formalizado por escrito e será firmado pelo membro do Ministério Público, pelo investigado e por seu Defensor. Homologado judicialmente o acordo de não persecução penal, o juiz devolverá os autos ao Ministério Público para que inicie sua execução perante o juízo de execução penal. Descumpridas quaisquer das condições estipuladas no acordo de não persecução penal, o Ministério Público deverá comunicar ao juízo, para fins de sua rescisão e posterior oferecimento de denúncia. Cumprido integralmente o acordo de não persecução penal, o juízo competente decretará a extinção de punibilidade.

A prescrição fica suspensa desde a homologação judicial até o cumprimento do acordo ou a sua rescisão.

Essa regra encontra-se no art. 116, IV, do Código Penal, tendo sido inserida pela Lei n. 13.964/2019.

e) Durante o tempo que durar a sustação de processo que apura infração penal cometida por deputado ou senador, por crime ocorrido após a diplomação. Estabelece o art. 53, §§ 3º e 5º, da Constituição Federal, com a redação dada pela Emenda Constitucional n. 35, que, recebida a denúncia pelo Supremo Tribunal Federal, será dada ciência à Casa respectiva (Câmara ou Senado), de forma que, em seguida, qualquer partido político nela representado possa solicitar a sustação do andamento do processo. Assim, se pelo voto da maioria dos membros da Casa for aprovada a sustação, ficará também suspensa a prescrição, enquanto durar o mandato.

f) Durante o período de suspensão condicional do processo. Nos termos do art. 89, § 6º, da Lei n. 9.099/95, nos crimes com pena mínima não superior a 1 ano, se o réu preencher determinados requisitos, a ação poderá ser suspensa por período de 2 a 4 anos, ficando o réu sujeito ao cumprimento de algumas condições. Assim, durante o período de prova, fica também suspenso o lapso prescricional. Se, ao término do prazo, o acusado não tiver dado causa à revogação do benefício, o juiz decretará a extinção da punibilidade (§ 5º). Se, entretanto, for revogado, o processo retoma seu curso normal, voltando a correr o lapso prescricional pelo período restante.

g) Se o acusado, citado por edital, não comparecer em juízo, nem constituir advogado. Essa regra encontra-se no art. 366 do Código de Processo Penal (com a redação dada pela Lei n. 9.271/96) e estabelece que, em tal hipótese, ficarão suspensos o processo e o curso da prescrição. Se o réu for encontrado ou se nomear defensor, a ação penal e o prazo prescricional retomam seu curso.

h) Durante o prazo para cumprimento de carta rogatória de acusado que está no estrangeiro em lugar sabido. Trata-se de inovação trazida pela Lei n. 9.271/96, que alterou a redação do art. 368 do Código de Processo Penal.

Se o réu está em local desconhecido no estrangeiro, deve ser citado por edital, aplicando-se a regra suspensiva do tópico anterior.

i) Durante o período em que a pessoa jurídica relacionada com o agente estiver incluída no regime de parcelamento nos crimes contra a ordem tributária da Lei n. 8.137/90, apropriação indébita previdenciária (art. 168-A do CP) e sonegação de contribuição previdenciária (art. 337-A do CP).

j) Nos crimes contra a ordem econômica, tipificados na Lei n. 8.137/90, se houver celebração de acordo de leniência. O art. 87 da Lei n. 12.529/2011 determina que a celebração de tal acordo suspende o curso do prazo prescricional e impede o oferecimento da denúncia. Tal regra também se aplica aos crimes diretamente relacionados à prática de cartel, tais como os tipificados na Lei n. 8.666/93 e os de associação criminosa (art. 288 do CP, com a redação dada pela Lei n. 12.850/2013) relacionados com tais condutas.

Acordo de leniência é aquele feito pelo infrator no sentido de colaborar efetivamente com as investigações.

k) No caso de integrante de organização criminosa que tenha celebrado acordo de colaboração premiada, o prazo para o oferecimento da denúncia ou a tramitação do processo poderão ser suspensos por até seis meses, prorrogáveis por igual prazo, até que sejam cumpridas as medidas de colaboração. Durante esse tempo, o prazo prescricional fica também suspenso, nos termos do art. 4º, § 3º, da Lei n. 12.850/2013.

Essa enumeração das causas suspensivas é **taxativa**, devendo-se ressalvar que a suspensão do processo em razão da instauração de incidente de **insanidade mental** (art. 149 do CPP) **não** suspende o lapso prescricional.

PRESCRIÇÃO DA PRETENSÃO PUNITIVA

1) **Conceito:** é a perda do direito de punir do Estado em face do não exercício do direito de ação dentro do prazo ou da demora na prolação da sentença final. Assim, esta forma de prescrição impede o início ou interrompe a ação que está em andamento. O autor da infração mantém-se primário.

2) **Prazos:** são verificados de acordo com o máximo da pena cominada em abstrato, conforme as seguintes regras do art. 109 do Código Penal: a) inferior a 1 ano, prescreve em 3; b) de 1 a 2 anos, prescreve em 4; c) superior a 2 e até 4 anos, prescreve em 8; d) superior a 4 e até 8 anos, prescreve em 12; e) superior a 8 e até 12 anos, prescreve em 16; f) superior a 12 anos, prescreve em 20. Esses prazos são reduzidos pela metade se o réu for menor de 21 anos na data do fato ou maior de 70 por ocasião da sentença.

3) **Início do prazo:** a) a partir da consumação do crime; b) a partir do último ato de execução nos crimes tentados; c) da data em que cessar a prática do crime, nos delitos permanentes; d) da data em que o fato se tornar conhecido, nos crimes de bigamia ou alteração de assento de registro civil; e) nos crimes contra a dignidade sexual de criança ou adolescente, previstos no CP ou em lei especial, da data em que a vítima completar 18 anos, salvo se antes disso a ação penal já tiver sido proposta. *Observação:* no caso de concurso de crimes, a prescrição deve ser analisada isoladamente da data de consumação de cada um.

4) **Interrupção da prescrição:** a) pelo recebimento da denúncia ou queixa; b) pela pronúncia; c) pela confirmação da pronúncia; d) pela publicação da sentença ou acórdão condenatórios, bem como de acórdão confirmatório de condenação; e) pelo trânsito em julgado da sentença. Em tais casos, o prazo se reinicia.

5) **Suspensão da prescrição:** a) enquanto não resolvida, em outro processo, questão prejudicial de que dependa o reconhecimento da existência do crime; b) enquanto o réu cumpre pena no estrangeiro; c) pendência de embargos de declaração ou de recursos aos tribunais superiores, quando inadmissíveis; d) enquanto não cumprido ou não rescindido o acordo de não persecução penal; e) quando ocorrer sustação de processo que apura infração penal cometida por deputado ou senador, por crime ocorrido após a diplomação; f) durante o período de suspensão condicional do processo; g) se o acusado, citado por edital, não comparecer, nem constituir defensor; h) pela expedição de carta rogatória para citar réu que se encontra no estrangeiro em local conhecido; i) durante o período em que a pessoa jurídica relacionada com o agente estiver incluída no regime de parcelamento nos crimes contra a ordem tributária da Lei n. 8.137/90, apropriação indébita previdenciária (art. 168-A do CP) e sonegação de contribuição previdenciária (art. 337-A do CP); j) se houver celebração de acordo de leniência, nos crimes contra a ordem econômica, tipificados na Lei n. 8.137/90; k) no caso de integrante de organização criminosa que tenha celebrado acordo de colaboração premiada, o prazo para o oferecimento da denúncia ou a tramitação do processo poderão ser suspensos por até seis meses, prorrogáveis por igual prazo, até que sejam cumpridas as medidas de colaboração. *Observação:* nos casos de suspensão, cessada a causa, o prazo volta a correr somente pelo período restante.

■ *32.3.4.4.1.2. Prescrição da pretensão punitiva pela pena em concreto (retroativa e intercorrente)*

Antes da sentença de 1º grau, não se sabe exatamente qual será a pena fixada pelo juiz. Por isso, o prazo prescricional deve ser buscado com base no máximo da pena em abstrato. Por ocasião da sentença de primeira instância, o juiz fixa determinada pena, que, entretanto, pode ser aumentada pelo Tribunal em face de recurso da acusação. Acontece que, se não houver recurso da **acusação** ou sendo este **improvido**, é possível que se saiba, antes mesmo do trânsito em julgado, qual o patamar máximo que a pena do réu poderá atingir. Em razão disso, estabelece o art. 110, § 1º, do Código Penal, com redação dada pela Lei n. 12.234/2010, que a "prescrição, depois da sentença condenatória transitada em julgado para a acusação, ou depois de improvido seu recurso, regula-se pela pena aplicada, não podendo em nenhuma hipótese, ter por termo inicial data anterior à da denúncia ou queixa".

Assim, suponha-se que o réu esteja sendo acusado por furto simples (art. 155, *caput*, do CP), delito cuja pena privativa de liberdade é de reclusão de 1 a 4 anos. Antes da sentença, a prescrição pela pena em abstrato é de 8 anos. Acontece que o juiz, ao sentenciar, fixa pena de 1 ano e o **Ministério Público não apela para aumentá-la**. Dessa forma, considerando que o art. 617 do Código de Processo Penal veda o aumento da pena em recurso exclusivo da defesa (proibição da *reformatio in pejus*), estabeleceu o legislador que, mesmo não tendo, ainda, havido o trânsito em julgado, passar-se-á a ter por base, para fim de prescrição, a pena fixada na sentença, uma vez que ela não mais poderá ser aumentada. Desse modo, como a pena foi fixada em 1 ano, a prescrição ocorrerá em 4 anos (art. 109, V, do CP). Por conclusão, se após a publicação da sentença de 1º grau transcorrer tal prazo de 4 anos sem que tenha sido julgado o recurso da defesa, terá havido a prescrição **intercorrente**, também chamada de **superveniente**. Neste caso, o tribunal, verificando o decurso do prazo de 4 anos, sequer deverá apreciar o mérito de tal recurso, declarando, de imediato, a prescrição intercorrente.

Por sua vez, se houver recurso da acusação que possa de alguma forma aumentar a pena, a prescrição após a sentença de 1ª instância continuará a correr pelo máximo da pena em abstrato, de modo que, no exemplo acima, se já tiver decorrido o prazo de 5 anos desde a publicação da sentença, o tribunal deverá julgar o mérito dos recursos (não poderá decretar, de imediato, a prescrição intercorrente). Caso o recurso da acusação seja improvido (e não haja interposição de recurso especial ou extraordinário para aumentar a pena), só então se poderá reconhecer que houve prescrição intercorrente pelo decurso do prazo de 4 anos desde a publicação da sentença de 1º grau (esta hipótese encontra-se expressamente regulada pelo art. 110, § 1º, do CP).

Além disso, se após a prolação da sentença não houver recurso da acusação ou depois que seja ele improvido, haverá a chamada prescrição **retroativa** (no exemplo acima do furto simples) se, entre a data do recebimento da denúncia e a sentença de 1º grau, tiver decorrido o prazo de 4 anos. Haverá ainda prescrição retroativa, na hipótese de haver decorrido referido prazo entre o oferecimento e o recebimento da denúncia ou queixa, uma vez que a Lei n. 12.234/2010 só proíbe a prescrição retroativa em data anterior ao seu **oferecimento**. Esta hipótese, em regra, mostra-se presente quando o juiz rejeita a denúncia que só é recebida muito tempo depois pelo tribunal.

Em suma, após o trânsito em julgado para a acusação ou o improvimento de seu recurso, a prescrição passa a ser analisada com base na pena em concreto, de acordo com os mesmos patamares do art. 109 (pena aplicada inferior a 1 ano prescreve em 3; pena de 1 ano até 2 anos prescreve em 4 etc.). Assim, deverá ser feita análise em relação a momentos processuais anteriores (prescrição retroativa), para verificar se entre as causas interruptivas transcorreu tal período (agora de acordo com a pena em concreto), ou seja: a) entre o oferecimento da denúncia (termo *a quo* da prescrição retroativa) e seu recebimento; b) entre o recebimento da denúncia ou queixa e a publicação da sentença condenatória de 1º grau ou a de pronúncia, no rito do júri; c) entre a pronúncia e o seu acórdão confirmatório; d) entre a pronúncia (ou seu acórdão confirmatório, se tiver havido recurso contra aquela) e a publicação da sentença no plenário do júri. Além disso, poderá haver a prescrição intercorrente se transcorrer o prazo prescricional baseado na pena em concreto após a publicação da sentença de 1ª instância, caso ainda não julgado o recurso da defesa.

A prescrição retroativa e a prescrição intercorrente são formas de prescrição da pretensão **punitiva** e, por esse motivo, afastam todos os efeitos, principais e secundários, penais e extrapenais, da condenação.

■ *32.3.4.4.1.2.1. Vedação da prescrição retroativa anterior ao oferecimento da denúncia ou queixa*

O § 2º, do art. 110 do Código Penal, estabelecia que "a prescrição, de que trata o parágrafo anterior, pode ter por termo inicial data anterior à do recebimento da denúncia ou queixa", ou seja, permitia que a prescrição retroativa fosse reconhecida entre o fato criminoso e o recebimento da denúncia ou queixa. Ocorre que esse § 2º foi expressamente revogado pela Lei n. 12.234/2010, e a nova redação dada pela mesma lei ao art. 110, § 1º, de forma veemente, veda a prescrição retroativa entre o fato e o oferecimento da denúncia ou queixa. Atualmente, portanto, podemos estabelecer as seguintes regras:

a) na prescrição pela pena máxima em abstrato, o primeiro prazo prescricional (termo *a quo*) tem seu curso, em regra, com a consumação do crime;

b) em relação à prescrição retroativa, o primeiro prazo prescricional tem início com o oferecimento da denúncia;

c) na prescrição intercorrente, o termo *a quo* é a publicação da sentença de 1ª instância.

A Lei n. 12.234/2010 não alcança fatos anteriores à sua entrada em vigor (06 de maio de 2010), uma vez que ela é prejudicial aos criminosos por deixar de admitir uma das hipóteses de prescrição retroativa antes existente.

De qualquer forma, o art. 110, § 1º, do Código Penal é expresso e continua permitindo a prescrição retroativa em situações posteriores ao oferecimento da denúncia ou queixa.

32.3.4.4.1.2.2. *Subsistência e alcance da prescrição retroativa após as modificações da Lei n. 12.234/2010*

Os apontamentos feitos nos tópicos anteriores em relação ao instituto da prescrição retroativa levaram em conta a expressa redação do art. 110, § 1º, do Código Penal, após o advento da Lei n. 12.234/2010, sendo esta a interpretação que tem sido dada pela maioria dos doutrinadores e pela jurisprudência. De acordo com tal interpretação, repita-se, a prescrição retroativa ainda é possível, porém somente após o oferecimento da denúncia. Surgiram, entretanto, outras duas correntes com interpretações diametralmente opostas:

a) É **inconstitucional** a alteração feita pela Lei n. 12.234/2010 no art. 110, § 1º, do Código Penal, de modo que a prescrição retroativa continua existindo tal como antes do advento da referida lei. Para esta corrente, proibir a prescrição retroativa antes do oferecimento da denúncia fere os princípios da proporcionalidade e da duração razoável do processo (art. 5º, LXXVIII, da CF). Argumenta-se que não existe razão para a distinção feita pelo legislador permitindo a prescrição retroativa após a denúncia ou queixa e vedando-a antes disso. Este é, resumidamente, o pensamento de Cezar Roberto Bitencourt[4].

É possível, entretanto, contra-argumentar, sustentando que a razão da diferenciação é que a prescrição não se baseia apenas na inércia ou desídia dos responsáveis pela persecução penal (autoridades policiais, órgãos do Ministério Público etc.), mas em dificuldades por eles encontradas na investigação e, principalmente,

---

[4] Cezar Roberto Bitencourt, *Tratado de direito penal*, Parte geral, 16. ed., p. 817-831.

no fato de a autoria permanecer ignorada por tempo prolongado em muitos casos (ou até eternamente). O legislador, portanto, teria pretendido conferir maior tempo para as investigações justamente por levar em conta a possibilidade de a autoria demorar a ser desvendada, não em razão de desídia dos investigadores, mas por dificuldades inerentes ao crime ou provocadas pelos criminosos. Já depois do oferecimento da denúncia ou queixa, com a especificação da conduta delituosa e da perfeita identificação do acusado, não se justificam eventuais delongas, que, aqui sim, podem ser reputadas ao Estado, que não dotou, por exemplo, o Judiciário de magistrados ou funcionários suficientes ou que não foi capaz de evitar as manobras defensivas protelatórias (o juiz pode indeferi-las ou fixar prazo razoável para sua realização). Por isso, parece-nos pertinente e constitucional a diferenciação.

O Supremo Tribunal Federal, por seu Plenário, proferiu decisão declarando a **constitucionalidade** do dispositivo: "Penal. Prescrição da pretensão punitiva, na modalidade retroativa, com base na pena aplicada na sentença. Incidência entre a data do fato e a do recebimento da denúncia. Inadmissibilidade. Inteligência do art. 110, § 1º, do Código Penal, com a redação dada pela Lei n. 12.234/10. Abolição, apenas parcial, dessa modalidade de prescrição. Exame da proporcionalidade em sentido amplo. Submissão da alteração legislativa aos testes da idoneidade (adequação), da necessidade e da proporcionalidade em sentido estrito. Constitucionalidade reconhecida. Liberdade de conformação do legislador. Inexistência de ofensa aos princípios da dignidade da pessoa humana (art. 1º, III, CF), da humanidade da pena, da culpabilidade, da individualização da pena (art. 5º, XLVI, CF), da isonomia (art. 5º, II, CF) e da razoável duração do processo (art. 5º, LXXVIII, CF). Análise de legislação comparada em matéria de prescrição penal. Ordem denegada. 1. A Lei n. 12.234/10, ao dar nova redação ao art. 110, § 1º, do Código Penal, não aboliu a prescrição da pretensão punitiva, na modalidade retroativa, fundada na pena aplicada na sentença. Apenas vedou, quanto aos crimes praticados na sua vigência, seu reconhecimento entre a data do fato e a do recebimento da denúncia ou da queixa. 2. Essa vedação é proporcional em sentido amplo e não viola os princípios da dignidade da pessoa humana (art. 1º, III, CF), da humanidade da pena (art. 5º, XLVII e XLIX, CF), da culpabilidade, da individualização da pena (art. 5º, XLVI, CF), da isonomia (art. 5º, II, CF) ou da razoável duração do processo (art. 5º, LXXVIII, CF). 3. A Lei n. 12.234/10 se insere na liberdade de conformação do legislador, que tem legitimidade democrática para escolher os meios que reputar adequados para a consecução de determinados objetivos, desde que eles não lhe sejam vedados pela Constituição nem violem a proporcionalidade. 4. É constitucional, portanto, o art. 110, § 1º, do Código Penal, com a redação dada pela Lei n. 12.234/10. 5. Ordem de *habeas corpus* denegada" (HC 122.694, Rel. Min. Dias Toffoli, Tribunal Pleno, julgado em 10.12.2014, processo eletrônico *DJe*-032 divulg. 18.02.2015, public. 19.02.2015).

b) A prescrição retroativa também deixou de ser possível após o oferecimento da denúncia, não existindo mais referido instituto depois do advento da

Lei n. 12.234/2010. Esta é a opinião de Damásio de Jesus[5], segundo o qual: "a Lei n. 12.234/2010 não excluiu somente um período prescricional antecedente por via da desconsideração do prazo prescribente entre o fato e o recebimento da denúncia ou queixa. Aplicando interpretação gramatical, teleológica e sistemática, além do elemento histórico e de Política Criminal e, com isso, alcançando o sentido literal da norma (resultado), estamos seguramente convencidos de que ela declarou a extinção integral da prescrição retroativa (sobre o valor da interpretação gramatical, lógica e do elemento histórico, René Ariel Dotti, *Curso de Direito Penal, Parte Geral*, São Paulo, capítulo VI). Não resta dúvida de que foi esta a vontade do legislador, como se vê nos trabalhos preparatórios do Congresso Nacional. Conhecemos a secular prevalência da vontade da lei sobre a de seu autor. Não se despreza, porém, que a *voluntas legislatori* seja apreciada como elemento auxiliar interpretativo (José Frederico Marques, *Tratado de Direito Penal*, Campinas, Bookseller, 1997, v. I, p. 208. Dispõe o art. 9º, 1, do Código Civil português de 1966: a interpretação deve reconstituir, a partir dos textos, o pensamento legislativo). Como afirmam Ney Fayet Júnior e Karina Brack, ela é 'mais um dado no fomento da discussão' (Da interrupção do curso da prescrição penal, in *Prescrição penal* — temas atuais e controvertidos, Porto Alegre, Livraria do Advogado Editora, 2009, p. 32, n. 2.2.2.1)".

O problema quanto a esta corrente é que, ainda que tenha sido a intenção do legislador extirpar toda e qualquer forma de prescrição retroativa, a realidade é que o texto aprovado e sancionado só veda expressamente sua aplicação a fatos anteriores ao oferecimento da denúncia ou queixa. Assim, a extensão de sua proibição para período posterior ao oferecimento da peça acusatória dificilmente será aceita pela jurisprudência, pois constituir-se-ia em interpretação desfavorável aos réus.

■ 32.3.4.4.1.2.3. Prescrição antecipada, virtual ou pela pena em perspectiva

Essa forma de prescrição não está prevista na lei, mas vinha sendo admitida por grande parte da doutrina e da jurisprudência. Atualmente, porém, é vedada por súmula do Superior Tribunal de Justiça.

Suponha-se que uma pessoa tenha sido indiciada em inquérito policial por crime de periclitação da vida (art. 132 do CP), cuja pena é detenção de 3 meses a 1 ano. Assim, o crime prescreve, pela pena em abstrato, em 4 anos. O promotor de justiça, entretanto, ao receber o inquérito policial, mais de 3 anos após a consumação do crime, percebe que o acusado é primário e que o crime não se revestiu de especial gravidade, de forma que o juiz, ao prolatar a sentença, certamente não irá aplicar a pena máxima de 1 ano. Dessa forma, considerando que a pena fixada na sentença será inferior a 1 ano, inevitável, em caso de condenação, o reconhecimento da prescrição retroativa, pois, pela pena a ser fixada, a prescrição teria ocorrido após 3 anos. *Seria possível, então, que o Ministério Público pleiteasse o arquivamento do feito com base nesse fato?*

---

[5] Damásio de Jesus, *Direito penal*: parte geral. 33. ed. São Paulo: Saraiva, 2012, v. 1, p. 780.

Alguns julgados entendiam que não, por não haver previsão legal nesse sentido. Por outro lado, sustentava-se a possibilidade de tal pedido com base na inexistência de **interesse de agir** por parte do órgão acusador. Com efeito, "a utilidade do processo traduz-se na eficácia da atividade jurisdicional para satisfazer o interesse do autor. Se, de plano, for possível perceber a inutilidade da persecução penal aos fins a que se presta, dir-se-á que inexiste interesse de agir. É o caso, *e.g.*, de se oferecer denúncia quando, pela análise da pena possível de ser imposta ao final, se eventualmente comprovada a culpabilidade do réu, já se pode antever a ocorrência da prescrição retroativa. Nesse caso, toda a atividade jurisdicional será inútil; falta, portanto, interesse de agir"[6]. Assim, embora a tese não fosse aceita pelos tribunais superiores, na prática era muito comum sua aplicação por juízes e promotores. Ocorre que, em 13 de maio de 2010, o Superior Tribunal de Justiça aprovou a **Súmula n. 438**, estabelecendo que "é inadmissível a extinção da punibilidade pela prescrição da pretensão punitiva com fundamento em pena hipotética, independentemente da existência ou da sorte do processo penal". Tal Súmula, portanto, proíbe a prescrição antecipada e obriga o Ministério Público ao oferecimento da denúncia se existirem indícios de autoria e materialidade. De qualquer modo, a Lei n. 12.234/2010 acabou com a prescrição retroativa entre a data do fato e o oferecimento da denúncia e inviabilizou o instituto da prescrição antecipada.

No caso acima (pena de 3 meses a 1 ano), alguns juízes também entendiam possível a prescrição antecipada se a denúncia fosse oferecida logo após o crime, porém, após o seu recebimento se passassem, por exemplo, 3 anos sem a prolação da sentença, o que tornaria inevitável a prescrição retroativa. A Súmula n. 438 do Superior Tribunal de Justiça, porém, expressamente vedou tal possibilidade.

■ 32.3.4.4.2. *Prescrição da pretensão executória*

No caso de ser o réu condenado por sentença transitada em julgado, surge para o Estado o interesse de **executar** a pena imposta pelo juiz. Esta é a **pretensão** executória, que também está sujeita a prazos. Assim, se o Estado não consegue dar início à execução penal dentro desses prazos estabelecidos, ocorre a prescrição da pretensão **executória**, chamada por alguns de **prescrição da pena**.

Ao contrário do que ocorre com a prescrição da pretensão punitiva, essa espécie de prescrição atinge apenas a pena **principal**, permanecendo os demais efeitos condenatórios. Assim, se no futuro o sentenciado vier a cometer novo crime, será considerado **reincidente**. Continuará, ainda, com a obrigação de indenizar a vítima como efeito da condenação.

O prazo prescricional da pretensão executória rege-se pela **pena fixada na sentença** transitada em julgado, de acordo com os patamares descritos no art. 109 do Código Penal. Assim, se alguém for condenado a 3 anos de reclusão, a pena prescreverá em 8 anos; se for condenado a 7 anos, a pena prescreverá em 12.

---

[6] Fernando Capez, *Curso de processo penal*, 12. ed., p. 104.

Saliente-se que, se o juiz, na sentença, reconhecer que o réu é **reincidente**, o prazo da prescrição da pretensão executória será aumentado em **1/3** (art. 110, *caput, in fine*). A reincidência, entretanto, **não** influi no prazo da prescrição da pretensão **punitiva** (Súmula n. 220 do STJ).

Nos termos do art. 115 do Código Penal, o prazo da prescrição da pena será também reduzido pela metade, se o sentenciado era **menor de 21 anos na data do fato ou maior de 70 na data da sentença**.

■ *32.3.4.4.2.1. Termos iniciais do prazo da prescrição da pretensão executória*

Os **termos iniciais** da prescrição da pretensão executória seguem os ditames do art. 112 do Código Penal. Tais prazos, assim, se iniciam:

a) Da data em que transita em julgado a sentença para a acusação. A interpretação dada a esse dispositivo pelo **Superior Tribunal de Justiça** é a seguinte: se a sentença transita em julgado para o Ministério Público em 10 de junho de 2017 e a defesa interpõe recurso pleiteando a absolvição, recurso este que é improvido pelo Tribunal, que mantém a condenação, o prazo da prescrição da pena começa a ser contado exatamente a partir de 10 de junho de 2017. Nesse sentido: "1. No âmbito deste Superior Tribunal, prevalece o entendimento de que o termo inicial da contagem do prazo da prescrição executória é a data do trânsito em julgado para a acusação, consoante a interpretação literal do art. 112 do CP, mais benéfica ao condenado" (STJ, AgRg no RHC 94.376/SP, Rel. Min. Rogerio Schietti Cruz, julgado em 17.05.2018, *DJe* 01.06.2018). Não se confunda essa hipótese com a prescrição intercorrente que se dá antes do trânsito em julgado **para uma das partes** (defesa). Na hipótese em análise (prescrição da pretensão executória), há trânsito em julgado para ambas as partes, **sendo que, de acordo com o Superior Tribunal de Justiça, tão somente o início do prazo é contado a partir do trânsito em julgado para a acusação**.

Esta interpretação é muito criticada porque permite que o curso do prazo de prescrição da pena tenha início antes que seja possível ao Estado determinar o seu cumprimento.

Em razão dessas críticas surgiu controvérsia no bojo do próprio Supremo Tribunal Federal. De um lado, muitos julgados reconhecem que a prescrição da pretensão executória inicia-se efetivamente com o trânsito em julgado para a acusação, nos exatos termos do art. 112, I, do Código Penal: "A prescrição regula-se pela pena aplicada depois de proferida a sentença condenatória, sendo que, cuidando-se de execução da pena, o lapso prescricional flui do dia em que transitado em julgado para a acusação, conforme previsto no artigo 112 combinado com o artigo 110 do Código Penal. Precedentes: HC 113.715, Rel. Min. Cármen Lúcia, 2ª Turma, *DJe* 28.05.2013, HC 110.133, Rel. Min. Luiz Fux, 1ª Turma, *DJe* 19.04.2012, ARE 758.903, Rel. Min. Cármen Lúcia, 2ª Turma, *DJe* 24.09.2013" (STF, ARE 764.385 AgR, Rel. Min. Luiz Fux, 1ª Turma, julgado em 13.05.2014, processo eletrônico *DJe*-102 divulg. 28.05.2014, public. 29.05.2014). De outro lado, alguns julgados entendem que o dispositivo em questão não foi recepcionado pela Constituição Federal, pois, em razão do princípio da presunção de inocência, somente se pode cogitar de prescrição da pena após o trânsito em julgado para ambas as partes. Nesse sentido: "O princípio da presunção de inocência ou da não culpabilidade, tal como interpretado pelo STF, deve repercutir no marco inicial da contagem da prescrição da pretensão executória, originariamente regulado pelo art. 112, I do Código Penal. 4. Como consequência das premissas estabelecidas, o início da contagem do prazo de prescrição somente se dá quando a pretensão executória pode ser exercida" (STF, HC 107.710 AgR, Rel. Min. Roberto Barroso, 1ª Turma, julgado em 09.06.2015, processo eletrônico *DJe*-128 divulg. 30.06.2015, public. 01.07.2015). Também nesse sentido, veja-se ARE 682.013 AgR, Rel. Min. Rosa Weber, 1ª Turma, julgado em 11.12.2012, acórdão eletrônico *DJe*-025 divulg. 05.02.2013, public. 06.02.2013.

Devido à divergência que se instalou na Corte Suprema, foi reconhecida a repercussão geral em relação ao tema n. 788, e, em razão disso, o Plenário do Supremo Tribunal Federal analisará a questão e decidirá em definitivo acerca da constitucionalidade do art. 112, I, do Código Penal. Eis a ementa da decisão em que reconhecida a repercussão geral: "Ementa Constitucional. Penal. Extinção da punibilidade. Termo inicial para a contagem da prescrição na modalidade executória. Trânsito em julgado somente para a acusação. Artigo 112, inciso I, do Código Penal. Necessidade de harmonização do referido instituto penal com o ordenamento jurídico constitucional vigente, diante dos postulados da estrita legalidade e da presunção de inocência (CF, art. 5º, incisos II e LVII). Questão eminentemente constitucional. Matéria passível de repetição em inúmeros processos, a repercutir na esfera do interesse público. Tema com repercussão geral" (STF, ARE 848.107 RG, Rel. Min. Dias Toffoli, julgado em 11.12.2014, processo eletrônico *DJe*-033, divulg. 19.02.2015, public. 20.02.2015).

Observe-se que o Plenário do Supremo Tribunal Federal, no julgamento do HC 176.473, em 28 de abril de 2020, firmou entendimento de que o Código Penal não faz distinção entre acórdão condenatório inicial e acórdão confirmatório de sentença condenatória para fim de interrupção da prescrição. Por isso, o acórdão (decisão colegiada do Tribunal) que confirma a sentença condenatória, por revelar pleno exercício da jurisdição penal, interrompe o prazo prescricional, nos termos do art. 117, inc. IV, do Código Penal. Nesse julgamento, a Corte Suprema aprovou a seguinte tese: "Nos termos do inciso IV do artigo 117 do Código Penal, o acórdão condenatório sempre interrompe a prescrição, inclusive quando confirmatório da sentença de 1º grau, seja mantendo, reduzindo ou aumentando a pena anteriormente imposta". Após essa decisão, que diz que o acórdão confirmatório de condenação interrompe a prescrição da pretensão **punitiva**, será difícil ao Superior Tribunal de Justiça sustentar que a pretensão da pretensão **executória** continua a ser contada do trânsito em julgado para o Ministério Público em relação à sentença de primeiro grau.

b) Da data da revogação da suspensão condicional da pena (*sursis*) ou do livramento condicional. Nessas duas hipóteses, não basta a concessão do *sursis* ou do livramento pelo juiz, sendo necessário que o agente já esteja no gozo do benefício e sobrevenha decisão revogatória. Assim, quando o *sursis* é concedido na sentença, mas o réu não é encontrado para iniciar o seu cumprimento (audiência admonitória), o juiz torna-o sem efeito, determinando a expedição do mandado de prisão. Nesse caso, não houve revogação, porque o período de prova não tinha começado, de tal modo que o termo inicial da prescrição será aquele do item anterior.

No caso de revogação do *sursis*, o condenado deve cumprir integralmente a pena aplicada na sentença, e é com base nesta que se calcula a prescrição. Já em relação ao livramento condicional, se a causa da revogação for a condenação por crime **anterior** ao benefício, o tempo em que o acusado esteve em período de prova será descontado, de modo que é com base na pena restante que deve ser efetuado o cálculo da prescrição da pretensão executória (art. 113 do CP).

c) Do dia em que se interrompe a execução, salvo quando o tempo de interrupção deva computar-se na pena. Em face desse dispositivo, se o condenado foge da prisão, passa a correr o prazo prescricional. Nesse caso, o prazo será também regulado pelo tempo restante da pena. Assim, se o sujeito foi condenado a 8 anos de reclusão e já cumpriu 7 anos e 6 meses da pena imposta, a prescrição da pretensão executória dar-se-á em 3 anos, pois faltam apenas 6 meses de pena a ser cumprida. Essas regras não valem apenas para casos de fuga, aplicando-se também às hipóteses em que a execução é interrompida pelo abandono do regime aberto ou pelo descumprimento da pena restritiva de direitos.

Quando sobrevém doença mental ao condenado e a perícia constata que ele pode ser submetido a tratamento de duração breve, deve o juiz determinar que seja removido para hospital psiquiátrico (art. 41 do CP) de modo que, após ter alta, retornará ao sistema prisional. Em tal caso, o tempo de internação será descontado da pena, de modo que a determinação da internação não dará início ao curso do prazo prescricional.

- **Detração, prisão provisória e prescrição**

No caso de **evasão** do condenado ou de **revogação** do livramento condicional, o prazo de prescrição da pretensão executória é regulado de acordo com o **tempo restante** da pena, nos termos do art. 113 do Código Penal. Esta regra, entretanto, não se aplica em relação ao tempo de prisão provisória por não haver menção a este respeito no dispositivo referido. Assim, se uma pessoa permaneceu presa por 6 meses e foi solta durante o transcorrer da ação penal e, ao final, foi condenada a 8 anos e 3 meses, o cumprimento da pena deve iniciar-se em 16 anos, que é prazo prescricional referente a penas maiores do que 8 e não superiores a 12 anos (art. 109, II, do CP). Não se descontam para análise de prescrição da pretensão executória os 6 meses que o réu permaneceu preso durante a ação penal, pois, se tal desconto fosse feito, a prescrição da pena dar-se-ia em 12 anos (art. 109, III, do CP). O art. 387, § 2º, do Código de Processo Penal, com a redação que lhe foi dada pela Lei n. 12.736/2012, diz expressamente que a detração deve ser levada em conta na fixação do regime inicial, **mas não menciona a mesma providência em relação à prescrição**. Em suma, se o réu vier a ser preso restam-lhe apenas 7 anos e 9 meses de prisão para cumprir, todavia, enquanto não iniciada a execução, a prescrição rege-se pelo montante aplicado na sentença, isto é, 8 anos e 3 meses. A propósito: "Prisão provisória. Contagem para efeito da prescrição. Impossibilidade. O tempo de prisão provisória não pode ser computado para efeito da prescrição, mas tão somente para o cálculo de liquidação da pena. O art. 113 do Código Penal, por não comportar interpretação extensiva nem analógica, restringe-se aos casos de evasão e de revogação do livramento condicional. Ordem denegada" (STF, RHC 85.026/SP, 1ª Turma, Rel. Min. Eros Grau, *DJ* 27.05.2005, p. 123); "O cálculo da prescrição pela pena residual, conforme prevê o art. 113 do Código Penal, limita-se às hipóteses de evasão e de revogação do livramento condicional. Não é possível, portanto, a consideração do tempo de prisão provisória para fins de contagem do prazo prescricional, pois o citado dispositivo deve ser interpretado restritivamente (Precedentes do STF e do STJ). Recurso ordinário desprovido" (STJ, RHC 67.403/DF, Rel. Min. Felix Fischer, 5ª Turma, julgado em 16.03.2017, *DJe* 31.03.2017); "1. O artigo 113 do Código Penal restringe os casos em que a prescrição é regulada pelo tempo que resta da pena, não cabendo interpretação extensiva para inserir em tais casos a detração do tempo de prisão provisória. Precedentes. Incidência do enunciado n. 83 das Súmulas do Superior Tribunal de Justiça — STJ. 2. Agravo regimental desprovido" (STJ, AgRg no AREsp 884.674/ES, Rel. Min. Joel Ilan Paciornik, 5ª Turma, julgado em 24.05.2016, *DJe* 03.06.2016). No mesmo sentido: STJ, AgRg no REsp 1.474.294/SC, Rel. Min. Maria Thereza de Assis Moura, 6ª Turma, julgado em 02.10.2014, *DJe* 13.10.2014).

■ *32.3.4.4.2.2. Causas interruptivas da prescrição da pretensão executória*

As hipóteses que interrompem o curso da prescrição da pretensão executória estão descritas nos incs. V e VI do art. 117 do Código Penal:

a) O início ou a continuação do cumprimento da pena (art. 117, V, do CP). O início da pena se dá com a prisão do réu após o trânsito em julgado da sentença condenatória, seguida da expedição da guia de recolhimento, ou com a mera expedição da guia quando o réu já está preso.

No caso do regime aberto ou da concessão do *sursis*, o início da pena se dá com a audiência em que o réu é advertido das condições a que fica sujeito. Nas penas restritivas de direitos, a execução começa com o efetivo início de cumprimento da medida, e não com eventual audiência admonitória que é específica do *sursis* (STJ, REsp 716.904/PR, 5ª Turma, Rel. Min. Gilson Dipp, *DJU* 20.06.2005, p. 372).

Com o início do cumprimento da pena, o prazo prescricional se interrompe, porém **esta é a única hipótese em que não volta a correr de imediato, nos termos do art. 117, § 2º, do CP** (a prescrição não corre durante o período em que o condenado está cumprindo pena).

Caso o acusado venha a fugir, na hipótese de pena privativa de liberdade, ou descumprir alguma condição, de modo a ser revogado o *sursis*, o prazo prescricional se inicia novamente (art. 112, II, do CP). No caso da pena privativa de liberdade, desconta-se o tempo de pena já cumprida na análise do prazo de prescrição (art. 113 do CP). No caso do *sursis*, a análise é feita com base na pena originariamente aplicada na sentença, pois tal instituto apenas suspende sua execução.

Se o condenado vier a ser recapturado ou começar a cumprir a pena privativa de liberdade originariamente imposta (no caso de revogação do *sursis* ou da restritiva de direitos), interrompe-se novamente o prazo prescricional cuja contagem não se reinicia enquanto a pena estiver sendo cumprida.

b) A reincidência (art. 117, VI, do CP). Aqui a hipótese é da pessoa já condenada em definitivo que, durante o lapso da prescrição da pretensão executória, comete novo crime e, com isso, vê interrompido aquele prazo. A interrupção ocorre com a prática do novo crime, e não com a condenação a ele referente (tal condenação, entretanto, é pressuposto da interrupção, retroagindo à data do delito).

O instituto da reincidência, portanto, afeta de duas maneiras a prescrição da pretensão executória:

1) Aumenta referido prazo em 1/3. Se o juiz, ao condenar o réu, declarar na sentença que ele é reincidente, a prescrição da pretensão executória será aumentada em 1/3, nos termos do art. 110, *caput*, do Código Penal. Assim, se o prazo normal seria de 4 anos, passará a ser de 5 anos e 4 meses.

A lei é expressa no sentido de que este acréscimo no lapso prescricional não se aplica à prescrição da pretensão punitiva. De qualquer modo, o Superior Tribunal de Justiça aprovou a Súmula n. 220 neste mesmo sentido.

2) Interrompe a prescrição. Se o réu já foi condenado por determinado crime e está em curso o prazo de prescrição da pretensão executória, a prática de novo delito implica, a partir de sua ocorrência, o reinício do prazo prescricional **em relação ao crime anterior** — pressupõe-se, contudo, que haja condenação por este novo crime, mas a interrupção será contada da data em que foi cometido. O juiz, ao condenar o réu **pelo novo ilícito** e considerá-lo reincidente, fará com que a prescrição da pretensão executória **deste último** seja aumentada. Em relação ao primeiro crime, entretanto, o único efeito é a interrupção da prescrição, não havendo o acréscimo de 1/3.

■ 32.3.4.4.2.3. *Impossibilidade de extensão dos efeitos das causas interruptivas aos comparsas*

O art. 117, § 1º, do Código Penal, que trata da extensão das causas interruptivas aos comparsas, expressamente exclui seu alcance em relação aos incs. V e VI, do art. 117, ou seja, quanto àquelas que dizem respeito à pretensão executória. Por isso, se duas pessoas forem condenadas em definitivo e uma delas for presa, dando-se assim início ao cumprimento da pena, a interrupção da prescrição em relação a ela não se estende ao comparsa que ainda está solto.

■ 32.3.4.4.2.4. *Concurso de crimes*

Segundo o art. 119 do Código Penal, "no caso de concurso de crimes, a extinção da punibilidade incidirá sobre a pena de cada um, isoladamente". Tal regra vale para todas as hipóteses de concurso: **formal**, **material** e **crime continuado**.

Assim, no concurso **material**, se o réu for condenado na mesma sentença a 6 anos por um crime de estupro e a 12 anos por um homicídio qualificado, a prescrição de cada um dos crimes se dá de acordo com a respectiva pena, e não por sua soma (18 anos). Desse modo, o estupro prescreverá em 12 anos (art. 109, III, do CP), e o homicídio qualificado, em 16 (art. 109, II, do CP).

Além disso, de acordo com tal dispositivo, no caso do crime **continuado** (art. 71 do CP) e do concurso **formal próprio** (art. 70 do CP), em que o juiz, embora condene o réu por dois ou mais crimes, aplica somente uma pena aumentada de 1/6 a 2/3 (crime continuado) ou de 1/6 até 1/2 (concurso formal), a prescrição será contada de acordo com a pena inicial, desprezando-se a exasperação. Assim, suponha-se uma pessoa condenada por dois roubos simples em continuidade delitiva em que o juiz aplica pena de 4 anos e, em seguida, aumenta-a de 1/6 em decorrência da continuidade, alcançando o montante final de 4 anos e 8 meses. A prescrição da pretensão executória se dá em 8 anos (se fosse levada em conta a pena de 4 anos e 8 meses, a prescrição dar-se-ia em 12 anos).

A Súmula n. 497 do Supremo Tribunal Federal diz que: "quando se tratar de crime continuado, a prescrição regula-se pela pena imposta na sentença, não se computando o acréscimo da continuação". Esta súmula é anterior à reforma da Parte Geral de 1984 (Lei n. 7.209/84), sendo que, atualmente, aplica-se também ao concurso formal em caso de exasperação da pena, uma vez que o art. 119 do Código Penal refere-se indistintamente a **concurso de crimes**.

■ 32.3.4.4.2.5. *Causa suspensiva da prescrição da pretensão executória*

Nos termos do art. 116, parágrafo único, do Código Penal, a prescrição não corre enquanto o **condenado está preso por outro motivo** (outro processo).

PRESCRIÇÃO DA PRETENSÃO EXECUTÓRIA
1) **Conceito:** É a prescrição da pena após o trânsito em julgado da sentença condenatória quando o Estado não consegue dar início ou prosseguimento à execução dentro do prazo legal. Atinge somente a pena aplicada, de modo que, com seu reconhecimento, o acusado não volta a ser primário (o que só ocorrerá 5 anos depois).
2) **Prazos:** Rege-se pela pena fixada na sentença, de acordo com os patamares já mencionados do art. 109 do Código Penal. Saliente-se, contudo, que, se o juiz reconhecer na sentença que o acusado é reincidente, o prazo prescricional aumenta-se de 1/3, regra que não existe em relação à prescrição da pretensão punitiva (Súmula n. 220 do STJ). No caso de o condenado estar cumprindo pena e fugir ou de ser revogado o livramento condicional, a prescrição regula-se pelo tempo faltante da pena a ser executada.
3) **Início do prazo:** a) da data em que transita em julgado a sentença para a acusação; b) da data em que é revogado o *sursis* ou o livramento condicional; c) do dia em que é interrompida a execução, salvo quando o tempo de interrupção deva ser computado na pena.
4) **Interrupção da prescrição:** a) com o início ou continuação do cumprimento da pena; b) pela reincidência.
5) **Suspensão da prescrição:** A prescrição não corre enquanto o condenado está preso por outro processo.

■ 32.3.4.4.3. *Prescrição em crimes previstos em leis especiais*

Quando não houver regra em sentido contrário, aplicam-se aos crimes previstos em leis especiais as regras de prescrição descritas no Código Penal (art. 12 do CP). É o que ocorre, por exemplo, nos crimes de tráfico de drogas (Lei n. 11.343/2006), no crime de tortura (Lei n. 9.455/97), nas contravenções penais (Decreto-lei n. 3.688/41), nos crimes do Estatuto do Desarmamento (Lei n. 10.826/2003) etc.

Existem, porém, algumas regras especiais que merecem destaque:

a) Nos crimes de **porte ou plantio de substância entorpecente para consumo próprio** (art. 28, *caput*, e § 1º, da Lei n. 11.343/2006), a prescrição da pretensão punitiva e da executória dá-se sempre em **2 anos**, observando-se quanto aos prazos interruptivos as regras do Código Penal (art. 30 da Lei n. 11.343/2006).

b) Nos crimes **falimentares**, o prazo prescricional regula-se de acordo com as regras do Código Penal, porém só começa a fluir **do dia da decretação da falência**, da **concessão da recuperação judicial** ou **da homologação do plano de recuperação extrajudicial** (art. 182, *caput*, da Lei n. 11.101/2005). No caso de recuperação judicial ou extrajudicial, caso seja posteriormente decretada a **falência**, a decisão **interromperá** o prazo prescricional que se achava em curso (art. 182, parágrafo único, da Lei n. 11.101/2005).

É preciso salientar, todavia, que, em se tratando de crime **pós-falimentar** — cometido após a sentença declaratória da quebra —, o prazo prescricional só começará a fluir da data da consumação (momento em que for realizada a conduta típica), pois não se pode conceber que a prescrição de um delito já esteja em andamento antes mesmo de ser ele cometido.

Nos crimes pré-falimentares, o prazo prescricional fica suspenso quando for interposto recurso contra a decisão que decretou a falência, nos termos do art. 116, I, do Código Penal, que dispõe que a prescrição não corre, enquanto não resolvida, em outro processo, questão de que dependa o reconhecimento da existência do crime (a decretação da falência é condição para a existência do crime falimentar). Confirmada a falência, o prazo retoma seu curso.

c) Nos **atos infracionais** (fatos definidos como crime ou contravenção penal praticados por adolescentes), não existe regra especial no Estatuto da Criança e do Adolescente (Lei n. 8.069/90). Por conta disso, divergiu por algum tempo a jurisprudência em torno da possibilidade de prescrição dos atos infracionais, tendo, após certa relutância, prevalecido o entendimento positivo, consagrado na **Súmula n. 338** do Superior Tribunal de Justiça: "a prescrição penal é aplicável nas medidas socioeducativas". De acordo com este tribunal, **antes de transitar em julgado a sentença**, a prescrição é contada pela pena **máxima** em abstrato reduzida pela metade (adolescentes têm menos de 18 anos e, portanto, menos de 21). De ver-se, contudo, que somente pode ser aplicada medida socioeducativa a pessoas que ainda não tenham completado 21 anos. Por isso, se antes do prazo prescricional o autor do ato infracional completar 21 anos, não lhe poderá ser aplicada a medida. Já em relação à pretensão **executória**, o Superior Tribunal de Justiça, considerando que elas são aplicadas por prazo indeterminado, porém não superior a 3 anos (art. 121, § 3º, do ECA), estabeleceu que o prazo prescricional é de **4 anos** (as penas de 3 anos prescrevem em 8, mas o prazo deve ser reduzido pela metade em razão da menoridade — art. 115 do CP). Assim, aplicada a medida socioeducativa, deverá ser dado início ao seu cumprimento em 4 anos, pois, caso contrário, estará extinta a pretensão executória. Se, entretanto, antes dos referidos 4 anos, o autor do ato infracional completar 21 anos, estará prejudicada a incidência da medida (art. 121, § 5º, do ECA).

32.3.4.4.4. Prescrição da pena de multa

O art. 114 do Código Penal, com a redação dada pela Lei n. 9.268/96, estabelece, em seus dois incisos, cinco hipóteses de prescrição da pena de multa:

a) Multa como única pena cominada em abstrato (art. 114, I): esta hipótese só existe em relação a algumas contravenções penais. A prescrição da pretensão punitiva se dá em **2 anos**.

b) Multa como única penalidade imposta na sentença (art. 114, I): prescrição em **2 anos**. Essa hipótese se refere apenas à prescrição retroativa e intercorrente. Isso porque, de acordo com a nova redação do art. 51 do Código Penal, alterado também pela Lei n. 9.268/96 (e depois pela Lei n. 13.964/2019), havendo trânsito em julgado da sentença condenatória que impôs pena de multa, será esta considerada dívida de valor, aplicando-se-lhe as normas relativas à dívida ativa da Fazenda Pública, **inclusive no que tange à prescrição**. Assim, a prescrição se dá em **5 anos**, nos termos do art. 174 do Código Tributário. As causas interruptivas e suspensivas são também aquelas da legislação tributária. Por tal razão, inaplicável o acréscimo de 1/3 do prazo prescricional previsto no art. 110, *caput*, do Código Penal, para o caso de o réu condenado somente à pena de multa ser reincidente.

c) Multa cominada em abstrato alternativamente com pena privativa de liberdade (art. 114, II): prazo de prescrição da pretensão punitiva igual ao cominado para a prescrição da pena privativa de liberdade. Ex.: crime de rixa (art. 137), cuja pena é de detenção de 15 dias a 2 meses, **ou** multa. Prescreve em **3 anos**.

d) Multa cominada em abstrato cumulativamente com pena privativa de liberdade (art. 114, II): prazo de prescrição da pretensão punitiva igual ao da pena privativa de liberdade. Ex.: furto simples (art. 155), cuja pena é de reclusão de 1 a 4 anos, **e** multa. Prescreve em 8 anos. Tal regra é repetida no art. 118 do Código Penal.

e) Multa aplicada na sentença juntamente com pena privativa de liberdade (art. 114, II): prazo **igual** ao da pena detentiva. Essa regra somente se aplica à prescrição retroativa e intercorrente, posto que, havendo trânsito em julgado, aplicar-se-ão, em relação à multa, as regras tributárias já mencionadas.

Saliente-se que a 3ª Seção do Superior Tribunal de Justiça, em julgamento de recurso repetitivo (tema 931), aprovou a seguinte tese: "Nos casos em que haja condenação a pena privativa de liberdade e multa, cumprida a primeira (ou a restritiva de direitos que eventualmente a tenha substituído), o inadimplemento da sanção pecuniária não obsta o reconhecimento da extinção da punibilidade" (REsp 1519777/SP, Rel. Min. Rogerio Schietti Cruz, 3ª Seção, julgado em 26.08.2015, *DJe* 10.09.2015). Tal entendimento baseava-se na interpretação desta Corte Superior no sentido de que a pena de multa não mais teria caráter penal. Para o Superior Tribunal de Justiça, cumprida a pena privativa de liberdade, poderia ser decretada a extinção da pena, pois a multa não teria mais caráter penal e poderia ser cobrada pela Procuradoria da

Fazenda. O Plenário do Supremo Tribunal Federal, entretanto, no julgamento da ADI 3150 (em 18 de dezembro de 2018), decidiu que a multa continua tendo natureza penal. Em razão disso, considerando que a decisão da Corte Suprema tem primazia, o juiz não pode declarar a extinção da pena antes do adimplemento da multa. Nesse sentido, veja-se RE 1.159.468/SP, Rel. Min. Edson Fachin, julgado em 02.07.2019. Posteriormente, a Lei n. 13.964/2019 deu nova redação ao art. 51 do CP, deixando claro que a multa tem efetivamente natureza penal (execução deve ser feita na vara das execuções criminais).

■ *32.3.4.4.5. Prescrição da pena restritiva de direitos*

De acordo com o art. 109, parágrafo único, do Código Penal, "aplicam-se às penas restritivas de direitos os mesmos prazos previstos para as privativas de liberdade". No sistema do Código Penal, as penas restritivas de direitos são **substitutivas**, ou seja, o juiz aplica na sentença a privativa de liberdade e, se presentes os requisitos legais, substitui-a pela pena restritiva. Por isso, antes da sentença é evidente que o prazo da prescrição da pretensão punitiva é o máximo da pena em abstrato. Após a condenação, por sua vez, o prazo prescricional será analisado de acordo com o montante da pena privativa **aplicada na sentença**, nos termos do dispositivo mencionado. Assim, se alguém for condenado a 2 anos de reclusão e o juiz substituir a pena por prestação pecuniária ou por perda de bens, o prazo prescricional é o de 4 anos (e não de 2 como na multa). Nesse sentido: "Prescrição — Pena privativa de liberdade substituída por pena restritiva de direitos na modalidade de prestação pecuniária — Prazo prescricional desta é o mesmo daquela — Art. 109, parágrafo único, do Código Penal" (STF, RHC 81.923/SP, 2ª Turma, Rel. Min. Maurício Corrêa, *Informativo* n. 268).

Algumas penas restritivas são cumpridas pelo mesmo tempo da pena privativa de liberdade, como, por exemplo, a prestação de serviços à comunidade, e outras não, como a prestação pecuniária. De acordo com o art. 44, § 4º, do Código Penal, com a redação que lhe foi dada pela Lei n. 9.714/98, se a pena restritiva for revogada em razão do descumprimento, será reconvertida em privativa de liberdade, **deduzindo-se o tempo de pena restritiva já cumprido**. Ex.: réu condenado a 3 anos de prestação de serviços à comunidade que, após 2 anos de cumprimento, vê revogada a pena restritiva. Em tal caso, deverá cumprir somente 1 ano de pena privativa de liberdade, de modo que a prescrição da pretensão executória passará a ser contada de acordo com tal prazo (prescrição em 4 anos).

Há, portanto, duas situações: a) penas restritivas que **não** substituem as privativas de liberdade pelo mesmo período, como a prestação pecuniária: o prazo de prescrição da pretensão executória é analisado com base no montante fixado na sentença. Se não for efetuada a prestação no prazo, estará extinta a pena; b) penas restritivas que substituem as privativas de liberdade pelo **mesmo tempo**: a execução deve ser iniciada dentro do prazo prescricional correspondente ao tempo de condenação. Se não for iniciada, a pena estará prescrita. Se iniciada, interrompe-se a prescrição, que, todavia, voltará a correr se o condenado deixar de cumpri-la, hipótese em que a prescrição será verificada com base no restante da pena, descontado o período já cumprido.

32.3.4.4.6. Prescrição das medidas de segurança

Havia no passado divergência a respeito da possibilidade de prescrição das medidas de segurança em relação aos inimputáveis, na medida em que são decretadas por tempo **indeterminado**, até que verificada pericialmente a cessação da periculosidade (art. 97, § 1º, do CP). Os tribunais superiores, entretanto, pacificaram o entendimento no sentido de que, por serem também sanções penais, devem sujeitar-se a regime de prescrição, pois o contrário violaria o princípio constitucional da prescritibilidade. Ademais, o art. 96, parágrafo único, do Código Penal expressamente dispõe que: "extinta a punibilidade, não se impõe medida de segurança nem subsiste a que tenha sido imposta", deixando claro que elas também se sujeitam ao regime prescricional, quer em relação à pretensão punitiva, quer em relação à pretensão executória. Considerando, porém, que a medida de segurança é aplicada por prazo indeterminado, a interpretação é no sentido de que ambas (pretensão punitiva ou executória) devem tomar por base o montante **máximo** da pena em abstrato. Dessa forma, se o crime tem pena máxima de 6 anos, a prescrição da medida de segurança aplicada na sentença dar-se-á em 12 anos. Se ao término desse prazo ainda não tiver sido iniciado o cumprimento da medida, estará ela extinta, ainda que não haja prova da cessação da periculosidade do agente.

Já quanto à medida de segurança aplicada aos semi-imputáveis, não há dificuldade porque, neste caso, o art. 98 do Código Penal estabelece que o juiz **condena** o réu, aplica pena privativa de liberdade (diminuída de 1/3 a 2/3 em razão da perturbação mental) e em seguida a substitui pela medida de segurança. Assim, é com base no montante de pena inicialmente aplicada na sentença que é feito o cálculo (embora a medida de segurança seja aplicada sempre por tempo indeterminado, com prazo mínimo de 1 a 3 anos).

32.3.5. Decadência (art. 107, IV, 2ª figura, do CP)

Na ação **privada**, a decadência é a **perda do direito de ingressar com a ação em face do decurso do prazo sem o oferecimento da queixa**. Essa perda do direito de ação por parte do ofendido atinge também o *jus puniendi*, gerando a extinção da punibilidade do autor da infração.

Nos termos do art. 103 do Código Penal, salvo disposição em sentido contrário, o prazo decadencial é de **6 meses a contar do dia em que a vítima ou seu representante legal tomarem conhecimento da autoria da infração**. Este é o prazo para que a queixa-crime seja **protocolada** em juízo.

O prazo decadencial é **peremptório**, **não** se **prorrogando** ou **suspendendo** por qualquer razão. Por isso, o requerimento do ofendido para a instauração de inquérito policial em crime de ação privada ou o pedido de explicações em juízo nos crimes contra a honra (art. 144 do CP) não obstam sua fluência. Caso o último dia do prazo caia em feriado ou fim de semana, o prazo **não** se prorroga até o dia útil subsequente, devendo o interessado procurar o juiz de plantão caso queira evitar a decadência.

Na ação pública **condicionada à representação**, o prazo decadencial de **6 meses** é para a vítima apresentar a representação, podendo o Ministério Público apresentar a denúncia após esse período. Se não oferecida a representação no prazo, estará extinta a punibilidade do autor da infração.

Havendo duas ou mais vítimas, se apenas uma delas representar, somente em relação a ela a denúncia poderá ser oferecida. Por isso, se alguém atropela e provoca lesões culposas em duas vítimas e apenas uma delas representa, a denúncia somente poderá ser ofertada em relação àquela que representou, desprezando-se, nesse caso, o concurso formal.

A decadência só é possível **antes** do início da ação penal e se **comunica** a todos os autores conhecidos do crime.

Na hipótese de crime **permanente**, o prazo decadencial somente começa a fluir quando cessada a execução do delito, se a autoria já for conhecida. Se a vítima só descobrir quem é o autor do crime após cessada a permanência, o prazo correrá da data da descoberta.

No crime **habitual**, cuja existência pressupõe uma reiteração de atos, a decadência é contada a partir do **último ato** que se torne conhecido do ofendido.

No crime **continuado**, o prazo conta-se isoladamente em relação a cada um dos crimes nos termos do art. 119 do Código Penal, ou seja, conta-se a partir da data em que se descobre a autoria de cada um dos delitos.

O prazo decadencial é instituto de **natureza híbrida**, pois previsto e regulamentado tanto no Código de Processo Penal quanto no Código Penal. A doutrina, porém, acabou fixando entendimento de que deve ser adotada a interpretação mais benéfica ao réu, já que a decadência gera a extinção da punibilidade, e, assim, o prazo deve ser considerado de natureza **penal**, incluindo-se na contagem o dia em que o ofendido descobriu a autoria.

Em certas situações, a legislação processual penal prevê a necessidade de nomeação de **curador especial**, pessoa da confiança do juiz, para avaliar a conveniência da apresentação da queixa-crime ou da representação. Essa nomeação deve ocorrer quando a vítima for menor de idade ou doente mental e não tiver representante legal, ou quando houver colidência de interesses entre eles (art. 33 do CPP). Em tais casos, o prazo decadencial conta-se da **data em que o curador especial tomar formalmente ciência da nomeação**.

No crime de **induzimento a erro essencial e ocultação de impedimento matrimonial**, previsto no art. 236 do Código Penal, o prazo decadencial para o desencadeamento da ação privada somente começa a fluir do dia em que **transitar em julgado a sentença que, por motivo de erro ou impedimento, anule o casamento** (art. 236, parágrafo único, do CP). No crime de adultério, o prazo decadencial era de 1 mês a contar da ciência do fato, porém tal crime foi revogado pela Lei n. 11.105/2006.

- **Decadência e ação privada subsidiária da pública**

Nos crimes de ação pública, se o Ministério Público não apresentar qualquer manifestação no prazo legal, surgirá a possibilidade de o ofendido ingressar com a ação privada subsidiária, nos 6 meses subsequentes ao término do prazo do Ministério Público. Findo o prazo sem a apresentação da queixa subsidiária, o ofendido **decai** do direito, porém o Ministério Público ainda pode oferecer a denúncia. Conclui-se, portanto, que, nesta modalidade de infração penal, a decadência do direito de queixa **não gera a extinção da punibilidade**.

- **Diferenças entre prescrição e decadência**

Essas causas extintivas da punibilidade são muito diferentes, porém têm em comum o fato de o titular da ação não a desencadear dentro de determinado prazo. As distinções podem ser vislumbradas no seguinte quadro:

DECADÊNCIA	PRESCRIÇÃO
1) Só existe para os crimes de ação privada e pública condicionada à representação. **2)** O prazo é de 6 meses a contar da data em que a vítima ou seu representante descobrem a autoria. **3)** Só é possível antes do início da ação penal. **4)** Atinge o direito de ação e, em seguida, o direito de punir do Estado.	**1)** Aplica-se a todos os crimes, salvo as exceções constitucionais. **2)** O prazo varia de acordo com a pena máxima prevista para o crime. **3)** É possível antes e durante a ação penal e até mesmo após o trânsito em julgado da condenação. **4)** Atinge diretamente o direito de punir estatal.

Apesar de os prazos prescricionais serem maiores do que o decadencial, é possível, em crime de ação privada ou pública condicionada à representação, que a prescrição da pretensão punitiva ocorra **antes**, na medida em que o prazo decadencial pressupõe que a vítima ou seu representante legal tenham tomado ciência da autoria do crime e, muitas vezes, esta permanece ignorada.

32.3.6. Perempção (art. 107, IV, 3ª figura, do CP)

É uma **sanção** aplicada ao querelante, consistente na **perda do direito de prosseguir na ação penal privada**, em razão de sua inércia ou **omissão** no transcorrer da ação penal. Só tem vez, portanto, **após o início da ação penal**.

Uma vez reconhecida situação de perempção, seus efeitos **estendem-se a todos os querelados**.

Cuida-se, outrossim, de instituto inaplicável quando proposta ação privada em crime de ação **pública** (ação privada subsidiária), pois, neste caso, se o querelante mostrar-se desidioso, o Ministério Público deve **reassumir** a titularidade da ação nos termos do art. 29 do CPP.

As hipóteses de perempção estão enumeradas no art. 60 do Código de Processo Penal.

- **Quando iniciada a ação penal, o querelante deixar de promover o andamento do processo durante 30 dias seguidos (art. 60, I, do CPP)**

Essa hipótese só tem incidência quando existe algum ato processual que deva ter sido praticado pelo querelante e este se mantém inerte. **Não** existe a obrigação de comparecer **mensalmente** em juízo apenas para requerer o prosseguimento do feito.

Não se pode cogitar de inércia do querelante quando a impossibilidade em dar andamento ao feito decorre de **força maior** (greve de funcionários do Judiciário, por exemplo) ou quando a responsabilidade pelo atraso é da *defesa*.

Deve-se ressalvar, por fim, que, decorridos os 30 dias e declarada a perempção, a ação penal não poderá ser novamente proposta, já que estará extinta a punibilidade do querelado.

- **Quando, falecendo o querelante, ou sobrevindo sua incapacidade, não comparecer em juízo, para prosseguir no processo, dentro do prazo de 60 dias, qualquer das pessoas a quem couber fazê-lo, ressalvado o disposto no art. 36 (art. 60, II, do CPP)**

Da conjugação dos dispositivos do Código de Processo Penal, é possível verificar que, se o querelante morrer (ou for declarado ausente — art. 31 do CPP) ou, ainda, se for interditado em razão de doença mental, **após o início da ação penal**, somente poderá esta prosseguir se, no prazo de **60 dias**, comparecer em juízo para substituí-lo no polo ativo da ação o cônjuge (ou companheiro), algum dos ascendentes, descendentes ou irmãos. Sob o prisma da ação em andamento, a substituição pode ser classificada como **condição de prosseguibilidade**, pois, se não satisfeita a condição, a ação estará perempta.

A lei **não** prevê a necessidade de **notificação** das pessoas enumeradas na lei a fim de que se manifestem quanto à substituição. O prazo corre em cartório e **não se interrompe**.

De acordo com o art. 36 do CPP, se, após a substituição, houver a **desistência** por parte do novo querelante, os outros sucessores poderão prosseguir no feito.

O dispositivo em questão é inaplicável aos crimes de ação privada **personalíssima**, em que não é possível a substituição no polo ativo da ação penal. Nesta espécie de infração, a morte do querelante leva, inevitavelmente, à extinção da punibilidade pela perempção.

- **Quando o querelante deixa de comparecer, sem motivo justificado, a qualquer ato do processo a que deva estar presente (art. 60, III, 1ª parte)**

Só se dá a perempção quando a presença física do querelante em juízo é **indispensável** à realização de algum ato processual e este, **sem justa causa**, deixa de comparecer. Ex.: querelante notificado para prestar depoimento em juízo que falta à audiência. Em tal caso, a presença de seu advogado não supre sua ausência porque o depoimento é **pessoal**.

O não comparecimento do querelante **à audiência de tentativa de reconciliação nos crimes contra a honra de ação privada** (art. 520 do CPP) **não** gera a perempção porque, em tal ocasião, **não existe ainda ação penal em andamento** — tal audiência é realizada **antes** do recebimento da queixa-crime pelo juiz. Assim, sua ausência deve ser meramente interpretada como desinteresse na conciliação, prosseguindo-se normalmente no feito, sem a decretação da perempção. A propósito: "Não é obrigatório o comparecimento do querelante à audiência de tentativa de conciliação, de que trata o art. 520 do CPP" (STF, HC 71.219/PA, 1ª Turma, Rel. Min. Sydney Sanches, *DJU* 16.12.1994, p. 34.887).

- **Quando o querelante deixar de formular o pedido de condenação nas alegações finais (art. 60, III, 2ª parte)**

A finalidade do dispositivo é deixar claro que, ao contrário do que ocorre nos crimes de ação pública em que o juiz pode condenar o réu mesmo que o Ministério Público tenha pedido a absolvição (art. 385 do CPP), nos delitos de ação privada a ausência de pedido de condenação **impede** até mesmo que o juiz **profira** sentença de mérito, devendo reconhecer a perempção e extinguir a punibilidade do querelado, que, portanto, não será condenado nem absolvido.

A **não apresentação** das alegações finais **equivale** à ausência do pedido de condenação e gera a perempção, salvo se houver justa causa para a omissão.

Em se tratando **de concurso de crimes** de ação privada, o pedido de condenação quanto a apenas um deles gera a perempção em relação ao outro.

- **Quando, sendo o querelante pessoa jurídica, esta se extinguir sem deixar sucessor (art. 60, IV, do CPP)**

Lembre-se de que, se a empresa for **incorporada** por outra ou se for alterada apenas a **razão social**, poderá haver o prosseguimento da ação.

Hipóteses de perempção				
omissão em dar andamento ao processo por 30 dias	ausência de substituição no polo ativo em 60 dias a contar da morte do querelante	ausência injustificada a ato a que deva estar presente	ausência de pedido de condenação nas alegações finais	extinção da pessoa jurídica sem deixar sucessor

32.3.7. Renúncia (art. 107, V, 1ª figura, do CP)

É um ato pelo qual o ofendido **abre mão** (abdica) do direito de oferecer a queixa. Trata-se de ato **unilateral**, uma vez que, para produzir efeitos, independe de **aceitação** do autor do delito e é **irretratável**. Só é cabível nos crimes de ação privada — exceto em uma hipótese específica, descrita na Lei n. 9.099/95 (que será adiante estudada), em que é cabível também na ação pública **condicionada** à representação.

A renúncia só pode ocorrer **antes** do início da ação penal (antes do recebimento da queixa). Pode ser manifestada antes ou depois do **oferecimento** da queixa, mas sempre antes de seu **recebimento**. Na última hipótese — queixa já oferecida —, alguns a denominam **desistência** da ação, porém as regras a serem seguidas são as mesmas referentes à renúncia.

Apenas o **titular** do direito de queixa pode renunciar (o ofendido ou o representante legal caso aquele seja menor ou incapaz).

Havendo **duas** vítimas, a renúncia por parte de uma **não** atinge o direito de a outra oferecer queixa.

No texto do Código de Processo Penal, existem ainda algumas regras que se referem à dupla titularidade do direito de ação quando a vítima tem idade entre 18 e 21 anos. Esses dispositivos, todavia, foram tacitamente revogados pela Lei n. 10.406/2001 (Código Civil), que reduziu a maioridade civil para 18 anos. Assim, não tem mais aplicação o art. 50, parágrafo único, do Código de Processo Penal, que diz que a renúncia de um dos titulares do direito de ação não afeta o direito do outro quando a vítima for maior de 18 e menor de 21 anos.

- **Formas de renúncia**

A renúncia pode ser **expressa** ou **tácita**.

Renúncia **expressa** é aquela que consta de **declaração escrita** e assinada pelo ofendido, por seu representante ou por procurador com poderes especiais (art. 50 do CPP).

Renúncia **tácita** decorre da prática de **ato incompatível** com a intenção de exercer o direito de queixa e admite qualquer meio de prova (art. 57 do CPP). Ex.: casamento com o autor do crime de ação privada.

Nos termos do art. 49 do Código de Processo Penal a **renúncia** em relação a um dos autores do crime a **todos se estende**.

- **Renúncia e reparação do prejuízo**

O art. 104, parágrafo único, do Código Penal estipula que **não implica renúncia tácita o fato de receber o ofendido a indenização devida em razão da prática delituosa**. Essa regra, entretanto, não se aplica às infrações de menor potencial ofensivo, pois, nos termos do art. 74, parágrafo único, da Lei n. 9.099/95, nos crimes de ação **privada** e de ação **pública condicionada**, a **composição** em relação aos danos civis, homologada pelo juiz na audiência preliminar, implica automaticamente em **renúncia** ao direito de queixa ou de representação.

Em resumo, nos crimes de ação privada e de ação pública condicionada à representação **de menor potencial ofensivo**, a reparação do dano gera a extinção da punibilidade, enquanto nos delitos de ação privada ou pública condicionada, que **não** sejam considerados de menor potencial ofensivo, a reparação do dano não gera a renúncia.

■ 32.3.8. Perdão do ofendido (art. 107, V, 2ª figura, do CP)

É um ato pelo qual o querelante **desiste** do **prosseguimento** da ação penal privada em andamento. Pressupõe, portanto, que já tenha havido recebimento da queixa e também **que não tenha havido trânsito em julgado da sentença condenatória**.

Cuida-se de ato **bilateral**, uma vez que apenas gera a extinção da punibilidade se for **aceito** pelo autor do delito. O próprio art. 107, V, do Código Penal diz que se extingue a punibilidade pelo perdão **aceito**.

Trata-se, outrossim, de instituto **exclusivo** da ação penal **privada**.

O perdão, se concedido a um dos querelados, **a todos se estende**, mas somente extingue a punibilidade daqueles que o **aceitarem** (art. 51 do CPP).

Havendo **dois** querelantes, o perdão oferecido por um deles **não** afeta o andamento da ação penal no que se refere ao outro.

O art. 52 do Código de Processo Penal diz que o perdão não gera efeito se concedido pela vítima com mais de 18 e menos de 21 anos, se houver discordância do representante legal e vice-versa. Tal dispositivo, contudo, está tacitamente revogado pela Lei n. 10.406/2001 (Código Civil), que reduziu a maioridade civil para 18 anos.

O oferecimento do perdão pode ser feito **pessoalmente** ou por **procurador com poderes especiais**.

▪ Formas de perdão e respectiva aceitação

O perdão pode ser processual ou extraprocessual.

Processual é aquele concedido mediante **declaração** expressa nos autos. Nesse caso, dispõe o art. 58 do Código de Processo Penal que o querelado será notificado a dizer, dentro de **3 dias**, se o aceita, devendo constar do mandado de intimação que o seu **silêncio** importará em **aceitação**. Assim, para não aceitar o perdão, o querelado deve comparecer em juízo e declará-lo expressamente.

O perdão **extraprocessual**, por sua vez, pode ser expresso ou tácito.

É **expresso** quando concedido por meio de declaração assinada pelo querelante ou por procurador com poderes especiais.

É **tácito** quando o querelante pratica **ato incompatível com a intenção de prosseguir na ação**.

Nos termos do art. 59 do Código de Processo Penal, a **aceitação** do perdão **extraprocessual** deverá constar de **declaração** assinada pelo querelado, seu representante legal ou procurador com poderes especiais.

Está revogada tacitamente pelo atual art. 5º do Código Civil a regra do art. 54 do Código de Processo Penal, que estabelece que, sendo o querelado maior de 18 e menor de 21 anos, a aceitação deve ser feita por ele e por seu representante legal.

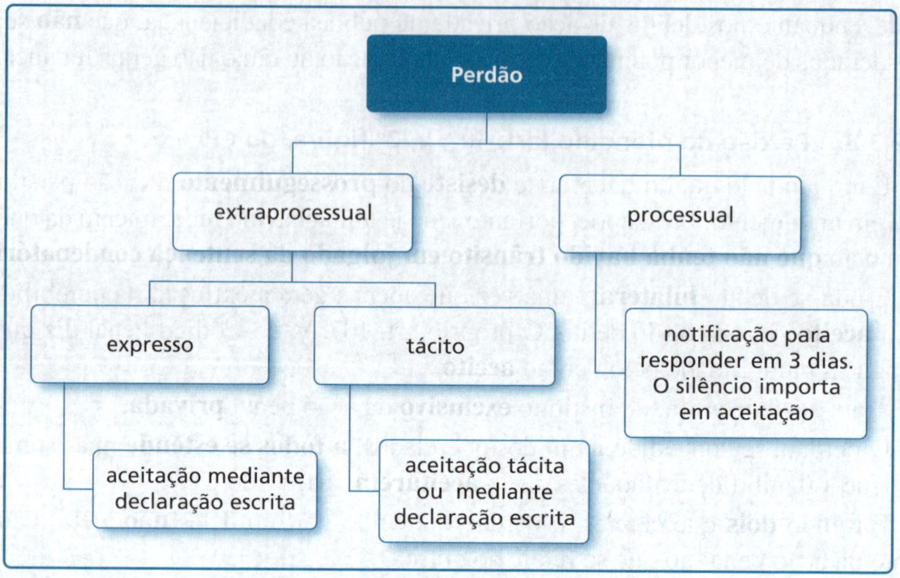

■ 32.3.8.1. *Quadros comparativos das causas extintivas da punibilidade exclusivas da ação privada*

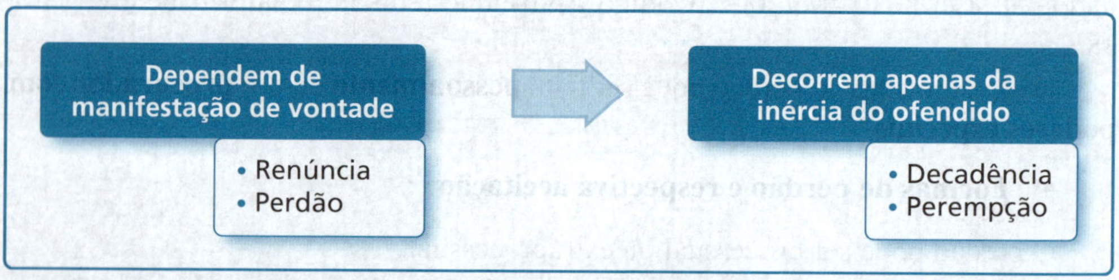

DECADÊNCIA	PEREMPÇÃO
■ Só é possível antes do início da ação penal. ■ Decorre do não oferecimento de queixa no prazo de 6 meses a contar da descoberta da autoria pelo ofendido ou seu representante.	■ Só é possível após o início da ação. ■ Decorre da omissão do agente, em uma das hipóteses do art. 60 do CPP.

■ 32.3.9. Retratação do agente (art. 107, VI, do CP)

O dispositivo em questão dispõe que se extingue a punibilidade pela retratação do agente, **nos casos expressamente previstos em lei**. Na retratação, o agente declara formalmente que agiu de forma equivocada e volta atrás em seu comportamento. No Código Penal, a possibilidade da retratação geradora da extinção da punibilidade existe nos crimes de calúnia (art. 138), difamação (art. 139), falso testemunho e falsa perícia (art. 342).

Quanto aos crimes contra a honra, dispõe o art. 143 do Código Penal que "o querelado que, antes da sentença, se retrata cabalmente da calúnia ou da difamação, fica isento de pena". Nota-se, portanto, que não basta a retratação, exigindo o dispositivo outros requisitos: a) que a retratação seja cabal (completa); b) que ocorra antes da sentença (de 1ª instância); c) que o crime de calúnia ou difamação em apuração seja de ação privada (o dispositivo se refere apenas à retratação do **querelado**). Se forem dois querelados e apenas um se retratar, não se extingue a punibilidade do outro.

Em relação ao falso testemunho ou falsa perícia, estabelece o art. 342, § 2º, do Código Penal que "o fato deixa de ser punível se, antes da sentença no processo em que ocorreu o ilícito, o agente se retrata ou declara a verdade". A doutrina costuma ressaltar que a retratação do autor do falso testemunho beneficia seus partícipes, uma vez que o dispositivo diz que, neste caso, a retratação faz com que o **fato** (e não meramente o réu) deixe de ser punível.

■ 32.3.10. Casamento da vítima com o agente nos crimes sexuais (art. 107, VII, do CP)

O dispositivo em questão estabelecia a extinção da punibilidade do réu ou do condenado por crime de natureza sexual, inclusive o estupro simples, em decorrência do seu casamento com a vítima. O chamado *subsequens matrimonium* entre o criminoso e a vítima como hipótese de extinção da punibilidade foi expressamente revogado pela Lei n. 11.106/2005.

■ 32.3.11. Casamento da vítima com terceiro nos crimes sexuais (art. 107, VIII, do CP)

Este inciso, também revogado pela Lei n. 11.106/2005, determinava a extinção da punibilidade em razão do casamento da vítima com terceiro, nos crimes sexuais praticados sem violência real ou grave ameaça, desde que a ofendida não requeresse o prosseguimento do inquérito ou da ação penal no prazo de 60 dias a contar da celebração.

■ 32.3.12. Perdão judicial (art. 107, IX, do CP)

No dizer de Damásio de Jesus[7], "perdão judicial é o instituto pelo qual o juiz, não obstante comprovada a prática da infração penal pelo sujeito culpado, deixa de aplicar a pena em face de justificadas circunstâncias".

De acordo com o art. 107, IX, o perdão judicial só é cabível nas hipóteses expressamente previstas em lei (que serão elencadas oportunamente). Assim, em cada dispositivo que permite a concessão do perdão judicial o legislador, concomitantemente, elenca os requisitos para o seu cabimento. Uma vez presentes esses requisitos, o juiz estará obrigado a concedê-lo, tratando-se, assim, de **direito subjetivo do réu**, e não de mera faculdade do julgador.

Ao contrário do que ocorre com o perdão do ofendido, o perdão judicial **não** necessita ser **aceito** pelo réu para gerar a extinção da punibilidade.

---

7 Damásio de Jesus, *Direito penal*, 27. ed., v. 1, p. 685.

Nos termos do art. 120 do Código Penal, o perdão judicial afasta os possíveis efeitos da reincidência. Por isso, se a pessoa beneficiada vier a cometer novo crime, ainda que no prazo de 5 anos a que se refere o art. 64, I, do Código Penal, será considerada primária.

O juiz só pode conceder o perdão na sentença após analisar a prova e concluir que o acusado é efetivamente responsável pelo crime narrado na denúncia ou queixa, pois, se as provas existentes forem insuficientes, a solução será a absolvição.

■ 32.3.12.1. *Hipóteses de perdão judicial na legislação e seus requisitos*

a) Homicídio culposo e lesão corporal culposa (arts. 121, § 5º, e 129, § 8º, do CP): o juiz pode deixar de aplicar a pena se as circunstâncias do fato criminoso atingirem o próprio agente de forma tão grave que sua imposição se mostre desnecessária. Exs.: morte culposa do próprio filho ou conduta culposa que provoque concomitantemente lesão grave no agente. O perdão judicial é também aplicável aos crimes culposos — homicídio e lesão corporal — do Código de Trânsito (arts. 302 e 303 do CTB).

b) Injúria simples (art. 140, § 1º, I e II, do CP): quando o ofendido, de forma reprovável, tiver provocado diretamente a injúria, ou no caso de retorsão imediata consistente em outra injúria. A mesma regra existe no crime de injúria eleitoral (art. 326, § 1º, da Lei n. 4.737/65 — Código Eleitoral).

c) Crime do art. 176 do Código Penal (que tem o *nomen juris* de "**outras fraudes**"), consistente em "tomar refeição em restaurante, alojar-se em hotel ou utilizar-se de meio de transporte sem dispor de recursos para efetuar o pagamento": o juiz pode deixar de aplicar a pena de acordo com as circunstâncias do caso (art. 176, parágrafo único, do CP). Neste dispositivo, o requisito não é específico, ficando a critério do juiz apreciar se o fato não se reveste de gravidade, hipótese em que poderá conceder o perdão. Ex.: pequeno prejuízo da vítima.

d) Receptação culposa (art. 180, § 5º, 1ª parte, do CP): a pena pode deixar de ser aplicada se o réu for primário e as circunstâncias indicarem que o fato é de pouca gravidade.

e) Parto suposto e supressão ou alteração de direito inerente ao estado civil de recém-nascido (art. 242, parágrafo único, do CP): se o crime for cometido por motivo de reconhecida nobreza.

f) Subtração de incapazes (art. 249, § 2º, do CP): se o menor ou interdito for restituído, desde que não tenha sofrido maus-tratos ou privações (*restitutio in integrum*).

g) Erro de direito nas contravenções penais (art. 8º da LCP): o juiz pode deixar de aplicar a pena aos autores de contravenções penais no caso de ignorância ou errada compreensão da lei, quando escusáveis. Existem, porém, autores que entendem revogado o dispositivo em questão.

h) Contravenção de associação secreta (art. 39, § 2º, da LCP): quando lícito o objeto da associação.

i) Réus colaboradores (art. 13 da Lei n. 9.807/99): o perdão judicial é possível aos acusados que, sendo **primários**, tenham colaborado efetiva e voluntariamente com a investigação e o processo criminal, desde que dessa colaboração tenha resultado: I — *a identificação dos demais coautores ou partícipes da ação criminosa* (todos eles); II — *a localização da vítima com sua integridade preservada* (não pode ter sofrido maus-tratos ou lesões); III — *a recuperação total ou parcial do produto do crime* (quando se encontravam em local ignorado).

Apesar de divergências doutrinárias, entendemos que devem estar presentes os três requisitos, desde que cabíveis no caso concreto. Com efeito, não há que se falar em recuperação dos bens e localização da vítima, se o crime for, por exemplo, uma tentativa de roubo agravada pelo concurso de agentes em que os roubadores nada conseguiram subtrair e tampouco levaram a vítima. Nesse caso, se alguns dos comparsas conseguiram fugir e o outro os delatar, terá, em tese, direito ao perdão.

Saliente-se que, embora presentes os requisitos legais, o juiz não concederá o perdão se considerar que a personalidade do agente, a natureza, as circunstâncias, a gravidade e a repercussão social do fato criminoso são incompatíveis com a necessidade de prevenção e repressão do delito (art. 13, parágrafo único, da Lei n. 9.807/99). Em tais casos, ou se o réu colaborador for reincidente, o juiz deverá reduzir a pena do acusado de 1/3 a 2/3, e não conceder o perdão (art. 14 da Lei n. 9.807/99).

j) colaboração premiada em crime cometido por organização criminosa. Nos termos do art. 4º da Lei n. 12.850/2013, o juiz poderá, a requerimento das partes, **conceder o perdão judicial**, reduzir em até 2/3 a pena privativa de liberdade ou substituí-la por restritiva de direitos daquele que tenha colaborado efetiva e voluntariamente com a investigação e com o processo criminal, desde que dessa colaboração advenha um ou mais dos seguintes resultados: I — a identificação dos demais coautores e partícipes da organização criminosa e das infrações penais por eles praticadas; II — a revelação da estrutura hierárquica e da divisão de tarefas da organização criminosa; III — a prevenção de infrações penais decorrentes das atividades da organização criminosa; IV — a recuperação total ou parcial do produto ou do proveito das infrações penais praticadas pela organização criminosa; V— a localização de eventual vítima com a sua integridade física preservada.

- **Alcance do perdão judicial**

O perdão judicial, nas hipóteses em que justificado por circunstâncias **pessoais**, é **incomunicável** no caso de concurso de agentes. Suponha-se um caso de concorrência de culpas em que o pai e um terceiro, ambos dirigindo de forma imprudente, provoquem a morte do filho. Somente o pai terá direito ao perdão judicial. É evidente, contudo, que, se a concorrência de culpas for fruto da imprudência concomitante do pai e da mãe, ambos farão jus ao benefício em razão do sofrimento decorrente da morte do filho. Igualmente no crime conhecido como "adoção à brasileira", consistente em registrar como próprio filho de outrem (art. 242 do CP), o perdão poderá ser aplicado concomitantemente ao casal que tenha agido criminosamente em conluio por motivos de reconhecida nobreza (para criar e dar amor à criança).

A extinção da punibilidade poderá também alcançar crime conexo (para o qual seja também prevista a possibilidade de perdão). Ex.: o pai, dirigindo com imprudência, provoca a morte do próprio filho e de terceiro. Poderá ficar totalmente isento de pena. É evidente que essa possibilidade não alcança crimes conexos de outra natureza. Ex.: pai e filho cometem juntos um furto e, ao deixarem o local em um carro, o pai provoca um acidente no qual o filho morre. O perdão judicial só alcança o homicídio culposo (e não o furto).

32.3.12.2. Natureza jurídica da sentença concessiva do perdão

Não há dúvida a respeito da natureza jurídica do perdão judicial em si que, nos termos do art. 107, IX, do Código Penal, constitui **causa extintiva da punibilidade**. Acontece que, como o perdão é concedido na **sentença**, após o juiz analisar as provas e concluir que o acusado é realmente responsável pelo crime que a ele se imputa, surgiu controvérsia em torno da natureza da **sentença** em que o benefício é aplicado, pois, dependendo disso, os efeitos podem ser de maior ou menor abrangência. As correntes existentes são as seguintes:

a) natureza **condenatória:** a concessão do perdão judicial afasta somente a pena **principal** (privativa de liberdade ou multa), subsistindo os demais efeitos condenatórios. Para os adeptos desta corrente, a natureza condenatória decorre do fato de o juiz analisar as provas e declarar o réu culpado. Ademais, o art. 120 do Código Penal expressamente dispõe que a sentença que concede o perdão judicial não é considerada para efeitos de reincidência, o que leva a crer que os demais efeitos secundários subsistem, como a obrigação de reparar os danos provenientes da infração, podendo a sentença criminal ser considerada título executivo. Para esta corrente, tal sentença possui duas fases. Na primeira o juiz condena o réu e na segunda concede-lhe o perdão. Dentre outros, esta é a opinião de Damásio de Jesus[8] e Fernando Capez[9];

b) natureza **absolutória:** não existe condenação sem aplicação de pena. É o entendimento de Basileu Garcia[10];

c) natureza **declaratória:** para esta corrente, sendo o perdão uma causa extintiva da punibilidade, a sentença na qual ele é concedido nada mais é do que **declaratória** (da extinção da punibilidade). Esta é a corrente adotada pelo Superior Tribunal de Justiça por intermédio de sua **Súmula n. 18**: "a sentença concessiva do perdão judicial é declaratória da extinção da punibilidade, não subsistindo qualquer efeito condenatório". De acordo com tal súmula, nem mesmo a obrigação de reparar o prejuízo subsiste. Assim, a pessoa prejudicada pela infração penal, ou os seus familiares, deverá ingressar com a devida ação na esfera cível para buscar a reparação dos prejuízos. Ex.: uma pessoa provoca um acidente no qual

---

8 Damásio de Jesus, *Direito penal*, 27. ed., v. 1, p. 687.

9 Fernando Capez, *Curso de direito penal*, 15. ed., v. 1, p. 606.

10 Basileu Garcia, *Instituições de direito penal*, 5. ed., v. 1, p. 742-744.

outra morre, mas ela própria sofre lesão de natureza grave. Em razão disto, o juiz lhe concede perdão judicial. Os familiares do morto só obterão indenização se moverem ação civil e esta for julgada procedente.

32.4. AUTONOMIA DAS CAUSAS EXTINTIVAS DA PUNIBILIDADE

O art. 108 do Código Penal estabelece que "a extinção da punibilidade de crime que é pressuposto, elemento constitutivo ou circunstância agravante de outro não se estende a este. Nos crimes conexos, a extinção da punibilidade de um deles não impede, quanto aos outros, a agravação da pena resultante da conexão".

Esse dispositivo, em verdade, possui quatro regras:

- **A extinção da punibilidade do crime pressuposto não se estende ao crime que dele depende**

A regra trata dos crimes **acessórios**, cuja existência pressupõe a ocorrência de um crime anterior. É o caso, por exemplo, do crime de uso de documento falso. Assim, se alguém falsifica um documento e o vende a algum interessado e este posteriormente usa o documento falso, eventual extinção da punibilidade do falsário não atinge o crime de uso. O mesmo ocorre com o crime de receptação (crime acessório).

Veja-se que, da mesma forma, a extinção da punibilidade do autor do crime antecedente (furto, roubo etc.) não afeta, em regra, a possibilidade de imposição de pena ao receptador (morte do roubador, prescrição do furto etc.). Como a receptação, entretanto, pressupõe que o objeto material seja produto de **crime**, se houver *abolitio criminis* ou anistia em relação ao delito antecedente, a lei que as consagrou retroage à data do fato, de modo que excepcionalmente se estende ao receptador (art. 2º, parágrafo único, do CP).

- **A extinção da punibilidade de elemento componente de um crime não se estende a este**

O dispositivo cuida dos crimes **complexos**, na hipótese em que um crime funciona como elementar de outro. Ex.: a extorsão mediante sequestro (art. 159), que surge da aglutinação dos crimes de sequestro (art. 148) e de extorsão (art. 158). Assim, a prescrição do sequestro, por exemplo, não se estende à extorsão mediante sequestro. A existência desta regra é supérflua, pois o crime complexo é uma infração penal diversa e autônoma em relação aos crimes que a compõem, possuindo pena própria.

- **A extinção da punibilidade de circunstância agravante não se estende ao crime agravado**

O dispositivo se refere às qualificadoras que muitas vezes possuem também descrição como crime autônomo. O crime de furto, por exemplo, é qualificado quando ocorre destruição de obstáculo (art. 155, § 4º, I). A destruição de obstáculo, em tese, configuraria crime de dano (art. 163), mas fica este absorvido por constituir qualificadora do furto. Assim, o decurso do prazo prescricional em relação ao crime de dano (se o delito fosse autônomo) não afeta a aplicação da qualificadora do furto.

- **Nos crimes conexos, a extinção da punibilidade em relação a um dos crimes não impede a exasperação da pena do outro em razão da conexão**

Dessa forma, se uma pessoa for acusada de homicídio qualificado por ter matado a vítima para garantir a impunidade de um crime de estelionato (em concurso material), a ocorrência de prescrição durante o tramitar da ação em relação ao crime contra o patrimônio impedirá apenas a condenação por tal delito, porém, em relação ao homicídio, poderá ser reconhecida a qualificadora em face do dispositivo em análise.

O art. 61, II, *b*, do Código Penal, por sua vez, estabelece a aplicação de **agravante genérica** sempre que um crime for praticado para assegurar a **execução**, **ocultação**, **impunidade** ou **vantagem** de outro crime. Esse dispositivo trata, portanto, de agravantes genéricas em razão da conexão, ou seja, pelo fato de a prática de um crime estar ligada a outro. Tais agravantes podem ser aplicadas a todos os crimes — exceto para o homicídio em que a conexão é prevista como qualificadora — e, caso haja extinção da punibilidade em relação ao crime conexo, a agravante decorrente da conexão poderá ser reconhecida. Ex.: uma pessoa agride a vítima provocando-lhe lesão grave a fim de assegurar a impunidade de crime de furto de coisa comum (art. 156 do CP). A lesão corporal é de ação pública incondicionada, mas o crime de furto, nesta modalidade, depende de representação. Se a vítima não representar quanto ao crime patrimonial (gerando a extinção da punibilidade pela decadência), o agente poderá ser punido pela lesão grave, inclusive com a aplicação da agravante genérica.

■ 32.5. CAUSAS EXTINTIVAS DA PUNIBILIDADE E ESCUSAS ABSOLUTÓRIAS

As causas extintivas da punibilidade não se confundem com as escusas absolutórias. Naquelas, o direito de punir do Estado surge em um primeiro momento e, posteriormente, é **fulminado** pela causa **extintiva**. Já as escusas são, em verdade, **excludentes** de punibilidade, pois, nas hipóteses previstas em lei (normalmente decorrentes de parentesco entre autor do crime e vítima), **sequer surge** para o Estado o direito de punir, apesar de o fato ser típico e antijurídico. É o que ocorre, por exemplo, nas hipóteses do art. 181 do Código Penal, que preveem a completa isenção de pena nos crimes contra o patrimônio cometidos sem violência à pessoa ou grave ameaça, desde que a vítima ainda não tenha completado 60 anos, se o autor da infração for o cônjuge (ou o companheiro), ascendente ou descendente. Outra hipótese de escusa absolutória é encontrada no art. 348, parágrafo único, do Código Penal, que, ao tratar do crime de favorecimento pessoal, dispõe que é isento de pena o cônjuge (ou companheiro), ascendente, descendente ou irmão, que prestar auxílio a criminoso para que consiga furtar-se à ação da autoridade pública.

As escusas, por serem de caráter **pessoal, não se estendem aos coautores e partícipes**.

Quando a autoridade policial constata, de imediato, que a conduta típica foi realizada por pessoa acobertada por escusa absolutória e, portanto, impunível *ex lege*, sequer pode instaurar inquérito policial. Se a autoria, entretanto, somente for descoberta após a sua instauração, o Ministério Público deverá promover o arquivamento.

■ 32.6. CONDIÇÕES OBJETIVAS DE PUNIBILIDADE

São circunstâncias que não constam da descrição típica do delito e que, por essa razão, estão fora do **dolo** do agente no momento em que realiza a conduta. **A própria lei**, entretanto, **subordina a punição do acusado à sua existência**. Ex.: o art. 178 da nova Lei de Falências incrimina quem "deixa de elaborar, escriturar ou autenticar, antes ou depois da sentença que decretar a falência, conceder a recuperação judicial ou homologar o plano de recuperação extrajudicial, os documentos de escrituração contábil obrigatórios". O empresário, contudo, só poderá ser punido pela omissão se efetivamente for decretada, por sentença, a falência ou a recuperação judicial, ou, ainda, se for homologado, também por sentença, o plano de recuperação extrajudicial. Tais **sentenças**, portanto, constituem condições objetivas de punibilidade, como, aliás, expressamente declara o art. 183 da nova Lei de Falências (em relação a todos os crimes de natureza falimentar). Em outras palavras, se a fiscalização constata a falta de escrituração, mas está ausente a condição objetiva de punibilidade, ou seja, se não foi decretada a falência ou a recuperação judicial, ou homologada a recuperação extrajudicial, não é possível a punição por crime falimentar. Em tais casos, existe dolo por parte do agente em não manter a escrituração, mas inexiste a condição objetiva de punibilidade.

■ 32.7. QUADRO DAS CAUSAS EXTINTIVAS DA PUNIBILIDADE

CAUSA EXTINTIVA	MOMENTO	EFEITOS	ALCANCE
MORTE	■ Antes ou depois da condenação definitiva	■ Se depois da condenação, subsistem apenas os efeitos extrapenais	■ Não se comunica aos comparsas
ANISTIA	■ Antes ou depois da condenação definitiva	■ Se depois da condenação, subsistem apenas os efeitos extrapenais	■ Incide em relação a todos os autores do crime
GRAÇA	■ Somente após a condenação	■ Afasta apenas a necessidade de cumprimento da pena, sendo mantidos todos os demais efeitos	■ Não se comunica aos comparsas por ser individual
INDULTO	■ Somente após a condenação	■ Afasta apenas a necessidade de cumprimento da pena, sendo mantidos todos os demais efeitos	■ Apesar de coletivo só alcança aqueles que preencherem os requisitos
ABOLITIO CRIMINIS	■ Antes ou depois da condenação definitiva	■ Se depois da condenação, subsistem apenas os efeitos extrapenais	■ Beneficia todos os envolvidos
PRESCRIÇÃO	■ Antes ou depois da condenação definitiva	■ Quando se refere à pretensão executória, afasta somente o cumprimento da pena	■ Beneficia todos os envolvidos que tenham a mesma situação*
DECADÊNCIA	■ Antes do início da ação penal	■ Impede todos os efeitos	■ Beneficia todos os envolvidos
PEREMPÇÃO	■ Durante a ação, mas antes da condenação definitiva	■ Impede todos os efeitos	■ Beneficia todos os envolvidos
RENÚNCIA	■ Antes do início da ação penal	■ Impede todos os efeitos	■ Estende-se a todos os envolvidos

PERDÃO DO OFENDIDO	■ Durante a ação, mas antes da condenação definitiva	■ Impede todos os efeitos	■ Estende-se a todos
RETRATAÇÃO	■ Antes ou durante a ação penal, mas antes da sentença de 1ª instância (nas hipóteses previstas no Código Penal)	■ Impede todos os efeitos	■ Em regra só beneficia quem se retratou. No caso do falso testemunho beneficia todos os partícipes
PERDÃO JUDICIAL	■ Na sentença	■ Impede qualquer efeito condenatório (Súmula n. 18 do STJ)	■ Não se comunica

* Se um dos réus for menor de 21 anos e os demais não, a prescrição em relação ao primeiro não beneficia os demais. Além disso, se um dos réus é primário e o outro reincidente, o prazo da prescrição executória é diferente e a ocorrência da prescrição em relação a um não beneficia o outro.

■ 32.8. QUESTÕES

1. (Ministério Público/SP — 2005) Considere os seguintes enunciados, relacionados com prescrição:

I. O art. 89, § 6º, da Lei n. 9.099/95, estabelece causa interruptiva de prescrição ao dispor que "não correrá a prescrição" durante o prazo da suspensão condicional do processo.

II. Reconhecida a prescrição da pretensão punitiva, não prevalece nenhum efeito da sentença condenatória eventualmente existente.

III. Reconhecido crime continuado na sentença condenatória, não se computa o acréscimo da pena decorrente da continuação no cálculo da prescrição retroativa ou intercorrente.

Estão corretos

a) todos os três.
b) nenhum dos três.
c) apenas I e II.
d) apenas I e III.
e) apenas II e III.

2. (Ministério Público — 2011) Assinale a alternativa que estiver totalmente correta.

a) Em face do princípio da legalidade constitucionalmente consagrado, a lei penal é sempre irretroativa, nunca podendo retroagir.
b) Se entrar em vigor lei penal mais severa, ela será aplicável a fato cometido anteriormente a sua vigência, desde que não venha a criar figura típica inexistente.
c) Sendo a lei penal mais favorável ao réu, aplica-se ao fato cometido sob a égide de lei anterior, desde que ele ainda não tenha sido decidido por sentença condenatória transitada em julgado.
d) A lei penal não pode retroagir para alcançar fatos ocorridos anteriormente à sua vigência, salvo no caso de *abolitio criminis* ou de se tratar de lei que, de qualquer modo, favoreça o agente.
e) Se a lei nova for mais favorável ao réu, deixando de considerar criminosa a sua conduta, ela retroagirá mesmo que o fato tenha sido definitivamente julgado, fazendo cessar os efeitos civis e penais da sentença condenatória.

3. (Ministério Público/SP — 2005) Aponte a alternativa que está em desacordo com disposição do Código Penal relacionada com extinção de punibilidade.

a) Não se estende à receptação a extinção de punibilidade do crime antecedente, que é seu pressuposto.
b) A sentença que concede perdão judicial pode ser considerada para efeito de reincidência.
c) A perempção só pode ser reconhecida em ação penal exclusivamente privada.
d) No delito de falso testemunho, a retratação só produz efeito se ocorrida antes da sentença no processo em que se deu esse ilícito.
e) Reconhecida a prescrição da pretensão executória, subsistem os efeitos secundários da condenação.

4. (Delegado de Polícia/PB — CESPE/UNB — 2009) Não leva à extinção da punibilidade do agente:

a) a retroatividade de lei que não mais considera o fato como criminoso.

b) a prescrição, a decadência ou a perempção.
c) a renúncia do direito de queixa ou o perdão aceito, nos crimes de ação privada.
d) o casamento do agente com a vítima, nos crimes contra os costumes (atuais crimes contra a dignidade sexual).
e) a retratação do agente, nos casos em que a lei a admite.

5. (Defensoria/MG — FURMARC — 2009) No crime de peculato culposo, a reparação do dano antes do trânsito em julgado da sentença deve ser considerada como:

a) causa especial de diminuição de pena.
b) circunstância atenuante.
c) excludente de ilicitude.
d) excludente de imputabilidade.
e) causa de extinção da punibilidade.

6. (Ministério Público/TO — CESPE/UNB — 2006) Acerca das causas de extinção da punibilidade, assinale a opção correta:

a) De acordo com o entendimento do STF, é possível a revogação da decisão que extinguiu a punibilidade do réu, com base em certidão de óbito falsa, por inexistência de coisa julgada em sentido estrito, visto que tal decisão é meramente declaratória, não subsistindo se seu pressuposto for falso.
b) O decreto de indulto coletivo é autoexecutável, isto é, produz efeitos por si mesmo, prescindindo de avaliação judicial e oitiva do MP.
c) No caso de indulto condicional, o condenado deve apresentar bom comportamento durante certo período, que normalmente é de 2 anos, sob pena de não ser reconhecido o perdão concedido, situação em que o indulto perde a eficácia e o condenado volta a cumprir a pena. No período determinado como condição, a superveniência de decisão condenatória que imponha pena restritiva de direitos impede o aperfeiçoamento do indulto.
d) A anistia ocorre apenas após a condenação definitiva, pode ser condicionada ou não, e destina-se a crimes políticos e comuns, sendo vedada para crimes hediondos, tortura, tráfico ilícito de entorpecentes e terrorismo.

7. (OAB — CESPE/UNB — 2007.3) Extingue a punibilidade do agente:

a) a decadência, nos crimes de ação penal privada e pública incondicionada.
b) a renúncia, nos crimes de ação penal privada subsidiária da pública.
c) a perempção, nos crimes de ação penal privada.
d) o perdão, nos crimes de ação penal pública condicionada à representação.

8. (Magistratura/SP — 2008) Por furto qualificado acontecido em 10 de janeiro de 2004, *A* e *B* foram processados (denúncia recebida em 03 de fevereiro de 2005), sobrevindo, em 24 de maio de 2006, sentença que condenou o primeiro às penas de 02 (dois) anos de reclusão e 10 dias-multa, sem recurso das partes. Quanto a *B*, menor de 21 anos à data do crime, o processo foi desmembrado para a instauração de incidente de insanidade mental que, ao final, o considerou plenamente imputável. *B*, então, foi condenado, pelo mesmo delito, às penas de 02 (dois) anos de reclusão e 10 dias-multa, por sentença publicada em 21 de março de 2007, que se tornou definitiva para as partes em abril do mesmo ano. É correto afirmar, quanto a *B*, que

a) ocorreu a prescrição da pretensão punitiva em face da pena aplicada e de sua menoridade relativa à data do delito.
b) ocorreu a prescrição da pretensão executória em face da pena aplicada e de sua menoridade relativa à data do crime.
c) não ocorreu a extinção da punibilidade, em qualquer dessas modalidades, em razão da interrupção do curso da prescrição pela instauração de incidente de insanidade mental.
d) não ocorreu a extinção da punibilidade, em qualquer dessas modalidades, em razão da interrupção do curso da prescrição pela sentença condenatória proferida contra *A*.

9. (Magistratura/SP — 2007) Assinale a alternativa correta.

a) A prescrição virtual, também dita prescrição em perspectiva, está prevista no Código Penal.
b) Os prazos prescricionais, configurados antes de a sentença transitar em julgado, devem ser exasperados diante da reincidência do agente.

c) A detração penal é computada na contagem do prazo prescricional.
d) Há delitos imprescritíveis em nosso ordenamento jurídico.

10. (Ministério Público/SP — 2011) De acordo com a legislação penal vigente, a prescrição, depois da sentença condenatória com trânsito em julgado para a acusação ou depois de improvido seu recurso, regula-se:

a) pela pena aplicada, não podendo ter por termo inicial data anterior à do recebimento da denúncia ou queixa.
b) pela pena em abstrato cominada em seu máximo legal ao delito, não podendo ter por termo inicial data anterior à do recebimento da denúncia.
c) pela pena aplicada, podendo ter por termo inicial o dia em que o crime se consumou.
d) pela pena em abstrato cominada em seu mínimo legal ao delito, não podendo ter por termo inicial data anterior à da denúncia ou queixa.
e) pela pena aplicada, não podendo ter por termo inicial data anterior à da denúncia ou queixa.

11. (OAB — CESPE/UNB — 2006.3) Assinale a opção correta a respeito da prescrição:

a) O prazo de prescrição da pretensão punitiva é regulado pela quantidade de pena imposta na sentença condenatória.
b) No caso de evadir-se o condenado, a prescrição é regulada pelo tempo que resta da pena.
c) Se, entre a data da sentença e a data do recebimento da denúncia, houver decorrido o lapso de tempo da prescrição regulado pela pena *in concreto*, dar-se-á a prescrição intercorrente.
d) O curso da prescrição é suspenso pela reincidência.

12. (Ministério Público/SP — 2003) Tício, com 19 anos de idade e primário, através de sentença publicada em 30 de janeiro de 2000, foi condenado à pena de 01 (um) ano de reclusão por furto simples, praticado em 15 de agosto de 1999. Tício apela e a decisão transita em julgado para o MP. Ao julgar o processo, em 05 de fevereiro de 2002, o Tribunal:

a) deve decretar a prescrição retroativa da pretensão executória estatal.
b) deve decretar a extinção da punibilidade de Tício em face da ocorrência da prescrição retroativa da pretensão punitiva estatal.
c) deve decretar a extinção da punibilidade de Tício em face da ocorrência da prescrição intercorrente da pretensão punitiva estatal.
d) deve decretar a prescrição intercorrente da pretensão executória estatal.
e) não deve reconhecer a prescrição, pois esta não ocorreu.

13. (Magistratura/PA — FGV — 2009) Assinale a causa que não interrompe o curso da prescrição.

a) Reincidência.
b) Oferecimento da denúncia ou queixa.
c) Publicação da sentença condenatória recorrível.
d) Publicação de acórdão condenatório recorrível.
e) Decisão confirmatória da pronúncia.

14. (Defensoria/RN — 2009) Sobre a prescrição penal é incorreto afirmar que:

a) a multa quando for cominada cumulativamente com pena privativa de liberdade prescreve no mesmo prazo desta.
b) nos crimes conexos, a prescrição quanto a um deles impede o reconhecimento da agravação da pena resultante da conexão quanto aos subsistentes.
c) a interrupção da prescrição pelo recebimento da denúncia produz efeitos quanto a todos os autores do crime.
d) aplica-se às penas restritivas de direito os mesmos prazos previstos para as privativas de liberdade.

15. (Ministério Público/MA — 2009) No caso de concurso de crimes a prescrição opera:

a) sobre o total da pena aplicada cumulativamente aos delitos.
b) somente sobre o *quantum* relativo às agravantes reconhecidas.
c) somente sobre a pena mais grave aplicada.
d) sobre a pena de cada um dos crimes isoladamente.
e) sobre a pena do primeiro crime praticado.

16. (Magistratura/SP — Vunesp — 2014) Analise estes conceitos atinentes à prescrição penal:

I. É a perda do direito de punir do Estado, considerada a pena concreta com trânsito em julgado para a acusação, levando-se em conta prazo anterior à sentença.

II. É a perda do direito de punir do Estado, levando-se em conta a pena concreta, com trânsito em julgado para a acusação, ou improvido seu recurso, cujo lapso temporal inicia-se na data da sentença e segue até o trânsito em julgado para a defesa.

III. É a perda do direito de aplicar efetivamente a pena concreta e definitiva, com o lapso temporal entre o trânsito em julgado da sentença condenatória para a acusação e o início do cumprimento da pena ou a ocorrência de reincidência.

Agora, escolha a opção que indique, respectivamente, as modalidades de prescrição acima descritas:

a) intercorrente ou superveniente; retroativa; da pretensão executória.
b) retroativa; da pretensão executória; intercorrente ou superveniente.
c) retroativa; intercorrente ou superveniente; da pretensão executória.
d) da pretensão executória; intercorrente ou superveniente; retroativa.

17. (Ministério Público/SP — 2015) Mévio, com 20 (vinte) anos de idade, por sentença publicada no dia 05 de março de 2013, na qual reconheceu-se sua reincidência, foi condenado à pena de 01 (um) ano e 02 (dois) meses de reclusão, mais multa, por crime de receptação dolosa praticada em 12 de fevereiro de 2012, tendo a decisão transitado em julgado para o Ministério Público em 30 de março de 2013. Em 05 de maio de 2015, ao julgar apelo interposto em seu favor, o Tribunal:

a) deve julgar o mérito e não reconhecer a ocorrência de prescrição pois, por ser Mévio reincidente, assim reconhecido na sentença, o prazo prescricional é acrescido de 1/3 (um terço), conforme determina o art. 110, *caput*, do Código Penal.
b) deve decretar a extinção da punibilidade de Mévio em razão da ocorrência da prescrição intercorrente da pretensão executória estatal.
c) deve decretar a extinção da punibilidade de Mévio em face da ocorrência da prescrição intercorrente da pretensão punitiva estatal.
d) deve decretar a extinção da punibilidade de Mévio em face da prescrição retroativa da pretensão punitiva estatal.
e) deve decretar a extinção da punibilidade de Mévio em virtude da prescrição retroativa da pretensão executória estatal.

18. (Magistratura/SP — 2015) Em matéria de ação penal, a decadência apresenta diferentes efeitos. Sobre isso, é correto afirmar que

a) na ação privada, atinge o direito de o ofendido representar, e este não pode mais agir.
b) sendo ação penal privada, ataca imediatamente o direito de agir do ofendido, e o Estado perde a pretensão punitiva.
c) na ação penal pública condicionada à representação, impede que a vítima apresente queixa-crime.
d) condiciona o agir do Ministério Público à condição de procedibilidade do ofendido em face do ofensor.

19. (Magistratura/RS — FAURGS — 2016) Considere as afirmações abaixo, sobre extinção da punibilidade.

I. É taxativo o rol das causas de extinção da punibilidade previsto no artigo 107 do Código Penal.

II. No caso de crimes conexos, a extinção da punibilidade de um deles não impede, quanto aos outros, a agravação da pena resultante da conexão, conforme dispõe o Código Penal.

III. Agente, reincidente, com 20 anos à data do fato criminoso ocorrido em 14 de março de 2007, foi denunciado como incurso nas penas do artigo 157, *caput*, do Código Penal. A denúncia foi recebida em 10 de dezembro de 2007 e até 14 de dezembro de 2015 não havia sido prolatada a sentença. Diante disso, pode-se afirmar que ocorreu a prescrição da pretensão punitiva, considerada a pena abstratamente cominada à infração.

Quais estão corretas?

a) Apenas I.
b) Apenas II.

c) Apenas III.
d) Apenas II e III.
e) I, II e III.

20. (Magistratura/SP — 2017) A chamada prescrição retroativa

a) não marca os antecedentes do acusado, nem gera futura reincidência.
b) acarreta o acréscimo de um terço no lapso prescricional em se tratando de acusado reincidente.
c) é regulada pelo máximo da pena privativa de liberdade cominada ao crime.
d) não pode ter por termo inicial data anterior à publicação da sentença condenatória recorrível.

21. (Magistratura/RS — 2018 — VUNESP) João foi condenado por furto simples (CP, art. 155, *caput*) em sentença já transitada em julgado para a acusação. Na primeira fase de dosimetria, a pena foi fixada no mínimo legal. Reconhecidas circunstâncias agravantes, a pena foi majorada em 1/2 (metade). Por fim, em razão da continuidade delitiva, a pena foi novamente aumentada em 1/2 (metade). A prescrição da pretensão executória dar-se-á em

a) 4 (quatro) anos.
b) 3 (três) anos.
c) 8 (oito) anos.
d) 12 (doze) anos.
e) 2 (dois) anos.

22. (Magistratura/RS — 2018 — VUNESP) Assinale a alternativa correta.

a) A interceptação das comunicações telefônicas não poderá ser determinada *ex officio* pelo juiz.
b) Não pode o juiz, havendo indícios suficientes, decretar *ex officio*, no curso do inquérito ou da ação penal, a apreensão e outras medidas assecuratórias relacionadas aos bens móveis e imóveis ou valores consistentes em produtos dos crimes previstos na Lei n. 11.343/06.
c) As medidas protetivas de urgência, previstas na Lei n. 11.340/06, não poderão ser concedidas *ex officio* pelo juiz, dependendo sempre de requerimento da parte interessada ou mesmo da autoridade policial ou do Ministério Público.
d) Em relação à proteção aos réus colaboradores, prevista na Lei n. 9.807/99, não pode o juiz conceder o perdão judicial *ex officio*.
e) No caso de morte do acusado, o juiz somente à vista da certidão de óbito, e depois de ouvido o Ministério Público, declarará a extinção da punibilidade.

■ GABARITO ■

1. "e". O erro do enunciado I consiste no fato de que, na suspensão condicional do processo, ocorre suspensão, e não interrupção, do prazo prescricional.
2. "d".
3. "b". O art. 120 do Código Penal diz exatamente o contrário.
4. "d". A causa extintiva referida estava prevista no art. 107, VII, do Código Penal, mas foi expressamente revogada pela Lei n. 11.106/2005.
5. "e". É o que se depreende do art. 312, § 3º, do CP.
6. "a".
7. "c".
8. "d". A interrupção da prescrição em relação ao comparsa se estende a *B*, nos termos expressos do art. 117, § 1º, do CP.
9. "d".
10. "e". É o que dispõe o art. 110, § 1º, do CP.
11. "b". É o que diz o art. 113 do CP.

12. "c". A menoridade do réu faz com que o prazo prescricional seja reduzido pela metade, ocorrendo em 2 anos a partir da publicação da sentença.
13. "b". O que interrompe a prescrição é o recebimento, e não o oferecimento, da denúncia ou queixa.
14. "b". O art. 108 do Código Penal diz exatamente o oposto.
15. "d". É o que diz o art. 119 do CP.
16. "c".
17. "c". Trata-se de prescrição da pretensão punitiva em que não se aumenta o prazo da prescrição de 1/3. Assim, considerando que o réu era menor de 21 anos na data do crime, a prescrição se conta pela metade, dando-se em dois anos a contar da última causa interruptiva, qual seja, a publicação da sentença que ocorreu, evidentemente, antes do trânsito em julgado para o Ministério Público.
18. "b".
19. "d". Na hipótese do enunciado III ocorreu prescrição, porque entre o recebimento da denúncia e a sentença passaram-se mais de 8 anos (o réu é menor de 21 anos e a pena máxima do crime de roubo simples é de 10 anos).
20. "a".
21. "a". O aumento da continuidade delitiva é desconsiderado para fins de prescrição.
22. "e".

REFERÊNCIAS

AMBOS, Kai. *A parte geral do direito penal internacional* — bases para uma elaboração dogmática. São Paulo: Revista dos Tribunais, 2008.

ASÚA, Luis Jiménez de. *Tratado de derecho penal*. Buenos Aires: Editorial Losada, 1950. t. I.

AZEVEDO, Vicente de Paulo. O centenário do Código Criminal. *Revista dos Tribunais*, São Paulo, v. 77, fev. 1931.

BACIGALUPO, Enrique. *Direito penal*. Parte geral. Tradução de André Estefam. São Paulo: Malheiros, 2005.

______ (Org.). *Derecho penal económico*. 1. ed. (reimpressão). Buenos Aires: Hammurabi, 2005.

______. *Hacia el nuevo derecho penal*. Buenos Aires: Hammurabi, 2006.

BARRETO, Tobias. *Estudos de direito*. Campinas: Bookseller, 2000.

BARROS, Flávio Augusto Monteiro de. *Direito penal*. São Paulo: Saraiva, 1999. v. 1.

BARROSO, Luís Roberto. *Curso de direito constitucional contemporâneo* — os conceitos fundamentais e a construção de um novo modelo. São Paulo: Saraiva, 2009.

BECCARIA, Cesare. *Dos delitos e das penas*. Tradução de Vicente Sabino Jr. São Paulo: CID, 2002.

BERTALANFFY, Ludwig von. *Teoría general de los sistemas:* fundamentos, desarollo, aplicaciones. Tradução de Juan Almela. 15. reimpr. da 1. ed. em espanhol (1976). México: FCE, 2003.

BITENCOURT, Cezar Roberto. *Tratado de direito penal*: parte geral. 13. ed. São Paulo: Saraiva, 2007.

______. *Tratado de direito penal:* parte geral. 16. ed. São Paulo: Saraiva, 2011.

BRUNO, Aníbal. *Direito penal*: parte geral. 2. ed. Rio de Janeiro: Forense, 1959. t. I.

CAMARGO, Joaquim Augusto de. *Direito penal brasileiro*. 2. ed. São Paulo: Revista dos Tribunais, 2005.

CANOTILHO, José Joaquim Gomes. *Direito constitucional e teoria da Constituição*. 7. ed., 2ª reimpr. Lisboa: Almedina, 2003.

CAPEZ, Fernando. *Curso de direito penal*: parte especial. São Paulo: Saraiva, 2003. v. 2.

______. *Curso de direito penal*. 15. ed. São Paulo, Saraiva, 2011. v. 1.

______. *Curso de processo penal*. 12. ed. São Paulo: Saraiva, 2005.

______. *Consentimento do ofendido e violência desportiva*: reflexos à luz da teoria da imputação objetiva. São Paulo: Saraiva, 2005.

CARRILHO, Fernanda. *A lei das XII tábuas*. Coimbra: Almedina (s.d.).

CARVALHO, Márcia Dometila Lima de. *Fundamentação constitucional do direito penal*. Porto Alegre: Sérgio Antônio Fabris Editor, 1992.

CARVALHO, Paulo de Barros. *Curso de direito tributário*. 16. ed. São Paulo: Saraiva, 2004.

CERNICCHIARO, Luiz Vicente; COSTA JR., Paulo José da. *Direito penal na Constituição*. 2. ed. São Paulo: Revista dos Tribunais, 1991.

CONSTITUIÇÃO e o Supremo (A). 3. ed. Publicação elaborada pelo STF e disponível eletronicamente. Disponível em: <http://www.stf.jus.br/portal/constituicao/default.asp>.

CONDE, Francisco Muñoz. *De nuevo sobre el "derecho penal del enemigo"*. 2. ed. ampl. Buenos Aires: Hammurabi, 2008.

DELMANTO, Celso et al. *Código Penal comentado*. 8. ed. São Paulo: Saraiva, 2010.

DESTEFENNI, Marcos. *Direito penal e licenciamento ambiental*. São Paulo: Memória Jurídica, 2004.

DIÉZ, Carlos Gómez-Jara (Coord.). *Teoría de sistemas y derecho penal*: fundamentos y posibilidades de aplicación. Bogotá: Universidad Externado de Colombia, 2007.

DIMOULIS, Dimitri. *Manual de introdução ao estudo do direito*. São Paulo: Revista dos Tribunais, 2003.

______. *Positivismo jurídico* — introdução a uma teoria do direito e defesa do pragmatismo jurídico-político. São Paulo: Método, 2006 (Coleção Prof. Gilmar Mendes).

DINIZ, Maria Helena. *Compêndio de introdução à ciência do direito*. São Paulo: Saraiva, 2006.

______. *Lei de Introdução ao Código Civil interpretada*. São Paulo: Saraiva, 1996.

DRESSLER, Joshua. *Cases and materials on criminal law*. 5. ed. Saint Paul: West, 2009.

ENTERRÍA, Eduardo García de. *La Constitución como norma y el Tribunal Constitucional*. 3. ed., 4. reimpr. Madrid: Civitas, 1983.

FELDENS, Luciano. *A Constituição penal*. Porto Alegre: Livraria do Advogado, 2005.

FRAGOSO, Heleno Cláudio. *Lições de direito penal:* parte geral. 11. ed. Rio de Janeiro: Forense, 1987.

FRANCO, Alberto Silva. *Temas de direito penal* — breves anotações sobre a Lei n. 7.209/84. São Paulo: Saraiva, 1986.

GARCIA, Basileu. *Instituições de direito penal*. 7. ed. São Paulo: Saraiva, 2008. v. I, t. I (Série Clássicos Jurídicos).

______. *Instituições de direito penal*. 5. ed. São Paulo: Max Limonad, 1980. v. 1.

GAROFALO, Rafaelle. *Criminologia*. Tradução de Danielle Maria Gonzaga. Campinas: Péritas, 1997.

GILISSEN, John. *A introdução histórica ao direito*. Tradução de A. M. Hespanha e L. M. Macaísta Malheiros. 5. ed. Lisboa: Fundação Calouste Gulbenkian, 2000.

GOMES, Luiz Flávio. *Erro de tipo e erro de proibição*. 2. ed. São Paulo: Revista dos Tribunais, 1994.

______. *Direito penal*: parte geral. 2. ed. rev., atual. e ampl. Coordenação Luiz Flávio Gomes e Rogério Sanches Cunha, 2009. v. 2 (Coleção Ciências Criminais).

______. *Penas e medidas alternativas à prisão*. São Paulo: Revista dos Tribunais, 1999.

GONZAGA, João Bernardino. *Direito penal indígena*. São Paulo: Max Limonad, 1971.

HASSEMER, Winfried. *Introdução aos fundamentos do direito penal*. Tradução da 2. ed. alemã revista e ampliada de Pablo Rodrigo Alflen da Silva. Porto Alegre: SAFE, 2005.

HUNGRIA, Nelson. *Comentários ao Código Penal*. 4. ed. Rio de Janeiro: Forense, 1958. v. 1, t. II.

______. "A teoria da ação finalística no direito penal" — excerto de aula inaugural proferida na Faculdade de Direito de Maringá, Estado do Paraná. *Revista Brasileira de Criminologia e Direito Penal*. [s.l.], n. 16, jan./mar. 1967.

JAKOBS, Günther. *Sociedad, norma y persona en una teoría de un derecho penal funcional*. Tradução de Manuel Cancio Meliá e Bernardo Feijó Sánchez. Madrid: Civitas, 1996.

______. Derecho penal del enemigo, el discurso penal de la exclusión? In: *Derecho penal del enemigo* — el discurso penal de la exclusión. Buenos Aires e Montevideo: Editorial BdeF, 2006.

JESUS, Damásio de. *Diagnóstico da teoria da imputação objetiva no Brasil*. São Paulo: Damásio de Jesus, 2003.

______. *Direito penal*: parte geral. 27. ed. São Paulo: Saraiva, 2003. v. 1.

______. *Direito penal*: parte geral. 30. ed. São Paulo: Saraiva, 2009. v. 1.

______. *Direito penal*: parte geral. 33. ed. São Paulo: Saraiva, 2012. v. 1.

______. *Código de Processo Penal anotado.* 24. ed. São Paulo: Saraiva, 2010.

______. *Código Penal anotado.* 15. ed. São Paulo: Saraiva, 2004.

______. *Comentários ao Código Penal.* 2. ed. São Paulo: Saraiva, 1986. v. 2.

JUBERT, Ujala Joshi. *La doctrina de la "actio libera in causa" en el derecho penal.* Barcelona: Bosch, 1992.

LENZA, Pedro. *Direito constitucional esquematizado.* 15. ed. São Paulo: Saraiva, 2011.

LISZT, Franz von. *Tratado de direito penal alemão.* Tradução de José Higino Duarte Pereira. Atualização e notas de Ricardo Rodrigues Gama. Campinas: Russel, 2003. t. I.

LOMBROSO, Cesare. *L´homme criminel.* 10. ed. São Paulo: Atlas; Roma/Turim/Florença: Bocca Frères Éditeurs, 1888.

LUISI, Luiz. *Princípios constitucionais.* Porto Alegre: Sérgio Antônio Fabris Editor, 1999.

LYRA, Roberto. *Introdução ao estudo do direito criminal.* Rio de Janeiro: Nacional de Direito, 1946 (Série Cursos e Concursos).

______. *Comentários ao Código Penal.* 2. ed. Rio de Janeiro: Forense, 1955. v. II.

MALULY, Jorge Assaf. A nova redação do artigo 51 do Código Penal. *Revista Justitia.* São Paulo, v. 60, n. 181/184, jan./dez. 1998.

MARQUES, José Frederico. *Tratado de direito penal.* Campinas: Bookseller, 1997. v. 1.

______. *Elementos de direito processual penal.* 2. ed. Rio de Janeiro: Forense, 1965. v. I.

MARTINS, José Salgado. *Sistema de direito penal brasileiro.* Rio de Janeiro: José Konfino Editor, 1957.

MAXIMILIANO, Carlos. *Hermenêutica e aplicação do direito.* 6. ed. Rio de Janeiro: Freitas Bastos, 1957.

MELIÁ, Manuel Cancio. *Direito penal do inimigo*: noções e críticas. Organização e tradução de André Luís Callegari e Nereu José Giacomolli. Porto Alegre: Livraria do Advogado, 2005.

MELLO, Celso Antônio Bandeira de. *Curso de direito administrativo.* 28. ed. São Paulo: Malheiros, 2011.

MERLE, Roger; VITU, André. *Traité de Droit Criminel.* Problèmes généraux de las cience criminelle. Droit pénal général. 7. ed. Paris: Édition Cujas, 2010. t. I.

MIR, Cerezo. *Derecho penal*: parte general. Montevidéu e Buenos Aires: Editorial BdeF, 2008.

MIRABETE, Julio Fabbrini. *Manual de direito penal.* 13. ed. São Paulo: Atlas, 1998. v. 1.

______. *Código Penal interpretado.* São Paulo: Atlas, 1999.

MIRANDA, Darcy Arruda. *Comentários à lei de imprensa.* São Paulo: Revista dos Tribunais, 1969. v. 1.

MORAES, Alexandre Rocha de Almeida. *Direito penal do inimigo* — a terceira velocidade do direito penal. Curitiba: Juruá, 2008.

NEVES, Cícero Robson Coimbra; STREIFINGER, Marcello. *Apontamentos de direito penal militar.* São Paulo: Saraiva, 2005. v. 1.

NOGUEIRA, Carlos Frederico Coelho. *Comentários ao Código de Processo Penal.* Bauru: Edipro, 2002. v. 1.

NORONHA, E. Magalhães. *Curso de direito processual penal.* 19. ed. São Paulo: Saraiva, 1989.

NUCCI, Guilherme de Souza. *Princípios constitucionais penais e processuais penais.* São Paulo: Revista dos Tribunais, 2011.

PIERANGELI, José Henrique. *Códigos penais do Brasil:* evolução histórica. 2. ed. São Paulo: Revista dos Tribunais, 2001.

PIMENTEL, Manoel Pedro. *O crime e a pena na atualidade.* São Paulo: Revista dos Tribunais, 1983.

PONTE, Antônio Carlos da. *Crimes eleitorais.* São Paulo: Saraiva, 2008.

______. *Inimputabilidade e processo penal.* São Paulo: Atlas, 2002.

PRADO, Luiz Régis. *Curso de direito penal brasileiro*: parte geral. 2. ed. São Paulo: Revista dos Tribunais, 2001. v. 1.

RAMÍREZ, Juan Bustos; MALARÉE, Hernán Hormazábal. *Lecciones de derecho penal*: parte general. Madrid: Trotta, 2006.

REALE, Miguel. *Teoria tridimensional do direito*. 5. ed. São Paulo: Saraiva, 2010.

REALE JR., Miguel. *Teoria do delito*. São Paulo: Revista dos Tribunais, 1998.

ROXIN, Claus. *Funcionalismo e imputação objetiva no direito penal*. Tradução de Luís Greco. Rio de Janeiro-São Paulo: Renovar, 2002.

______. *Estudos de direito penal*. Tradução de Luís Greco. Rio de Janeiro: Renovar, 2006.

______. *Política criminal y sistema del derecho penal*. Tradução de Francisco Muñoz Conde. Buenos Aires: Hammurabi, 2002.

______. *Problemas fundamentais de direito penal*. Tradução de Ana Paula dos Santos Luís Natschaeradetz. 3. ed. Lisboa: Vega, 1998.

______. *Derecho penal*. Parte general. Madrid: Civitas; tradução da 2. ed. alemã por Diego-Manuel Luzón Peña, Miguel Díaz y Garcia Conlledo e Javier de Vicente Remesal, 2007. t. I.

SILVA, José Afonso da. *Curso de direito constitucional positivo*. 16. ed. São Paulo: Malheiros, 1999.

______. *Comentário contextual à Constituição*. São Paulo: Malheiros, 2007.

SMANIO, Gianpaolo Poggio; FABRETTI, Humberto Barrionuevo. *Introdução ao direito penal* — criminologia, princípios e cidadania. São Paulo: Atlas, 2010.

TAVARES, André Ramos. *Teoria da justiça constitucional*. São Paulo: Saraiva, 2005.

TOLEDO, Francisco de Assis. *O erro em direito penal*. São Paulo: Saraiva, 1977.

______. *Princípios básicos de direito penal*. São Paulo: Saraiva, 2000.

TOURINHO FILHO, Fernando da Costa. *Processo penal*. 33. ed. São Paulo: Saraiva, 2011. v. 1.

VITURRO, Paula. *Sobre el origen y el fundamento de los sistemas de control de constitucionalidad*. Buenos Aires: Ad-Hoc, 2002.

WELZEL, Hans. Estudios sobre el sistema penal. In: *Estudios de derecho penal*. Montevideo e Buenos Aires: Editorial B de F., 2003 (tradução para o espanhol por Gustavo Eduardo Aboso e TeaLöw) (Coleção Maestros de Derecho Penal).